Weygandt / Kimmel / Kieso

# 재무회계 with IFRS

WILEY

한빛아카데미
Hanbit Academy, Inc.

Weygandt / Kimmel / Kieso

# 재무회계 with IFRS

Jerry J. Weygandt,
Paul D. Kimmel,
Donald E. Kieso 지음
윤현철 옮김

WILEY

한빛아카데미
Hanbit Academy, Inc.

옮긴이
**윤현철** hcyoon85022@daum.net
한국 공인회계사, 미국 공인회계사
서울대학교 경영대학 졸업
연세대학교 회계학 석사
한국방송통신대학교 법학 학사
삼일회계법인 감사부문 대표 역임
한국회계학회 부회장, 한국공인회계사협회 이사 역임
현재 예일회계법인 회장
회계 발전의 공로에 대한 대통령 표창

감수자
**한종수** Jhan@ewha.ac.kr
한국 공인회계사
연세대학교 상경대학 경영학과 졸업
연세대학교 상경대학 경영학과 회계학 석사
피츠버그대학교 회계학 박사
IFRS Interpretations Committee(국제회계기준 해석위원회) 위원
한국회계기준위원회 비상근 위원
대한회계학회(현 한국회계정책학회) 회장
금융위원회 회계제도심의위원회, 금융감독원 금융감독자문위원회 위원
현재 이화여자대학교 경영대학 교수
수민송자학술상 수상, 대통령·국무총리·금융위원장상 표창

**재무회계** with IFRS **4판**

**초판발행** 2022년 3월 2일

**지은이** Jerry J. Weygandt, Paul D. Kimmel, Donald E. Kieso / **옮긴이** 윤현철 / **펴낸이** 전태호
**펴낸곳** 한빛아카데미(주) / **주소** 서울시 서대문구 연희로2길 62 한빛아카데미(주) 2층
**전화** 02-336-7112 / **팩스** 02-336-7199
**등록** 2013년 1월 14일 제2017-000063호 / **ISBN** 979-11-5664-597-9 93320

**책임편집** 김현용 / **기획** 김현용 / **편집** 박민정
**디자인** 박정화, 윤혜원 / **전산편집** 김정하 / **제작** 박성우, 김정우
**영업** 김태진, 김성삼, 이정훈, 임현기, 이성훈, 김주성 / **영업기획** 길진철, 김호철, 주희

이 책에 대한 의견이나 오탈자 및 잘못된 내용에 대한 수정 정보는 아래 이메일로 알려주십시오.
잘못된 책은 구입하신 서점에서 교환해 드립니다. 책값은 뒤표지에 표시되어 있습니다.
**홈페이지 www.hanbit.co.kr / 이메일 question@hanbit.co.kr**

# 추천하는 글

회계는 가장 중요한 성공 열쇠 중 하나이다. 회계는 기업 내부와 외부의 이해관계자에게 기업에 대한 유용한 정보를 제공하여 의사결정을 돕는 정보 시스템이다. 회계를 모른다면 기업과 관련된 중요한 의사결정을 할 수 없다. 기업 내부의 경영자는 제품의 적정 가격을 알 수 없고, 투자자는 어느 기업에 얼마만큼의 금액을 투자해야 하는지 알 수 없다. 회계를 모른다면 비즈니스와 관련된 소통을 할 수 없다. 기업에서 사용하는 이익, 수익, 자산 등 수많은 용어는 회계 용어이다. 회계에서는 구체적인 정의에 따라 이러한 정보를 생산한다. 이 때문에 회계를 비즈니스 랭귀지(business language)라고 한다. 따라서 같은 용어를 사용하더라도 회계를 모른다면 다른 말을 하고 있는 것과 마찬가지이다.

이 책은 회계 입문서이다. 나는 지난 20년 동안 대학에서 이 책의 원저인 《Financial Accounting with International Financial Reporting Standards》를 회계원리 수업의 교재로 사용해왔다. 수업을 하면서 느낀 원저의 특징은 다음과 같다.

첫째, 개념 설명이 친절하고 정확하다.

둘째, 독자의 이해를 돕는 효과적인 예시를 포함하고 있다.

셋째, 학습한 내용을 확인할 수 있는 다양한 수준의 연습 문제를 담고 있다.

넷째, TSMC, 네슬레, 델피, 애플 등의 실제 재무제표를 활용하여 실무 능력을 진작할 수 있다.

다섯째, 국제회계기준인 International Financial Reporting Standards(IFRS)에 기반하여 설명하고 있다. IFRS는 International Accounting Standards Board(IASB)라는 국제회계기준위원회에서 만든 회계기준으로서 우리나라를 비롯한 전 세계에서 IFRS를 적용하여 재무제표를 작성하고 있기 때문에 그 중요성이 점점 커지고 있다. 그러나 미국은 아직도 자신의 회계기준인 U.S. GAAP을 사용하고 있는데, 이 책에서는 각 장마다 IFRS와 U.S. GAAP을 비교하여 설명했다. 따라서 회계기준의 양대 산맥인 두 회계기준을 모두 이해할 수 있다는 것 또한 이 책의 장점이다.

영어로 강의를 진행하기 때문에 원서를 교재로 사용했으나 학생들 입장에서는 영어로 된 어려운 회계 용어를 이해하기가 쉽지 않다. 이에 번역서 《재무회계 with IFRS》는 학생들이 겪는 이러한 어려움을 시원하게 해소해주는 역할을 할 것으로 기대된다.

특히 감수 역할을 맡아 꼼꼼히 살펴보는 과정에서 느낀 점은, 이 책을 그저 잘 번역된 회계 교재 중 한 권이라고 소개하기에는 부족하다는 것이다. 원서의 내용을 그대로 우리말로 옮긴 것이 아니라 독자가 쉽게 이해할 수 있도록 의역과 직역을 적절히 사용하면서도 의미가 왜곡되지 않도록 공들여 다듬어져 있다. 또한 우리나라 실정에 비추어 내용을 이해할 수 있도록 역자가 책 곳곳에 부연 설명을 덧붙였다.

이 책을 번역한 윤현철 회장님은 공인회계사로서 우리나라 최고의 회계법인인 삼일회계법인의 감사 부문을 맡은 바 있다. 이 책에는 회계기준과 회계감사에 대해 누구보다도 통달한 윤현철 회장님의 견식이 잘 녹아들어 있어 최고의 회계 교재로 추천하기에 부족함이 없다. 이 책을 통해 공부하는 학생은 물론이고 가르치는 사람 입장에서도 큰 도움이 될 것이라 생각한다. 이 책은 회계 교육에 새로운 이정표를 제시할 것이며, 나아가 국내 IFRS 정착에도 일정 부분 기여할 수 있을 것이다.

이 책으로 회계에 입문하는 학생들이 한편으로는 부럽고 한편으로는 기대도 된다. 우리나라 경제를 이끌어나갈 독자의 건승을 기원한다.

이화여자대학교 한종수 교수

# 지은이 머리말

### 왜 회계를 공부해야 하는가?

고등학교 생물 시간에 인체 모형을 통해 인체의 내부를 배우듯이 회계는 기업의 내부를 재무적 관점에서 투명하게 바라볼 수 있게 해준다. 그래서 재무회계를 배우면 삼성, 아디다스 같은 거대한 다국적 기업뿐만 아니라 개인 컨설팅 업체와 커피숍 등 소규모 사업에 이르기까지 그 안에서 무슨 일이 일어나고 있는지를 누구보다도 빠르고 정확하게 이해할 수 있다. 경영자든, 주주든, 채권자든, 중간 관리자든, 일반 직원이든 기업에 관여하고 있는 사람이라면 누구나 회계를 배움으로써 자신이 맡은 일에 대한 의사결정을 더욱 잘할 수 있다.

### 왜 이 책으로 회계를 공부해야 하는가?

이 책을 저술한 우리는 오랫동안 회계학을 연구한 학자이자 대학에서 후학을 양성하는 교수로서 나름 학계에서 평판이 매우 높다. 우리는 독자에게 도움이 되는 회계학 교재를 만들기 위해 심혈을 기울였으며, 그 결정체인 이 책은 독자를 실망시키지 않을 것이라고 자신한다.

### 어떻게 회계를 공부해야 하는가?

회계를 공부하는 데 왕도는 없다. 비결은 그저 많이 읽고 많은 문제를 풀어보는 것이다. 그 과정에서 회계의 개념과 기술, 방법 등을 자연스레 습득하게 된다. 이 책으로 학습하면서 틈틈이 이 책의 홈페이지에 접속하여 공부하는 것도 좋은 방법이다. 회계는 '풀어보는 것이 배우는 것'이라는 사실을 명심하기 바란다.

이 책으로 회계를 배운 독자가 학업을 계속하든, 회사에 취직을 하든, 자기 사업을 하든 큰 성공을 거두기를 기원한다. 건투를 빈다. 독자 모두에게 행운이 깃들기를!

Jerry J. Weygandt
Paul D. Kimmel
Donald E. Kieso

## 이 책의 특징

이 책은 재무회계의 기초적인 내용을 담은 회계 입문서이다. 개념을 설명하고 예시를 들면서 다양한 연습 문제를 통해 기초 회계 지식을 완벽하게 쌓을 수 있도록 구성되어 있다. 이 책의 특징은 다음과 같다.

### DO IT!

본문에서 개념을 설명한 뒤 제대로 이해했는지 점검할 수 있도록 간단한 문제를 제시했다.

**DO IT! 2 결산 분개**

Hancock Heating의 수정 후 시산표상 다음 계정으로 12월 31일 자 결산 분개를 하라.

| | | | |
|---|---|---|---|
| 미지급금 | €27,000 | 배당금 | €15,000 |
| 용역 매출 | 98,000 | 자본금 | 42,000 |
| 임차료 | 22,000 | 매출채권 | 38,000 |
| 급여 | 51,000 | 소모품비 | 7,000 |

**해답**

| | | | |
|---|---|---|---|
| 12월 31일 | 용역 매출 | 98,000 | |
| | 집합손익 | | 98,000 |
| | (수익을 집합손익 계정으로 대체) | | |
| 31일 | 집합손익 | 80,000 | |
| | 급여 | | 51,000 |
| | 임차료 | | 22,000 |
| | 소모품비 | | 7,000 |

### 단원 요약과 핵심 용어, 다양한 문제

각 장의 설명을 마친 뒤 '단원 요약'과 '핵심 용어'를 통해 본문 내용을 간략히 정리했다. 그리고 본문에서 배운 개념을 확실히 자기 것으로 다잡을 수 있는 '객관식 문제, 기초 확인 문제, 확인 문제, 실습 문제, 단원 정리를 위한 질문, 가벼운 연습 문제, DO IT! 적용 문제, 단원 연습 문제, 마무리 연습 문제, 회계순환 과정 복습 문제, 비판적 사고력 확장 문제'를 실었다.

**3** Soon Cosmetics의 재무상태표에 다음과 같은 유동자산이 있다(단위: 1,000). 재무상태표의 유동자산 항목을 고정성 배열법에 따라 적절히 배열하여 작성하라.

| | | | |
|---|---|---|---|
| 매출채권 | ₩25,000 | 선급보험료 | ₩ 7,000 |
| 현금 | 8,000 | 소모품 | 11,000 |
| 재고자산 | 14,000 | | |

**해답**

| Soon Cosmetics<br>재무상태표(일부 발췌) | |
|---|---|
| 유동자산 | |
| 선급보험료 | ₩ 7,000 |
| 소모품 | 11,000 |
| 재고자산 | 14,000 |
| 매출채권 | 25,000 |
| 현금 | 8,000 |
| 유동자산 계 | ₩65,000 |

## U.S. GAAP 살펴보기

각 장 마지막에서는 오늘날 전 세계 회계의 양대 기준인 IFRS와 U.S. GAAP을 비교하여 설명하고, 이를 짚고 넘어가는 문제를 담았다.

**1** 재고자산 회계와 관련하여 U.S. GAAP과 IFRS의 유사점과 차이점을 간략히 설명하라.

**2** 프랑스 회사인 LaTour Perfumes는 IFRS에 따라 재무제표를 작성하여 2020년에 매출원가 €5억 7,800만, 평균 재고자산 €1억 5,400만을 공시했다. LaTour Perfumes의 재고 회전율에 대한 분석(U.S. GAAP을 사용하는 회사와 비교)이 IFRS와 U.S. GAAP 간의 재고자산 회계 방법의 차이에 따라 어떤 영향을 받을 수 있는지 간략히 설명하라.

## 시각적 효과를 동원한 학습

본문 내용을 쉽게 이해할 수 있도록 직관적으로 묘사한 그림을 제시했다.

**그림 2.1** T 계정

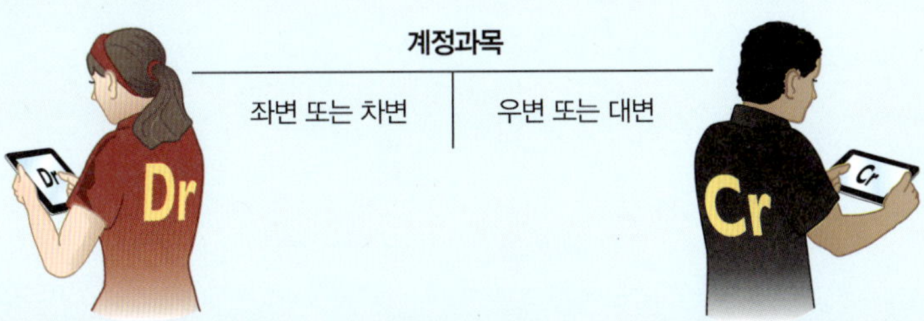


## 실제 사례

본문 내용이 적용된 실제 기업의 사례를 '윤리적 사고력 키우기, 글로벌 사고력 키우기, 공동체적 사고력 키우기, 투자적 사고력 키우기, 조직의 회계, 부정 사례'로 제시했다.

## 글로벌 사고력 키우기 | 코리언 디스카운트

한때 전 세계적으로 '코리언 디스카운트(Korean discount)'라는 말이 유행했다. 이는 한국 기업과 거래를 하거나 투자를 할 때 기업의 가치를 회계 수치보다 낮게 평가절하해야 손해를 보지 않는다는 뜻이다. 한국 기업이 작성한 재무제표를 신뢰할 수 없다고 비꼬는 것이니, 매우 부끄러운 말이다. 이에 한국 정부는 다른 나라에 앞서 IFRS를 선제적으로 도입하고 회계 투명성을 높이기 위해 엄청난 노력을 기울였으며, 덕분에 코리언 디스카운트는 이제 옛말이 되었다.

출처: Evan Ramstad, "End to 'Korea Discount'?" *Wall Street Journal* (March 16, 2007).

Toru-Hanai-Pool/Getty Images, Inc.

**'국가 경제를 더 투명하게 만든다'라는 말은 무엇을 의미하는가? 투명성을 높이는 것이 경제 성장의 견인차가 되는 이유는 무엇인가?**

### 다양한 보충 자료

본문 내용을 이해하는 데 도움이 되는 자료를 좌우 여백에 실었다. 또한 원서의 설명만으로 불충분한 경우 역자가 보충 설명을 덧붙였다.

**ETHICS NOTE**

샐러드드레싱 오일을 만드는 어떤 회사는 오일 저장 탱크를 물로 가득 채웠다. 기름이 위에 떠 있으니 감사인은 그 아래가 물인 줄 몰랐다. 그것도 모자라 이 회사는 실제 탱크 수량보다 더 많은 탱크가 있다고 속이고는 이미 카운트한 탱크에 페인트칠을 새로 하여 감사인을 혼란에 빠뜨렸다. 유명한 재고자산 부정 사건이다.

**역자 한마디**

과거에는 상각한 채권에서 '대손상각 추심이익'이라는 손익 계정을 사용하기도 했다. 하지만 본질상 이익이라기보다는 비용의 수정 항목이고, 또한 회계기간 말에 대손액을 추산할 때 새로이 설정되는 대손상각비와 차감되어 결과적으로 손익에 자동 반영되므로 별도로 인식하지 않는 것이 마땅하다.

# 지은이 소개

### Jerry Weygandt

미국 공인회계사이며 일리노이대학에서 회계학 박사 학위를 취득했다. 회계법인 Arthur Andersen에서 회계 실무 경험을 쌓은 후 위스콘신대학의 교수로 봉직했으며, 현재 동 대학의 명예교수로 있다. 재무회계학 책을 펴내는 등 활발한 저술 활동으로도 명성이 높다. 회계 학술지인 《The Accounting Review》, 《Journal of Accounting Research》, 《Accounting Horizons》, 《Journal of Accountancy》 등에 인플레이션 회계, 연금, 전환사채, 스톡옵션, 중간보고 등에 관한 논문을 발표하고 미국회계학회, 미국공인회계사협회, FASB 등의 회원으로도 활동했다. 미국회계학회에서는 《The Accounting Review》의 편집위원과 재무 담당 회장을 맡았고, 미국공인회계사협회에서는 회계기준위원회(AcSEC)의 위원으로 활약했으며, FASB에서는 법인세비용 태스크포스 멤버와 신탁재단 이사를 맡았다. 또한 미국 플로리다에 있는 세계 제일의 안과 병원 Bascom-Palmer Eye Institute의 이사로도 활동했다. 대학협회와 경영대학의 성적 우수자만이 가입할 수 있는 국제적 기구인 Beta Gamma Sigma의 우수교수상을, 위스콘신회계사협회의 우수교육자상과 평생 공헌자상을 받았으며, 2001년에는 미국회계학회가 수여하는 우수교육자상을 받았다.

### Paul Kimmel

미국 공인회계사이며 미네소타대학을 졸업한 뒤 위스콘신대학에서 박사 학위를 취득했다. Deloitte & Touche에서 회계 실무 경험을 쌓았으며, 현재 위스콘신대학의 교수로 재직 중이다. UWM 경영대학에서는 우수교수상을, 위스콘신대학에서는 우수조교상을 세 차례나 받았으며, 공인회계사 시험에서 전 과목 95.5 이상을 첫 회 응시에 받아야만 주는 Elijah Watts Sells 상을 수상했다. 또한 미국회계학회와 미국관리회계협회의 회원이며 《The Accounting Review》, 《Accounting Horizons》, 《Advances in Management Accounting》, 《Managerial Finance》, 《Issues in Accounting Education》, 《Journal of Accounting Education》에 많은 논문을 기고했다. 특히 금융자산 회계와 교재 개발을 통한 회계 교육의 혁신에 큰 공헌을 했다.

### Don Kieso

미국 공인회계사이며 오로라대학을 졸업한 뒤 일리노이대학에서 박사 학위를 취득했다. 버클리대학 조교를 거쳐 일리노이대학 회계학부 학장을 역임하고 현재 동 대학의 명예교수로 있다. 회계법인 Price Waterhouse & Co.와 Arthur Andersen에서 회계 실무 경험을 쌓았으며, 뉴욕 미국공인회계사협회의 연구부에서도 일한 바 있다. 또한 미국회계학회와 미국공인회계사협회 회원이며 일리노이회계사협회 이사, 오로라대학과 Kishwaukee Community Hospital, Valley West Community Hospital, Accounting Education Change Commission의 이사로도 활동했다. 유명한 재무회계 책을 저술하고 수많은 우수교수상을 받았다.

# 차례 한눈에 보기

# 차례

# CHAPTER 1

Tetra Images/SUPERSTOCK

# 회계의 기초

## Accounting in Action

### 이 단원에서 공부할 내용

정보가 있어야 의사결정을 잘할 수 있듯이 효과적인 경제적 의사결정도 양질의 재무 정보와 그 사용법에 달려 있다. 재무 정보가 충분치 않으면 의사결정의 빈곤으로 돈을 많이 벌어도 마음 편히 쓰거나 투자를 할 수 없고, 세금 신고도 정확히 할 수 없다. 이러한 재무 정보는 회계에서 비롯되므로 회계 공부를 하는 것은 누구에게나 중요하다.

### 이 단원을 공부해야 하는 이유

**숫자를 알아야 무슨 일이든 잘할 수 있다**

회계는 회계를 업으로 하는 사람들만의 전유물이 아니다. 회계를 모르면 하고 있는 일을 제대로 이해할 수 없기 때문에 누구든 회계를 알아야 한다. 미국 거대 글로벌 기업의 회장이었던 해럴드 제닌(Harold Geneen)이 "사업의 성공 비결은 숫자에 밝은 것"이라고 갈파했듯이, 사업의 성공은 잘된 의사결정에서 비롯되고 잘된 의사결정은 회계의 숫자를 바탕으로 한다. 그래서 재무제표를 볼 줄 모르는 CEO가 사업을 잘한다고 생각한다면 큰 착각에 빠져 있다고 보아도 무방하고, 이는 판매·생산·관리 부서와 전산실 관리자의 경우도 매한가지이다. 즉 회계는 사업의 경제적 가치와 흐름을 숫자로 표시하는 기술이고, 숫자로 의사소통을 하는 수단이므로 누구든 회계 공부를 해야 한다. 이에 많은 기업은 회계 교육에 투자를 아끼지 않는다.

어떤 분야에서 일하건 회계가 필수 과목이지만 정작 회계의 기초적인 내용을 잘 정리한 좋은 책을 만나기는 쉽지 않다. 이 책은 그러한 맥락에서 발간되었기에 이 책을 완독하면 누구나 재무제표를 읽고, 작성하며, 재무제표에 담긴 재무 정보를 분석·평가하는 방법을 터득할 수 있다. 일반 회계 교재와 차별화된 이 책의 특장점은, 회계 지식을 전달하는 데 그치지 않고 독자의 실전 경험을 배양하기 위해 국제회계기준(International Financial Reporting Standards, IFRS)을 도입한 많은 나라 중 대만, 스위스, 싱가포르를 골라 이들의 대표 기업인 TSMC(Taiwan Semiconductor Manufacturing Company Ltd., 대만), 네슬레(Nestlé SA, 스위스), 델피(Delfi Limited, 싱가포르)가 IFRS에 따라 공시한 재무제표를 부록에 수록하고 이를 활용한 다양한 문제를 제시했다는 것이다.

지금은 재무제표가 그저 복잡한 숫자들의 집합으로 보이겠지만, 이 책에 담긴 문제를 풀다 보면 어느 날 퍼즐 조각처럼 맞춰지면서 특정 의미가 눈과 머릿속에 들어오는 신기한 경험을 하게 될 것이다. 그렇게 되었을 때 세 회사의 웹사이트에 들어가서 재무제표가 포함된 연례 사업 보고서를 보면 이들의 재무제표가 같은 회계 이슈에 대해 다르게 회계 처리를 했음에도 불구하고 IFRS에 준거한다는 것을 인정받는 묘한 상황을 직면하게 된다. 그러나 회계 공부에 더욱 매진하여 이를 납득하고 수용하게 된다면 독자는 원칙 중심이라는 IFRS의 본질을 이해하고 전 세계 유명 기업의 재무 성과를 분석할 수 있는 상당한 수준의 기반을 갖춘 것이다.

## 이 단원의 구성과 학습목표

| | | | |
|---|---|---|---|
| **회계 절차와 회계 정보 이용자** | 회계 절차와 회계 정보 이용자를 이해한다. | • 회계 절차의 3단계<br>• 회계 정보 이용자 | **DO IT! 1** 기본 개념 |
| **회계의 구성 요소** | 회계의 구성 요소인 회계 윤리와 기준, 공준을 이해한다. | • 재무 보고와 윤리<br>• 회계기준<br>• 측정 원칙<br>• 회계공준 | **DO IT! 2** 회계의 구성 요소 |
| **회계 항등식** | 회계 항등식과 그 구성 요소를 이해한다. | • 자산<br>• 부채<br>• 자본 | **DO IT! 3** 자본에 미치는 영향 |
| **회계 항등식에 의한 거래 분석** | 회계 항등식을 가지고 거래를 분석한다. | • 거래<br>• 회계 항등식에의 거래 적용<br>• 거래 집계 | **DO IT! 4** 거래 집계 분석표 작성 |
| **재무제표** | 다섯 가지 재무제표와 작성법을 이해한다. | • 손익계산서<br>• 이익잉여금계산서<br>• 재무상태표<br>• 현금흐름표<br>• 포괄손익계산서 | **DO IT! 5** 재무제표 |

## 회계 절차와 회계 정보 이용자 _Accounting Activities and Users

학습목표

회계 절차와 회계 정보 이용자를 이해한다.

요즘 회계직은 인기 직업 상위권에 랭크되며, 회계학은 대학에서 인기 있는 과목 중 하나이다. 왜 이렇게 회계에 열심인 것일까? 이는 조직을 이해하려면 숫자를 알아야 하고, 숫자를 통해 누구나 지금 맡은 업무에서 재무적으로 어떤 일들이 벌어지고 있는지 파악하는 능력을 갖추고 싶어 하기 때문이다.

그렇다면 그 능력을 보장하는 **회계**(accounting)는 도대체 무엇인가? 한마디로 회계는 재무 정보, 즉 숫자를 알려주는 시스템이다. 따라서 회계는 세 단계, 즉 '인식', '기록', '전달'로 이루어진다.

### 회계 절차의 3단계 _Three Activities

회계의 출발점은 경제적 사건(economic event)이다. 유니레버(Unilever, 영국·네덜란드)가 식료품을 팔고, 중화전신(Chunghwa Telecom, 대만)이 통신 서비스를 제공하고, 타타모터스(Tata Motors, 인도)가 자동차를 제작하는 것은 모두 경제적 사건에 해당한다. 경제적 사건은 회사의 경제적 가치를 변동시키는 것으로서 회계에서는 이를 거래라고 한다. 회계에서 말하는 거래는 보통 상거래라고 하는 양 당사자 간의 계약보다 훨씬 범위가 넓다.

회계의 첫 단계는 경제적 사건을 인식(identification)하는 것으로, 이는 경제적 사건인지 여부를 파악하고 분석하는 일이다. 그런 다음 화폐 가치로 평가하여 발생 순서대로 체계적인 방식에 따라 기록(record)해야 한다. 이렇게 기록된 내용은 이해관계자에게 전달(communication)된다. 그런데 기록된 내용을 그냥 그대로 담아서는 안 되고 의미가 통하도록 알아보기 쉽게 작성해야 한다. 그래서 같거나 비슷한 사건을 합산하여 표시하는 등 표준화·단순화 과정을 거쳐야 한다.

가장 전형적인 회계 보고서는 **재무제표**(financial statement)이다. 재무제표에 담기는 매출의 경우, 엄청난 양의 판매 기록을 그대로 열거하기보다는 '매출'이라는 항목 아래 총액 단 한 줄로 표시하면 눈에 잘 들어온다. 그런데 축약되고 단순화된 회계 정보가 있으면 반대로 이를 풀어헤치고 분석하는 일도 필요하다. 이러한 능력을 갖춘 사람이 바로 회계 전문가이다. 이들은 각종 상관관계와 백분율, 그래프와 도표를 활용하여 회계 정보가 의미하는 바를 찾아내고 의미 있는 경향을 도출해낸다. 또한 방법론을 설명하고 분석의 한계도 보여준다. 회계를 열심히 공부하다 보면 누구나 이러한 경지에 도달할 수 있다.

한편 흔히 말하는 **장부기장**(bookkeeping)이라는 용어는 회계 절차 중 기록에 속한다. 장부기장은 외부의 회계 전문업체가 회사의 회계 부서 역할을 대신하여 거래 기록을 하는 것을 말하며, 회사가 주는 자료만 기록하고 거래의 인식 및 보고 기능을 수행하지는 않는다.[1] 그림 1.1과 같이 인식, 기록, 전달이 삼위일체를 이룰 때 완전한 회계라고 일컫는다.

1 근대 회계는 르네상스 시대 이탈리아의 장사꾼 루카 파촐리(Luca Pacioli)가 남긴 회계장부에서 시작되었다고 알려져 있다. 미국 신대륙을 발견한 콜럼버스와 동시대 사람인 파촐리는 위대한 석학 레오나르도 다빈치의 절친한 친구이자 스승이었다. 그는 저서 《산술, 기하학, 비례 및 비례법의 요약(Summa de Arithmetica, Geometria, Proportione et Proportionalite)》(1494년)에서 재무 정보를 효율적이고 정확하게 정리하는 방식을 설명했다.

**그림 1.1** 회계 절차의 3단계

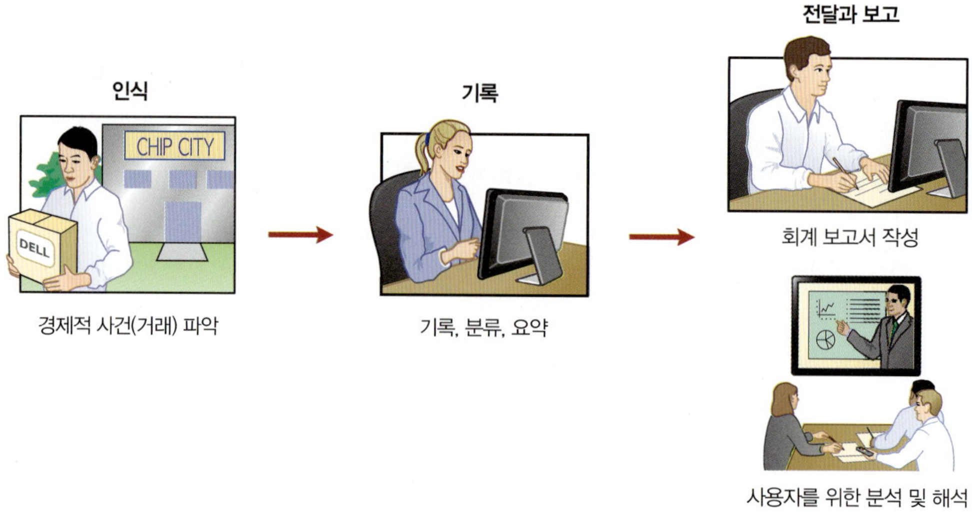


## 회계 정보 이용자 _Who Uses Accounting Data

회계 정보를 원하는 사람들을 이해관계자(interest group)라고 한다. 이해관계자는 회사의 내부에 있는지, 외부에 있는지에 따라 크게 내부 이용자, 외부 이용자로 나뉜다. 이들은 관심사가 서로 다르기 때문에 의사결정에 필요한 정보 또한 다르다.

### 내부 정보 이용자 _Internal User

**내부 정보 이용자**(internal user)는 회사 내 임직원으로서 마케팅 부서의 책임자, 생산 감독관, 자금 담당 이사 등 회사의 업무를 계획·구성·운영하는 관리자를 말한다. 이들은 효율적인 의사결정을 내리기 위해 다양한 재무 정보를 적시에 필요로 한다.

회계 부서가 그림 1.2에 예시한 경영자나 관리자의 질문에 제대로 대답할 수 있으려면 회사 기밀에 속할 만큼 중요한 정보라도 적시에 제공할 수 있어야 한다(물론 임직원 모두에게 해당되는 것은 아니다). 정보의 양과 질은 효율적·효과적인 관점에서 결정되기 때문에, 통일된 양식 정도는 있을 수 있겠지만 원칙적으로는 사전에 정한 기준이나 규칙으로부터 자유롭다. 오히려 정보 제공의 시점, 즉 절묘한 타이밍이 관건이다. 의사결정 시기가 지나고 나서 회계 정보를 제공하면 무의미하지 않겠는가.

**그림 1.2** 내부 정보 이용자가 원하는 정보의 유형

이와 같이 내부 정보 이용자에게 정보를 제공하기 위한 회계 부서 내 일련의 활동을 **관리회계**(managerial accounting)라고 한다. 관리회계에는 여러 선택안의 재무적 우월성을 비교하거나, 새로운 판매 전략에 따른 수익 창출 능력을 추산하거나, 다음 해에 필요한 현금액을 예측하는 것 등이 포함된다.

### 외부 정보 이용자 _External User

**외부 정보 이용자**(external user)는 회사 밖에서 재무 정보를 원하는 수요자이다. 회사는 사회와 끊임없이 교류하는 유기체이므로 사회의 지원과 도움을 받으려면 특정 정보를 산출하여 외부 정보 이용자에게 자발적으로 제공하는 자세가 절대적으로 필요하다(이를 기피하는 회사도 있어 법적인 의무로 부여하고 있다).

전형적인 외부 이용자는 채권자와 투자자이다. 그림 1.3에서 보듯이 투자자는 해당 회사의 주식을 구매하거나 보유하거나 매각할지에 대한 의사결정을 해야 하고, 채권자는 회사에 신용(외상)으로 재화를 공급할지, 자금을 계속적으로 대여할지에 대한 의사결정을 해야 한다.

**그림 1.3** 외부 정보 이용자가 원하는 정보의 유형

**외부 정보 이용자의 질문**

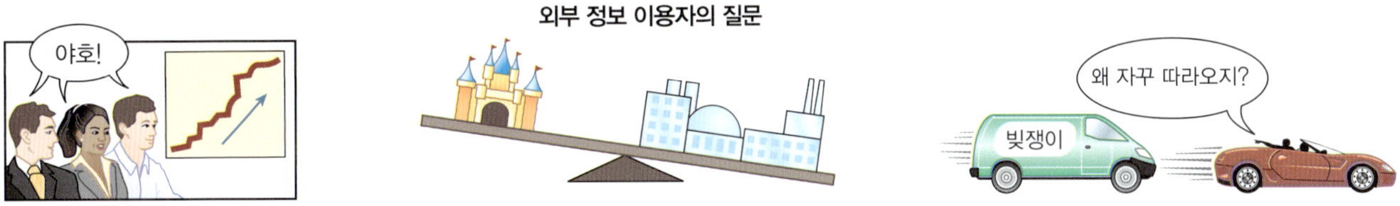


**레노보의 주주(투자자)**
만족할 만한 이익을
창출하는가?

**디즈니의 주주(투자자)**
워너미디어와 비교했을 때
규모를 감안한 상대적 이익이 어떠한가?

**싱가포르항공의 채권자**
만기에 차입금을 차질 없이
상환할 수 있는가?

외부 정보 이용자에는 채권자와 투자자만 있는 것이 아니다. 중국 국세청은 회사가 세법에 따라 세금을 제대로 납부하는지 의심하고, 인도 금융감독원은 회사가 감독 규정을 잘 준수하는지 파악해야 하며, 소비자는 테슬라(Tesla Motors, Inc., 미국)가 제품의 하자보증 기간을 지킬 능력이 있는지, 기존 생산 라인을 폐쇄하지는 않을지 알고 싶어 하고, 인도 노동조합은 회사가 어느 정도의 급여 상승 여력을 가지고 있는지 궁금해한다. 이러한 외부 정보 이용자를 위해 회계 부서가 하는 일을 **재무회계**(financial accounting)라고 한다.

그런데 외부 정보 이용자의 경우 내부 정보 이용자보다 제공받는 회계 정보에 한계가 있다. 즉 경쟁자가 알면 곤란해질 회사 기밀에 해당하는 회계 정보까지 보여줄 수는 없기 때문에 정보의 질과 양에 대한 사회적 합의가 필요하다. 또한 회계 부서 입장에서는 회사일도 바쁜데 다양한 외부 관계자를 일일이 대응할 수도 없는 노릇이다. 이에 모든 요청을 통합하여 통일된 기준으로 작성된 하나의 회계 보고서를 '공시'라는 절차를 통해 전달하는데, 이는 사회적 약속이므로 위반하면 행정적 조치와 처벌이 따른다. 이때 사용되는 통일 및 단일화된 회계 보고서 작성 기준을 '일반적으로 인정된 회계원칙'이라고 하며, 이에 따라 작성된 회계 보고서 양식을 '재무제표'라고 부른다.

**DO IT! 1 기본 개념**

다음 설명이 맞으면 ○, 틀리면 ×로 표시하고 틀린 부분을 바르게 고쳐라.

1. 회계 절차의 3단계는 인식, 기록, 전달과 보고이다.
2. 장부기장에는 회계의 전 과정이 포함된다.
3. 회계 전문가는 재무 보고서를 작성하지만 분석과 해석을 하지는 않는다.
4. 전형적인 외부 정보 이용자는 주주(투자자)와 경영자이다.
5. 관리회계는 내부 정보 이용자에 초점을 맞춘다.

**해답** 1. ○ 2. ×(장부기장은 기록 기능에만 해당한다.) 3. ×(회계 전문가는 회계 정보 전달과 보고 기능의 일환으로 재무 보고서를 해석하고 분석한다.) 4. ×(전형적인 외부 정보 이용자는 주주와 채권자이다.) 5. ○

**학습목표**
회계의 구성 요소인 회계 윤리와 기준, 공준을 이해한다.

## 회계의 구성 요소 _The Building Blocks of Accounting

의사는 환자를 치료할 때 주먹구구식으로 하는 것이 아니라 일정한 지침을 따르고, 건축설계사는 가이드라인에 따라 건물을 설계한다. 마찬가지로 회계를 업으로 하는 사람들에게도 재무 정보를 보고하는 데 마땅히 따라야 할 처리 지침과 작성 체계가 있는데, 이를 **회계기준**(standard)이라고 한다. 회계기준은 **회계공준**(assumption)을 기반으로 한다. 회계공준은 회계가 이론적 전개를 하는 데 전제가 되는 당연한 명제를 말한다. 예를 들어 기업이 망하지 않고 무한히 존속한다는 계속성의 가정은 회계공준에 속한다. 이는 현실과 전혀 맞지 않는 이야기이지만, 회계기준에서 평가 방법의 이론적 구성을 논할 때 기업의 청산을 전제로 하지 않고 계속성을 가정하겠다는 의미이다.

그러나 회계기준과 회계공준만으로는 부족하며, 이러한 것들이 제대로 작동하려면 윤리를 바탕으로 해야 한다. 따라서 회계의 체계는 윤리, 기준, 공준으로 구성된다.

### 재무 보고와 윤리 _Ethics in Financial Reporting

승률을 조작하는 카지노에서 도박을 하는 바보는 없다. 주식 투자도 마찬가지이다. 최근 회계 부정 사건이 연이어 터졌다. 사티암컴퓨터서비스(Satyam Computer Services, 인도), 도시바(Toshiba, 일본), 바오성인터내셔널(Pou Sheng International, 홍콩), 쓰웨이(Siwei, 중국) 등 많은 기업이 회계 부정 사건에 연루되었다. 이로 인해 재무제표의 신뢰도가 추락하고 주식시장이 급격히 얼어붙었다. 어느 누구도 거짓 재무제표인 줄 알면서도 주식 투자를 하지는 않기 때문에 회계가 바로 서야 경제가 바로 선다는 교훈을 명심해야 한다.

**윤리**(ethics)는 어떤 행동이 옳고 그른지, 정직한지 부정직한지, 공정한지 비겁한지를 판단하는 준거 기준이다. 회계에서 거짓 정보의 산출을 막기 위해서는 윤리 의식이 매우 중요하다. 회계상의 전형적인 윤리 위반은 분식 회계이다. 분식 회계는 가공 매출을 만들기 위해 허위 세금

**윤리적 사고력 키우기 | 엄청난 위압감을 느꼈습니다. 누군들 안 그렇겠습니까?**

"청구서 조작을 강요받았을 때 엄청난 위압감을 느꼈습니다. 거래처에 보내지도 않는 청구서를 만들면서 이건 정말 잘못된 일이라고 생각했습니다. 회계 감사인에게는 고의로 거짓 자료를 주었습니다." 지금은 망하고 없는 법무법인 듀이앤드르뵈프(Dewey & LeBoeuf LLP)의 직원이 CFO로부터 분식을 강요받고 자백한 말이다. 실무진은 수년간 장부 조작을 했는데, 지시자는 분식에 대해 전혀 죄의식이 없어 보인다. 그는 사내 이메일에서도 회계 속임수, 장부 조작, 가공 이익이라는 용어를 공공연하게 썼다.

출처: Ashby Jones, "Guilty Pleas of Dewey Staff Detail the Alleged Fraud," *Wall Street Journal* (March 28, 2014).

**아무리 상사의 강요가 있었다지만 실무자는 왜 부당한 지시를 거부하지 못하고 분식을 저지르고 거짓말을 했을까? 지시에 따라 불법을 저지른 이들도 처벌을 받아야 할까?**

© Alliance/Shutterstock

계산서와 송장을 꾸미고 회계법인의 회계 감사에 거짓 자료를 제출하는 등의 수법으로 가공 이익을 만들고 손실을 숨기며 현금 부족액을 조작하는 것이다. 바른 재무제표는 작성자의 윤리적인 행동에 달려 있으니 회계에서 윤리의 중요성은 아무리 강조해도 지나치지 않다. 윤리 없이는 회계도 없다고 보아야 한다.

윤리적인 문제에 봉착했을 때는 그림 1.4의 3단계 접근법이 해결에 큰 도움이 된다.

**그림 1.4** 윤리 문제 해결을 위한 접근법

1. 윤리 문제가 불거진 사건의 사실 관계를 정확히 파악하고 사회 통념의 눈높이에서 문제를 조명한다. 전문직에는 별도의 직업윤리 규정이 있으니 이를 참조한다.
2. 윤리 문제로 인해 영향을 받거나 그럴 가능성이 있는 피해자를 정의하고, 가해자 또는 위반자로서 어떤 책임과 의무가 있는지 인식한다.
3. 해결 방안을 강구하고 각 방안의 장단점을 비교·검토한다. 이때 하나의 선택지만 찾으려 하지 말고 여러 방안을 종합적으로 검토하여 최선의 해결책을 찾는다.

## 회계기준 _Accounting Standards

외부 정보 이용자에게 높은 수준의 재무 보고를 하려면 자의적인 기준이 아니라 권위 있는 기관에서 미리 작성되어 인정된 회계기준에 준거하여 재무제표를 만들어야 한다. 현재 세계적으로 통용되는 회계기준을 만드는 공인 기관은 영국의 **International Accounting Standards Board(IASB)**와 미국의 **Financial Accounting Standards Board(FASB)**이다. IASB는 **국제회계기준**(International Financial Reporting Standards, IFRS)을 만들며, 한국을 비롯해 130개국 이상이 IFRS를 자국의 회계기준으로 삼고 있다. IASB의 본부는 영국 런던에 있으며, 15개국이 이사국으로 참여하고 있다.

반면 미국에 있는 기업은 대부분 FASB가 만든 회계기준을 준수하는데, 미국의 FASB가 만든 회계기준을 U.S. GAAP(미국 회계기준)이라고 한다. 사실 회계기준은 합리적이기는 하지만, 그 본질은 사회적 합의의 산물이므로 자연 법칙과 같은 절대적 원칙이 아니다. 그래서 단순히 회계기준을 원칙(principle)이라는 용어로 바꿔 부를 때는 '일반적으로 인정된'이라는 표현을

**글로벌 사고력 키우기 | 코리언 디스카운트**

한때 전 세계적으로 '코리언 디스카운트(Korean discount)'라는 말이 유행했다. 이는 한국 기업과 거래를 하거나 투자를 할 때 기업의 가치를 회계 수치보다 낮게 평가절하해야 손해를 보지 않는다는 뜻이다. 한국 기업이 작성한 재무제표를 신뢰할 수 없다고 비꼬는 것이니, 매우 부끄러운 말이다. 이에 한국 정부는 다른 나라에 앞서 IFRS를 선제적으로 도입하고 회계 투명성을 높이기 위해 엄청난 노력을 기울였으며, 덕분에 코리언 디스카운트는 이제 옛말이 되었다.

출처: Evan Ramstad, "End to 'Korea Discount'?" *Wall Street Journal* (March 16, 2007).

Toru-Hanai-Pool/Getty Images, Inc.

**'국가 경제를 더 투명하게 만든다'라는 말은 무엇을 의미하는가? 투명성을 높이는 것이 경제 성장의 견인차가 되는 이유는 무엇인가?**

앞에 붙여 **일반적으로 인정된 회계원칙**(generally accepted accounting principles, GAAP)이라고 하는 것이 좋다.

IFRS가 등장하기 전에는 많은 나라가 U.S. GAAP을 원용했지만, 현재는 미국과 미국을 제외한 유럽과 아시아 등의 나라로 나뉘어 U.S. GAAP과 IFRS로 양분된 형국이다. 그러나 궁극적으로는 IFRS와 U.S. GAAP을 일원화해야 한다는 인식이 팽배하고 실제적인 움직임도 활발하다. IFRS와 U.S. GAAP의 차이를 가능한 한 줄이려는 노력을 **컨버전스**(convergence)라고 하는데, 이처럼 전 세계가 하나의 회계기준을 만들고 통일하기 위해 애쓰는 것은 매우 바람직한 일이다.

## 측정 원칙 _Measurement Principles

경제적 가치를 측정하는 방법으로 역사적 원가법과 공정가치법이 오랫동안 공존하며 대립해왔다. IFRS는 공정가치법을 선호하지만 현실적인 제약으로 역사적 원가법이 대세이다. 자산의 가치를 공정가치(시장에서 거래되는 시가는 공정가치의 한 모습이다)로 평가할지, 발생했던 취득원가로 평가할지는 주어진 경제 환경에서 정보가 가진 **목적 적합성**(relevance)과 **표현의 충실성** 또는 **객관성**(faithful presentation)의 상충(trade-off) 관계에서 각 방법의 우월성에 따라 선택한다.

HINT
적합성과 충실성은 회계 정보의 유용성을 결정하는 기본 요소이다.

목적 적합성은 어떤 방법이 의사결정에 차이가 날 만큼 목적과의 관련성이 있는 정도를 말하고, 표현의 충실성은 발생한 사건을 사실대로 묘사하고자 하는 정보의 특성으로서 객관성과 동의어이다. 객관성은 실제로 존재하여 누구나 같은 결과로 검증할 수 있는 성질을 뜻한다. 상충관계는 하나를 택하면 다른 하나를 포기해야 하는 관계이다. 가령 공정가치를 적용하면 정보의 목적 적합성은 올라가지만, 공정가치를 계산하는 방법이 사람마다 다를 수 있기 때문에 객관성이 떨어진다. 그래서 표현의 충실성이 부족하다. 반대로 역사적 원가를 적용하면 실제로 발생한 사실이기 때문에 객관성이 올라가지만, 시가와 차이가 클 때는 평가 자체의 의미가 없어지므로 정보의 목적 적합성이 떨어진다.

### 역사적 원가법 _Historical Cost Principle

**역사적 원가법**(historical cost principle) 또는 원가주의(cost valuation basis)는 자산을 취득원가로 기록하는 방식이다. 이는 취득 시점뿐만 아니라 이후 보유하는 오랜 기간 동안에도 변함없이 적용된다. 예를 들어 토지를 ₩3,000만에 취득했다면 ₩3,000만으로 기록해야 하며 다음 해에 공정가치가 ₩4,000만으로 올랐다 하더라도 변함없이 ₩3,000만으로 평가한다.

### 공정가치법 _Fair Value Principle

**공정가치법**(fair value principle) 또는 시가주의(market price basis)는 자산과 부채를 공정가치로 기록하고 보고하는 방식이다. 공정가치는 자산을 매각할 때 받을 수 있는 시장 가치, 채무를 상환할 때 들어가는 돈을 의미하며, 경우에 따라 원가보다 더 유용한 정보가 된다. 즉 매각을 계획 중인 투자 주식은 공정가치로 평가해야 의미가 있다.

결국 어떤 평가법을 사용할 것인가는 앞서 설명했듯이 원가의 충실성과 시가의 목적 적합성 간 장단점을 비교하여 유용성에 따라 선택할 수 있게 하는 것이 효과적이다. 따라서 IFRS는 토지, 기계 장치 등의 유형자산을 전통적인 원가에서 벗어나 공정가치로도 평가할 수 있도록 허용한다. 그럼에도 불구하고 대부분의 기업은 유형자산의 시가에는 평가에 표현의 충실성(객관성)이 부족하다 하여 원가법에 따라 유형자산을 평가하는 것을 선호한다. 단, 매매증권의 평가처럼 표현의 충실성을 갖춘 시가(증권시장의 가격)가 있는 경우에는 공정가치법을 적용한다.

## 회계공준 _Assumptions

회계공준은 회계가 성립하기 위한 기본 전제(명제)를 말한다. 공준은 의심하거나 따지지 않고 그렇게 하기로 한 변함없는 약속이다. 회계공준에는 여러 가지가 있는데, 그중에서 화폐 가치 측정의 공준과 경제적 실체의 공준을 대표적으로 꼽을 수 있다.

### 화폐 가치 측정의 공준 _Monetary Unit Assumption

**화폐 가치 측정의 공준**(monetary unit assumption)에서는 화폐 가치로만 회계를 평가한다. 따라서 화폐로 평가할 수 있는 거래만이 기록의 대상이다. 이는 회계 분야에서 오래된 일종의 전통이자 고집이다. 그런데 이 공준으로 말미암아 기업의 중요한 정보 제공에 스스로 한계를 부여하게 된다. 예를 들어 경영자의 건강이나 임직원의 사기 등은 회계에서 다루지 않고 다룰 수도 없는데, 이는 화폐 가치로 평가할 수 없기 때문이다. 그러나 매우 중요한 정보이다.

이 책에서는 화폐 가치 측정의 공준에 따라 전 세계의 화폐 단위가 총동원된다. 각국의 화폐 단위는 다음과 같다.

| | | | |
|---|---|---|---|
| 호주 | $(달러) | 러시아 | ₽(루블) |
| 브라질 | R$(헤알) | 남아프리카 | R(랜드) |
| 중국 | ¥(위안) | 한국 | ₩(원) |
| 유럽 | €(유로) | 스위스 | CHF(스위스 프랑) |
| 홍콩 | HK$(홍콩 달러) | 대만 | NT$(신 대만 달러) |
| 인도 | ₹(루피) | 터키 | ₺(리라) |
| 인도네시아 | Rp(루피아) | 영국 | £(파운드) |
| 일본 | ¥(엔) | 미국 | $(달러) |

## 조직의 회계 | 회계를 전공하면 어떤 도움이 될까?

다음은 '회계 외 분야의 종사자가 회계를 공부하면 어떤 도움이 될까?'라는 질문에 대한 답의 일부이다.

**경영관리자:** 독일의 폭스바겐(Volkswagen), 사우디아라비아의 사우디텔레콤(Saudi Telecom), 미국의 서브웨이(Subway) 프랜차이즈, 일본의 후지(Fuji) 바이크숍을 운영하는 관리자는 자사의 현금이 어디서 창출되고 어디에 쓰이는지 흐름을 알 수 있다.

**영업 담당 임원:** 한국 현대자동차(Hyundai Motor) 영업 담당 임원의 과제는 영업 조직 강화이다. 그런데 돈에 민감한 영업사원의 성과급 정책을 어떻게 구성해야 할지 고민이다. 무작정 돈이 많이 든다면 차라리 차를 안 파는 것이 낫다.

**자금 담당 임원:** 대만 상하이상업저축은행(Shanghai Commercial & Savings Bank)이나 중국 ICBC의 재무 분석가라면 많은 회사의 재무제표를 분석해야 하기 때문에 회계가 본격적으로 쓰인다. 이는 회계학 강의 두세 개를 들어서 해결될 일이 아니다.

**부동산:** 홍콩프로퍼티서비스(Hong Kong Property Services)에 근무하는 중개인 정도라면 매수자가 레버리지로 빌린 은행 빚을 분할 상환할 능력이 있는지, 구입가를 상회할 만한 자본 이득이 생길 수 있는지, 취득에 따른 세금은 어떻게 구성되는지 등 재무적 내용에 통달해야 한다.

### 경제적 실체의 공준 _Economic Entity Assumption

**경제적 실체의 공준**(economic entity assumption)은 회계의 대상이 되는 사업이 경제적 실체로서 사회에 독립하여 별도로 존재한다는 관념적 믿음이다. 이 공준의 의미를 쉽게 이해하기 위해 우선 법에서 정한 법인을 생각해보자. 민법과 상법상 회사는 사람에 의해 운영되는 무생물이지만, 법률상 별도의 법인으로서 권리와 의무의 주체가 되고 소유주인 주주와 관계없이 존재한다. 그런데 경제적 실체의 공준은 법에서 말하는 법인의 사고를 더욱 확산한다. 다시 말해 법인이 아니더라도 사업체가 별도로 존재한다고 생각한다. 이는 회계 대상의 범위를 명확히 정하는 것으로 의미가 크다. 즉 회계 대상을 무한히 확산한 것이 아니라 일정한 책임의 단위로 범위를 한정하고 구분하기 위해 경제적 실체의 공준이 필요하다.

경제적 실체의 모습은 실로 다양하다. 회사일 수도 있고 정부 기관, 도서관, 교회도 가능하다. 인도의 마루티스즈키(Maruti Suzuki) 같은 기업체도 경제적 실체이고, 인도네시아 파푸아주 같은 정부 관청도 경제적 실체이다. 베이징시와 같은 지방자치단체와 불교 사원인 류룽사도 경제적 실체이다.

ETHICS NOTE
미국 회사인 아델피아(Adelphia)는 회사와 개인 간의 경계를 구분 못한 것으로 악명이 높다. 회사가 설립자 집안을 위해 은행 차입금 $20억의 보증을 서고 고위 임원들은 회삿돈을 사적으로 물 쓰듯 사용했다. 특히 기업이 소유주를 위해 지급 보증을 서는 것은 경제적 실체의 경계를 넘어서는 행위이므로 비난받아 마땅하다.

이와 같이 경제적 실체의 공준으로 인해 회계 대상은 어떤 종류건 다른 경제적 실체와 섞이면 안 된다. 특히 소유주의 경제 활동과 혼동하기 쉬우니 철저히 구분되어야 한다. 대만의 자전거 회사인 맥스웨이사이클(Maxway Cycles Co.)과 아시아바이시클트레이딩컴퍼니(Asia Bicycle Trading Company)의 비용이 절대 섞이면 안 되듯이, 대만의 자전거 사업체 바브스바이크숍(Barb's Bike Shop)의 소유주인 바브 수(Barb Su)의 개인 생활비와 사업에 쓰이는 비용은 철저히 구분되어야 한다.

상업 분야에서의 경제적 실체는 법적 성격에 따라 다음과 같은 형태로 구분할 수 있다. 구체적인 법률관계는 법의 영역이니 간단히 특징만 살펴보자.

**개인사업자** 한 사람이 소유하는 기업 형태인 **개인사업자**(proprietorship)는 개인이 사업을 하는 형태로서 대개는 소유주가 경영자이다. 배관 전문업체, 미용실, 자동차 수리점 같은 소규모 서비스 사업이나 농장, 옷가게, 중고 서점 같은 작은 소매상이 이에 해당한다. 처음 설립할 때 적은 투자금이 들며, 소유주는 사업체의 모든 이익을 향유하고 모든 손실을 감당하며 사업체의 모든 채무에 대해 무한책임을 진다. 사업체와 소유주 간에 법률적 경계가 없으나 회계는 법과 달리 사업체와 개인의 경제생활을 구분한다.

**조합** **조합**(partnership)은 개인사업자와 동일하지만 소유주가 여럿이다. 즉 2명 이상이 상호 출자하여 공동 사업을 경영하기로 계약하고 만들어진 인적 결합체이다.[2] 미국 등에서는 동업자를 파트너, 사업체를 파트너십이라고 한다. 조합은 소유주가 2명 이상이라는 법률관계를 빼면 개인사업자와 동일하다. 조합의 근간이 되는 동업 계약 또는 조합원 규약(partnership agreement)에는 초기 투자액의 크기, 상호 의무 분담, 이익 분배와 손실 부담에 관한 조항, 동업 계약 해지와 사망 시 처리 내용 등이 포함된다. 각 동업자는 사업체의 채무에 대해 무한책임을 진다. 그럼에도 불구하고 회계는 개인사업자와 마찬가지로 사업체와 소유주를 분리한다. 주로 소매상이나 변호사, 의사, 건축설계사, 회계사 등의 전문업 종사자가 조합의 형태를 띤다.

**법인** 삼성전자가 주주와 별도로 존재하듯이 기업이 별도 **법인**(corporation)으로 존재한다(법인 중 영리법인을 '회사'라고 부른다). 소유는 양도 가능한 주식으로 분산하고, 주식 소유자는 법인의 채무에 대해 유한책임을 진다. 주주의 지위는 이전 가능하여 양수도가 매우 용이하다. 그래서 주주는 자주 바뀌어도 법인은 무한한 존재인데, 이는 법인의 가장 큰 장점이다. 개인사업자와 조합의 수를 합하면 법인의 수를 훨씬 능가하지만 금액으로 따지면 법인이 절대적으로 우세하다. 글로벌 거대 기업은 모두 법인 형태를 띤다. 세계적인 기업인 ING(네덜란드), 로열더치셸(Royal Dutch Shell, 영국·네덜란드), 애플(Apple Inc., 미국), 포르티스(Fortis, 벨기에), 토요타(Toyota, 일본)는 모두 법인이다.

### DO IT! 2 회계의 구성 요소

다음 설명이 맞으면 ○, 틀리면 ×로 표시하고, 틀린 부분을 바르게 고쳐라.

1. 컨버전스는 IFRS와 U.S. GAAP 간의 차이를 줄이려는 노력이다.
2. 영국 런던에 있는 International Accounting Standards Board(IASB)는 회계기준을 만드는 기구이다.
3. 역사적 원가법에서는 취득원가로 기재한 후 추후 공정가치가 증가하면 수정한다.
4. 목적 적합성은 실제로 일어난 사실, 사건을 의미한다.
5. 사업체에 쓰이는 비용이 소유주의 개인 비용과 구분된다는 것은 경제적 실체의 공준에 따른 것이다.

**해답** 1. ○ 2. ○ 3. ×(차후에도 공정가치로 변경하지 않는다.) 4. ×(표현의 충실성에 대한 설명이다.) 5. ○

---

2 역자 주: 파트너십은 우리나라의 민법상 조합, 상법상 익명조합과 가장 유사하다.

학습목표

회계 항등식과 그 구성 요소를 이해한다.

## 회계 항등식 _The Accounting Equation

기업의 경제적 가치를 산출하는 방법은 여러 가지이다. 가장 설득력이 있고 현재까지 일치되는 견해를 보이는 방법은 기업이 앞으로 벌어들일 현금을 모두 쌓아놓고 그 크기를 비교하는 것이다. 즉 기업의 경제적 가치를 '미래의 현금 창출 능력'으로 보는 것이다. 그러나 미래에 대한 예측은 계산하는 사람마다 달라서 객관적이지 못하다. 이론적으로는 수긍이 가지만 방법론으로는 부족하다.

그러므로 회계에서는 기업이 무엇을 가지고 있는지, 무엇을 부담하고 있는지에 따라 경제적 가치가 좌우된다고 생각한다. 현재의 소유에서 부담을 공제함으로써 기업의 경제적 가치를 산출한다. 이때 기업이 가지고 있는 것을 '자산'이라고 하며, 부담하고 있는 것을 그 성격에 따라 '부채', '자본'이라고 한다. 자산은 기업이 보유하여 사업의 재료(resource)로 사용할 수 있는 힘(용역 잠재력)의 일체로서 기업에 효익을 가져다줄 수 있는 능력을 지니고 있으며, 능력을 상실한 자산은 더 이상 자산이 아니다.

기업의 자산은 크게 두 군데에서 조달된다. 즉 은행 등의 채권자로부터 차입하거나 주주로부터 투자받은 자금으로 취득한다. 따라서 채권자와 주주는 기업의 자산에 대해 법이 정한 일정한 권리를 보유한다. 이는 기업 입장에서는 의무를 부담하는 것이고, 궁극적으로는 기업의 자산으로 갚아야 한다. 회계에서는 채권자가 가지고 있는 기업에 대한 권리를 '부채', 소유주가 가지고 있는 기업에 대한 권리를 '자본'이라고 한다. 자산은 부채와 자본으로 조달되므로 자산은 부채와 자본의 합과 늘 같다. 예를 들어 아디다스(adidas, 독일)의 총자산은 €15조 1,760억이다. 이 자산에 대한 청구권은 채권자와 주주가 보유하므로 자산 총계는 부채 €8조 7,210억, 자본 €6조 4,550억의 합인 €15조 1,760억과 동액이다.

이와 같이 자산의 원천이 부채와 자본이라고 보는 틀에서는 자산이 항상 부채와 자본의 합인데, 이를 **회계 항등식**(accounting equation)이라고 한다. 항등식은 좌우가 항상 같은 공식을 말한다. 따라서 자산, 부채, 자본 중 어느 항목이 늘거나 줄어들면 반드시 다른 항목이 대응하여 변동함으로써 양측의 합계가 늘 일치하게 된다. 즉 그림 1.5와 같은 공식이 성립한다.

**그림 1.5** 회계 항등식

**자산 = 부채 + 자본**

역자 한마디

회계 항등식에는 회계의 마술이 있다. 방식은 단순해 보이지만 거래가 발생할 때마다 회계 항등식의 양측에 두 번 기록함으로써 회계의 정확성을 기할 뿐 아니라 기업이 보유하고 있는 자산, 부채, 자본을 실시간으로 양측에서 보여주므로 대단한 위력을 발휘한다. 이러한 기록 방법을 '복식부기(double-entry system)'라고 하는데, 회계 항등식의 양측에서 동시에 기록하기 때문에 이러한 명칭이 붙었다.

회계 항등식은 회계의 기본으로 당연히 회사의 규모와도 상관이 없고, IFRS를 적용하건 U.S. GAAP을 적용하건 똑같다. 이는 회계기준상의 이슈가 아니라 기록이라는 측면에서 본 회계구조상의 틀이기 때문이다. 회사가 크고 복잡하면 자산과 부채, 자본을 구성하는 항목(계정과목)의 수가 많을 뿐 회계 항등식은 동일하다. 회계 항등식은 회계의 근간이고 핵심이다. '자산 = 부채 + 자본'이라는 항등식은 회계를 하는 한 절대 잊어서는 안 되는 공식이다. 얼마나 많은 거래가 발생하든 회계 항등식에서는 항상 자산과 부채, 자본의 양측에 같은 금액이 누적되고 기록되어 쌓임으로써 일정 시점의 자산과 부채, 자본의 크기를 언제나 보여줄 수 있다.

한편 부채는 회사에 현금이나 어떤 형태로든 만기에 상환을 요구할 수 있는 채권자의 청구권이므로, 사업을 청산하는 경우 부채 상환을 먼저 하고 남는 잔여 재산이 있어야 소유주(주주)에게 배분될 수 있다. 이는 법에서 정한 부채와 자본의 권리 순서이다. 그래서 재무제표상 부채를 자본보다 먼저 표시하는 관례가 생겼으나 최근에는 고정성 배열법에 따라 부채에 앞서 자본을 표시하는 경우도 많아졌다.

가장 전형적인 경제적 실체는 법인 중에서도 주식회사이다. 그러므로 주식회사를 전제로 자산, 부채, 자본, 수익, 비용 등에 대해 설명할 것이다.

### 자산 _Assets

**자산**(assets)은 사업의 수단이다. 기업은 각종 자산을 가지고 수익을 창출한다. 따라서 자산의 크기나 내재된 능력으로 회사의 능력이 결정되고 그 능력은 미래의 현금 창출 능력으로 귀결된다. 사업의 시작도 현금으로 출발하고 사업의 종결도 현금으로 마감된다. 그 과정에서 현금은 다양한 형태의 자산으로 변화되어 존재한다. 예를 들어 동네 피자 가게인 타이페이피자의 자산은 현금에서 출발했지만 시간이 흐름에 따라 현금 외에도 배달 차량, 탁자와 의자, 오디오 시스템, 현금출납기, 주방 설비와 식기 등 실로 다양하게 구성된다.

### 부채 _Liabilities

**부채**(liabilities)는 자산에 대한 채권자(creditor)의 청구권이다. 빚을 내거나 외상으로 자산을 구입했다면 현금이라는 자산으로 되갚아야 한다. 채권자는 적시에 상환받지 못하면 법원의 판결을 통해 담보로 잡은 자산을 경매로 처분하거나 회사를 청산하여 채권을 회수할 수 있는 법적 능력을 가진다. 타이페이피자가 피자를 만드는 데 필요한 치즈, 소시지, 밀가루와 음료수를 신용으로 샀다면 '매입채무'라는 부채를 부담하게 된다. 또한 배달 차량을 구입하기 위해 은행에서 어음을 발행하여 자금을 조달했다면 '지급어음'이라는 부채가 생긴다. 종업원의 급여가 밀려도 부채가 생기고, 재산세나 부가세를 내지 않아도 부채가 생긴다.

### 자본 _Equity

사업체의 자산에 대한 소유주의 권리를 **자본**(equity)이라고 한다. 채권자의 권리가 주주의 권리보다 우선하기 때문에 자본은 자산에서 부채를 공제한 금액이다. 그래서 자본을 잔여 지분(residual equity)이라고도 한다. 자본은 성격에 따라 자본금과 이익잉여금으로 나뉜다.

#### 자본금 _Share Capital – Ordinary

**자본금**(share capital – ordinary)은 회사가 주주들에게 주식을 주고 조달한 자금을 말한다(주식의 종류가 다를 수 있으며, 그중 기본이 되는 주식을 보통주라고 한다). 회사는 존속 기간 동안 항상 자본금의 가치가 훼손되지 않도록 유지하기 위해 노력해야 할 의무가 있다. 이는 소유주인 주주에 대한 도리이다. 따라서 자본금으로 회계 처리를 한다는 것에서 그 가치만큼은 반드시 지키겠다는 경영자의 의지를 읽을 수 있다. 상법에 따라 자본금은 다시 법정자본금과 자본잉여금으로 구분되는데, 이는 12장에서 자세히 다룰 것이다.

## 이익잉여금 _Retained Earning

**이익잉여금**(retained earnings)은 회사가 설립 이후 만들어낸 손익(net income)의 누적액으로서 주주에 귀속되는 금액이다. 수익과 비용에 의해 손익이 결정되고 누적된 손익은 원칙적으로 주주들에게 분배된다고 보면 이익잉여금은 아직 주주들에게 배부하지 않고 회사가 보유하고 있는 손익의 누계액이다. 그런데 손익은 수익에서 비용을 차감한 것이니 결국 이익잉여금은 수익과 비용, 배당으로 결정된다. 즉 단순했던 회계 항등식 '자산 = 부채 + 자본'에서 자본을 자본금과 이익잉여금으로 나누고 이익잉여금을 다시 '수익 − 비용 − 배당금'으로 세분하여 공식이 좀 더 복잡해진다. 그러나 복잡하게 섞여 있는 자산과 부채의 수많은 항목(계정과목)을 회계 항등식에 따라 자산과 부채, 자본으로 나누어 정리하면 결국 회계 항등식 내에서 대분류와 소분류 체계의 차이일 뿐이다.

HINT
수익이 발생하면 자본의 증가에 따라 자산이 증가하거나 부채가 감소한다.

**수익** 기업이 벌인 사업으로 유입되는 경제적 가치를 **수익**(revenue)이라고 한다. 수익이 발생하면 자본 중 이익잉여금이 증가하고 이에 따라 자산도 증가한다. 일반적으로 기업은 재화와 용역을 공급하고 재산을 임대하거나 자금을 대여하고 돈을 벌어들인다. 벌어들인 돈을 바라보는 관점은 두 가지이다. 재산적 관점에서 보면 자산의 증가이고, 손익적 관점에서 보면 이익잉여금으로서 수익의 발생이다. 이러한 두 가지 관점을 모두 기록하는 것이 회계 항등식을 이용한 복식부기이다. 수익은 재화와 용역을 공급하는 매출과 수입수수료, 수입이자와 배당, 로열티, 임대료 등 그 원천이 매우 다양하다. 타이페이피자의 경우 피자를 만들어 음료수와 함께 판매하는 것이 주요 수익원이다.

**비용** **비용**(expense)은 수익 창출 과정에서 희생되고 사용된 자산의 원가이다. 비용은 자본 중 이익잉여금을 감소시키고 자산을 감소시킨다. 타이페이피자의 경우 피자를 만들기 위해 투입한 밀가루와 소스의 소비량, 주방장 인건비 등을 비용인 매출 원가로 인식하고 급여, 광열비, 비품과 소모품비, 피자 배달에 쓰이는 주유비, 임차료, 지급이자와 세금공과를 비용인 판매관리비로 인식하고 지출한다.

**배당금** 당기손익은 수익에서 비용을 공제한 것으로, 남으면 순자산의 증가이다. 다른 사용처가 없으면 주주에게 현금으로 나눠주는데, 이를 **배당금**(dividend)이라고 한다. 배당금은 이익잉여금을 감소시키지만 비용과는 성격이 전혀 다르다.

지금까지 설명한 자본의 증감에 영향을 미치는 거래를 그림 1.6에 도식화했다.

**그림 1.6** 자본의 증감에 미치는 영향

**DO IT! 3 자본에 미치는 영향**

다음 거래 항목이 자본, 배당금, 수익, 비용인지 구분하고 자본의 증감에 미치는 영향을 분석하라.

a. 임차료 b. 용역 수익 c. 배당금 d. 급여

**해답** a. 비용(자본을 감소시킴) b. 수익(자본을 증가시킴) c. 배당금(자본을 감소시킴) d. 비용(자본을 감소시킴)

## 회계 항등식에 의한 거래 분석 _Analyzing Business Transactions

**학습목표**
회계 항등식을 가지고 거래를 분석한다.

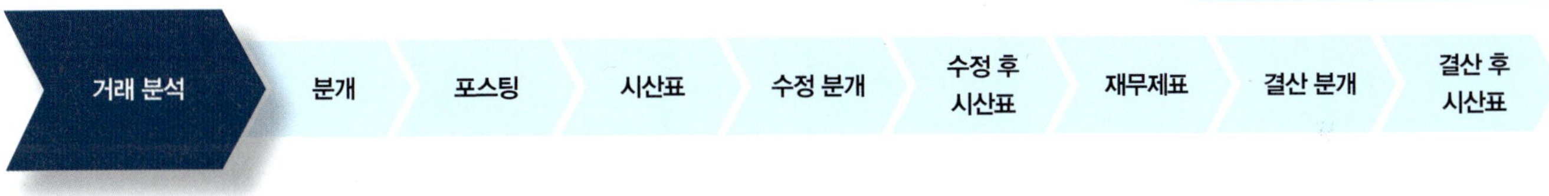


회사가 결산기마다 반복하는 과정, 즉 거래를 기록하여 재무제표를 만드는 회계순환 과정을 나타낸 그림이다.

정보공학적 관점에서 보면 회계는 거래에서 데이터를 뽑아 적절한 과정과 가공을 거쳐 정보를 만든 후 의사결정자에게 제공하는 것이니 훌륭한 **정보 시스템**(information system)이다. 정보 시스템이 구체적으로 어떤 모습을 띨지는 사업의 성격, 거래 유형과 양, 기업의 규모, 경영자의 스타일에 따라 다르다.

대부분의 기업은 처리해야 할 데이터가 방대하므로 계산 오류를 방지하고 정보의 신속성을 기하기 위해 전산화된 회계 시스템을 사용한다. 이를 전자 정보처리 시스템(electronic data processing system, EDPS)이라고 하는데, 거래 입력부터 최종 재무제표 산출까지 일관된 작업을 전산으로 처리하는 것일 뿐 수작업 회계 시스템과 다를 바가 없다. 정보공학과 컴퓨터의 급속한 발전에 따라 기업은 EDPS에 투입하는 비용을 아끼지 말아야 한다. 투시롤(Tootsie Roll, 미국)은 첨단 정보공학을 발전과 성장의 핵심 전략으로 보고 시스템 개발에 투자를 아끼지 않겠다고 밝힌 바 있다.

회계 시스템은 **회계순환**(accounting cycle)이라는 절차를 기본 골격으로 한다. 회계순환은 같은 작업을 무한히 반복한다는 의미에서 붙은 명칭이다. 회계순환은 거래를 인식하여 기록하고 재무제표를 작성하여 공표한 후, 다시 거래를 인식하고 기록하여 주기적으로 계속 재무제표를 업데이트한다. 회계순환에 대한 설명은 2장으로 이어진다.

### 거래 _Accounting Transactions

기업의 경제적 사건인 **거래**(transaction)는 회사 장부에 기록된다. 회계 거래는 외부에서도 일어나고 내부에서도 일어난다. 타이페이피자 매장이 주방 설비를 구매하거나 건물주에게 임차료를 내고 피자를 손님에게 파는 것은 외부 거래이고, 주방 시설을 사용하는 것은 내부 거래이다. 그런데 자산, 부채, 자본의 변동이 일어나야 회계상 거래이므로 회계상 거래가 아닌 것도 많다. 종업원을 고용하거나 이메일에 답변하거나 손님과 대화하거나 주문을 받는 것 등은 회계상 거래가 아니다. 그렇지만 종업원을 고용하면 급여가 나가는 것처럼 나중 거래와 관계가 있을 수도 있다.

회계는 먼저 회계 항등식에 어떤 영향을 주는지 거래를 분석해야 한다. 그래서 경제적 가치에 영향을 준다고 판단되면 회계적 기록을 해야 한다. 그림 1.7을 보면 쉽게 이해될 것이다. 그리고 항등식은 항상 두 번의 변화가 있다는 것을 명심해야 한다. 항등식이니 하나가 변하면 반드시 다른 하나가 변해야 같아진다. 예를 들어 자산이 증가하면 반드시 상응하는 변화가 일어나야 한다. 즉 다른 자산이 감소하거나 부채 또는 자본이 증가한다.

**그림 1.7** 거래 인식 과정

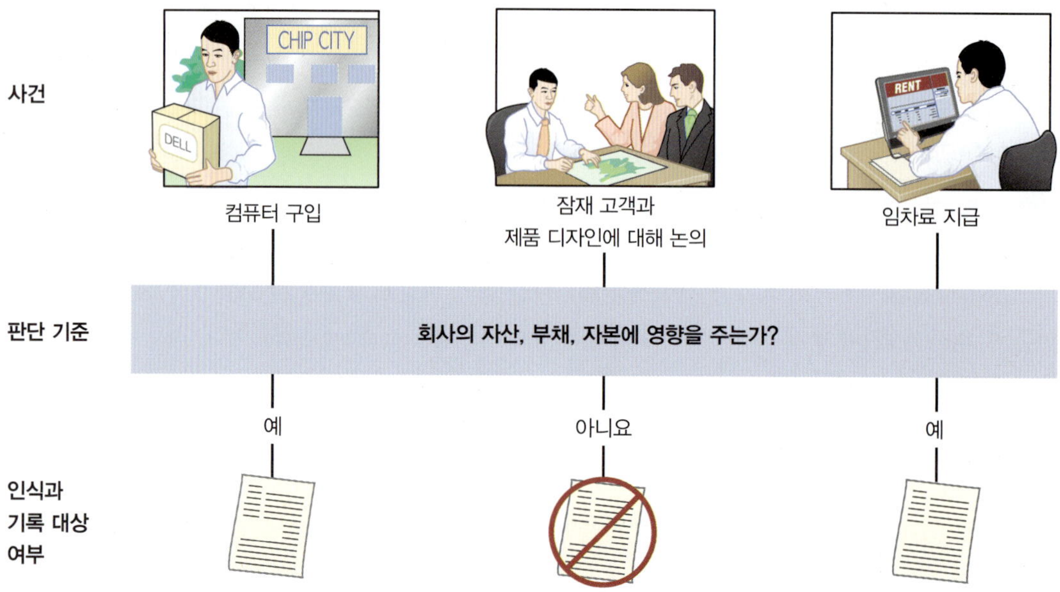


그런데 항목 하나씩 영향을 주는 단순 거래보다는 자산이 €1만 증가하면 부채가 €6,000, 자본이 €4,000 증가하듯 여러 항목에 영향을 주는 경우가 더 보편적이다.

## 회계 항등식에의 거래 적용 _Transaction Analysis

다양한 거래를 회계 처리하려면 회계 항등식을 구성 요소별로 좀 더 복잡하게 만들어볼 필요가 있다. 즉 자본을 자본금과 이익잉여금으로 구분하고, 이익잉여금은 당기손익(수익 − 비용)의 발생과 배당금의 지급에 따라 변동하니 회계 항등식을 풀어헤치면 그림 1.8과 같이 된다. 이를 **확장된 회계 항등식**(expanded accounting equation)이라고 한다.[3]

3 역자 주: 확장된 회계 항등식은 강학 목적으로 비교적 간단히 나타낸 것이다. 실제로는 자본을 자본금과 이익잉여금, 기타포괄손익누계액으로 대별하고 자본금을 법정자본금, 자본잉여금, 자본조정으로 다시 세분하며, 이익잉여금을 배당금을 제하고 과거에 발생하여 사내 유보된 누계손익과 당기손익(수익 − 비용) 등으로 구분하면 회계 항등식이 더 확장될 수 있다.

**그림 1.8** 확장된 회계 항등식

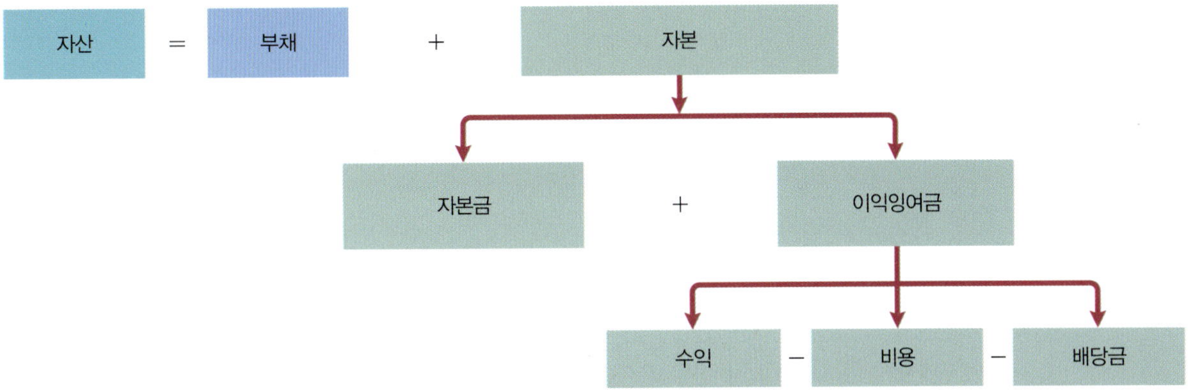


그런 다음 확장된 회계 항등식을 이용하여 회사의 거래를 실제로 처리해보는 과정을 통해 우리는 복식부기를 명확히 이해할 수 있다. 여러 번 강조하지만, 거래마다 같은 금액이 회계 항등식 '자산 = 부채 + 자본'의 양측에 차곡차곡 더해지므로 양측의 금액이 항상 일치하는데, 이를 통해 회계 항등식은 매 순간 자산, 부채, 자본의 크기를 표시함으로써 기업의 경제적 가치를 늘 보여준다는 회계의 기본을 명심하자.

다음은 Softbyte SA의 2020년 9월 한 달간 거래를 회계 항등식에 대입하여 회계 처리를 한 내용이다.

**거래 (1): 주주의 최초 투자** 레이와 닐은 Softbyte라는 회사를 설립하고 스마트폰 앱을 개발하기로 했다. 이에 2020년 9월 1일 €15,000를 들여 창업하고 보통주를 받았다. 회사의 현금이 늘고 자본금이 증가한다.

| 거래 분석 | 자산에서 현금이 €15,000 증가하고 자본에서 자본금이 €15,000 증가한다. | | | | | |
|---|---|---|---|---|---|---|
| **회계 항등식에 대입** | | **자산** | = | **부채** | + | **자본** | |
| | | 현금 | = | | | 자본금 | |
| | (1) | **+€15,000** | = | | | **+€15,000** | 주식 발행 |

위 회계 항등식을 보면 양측의 합계가 같다. 그런데 자본을 증가시키는 요인 중 주주로부터의 자본금 유입을 수익과 철저히 구분해야 한다. 그렇지 않으면 수익은 배당 대상이 되므로 자칫하면 투입된 자본금이 배당으로 사외(社外)에 유출될 수 있다.

**거래 (2): 설비를 현금으로 구입** Softbyte는 현금 €7,000를 주고 사무용 컴퓨터를 구입했다. 자산으로 설비가 €7,000 생기고 현금이 €7,000 감소한다.

| 거래 분석 | 자산에서 현금이 €7,000 감소하고 설비가 €7,000 증가한다. |
|---|---|

**회계 항등식에 대입**

| | 자산 | | | = | 부채 | + | 자본 |
|---|---|---|---|---|---|---|---|
| | 현금 | + | 설비 | = | | | 자본금 |
| | €15,000 | | | | | | €15,000 |
| (2) | −7,000 | | +€7,000 | | | | |
| | € 8,000 | + | €7,000 | = | | | €15,000 |
| | €15,000 | | | | | | |

총자산은 변함없이 €15,000이고 자본의 자본금도 그대로 €15,000이다.

**거래 (3): 소모품을 외상으로 구입** Softbyte는 10월에 갚기로 하고 Mobile Solutions로부터 €1,600의 컴퓨터 주변기기를 신용으로 구입했다. 소모품이 €1,600 생기고 미지급금(지급채무)이 €1,600 발생한다. 지급채무는 매입채무를 포함해서 사용하는 용어이기도 하지만 구분해서 쓰는 경우 매입채무는 매출거래에 소요되는 주원료와 관련된 미지급금을 말한다.

| 거래 분석 | 자산에서 소모품이 €1,600 증가하고 부채에서 미지급금이 €1,600 증가한다. |
|---|---|

**회계 항등식에 대입**

| | 자산 | | | | | = | 부채 | + | 자본 |
|---|---|---|---|---|---|---|---|---|---|
| | 현금 | + | 소모품 | + | 설비 | = | 미지급금 | + | 자본금 |
| | €8,000 | | | | €7,000 | | | | €15,000 |
| (3) | | | +€1,600 | | | | +€1,600 | | |
| | €8,000 | + | €1,600 | + | €7,000 | = | €1,600 | + | €15,000 |
| | €16,600 | | | | | | €16,600 | | |

총자산이 €16,600로 증가하는데, 이는 채권자의 권리인 부채 €1,600와 주주의 권리인 자본 €15,000의 합과 일치한다.

**거래 (4): 현금 매출 창출** Softbyte는 고객에게 앱을 개발해주고 현금으로 €1,200를 받았다. 현금자산이 €1,200 증가하고 용역 매출로 수익이 €1,200 발생한다. 매출은 주요 수익원이고 수익은 자본의 증감 항목이다.

| 거래 분석 | 자산에서 현금이 €1,200 증가하고 수익으로 인해 자본이 €1,200 증가한다. |
|---|---|

**회계 항등식에 대입**

| | 자산 | | | | | = | 부채 | + | 자본 | | | | | | | |
|---|---|---|---|---|---|---|---|---|---|---|---|---|---|---|---|---|
| | | | | | | | | | | | 이익잉여금 | | | | | |
| | 현금 | + | 소모품 | + | 설비 | = | 미지급금 | + | 자본금 | + | 수익 | − | 비용 | − | 배당금 | |
| | €8,000 | | €1,600 | | €7,000 | | €1,600 | | €15,000 | | | | | | | |
| (4) | +1,200 | | | | | | | | | | +€1,200 | | | | | 매출 |
| | €9,200 | + | €1,600 | + | €7,000 | = | €1,600 | + | €15,000 | + | €1,200 | | | | | |
| | €17,800 | | | | | | €17,800 | | | | | | | | | |

이제 회계 항등식의 양측은 동일하게 €17,800이다. 용역 매출은 수익으로서 Softbyte의 당기손익을 결정하고, 당기손익은 '수익 – 비용'으로 산출된다.

**거래 (5): 외상으로 광고 집행** Softbyte는 《Programming News》에 광고를 하고 €250의 청구서를 받았다. 비용이 €250 발생하여 자본이 감소하고 지급채무(미지급금)가 €250 발생하여 부채가 증가한다.

| 거래 분석 | 부채에서 미지급금이 €250 발생하고 광고 집행으로 자본이 €250 감소한다. |
|---|---|

**회계 항등식에 대입**

| | 자산 | | | | | = | 부채 | + | 자본 | | | | | | | |
|---|---|---|---|---|---|---|---|---|---|---|---|---|---|---|---|---|
| | | | | | | | | | | | 이익잉여금 | | | | | |
| | 현금 | + | 소모품 | + | 설비 | = | 미지급금 | + | 자본금 | + | 수익 | – | 비용 | – | 배당금 | |
| | €9,200 | | €1,600 | | €7,000 | | €1,600 | | €15,000 | | €1,200 | | | | | |
| (5) | | | | | | | +250 | | | | | | –€250 | | | 광고비 |
| | €9,200 | + | €1,600 | + | €7,000 | = | €1,850 | + | €15,000 | + | €1,200 | – | €250 | | | |
| | €17,800 | | | | | | €17,800 | | | | | | | | | |

회계 항등식의 양측은 여전히 €17,800이다. 광고비는 비용이며 비용은 당기손익을 구성한다. 비용이 발생했지만 Softbyte는 대금을 지불하지 않아 채무인 미지급금이 발생하는데, 추후 미지급금을 상환하면 현금이 감소하고 채무가 줄어든다.

**거래 (6): 매출채권 발생** €3,500를 매출한 Softbyte는 대가로 현금 €1,500를 받고 잔금 €2,000는 나중에 받기로 했다. 수익이 €3,500 발생하여 자본이 증가하고, 자산인 현금이 €1,500 증가하고, 매출채권이 €2,000 발생한다.

| 거래 분석 | 자산에서 현금이 €1,500 증가하고 매출채권이 €2,000 발생하며, 수익으로 인해 자본이 €3,500 증가한다. |
|---|---|

**회계 항등식에 대입**

| | 자산 | | | | | | | = | 부채 | + | 자본 | | | | | | | |
|---|---|---|---|---|---|---|---|---|---|---|---|---|---|---|---|---|---|---|
| | | | | | | | | | | | | | 이익잉여금 | | | | | |
| | 현금 | + | 매출채권 | + | 소모품 | + | 설비 | = | 미지급금 | + | 자본금 | + | 수익 | – | 비용 | – | 배당금 | |
| | € 9,200 | | | | €1,600 | | €7,000 | | €1,850 | | €15,000 | | €1,200 | | €250 | | | |
| (6) | +1,500 | | +€2,000 | | | | | | | | | | +3,500 | | | | | 매출 |
| | €10,700 | + | €2,000 | + | €1,600 | + | €7,000 | = | €1,850 | + | €15,000 | + | €4,700 | – | €250 | | | |
| | €21,300 | | | | | | | | €21,300 | | | | | | | | | |

Softbyte는 고객에게 대금 €2,000를 받을 권리를 확보했다. 추후에 €2,000를 회수하면 현금이 증가하고 매출채권이 감소한다.

**거래 (7): 비용 지급** Softbyte는 임차료 €600, 급여 €900, 수도광열비 €200를 현금으로 지급했다. 비용이 총 €1,700 발생하여 이익잉여금이 감소하고 자산인 현금이 €1,700 감소한다. 즉 자산과 자본이 동액만큼 감소한다.

**거래 분석** 자산에서 현금이 €1,700 감소하고 비용으로 인해 자본이 €1,700 감소한다.

**회계 항등식에 대입**

| | 자산 | | | | = 부채 | + 자본 | | | | |
|---|---|---|---|---|---|---|---|---|---|---|
| | | | | | | | 이익잉여금 | | | |
| | 현금 | + 매출채권 | + 소모품 | + 설비 | = 미지급금 | + 자본금 | + 수익 | − 비용 | − 배당금 | |
| | €10,700 | €2,000 | €1,600 | €7,000 | €1,850 | €15,000 | €4,700 | € 250 | | |
| (7) | **−1,700** | | | | | | | **−600** | | **임차료** |
| | | | | | | | | **−900** | | **급여** |
| | | | | | | | | **−200** | | **수도광열비** |
| | € 9,000 | + €2,000 | + €1,600 | + €7,000 | = €1,850 | + €15,000 | + €4,700 | − €1,950 | | |
| | €19,600 | | | | €19,600 | | | | | |

회계 항등식의 양측은 €19,600로 같다.

**거래 (8): 미지급금 지급** Softbyte는 거래 (5)의 미지급금 €250를 《Programming News》에 변제했다. 부채인 지급채무가 €250 감소하고 자산인 현금이 €250 감소한다.

**거래 분석** 자산에서 현금이 €250 감소하고 부채에서 지급채무가 €250 감소한다.

**회계 항등식에 대입**

| | 자산 | | | | = 부채 | + 자본 | | | |
|---|---|---|---|---|---|---|---|---|---|
| | | | | | | | 이익잉여금 | | |
| | 현금 | + 매출채권 | + 소모품 | + 설비 | = 미지급금 | + 자본금 | + 수익 | − 비용 | − 배당금 |
| | € 9,000 | €2,000 | €1,600 | €7,000 | €1,850 | €15,000 | €4,700 | €1,950 | |
| (8) | **−250** | | | | **−250** | | | | |
| | €8,750 | + €2,000 | + €1,600 | + €7,000 | = €1,600 | + €15,000 | + €4,700 | − €1,950 | |
| | €19,350 | | | | €19,350 | | | | |

부채의 상환은 자본과 전혀 무관하다. 자본의 감소 항목인 비용을 발생 시 이미 인식했기 때문이다. 현금 지출 시 비용을 두 번 인식하지 않도록 유의한다.

**거래 (9): 매출채권 회수** Softbyte는 거래 (6)의 매출채권 중 €600를 현금으로 회수했다. 자산에서 현금이 €600 증가하고 매출채권이 €600 감소한다. 같은 자산 내 변동이므로 자산 총액은 변하지 않는다.

**거래 분석** 자산에서 현금이 €600 증가하고 매출채권이 €600 감소한다.

**회계 항등식에 대입**

| | 자산 | | | | = 부채 | + 자본 | | | |
|---|---|---|---|---|---|---|---|---|---|
| | | | | | | | 이익잉여금 | | |
| | 현금 | + 매출채권 | + 소모품 | + 설비 | = 미지급금 | + 자본금 | + 수익 | − 비용 | − 배당금 |
| | €8,750 | €2,000 | €1,600 | €7,000 | €1,600 | €15,000 | €4,700 | €1,950 | |
| (9) | **+600** | **−600** | | | | | | | |
| | €9,350 | + €1,400 | + €1,600 | + €7,000 | = €1,600 | + €15,000 | + €4,700 | − €1,950 | |
| | €19,350 | | | | €19,350 | | | | |

현금이 들어왔다고 해서 자본이 증가하면 안 된다. 거래 (6)에서 이미 자본 증가로 인식한 매출채권에서 돈이 들어온 것이므로, 입금되었다고 해서 수익을 두 번 인식하지 않도록 유의한다.

**거래 (10): 배당금 지급** Softbyte는 배당금으로 현금 €1,300를 지급했다. 현금이 €1,300 감소하고 자본인 이익잉여금이 €1,300 감소한다.

| 거래 분석 | 자산에서 현금이 €1,300 감소하고 배당금으로 인해 자본이 €1,300 감소한다. |
|---|---|

**회계 항등식에 대입**

| | 자산 | | | | = | 부채 | + | 자본 | | | | |
|---|---|---|---|---|---|---|---|---|---|---|---|---|
| | | | | | | | | | 이익잉여금 | | | |
| | 현금 + | 매출채권 + | 소모품 + | 설비 | = | 미지급금 | + | 자본금 + | 수익 − | 비용 − | 배당금 | |
| | €9,350 | €1,400 | €1,600 | €7,000 | | €1,600 | | €15,000 | €4,700 | €1,950 | | |
| (10) | −1,300 | | | | | | | | | | −€1,300 | 배당금 |
| | €8,050 + | €1,400 + | €1,600 + | €7,000 | = | €1,600 | + | €15,000 + | €4,700 − | €1,950 − | €1,300 | |
| | €18,050 | | | | | €18,050 | | | | | | |

배당금은 이익잉여금의 감소 항목이고 비용이 아니므로 손익 계산과 무관하다. 손익은 수익에서 비용을 차감하여 산출한다.

## 거래 집계 _Summary of Transactions

지금까지 발생한 거래를 표 하나에 모두 열거하여 거래 집계 분석표를 만들면 그림 1.9와 같다. 표를 볼 때 다음 사항에 유의한다.

1. 각각의 거래는 자산, 부채, 자본의 구체적인 항목으로 세 요소 어디에든 속해야 한다.
2. 회계 항등식 양측의 합은 항상 같다.
3. 자본은 자본금과 이익잉여금으로 구분하여 자산에 대한 소유주의 권리 변동 내역을 보여준다.

**그림 1.9** Softbyte SA의 거래 집계 분석표

| | 자산 | | | | = | 부채 | + | 자본 | | | | |
|---|---|---|---|---|---|---|---|---|---|---|---|---|
| | | | | | | | | | 이익잉여금 | | | |
| 거래 | 현금 + | 매출채권 + | 소모품 + | 설비 | = | 미지급금 | + | 자본금 + | 수익 − | 비용 − | 배당금 | |
| (1) | +€15,000 | | | | | | + | €15,000 | | | | 주식 발행 |
| (2) | −7,000 | | | +€7,000 | | | | | | | | |
| (3) | | | +€1,600 | | | +€1,600 | | | | | | |
| (4) | +1,200 | | | | | | | | +€1,200 | | | 매출 |
| (5) | | | | | | +250 | | | | −€250 | | 광고비 |
| (6) | +1,500 | +€2,000 | | | | | | | +3,500 | | | 매출 |
| (7) | −1,700 | | | | | | | | | −600 | | 임차료 |
| | | | | | | | | | | −900 | | 급여 |
| | | | | | | | | | | −200 | | 수도광열비 |
| (8) | −250 | | | | | −250 | | | | | | |
| (9) | +600 | −600 | | | | | | | | | | |
| (10) | −1,300 | | | | | | | | | | −€1,300 | 배당금 |
| | € 8,050 + | €1,400 + | €1,600 + | €7,000 | = | €1,600 | + | €15,000 + | €4,700 − | €1,950 − | €1,300 | |
| | **€18,050** | | | | | **€18,050** | | | | | | |

### DO IT! 4 거래 집계 분석표 작성

다음은 프랑스 회계법인인 Virmari & Co.에서 8월 동안 발생한 거래이다. 그림 1.9처럼 확장된 회계 항등식에 대입하여 거래 분석표를 작성하라.

1. 보통주 €25,000를 현금으로 발행했다.
2. 사무실 비품을 €7,000 신용으로 구입했다.
3. 수수료로 €8,000를 받았다.
4. 임차료 €850를 지불했다.
5. 배당금으로 현금 €1,000를 지급했다.

**해답**

| | 자산 | | | = | 부채 | + | 자본 | | | | | | | |
|---|---|---|---|---|---|---|---|---|---|---|---|---|---|---|
| | | | | | | | | | 이익잉여금 | | | | | |
| 거래 | 현금 | + | 비품 | = | 미지급금 | + | 자본금 | + | 수익 | − | 비용 | − | 배당금 | |
| (1) | +€25,000 | | | | | | +€25,000 | | | | | | | |
| (2) | | | +€7,000 | | +€7,000 | | | | | | | | | |
| (3) | +8,000 | | | | | | | | +€8,000 | | | | | 수수료 |
| (4) | −850 | | | | | | | | | | −€850 | | | 임차료 |
| (5) | −1,000 | | | | | | | | | | | | −€1,000 | 배당금 |
| | €31,150 | + | €7,000 | = | €7,000 | + | €25,000 | + | €8,000 | − | €850 | − | €1,000 | |
| | €38,150 | | | | €38,150 | | | | | | | | | |

**학습목표**

다섯 가지 재무제표와 작성법을 이해한다.

## 재무제표 _Financial Statements

재무제표는 기업이 외부 정보 이용자에게 전달하기 위해 회계기준에 따라 작성한 회계 보고서이다. 재무제표에는 손익계산서, 이익잉여금계산서, 재무상태표, 현금흐름표, 포괄손익계산서가 있다. 이 가운데 재무상태표만 일정 시점에 형성되어 있는 기업의 경제적 가치를 표시하고 손익계산서, 이익잉여금계산서, 현금흐름표, 포괄손익계산서에는 일정 기간 동안 특정 항목의 경제적 가치 변동을 나타낸다.

회사는 이러한 다섯 가지 재무제표를 작성하여 공시해야 한다. 혼동되지 않도록 재무제표에는 반드시 재무제표의 명칭과 회사명, 회계 시점과 회계기간을 기입해야 한다. 그림 1.10은 Softbyte의 재무제표이다(Softbyte에는 기타포괄손익이 없다고 가정한다). 포괄손익계산서는 그림 1.12를 참조하라.

당연히 재무제표는 같은 회계 자료에서 보고 싶은 관점에 따라 달리 작성한 것이므로 서로 연결되어 있다. 이에 따라 Softbyte의 재무제표를 보여주는 그림 1.10에서 손익계산서의 이익 €2,750는 이익잉여금계산서의 기초금액에 가산되는 이익과 같고, 이익잉여금계산서의 잔액 €1,450는 재무상태표의 이익잉여금 금액과 같으며, 재무상태표의 현금 시재액 €8,050는 현금흐름표의 기말 현금과 같다는 것에 유의하라.

**역자 한마디**

재무상태표는 회계 항등식을 표시하는 재무제표이므로 재무제표 중 으뜸이다. 다시 말해 재무상태표는 회계 항등식에 따라 회사의 자산과 부채, 자본금, 이익잉여금, 포괄손익누계액을 일목요연하게 한눈에 보여주는 회계 보고서이다. 나머지 재무제표는 재무상태표에 나타낸 구성 요소별 상세 내역서로 보면 이해하기가 쉽다. 즉 현금자산의 상세한 내역을 보여주는 표가 현금흐름표이고, 이익잉여금의 상세 변동을 나타낸 표는 이익잉여금계산서이다. 또한 이익잉여금 중에서 '수익 − 비용'이 손익이므로 그 상세 내역을 보여주는 표가 손익계산서이며, 기타포괄손익이 있다면 이를 가감하여 총포괄손익을 보여주는 손익계산서가 포괄손익계산서이다.

**그림 1.10** 재무제표 간 상호 연관성

**Softbyte SA**
**손익계산서**
2020년 9월 1일부터 2020년 9월 30일까지

| | | |
|---|---|---|
| 수익 | | |
| 용역 매출 | | € 4,700 |
| 비용 | | |
| 급여 | € 900 | |
| 임차료 | 600 | |
| 광고비 | 250 | |
| 수도광열비 | 200 | |
| 총비용 | | 1,950 |
| 당기순이익 | | **€ 2,750** |

1

**Softbyte SA**
**이익잉여금계산서**
2020년 9월 1일부터 2020년 9월 30일까지

| | |
|---|---|
| 9월 1일 이익잉여금 | € 0 |
| 가산: 당기순이익 | **2,750** |
| | 2,750 |
| 차감: 배당금 | 1,300 |
| 9월 30일 이익잉여금 | **€ 1,450** |

2

**Softbyte SA**
**재무상태표**
2020년 9월 30일 현재

| | | |
|---|---|---|
| **자산** | | |
| 설비 | | € 7,000 |
| 소모품 | | 1,600 |
| 매출채권 | | 1,400 |
| 현금 | | **8,050** |
| 자산 계 | | € 18,050 |
| **자본과 부채** | | |
| 자본 | | |
| 자본금 | € 15,000 | |
| 이익잉여금 | **1,450** | € 16,450 |
| 부채 | | |
| 미지급금 | | 1,600 |
| 자본과 부채 계 | | € 18,050 |

3

**Softbyte SA**
**현금흐름표**
2020년 9월 1일부터 2020년 9월 30일까지

| | | |
|---|---|---|
| 영업 활동에서의 현금흐름 | | |
| 매출수익에서 받은 현금 | | € 3,300 |
| 비용 지급 | | (1,950) |
| 순현금증가액 | | 1,350 |
| 투자 활동으로 인한 현금흐름 | | |
| 설비 구입 | | (7,000) |
| 재무 활동으로 인한 현금흐름 | | |
| 주식 발행 | € 15,000 | |
| 배당금 지급 | (1,300) | 13,700 |
| 순현금 증가 | | 8,050 |
| 기초 현금액 | | 0 |
| 기말 현금액 | | **€ 8,050** |

HINT
각 재무제표의 표제에는 재무제표의 종류, 회사명, 해당 기간 또는 날짜를 반드시 기재해야 한다.

HINT
화살표는 4개 재무제표 간에 금액의 상호 연결 구조를 보여준다.

1. 손익계산서에서 당기손익을 먼저 계산하고, 이익잉여금계산서로 건너가 이익잉여금의 기말 잔액을 계산한다.
2. 이익잉여금계산서의 이익잉여금은 재무상태표의 이익잉여금 잔액이 된다.
3. 현금흐름표의 현금은 재무상태표의 현금 잔액과 일치한다.

HINT
합계는 두 줄을 그어 표시하고, 음수는 ( )로 나타낸다.

한편 재무제표에 표시하지 못하는 구체적인 구성 항목이나 상세 내역은 별도의 주석(disclosure)으로 나타낸다. 따라서 재무제표는 정보 제공의 완전성을 기한다는 의미에서 주석과 함께 한 세트로 이해해야 한다.

### 손익계산서 _Income Statement

**손익계산서**(income statement)는 일정 기간 동안 발생한 수익과 비용을 열거한 후 수익에서 비용을 차감하여 손익을 나타내는 재무제표이다. 수익이 비용보다 클 때는 **당기순이익**(net income)이 표시되고, 비용이 수익보다 클 때는 **당기순손실**(net loss)이 표시된다.

### 이익잉여금계산서 _Retained Earnings Statement

**이익잉여금계산서**(retained earnings statement)는 일정 기간 동안 이익잉여금의 변동을 보여주는 재무제표이다. 일반적인 단순 구조로 보면 전기에서 이월된 이익잉여금과 당기에 발생한 손익을 더하고 배당금을 차감하면 재무상태표의 이익잉여금과 일치하는 잔액이 산출된다.

### 재무상태표 _Statement of Financial Position

과거에 대차대조표(balance sheet)로 불렸던 **재무상태표**(statement of financial position)는 일정 시점의 회사 자산과 부채, 자본을 보여주는 재무제표이다. 즉 회계 항등식을 나타낸 표로, 특정 시점의 재무 상태를 보여주는 스냅 사진과 같다고 할 수 있다. 재무상태표에서 자산과 부채를 배열하는 방법으로는 유동성이 빠른 순서대로 나열하는 유동성 배열법과 그 반대로 배열하는 고정성 배열법이 있다. 전통적인 방식은 유동성 배열법이지만 유동성이 늦은 순서대로 배열하는 편이 더 유용한 정보를 제공한다고 보아 고정성 배열법을 사용하는 회사가 많아지고 있다. 그림 1.11은 부채의 종류가 많은 경우 재무상태표의 표시이다.

**그림 1.11** 부채의 내역 표시

| 부채 | |
|---|---|
| 지급어음 | €10,000 |
| 미지급금 | 63,000 |
| 미지급 급여 | 18,000 |
| **부채 계** | **€91,000** |

#### 공동체적 사고력 키우기 | 기업 활동에 대한 사회적 보고는 지금의 재무제표를 넘어설까?

기업을 평가할 때 단순히 손익을 넘어 사회적·환경적·생태적 노력을 중시하는 사람들이 있다. 이들은 기업 활동으로 인해 영향을 받는 사람들에 대해 기업의 책임이 있다고 생각한다. 따라서 기업이 주주의 이익을 극대화하기 위해 다른 이해관계자들을 이용 대상으로 볼 것이 아니라 존중하고 배려하는 마음을 가져야 한다고 주장한다. 가령 노동자를 위해 안전하고 쾌적한 작업 환경을 조성하거나, 제조 과정에서 발생하는 각종 공해와 환경 침해에 대해 진지하게 고민하는 것이 기업의 당연한 책무라고 본다. 이러한 기업 활동의 측정은 사실상 매우 어렵다. 그러나 환경과 사회에 대한 기업의 노력을 측정하고 알리려는 노력은 가치 있는 일이므로 사회의 관심과 지원하에 꾸준히 진행되고 있다.

**주주가 회사의 환경적·사회적 성과에 관심을 갖는 이유는 무엇인가?**

## 조직의 회계 | 결산기를 언제로 할까?

회계는 회계 정보를 기다리는 수많은 수요자를 위해 그 기간을 무한정 늘릴 수 없기 때문에 어느 시점을 끊어 회계기간을 정해야 한다. 이렇게 끊는 시점을 결산일이라고 한다. 대부분의 회사는 한 해를 마무리한다는 의미에서 결산일로 12월 31일을 선호한다. 남들이 연말로 정하니 덩달아 연말로 정하는 회사도 있지만, 자사의 특징에 맞게 달리 정하는 회사도 있다.

영국의 이동통신 회사인 보더폰그룹(Vodafone Group)의 결산일은 3월 31일이고, 미국의 월트디즈니프로덕션(Walt Disney Productions)은 9월 30일이 결산일이며, 영국의 제이제이비스포츠(JJB Sports)는 1월 31일에 가장 가까운 직전 일요일을 결산일로 한다. 이론상으로는 회사가 보유한 재고 수량이 가장 적고 기업 활동이 가장 뜸한 날을 결산일로 하는 것이 바람직하다. 회계 자료를 만드는 일은 매우 방대하기 때문에 이왕이면 재고 실사 시 파악해야 할 물량이 적고 덜 바쁜 때를 결산일로 하면 시간적으로 여유가 있고 비용도 덜 든다.

Chris Ison/©AP/Wide World Photos

**스키장과 스키 렌탈업을 운영하고 있다면 결산기를 언제로 하겠는가? 대학 서점을 소유하고 있다면? 결산기를 그렇게 정한 이유는 무엇인가?**

### 현금흐름표 _Statement of Cash Flows

**현금흐름표**(statement of cash flows)는 일정 기간 동안 현금의 입출입 내역과 잔액을 영업 활동(operating activity), 재무 활동(financing activity), 투자 활동(investing activity)으로 구분하여 활동별로 보여주면서 재무 현금 시재액을 나타내는 재무제표이다.

HINT
기업의 투자 활동이며 주주가 한 투자가 아님에 유의하라.

### 포괄손익계산서 _Comprehensive Income Statement

**포괄손익계산서**(comprehensive income statement)는 당기손익에 '기타포괄손익(other comprehensive income, OCI)'을 가감하여 총포괄손익을 표시하는 재무제표이다.[4] 그림 1.12는 Softbyte의 기타포괄손익이 €600라고 가정하여 작성한 포괄손익계산서이다.

**그림 1.12** 포괄손익계산서

| Softbyte SA<br>포괄손익계산서<br>2020년 9월 1일부터 2020년 9월 30일까지 | |
|---|---|
| 당기손익 | € 2,750 |
| 기타자본항목 | 600 |
| 총포괄손익 | 3,350 |

4 역자 주: 포괄손익계산서를 이해하려면 기타포괄손익(OCI)을 먼저 이해해야 한다. 기타포괄손익은 손익을 결정하는 요소이기는 하나 미실현 이익 등의 사유로 당기의 손익계산서에는 포함되지 못하는 계정을 말한다. 예컨대 투자 주식의 공정가치(시장 가격)가 상승할 때 시장 가격이 중요하다고 보아 이를 반영하면 자산이 증가한다. 이에 회계 항등식에 따라 자본도 증가해야 하는데, 단기 매도로 실현할 가능성이 확실히 임박하지 않으면 당기손익으로 분류할 수 없다. 더구나 실현이 요원한 미실현 이익을 손익계산서에 산입하면 이익잉여금이 되어 배당 압력까지 받는다. 그래서 실현될 때까지 기다려야 한다. 그렇다면 방법은 '기타포괄손익누계액'이라는 항목을 새로 만들어 재무상태표의 자본에 별도로 표시하여 자산의 증가(시가의 상승)에 상응하게 함으로써 회계 항등식에 부합하게 하는 것이다. 따라서 당기손익에 당기에 발생한 기타포괄손익을 가감하여 당기에 발생한 성과(총포괄손익)를 표시하는 재무제표가 필요한데, 이를 포괄손익계산서라고 한다.

포괄손익계산서에는 두 가지 형태가 있다. 부록 B와 C에 실린 네슬레와 델피의 포괄손익계산서는 손익계산서와 별도로 작성한 것이고, 부록 A에 실린 TSMC의 포괄손익계산서는 손익계산서와 통합한 형식이다. IFRS는 둘 다 허용한다.

### DO IT! 5 재무제표

다음은 홍콩 Li Fashions의 2020년 12월 31일 자 재무제표 구성 항목이다. 월별 재무제표를 작성하라.

| | | | |
|---|---:|---|---:|
| 설비 | HK$10,000 | 수도광열비 | HK$ 4,000 |
| 현금 | 8,000 | 매출채권 | 9,000 |
| 매출 | 36,000 | 급여 | 7,000 |
| 임차료 | 11,000 | 지급어음 | 16,500 |
| 지급채무 | 2,000 | 배당금 | 5,000 |

a. 2020년 12월 31일 자 자산은 얼마인가?

b. 2020년 12월 동안의 순이익은 얼마인가?

c. 2020년 12월 31일 자 자본은 얼마인가?

**해답**

a. HK$27,000(설비 HK$10,000, 매출채권 HK$9,000, 현금 HK$8,000)

b. HK$14,000

| | | |
|---|---:|---:|
| 수익 | | |
| 매출 | | HK$36,000 |
| 비용 | | |
| 임차료 | HK$11,000 | |
| 급여 | 7,000 | |
| 수도광열비 | 4,000 | |
| 계 | | 22,000 |
| 당기순이익 | | HK$14,000 |

c. HK$8,500

| | | |
|---|---:|---:|
| 총자산 | | HK$27,000 |
| 차감: 부채 | | |
| 지급어음 | HK$16,500 | |
| 지급채무 | 2,000 | 18,500 |
| 자본 | | HK$ 8,500 |

'기초 자본 + 당기순이익 − 배당금'으로 계산할 수도 있지만 기초 자본을 몰라서 불가능하다.

## 부록 1A 회계를 전문으로 하는 직업 _Career Opportunities in Accounting

학습목표
회계를 전문으로 하는 직업을 알아본다.

회계를 전문으로 하는 직업은 늘 인기가 많은데, 그 이유는 두 가지이다. 첫째, 사회 곳곳에서 회계의 수요가 공급을 초과하여 일할 곳이 넘치기 때문에 취업 걱정이 없다. 둘째, 회계의 중요성 때문이다. 분식으로 인한 피해가 회계를 외면하게 하는 것이 아니라 오히려 국민의 관심을 증폭하여 회계의 중요성이 더욱 부각되고 있다. 사람들은 의미 있는 일을 하고 싶어 하고, 그래서 전문 회계사가 되어 올바른 회계로 사회에 기여하고자 한다. 최근에는 회사에 제대로 된 내부 통제를 설치하라는 법적 요구가 회계의 수요를 크게 증가시켰다. 회계를 전문으로 하는 직업은 다음과 같다.

**회계법인** 병원과 법무법인 같은 형태의 회계법인에 취업할 수 있다. 회계법인이 전통적으로 하는 업무는 회계 **감사**(auditing)이다. 그런데 회계법인에 들어가 감사 업무를 하려면 공인회계사 자격이 필요하다. Chartered Accountant(CA)나 Certified Public Accountant(CPA) 등의 감사 전문 자격증이 있어야 한다. 회계법인의 회계사는 감사 전문가로서 재무제표를 감사하여 회계기준에 위배되는지에 대해 의견을 주는 일을 한다. 증권 분석가나 투자가, 채권자는 회계법인의 감사 의견에 의존하여 기업의 재무제표를 분석하므로 이들의 책임은 막중하다.

회계법인에서는 감사뿐만 아니라 **세무**(taxation) 업무도 한다. 고객을 위한 세무 계획을 입안하고 세무 신고를 대행하며, 국세청이 부과하는 세금에 대해 이의 신청과 심사, 심판 청구 업무를 대리한다. 한편 요즘 회계법인의 주 관심사는 **경영 자문**(management consulting) 업무이다. 회계 시스템을 입안하여 설계하는 일부터 복잡한 마케팅 프로젝트 수립, 합병이나 회사 인수와 같은 어려운 일에도 관여한다.

한편 공인회계사 등의 자격을 취득하고 회계법인 등에 소속되어 법에서 정한 본연의 공적인 업무를 하는 영역을 **공적 회계**(public accounting), 기업이나 사조직에 취업하여 회계업에 종사하는 것을 **사적 회계**(private accounting)라고 한다.

**기업 회계 부서** 구글(Google, 미국)이나 삼성(Samsung, 한국) 같은 거대 기업에 들어가 회계 부서에서 근무하게 된다면 원가회계, 관리회계, 예산회계, 회계 정보 시스템 구성, 세무 계획 입안과 같은 복잡한 일을 하고, 내부 감사 팀의 일원으로서 기업의 구성원이 내부 통제 지침을 중시하고 효율적으로 일하는지 점검하는 일을 하게 된다. 또한 적십자나 빌앤드멀린다게이츠재단(Bill & Melinda Gates Foundation, 미국) 같은 유명 공익 단체에서 회계 업무를 할 수도 있고 박물관, 도서관, 미술관 등 비영리 기관에서도 회계와 관련된 일을 할 수 있다.

**정부 기관의 공무원** 정부 기관에서 정부 회계를 담당하거나 국세청, 검찰, 감독원 등에서 세무 및 회계 자료를 검토·감독하는 일, 수사에 도움을 주는 일 등을 할 수 있다.

**포렌식 전문가** 조직에서 발생한 횡령과 부정을 찾아내는 정밀 회계 감사 또는 과학적인 조사 기술인 **포렌식 회계**(forensic accounting)는 향후 가장 유망한 직종 20위에 포함된 바 있다. 회계 감사보다 훨씬 앞선 첨단 장비를 사용하는 포렌식 회계 전문가는 기업에서 횡령한 범죄자를 찾고 자금 세탁이나 세금 탈루 혐의를 포착하는 일을 한다. 아니면 보험 회사에 취업하여 보험 사기를 밝히거나 보험금을 노린 방화범 등을 찾는 데 도움을 준다. 또한 법무법인에 취업하여 이혼 소송을 의뢰받아 원인을 제공한 배우자의 숨겨진 재산을 찾는 일을 할 수도 있다.

## 단원 요약

### 1 회계 절차와 회계 정보 이용자

회계는 경제적 사건을 인식하고 기록하여 정보 이용자에게 전달하는 정보 시스템이다. 회계 정보 이용자는 다음과 같다. ① 경영 관리자는 사업을 계획하고 조직화하여 운영하는 데 회계 정보가 필요하다. ② 투자자(주주)는 주식 매수, 보유, 매각에 회계 정보가 필요하다. ③ 채권자(거래처와 은행)는 신용거래와 자금 대여 리스크를 평가하는 데 회계 정보가 필요하다. 그 밖에 세무 당국, 정부 감독 기관, 소비자, 노동조합도 회계 정보가 필요하다.

### 2 회계의 구성 요소

윤리는 행동의 옳고 그름을 판단하는 기준이며, 회계는 철저한 윤리 의식에 바탕을 두어야 한다. 또한 회계는 IFRS와 같은 회계기준에 준거하여 작성해야 하는데, IFRS는 두 가지 측정 원칙, 즉 역사적 원가와 공정가치를 인정한다. 회계공준은 회계기준의 전제로서 화폐 가치 측정의 공준과 경제적 실체의 공준이 대표적이다. 전자는 화폐로 측정할 수 있는 거래만 인식한다는 것이고, 후자는 경제적 실체가 소유주와 구분되어야 한다는 것이다.

### 3 회계 항등식

회계 항등식은 '자산 = 부채 + 자본'이다. 자산은 사업체가 소유하는 재화, 권리 등이고, 부채와 자본은 각각 자산에 대한 채권자와 투자자의 청구권이다. 회계 항등식을 자본의 요소별로 좀 더 풀어보면 다음과 같이 나타낼 수 있다.

자산 = 부채 + 자본금 + 수익 − 비용 − 배당금

자본금은 주주의 투자금으로서 주주에게 현금을 받고 주식을 발행하는 형식을 취한다. 수익은 이익을 얻기 위한 사업 활동을 통해 벌어들인 경제적 가치로서 자본을 증가시킨다. 비용은 수익을 얻기 위해 소비한 경제적 가치의 원가로서 자본을 감소시킨다. 배당금은 주주에게 투자의 대가로 이익을 바탕으로 배부하는 것으로서 대개 현금으로 지급한다.

### 4 회계 항등식에 의한 거래 분석

모든 거래는 회계 항등식의 양측에 같은 변동을 가져온다. 즉 자산이 증가하면 그에 상응하는 만큼 다른 자산이 감소하거나 부채 또는 자본이 증가한다.

### 5 재무제표

손익계산서는 일정 기간 동안 발생한 수익과 비용을 열거한 후 수익에서 비용을 차감하여 손익을 나타내는 재무제표이다. 이익잉여금계산서는 일정 기간 동안 이익잉여금의 변동을 보여주는 재무제표이고, 재무상태표는 일정 시점의 회사 자산과 부채, 자본을 보여주는 재무제표이다. 현금흐름표는 일정 기간 동안 현금의 입출입을 보여주는 표이고, 포괄손익계산서는 당기손익에서 포괄손익을 구성하는 항목을 가감하여 포괄손익을 보여주는 표이다.

### *6 회계를 전문으로 하는 직업

회계를 전공하면 회계법인과 일반 회사의 회계 부서에서 일할 수 있으며, 정부 기관과 감독 기관에서 일하거나 포렌식 회계를 전공하여 검찰 등의 수사관이 될 수도 있다. 회계를 바탕으로 하는 직업의 전망은 매우 밝다.

## 핵심 용어

***감사(auditing)** 공인회계사가 재무제표의 적정성 여부에 대한 의견을 주기 위해 검사하는 일련의 작업

**개인사업자(proprietorship)** 한 사람이 소유한 사업체로서 법인 형태가 아닌 것

**거래(transaction)** 회계상 기록 대상이 되는 경제적 사건

***경영 자문(management consulting)** 회계, 컴퓨터 시스템의 입안, 마케팅 전략, 기업의 인수합병 등에 대한 회계법인의 자문

---

5 이 장의 부록과 관련된 것은 별표(*)로 표시했다.

**경제적 실체의 공준(economic entity assumption)** 경제적 실체의 회계는 소유주의 경제 활동과 구분되어야 한다는 명제

***공적 회계(public accounting)** 공공의 이익을 위한 공인회계사의 서비스

**공정가치법(fair value principle)** 자산과 부채는 공정가치로 보고되어야 한다는 원칙

**관리회계(managerial accounting)** 회사 내 경영 관리자의 의사결정에 도움이 되도록 회계 정보를 제공하기 위해 회계 부서가 하는 활동

**국제회계기준(International Financial Reporting Standards, IFRS)** IASB에서 만드는 국제적 회계기준

**당기순손실(net loss)** 수익을 상회하는 비용과의 차액

**당기순이익(net income)** 비용을 상회하는 수익과의 차액

**목적 적합성(relevance)** 특정 의사결정에 도움을 주는 정보의 유용성

**배당금(dividend)** 투자에 대한 보상으로 주주에게 배부하는 현금이나 기타 자산

**법인(corporation)** 민법에 따라 소유주와 별도의 실체로 구분된 사업체

**부채(liabilities)** 회사의 자산에 대한 채권자의 청구권

**비용(expense)** 회사의 이익 창출 과정에서 수익을 위해 소요된 경제적 가치

***사적 회계(private accounting, managerial accounting)** 원가회계, 예산회계, 회계 시스템 입안과 구축, 세무 계획 등 기업에서 관리회계로 하는 일련의 활동

***세무(taxation)** 공인회계사나 세무사가 고객을 위해 행하는 세무 자문, 세무 계획, 세무 신고 등의 각종 업무

**손익계산서(income statement)** 일정 기간의 수익에서 비용을 차감하여 순익을 보여주는 표

**수익(revenue)** 경제적 이득을 얻는 과정에서 유입되는 경제적 가치

**역사적 원가법(historical cost principle)** 자산을 취득원가로 기록하고 보고해야 한다는 원칙

**윤리(ethics)** 행위의 옳고 그름을 판단하는 준거 기준

**이익잉여금계산서(retained earnings statement)** 일정 기간 동안 이익잉여금의 변동을 보여주는 표

**일반적으로 인정된 회계원칙(generally accepted accounting principles, GAAP)** 통일된 회계 처리를 위해 합의된 기준

**자본(equity)** 사업체에 대해 소유주가 지닌 권리

**자본금(share capital–ordinary)** 보통주를 소유한 주주가 회사에 투자한 금전적 가치

**자산(assets)** 사업체가 소유한 효익

**장부기장(bookkeeping)** 회계 절차 중 기록 기능을 말함

**재무상태표(statement of financial position, balance sheet)** 특정 시점의 회사 자산과 부채, 자본을 보여주는 표

**재무회계(financial accounting)** 투자자와 채권자 등 외부 정보 이용자에게 회계 정보를 제공하기 위한 일련의 작업

**정보 시스템(information system)** 거래로부터 데이터를 모아 정보로 가공하여 의사결정자에게 전달하는 시스템

**조합(partnership)** 2인 이상의 동업자로 구성된 사업체로서 법인 형태가 아닌 것

**컨버전스(convergence)** U.S. GAAP과 IFRS 간의 차이를 줄이려는 노력

**포괄손익계산서(comprehensive income statement)** 손익을 결정하는 요소가 아닌 기타포괄손익항목을 당기손익에 가산하여 포괄손익을 보여주는 표

***포렌식 회계(forensic accounting)** 주로 횡령이나 부정을 밝혀내려는 목적으로 구성된 과학적 회계 조사 방법

**표현의 충실성/객관성(faithful representation)** 실제로 발생한 사건이나 사실대로 묘사하는 정보의 특성

**현금흐름표(statement of cash flows)** 일정 기간 동안 현금의 증감을 보여주는 표

**화폐 가치 측정의 공준(monetary unit assumption)** 오직 화폐로 측정하고 평가할 수 있는 경제적 사건만을 회계 기록의 대상으로 한다는 명제

**확장된 회계 항등식(expanded accounting equation)** 자산 = 부채 + 자본금 + 수익 − 비용 − 배당금

**회계(accounting)** 경제적 사건을 인식하고 기록하여 이해관계자에게 전달하는 정보 시스템

**회계 항등식(accounting equation)** 자산 = 부채 + 자본

**Financial Accounting Standards Board(FASB)** 미국 회계기준을 만드는 민간 기관

**International Accounting Standards Board(IASB)** 미국 외 많은 나라가 채택하는 IFRS 회계기준을 만드는 기구

## 객관식 문제

**1** 다음 중 회계 절차에 속하지 않는 것은?

a. 인식　　b. 경제적 실체
c. 기록　　d. 전달

**2** 회계 정보 이용자에 대한 설명 중 옳지 않은 것은?

a. 경영자는 내부 정보 이용자이다.
b. 국세청은 외부 정보 이용자이다.
c. 현재의 채권자는 외부 정보 이용자이다.
d. 정부 감독 기관은 내부 정보 이용자이다.

**3** 역사적 원가법에 대한 설명으로 옳은 것은?

a. 자산을 취득원가로 기록한 후 공정가치가 변동하면 조정한다.
b. 사업 실체의 행위는 소유주와 구분되어야 한다.
c. 자산을 취득원가로만 기록한다.
d. 거래는 화폐로 표현할 수 있는 것만 인식한다.

**4** 회계공준에 대한 설명으로 옳은 것은?

a. 공준은 회계기준과 같다.
b. 경제적 실체의 공준은 회계 책임 단위를 강조한다.
c. 화폐 가치 측정의 공준은 구성원의 사기를 회계 인식의 대상으로 본다.
d. 조합은 경제적 실체가 아니다.

**5** 경제적 실체의 세 가지 형태는 무엇인가?

a. 개인사업자, 중소기업, 조합
b. 개인사업자, 조합, 법인
c. 개인사업자, 조합, 대기업
d. 금융, 제조, 서비스 회사

**6** 당기순이익은 어떤 경우에 산출되는가?

a. 자산이 부채를 초과할 때
b. 자산이 수익을 초과할 때
c. 비용이 수익을 초과할 때
d. 수익이 비용을 초과할 때

**7** 2020년 12월 31일 Stoneland AG의 자산과 자본이 각각 €3,500, €2,000라면 동 시점의 부채는 얼마인가?

a. €1,500　　b. €1,000
c. €2,500　　d. €2,000

**8** 용역 매출이 회계 항등식에 미치는 영향은 무엇인가?

a. 자산 증가와 자본 감소　　b. 자산 증가와 자본 증가
c. 자산 증가와 부채 증가　　d. 부채 증가와 자본 증가

**9** 다음 중 당장의 회계 인식 대상이 아닌 것은?

a. 외상으로 설비 구입　　b. 종업원의 퇴직
c. 주주의 현금 투자 증가　　d. 현금 배당금 지급

**10** 2020년 동안 Xia Lin Company의 자산이 ¥500,000 감소하고 부채도 ¥900,000 감소했다면 자본은 어떻게 되겠는가?

a. ¥400,000 증가한다.
b. ¥1,400,000 감소한다.
c. ¥400,000 감소한다.
d. ¥1,400,000 증가한다.

**11** 매입채무의 지급이 회계 항등식에 미치는 영향은 무엇인가?

a. 자본 감소와 부채 감소
b. 자산 증가와 부채 감소
c. 자산 감소와 자본 증가
d. 자산 감소와 부채 감소

**12** 다음 설명 중 옳지 않은 것은?

a. 현금흐름표는 일정 기간의 현금 입출입을 보여준다.
b. 재무상태표는 특정 날짜의 자산과 부채, 자본을 보여준다.
c. 손익계산서는 일정 기간의 수익과 비용, 자산과 부채를 보여준다.
d. 이익잉여금계산서는 일정 기간 동안 이익잉여금의 변동을 보여준다.

**13** 결산기 마지막 날 Jim Otto Company가 $900의 기계를 신용으로 구입했다면 영향을 받는 재무제표는 무엇인가?

a. 손익계산서
b. 재무상태표
c. 손익계산서, 이익잉여금계산서
d. 손익계산서, 이익잉여금계산서, 재무상태변동표

**14** 자산, 부채, 자본을 나타내는 재무제표는 무엇인가?

a. 손익계산서　　b. 이익잉여금계산서
c. 재무상태표　　d. 현금흐름표

*__15__ 회계법인이 주로 하는 업무는 무엇인가?

a. 감사, 세무, 경영 자문
b. 감사, 예산회계, 경영 자문
c. 감사, 예산회계, 원가회계
d. 내부 감사, 예산회계, 경영 자문

## 기초 확인 문제

**1** 결산기 초 Ortiz Eyewear에는 자산 £900,000, 부채 £440,000가 있다.

**a.** 결산기 동안 자산 총계가 £100,000 감소하고 부채가 £80,000 증가했다면 결산기 말의 자본 금액은 얼마인가?

**b.** 결산기 동안 부채가 £100,000 감소하고 자본이 £200,000 증가했다면 결산기 말의 자산 금액은 얼마인가?

**c.** 결산기 동안 자산이 £50,000 증가하고 자본이 £60,000 증가했다면 결산기 말의 부채 금액은 얼마인가?

해답 a. (900,000 − 440,000) − 100,000 − 80,000 = £280,000

b. 900,000 − 100,000 + 200,000 = £1,000,000

c. 440,000 − 60,000 + 50,000 = £430,000

**2** 다음 각 거래가 회계 항등식의 구성 요소인 자산, 부채, 자본에 미치는 영향을 분석하여 증가라면 +, 감소라면 −, 아무런 영향이 없다면 NE로 표시하라.

**a.** 설비를 신용으로 구매

**b.** 배당금을 현금으로 지급

**c.** 비용을 현금으로 지불

해답

| | 자산 | 부채 | 자본 |
|---|---|---|---|
| a. | + | + | NE |
| b. | − | NE | − |
| c. | − | NE | − |

**3** 다음 각 거래를 2번 문제처럼 분석하여 표시하라.

**a.** 현금 매출 발생

**b.** 약속어음을 주고 은행에서 차입

**c.** 임차료를 현금으로 지급

해답

| | 자산 | 부채 | 자본 |
|---|---|---|---|
| a. | + | NE | + |
| b. | + | + | NE |
| c. | − | NE | − |

**4** 다음 각 항목이 손익계산서에 나타난다면 IS, 재무상태표에 나타난다면 SFP, 이익잉여금계산서에 나타난다면 RES로 표시하라.

**a.** 배당금

**b.** 현금

**c.** 급여

**d.** 매출

**e.** 지급채무

해답 a. RES b. SFP c. IS d. IS e. SFP

**5** 2020년 12월 31일 Feagler Gardening의 재무상태표를 구성하는 항목은 다음과 같다. 정확한 재무상태표를 그림 1.10과 같은 형식으로 작성하라.

| | |
|---|---|
| 매출채권 | €12,500 |
| 현금 | 38,000 |
| 지급어음 | 40,000 |
| 자본금 | 10,500 |

해답

**Feagler Gardening**
**재무상태표**
**2020년 12월 31일 현재**

| 자산 | |
|---|---|
| 매출채권 | €12,500 |
| 현금 | 38,000 |
| 자산 계 | €50,500 |
| **자본과 부채** | |
| 자본 | |
| 자본금 | €10,500 |
| 부채 | |
| 지급어음 | 40,000 |
| 자본과 부채 계 | €50,500 |

## 확인 문제

**1** 다음은 Fabulous Flora의 거래이다. 각 거래가 자산, 부채, 자본에 미치는 영향을 분석하여 증감을 표시하라.

1. 창업을 위해 주식을 받고 현금 투자를 했다.
2. 설비를 외상으로 구입했다.
3. 급여를 지급했다.
4. 매출을 하고 청구서를 거래처에 송부했다.

5. 매출채권을 현금으로 회수했다.
6. 배당금을 지급했다.
7. 광고를 하고 나중에 비용을 지급하기로 했다.
8. 현금을 주고 추가로 설비를 구입했다.
9. 매출을 하고 현금을 받았다.

**해답** 1. 자산과 자본 증가 2. 자산과 부채 증가
3. 자산과 자본 감소 4. 자산과 자본 증가
5. 자산 증가와 동시 감소 6. 자산과 자본 감소
7. 부채 증가와 자본 감소 8. 자산 증가와 동시 감소
9. 자산과 자본 증가

**2** 2020년 5월 Alma's Payroll Services의 거래는 다음과 같다.

1. $15,000의 컴퓨터를 Bytes of Data로부터 외상으로 구매했다.
2. 임차료 $3,000를 현금으로 지급했다.
3. 현금 $12,000를 지난 4월에 발생한 매출대금으로 회수했다.
4. Magic Construction Company에 용역을 제공하고 현금 $2,500를 받았다.
5. Northern Ohio Power Co.에 5월분 전기사용료 $7,000를 지급했다.
6. 주주가 $25,000를 증자했다.
7. Bytes of Data에 매입채무를 현금으로 지급했다.
8. 5월분 광고비 $900를 나중에 지급하기로 했다.

자산, 부채, 자본에 미치는 증감을 분석하여 다음 중 어디에 해당하는지 선택하라.

**a.** 자산 증가와 동시 감소
**b.** 자산과 자본 증가
**c.** 자산과 부채 증가
**d.** 자산과 자본 감소
**e.** 자산과 부채 감소
**f.** 부채 증가와 자본 감소
**g.** 자본 증가와 부채 감소

**해답** 1. c 2. d 3. a 4. b 5. d 6. b
7. e 8. f

## 실습 문제

수 펭은 2020년 7월 1일 법무법인 Legal Services Ltd.를 설립했다. 다음은 첫 달에 발생한 거래이다.

1. 주주에게 NT$10,000를 현금으로 받고 주식을 발행했다.
2. 7월분 임차료 NT$800를 현금으로 지급했다.
3. NT$3,000의 비품을 외상으로 구매했다.
4. 법률 서비스를 제공하고 현금 NT$1,500를 받았다.
5. 은행에 약속어음을 주고 NT$700를 빌렸다.
6. 법률 서비스를 제공하고 수수료 NT$2,000를 다음에 받기로 했다.
7. 급여 NT$500, 수도광열비 NT$300, 광고비 NT$100를 현금으로 지급했다.

**a.** 거래 집계 분석표를 작성하라.
**b.** 손익계산서, 이익잉여금계산서, 재무상태표를 작성하라.

**해답**

a.

| | 자산 | | | = | 부채 | | + | 자본 | | | | |
|---|---|---|---|---|---|---|---|---|---|---|---|---|
| | | | | | | | | | 이익잉여금 | | | |
| 거래 | 현금 | + 매출채권 | + 비품 | = | 지급어음 | + 미지급금 | + | 자본금 | + 수익 | − 비용 | − 배당금 | |
| 1. | +NT$10,000* | | | | | | | + NT$10,000 | | | | 주식 발행 |
| 2. | −800 | | | | | | | | | − NT$800 | | 임차료 |
| 3. | | | +NT$3,000 | | | + NT$3,000 | | | | | | |
| 4. | +1,500 | | | | | | | | + NT$1,500 | | | 매출 |
| 5. | +700 | | | | + NT$700 | | | | | | | 지급어음(차입금) |
| 6. | | +NT$2,000 | | | | | | | +2,000 | | | 매출 |
| 7. | −900 | | | | | | | | | −500 | | 급여 |
| | | | | | | | | | | −300 | | 수도광열비 |
| | | | | | | | | | | −100 | | 광고비 |
| | NT$10,500 + | NT$2,000 + | NT$3,000 = | | NT$700 + | NT$3,000 + | | NT$10,000 + | NT$3,500 − | NT$1,700 | | |

자산 합계: NT$15,500 / 부채 + 자본 합계: NT$15,500

*단위: NT$1,000

b.

**Legal Services Ltd.**
**손익계산서**
2020년 7월 1일부터 2020년 7월 31일까지
(NT$1,000)

| | | |
|---|---|---|
| 수익 | | |
| 매출 | | NT$3,500 |
| 비용 | | |
| 임차료 | NT$800 | |
| 급여 | 500 | |
| 수도광열비 | 300 | |
| 광고비 | 100 | |
| 자산 계 | | 1,700 |
| 당기손익 | | NT$1,800 |

**Legal Services Ltd.**
**이익잉여금계산서**
2020년 7월 1일부터 2020년 7월 31일까지
(NT$1,000)

| | |
|---|---|
| 7월 1일 이익잉여금 | NT$ –0– |
| 가산: 당기손익 | 1,800 |
| 7월 31일 이익잉여금 | NT$1,800 |

**Legal Services Ltd.**
**재무상태표**
2020년 7월 31일 현재
(NT$1,000)

| | | |
|---|---|---|
| **자산** | | |
| 비품 | | NT$ 3,000 |
| 매출채권 | | 2,000 |
| 현금 | | 10,500 |
| 자산 계 | | NT$15,500 |
| **자본과 부채** | | |
| 자본 | | |
| 자본금 | NT$10,000 | |
| 이익잉여금 | 1,800 | NT$11,800 |
| 부채 | | |
| 지급어음 | 700 | |
| 미지급금 | 3,000 | 3,700 |
| 자본과 부채 계 | | NT$15,500 |

## 단원 정리를 위한 질문

**1** "회계는 우리 사회에 깊이 자리 잡고 있으며 경제 시스템에 필수적이다." 이 말에 동의하는지 밝히고 그 이유를 설명하라.

**2** 회계 절차의 단계에 대해 설명하라.

**3** 회계 자료의 내부 사용자는 누구인가? 회계는 이러한 사용자에게 관련 자료를 어떻게 제공하는가?

**4** 투자자와 채권자는 재무회계 정보를 어떤 용도로 사용하는가?

**5** "장부기장과 회계는 같은 것이다." 이 말에 동의하는지 밝히고 그 이유를 설명하라.

**6** Remmers Travel Agency는 2020년 12월 10일에 현금 £85,000를 주고 토지를 매입했는데, 2020년 12월 31일 현재 토지 가액이 £93,000로 올랐다. 2020년 12월 31일 Remmers Travel Agency의 재무상태표에 토지를 얼마로 보고해야 하는지 설명하라.

**7** 화폐 가치 측정의 공준이란 무엇인가?

**8** 경제적 실체의 공준이란 무엇인가?

**9** 상업적인 경제적 실체의 세 가지 기본 형태는 무엇인가?

**10** 테레사 알바레스는 영업이 잘되는 인쇄소를 소유하고 있는데, 최근에 사업이 성장하자 사업 조직을 개인사업자에서 법인으로 변경할지 고려 중이다. 알바레스가 법인을 설립했을 때의 이점에 대해 설명하라.

**11** 회계 항등식은 무엇인가?

**12** **a.** '자산', '부채', '자본'의 정의는 무엇인가?
**b.** 자본에 영향을 미치는 항목은 무엇인가?

**13** 다음 중 Designer Jewelry Stores의 부채에 속하는 것은 무엇인가?

**a.** 현금
**b.** 지급채무
**c.** 배당금
**d.** 매출채권
**e.** 소모품
**f.** 설비
**g.** 미지급 급여
**h.** 용역 매출
**i.** 임차료

**14** 기업은 회계 항등식의 왼쪽에만 영향을 미치는 거래를 할 수 있는가? 가능하다면 그 예를 들라.

**15** 회계기에는 다음과 같은 사건이 기록되는가? 각각의 경우에 대해 설명하라.

**a.** 회사 사장이 사망했다.
**b.** 소모품을 외상으로 구입했다.
**c.** 직원이 해고되었다.

**16** 다음 거래가 회계 항등식에 어떤 영향을 미치는지 밝혀라.

**a.** 청소비를 현금으로 지불했다.
**b.** 설비를 현금으로 구입했다.
**c.** 주식을 발행하고 현금을 받았다.
**d.** 지급채무를 전액 변제했다.

**17** 다음은 Min-Seo Promotions의 재무제표 중 일부이다. 다음 항목이 나타나는 재무제표는 무엇인가?

**a.** 용역 매출
**b.** 설비
**c.** 광고비
**d.** 매출채권
**e.** 이익잉여금
**f.** 급여

**18** 2020년 2월 시아 순은 Midtown plc에 추가로 £10,000를 투자했으며, Midtown의 회계 직원은 이를 현금과 수입 증가로 기록했다. 이는 적절한 회계 처리인가? 그 이유는 무엇인가?

**19** "회사의 당기순이익은 손익계산서와 이익잉여금계산서에 직접 표시되고 재무상태표에는 간접적으로 등장한다." 이 말에 동의하는지 밝히고 그 이유를 설명하라.

**20** Jardine plc는 회계기간 초에 자기자본 £158,000를 가지고 있었는데, 회계기간 말 현재 자기자본이 £198,000이다.

**a.** 해당 기간 동안 추가 증자나 배당이 없다면 해당 기간의 순이익은 얼마인가?
**b.** 해당 기간 동안 £13,000의 추가 증자가 있었지만 배당이 없다면 해당 기간의 순이익은 얼마인가?

**21** Carston Gardens의 7월간 운영 요약은 다음과 같다.

인식된 수익: 현금 £30,000, 외상 £70,000
발생 비용: 현금 £26,000, 외상 £40,000
Carston Gardens의 7월 총수입, 총비용, 순이익을 밝혀라.

**22** 회계 항등식은 '자산 = 부채 + 자본'이다. 2016년 12월 31일 TSMC의 회계 수치로 회계 항등식을 꾸며보라.

## 가벼운 연습 문제

**1** 다음 회계 항등식에서 물음표로 표시된 부분의 금액은 얼마인가 (단위: 1,000)?

| | 자산 | = | 부채 | + | 자본 |
|---|---|---|---|---|---|
| **a.** | ¥88,000 | | ¥50,000 | | ? |
| **b.** | ? | | ¥45,000 | | ¥70,000 |
| **c.** | ¥94,000 | | ? | | ¥60,000 |

**2** 회계 항등식이 주어졌을 때 다음 문제를 풀라.

**a.** Shumway Ltd.의 부채는 £120,000, 자본은 £232,000이다. Shumway Ltd.의 총자산은 얼마인가?
**b.** Shumway Ltd.의 총자산은 £190,000, 자본은 £80,000이다. 총부채 금액은 얼마인가?

**3** 연초에 Gilles Plumbers의 총자산은 €800,000, 총부채는 €300,000이다.

**a.** 해당 연도에 총자산이 €150,000 증가하고 총부채가 €60,000 감소했다면 연말의 자기자본 금액은 얼마인가?
**b.** 한 해 동안 총부채가 €100,000 증가하고 자본이 €70,000 감

소했다면 연말의 총자산 금액은 얼마인가?

c. 한 해 동안 총자산이 €80,000 감소하고 자본이 €120,000 증가했다면 연말의 총부채 금액은 얼마인가?

**4** 확장된 회계 항등식을 사용하여 다음 문제를 풀라.

a. Kumar Company의 부채는 ₺90,000, 자본금은 ₺150,000, 배당금은 ₺40,000, 수익은 ₺450,000, 비용은 ₺340,000이다. Kumar Company의 총자산은 얼마인가?

b. Kalim Company의 총자산은 ₺57,000, 자본금은 ₺35,000, 배당금은 ₺7,000, 수익은 ₺52,000, 비용은 ₺35,000이다. Kalim Company의 총부채 금액은 얼마인가?

c. Siram Co.의 자산 총액은 ₺660,000이고 부채는 자산 총액의 2/3에 달한다. Siram Co.의 자본은 얼마인가?

**5** 다음 각 항목을 자산이라면 A, 부채라면 L, 자본의 일부라면 E로 표시하라.

a. 매출채권 b. 급여
c. 설비 d. 소모품
e. 자본금 f. 지급어음

**6** 다음 각 항목을 배당금(D), 수익(R), 비용(E)으로 분류하라.

a. 광고비 b. 용역 매출
c. 보험료 d. 급여
e. 배당금 f. 임대료 수익
g. 수도광열비

**7** 다음 거래를 자산, 부채, 자본 칸으로 구분하고, 각 칸에 대해 자산, 부채, 자본의 증가는 +, 감소는 −, 영향을 미치지 않은 경우는 NE로 표시하라.

a. 외상으로 소모품을 구입했다.
b. 용역을 제공하고 현금을 받았다.
c. 비용을 현금으로 지불했다.

**8** 7번과 마찬가지로 다음 각 거래가 자산, 부채, 자본에 미치는 영향을 표시하라.

a. 주주들이 사업에 현금을 투자했다.
b. 배당금을 지급했다.
c. 이전에 수행한 용역에 대해 고객으로부터 현금을 받았다.

**9** 다음 각 거래를 주주에게 영향을 미치는 투자라면 I, 배당금이라면 D, 수익이라면 R, 비용이라면 E, 자본에 영향을 미치지 않는 경우라면 NE로 표시하라.

a. 용역을 수행하고 대금을 현금으로 받았다.
b. 설비를 현금으로 구입했다.
c. 직원의 급여를 지급했다.

**10** 다음은 2020년 12월 31일 자 Grande Ltd.의 재무상태표 항목을 나열한 것이다. 그림 1.10의 형식에 따라 재무상태표를 작성하라.

| | |
|---|---|
| 매입채무 | £90,000 |
| 매출채권 | 62,500 |
| 현금 | 49,000 |
| 자본금 | 21,500 |

**11** 다음 각 항목이 손익계산서에 나타난다면 IS, 재무상태표에 나타난다면 SFP, 이익잉여금계산서에 나타난다면 RES로 표시하라.

a. 지급어음 b. 광고비
c. 자본금 d. 현금
e. 용역 매출

## DO IT! 적용 문제

**1** 다음 설명이 맞으면 ○, 틀리면 ×로 표시하고 틀린 부분을 바르게 고쳐라.

a. 회계 처리의 3단계는 인식, 기록, 검사이다.
b. 회계 절차에는 장부기장의 기능이 포함된다.
c. 관리회계는 투자자와 채권자가 회사를 평가하는 데 도움이 되는 보고서를 제공한다.
d. 가장 일반적인 두 가지 유형의 외부 정보 이용자는 투자자와 채권자이다.
e. 내부 정보 이용자에는 인사 관리자가 포함된다.

**2** 다음 설명이 맞으면 ○, 틀리면 ×로 표시하고 틀린 부분을 바르게 고쳐라.

a. IFRS는 FASB에서 발행한다.
b. 윤리는 행동이 충실하거나 불충실하다고 판단하는 기준이다.
c. 미국의 주요 회계기준 설정 기관은 증권거래위원회(Securities and Exchange Commission, SEC)이다.
d. 역사적 원가법은 기업이 자산을 원가로 기록하되 자산을 보유하는 기간 동안에도 원가로 계속 보고하도록 규정한다.
e. 화폐 가치 측정의 공준에서는 기업이 화폐로 측정할 수 있는 거래만 기록하도록 요구한다.

**3** 다음 각 항목을 주주 투자(I), 배당금(D), 수익(R), 비용(E)으로 분류하고, 각 항목이 자본을 증가시키면 +, 감소시키면 −로 표시하라.

**a.** 배당금
**b.** 임대료 수익
**c.** 광고비
**d.** 주주의 현금 투자

**4** 다음은 로펌인 Callahan Ltd.의 3월 거래 내역이다. 그림 1.9와 같이 거래가 회계 항등식에 미치는 영향을 보여주는 표를 작성하라.

**a.** 고객을 위해 R20,000의 법률 서비스를 신용으로 수행했다.
**b.** 거래 (a)에서 수행한 서비스에 대해 고객으로부터 현금 R20,000를 받았다.
**c.** 광고비 R3,200에 대한 청구서를 받았지만 나중에 지불할 예정이다.
**d.** 주주들에게 배당금 R5,000를 현금으로 지급했다.

**5** 다음은 2020년 12월 31일 현재 Tsui Repairs와 관련된 자료이다. Tsui Repairs는 매월 재무 정보를 보고한다(단위: 1,000).

| | | | |
|---|---|---|---|
| 지급채무 | HK$ 3,000 | 급여 | HK$16,500 |
| 현금 | 6,500 | 지급어음 | 25,000 |
| 광고비 | 6,000 | 임차료 | 10,500 |
| 매출 | 53,500 | 매출채권 | 13,500 |
| 설비 | 29,000 | 배당금 | 7,500 |

**a.** 2020년 12월 31일에 Tsui Repairs의 총자산은 얼마인가?
**b.** Tsui Repairs가 2020년 12월에 보고한 순이익은 얼마인가?
**c.** 2020년 12월 31일에 Tsui Repairs의 자본은 얼마인가?

## 단원 연습 문제

**1** Genesis Company는 당해 회계연도에 다음과 같은 회계 업무를 수행하고 있다. 각 업무를 회계의 인식(I), 기록(R), 전달(C)로 분류하라. 참고로 회계는 '조직의 경제적 사건을 인식 및 기록하고 관심 있는 사용자에게 전달하는 정보 시스템'이다.

**a.** 거래 정보 분석 및 해석
**b.** 경제적 사건 분류
**c.** 자료의 용도, 의미, 한계에 대한 설명
**d.** 사건에 대한 체계적인 날짜순 일지 작성
**e.** 화폐로 사건 측정
**f.** 회계 보고서 작성
**g.** 표준화된 형식으로 정보 보고
**h.** 회사와 연관된 경제 활동의 구분과 선택
**i.** 경제적 사건 요약

**2** **a.** 다음 재무제표 이용자를 외부 정보 이용자 또는 내부 정보 이용자로 구분하라.

1. 고객
2. 금융 규제 기관
3. 세무 당국
4. 점장
5. 노동조합
6. 공급업체
7. 마케팅 관리자
8. 재무 부사장
9. 생산 감독자

**b.** 다음은 내부 정보 이용자와 외부 정보 이용자의 예상 질문이다. 각 질문에 대해 어느 이용자가 할 가능성이 높은지 구분하라.

1. 직원의 급여를 인상해줄 수 있는가?
2. 회사는 만족스러운 이익을 시현했는가?
3. 곧 대출을 받아야 하는가?
4. 다른 회사와 비교하여 회사의 수익성은 어떠한가?
5. 생산된 각 단위를 제조하는 데 드는 비용은 얼마인가?
6. 어떤 제품에 집중해야 하는가?
7. 회사는 단기 부채를 상환할 능력이 있는가?

**3** Manternach Designs의 사장인 앙겔라 만터나흐는 회계 부서장인 카를라 루덴에게 회사의 토지를 €100,000가 아닌 €170,000의 공정가치로 회계 보고서에 보고하라고 지시했다. 만터나흐는 "토지를 €170,000라고 하면 다음 달에 신규 투자자를 유치할 때 우리 회사가 더 나은 투자처로 보일 것"이라고 말한다. 이 경우의 이해관계자는 누구인가? 카를라 루덴과 관련된 윤리적 상황과 그가 취할 수 있는 대안을 설명하라.

**4** 다음 상황에는 관련된 회계 원칙 또는 공준이 있다. 각각의 상황에 사용된 회계 방법이 올바른지 알아보고, 올바르다면 사용된 방법을 뒷받침하는 원칙이나 공준을 밝혀라. 사용된 방법이 잘못되었다면 어떤 원칙이나 공준에 위반되었는지도 밝혀라.

**a.** Julia A/S는 취득원가보다 훨씬 더 큰 가치가 있는 건물을 소유하고 있다. 더 적절한 정보를 제공하기 위해 Julia A/S는 회계 보고서에 공정가치로 건물을 보고한다.

**b.** Dekalb Creations는 회계 기록에 화폐로 표현할 수 있는 거래 자료만을 포함하고 있다.

**c.** Omar's Oasis의 소유주인 오마 샤리프는 개인 생활비를 사업 경비로 처리하고 기록한다.

**5** 다음은 Diehl Cleaners의 재무상태표 항목이다. 각 항목을 자산, 부채, 자본으로 분류하라.

| | |
|---|---|
| 매입채무 | 매출채권 |
| 현금 | 지급어음 |
| 설비 | 급여 |
| 소모품 | 자본금 |

**6** 다음은 Spring Cruises와 관련된 거래이다. 각 거래가 자산, 부채, 자본에 미치는 영향을 밝혀라. 예를 들어 (a)의 답은 '자산 증가와 자본 증가'이다.

**a.** 사업을 시작하기 위해 주식과 교환하여 주주로부터 현금 투자를 받았다.
**b.** 월세를 지불했다.
**c.** 외상으로 설비를 구입했다.
**d.** 용역을 외상으로 제공하고 고객에게 청구했다.
**e.** 배당금을 지급했다.
**f.** (d)에서 제공한 용역에 대해 고객으로부터 현금을 받았다.
**g.** 외상으로 광고를 했다.
**h.** 추가 설비를 현금으로 구입했다.
**i.** 용역을 제공하고 고객으로부터 현금을 받았다.

**7** 다음은 2020년 5월 Collins Computer Timeshare의 거래이다.

1. Digital Equipment로부터 R$20,000의 컴퓨터를 외상으로 구입했다.
2. 5월에 창고 임차료 R$4,000을 현금으로 지불했다.
3. 4월에 청구된 계약에 대해 고객으로부터 현금 R$17,000을 받았다.
4. Viking Construction에 컴퓨터 서비스를 제공하고 현금 R$4,000을 받았다.
5. 5월에 전기료 R$11,000을 Tri-State Power에 현금으로 지불했다.
6. 주주들이 주식과 교환하여 사업에 추가로 R$29,000을 투자했다.
7. (1)에서 구입한 컴퓨터 대금을 Digital Equipment에 갚았다.
8. 5월 광고비로 미지급금 R$1,200이 발생했다.

각 거래의 결과를 (a)~(g)에서 선택하라.

**a.** 자산 증가와 동시 감소
**b.** 자산과 자본 증가
**c.** 자산과 부채 증가
**d.** 자산과 자본 감소
**e.** 자산과 부채 감소
**f.** 부채 증가와 자본 감소
**g.** 자본 증가와 부채 감소

**8** 공공 회계법인인 Kang & Co.의 8월 거래 내역은 다음과 같다.

**a.** 해당 월에 발생한 각각의 거래를 설명하라.
**b.** 해당 월에 자산이 얼마나 증가했는가?
**c.** 해당 월의 순이익 금액은 얼마인가?

| 자산 | | | | = 부채 | + 자본 | | | | |
|---|---|---|---|---|---|---|---|---|---|
| | | | | | | 이익잉여금 | | | |
| 현금 | + 매출채권 | + 소모품 | + 설비 | = 미지급금 | + 자본금 | + 수익 | − 비용 | − 배당금 | 힌트 |
| 1. +£15,000 | | | | | +£15,000 | | | | 주식 발행 |
| 2. −2,000 | | | +£5,000 | +£3,000 | | | | | ? |
| 3. −750 | | +£750 | | | | | | | ? |
| 4. +4,600 | +£4,500 | | | | | +£9,100 | | | 매출 |
| 5. −1,500 | | | | −1,500 | | | | | ? |
| 6. −2,000 | | | | | | | | −£2,000 | ? |
| 7. −650 | | | | | | | −£650 | | 임차료 |
| 8. +450 | −450 | | | | | | | | ? |
| 9. −3,900 | | | | | | | −3,900 | | 급여 |
| 10. | | | | +500 | | | −500 | | 수도광열비 |

**9** 8번 문제에서 다룬 Kang & Co.의 2020년 8월 손익계산서와 이익잉여금계산서, 2020년 8월 31일 재무상태표를 작성하라. 8월이 Kang & Co.의 사업 첫 달이라고 가정한다.

**10** 2019년 1월 1일에 ₺100,000를 투자하여 사업을 시작한 Kinney A.Ş.의 자산과 부채는 다음과 같다.

| 12월 31일 | 자산 총계 | 부채 총계 |
|---|---|---|
| 2019 | ₺400,000 | ₺250,000 |
| 2020 | ₺460,000 | ₺300,000 |
| 2021 | ₺590,000 | ₺400,000 |

해당 연도의 자본 변동 분석에서 다음 경우의 순이익(또는 손실)을 계산하라.

**a.** 2019년에 Kinney A.Ş.가 해당 연도의 배당금 ₺12,000를 지급했다고 가정한다.

**b.** 2020년에 주주가 ₺34,000를 추가 투자하고 Kinney A.Ş.가 2020년에 배당금을 지급하지 않았다고 가정한다.

**c.** 2021년에 주주가 ₺12,000를 추가 투자하고 Kinney A.Ş.가 2021년에 배당금 ₺25,000를 지급했다고 가정한다.

**11** 2020년 Greene's Goods와 Solar Enterprises의 요약재무상태표와 손익계산서에는 각각 두 항목이 누락되었다. (a)~(d)에 들어갈 금액은 얼마인가?

| | Greene's Goods | Solar Enterprises |
|---|---|---|
| 연초: | | |
| 총자산 | €110,000 | €129,000 |
| 부채 총계 | 85,000 | (c) |
| 자본 총계 | (a) | 80,000 |
| 연말: | | |
| 총자산 | 160,000 | 180,000 |
| 부채 총계 | 120,000 | 50,000 |
| 자본 총계 | 40,000 | 130,000 |
| 연간 자본 변동: | | |
| 추가 투자 | (b) | 25,000 |
| 배당금 | 37,000 | (d) |
| 총수익 | 220,000 | 100,000 |
| 총비용 | 175,000 | 60,000 |

**12** 다음은 2020년 Karen Weigel Co.에 관한 정보이다. 데이터를 분석하여 2020년 손익계산서와 포괄손익계산서를 작성하라.

|  |  |
|---|---|
| 2020년 1월 1일 이익잉여금 | $42,000 |
| 2020년 배당금 | 6,000 |
| 매출 | 63,600 |
| 급여 | 30,200 |
| 광고비 | 1,800 |
| 임차료 | 10,400 |
| 수도광열비 | 3,100 |
| 기타포괄이익 | 460 |

**13** Sanculi SpA의 회계 담당자인 린 드레이스는 재무상태표가 올바르게 작성되도록 노력하고 있지만 그가 만든 재무상태표는 다음과 같다. 재무상태표를 바르게 작성하라.

**Sanculi SpA**
**재무상태표**
**2020년 12월 31일 현재**

| 자산 | | 부채 | |
|---|---|---|---|
| 설비 | €48,000 | 자본금 | €50,000 |
| 소모품 | 8,000 | 이익잉여금 | 17,500 |
| 현금 | 14,000 | 지급채무 | 16,000 |
| 배당금 | 5,000 | 매출채권 | (8,500) |
| 자산 계 | €75,000 | 자본 계와 부채 | €75,000 |

**14** 다음은 Lake District 내의 캠핑장인 Bear Park Ltd.의 2020년 12월 31일 현재 재무 정보이다.

|  |  |
|---|---|
| 2020년 매출-캠핑비 | £140,000 |
| 2020년 매출-잡화 판매 | 47,000 |
| 지급채무 | 11,000 |
| 보유 현금 | 20,000 |
| 설비의 원가 | 105,500 |
| 설비의 공정가치 | 140,000 |
| 지급어음 | 60,000 |
| 2020년 경비 | 150,000 |
| 보유 소모품 | 2,500 |
| 자본금 | 20,000 |
| 이익잉여금 | ? |

**a.** 2020년 Bear Park Ltd.의 순이익은 얼마인가?

**b.** 2020년 12월 31일 현재 Bear Park Ltd.의 재무상태표를 작성하라.

**15** 다음은 Delgado Cruises SA의 2020년 운영과 관련된 재무 정보이다. Delgado Cruises의 2020년 손익계산서와 포괄손익계산서를 작성하라.

|  |  |
|---|---|
| 유지보수비 | R$ 97,000 |
| 수도광열비 | 10,000 |
| 급여 | 144,000 |
| 광고비 | 3,500 |
| 티켓 수익 | 342,000 |
| 기타포괄이익 | 4,200 |

**16** 다음은 Ling an Co.와 관련된 자료이다. Ling an Co.의 2020년 이익잉여금계산서를 작성하라.

| | |
|---|---|
| 2020년 1월 1일 이익잉여금 | £ 23,000 |
| 자본금 | 10,000 |
| 2020년 매출 | 340,000 |
| 2020년 총비용 | 211,000 |
| 2020년 1월 1일 자산 | 95,000 |
| 2020년 1월 1일 부채 | 62,000 |
| 2020년 12월 31일 자산 | 168,000 |
| 2020년 12월 31일 부채 | 80,000 |
| 2020년 배당금 | 64,000 |

**17** 다음은 2020년 12월 31일에 종료된 Java Growers에 관한 정보이다(단위: 1,000). Java Growers의 2020년 현금흐름표를 작성하라.

| | |
|---|---|
| 고객에게 현금 수취 | Rp600,000 |
| 주식 발행으로 현금 수취 | 280,000 |
| 설비를 현금으로 구입 | 95,000 |
| 현금 배당금 지급 | 20,000 |
| 비용을 현금으로 지불 | 430,000 |
| 2020년 1월 1일 현금 잔고 | 28,000 |

**18** 현금흐름표는 현금의 증감 사유를 영업 활동, 투자 활동, 재무 활동으로 분류하여 작성한다. 영업 활동은 회사가 이익을 창출하기 위해 수행하는 활동이고, 투자 활동에는 설비처럼 수명이 긴 자산의 구매 또는 투자증권의 구입이 포함된다. 재무 활동은 자금 조달 활동인 자금 차입, 주주 투자, 배당금 지급 등을 말한다. 다음 각 거래를 영업 활동, 투자 활동, 재무 활동으로 분류하라.

**a.** 주주들이 주식과 교환하여 현금 €20,000를 투자했다.
**b.** 현금 €12,000를 차입하고 지급어음을 발행했다.
**c.** 현금 €11,000로 사무용 장비를 구입했다.
**d.** 제공한 용역에 대해 현금 €15,000를 받았다.
**e.** 임차료 €1,000를 현금으로 지불했다.
**f.** 배당금 €600를 지급했다.
**g.** 급여 €5,700를 현금으로 지불했다.

## 마무리 연습 문제

**1** 4월 1일, 줄리 첸은 Miaoli's Travel Agency를 설립했으며, 4월 동안 다음과 같은 거래가 발생했다.

1. 주주들이 주식과 교환하여 사업에 현금 NT$15,000를 투자했다.
2. 4월 사무실 임차료 NT$600를 현금으로 지불했다.
3. NT$3,000의 설비를 현금으로 구입했다.
4. NT$700의 페이스북 광고를 외상으로 집행했다.
5. NT$900의 사무용품을 현금으로 구입했다.
6. NT$10,000의 용역을 제공하여 고객으로부터 현금 NT$3,000를 수령하고 잔액 NT$7,000는 나중에 받기로 했다.
7. 배당금 NT$600를 선언하고 지급했다.
8. 거래 (4)에 대해 페이스북에 NT$500를 지불했다.
9. 직원들에게 급여 NT$2,500를 지급했다.
10. 거래 (6)에 대해 고객으로부터 현금 NT$4,000를 받았다.

**a.** 현금, 매출채권, 소모품, 설비, 지급채무, 자본금, 수익, 비용, 배당금 등의 항목을 사용하여 거래 분석표를 작성하라.
**b.** 4월의 순이익 또는 순손실을 계산하라.

a. 자산 계 NT$20,800
b. 당기순이익 NT$6,200

**2** 2020년 7월 1일에 설립된 Ai Fang Co.의 7월 31일 재무상태표에는 현금 ¥5,000, 매출채권 ¥1,500, 소모품 ¥500, 설비 ¥6,000, 지급채무 ¥4,200, 자본금 ¥4,000, 이익잉여금 ¥4,800이 표시되었다(단위: 1,000). 8월 동안 다음과 같은 거래가 발생했다.

1. 매출채권에서 ¥1,200을 현금으로 회수했다.
2. 매입채무 ¥2,800을 현금으로 지불했다.
3. 인식된 수익 ¥7,500 중 ¥4,000은 현금으로 받고 잔액은 9월에 받기로 했다.
4. ¥2,000의 추가 설비를 구입하면서 ¥400을 현금으로 지불하고 잔액은 나중에 주기로 했다.
5. 8월 급여 ¥2,800, 임차료 ¥900, 광고비 ¥400을 현금으로 지불했다.
6. 배당금 ¥700을 선언하고 지급했다.
7. 어음으로 ¥2,000을 Standard Bank로부터 차입했다.
8. 8월 전기료 ¥270이 발생했다.

**a.** 7월 31일 잔액으로 시작하는 8월 거래 분석표를 작성하라. 각 칸의 제목은 '현금 + 매출채권 + 소모품 + 설비 = 지급어음 + 지급채무 + 자본금 + 수익 − 비용 − 배당금'으로 한다.
**b.** 8월 손익계산서와 이익잉여금계산서, 8월 31일 자 재무상태표를 작성하라.

a. 자산 계 ¥16,500
b. 당기순이익 ¥3,030 이익잉여금 기말 잔액 ¥7,130

**3** Park Flying School Ltd.는 2020년 5월 1일 현금 ₩45,000을

투자하여 비행 교육 사업을 시작했다. 2020년 5월 31일 현재 Park Flying School Ltd.의 자산과 부채, 5월의 수익과 비용은 다음과 같다(단위: 1,000).

| | | | |
|---|---|---|---|
| 현금 | ₩ 4,500 | 지급어음 | ₩28,000 |
| 매출채권 | 7,420 | 임차료 | 1,000 |
| 설비 | 64,000 | 유지보수비 | 400 |
| 매출 | 6,800 | 연료비 | 2,500 |
| 광고비 | 500 | 수도광열비 | 400 |
| 지급채무 | 1,400 | | |

5월에는 추가 투자가 없었고 배당금 ₩480,000을 지급했다.

**a.** 5월 손익계산서와 이익잉여금계산서, 5월 31일 자 재무상태표를 작성하라(단위: 1,000).

**b.** 다음 사항이 추가로 있는 경우 (a)의 재무제표를 작성하라. (1) 5월 31일 현재 ₩900,000의 용역을 수행하고 청구했으나 징수되지 않았으며, (2) 연료비 ₩1,500,000이 발생했으나 지불하지 않았다.

a. 당기순이익 ₩2,000 자산 계 ₩75,920
b. 당기순이익 ₩1,400

**4** 맷 스티너는 2020년 6월 1일 Stiner Deliveries Ltd.를 설립하고 배송 서비스를 시작했다. 다음은 6월에 발생한 거래이다.

6월 1일 주주는 주식과 교환하여 현금 £10,000를 사업에 투자했다.
2일 배달을 위해 중고차를 £14,000에 구입했다. Stiner Deliveries Ltd.는 현금 £2,000를 지불하고 잔액에 대한 지불어음에 서명했다.
3일 사무실 월 임차료 £500를 지불했다.
5일 외상으로 £4,800의 용역을 제공했다.
9일 현금 배당금 £300를 선언하고 지급했다.
12일 £150의 소모품을 외상으로 구입했다.
15일 6월 5일에 수행한 용역에 대해 현금 £1,250를 받았다.
17일 £100의 연료를 연료를 외상으로 구입했다(연료는 8월에 전량 사용되었다).
20일 수행한 용역에 대해 현금 £1,500를 받았다.
23일 지급어음 £500를 현금으로 갚았다.
26일 전기료 £250를 지불했다.
29일 6월 17일에 외상으로 구매한 연료비를 지불했다.
30일 직원에게 급여 £1,000를 지급했다.

**a.** 위 거래가 회계 항등식에 미치는 영향을 다음 형식을 사용하여 나타내라. 단, 이익잉여금 계정의 변경 사항에 대해서는 칸을 만들어 설명하라.

| 자산 | | | | | | | | | = | 부채 | | | + | 자본 | | | | | | | |
|---|---|---|---|---|---|---|---|---|---|---|---|---|---|---|---|---|---|---|---|---|---|
| | | | | | | | | | | | | | | | | 이익잉여금 | | | | | |
| 날짜 | 현금 | + | 매출채권 | + | 소모품 | + | 설비 | | = | 지급어음 | + | 지급채무 | + | 자본금 | + | 수익 | − | 비용 | − | 배당금 | |

**b.** 6월 손익계산서를 작성하라.

**c.** 2020년 6월 30일 자 재무상태표를 작성하라.

a. 자산 계 £25,800
b. 당기순이익 £4,450
c. 현금 £8,100

**5** 4개 회사의 재무제표 정보를 작성하는 방법은 다음과 같다.

| | Crosby Company | Stills Company | Nash Company | Young Company |
|---|---|---|---|---|
| 2020년 1월 1일 | | | | |
| 자산 | HK$ 900,000 | HK$1,100,000 | (g) | HK$1,500,000 |
| 부채 | 650,000 | (d) | HK$ 750,000 | (j) |
| 자본 | (a) | 500,000 | 450,000 | 1,000,000 |
| 2020년 12월 31일 | | | | |
| 자산 | (b) | 1,370,000 | 2,000,000 | (k) |
| 부채 | 550,000 | 750,000 | (h) | 800,000 |
| 자본 | 400,000 | (e) | 1,300,000 | 1,400,000 |
| 1년간 자본 변동 | | | | |
| 추가 투자 | (c) | 150,000 | 100,000 | 150,000 |
| 배당금 | 100,000 | (f) | 140,000 | 100,000 |
| 총수익 | 3,500,000 | 4,200,000 | (i) | 5,000,000 |
| 총비용 | 3,300,000 | 3,850,000 | 3,420,000 | (l) |

**a.** (a)~(l)에 들어갈 금액은 얼마인가? [힌트: (a) 자산 − 부채 = 자본 = HK$250,000]

**b.** Stills Company의 이익잉여금계산서를 작성하라. 단, 기초 이익잉여금이 HK$200,000라고 가정한다.

**c.** 재무제표의 작성 순서와 이익잉여금계산서, 손익계산서, 재무상태표의 상호 관계를 설명하라.

## 비판적 사고력 확장 문제

### 재무 보고: TSMC

**1** TSMC의 재무제표는 이 책의 부록 A에 실려 있으며, 재무제표 주석을 포함한 전체 연례 사업 보고서는 회사 웹사이트에서 확인할 수 있다. 이를 이용하여 다음 문제를 풀라(신 대만 달러로 보고된 금액을 이용하라).

**a.** 2016년 12월 31일 현재 TSMC의 총자산은 얼마인가? 2015년 12월 31일 현재 TSMC의 총자산은 얼마인가?

**b.** 2016년 12월 31일에 TSMC의 현금(현금성 자산 포함)은 얼마인가?

**c.** TSMC가 2016년 12월 31일에 보고한 매입채무 금액은 얼마인가? 2015년 12월 31일에 보고한 매입채무 금액은 얼마인가?

**d.** 2015년, 2016년 TSMC의 매출은 얼마인가?

**e.** 2015년부터 2016년까지 TSMC의 순이익 변동액은 얼마인가?

### 비교 분석: 네슬레와 델피

**2** 네슬레와 델피의 재무제표는 이 책의 부록 B와 C에 실려 있다. 이를 이용하여 다음 문제를 풀라.

**a.** 재무제표에 포함된 정보를 바탕으로 다음을 구하라.

1. 2016년 12월 31일 현재 자산 총액
2. 2016년 12월 31일 매출채권 순액
3. 2016년 12월 31일 자로 마감된 회계연도의 순매출액
4. 2016년 12월 31일로 종료되는 회계연도의 당기순이익

**b.** 두 회사의 총자산 중 매출채권이 차지하는 비율은 얼마인가? 두 회사의 매출에서 순이익이 차지하는 비율은 얼마인가?

### 실제 사례

**3** 인터넷에서 'start here go places'를 검색하여 미래 회계사를 위한 자료를 찾아 다음 문제를 풀라.

**a.** 회계를 성공적으로 하는 데 유용한 네 가지 기술은 무엇인가?

**b.** 이러한 기술이 성공적인 회계 경력에 유용한 이유는 무엇인가?

### 조직 전반에 걸친 의사결정

**4** 유명 골프 선수인 애니아 라몬과 닉 라몬은 2020년 3월 1일 골프 연습장인 Chip-Shot Driving Range Ltd.를 설립하고 보통주와 교환하여 현금 £25,000를 투자했다. 회사는 캐디 쉼터 건축에 현금 £8,000, 골프공과 골프채 구입에 현금 £800를 사용했다. 또한 월 £1,000로 5에이커를 임대하고 첫 달의 임차료를 지불했다. 첫 달의 광고비는 총 £750인데 이 중 3월 31일 미지급된 금액은 £100이며, 연습한 골프공을 회수하기 위해 고등학교 골프 팀 학생들에게 £500를 지급했다. 고객으로부터 얻은 모든 수익은 회사의 은행계좌에 입금되었으며, 3월 15일에 Chip-Shot Driving Range Ltd.는 배당금으로 총 £1,000를 지급했다. 3월 31일에 £120의 수도광열비 청구서를 받았지만 지불하지 않았고, 3월 31일 Chip-Shot Driving Range Ltd.의 통장 잔고는 £18,900였다. 애니아와 닉은 운영 첫 달에 꽤 좋은 성과를 거두었다고 생각했다. 그러나 이익에 대한 추정치는 손실 £6,100에서 순이익 £2,480까지 다양한 의견이 있었다.

**a.** 애니아와 닉은 어떻게 회사가 £6,100의 손실을 입었다고 생각했겠는가? 과연 순이익을 산출하는 방식으로 타당한가?

**b.** 애니아와 닉은 어떻게 회사가 £2,480의 순이익을 시현했다고 생각했겠는가? (힌트: 3월 31일 자 재무상태표를 작성하라.) 과연 순이익을 산출하는 방식으로 타당한가?

**c.** 3월의 실제 순이익을 구하라. 단, 손익계산서는 작성할 필요가 없다.

**d.** 3월에 인식한 매출은 얼마인가?

[역자 힌트: (a)는 현금의 감소, (b)는 배당을 비용에 포함한다.]

### 커뮤니케이션 활동

**5** Liverpool Ltd.의 회계 담당자인 에린 대니엘은 회사의 정확한 재무상태표를 만들기 위해 노력하고 있으며, Liverpool Ltd.의 재무상태표는 다음과 같다. 재무상태표가 잘못된 이유와 이를 수정하기 위해 취해야 할 조치를 설명하라.

**Liverpool Ltd.**
**재무상태표**
2020년 12월 31일 현재

| 자산 | | 부채 | |
|---|---|---|---|
| 설비 | £25,500 | 자본금 | £26,000 |
| 현금 | 9,000 | 매출채권 | (5,000) |
| 소모품 | 3,000 | 배당금 | (2,000) |
| 지급채무 | (8,000) | 지급어음 | 10,500 |
| | £29,500 | | £29,500 |

### 장래를 위한 활동

**6** 보조금 같은 재정적 지원을 받기 위해 일부러 가난하게 보이려는 사람들이 있듯이 대부분의 기업은 특정 목표를 정하고 재무 수치를 관리하는데, 이를 이익 관리(earnings management)라고 한다. 이는 수익과 비용의 인식 시기를 임의로 당기거나 늦추어 공시되는 순이익이 급변하지 않도록 완급을 조절하는 행위이다. 사실 이익 관리를 전혀 하지 않는 기업은 없다. 다만 그 행위가 윤리적으로 수용되는 범위에 있느냐 혹은 투자자와 채권자를 호도하려는 비윤리적·불법적인 것이냐의 차이가 있을 뿐이다.

**a.** 장학금을 신청할 때 다음과 같은 학생의 행위가 윤리적인지 설명하라.

1. 부모님의 형편이 넉넉한데도 숨기는 것
2. 수중에 있는 현금이 부족해 보이도록, 불가피한 지출이기는 해도 그 사용 시기를 앞당기는 것. 가령 필요한 자동차를 장학금 신청 전에 구입하는 것
3. 부모님에게 재정 지원을 받으면서도 돈이 없다고 하는 것
4. 부모님의 소득을 장학금 기준인 최저생계비 이하로 만들기 위해 부모님이 무급휴가를 받게 하는 것

**b.** 기업이 당기순이익을 과대표시하는 이유는 무엇인가?

**c.** 기업이 당기순이익을 과소표시하는 이유는 무엇인가?

**d.** 평소에 윤리적인 사람이 불법적으로 소득을 부풀리거나 줄여서 표시하려는 유혹을 받는 경우는 언제인가?

### 인류와 지구를 위한 활동

**7** 클리프바앤드컴퍼니(Clif Bar & Company, 미국)는 상장법인은 아니지만 상장법인처럼 직원에게 재무 정보를 공개하고 매년 정기적으로 사업 보고서를 작성하여 외부 이해관계자에게 다양한 정보를 제공함으로써 기업의 지속가능성을 위해 노력하고 있다. 클리프바앤드컴퍼니 웹사이트에서 회사를 소개하는 'Who We Are' 페이지에 들어가 기업이 추구하는 다섯 가지 가치 또는 열망을 찾아보라.

**학습목표**

미국 회계기준인 U.S. GAAP이 전 세계 재무회계에 미친 영향을 이해한다.

## U.S. GAAP 살펴보기

전술했듯이 IFRS는 IASB가 만든 회계기준으로, 국제적으로 통용되고 많은 나라에서 적용하고 있다. 이러한 IASB와 대등한 회계기준 작성 기관은 미국의 FASB이며, FASB가 만든 회계기준은 U.S. GAAP이다. U.S. GAAP은 IFRS가 등장하기 전에 전 세계 재무회계의 중심적 기준 역할을 하여 U.S. GAAP으로 재무제표를 작성하면 투명성을 인정해줄 정도였다. 그러나 오늘날에는 U.S. GAAP과 IFRS가 전 세계 회계를 양분하는 모양새이다.

U.S. GAAP과 IFRS는 언젠가는 합쳐져서 일원화되어야 한다. U.S. GAAP과 IFRS의 차이를 줄여나가는 노력을 컨버전스라고 하는데, 이것이 필요한 이유는 세계 시장이 글로벌화되어 점차 하나로 통합되는 데 있다. 또한 정보 기술(IT)의 발달로 국제 거래가 더 이상 어색하거나 불편하지 않고 일상화되었으며, 재화나 서비스 시장뿐만 아니라 자금 시장도 국제화되어 해외에서의 자금 조달도 흔한 일이 되었기 때문이다. 덕분에 다국적 기업이 등장하고 웬만한 대기업의 매출은 50% 이상이 자국이 아닌 해외에서 이루어진다. 그뿐만이 아니다. 피아트(Fiat)와 크라이슬러(Chrysler), 보다폰(Vodafone)과 마네스만(Mannesmann)처럼 서로 다른 국가의 기업 간 인수합병(M&A)도 자주 볼 수 있게 되었다. 이러한 국제적 교류가 활성화·일반화되면 IFRS와 U.S. GAAP은 일원화되는 것이 편리하고 바람직하다. 그 전까지는 IFRS와 U.S. GAAP의 차이를 이해하는 것이 중요하다.

강력했던 U.S. GAAP이 IFRS에 옆자리를 내주게 된 계기는 일련의 분식 사건이다. 사티암 컴퓨터서비스(Satyam Computer Services, 인도), 파르말라트(Parmalat, 이탈리아), 로얄아홀드(Royal Ahold, 네덜란드)의 회계 부정을 보면서 회계 투명성을 과신했던 미국은 엔론(Enron), 월드컴(WorldCom), AIG 등의 연이은 분식으로 체면이 완전히 구겨지자 사베인스-옥슬리법(Sarbanes-Oxley Act, SOX)을 제정하고, 미국 시장에 상장한 기업에 회계 부정을 방지하기 위한 강력한 내부 통제 제도를 설치할 것을 요구했다. 그러나 미국에 상장한 외국 기업에도 SOX를 준수하라고 강제하는 것은 제고해야 한다는 목소리가 있다. SOX를 적용하려면 상당한 비용이 드는데, 이로 인해 자칫 미국 자본 시장의 매력이 상실될까 우려하는 것이다. 그래서인지 최근 미국 정부는 외국 기업이 미국 시장에 상장할 때 재무제표를 IFRS로 작성했다 하더라도 예외 없이 U.S. GAAP으로 조정하여 공시하라는 종전의 규정을 철회했다. 여기에는 IFRS를 존중하는 의미가 담겨 있다.

사실 IFRS와 U.S. GAAP은 비슷한 회계기준의 기본 구조와 개념 체계를 가지고 있다. 경제적 실체의 공준이나 화폐 가치 측정의 공준도 동일하고, 회계 항등식을 통한 복식부기의 기록 방식도 같고 개인사업자, 조합, 법인의 분류도 일치한다. 하지만 IFRS는 U.S. GAAP처럼 규정이 구체적이지 않다. 아니 구체적일 수가 없다. 이론적 틀을 해설로 제시할 뿐이고 실제적 적용은 그 정신에 준거하여 기업이 양심적으로 작성하길 기대한다. 그래야 각국의 경계를 초월한 통일된 하나의 회계기준으로서 기능할 수 있기 때문이다. 즉 각국의 경제 환경과 조건, 제도 등에 차이가 있기 때문에 IFRS는 세밀한 규정으로 구성하는 데 한계가 있다. 이에 반해 U.S. GAAP은 회계 처리를 법조문처럼 매우 구체적으로 세밀하게 규정하고 있다. 따라서 IFRS는 '원칙 중심(principle-based) 회계', U.S. GAAP은 '규칙 중심(rule-based) 회계'라고 한다.

현재 IASB와 FASB는 상호 긴밀한 협조를 통해 기준과 회계 제도상의 중요한 차이를 일치시키기 위해 엄청난 노력을 기울이고 있다. 그 일환으로 회계의 기본적 개념 체계를 통일하기 위한 공동 작업 팀을 만들었다. 하지만 여전히 IASB는 미국의 SOX에 근거한 내부 통제 제도의 도입에 회의적인 입장이다.

## U.S. GAAP 확인 문제

**1** 하나의 국제 회계기준이 있어야 하는 이유로 적합하지 않은 것은?

**a.** 국가 간 기업의 인수합병
**b.** 확대된 자금 시장
**c.** 다국적 기업의 등장
**d.** U.S. GAAP만의 탁월성

**2** 다음 중 사베인스-옥슬리법이 정한 것은?

**a.** 국제적 세무 규정
**b.** IASB가 요구하는 국제적 내부 통제 제도
**c.** 미국에 상장한 기업의 내부 통제 제도 기준
**d.** 미국 세법

**3** U.S. GAAP에 비해 IFRS의 규정상 특징은 무엇인가?

**a.** 원칙 중심
**b.** 규칙 중심
**c.** U.S. GAAP보다 세밀함
**d.** 별다른 특징이 없음

**4** 다음 설명 중 옳지 않은 것은?

**a.** U.S. GAAP과 IFRS는 비슷한 이론적 개념 체계를 갖추고 있다.
**b.** FASB와 IASB는 통일된 개념 체계를 갖추기 위해 공동 작업 중이다.

c. 외국 기업이 미국에 상장하려면 U.S. GAAP으로 재무제표를 조정해야 한다.

d. 개인사업자, 조합, 법인의 분류는 U.S. GAAP과 IFRS가 동일하다.

**5** 다음 설명 중 옳은 것은?

a. 미국에서는 U.S. GAAP이 기준을 세세하게 규정해놓았기 때문에 분식 사건이 일어나지 않는다.

b. 거래를 분석하는 회계 방식은 U.S. GAAP과 IFRS가 동일하다.

c. IFRS를 채택한 기업도 2020년 미국의 사베인스-옥슬리법에 따른 내부 통제 제도를 받아들이기로 합의했다.

d. 미국 증권 시장에 상장한 IFRS 적용 외국 기업은 U.S. GAAP과 조정하여 재무제표를 공시해야 한다.

**해답** 1. d 2. c 3. a 4. c 5. b

## U.S. GAAP 연습 문제

**1** 국제적으로 통용되는 회계기준 개발에 주도적 역할을 하는 국제적 핵심 기관 둘을 밝히고 이들의 역할을 설명하라.

**2** 서로 다른 회계기준 제정자들이 때로는 성격이 상당히 다른 회계기준을 개발했다는 사실은 무엇으로 설명될 수 있는가?

**3** 전 세계적으로 통일된 고품질 회계기준을 만드는 것의 이점은 무엇인가?

**4** 미국 외의 국가가 기업 내부 통제 요구 사항을 증가시키는 사베인스-옥슬리법과 같은 규정을 채택하기 전에 고려해야 할 잠재적인 장점과 단점은 무엇인가?

### 재무 보고: 애플

**5** 애플의 재무제표는 이 책의 부록 D에 실려 있으며, 재무제표 주석을 포함한 전체 연례 사업 보고서는 회사 웹사이트에서 확인할 수 있다. 이를 이용하여 다음 문제를 풀라.

a. 2016년 9월 24일에 총자산은 얼마인가? 2015년 9월 26일에 총자산은 얼마인가?

b. 2016년 9월 24일에 얼마나 많은 현금을 보유하고 있었는가?

c. 애플이 2016년 9월 24일에 보고한 지급채무 금액은 얼마인가? 2015년 9월 26일에 보고한 지급채무 금액은 얼마인가?

d. 2014년, 2015년, 2016년 총수익은 얼마인가?

e. 2015년부터 2016년의 당기순이익 변동액은 얼마인가?

CHAPTER 2

Fort Worth Star-Telegram/MCT/Getty Images

# 회계 기록 방식의 체계적 틀

The Recording Process

## 이 단원에서 공부할 내용

1장에서는 회계 항등식을 배웠다. 작은 회사인 Softbyte SA에서 일어난 거래를 자산, 부채, 자본으로 분해한 후 각각에 미치는 금액적 영향을 회계 항등식에 따라 대입하여 거래 집계 분석표도 만들었다. 그런데 Softbyte같이 작은 회사가 아니라 대만은행(Bank of Taiwan, 대만)같이 아주 큰 회사가 거래 집계 분석표를 가지고 회계 처리를 한다면 문제가 심각하다. 하루에만도 수십만 건이 넘는 거래가 일어날 텐데 거래 집계 분석표 같은 원시적인 방식으로는 감당이 안 될 것이다. 새롭고 참신한 방법이 필요한데 이 장에서는 그 방법을 소개한다.

## 이 단원을 공부해야 하는 이유

### 사건, 사고에서 자유로운 회사는 없다

유난히 돈 계산이 빠른 사람이 주위에 한둘은 있다. 그러나 대부분의 사람들은 돈 계산을 시키면 고개를 내젓는다. 지갑에는 정리되지 않은 카드 영수증이 넘쳐나고, 신용카드 사용액과 통장을 맞춰보는 순간에도 야오밍이 나오는 TV의 농구 경기에서 눈을 떼지 않는 것이 우리의 모습이다. 점원에게 체크카드를 내밀었다 잔고 부족이라는 말을 들은 적도 있을 것이다. 사실 이렇게 살아도 큰일은 아니다. 생활이 힘들 뿐이다. 그러나 수많은 사람의 이해관계가 복잡하게 얽혀 있는 대만은행이 그런다면 곤란하다. 평생을 일해서 모은 돈을 대만은행에 예금하고 뿌듯한 마음으로 잔고를 확인했는데 '0'이라는 숫자가 나타난다면 정말 큰일이 아니겠는가.

대만은행 같은 큰 기업이 그 많은 거래를 어떻게 기록하고 실수 없이 정리하는지 실로 궁금하다. 우리가 간단한 계산은 열 손가락으로도 하지만 복잡한 계산은 전자계산기나 컴퓨터를 사용하듯이 회계 항등식을 통해 수많은 거래를 안전하게 처리하는 특별한 방식이 분명 있을 것이다. 하지만 100% 완벽한 방식이란 세상에 존재하지 않는다. 거대 금융 회사인 피델리티인베스트먼츠(Fidelity Investments, 미국)조차 회계상 큰 실수를 했다고 고백한 바 있다. 재무제표를 만들면서 마이너스를 플러스로 잘못 본 것이다. 그 결과 엄청난 적자가 엄청난 흑자로 둔갑했다. 다행히 내부 통제 장치가 제대로 작동하여 회계 정보를 공시하기 전에 수정함으로써 대형 사고로 번지는 것을 막을 수 있었다.

그렇더라도 정보 기술이 발달한 지금 이 시대에 모든 회계 절차가 전산화되어 있을 텐데 어떻게 피델리티인베스트먼츠 같은 금융 기관에서 그런 일이 벌어질 수 있을까? 이해하기 힘들다. 하지만 이유는 간단했다. "회계는 복잡해서 아무리 전산화한다 해도 사람 손을 거쳐야 하는 부분이 있다. 거기서 실수가 발생했다. 사람은 누구나 실수를 한다." 피델리티인베스트먼츠의 CFO가 한 정말 싱거운 해명으로 설명이 되었다.

## 이 단원의 구성과 학습목표

| | | | |
|---|---|---|---|
| 계정과 차변, 대변 | 계정과 차변, 대변을 이해한다. | • 계정<br>• 차변과 대변<br>• 자본의 구성 항목 간 연계<br>• 차대변 기입 규칙 | DO IT! 1 차변, 대변 항목 |
| 분개장 | 분개의 기능을 이해한다. | • 회계 기록의 절차<br>• 분개장 | DO IT! 2 분개 |
| 원장과 포스팅 | 원장과 포스팅을 이해한다. | • 원장<br>• 포스팅<br>• 계정일람표<br>• 기록 과정 예시<br>• 분개와 포스팅의 결과 | DO IT! 3 포스팅 |
| 시산표 | 시산표를 이해하고 작성한다. | • 시산표의 한계<br>• 오류 찾기<br>• 통화와 합계 표시 | DO IT! 4 시산표 |

## 계정과 차변, 대변 _Accounts, Debits, and Credits

학습목표

계정과 차변, 대변을 이해한다.

### 계정 _Account

**계정**(account)은 간단히 말해 자산, 부채, 자본을 구성하는 수많은 세부 항목이다. 1장에서 다루었던 Softbyte SA의 경우를 떠올려보면 자산에는 현금, 매출채권, 소모품 등이 있고 부채에는 지급채무, 지급어음 등이 있다. 또한 자본에는 자본금, 이익잉여금, 포괄손익 등이 있고 수익에는 용역 매출이, 비용에는 급여, 임차료, 수도광열비, 광고비 등이 있다. 이러한 것들을 계정이라고 부르며 각 계정의 이름을 계정과목이라고 한다.

계정과목을 표시할 때 시각적으로 나타내는 쉽고 편리한 방법이 있다. 일명 **T 계정**(T-account)이다. 그림 2.1처럼 T 자를 큼직하게 그리고 그 위에 계정과목을 적는다. T의 왼쪽을 **차변**(debit), 오른쪽을 **대변**(credit)이라고 하며 각각 약자로 Dr., Cr.로 표시한다. T 계정은 쉽게 이해할 수 있는 아주 편리한 방법으로 이 책에서도 자주 사용할 것이니 잘 알아두어야 한다.

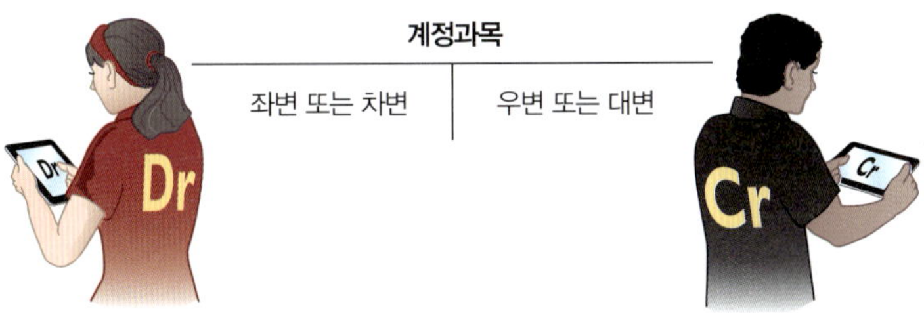


그림 2.1 T 계정

### 차변과 대변 _Debit and Credit

거래가 발생하면 해당 계정의 T 계정 양변에 거래 금액을 기입한다. 차변에 적으면 차변 기입(debiting), 대변에 적으면 대변 기입(crediting)이라고 한다. 자산의 증가는 T 계정의 차변에, 감소는 대변에 기록하는 반면, 부채와 자본의 증가는 T 계정의 대변에, 감소는 차변에 기록한다.[1]

증감을 적은 후 T 계정의 양변에 기록된 금액의 합계를 내고 양변의 차이를 계산하면 현재 시점에서 해당 계정과목의 잔액이 된다. 차변 금액이 대변 금액보다 많으면 잔액이 차변에 나타날 것이고, 대변 금액이 차변 금액보다 많으면 잔액이 대변에 나타날 것이다. 그림 2.2를 보면 쉽게 이해할 수 있다.

그림 2.2는 1장의 그림 1.9에서 예시한 Softbyte의 현금 계정 입출입 내역을 T 계정으로 나타낸 것이다. 먼저 T 자를 크게 그리고 그 위에 '현금'이라고 쓴 다음 증가 금액은 차변에, 감소 금액은 대변에 적는다. 잔액은 양변의 합의 차이로 산출한다.

---

1 역자 주: 이러한 위치는 회계 항등식에서 비롯된 것이다. 즉 '자산 = 부채 + 자본'에서 자산은 왼쪽에 위치하여 차변 계정이고, 부채와 자본은 오른쪽에 위치하여 대변 계정이다. 따라서 차변 계정의 증가는 차변에, 감소는 대변에 적고, 대변 계정의 증가는 대변에, 감소는 차변에 적는다. 이는 회계 항등식에 따라 계정을 일치시키는 것이 헷갈리지 않고 편리하기 때문일 뿐 이론적인 이유는 없다. 만약 회계 항등식을 '부채 + 자본 = 자산'으로 적기로 했다면 반대로 기록해야 편리할 것이다. 혹자는 차변은 증가, 대변은 감소라는 식으로 외우기도 하는데 이는 매우 잘못된 것이다.

**그림 2.2** Softbyte의 현금 증감 내역

**거래 집계 분석표**

| 현금 |
|---:|
| €15,000 |
| -7,000 |
| 1,200 |
| 1,500 |
| -1,700 |
| -250 |
| 600 |
| -1,300 |
| € 8,050 |

**T 계정**

| 현금 | | | |
|---|---:|---|---:|
| (차변) | 15,000 | (대변) | 7,000 |
| | 1,200 | | 1,700 |
| | 1,500 | | 250 |
| | 600 | | 1,300 |
| 잔액 (차변) | 8,050 | | |

거래 집계 분석표에서 플러스 금액은 현금의 증가를, 마이너스 금액은 현금의 지출을 뜻한다. 현금은 회계 항등식상 차변 계정이므로 증가는 차변에, 감소는 대변에 기록하기 때문이다. 따라서 푸른색 €15,000는 차변에, 붉은색 €7,000는 대변에 기록된다. 기록이 끝나면 양변의 합을 계산하고 차액을 산출한다. €8,050의 차변 금액은 Softbyte의 현금 입금액이 지출보다 €8,050 많다는 뜻이다. 또한 사업을 시작할 때 잔액이 0이었으니 현재 보유하고 있는 현금 잔액이 €8,050라는 의미이기도 하다. 이와 같이 T 계정을 사용하여 증감을 양변으로 나누어 적고 각 변의 합을 도출한 다음 차액을 계산하면 계산의 실수가 줄어들고 시각적으로도 쉽게 알아볼 수 있어 매우 편리하다.

### 대차균형의 원리와 복식부기 _Debit and Credit Procedure

1장에서 배운 회계 항등식의 차변과 대변의 합은 늘 같다. 그렇다면 모든 T 계정에 적힌 차변의 총합과 대변의 총합도 늘 같아야 한다. 회계 항등식에 따라 같은 금액을 계정별로 나누어 적되, 한 번은 차변에 적었으면 또 한 번은 반드시 대변에 적고 한 번은 대변에 적었으면 또 한 번은 반드시 차변에 적었으니 당연한 결과이다. 이를 회계에서는 대차균형의 원리 또는 대차평균의 원리(principle of equilibrium)라고 하며, 그 원리를 적용하여 회계 처리를 하는 체계를 **복식부기**(double-entry system)라고 한다.

HINT
나라마다 회계 처리 방법이 다를 수도 있다. 그러나 회계 항등식을 토대로 하는 복식부기는 어디든 똑같다. 기록 내용은 달라도 기록 방식이 같기 때문이다.

이 방법은 단순하지만 수많은 거래를 기록하면서 저지르기 쉬운 오류의 가능성을 크게 줄여준다. 회계를 전문적으로 하는 사람들이 귀신같이 오류를 찾아내는 비결도 여기에 있다. 양변의 합이 일치하지 않으면 어딘가 잘못된 것이고, 양변의 합이 일치하지 않는 거래 기록을 찾는 것이 바로 오류를 찾는 방법이다.

역자 한마디
사실 계정별 증가와 감소를 차변과 대변 어디에 적는지 복잡하게 설명하거나 외울 것도 없다. 회계 항등식에 따라 차변에 위치하는 계정이면 증가를 차변에, 감소를 대변에 적고 대변에 위치하는 계정이면 증가를 대변에, 감소를 차변에 적는다는 규칙만 알면 된다.

이제 각 자산과 부채, 자본의 변화를 계정별로 T 계정에 입력할 때 증가와 감소를 어디에 적는지 좀 더 연습해보자.

### 자산과 부채의 증감과 차변, 대변 _Dr./Cr. Procedures for Assets and Liabilities

그림 2.3에 요약했듯이 자산의 증가는 차변에, 감소는 대변에 적고 부채의 증가는 대변에, 감소는 차변에 적는다. 헷갈리면 회계 항등식에서 자산, 부채, 자본의 위치를 떠올려보라.

**그림 2.3** 자산과 부채의 증감과 차변, 대변

| 차변 | 대변 |
|---|---|
| 자산 증가 | 자산 감소 |
| 부채 감소 | 부채 증가 |

이를 계정별 T 계정으로 나타내면 그림 2.4와 같다. 여기서 각 차변과 대변의 합계 차이는 증가와 감소의 결과로서 그 계정과목의 일정 시점의 잔액이 된다. 당연히 자산의 잔액은 차변에, 부채의 잔액은 대변에 나타난다. 즉 자산의 경우 차변의 합계가 대변의 합계보다 크고, 부채의 경우 대변의 합계가 차변의 합계보다 크기 때문이다. 그 이유는 회계 항등식에 있다. 회계 항등식에서 자산은 차변에 있으니 차변 항목이고 부채와 자본은 대변에 있으니 대변 항목이다. 그래서 잔액을 구하면 정상적인 경우 자산은 차변에 나타나고 부채와 자본은 대변에 나타난다.

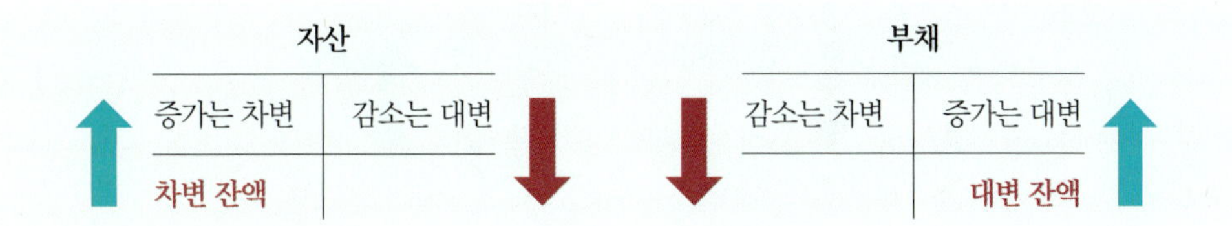


**그림 2.4** 자산과 부채의 T 계정

잔액이 어느 변에 나타나느냐는 특징도 회계 기록의 오류를 찾아내는 데 큰 도움이 된다. 기계 장치의 계정 잔액이 대변에 나타나면 이상한 것이다. 그런데 딱 하나 현금 계정의 경우는 예외이다. 은행과의 당좌차월 약정을 맺어 현금 잔액보다 더 많이 지출했을 때는 현금 잔액이 대변에 나타난다. 당좌차월은 통장에 현금 시재액이 부족해도 은행에서 어느 한도까지는 대여를 해주는 약정을 말한다.

### 자본의 변동과 차변, 대변 _Dr./Cr. Procedures for Equity

회계 항등식에 따라 자본의 증가는 대변에, 감소는 차변에 적는다. 한편 자본은 자본금과 이익잉여금으로 이루어지며, 이익잉여금은 순이익과 배당금으로 나뉘고 순이익은 다시 수익과 비용으로 나뉜다고 1장에서 배웠다. 이를 펼쳐보면 '자본 = 자본금 + 이익잉여금'이고, 이를 더 펼치면 '자본 = 자본금 + 수익 − 비용 − 배당금'이다. 각 항목별로 좀 더 살펴보자.

**자본금** 회사가 주주에게 주식을 발행하여 현금 출자를 받으면 현금이 증가하고 자본금이 증가한다. 현금이라는 자산의 차변에 증가를 적고 자본금의 대변에 증가를 적는다. 반대로 감자(減資)될 때는 현금과 자본금이 감소하니 현금의 대변과 자본금의 차변에 기록된다. 그림 2.5에서 보듯이 자본금의 증가는 대변에, 감소는 차변에 적는다.

**그림 2.5** 자본금의 차변, 대변

| 차변 | 대변 |
|---|---|
| 자본금 감소 | 자본금 증가 |

T 계정으로는 그림 2.6과 같이 자본금의 잔액이 대변에 나타난다.

**그림 2.6** 자본금의 T 계정

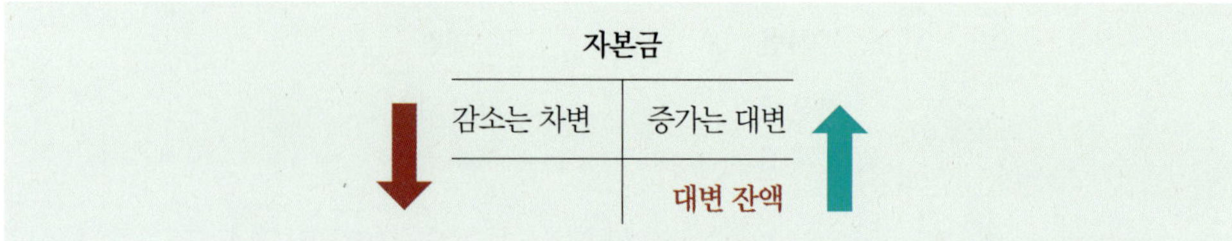


HINT
자본금의 증감을 차변과 대변에 나누어 적는 방식과 잔액이 대변에 나타나는 특징은 부채와 같다.

**이익잉여금** **이익잉여금**(retained earnings)은 순이익의 누계액이다. 따라서 순이익이 발생하면 이익잉여금이 증가하고 이는 대변에 적는다. 또한 순손실은 이익잉여금의 감소 항목으로 차변에 적는다. 순이익을 주주에게 배당하면 이익잉여금이 감소하므로 차변에 적는다. 당연히 잔액은 대변에 나타나는데, 회계 항등식의 대변 계정이라 그렇다.

**그림 2.7** 이익잉여금의 T 계정

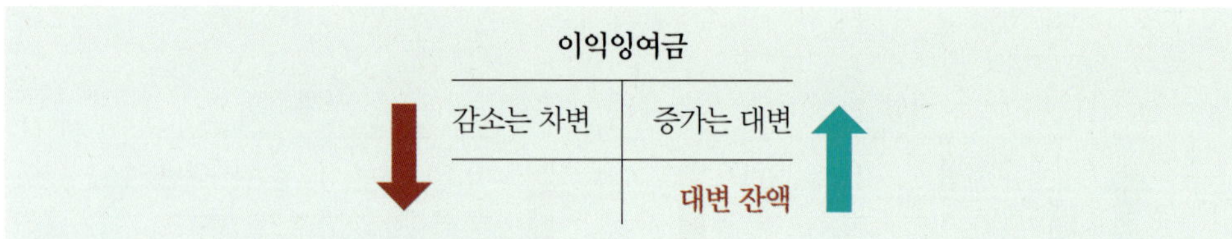


**배당금** **배당금**(dividend)은 주주에게 배분하는 순이익이다. 배당은 이익잉여금을 감소시키는 항목이기 때문에 별도의 계정으로 표시하는 경우 이익잉여금과 반대가 된다. 배당금의 증가는 이익잉여금의 감소이므로 차변 항목이 된다. 그리고 배당금의 계정 잔액은 차변에 나타난다. 배당금은 회계 항등식의 대변 계정이지만 부호가 마이너스이므로 자산 쪽으로 넘겨버리면 회계 항등식상 차변 계정이 된다. 이렇게 이해하면 증감 기입의 규칙을 쉽게 익힐 수 있다.

**그림 2.8** 배당금의 T 계정

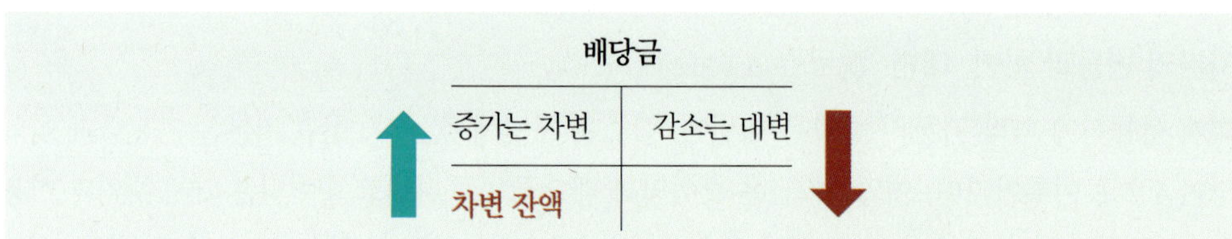


HINT
수익은 자본의 증가 항목이므로 이익잉여금과 기록 방식이 같으며 비용은 그 반대이다.

**수익과 비용** 수익과 비용은 순이익을 결정하는 항목으로 자본 항목이다. 그러므로 수익이 증가하면 대변에 기록하고 감소하면 차변에 기록한다. 비용은 수익의 반대이니 증가하면 차변에 기록하고 감소하면 대변에 기록한다. 수익은 회계 항등식에서 대변 계정이고 비용은 부호가 마이너스이므로 배당금처럼 차변 계정으로 이해하는 것이 좋다. 당연히 수익 잔액은 대변에, 비용 잔액은 차변에 나타난다.

**그림 2.9** 수익과 비용

| 차변 | 대변 |
| --- | --- |
| 수익 감소 | 수익 증가 |
| 비용 증가 | 비용 감소 |

**투자적 사고력 키우기 | 야구단의 계정과목**

계정과목은 회계 주체가 하는 사업에 따라 다르다. 다음은 중신 브러더스(CTBC Brothers, 대만) 야구단의 주요 수익과 비용의 계정을 추린 것이다.

| 수익 | 비용 |
|---|---|
| 입장료 | 선수 연봉 |
| 기념품 판매 | 관리직 급여 |
| 중계료 | 선수 이동 여비 |
| 광고 수입 | 경기장 유지비 |

**맨체스터 유나이티드(Manchester United, 영국) 축구 클럽의 주요 수입 및 지출 계정이 중신 브러더스와 동일할 것이라고 생각하는가?**

Mandy Cheng/AFP/Getty Images

수익은 회계 항등식상 대변 계정이므로 대변의 합이 차변의 합보다 많을 것이다. 따라서 잔액이 대변에 나타난다. 비용은 반대로 차변 계정이므로 차변의 합이 대변의 합보다 크다. 따라서 잔액이 차변에 나타난다.

그림 2.10 수익과 비용의 T계정

## 자본의 구성 항목 간 연계 _Equity Relationships

자본은 자본금과 이익잉여금으로 구성되며, 이익잉여금은 순이익에서 배당금을 차감한 것이고, 순이익은 수익에서 비용을 공제한 것이라고 누차 설명했다. 따라서 재무제표에서 재무상태표, 손익계산서, 이익잉여금계산서 상호 간 숫자의 연결 구조는 그림 2.11과 같다.

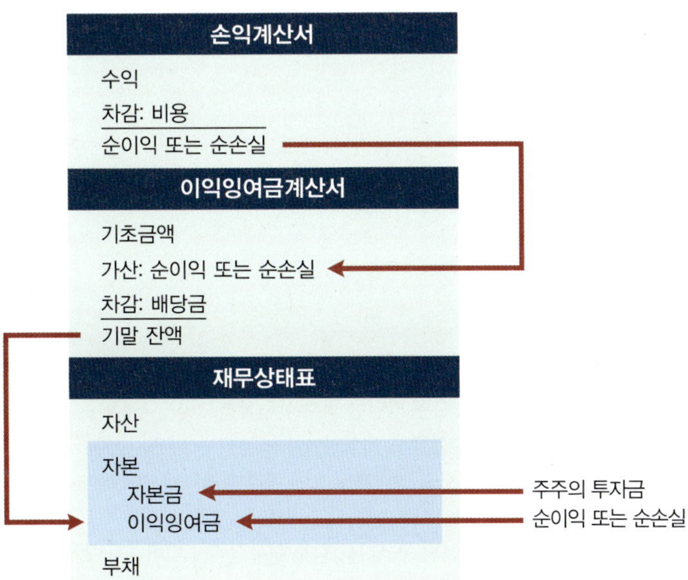


그림 2.11 자본 항목의 구성 관계

## 차대변 기입 규칙 _Summary of Debit/Credit Rules

지금까지 설명한 계정별 차변과 대변 기입 규칙을 그림 2.12에 정리했다. 전술한바 회계 항등식을 토대로 차대변 기입 규칙을 이용한 회계 기록 구조 또는 체계를 복식부기라고 한다. 복식부기는 회계 항등식의 차변이 달라지면 이에 상응하는 대변을 반드시 기록하는 체계여서 회계의 오류를 막는 기능이 있다. 이처럼 항상 특정 계정과 상대 계정 기록을 두 번 하기 때문에 복식부기라고 불린다는 것은 이미 1장에서 설명했다.[2]

**그림 2.12** 복식부기의 구조

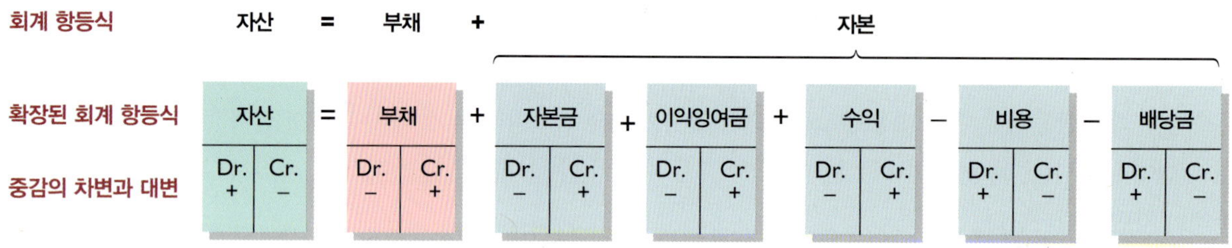


### DO IT! 1 차변, 대변 항목

줄리 렁은 쇼핑센터에 Hair It Is라는 미용실을 차리고 복식부기를 도입했다. 재무상태표에 나타날 만한 계정과목을 열거하고 잔액이 차변, 대변 중 어디에 나타나는지도 밝혀라.

**해답**

현금(차변)
지급어음 또는 은행 차입금(대변)
설비(차변)
소모품(차변)
자본금(대변)
지급채무(대변)

2 역자 주: 복식부기에서 회계 항등식의 톱다운(top-down)과 바텀업(bottom-up)을 적절히 혼합하면 복잡한 회사의 회계 구조도 쉽게 이해할 수 있다. 톱다운은 간단한 회계 항등식인 '자산 = 부채 + 자본'에서 출발하여 점차 세분화하는 관찰 구조이다. 즉 '자본 = 자본금 + 이익잉여금 + 수익 − 비용 − 배당금'으로 구분하고 다시 각 계정과목으로 상세히 풀어가면서 회사의 사업 성격과 규모에 따라 복잡하게 전개된다. 바텀업은 거꾸로 복잡한 각 계정별 차변과 대변의 금액이 결국에는 회계 항등식인 '자산 = 부채 + 자본'으로 요약되고 집계되는 관찰 구조이다. 아무리 어렵고 복잡해 보이는 회계 구조라도 회계 항등식에서 벗어나지 못한다. 이러한 구조적 사고로 접근하면 회계가 쉬워진다.

## 분개장 _The Journal

학습목표

분개의 기능을 이해한다.

### 회계 기록의 절차 _Recording Process

지금까지는 이해를 돕기 위해 T 계정으로 거래를 직접 기록했지만 실무적으로는 일일이 T 계정을 그려서 할 수 없다. 대신에 거래로 인해 영향을 받는 계정과목과 차대변, 금액을 적은 다음 각 계정으로 옮겨 적는 방식으로 진행되는데, 전자를 **분개**(journal), 후자를 포스팅이라고 한다. 즉 분개는 거래를 분석하여 회계 항등식을 사용하는 복식부기에 따라 차변과 대변으로 나눈 후 영향을 받는 계정과목과 금액의 정보를 남기는 작업이다. 분개는 누구나 보고 T 계정으로 옮겨 적을 수 있는 내용이면 충분하다.

그림 2.13 거래의 회계 기록

분개를 기록하는 장부는 **분개장**(general journal)이다. 따라서 분개장은 모든 분개를 모아둔 책으로 정의된다. 분개가 끝났으면 분개장의 기록을 계정과목별로 옮겨 적어야 하는데, 계정과목을 모아둔 책을 총계정원장(general ledger)이라고 한다. 총계정원장은 T라는 모양으로 표시만 안 되어 있을 뿐 T 계정을 모아둔 책과 같다. 이론상으로는 분개장을 생략하고 거래를 머릿속에서 분개하여 총계정원장의 계정과목에 직접 기록하는 것도 가능하다. 그래도 회계 기록을 하는 데 지장이 없다. 그러나 실수를 예방하기 위해 분개장을 사용하는 것이 일반적이다. 그림 2.14는 전형적인 분개장의 양식이다.

회계 기록의 각 과정은 결산기마다 끊임없이 반복적으로 일어나는데 분개와 포스팅이 기록의 기본이다. 1장에서 배운 거래 분석을 분개와 포스팅을 통해 기록하는 법을 알아보자.

ETHICS NOTE

인터내셔널아웃소싱서비스(International Outsourcing Services, LLC)는 허위 증빙을 사용하여 $2억 5,000만이나 되는 돈을 고객들을 대신해서 비용 집행을 했다고 거짓으로 고하여 부당하게 받아낸 죄로 기소되었다. 제대로 된 증빙 사용을 통해 비용을 통제하면 부정을 상당 부분 막을 수 있다.

### 분개장 _Journal

최초의 기록은 분개이다. 거래는 분개라는 과정을 통해 처음 기록된다. 그러므로 분개는 거래의 원천 기록이며 당연히 발생 순서대로 기록된다. 분개는 거래가 미치는 특정 계정과목이 무엇인지, 그리고 그 계정의 차변과 대변에 얼마의 금액이 영향을 미치는지 정보를 보여주는 기록이다. 분개를 적는 분개장의 양식은 다양하지만 통상적으로는 일자, 계정과목, 거래 내역, Ref.(Reference, 참조), 차변과 대변의 금액을 적는 칸으로 구성된다(그림 2.14 참조).

분개장의 사용은 나름 장점이 있다. 분개의 기록을 날짜별로 볼 수 있고 총계정원장에 옮겨 적기 전에 오류 여부를 알 수 있다. 또한 분개장의 차변과 대변의 전체 합을 계산해보고 일치하지 않으면 분개에 오류가 있다고 판단할 수 있다.

## 분개하기 _Journalizing

분개는 거래 발생 일자, 계정과목과 차변·대변 금액, 간단한 거래 내역의 정보를 표시하는 것이고 **분개하기**(journalizing)는 분개장에 분개를 적는 행위를 말한다. 그림 2.14는 실제 거래로 분개하기를 보여준다. 대상 거래는 Softbyte에서 9월 1일에 발생한 두 가지 거래로, 주주에게 €15,000의 현금 출자를 받고 주식을 발행한 거래와 €7,000의 컴퓨터를 현금을 주고 구입한 거래이다. 참고로 J1은 분개장의 본 분개가 적힌 페이지이고, 네모 안의 번호는 그 아래 설명 번호와 연결된다.

그림 2.14 분개하기

| 분개장 | | | | J1 |
|---|---|---|---|---|
| 일자 | 계정과목과 거래 내역 | Ref. | 차변 | 대변 |
| 2020년 9월 1일 [1] | [2] 현금 | [5] | 15,000 | |
| | [3] 자본금 | | | 15,000 |
| | [4] (현금 출자로 주식 발행) | | | |
| 1일 | 사무 설비 | | 7,000 | |
| | 현금 | | | 7,000 |
| | (사무 설비를 현금으로 구입) | | | |

[1] '일자' 칸에는 거래가 발생한 날짜를 적는다.
[2] 차변 계정과목을 '계정과목과 거래 내역' 칸의 맨 왼쪽에 기입하고 금액을 차변 칸에 적는다.
[3] 대변 계정과목을 '계정과목과 거래 내역' 칸의 차변 계정과목 바로 아래에 한 칸 들여쓰기로 적어 차변이 아닌 대변임을 표시하고 금액을 대변 칸에 적는다.
[4] 간단한 거래 내역을 대변 계정과목 아래에 적는다. 다음 분개를 할 때는 각 분개가 구분되게 간격을 둔다.
[5] 'Ref.' 칸은 분개 시 비워두고 나중에 총계정원장으로 옮겨 적을 때 총계정원장의 페이지 번호를 적는다.

분개에서는 계정과목을 정확히 골라내는 능력이 중요한데, 잘못된 분개는 잘못된 재무제표로 이어진다. 어떤 계정과목을 사용하는지는 대체로 일반화되어 있으나 강제적인 것은 아니다. 계정명이 거래의 성격을 드러내기만 한다면 어느 정도 융통성이 있다. 중요한 것은 일관성이다. 계정과목을 한 번 정했으면 같은 거래는 모두 그 계정과목으로 모아야 한다. 한편 문제를 풀 때 계정과목이 주어지면 다행이지만 없을 때는 적절한 이름을 지어야 한다. 계정과목은 자산, 부채, 자본의 구성 항목을 나타내는 정도이면 충분하고 거래까지 설명할 필요는 없다. 즉 현금 계정을 사용하고 그 아래 차대변이 있는데 굳이 계정과목을 현금의 입금, 현금의 출금이라고 나눌 필요는 없다는 말이다.

## 단순분개와 복합분개 _Simple and Compound Entries

분개 시 그림 2.14와 같이 관련 계정과목이 차변, 대변에 각각 하나씩 있는 경우를 **단순분개**(simple entry), 그림 2.15와 같이 3개 이상 계정과목이 관여되는 것을 **복합분개**(compound entry)라고 한다. 예를 들어 7월 1일 £14,000의 운반 트럭을 샀는데 현금으로 £8,000를 주고 잔액

## 조직의 회계 | 올바른 회계는 올바른 분개에서 시작된다

회계 처리는 올바르게 해야 한다. 수익이면 수익, 비용이면 비용이다. 일체의 사심이나 망설임이 있어서는 안 된다. 그런데 어떤 회사는 이 당연한 일이 쉽지 않은 모양이다. 미국의 유명 유기농 식품 회사인 하인셀레셜그룹(Hain Celestial Group, 미국)은 수익회계 처리에 문제가 있다면서 수정 방법을 결정할 때까지 증시에 분기마다 공시해야 하는 재무제표를 무려 4분기나 지나도록 미루고 공시하지 않았다. 식품 산업의 수익 회계 처리는 어려울 것이 없는데 1년 이상 공시하지 않은 것은 도저히 납득하기 어렵다. 어쨌든 그 결과 하인셀레셜그룹의 주가는 34%나 폭락했다.

이와 달리 명확히 드러난 분식도 있다. 캐나다 회사인 옵시디언에너지(Obsidian Energy)는 수익적 지출인 비용을 자본적 지출인 자산으로 처리하여 가공의 이익을 만들다가 들통이 났다. 분식 덕분에 비용 통제에 아주 효율성이 있어 보이던 이 회사는 금융 당국으로부터 호된 징계 처분을 받았는데, 개별 거래를 분개할 때 정확하게 하는 것은 회계의 기본이요 출발점이다. 그렇게 하지 않으면 재무제표가 왜곡된다.

출처: Shawn Tully, "The Mystery of Hain Celestial's Accounting," *Fortune.com* (August 20, 2016); and Kelly Cryderman, "U.S. Charges Obsidian, Formerly Penn West, with Accounting Fraud," *The Globe and Mail* (June 28, 2017).

Keith Homan/ Shutterstock

**기업이 금융 거래를 완전하고 정확하게 기록하는 것은 왜 중요한가?**

£6,000를 나중에 갚기로 합의했다면 복합분개가 된다.

**그림 2.15** 복합분개

| 분개장 | | | | J1 |
|---|---|---|---|---|
| 일자 | 계정과목과 거래 내역 | Ref. | 차변 | 대변 |
| 2020년 7월 1일 | 차량 운반구 | | 14,000 | |
| | 현금 | | | 8,000 |
| | 지급채무 | | | 6,000 |
| | (트럭을 현금과 외상으로 구입) | | | |

복합분개를 할 때는 섞지 말고 차변 계정을 다 쓴 다음 대변 계정을 이어 쓰는 것이 보기에 좋다.

### DO IT! 2 분개

일인 주주이자 경영자인 줄리 렁은 Hair It Is라는 미용실을 차리면서 다음 거래를 했다.

1. Hair It Is라는 이름으로 은행계좌를 만들어 €20,000를 예금하고 주식을 취득했다.
2. 30일 이내 갚기로 하고 €4,800의 미용 기구를 구입했다.
3. 미용 기술자를 채용하려고 3명을 면접했다.

**해답**

| | | |
|---|---|---|
| 1. 현금 | 20,000 | |
| 자본금 | | 20,000 |
| (현금 출자로 주식 발행) | | |
| 2. 설비 | 4,800 | |
| 지급채무 | | 4,800 |
| (미용 설비를 외상으로 구입) | | |

3. 분개 대상이 아님

학습목표
원장과 포스팅을 이해한다.

## 원장과 포스팅 _The Ledger and Posting

### 원장 _Ledger

**원장**(ledger)은 한마디로 그림 2.16처럼 계정과목의 증감 기록과 잔액 표시를 모아두는 책이다. 원장을 보면 계정별 금액을 알 수 있고 왜 이렇게 되었는지 거래의 역사도 추적할 수 있다. 원장에는 전체 계정을 모아둔 **총계정원장**(general ledger)과, 필요한 경우 계정별로 여러 계정으로 다시 세분화되어 자세한 내역을 보여주는 보조원장(sub-ledger)이 있다. 보통 원장이라고 하면 총계정원장을 말하며, 그림 2.17은 총계정원장의 양식을 보여준다. 각 계정에는 편의상 번호, 즉 코드가 붙어 있으며 자산, 부채, 자본, 배당금, 수익, 비용의 순으로 정리한다.

그림 2.16 총계정원장

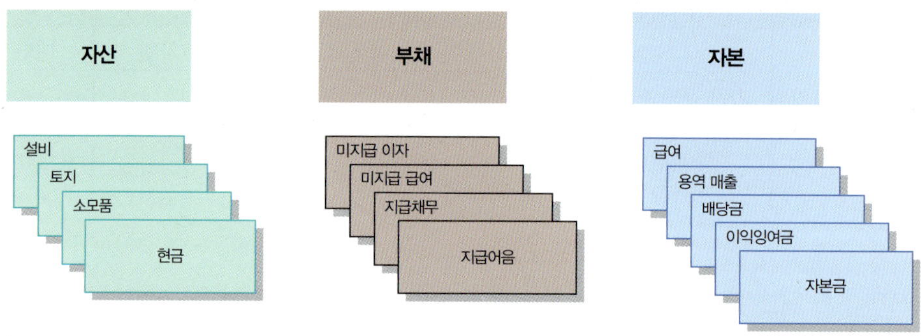


#### 총계정원장의 양식 _Standard Form of Account

총계정원장에서 계정을 표시할 때 T 계정법을 사용할 수는 없다. T 계정은 시각적으로 이해하기 쉬워 매우 유용하지만 회사 장부를 그림으로 표시하는 것은 아무래도 번거롭다. T 계정은 머릿속에만 담아두고 장부는 그림 2.17처럼 간소화된 표준 양식(standard form of account)으로 작성한다.

그림 2.17 총계정원장의 계정 양식

| 현금 | | | | | NO. 101 |
|---|---|---|---|---|---|
| 일자 | 내역 | Ref. | 차변 | 대변 | 잔액 |
| 2020년 6월 1일 | | | 25,000 | | 25,000 |
| 2일 | | | | 8,000 | 17,000 |
| 3일 | | | 4,200 | | 21,200 |
| 9일 | | | 7,500 | | 28,700 |
| 17일 | | | | 11,700 | 17,000 |
| 20일 | | | | 250 | 16,750 |
| 30일 | | | | 7,300 | 9,450 |

이러한 표준 양식을 **3위식 표시 방식**(three-column form of account)이라고도 한다. 3위는 차변, 대변, 잔액이다. 그 밖에 어떤 거래인지 내역을 적는 칸과 장부 간의 연결을 추적하기 위한 Ref.(참조) 칸이 있다.

## 포스팅 _Posting

분개장의 분개를 총계정원장의 계정과목별로 옮겨 적는 것을 **포스팅**(posting)[3]이라고 하며, 포스팅의 절차는 다음과 같다.

1. 먼저 분개의 차변 내용대로 총계정원장의 해당 계정과목을 찾아서 차변의 칸에 분개장의 금액과 일자, 분개장 페이지 번호를 적는다.
2. 분개장에 옮겨 적은 계정과목 코드를 기입한다.
3. 다음 분개의 대변 내용대로 총계정원장의 해당 계정과목을 찾아서 대변의 칸에 분개장의 금액과 일자, 분개장 페이지 번호를 적는다.
4. 분개장에 옮겨 적은 계정과목 코드를 기입한다.

그림 2.18은 Softbyte의 첫 거래인 주식 발행을 포스팅하는 예시이다.

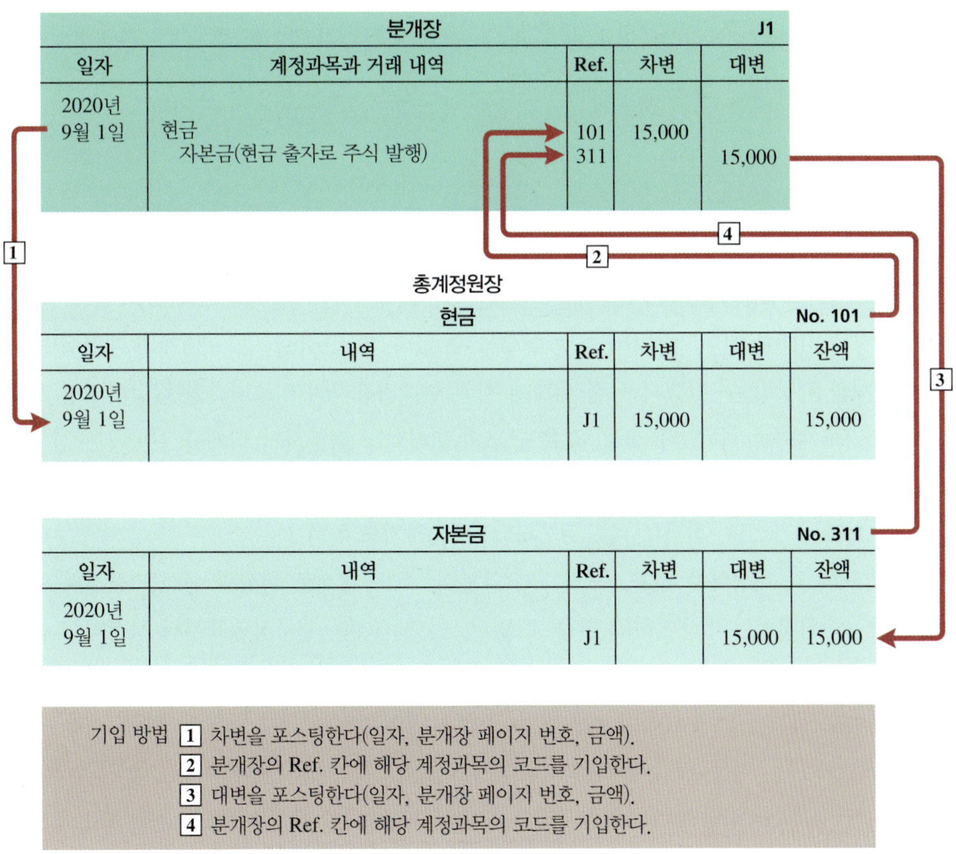


**그림 2.18** 분개의 포스팅

3 역자 주: 이기(移記) 또는 전기(轉記)라고 하며 '옮겨 적기'라고 표현할 수도 있으나 이 책에서는 원문대로 포스팅이라고 번역했다.

## 윤리적 사고력 키우기 | 편리한 자산 부풀리기

회사가 하는 투자라고 해서 매번 성공할 수는 없다. 원가 이하로 손실을 보는 경우도 꽤 있다. 회복하기 어려울 정도의 손실이면 당연히 투자주식을 평가하여 금액을 낮추고 손실을 인식해야 한다[회계에서는 이를 '평가감(write down)'이라고 한다]. 그러나 2008년 투자은행인 크레디트스위스그룹(Credit Suisse Group, 스위스)의 펀드매니저들은 $28억 5,000만이나 되는 투자 손실을 고의로 인식하지 않았다. 이들은 돈을 맡긴 고객과 주주가 많이 놀라고 걱정하기 때문이라는 말도 안 되는 변명을 늘어놓았지만 조사 결과 투자 성과급을 받고 싶은 욕심 때문인 것으로 밝혀졌다.

출처: S. Pulliam, J. Eaglesham, and M. Siconolfi, "U.S. Plans Changes on Bond Fraud," *Wall Street Journal Online* (February 1, 2012).

**직원이 회사의 재무제표에서 투자 유가증권의 가치를 과대평가하게 만든 유인은 무엇이었을까?**

© Nuno Silva/iStockphoto

포스팅은 발생 순서대로 하고 발생할 때마다 해야 한다. 분개가 끝나면 다음 분개를 하기 전에 포스팅부터 반드시 해야 한다. 그래야 총계정원장이 정확히 업데이트되어 제 기능을 발휘한다.

총계정원장의 Ref. 칸에는 분개를 한 분개장의 페이지 번호를 기입하고, 분개장의 Ref. 칸에는 총계정원장의 페이지 번호(계정과목 코드)를 기입한다. 회계 담당자는 마지막 분개를 포스팅한 후 분개장의 Ref. 칸을 일람하여 모든 분개가 포스팅되었는지 확인할 수 있다. 총계정원장의 거래 내역은 빈칸일 때가 많은데, 분개장의 내역 칸에 이미 적었기 때문에 생략하는 것이다.

### 계정일람표 _Chart of Accounts

**계정일람표**(chart of accounts)는 회사가 회계 처리를 위해 사용하려는 계정을 한곳에 체계적으로 모아놓은 표이다. 계정의 종류와 수는 당연히 회사마다 다르다. 예를 들어 Softbyte 같은 작은 회사의 계정은 거대한 현대자동차의 계정과 같을 수 없다. Softbyte는 20~30개의 계정이면 비즈니스 전체를 감당할 수 있겠지만 전 세계에 걸친 현대자동차의 비즈니스를 감당하려면 계정이 수천 개라도 부족할 수 있다. 또한 같은 규모의 회사라도 경영자가 회계를 얼마나 세심하게 처리하는지에 따라 계정의 수가 달라진다. 가령 어떤 회사는 수도광열비 한 계정으로 처리하는 것을 다른 회사는 가스료, 전기료, 수도료 등으로 세분하기도 한다.

계정일람표의 각 계정에는 번호, 즉 코드가 붙는다. 코드 체계로 계정의 성격을 규정하여 장부에서 어디에 위치하는지 용이하게 찾을 수 있다. 번호 체계는 재무상태표부터 시작하여 손익계산서로 가는 것이 일반적이다. 그림 2.19는 광고 회사인 Yazici Advertising A.Ş.의 계정일람표이다. 번호 체계를 보면 101~199는 자산, 200~299는 부채, 301~350은 자본, 400~499는 수익, 601~799는 비용, 800~899는 영업외 수익, 900~999는 영업외 비용임을 알 수 있다. 이러한 Yazici Advertising의 계정일람표를 4장까지 사용할 것이다. 참고로 붉은색으로 표시된 계정은 이 장에서 설명하는 것을 나타내고 검은색으로 표시된 계정은 다른 장에서 설명한다.

Yazici Advertising의 계정 코드 사이에는 간격이 있는데, 이는 새 계정을 삽입할 수 있도록 남긴 것이다. 이렇게 하지 않으면 코드 체계를 다시 짜야 하는 경우가 생긴다.

**그림 2.19** 계정일람표

**Yazici Advertising A.Ş.**
**계정일람표**

| 자산 | | 자본 | |
|---|---|---|---|
| 101 | 현금 | 311 | 자본금 |
| 112 | 미수금 | 320 | 이익잉여금 |
| 126 | 소모품 | 332 | 배당금 |
| 130 | 선급보험료 | 350 | 손익 |
| 157 | 설비 | **수익** | |
| 158 | 감가상각누계액 | 400 | 용역 매출 |
| **부채** | | **비용** | |
| 200 | 지급어음 | 631 | 소모품비 |
| 201 | 미지급금 | 711 | 감가상각비 |
| 209 | 선수수익 | 722 | 보험료 |
| 212 | 미지급 급여 | 726 | 급여 |
| 230 | 미지급 이자 | 729 | 임차료 |
| | | 732 | 수도광열비 |
| | | 905 | 이자비용 |

## 기록 과정 예시 _The Recording Process Illustrated

그림 2.20~2.29는 Yazici Advertising이 10월의 거래를 분석하여 분개를 하고 총계정원장에 포스팅하는 것을 보여준다. 총계정원장의 각 계정은 이해를 돕기 위해 3위식 표시 방식이 아닌 T 계정을 사용했다.

**그림 2.20** 주주의 현금 출자

**거래 내용** 10월 1일, 야지치는 현금 ₺10,000를 출자하여 광고 회사인 Yazici Advertising A.Ş.를 설립하고 주식을 받았다.

**거래 분석** 현금자산이 ₺10,000 증가하고 자본금이 ₺10,000 증가한다.

**회계 항등식에 대입**

| 자산 | = | 부채 | + | 자본 | |
|---|---|---|---|---|---|
| 현금 | = | | | 자본금 | |
| +10,000 | | | | +10,000 | 주식 발행 |

**차대변으로 구분**

자산 증가는 차변: 현금 계정의 차변 ₺10,000
자본 증가는 대변: 자본금 계정의 대변 ₺10,000

**분개**

| 10월 1일 | 현금 | 101 | 10,000 | |
|---|---|---|---|---|
| | 자본금 | 311 | | 10,000 |
| | (현금 출자로 주식 발행) | | | |

**포스팅**

| 현금 | 101 |
|---|---|
| 10월 1일 10,000 | |

| 자본금 | 311 |
|---|---|
| | 10월 1일 10,000 |

현금흐름 분석

현금 유입
+10,000

HINT
3단계 과정
1. 계정과목을 결정한다.
2. 증감 여부와 금액을 결정한다.
3. 증감을 차변과 대변으로 나타낸다.

**그림 2.21** 사무 설비 외상 구입

**현금흐름**
없음

**거래 내용**
10월 1일, Yazici Advertising은 사무 설비를 ₺5,000에 구입하고 3개월 만기, 이자율 12%의 지급어음을 발행했다.

**거래 분석**
사무 설비 자산이 ₺5,000 증가하고 부채인 지급어음이 ₺5,000 증가한다.

**회계 항등식에 대입**

| 자산 | = | 부채 | + | 자본 |
|---|---|---|---|---|
| 사무 설비 | = | 지급어음 | | |
| +5,000 | | +5,000 | | |

**차대변으로 구분**
자산 증가는 차변: 사무 설비 계정의 차변 ₺5,000
부채 증가는 대변: 지급어음 계정의 대변 ₺5,000

**분개**

| | | | | |
|---|---|---|---|---|
| 10월 1일 | 사무 설비 | 157 | 5,000 | |
| | 지급어음 | 200 | | 5,000 |
| | (3개월 만기, 이자율 12%의 지급어음 발행) | | | |

**포스팅**

| 사무 설비 | | 157 |
|---|---|---|
| 10월 1일 | 5,000 | |

| 지급어음 | | 200 |
|---|---|---|
| | 10월 1일 | 5,000 |

**그림 2.22** 광고 수주로 현금 수령

일반적인 경우 부채는 '현금으로 지급해야 할 것'이라는 의미가 강하다. 그러나 선수수익은 그런 뜻이 없는 부채이다. 돈이 아니라 물품이나 용역을 제공하여 채무를 변제해야 한다.

**현금 유입**
+1,200

**거래 내용**
10월 2일, Yazici Advertising은 고객인 Knox로부터 광고를 12월 31일까지 대행하기로 하고 수수료 ₺1,200를 미리 현금으로 받았다.

**거래 분석**
자산인 현금이 ₺1,200 증가하고 부채인 선수수익이 ₺1,200 증가한다.

**회계 항등식에 대입**

| 자산 | = | 부채 | + | 자본 |
|---|---|---|---|---|
| 현금 | = | 선수수익 | | |
| +1,200 | | +1,200 | | |

**차대변으로 구분**
자산 증가는 차변: 현금 계정의 차변 ₺1,200
부채 증가는 대변: 선수수익 계정의 대변 ₺1,200

**분개**

| | | | | |
|---|---|---|---|---|
| 10월 2일 | 현금 | 101 | 1,200 | |
| | 선수수익 | 209 | | 1,200 |
| | (Knox로부터 수수료를 현금으로 수령) | | | |

**포스팅**

| 현금 | | 101 |
|---|---|---|
| 10월 1일 | 10,000 | |
| 2일 | 1,200 | |

| 선수수익 | | 209 |
|---|---|---|
| | 10월 2일 | 1,200 |

**그림 2.23** 임차료 지급

**거래 내용**

10월 3일, Yazici Advertising은 월 임차료 ₺900를 현금으로 지불했다.

**거래 분석**

자산인 현금이 ₺900 감소하고 자본이 ₺900 감소한다.

**회계 항등식에 대입**

| 자산 | = | 부채 | + | 자본 | |
|---|---|---|---|---|---|
| 현금 | = | | | 비용 | |
| −900 | | | | −900 | 임차료 지급 |

**현금 유출**
−900

**차대변으로 구분**

비용 증가(자본 감소)는 차변: 임차료 계정의 차변 ₺900
자산 감소는 대변: 현금 계정의 대변 ₺900

**분개**

| 날짜 | 계정 | | 차변 | 대변 |
|---|---|---|---|---|
| 10월 3일 | 임차료 | 729 | 900 | |
| | 현금 | 101 | | 900 |
| | (10월분 임차료 지급) | | | |

**포스팅**

| 현금 | | | 101 |
|---|---|---|---|
| 10월 1일 | 10,000 | 10월 3일 | 900 |
| 2일 | 1,200 | | |

| 임차료 | | | 729 |
|---|---|---|---|
| 10월 3일 | 900 | | |

**그림 2.24** 보험료 지급

**거래 내용**

10월 4일, Yazici Advertising은 내년 9월 30일 만기인 보험료 ₺600를 현금으로 지불했다.

**거래 분석**

자산인 현금이 ₺600 감소하고 자산인 선급보험료가 ₺600 발생한다.
보험료 ₺600의 효과는 1년이므로 시간이 지나야 소멸한다.

**회계 항등식에 대입**

| 자산 | | | = | 부채 | + | 자본 |
|---|---|---|---|---|---|---|
| 현금 | + | 선급보험료 | | | | |
| −600 | | +600 | | | | |

**현금 유출**
−600

**차대변으로 구분**

자산 증가는 차변: 선급보험료 계정의 차변 ₺600
자산 감소는 대변: 현금 계정의 대변 ₺600

**분개**

| 날짜 | 계정 | | 차변 | 대변 |
|---|---|---|---|---|
| 10월 4일 | 선급보험료 | 130 | 600 | |
| | 현금 | 101 | | 600 |
| | (10월 1일부터 유효한 1년 만기 보험료 지급) | | | |

**포스팅**

| 현금 | | | 101 |
|---|---|---|---|
| 10월 1일 | 10,000 | 10월 3일 | 900 |
| 2일 | 1,200 | 4일 | 600 |

| 선급보험료 | | | 130 |
|---|---|---|---|
| 10월 4일 | 600 | | |

**그림 2.25** 외상으로 소모품 구입

현금흐름
없음

**거래 내용**

10월 5일, Yazici Advertising은 3개월간 광고에 사용할 소모품을 Aero Supply로부터 ₺2,500에 외상으로 구입했다.

**거래 분석**

자산인 소모품이 ₺2,500 증가하고 부채인 지급채무(미지급금)가 ₺2,500 발생한다.

**회계 항등식에 대입**

| 자산 | = | 부채 | + | 자본 |
|---|---|---|---|---|
| 소모품 | = | 미지급금 | | |
| +2,500 | | +2,500 | | |

**차대변으로 구분**

자산 증가는 차변: 소모품 계정의 차변 ₺2,500
부채 증가는 대변: 미지급금 계정의 대변 ₺2,500

**분개**

| | | | | |
|---|---|---|---|---|
| 10월 5일 | 소모품 | 126 | 2,500 | |
| | 미지급금 | 201 | | 2,500 |
| | (Aero Supply로부터 소모품을 외상으로 구매) | | | |

**포스팅**

| 소모품 | 126 | | |
|---|---|---|---|
| 10월 5일 | 2,500 | | |

| 미지급금 | 201 | | |
|---|---|---|---|
| | | 10월 5일 | 2,500 |

**그림 2.26** 직원 고용

현금흐름
없음

**거래 내용**

10월 9일, Yazici Advertising은 4명의 직원을 고용하여 이들은 10월 15일부터 근무를 시작했다. 급여는 주당 5일 근무에 ₺500이고 2주마다 지급하기로 했다(첫 급여는 10월 26일 지급).

**거래 분석**

이날 계약만으로는 자산, 부채, 자본에 미치는 영향이 없으므로 기록할 거래가 없다.

**그림 2.27** 배당금 지급

현금 유출
−500

**거래 내용**

10월 20일, Yazici Advertising 이사회는 현금 배당 ₺500를 선언하고 지급했다.

**거래 분석**

배당금이 ₺500 증가하고 현금자산이 ₺500 감소한다.

**회계 항등식에 대입**

| 자산 | = | 부채 | + | 자본 |
|---|---|---|---|---|
| 현금 | = | | | 배당금 |
| −500 | | | | −500 |

**차대변으로 구분**

배당금 증가는 차변: 배당금 계정의 차변 ₺500
자산 감소는 대변: 현금 계정의 대변 ₺500

**분개**

| | | | | |
|---|---|---|---|---|
| 10월 20일 | 배당금 | 332 | 500 | |
| | 현금 | 101 | | 500 |
| | (현금 배당을 선언하고 지급) | | | |

**포스팅**

| 현금 | 101 | | |
|---|---|---|---|
| 10월 1일 | 10,000 | 10월 3일 | 900 |
| 2일 | 1,200 | 4일 | 600 |
| | | 20일 | 500 |

| 배당금 | 332 | | |
|---|---|---|---|
| 10월 20일 | 500 | | |

**그림 2.28** 급여 지급

**거래 내용**

10월 26일, Yazici Advertising은 급여 ₺4,000를 지급했다.

**거래 분석**

급여가 ₺4,000 증가하고 현금자산이 ₺4,000 감소한다.

**회계 항등식에 대입**

| 자산 | = | 부채 | + | 자본 | |
|---|---|---|---|---|---|
| 현금 | = | | | 비용 | |
| −4,000 | | | | −4,000 | 급여 지급 |

현금 유출
−4,000

**차대변으로 구분**

비용 증가는 차변: 급여 계정의 차변 ₺4,000
자산 감소는 대변: 현금 계정의 대변 ₺4,000

**분개**

| | | | | |
|---|---|---|---|---|
| 10월 26일 | 급여<br>현금<br>(급여 지급) | 726<br>101 | 4,000 | <br>4,000 |

**포스팅**

| 현금 | | | 101 |
|---|---|---|---|
| 10월 1일 | 10,000 | 10월 3일 | 900 |
| 2일 | 1,200 | 4일 | 600 |
| | | 20일 | 500 |
| | | 26일 | 4,000 |

| 급여 | | | 726 |
|---|---|---|---|
| 10월 26일 | 4,000 | | |

**그림 2.29** 광고를 대행하고 수수료를 현금으로 수령

**거래 내용**

10월 31일, Yazici Advertising은 10월에 광고를 대행하고 Copa Company로부터 수수료 ₺10,000를 현금으로 수령했다.

**거래 분석**

자산인 현금이 ₺10,000 증가하고 수익인 용역 매출이 ₺10,000 증가한다.

**회계 항등식에 대입**

| 자산 | = | 부채 | + | 자본 | |
|---|---|---|---|---|---|
| 현금 | = | | | 수익 | |
| +10,000 | | | | +10,000 | 수수료 매출 |

현금 유입
+10,000

**차대변으로 구분**

자산 증가는 차변: 현금 계정의 차변 ₺10,000
수익 증가는 대변: 용역 매출 계정의 대변 ₺10,000

**분개**

| | | | | |
|---|---|---|---|---|
| 10월 31일 | 현금<br>용역 매출<br>(광고 용역을 하고<br>수수료를 현금 수령) | 101<br>400 | 10,000 | <br>10,000 |

**포스팅**

| 현금 | | | 101 |
|---|---|---|---|
| 10월 1일 | 10,000 | 10월 3일 | 900 |
| 2일 | 1,200 | 4일 | 600 |
| 31일 | 10,000 | 20일 | 500 |
| | | 26일 | 4,000 |

| 용역 매출 | | | 400 |
|---|---|---|---|
| | | 10월 31일 | 10,000 |

## 분개와 포스팅의 결과 _Summary Illustration of Journalizing and Posting

그림 2.30은 Yazici Advertising의 10월 분개 내역을 담은 분개장이다.

그림 2.30 분개장

| 분개장 | | | | J1 |
|---|---|---|---|---|
| 일자 | 계정과목과 거래 내역 | Ref. | 차변 | 대변 |
| 2020년 | | | | |
| 10월 1일 | 현금 | 101 | 10,000 | |
| | 자본금 | 311 | | 10,000 |
| | (현금 출자로 주식 발행) | | | |
| 1일 | 사무 설비 | 157 | 5,000 | |
| | 지급어음 | 200 | | 5,000 |
| | (3개월 만기, 이자율 12%의 지급어음 발행) | | | |
| 2일 | 현금 | 101 | 1,200 | |
| | 선수수익 | 209 | | 1,200 |
| | (Knox로부터 수수료를 현금으로 수령) | | | |
| 3일 | 임차료 | 729 | 900 | |
| | 현금 | 101 | | 900 |
| | (10월분 임차료 지급) | | | |
| 4일 | 선급보험료 | 130 | 600 | |
| | 현금 | 101 | | 600 |
| | (10월 1일부터 유효한 1년 만기 보험료 지급) | | | |
| 5일 | 소모품 | 126 | 2,500 | |
| | 미지급금 | 201 | | 2,500 |
| | (Aero Supply로부터 소모품을 외상으로 구매) | | | |
| 20일 | 배당금 | 332 | 500 | |
| | 현금 | 101 | | 500 |
| | (현금 배당을 선언하고 지급) | | | |
| 26일 | 급여 | 726 | 4,000 | |
| | 현금 | 101 | | 4,000 |
| | (급여 지급) | | | |
| 31일 | 현금 | 101 | 10,000 | |
| | 용역 매출 | 400 | | 10,000 |
| | (광고 용역을 하고 수수료를 현금 수령) | | | |

그림 2.31은 Yazici Advertising의 총계정원장이다. 모든 잔액은 붉은색으로 표시했다.

**그림 2.31** 총계정원장

## 총계정원장

현금 **No. 101**

| 일자 | 내역 | Ref. | 차변 | 대변 | 잔액 |
|---|---|---|---|---|---|
| 2020년 | | | | | |
| 10월 1일 | | J1 | 10,000 | | 10,000 |
| 2일 | | J1 | 1,200 | | 11,200 |
| 3일 | | J1 | | 900 | 10,300 |
| 4일 | | J1 | | 600 | 9,700 |
| 20일 | | J1 | | 500 | 9,200 |
| 26일 | | J1 | | 4,000 | 5,200 |
| 31일 | | J1 | 10,000 | | **15,200** |

소모품 **No. 126**

| 일자 | 내역 | Ref. | 차변 | 대변 | 잔액 |
|---|---|---|---|---|---|
| 2020년 | | | | | |
| 10월 5일 | | J1 | 2,500 | | **2,500** |

선급보험료 **No. 130**

| 일자 | 내역 | Ref. | 차변 | 대변 | 잔액 |
|---|---|---|---|---|---|
| 2020년 | | | | | |
| 10월 4일 | | J1 | 600 | | **600** |

사무 설비 **No. 157**

| 일자 | 내역 | Ref. | 차변 | 대변 | 잔액 |
|---|---|---|---|---|---|
| 2020년 | | | | | |
| 10월 1일 | | J1 | 5,000 | | **5,000** |

지급어음 **No. 200**

| 일자 | 내역 | Ref. | 차변 | 대변 | 잔액 |
|---|---|---|---|---|---|
| 2020년 | | | | | |
| 10월 1일 | | J1 | | 5,000 | **5,000** |

미지급금 **No. 201**

| 일자 | 내역 | Ref. | 차변 | 대변 | 잔액 |
|---|---|---|---|---|---|
| 2020년 | | | | | |
| 10월 5일 | | J1 | | 2,500 | **2,500** |

선수수익 **No. 209**

| 일자 | 내역 | Ref. | 차변 | 대변 | 잔액 |
|---|---|---|---|---|---|
| 2020년 | | | | | |
| 10월 2일 | | J1 | | 1,200 | **1,200** |

자본금 **No. 311**

| 일자 | 내역 | Ref. | 차변 | 대변 | 잔액 |
|---|---|---|---|---|---|
| 2020년 | | | | | |
| 10월 1일 | | J1 | | 10,000 | **10,000** |

배당금 **No. 332**

| 일자 | 내역 | Ref. | 차변 | 대변 | 잔액 |
|---|---|---|---|---|---|
| 2020년 | | | | | |
| 10월 20일 | | J1 | 500 | | **500** |

용역 매출 **No. 400**

| 일자 | 내역 | Ref. | 차변 | 대변 | 잔액 |
|---|---|---|---|---|---|
| 2020년 | | | | | |
| 10월 31일 | | J1 | | 10,000 | **10,000** |

급여 **No. 726**

| 일자 | 내역 | Ref. | 차변 | 대변 | 잔액 |
|---|---|---|---|---|---|
| 2020년 | | | | | |
| 10월 26일 | | J1 | 4,000 | | **4,000** |

임차료 **No. 729**

| 일자 | 내역 | Ref. | 차변 | 대변 | 잔액 |
|---|---|---|---|---|---|
| 2020년 | | | | | |
| 10월 3일 | | J1 | 900 | | **900** |

### DO IT! 3 포스팅

Como SpA는 3월에 일어난 다음 거래를 분개장에 기록했다.

| 일자 | 계정 | 차변 | 대변 |
|---|---|---|---|
| 3월 4일 | 현금 | 2,280 | |
| | 용역 매출 | | 2,280 |
| 15일 | 급여 | 400 | |
| | 현금 | | 400 |
| 19일 | 수도광열비 | 92 | |
| | 현금 | | 92 |

총계정원장의 현금 계정에 포스팅을 하고 잔액을 계산하라. 단, 3월 1일 기초의 현금은 €600이다.

**해답**

현금

| | | | |
|---|---|---|---|
| 3/1 | 600 | 3/15 | 400 |
| 3/4 | 2,280 | 3/19 | 92 |
| 3/31 잔액 | 2,388 | | |

**학습목표**

시산표를 이해하고 작성한다.

## 시산표 _The Trial Balance

거래 분석 | 분개 | 포스팅 | **시산표** | 수정 분개 | 수정 후 시산표 | 재무제표 | 결산 분개 | 결산 후 시산표

**시산표**(trial balance)는 특정 시점에 회사의 모든 계정과목과 잔액을 차변과 대변에 모아놓은 표이다. 시산표는 결산기 말에 재무제표를 만들기 전 기록상 오류가 있는지 검증하기 위해 작성한다. 총계정원장에 등재되어 있는 순서대로 기입하여 차변 잔액은 왼쪽에, 대변 잔액은 오른쪽에 기입한다. 양쪽의 합계는 반드시 같아야 한다. 차대변을 정확히 입력하고 분개와 포스팅을 제대로 했다면 양쪽의 합계가 같을 수밖에 없다. 이 장의 도입부에서 언급한 피델리티인베스트먼츠의 실수도 시산표로 찾아냈다. 또한 시산표를 작성하여 재무제표를 만들면 그냥 재무제표를 만드는 것보다 쉽다. 시산표를 작성하는 구체적인 방법은 다음과 같다.

1. 총계정원장 전 계정의 잔액을 차변, 대변으로 나누어 기입한다.
2. 양변의 합계를 도출한다.
3. 양변의 합계가 일치하는지 확인한다.

그림 2.32는 총계정원장에서 옮겨온 Yazici Advertising의 시산표이다. 차변과 대변이 일치하는지 살펴보자.

**그림 2.32** 시산표

**Yazici Advertising A.Ş.**
**시산표**
2020년 10월 31일 기준

| | 차변 | 대변 |
|---|---|---|
| 현금 | ₺15,200 | |
| 소모품 | 2,500 | |
| 선급보험료 | 600 | |
| 사무 설비 | 5,000 | |
| 지급어음 | | ₺ 5,000 |
| 미지급금 | | 2,500 |
| 선수수익 | | 1,200 |
| 자본금 | | 10,000 |
| 배당금 | 500 | |
| 용역 매출 | | 10,000 |
| 급여 | 4,000 | |
| 임차료 | 900 | |
| | **₺28,700** | **₺28,700** |

시산표는 오류를 찾기 위한 필수 절차이다. 만약 포스팅 시 차변만 적고 대변을 누락했다면 시산표에서 금방 찾을 수 있다. 그 반대도 마찬가지이다.

## 시산표의 한계 _Limitations of a Trial Balance

시산표라고 해서 모든 잘못을 다 찾아내지는 못한다. 차대변의 합계가 같아도 다음과 같은 오류가 숨어 있을 수 있다.

ETHICS NOTE
오류는 틀렸으나 의도적이 아닌 실수이다. 윤리적인 문제가 없다. 그러나 부정은 의도적인 틀림이다. 당연히 비윤리적인 행위이다.

1. 분개 자체가 누락된 경우
2. 포스팅을 누락한 경우
3. 같은 분개를 두 번 한 경우
4. 계정과목을 잘못 판단한 경우
5. 2개의 실수가 우연히 상계된 경우

## 오류 찾기 _Locating Errors

시산표에서 차대변의 합계가 다를 때 오류를 찾는 방법은 다음과 같다.

1. 차이가 €1, €10, €100, €1,000이면 시산표상 합계를 잘못 계산했을 수도 있으니 다시 계산해본다.
2. 차이가 2로 나누어지면 그 금액인 계정을 찾아 차대변을 바꾸어 적었는지 확인해본다.
3. 차이가 9로 나누어지면 총계정원장에서 시산표로 가져올 때 실수가 있었는지 확인해본다. 예를 들어 €12를 €21로 적으면 €9의 차이가 발생한다.
4. 2로도 9로도 나누어지지 않으면 회계 기록 과정에 오류가 있는 것이니 전체를 확인해야 한다.

## 통화와 합계 표시 _Currency Signs and Underlining

통상 분개장과 총계정원장에는 통화 표시를 하지 않고 시산표와 재무제표에만 한다. 그리고 시

**투자적 사고력 키우기 | 왜 정확성이 중요한가**

최근 독일의 재무장관인 볼프강 쇼이블레(Wolfgang Schauble)는 국영 은행인 하이포리얼이스테이트홀딩(Hypo Real Estate Holding, 독일)이 저지른 €555억의 회계상 오류를 '통계와 의사 전달 과정에서 자주 일어날 수밖에 없는 짜증 나는 실수'라고 일축한 바 있다. 그러나 €555억은 독일 국내총생산(GDP)의 2.6%를 차지하는 큰 금액이다. 그리고 하이포리얼이스테이트홀딩은 독일 정부가 인수하여 국영화한 은행이니 국가 회계상 연방부채가 €555억 과대평가되어 있다는 뜻이다. 이러한 엄청난 오류를 과소평가하는 자세는 비난받아 마땅하다.

**하이포리얼이스테이트홀딩이 재무제표를 작성하고 공시하려면 회계 항등식(차변, 대변)이 균형을 이루어야 한다. 그런데 어떻게 이러한 오류가 발생할 수 있는가?**

© jpa 1999/iStockphoto

작과 합계에만 표시하는 것이 관례이다. 숫자를 가감할 때는 한 줄로 표시하고 합계는 두 줄로 표시하는 것도 관례이다.

## DO IT! 4 시산표

Bali Beach Supply의 2020년 12월 31일 자 총계정원장에서 가져온 다음 계정으로 시산표를 작성하라.

| | | | | | |
|---|---|---|---|---|---|
| 157 | 설비 | R$88,000 | 311 | 자본금 | R$20,000 |
| 332 | 배당금 | 8,000 | 212 | 미지급 급여 | 2,000 |
| 201 | 미지급금 | 22,000 | 200 | 지급어음(3개월 만기) | 19,000 |
| 726 | 급여 | 42,000 | 732 | 수도광열비 | 3,000 |
| 112 | 매출채권 | 4,000 | 130 | 선급보험료 | 6,000 |
| 400 | 용역 매출 | 95,000 | 101 | 현금 | 7,000 |

**해답**

Bali Beach Supply
시산표
2020년 12월 31일 기준

| | 차변 | 대변 |
|---|---|---|
| 현금 | R$ 7,000 | |
| 매출채권 | 4,000 | |
| 선급보험료 | 6,000 | |
| 설비 | 88,000 | |
| 지급어음 | | R$ 19,000 |
| 미지급금 | | 22,000 |
| 미지급 급여 | | 2,000 |
| 자본금 | | 20,000 |
| 배당금 | 8,000 | |
| 용역 매출 | | 95,000 |
| 수도광열비 | 3,000 | |
| 급여 | 42,000 | |
| | R$158,000 | R$158,000 |

## 단원 요약

### 1 계정과 차변, 대변

계정은 자산, 부채, 자본을 구성하는 특정 항목이다. 각 계정 금액의 증감 변화는 좌우로 나누어 적으며, 이때 왼쪽을 차변, 오른쪽을 대변이라고 한다. 자산, 배당금, 비용의 증가는 차변에 적고 감소는 대변에 적는다. 부채, 자본금, 수익의 증가는 대변에 적고 감소는 차변에 적는다.

### 2 분개장

회계 처리는 거래가 미치는 계정과목을 파악한 후 그 내용을 분개장에 기록하고 분개장의 내용을 총계정원장에 옮겨 적는 것을 말하는데, 분개장에 기록하는 것은 분개라고 한다. 분개는 거래가 영향을 주는 계정과 금액의 정보를 나타낸 것으로 거래가 발생한 순서대로 보여주고, 차대변이 같아야 하므로 회계 기록상 일어나는 오류를 크게 줄여준다.

### 3 원장과 포스팅

모든 계정을 담아놓은 책인 총계정원장은 각 계정의 잔액과 증감을 보여준다. 포스팅은 분개장에서 총계정원장상 계정별로 옮겨 적는 것을 말한다.

## 4 시산표

시산표는 특정 시점에 총계정원장의 모든 계정과목과 금액을 차변과 대변으로 나누어 기입한 표로, 차변과 대변의 합계가 맞는지 확인하기 위해 작성한다. 시산표는 회계 기록상 오류를 찾고 재무제표를 작성하는 데 도움이 된다.

## 핵심 용어

**계정(account)** 자산, 부채, 자본을 구성하는 특정 항목으로서 증감이 기록됨

**계정일람표(chart of accounts)** 총계정원장에 사용되는 계정과 코드의 집계표

**단순분개(simple entry)** 2개의 계정만 관여되는 분개

**대변(credit)** 계정의 오른편

**배당금(dividend)** 회사가 주주에게 나누어주는 이익 분배금

**복식부기(double-entry system)** 거래의 양측 효과를 동시에 기록하는 회계 처리법

**복합분개(compound entry)** 3개 이상의 계정이 관련되는 분개

**분개(journal)** 회계 처리의 첫 단계로서 거래가 각 계정에 미치는 영향을 발생 순서대로 기록

**분개장(general journal)** 분개를 적는 장부

**분개하기(journalizing)** 분개장에 분개를 기록하는 것

**시산표(trial balance)** 특정 시점에 모든 계정의 금액을 차변, 대변으로 구분하여 집계하는 표

**원장(ledger)** 총계정원장과 보조원장을 말함

**이익잉여금(retained earnings)** 회사가 유지·보관하고 있는 순익의 누계

**차변(debit)** 계정의 왼편

**총계정원장(general ledger)** 회사의 자산, 부채, 자본 관련 모든 계정을 담고 있는 장부

**포스팅(posting)** 분개장에서 총계정원장으로 옮겨 적기

**3위식 표시 방식(three-column form of account)** T 계정을 단순화하여 차변과 대변, 잔액만 기록하는 계정 표시법

**T 계정(T-account)** 계정과목과 차변, 대변을 구분하기 위해 계정을 T 자 모양으로 나타낸 것

## 객관식 문제

**1** 다음 설명 중 옳은 것은?

a. 계정의 오른쪽을 차변이라 하고 금액의 증가를 적는다.
b. 계정은 자산, 부채, 자본의 특정 구성 항목별 증감을 기록하는 개별 항목이다.
c. 자산과 부채에는 여러 계정이 있으나 자본에는 한 계정만 있다.
d. 계정의 왼쪽을 대변이라 하고 금액의 감소를 적는다.

**2** 차변에는 ____________________

a. 자산과 부채의 증가를 기록한다.
b. 자산과 부채의 감소를 기록한다.
c. 자산의 증가와 부채의 감소를 기록한다.
d. 자산의 감소와 부채의 증가를 기록한다.

**3** 수익 계정에는 ____________________

a. 차변에 증가를 기록한다.
b. 대변에 감소를 기록한다.
c. 보통 차변에 금액이 발생한다.
d. 대변에 증가를 기록한다.

**4** 일반적인 경우 차변에 잔액 또는 순액이 나타나는 계정은 무엇인가?

a. 자산, 비용, 수익
b. 자산, 비용, 자본금
c. 자산, 부채, 배당금
d. 자산, 배당금, 비용

**5** 다음 중 확장된 회계 항등식은?

a. 자산 + 부채 = 자본금 + 이익잉여금 + 배당금 + 수익 + 비용
b. 자산 = 부채 + 자본금 + 이익잉여금 + 배당금 + 수익 − 비용
c. 자산 = 부채 − 자본금 − 이익잉여금 − 배당금 − 수익 − 비용
d. 자산 = 부채 + 자본금 + 이익잉여금 + 수익 − 비용 − 배당금

**6** 회계상 기록하는 과정에 속하지 않는 것은?

a. 거래 분석
b. 손익계산서 작성
c. 분개장에 기록
d. 분개 포스팅

**7** 분개장에 대한 설명으로 옳지 않은 것은?

a. 거래의 첫 기록이 아니다.
b. 거래의 발생 순서대로 적는다.
c. 차변과 대변에 동일한 금액을 기입함으로써 회계상 오류를 줄인다.
d. 거래가 계정에 미치는 영향을 일목요연하게 보여준다.

**8** 외상(신용)으로 소모품을 구입하는 경우 분개를 어떻게 하는가?

a. 소모품비로 차변, 현금으로 대변
b. 소모품비로 차변, 지급채무로 대변
c. 소모품으로 차변, 지급채무로 대변
d. 소모품으로 차변, 매출채권으로 대변

**9** 총계정원장에 기록되는 계정의 순서는?

a. 자산, 수익, 비용, 부채, 자본금, 배당금
b. 자산, 부채, 자본금, 배당금, 수익, 비용
c. 자본금, 자산, 수익, 비용, 부채, 배당금
d. 수익, 자산, 비용, 부채, 자본금, 배당금

**10** 총계정원장에 대한 설명으로 옳은 것은?

a. 자산과 부채 계정만 담는다.
b. 계정은 가나다순으로 정리해야 한다.
c. 회사가 사용하는 전 계정을 담고 있다.
d. 분개를 기록한다.

**11** 포스팅에 대한 설명으로 옳은 것은?

a. 분개 이전에 한다.
b. 거래 기록을 총계정원장에서 분개장으로 옮겨 적는 것이다.
c. 회계 기록 과정에서 필수적인 절차가 아니다.
d. 분개장에서 총계정원장으로 옮겨 적는 것이다.

**12** Green Grocers가 매입채무 €5,000를 지불하는데, 기초 금액이 €16,000라면 포스팅 후 매입채무 잔액은 얼마가 되는가?

a. €21,000　　b. €5,000
c. €11,000　　d. 계산할 수 없음

**13** 시산표에 대한 설명으로 옳은 것은?

a. 특정 시점의 총 계정과목과 잔액의 집계표이다.
b. 분개의 정확성을 보증한다.
c. 맞는 분개를 두 번 했다면 차변과 대변이 맞지 않는다.
d. 모든 거래가 기록됨을 보증한다.

**14** 시산표의 차변과 대변이 맞지 않는 경우는?

a. 맞는 분개를 두 번 했다.
b. 외상으로 소모품을 구입한 후 소모품 계정의 차변과 현금 계정의 대변에 같은 금액을 기입했다.
c. 배당금 £100를 지급하고 배당금 계정의 차변에 £1,000, 현금 계정의 대변에 £100를 기록했다.
d. 지급채무 £450를 지급하고 지급채무 계정의 차변에 £45, 현금 계정의 대변에 £45를 기록했다.

**15** Jeong Company의 시산표상 잔액은 현금 $5,000, 용역 매출 $85,000, 미지급 급여 $4,000, 급여 $40,000, 임차료 $10,000, 자본금 $42,000, 배당금 $15,000, 설비 $61,000로 구성되어 있다. 이러한 계정으로 시산표를 만들면 차변 금액은 얼마인가?

a. $131,000　　b. $216,000
c. $91,000　　d. $116,000

## 기초 확인 문제

**1** 다음은 Potter Designs에서 5월에 일어난 거래이다. 각 거래의 계정과목을 찾아 차변과 대변을 구분하라.

5월 1일 주주가 £22,000를 현금 출자했다.
6일 임차료 £900를 지불했다.
12일 자문 용역을 하고 £4,400의 청구서를 고객에게 보냈다.
18일 설비 £1,200를 외상으로 구입했다.

**해답**

| | 계정 차변 | 계정 대변 |
|---|---|---|
| 5월 1일 | 현금 | 자본금 |
| 6일 | 임차료 | 현금 |
| 12일 | 매출채권 | 용역 매출 |
| 18일 | 설비 | 지급채무 |

**2** 1번 문제를 분개하라.

**해답**

| | | | |
|---|---|---|---|
| 5월 1일 | 현금 | 22,000 | |
| | 자본금 | | 22,000 |
| 6일 | 임차료 | 900 | |
| | 현금 | | 900 |
| 12일 | 매출채권 | 4,400 | |
| | 용역 매출 | | 4,400 |
| 18일 | 설비 | 1,200 | |
| | 지급채무 | | 1,200 |

**3** 다음은 Santana Outfitters의 분개장에서 찾은 거래의 일부이다. T 계정을 이용하여 각 계정의 잔액을 구하라.

| | | | | J1 |
|---|---|---|---|---|
| 일자 | 계정과목과 거래 내역 | Ref. | 차변 | 대변 |
| 6월 6일 | 현금 | | 22,000 | |
| | 자본금 | | | 22,000 |
| | (현금 출자로 주식 발행) | | | |
| 13일 | 매출채권 | | 8,200 | |
| | 용역 매출 | | | 8,200 |
| | (용역에 대한 청구서 발송) | | | |
| 14일 | 현금 | | 3,700 | |
| | 매출채권 | | | 3,700 |
| | (현금 회수) | | | |

**해답**

**현금**

| | | | |
|---|---|---|---|
| 6/6 | 22,000 | | |
| 6/14 | 3,700 | | |
| 잔액 | 25,700 | | |

**매출채권**

| | | | |
|---|---|---|---|
| 6/13 | 8,200 | 6/14 | 3,700 |
| 잔액 | 4,500 | | |

**용역 매출**

| | | | |
|---|---|---|---|
| | | 6/13 | 8,200 |
| | | 금액 | 8,200 |

**자본금**

| | | | |
|---|---|---|---|
| | | 6/6 | 22,000 |
| | | 잔액 | 22,000 |

**4** 3번 문제의 거래를 3위식 표시 방식으로 총계정원장에 포스팅하라.

**해답**

**현금**

| 일자 | 내역 | Ref. | 차변 | 대변 | 잔액 |
|---|---|---|---|---|---|
| 6월 6일 | | J1 | 22,000 | | 22,000 |
| 14일 | | J1 | 3,700 | | 25,700 |

**매출채권**

| 일자 | 내역 | Ref. | 차변 | 대변 | 잔액 |
|---|---|---|---|---|---|
| 6월 13일 | | J1 | 8,200 | | 8,200 |
| 14일 | | J1 | | 3,700 | 4,500 |

**용역 매출**

| 일자 | 내역 | Ref. | 차변 | 대변 | 금액 |
|---|---|---|---|---|---|
| 6월 13일 | | J1 | | 8,200 | 8,200 |

**자본금**

| 일자 | 내역 | Ref. | 차변 | 대변 | 잔액 |
|---|---|---|---|---|---|
| 6월 6일 | | J1 | | 22,000 | 22,000 |

**5** 다음과 같은 총계정원장상의 계정으로 Lee Investments의 2020년 12월 31일 기준 시산표를 작성하라. 단, 모든 잔액은 통상적인 경우의 차대변으로 가정한다(단위: 1,000).

| | | | |
|---|---|---|---|
| 매출채권 | ¥10,000 | 급여 | ¥ 2,300 |
| 소모품 | 4,100 | 임차료 | 1,200 |
| 지급채무 | 3,500 | 자본금 | 10,200 |
| 배당금 | 1,100 | 현금 | 6,000 |
| 용역 매출 | 11,000 | | |

**해답**

**Lee Investments**
**시산표**
**2020년 12월 31일 기준**

| | 차변 | 대변 |
|---|---|---|
| 현금 | ¥ 6,000 | |
| 매출채권 | 10,000 | |
| 소모품 | 4,100 | |
| 지급채무 | | ¥ 3,500 |
| 자본금 | | 10,200 |
| 배당금 | 1,100 | |
| 용역 매출 | | 11,000 |
| 급여 | 2,300 | |
| 임차료 | 1,200 | |
| | ¥24,700 | ¥24,700 |

## 확인 문제

**1** 다음은 Provence Real Estate Agency의 거래이다(단위: 1,000).

10월 1일 헨리 보스는 €30,000를 출자하여 부동산 중개업을 개업하고 주식을 받았다.
2일 임차료 €700를 지불했다.
3일 €2,800의 사무 설비를 외상으로 구입했다.
6일 아미트 다스를 위해 집 매매를 중개하고 수수료 €4,400를 청구했다.
27일 지급채무 €1,100를 지급했다.
30일 당월분 전기가스료 €130의 청구서를 받고 미지급했다.

각 거래를 분개하라.

**해답**

분개장

| 일자 | 계정과목과 거래 내역 | Ref. | 차변 | 대변 |
|---|---|---|---|---|
| 10월 1일 | 현금 | | 30,000 | |
| | 자본금 | | | 30,000 |
| 2일 | 임차료 | | 700 | |
| | 현금 | | | 700 |
| 3일 | 사무 설비 | | 2,800 | |
| | 지급채무 | | | 2,800 |
| 6일 | 매출채권 | | 4,400 | |
| | 용역 매출 | | | 4,400 |
| 27일 | 지급채무 | | 1,100 | |
| | 현금 | | | 1,100 |
| 30일 | 전기가스료 | | 130 | |
| | 지급채무 | | | 130 |

**2** 다음 T 계정은 Depot Company의 거래이다(단위: U.S. 달러).

현금 No. 101

| 차변 | | 대변 | |
|---|---|---|---|
| 4/1 | 16,000 | 4/15 | 700 |
| 4/12 | 1,200 | 4/25 | 1,600 |
| 4/29 | 900 | | |
| 4/30 | 1,600 | | |

매출채권 No. 112

| 차변 | | 대변 | |
|---|---|---|---|
| 4/7 | 2,900 | 4/29 | 900 |

소모품 No. 126

| 차변 | | 대변 | |
|---|---|---|---|
| 4/4 | 1,900 | | |

지급채무 No. 201

| 차변 | | 대변 | |
|---|---|---|---|
| 4/25 | 1,600 | 4/4 | 1,900 |

선수수익 No. 209

| 차변 | | 대변 | |
|---|---|---|---|
| | | 4/30 | 1,600 |

자본금 No. 311

| 차변 | | 대변 | |
|---|---|---|---|
| | | 4/1 | 16,000 |

용역 매출 No. 400

| 차변 | | 대변 | |
|---|---|---|---|
| | | 4/7 | 2,900 |
| | | 4/12 | 1,200 |

급여 No. 726

| 차변 | | 대변 | |
|---|---|---|---|
| 4/15 | 700 | | |

**a.** 내역을 포함하여 분개장을 작성하라.

**b.** 2020년 4월 30일 기준 시산표를 작성하라.

**해답**

a. 분개장

| 일자 | 계정과목과 거래 내역 | Ref. | 차변 | 대변 |
|---|---|---|---|---|
| 4월 1일 | 현금 | 101 | 16,000 | |
| | 자본금 | 311 | | 16,000 |
| | (현금 출자로 주식 발행) | | | |
| 4일 | 소모품 | 126 | 1,900 | |
| | 지급채무 | 201 | | 1,900 |
| | (외상으로 소모품 구입) | | | |
| 7일 | 매출채권 | 112 | 2,900 | |
| | 용역 매출 | 400 | | 2,900 |
| | (수수료 청구) | | | |
| 12일 | 현금 | 101 | 1,200 | |
| | 용역 매출 | 400 | | 1,200 |
| | (수수료를 현금으로 수령) | | | |
| 15일 | 급여 | 726 | 700 | |
| | 현금 | 101 | | 700 |
| | (급여 지급) | | | |
| 25일 | 지급채무 | 201 | 1,600 | |
| | 현금 | 101 | | 1,600 |
| | (지급채무를 현금으로 지급) | | | |
| 29일 | 현금 | 101 | 900 | |
| | 매출채권 | 112 | | 900 |
| | (매출채권 회수) | | | |
| 30일 | 현금 | 101 | 1,600 | |
| | 선수수익 | 209 | | 1,600 |
| | (용역을 해주기로 하고 현금 수령) | | | |

b.

Depot Company
시산표
2020년 4월 30일 기준

| | 차변 | 대변 |
|---|---|---|
| 현금 | $17,400 | |
| 매출채권 | 2,000 | |
| 소모품 | 1,900 | |
| 지급채무 | | $ 300 |
| 선수수익 | | 1,600 |
| 자본금 | | 16,000 |
| 용역 매출 | | 4,100 |
| 급여 | 700 | |
| | $22,000 | $22,000 |

## 실습 문제

홍콩의 학생들이 2020년 9월 1일 학내에 Campus Laundromat Ltd.를 오픈하고 첫 달에 다음과 같은 거래를 했다.

9월 1일 HK$20,000를 현금 출자하고 주식을 발행했다.
2일 HK$1,000의 임차료를 지급했다.
3일 HK$25,000의 세탁 설비를 구입하면서 현금 HK$10,000를 지급하고 잔액 HK$15,000는 6개월 만기, 이자율 12%의 지급어음을 발행했다.
4일 1년 만기 보험료로 HK$1,200를 지급했다.
10일 《Daily News》로부터 HK$200의 광고료 청구서를 받았다.
20일 배당 HK$700를 지급했다.
30일 한 달 현금매출액을 HK$6,200로 계산했다.

그림 2.19의 계정일람표를 참조하되 광고료 계정은 No. 610으로 한다.

**a.** 9월에 일어난 거래를 분개하라(분개장 번호는 J1).
**b.** 총계정원장에 포스팅하라.
**c.** 2020년 9월 30일 기준 시산표를 작성하라.

### 해답

a.

분개장 J1

| 일자 | 계정과목과 거래 내역 | Ref. | 차변 | 대변 |
|---|---|---|---|---|
| 2020년 | | | | |
| 9월 1일 | 현금 | 101 | 20,000 | |
| | 자본금 | 311 | | 20,000 |
| | (현금 출자로 주식 발행) | | | |
| 2일 | 임차료 | 729 | 1,000 | |
| | 현금 | 101 | | 1,000 |
| | (임차료 지급) | | | |
| 3일 | 사무 설비 | 157 | 25,000 | |
| | 현금 | 101 | | 10,000 |
| | 지급어음 | 200 | | 15,000 |
| | (세탁 설비를 현금과 6개월 만기, 이자율 12%의 지급어음으로 구입) | | | |
| 4일 | 선급보험료 | 130 | 1,200 | |
| | 현금 | 101 | | 1,200 |
| | (1년 만기 보험료 지급) | | | |
| 10일 | 광고비 | 610 | 200 | |
| | 지급채무 | 201 | | 200 |
| | (《Daily News》로부터 광고비 청구서 수령) | | | |
| 20일 | 배당금 | 332 | 700 | |
| | 현금 | 101 | | 700 |
| | (현금 배당을 선언하고 지급) | | | |
| 30일 | 현금 | 101 | 6,200 | |
| | 용역 매출 | 400 | | 6,200 |
| | (매출하고 현금 수령) | | | |

b.

총계정원장

현금 No. 101

| 일자 | 내역 | Ref. | 차변 | 대변 | 잔액 |
|---|---|---|---|---|---|
| 2020년 | | | | | |
| 9월 1일 | | J1 | 20,000 | | 20,000 |
| 2일 | | J1 | | 1,000 | 19,000 |
| 3일 | | J1 | | 10,000 | 9,000 |
| 4일 | | J1 | | 1,200 | 7,800 |
| 20일 | | J1 | | 700 | 7,100 |
| 30일 | | J1 | 6,200 | | 13,300 |

지급채무 No. 201

| 일자 | 내역 | Ref. | 차변 | 대변 | 잔액 |
|---|---|---|---|---|---|
| 2020년 | | | | | |
| 9월 10일 | | J1 | | 200 | 200 |

자본금 No. 311

| 일자 | 내역 | Ref. | 차변 | 대변 | 잔액 |
|---|---|---|---|---|---|
| 2020년 | | | | | |
| 9월 1일 | | J1 | | 20,000 | 20,000 |

선급보험료 No. 130

| 일자 | 내역 | Ref. | 차변 | 대변 | 잔액 |
|---|---|---|---|---|---|
| 2020년 | | | | | |
| 9월 4일 | | J1 | 1,200 | | 1,200 |

배당금 No. 332

| 일자 | 내역 | Ref. | 차변 | 대변 | 잔액 |
|---|---|---|---|---|---|
| 2020년 | | | | | |
| 9월 20일 | | J1 | 700 | | 700 |

**사무 설비** No. 157

| 일자 | 내역 | Ref. | 차변 | 대변 | 잔액 |
|---|---|---|---|---|---|
| 2020년 9월 3일 | | J1 | 25,000 | | 25,000 |

**용역 매출** No. 400

| 일자 | 내역 | Ref. | 차변 | 대변 | 잔액 |
|---|---|---|---|---|---|
| 2020년 9월 30일 | | J1 | | 6,200 | 6,200 |

**지급어음** No. 200

| 일자 | 내역 | Ref. | 차변 | 대변 | 잔액 |
|---|---|---|---|---|---|
| 2020년 9월 3일 | | J1 | | 15,000 | 15,000 |

**광고비** No. 610

| 일자 | 내역 | Ref. | 차변 | 대변 | 잔액 |
|---|---|---|---|---|---|
| 2020년 9월 10일 | | J1 | 200 | | 200 |

**임차료** No. 729

| 일자 | 내역 | Ref. | 차변 | 대변 | 잔액 |
|---|---|---|---|---|---|
| 2020년 9월 2일 | | J1 | 1,000 | | 1,000 |

c.

**Campus Laundromat**
**시산표**
2020년 9월 30일 기준

| | 차변 | 대변 |
|---|---|---|
| 현금 | HK$13,300 | |
| 선급보험료 | 1,200 | |
| 사무설비 | 25,000 | |
| 지급어음 | | HK$15,000 |
| 지급채무 | | 200 |
| 자본금 | | 20,000 |
| 배당금 | 700 | |
| 용역 매출 | | 6,200 |
| 광고비 | 200 | |
| 임차료 | 1,000 | |
| | HK$41,400 | HK$41,400 |

## 단원 정리를 위한 질문

**1** T 계정에 대해 설명하라.

**2** "차변과 대변은 증가와 감소를 의미하는 용어이다." 이 말에 동의하는지 밝히고 그 이유를 설명하라.

**3** "복식부기는 각 거래를 두 번 기록하는 것이다." 이 말에 동의하는지 밝히고 그 이유를 설명하라.

**4** "차변 잔액은 유리하고 대변 잔액은 불리하다." 이 말에 동의하는지 밝히고 그 이유를 설명하라.

**5** (a) 자산 계정, (b) 부채 계정, (c) 자본 계정(수익, 비용, 배당금, 자본금)의 차변과 대변이 어떨 때 변동하는지 차변과 대변의 기입 규칙을 설명하라.

**6** 정상적인 경우 (a) 매출채권, (b) 현금, (c) 배당금, (d) 지급채무, (e) 용역 매출, (f) 급여, (g) 자본금 계정의 잔액이 차변과 대변 중 어디에 나타나는지 설명하라.

**7** (a) 매출채권, (b) 지급채무, (c) 설비, (d) 배당금, (e) 소모품 계정이 자산, 부채, 자본 계정 중 어디에 속하는지 밝히고, 정상적인 경우 잔액이 차변과 대변 중 어디에 나타나는지 설명하라.

**8** 다음 거래의 차변과 대변 계정을 구하라.

**a.** 소모품을 외상으로 구매했다.

**b.** 약속어음을 발행하고 현금을 빌렸다.

**c.** 직원들에게 급여를 현금으로 지급했다.

**9** 다음 계정이 정상적인 경우 (a) 차변에만 기록되는지, (b) 대변에만 기록되는지, (c) 차변과 대변에 모두 기록되는지 밝혀라.

1. 현금
2. 매출채권
3. 배당금
4. 지급채무
5. 급여
6. 용역 매출

**10** 회계 기록 과정의 기본 단계는 어떻게 이루어지는지 설명하라.

**11** 회계 기록 과정에서 분개장을 사용하면 어떤 이점이 있는지 설명하라.

**12** **a.** 분개장에 분개할 때 차변과 대변 중 무엇을 먼저 기록하는가?

**b.** 차변과 대변 중 쉽게 구분할 수 있도록 안으로 들여쓰기 하는 것은 무엇인가?

**13** 복합분개에 대해 설명하고 그 예를 제시하라.

**14** **a.** 거래가 발생하면 차변과 대변을 총계정원장에 직접 기록해야 하는가?

**b.** 그렇게 하지 않고 거래를 분개장에 기록한 다음 총계정원장에 포스팅하면 어떤 이점이 있는가?

**15** 분개장에서 총계정원장으로 금액을 포스팅하면서 계정과목의 고유 번호를 분개장에 남기면 어떤 이점이 있는가?

**16** 다음 거래를 분개하라.

**a.** 알베르토 리베라가 현금 €7,000를 투자하고 주식을 수령했다.

**b.** 1년치 보험료 €800를 선급했다.

**c.** €2,000의 소모품을 외상으로 구입했다.

**d.** 용역을 수행하고 현금 €8,500를 받았다.

**17** **a.** 총계정원장에 대해 설명하라.

**b.** 계정일람표의 정의와 그 중요성에 대해 설명하라.

**18** 시산표의 정의와 그 사용 목적에 대해 설명하라.

**19** 빅터는 회계 정보가 회계 시스템을 통해 흘러가는 순서가 다음과 같다고 생각한다.

**a.** 총계정원장의 차변과 대변 기록

**b.** 거래 발생

**c.** 분개장에 분개

**d.** 재무제표 작성

**e.** 시산표 작성

빅터의 생각이 맞는가? 만약 잘못되었다면 올바른 순서를 빅터에게 설명하라.

**20** 두 학생이 시산표 사용에 대해 논의하다가 다음과 같은 오류가 시산표의 대차균형에 어떤 영향을 미치는지 궁금해졌다. 이들의 궁금증을 해결하는 답을 제시하라.

**a.** 급여를 지급하면서 차변에 현금 €600, 대변에 급여 €600를 분개했다.

**b.** 매출채권에서 현금을 회수하면서 차변에 현금 €800, 대변에 용역 매출로 €80를 분개했다.

**21** TSMC의 현금, 지급채무, 이자비용 계정에서 정상적인 경우의 잔액은 차변과 대변 중 어디에 나타나는지 설명하라.

## 가벼운 연습 문제

**1** 다음 각 계정에 대해 (a) 차변, (b) 대변에 미치는 영향을 밝히고, (c) 정상적인 경우 잔액이 차변과 대변 중 어디에 나타나는지 설명하라.

1. 지급채무
2. 광고비
3. 용역 매출
4. 매출채권
5. 자본금
6. 배당금

**2** 다음은 Thorn Consulting에서 6월 동안 일어난 거래이다. 각 거래에 대해 차변과 대변에 사용될 계정과목을 밝혀라.

6월 1일 주주인 올레크 손이 현금 €5,000를 투자하고 주식을 수령했다.
2일 €3,600의 설비를 외상으로 구입했다.
3일 6월분 임차료 €800를 현금으로 지불했다.
12일 K. 존슨에게 신용으로 용역을 수행하고 €400의 청구서를 보냈다.

**3** 2번 문제의 거래를 분개하라(거래 내역에 대한 설명은 생략).

**4** 회계 초년생 셰이 요나스는 회계 기록 과정의 단계를 명확히 이해하지 못했다. 발생 순서대로 구분하여 간략히 알려주어라.

**5** 다음은 Gonzales SA가 사업 첫 달인 8월에 행한 거래이다. (a) 회계 항등식에 미치는 영향을 분석하고 (b) 차변, 대변 분석을 하라.

| | |
|---|---|
| 8월 1일 | 주주들이 현금 R$9,000을 투자하고 주식을 수령했다. |
| 4일 | 6개월간 보험료 R$2,100을 현금으로 선납했다. |
| 16일 | 용역을 제공하고 고객으로부터 현금 R$3,600을 받았다. |
| 27일 | 비서에게 급여 R$1,000을 지급했다. |

**6** 5번 문제의 거래를 분개하라(거래 내역에 대한 설명은 생략).

**7** 다음은 Wang Enterprises의 분개장에서 찾은 분개이다. 계정별로 T 계정을 만들고 기말 잔액을 표시하라.

J1

| 일자 | 계정과목과 거래 내역 | Ref. | 차변 | 대변 |
|---|---|---|---|---|
| 5월 5일 | 매출채권 | | 5,400 | |
| | 용역 매출 | | | 5,400 |
| | (용역을 수행하고 보수 청구) | | | |
| 12일 | 현금 | | 4,200 | |
| | 매출채권 | | | 4,200 |
| | (매출채권 회수) | | | |
| 15일 | 현금 | | 3,000 | |
| | 용역 매출 | | | 3,000 |
| | (용역을 수행하고 현금 수령) | | | |

**8** 총계정원장의 표준계정 형식(3위식)을 사용하여 7번 문제의 거래를 포스팅하라.

**9** 다음 계정과목과 금액으로 Amaro Company의 2020년 6월 30일 기준 시산표를 작성하라.

| | | | |
|---|---|---|---|
| 지급채무 | $ 8,100 | 현금 | $ 5,800 |
| 자본금 | 15,000 | 배당금 | 1,200 |
| 설비 | 17,000 | 용역 매출 | 10,000 |
| 매출채권 | 3,000 | 급여 | 5,100 |
| 임차료 | 1,000 | | |

**10** 다음은 경험이 부족한 경리 직원이 작성한 시산표이다. 시산표를 정확하게 수정하라.

**Chang Ltd.**
**시산표**
**2020년 12월 31일 기준**

| | 차변 | 대변 |
|---|---|---|
| 현금 | £10,600 | |
| 선급보험료 | | £ 3,500 |
| 매입채무 | | 3,000 |
| 선수수익 | 2,200 | |
| 자본금 | | 9,000 |
| 배당금 | | 4,500 |
| 용역 매출 | | 25,400 |
| 급여 | 18,600 | |
| 임차료 | | 2,400 |
| | £31,400 | £47,800 |

## DO IT! 적용 문제

**1** 톰 라스트는 스트립몰을 임대하여 Picture This라는 사진 스튜디오를 열 예정인데, 회계사 친구가 복식부기로 회계장부를 만들라고 조언했다. 당신이 톰이라면 법인 형태의 사업체를 설립할 때 필요한 주주와의 자본 거래를 기록할 계정과목이 무엇인지 밝히고, 각 계정의 정상적인 경우 나타나는 잔액이 차변인지 대변인지를 구분하라.

**2** 톰 라스트가 Picture This를 설립하기 위해 행한 다음 거래를 분개하라(거래 내역에 대한 설명은 생략).

1. Picture This라는 이름으로 은행계좌를 만들어 £6,500를 예치하고 주식을 수령했다.
2. £1,200의 용품을 구입하면서 현금 £400를 지불했으며 나머지는 외상이다.
3. 세 업체로부터 사진 설비에 대한 견적을 받았다.

**3** 톰 라스트는 4월 한 달 동안 다음과 같은 거래를 했다. 총계정원장의 현금 계정에 T 계정을 그려 분개를 포스팅하고 현금 잔액을 산출하라. 단, 4월 1일 현금의 기초 잔액은 £1,600로 한다.

| | | | |
|---|---|---|---|
| 4월 3일 | 현금 | 3,400 | |
| | 용역 매출 | | 3,400 |
| 4월 16일 | 임차료 | 700 | |
| | 현금 | | 700 |
| 4월 20일 | 급여 | 250 | |
| | 현금 | | 250 |

**4** 다음은 2020년 12월 31일 Chillin' Company의 총계정원장에서 얻은 자료이다. 이를 토대로 시산표를 작성하라.

| | | | | | |
|---|---|---|---|---|---|
| 200 | 지급채무 | R$20,000 | 101 | 현금 | R$ 6,000 |
| 311 | 자본금 | 28,000 | 126 | 소모품 | 7,000 |
| 157 | 설비 | 80,000 | 729 | 임차료 | 4,000 |
| 332 | 배당금 | 9,000 | 212 | 미지급 급여 | 3,000 |
| 726 | 급여 | 38,000 | 201 | 지급채무 | 11,000 |
| 400 | 용역 매출 | 90,000 | 112 | 매출채권 | 8,000 |

## 단원 연습 문제

**1** 회계 초년생 김제니는 계정에 대해 다음과 같이 알고 있다. 각 설명이 맞으면 ○, 틀리면 ×로 표시하고 틀린 부분을 바르게 고쳐라.

1. 계정은 특정한 자산 또는 부채에 대한 회계 기록이다.
2. 계정에는 감소가 아닌 증가만 표시한다.
3. 현금, 매출채권과 같은 일부 계정과목은 하나의 계정으로 통합할 수 있다.
4. 계정의 왼쪽을 대변, 오른쪽을 차변이라고 한다.
5. 계정과목과 좌변, 우변으로 이루어진 단순한 형태의 계정 모양을 T 계정이라고 한다.

**2** 다음은 인테리어 디자인 회사인 Acosta Decor가 사업 첫 달에 행한 거래이다.

1월 2일 주주인 마리 아코스타가 주식을 받고 현금 €10,000를 사업에 투자했다.
3일 현금 €3,000를 지불하고 사업용 중고차를 구입했다.
9일 €600를 지불하고 소모품을 외상으로 구입했다.
11일 용역을 수행하고 €2,400를 청구했다.
16일 광고비 €350를 현금으로 지불했다.
20일 1월 11일에 청구한 수수료 중 일부인 현금 €900를 받았다.
23일 지급채무 중 €300를 지불했다.
28일 현금 배당 €1,000를 선언하고 지급했다.

각 거래에 대해 다음 문제를 풀되 1월 2일의 거래를 예시한 아래 형식을 이용하라.

a. 분개 시 차변과 대변에 표시될 계정의 기본 유형을 자산, 부채, 자본 중에서 선택하라.
b. 분개 시 차변과 대변에 표시될 특정 계정(현금, 임대료, 용역매출 등)을 밝혀라.
c. 특정 계정의 증가 또는 감소를 밝혀라.
d. 특정 계정의 정상 잔액이 차변, 대변 중 어디에 나타나는지 밝혀라.

차변 계정

| 일자 | (a) 기본 유형 | (b) 특정 계정 | (c) 증감 여부 | (d) 정상 잔액 |
|---|---|---|---|---|
| 1월 2일 | 자산 | 현금 | 증가 | 차변 |

대변 계정

| 일자 | (a) 기본 유형 | (b) 특정 계정 | (c) 증감 여부 | (d) 정상 잔액 |
|---|---|---|---|---|
| 1월 2일 | 자본 | 자본금 | 증가 | 대변 |

**3** Acosta Decor의 거래를 분개하라(거래 내역에 대한 설명은 생략).

**4** 다음은 Yansheng Real Estate의 거래 내역이다. 본문에서처럼 각 거래에 대해 분석하라(계정과목별 차변, 대변 분석).

10월 1일 뱌오 옌성이 부동산 중개업체를 차리면서 현금 HK$17,000를 투자하여 주식을 수령했다.
2일 파트타임 보조원을 고용했다.
3일 HK$1,900의 소모품을 외상으로 구입했다.
6일 차우의 집과 토지 매각을 중개하고 중개수수료로 HK$3,800를 청구했다.
27일 10월 3일의 외상구매에 대한 지급채무 중 HK$1,300를 지불했다.
30일 보조원에게 10월 급여로 HK$2,500를 지급했다.

**5** 4번 문제의 거래를 분개하라(거래 내역에 대한 설명은 생략).

**6** 다음은 Lennon Industries의 거래 내역이다.

1. 약속어음을 주고 은행에서 €5,000를 차입했다.
2. €3,900를 지불하고 컴퓨터를 구입했다.
3. €650의 소모품을 외상으로 구입했다.

a. 거래별로 해당 계정의 증감을 밝혀라.
b. 각 거래를 분개하라(거래 내역에 대한 설명은 생략).

**7** 다음은 Ong Enterprises의 거래 내역이다.

1. 주주들이 현금 NT$40,000를 투자하고 주식을 수령했다.
2. 사무실 임차료로 NT$8,400를 지불했다.
3. 컨설팅 서비스를 수행하고 고객에게 NT$52,000를 청구했다.
4. 배당금 NT$7,500를 선언하고 지급했다.

a. 각 거래가 회계 항등식(자산 = 부채 + 자본)에 미치는 영향을 +, − 기호를 사용하여 나타내라.
b. 각 거래를 분개하라(거래 내역에 대한 설명은 생략).

**8** 다음은 Sophie's Dog Care가 3월에 행한 거래이다. 각 거래를 분개하라(거래 내역에 대한 설명은 생략).

3월 1일 월세 $1,200를 지불했다.
3일 $160의 용역을 외상으로 수행했다.
5일 용역을 수행하고 현금 $75를 받았다.
8일 $600의 설비를 구입하고 현금 $90를 지불했다.
12일 3월 3일의 용역 수행에 대해 고객으로부터 현금을 받았다.

14일 직원들에게 급여 $525를 지급했다.
22일 전기수도료로 $72를 지불했다.
24일 약속어음을 주고 Grafton State Bank에서 $1,500를 차입했다.
27일 배관을 수리하고 $220를 지불했다.
28일 3월 8일의 외상구매에 대한 지급채무를 지불했다.
30일 6개월치 보험료로 $1,800를 지불했다.

**9** 다음은 4월 1일에 영업을 개시한 Adventures Travel Agency가 4월에 행한 거래이다. 각 거래를 분개하라(거래 내역에 대한 설명은 생략).

1. 주주들이 $24,000를 투자하고 주식을 수령했다.
2. 약속어음을 발행하여 은행 대출을 $7,000 받았다.
3. 현금 $11,000를 지불하고 설비를 구입했다.
4. 4월 사무실 임차료로 현금 $1,200를 지불했다.
5. $1,450의 소모품을 구입했다.
6. 《Daily Herald》가 광고료 $600를 청구했다.
7. $18,000의 용역을 수행하여 현금 $2,000를 받고 잔액 $16,000는 외상이다.
8. 현금 배당 $400를 선언하고 지급했다.
9. 공과금 $2,000를 지불했다.
10. 《Daily Herald》에 지급채무를 지불했다(6).
11. 은행 대출이자 $40를 지불했다(2).
12. 직원들에게 급여 $6,400를 지급했다.
13. 매출채권 중 $12,000를 현금으로 수령했다(7).

**10** 다음은 알마 오르티스가 총계정원장에 대해 설명한 것이다. 각각의 진위를 판별하고 옳지 않은 것은 바르게 고쳐라.

1. 총계정원장은 자본을 제외한 모든 자산과 부채 계정을 담고 있다.
2. 총계정원장을 간략히 원장이라고도 한다.
3. 총계정원장의 계정은 가나다순으로 정렬한다.
4. 총계정원장의 각 계정에는 식별하기 쉽게 고유 번호가 매겨져 있다.
5. 총계정원장은 분개를 하는 장부이다.

**11** 다음은 Wong Consultants의 분개장에서 추출한 거래이다(단위: ¥1,000).

| 일자 | 계정과목과 거래내역 | Ref. | 차변 | 대변 |
|---|---|---|---|---|
| 8월 1일 | 현금 | | 5,000 | |
| | 자본금 | | | 5,000 |
| | (주식 발행) | | | |
| 10일 | 현금 | | 2,600 | |
| | 용역 매출 | | | 2,600 |
| | (용역을 수행하고 현금 수령) | | | |
| 12일 | 설비 | | 5,000 | |
| | 현금 | | | 2,300 |
| | 지급채무 | | | 2,700 |
| | (설비 구매) | | | |
| 25일 | 매출채권 | | 1,700 | |
| | 용역 매출 | | | 1,700 |
| | (외상으로 용역 수행) | | | |
| 31일 | 현금 | | 900 | |
| | 매출채권 | | | 900 |
| | (매출채권 회수) | | | |

**a.** T 계정으로 거래를 포스팅하라.
**b.** 2020년 8월 31일 기준 시산표를 작성하라.

**12** 다음은 Negrete Landscaping의 영업 개시 첫 달 말에 총계정원장을 요약한 T 계정이다(단위: €).

현금 **No. 101**

| | | | |
|---|---|---|---|
| 4/1 | 14,000 | 4/15 | 1,300 |
| 4/12 | 900 | 4/25 | 1,500 |
| 4/29 | 400 | | |
| 4/30 | 1,000 | | |

매출채권 **No. 112**

| | | | |
|---|---|---|---|
| 4/7 | 3,000 | 4/29 | 400 |

소모품 **No. 126**

| | | | |
|---|---|---|---|
| 4/4 | 1,800 | | |

지급채무 **No. 201**

| | | | |
|---|---|---|---|
| 4/25 | 1,500 | 4/4 | 1,800 |

선수수익 **No. 209**

| | | | |
|---|---|---|---|
| | | 4/30 | 1,000 |

자본금 **No. 311**

| | | | |
|---|---|---|---|
| | | 4/1 | 14,000 |

용역 매출 **No. 400**

| | | | |
|---|---|---|---|
| | | 4/7 | 3,000 |
| | | 4/12 | 900 |

급여 **No. 726**

| | | | |
|---|---|---|---|
| 4/15 | 1,300 | | |

**a.** 현금 T 계정에 포스팅된 거래의 분개를 거래 내역에 대한 설명과 함께 분개장에 작성하라.

**b.** 2020년 4월 30일 기준 시산표를 작성하라.

**13** 다음은 Shumway Co.의 총계정원장에서 가져온 자료이다(단위: ¥1,000).

**현금 No. 101**

| | | | |
|---|---|---|---|
| 10/1 | 3,000 | 10/4 | 400 |
| 10/10 | 750 | 10/12 | 1,500 |
| 10/10 | 4,000 | 10/15 | 350 |
| 10/20 | 500 | 10/30 | 300 |
| 10/25 | 2,000 | 10/31 | 500 |

**매출채권 No. 112**

| | | | |
|---|---|---|---|
| 10/6 | 800 | 10/20 | 500 |
| 10/20 | 940 | | |

**소모품 No. 126**

| | | | |
|---|---|---|---|
| 10/4 | 400 | | |

**설비 No. 157**

| | | | |
|---|---|---|---|
| 10/3 | 2,000 | | |

**지급어음 No. 200**

| | | | |
|---|---|---|---|
| | | 10/10 | 4,000 |

**지급채무 No. 201**

| | | | |
|---|---|---|---|
| 10/12 | 1,500 | 10/3 | 2,000 |

**자본금 No. 311**

| | | | |
|---|---|---|---|
| | | 10/1 | 3,000 |
| | | 10/25 | 2,000 |

**배당금 No. 332**

| | | | |
|---|---|---|---|
| 10/30 | 300 | | |

**용역 매출 No. 400**

| | | | |
|---|---|---|---|
| | | 10/6 | 800 |
| | | 10/10 | 750 |
| | | 10/20 | 940 |

**급여 No. 726**

| | | | |
|---|---|---|---|
| 10/31 | 500 | | |

**임차료 No. 729**

| | | | |
|---|---|---|---|
| 10/15 | 350 | | |

**a.** 10월 1일, 10일, 20일에 발생한 거래를 분개하고 거래 내역을 추정하라.

**b.** 각 계정에 대해 10월 31일 잔액을 산출하고 2020년 10월 31일 기준 시산표를 작성하라.

**14** 다음은 Ling Couture의 영업 첫 달에 일어난 거래이다.

| | |
|---|---|
| 9월 1일 | 주주들이 현금 NT$10,000를 투자하고 주식을 수령했다. |
| 5일 | NT$14,000의 설비를 구매하면서 현금 NT$4,000를 지불하고 나머지는 외상이다. |
| 25일 | 설비의 미지급 잔액 중 현금 NT$3,000를 지불했다. |
| 30일 | 배당금 NT$900를 선언하고 지급했다. |

Ling Couture의 계정일람표에 따르면 계정과목별 고유 번호는 현금이 No. 101, 설비가 No. 157, 지급채무가 No. 201, 자본금이 No. 311, 배당금이 No. 332이다.

**a.** 분개장에서 분개하라(거래 내역에 대한 설명은 생략).

**b.** 표준계정 양식(3위식)을 사용하여 총계정원장에 포스팅하라.

**15** 다음은 Kang Equipment Repair의 회계 담당자가 분개와 포스팅을 하면서 저지른 실수이다.

1. 매출채권 $525를 회수하면서 현금의 차변을 적고 매출채권의 대변을 적지 않았다.
2. 선급보험료의 차변에 적어야 할 $750를 보험료의 차변에 적었다.
3. 매출채권 $100를 회수하고 현금의 차변에 $100, 용역 매출의 대변에 $100라고 적었다.
4. 미지급 재산세인 $415의 분개를 두 번 했다.
5. 현금으로 $250의 소모품을 구입하고 소모품의 차변에 $25, 현금의 대변에 $25라고 적었다.
6. 광고비 $625를 지불하고 $652라고 적었다.

각 거래에 대해 다음 문제를 풀되 1번 오류를 예시한 아래 형식을 이용하라.

**a.** 시산표가 대차균형을 이룰 수 있을지 판단하라.

**b.** 시산표가 대차균형을 이루지 않는다고 판단했다면 그 차액을 산출하라.

**c.** 시산표의 차변과 대변 중 합계가 더 큰 것은 무엇인가?

| | (a) | (b) | (c) |
|---|---|---|---|
| **오류** | **대차 균형** | **차액** | **큰 합계가 표시되는 변** |
| (1) | No | $525 | 차변 |

**16** 다음은 Overnite Delivery Service의 2020년 7월 31일 자 총계정원장에서 얻은 정보이다(단위: 1,000).

| 매출채권 | ¥ 7,640 | 선급보험료 | ¥ 1,968 |
|---|---|---|---|
| 지급채무 | 8,394 | 수선유지비 | 961 |
| 현금 | ? | 용역 매출 | 10,610 |
| 설비 | 45,360 | 배당금 | 700 |
| 주유비 | 758 | 자본금 | 38,000 |
| 수도광열비 | 523 | 급여 | 4,428 |
| 지급채무 | 17,000 | 미지급 급여 | 815 |

고정성 배열법으로 시산표를 작성하되 물음표로 표시된 현금 금액을 산출하라.

**17** 다음은 Beyers Security가 10월에 행한 거래이다.

10월 1일 주주들이 현금 $66,000를 투자하고 주식을 수령했다.
2일 시간제 보안 컨설턴트를 고용했다. 급여는 월 $2,000이고 첫 출근일은 10월 15일이다.
4일 건물 월세 $2,000를 지불했다.
7일 $18,000의 설비를 구입하고 현금으로 $4,000를 지불했다.
8일 광고비 $500를 지불했다.
10일 설비 수리를 의뢰하고 $390의 청구서를 받았다.
12일 보안 서비스를 제공하고 $3,200의 청구서를 보냈다.
16일 $410에 소모품을 외상으로 구입했다.
21일 10월 7일의 설비 구매와 관련하여 지급채무를 지불했다.
24일 수도광열비 $148를 지불했다.
27일 10월 12일의 용역 수행에 대해 지급받았다.
31일 직원의 급여로 $5,100를 지불했다.

**a.** 위 거래를 분개하라(거래 내역에 대한 설명은 생략).
**b.** 위 거래를 T 계정에 포스팅하라.
**c.** 2020년 10월 31일 기준 시산표를 작성하라. (힌트: T 계정의 기말 잔액을 이용한다.)

## 마무리 연습 문제

**1** 다음은 3월 1일에 개장한 Feng Disc Golf Course의 한 달간 거래 내역이다(단위: 1,000).

3월 1일 리 펭이 주식과 교환하여 현금 ¥20,000을 사업에 투자했다.
3일 현금 ¥15,000을 주고 Rainbow Golf Land를 구입했다. 가격은 토지 ¥12,000, 건물 ¥2,000, 설비 ¥1,000이다(복합 분개).
5일 광고비 ¥900을 지불했다.
6일 1년 보험료로 현금 ¥600을 지불했다.
10일 Wang Company에서 ¥1,050의 골프 설비를 외상으로 구입했다. 지급채무는 30일 이내에 지불해야 한다.
18일 골프장 사용료로 현금 ¥1,100을 받았다(리 펭은 골프장 수입을 용역 매출로 기록).
19일 쿠폰북 150권을 권당 ¥10에 판매했다. 각 쿠폰북에는 골프 라운딩을 1회 할 수 있는 4개의 쿠폰이 포함되어 있다.
25일 현금 배당 ¥800을 선언하고 지급했다.
30일 급여 ¥250을 지급했다.
30일 Wang Company에 지급채무 전액을 지급했다.
31일 골프장 사용료로 현금 ¥2,700을 받았다.

Feng Disc Golf Course가 사용하는 계정은 현금, 선급보험료, 토지, 건물, 설비, 지급채무, 선수수익, 자본금, 배당금, 용역 매출, 광고비, 급여 등이다. 위 거래를 분개하라.

**2** 다음은 치과 의사인 에밀리 스탠스버리가 개업한 첫 달의 거래 내역이다.

4월 1일 주식과 교환하여 현금 €20,000를 투자했다.
1일 주급 €700에 접수원을 고용했다.
2일 사무실 임차료로 월 €1,100를 지불했다.
3일 Dazzle Company로부터 €4,000의 치과용품을 신용으로 구입했다.
10일 치과 서비스를 수행하고 보험공단에 €5,100를 청구했다.
11일 임플란트 수술을 위해 레아 마타루카로부터 현금 €1,000를 선불로 받았다.
20일 마이클 산투스를 치료해주고 현금 €2,100를 받았다.
30일 접수원에게 €2,800를 지급했다.
30일 Dazzle Company에 지급채무 €2,400를 지불했다.

에밀리가 사용하는 계정과목은 현금이 No. 101, 매출채권이 No. 112, 소모품이 No. 126, 지급채무가 No. 201, 선수수익이 No. 209, 자본금이 No. 311, 용역 매출이 No. 400, 급여가 No. 726, 임차료가 No. 729이다.

**a.** 위 거래를 분개하라.
**b.** 총계정원장에 포스팅하라.
**c.** 2020년 4월 30일 기준 시산표를 작성하라.

시산표 총계 €29,800

**3** 다음은 2020년 5월 1일에 설립된 Kochi Services가 첫 달에 행한 거래이다(단위: 1,000).

5월 1일 거래

1. 주주인 라훌 샤는 주식과 교환하여 현금 ₹40,000를 투자했다.
2. 창고에서 일할 직원 2명을 고용하고 각각 월 급여 ₹3,050를 지급하기로 했다.
3. 창고를 2년간 임대하는 계약을 체결했다. 첫해에 현금 ₹24,000를 미리 지불했다.
4. 가구와 설비를 ₹30,000에 구입했다. 현금 ₹10,000는 즉시 지불하고 나머지는 6개월 이내에 지급할 예정이다.
5. 가구와 설비에 대한 1년치 보험료로 현금 ₹1,800를 지불했다.

5월 중 거래

6. 현금 ₹420를 주고 사무용품을 구입했다.
7. ₹1,500어치의 사무용품을 외상으로 추가 구매했다.
8. 벌어들인 총수입이 ₹20,000이며 이 중 ₹8,000가 현금매출, ₹12,000가 외상매출이다.
9. 지급채무 중 ₹400를 지불했다.
10. 매출채권에서 ₹3,000를 회수했다.
11. 다음 달에 지불할 공과금 ₹380의 청구서를 받았다.
12. 직원 2명의 월 급여 ₹6,100를 지급했다.

**a.** 위 거래를 분개하라(거래 내역에 대한 설명은 생략).
**b.** 분개를 T 계정에 포스팅하라.
**c.** 2020년 5월 31일 기준 시산표를 작성하라.

시산표 총계 ₹81,480

**4** 다음은 De Bortoli Co.의 시산표인데 대차평균이 일치하지 않는다.

**De Bortoli Co.**
**시산표**
**2020년 6월 30일 기준**

| | 차변 | 대변 |
|---|---|---|
| 현금 | | $ 3,340 |
| 매출채권 | $ 2,812 | |
| 소모품 | 1,200 | |
| 설비 | 2,600 | |
| 지급채무 | | 3,666 |
| 선수수익 | 1,100 | |
| 자본금 | | 8,000 |
| 배당금 | 800 | |
| 용역 매출 | | 2,480 |
| 급여 | 3,200 | |
| 수도광열비 | 810 | |
| | $12,522 | $17,486 |

분개장과 총계정원장을 조사해본 결과 다음과 같은 오류를 발견했다. 단, 모든 계정은 정상적인 경우의 잔액을 나타낸다.

1. 매출채권 $850를 수령하고 현금의 차변과 매출채권의 대변에 $580라고 적었다.
2. $710의 설비인 컴퓨터를 외상으로 구입하고 소모품의 차변에 $710, 지급채무의 대변에 $710라고 적었다.
3. $980의 용역을 외상으로 수행하고 매출채권의 차변에 $980, 용역 매출의 대변에 $98라고 적었다.
4. 급여 지출 $700가 현금의 차변에만 기록되고 비용에는 누락되었다.
5. 지급채무 $306에 대한 지불을 현금의 대변에 $306, 지급채무의 대변에 $360라고 적었다.
6. 현금 배당액 $600를 지급하고 현금의 대변에 $600, 급여의 차변에 $600라고 적었다.

시산표를 정확히 작성하라. (힌트: 분개를 정확히 작성하고 오류와 비교해본다.)

시산표 총계 $15,462

**5** 테마 영화의 진수를 보여주는 Sun Theater가 3월부터 문을 열었다. 3월 1일 기준 총계정원장에는 다음과 같은 계정과 금액이 있다(단위: 1,000).

| | |
|---|---|
| 현금(No. 101) | ₩ 3,000 |
| 토지(No. 140) | 24,000 |
| 설비(No. 157) | 10,000 |
| 지급채무(No. 201) | 7,000 |
| 매점, 영사실, 매표소, 스크린 등 건물(No. 145) | 10,000 |
| 자본금(No. 311) | 40,000 |

또한 3월에 다음 거래가 발생했다(단위: 1,000).

3월 2일 3월 1~3주 동안 상영할 〈쿵푸 팬더〉 3편을 대여받았다. 영화 대여료는 ₩3,500이며 이 중 ₩1,500은 현금으로 지불하고 ₩2,000은 3월 10일에 지불하기로 했다.

3일 3월의 마지막 10일 동안 상영할 〈배트맨〉 3편을 하루 대여료 ₩200에 주문했다.

9일 입장료 ₩4,300을 현금으로 수령했다.

10일 〈쿵푸 팬더〉 대여료 미지급금 전액과 3월 1일의 지급채무 중 ₩2,100을 지불했다.

11일 So Bin과 매점 운영 계약을 맺고, So Bin은 매점 수입의 15%를 매월 Sun Theater에 지불하기로 했다.

12일 광고비 ₩900을 지불했다.

20일 입장료 ₩5,000을 현금으로 수령했다.

20일 〈배트맨〉을 수령하고 대여료 ₩2,000을 지불했다.

31일 급여 ₩3,100을 지급했다.

31일 So Bin으로부터 3월의 매점 수입 ₩6,000과 임대료 ₩900 (₩6,000×15%)의 명세서를 받았다. So Bin은 임대료 절반을 지불하고 나머지는 4월 5일에 송금하기로 했다.

31일 입장료 ₩9,000을 현금으로 수령했다.

위 계정 외에도 매출채권(No. 112), 용역 매출(No. 400), 임대료 수익(No. 429), 광고비(No. 610), 급여(No. 726), 임차료(No. 729)가 있다.

**a.** 총계정원장에 기초 잔액을 기입하라. Ref. 칸에는 확인 표시(✓)를 한다.

**b.** 3월의 거래를 분개하라. 단, Sun Theater는 입장료 수익을 용역 매출로, 매점 임대를 임대료 수익으로, 영화 대여에 소요되는 비용을 임차료로 기록한다.

**c.** 3월의 분개를 총계정원장에 포스팅하라. 분개장의 출처는 첫 페이지인 J1로 가정한다.

**d.** 2020년 3월 31일 기준 시산표를 작성하라.

시산표 총계 ₩64,100

## 비판적 사고력 확장 문제

### 재무 보고: TSMC

**1** TSMC의 재무제표는 이 책의 부록 A에 실려 있으며, 다음 계정에 대한 재무제표 주석을 포함한 전체 연례 사업 보고서는 회사 웹사이트에서 확인할 수 있다.

| | |
|---|---|
| 매입채무 | 미지급 법인세비용 |
| 매출채권 | 이자비용(금융비용) |
| 유형자산 | 재고자산 |

**a.** 다음 질문에 답하라.
1. 각 계정의 증감 사유는 무엇인가?
2. 각 계정의 정상적인 잔액은 차변과 대변 중 어디에 나타나는가?

**b.** 다음의 경우 가능한 상대 계정을 생각해보고 그 계정에 미치는 영향을 설명하라.
1. 매출채권 감소
2. 지급채무 감소
3. 재고자산 증가

**c.** 다음의 경우에 일반적으로 관련되는 상대 계정을 찾아보라.
1. 이자비용 증가
2. 유형자산 증가

### 비교 분석: 네슬레와 델피

**2** 네슬레와 델피의 재무제표는 이 책의 부록 B와 C에 실려 있다. 이를 이용하여 다음 문제를 풀라.

**a.** 다음 계정의 정상적인 잔액은 차변과 대변 중 어디에 나타나는가?

| 네슬레 | 델피 |
|---|---|
| 1. 재고자산 | 1. 매출채권 |
| 2. 유형자산 | 2. 현금 및 현금성 자산 |
| 3. 매입채무 | 3. 매출원가(비용) |
| 4. 이자비용(금융비용) | 4. 매출(수익) |

**b.** 다음의 경우에 일반적으로 관련되는 상대 계정을 찾아보라.
1. 매출채권 증가
2. 미지급 급여 감소
3. 유형자산 증가
4. 이자비용 증가

### 실제 사례

**3** 다양한 회사의 위치, 주소, 기업 활동, 관련 산업, 재무 건전성과 재무 성과 등 엄청난 정보를 인터넷에서 얻을 수 있다. 야후 파이낸스(Yahoo! Finance)에서 한 회사를 골라 다음 (a)~(c)에 답하라. 그리고 그 회사가 속한 산업에서 경쟁사를 찾아 (d)~(g)에 답하라.

**a.** 회사의 업종은 무엇인가?

**b.** 회사의 총매출은 얼마인가?

**c.** 회사의 순이익은 얼마인가?

**d.** 회사의 경쟁사를 4개 제시하라.

**e.** 경쟁사 중 하나를 선택하라.

**f.** 회사명은 무엇이고, 매출과 순이익은 얼마인가?

**g.** 두 회사 중 매출 규모가 더 큰 회사는 어디인가? 어디가 더 높은 순이익을 보고했는가?

### 조직 전반에 걸친 의사결정

**4** 에이미 토버트는 5월 1일부터 Hollins Riding Academy라는 승마 학원을 운영하기로 했다. 수입원은 현장에서 현금으로 수령하는 승

마비와 수업료이다. 그 밖에 매달 청구하는 말 보관료가 있는데, 마주가 원하면 간혹 선금으로 받기도 한다. 비용은 건초와 사료비, 보험료, 급여, 광고비, 수도광열비, 수의사비가 발생한다. 그리고 수익 회계 처리를 위해 현금(No. 1), 매출채권(No. 5), 선수수익(No. 27), 승마 수익(No. 51), 승마교습 수익(No. 52), 보관료 수익(No. 53) 계정을 사용하고, 비용 회계 처리를 위해 건초 및 사료(No. 6), 선급보험료(No. 7), 지급채무(No. 21), 급여(No. 60), 광고비(No. 61), 수도광열비(No. 62), 수의사비(No. 63), 건초와 사료비(No. 64), 보험료(No. 65) 계정을 사용한다.

또한 Hollins Riding Academy는 유형자산으로 말 10마리와 마구간, 승마장, 승마 설비, 사무용 설비를 보유하고 있으며, 회계 처리를 위해 말(No. 11), 건물(No. 12), 승마장(No. 13), 승마 설비(No. 14), 사무용 설비(No. 15) 계정을 두고 있다. 그 밖에 자본금(No. 50), 배당금(No. 51) 계정이 있다.

다음은 운영 첫 달에 발생한 50개의 거래 중 8개에 대한 분개로, 승마장의 경리 직원이 아직 미숙한 탓에 오류가 있을지 몰라 에이미가 골라놓은 것이다. 분개 아래에 기술된 관련 거래 내용을 참조한다.

| 날짜 | 계정 | 차변 | 대변 |
|---|---|---|---|
| 5월 1일 | 현금 | 18,000 | |
| | 자본금 | | 18,000 |
| | (보통주와 교환하여 현금 £18,000 투자) | | |
| 5일 | 현금 | 250 | |
| | 승마교습 수익 | | 250 |
| | (수업을 하고 교습료 £250 수령) | | |
| 7일 | 현금 | 500 | |
| | 보관료 수익 | | 500 |
| | (6월 1일부터의 말 보관료 £500 미리 수령) | | |
| 14일 | 승마 설비 | 800 | |
| | 현금 | | 800 |
| | (책상 및 기타 사무용 설비를 £800에 구입) | | |
| 15일 | 급여 | 440 | |
| | 현금 | | 440 |
| | (배당을 선언하고 지급) | | |
| 20일 | 현금 | 148 | |
| | 승마 수익 | | 184 |
| | (승마비로 현금 £184 수령) | | |
| 30일 | 수의사비 | 75 | |
| | 지급채무 | | 75 |
| | (수의사로부터 £75 청구서 수령) | | |
| 31일 | 건초와 사료비 | 1,500 | |
| | 현금 | | 1,500 |
| | (2개월치 사료와 건초를 £1,500에 구입) | | |

**a.** 각 분개가 맞는지 확인하고 잘못된 것은 바르게 고쳐라.

**b.** 위 분개 중 시산표의 대차에 차이를 유발하는 분개는 무엇인가?

**c.** 회계 담당자가 50개의 거래를 모두 회계 처리한 후 £4,600의 순이익을 보고했다면 5월의 정확한 순이익은 얼마인가?

**d.** 회계 담당자가 50개의 거래를 모두 회계 처리한 후 £12,475의 현금 잔액을 보고했다면 5월 31일의 정확한 현금 잔액은 얼마인가? (오류가 위의 8개 분개 내에만 있다고 가정한다.)

## 커뮤니케이션 활동

**5** Shandler Home Cleaners에는 매달 발생하는 반복적인 거래가 두 가지 있다. 이는 용역수수료 청구와 급여 지급인데, 3월 15일에도 총 €6,000의 청구서를 고객에게 발송하고 직원들에게 급여 €2,000를 지급했다. 3월 15일에 발생한 두 거래에 대해 기록하는 과정을 본문에 제시된 기록 과정의 예시에서처럼 거래 분석과 분개, 포스팅의 관점에서 설명하라.

## 윤리 사례

**6** 엘린 콜은 컴퓨터 칩과 휴대전화 제조업체로서 연매출이 €2,000만이나 되는 Doman Circuits의 경리 담당자이다. 1분기 말에 분기 재무제표를 경영진과 증권거래소, 감독기관에 제출하기 위해 시산표를 서둘러 준비하던 엘린은 시산표의 대변이 차변보다 근소하게 €1,000 더 많은 것을 발견했다. 오류를 찾으려면 며칠이 더 걸리겠지만 재무제표가 늦게 공시되면 큰일이라고 생각한 엘린은 마감 시간이 다가오자 설비 계정에 €1,000의 차이를 추가하여 차변과 대변의 금액을 맞추고 제시간에 제출했다. 엘린은 설비 계정이 상당히 큰 금액이라 €1,000는 아주 미미한 차이이기 때문에 재무제표를 이용하는 사람들의 의사결정에 전혀 영향을 미치지 않을 것이라고 판단했다.

**a.** 이 경우의 이해관계자는 누구인가?

**b.** 이 사건과 관련된 윤리적 문제는 무엇인가?

**c.** 엘린의 대안으로 무엇이 있겠는가?

**7** 취업이나 이직 시 제출하는 이력서를 보고 지원자의 경력을 평가하는데, 이는 마치 회사의 연례 보고서와 같다. 이력서는 강한 첫인상을 줄 수 있는 기회이므로 아주 인상적이어야 하지만, 그렇다고 거짓을 쓰거나 과장하면 안 되고 정확해야 한다. 그러나 대부분의 사람들은 학력이나 과거의 성과, 본인이 담당했던 직책의 중요성을 과장하거나 허위로 기재하여 이력서를 부풀릴까 고민하곤 한다. 다들 그러는데 자기만 정직하면 불이익을 당할 수 있다고도 생각한다.

유명한 전자제품 판매업체의 CEO인 제이 링의 학력 위조 사실이 들통 났다. 이학 학사 학위를 취득했다고 했지만 실은 아니었다. 이사회는 그를 사장으로 임명하면서 그가 11년 전 입사할 때 제출한 이력서를 제대로 확인하지 않았다. 회사는 링을 해고해야 할까?

**YES:** 상장회사이므로 투자자, 채권자, 직원, 회사와 거래하는 사람들이 회사의 리더가 부정직하다는 것을 알게 되면 회사를 신뢰하지 않을 것이다. 리더십의 윤리 의식은 윤리적인 조직의 핵심이다.

NO: 링은 입사 후 11년 동안 회사에 헌신하고 탁월한 성과를 내어 CEO 자리에 오른 사람이다. 분명 학력 조작은 잘못이지만 그의 능력이 입증된 지금에 와서 무슨 의미가 있을까? 과거를 들춘들 회사에 도움이 될까? 게다가 최근 7,000개 매장 중 700개를 폐쇄하는 등 대규모 구조조정을 단행한 마당에 사장의 학력 위조 사건까지 알려지면 회사는 위기를 감당하기 어려울 것이다.

이 상황에 대한 의견을 진술하고 근거를 밝혀라.

### 장래를 위한 활동

**8** 회사는 3~5년 후 자신이 어떤 모습일지 염두에 두고 사업 계획을 만든다. 개인도 마찬가지이다. 3~5년 후의 모습을 생각해보고 그것을 이루기 위해 지금부터 차근차근 계획을 세워야 한다.

**a.** 3~5년 후에 어디서 일하고 싶은지 정하고, 지금부터 준비해야 할 것을 5~10개 제시하라.

**b.** 원하는 직업을 얻으려면 이력서가 필요한데, 이력서는 회사의 사업 보고서처럼 회사가 당신에게 '투자'할지 결정할 수 있도록 지난 경력에 대해 정확하고 적절한 정보를 제공해야 한다. 인터넷에서 바람직한 이력서 형식을 검색해보고 이력서의 기본 요소에 대해 약술하라.

**c.** 회사의 성과에 관한 정보를 제공하는 사업 보고서는 정확한 정보를 담아 사람들에게 믿음을 주어야 한다. 개인의 사업 보고서라고 할 수 있는 이력서를 믿음이 가게 만들려면 어떻게 해야 할지 진술하라.

**d.** (a)에서 제시한 5~10개 항목을 모두 달성했다고 가정하고 이력서를 작성하라. 이력서의 내용이 정확하고 믿음이 가게 보이도록 첨부할 증빙을 열거하라.

### 인류와 지구를 위한 활동

**9** 사회 곳곳에서 인증 업무가 이루어지고 있으며, 회사의 재무제표를 인증하는 공인회계사의 업무도 그중 하나이다. 인증이 있으면 그 분야의 지속가능성에 큰 도움이 된다. 2012년 2월 7일 자 《뉴욕 타임스(New York Times)》에는 S. 어맨다 코딜(S. Amanda Caudill)이 쓴 '더 나은 커피에서 더 나은 삶'이라는 기사가 실렸는데, 이는 커피 비즈니스에서 인증이 하는 역할을 잘 보여준다. 인터넷에서 검색하여 이 기사를 찾아 읽고 다음 문제를 풀라.

**a.** 기사에 따르면 커피 사업에는 세 종류의 인증기관에서 발급하는 세 가지 유형의 인증이 있다고 한다. 이와 같은 복수의 인증이 커피 구매자에게 유발할 수 있는 잠재적인 문제가 무엇인지 재무보고를 예로 들어 설명하라.

**b.** 커피 재배자가 받는 인증 가운데 가장 흔한 것을 알아보고, 이것이 가능한 이유를 설명하라.

**c.** 커피 인증을 통해 얻는 사회적·환경적 이점은 무엇인지, 이해당사자에게 잠재적인 금전적 이익이 있는지 설명하라.

---

**학습목표**
U.S. GAAP의 회계 기록 방식을 이해한다.

## U.S. GAAP 살펴보기

U.S. GAAP과 IFRS 중 어떤 기준을 적용하건 거래를 기록하는 체계와 방식이 같아서 모두 복식부기를 근간으로 한다. 따라서 계정을 차변, 대변으로 나누어 증감을 적고, 분개장과 총계정원장에 거래를 담고, 계정일람표를 사용하는 등, 같은 절차를 사용한다. U.S. GAAP에서의 시산표도 이 장에서 소개한 IFRS상의 양식과 같고 통화 표시를 시산표와 재무제표에만 쓰는 것도 같다. 차이가 있다면 재무상태표를 미국에서는 간혹 대차대조표라고 부른다는 것 정도이다. 한편 자산, 부채, 자본, 수익, 비용 등을 정의하는 개념이나 구체적인 회계 처리 방법은 매우 유사하지만 다른 구석도 있다. 가령 IFRS는 공정가치보다 역사적 원가를 더 많이 사용하기는 하지만 상대적으로 U.S. GAAP보다는 공정가치를 더 많이 적용한다.

다음은 U.S. GAAP으로 작성한 애플(Apple Inc., 미국)의 실제 손익계산서(미국 달러로 표시)이다.

**Apple Inc.**
**연결손익계산서**
2016년 9월 24일 자로 종료되는 1년 기간(단위: 100만)

| | |
|---|---|
| 순매출 | $215,639 |
| 매출원가 | 131,376 |
| 매출총이익 | 84,263 |
| 영업비용: | |
| 연구개발비 | 10,045 |
| 판매관리비 | 14,194 |
| 영업비용 계 | 24,239 |
| 영업이익 | 60,024 |
| 순 영업외 수익과 비용 | 1,348 |
| 법인세비용 차감 전 순이익 | 61,372 |
| 법인세비용 | 15,685 |
| 당기순이익 | $ 45,687 |

전 세계에서 사용되고 있는 복식부기 체제는 앞으로도 바뀔 가능성이 없다. 그만큼 복식부기는 인류의 우수한 자산으로 인정받는다. 그러나 IASB와 FASB가 공동으로 회계기준의 근간을 이루는 개념 체계를 다시 정립하는 중이므로 자산, 부채, 자본, 수익, 비용 등의 개념적 체계가 변화될 수도 있다.

그 사이에 미국에서 U.S. GAAP 대신 IFRS를 도입할지는 아직 미지수이다. 미국의 증권 감독 기구인 SEC(Securities and Exchange Commission)는 IFRS를 도입하려면 다음 사항을 고려해야 한다고 밝힌 바 있기 때문이다.

- 회계기준으로서 IFRS의 완성도
- IASB 기구의 독립성
- IFRS가 투자자 입장을 대변하고 있는지 여부
- 투자자에 대한 IFRS 교육의 난이도
- IFRS가 미국 법에 미치는 영향(상충 관계 여부)
- IFRS가 회계 시스템, 계약 관계, 지배 구조, 소송 등 미국 회사에 미치는 영향
- 미국 내 회계사 등 전문직의 IFRS에 대한 수용성(IFRS에 따른 재무제표 작성에 별다른 어려움이 없어야 함)

## U.S. GAAP 확인 문제

**1** U.S. GAAP에 대한 설명으로 옳은 것은?

**a.** U.S. GAAP은 차변과 대변을 반대로 쓰므로 차변이 오른쪽, 대변이 왼쪽이다.

**b.** U.S. GAAP의 거래 기록 체계와 방법은 IFRS와 같다.

**c.** U.S. GAAP의 계정일람표는 자산 다음에 수익을 두는 등 IFRS와 다르다.

**d.** 위의 보기 모두 옳지 않다.

**2** 시산표는 ________________

**a.** U.S. GAAP이나 IFRS나 동일하다.

**b.** 모든 거래가 올바르게 기록되었음을 보증한다.

**c.** 모든 거래가 빠짐없이 기록되었음을 보증한다.

**d.** 올바른 분개라도 두 번 들어가면 대차의 합이 맞지 않는다.

**3** U.S. GAAP과 IFRS의 차이는 무엇인가?

a. IFRS는 발생주의, U.S. GAAP은 현금주의 회계를 사용한다.
b. U.S. GAAP과 IFRS는 회계 기록 체계가 다르다.
c. IFRS는 U.S. GAAP보다 공정가치를 더 많이 사용한다.
d. U.S. GAAP과 IFRS는 시산표의 한계가 다르다.

**4** U.S. GAAP과 IFRS는 통화(달러, 엔, 파운드 등)를 표시하는 관례나 방식이 같다. 그 방식은 무엇인가?

a. 총계정원장과 분개장에만 통화 표시를 한다.
b. 시산표에만 통화 표시를 한다.
c. 통화 표시가 모든 복합분개에 나타난다.
d. 시산표와 재무제표에만 통화 표시를 한다.

**해답** 1. b 2. a 3. c 4. d

## U.S. GAAP 연습 문제

**1** 미국이 IFRS 채택 여부를 결정할 때 미국 SEC가 고려해야 한다고 한 사항은 무엇인가?

### 재무 보고: 애플

**2** 애플의 재무제표는 이 책의 부록 D에 실려 있으며, 재무제표 주석을 포함한 전체 연례 사업 보고서는 회사 웹사이트에서 확인할 수 있다. 이를 이용하여 다음 문제를 풀라.

a. 애플의 재무제표에서 다음 계정을 골랐다.

| | | |
|---|---|---|
| 지급채무 | 재고자산 | 매출채권 |
| 순매출 | 건물 | 연구개발비 |

1. 각 계정의 증감 사유가 되는 거래 유형은 무엇인가?
2. 각 계정의 정상적인 잔액은 차변과 대변의 어디에 나타나는가?

b. 다음 거래에서 일반적으로 관련되는 상대 계정과 그 계정에 미치는 영향을 설명하라.

1. 매출채권 감소
2. 지급채무 감소
3. 재고자산 증가

# CHAPTER 3

© BJI/Lane Oatey/Getty Images

# 수정 분개
Adjusting the Accounts

## 이 단원에서 공부할 내용

1장에서는 손익을 '수익 – 비용', 즉 수익에서 비용을 차감하여 산출한다고 배웠다. 그리고 2장에서는 수익과 비용을 분개한 후 총계정원장으로 포스팅하는 방법을 통해 회계적으로 정리하고 기록하는 것을 배웠다. 따라서 손익을 계산하려면 회계장부에 기록되어 있는 수익과 비용을 모두 긁어다 수익의 총액에서 비용의 총액을 차감하면 된다. 이는 매우 쉬운 일이다. 그런데 문제는 계산이 아니다. 수익과 비용을 인식하는 시점, 즉 수익과 비용을 언제 회계장부에 기록할 것인지를 결정하는 일이 어렵다. 이는 결코 간단한 내용이 아니다. 손익은 기업의 한 해 성과를 측정하는 바로미터이며, 주주에게 귀속될 배당금의 원천이 될 정도로 중요하기 때문이다. 이 장에서는 수익과 비용을 어느 결산기에 보고해야 하느냐 하는 귀속 시기 결정에 대해 알아보자.

## 이 단원을 공부해야 하는 이유

### 이익이 뭐길래?

손익 계산의 정확성은 수익과 비용의 올바른 인식에 달려 있다. 그러나 수익에 목말라 하다 가공의 이익을 만들어내는 회사를 간혹 볼 수 있다. 전형적인 사례가 지난 닷컴 붐 시대의 벤처 회사들이다. 당시 대부분의 벤처 회사는 광고를 위한 웹사이트의 공간을 대여하고 사용료를 받는 수익 구조가 주류였다. 그러다 벤처 회사의 거품이 꺼지면서 사용자가 뜸해지자 수익을 만들기 위해 벤처 회사끼리 웹사이트의 공간을 서로 교환하기 시작했다. 매출이 조금이라도 있어야 자신들의 수익 모델이 시장에 작동한다는 것을 보여줄 수 있기 때문에 이들에게는 작은 매출이라도 절실했다. 당연히 사용료를 상계했으니 주고받는 현금이 있을 리 없었다. 수익을 가득(稼得)하기 위한 노력도 없었다. 이것을 과연 매출이라고 할 수 있을지 의심마저 든다. 인위적으로 만들 수 있는 거래는 매출이 아니기 때문이다. 그럼에도 이러한 변칙적 거래는 감독 기관이 중지 명령을 내릴 때까지 계속되었다.

가공의 이익을 만드는 일은 사실 손이 많이 가고 죄질도 무겁다. 그래서 수익의 인식 시기를 당기고 비용의 인식 시기를 늦추는 방법을 많이 쓴다. 최근 영국에서는 사탕 제조 회사인 캐드버리(Cadbury), 자동차 사고 관리 회사인 헬피어(Helphire), 유명한 소셜미디어 회사인 얼테리언(Alterian) 등이 수익의 귀속 시기 문제로 파란을 일으켰고, 일본의 올림푸스(Olympus Corporation)는 기발한 방법으로 비용의 인식 시기를 늦추어 이 분야에서 타의 추종을 불허한다. 10년 이상 투자 손실을 숨겼다가 들통이 나서 유명세를 치른 올림푸스는 손실 난 투자자산을 관계 회사에 고가로 강매한 다음 감액을 감당할 이익이 생기면 되사서 감액을 늦게 인식하는 수법을 썼다. 문제의 투자자산을 환매를 전제로 한 매각을 통해 재무상태표에서 잠시 사라지게 하는 방법으로 손실의 인식 시기를 늦추었던 것이다.

사실 이와 같은 일은 비일비재하다. 증권시장의 투자가들에게 설문한 결과 응답자 중 85%가 회계 감독의 강화가 절실하다고 응답했고, 66%가 상장사의 재무제표를 신뢰하지 않는다고 했다. 왜 이러한 일이 끊임없이 벌어지는가? 이유는 간단하다. 투자가의 기대감을 충족해야 투자를 받을 수 있기 때문이다. 하지만 모두 헛된 욕심이 만드는 신기루에 불과하다.

## 이 단원의 구성과 학습목표

| | | | |
|---|---|---|---|
| **발생주의와 수정 분개** | **발생주의 회계와 수정 분개의 필요성을 이해한다.** | • 결산기<br>• 발생주의와 현금주의<br>• 수익과 비용 인식<br>• 수정 분개의 필요성<br>• 수정 분개의 유형 | DO IT! 1 귀속 시기 |
| **이연 처리를 위한 수정 분개** | **이연 처리를 위해 수정 분개를 한다.** | • 선급비용<br>• 선수수익 | DO IT! 2 이연 처리의 수정 분개 |
| **발생했으나 미인식된 손익 처리를 위한 수정 분개** | **발생한 수익과 비용을 인식하기 위해 수정 분개를 한다.** | • 미수수익 인식<br>• 미지급비용 인식<br>• 수정 분개 요약·정리 | DO IT! 3 발생 인식의 수정 분개 |
| **수정 후 시산표와 재무제표** | **수정 후 시산표를 이해한다.** | • 수정 후 시산표 작성<br>• 재무제표 작성 | DO IT! 4 시산표 |

## 발생주의와 수정 분개 _Accrual-Basis Accounting and Adjusting Entries

**학습목표**

발생주의 회계와 수정 분개의 필요성을 이해한다.

기업의 존속 기간이 비교적 단기로 정해져 있다면 관리회계는 별론으로 하고 재무회계상 회계 부서는 할 일이 없다. 사업이 종결할 때까지 마냥 놀다가 청산 후 전체 자산을 현금으로 처분하고 나서 창업 시 현금과 청산 후 현금의 차이로 손익을 결정하면 된다. 현금 간의 비교라 계산도 빠르고 매우 쉽다.

하지만 현실에서 회사의 존속 기간은 언제 끝날지 모른다. 그래서 회사의 주주를 비롯한 이해관계자는 회사의 재무 상태와 경영 성과에 대한 궁금증을 해소해야 한다. 언제 있을지 모를 청산 시까지 기다릴 수가 없다. 특히 경영자는 경영 목적으로 적어도 월별, 분기별로 많은 정보가 필요하고, 외부의 국세청은 세금을 받기 위해 1년 이상 기다려주지 않는다. 즉 회사의 존속 기간이 사전에 비교적 짧게 정해진다면 모를까, 실제로는 망하기도 하지만 어쨌든 명목상으로는 무한히 길기 때문에 이해관계자는 무작정 앉아서 기다릴 수가 없다. 이에 회계 부서는 회사의 존속 기간을 일정 단위로 끊어 회계를 마감하고 결산을 하여 재무제표를 만들어 회계 정보를 제공해야 하는데, 그 결산 단위를 회계기간(accounting period)이라고 하며, 회계기간의 필요성을 **회계기간의 공준**(time period assumption, periodicity assumption)이라고 한다.

이러한 인위적인 회계기간 설정으로 인해 기간 귀속을 결정하기 위한 많은 회계기준과 이론이 만들어진다. 그중 대표적인 경우가 원가의 회계기간별 배분이다. 예를 들어 캐세이퍼시픽항공(Cathay Pacific, 홍콩)은 5년 전에 구입한 비행기를 아직도 사용하고 있어 비행기 값 전체를 구입 연도에 비용으로 전액 인식하라면 이는 매우 불공평하다. 비행기는 구입한 후에도 수년간 사용하기 때문이다. 즉 기간별로 얼마씩 나눌 것인가는 별론으로 하더라도 구입 가격을 사용 기간에 걸쳐 안분하는 것이 합리적이고 공평한데 이를 '감가상각'이라고 한다.

### 결산기 _Fiscal and Calendar Years

회계기간의 공준

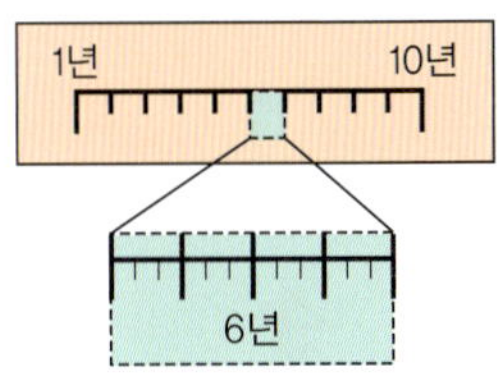


회사는 크건 작건 규모와 관계없이 정기적으로 재무제표를 작성하여 재무 상태와 경영 성과를 이해관계자에게 보고해야 한다. 이때 재무제표를 작성하기 위한 일련의 작업을 '결산', 결산을 위해 각 계정의 금액을 확정하는 것을 '마감'이라고 한다. 회계기간은 월, 분기, 연 단위 등인데, 특히 1년을 **회계연도**(fiscal year), 월과 분기를 **중간기간**(interim period)이라고 한다. 또한 회계기간을 '결산기', 결산기의 마지막 날을 '결산일' 또는 '결산기 종료일'이라고 부르기도 한다.

나라마다 다르겠지만 대부분의 상장기업은 법률상 적어도 분기결산과 연말결산을 해야 한다. 통상 회계연도는 **달력연도**(calendar year)를 따라 1월 1일부터 12월 31일까지로 한다. 많은 회사가 달력의 연도를 따르는데, 소니(Sony, 일본)와 아다니(Adani, 인도)의 경우 3월 31일을 결산기 종료일로 한다. 또한 JJB스포츠(JJB Sports, 영국)는 특이하게 1월 31일에 가장 가까운 일요일이 결산기 종료일이라 결산기가 52주 또는 53주로 변동된다.

### 발생주의와 현금주의 _Accrual- versus Cash-Basis Accounting

예부터 수익과 비용을 인식하는 시점(회계기간 귀속의 결정)을 언제로 할 것인가에 대해 **발생주의(accrual-basis)와 **현금주의**(cash-basis)가 있었는데, 발생주의가 이론상 우월하다. 발생주의는 발생 시점을 기준으로 하기 때문이다. 즉 발생주의는 사업 목적인 물품과 용역을 공급할 때 수익을 인식하고, 수익을 얻기 위해 자산과 노력을 소모할 때 비용을 인식하자는 주의이다. 이에 반해 현금주의는 수익과 비용을 현금의 유입과 유출에 따라 인식하자는 주의이다.

현금주의는 명확하고 간단해서 좋아 보이지만 이론적 흠결이 많다. 가령 외상으로 매출을 일으킬 때 수익을 인식해야 하는데, 현금주의에 따르면 나중에 현금을 수령할 때 수익을 인식해야 한다. 당연히 현금주의는 기업의 경제적 가치와 재무제표를 왜곡한다. 그래서 IFRS는 발생주의를 원칙으로 한다. 그러나 역사적으로는 현금주의가 먼저 사용되었고 아주 작은 개인사업체나 회사는 편리한 현금주의를 실제로 사용하고 선호한다. 그렇더라도 신용거래가 적고 현금거래를 원칙으로 하여 매출채권이나 매입채무, 미지급 등이 거의 없는 경우에 발생주의와 큰 차이가 없기에 사용 가능할 뿐이지 회계기준상 허용되는 것은 아니다.

## 수익과 비용 인식 _Recognizing Revenues and Expenses

발생주의의 개념은 단순하고 쉽다. 발생할 때 인식하면 된다. 그러나 구체적으로 수익과 비용이 언제 발생한 것인지, 즉 언제 인식해야 하는지를 제대로 파악하는 일은 거래가 복잡할수록 간단치 않다. 다음은 발생주의에 따라 수익과 비용의 발생을 인식하는 간단한 예이다.

**수익 인식**
이행 의무 실현

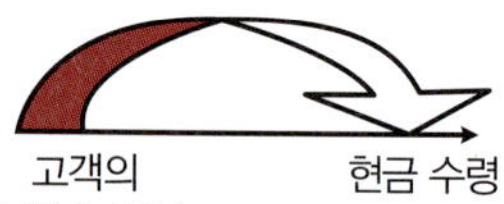


서비스 이행 의무를 충족했을 때 수익을 인식한다.

### 수익 인식의 원칙 _Revenue Recognition Principle

회사가 고객에게 제품과 용역을 공급하는 계약을 했다면 이행할 의무가 생기고, 이행할 의무를 다했으면 회사는 반대급부로 대금 청구권을 가진다. 그래서 발생주의에 따른 **수익 인식의 원칙**(revenue recognition principle)은 이행 의무를 다했다고 인정되는 시점에 수익이 발생했다고 본다. 예를 들어 Soon's Dry Cleaning이 6월 30일에 세탁을 하고 고객이 별다른 클레임 없이 7월 첫 주까지 대금을 지급하기로 약속한 경우, 현금주의에 따르면 수익은 7월에 기록되지만 발생주의 회계는 이행 의무를 다한 6월 말에 매출채권과 매출을 인식한다.

**비용 인식**
수익을 창출하려면
다양한 노력이 필요하다.

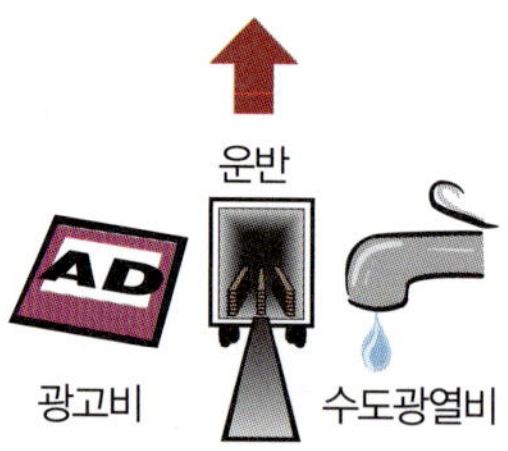


수익을 창출하기 위한 노력이 이루어졌을 때 비용을 인식한다.

### 비용 인식의 원칙 _Expense Recognition Principle

비용은 수익 창출을 위해 쏟는 노력이므로 발생주의는 노력을 했을 때 비용이 발생했다고 보고 인식한다. 이를 **비용 인식의 원칙**(expense recognition principle)이라고 한다. 비용이 있다고 해서 반드시 수익이 창출되는 것은 아니지만 적어도 수익이 인식될 때는 관련 비용도 인식되어야 한다. 이는 비용 인식의 원칙 안에 포섭되지만 따로 **수익 비용 대응의 원칙**(matching principle)이라고 부른다.

비용이 언제 사용되었는지는 현금 지출과 전혀 무관하다. 앞서 제시한 Soon's Dry Cleaning의 예에서는 6월에 수익을 인식했으니 세탁을 한 종업원의 6월분 급여는 당연히 6월의 비용이다. 만약 Soon's Dry Cleaning이 급여를 6월 말까지 지급하지 않았다면 미지급으로 부채를 계상하고 비용을 인식해야 한다. IFRS의 입장도 동일한데, 이를 그림 3.1에 요약했다.

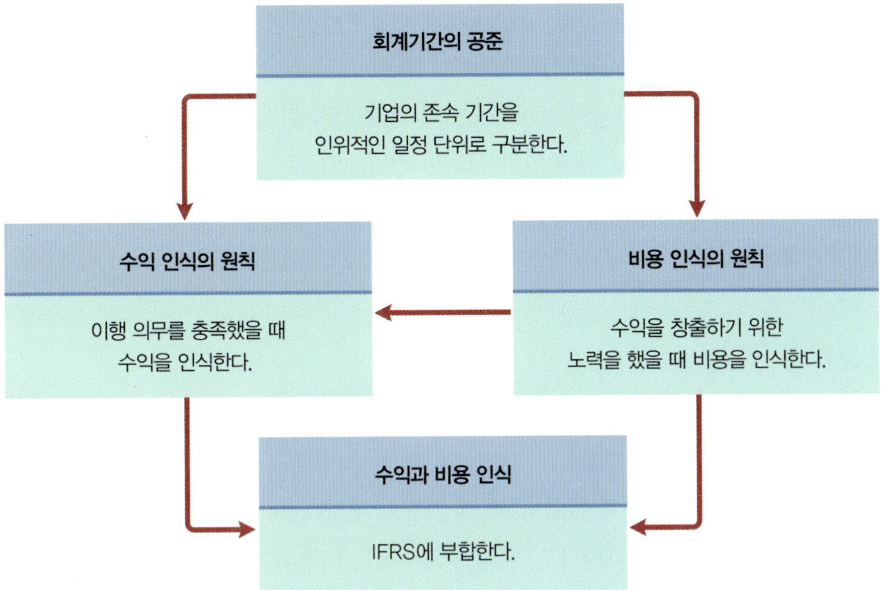


**그림 3.1** IFRS의 수익과 비용 인식

## 수정 분개의 필요성 _The Need for Adjusting Entries

일반적으로 수정 전 시산표, 즉 총계정원장에서 그대로 금액을 옮겨 적어서 만든 시산표는 정확하지 않다. 그 이유를 대략 꼽자면 다음과 같다.

- 매일 일어나는 거래임에도 워낙 소액이라 한꺼번에 모아서 처리하는 것이 효율적인 계정이 있다. 예를 들어 소모품의 경우 매일 사용량을 확인하여 회계 처리를 하지 않고 정기적으로 재고 조사를 통해 한꺼번에 비용으로 반영한다. 급여도 마찬가지이다. 하루 인건비를 회계적으로 기록하지 않고 결산기 말이나 급여를 지급할 때 모두 모아서 처리한다. 그래서 시산표에는 이러한 내용이 반영되어 있지 않다.
- 시간의 흐름에 따라 소멸되는 원가의 경우 시각적으로 드러나지 않아 회계 처리를 결산기 말에 인식하게 되므로 시산표에 반영되어 있지 않다. 건물의 감가상각비가 좋은 예이다.
- 수도광열비처럼 어떤 거래는 아직 청구서가 도착하지 않아 회계 처리가 되어 있지 않은 경우가 있는데, 이 또한 시산표에 반영되어 있지 않다.

### 윤리적 사고력 키우기 | 회계 조작

최근 들어 수익 인식의 원칙을 위반했다는 고발이 부쩍 늘었다. 도넛 회사인 크리스피크림(Krispy Kreme, 미국)은 분기 말에 평소보다 2배 이상의 도넛을 소매점에 실어 보내고 매출(수익)로 인식했다. 안 팔린 도넛은 다음 분기 초에 반납되는 것이니 결코 매출일 수가 없다. 명백히 수익을 조작한 것이다. 그런데 이는 약과이다. 차이나메탈리사이클링홀딩스(China Metal Recycling Holdings, 중국)는 라운드 트리핑(round tripping)이라는 수익 조작 방법을 썼다. 물품을 납품하는 공급업체와 짜고 불용자산을 팔았다 되사는 방식으로 가공의 매출을 만들어 약 3년이라는 짧은 기간 동안 이익을 90%나 부풀리는 부정을 저질렀다.

**영업, 재무, 회계 임원이 수익을 부정확하게 보고하는 동기는 무엇인가?**

© Dean Turner/iStockphoto

그러므로 이러한 내용을 반영하기 위한 분개가 필요한데 이를 **수정 분개**(adjusting entries)라고 한다. 즉 수정 분개는 발생주의에 따라 수익과 비용의 기간 귀속을 제대로 인식하기 위한 추가 마무리 작업이다. 당연히 수정 분개는 결산기마다 필요하며, 회계 담당자는 시산표에 회사의 모든 거래가 수익과 비용 인식 원칙에 따라 제대로 반영되어 있는지 살펴보고 수정 분개를 해야 한다. 수정 분개는 기존에 처리한 수익과 비용에 관한 정리 내지 수정이므로 재무상태표와 손익계산서의 계정이 차대변에 하나씩 관련되어 있다.

## 수정 분개의 유형 _Types of Adjusting Entries

수정 분개는 수익과 비용을 수정하는 것으로, 이미 인식되어 기록된 수익과 비용을 여러 회계기간에 걸쳐 나누는 경우와, 발생했으나 기록되지 못한 수익과 비용을 찾아 새롭게 인식하는 경우로 나눌 수 있는데, 전자를 **이연**(deferrals), 후자를 **발생**(accruals)이라고 한다. 이연의 경우에는 선급비용과 선수수익 계정이 나타나고, 발생의 경우에는 미수수익과 미지급비용 계정이 나타난다(그림 3.2 참조).

**그림 3.2** 수정 분개의 유형

| 이연의 경우 | 발생의 경우 |
|---|---|
| • **선급비용**: 현금을 지불했으나 아직 원가가 사용되지 않은 경우<br>• **선수수익**: 현금을 미리 수령했으나 아직 제품이나 용역을 제공하지 않은 경우 | • **미수수익**: 물품이나 용역을 제공하고도 현금을 수령하지 못하고 기록이 누락된 경우<br>• **미지급비용**: 비용이 발생했으나 아직 대금을 지불하지 않고 기록이 누락된 경우 |

2장에서 살펴본 Yazici Advertising A.Ş.의 시산표를 대상으로 구체적인 수정 분개를 해보자. 그림 3.3은 Yazici Advertising A.Ş.의 시산표이다. Yazici의 회계기간은 한 달이며 수정 분개는 10월 31일에 일어난다고 가정한다.

**그림 3.3** 시산표

**Yazici Advertising A.Ş.**
**시산표**
2020년 10월 31일 기준

| | 차변 | 대변 |
|---|---:|---:|
| 현금 | ₺15,200 | |
| 소모품 | 2,500 | |
| 선급보험료 | 600 | |
| 설비 | 5,000 | |
| 지급어음 | | ₺ 5,000 |
| 미지급금 | | 2,500 |
| 선수수익 | | 1,200 |
| 자본금 | | 10,000 |
| 이익잉여금 | | –0– |
| 배당금 | 500 | |
| 용역 매출 | | 10,000 |
| 급여 | 4,000 | |
| 임차료 | 900 | |
| | **₺28,700** | **₺28,700** |

**DO IT! 1 귀속 시기**

왼쪽의 개념과 오른쪽의 설명을 바르게 연결하라.

1. 발생주의
2. 달력연도
3. 회계기간의 공준
4. 비용 인식의 원칙

a. 월별, 분기별 회계기간
b. 수익을 가득하기 위해 자산을 사용하고 부채를 발생시킨 시점에 노력(비용)을 인식해야 한다.
c. 기업의 존속 기간을 인위적인 회계기간의 단위로 구분한다.
d. 수익과 비용은 현금 유출입 기준에 따른다.
e. 1월 1일부터 12월 31일까지의 기간
f. 거래를 발생 시점에 인식한다.

**해답** 1. f 2. e 3. c 4. b

## 이연 처리를 위한 수정 분개 _Adjusting Entries for Deferrals

**학습목표**
이연 처리를 위해 수정 분개를 한다.

이연은 연기 또는 뒤로 미루는 것을 뜻한다. 즉 현금을 이미 받았거나 지불했지만 수익과 비용이 나중에 일어나는 경우이다. 이연은 선급비용과 선수수익으로 나눌 수 있다. 선수수익은 속성상 '미실현 수익'이라고도 하지만 매출의 경우에는 선수수익이라는 표현을 주로 사용한다.

### 선급비용 _Prepaid Expenses

현금을 지불했으나 그 대가의 효익을 아직 받지 못하고 차후 회계연도에 받을 수 있을 때 그 부분을 **선급비용**(prepaid expenses, prepayments)이라는 자산으로 이연 처리하고 비용을 감소시킨다. 이러한 계정에는 보험료, 소모품비, 광고비, 임차료 등이 있다. 건물이나 설비, 기계 장치를 구입할 때도 계약금을 지불하곤 하는데, 이 경우는 속성상 비용이 아니므로 구분하여 선급금이라는 계정으로 계상했다가 실제적인 소유가 이전될 때 건물이나 기계 장치로 대체한다.

선급비용은 시간이 흐름에 따라 소멸되는 비용으로, 아직은 시간이 지나지 않아 일단 자산으로 처리되는 일종의 대기성 비용이다. 그러므로 대개는 매일 회계 처리를 하기보다는 결산기에 한꺼번에 해당 비용을 처리하는 것이 편리하고 효율적이다. 현금을 지출했을 때 선급비용으로 처리한 후 수정 분개를 하지 않으면 자산이 과대계상되고 비용이 과소계상된다. 그림 3.4에서 보듯이 자산을 감소시키고 비용의 증가를 인식해야 한다.

선급비용의 예로 소모품과 선급보험료를 살펴보자.

**그림 3.4** 선급비용의 수정 분개

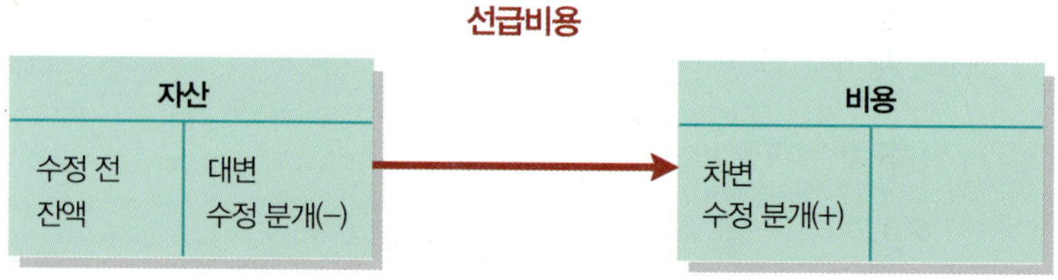


**소모품**

10월 5일

소모품 구입, 자산 기입

10월 31일

소모품 사용, 소모품비 기입

## 소모품 _Supplies

문구류와 종이, 봉투 등의 소모품을 자산으로 처리한 경우, 매일 사용한 것을 확인하여 비용으로 회계 처리하면 번거롭고 비효율적이다. 따라서 결산일에 실사로 잔량을 확인하여 없어진 부분만큼 한꺼번에 비용으로 처리하는 것이 좋다. 그림 3.5에서 보듯이 수정 분개 전 시산표상의 금액과 수정 분개 후 시산표상의 차이가 바로 회계기간 동안 사용한 소모품의 양으로서 비용이 된다.

Yazici의 경우 10월 5일 소모품을 ₺2,500어치 구입하여 자산으로 처리했다가 10월 31일 소모품 중 ₺1,000어치가 남아 있음을 확인하고 ₺1,000를 자산으로 이연 처리하고 ₺1,500를 비용으로 처리한다.

**그림 3.5** 소모품의 수정 분개

**거래 분석**: 비용으로 소모품비 ₺1,500 증가, 자산인 소모품 ₺1,500 감소

**회계 항등식에 대입**

| | 자산 | = | 부채 | + | 자본 |
|---|---|---|---|---|---|
| (1) | 소모품 | = | | | 소모품비 |
| | −₺1,500 | | | | −₺1,500 |

**차대변으로 구분**

비용 증가는 차변: 소모품비 계정의 차변 ₺1,500
자산 감소는 대변: 소모품 계정의 대변 ₺1,500

**분개**

| | | | | |
|---|---|---|---|---|
| 10월 31일 | 소모품비<br>　소모품<br>　　(소모품 사용) | 631<br>126 | 1,500 | <br>1,500 |

**포스팅**

| 소모품 | | | 126 |
|---|---|---|---|
| 10월 5일 | 2,500 | 10월 31일 | 수정 1,500 |
| 10월 31일 잔액 | 1,000 | | |

| 소모품비 | | | 631 |
|---|---|---|---|
| 10월 31일 | 수정 1,500 | | |
| 10월 31일 | 금액 1,500 | | |

수정 분개 후 Yazici의 소모품 자산 계정은 ₺1,000, 소모품비는 ₺1,500이다. 만약 수정 분개를 하지 않았다면 자산은 ₺1,500만큼 과대계상되고 비용은 ₺1,500만큼 과소계상되어 순이익이 ₺1,500만큼 과대계상된다.

**보험료**

10월 4일

보험에 가입:
자산 기입

| 보험 상품 | | | |
|---|---|---|---|
| 10월 ₺50 | 11월 ₺50 | 12월 ₺50 | 1월 ₺50 |
| 2월 ₺50 | 3월 ₺50 | 4월 ₺50 | 5월 ₺50 |
| 6월 ₺50 | 7월 ₺50 | 8월 ₺50 | 9월 ₺50 |
| 1년 보험료 ₺600 | | | |

10월 31일
보험 기한 종료, 보험료 기입

## 보험료 _Insurance

회사는 화재, 도난 등 예측할 수 없는 사건을 대비하여 보험에 가입한다. 보험료는 1년 치를 한꺼번에 선급으로 지급하므로 지급 시 선급비용으로 자산 처리한다. 그러나 결산일에는 시간의 흐름만큼 보험료를 계산하여 선급보험료에서 보험료 계정으로 금액을 이체해야 한다.

Yazici는 10월 4일에 ₺600를 1년 치 보험료로 지급하고 선급보험료로 이연하여 자산 처리했

다. 보험은 10월 1일부터 개시되므로 결산일인 10월 31일에는 한 달이 경과하여 11개월만큼은 선급비용이고 한 달은 보험료로 처리되어야 한다. 그러므로 선급비용 자산에서 1개월 치 보험료를 비용으로 돌리는 수정 분개가 필요하다. 만약 수정 분개를 하지 않으면 Yazici의 재무제표는 비용을 ₺50만큼 과소계상하여 순이익을 ₺50만큼 과대계상하고 자산과 자본을 ₺50만큼 과대계상하는 결과가 된다(그림 3.6 참조).

**그림 3.6** 보험료의 수정 분개

**거래 분석**: 비용인 보험료 ₺50 증가, 자산인 선급보험료 ₺50 감소

**회계 항등식에 대입**:

(2)

| 자산 | = | 부채 | + | 자본 |
|---|---|---|---|---|
| 선급보험료 | = | | | 보험료 |
| −₺50 | | | | −₺50 |

**차대변으로 구분**:
비용 증가는 차변: 보험료 계정의 차변 ₺50
자산 감소는 대변: 선급보험료 계정의 대변 ₺50

**분개**:

| | | | | |
|---|---|---|---|---|
| 10월 31일 | 보험료<br>선급보험료<br>(경과 보험료 인식) | 722<br>130 | 50 | <br>50 |

**포스팅**:

| 선급보험료 | | | 130 |
|---|---|---|---|
| 10월 4일 | 600 | 10월 31일 | 수정 **50** |
| 10월 31일 | 잔액 550 | | |

| 보험료 | | 722 |
|---|---|---|
| 10월 31일 | 수정 **50** | |
| 10월 31일 | 금액 50 | |

## 감가상각 _Depreciation

회사의 자산 가운데 건물, 기계 장치, 자동차 등은 사용 기간이 길다. 이러한 유형자산의 사용 기간을 **내용연수**(useful life)라고 한다. 유형자산은 여러 회계기간에 걸쳐 수익 창출에 기여하므로 이러한 자산의 취득원가(역사적 원가법의 회계 처리)는 회계기간별로 안분해야 한다. 안분하지 않고 취득 시 취득원가 전액을 비용 처리하면 기간별로 보았을 때 매우 불합리한데, 이는 기간별 손익을 크게 왜곡하는 것이다. 이와 같이 원가를 기간별로 안분하는 과정을 **감가상각**(depreciation)이라고 한다.

**감가상각**

10월 1일

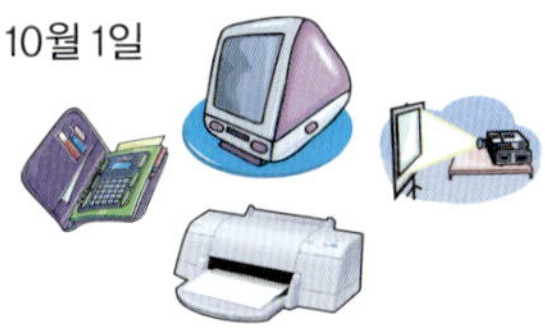

설비 구입, 자산 기입

| 설비 | | | |
|---|---|---|---|
| 10월 ₺40 | 11월 ₺40 | 12월 ₺40 | 1월 ₺40 |
| 2월 ₺40 | 3월 ₺40 | 4월 ₺40 | 5월 ₺40 |
| 6월 ₺40 | 7월 ₺40 | 8월 ₺40 | 9월 ₺40 |
| **1년 감가상각비 ₺480** | | | |

10월 31일
감가상각비 인식, 감가상각비 계상

**수정이 필요한 이유** 설비와 같은 비유동자산의 구입은 역사적 원가주의의 관점에서 보면 본질적으로 자산의 사용에 대한 장기 선급비용으로 볼 수 있다. 따라서 회계기간별로 사용한 만큼 장기 선급비용을 비용으로 적절히 안분해야 한다. 이때 사용되었다고 보아 안분된 금액은 비용이고 미사용된 금액은 자산이다. 그러므로 감가상각은 금액의 기간별 안분으로서 원가 배부(allocation)의 개념이다. 감가상각을 자산 평가(valuation)의 개념으로 접근하면 절대 안 된다.[1]

Yazici Advertising A.Ş.는 1년의 감가상각액을 ₺480, 즉 한 달에 ₺40로 계상했다. 그런데 감가상각의 경우는 감가상각비라는 비용을 인식하되 보험료의 선급비용처럼 이를 자산에서 직접 차감하지 않는다. 대신 대변의 계정 항목으로 '감가상각누계액(accumulated depreciation)'을 만들어 유형자산의 감소 금액을 모아둔 다음 유형자산에서 차감하여 재무제표에 표시하는데, 이

1 역자 주: 감가상각은 기간별 취득원가의 체계적 안분을 통한 비용화의 과정으로서 원가주의에 근원하므로 미상각된 자산의 공정가치를 나타내는 개념이 아니다.

를 **자산의 차감적 평가 계정**(contra asset account)이라고 한다. 이렇게 하는 이유는 단순하다. 취득원가와 감가상각누계액을 동시에 알아볼 수 있어 편리하기 때문이다. 또한 감가상각은 눈에 보이지 않을뿐더러 다른 선급비용에 비해 내용연수가 장기(수년 내지 수십 년)이므로 자칫 회계적 인식을 망각하기 쉬운데 누락하지 않도록 유의해야 한다.

**그림 3.7** 감가상각의 수정 분개

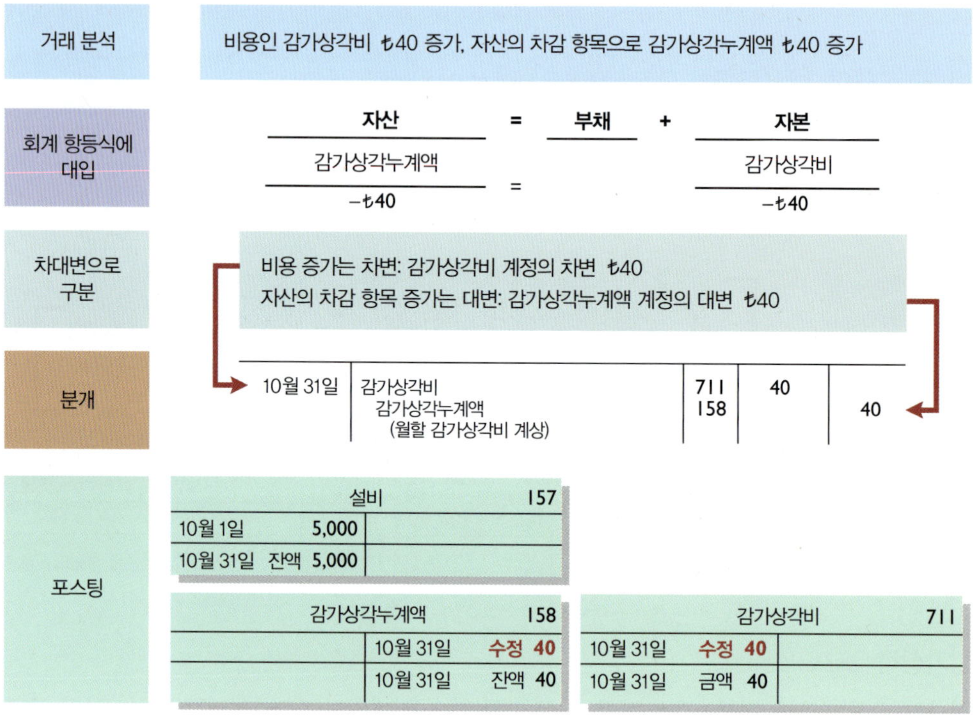


HINT
자산 차감 항목의 증감은 연관 자산의 반대로 표시된다.

감가상각누계액은 ₺40이고 매달 ₺40씩 늘어난다. 감가상각누계액은 자산의 차감 항목으로 별도 표시되므로 재무상태표상 설비는 ₺5,000 취득원가 그대로 나타난다.

**재무상태표 표시** 감가상각누계액은 대변 계정이지만 재무상태표에서는 설비 자산을 차감하는 형식으로 나타낸다. 물론 자산에서 직접 차감하는 방법도 있을 수 있지만, 차감 계정을 사용하면 유형자산의 취득원가와 상각액(비용)의 누계액을 한눈에 볼 수 있다는 것이 장점이다. 그림 3.8은 Yazici의 재무상태표에 설비 자산을 표시하는 방법을 보여준다.[2]

**그림 3.8** 재무상태표의 감가상각누계액 표시

| | |
|---|---|
| 설비 | ₺5,000 |
| 차감: 감가상각누계액 | 40 |
| | **₺4,960** |

**장부가치**(book value, carrying value)는 유형자산의 취득원가에서 감가상각누계액을 차감한 금액이다. Yazici의 경우 그림 3.8에서 보듯이 ₺4,960가 장부가치이다. 앞에서도 말했듯이 감가상

2 역자 주: 문제 풀이에서는 재무상태표의 경우 자산의 차감 항목으로 차변에 음수(마이너스)로 표시되고, 시산표의 경우 대변에 양수(플러스)로 표시된다는 것에 유의하라.

각은 평가와 관련이 없다. 취득원가 중 사용된 부분을 비용화하는 원가의 안분 과정일 뿐이다. 만약 Yazici가 감가상각을 하지 않는다면 ₺40만큼 자산과 자본이 과대표시되고 감가상각비만큼 비용이 과소계상되어 순이익이 과대표시된다.

선급비용에 대해 지금까지 설명한 것을 그림 3.9에 요약·정리했다.

**선급비용의 회계 처리**

| 예 | 수정 분개의 필요성 | 수정 전 계정 | 수정 분개 |
|---|---|---|---|
| 보험료, 소모품비, 광고비, 임차료, 감가상각비 | 선급비용은 자산으로 계상되었다가 사용 여부에 따라 비용으로 인식된다. | 자산 과대계상, 비용 과소계상 | 차변 비용<br>대변 자산<br>또는<br>자산 차감 항목 |

**그림 3.9** 선급비용의 회계 처리

## 선수수익 _Unearned Revenues

회사가 현금을 먼저 수령했지만 재화와 서비스는 나중에 공급할 의무를 부담하는 경우가 있다. 예를 들어 캐세이퍼시픽항공과 가루다인도네시아항공(Garuda Indonesia, 인도네시아)은 비행기표를 팔고 현금을 받지만 이를 당장 매출로 계상할 수 없다. 고객이 비행기를 타야만 매출이 되기 때문이다. 그 전까지는 태워줄 의무를 지는 것이니 받은 현금을 **선수수익**(unearned revenue)으로, 즉 부채로 이연 처리하는 것이 타당하다.

선수수익은 선급비용과 반대되는 개념이다. 그래서 현금을 준 쪽은 선급비용으로, 현금을 받은 쪽은 선수수익으로 계상한다. 선수수익은 의무를 이행했을 때 수익으로 처리된다. 그러나 그때마다 선수수익에서 수익으로 회계 처리를 하는 것은 번거로운 일이라 보통은 결산일에 한꺼번에 모아서 한다. 만약 결산일에 수정 분개를 통해 선수수익에서 수익으로 회계 대체를 하는 것을 잊어버리면 부채가 과대계상되고 수익과 이익이 과소계상되어 결과적으로 자본이 과소계상된다(그림 3.10 참조).

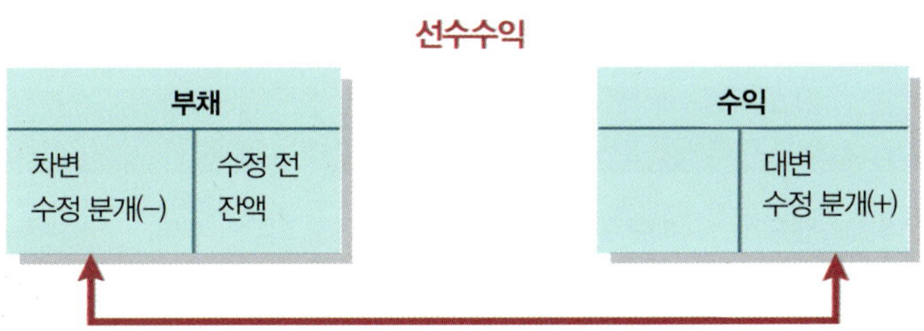


**그림 3.10** 선수수익의 수정 분개

Yazici는 10월 2일 Knox로부터 현금 ₺1,200를 선금으로 받고 광고 서비스를 해주기로 계약했는데, ₺1,200를 부채인 선수수익으로 처리했다가 10월 31일 결산기 말 ₺1,200 중 ₺400만큼 광고 서비스를 해주었으므로 이를 매출로 인식하는 수정 분개를 해야 한다. 깔끔하게 하려면 의무를 이행할 때마다 선수수익에서 매출수익으로 계정을 대체하는 것이 맞지만 번거롭기 때문에 Yazici는 결산기 말에 한꺼번에 수정 분개를 통해 하기로 했다. 그림 3.11에서 보듯이 수정 분개가 없다면 Yazici의 수익과 이익은 ₺400만큼 과소계상되어 자본이 동액만큼 과소계상되고 부채가 동액만큼 과대계상된다.

**그림 3.11** 용역 매출의 수정 분개

**거래 분석**

선수수익 ₺400 감소, 수익인 용역 매출 ₺400 증가

**회계 항등식에 대입**

| 자산 | = | 부채 | + | 자본 |
|---|---|---|---|---|
| | | 선수수익 | | 용역 매출 |
| | | −₺400 | | +₺400 |

**차대변으로 구분**

부채 감소는 차변: 선수수익 계정의 차변 ₺400
수익 증가는 대변: 용역 매출의 대변 ₺400

**분개**

| | | | | |
|---|---|---|---|---|
| 10월 31일 | 선수수익<br>용역 매출<br>(용역을 이행하여 매출 계상) | 209<br>400 | 400 | <br>400 |

**포스팅**

| 선수수익 | | | 209 |
|---|---|---|---|
| 10월 31일 수정 | **400** | 10월 2일 | 1,200 |
| | | 10월 31일 잔액 | 800 |

| 용역 매출 | | | 400 |
|---|---|---|---|
| | | 10월 31일 | 10,000 |
| | | 31일 수정 | **400** |
| | | 10월 31일 금액 | 10,400 |

지금까지 설명한 선수수익의 회계 처리를 그림 3.12에 요약·정리했다.

**그림 3.12** 선수수익의 회계 처리

**선수수익의 회계**

| 예 | 수정 분개의 필요성 | 수정 전 계정 | 수정 분개 |
|---|---|---|---|
| 선수 임차료,<br>선수 구독료,<br>용역 선금 | 부채인 선수수익은 의무 이행으로 인해 수익인 용역 매출로 인식되어야 한다. | 부채 과대계상,<br>수익 과소계상 | 차변 부채<br>대변 수익 |

## 조직의 회계 | 상품권을 어떻게 처리할까?

상품권 발급은 현대 마케팅의 중요한 기법이기는 하지만 마크스앤드스펜서(Marks & Spencer plc, 영국)와 같은 거대 백화점이 상품권을 발급하고 받은 현금을 전액 매출(수익)로 처리했다면 무언가 개운치 않다. 가령 로버트 존스가 2019년 12월 24일 까르푸(Carrefour, 프랑스)에서 €100의 상품권을 구입하여 다음 날인 12월 25일 부인에게 선물하고, 부인이 2020년 1월 3일 그 상품권으로 CD를 구입했다면 까르푸는 매출을 언제 인식해야 할까? 지금까지 배운 내용을 바탕으로 판단해보면 상품권은 나중에 사용되어 백화점의 물품이 제공될 텐데, 그때 매출로 인식되고 지금은 제공할 의무만 부담하므로 상품권 발행 시 부채로 처리하는 것이 타당해 보인다. 그렇다면 유효 기간이 정해진 상품권은 어떻게 회계 처리를 해야 하는지 생각해보자.

**까르푸는 언제 매출을 인식해야 하는가? 그 이유는 무엇인가?**

REUTERS/Toby Melville/NewsCom

**DO IT! 2 이연 처리의 수정 분개**

2020년 3월 31일, Hammond Deliveries는 수정 분개를 하기 전에 다음과 같은 계정이 있다.

| | 차변 | 대변 |
|---|---|---|
| 선급보험료 | € 3,600 | |
| 소모품 | 2,800 | |
| 설비 | 25,000 | |
| 감가상각누계액 | | €5,000 |
| 선수수익 | | 9,200 |

계정별 거래 내역은 다음과 같다.

1. 보험료는 한 달에 €100씩 소요된다.
2. 결산일에 남은 소모품은 €800이다.
3. 설비는 월 €200씩 감가상각된다.
4. 3월 중 €4,000에 해당하는 선수수익이 매출로 이행되었다.

3월의 수정 분개를 하라.

**해답**

| | 차변 | 대변 |
|---|---|---|
| 1. 보험료 | 100 | |
| 선급보험료 | | 100 |
| (경과된 보험료 인식) | | |
| 2. 소모품비(€2,800 − €800) | 2,000 | |
| 소모품 | | 2,000 |
| (사용된 소모품을 비용으로 인식) | | |
| 3. 감가상각비 | 200 | |
| 감가상각누계액 | | 200 |
| (감가상각비 계상) | | |
| 4. 선수수익 | 4,000 | |
| 용역 매출 | | 4,000 |
| (선수수익에서 매출로 대체) | | |

## 발생했으나 미인식된 손익 처리를 위한 수정 분개

_Adjusting Entries for Accruals

**학습목표**

발생한 수익과 비용을 인식하기 위해 수정 분개를 한다.

거래 분석 → 분개 → 포스팅 → 시산표 → **수정 분개와 포스팅: 이연 처리와 발생 인식** → 수정 후 시산표 → 재무제표 → 결산 분개 → 결산 후 시산표

수정 분개의 두 번째 유형은 미기록된 수익과 발생된 비용을 찾아 인식하는 것이다. 즉 미인식된 수익과 비용을 수정 분개를 통해 반영하는데, 이연 처리와 마찬가지로 재무상태표와 손익계산서의 항목이 차대변을 하나씩 차지한다.

**미수수익**

매출채권과 매출수익은
청구서를 보내지 않아도 현금을
받을 권리가 있으니 인식한다.

11월 10일

현금이 회수되어
매출채권이 소멸된다.

## 미수수익 인식 _Accrued Revenues

시간의 흐름에 따라 인식되는 수입이자처럼 수익 중 미처 회계장부에 기록되지 않은 것도 있다. 수입이자의 경우 매일 인식하여 회계 처리를 하면 좋겠지만 번거로워 결산기에 한꺼번에 한다. 또한 매출을 했으나 미처 청구서를 작성하지 못했을 때 매출로 인식하지 못하고 지나가는 경우도 있다. 이러한 유형을 **미수수익**(accrued revenue)이라고 하는데, 모두 찾아내어 인식하는 수정 분개가 필요하다. 미수수익을 인식하면 그림 3.13과 같이 자산과 수익이 증가한다.

**그림 3.13** 미수수익 인식을 위한 수정 분개

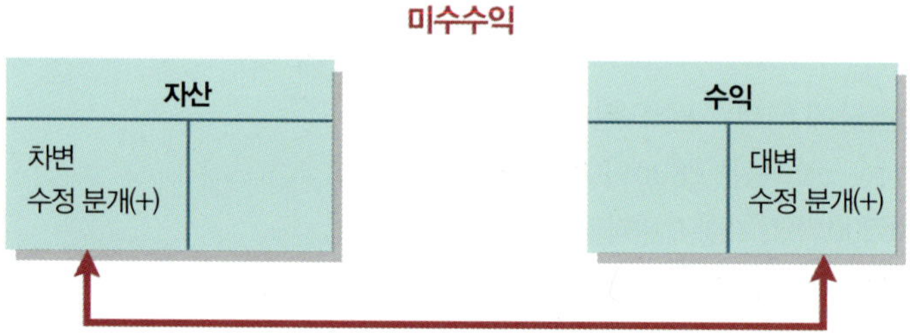


Yazici는 10월에 ₺200만큼 서비스를 제공하고 10월 31일까지 청구서를 보내지 않아 매출 기록을 놓쳤는데, 그림 3.14와 같이 매출채권과 매출수익을 인식하는 수정 분개를 해야 한다.

**그림 3.14** 미수수익의 수정 분개

**거래 분석**

자산인 매출채권 ₺200 증가, 수익인 용역 매출 ₺200 증가

**회계 항등식에 대입**

| 자산 | = | 부채 | + | 자본 |
|---|---|---|---|---|
| 매출채권 | | | | 용역 매출 |
| +₺200 | | | | +₺200 |

**차대변으로 구분**

자산 증가는 차변: 매출채권 계정의 차변 ₺200
수익 증가는 대변: 용역 매출 계정의 대변 ₺200

**분개**

| | | | | |
|---|---|---|---|---|
| 10월 31일 | 매출채권 | 112 | 200 | |
| | 용역 매출 | 400 | | 200 |
| | (미수수익인 용역 매출 인식) | | | |

**포스팅**

| 매출채권 | | 112 |
|---|---|---|
| 10월 31일 수정 200 | | |
| 10월 31일 잔액 200 | | |

| 용역 매출 | | 400 |
|---|---|---|
| | 10월 31일 | 10,000 |
| | 31일 | 400 |
| | 31일 수정 | 200 |
| | 10월 31일 금액 | 10,600 |

Yazici 재무상태표의 매출채권 ₺200는 10월 31일 자로 고객이 회사에 갚아야 할 돈, 즉 회사가 고객에게 현금을 요구하여 받을 권리인 청구권을 의미하며, 손익계산서의 매출 ₺10,600는 10월 한 달간 Yazici가 고객에게 제공한 서비스의 총계(₺10,000 + ₺400 + ₺200)이다. 만약

수정 분개가 없다면 재무상태표의 자산과 손익계산서의 매출이 과소표시될 것이다.

11월 10일, Yazici가 고객으로부터 매출채권 ₺200를 현금으로 회수하면 다음과 같은 분개가 일어난다.

| | | | |
|---|---|---|---|
| 11월 10일 | 현금 | 200 | |
| | 매출채권 | | 200 |
| | (외상판매 대금 회수) | | |

회계 항등식으로 표시해보면 분개가 자산, 부채, 자본뿐만 아니라 자산 중 현금에 미치는 영향을 알 수 있다.

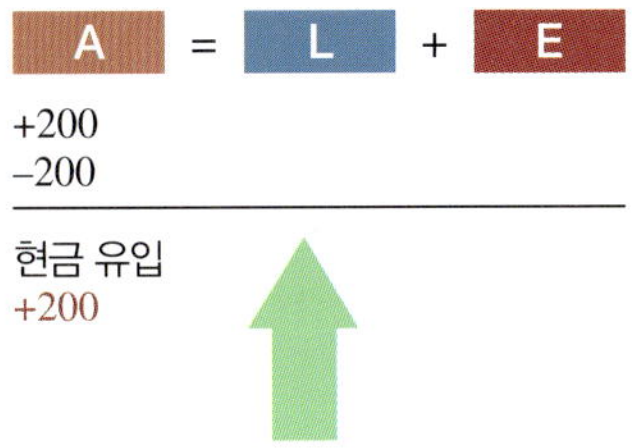


발생 수익의 인식과 관련된 내용을 그림 3.15에 요약·정리했다.

**미수수익 인식을 위한 수정 분개**

| 예 | 수정 분개의 필요성 | 수정 전 계정 | 수정 분개 |
|---|---|---|---|
| 수입이자, 임대료, 용역 매출 | 용역을 제공했으나 아직 현금을 수령하지 않았거나 청구서를 보내지 않고 미기록된 경우 | 자산과 수익 모두 과소계상 | 차변 자산<br>대변 수익 |

**그림 3.15** 미수수익 인식을 위한 수정 분개

ETHICS NOTE

미국의 국영 금융공사인 패니메이(Fannie Mae)의 이사회는 공사에 담보를 제공하고 돈을 차입해 간 기업이 이자비용을 이자율 변동에 따라 정확히 인식하지 않는 경우가 많다고 밝혔다. 이는 국영공사에 제시한 예상 목표이익을 회계상 숫자로라도 맞춰서 달성한 것처럼 보이려는 얄팍하고 허망한 욕심에서 비롯된 것이다.

## 미지급비용 인식 _Accrued Expenses

서비스를 공급받아 비용이 발생했으나 대개 청구서가 오지 않는 이유로 대금을 지급하지 않고 회계 기록도 하지 않은 경우가 있다. 따라서 그림 3.16과 같은 미지급비용을 인식하는 수정 분개가 필요하다. 수정 분개로 인해 비용과 부채가 증가하면서 인식되는 비용을 **미지급비용**(accrued expense)[3]이라고 한다. 수정 분개를 하지 않으면 당연히 비용과 부채가 과소계상된다.

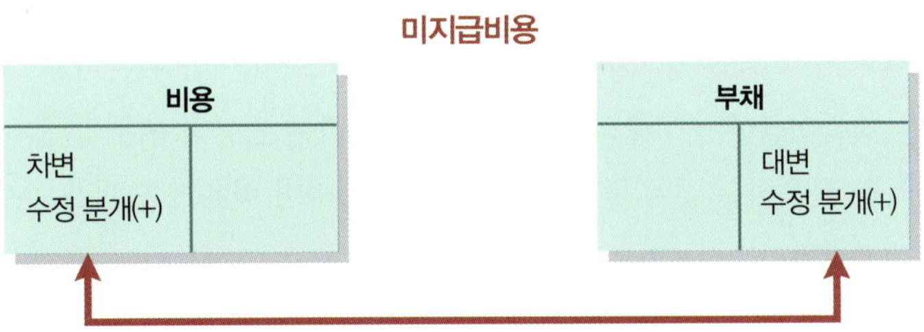


**그림 3.16** 미지급비용의 수정 분개

### 미지급 이자비용 _Accrued Interest

10월 1일, Yazici는 3개월 만기, 연 이자율 12%인 액면가 ₺5,000의 지급어음을 발행했다. 이자비용은 지급어음의 액면가, 연 이자율, 지급어음 기간을 가지고 계산한다. 따라서 Yazici의 석 달간 이자는 ₺150(₺5,000 $\times$ 12% $\times \frac{3}{12}$)이고 한 달 이자는 ₺50이다. 10월 한 달의 이자 계산은 그림 3.17을 참조하라.

3 역자 주: 우리나라에서는 거래 상대방으로부터 청구서를 받으면 미지급금(지급채무)으로 하고, 청구서가 오지는 않았으나 발생주의에 따라 결산기 말에 인식하는 부채를 미지급비용으로 구분하는 경우가 많지만, 이 책에서는 구분하지 않았다.

**그림 3.17** 이자 계산 공식

| 액면가 | × | 연 이자율 | × | 기간 | = | 이자 |
|---|---|---|---|---|---|---|
| ₺5,000 | × | 12% | × | $\frac{1}{12}$ | = | ₺50 |

그림 3.18의 수정 분개로 인해 10월 31일 자 미지급 이자비용이라는 부채가 생기고 이자비용이 인식된다.

**그림 3.18** 미지급 이자비용의 수정 분개

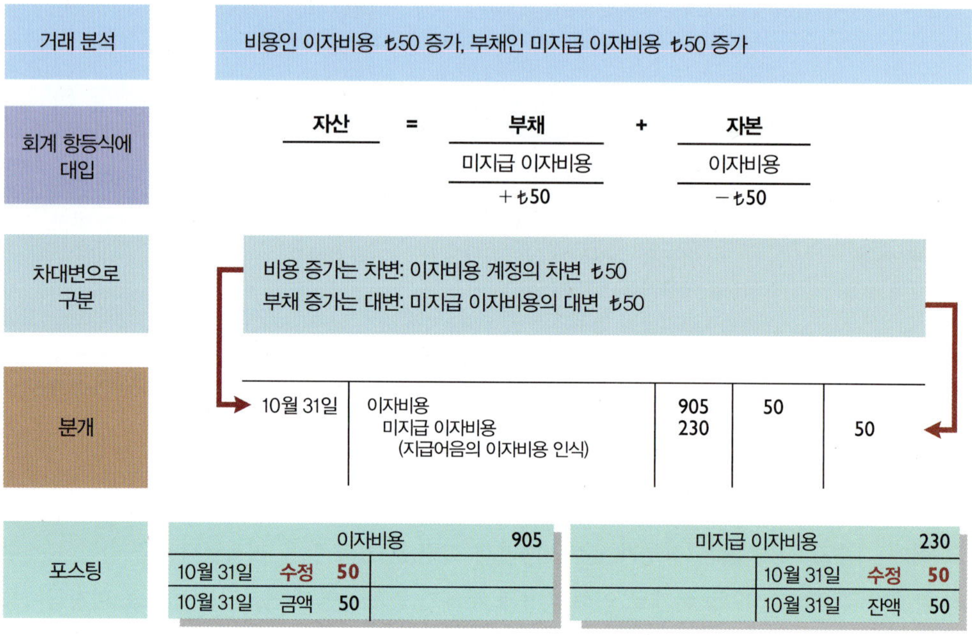


미지급 이자비용은 회사가 부담하는 발생 이자로서 추후에 갚아야 한다. 만기 이전이라 지급할 의무는 없으나 비용 부담은 당 회계기간에 속해야 하므로 미지급 이자비용으로 인식한다. 미지급 이자비용은 지급어음에서 도출되지만 원금과 이자라는 법률적 의무의 성격을 구분하여 서로 다른 계정과목을 사용하는 것이 좋다. 한편 분개가 없다면 비용과 부채가 과소계상되고 순이익과 자본이 과대계상된다.

### 미지급 급여 _Accrued Salaries and Wages

미국의 기업은 대체로 급여를 한 달에 두 번, 2주 간격으로 지급한다. Yazici는 10월 26일에 급여를 지급한 후 다음 급여를 11월 9일에 지급할 예정이다. 그렇다면 결산기인 10월 31일까지의 급여를 비용으로 인식해야 한다. 즉 현금 지급 시기만 도래하지 않았을 뿐 직원에게 근로 서비스를 받은 이상 지급 의무를 부담해야 한다. Yazici는 10월 31일 결산일에 그림 3.19와 같이 3일간(10월 29~31일)의 급여를 인식하는 것이 옳다.

**그림 3.19** Yazici의 급여 달력

10월 26일 이후 27일과 28일은 공휴일이다. 그래서 Yazici는 29~31일의 급여를 미지급으로 인식하되 하루 인건비 발생액 ₺400에 3일을 곱하여 ₺1,200를 산출했다. 하루 인건비 발생액 ₺400는 5일을 근무하고 ₺2,000를 받기 때문에 산정된 수치이다. 동 수정 분개로 비용이 증가하여 이익과 자본이 감소하고 부채가 증가한다. 자세한 내용은 그림 3.20을 참조하라.

**그림 3.20** 미지급 급여의 수정 분개

**거래 분석**: 비용인 급여 ₺1,200 증가, 부채인 미지급 급여 ₺1,200 증가

**회계 항등식에 대입**

| 자산 | = | 부채 | + | 자본 |
|---|---|---|---|---|
| | | 미지급 급여 | | 급여 |
| | | + ₺1,200 | | − ₺1,200 |

**차대변으로 구분**

비용 증가는 차변: 급여 계정의 차변 ₺1,200
부채 증가는 대변: 미지급 급여 계정의 대변 ₺1,200

**분개**

| | | | | |
|---|---|---|---|---|
| 10월 31일 | 급여<br>미지급 급여<br>(미지급 급여 인식) | 726<br>212 | 1,200 | <br>1,200 |

**포스팅**

| 급여 | | 726 |
|---|---|---|
| 10월 26일 | 4,000 | |
| 31일 수정 | 1,200 | |
| 10월 31일 금액 | 5,200 | |

| 미지급 급여 | | 212 |
|---|---|---|
| | 10월 31일 수정 | 1,200 |
| | 10월 31일 잔액 | 1,200 |

이러한 수정 분개로 인해 급여는 창업 후 13일간의 인건비인 ₺5,200(13일 × ₺400)이고 실제 지급액은 ₺4,000, 미지급액은 ₺1,200이다. ₺1,200의 수정 분개가 없다면 Yazici의 급여와 부채는 ₺1,200만큼 과소계상된다. 그러다가 11월 9일 Yazici가 급여 ₺4,000를 지급하면 분개는 다음과 같다. 지급액 ₺4,000는 10월의 3일간 미지급액 ₺1,200와 11월 9일까지 공휴일을 제외한 7일간의 급여 ₺2,800로 구성된다.

**공동체적 사고력 키우기 | 폐기물?**

미국에서는 하루에 약 163,000대의 컴퓨터와 TV가 버려지고 그중 11%가 재활용된다. 통계적으로 보면 지금까지 팔려나간 컴퓨터의 75%는 사용되지 않고 창고에 처박혀 있다. 문제는 컴퓨터와 TV에 납, 카드뮴, 수은 등의 중금속이 들어 있다는 것이다. 사용자라면 누구나 제대로 처리할 책임이 있듯이 기업도 예외가 아니다. 기업이 방만하게 버리는 폐자재에는 납과 석면이 가득하다.

**이는 기업에 어떤 회계적 이슈를 야기할 수 있는가?**

© Nathan Gleave/iStockphoto

| A | = | L | + | E |
|---|---|---|---|---|
| | | −1,200 | | |
| | | | | −2,800 |
| −4,000 | | | | |

현금 유출
−4,000

| 11월 9일 | 미지급 급여 | 1,200 | |
|---|---|---|---|
| | 급여 | 2,800 | |
| | 현금 | | 4,000 |
| | (급여 지급) | | |

이 분개를 통해 Yazici가 10월 말에 인식한 미지급 급여가 사라지는데, 회계의 이러한 과정을 통해 정확한 월별 급여가 산정된다. 지금까지 설명한 미지급비용의 내용을 그림 3.21에 요약·정리했다.

**그림 3.21** 미지급비용의 수정 분개

**미지급비용의 수정 분개**

| 예 | 수정 분개의 필요성 | 수정 전 계정 | 수정 분개 |
|---|---|---|---|
| 이자비용, 임차료, 급여 | 비용이 발생했으나 아직 현금을 지불하지 않거나 기록을 하지 않은 경우 | 비용과 부채 과소계상 | 차변 비용<br>대변 부채 |

## 수정 분개 요약·정리 _Summary of Basic Relationships

지금까지 공부한 내용을 그림 3.22에 요약·정리했다. 수정 분개는 재무상태표와 손익계산서의 각 계정과목에 영향을 주지만 현금흐름과는 무관하다는 사실을 유념하라. 수정 분개는 말 그대로 비용과 수익을 현금주의가 아닌 발생주의에 따라 추가로 수정하는 절차이기 때문이다.

**그림 3.22** 수정 분개 요약

| 수정 분개의 유형 | 수정 분개 전 계정 | 수정 분개 |
|---|---|---|
| 선급비용 | 자산 과대계상<br>비용 과소계상 | 차변 비용<br>대변 자산 또는 자산 차감 항목 |
| 선수수익 | 부채 과대계상<br>수익 과소계상 | 차변 부채<br>대변 수익 |
| 미수수익 | 자산 과소계상<br>수익 과소계상 | 차변 자산<br>대변 수익 |
| 미지급비용 | 비용 과소계상<br>부채 과소계상 | 차변 비용<br>대변 부채 |

그림 3.23과 3.24는 Yazici의 수정 분개를 넣어 분개장과 총계정원장을 재작성한 것이다. 수정 분개는 예시와 같이 분개장에 J2라는 다음의 별도 페이지를 만들어 사용해도 좋고 J1 페이지 다음에 '수정 분개'라는 제목을 붙이고 작성해도 된다. 총계정원장의 계정상 수정 분개는 모두 J2로 표시되어 있는데, 이는 분개장의 J2 페이지에서 옮겨 왔다는 의미이다. 수정 분개를 할 때는 '수정 분개'라는 제목하에 작성하면 일반 분개와 구분이 되어 좋다. 그림 3.24에서는 수정 분개를 붉은색으로 표시했다.

**그림 3.23** 수정 분개를 한 분개장

**분개장** J2

| 일자 | 계정과목과 거래 내역 | Ref. | 차변 | 대변 |
|---|---|---|---|---|
| | 수정 분개 | | | |
| 2020년 10월 31일 | 소모품비 | 631 | 1,500 | |
| | 소모품 | 126 | | 1,500 |
| | (사용한 소모품을 비용으로 인식) | | | |
| 31일 | 보험료 | 722 | 50 | |
| | 선급보험료 | 130 | | 50 |
| | (기간 경과에 따른 보험료 인식) | | | |
| 31일 | 감가상각비 | 711 | 40 | |
| | 감가상각누계액 | 158 | | 40 |
| | (감가상각 인식) | | | |
| 31일 | 선수수익 | 209 | 400 | |
| | 용역 매출 | 400 | | 400 |
| | (용역 매출 인식) | | | |
| 31일 | 매출채권 | 112 | 200 | |
| | 용역 매출 | 400 | | 200 |
| | (미수수익 인식) | | | |
| 31일 | 이자비용 | 905 | 50 | |
| | 미지급 이자비용 | 230 | | 50 |
| | (지급어음의 경과 이자 계상) | | | |
| 31일 | 급여 | 726 | 1,200 | |
| | 미지급 급여 | 212 | | 1,200 |
| | (미지급비용으로 급여 인식) | | | |

① 수정 분개는 현금의 차대변과 무관하다.
② 소모품이 사용되면 소모품비가 올라가듯이 수정 분개가 설득력이 있는지 검증한다.
③ 계산은 항상 두 번 검증한다.
④ 수정 분개는 한 변은 재무상태표, 한 변은 손익계산서에 영향을 미친다.

그림 3.24 수정 후 총계정원장

## 총계정원장

**현금 No. 101**

| 일자 | 거래 내역 | Ref. | 차변 | 대변 | 잔액 |
|---|---|---|---|---|---|
| 2020년 | | | | | |
| 10월 1일 | | J1 | 10,000 | | 10,000 |
| 2일 | | J1 | 1,200 | | 11,200 |
| 3일 | | J1 | | 900 | 10,300 |
| 4일 | | J1 | | 600 | 9,700 |
| 20일 | | J1 | | 500 | 9,200 |
| 26일 | | J1 | | 4,000 | 5,200 |
| 31일 | | J1 | 10,000 | | 15,200 |

**매출채권 No. 112**

| 일자 | 거래 내역 | Ref. | 차변 | 대변 | 잔액 |
|---|---|---|---|---|---|
| 2020년 | | | | | |
| **10월 31일** | 수정 분개 | **J2** | **200** | | **200** |

**소모품 No. 126**

| 일자 | 거래 내역 | Ref. | 차변 | 대변 | 잔액 |
|---|---|---|---|---|---|
| 2020년 | | | | | |
| 10월 5일 | | J1 | 2,500 | | 2,500 |
| **31일** | 수정 분개 | **J2** | | **1,500** | **1,000** |

**선급보험료 No. 130**

| 일자 | 거래 내역 | Ref. | 차변 | 대변 | 잔액 |
|---|---|---|---|---|---|
| 2020년 | | | | | |
| 10월 4일 | | J1 | 600 | | 600 |
| **31일** | 수정 분개 | **J2** | | **50** | **550** |

**설비 No. 157**

| 일자 | 거래 내역 | Ref. | 차변 | 대변 | 잔액 |
|---|---|---|---|---|---|
| 2020년 | | | | | |
| 10월 1일 | | J1 | 5,000 | | 5,000 |

**감가상각누계액 No. 158**

| 일자 | 거래 내역 | Ref. | 차변 | 대변 | 잔액 |
|---|---|---|---|---|---|
| 2020년 | | | | | |
| **10월 31일** | 수정 분개 | **J2** | | **40** | **40** |

**지급어음 No. 200**

| 일자 | 거래 내역 | Ref. | 차변 | 대변 | 잔액 |
|---|---|---|---|---|---|
| 2020년 | | | | | |
| 10월 1일 | | J1 | | 5,000 | 5,000 |

**미지급금 No. 201**

| 일자 | 거래 내역 | Ref. | 차변 | 대변 | 잔액 |
|---|---|---|---|---|---|
| 2020년 | | | | | |
| 10월 5일 | | J1 | | 2,500 | 2,500 |

**선수수익 No. 209**

| 일자 | 거래 내역 | Ref. | 차변 | 대변 | 잔액 |
|---|---|---|---|---|---|
| 2020년 | | | | | |
| 10월 2일 | | J1 | | 1,200 | 1,200 |
| **31일** | 수정 분개 | **J2** | **400** | | **800** |

**미지급 급여 No. 212**

| 일자 | 거래 내역 | Ref. | 차변 | 대변 | 잔액 |
|---|---|---|---|---|---|
| 2020년 | | | | | |
| **10월 31일** | 수정 분개 | **J2** | | **1,200** | **1,200** |

**미지급 이자비용 No. 230**

| 일자 | 거래 내역 | Ref. | 차변 | 대변 | 잔액 |
|---|---|---|---|---|---|
| 2020년 | | | | | |
| **10월 31일** | 수정 분개 | **J2** | | **50** | **50** |

**자본금 No. 311**

| 일자 | 거래 내역 | Ref. | 차변 | 대변 | 잔액 |
|---|---|---|---|---|---|
| 2020년 | | | | | |
| 10월 1일 | | J1 | | 10,000 | 10,000 |

**이익잉여금 No. 320**

| 일자 | 거래 내역 | Ref. | 차변 | 대변 | 잔액 |
|---|---|---|---|---|---|
| 2020년 | | | | | |

**배당금 No. 332**

| 일자 | 거래 내역 | Ref. | 차변 | 대변 | 잔액 |
|---|---|---|---|---|---|
| 2020년 | | | | | |
| 10월 20일 | | J1 | 500 | | 500 |

**용역 매출 No. 400**

| 일자 | 거래 내역 | Ref. | 차변 | 대변 | 잔액 |
|---|---|---|---|---|---|
| 2020년 | | | | | |
| 10월 31일 | | J1 | | 10,000 | 10,000 |
| **31일** | 수정 분개 | **J2** | | **400** | **10,400** |
| **31일** | 수정 분개 | **J2** | | **200** | **10,600** |

**소모품비 No. 631**

| 일자 | 거래 내역 | Ref. | 차변 | 대변 | 잔액 |
|---|---|---|---|---|---|
| 2020년 | | | | | |
| **10월 31일** | 수정 분개 | **J2** | **1,500** | | **1,500** |

**감가상각비 No. 711**

| 일자 | 거래 내역 | Ref. | 차변 | 대변 | 잔액 |
|---|---|---|---|---|---|
| 2020년 | | | | | |
| **10월 31일** | 수정 분개 | **J2** | **40** | | **40** |

**보험료 No. 722**

| 일자 | 거래 내역 | Ref. | 차변 | 대변 | 잔액 |
|---|---|---|---|---|---|
| 2020년 | | | | | |
| **10월 31일** | 수정 분개 | **J2** | **50** | | **50** |

**급여 No. 726**

| 일자 | 거래 내역 | Ref. | 차변 | 대변 | 잔액 |
|---|---|---|---|---|---|
| 2020년 | | | | | |
| 10월 26일 | | J1 | 4,000 | | 4,000 |
| **31일** | 수정 분개 | **J2** | **1,200** | | **5,200** |

**임차료 No. 729**

| 일자 | 거래 내역 | Ref. | 차변 | 대변 | 잔액 |
|---|---|---|---|---|---|
| 2020년 | | | | | |
| 10월 3일 | | J1 | 900 | | 900 |

**이자비용 No. 905**

| 일자 | 거래 내역 | Ref. | 차변 | 대변 | 잔액 |
|---|---|---|---|---|---|
| 2020년 | | | | | |
| **10월 31일** | 수정 분개 | **J2** | **50** | | **50** |

## DO IT! 3 발생 인식의 수정 분개

2021년 8월 1일에 개업한 Mahindra Computer Services는 8월 말 월별 재무제표를 만들기로 했다. 다음은 8월의 거래이다(단위: 1,000).

1. 8월 31일, 회사는 8월 말 직원들에게 ₺800의 미지급 급여가 있다. 동 급여는 다음 날인 9월 1일에 지급할 예정이다.
2. 8월 1일, 회사는 은행으로부터 ₺30,000를 차입하고 15년 만기, 연 이자율 10%의 어음을 담보로 제공했다.
3. 서비스를 제공했으나 매출로 기록하지 않은 8월분 수익은 ₺1,100이다.

2020년 8월 31일의 수정 분개를 하라.

**해답**

| | | |
|---|---|---|
| 1. 급여 | 800 | |
| 미지급 급여 | | 800 |
| (발생된 급여 인식) | | |
| 2. 이자비용 | 250 | |
| 미지급 이자비용 | | 250 |
| (발생된 이자비용 인식: ₺30,000 × 10% × $\frac{1}{12}$ = ₺250) | | |
| 3. 매출채권 | 1,100 | |
| 용역 매출 | | 1,100 |
| (용역을 제공한 미수수익 기록) | | |

## 수정 후 시산표와 재무제표 _Adjusted Trial Balance and Financial Statements

**학습목표**

수정 후 시산표를 이해한다.

수정 분개를 하고 이를 포스팅한 뒤 다시 시산표를 만드는데, 이를 **수정 후 시산표**(adjusted trial balance)라고 한다. 당연히 차대변이 일치하는지 점검해야 한다. 일치하지 않으면 회계 기록이 잘못된 것이다. 수정 후 시산표는 수정 분개가 반영된 총계정원장의 모든 계정을 담고 있으므로 이를 이용하면 재무제표를 만들기가 수월해진다.

### 수정 후 시산표 작성 _Preparing the Adjusted Trial Balance

그림 3.25는 그림 3.24의 총계정원장을 바탕으로 작성한 Yazici Advertising A.Ş.의 수정 후 시산표로, 수정 분개를 붉은색으로 표시했다. 그림 3.3의 수정 전 시산표와 비교해보면 수정 분개가 차이라는 것을 알 수 있다.

그림 3.25 수정 후 시산표

| Yazici Advertising A.Ş.<br>수정 후 시산표<br>2020년 10월 31일 기준 | | |
|---|---|---|
| | 차변 | 대변 |
| 현금 | ₺15,200 | |
| 매출채권 | **200** | |
| 소모품 | **1,000** | |
| 선급보험료 | **550** | |
| 설비 | 5,000 | |
| 감가상각누계액 | | **₺ 40** |
| 지급어음 | | 5,000 |
| 미지급금 | | 2,500 |
| 미지급 이자비용 | | **50** |
| 선수수익 | | **800** |
| 미지급 급여 | | **1,200** |
| 자본금 | | 10,000 |
| 이익잉여금 | | –0– |
| 배당금 | 500 | |
| 용역 매출 | | **10,600** |
| 급여 | **5,200** | |
| 소모품비 | **1,500** | |
| 임차료 | 900 | |
| 보험료 | **50** | |
| 이자비용 | **50** | |
| 감가상각비 | **40** | |
| | **₺30,190** | **₺30,190** |

## 재무제표 작성 _Preparing Financial Statements

수정 후 시산표에서 직접 재무제표를 작성할 수 있는데, 그림 3.26과 3.27은 그 방법을 보여준다. 먼저 수익과 비용 계정으로 손익계산서를 작성한 후 그 손익을 이익잉여금과 배당금 계정에 합산하여 이익잉여금계산서를 작성한다. 그런 다음 재무상태표를 작성한다.

**그림 3.26** 수정 후 시산표에서의 손익계산서와 이익잉여금계산서 작성

**Yazici Advertising A.Ş.**
**수정 후 시산표**
**2020년 10월 31일 기준**

| 계정 | 차변 | 대변 |
|---|---|---|
| 현금 | ₺15,200 | |
| 매출채권 | 200 | |
| 소모품 | 1,000 | |
| 선급보험료 | 550 | |
| 설비 | 5,000 | |
| 감가상각누계액 | | ₺ 40 |
| 지급어음 | | 5,000 |
| 미지급금 | | 2,500 |
| 미지급 이자비용 | | 50 |
| 선수수익 | | 800 |
| 미지급 급여 | | 1,200 |
| 자본금 | | **10,000** |
| 이익잉여금 | | **–0–** |
| 배당금 | **500** | |
| 용역 매출 | | **10,600** |
| 급여 | **5,200** | |
| 소모품비 | **1,500** | |
| 임차료 | **900** | |
| 보험료 | **50** | |
| 이자비용 | **50** | |
| 감가상각비 | **40** | |
| | ₺30,190 | ₺30,190 |

**Yazici Advertising A.Ş.**
**손익계산서**
**2020년 10월 1일부터 2020년 10월 31일까지**

| | | |
|---|---|---|
| 수익 | | |
| 용역 매출 | | ₺10,600 |
| 비용 | | |
| 급여 | ₺5,200 | |
| 소모품비 | 1,500 | |
| 임차료 | 900 | |
| 보험료 | 50 | |
| 이자비용 | 50 | |
| 감가상각비 | 40 | |
| 비용 계 | | 7,740 |
| 순이익 | | ₺ 2,860 |

**Yazici Advertising A.Ş.**
**이익잉여금계산서**
**2020년 10월 1일부터 2020년 10월 31일까지**

| | |
|---|---|
| 10월 1일 이익잉여금 | ₺ –0– |
| 가산: 순이익 | 2,860 |
| | 2,860 |
| 차감: 배당금 | 500 |
| 10월 31일 이익잉여금 | ₺2,360 |

재무상태표로 옮겨 적기

Yazici는 그림 3.27과 같이 시산표상에서 자산, 부채, 자본금 계정과 이익잉여금계산서상의 이익잉여금 금액을 활용하여 재무상태표를 작성한다.

**그림 3.27** 수정 후 시산표로 재무상태표 작성

**Yazici Advertising A.Ş.**
**수정 후 시산표**
**2020년 10월 31일 기준**

| 계정 | 차변 | 대변 |
|---|---|---|
| 현금 | ₺15,200 | |
| 매출채권 | 200 | |
| 소모품 | 1,000 | |
| 선급보험료 | 550 | |
| 설비 | 5,000 | |
| 감가상각누계액 | | ₺ 40 |
| 지급어음 | | 5,000 |
| 미지급금 | | 2,500 |
| 미지급 이자비용 | | 50 |
| 선수수익 | | 800 |
| 미지급 급여 | | 1,200 |
| 자본금 | | 10,000 |
| 이익잉여금 | | –0– |
| 배당금 | 500 | |
| 용역 매출 | | 10,600 |
| 급여 | 5,200 | |
| 소모품비 | 1,500 | |
| 임차료 | 900 | |
| 보험료 | 50 | |
| 이자비용 | 50 | |
| 감가상각비 | 40 | |
| | ₺30,190 | ₺30,190 |

**Yazici Advertising A.Ş.**
**재무상태표**
**2020년 10월 31일 현재**

| | | |
|---|---|---|
| **자산** | | |
| 설비 | ₺5,000 | |
| 차감: | | |
| 감가상각누계액 | 40 | ₺ 4,960 |
| 선급보험료 | | 550 |
| 소모품 | | 1,000 |
| 매출채권 | | 200 |
| 현금 | | 15,200 |
| 자산 총계 | | ₺21,910 |
| **자본과 부채** | | |
| 자본 | | |
| 자본금 | ₺10,000 | |
| 이익잉여금 | 2,360 | ₺12,360 |
| 부채 | | |
| 지급어음 | 5,000 | |
| 미지급금 | 2,500 | |
| 선수수익 | 800 | |
| 미지급 급여 | 1,200 | |
| 미지급 이자비용 | 50 | 9,550 |
| 자본과 부채 총계 | | ₺21,910 |

그림 3.26의 이익잉여금계산서상 10월 31일 잔액

## DO IT! 4 시산표

2020년 4월 1일에 개업한 Kang Company는 분기별 재무제표를 작성하려 한다. 6월 말 시산표는 다음과 같다(단위: 100만).

| | 차변 | | 대변 |
|---|---|---|---|
| 현금 | ₩ 6,700 | 감가상각누계액 | ₩ 850 |
| 매출채권 | 600 | 지급어음 | 5,000 |
| 선급임차료 | 900 | 미지급금 | 1,510 |
| 소모품 | 1,000 | 미지급 급여 | 400 |
| 설비 | 15,000 | 미지급 이자비용 | 50 |
| 배당금 | 600 | 선수임대료 | 500 |
| 급여 | 9,400 | 자본금 | 14,000 |
| 임차료 | 1,500 | 용역 매출 | 14,200 |
| 감가상각비 | 850 | 임대료 수익 | 800 |
| 소모품비 | 200 | | |
| 수도광열비 | 510 | | |
| 이자비용 | 50 | | |
| | ₩37,310 | | ₩37,310 |

a. 분기 순익을 산출하라.

b. 2020년 6월 30일 기준 자산과 부채의 총계를 산출하라.

c. 2020년 6월 30일 기준 이익잉여금 잔액을 산출하라.

**해답**

a. 손익은 수익에서 비용을 차감하여 산출한다.

| | | |
|---|---|---|
| 수익 | | |
| 용역 매출 | ₩14,200 | |
| 임대료 수익 | 800 | |
| 수익 계 | | ₩15,000 |
| 비용 | | |
| 급여 | 9,400 | |
| 임차료 | 1,500 | |
| 감가상각비 | 850 | |
| 수도광열비 | 510 | |
| 소모품비 | 200 | |
| 이자비용 | 50 | |
| 비용 계 | | 12,510 |
| 순이익 | | ₩ 2,490 |

b.

| 자산 | | | 부채 | |
|---|---|---|---|---|
| 설비 | ₩15,000 | | 지급어음 | ₩5,000 |
| 차감: 감가상각누계액 | 850 | ₩14,150 | 미지급금 | 1,510 |
| 선급임차료 | | 900 | 선수임차료 | 500 |
| 소모품 | | 1,000 | 미지급 급여 | 400 |
| 매출채권 | | 600 | 미지급 이자비용 | 50 |
| 현금 | | 6,700 | 부채 계 | ₩7,460 |
| 자산 계 | | ₩23,350 | | |

c.

| | |
|---|---|
| 4월 1일 기초 이익잉여금 | ₩ 0 |
| 가산: 순이익 | 2,490 |
| 차감: 배당금 | 600 |
| 6월 30일 기말 이익잉여금 | ₩1,890 |

## 부록 3A 이연 처리 수정 분개의 다른 방법
_Alternative Treatment of Deferrals

**학습목표**
이연 처리 수정 분개의 다른 방법을 이해한다.

지금까지는 이연 처리의 수정 분개 대상이 되는 거래의 최초 기록 시 재무상태표상의 자산 계정으로 먼저 처리한 후 수정하는 방식을 취했는데 그 반대도 가능하다. 즉 먼저 손익 계정으로 처리한 후 자산과 부채 계정으로 옮기는 방식이며, 그 결과는 앞에서 살펴본 방법과 동일하다.

### 선급비용 _Prepaid Expenses

선급비용은 기간이 아직 경과되지 않아 결산기 말 자산으로 남아 있는 미래의 비용이다. 이를 현금 지출 시 비용으로 처리한 후 결산기에 수정 분개를 통해 자산으로 일부 옮기는 방식으로 회계 처리를 해보자.

예를 들어 Yazici가 ₺2,500의 소모품을 구입할 때 다 소모할 것으로 보고 일단 전액을 비용으로 처리했다고 가정하자. 그런데 10월 31일 자 재고로 ₺1,000만큼 남아 있으므로 현재로는 비용이 ₺1,000만큼 과대계상되고 자산이 과소계상되어 있다. 따라서 다음과 같은 수정 분개가 필요하다.

| A | = | L | + | E |
|---|---|---|---|---|
| +1,000 | | | | |
| | | | | +1,000 비용 |

현금 유출입
없음

| 10월 31일 | 소모품 | 1,000 | |
|---|---|---|---|
| | 소모품비 | | 1,000 |
| | (미사용 소모품을 자산으로 대체) | | |

그림 3A.1은 수정 분개를 포스팅한 것을 보여준다.

**그림 3A.1** 수정 후 선급비용

**소모품**

| | | | |
|---|---|---|---|
| 10/31 | 수정 | **1,000** | |

**소모품비**

| | | | | | |
|---|---|---|---|---|---|
| 10/5 | | 2,500 | 10/31 | 수정 | **1,000** |
| 10/31 | 금액 | **1,500** | | | |

수정 후 시산표상 소모품 ₺1,000는 10월 31일 현재 미사용되어 재고로 남아 있는 소모품의 원가이고, 소모품비 ₺1,500는 10월 5일부터 10월 31일까지 사용한 소모품의 원가로서 비용이다. 만약 수정 분개를 하지 않는다면 비용의 과대계상으로 손익이 과소계상되고 자산과 자본이 과소계상된다. 그림 3A.2는 두 가지 회계 처리 방법의 차이를 보여준다.

**그림 3A.2** 방법의 차이

| 최초 구입 시 자산의 차변에 처리 (본문의 방법) | | | | 최초 구입 시 비용의 차변에 처리 (부록의 방법) | | | |
|---|---|---|---|---|---|---|---|
| 10월 5일 | 소모품 | 2,500 | | 10월 5일 | 소모품비 | 2,500 | |
| | 미지급금 | | 2,500 | | 미지급금 | | 2,500 |
| 10월 31일 | 소모품비 | 1,500 | | 10월 31일 | 소모품 | 1,000 | |
| | 소모품 | | 1,500 | | 소모품비 | | 1,000 |

Yazici가 수정 분개를 한 후 총계정원장상 계정의 차이는 그림 3A.3과 같다.

**그림 3A.3** 계정 비교

**(본문의 방법) 소모품**

| | | | | | |
|---|---|---|---|---|---|
| 10/5 | | 2,500 | 10/31 | 수정 | **1,500** |
| 10/31 | 잔액 | **1,000** | | | |

**(본문의 방법) 소모품비**

| | | | |
|---|---|---|---|
| 10/31 | 수정 | **1,500** | |

**(부록의 방법) 소모품**

| | | | |
|---|---|---|---|
| 10/31 | 수정 | **1,000** | |

**(부록의 방법) 소모품비**

| | | | | | |
|---|---|---|---|---|---|
| 10/5 | | 2,500 | 10/31 | 수정 | **1,000** |
| 10/31 | 금액 | **1,500** | | | |

어떤 방식이건 10월 31일 소모품의 자산은 ₺1,000, 소모품비는 ₺1,500로 똑같다.

## 선수수익 _Unearned Revenues

지금까지 선수수익은 부채로 계상했다가 용역이 이행되었을 때 수익으로 대체했다. 그러나 또 다른 방법은 반대로 현금 수령 시 수익으로 계상했다가 나중에 부채로 조정하는 것이다. 예를 들어 Yazici가 10월 2일에 현금 ₺1,200를 받을 때, 10월 31일 이전에 용역을 제공할 것으로 예측하여 전액 매출수익으로 처리했다고 하자.[4] 생각대로 되었으면 수정 분개가 필요 없을 것이다. 그런데 ₺800를 이행할 수 없었다면 다음과 같은 수정 분개가 필요하다.

HINT
용역 매출은 ₺400, 선수수익은 ₺800가 되어야 한다.

| 10월 31일 | 용역 매출 | 800 | |
|---|---|---|---|
| | 선수수익 | | 800 |
| | (선수수익 인식) | | |

| A | = | L | + | E |
|---|---|---|---|---|
| | | +800 | | −800 수익 |

현금 유출입
없음

그림 3A.4는 T 계정으로 정리한 수정이다.

**그림 3A.4** 수정 후 선수수익 계정

| 선수수익 (차변) | 선수수익 (대변) | 용역 매출 (차변) | 용역 매출 (대변) |
|---|---|---|---|
| | 10/31 수정 800 | 10/31 수정 800 | 10/2 1,200 |
| | | | 10/31 금액 400 |

부채인 선수수익 계정은 ₺800이고 이는 추후 다음 회계연도에 수익으로 대체된다. 만약 수정 분개가 없다면 용역 매출인 수익이 ₺800 과대계상되어 손익이 ₺800 과대계상되고 부채가 ₺800 과소계상되며 자본이 ₺800 과대계상된다.

그림 3A.5는 현금 수령 시 부채인 선수수익으로 먼저 계상한 후 수익으로 대체하는 방식과 수익으로 먼저 계상한 후 선수수익으로 대체하는 방식을 비교한 것이다.

**그림 3A.5** 방법 비교

| 현금 수령 시 부채인 선수수익으로 처리 (본문의 방법) | | | | 현금 수령 시 수익인 용역 매출로 처리 (부록의 방법) | | | |
|---|---|---|---|---|---|---|---|
| 10월 2일 | 현금 | 1,200 | | 10월 2일 | 현금 | 1,200 | |
| | 선수수익 | | 1,200 | | 용역 매출 | | 1,200 |
| 10월 31일 | 선수수익 | 400 | | 10월 31일 | 용역 매출 | 800 | |
| | 용역 매출 | | 400 | | 선수수익 | | 800 |

포스팅 후 총계정원장상의 원장은 그림 3A.6과 같다.

4 이는 간단한 설명을 위한 예시로, 용역 매출의 T 계정에는 본문에 나오는 Yazici의 다른 용역 매출 ₺10,200(미수수익 ₺200 포함)가 없다고 가정했다.

**그림 3A.6** 선수수익 계정 비교

(본문의 방법)

선수수익

| 차변 | | | 대변 | | |
|---|---|---|---|---|---|
| 10/31 | 수정 | 400 | 10/2 | | 1,200 |
| | | | 10/31 | 잔액 | 800 |

용역 매출

| 차변 | | | 대변 | | |
|---|---|---|---|---|---|
| | | | 10/31 | 수정 | 400 |

(부록의 방법)

선수수익

| 차변 | | | 대변 | | |
|---|---|---|---|---|---|
| | | | 10/31 | 수정 | 800 |

용역 매출

| 차변 | | | 대변 | | |
|---|---|---|---|---|---|
| 10/31 | 수정 | 800 | 10/2 | | 1,200 |
| | | | 10/31 | 금액 | 400 |

두 방법 모두 선수수익 ₺800, 용역 매출 ₺400라는 결과를 나타낸다.

## 수정 분개 요약·정리 _Summary of Additional Adjustment Relationships

앞서 설명한 이연 처리를 위한 두 가지 수정 분개 방법을 그림 3A.7에 비교하여 요약·정리했다.

**그림 3A.7** 이연 처리를 위한 수정 분개 요약

| 수정 분개의 유형 | 수정 분개의 필요성 | 수정 전 계정 | 수정 분개 |
|---|---|---|---|
| 선급비용 | (a) 애초에 선급비용으로 자산 처리했으나 사용하여 비용이 되는 금액 | 자산 과대계상<br>비용 과소계상 | 차변 비용<br>대변 자산 |
| | (b) **애초에 비용으로 처리했으나 사용하지 못하여 선급비용인 자산이 되는 금액** | **자산 과소계상**<br>**비용 과대계상** | **차변 자산**<br>**대변 비용** |
| 선수수익 | (a) 애초에 부채인 선수수익으로 처리했으나 의무를 이행하여 수익이 되는 금액 | 부채 과대계상<br>수익 과소계상 | 차변 부채<br>대변 수익 |
| | (b) **애초에 수익으로 처리했으나 의무를 미이행하여 부채인 선수수익이 되는 금액** | **부채 과소계상**<br>**수익 과대계상** | **차변 수익**<br>**대변 부채** |

이연 처리의 수정 분개와 달리 발생을 인식하는 수정 분개에는 대체적인 방법 없이 한 가지 방법만 존재한다. 결산일에 발생 사실을 찾아 인식하는 분개라서 그렇다.

**학습목표**

재무회계 보고를 이해한다.

# 부록 3B 재무회계 보고 _Financial Reporting Concepts

지금까지 설명한 재무회계 보고의 근간을 이루는 개념을 다시 한번 일목요연하게 정리하고 넘어가자.

## 정보의 유용성 _Qualities of Useful Information

최근 IASB는 향후 재무회계 보고의 모습을 갖추기 위한 기본적 틀을 이론적으로 연구하여 완성했다. 먼저 재무회계 보고의 기본 목적이 이해관계자의 의사결정에 유용한 정보를 제공하는

것이라고 천명하고, 정보의 유용성은 정보의 목적 적합성과 충실한 표현에 따라 좌우된다고 했다(그림 3B.1 참조).

**그림 3B.1** 유용한 정보로서의 품질

의사결정이 해당 정보가 있고 없고에 따라 달라지면 그 정보는 **목적 적합성**(relevance)이 있다고 말한다. 목적 적합한 정보는 미래 지향적 가치(predictictive value)가 있어 향후 예측하는 데 도움을 주거나, 확정적 가치(confirmatory value)가 있어 과거 예측이 맞거나 틀렸다고 판정해주는 능력으로 구분할 수 있다. 한편 **중요성**(materiality)은 목적 적합성의 관점에서 도출되는 개념으로, 크기가 의사결정에 영향을 주면 중요한 것이다. 과거에는 목적 적합성과 중요성을 질적인 중요성과 양적인 중요성으로 구분한 바 있다.

**표현의 충실성**(faithful representation)은 사실을 얼마나 제대로 묘사하고 있냐는 정보의 질을 뜻한다. 즉 누락 없이(완전성) 편향되지 않고 중립적이며 오류가 없어야 한다.

## 정보의 질 제고 _Enhancing Qualities

IASB는 정보의 질을 좌우하는 몇 가지 추가 기준으로 위의 두 기준 외에도 비교 가능성, 검증 가능성, 적시성, 이해 가능성을 제시했다. 회계에서 **비교 가능성**(comparability)은 같은 회계기준을 사용해야 한다는 의미이다. 그래야 비교가 가능하다. 또한 기준을 정했으면 계속해서 사용해야 비교 가능한데, 이를 **계속성**(consistency)이라고 한다. **검증 가능성**(verifiability)은 충실한 표현의 결과적인 특성인 객관성으로, 누구나 방법만 알면 같거나 비슷한 결과를 얻는 것을 말한다. 한편 **적시성**(timeliness)은 정보 제공의 시기이다. 의사결정 시기가 지나간 뒤 정보를 제공하는 것은 의미가 없다. 그러한 관점에서 보면 적시성이라는 정보의 질은 목적 적합성의 개념에도 포섭된다. 텐센트홀딩스(Tencent Holdings, 중국)나 아시아바이시클트레이딩(Asia Bicycle Trading Co., 대만) 같은 상장회사가 1년 결산기를 기점으로 60일 이내 연례 보고서를 작성하여 공시해야 하는 것은 적시성 때문이다. 마지막으로 **이해 가능성**(understandability)은 정보를 분명하고 알아보기 쉬운 형태로 보고하여 누구나 내용을 잘 파악할 수 있게 해야 한다는 의미이다.

## 재무회계의 공준 _Assumptions in Financial Reporting

IASB는 재무회계기준의 수미일관(首尾一貫)된 이론적 구성과 체계를 만들기 위한 노력의 일환으로 4개의 회계공준을 소개했다. 앞 장에서 전술한바 공준은 기본적인 명제이자 전제이다. 즉 따질 없이 수용하라는 의미이다. 상세한 내용은 그림 3B.2를 참조하라.

**그림 3B.2** 재무회계 보고의 공준

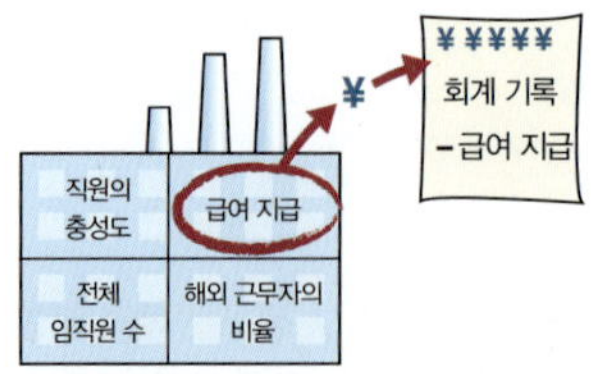


**화폐 가치 측정의 공준**(Monetary Unit Assumption): 화폐로 측정하고 표시할 수 있는 것만 회계로 보고한다는 명제이다. 따라서 주주나 채권자, 경영자가 알고 싶어 하는 고객의 충성도나 만족도는 회계 보고의 대상이 아니고 재무제표에 보고되지도 않는다. 이 공준에는 화폐 가치가 변동하기는 하지만 무시할 정도로 일정하다는 믿음을 바탕으로 한다.

**경제적 실체의 공준**(Economic Entity Assumption): 모든 경제적 실체는 단위별로 구분되어 독립적이라는 명제이다. 따라서 경제적 실체의 재무 상태와 경영 성과를 정확히 파악하려면 경제 단위 간의 구별은 물론 개인과의 구별도 중요하다. 특히 경영자나 대주주 등 소유주의 거래를 혼동하면 안 된다.

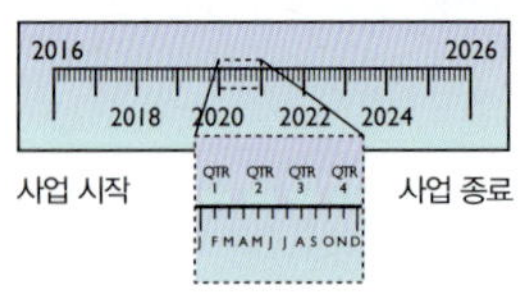


**회계기간의 공준**(Time Period Assumption): 경제적 실체의 존속 기간이 다할 때까지 회계는 무한정 기다릴 수 없다. 따라서 인위적인 일정 단위로 잘라 경제적 가치와 변동을 주기적으로 보고하자는 공준이다. 이 공준으로 인해 발생주의라는 경제적 가치 흐름의 기간별 구분 혹은 귀속과 관련된 회계기준이 발전하고 기간 성적표로 손익계산서, 이익잉여금계산서, 현금흐름표가 등장하며, 연말 시점의 결과표로 재무상태표가 나타난다.

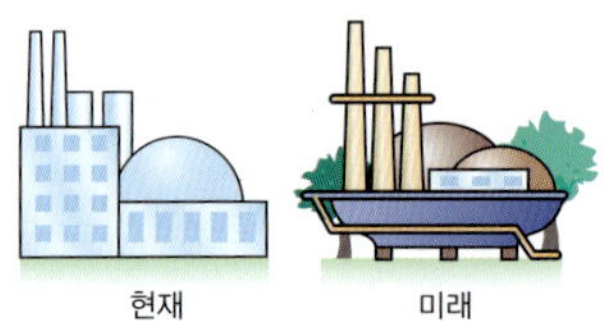


**계속기업의 공준**(Going Concern Assumption): 경제적 실체의 존속 기간은 무한하다는 전제이다. 실제로는 망하기도 하지만 계속된다고 보고 회계기준을 만든다. 도산한 경우에 적용되는 청산 회계는 따로 있다.

## 재무회계 보고의 원칙 _Principles in Financial Reporting

### 측정 원칙 _Measurement Principles

IFRS는 역사적 원가법과 공정가치법을 모두 채택하는데, 계정별로 어떤 원칙을 사용하느냐는 목적 적합성과 표현의 충실성 간 상충 관계에서 유용성의 관점으로 결정한다. 목적 적합성이 고조되면 표현의 충실성이 저하되는데, 이것은 바로 정보 간의 상충 또는 상반 관계를 뜻한다. 예컨대 통상적으로 자산의 공정가치는 현재 및 미래 지향적이므로 목적 적합하다. 그러나 공정가치는 추상적인 것으로서 다수가 거래하는 활성화된 시장에서 형성되지 않는 한 검증할 수 없으므로 표현의 충실성이 부족하다. 반면에 역사적 원가는 실제로 일어난 사건이므로 표현의 충실성이 매우 높다. 그러나 자산을 사용하기 위해서가 아니라 매각을 목적으로 보유할 때, 시가의 변동이 심할 때 취득원가는 과거의 흔적일 뿐 무의미해져서 목적 적합성이 떨어진다. 이 경우 어떤 평가 방법이 유용한 정보인가에 따라 평가 방법을 결정하겠다는 뜻이다.

**역사적 원가법** **역사적 원가법**(historical cost principle)은 자산을 취득원가로 계상하고 유지한다는 원칙이다. 예를 들어 €30,000를 주고 구입한 자산이 다음 해에 €40,000가 되어도 €30,000로 보고한다.

**공정가치법** **공정가치법**(fair value principle)은 자산과 부채를 공정가치로 평가해야 한다는 원칙이다. 공정가치는 자산의 경우 매각가치(시가), 부채의 경우 상환 시 들어가는 돈으로 정의된다. 어떤 자산과 부채는 역사적 원가보다 공정가치로의 보고가 반드시 필요할 때가 있다. 예를 들어 회사가 투자하여 보유한 매매용 주식은 취득원가보다 시가로 평가하는 것이 유용하다.[5] 그러므로 자산을 어떤 방식으로 평가하고 측정할 것이냐는 의사결정자를 위한 정보의 유용성에 달려 있고, 유용성은 목적 적합성과 표현의 충실성에 좌우된다. 일반적으로 보면 회계는 공정가치보다 아직은 원가를 선호하는 경향이 있는데, 이는 공정가치에 표현의 충실성(객관성)이 부족하기 때문이다. 따라서 대부분의 자산은 취득원가로 평가하되, 매매용 증권처럼 자산 매매의 활성화된 시장이 존재할 경우에만 공정가치로 평가한다.

역자 한마디

회계의 주요 기능 중 하나는 이해의 조정이고, 여기에는 표현의 충실성이 더 큰 유용성이 있으므로 취득원가가 대세이다. 그러나 IFRS가 공정가치를 선호하는 방향성이 있다는 것은 분명히 알려진 사실이지만 IFRS 역시 회계이므로 표현의 충실성을 넘어설 수는 없다. 따라서 IFRS의 기준서에서는 원가를 채택하되 매매를 위한 투자자산의 경우처럼 다중의 거래로 인해 공정가치의 객관성이 뒷받침될 때에 한하여 공정가치를 인정한다.

### 수익 인식의 원칙 _Revenue Recognition Principle

**수익 인식의 원칙**(revenue recognition principle)은 물품이나 용역을 제공할 의무를 다한 회계기간에 수익이 인식되고 보고되어야 한다는 것이다. 이 시점에 가격이 확정되고 매출채권이 생기면서 판매가 완료되기 때문이다.

### 비용 인식의 원칙 _Expense Recognition Principle

**비용 인식의 원칙**(expense recognition principle)은 수익을 창출하기 위한 노력으로 자산 등이 사용되어 소비된 시기에 비용이 인식되어야 한다는 것이다. 비용을 집행하더라도 노력이 무위로 끝나 수익을 창출하지 못하는 경우도 있다. 그러나 적어도 수익이 인식되면 당연히 관련된 비용도 같이 인식되어야 한다. 이를 별도로 수익 비용 대응의 원칙(matching principle)이라고 한다.

### 완전공시의 원칙 _Full Disclosure Principle

**완전공시의 원칙**(full disclosure principle)은 이해관계자의 의사결정에 영향을 끼칠 만한 중요한 내용이라면 빠짐없이 보고되어야 한다는 원칙이다. 따라서 재무제표의 숫자로 담을 수 없는 내용은 주석으로 설명되어야 한다.

## 비용의 제약 _Cost Constraint

정보를 제공하는 데에는 돈이 들기 때문에 정보 제공자의 고민과 망설임이 있겠지만 정보로 인해 이해관계자가 얻는 효익이 원가를 상회하면 그 정보를 제공해야 한다. 반대로 효익이 미미한데 원가가 많이 드는 정보는 제공할 필요가 없다. 그런데 정보를 제공하는 당사자에게 이를 맡겨둘 수는 없다. 그랬다가는 많은 정보를 제공하기 어렵다. 감독 기관이 합리적인 수준에서 필요한 정보를 사전에 정해야 한다.

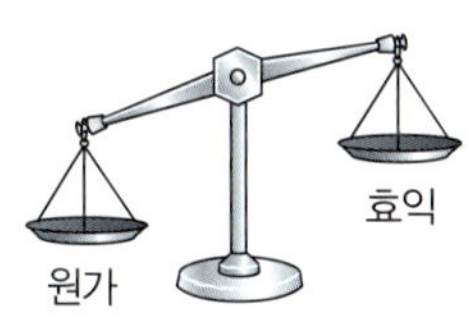


---

5 역자 주: 예를 들어 서울의 아파트를 거주 목적으로 취득한 경우, 변심할 가능성이 없는 것은 아니지만 시가와 무관하여 역사적 원가주의로 평가된다. 그러나 매매 목적으로 취득한 경우에는 공정가치가 더 유용한 정보가 된다.

## 단원 요약

### 1 발생주의와 수정 분개

회계기간 구분의 공준은 기업의 존속 기간을 인위적으로 일정 기간으로 구분하여 결산을 한다는 명제이다. 기간을 나누어놓으니 기간 귀속이 중요한데, 발생주의는 해당 회계기간에 발생한 경제적 사건을 기준으로 그 내용을 보고하자는 원칙을 말한다. 이는 당연한 이치이지만 그전에는 현금을 기준으로 했다.

수정 분개는 결산기 말에 발생주의에 의거하여 회계 기록을 재정비하는 일이다. 수정 분개에는 이연 처리(선급비용과 선수수익)와 발생을 새롭게 인식(미수수익과 미지급비용)하는 것, 두 가지 유형이 있다.

### 2 이연 처리를 위한 수정 분개

기간별로 걸쳐 있는 수익과 비용을 재계산하여 차년도 손익이면 선급비용과 선수수익으로 이연 처리한다. 현금 유출입 시 선급비용과 선수수익으로 먼저 처리한 후 당해 연도 귀속만큼 비용과 수익으로 처리한다.

### 3 발생했으나 미인식된 손익 처리를 위한 수정 분개

발생했지만 회계 처리를 하지 않은 것에 대한 인식으로 미수수익과 미지급비용이 생긴다.

### 4 수정 후 시산표와 재무제표

수정 후 시산표는 수정 분개 후 총계정원장의 모든 계정을 모아 차대변으로 나열하여 정리한 것이다. 양쪽의 합계가 맞는지 확인하여 그간의 회계 처리가 제대로 되었는지 확인하고 재무제표를 작성하는 데 사용한다.

### *5 이연 처리 수정 분개의 다른 방법

일단 전체를 선급비용과 선수수익이 아닌 비용이나 수익으로 처리한 후 기간별로 귀속을 정하여 차년도 손익만 부채인 선수수익과 자산인 선급비용으로 남도록 결산기 말에 구분한다.

### *6 재무회계 보고

재무 정보가 유용하려면 목적 적합성과 표현의 충실성이 필요하다. 그 밖에도 정보는 비교 가능성, 계속성, 검증 가능성, 적시성, 이해 가능성을 갖추어야 한다.

재무 보고에는 몇 가지 공준(명제)이 있다. 화폐 가치 측정의 공준은 화폐로 측정하고 표시할 수 있는 사건만 보고한다는 공준이다. 경제적 실체의 공준은 모든 경제적 실체가 단위별로 구분되어 독립적이라는 공준이다. 회계기간의 공준은 경제적 실체의 존속 기간을 인위적인 일정 단위로 나누어 회계 보고가 이루어져야 한다는 공준이다. 계속기업의 공준은 목표를 달성할 때까지 기업의 존속 기간이 무한정 계속된다는 공준이다.

그 외 재무 보고에 적용되는 대표적 원칙으로 역사적 원가법은 자산을 취득원가로 평가해야 한다는 원칙이고, 공정가치법은 자산과 부채를 공정가치로 평가해야 한다는 원칙이다. 수익 인식의 원칙은 이행의무를 다할 때 수익을 인식해야 한다는 것이고, 비용 인식의 원칙은 수익과 대응해서 비용을 인식해야 한다는 것으로, 이는 수익이 발생하지 않아도 적용된다. 완전공시의 원칙은 재무제표의 중요한 정보는 누락 없이 모두 공시되어야 한다는 것이다.

원가 제한은 정보를 제공함으로써 얻는 효익과 소요되는 원가를 비교하여 제공 여부를 결정해야 한다는 지침이다.

## 핵심 용어

**감가상각(depreciation)** 자산의 취득원가를 유효 내용연수의 기간별로 비용으로 배분하는 것

***검증 가능성(verifiability)** 독립된 제삼자가 행했을 때도 같거나 비슷한 결과가 나오는 정보의 특성

***경제적 실체의 공준(economic entity assumption)** 경제적 실체가 다른 대상과 구분되어 회계 처리되어야 한다는 명제

***계속기업의 공준(going concern assumption)** 경제적 실체의 수명이 계속 존속된다는 명제

***계속성(consistency)** 매년 같은 회계기준과 회계 처리 방식을 사용하는 것

***공정가치법(fair value principle)** 자산과 부채를 공정가치로 평가하되 자산의 경우에는 매각하면 수령하는 금액으로, 부채의 경우에는 상환에 소요되는 가치로 평가한다는 원칙

**내용연수(useful life)** 장기 사용 자산의 사용 기간

**달력연도(calendar year)** 1월 1일에서 12월 31일까지 1년의 기간

***목적 적합성(relevance)** 의사결정의 목적과 관련이 있어 제공 여부

6 이 장의 부록과 관련된 것은 별표(*)로 표시했다.

에 따라 의사결정이 달라질 수 있는 정보의 특성

**미수수익(accrued revenue)** 발생했으나 아직 기록되지 않고 대금을 받지 못한 수익

**미지급비용(accrued expense)** 발생했으나 아직 기록되지 않고 미지급된 비용

**발생(accruals)** 발생했으나 회계적으로 인식되어 기록되지 않은 수익이나 비용

**발생주의 회계(accrual-basis accounting)** 경제적 사건이 발생하는 시점에 회계적 인식을 해야 한다는 원칙

***비교 가능성(comparability)** 같은 회계기준을 사용하여 재무제표 간 비교가 가능한 정도

**비용 인식의 원칙(expense recognition principle, matching principle)** 비용은 수익을 가득하기 위해 자산이 사용되거나 그로 인해 부채가 발생되었을 때 인식해야 한다는 원칙

**선급비용(prepaid expenses, prepayments)** 비용으로 현금을 지출했으나 아직 소비되지 않은 부분

**선수수익(unearned revenues)** 현금을 수령했으나 용역을 아직 제공하지 않은 거래

**수익 인식의 원칙(revenue recognition principle)** 수익은 상대에 대한 의무 이행을 했을 때 인식해야 한다는 원칙

**수정 분개(adjusting entries)** 발생주의에 준거할 수 있도록 수익과 비용 인식의 원칙에 따라 결산기 말에 하는 분개

**수정 후 시산표(adjusted trial balance)** 수정 분개 후 총계정원장 상의 모든 계정과 금액을 차대변으로 구분하여 모은 표

***역사적 원가법(historical cost principle)** 자산은 취득원가로 보고해야 한다는 원칙

***완전공시의 원칙(full disclosure principle)** 의사결정에 중요한 정보는 빠짐없이 모두 보고해야 한다는 원칙

**이연(deferrals)** 선급비용 또는 선수수익으로 비용과 수익 인식을 다음 회계기간으로 연기하는 것

***이해 가능성(understandability)** 간략하고 명쾌하게 제공함으로써 이해하기 쉬운 정보의 특성

**자산의 차감적 평가 계정(contra asset account)** 재무상태표의 자산에서 차감으로 표시하는 계정

**장부가치(book value, carrying value)** 감가상각 대상 자산의 취득원가에서 감가상각누계액을 뺀 가액

***적시성(timeliness)** 정보가 필요할 때 제때 제공되는 것

**중간기간(interim period)** 월이나 분기처럼 회계기간 내의 짧은 결산기간

***중요성(materiality)** 크기가 의사결정에 영향을 미치는 정보의 성격으로 목적 적합성에서 도출됨

***표현의 충실성(faithful representation)** 표현이 실제로 일어난 사건에 부합하는 정도로서 정보의 질을 결정하는 특성

**현금주의 회계(cash-basis accounting)** 수익과 비용의 인식 시점을 현금 유출입과 연동하는 회계 처리 방법

***화폐 가치 측정의 공준(monetary unit assumption)** 화폐로 평가되고 표시되는 경제적 사건만 회계 대상이 된다는 명제

**회계기간의 공준(time period assumption)** 회계기간을 인위적으로 일정 단위로 구분하여 결산해야 한다는 명제

**회계연도(fiscal year)** 결산을 위한 연 단위의 회계기간

## 객관식 문제

**1** 수익 인식의 원칙에 대한 설명으로 옳은 것은?

a. 이행 의무를 다했을 때 수익을 인식한다.
b. 수익과 대응하여 비용을 인식한다.
c. 기업의 존속 기간은 인위적인 일정 단위로 구분할 수 있다.
d. 회계연도는 달력연도와 일치해야 한다.

**2** 회계기간의 공준에 대한 설명으로 옳은 것은?

a. 달력연도가 끝나야 재무제표를 작성할 수 있다.
b. 재무 정보의 제공은 1년 기준인 회계연도에만 일어난다.
c. 기업의 존속 기간은 인위적인 일정 단위로 구분할 수 있다.
d. 회계 처리는 경제적 사건이 발생했을 때 해야 한다.

**3** 발생주의 회계에 대한 설명으로 옳지 않은 것은?

a. 경제적 사건이 발생했을 때 회계 처리를 해야 한다.
b. 이행 의무를 다했을 때 수익을 인식한다.
c. IFRS에 부합한다.
d. 수익과 비용의 인식은 현금 유출입을 기준으로 한다.

**4** 수익을 얻기 위해 자산을 사용하거나 부채가 발생할 때 비용을 인식해야 한다는 원칙 또는 공준은?

a. 비용 인식의 원칙
b. 원가 제한
c. 회계기간의 공준
d. 수익 인식의 원칙

**5** 수정 분개가 필요한 이유는 무엇인가?

a. 비용이 발생할 때 인식하기 위해
b. 이행 의무를 다했을 때 수익을 기록하기 위해
c. 재무상태표와 손익계산서에 제대로 된 금액을 표시하기 위해
d. 위의 보기 모두

**6** 다음 중 수정 분개의 유형이 아닌 것은?

a. 선급비용 b. 미수수익
c. 미지급비용 d. 기 인식된 수익

**7** 시산표상 소모품이 €1,350, 소모품비가 €0인데 결산기 말 현재 €600의 소모품이 미사용이라면 수정 분개는 어떻게 되어야 하는가?

| | | |
|---|---|---|
| a. 소모품 | 600 | |
| 소모품비 | | 600 |
| b. 소모품 | 750 | |
| 소모품비 | | 750 |
| c. 소모품비 | 750 | |
| 소모품 | | 750 |
| d. 소모품비 | 600 | |
| 소모품 | | 600 |

**8** 선급비용으로 먼저 처리한 후의 수정 분개는?

a. 자산 감소와 수익 증가
b. 비용 감소와 자산 증가
c. 자산 감소와 비용 증가
d. 수익 감소와 자산 증가

**9** 감가상각누계액은 어디에 속하는가?

a. 자산의 차감 계정 b. 비용 계정
c. 자본 계정 d. 부채 계정

**10** Rivera Shipping은 설비 자산에 대해 6월분 감가상각비로 ¥1,000을 계상했다(단위: 1,000). 수정 분개는 어떻게 되어야 하는가?

| | | |
|---|---|---|
| a. 감가상각비 | 1,000 | |
| 감가상각누계액–Rivera Shipping | | 1,000 |
| b. 감가상각비 | 1,000 | |
| 설비 | | 1,000 |
| c. 감가상각비 | 1,000 | |
| 감가상각누계액–설비 | | 1,000 |
| d. 설비구입비용 | 1,000 | |
| 감가상각누계액–설비 | | 1,000 |

**11** 선수수익으로 먼저 처리한 후의 수정 분개는?

a. 부채 감소와 수익 증가
b. 자산과 수익 계정 간 변동
c. 자산 증가와 수익 증가
d. 수익 감소와 자산 감소

**12** 미수수익의 수정 분개는?

a. 부채와 수익 계정 간 변동
b. 자산과 수익 계정 간 변동
c. 자산과 수익 감소
d. 부채 감소와 수익 증가

**13** 아니카 윈터는 지난 9월 마지막 주까지 벌어들인 €400의 급여를 10월 1일에 수령할 예정이다. 아니카 윈터를 고용한 회사의 9월 말 수정 분개는 어떻게 되어야 하는가?

a. 분개 불필요

| | | |
|---|---|---|
| b. 급여 | 400 | |
| 미지급 급여 | | 400 |
| c. 급여 | 400 | |
| 현금 | | 400 |
| d. 미지급 급여 | 400 | |
| 현금 | | 400 |

**14** 수정 후 시산표에 대한 설명으로 옳지 않은 것은?

a. 차변과 대변의 총액이 일치함으로써 총계정원장상의 금액이 정확하다는 것을 알 수 있다.
b. 재무제표를 작성할 수 있다.
c. 자산과 부채 계정으로 양측이 구분되어 있다.
d. 수정 분개를 포스팅한 후에 작성한다.

***15** 시산표상 소모품이 NT$0, 소모품비가 NT$1,500이고 결산기 말에 NT$800가 미사용으로 남아 있으면 수정 분개는 어떻게 되어야 하는가?

a. 차변 소모품 NT$800와 대변 소모품비 NT$800
b. 차변 소모품비 NT$800와 대변 소모품 NT$800
c. 차변 소모품 NT$700와 대변 소모품비 NT$700
d. 차변 소모품비 NT$700와 대변 소모품 NT$700

***16** 중립성은 표현의 충실성과 목적 적합성 중 어디에 속하는가?

a. 둘 다에 속한다.
b. 둘 다에 속하지 않는다.
c. 표현의 충실성
d. 목적 적합성

***17** 재무회계상 정보를 제공함에 있어 제한되는 요소가 있다면?

a. 비교 가능성 b. 중요성
c. 원가 d. 계속성

## 기초 확인 문제

**1** Dey Company의 총계정원장에서 다음 계정에 수정 분개가 필요한 경우 그 이유를 설명하라.

a. 소모품
b. 선수수익
c. 미지급 급여
d. 미지급 이자비용

**해답**

a. 회계기간 동안 사용한 소모품, 즉 비용인 소모품비 인식
b. 이행 의무를 다한 금액을 수익으로 인식
c. 회계기간 말에 발생했으나 지급되지 않은 직원의 급여 인식
d. 지급어음을 매개로 한 차입금에 발생했으나 아직 지급 시기가 도래하지 않은 이자비용의 계상

**2** Denton Cleaners의 첫 사업연도 시산표상 설비자산은 £40,000, 감가상각누계액은 £0이며, 감가상각비는 £8,000로 계산된다. 12월 31일 말 감가상각비의 수정 분개를 하고 T 계정에 포스팅한 뒤 재무상태표에 설비 자산의 계정을 표시하라.

**해답**

| | | | |
|---|---|---|---|
| 12월 31일 | 감가상각비 | 8,000 | |
| | 감가상각누계액 | | 8,000 |

감가상각비

| 차변 | 대변 |
|---|---|
| 12월 31일 8,000 | |

감가상각누계액

| 차변 | 대변 |
|---|---|
| | 12월 31일 8,000 |

재무상태표

| | | |
|---|---|---|
| 설비 | £40,000 | |
| 차감: 감가상각누계액 | 8,000 | £32,000 |

**3** 다음은 12월 31일 자 거래이다. 계정과목을 미지급금, 매출채권, 용역 매출, 급여, 미지급 급여, 수도광열비로 하여 수정 분개를 하라.

1. 용역을 제공했으나 아직 기록되지 않은 €4,200
2. 수도광열비가 발생했으나 지급되지 않은 비용 €660
3. 급여가 발생했으나 아직 미지급인 €3,000

**해답**

| | | | |
|---|---|---|---|
| 12월 31일 | 매출채권 | 4,200 | |
| | 용역 매출 | | 4,200 |
| 31일 | 수도광열비 | 660 | |
| | 미지급금 | | 660 |
| 31일 | 급여 | 3,000 | |
| | 미지급 급여 | | 3,000 |

**4** Blair Company의 재무상태표에 다음과 같은 계정이 있다. 수정이 필요한지 판단하고, 필요하다면 (a) 수정 분개의 유형(선급비용, 선수수익, 미수수익, 미지급비용)과 (b) 상대 계정을 표시하라.

| | |
|---|---|
| 매출채권 | 미지급 이자비용 |
| 소모품 | 선수수익 |
| 선급보험료 | |

**해답**

| 계정 | 수정 분개의 유형 | 상대 계정 |
|---|---|---|
| 매출채권 | 미수수익 | 용역 매출 |
| 소모품 | 선급비용 | 소모품비 |
| 선급보험료 | 선급비용 | 보험료 |
| 미지급 이자비용 | 미지급비용 | 이자비용 |
| 선수 용역 매출 | 선수수익 | 용역 매출 |

**5** Harmony Decorating의 2020년 12월 31일 자 수정 후 시산표상 다음과 같은 계정이 있다.

| | | | |
|---|---|---|---|
| 현금 | €12,000 | 자본금 | €22,000 |
| 배당금 | 3,000 | 용역 매출 | 41,000 |
| 임차료 | 900 | 급여 | 6,000 |
| 소모품비 | 700 | 감가상각비 | 1,800 |

손익계산서를 작성하라.

**해답**

**Harmony Decorating**
**손익계산서**
**2020년 1월 1일부터 2020년 12월 31일까지**

| | | |
|---|---|---|
| 수익 | | |
| 용역 매출 | | €41,000 |
| 비용 | | |
| 급여 | €6,000 | |
| 임차료 | 900 | |
| 감가상각비 | 1,800 | |
| 소모품비 | 700 | |
| 비용 계 | | 9,400 |
| 당기순이익 | | €31,600 |

## 확인 문제

**1** 에번 와츠는 2020년 1월 1일 치과업을 개시하고 첫 달에 다음과 같은 거래를 했다.

1. $2,400만큼의 치료를 했으나 아직 기록하지 않았다.
2. 전기료가 $400 발생했으나 기록되지 않았다.
3. 1월 1일 치과 설비를 $80,000에 구입하고 현금으로 $20,000를 지급하되 잔액은 액면가 $60,000, 3년 만기의 지급어음을 발행했다. 설비의 한 달 감가상각비는 $500이고 한 달 발생 이자는 $600인데 계상하지 않았다.
4. 1월 1일 $12,000를 지불하고 1년 만기 의료사고 보험에 가입했다.
5. 소모품을 $2,600에 구입했는데 1월 31일 $900가 남아 있다.

계정과목을 감가상각누계액, 감가상각비, 용역 매출, 매출채권, 이자비용, 미지급 이자비용, 선급보험료, 소모품, 소모품비, 전기료, 미지급 전기료로 하여 1월 31일의 수정 분개를 하라.

**해답**

| | | | |
|---|---|---|---|
| 1월 31일 | 매출채권 | 2,400 | |
| | 용역 매출 | | 2,400 |
| | 전기료 | 400 | |
| | 미지급 전기료 | | 400 |
| | 감가상각비 | 500 | |
| | 감가상각누계액 | | 500 |
| | 이자비용 | 600 | |
| | 미지급 이자비용 | | 600 |
| | 보험료($12,000 ÷ 12) | 1,000 | |
| | 선급보험료 | | 1,000 |
| | 소모품비($2,600 − $900) | 1,700 | |
| | 소모품 | | 1,700 |

**2** Venden Movers의 7월 한 달 동안 손익계산서상 용역 매출이 £8,700, 급여가 £2,500, 소모품비가 £1,700, 전기료가 £500이고 순이익이 £4,000이다. 그런데 다음과 같은 수정 사항이 발견되었다.

1. 7월 한 달간 소멸되는 보험료 £700가 선급비용에 남아 있다.
2. 소모품비에는 7월 31일 현재 아직 사용되지 않은 소모품이 £250 있다.
3. 감가상각비가 £300 있다.
4. 발생했으나 미지급된 급여 £400가 있다.
5. 용역을 제공했으나 기록되지 않은 매출이 £650 있다.

2020년 7월 한 달의 정확한 손익계산서를 작성하라.

**해답**

**Venden Movers**
**손익계산서**
**2020년 7월 1일부터 2020년 7월 31일까지**

| | | |
|---|---|---|
| 수익 | | |
| 용역 매출(£8,700 + £650) | | £9,350 |
| 비용 | | |
| 급여(£2,500 + £400) | £2,900 | |
| 소모품비(£1,700 − £250) | 1,450 | |
| 전기료 | 500 | |
| 보험료 | 700 | |
| 감가상각비 | 300 | |
| 비용 계 | | 5,850 |
| 순이익 | | £3,500 |

## 실습 문제

Desai Lawn Care는 4월 1일 잔디 관리 대행 사업을 개시했다. 다음은 4월 30일 시산표에서 추출한 계정이다(단위: 1,000).

| | |
|---|---|
| 선급보험료 | ₹ 3,600 |
| 설비 | 28,000 |
| 지급어음 | 20,000 |
| 선수수익 | 4,200 |
| 용역 매출 | 1,800 |

추가로 확인된 내용은 다음과 같다.

1. 선급보험료는 4월 1일에 가입했고 2년 만기이다.
2. 설비의 감가상각비는 월 ₹500이다.
3. 4월 1일 발행한 지급어음은 6개월 만기에 연 이자율이 12%이다.
4. 7명의 고객이 4월 1일부터 시작되는 6개월짜리 잔디 관리 패키지에 가입하고 각각 ₹600를 지급했다.
5. 회사가 잔디를 관리해주고 미처 기록하지 못한 용역 매출이 ₹1,500 있다.

4월의 수정 분개를 하고 계산 근거를 밝혀라.

해답

| 분개장 | | | | J1 |
|---|---|---|---|---|
| 일자 | 계정과목과 거래 내역 | Ref. | 차변 | 대변 |
| | 수정 분개 | | | |
| 4월 30일 | 보험료 | | 150 | |
| | 선급보험료 | | | 150 |
| | (기간 경과 보험료 인식: ₹3,600 ÷ 24 = ₹150 월할 보험료) | | | |
| 30일 | 감가상각비 | | 500 | |
| | 감가상각누계액 | | | 500 |
| | (감가상각비 인식) | | | |
| 30일 | 이자비용 | | 200 | |
| | 미지급 이자비용 | | | 200 |
| | (지급어음의 이자 계상: ₹20,000 × 12% × 1/12 = ₹200) | | | |
| 30일 | 선수수익 | | 700 | |
| | 용역 매출 | | | 700 |
| | (관리 서비스 제공 부분을 수익으로 인식: ₹600 ÷ 6 = ₹100, ₹100 × 7 = ₹700) | | | |
| 30일 | 매출채권 | | 1,500 | |
| | 용역 매출 | | | 1,500 |
| | (미기록된 용역 매출 인식) | | | |

## 단원 정리를 위한 질문

**1** a. 회계기간의 공준이 회계 처리에 미치는 영향을 설명하라.

b. 회계연도, 달력연도, 중간기간을 설명하라.

**2** 수정 분개와 밀접한 두 가지 IFRS 원칙은 무엇인가?

**3** 변호사인 수전 하디는 3월에 수임 계약을 한 변호 업무를 4월에 수행하고 5월에 수임료를 받았다. 만약 하디가 소속된 법무법인이 월별로 재무제표를 작성한다면 하디가 한 업무의 수익을 몇 월에 인식해야 하는지 밝히고 이유를 설명하라.

**4** 발생주의가 현금주의보다 더 유용한 정보를 제공하는 이유를 설명하라.

**5** 3번 문제에서 하디가 변호 업무를 하면서 발생시킨 비용이 있는데, 지불 내역을 보면 3월에는 £0, 4월에는 £2,000, 5월에는 £2,500(4월에 발생한 비용)가 표시되어 있다. 이에 법무법인이 수익을 인식한 달의 수익에서 얼마의 비용을 공제해야 하는지 밝히고 이유를 설명하라.

**6** "수정 분개는 역사적 원가주의 때문에 필요하다." 이 말에 동의하는지 밝히고 그 이유를 설명하라.

**7** 수정 분개 없이 시산표를 만들면 회계 정보가 완전하지 못한 이유를 설명하라.

**8** 수정 분개의 두 가지 유형을 구분하고 유형별로 어떤 내용이 있는지 설명하라.

**9** 선급비용의 수정 분개를 차변과 대변으로 나누어 설명하라.

**10** "감가상각은 자산의 공정가치를 보고하는 평가 과정이다." 이 말에 동의하는지 밝히고 그 이유를 설명하라.

**11** 감가상각비와 감가상각누계액의 차이를 설명하라.

**12** G. Phillips Company는 설비를 Rs18,000에 구입하고 결산일까지 Rs6,000를 감가상각했다면 재무상태표에 동 자산을 어떻게 공시해야 하는지 나타내라.

**13** 선수수익의 수정 분개를 차변과 대변으로 나누어 설명하라.

**14** Whistler Cabinets는 고객에게 용역을 수행했지만 아직 대금을 받지 못하여 일체의 회계 처리를 하지 않았기에 수정 분개를 한다면 (a) 자산, (b) 부채, (c) 수익, (d) 비용 중 어떤 계정이 영향을 받는지 차변과 대변으로 나누어 설명하라.

**15** 회사가 현금으로 지불하지 않은 비용에 대해 회계 처리를 하지 않아 수정 분개를 해야 한다면 (a) 자산, (b) 부채, (c) 수익, (d) 비용 중 어떤 계정이 영향을 받는지 차변과 대변으로 나누어 설명하라.

16 NT$27,000의 미수수익과 NT$21,000의 미지급비용에 대한 수정 분개를 하지 않았다면 당기순이익이 얼마나 과소계상되는지 산출하라.

17 1월 9일 회사가 급여 €6,000를 지급했는데 이 중 €2,000는 12월 31일 자 미지급 급여로 처리되어 있다면 급여 지급 시의 분개를 하라.

18 다음 각 경우에 필요한 수정 분개의 유형(선급비용, 선수수익, 미수수익, 미지급비용)을 모두 밝혀라.

- **a.** 자산의 과소계상
- **b.** 부채의 과대계상
- **c.** 부채의 과소계상
- **d.** 비용의 과소계상
- **e.** 자산의 과대계상
- **f.** 수익의 과소계상

19 다음은 수정 분개의 한쪽 변만 표시한 것인데 상대 변을 완성하라.

- **a.** 차변에 급여
- **b.** 차변에 감가상각비
- **c.** 대변에 미지급 이자비용
- **d.** 대변에 소모품
- **e.** 차변에 매출채권
- **f.** 차변에 선수수익

20 "수정 분개는 둘 이상의 재무상태표 또는 손익계산서 계정에 영향을 미칠 수 있다." 이 말에 동의하는지 밝히고 그 이유를 설명하라.

21 재무제표를 작성하려면 수정 후 시산표에서 해야 되는 이유를 설명하라.

*22 Dashan Company가 소모품을 구입하면 전액 비용으로 처리하고 선불로 받는 임대료 전액을 수익으로 처리할 때 필요한 수정 분개를 하라.

*23 **a.** 재무 보고의 주요 목적을 설명하라.

**b.** 유용한 회계 정보가 되기 위해 재무 보고가 갖추어야 할 요건을 설명하라.

*24 King Company의 CEO인 댄 피넴은 재고자산의 수량을 전기와 비교적 동일하게 유지하면서 2020년에 순이익을 크게 늘렸다고 임원 회의에서 자평했다. 이에 CFO인 하워드 그로스가 말하길, 사장인 킹이 재고자산 평가 방법을 임의로 변경한 결과일 수도 있어 계속성의 원칙에 위배될 뿐 아니라 경영 성과가 좋아졌는지 판단하기는 아직 이르다고 했다. 그로스의 의견에 동의하는지 밝히고 그 이유를 설명하라.

*25 비교 가능성과 계속성을 구분하여 설명하라.

*26 회계 정보 산출 시 비용의 제약에 대해 설명하라.

*27 Better Books의 퀸 베커 회장은 공정가치가 모든 회계의 측정 및 보고 기준으로 사용되지 않는 이유를 이해할 수 없다고 했다. 베커 회장에게 그 이유를 설명하라.

*28 경제적 실체의 공준을 설명하고 위반 사례를 제시하라.

## 가벼운 연습 문제

1 Althukair Company의 총계정원장에 있는 다음 계정에 대해 수정 분개가 필요한 이유를 설명하라.

- **a.** 선급보험료
- **b.** 감가상각비
- **c.** 선수수익
- **d.** 미지급 이자비용

2 다음은 Gee Company가 회계연도 말인 12월 31일에 수정 분개를 해야 할 내용이다. (a) 수정 분개의 유형(선급비용, 미수수익 등)을 선택하고, (b) 수정 분개를 하지 않는다면 '자산의 과소계상과 수익의 과소계상' 식으로 설명하라.

1. €150의 소모품이 미사용으로 남아 있다.
2. €900의 용역을 제공했지만 기록되지 않았다.
3. €200의 이자가 지급어음에 발생되었다.
4. 선불 임대료 €850가 수익으로 처리되었다.

3 Schramel Advertising의 12월 31일 자 시산표에 소모품 £2,100가 미사용으로 남아 있음에도 불구하고 전액 소모품 £6,700로 처리되어 소모품비가 £0로 표시되어 있다. 수정 분개를 하고 T 계정에 포스팅하여 소모품과 소모품비의 수정 후 잔액을 표시하라.

4 첫해 말에 Wolowitz Company의 시산표상 설비 장치가 €30,000 있으며, 해당 연도의 감가상각비가 €3,750로 추정됨에도 불구하고 감가상각누계액이 0으로 표시되어 있다. 이에 12월 31일에 해야 할 감가상각의 수정 분개를 하고 T 계정에 포스팅한 후 재무상태표에 설비 장치의 공시를 표시하라.

5 Major Ltd.는 2020년 7월 1일에 Orlow Insurance와 3년간 보험 계약을 하고 £15,120를 지불했다. 두 회사의 결산일은 12월 31일

이며 일단 현금 기준으로 회계 처리를 한 후 수정 분개를 통해 정정한다. Major Ltd.가 7월 1일에 한 분개와 12월 31일에 해야 할 수정 분개를 하라.

**6** 5번 문제에서 Orlow Insurance가 7월 1일에 한 분개와 12월 31일에 해야 할 수정 분개를 선수수익과 용역 매출 계정을 사용하여 제시하라.

**7** Abduli Marble의 회계 담당자가 결산일인 12월 31일에 해야 할 다음 내용에 대한 수정 분개를 하라. 계정과목으로 용역 매출, 매출채권, 이자비용, 미지급 이자비용, 급여, 미지급 급여를 사용하라.

1. 지급어음에 대해 €400의 이자가 발생했다.
2. 용역을 수행했으나 받지 못한 대금 €2,300를 기록하지 않았다.
3. 발생했지만 지불되지 않은 급여가 €900 있다.

**8** 다음은 Beowulf Travel의 시산표에서 찾은, 수정 분개의 대상이 될 수도 있는 재무상태표의 계정이다. (a) 수정 분개의 유형(선급비용, 선수수익, 미수수익, 미지급비용)을 선택하고, (b) 수정 분개 시 사용될 특정 상대 계정을 정하라.

| | |
|---|---|
| 매출채권 | 미지급 이자비용 |
| 선급보험료 | 선수 용역 매출 |
| 감가상각누계액 | |

**9** 2020년 12월 31일 자 Kwun Photos의 수정 후 시산표에 다음과 같은 계정이 있다(단위: 1,000). 손익계산서를 작성하라.

| | | | |
|---|---|---|---|
| 자본금 | ₩16,400 | 배당금 | ₩ 7,000 |
| 용역 매출 | 39,000 | 급여 | 16,000 |
| 보험료 | 2,000 | 임차료 | 4,000 |
| 소모품비 | 1,500 | 감가상각비 | 1,300 |

**10** 9번 문제의 자료를 이용하되 당기순이익은 ₩14,200, 1월 1일 자 기초 이익잉여금은 ₩7,240으로 가정하고 Kwun Photos의 이익잉여금계산서를 작성하라.

***11** Eckholm Pet Grooming은 모든 지출과 입금을 손익 계정으로 회계 처리하여 4월 30일 자 시산표에는 소모품비가 HK$28,000, 용역 매출이 HK$92,000 계상되어 있고 관련 재무상태표 계정은 모두 0으로 표시되었다. 결산일에 (a) 보유하고 있는 소모품이 HK$4,000 남아 있고, (b) 용역 매출 중 HK$30,000에 대한 용역 수행이 아직 이루어지지 않았다면 4월 30일에 해야 할 수정 분개를 제시하라.

***12** 다음 그림은 유용한 회계 정보가 되기 위한 질적 특성 내지 요건을 나타낸 것이다. 빈칸을 채워라.

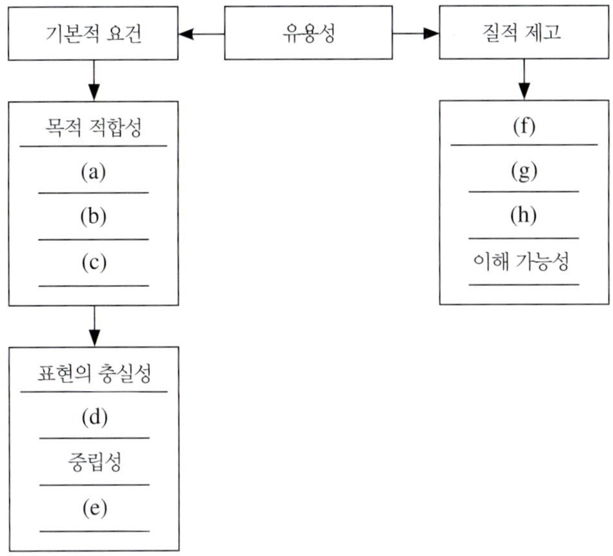


***13** 다음 빈칸에 유용한 회계 정보의 특징 내지 요건을 넣어라.

**a.** 정보가 _________을(를) 갖추려면 미래 지향적 가치나 확정적 가치가 있고 중요해야 한다.

**b.** _________ 은(는) 정보가 실제로 일어난 일을 정확하게 묘사하는 정도를 말한다.

**c.** _________은(는) 회사가 매년 동일한 회계 원칙과 방법을 사용해야 한다는 것을 뜻한다.

***14** 유용한 회계 정보의 질적 특성에 대한 설명을 아래 보기에서 골라라.

| | |
|---|---|
| 1. 미래 지향적 가치 | 2. 중립성 |
| 3. 검증 가능성 | 4. 적시성 |

**a.** 회계 정보는 미래에 대한 정확한 기대치를 제공하는 데 도움을 준다.

**b.** 회계 정보는 특정 이해관계자에게 유리하게 작성하면 안 된다.

**c.** 독립적인 여러 사람이 동일한 방법을 사용하여 유사한 결과를 얻는 정보의 품질을 말한다.

**d.** 회계 정보는 의사결정에 영향을 미칠 수 있을 때 의사결정자에게 제때 제공되어야 한다.

***15** 완전공시의 원칙에 대한 설명으로 옳은 것은?

**a.** 재무제표는 원가 기준으로 모든 자산을 공시해야 한다.

**b.** 재무제표는 화폐로 측정할 수 있는 거래만 공시해야 한다.

**c.** 재무제표는 재무제표 이용자에게 중요한 모든 사건과 상황을 공시해야 한다.

**d.** 감사인이 적정 의견을 표명하지 않은 재무제표를 신뢰하면 안 된다.

## DO IT! 적용 문제

**1** 다음 용어에 대한 설명을 아래 보기에서 골라라.

1. 현금주의 회계
2. 회계연도
3. 수익 인식의 원칙
4. 비용 인식의 원칙

**a.** 월별, 분기별 기간
**b.** 기업의 활동 기간을 인위적으로 나눈다.
**c.** 노력(비용)은 성과(수익)를 창출하기 위해 자산을 사용하거나 부채를 발생시킨 기간에 인식되어야 한다.
**d.** 현금을 받을 때 수익을 기록하고 현금을 지출할 때 비용을 기록한다.
**e.** 1년의 회계기간이다.
**f.** 1월 1일에 시작하여 12월 31일에 끝나는 회계기간이다.
**g.** 기업은 사건이 발생한 기간에 거래를 기록한다.
**h.** 수행 의무가 이행되는 회계기간에 수익을 인식한다.

**2** 다음은 2020년 3월 31일 Lafayette Ski School의 총계정원장에서 가져온 계정으로 수정 분개를 하기 전이다.

| | 차변 | 대변 |
|---|---|---|
| 선급보험료 | CHF 2,400 | |
| 소모품 | 2,500 | |
| 설비 | 30,000 | |
| 선수수익 | | CHF9,000 |

관련 계정의 분석 내용은 다음과 같다.

1. 월 보험료는 CHF400이다.
2. 결산일 현재 미사용 소모품이 CHF1,600 있다.
3. 설비는 매월 CHF480만큼 감가상각한다.
4. 3월 중 선수수익의 2/5를 수행했다.

3월의 수정 분개를 하라.

**3** Pegasus Computer Services는 2020년 7월에 영업을 시작했다. 회사는 월별로 결산을 하는데 수정 분개를 할 내용은 다음과 같다.

1. 7월 31일 기준 회사는 직원들에게 €1,300만큼의 일을 시켰으며 동 금액을 8월에 지급할 예정이다.
2. 7월 1일, 회사는 현지 은행에서 10년 만기의 어음을 담보로 발행하고 €20,000를 빌렸다. 연 이자율은 6%이다.
3. 7월에 기록되지 않은 용역 매출이 €2,400 있다.

2020년 7월 31일에 필요한 수정 분개를 하라.

**4** 2020년 4월 1일에 설립된 Ming Co.는 분기별로 결산을 한다. 다음은 6월 30일 기준 수정 후 시산표이다.

| | 차변 | | 대변 |
|---|---|---|---|
| 현금 | R$ 5,360 | 감가상각누계액 | R$ 700 |
| 매출채권 | 580 | 지급어음 | 4,000 |
| 선급임차료 | 1,120 | 미지급금 | 790 |
| 소모품 | 920 | 미지급 급여 | 300 |
| 설비 | 12,000 | 미지급 이자비용 | 40 |
| 배당금 | 500 | 선수 임대료 수익 | 400 |
| 급여 | 7,400 | 자본금 | 11,200 |
| 임차료 | 1,200 | 용역 매출 | 11,360 |
| 감가상각비 | 700 | 임대료 수익 | 1,600 |
| 소모품비 | 160 | | R$30,390 |
| 수도광열비 | 410 | | |
| 이자비용 | 40 | | |
| | R$30,390 | | |

**a.** 4월 1일부터 6월 30일까지의 분기에 발생한 순이익을 산출하라.
**b.** 2020년 6월 30일 기준 자산과 부채를 산출하라.
**c.** 2020년 6월 30일 기준 이익잉여금을 산출하라.

## 단원 연습 문제

**1** 클로이 데이비스는 회계기간의 공준과 관련하여 다음과 같은 자료를 마련했다. 각각의 설명이 맞으면 ○, 틀리면 ×로 표시하고 틀린 부분을 바르게 고쳐라.

1. 회사의 존속 기간을 인위적인 시간 단위로 나누지 않는다면 수정 분개는 필요하지 않다.
2. 국세청은 기업에 1년 단위로 세금 보고서를 제출할 것을 요구한다.
3. 회계결산을 하기 위해 기업의 존속 기간을 인위적인 기간으로 나누지만 각 거래는 이 기간 중 하나에만 영향을 미칠 뿐이다.
4. 회계기간은 일반적으로 월, 분기, 1년이다.
5. 1년 회계기간을 중간기간이라고 한다.
6. 모든 회계연도는 달력연도이지만 모든 달력연도가 회계연도는 아니다.

**2** 오랫동안 정부는 발생주의 회계에 기초해야 한다고 제안하는 의견이 많았는데, 이는 사실 비중 있게 다루어야 할 이슈이다. 정부 회계에 누락된 부채와 손실이 득실하기 때문이다.

**a.** 발생주의 회계와 현금주의 회계의 차이를 설명하라.

**b.** 왜 정치인은 발생주의보다 현금주의 회계를 선호하는지 추정해보라.

**c.** 정부가 발생주의 회계를 채택해야 하는 이유를 설명하라.

**3** Carillo Painting은 2020년에 고객으로부터 £108,000를 수령했는데, 이 중 £25,000는 2019년에 수행된 용역에 대한 것이다. 또한 2020년에 £36,000 상당의 용역을 수행했으나 2021년까지 회수하지 못했다.

Carillo Painting은 2020년에 비용에 대해 £72,000를 지불했는데, 이 중 £30,000는 2019년에 발생한 비용에 대한 것이다. 또한 2020년에 £42,000의 비용이 발생했으며 이를 2021년에 지급할 계획이다.

**a.** 현금주의에 의거하여 2020년의 순이익을 산출하라.

**b.** 발생주의에 의거하여 2020년의 순이익을 산출하라.

**4** Yilmaz A.Ş.는 다음과 같은 상황이다.

1. 2020년에 고객으로부터 용역 대금으로 ₺1,300를 수령했지만 2021년에 용역을 수행할 계획이다.
2. 수도광열비가 발생했지만 현금으로 지불하지 않아 회계 기록을 하지 않았다.
3. 직원이 2020년에 일한 3일분 급여를 2021년에 지급한다.
4. 고객을 위해 용역을 수행하더라도 보수를 현금으로 받을 때까지는 회계 기록을 하지 않는다.
5. 12월 1일부터 4개월간의 임차료 ₺2,800를 12월 1일에 지급했다.
6. 향후 수행할 용역에 대해 미리 현금을 받으면 용역이 수행될 때까지 부채로 기록한다.
7. 2020년 12월에 고객에게 컨설팅을 수행하고 보수 ₺1,200를 청구하지 않았다.
8. 현금을 지불한 비용을 실제로 소진될 때까지 자산으로 기록한다.
9. 2020년에 ₺900의 소모품을 구입했는데 연말 현재 ₺400가 미사용 상태이다.
10. 2020년 1월 1일에 설비를 구입했는데 5년 동안 사용할 예정이다.
11. 2020년 10월 1일에 ₺12,000를 차입하고 이자율 8%의 1년 만기 약속어음을 발행했다.

2020년 12월 31일 각 상황에 필요한 수정 분개의 유형(선급비용, 선수수익, 미지급비용, 미수수익)을 밝혀라.

**5** 다음은 Hwang Ltd.의 2020년 12월 31일 기준 계정이다.

| | |
|---|---|
| 매출채권 | NT$ –0– |
| 감가상각누계액 | –0– |
| 설비 | 7V000 |
| 미지급 이자비용 | –0– |
| 지급어음 | 10,000 |
| 선급보험료 | 2,100 |
| 미지급 급여 | –0– |
| 소모품 | 2,450 |
| 선수수익 | 32,000 |

2020년 12월 31일에 수집된 거래에 관한 정보는 다음과 같다.

1. 2020년 9월 1일에 이자율 9%의 1년 만기 약속어음을 발행하고 NT$10,000를 차입했다.
2. 2020년 12월 31일에 미사용 소모품은 NT$900이다.
3. 2020년 설비의 감가상각액은 NT$1,000이다.
4. 2020년 6월 1일에 12개월 보험료로 NT$2,100를 지불했다.
5. 2020년 12월 1일부터 2021년 3월 31일까지의 용역 컨설팅을 수임하고 2020년 12월 1일 NT$32,000를 수령했다.
6. 2020년 12월에 고객에게 컨설팅을 해주고 NT$4,200를 청구했다.
7. 전주 5일(월요일~금요일)의 급여를 매주 월요일에 NT$9,000 지급한다. 12월 29일 월요일에는 12월 26일로 끝나는 주의 급여를 지급했는데, 모든 직원은 2020년 마지막 3일 동안 근무한 바 있다.

위 거래에 대해 수정 분개를 하라.

**6** Orwell Surf Shop이 12월 31일 기준으로 수정 분개를 해야 할 내용이 다음과 같다.

1. €3,000의 용역을 수행했지만 보수를 청구하지 않았다.
2. €300의 소모품을 사용했다.
3. 수도광열비 €552가 지불되지 않았다.
4. 용역 보수 €260가 선불되었다.
5. 급여 €800가 지불되지 않았다.
6. 선급보험료 €350가 경료되었다.

위의 각 항목에 대해 다음 문제를 풀라.

**a.** 수정 분개의 유형(선급비용, 선수수익, 미수수익, 미지급비용)을 선택하라.

**b.** 수정 분개 전 계정의 상태를 과대표시 또는 과소표시로 나타내라.

**7** Villa Rental Agency가 올해 3월 31일 수정 분개를 준비하기 전 총계정원장상 금액이 다음과 같다.

| | 차변 | 대변 |
|---|---|---|
| 선급보험료 | € 3,600 | |
| 소모품 | 2,800 | |
| 설비 | 25,000 | |
| 감가상각누계액 | | € 8,400 |
| 지급어음 | | 20,000 |
| 선수 임대료 수익 | | 10,200 |
| 임대료 수익 | | 60,000 |
| 이자비용 | –0– | |
| 급여 | 14,000 | |

다음은 계정의 분석 내용이다.

1. 설비는 매달 €400만큼 감가상각한다.
2. 선수 임대료 수익의 1/3은 분기 동안 의무 이행을 했다.
3. 지급어음에 대해 €500의 이자가 발생한다.
4. 보유하고 있는 미사용 소모품은 €750이다.
5. 보험은 월 €300의 비율로 경료된다.

수정 분개를 분기별로 한다고 가정하고 3월 31일 기준으로 수정 분개를 하라. 추가로 인식할 계정은 감가상각비, 보험료, 미지급 이자비용, 소모품비 등이다.

**8** 로레나 만조네는 2020년 1월 1일 치과를 개원했는데 첫 달에 다음 거래가 발생했다.

1. 치과 보험에 가입한 환자에게 1월 31일 치료를 해주었지만 치료비 €785를 회계 처리하지 않았다.
2. 1월 31일 이전에 발생했으나 지불하지 않은 수도광열비는 €650이다.
3. 1월 1일에 €80,000의 치과용 설비를 구입하면서 현금으로 €30,000를 지불하고 잔액 €50,000에 대해서는 3년 만기 약속어음을 발행했다. 설비는 매월 €400만큼 감가상각되고 지급이자는 월 €500이다.
4. 1월 1일에 €24,000를 지불하고 1년짜리 의료사고 보험에 가입했다.
5. 치과용 소모품을 €1,600에 구입했다. 1월 31일에 소모품 €400가 남아 있다.

1월 31일 기준 수정 분개를 하되 계정과목으로 감가상각누계액, 감가상각비, 용역 매출, 매출채권, 보험료, 이자비용, 미지급 이자비용, 선급보험료, 소모품, 소모품비, 수도광열비, 미지급 수도광열비를 사용하라.

**9** 그림 3.3에 제시된 Yazici Advertising A.Ş.의 시산표를 활용하되, 10월 31일 자로 본문에 표시된 수정 분개 대신 다음과 같은 수정 분개를 가정한다.

1. 10월 31일 현재 미사용 소모품 ₺500를 보유하고 있다.
2. 해당 월이 경료된 보험은 ₺120이다.
3. 해당 월의 감가상각은 ₺50이다.
4. 선수수익 중 10월에 ₺600의 용역이 수행되었다.
5. 10월 31일에 수행되었으나 기록되지 않은 용역은 ₺360이다.
6. 10월 31일에 발생한 이자는 ₺95이다.
7. 10월 31일 현재 미지급 급여는 ₺1,625이다.

위 항목에 대해 수정 분개를 하라.

**10** Bjorn ASA의 7월 손익계산서는 용역 매출 €5,500, 급여 €2,300, 소모품비 €1,200, 수도광열비 €600를 기준으로 순이익 €1,400를 시현하는데 다음과 같은 내용이 발견되었다.

1. 7월에 경료된 보험료 €500가 누락되었다.
2. 소모품비에는 7월 31일 현재 보유하고 있는 미사용 소모품 €250가 포함되어 있다.
3. 설비의 감가상각 €150가 누락되었다.
4. 7월 31일 기준으로 발생했으나 지급하지 않은 급여 €400가 누락되었다.
5. 수행했으나 기록되지 않은 용역 €650가 있다.

2020년 7월의 정확한 손익계산서를 작성하라.

**11** 다음은 2020년 1월 31일 기준 Rooney Sports의 수정 후 시산표상 일부 계정이다.

**Rooney Sports**
**수정 후 시산표**
**2020년 1월 31일 기준**

| | 차변 | 대변 |
|---|---|---|
| 소모품 | £ 850 | |
| 선급보험료 | 2,400 | |
| 미지급 급여 | | £ 920 |
| 선수 용역 매출 | | 750 |
| 소모품비 | 950 | |
| 보험료 | 400 | |
| 급여 | 2,900 | |
| 용역 매출 | | 2,000 |

회계연도가 1월 1일에 시작한다고 가정하고 다음 문제를 풀라.

**a.** 시산표의 소모품비 금액은 1월 31일의 수정 분개로 인해 계산된 것이다. 만약 1월에 구입한 소모품이 £1,000라면 1월 1일의 소모품 금액을 산출하라.

**b.** 시산표의 보험료는 1월 31일 수정 분개로 인해 계산된 것이

다. 계약한 보험료가 1년 기간에 대한 것이라면 총보험료는 얼마이고, 언제 보험에 가입했는지 계산하라.

**c.** 급여 £3,800가 1월에 지급되었다면 2019년 12월 31일 기준 미지급 급여를 산출하라.

**12** 다음은 Al-Kazaz Interiors의 일부 계정과목이다.

**소모품비**

| | | | | | |
|---|---|---|---|---|---|
| 7/31 | | 900 | | | |

**소모품**

| | | | | | |
|---|---|---|---|---|---|
| 7/1 | 잔액 | 1,100 | 7/31 | | 900 |
| 7/10 | | 650 | | | |

**매출채권**

| | | | | | |
|---|---|---|---|---|---|
| 7/31 | | 500 | | | |

**급여**

| | | | | | |
|---|---|---|---|---|---|
| 7/15 | | 1,200 | | | |
| 7/31 | | 1,200 | | | |

**미지급 급여**

| | | | | | |
|---|---|---|---|---|---|
| | | | 7/31 | | 1,200 |

**선수 용역 매출**

| | | | | | |
|---|---|---|---|---|---|
| 7/31 | | 1,150 | 7/1 | 잔액 | 1,500 |
| | | | 7/20 | | 1,000 |

**용역 매출**

| | | | | | |
|---|---|---|---|---|---|
| | | | 7/14 | | 2,200 |
| | | | 7/31 | | 1,150 |
| | | | 7/31 | | 500 |

계정을 분석하여 (a) 7월 거래에 대한 분개와 (b) 7월 31일의 수정 분개를 하라. (힌트: 7월의 거래는 모두 현금 기준이다.)

**13** 다음은 Yoon Lumber Supply의 수정 분개 전 2020년 7월 31일자 계정이다.

| | 차변 | 대변 |
|---|---|---|
| 지급어음 | | ₩ 20,000 |
| 소모품 | ₩ 24,000 | |
| 선급임차료 | 3,600 | |
| 건물 | 250,000 | |
| 감가상각누계액 | | 140,000 |
| 선수수익 | | 11,500 |

아래는 회사의 계정을 분석한 내용이다.

1. 지급어음에는 연 6%의 이자를 지급한다.
2. 월말 현재 보유 중인 미사용 소모품은 ₩18,600이다.
3. 선급임차료는 4개월간 임차료이다.
4. 미지급 급여 ₩3,100이 있다.
5. 건물에 대한 감가상각은 연간 ₩6,000이다.
6. 당월 중 회사는 선수수익과 관련하여 ₩4,700의 채무를 이행했다.
7. 미지불된 유지보수 비용은 ₩2,300이다.

수정 분개가 월별로 만들어진다고 가정하고 7월 31일의 수정 분개를 작성하되, 필요하다면 추가 계정을 사용하라.

**14** 2020년 12월 31일 Waters Electricians는 손익계산서와 재무상태표를 작성했지만 다음의 세 가지 수정 분개를 고려하지 않았다. 그래서 틀린 재무상태표에는 자산 €150,000, 부채 €70,000, 자본 €80,000가 표시되어 있고, 잘못된 손익계산서는 €70,000의 순이익을 나타내고 있다.

1. 12월 마지막 2일 동안 €10,000에 해당하는 급여를 지급하지 않아 기록되지 않았다. 급여는 1월에 지급된다.
2. 12월 1일에 2개월분 임대료 €8,000를 받았는데 모두 선수 임대료 수익의 대변으로 처리되었다.
3. 2020년의 감가상각비는 €9,000이다.

다음 표를 완성하여 재무제표를 수정하라(차감은 괄호로 표시).

| 과목 | 순이익 | 총자산 | 총부채 | 자본 |
|---|---|---|---|---|
| 수정 전 금액 | €70,000 | €150,000 | €70,000 | €80,000 |
| 수정: | | | | |
| 급여 | ______ | ______ | ______ | ______ |
| 임대료 수익 | ______ | ______ | ______ | ______ |
| 감가상각 | ______ | ______ | ______ | ______ |
| 수정 후 금액 | ______ | ______ | ______ | ______ |

**15** 다음은 Action Quest Games의 2020년 12월 31일로 종료되는 회계연도의 수정 분개를 위한 자료이다.

1. 6월 1일, 현금 $1,800를 지불하고 1년짜리 보험에 가입했다.
2. 8월 31일, 5개월분 임차료 $6,500를 선지급했다.
3. 9월 4일, 게임 실력이 우수한 학생들을 후원하는 단체로부터 학생들의 게임 사용료 총 9개월분의 선불로 현금 $3,600를 받았다.
4. 12월 1일부터 월 $1,000에 청소 용역을 받기로 하고 11월 30일에 첫 2개월분을 지불했다. (힌트: 선급 청소비 계정을 사용하여 선불금을 기록한다.)
5. 12월 5일, 게임 클럽으로부터 $1,500의 게임 사용료를 미리 받았는데 12월 31일 기준 $475의 게임이 아직 플레이되지 않은 것으로 확인되었다.

**a.** 각각의 거래를 분개하라.

**b.** 각각의 거래에 대해 12월 31일에 해야 할 수정 분개를 하라. (힌트: 3번은 용역 매출, 4번은 유지보수비 계정을 사용한다.)

**c.** 위의 두 분개를 T 계정에 포스팅하고 각 계정의 잔액을 표시하라(현금 계정의 포스팅은 생략한다).

**16** 다음은 연말결산을 하는 Greenock Company의 2020년 12월 31일로 종료되는 회계연도의 발생과 관련된 수정 분개 내용으로 모두 회계 처리를 하지 않았다.

1. 12월 수도광열비 $425의 청구서를 받고 2021년 1월 11일에 지급했다.
2. 주 7일을 영업하는 Greenock의 직원들은 주 7일(월요일~일요일) 근무에 대해 다음 주 월요일마다 총 $3,500를 받는다. 결산일인 12월 31일은 목요일이므로 직원들은 연말까지 일한 4일(12월 28일 월요일~12월 31일 목요일)에 대한 급여를 2021년 1월 4일에 받는다.
3. 2020년 11월 1일에 은행으로부터 2년 만기, 이자율 5%에 $48,000를 대출받았는데, 2020년에 대한 이자를 2021년 1월 1일에 지급했다.
4. 옆집 피자 가게로부터 시설 사용료를 받는데, 12월에 받아야 할 금액은 $300이고 2021년 1월 4일에 수령할 예정이다. (힌트: 용역 매출 계정을 사용한다.)
5. 창고의 여유 공간을 월 $6,000에 빌려주고 매달 1일에 후불로 임대료를 받는다. 2021년 1월 2일에 지난해의 12월 임대료를 받았다.

**a.** 12월 31일에 해야 할 수정 분개를 작성하라(계산은 반올림).

**b.** 2021년에 해야 할 현금 거래를 분개하라.

**17** 다음은 Matusiak OAO의 수정 분개 전후 시산표이다.

**Matusiak OAO**
**시산표**
**2020년 8월 31일 기준**

| | 수정 전 | | 수정 후 | |
|---|---|---|---|---|
| | 차변 | 대변 | 차변 | 대변 |
| 현금 | €10,400 | | €10,400 | |
| 매출채권 | 8,800 | | 11,200 | |
| 소모품 | 2,300 | | 700 | |
| 선급보험료 | 4,000 | | 2,500 | |
| 설비 | 14,000 | | 14,000 | |
| 감가상각누계액 | | € 3,600 | | € 4,500 |
| 지급채무 | | 5,800 | | 5,800 |
| 미지급 급여 | | –0– | | 1,100 |
| 선수 임대료 수익 | | 1,500 | | 400 |
| 자본금 | | 12,600 | | 12,600 |
| 이익잉여금 | | 3,000 | | 3,000 |
| 용역 매출 | | 34,000 | | 36,400 |
| 임대료 수익 | | 11,000 | | 12,100 |
| 급여 | 17,000 | | 18,100 | |
| 소모품비 | –0– | | 1,600 | |
| 임차료 | 15,000 | | 15,000 | |
| 보험료 | –0– | | 1,500 | |
| 감가상각비 | –0– | | 900 | |
| | €71,500 | €71,500 | €75,900 | €75,900 |

어떤 수정 분개가 있었는지 작성하라.

**18** 17번 문제에 주어진 Matusiak OAO의 수정 후 시산표를 이용하여 8월 31일에 종료되는 회계연도의 손익계산서와 이익잉여금계산서, 8월 31일 현재의 재무상태표를 작성하라.

**19** 다음은 발생주의를 적용하는 Newman Billiards Club의 비교재무상태표에서 추출한 자료이다.

| 12월 31일 | 2020 | 2019 |
|---|---|---|
| 매출채권 | £16,000 | £ 8,000 |
| 선수수익 | 17,000 | 25,000 |

클럽 시설의 사용 빈도에 따라 회원에게 요금이 청구되며, 선수수익은 회원이 향후 클럽 시설을 사용할 수 있는 상품권 판매에서 발생했다. 2020년 손익계산서상 용역 매출은 £161,000이다. (힌트: T 계정을 사용하면 거래를 분석하는 데 도움이 된다.)

**a.** 다음은 2020년에 발생한 거래이다. 위 자료를 이용하여 분개하라.

1. 2019년의 매출채권을 모두 회수했다.
2. 2019년의 상품권이 전량 사용되었다.
3. 2020년에 £38,000 상당의 상품권을 판매하여 일부는 사용되고 일부는 미사용 상태이다.
4. 2020년 회원에게 사용료를 청구했다.
5. 2020년 매출채권(4번에서 청구한 것)의 일부를 회수했다.

**b.** 2020년 동안 회원 사용료로 클럽이 수령한 현금액을 산출하라.

***20** 다음은 Vissar Foods의 2020년 12월 31일 총계정원장에서 가져온 계정이다.

| | |
|---|---|
| 용역 매출 | €40,000 |
| 보험비 | 2,400 |
| 소모품비 | 2,450 |

위 계정은 모두 정상적인 경우의 금액이다. Vissar Foods는 비용을 지급할 때는 선급비용으로 차변에 기록하고 수익을 수령할 때는 선수수익의 대변에 기록한다. 2020년 12월 31일에 수집된 내용은 다음과 같다.

1. 2020년 6월 1일에 12개월의 보험료 €2,400를 지불했다.
2. 2020년 12월 1일부터 2021년 3월 31일까지 수행할 용역 대금 €40,000를 2020년 12월 1일에 수령했다.
3. 2020년 12월 31일 €600의 소모품이 미사용이다.

2020년 12월 31일에 해야 할 수정 분개를 작성하라.

***21** Moretti Automotive는 비용을 지급할 때 선급비용으로 차변에 처리하고, 수익으로 현금을 수령하면 선수수익의 대변에 처리한다. 다음은 올해 1월에 발생한 거래이다.

| | |
|---|---|
| 1월 2일 | 1년간 화재 보험료로 €1,920를 지불했다. |
| 10일 | 소모품 구입에 €1,700를 지불했다. |
| 15일 | 향후 용역을 수행하기로 하고 대금 €6,100를 받았다. |

1월 31일 기준으로 용역 €2,100를 수행하고 미사용 소모품 €650가 있다.

**a.** 1월에 발생한 거래를 분개하고 T 계정에 포스팅하라.

**b.** 1월 31일에 해야 할 수정 분개를 하고 T 계정에 포스팅하라.

**c.** 각 계정의 기말 잔액을 산출하라.

***22** 다음 공준과 원칙은 부록 3B에서 설명한 것이다.

1. 완전공시의 원칙
2. 계속기업의 공준
3. 화폐 가치 측정의 공준
4. 회계기간의 공준
5. 역사적 원가법
6. 경제적 실체의 공준

각 원칙과 공준에 대한 설명을 아래 보기에서 골라라(일대일 대응).

**a.** 공장 설비가 청산가격으로 측정되지 않는 이론적 근거이다. (주의: 역사적 원가법으로 답하지 말라.)

**b.** 회계 대상으로서의 개인과 사업을 별도로 구분하여 유지한다.

**c.** 화폐를 재무 성과를 보고하는 데 사용되는 측정 도구로 정한다.

**d.** 모든 재무 정보를 귀속 기간으로 나누어 보고한다.

**e.** 신뢰성 있는 공정가치가 없을 때 사용되는 측정 기준이다.

**f.** 재무제표 이용자에게 중요한 모든 상황과 사건을 공시해야 한다.

***23** 다음은 Weber Co.가 2020년에 저지른 위반 사항이다.

1. 원가 $208,000의 재고자산을 $260,000의 공정가치로 공시했다.
2. 오스틴 웨버 사장이 개인적인 용도로 트럭을 구입하고 Weber Co.의 회계 처리로 했다.
3. 2020년의 이익을 더 보기 좋게 만들기 위해 회계기간에 2주를 더 추가했다. 이전 회계연도는 52주였는데 54주가 되었다.

어떤 공준과 원칙을 위배했는지 밝히고 Weber Co.가 해야 할 올바른 행동을 제시하라.

*24 다음은 IASB가 회계기준을 만들면서 고려한 공준, 원칙, 제한 등이다.

| | |
|---|---|
| 목적 적합성 | 비용 인식의 원칙 |
| 표현의 충실성 | 회계기간의 공준 |
| 비교 가능성 | 계속기업의 공준 |
| 계속성 | 역사적 원가법 |
| 화폐 가치 측정의 공준 | 완전공시의 원칙 |
| 경제적 실체의 공준 | 중요성 |

위의 각 항목에 대한 설명을 아래 보기에서 골라라.

1. 회사 간 비교로 회사의 결과를 상대적으로 쉽게 평가하는 기능
2. 회사가 계속 지속될 것이라는 사고
3. 항목의 크기가 의사결정자에게 영향을 줄 정도로 충분히 큰지 여부
4. 재무제표 사용자에게 영향을 줄 수 있는 모든 정보의 보고
5. 일정한 시간 간격을 두고 재무제표를 작성
6. 의사결정에 영향을 끼치는 정보의 품질
7. 구입하기 위해 지불한 가격으로 자산을 측정해야 한다는 믿음
8. 매년 동일한 회계 원칙과 방법을 적용해야 한다는 사고
9. 특정 회계 대상에 관련된 거래만 회계 처리
10. 재무제표의 편향을 최소화하려는 입장
11. 화폐 단위로 측정할 수 있는 것만 보고
12. 노력(비용)은 결과(수익)를 생성하는 기간에 인식

*25 캐나다 밴쿠버에 본사를 둔 라이팅스파이웨어인터내셔널(Writing Speyeware International)은 인터넷과 컴퓨터 보안 제품을 전문으로 취급하는 회사로, 설립 이후 계속 적자를 냈고 최근 재무상태표에서도 $5,678,288의 적자를 시현했다. 이러한 손실에도 불구하고 스파이웨어의 주식은 캐나다 증권거래소에서 최고 $3.70에서 최저 $0.32로 거래되고 있다. 스파이웨어의 재무제표는 그동안 캐나다 달러로 작성되었는데 최근 보고 화폐를 미국 달러로 변경했다.

**a.** 재무 보고의 목적을 기술하고 재무 보고가 어떻게 스파이웨어 주주의 요구 사항을 모두 충족할 수 있는지 설명하라.

**b.** 지난 몇 년 동안 손실을 보고했음에도 투자자들이 스파이웨어의 주식을 사려는 이유를 정보의 목적 적합성 관점에서 설명하라.

**c.** 캐나다 달러에서 미국 달러로 보고 화폐를 변경한 것이 스파이웨어의 투자자들에게 어떤 영향을 미쳤을지 정보의 비교 가능성 관점에서 설명하라.

*26 민디 게어는 최근 이학 학사 학위를 취득하고 생명공학 회사에 취업했다. 이 회사는 획기적인 신약을 개발하기 위해 거액의 자금을 공개 모집하고 있는데, 이 때문에 잠재적 투자가를 위한 투자 설명서를 작성해야 한다.[7]

민디는 투자 설명서에 임상실험에 관한 자세한 결과를 포함하는 것이 좋겠다고 사장에게 제안했다. 생명공학 산업에서의 신약 성공률은 10%에 불과하여 투자가들이 자칫 망설일 수 있는데, 그동안 회사가 신약 개발과 관련하여 발견한 과학적 사실과 개발 공식, 획기적인 실험 결과 등을 상세히 보고한다면 성공 확률이 매우 높다는 것을 강력하게 피력할 수 있다고 생각했기 때문이다. 하지만 사장은 답답하게도 회계원칙의 준수에 대해서만 언급했다. 이 상황에서 도대체 회계원칙이 뭐길래 그런 내용을 설명서에 못 싣는지 민디는 이해가 되지 않았다. 사실 신입 사원인 민디가 보기에도 회사는 제품 개발에 대한 매우 고무적인 과학적 결과뿐만 아니라 재능 있는 직원을 보유하고 있으며, 신약이 성공하는 경우 유명 제약 회사를 통한 판로 개척까지 이미 다 끝내놓은 상태이다. 지금은 비록 판매가 없지만 신약이 성공하면 엄청난 매출이 생길 것으로 전망된다. 그저 지금은 정부의 승인을 얻는 데 필요한 임상실험을 통과하기 위한 자금이 필요할 뿐이다. 머지않아 투자가들은 민디의 의견이 반영된 투자 설명서를 읽고 일찌감치 이 회사에 투자한 것을 매우 기뻐할 것이라고 민디는 확신한다.

**a.** 회계 정보란 무엇인지 설명하라.

**b.** 잠재적 투자가에게 보고해야 하는 내용으로 민디의 제안이 회계 정보의 질적 특성에 부합하는지, 재무 보고 지침을 준수하는지에 대해 설명하라.

## 마무리 연습 문제

1 세이디 쿠오노는 2020년 5월 1일에 컨설팅 회사인 Cuono Consulting을 설립하고 사업을 시작했다. 5월 31일 자 시산표는 다음과 같다.

이 밖에도 Cuono Consulting의 계정일람표에는 다음과 같은 계정과 계정 번호가 있다.

7 역자 주: 투자 설명서에는 자본시장법 등 관련 법에 따라 투자 위험을 위주로 의사결정을 돕는 내용을 담는다.

**Cuono Consulting**
**시산표**
**2020년 5월 31일 기준**

| 계정 번호 | | 차변 | 대변 |
|---|---|---|---|
| 101 | 현금 | € 4,500 | |
| 112 | 매출채권 | 6,000 | |
| 126 | 소모품 | 1,900 | |
| 130 | 선급보험료 | 3,600 | |
| 149 | 설비 | 11,400 | |
| 201 | 지급채무 | | € 4,500 |
| 209 | 선수수익 | | 2,000 |
| 311 | 자본금 | | 18,700 |
| 400 | 용역 매출 | | 9,500 |
| 726 | 급여 | 6,400 | |
| 729 | 임차료 | 900 | |
| | | €34,700 | €34,700 |

No. 150 감가상각누계액
No. 212 미지급 급여
No. 631 소모품비
No. 717 감가상각비
No. 722 보험료
No. 732 수도광열비

다음은 수정 분개에 관한 내용이다.

1. 소모품 중 €900가 해당 월에 사용되었다.
2. 2020년 5월 31일 기준 발생했으나 지급하지 않은 수도광열비는 €250이다.
3. 보험 기간은 2년이다.
4. 선수수익 중 €400만 월말에 선수수익으로 남아 있다.
5. 5월 31일은 수요일이고 직원들은 금요일에 급여를 받는다. 주 5일 일하고 €920를 받는 직원만 2명 있다.
6. 사무용 가구는 수명이 5년이며 잔존 가치가 없다. 60개월 동안 매월 €190로 감가상각된다.
7. 해당 월에 수행된 용역 중 €1,700에 해당하는 송장이 5월 31일 현재 기록되지 않았다.

**a.** 5월에 해야 할 수정 분개를 하되 분개장의 쪽수 번호를 J4로 하라.
**b.** 수정 분개를 총계정원장에 포스팅하라. 계정별 금액을 상기 시산표에서 옮겨 적되 포스팅 참조 칸에 확인 표시를 하라.
**c.** 2020년 5월 31일의 수정 후 시산표를 작성하라.

c. 수정 후 시산표의 합 €37,944

**2** 2020년 5월 1일에 문을 연 Lazy River Resort의 5월 31일 수정 전 시산표는 다음과 같다.

**Lazy River Resort**
**시산표**
**2020년 5월 31일 기준**

| 계정 번호 | | 차변 | 대변 |
|---|---|---|---|
| 101 | 현금 | € 3,400 | |
| 126 | 소모품 | 2,080 | |
| 130 | 선급보험료 | 2,400 | |
| 140 | 토지 | 12,000 | |
| 141 | 건물 | 60,000 | |
| 149 | 설비 | 14,000 | |
| 201 | 지급채무 | | € 4,700 |
| 208 | 선수 임대료 수익 | | 3,300 |
| 275 | 담보부 차입금 | | 40,000 |
| 311 | 자본금 | | 41,380 |
| 332 | 배당금 | 1,000 | |
| 429 | 임대료 수익 | | 10,300 |
| 610 | 광고비 | 600 | |
| 726 | 급여 | 3,300 | |
| 732 | 수도광열비 | 900 | |
| | | €99,680 | €99,680 |

이 밖에도 Lazy River Resort의 계정일람표에는 다음과 같은 계정과 계정 번호가 있다.

No. 142 감가상각누계액-건물
No. 150 감가상각누계액-설비
No. 212 미지급 급여
No. 230 미지급 이자비용
No. 619 감가상각비
No. 631 소모품비
No. 718 이자비용
No. 722 보험료

다음은 수정 분개에 관한 내용이다.

1. 선급보험료는 2020년 5월 1일부터 1년 기간에 대한 보험이다.
2. 5월 31일에 미사용된 소모품은 €750이다.
3. 연간 감가상각은 건물 €3,600, 설비 €1,500이다.
4. 담보부 차입금의 금리는 6%이다(차입금은 5월 1일에 발생했다).
5. 선수 임대료 수익의 2/3는 수익 조건이 충족되었다.
6. 5월 31일에 급여 €750가 발생했으나 지급하지 않았다.

**a.** 5월 31일 기준 수정 분개를 하라.
**b.** 3위식 표시 방식으로 총계정원장을 만들어 시산표 금액을 입력하고 수정 분개를 포스팅하라(분개장의 참조로 J1을 사용하라).
**c.** 5월 31일 기준 수정 후 시산표를 작성하라.
**d.** 5월의 손익계산서와 이익잉여금계산서, 5월 31일 기준 재무상태표를 작성하라.

c. 수정 후 시산표 계 €101,055
d. 순이익 €4,795
월말 이익잉여금 잔액 €3,795
자산 계 €91,925

**3** 2020년 7월 1일에 설립된 Alena Co.는 분기별 결산을 한다. 다음은 2020년 9월 30일 기준 수정 전 시산표와 수정 후 시산표이다.

**Alena Co.**
**시산표**
**2020년 9월 30일 기준**

| | 수정 전 | | 수정 후 | |
|---|---|---|---|---|
| | 차변 | 대변 | 차변 | 대변 |
| 현금 | $ 8,700 | | $ 8,700 | |
| 매출채권 | 10,400 | | 11,500 | |
| 소모품 | 1,500 | | 650 | |
| 선급임차료 | 2,200 | | 500 | |
| 설비 | 18,000 | | 18,000 | |
| 감가상각누계액 | | $ –0– | | $ 700 |
| 지급어음 | | 10,000 | | 10,000 |
| 지급채무 | | 2,500 | | 2,500 |
| 미지급 급여 | | –0– | | 725 |
| 미지급 이자비용 | | –0– | | 100 |
| 선수 임대료 수익 | | 1,900 | | 450 |
| 자본금 | | 22,000 | | 22,000 |
| 배당금 | 1,600 | | 1,600 | |
| 용역 매출 | | 16,000 | | 17,100 |
| 임대료 수익 | | 1,410 | | 2,860 |
| 급여 | 8,000 | | 8,725 | |
| 임차료 | 1,900 | | 3,600 | |
| 감가상각비 | | | 700 | |
| 소모품비 | | | 850 | |
| 수도광열비 | 1,510 | | 1,510 | |
| 이자비용 | | | 100 | |
| | $53,810 | $53,810 | $56,435 | $56,435 |

**a.** 수정 분개를 작성하라.
**b.** 9월 30일에 끝나는 3개월 동안의 손익계산서와 이익잉여금 계산서, 9월 30일 기준 재무상태표를 작성하라.
**c.** 지급어음의 연 이자율이 12%라면 발행 후 몇 개월이 지났는지 산출하라.

b. 분기순이익 $4,475
분기 말 이익잉여금 $2,875
자산 계 $38,650

**4** 2020년 12월 31일 자 Bellingham Accountants의 총계정원장을 검토한 결과 연간 수정 분개와 관련하여 다음과 같은 내용을 발견했다.

1. 선급보험료는 €10,340인데, 건물과 자동차에 대해 별도의 보험에 가입했다. 건물 보험 상품 B4564는 2019년 4월 1일에 3년 계약 기간으로 €7,920에 구입하고, 차량 보험 상품 A2958은 2020년 1월 1일에 2년 계약 기간으로 €4,400에 구입했다.
2. 선수 임대료 수익은 €378,000인데, 2020년 11월 1일부터 새 건물의 사무실 공간을 전대(임차한 공간을 임대)하기 시작했다. 기중에 회사가 체결한 임대 계약은 다음과 같다.

| 일자 | 기간(개월) | 월 임대료 | 임차인 수 |
|---|---|---|---|
| 11월 1일 | 9 | €5,000 | 5 |
| 12월 1일 | 6 | 8,500 | 3 |

3. 지급어음은 €120,000인데, 11월 1일에 발행되고 연 이자율 6%, 9개월 만기 어음이다.
4. 급여를 받는 직원 8명 중 5명은 주당 €700를 받고 3명은 주당 €500를 받는다. 주말에는 근무하지 않으며 매주 금요일에 급여가 지급된다. 12월 31일이 화요일이므로 모든 직원은 12월의 마지막 2일 동안 일했다.

2020년 12월 31일 기준 수정 분개를 하라.

1. 보험료 €4,840
2. 임대료 수익 €75,500
3. 이자비용 €1,200
4. 급여 €2,000

**5** 2020년 11월 1일 Beck Equipment Repair의 계정 잔액은 다음과 같다.

| No. | | 차변 |
|---|---|---|
| 101 | 현금 | £ 2,400 |
| 112 | 매출채권 | 4,250 |
| 126 | 소모품 | 1,800 |
| 153 | 설비 | 12,000 |
| | | £20,450 |

| No. | | 대변 |
|---|---|---|
| 154 | 감가상각누계액 | £ 2,000 |
| 201 | 지급채무 | 2,600 |
| 209 | 선수수익 | 1,200 |
| 212 | 미지급 급여 | 700 |
| 311 | 자본금 | 11,000 |
| 320 | 이익잉여금 | 2,950 |
| | | £20,450 |

다음은 11월의 거래 내역이다.

11월 8일 급여 £1,700를 지급했으며 이 중 £700는 10월분 급여이다.
10일 외상판매를 한 고객으로부터 현금 £3,620를 받았다.
12일 11월에 수행한 용역에 대해 현금 £3,100를 받았다.
15일 £2,000의 설비를 외상으로 구입했다.
17일 £700의 소모품을 외상으로 구입했다.
20일 £2,700의 지급채무를 지불했다.
22일 임차료 £400를 지불했다.

25일 급여 £1,700를 지불했다.

27일 신용으로 용역을 수행하고 고객에게 £2,200를 청구했다.

29일 향후 용역을 해주기로 하고 선금 £600를 받았다.

다음은 수정 분개에 관한 내용이다.

1. 미사용 소모품은 £1,400이다.
2. 미지급 급여는 £350이다.
3. 매달 감가상각은 £200이다.
4. 선수수익 중 £1,220의 용역이 수행되었다.

**a.** 총계정원장의 계정을 만들고 11월 1일 잔액을 기입하라.

**b.** 11월의 거래를 분개하라.

**c.** 위 분개를 총계정원장의 계정에 포스팅하되 다음과 같은 추가 계정을 사용하라(분개장의 참조로 J1을 사용하라).

| | |
|---|---|
| No. 407 | 용역 매출 |
| No. 615 | 감가상각비 |
| No. 631 | 소모품비 |
| No. 726 | 급여 |
| No. 729 | 임차료 |

**d.** 11월 30일 기준 시산표를 작성하라.

**e.** 수정 분개를 하고 포스팅하라.

**f.** 수정 후 시산표를 작성하라.

**g.** 11월 기간에 대한 손익계산서와 이익잉여금계산서, 11월 30일 기준 재무상태표를 작성하라.

d. 시산표 합계 £25,650
f. 수정 후 시산표 계 £26,200
g. 월 순이익 £1,770
월말 이익잉여금 £4,720
자산 계 £19,250

*6 게이브리얼 알파가 2020년 1월 1일에 설립한 Alpha's Graphics는 분기별 결산을 한다. 다음은 영업을 시작한 지 6개월 후의 시산표이다.

| | 차변 | | 대변 |
|---|---|---|---|
| 현금 | € 8,600 | 지급어음 | € 20,000 |
| 매출채권 | 14,000 | 지급채무 | 9,000 |
| 설비 | 45,000 | 자본금 | 22,000 |
| 보험료 | 2,700 | 용역 매출 | 58,100 |
| 급여 | 30,000 | | €109,100 |
| 소모품비 | 3,700 | | |
| 광고비 | 1,900 | | |
| 임차료 | 1,500 | | |
| 수도광열비 | 1,700 | | |
| | €109,100 | | |

다음은 수정 분개에 관한 내용이다.

1. 소모품비의 €3,700는 1월에 구입한 소모품으로, 6월 30일 자 미사용 소모품으로 €1,300가 남아 있다.
2. 지급어음은 2월 1일에 발행되었으며 6개월 만기, 연 이자율이 6%이다.
3. 보험료는 2020년 4월 1일에 가입한 1년 만기 보험이다.
4. 용역 매출은 대금 수령 시 인식된다. 그런데 6월 30일 기준 €1,300의 용역 매출은 선수수익이다.
5. 6월 30일에 용역을 제공했지만 기록되지 않은 금액이 €2,000 있다.
6. 감가상각은 연간 €2,250이다.

**a.** 6월 30일의 수정 분개를 하라(수정 분개는 6개월마다 기록된다고 가정한다).

**b.** 수정 후 시산표를 작성하라.

**c.** 6월 30일에 종료되는 6개월 기간의 손익계산서와 이익잉여금계산서, 6월 30일 기준 재무상태표를 작성하라.

b. 수정 후 시산표 계 €112,725
c. 반기순이익 €19,000
반기 말 이익잉여금 €19,000
자산 계 €71,800

## 비판적 사고력 확장 문제

### 재무 보고: TSMC

**1** TSMC의 재무제표는 이 책의 부록 A에 실려 있으며, 재무제표 주석을 포함한 전체 연례 사업 보고서는 회사 웹사이트에서 확인할 수 있다. 이를 이용하여 다음 문제를 풀라.

**a.** 연결재무제표와 관련 정보를 이용하여 이연 처리의 수정 분개가 나타날 수 있는 계정을 찾아보라.

**b.** 연결재무제표와 관련 정보를 사용하여 발생 처리의 수정 분개가 나타날 수 있는 계정을 찾아보라.

### 비교 분석: 네슬레와 델피

**2** 네슬레와 델피의 재무제표는 이 책의 부록 B와 C에 실려 있다. 이를 이용하여 다음을 산출하라.

**a.** 가장 최근 회계연도의 유형자산 순증가(감소)액

**b.** 가장 최근 회계연도의 네슬레의 마케팅 및 관리 비용 증가(감소)액, 델피의 판매·유통·관리 비용 증가(감소)액

c. 가장 최근 회계연도의 비유동부채 증가(감소)액

d. 가장 최근 회계연도의 당기순이익 증가(감소)액

e. 가장 최근 회계연도의 현금과 현금성 자산 증가(감소)액

## 조직 전반에 걸친 의사결정

**3** 해피트레일스파크(Happy Trails Park)는 얼리샤 헨리(Alicia Henry)가 2019년 4월 1일에 설립한 사업체이다. 얼리샤는 훌륭한 경영자이지만 회계 지식이 부족하다. 그런데도 파트타임 경리 직원이 작성한 시산표를 근거로 2020년 3월 31일 종료되는 분기에 대해 다음과 같은 손익계산서를 작성했다.

**Happy Trails Park**
**손익계산서**
**2020년 1월 1일부터 2020년 3월 31일까지**

| | | |
|---|---|---|
| 수익 | | |
| 임대료 수익 | | £88,000 |
| 판매관리비 | | |
| 광고비 | £ 5,200 | |
| 급여 | 28,800 | |
| 수도광열비 | 750 | |
| 감가상각비 | 800 | |
| 수선유지비 | 4,000 | |
| 계 | | 39,550 |
| 분기순이익 | | £48,450 |

얼리샤는 순이익이 한 분기에 £20,000를 초과하는 것이 비정상적임을 알고 있기에 직감적으로 손익계산서에 오류가 있음을 알아챘다. 이에 실력과 경험이 풍부한 회계사인 당신에게 정확한 손익계산서를 작성해달라고 요청했다. 당신은 먼저 시산표를 검토하여 손익계산서와 관련될 수 있는 다음 계정을 찾았다.

| | |
|---|---|
| 소모품 | £ 6,200 |
| 선급보험료 | 7,500 |
| 지급어음 | 12,000 |

그리고 임직원과의 문답을 통해 다음 사실을 알아냈다.

1. 임대료 수익에 여름 숙박을 위해 선불한 £14,000가 포함되었다.
2. 3월 31일에 £1,450의 소모품이 미사용이다.
3. 선급보험료는 2020년 1월 1일에 납부한 1년분 보험료이다.
4. 2020년 4월 1일 자 우편으로 날아온 청구서에는 다음 내용이 있다.

| | |
|---|---|
| 3월 24일부터 1주일간 광고비 | £130 |
| 3월 10일 수리비 | 260 |
| 수도광열비 | 120 |

5. 하루에 £300의 급여를 받는 직원이 4명 있는데 3월 31일까지 2일간 급여가 지급되지 않았다.
6. 지급어음은 2020년 1월 1일에 발행되었으며 3개월 만기, 연 이자율 10%의 어음이다.

a. 2020년 3월 31일에 종료되는 분기에 대해 올바른 손익계산서를 작성하라.

b. 얼리샤가 손익계산서를 작성할 때 몰랐던 IFRS상 기준과 이것이 손익 계산에 끼친 영향을 설명하라.

## 커뮤니케이션 활동

**4** 당신은 연말에 Maribeth Ltd.의 계정을 검토하면서 수정 분개를 하지 않았음을 발견했다. Maribeth Ltd.의 대주주인 마리베스 다농에게 수정 분개란 무엇인지, 그리고 목적과 필요한 이유, 수정 분개의 유형에 대해 설명하라.

## 윤리 사례

**5** Watkin Exterminators는 살충제를 만들어 파는 회사이다. 그런데 올해 살충제 판매를 금지하는 법안이 통과되어 매출이 격감했다. 이에 Watkin은 기존 제품을 대체할 수 있는, 환경적으로 안전하고 경쟁력 있는 화학 물질 개발에 매진한 결과 성공하여 내년 매출이 크게 증가할 것으로 예상된다. 따라서 매출과 이익의 감소는 1년간 일시적 현상이 될 전망이 크다. 그런데 이 회사의 사장은 생각이 다르다. 아무리 일시적이라 하더라도 올해 이익이 크게 감소하면 주가가 크게 하락하여 종국에는 회사가 팔릴 수도 있다고 걱정했다. 이에 사장은 회계 책임자인 다이앤 레노와 연말 수정 분개에 대해 논의했는데, 회의에서 사장은 다이앤에게 되도록 모든 수익을 당겨 인식하고 가능한 한 많은 비용을 늦게 처리할 것을 주문했다. 그는 "올해 우리는 수익이 많이 필요한데 다행히 내년에는 매출이 증가하여 올해에 누락된 비용을 흡수할 수 있는 여력이 생기니 지금 주가가 폭락하게 둘 이유가 없다"고 다이앤을 설득했다. 다이앤은 1월 17일까지 고민하고 망설이다가 결국 허위의 수정 분개를 하고 12월 31일에 기록된 것처럼 날짜를 기입했다. 다이앤은 사장의 지시에 따라 최선을 다하기로 작정한 것이다.

a. 이 경우의 이해관계자는 누구인가?

b. (1) 사장의 요청과 (2) 다이앤이 허위의 수정 분개를 12월 31일로 기입한 행동에 대해 윤리적인 문제를 지적하라.

c. 다이앤은 수익을 조기에 인식하고 비용 인식을 연기하면서도 과연 윤리적으로 당당할 수 있는지 설명하라.

## U.S. GAAP 살펴보기

학습목표
IFRS와 U.S. GAAP상 수정 분개의 차이를 이해한다.

순이익을 정확히 산출하기 위해서는 수익과 비용의 기간 귀속이 관건이다. 이를 위해 IASB와 FASB는 회계기준 체계의 근간을 이루는 개념적 틀을 구성하는 연구를 함께 수행하고 있다. 개념적 틀이 탄탄해야 그 기반 위에 서는 회계기준 전체가 하나의 수미일관된 체계를 갖추게 되어 회사는 주먹구구식이 아니라 보다 합리적인 원칙에 입각하여 정확한 재무 정보를 산출할 수 있다. 다음은 IASB와 FASB가 개념적 틀을 같이 만들면서 고민했던 주요 주제이다.

- 정보의 유용성을 결정하는 변수는 무엇인가?
- 재무회계 보고의 목적은 무엇인가?
- 자산 부채의 측정 원칙은 역사적 원가법과 공정가치법 중 무엇인가?
- 수익의 실현과 비용의 발생을 인식하는 원칙은 무엇인가?
- 재무 정보 공시를 위해 어떤 안내 지침을 수립해야 하는가?

살펴보면 U.S. GAAP도 IFRS처럼 발생주의를 적용하고 현금주의를 허용하지 않는다. 회계기간의 공준을 비롯하여 여타 공준의 내용도 동일하다. 재무상태표, 손익계산서 등 재무제표의 틀도 거의 같다. 또한 U.S. GAAP을 적용하는 미국 내 기업의 수익 인식 부정도 IFRS를 적용하는 기업 못지않다. 이와 같이 U.S. GAAP과 IFRS의 기본 바탕과 회계 환경이 다르지 않은데 통일된 기준을 못 만들 이유가 없다. 이에 양 기준을 제정하는 FASB와 IASB는 통일된 기준을 만들기 위한 작업에 착수했는데, 이러한 노력을 컨버전스라고 한다. 컨버전스의 일환으로 개념적 틀의 연구를 시작했고, 그 과정에서 먼저 수익에 관한 기준을 합동으로 연구하여 그 결과를 발표했다.

종전에 U.S. GAAP과 IFRS는 수익 인식 기준에 대해 일견 극명한 차이를 보였다. 즉 U.S. GAAP은 수익 인식 기준을 산업별로 다양하게 규정하여 그 기준의 수가 100개를 넘었던 반면에 IFRS는 수익을 인식하는 원칙만을 설명하는 IAS 기준서 18호만 내놓고 있었다. 그러나 본 연구를 통해 U.S. GAAP이 기준을 구체적으로 눈에 띄게 벌여만 놓았을 뿐 모아서 분석해보니 수익 인식의 원칙적 근본은 IFRS와 동일한 것으로 판명되었다. 이에 힘을 얻은 IASB와 FASB는, 수익에 대한 공동 연구의 목적이 제도와 관습이 다른 여러 나라가 공통으로 적용할 수 있는 회계기준을 만들기 위해 보다 포괄적인 수익 인식 기준을 제안하는 것이므로, 연구에 박차를 가하여 수익의 이행 의무가 언제 충족되는지를 이론적으로 고찰하고 제시함으로써 수익 기준의 통일을 성공리에 마무리했다. 이어서 자산과 부채의 공동 연구에도 착수할 것으로 전해졌다.

이러한 공동의 노력에도 불구하고 U.S. GAAP과 IFRS는 다른 점이 여러 가지이다. 그중 가장 큰 차이점은 내부 통제 제도에 있다. 내부 통제는 실수와 부정을 방지하고 찾아내는 회사 내 시스템이다. U.S. GAAP은 심각한 회계 부정 사건인 엔론 사태 이후 U.S. GAAP을 적용하는 회사에 사베인스-옥슬리법에 따라 강력한 내부 통제 조직을 설치할 것을 요구하지만 IFRS는 그런 수준의 내부 통제를 요구하지는 않는다. 또한 IFRS는 토지나 건물을 공정가치로 재평가하는 것을 인정하지만 U.S. GAAP은 허용하지 않는다. 용어상의 차이도 있다. IFRS는 수익(revenue)과 이득(gain)을 구분하여 수익은 사업의 정상적인 활동에서 얻는 경제적 가치에, 이득은 그 외에서 얻는 경제적 가치에 사용한다. 그리고 수익과 이득을 통칭할 때는 이익(income)이라는 용어를 사용한다. 그러나 U.S. GAAP은 이익을 수익에서 비용을 차감한 의미로만 사용한다. 그런데 비용의 경우는 정반대의 양상을 보인다. U.S. GAAP은 사업의 정상적인 활동에서의 원가 사용인 비용(expense)과 그 밖의 원가가 소모되는 손실(loss)을 구분하지만 IFRS는 구분하지 않는다.

## U.S. GAAP 확인 문제

**1** U.S. GAAP에 대한 설명으로 옳은 것은?

a. IFRS와 같은 수익 인식 기준을 제시한다.
b. 세밀한 수익 인식 기준의 IFRS와 달리 일반적인 기준만 제시한다.
c. 주문을 받으면 수익 인식을 허용한다.
d. 현금이 수령되기 전까지는 수익을 인식할 수 없다.

**2** U.S. GAAP에 대한 설명으로 옳지 않은 것은?

a. U.S. GAAP은 회계기간의 공준을 채택한다.
b. U.S. GAAP은 발생주의를 적용한다.
c. U.S. GAAP은 수익과 원가를 신뢰성 있게 측정한다.
d. U.S. GAAP은 현금주의 회계를 적용한다.

**3** FASB와 IASB의 수익 인식의 공동 작업 결과는 무엇인가?

a. 수익은 언제 이행 의무가 충족되는지를 강조한다.
b. 수익은 언제 실현되는지를 강조한다.
c. 수익은 비용의 변화를 강조한다.
d. 수익은 현금을 수령해야 인식된다.

**4** 다음 설명 중 옳지 않은 것은?

a. IFRS상 이익은 수익과 이득을 포함하는 개념이다.
b. IFRS상 비용에는 손실도 포함된다.
c. IFRS를 적용하는 회사는 결산을 하지 않는다.
d. 과거에 IFRS의 수익 인식 기준은 U.S. GAAP보다 그 수가 적었다.

**5** 발생주의에 대한 설명으로 옳은 것은?

a. U.S. GAAP상 선택 사항이다.
b. 사건 발생일에 재무제표에 담는다.
c. IASB/FASB 공동 연구 결과 삭제했다.
d. U.S. GAAP의 개념 체계와 일치하지 않는다.

**해답** 1. a 2. d 3. a 4. c 5. b

## U.S. GAAP 연습 문제

**1** U.S. GAAP에서는 허용되지 않는 토지와 건물의 공정가치에 의한 재평가를 IFRS에서 할 수 있게 하는 이유는 무엇인가?

**2** U.S. GAAP에서 수익과 비용의 정의에 이득과 손실이 포함되는지에 대해 설명하라.

### 재무 보고: 애플

**3** 애플의 재무제표는 이 책의 부록 D에 실려 있으며, 재무제표 주석을 포함한 전체 연례 사업 보고서는 회사 웹사이트에서 확인할 수 있다. 이를 이용하여 다음 문제를 풀라.

a. 재무제표와 관련 정보를 이용하여 이연 처리의 수정 분개가 나타날 수 있는 계정을 찾아보라.
b. 재무제표와 관련 정보를 이용하여 발생 처리의 수정 분개가 나타날 수 있는 계정을 찾아보라.

CHAPTER 4

Oliver Burston/Ikon Images/Getty Images, Inc.

# 정산표와 재무제표

Completing the Accounting Cycle

## 이 단원에서 공부할 내용

3장에서는 수정 후 시산표를 가지고 재무제표를 작성했다. 그런데 실제로 재무제표를 작성해보면 쉬운 일이 아니다. 오만 가지 실수를 한다. 이 장에서는 이러한 오류를 줄이면서 재무제표를 작성할 수 있는 효율적 도구인 정산표를 알아본다. 또한 오류정정 분개를 배우고 재무제표를 좀 더 자세히 살펴본다.

## 이 단원을 공부해야 하는 이유

### 회계에서도 같은 말을 쓰자

최근 전 세계적으로 일어난 일련의 회계 부정 사건으로 재무 보고의 신뢰도와 투명성에 대한 반성이 고조되어 각국에서는 자체적인 점검을 대대적으로 진행했다. 그 결과 120여 개국 이상이 IASB가 만든 IFRS를 해결 방안으로 채택하기에 이르렀다. 전 세계의 기업들이 같거나 비슷한 회계기준을 적용하여 얻는 혜택은 무엇보다도 회계 정보의 비교 가능성이다. 기업들의 경영 성과를 객관적으로 공정하게 비교할 수 있어 국제적 자금의 원활한 흐름에 도움이 된다. 특히 신흥 경제개발국에 대한 선진 투자가의 관심이 현실화되어 경제성장을 크게 도모할 수 있다. 또한 IFRS를 적용하는 기업은 시장에서의 신뢰도가 높아져 자본조달 비용이 크게 절감된다.

IASB는 IFRS를 만들면서 지향하는 바를 다음과 같이 천명했다.

- IASB는 회계기준을 만드는 명망 높은 국제적 기구로서 세계적으로 인정받아야 한다. 때문에 IFRS를 각국에 강제로 적용하도록 당당히 요구할 수 있을 만큼 수준 높으면서도 이해하기 쉬운 세계적인 재무회계기준을 만든다.
- 전 세계적으로 IFRS가 확산되도록 적극 노력한다.
- IFRS를 제정할 때 신흥 경제개발국과 중소기업에 대한 세심한 배려를 잊지 않는다.
- IFRS를 최고의 회계기준으로 인정받아 전 세계 모든 회계기준을 통합하고 단일화한다.

하지만 전 세계에서 사용하고 있는 모든 회계기준을 하나로 통일하기란 쉽지 않은 일이다. 어쩌면 불가능할지도 모른다. 그러나 각국의 회계기준을 비슷하게나마 맞추려는 노력만으로도 많은 효과가 나타나고, 그 성과물인 IFRS는 전 세계의 기업에 큰 도움이 된다.

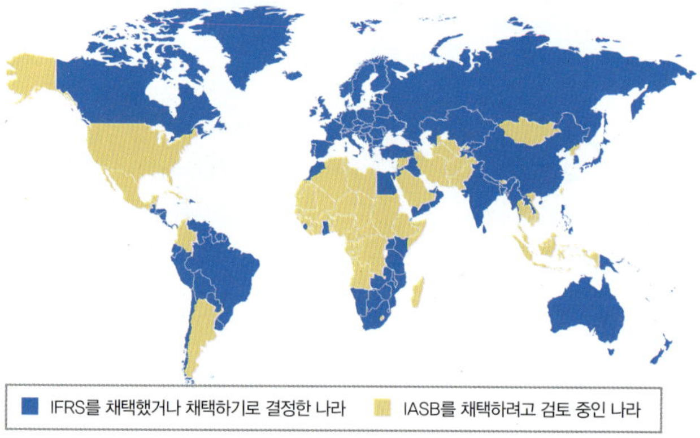


출처: http://www.pwc.com/us/en/issues/ifrs-reporting/country-adoption/index.jhtml

## 이 단원의 구성과 학습목표

| | | | |
|---|---|---|---|
| 정산표 | 정산표를 작성한다. | • 정산표 작성<br>• 정산표를 이용한 재무제표 작성<br>• 정산표 | DO IT! 1 정산표 |
| 장부 마감 | 결산 분개를 하고 결산 후 시산표를 작성한다. | • 결산 분개<br>• 결산 분개 포스팅<br>• 결산 후 시산표 작성 | DO IT! 2 결산 분개 |
| 회계순환과 오류정정 분개 | 회계순환과 오류정정 분개를 이해한다. | • 회계순환<br>• 재조정 분개<br>• 오류정정 분개 | DO IT! 3 오류정정 분개 |
| 재무상태표 | 재무상태표에 대해 더 자세히 알아본다. | • 무형자산<br>• 유형자산<br>• 장기투자자산<br>• 유동자산<br>• 자본<br>• 비유동부채<br>• 유동부채 | DO IT! 4 재무상태표상 분류와 배열 |

## 정산표 _The Worksheet

학습목표

정산표를 작성한다.

**정산표**(worksheet)는 시산표에서 재무제표를 도출하는 과정을 일목요연하게 표로 정리할 수 있도록 여러 개의 칸으로 구성된 일종의 서식 혹은 편리한 도구이다. 따라서 정산표는 회계 기록도 아니고 분개장이나 총계정원장처럼 장부의 일종도 아니다. 정산표는 여러 가지 계산을 해야 하는 칸으로 구성되어 있으므로 보통은 마이크로소프트의 엑셀 같은 스프레드시트 프로그램을 이용하여 작성하면 편리하다. 그림 4.1은 정산표의 양식으로, 다섯 가지 과정을 거쳐 재무제표가 만들어진다. 정산표는 그저 도구이므로 사용할지 말지는 작성자의 선택에 달려 있다.

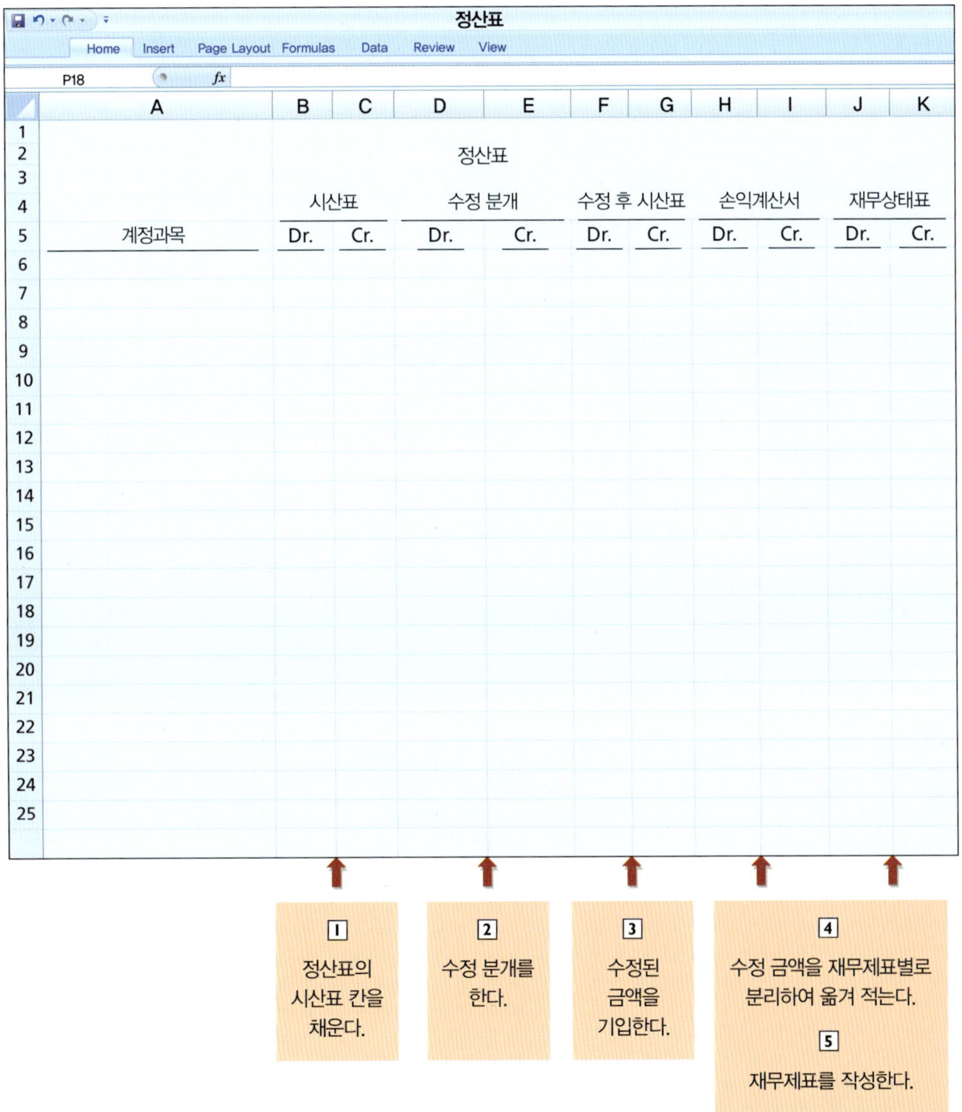


그림 4.1 정산표의 양식

## 1단계 시산표 작성 _Steps in Preparing a Worksheet

정산표에서의 첫 작업은 그림 4.2와 같이 시산표의 칸을 채우는 것이다. 먼저 총계정원장에서 모든 계정과목의 금액을 차대변으로 나누고 이를 정산표로 옮겨 수정 전 시산표를 작성한다. 그림 4.2의 시산표는 그림 2.32, 그림 3.3의 시산표와 동일하다.

**그림 4.2** 시산표 작성

Yazici Advertising A.Ş.
정산표
2020년 10월 31일 기준

| 계정과목 | 시산표 Dr. | 시산표 Cr. | 수정 분개 Dr. | 수정 분개 Cr. | 수정 후 시산표 Dr. | 수정 후 시산표 Cr. | 손익계산서 Dr. | 손익계산서 Cr. | 재무상태표 Dr. | 재무상태표 Cr. |
|---|---|---|---|---|---|---|---|---|---|---|
| 현금 | 15,200 | | | | | | | | | |
| 소모품 | 2,500 | | | | | | | | | |
| 선급보험료 | 600 | | | | | | | | | |
| 설비 | 5,000 | | | | | | | | | |
| 지급어음 | | 5,000 | | | | | | | | |
| 미지급금 | | 2,500 | | | | | | | | |
| 선수수익 | | 1,200 | | | | | | | | |
| 자본금 | | 10,000 | | | | | | | | |
| 배당금 | 500 | | | | | | | | | |
| 용역 매출 | | 10,000 | | | | | | | | |
| 급여 | 4,000 | | | | | | | | | |
| 임차료 | 900 | | | | | | | | | |
| 계 | 28,700 | 28,700 | | | | | | | | |

총계정원장상 금액이 있는 모든 계정을 빠짐없이 옮겨 적는다.

시산표에는 총계정원장의 금액을 옮겨 적는다.

## 2단계 수정 분개 기입 _Enter the Adjustments in the Adjustments Columns

그림 4.3에서 보듯이 수정 분개 칸에 모든 수정 분개를 기입한다. 새로운 계정이 필요할 때는 계정과목 칸의 시산표 합계 아래에 만들어 적는다. 정산표를 이용하여 재무제표를 작성할 때는 정산표에서 직접 수정 분개를 한다. 그러므로 재무제표상 금액과 총계정원장상 금액이 수정 분개만큼 일치하지 않기 때문에 나중에 분개장과 총계정원장에 수정 분개를 반영하여 재무제표와 일치시키는 작업을 해야 한다.

이제 그림 3.23에 제시한 Yazici Advertising A.Ş.의 수정 분개 내용을 토대로 정산표에 다음과 같이 기입해보자.

a. 사용한 소모품을 비용으로 정리하기 위해 소모품비 계정을 새로 만들고, 소모품 대변에서 소모품비 차변으로 ₺1,500를 대체한다.
b. 기간이 경과된 보험료를 비용으로 처리하기 위해 보험료 계정을 만들고, 선급보험료 대변에서 보험료 차변으로 ₺50를 대체한다.
c. 설비 자산의 감가상각비 ₺40를 인식하고 감가상각비와 감가상각누계액 계정을 만들어 차변과 대변에 각각 ₺40를 기입한다.
d. 선수수익의 차변에서 용역 제공 의무를 이행한 금액 ₺400를 용역 매출의 대변으로 대체한다.
e. 용역을 제공하고 청구서를 보내지 않아 기록하지 못한 금액이 있으므로 매출채권 계정을 만들어 차변에 ₺200를 기입하고 용역 매출의 대변에도 동액을 기입한다.
f. 발생한 이자비용 ₺50를 계상하기 위해 미지급 이자비용 계정을 만들어 차변과 대변에 각각 ₺50를 기입한다.
g. 발생한 급여 ₺1,200를 인식하기 위해 미지급 급여 계정을 만들어 급여의 차변과 미지급 급여의 대변에 각각 ₺1,200를 기입한다.

모든 수정 분개를 기입하고 난 후 차변과 대변이 일치하는지 확인한다. 일치하지 않는다면 수정 분개를 잘못 기입한 것이다.

**그림 4.3** 수정 분개 기입

Yazici Advertising

**Yazici Advertising A.Ş.**
**정산표**
**2020년 10월 31일 기준**

| 계정과목 | 시산표 Dr. | 시산표 Cr. | 수정 분개 Dr. | 수정 분개 Cr. | 수정 후 시산표 Dr. | 수정 후 시산표 Cr. | 손익계산서 Dr. | 손익계산서 Cr. | 재무상태표 Dr. | 재무상태표 Cr. |
|---|---|---|---|---|---|---|---|---|---|---|
| 현금 | 15,200 | | | | | | | | | |
| 소모품 | 2,500 | | | (a) 1,500 | | | | | | |
| 선급보험료 | 600 | | | (b) 50 | | | | | | |
| 설비 | 5,000 | | | | | | | | | |
| 지급어음 | | 5,000 | | | | | | | | |
| 미지급금 | | 2,500 | | | | | | | | |
| 선수수익 | | 1,200 | (d) 400 | | | | | | | |
| 자본금 | | 10,000 | | | | | | | | |
| 배당금 | 500 | | | | | | | | | |
| 용역 매출 | | 10,000 | | (d) 400 | | | | | | |
| | | | | (e) 200 | | | | | | |
| 급여 | 4,000 | | (g) 1,200 | | | | | | | |
| 임차료 | 900 | | | | | | | | | |
| 계 | 28,700 | 28,700 | | | | | | | | |
| | | | | | | | | | | |
| | | | | | | | | | | |
| 소모품비 | | | (a) 1,500 | | | | | | | |
| 보험료 | | | (b) 50 | | | | | | | |
| 감가상각누계액 | | | | (c) 40 | | | | | | |
| 감가상각비 | | | (c) 40 | | | | | | | |
| 매출채권 | | | (e) 200 | | | | | | | |
| 이자비용 | | | (f) 50 | | | | | | | |
| 미지급 이자비용 | | | | (f) 50 | | | | | | |
| 미지급 급여 | | | | (g) 1,200 | | | | | | |
| 계 | | | 3,440 | 3,440 | | | | | | |

수정 분개가 필요한 거래
(a) 소모품 사용
(b) 보험료의 기간 경과
(c) 감가상각
(d) 용역 제공 의무 이행 완료 부분
(e) 용역 매출 누락
(f) 이자비용 발생
(g) 급여 발생

수정 분개 시 같은 분개의 확인이 가능하도록 같은 기호로 표시한다. 여기서는 (a), (b), (c) 등으로 표시했다.

수정 분개의 차변과 대변이 일치하는지 확인한다.

## 3단계 수정 후 시산표 작성 _Enter Adjusted Balances in the Adjusted Trial Balance Columns

그림 4.4에서 보듯이 수정 후 시산표는 계정별로 수정 전 시산표상 금액에다 수정 분개한 금액을 가감하여 작성한다. 그 결과 그림 3.25와 같은 수정 후 시산표가 만들어진다. 즉 선급보험료의 경우 차변 ₺600에서 수정 분개 대변 ₺50를 공제한 ₺550로 수정된다. 그런데 먼저 분개장에서 수정 분개를 하고 총계정원장에 계정별로 포스팅까지 했다면 수정 전 시산표와 수정 후 시산표의 금액이 동일할 것이다. 수정 후 시산표를 다 만들었으면 차대변의 합계가 맞는지 다시 한 번 확인한다. 대차가 일치하지 않으면 오류가 있음을 뜻하므로 재무제표를 만들 준비가 아직 안 된 것이다.

**그림 4.4** 수정 후 시산표 작성

Yazici Advertising

**Yazici Advertising A.Ş.**
**정산표**
**2020년 10월 31일 기준**

| | 시산표 | | 수정 분개 | | 수정 후 시산표 | | 손익계산서 | | 재무상태표 | |
|---|---|---|---|---|---|---|---|---|---|---|
| 계정과목 | Dr. | Cr. | Dr. | Cr. | Dr. | Cr. | Dr. | Cr. | Dr. | Cr. |
| 현금 | 15,200 | | | | 15,200 | | | | | |
| 소모품 | 2,500 | | | (a) 1,500 | 1,000 | | | | | |
| 선급보험료 | 600 | | | (b) 50 | 550 | | | | | |
| 설비 | 5,000 | | | | 5,000 | | | | | |
| 지급어음 | | 5,000 | | | | 5,000 | | | | |
| 미지급금 | | 2,500 | | | | 2,500 | | | | |
| 선수수익 | | 1,200 | (d) 400 | | | 800 | | | | |
| 자본금 | | 10,000 | | | | 10,000 | | | | |
| 배당금 | 500 | | | | 500 | | | | | |
| 용역 매출 | | 10,000 | | (d) 400 | | 10,600 | | | | |
| | | | | (e) 200 | | | | | | |
| 급여 | 4,000 | | (g) 1,200 | | 5,200 | | | | | |
| 임차료 | 900 | | | | 900 | | | | | |
| 계 | 28,700 | 28,700 | | | | | | | | |
| 소모품비 | | | (a) 1,500 | | 1,500 | | | | | |
| 보험료 | | | (b) 50 | | 50 | | | | | |
| 감가상각누계액 | | | | (c) 40 | | 40 | | | | |
| 감가상각비 | | | (c) 40 | | 40 | | | | | |
| 매출채권 | | | (e) 200 | | 200 | | | | | |
| 이자비용 | | | (f) 50 | | 50 | | | | | |
| 미지급 이자비용 | | | | (f) 50 | | 50 | | | | |
| 미지급 급여 | | | | (g) 1,200 | | 1,200 | | | | |
| 계 | | | 3,440 | 3,440 | 30,190 | 30,190 | | | | |

시산표의 금액과 수정 분개의 금액을 합쳐서 수정 후 시산표의 금액을 산정한다.

수정 후 시산표상 차변과 대변의 합이 일치하는지 확인한다.

## 4단계 재무제표 작성 _Extend Adjusted Trial Balance Amounts to Appropriate Financial Statement Columns

HINT
수정 후 시산표상 각 계정의 금액을 재무상태표와 손익계산서를 만들기 위한 4개의 칸 중 하나에 옮겨 적는다.

수정 후 시산표의 차변과 대변이 일치하면 정산표에서 재무제표를 작성할 준비가 된 것이다. 다시 말해 수정 후 시산표의 계정별 금액을 그 계정별 속성, 즉 재무상태표의 계정인지, 손익계산서의 계정인지에 따라 맨 오른쪽 4개의 칸 중 하나에 옮겨 적기만 하면 손익계산서와 재무상태표가 만들어진다. 4개의 칸은 각각 재무상태표와 손익계산서의 차변과 대변을 의미한다. 예를 들어 수정 후 시산표상의 현금과 지급어음은 재무상태표의 차변과 대변 칸에 각각 옮겨 적고, 급여와 용역 매출은 손익계산서의 차변과 대변 칸에 각각 옮겨 적는다. 그림 4.5를 보면 쉽게 이해될 것이다.

그림 4.5 수정 후 시산표를 이용한 재무제표 작성

Yazici Advertising

**Yazici Advertising A.Ş.**
**정산표**
**2020년 10월 31일 기준**

| 계정과목 | 시산표 | | 수정 분개 | | 수정 후 시산표 | | 손익계산서 | | 재무상태표 | |
|---|---|---|---|---|---|---|---|---|---|---|
| | Dr. | Cr. | Dr. | Cr. | Dr. | Cr. | Dr. | Cr. | Dr. | Cr. |
| 현금 | 15,200 | | | | 15,200 | | | | 15,200 | |
| 소모품 | 2,500 | | | (a) 1,500 | 1,000 | | | | 1,000 | |
| 선급보험료 | 600 | | | (b) 50 | 550 | | | | 550 | |
| 설비 | 5,000 | | | | 5,000 | | | | 5,000 | |
| 지급어음 | | 5,000 | | | | 5,000 | | | | 5,000 |
| 미지급금 | | 2,500 | | | | 2,500 | | | | 2,500 |
| 선수수익 | | 1,200 | (d) 400 | | | 800 | | | | 800 |
| 자본금 | | 10,000 | | | | 10,000 | | | | 10,000 |
| 배당금 | 500 | | | | 500 | | | | 500 | |
| 용역 매출 | | 10,000 | | (d) 400 | | 10,600 | | 10,600 | | |
| | | | | (e) 200 | | | | | | |
| 급여 | 4,000 | | (g) 1,200 | | 5,200 | | 5,200 | | | |
| 임차료 | 900 | | | | 900 | | 900 | | | |
| 계 | 28,700 | 28,700 | | | | | | | | |
| 소모품비 | | | (a) 1,500 | | 1,500 | | 1,500 | | | |
| 보험료 | | | (b) 50 | | 50 | | 50 | | | |
| 감가상각누계액 | | | | (c) 40 | | 40 | | | | 40 |
| 감가상각비 | | | (c) 40 | | 40 | | 40 | | | |
| 매출채권 | | | (e) 200 | | 200 | | | | 200 | |
| 이자비용 | | | (f) 50 | | 50 | | 50 | | | |
| 미지급 이자비용 | | | | (f) 50 | | 50 | | | | 50 |
| 미지급 급여 | | | | (g) 1,200 | | 1,200 | | | | 1,200 |
| 계 | | | 3,440 | 3,440 | 30,190 | 30,190 | | | | |

모든 수익과 비용 계정을 손익계산서 칸에 옮겨 적는다.

손익 계정을 제외한 모든 자산과 부채, 자본금, 배당금 계정을 재무상태표 칸에 옮겨 적는다.

## 5단계 재무제표 완성 _Total the Statement Columns, Compute the Net Income (or Net Loss), and Complete the Worksheet

그림 4.6과 같이 이제 각 재무제표의 차대변 합계를 계산해본다. 손익만큼 차이가 생기기 때문에 당연히 일치하지 않는다. 먼저 손익계산서를 보라. 손익계산서의 차대변 차이는 당연히 해당 기간의 손익이다. 즉 대변의 합계인 총수익이 차변의 합계인 총비용을 초과하면 이익이 발생한 것이다. 따라서 '순이익'이라는 계정과목을 만들어 손익계산서의 차변과 재무상태표의 대변에 그 차액을 기입한다. 이렇게 하면 손익계산서와 재무상태표의 차대변 합계가 같아진다.

반대로 손익계산서의 차변이 대변을 초과하면 순손실이 발생한 것이다. 이때는 계정과목에 '순손실'이라는 계정과목을 만들어 손익계산서의 대변과 재무상태표의 차변에 동액을 기입한다. 그러면 손익계산서와 재무상태표의 차대변 합계가 같아진다. 손익계산서의 차이와 재무상태표의 차이가 같지 않으면 손익에 차이가 생긴 것이고, 이는 정산표 작성에 오류가 있다는 뜻이다.

**그림 4.6** 정산표상 당기손익 계산

Yazici Advertising A.Ş.
정산표
2020년 10월 31일 기준

| 계정과목 | 시산표 Dr. | 시산표 Cr. | 수정 분개 Dr. | 수정 분개 Cr. | 수정 후 시산표 Dr. | 수정 후 시산표 Cr. | 손익계산서 Dr. | 손익계산서 Cr. | 재무상태표 Dr. | 재무상태표 Cr. |
|---|---|---|---|---|---|---|---|---|---|---|
| 현금 | 15,200 | | | | 15,200 | | | | 15,200 | |
| 소모품 | 2,500 | | | (a) 1,500 | 1,000 | | | | 1,000 | |
| 선급보험료 | 600 | | | (b) 50 | 550 | | | | 550 | |
| 설비 | 5,000 | | | | 5,000 | | | | 5,000 | |
| 지급어음 | | 5,000 | | | | 5,000 | | | | 5,000 |
| 미지급금 | | 2,500 | | | | 2,500 | | | | 2,500 |
| 선수수익 | | 1,200 | (d) 400 | | | 800 | | | | 800 |
| 자본금 | | 10,000 | | | | 10,000 | | | | 10,000 |
| 배당금 | 500 | | | | 500 | | | | 500 | |
| 용역 매출 | | 10,000 | | (d) 400 | | 10,600 | | 10,600 | | |
| | | | | (e) 200 | | | | | | |
| 급여 | 4,000 | | (g) 1,200 | | 5,200 | | 5,200 | | | |
| 임차료 | 900 | | | | 900 | | 900 | | | |
| 계 | 28,700 | 28,700 | | | | | | | | |
| 소모품비 | | | (a) 1,500 | | 1,500 | | 1,500 | | | |
| 보험료 | | | (b) 50 | | 50 | | 50 | | | |
| 감가상각누계액 | | | | (c) 40 | | 40 | | | | 40 |
| 감가상각비 | | | (c) 40 | | 40 | | 40 | | | |
| 매출채권 | | | (e) 200 | | 200 | | | | 200 | |
| 이자비용 | | | (f) 50 | | 50 | | 50 | | | |
| 미지급 이자비용 | | | | (f) 50 | | 50 | | | | 50 |
| 미지급 급여 | | | | (g) 1,200 | | 1,200 | | | | 1,200 |
| 계 | | | 3,440 | 3,440 | 30,190 | 30,190 | 7,740 | 10,600 | 22,450 | 19,590 |
| 순이익 | | | | | | | 2,860 | | | 2,860 |
| 계 | | | | | | | 10,600 | 10,600 | 22,450 | 22,450 |

손익계산서 칸의 차대변 차이는 순이익 또는 순손실이다.

순이익의 금액을 재무상태표 칸의 대변에도 기입한다(순손실은 차변에 기입한다).

## 정산표를 이용한 재무제표 작성 _Preparing Financial Statements from a Worksheet

정산표를 완성한 후에는 손익계산서 칸에는 손익계산서가, 재무상태표 칸에는 재무상태표가 이미 작성되어 있지만, 이익잉여금계산서는 재무상태표에서 관련 계정을 뽑아 작성한다. 그림 4.7은 정산표를 이용하여 Yazici의 재무제표를 만드는 과정을 보여준다.

**그림 4.7** 정산표를 이용한 재무제표 작성

**Yazici Advertising A.Ş.**
**손익계산서**
2020년 10월 1일부터 10월 31일까지

| | | |
|---|---|---|
| 수익 | | |
| 용역 매출 | | ₺10,600 |
| 비용 | | |
| 급여 | ₺5,200 | |
| 소모품비 | 1,500 | |
| 임차료 | 900 | |
| 보험료 | 50 | |
| 이자비용 | 50 | |
| 감가상각비 | 40 | |
| 비용 계 | | 7,740 |
| 당기순이익 | | ₺ 2,860 |

**Yazici Advertising A.Ş.**
**이익잉여금계산서**
2020년 10월 1일부터 10월 31일까지

| | |
|---|---|
| 10월 1일 이익잉여금 | ₺ –0– |
| 가산: 당기순이익 | 2,860 |
| | 2,860 |
| 차감: 배당금 | 500 |
| 10월 31일 이익잉여금 | ₺2,360 |

**Yazici Advertising A.Ş.**
**재무상태표**
2020년 10월 31일 현재

| | | |
|---|---|---|
| **자산** | | |
| 설비 | ₺5,000 | |
| 차감: 감가상각누계액 | 40 | ₺ 4,960 |
| 선급보험료 | | 550 |
| 소모품 | | 1,000 |
| 매출채권 | | 200 |
| 현금 | | 15,200 |
| 자산 계 | | ₺21,910 |
| **자본과 부채** | | |
| 자본 | | |
| 자본금 | ₺10,000 | |
| 이익잉여금 | 2,360 | ₺12,360 |
| 부채 | | |
| 지급어음 | 5,000 | |
| 미지급금 | 2,500 | |
| 미지급 이자비용 | 50 | |
| 선수수익 | 800 | |
| 미지급 급여 | 1,200 | 9,550 |
| 자본과 부채 계 | | ₺21,910 |

편리함 때문에 정산표를 이용하여 재무제표를 먼저 작성했지만 총계정원장에 수정 분개가 반영되어 있지 않기 때문에 재무제표와 장부의 금액이 일치하지 않는다. 따라서 분개장과 총계정원장에도 수정 분개를 반영하는 추가 작업이 필요하다. 이에 Yazici는 수정 분개도 장부상 만들어 반영해야 하고, 사업 개시 후 첫 결산을 하여 이익잉여금이라는 계정이 장부상 없으니 이것도 총계정원장 안에 만들어야 한다.

반복하지만 정산표는 재무제표를 편리하게 작성하기 위한 도구일 뿐 회계상 인정되는 정식 문서가 아님에 유의하기 바란다. 정산표에 재무제표상의 수치 관련 정보가 모두 담겨 있어도 재무제표를 대신할 수는 없으며, 주주나 채권자 등 이해관계자에게 재무제표 대신 정산표로 재무보고를 해서는 안 된다. 재무제표에는 정산표가 대신할 수 없는 계정과목 배열법 등의 표준화된 보고 양식과 다양한 정보가 담긴 주석 등이 있기 때문이다.

## 정산표 _Preparing Adjusting Entries from a Worksheet

다시 말하지만 정산표는 정식 장부가 아니므로 정산표에서의 수정 분개로 분개장에서의 수정 분개를 대신할 수는 없다. 반드시 나중에 분개장에 수정 분개를 하고 총계정원장에 포스팅을 해야 한다. 그러므로 정산표에서 수정 분개를 할 때는 표시를 하고 그 표시에 맞는 수정 분개의 내역을 여백에 기록해두면 나중에 분개장에 수정 분개를 만들 때 도움이 된다. 참고로 Yazici의 10월 31일 자 수정 분개는 그림 3.23에서 확인할 수 있다.

HINT
정산표는 정식 장부가 아니므로 모든 수정 분개를 기억할 수만 있다면 거래 내역을 안 적어도 무방하지만 일 처리의 편의를 위해 적어두는 것이 좋다.

**DO IT! 1 정산표**

수전 엘베가 정산표를 준비하고 있다. 다음 계정을 재무제표를 작성하기 위한 4개의 칸 중 어디에 옮겨 적을지 수전에게 설명하라.

| | |
|---|---|
| 현금 | 감가상각누계액 |
| 미지급금 | 배당금 |
| 용역 매출 | 급여 |

**해답** 손익계산서 차변: 급여 　　손익계산서 대변: 용역 매출
재무상태표 차변: 현금, 배당금 　　재무상태표 대변: 감가상각누계액, 미지급금

## 장부 마감 _Closing the Books

학습목표
결산 분개를 하고 결산 후 시산표를 작성한다.

회계기간이 종료되면 그간의 계정을 마감하여 자산, 부채, 자본, 손익 등을 확정하고 차년도의 회계를 처리할 준비와 정비를 하는데, 이를 결산 또는 장부 마감(closing the books)이라고 한

대체 용어
일시적 계정을 명목적 계정(nominal accounts), 영구적 계정을 실질적 계정(real accounts)이라고도 한다.

다.[1] 장부를 마감할 때는 모든 계정을 **일시적 계정**(temporary accounts), **영구적 계정**(permanent accounts)으로 구분한다. 일시적 계정은 당해 회계기간의 손익을 계산하고 배당금은 처리하기 위해 사용하는 임시 계정이다. 가령 수익과 비용을 표시하는 계정은 결산기가 도래하여 손익을 산출하는 용도로 사용하고 나면 사라진다. 이에 반해 영구적 계정은 자산, 부채, 자본을 나타내는 계정으로, 금액이 있는 한 여러 회계기간에 걸쳐 존속한다.[2]

그림 4.8 일시적 계정과 영구적 계정

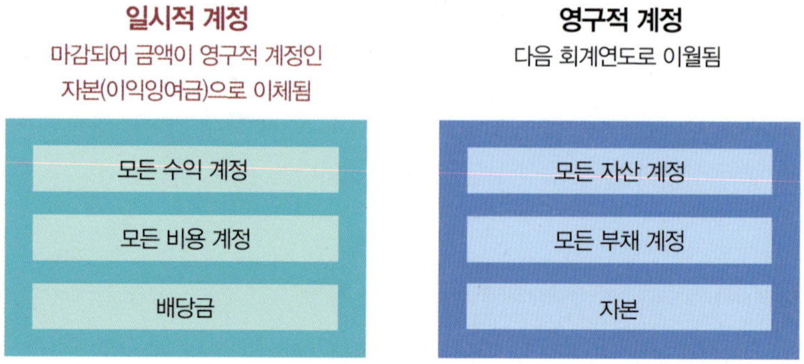


## 결산 분개 _Preparing Closing Entries

결산기 말에 일시적 계정을 정리하여 손익을 산출한 후 이를 영구적 계정인 자본(이익잉여금)으로 이체하는 절차를 통해 한 차례 회계순환(accounting cycle) 과정을 마감하고 다음 회계연도의 회계 처리를 준비하는데 이를 결산이라고 하며, 그 과정에 사용되는 분개를 **결산 분개**(closing entries)라고 한다. 구체적으로 결산 분개는 손익 계정을 모두 집계하여 손익을 산출하며, 그 금액을 재무상태표의 자본인 이익잉여금으로 넘기고 배당금 계정 역시 이익잉여금 계정으로 이체하는 분개를 말한다. 결산 분개를 통해 손익계산서상의 계정은 회계기간 동안 누적된 금액을 자

---

1 역자 주: 장부 마감은 협의로는 수익과 비용의 손익 계정을 집합손익 계정으로 이체하여 모아서 당기손익을 산출·확정하는 절차를 의미하나, 광의로는 자산, 부채, 자본 등의 영구적 계정에서 차년도 이월 금액을 확정하는 절차도 포함된다. 이 책에서는 주로 협의의 의미로 사용한다.

2 역자 주: 일시적 계정과 영구적 계정은 회계 항등식을 머릿속에 넣고 정리하면 잘 이해된다. 즉 회계 항등식을 구성하는 계정을 영구적 계정, 이익잉여금 내 당기손익을 산출하기 위해 사용하는 계정을 일시적 계정이라고 한다. 그리고 결산이라는 것은 정기적으로 일시적 계정을 마감하여 손익을 산출하고 이를 이익잉여금에 반영하여 자산, 부채, 자본을 재정비하는 과정을 말한다. 회계 항등식, 즉 '자산 = 부채 + 자본'에서 자산은 기업이 소유한 물건, 소유권, 청구권 등이고, 부채와 자본은 기업이 부담하는 의무인데, 이것은 구체적으로 존재하는 실질적인 내용을 담고 있다. 따라서 재무상태표상 계정은 실질적 계정이며, 잔액이 남아 있는 한 여러 회계기간에 걸치게 되므로 이를 영구적 계정이라고 부른다. 따라서 영구적 계정에서의 결산을 위한 마감은 정확한 잔액을 확인하는 과정일 뿐 그 금액이 그대로 다음 회계연도로 넘어갈 준비를 한다.

이에 반해 손익계산서의 계정은 회계 항등식의 자본을 구성하는 항목 중 손익, 즉 수익과 비용을 표시하는 계정이다. 즉 일시적 계정은 수익과 비용의 내용을 구체적으로 나타내기 위해 일시적인 모습으로 존재하다가 결산이 되면 집계되어 손익으로 축약된 후 자본인 이익잉여금으로 넘어가는 계정이다. 따라서 한 회계기간에 잠시 일시적·임시적으로 사용되었다가 마감되는 계정이므로 일시적 계정 또는 임시적 계정이라고 부른다. 다시 말해 금액을 담았다가 영구적 계정으로 넘겨주면 이로써 당해 회계기간에서의 기능을 다한다. 다음 회계연도에는 당기에 산출된 손익을 이익잉여금 계정에 넘겨주고 잔액 없는 빈 계정으로 출발한다. 또한 계정의 이름도 영구적 계정의 권리나 의무처럼 구체적인 것이 아니라 손익 계정으로서 경제적 유입과 유출의 내역을 나타내므로 추상적이고 명목적이다. 그래서 일시적 계정을 명목적 계정이라고도 일컫는다.

본 계정인 이익잉여금에 넘겨주고 잔액이 0이 됨으로써 다음 회계연도의 금액을 받을 준비를 한다. 반면에 영구적 계정의 잔액은 다음 회계연도로 이월되므로 금액이 있는 한 계정이 영원히 종료되는 법이 없다.

따라서 결산 분개를 분개장에서 분개하고 총계정원장으로 포스팅을 해야 한 차례 회계순환 과정이 종료된다(그림 4.15 참조). 그러나 통상 정산표를 통해 재무제표를 다 작성한 후 이 과정을 행하기 때문에 결산 분개를 미루고 생략하기 쉬운데, 결산 분개는 다음 회계연도의 회계를 위해 반드시 해야 하는 절차임을 명심하라.

결산 분개를 하려면 먼저 **집합손익**(income summary) 계정을 만들고 수익과 비용 계정을 모두 이 계정으로 이체한다. 그런 다음 산출된 손익을 이익잉여금 계정으로 넘기고 배당금도 이익잉여금 계정으로 이체한다. 배당금은 비용이 아니므로 구분해야 한다. 이 단계에서 집합손익 계정을 정리하면 손익계산서를 작성할 수 있고, 이익잉여금 계정을 통해 이익잉여금계산서도 작성할 수 있다.

분개장에 결산 분개를 기입할 때는 수정 분개 다음에 '결산 분개'라고 써야 분개 간에 구분이 된다. 분개장에 기입된 결산 분개는 총계정원장으로 포스팅한다. 그런데 사실 순서와 원칙이 그렇다는 것이지 분개장에 결산 분개를 일일이 하는 것은 매우 번거로운 일이다. 결산 분개는 수정 분개와 달리 계정의 금액을 변동시키지 않기 때문에 대부분의 회사는 분개장을 거치지 않고 총계정원장에서 금액을 직접 옮겨가며 작업하여 결산 분개와 같은 효과를 가지게 함으로써 손

역자 한마디

복잡하게 설명되어 있지만 결산 분개는 어려울 것이 없다. 회계 항등식에서 자본인 이익잉여금의 모양새를 손익 계정으로 바꾸었다가 이익잉여금으로 다시 되돌리는 작업이다. 예를 들어 용역 매출의 경우 원래 차변 현금, 대변 이익잉여금인데, 이익잉여금의 증가 원인을 알 수 있도록 용역 매출이라는 계정을 임시로 사용하다가 결산일에 이르러 이익잉여금으로 환원하는 것이다. 다만 중간에 집합손익이라는 계정으로 모든 수익과 비용을 집계하여 당기손익을 산출하고 그 결과만 이익잉여금으로 대체한다. 쉽게 말해 당기손익을 구체적인 내역과 함께 산출하려는 목적으로 이익잉여금을 평소에는 수익과 비용의 손익 계정으로 변모시켜 펼쳤다가 결산일에 다시 이익잉여금으로 모아서 접는 과정이 바로 결산 분개이다.

**그림 4.9** 결산을 위한 계정 마감

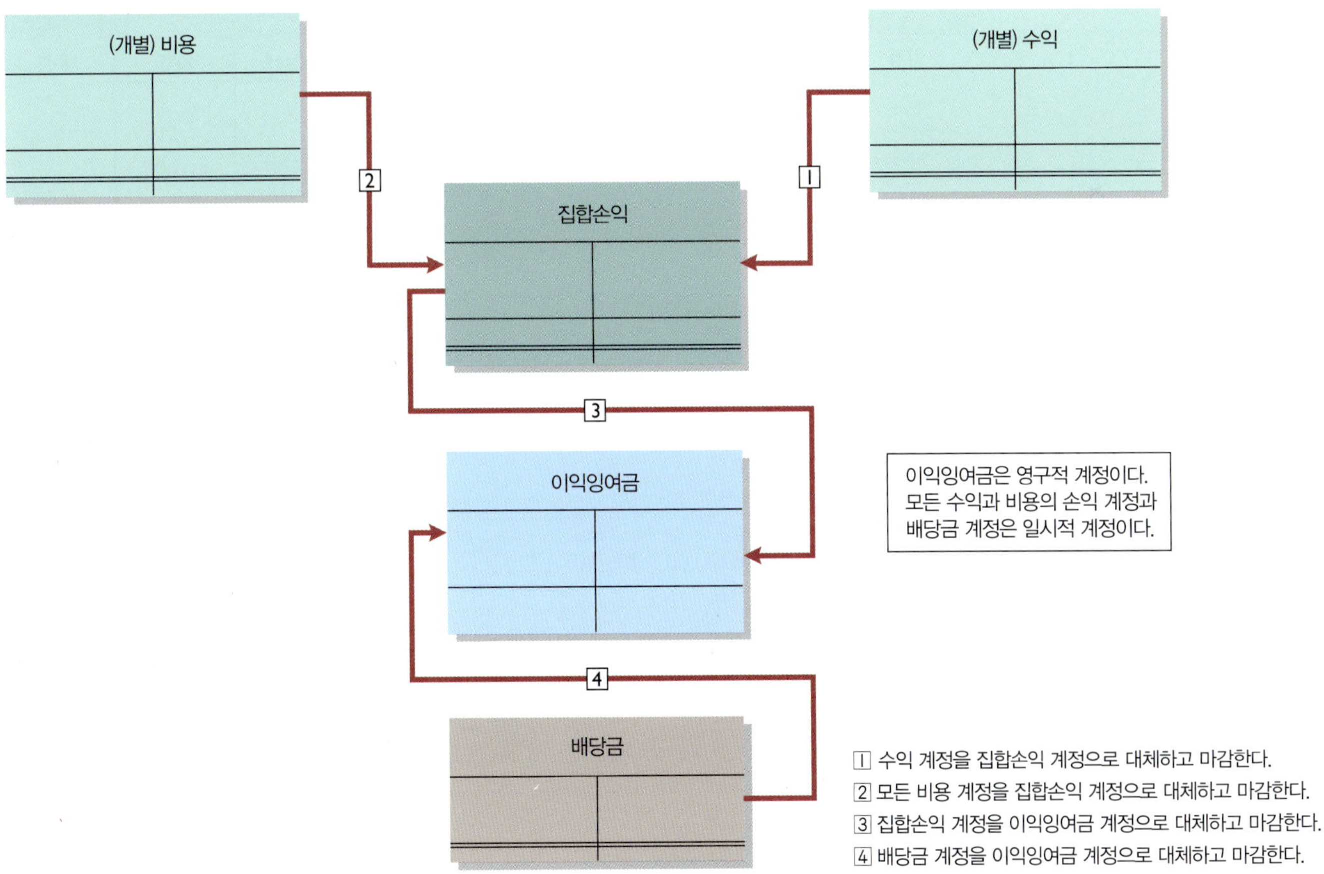

익 계정을 마감하기도 한다. 다음은 어떤 방법이건 집합손익 계정을 만들어 결산을 하는 효율적인 4단계 방법이다.

HINT
배당금은 이익잉여금 계정으로 바로 대체된다. 비용이 아니므로 집합손익 계정을 거치지 않는다.

1. 각 수익 계정의 차변에 전액을 기입하고 집합손익 계정의 대변에 동액을 대체한다.
2. 각 비용 계정의 대변에 전액을 기입하고 집합손익 계정의 차변에 동액을 대체한다.
3. 집합손익 계정 양변의 차액인 당기손익 금액을 차변에 기입하고 이익잉여금 계정의 대변에 대체한다.
4. 배당금 계정의 대변에 전액을 기입하고 이익잉여금 계정의 차변에 동액을 대체한다.

그림 4.9는 결산 분개의 과정을 시각적으로 보여준다. 네모 안의 번호는 앞에서 설명한 결산 분개의 각 과정을 가리킨다. 만약 당기순이익이 아니라 손실이 발생하면 그림 4.9의 흐름과 반대가 된다. 이 경우 집합손익 계정의 대변에 당기순손실을 기입하고 이익잉여금 계정의 차변에 동액을 대체한다.

### 결산 분개 예시 _Closing Entries Illustrated

결산 분개는 대개 연례행사이다. 기중에 월별 결산을 해야 할 때는 거창하게 결산 과정을 장부상으로 행하지 않는다. 하지만 여기서는 이해를 돕기 위해 Yazici가 매달 결산 분개로 장부를 마감한다고 가정한다. 그림 4.10은 Yazici가 10월 31일에 행한 분개장의 결산 분개이다(각 결산 분개 위의 번호는 그림 4.9의 번호와 같다).

그림 4.10 결산 분개

**분개장** J3

| 일자 | 계정과목과 거래 내역 | Ref. | 차변 | 대변 |
|---|---|---|---|---|
| | 결산 분개 | | | |
| | (1) | | | |
| 2020년 10월 31일 | 용역 매출 | 400 | 10,600 | |
| | 집합손익 | 350 | | 10,600 |
| | (수익 계정의 마감) | | | |
| | (2) | | | |
| 31일 | 집합손익 | 350 | 7,740 | |
| | 소모품비 | 631 | | 1,500 |
| | 감가상각비 | 711 | | 40 |
| | 보험료 | 722 | | 50 |
| | 급여 | 726 | | 5,200 |
| | 임차료 | 729 | | 900 |
| | 이자비용 | 905 | | 50 |
| | (비용 계정의 마감) | | | |
| | (3) | | | |
| 31일 | 집합손익(₺10,600 − ₺7,740) | 350 | 2,860 | |
| | 이익잉여금 | 320 | | 2,860 |
| | (당기손익을 이익잉여금으로 대체) | | | |
| | (4) | | | |
| 31일 | 이익잉여금 | 320 | 500 | |
| | 배당금 | 332 | | 500 |
| | (배당금을 이익잉여금으로 대체) | | | |

집합손익 계정의 분개인 (1)과 (2)의 차이는 당기손익이니 정산표상 손익계산서의 대변과 차

변 내용 및 금액과 일치한다. 같은 내용이니 당연한 일이다. 그런데 결산 분개 시 주의해야 할 전형적인 오류는 수익과 비용 계정을 집합손익 계정으로 대체하면서 무의식적으로 차대변을 혼동하여 당기손익을 실제보다 2배로 부풀리기, 배당금은 비용이 아닌데 집합손익 계정으로 옮겨서 손익을 과소표시하기 등이다.

## 결산 분개 포스팅 _Posting Closing Entries

그림 4.11은 결산 분개를 총계정원장상 각 계정에 반영하면서 손익 계정을 포함한 일시적 계정의 차대변, 양측의 합계가 일치하는지 두 줄을 그어가며 확인하고 마감하는 방식을 보여준다. 모든 일시적 계정은 결산 분개를 포스팅함으로써 금액이 0이 되어야 한다. 자본의 이익잉여금으로 넘어가서 빈 계정이 되어야 한다는 말이다. 또한 이익잉여금 계정상 잔액은 회계기간 종료일 현재까지 주주에게 배당하지 않고 회사가 보유한 금액을 말한다. 달리 말하면 앞으로 배당으로 나누어줄 수 있는 금액이기도 하다. 이 금액은 재무상태표상 이익잉여금 계정의 금액과 일치하며, 그림 4.7에 제시한 이익잉여금계산서의 금액과도 당연히 일치한다.

HINT
집합손익 계정이 자본 계정으로 이체되어 마감되기 전 양변의 차액은 그 회계기간의 손익과 일치한다.

**그림 4.11** 결산 분개 포스팅

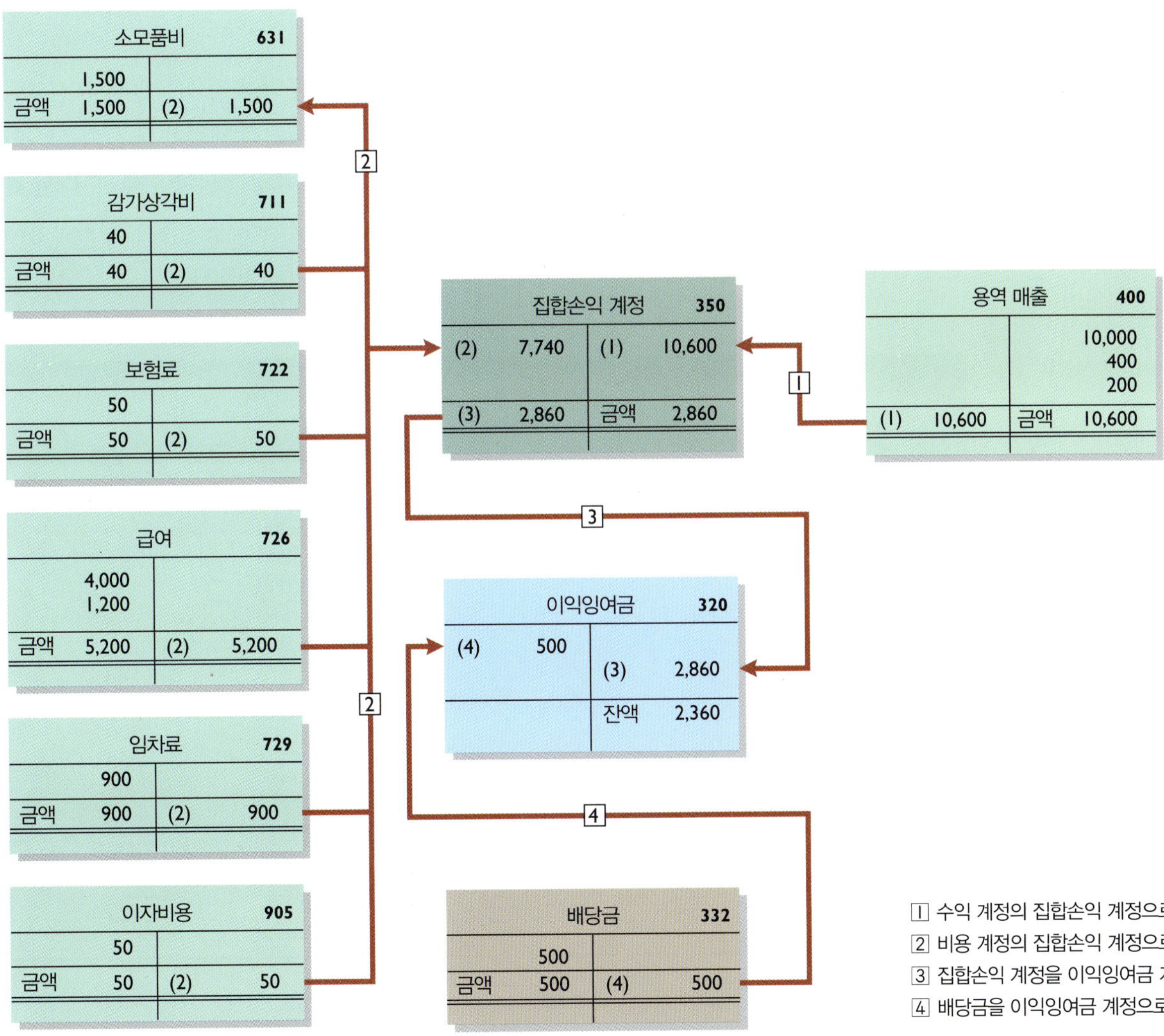


1 수익 계정의 집합손익 계정으로 대체한다.
2 비용 계정의 집합손익 계정으로 대체한다.
3 집합손익 계정을 이익잉여금 계정으로 대체한다.
4 배당금을 이익잉여금 계정으로 대체한다.

## 조직의 회계 | 결산기 단축의 혁신

컴퓨터 기술의 발전과 혁신은 결산 과정을 엄청나게 줄여주었다. 통상 20일이 걸리던 것을 14~16일로 단축한 지 얼마 되지도 않았는데 요즘 대기업의 결산은 평균 6일도 걸리지 않는다. 심지어 언제든 마음만 먹으면 24시간 안에 결산을 끝낼 수 있는 회사도 있다. 어떤 회사는 결산에 소요되는 시간을 85%나 단축했다고 자랑하기도 한다. 속도가 빠르다고 해서 회계의 정확성과 완전성에 흠결이 있는 것도 아니다. 오히려 전산 기술은 더 빠르고 더 정확하며 더 완벽해졌다. 우리 회사가 20일이나 결산에 매달려 있는 그 시간에 경쟁자들이 새로운 비즈니스를 찾고 업무 개발을 한다고 생각해보면 결국 누가 승자가 될지는 명약관화하다.

출처: "Reporting Practices: Few Do It All," *Financial Executive* (November 2003), p. 11.

Steve Cole/iStockphoto

**결산 과정이 단축됨으로써 혜택을 보는 사람은 누구인가?**

그림 4.11에서 보듯이 Yazici는 결산 과정에서 일시적 계정의 합계를 내고 집합손익 계정으로 금액을 대체하면서 차대변이 같은지 비교하고 확인을 마치면 숫자 아래 두 줄을 그어서 마감했다. 그러나 영구적 계정일 때는 한 줄을 긋고 그 아래에 합계 잔액을 산출하여 다음 회계연도로 이월되는 금액임을 표시했다(이익잉여금 계정 참조).

### 결산 후 시산표 작성 _Preparing a Post-Closing Trial Balance

Yazici는 결산 분개와 포스팅을 한 후 총계정원장에 남아 있는 영구적 계정으로 결산 후 시산표를 작성했다(그림 4.13 참조). 총계정원장에는 결산 분개를 통해 일시적 계정이 모두 자본인 이익잉여금 내 당기손익으로 옮겨져서 금액이 0이 됨으로써 영구적 계정만 남아 있다. 따라서 **결산 후 시산표**(post-closing trial balance)에는 손익계산서는 없고 재무상태표만 존재하며, 재무상태표에 나타나는 금액은 다음 연도 영구적 계정의 기초 금액으로 의미를 가진다.

**그림 4.12** 결산 후 시산표

Yazici Advertising A.Ş.
결산 후 시산표
2020년 10월 31일 기준

| | 차변 | 대변 |
|---|---|---|
| 현금 | ₺15,200 | |
| 매출채권 | 200 | |
| 소모품 | 1,000 | |
| 선급보험료 | 550 | |
| 설비 | 5,000 | |
| 감가상각누계액 | | ₺ 40 |
| 지급어음 | | 5,000 |
| 미지급금 | | 2,500 |
| 선수수익 | | 800 |
| 미지급 급여 | | 1,200 |
| 미지급 이자비용 | | 50 |
| 자본금 | | 10,000 |
| 이익잉여금 | | 2,360 |
| | ₺21,950 | ₺21,950 |

**그림 4.13** 총계정원장(영구적 계정)

## 총계정원장

**현금** No. 101

| 일자 | 내역 | Ref. | 차변 | 대변 | 잔액 |
|---|---|---|---|---|---|
| 2020년 | | | | | |
| 10월 1일 | | J1 | 10,000 | | 10,000 |
| 2일 | | J1 | 1,200 | | 11,200 |
| 3일 | | J1 | | 900 | 10,300 |
| 4일 | | J1 | | 600 | 9,700 |
| 20일 | | J1 | | 500 | 9,200 |
| 26일 | | J1 | | 4,000 | 5,200 |
| 31일 | | J1 | 10,000 | | 15,200 |

**매출채권** No. 112

| 일자 | 내역 | Ref. | 차변 | 대변 | 잔액 |
|---|---|---|---|---|---|
| 2020년 | | | | | |
| 10월 31일 | 수정 분개 | J2 | 200 | | 200 |

**소모품** No. 126

| 일자 | 내역 | Ref. | 차변 | 대변 | 잔액 |
|---|---|---|---|---|---|
| 2020년 | | | | | |
| 10월 5일 | | J1 | 2,500 | | 2,500 |
| 31일 | 수정 분개 | J2 | | 1,500 | 1,000 |

**선급보험료** No. 130

| 일자 | 내역 | Ref. | 차변 | 대변 | 잔액 |
|---|---|---|---|---|---|
| 2020년 | | | | | |
| 10월 4일 | | J1 | 600 | | 600 |
| 31일 | 수정 분개 | J2 | | 50 | 550 |

**설비** No. 157

| 일자 | 내역 | Ref. | 차변 | 대변 | 잔액 |
|---|---|---|---|---|---|
| 2020년 | | | | | |
| 10월 1일 | | J1 | 5,000 | | 5,000 |

**감가상각누계액** No. 158

| 일자 | 내역 | Ref. | 차변 | 대변 | 잔액 |
|---|---|---|---|---|---|
| 2020년 | | | | | |
| 10월 31일 | 수정 분개 | J2 | | 40 | 40 |

**지급어음** No. 200

| 일자 | 내역 | Ref. | 차변 | 대변 | 잔액 |
|---|---|---|---|---|---|
| 2020년 | | | | | |
| 10월 1일 | | J1 | | 5,000 | 5,000 |

**미지급금** No. 201

| 일자 | 내역 | Ref. | 차변 | 대변 | 잔액 |
|---|---|---|---|---|---|
| 2020년 | | | | | |
| 10월 5일 | | J1 | | 2,500 | 2,500 |

**선수수익** No. 209

| 일자 | 내역 | Ref. | 차변 | 대변 | 잔액 |
|---|---|---|---|---|---|
| 2020년 | | | | | |
| 10월 2일 | | J1 | | 1,200 | 1,200 |
| 31일 | 수정 분개 | J2 | 400 | | 800 |

**미지급 급여** No. 212

| 일자 | 내역 | Ref. | 차변 | 대변 | 잔액 |
|---|---|---|---|---|---|
| 2020년 | | | | | |
| 10월 31일 | 수정 분개 | J2 | | 1,200 | 1,200 |

**미지급 이자비용** No. 230

| 일자 | 내역 | Ref. | 차변 | 대변 | 잔액 |
|---|---|---|---|---|---|
| 2020년 | | | | | |
| 10월 31일 | 수정 분개 | J2 | | 50 | 50 |

**자본금** No. 311

| 일자 | 내역 | Ref. | 차변 | 대변 | 잔액 |
|---|---|---|---|---|---|
| 2020년 | | | | | |
| 10월 1일 | | J1 | | 10,000 | 10,000 |

**이익잉여금** No. 320

| 일자 | 내역 | Ref. | 차변 | 대변 | 잔액 |
|---|---|---|---|---|---|
| 2020년 | | | | | |
| 10월 1일 | | | | | –0– |
| 31일 | 결산 분개 | J3 | | 2,860 | 2,860 |
| 31일 | 결산 분개 | J3 | 500 | | 2,360 |

참고: 이 그림에는 Yazici Advertising의 영구적 계정만 있고 일시적 계정은 그림 4.14에 있다. 두 계정 모두 총계정원장의 계정이지만 쉽게 이해할 수 있도록 따로 분리하여 제시했다.

결산 후 시산표를 작성하는 목적은 회계 항등식의 자산과 부채, 자본의 합이 결산기 말의 날짜에 같다는 것을 보여줌으로써 회사가 결산 마감을 제대로 했음을 확인하기 위함이다. 그러나 결산 분개를 하고 포스팅을 하지 않거나 두 번 포스팅을 하는 것과 같은 실수를 찾아내지는 못한다는 점에 유의하라. 그러한 오류는 차대변에 똑같은 영향을 주어 차대변에 차이를 만들지 못하기 때문이다.

그림 4.14에 제시한 총계정원장의 일시적 계정은 금액이 전부 0이다. 0이 되는지 확인하기 위해 Yazici가 사용한 방법은 금액 아래에 두 줄 긋기이다.

**그림 4.14** 총계정원장(일시적 계정)

## 총계정원장

**배당금 No. 332**

| 일자 | 내역 | Ref. | 차변 | 대변 | 잔액 |
|---|---|---|---|---|---|
| 2020년 | | | | | |
| 10월 20일 | | J1 | 500 | | 500 |
| **31일** | **결산 분개** | **J3** | | **500** | **-0-** |

**집합손익 No. 350**

| 일자 | 내역 | Ref. | 차변 | 대변 | 잔액 |
|---|---|---|---|---|---|
| 2020년 | | | | | |
| **10월 31일** | **결산 분개** | **J3** | | **10,600** | **10,600** |
| **31일** | **결산 분개** | **J3** | **7,740** | | **2,860** |
| **31일** | **결산 분개** | **J3** | **2,860** | | **-0-** |

**용역 매출 No. 400**

| 일자 | 내역 | Ref. | 차변 | 대변 | 잔액 |
|---|---|---|---|---|---|
| 2020년 | | | | | |
| 10월 31일 | | J1 | | 10,000 | 10,000 |
| 31일 | 수정 분개 | J2 | | 400 | 10,400 |
| 31일 | 수정 분개 | J2 | | 200 | 10,600 |
| **31일** | **결산 분개** | **J3** | **10,600** | | **-0-** |

**소모품비 No. 631**

| 일자 | 내역 | Ref. | 차변 | 대변 | 잔액 |
|---|---|---|---|---|---|
| 2020년 | | | | | |
| 10월 31일 | 수정 분개 | J2 | 1,500 | | 1,500 |
| **31일** | **결산 분개** | **J3** | | **1,500** | **-0-** |

**감가상각비 No. 711**

| 일자 | 내역 | Ref. | 차변 | 대변 | 잔액 |
|---|---|---|---|---|---|
| 2020년 | | | | | |
| 10월 31일 | 수정 분개 | J2 | **40** | | 40 |
| **31일** | **결산 분개** | **J3** | | **40** | **-0-** |

**보험료 No. 722**

| 일자 | 내역 | Ref. | 차변 | 대변 | 잔액 |
|---|---|---|---|---|---|
| 2020년 | | | | | |
| 10월 31일 | 수정 분개 | J2 | **50** | | 50 |
| **31일** | **결산 분개** | **J3** | | **50** | **-0-** |

**급여 No. 726**

| 일자 | 내역 | Ref. | 차변 | 대변 | 잔액 |
|---|---|---|---|---|---|
| 2020년 | | | | | |
| 10월 26일 | | J1 | 4,000 | | 4,000 |
| 31일 | 수정 분개 | J2 | **1,200** | | 5,200 |
| **31일** | **결산 분개** | **J3** | | **5,200** | **-0-** |

**임차료 No. 729**

| 일자 | 내역 | Ref. | 차변 | 대변 | 잔액 |
|---|---|---|---|---|---|
| 2020년 | | | | | |
| 10월 3일 | | J1 | 900 | | 900 |
| **31일** | **결산 분개** | **J3** | | **900** | **-0-** |

**이자비용 No. 905**

| 일자 | 내역 | Ref. | 차변 | 대변 | 잔액 |
|---|---|---|---|---|---|
| 2020년 | | | | | |
| 10월 31일 | 수정 분개 | J2 | **50** | | 50 |
| **31일** | **결산 분개** | **J3** | | **50** | **-0-** |

참고: 이 그림에는 Yazici Advertising의 일시적 계정만 있고 영구적 계정은 그림 4.13에 있다. 두 계정 모두 총계정원장의 계정이지만 쉽게 이해할 수 있도록 따로 분리하여 제시했다.

### DO IT! 2 결산 분개

Hancock Heating의 수정 후 시산표상 다음 계정으로 12월 31일 자 결산 분개를 하라.

| | | | |
|---|---|---|---|
| 미지급금 | €27,000 | 배당금 | €15,000 |
| 용역 매출 | 98,000 | 자본금 | 42,000 |
| 임차료 | 22,000 | 매출채권 | 38,000 |
| 급여 | 51,000 | 소모품비 | 7,000 |

**해답**

| | | | |
|---|---|---|---|
| 12월 31일 | 용역 매출 | 98,000 | |
| | 집합손익 | | 98,000 |
| | (수익을 집합손익 계정으로 대체) | | |
| 31일 | 집합손익 | 80,000 | |
| | 급여 | | 51,000 |
| | 임차료 | | 22,000 |
| | 소모품비 | | 7,000 |
| | (비용을 집합손익 계정으로 대체) | | |
| 31일 | 집합손익(€98,000 − €80,000) | 18,000 | |
| | 이익잉여금 | | 18,000 |
| | (당기손익을 이익잉여금 계정으로 대체) | | |
| 31일 | 이익잉여금 | 15,000 | |
| | 배당금 | | 15,000 |
| | (배당금을 이익잉여금 계정으로 대체) | | |

## 회계순환과 오류정정 분개 _The Accounting Cycle and Correcting Entries

학습목표

회계순환과 오류정정 분개를 이해한다.

### 회계순환 _Summary of the Accounting Cycle

그림 4.15의 회계순환 과정은 거래 분석부터 결산 후 시산표 작성에 이르기까지 일련의 연속 과정을 보여준다. 기업은 다음 회계기간의 거래를 맞을 준비를 하면서 거래 분석부터 결산 후 시산표 작성까지의 작업을 매 회계기간 무한 반복하기 때문에 이를 회계순환이라고 부른다. 회계순환에서 1~3단계는 매일 일어나는 회계 처리 과정이지만 4~7단계는 월별, 분기별, 연차별로 정기적으로 일어난다. 또한 8, 9단계인 결산 분개와 결산 후 시산표 작성은 결산기 말, 즉 1년에 한 번 일어나는 회계 처리 과정이다.

회계순환 과정에는 필수적 절차는 아닌 두 가지 선택지가 있다. 정산표를 사용하는 것과 재조정 분개가 그것이다. 정산표 사용은 이미 설명했으니 재조정 분개만 살펴보자.

### 재조정 분개(선택 가능한 절차) _Reversing Entries–An Optional Step

**재조정 분개**(reversing entry)는 수정 분개를 다시 원상태로 돌려놓는 분개이다. 이는 의무적인 것이 아니라 기업의 회계 처리 방법상 성향의 문제이다. 이 장의 후반부에서 이에 대해 설명하겠다.

### 오류정정 분개(피할 수 있는 절차) _Correcting Entries–An Avoidable Step

회계 처리를 하다 보면 실수를 할 수도 있다. 이러한 실수를 발견하면 정정하는 분개를 해야 하는데, 이를 **오류정정 분개**(correcting entries)라고 한다. 오류정정 분개는 수정 분개와 다르다. 수정 분개는 회계 처리의 일환이지만 오류정정 분개는 오류가 있을 때만 하는 분개이다. 따라서 수정 분개는 결산기 말에 하지만 오류정정 분개는 발견 즉시 해야 한다. 수정 분개는 손익의 귀속 기간을 바르게 하는 분개이므로 재무상태표와 손익계산서의 계정을 차대변 하나씩 사용하지만 오류정정 분개는 오류 내용에 따라 다르다.

ETHICS NOTE
이미 공시한 재무제표에서 중대한 오류를 발견했을 때 기업은 이를 바로잡아 재공시해야 한다.

**그림 4.15** 회계순환 과정

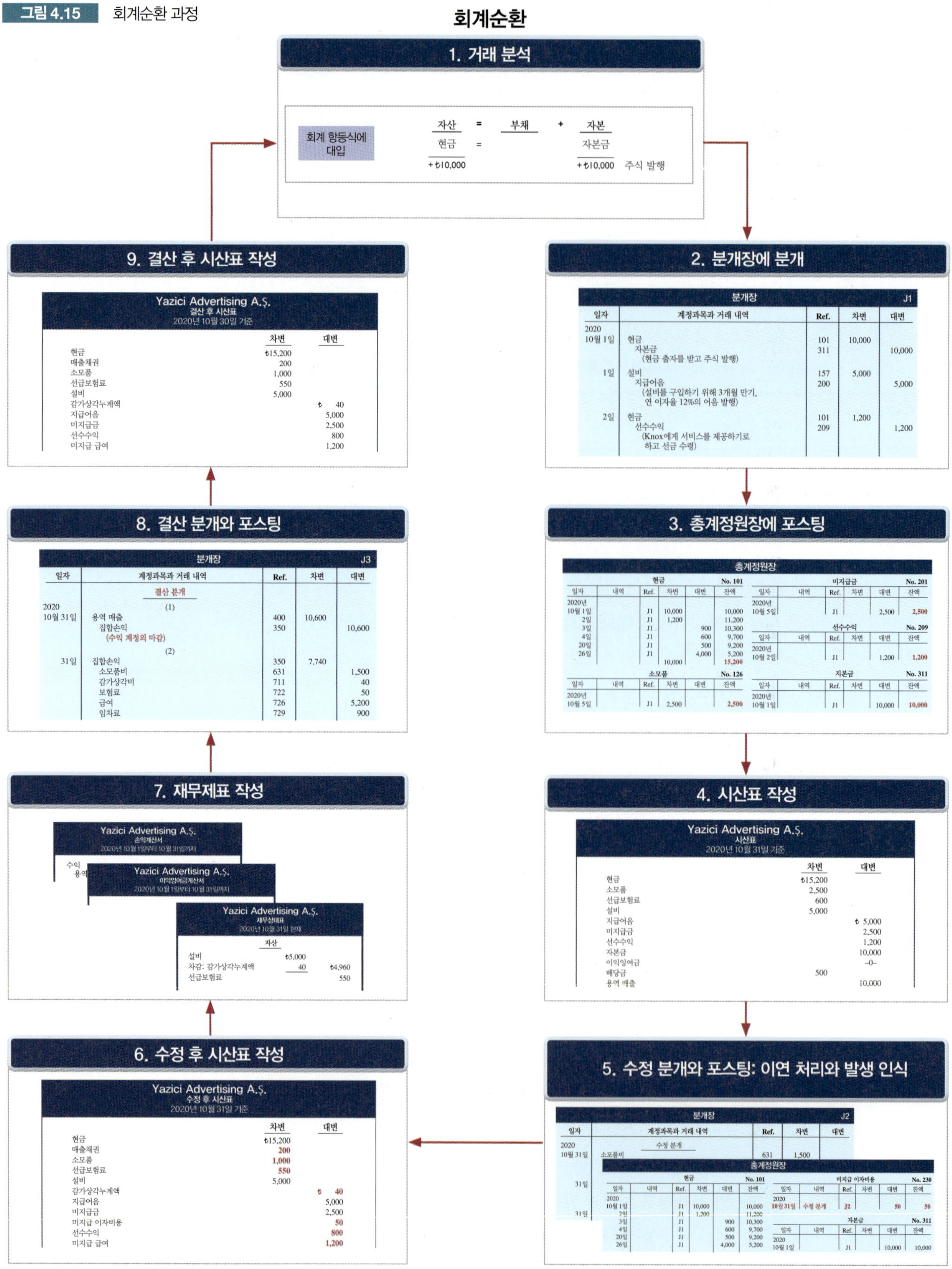

### 사례 1 _Case 1

Mercato Co.는 5월 10일에 매출채권의 회수 NT$500를 용역 매출로 알고 용역 매출의 차변에 기록했다. 5월 20일에 오류를 인지하고 그림 4.16과 같이 오류정정 분개를 했다.

| 실제의 오류 분개(5월 10일) | | | 올바른 분개(5월 10일) | | |
|---|---|---|---|---|---|
| 현금 | 500 | | 현금 | 500 | |
| 용역 매출 | | 500 | 매출채권 | | 500 |

**그림 4.16** 분개의 비교

두 분개를 비교해보면 현금의 차변 NT$500는 제대로 되었으나 매출채권 대신 용역 매출의 대변을 건드림으로써 용역 매출과 매출채권 계정이 과대계상되었다. 따라서 그림 4.17과 같은 매출채권과 용역 매출을 감소시키는 오류정정 분개가 필요하다.

**오류정정 분개**

| | | | |
|---|---|---|---|
| 5월 20일 | 용역 매출 | 500 | |
| | 매출채권 | | 500 |
| | (5월 10일의 오류정정) | | |

**그림 4.17** 오류정정 분개

A = L + E

−500      −500 수익

현금 유출입

없음

### 사례 2 _Case 2

Mercato는 5월 18일에 NT$4,500의 설비를 외상으로 구입했음에도 설비의 차변과 미지급금의 대변에 각 NT$450로 회계 처리를 했다. 6월 3일에 구입처의 거래명세서를 보고 오류를 발견했다(그림 4.18 참조).

| 실제의 오류 분개(5월 18일) | | | 올바른 분개(5월 18일) | | |
|---|---|---|---|---|---|
| 설비 | 450 | | 설비 | 4,500 | |
| 미지급금 | | 450 | 미지급금 | | 4,500 |

**그림 4.18** 분개의 비교

두 분개를 비교해보면 계정과목은 맞지만 금액이 틀려 설비와 미지급금이 NT$4,050만큼 과소계상되었다. 따라서 그림 4.19와 같은 오류정정 분개가 필요하다.

**오류정정 분개**

| | | | |
|---|---|---|---|
| 6월 3일 | 설비 | 4,050 | |
| | 미지급금 | | 4,050 |
| | (5월 18일의 오류정정) | | |

**그림 4.19** 오류정정 분개

A = L + E

+4,050      +4,050

현금 유출입

없음

오류정정 분개 대신 이미 한 오류 분개를 반대로 하여 취소하고 올바른 분개를 다시 하는 방법도 있다. 이를 역분개(reversing incorrect entries)라고도 하는데, 어쨌든 분개의 수가 늘어나기는 하지만 혼란을 막고 분개의 정확성을 기할 수 있는 현명한 방법이다.

**투자적 사고력 키우기 | 아프리카의 경제 발전과 낙후한 회계**

아프리카의 경제 발전 가능성은 무궁무진하여 전 세계 투자자의 관심이 쏠리고 있다. 그러나 회계가 낙후하여 투자 유치가 잘 성사되지 않는 애석함이 있다. 이에 나이지리아 증권거래소는 최근 190개 상장회사를 대상으로 기업 윤리와 감사 절차, 내부 통제, 공시 체제 등 여러 분야를 평가하는 시스템을 도입하여 회사를 한 차원 업그레이드하려고 노력했으며, 다른 많은 아프리카 국가도 IFRS를 채택하는 등 이에 적극 동참했다. 그럼에도 불구하고 아프리카의 전반적인 회계 수준은 여전히 뒤처져 있다. 아프리카 기업을 돕고 있는 한 재무 자문 전문가는 계정과목이 뒤섞여 있는 것은 말할 것도 없고 현금을 주고 산 설비가 회계 기록에 누락된 것을 발견하고는 매우 놀랐지만, "회계가 엉망이라고 해서 사업의 전망이 없는 것은 아닌데"라며 안타까움을 토로했다.

출처: Kimberly S. Johnson, "Africa Makes Strides in Corporate Accounting, Governance," *Wall Street Journal Online* (November 17, 2014).

**아프리카 기업이 회계 관행을 개선하고 IFRS를 채택한다면 어떤 이점이 있겠는가?**

© Daniel M Ernst/ Shutterstock

**DO IT! 3 오류정정 분개**

Sanchez Company는 2020년 1월에 다음과 같은 회계상 오류를 발견했다(단위: 1,000). 역분개 없이 오류정정 분개를 하라.

1. 급여를 $600 지불하고 동액을 소모품의 차변과 현금의 대변에 기록했다.
2. 매출채권 $3,000를 현금으로 회수하고 현금과 용역 매출의 차변과 대변에 각각 $200를 기록했다.
3. $860의 소모품을 외상으로 구입하고 소모품의 차변에 $680, 미지급금의 대변에 $680를 기록했다.

**해답**

| | 차변 | 대변 |
|---|---|---|
| 1. 급여 | 600 | |
| 소모품 | | 600 |
| 2. 용역 매출 | 200 | |
| 현금 | 2,800 | |
| 매출채권 | | 3,000 |
| 3. 소모품($860 − $680) | 180 | |
| 미지급금 | | 180 |

학습목표
재무상태표에 대해 더 자세히 알아본다.

## 재무상태표 _Classified Statement of Financial Position

재무상태표는 어떤 시점에 기업의 재무 상태를 찍은 스냅 사진과도 같다. 그러나 재무 상태의 정보를 제대로 정돈하지 않은 채 내놓는다면 그 내용을 파악하기가 어려울 것이다. 따라서 재무상태표의 내용을 사용자 입장에서 보기 좋게 꾸며줄 필요가 있는데 이를 '계열화'라고 하며, 그 재무제표를 **계열화된 재무상태표**(classified statement of financial position)라고 한다.[3] 계열화는 비슷

3 역자 주: 이 책에서는 계열화되었음을 강조하기 위해 계열화된 재무상태표라고 표현했지만, 일반적으로 재무상태표는 계열화되어 있기 때문에 굳이 '계열화된'이라는 말을 붙이지 않는다. 다만 문제 풀이를 위해 필요한 경우에는 계열화 또는 표준형 재무상태표라고 했다.

한 경제적 특징을 가진 자산과 부채를 하나로 묶고 성격이 다른 자산과 부채는 구분하여 표시하되 유동성에 따라 배열하는 것을 말한다. 그림 4.20은 IFRS상 재무상태표의 전형적인 양식이다.

계열화된 재무상태표는 만기일에 부채를 상환할 만한 자산을 보유하고 있는지, 전체 자산에서 유동성·비유동성 부채가 차지하는 비율이 어느 정도인지 파악하는 데 도움을 준다. 한 예로 Cheng Ltd.가 공시한 계열화가 잘된 재무상태표를 살펴보자(그림 4.21 참조).

HINT
회계 항등식 '자산 = 부채 + 자본'을 상기하라.

**그림 4.20** 재무상태표의 표준 형태

| 자산 | 자본과 부채 |
|---|---|
| 무형자산 | 자본 |
| 유형자산 | 비유동부채 |
| 장기투자자산 | 유동부채 |
| 유동자산 | |

**그림 4.21** 재무상태표

**Cheng Ltd.**
**재무상태표**
2020년 10월 31일 현재(단위: NT$1,000)

| | | | |
|---|---|---|---|
| **자산** | | | |
| **무형자산** | | | |
| 특허권 | | | NT$ 3,100 |
| **유형자산** | | | |
| 토지 | | NT$10,000 | |
| 설비 | NT$24,000 | | |
| 차감: 감가상각누계액 | 5,000 | 19,000 | 29,000 |
| **장기투자자산** | | | |
| Walters Corp.에 대한 주식 투자 | | 5,200 | |
| 부동산 투자 | | 2,000 | 7,200 |
| **유동자산** | | | |
| 선급보험료 | | 400 | |
| 소모품 | | 2,100 | |
| 재고자산 | | 3,000 | |
| 받을어음 | | 1,000 | |
| 매출채권 | | 7,000 | |
| 단기 금융상품 | | 2,000 | |
| 현금 | | 6,600 | 22,100 |
| 자산 계 | | | NT$61,400 |
| **자본과 부채** | | | |
| **자본** | | | |
| 자본금 | | NT$20,000 | |
| 이익잉여금 | | 14,050 | NT$34,050 |
| **비유동부채** | | | |
| 장기 차입금 | | 10,000 | |
| 지급어음 | | 1,300 | 11,300 |
| **유동부채** | | | |
| 지급어음 | | 11,000 | |
| 미지급금 | | 2,100 | |
| 미지급 급여 | | 1,600 | |
| 선수수익 | | 900 | |
| 미지급 이자비용 | | 450 | 16,050 |
| 자본과 부채 계 | | | NT$61,400 |

다음은 재무상태표상 자산, 부채, 자본 등의 세부 항목이다.

## 공동체적 사고력 키우기 | 가치 창조

이 책의 부록 B에 실린 네슬레의 재무제표를 보면 수익성과 재무 상태를 상세히 파악할 수 있다. 최근에는 네슬레를 비롯해 많은 기업이 재무 정보뿐만 아니라 사회적 공헌에 관한 비재무 정보도 같이 공시하고 있는데, 이는 책임 있는 기업의 사회 공헌을 높이 사는 요즘 사회적 트렌드의 영향을 받은 탓이다. 네슬레의 경우 '공유 가치 창출'이라는 프로젝트하에 자사의 사업적 전문성에 따라 장점을 살릴 수 있는 영양, 물과 환경 보존, 농촌 지역 발전에 기여한 정도를 다음과 같이 심도 있게 다루고 있다. 물론 추상적으로 공시하는 것이 아니라 다음과 같이 객관적인 기준을 세우고 냉철하게 자기평가를 한다.

**영양**: 매출액 중 국제 기관이 영양적으로 우수하다고 인정한 제품의 판매 비중

**물과 환경 보존**: 공장에서 방류하는 수질 제고와 제품 포장량 감소 정도

**농촌 지역 발전**: 농부의 역량 강화와 농작물의 안전성, 품질, 처리 과정의 고도화

공유 가치를 창출하려는 네슬레의 노력은 회사 홈페이지에 자세히 실려 있다.

Simon Rawles/Alamy

**네슬레가 객관적인 척도로 측정한 결과를 공개적으로 보고하기로 한 데에는 어떤 의미가 담겨 있는가?**

## 무형자산 _Intangible Assets

HINT
무형자산은 기타 자산에 포함되어 공시되기도 한다.

많은 기업이 형태는 없지만 가치 있는 자산을 장기간 보유하고 사업에 사용하는데, 이를 **무형자산**(intangible assets)이라고 한다. 여기에는 영업권, 특허권, 저작권, 상표권, 상호권 등 기업이 특정 기간 동안 배타적으로 사용할 수 있는 권리가 포함된다. 그림 4.21에서 Cheng Ltd.는 NT$3,100의 특허권을 무형자산으로 보고했으며, 그림 4.22는 노키아(Nokia, 핀란드)가 최근 공시한 무형자산을 보여준다.

**그림 4.22** 무형자산

Real World

**Nokia**
**재무상태표(일부 발췌)**
(단위: 100만)

| 무형자산 | |
|---|---|
| 자본화된 연구개발비 | € 244 |
| 영업권 | 6,257 |
| 기타 무형자산 | 3,913 |
| | €10,414 |

## 유형자산 _Property, Plant, and Equipment

기계 장치, 설비, 비품, 구축물, 토지, 건물 등 사업을 위해 장기간 사용하는 형태의 자산을 **유형자산**(property, plant, and equipment)이라고 한다. 예를 들어 그림 4.21에서 Cheng Ltd.는 유형자산으로 NT$29,000를 공시했다.

유형자산의 경우 특히 감가상각이 중요하다. 감가상각은 자산의 취득원가를 사용 기간에 걸쳐 비용으로 안분하는 것을 말한다. 보통 감가상각은 자산에서 직접 차감하지 않고 모아서 감가상각누계액으로 자산에서 차감하는 형식으로 보고한다. 그림 4.21에서 Cheng Ltd. 역시 감가상각누계액으로 NT$5,000를 보고했다. 그림 4.23은 라클레드그룹(Laclede Group, 미국)의 재무상태표 중 유형자산의 보고 양식을 보여준다.

그림 4.23 유형자산

Real World

**Laclede Group**
**재무상태표**(일부 발췌)
(단위: 1,000)

| | | |
|---|---|---|
| **유형자산** | | |
| 토지 | | $ 2,604 |
| 건물 | $ 9,487 | |
| 구축물 | 1,568 | |
| 기계 장치 | 36,956 | |
| 차량 운반구 | 226 | |
| 기타 | 10,600 | 58,837 |
| 차감: 감가상각누계액 | | 32,617 |
| | | $ 28,824 |

## 장기투자자산 _Long-Term Investments

일반적으로 수년간 보유 목적으로 투자한 주식이나 채권, 사업에 사용하지 않고 보유 중인 토지나 건물, 장기 받을어음 등은 **장기투자자산**(long-term investments)으로 분류한다. 그림 4.21에서 Cheng Ltd.는 장기투자자산으로 NT$7,200를 보고했다. 그림 4.24는 알파벳(Alphabet Inc., 미국)이 장기투자자산으로 공시한 내용이다.

그림 4.24 장기투자자산

Real World

**Alphabet Inc.**
**재무상태표**(일부 발췌)
(단위: 1,000)

| | |
|---|---|
| **장기투자자산** | |
| 비상장 주식 | $1,469 |

## 유동자산 _Current Assets

**유동자산**(current assets)은 1년 이내 또는 1년 이상이지만 영업주기 내에 현금화되거나 사용되는 자산을 말한다. 그림 4.21에서 Cheng Ltd.는 유동자산으로 NT$22,100를 보고했다. 보통 재무상태표의 기준일로부터 1년 이내에 현금으로 전환할 수 있는 자산을 유동자산으로 분류한다. 매출채권은 1년 이내에 거래처로부터 현금 회수가 가능하기 때문에 유동자산이며, 소모품은 1년 이내 사업에 사용될 것이므로 역시 유동자산이다.

영업주기가 1년 이상인 회사는 1년보다는 영업주기를 기준으로 유동자산 여부를 구분한다. **영업주기**(operating cycle)는 현금이 나가서 다시 돌아올 때까지의 평균 기간을 말한다. 예를 들어 매매업을 하는 회사의 경우 재고를 사서 팔아 현금으로 회수할 때까지의 기간이 영업주기이다. 그러나 영업주기는 대개 1년 미만이므로 대부분의 회사는 1년을 기준으로 유동성을 분류한다. 한편 와인 제조업이나 비행기 제작사의 영업주기는 확실히 1년이 넘는다.

유동자산의 전형적인 계정은 현금, 단기 금융상품(예: 단기 국채), 미수금(받을어음, 매출채권, 미수이자), 재고자산, 선급비용(소모품, 보험료) 등이다. 참고로 IFRS상 재무상태표의 배열법은 유동성이 늦은 계정부터 먼저 하는 고정성 배열법이 일반적이다. 그림 4.25는 테스코(Tesco, 영국)가 공시한 유동자산을 보여준다.

그림 4.25 유동자산

Real World

**Tesco**
**재무상태표(일부 발췌)**
(단위: £100만)

| 유동자산 | |
|---|---|
| 재고자산 | £2,430 |
| 매출채권과 기타 수취채권 | 1,311 |
| 파생금융상품 | 97 |
| 당기 이연법인세자산 | 6 |
| 단기 금융상품 | 360 |
| 현금과 현금성 자산 | 1,788 |
| 유동자산 계 | £5,992 |

유동자산은 회사의 단기 부채를 상환하는 능력을 평가하는 데 중요하다.

## 자본 _Equity

**자본**(equity) 계정은 사업체의 형태에 따라 구성 항목이 달라진다. 개인사업자의 경우 소유주 한 사람을 위한 한 가지 계정밖에 없으나 조합은 조합원별로 자본 계정이 있다. 또한 법인은 자본 계정이 자본금과 이익잉여금으로 구분된다. 법인의 경우 주주가 출자를 하면 자산의 차변과 자본금의 대변에 회계 기록을 하며, 이후 이익이 발생하면 구분하여 이익잉여금 계정에 집계한다. 그림 4.26은 할리캐피털(Halie Capital Ltd.)이 실제로 공시한 자본의 내용이다.

그림 4.26 자본

**Halie Capital Ltd.**
**재무상태표(일부 발췌)**
(단위: 1,000)

| 자본 | |
|---|---|
| 자본금 | £ 685,934 |
| 이익잉여금 | 1,406,747 |
| 자본 계 | £2,092,681 |

## 비유동부채 _Non-Current Liabilities

**비유동부채**(non-current liabilities)는 1년 이상 지나야 만기가 도래하는 부채이다. 사채, 차입금, 장기 지급어음, 장기 리스부채, 확정급여부채 등이 비유동부채에 속한다. 일반적으로 장기 차입금이라고 한 줄로 기입하고 주석에서 상세히 구분해놓는데, 어떤 회사는 재무상태표상에서 상세히 열거하기도 한다. 그림 4.21에서 Cheng Ltd.는 비유동부채로 NT$11,300를 보고했다. 지멘스(Siemens, 독일)가 실제로 보고한 재무상태표상 비유동부채는 그림 4.27과 같다.

그림 4.27 비유동부채

Real World

**Siemens**
**재무상태표**(일부 발췌)
(단위: 100만)

| 비유동부채 | |
|---|---|
| 장기 차입금 | €14,260 |
| 확정급여부채 | 4,361 |
| 충당부채 | 2,533 |
| 장기 이연법인세부채 | 726 |
| 기타 비유동부채 | 2,752 |
| | €24,632 |

## 유동부채 _Current Liabilities

**유동부채**(current liabilities)는 1년 이내 또는 영업주기 이내에 만기가 도래하는 부채이다. 매입채무, 미지급금, 미지급 급여, 지급어음, 미지급 이자비용, 미지급 세금 등이 전형적인 유동부채이며, 장기 부채 중 만기가 1년 이내로 다가온 것도 유동성 대체라 하여 유동부채에 포함한다. 그림 4.21에서 Cheng Ltd.는 총액 NT$16,050의 유동부채를 세분하여 공시했다. 그림 4.28은 지멘스가 공시한 유동부채의 내용이다.

ETHICS NOTE
유동자산이 유동부채보다 많은 기업이 현금으로 일부 유동부채를 조기 상환하면 계산상 유동 비율이 상승한다. 이러한 행위는 불법이 아니지만 윤리적인 문제가 없을까?

그림 4.28 유동부채

Real World

**Siemens**
**재무상태표**(일부 발췌)
(단위: 100만)

| 유동부채 | |
|---|---|
| 매입채무 | € 8,860 |
| 유동성 충당부채 | 5,165 |
| 기타 유동금융부채 | 2,427 |
| 당기 법인세부채 | 1,970 |
| 유동성 장기 차입금 | 1,819 |
| 기타 유동부채 | 22,210 |
| | €42,451 |

### 조직의 회계 | 넘치는 유동성은 과유불급과 같다

유동성은 유동자산에서 유동부채를 뺀 금액을 놓고 말한다. 이 돈은 마음대로 사용할 수 있다는 의미에서 운전자본(working capital)이라고도 한다. 운전자본이 플러스이면 빚을 제때 갚을 능력이 있다는 뜻이고, 마이너스이면 갚을 능력이 없다는 뜻이다. 사실 유동성이 넘치는 기업은 안전하지만 기업에 수익을 가져다주지는 못한다. 사업에 투자되어 수익 활동에 쓰여야 할 자금이 사내 금고에서 잠자고 있거나 낮은 이자 수입만 바라보고 은행에 예치되어 있다면 말이다.

기업 전문 자문업체인 REL 컨설턴시그룹(REL Consultancy Group)이 추산한 바에 따르면 약 1,000여 개의 대기업이 운전자본을 과도하게 유지하고 있다고 한다. $7,640억을 불필요하게 초과 보유하고 있는데, 이 돈이면 36%의 채무를 줄일 수 있고 이익을 9% 향상할 수 있다고 한다. 운전자본의 관리와 유지는 이른바 '골딜록스 해법(Goldilocks solution)'이 정답이다. 즉 많지도 적지도 않은 적정선을 유지해야 한다.

출처: K. Richardson, "Companies Fall Behind in Cash Management," *Wall Street Journal* (June 19, 2007).

© Jorge Salcedo/iStockphoto

**기업 경영자는 운전자본을 효율적으로 관리하여 순이익을 극대화하기 위해 무엇을 할 수 있는가?**

재무상태표를 볼 때는 보통 유동자산과 유동부채를 먼저 살펴본다. 기업의 **유동성**(liquidity)은 단기 채무를 갚을 수 있는 능력을 의미하며, 유동자산이 유동부채보다 많아야 안전하다. 유동자산이 유동부채보다 적어 자금 관리의 실패로 유동부채를 못 갚으면 파산할 위험이 큰데, 이를 유동성 위기라고 한다.

### DO IT! 4 재무상태표상 분류와 배열

다음은 Callahan Company의 재무상태표에서 가져온 계정이다.

| | | | |
|---|---|---|---|
| ________ | 미지급 급여 | ________ | 장기 주식 투자 |
| ________ | 용역 매출 | ________ | 설비 |
| ________ | 미지급 이자비용 | ________ | 감가상각누계액 |
| ________ | 영업권 | ________ | 감가상각비 |
| ________ | 단기 채권 투자 | ________ | 자본금 |
| ________ | 은행담보 차입금(3년 만기) | ________ | 선수수익 |

각 계정의 분류를 아래 보기에서 고르되, 없으면 'NA'라고 표시하라.

| | |
|---|---|
| 무형자산(IA) | 자본(E) |
| 유형자산(PPE) | 비유동부채(NCL) |
| 장기 투자(LTI) | 유동부채(CL) |
| 유동자산(CA) | |

**해답**

| | | | |
|---|---|---|---|
| CL | 미지급 급여 | LTI | 장기 주식 투자 |
| NA | 용역 매출 | PPE | 설비 |
| CL | 미지급 이자비용 | PPE | 감가상각누계액 |
| IA | 영업권 | NA | 감가상각비 |
| CA | 단기 채권 투자 | E | 자본금 |
| NCL | 은행담보 차입금(3년 만기) | CL | 선수수익 |

**학습목표**

재조정 분개를 이해한다.

## 부록 4A 재조정 분개 _Reversing Entries

결산을 하고 재무제표를 작성한 후 다음 회계연도로 넘어갈 때 일부 수정 분개는 다시 취소하는 재조정 분개(역분개)를 하는 것이 편리할 때가 있다. 예를 들어 미지급비용의 수정 분개를 했다면 다음 회계연도에 현금 지급일에는 대변에 현금을 두고 차변에는 수정 분개한 미지급비용과 이를 초과하는 금액만큼 관련 비용 계정으로 회계 처리를 해야 하는데, 이를 번거롭게 생각하는 회계 실무자들이 있다. 그래서 회기 초에 미지급비용의 수정 분개를 취소하는 반대 분개를 해놓으면 현금 지급 시 전액을 관련 비용으로 처리할 수 있는데, 이는 편리함이 목적일 뿐이라 선택사항이다. 재조정 분개는 수정 분개 두 가지 유형 중에 발생에 관한 분개만 해당된다.

## 재조정 분개 예시 _Reversing Entries Example

미수수익과 미지급비용의 경우 재조정 분개를 흔히 사용한다. 2~4장에서 다룬 Yazici Advertising의 급여를 예로 들어 살펴보자.

1. 10월 26일(최초 급여 지급일): Yazici는 10월 15일과 26일 사이 발생한 급여 ₺4,000를 지급했다.
2. 10월 31일(수정 분개): 10월 29일과 31일 사이 발생한 급여 ₺1,200를 미지급비용으로 인식했다. 본 급여는 다음 달 11월 9일에 지급된다.
3. 11월 9일(다음 급여 지급일): 급여 ₺4,000를 지급했는데, 이는 전월 발생한 ₺1,200의 미지급 급여와 당월 발생한 ₺2,800이다.

**그림 4A.1** 분개의 비교

**재조정 분개를 하지 않는 경우**

| 날짜 | 계정 | 차변 | 대변 |
|---|---|---|---|
| | **10월 급여 지급 시** | | |
| 10월 26일 | 급여 | 4,000 | |
| | 　현금 | | 4,000 |
| | **수정 분개** | | |
| 10월 31일 | 급여 | 1,200 | |
| | 　미지급 급여 | | 1,200 |
| | **결산 분개** | | |
| 10월 31일 | 집합손익 계정 | 5,200 | |
| | 　급여 | | 5,200 |
| | **재조정 분개** | | |
| 11월 1일 | 없음 | | |
| | **11월 급여 지급 시** | | |
| 11월 9일 | 미지급 급여 | 1,200 | |
| | 급여 | 2,800 | |
| | 　현금 | | 4,000 |

**재조정 분개를 하는 경우**

| 날짜 | 계정 | 차변 | 대변 |
|---|---|---|---|
| | **10월 급여 지급 시** | | |
| 10월 26일 | (같은 분개) | | |
| | **수정 분개** | | |
| 10월 31일 | (같은 분개) | | |
| | **결산 분개** | | |
| 10월 31일 | (같은 분개) | | |
| | **재조정 분개** | | |
| 11월 1일 | **미지급 급여** | **1,200** | |
| | 　**급여** | | **1,200** |
| | **11월 급여 지급 시** | | |
| 11월 9일 | **급여** | **4,000** | |
| | 　**현금** | | **4,000** |

앞의 예에서 보듯이 재조정 분개를 하거나 하지 않거나 급여의 11월분 계상 금액은 동일하다. 재조정 분개를 하면 급여가 비용인데도 차변이 아닌 대변에 금액이 나타나는 어색함이 있다. 그러나 급여를 지급하면 대변의 급여는 지급 시 차변의 큰 급여에 의해 상쇄되어 사라지며, 이 과정을 통해 정확한 11월 급여가 산출된다. 이렇게 재조정 분개를 하는 것은 편리하기 때문이다. 재조정 분개를 일괄적으로 해두면 지난 회기에 수정 분개를 했는지 일일이 찾아보지 않아도 된다. 즉 수정 분개 리스트를 관리할 필요가 없다. 그림 4A.2는 재조정 분개를 총계정원장으로 포스팅하는 것을 보여준다.

**그림 4A.2** 재조정 분개의 포스팅

| 급여 | | | | | |
|---|---|---|---|---|---|
| 10/26 | 지급 | 4,000 | | | |
| 31 | 수정 | 1,200 | | | |
| | | 5,200 | 10/31 | 결산 | 5,200 |
| 11/9 | 지급 | 4,000 | **11/1** | **재조정** | **1,200** |

| 미지급 급여 | | | | | |
|---|---|---|---|---|---|
| **11/1** | **재조정** | **1,200** | 10/31 | 수정 | 1,200 |

미수수익에도 재조정 분개를 사용할 수 있다. Yazici의 경우 미수수익의 수정 분개는 매출채권(차변) ₺200와 용역 매출(대변) ₺200였으므로 11월 1일의 재조정 분개는 다음과 같다.

A = L + E

+200 ... −200 수익

현금 유출입
없음

| 11월 1일 | 용역 매출 | 200 | |
|---|---|---|---|
| | 매출채권 | | 200 |
| | (10월 31일 자 수정 분개 취소) | | |

이후 Yazici는 현금을 수취할 때 차변에 현금, 대변에 용역 매출로 회계 처리를 할 수 있다.

## 단원 요약

### 1 정산표

정산표를 작성하는 과정은 시산표 작성→수정 분개 기입→수정 후 시산표 작성→재무제표 작성→손익 계산으로 이루어진다.

### 2 장부 마감

회계기간이 종료되면 회계 기록을 마감하고 결산을 한다. 결산 분개를 통해 먼저 수익과 비용 계정을 집합손익 계정으로 집계하여 마감하고, 집합손익 계정에서 손익을 산출하여 자본의 이익잉여금 계정으로 이체함으로써 모든 손익 계정, 즉 일시적 계정을 마감한다. 자산, 부채, 자본 계정의 영구적 계정은 다음 회계기간으로 이월된다. 결산 후 시산표는 결산이 회계 항등식에 따라 제대로 이루어졌는지 최종 점검하기 위해 작성한다.

### 3 회계순환과 오류정정 분개

회계순환은 거래 분석→거래 분개→총계정원장으로 분개 포스팅→시산표 작성→수정 분개와 포스팅→수정 후 시산표 작성→재무제표 작성→결산 분개와 포스팅→결산 후 시산표 작성으로 이루어진다. 오류정정 분개는 분개상 오류를 바로잡는 분개이다. 오류를 정정하는 또 다른 방식은 오류가 있는 분개를 취소하는 것이다. 즉 반대로 분개한 다음 올바른 분개를 한다.

### 4 재무상태표

재무상태표는 자산과 부채 등을 유사한 계정끼리 묶어서 배열하는 것이 유용하다. 자산은 무형자산, 유형자산, 장기투자자산, 유동자산으로 분류하고 부채는 비유동부채, 유동부채로 분류한다. 자본은 사업체의 법률적 형태에 따라 모양이 다르다.

### *5 재조정 분개

재조정 분개는 수정 분개를 취소하는 분개로 역분개라고도 한다. 재조정 분개를 하면 수정 분개의 이력을 관리하지 않아도 되어 편리하다. 수정 분개의 두 가지 유형 중 발생에 관한 분개만 재조정 분개를 한다.

4 이 장의 부록과 관련된 것은 별표(*)로 표시했다.

## 핵심 용어

**결산 분개(closing entries)** 결산을 위해 일시적인 손익 계정을 마감하여 영구적 계정인 자본의 이익잉여금 계정으로 이체하는 분개

**결산 후 시산표(post-closing trial balance)** 결산이 완전히 끝나고 일시적 손익 계정을 전부 마감하여 자본 계정으로 이체한 후 영구적 계정으로만 만드는 시산표

**계열화된 재무상태표(classified statement of financial position)** 계정을 표준화 방식으로 계열화하고 유동성에 따라 배열하여 제시하는 재무상태표

**무형자산(intangible assets)** 법으로 보장하는 권리와 같이 물질적 실체가 없으나 장기간 사용되는 기업의 자산

**비유동부채(non-current liabilities)** 상환 또는 결제 만기일이 1년 이후인 부채

**영구적 계정(permanent accounts)** 일시적 계정처럼 하나의 회계기간이 아니라 여러 회계기간에 걸쳐 금액이 존재하는 계정. 재무상태표를 구성하는 항목은 모두 영구적 계정임

**영업주기(operating cycle)** 사업 특성상 현금으로 재고를 구입하여 신용으로 판매한 후 현금으로 회수하기까지의 평균 기간

**오류정정 분개(correcting entries)** 오류를 정정하는 분개

**유동부채(current liabilities)** 1년 이내 또는 영업주기 중 긴 기간 내 상환되거나 결제 만기일이 다가오는 부채

**유동성(liquidity)** 만기일이 1년 내인 부채를 갚을 수 있는 회사의 능력

**유동자산(current assets)** 1년 이내 또는 영업주기 중 긴 기간 내에 사용되거나 현금으로 회수될 것으로 예상되는 자산

**유형자산(property, plant, and equipment)** 사업에 장기간 사용되는, 실체가 있는 자산

**일시적 계정(temporary accounts)** 손익을 구성하는 계정으로, 한 회계기간 동안 누적되었다가 결산 시 마감되어 이익잉여금 계정으로 이체되고 잔액이 0이 되어 다음 회계연도의 거래를 집계하는 계정

**자본(equity)** 출자를 하고 가지게 되는, 기업의 자산에 대한 소유주의 권리

**장기투자자산(long-term investments)** 일반적으로 수년 이상 장기 보유 목적으로 회사가 보유한 주식이나 채권, 사업에 사용되지는 않고 투자 목적으로 보유한 토지, 건물 등 부동산, 그 외 장기 받을어음으로 구성됨

**재조정 분개(reversing entry)** 다음 회계연도가 시작될 때 전기에 한 수정 분개를 취소하는 역분개

**정산표(worksheet)** 시산표에 수정 분개를 한 후 재무제표를 작성하기 위해 사용하는 차트

**집합손익(income summary)** 수익과 비용 계정을 마감하기 위해 결산 분개 시 사용하는, 손익을 계산하기 위한 일시적 계정

## 객관식 문제

**1** 정산표에 대한 설명으로 옳지 않은 것은?

a. 정산표는 작업을 위한 도구이다.
b. 정산표는 경영자와 이해관계자에게 보고·전달하는 문서이다.
c. 분개장 대신 정산표를 사용해 총계정원장에 포스팅할 수 없다.
d. 정산표에는 분개장의 분개와 총계정원장의 포스팅 없이 재무제표를 만들 수 있는 정보가 담겨 있어 정산표에서 재무제표를 작성할 수 있다.

**2** 정산표상 순이익은 어떤 칸에 나타나는가?

a. 손익계산서(차변)와 재무상태표(차변)
b. 손익계산서(대변)와 재무상태표(차변)
c. 손익계산서(차변)와 재무상태표(대변)
d. 손익계산서(대변)와 재무상태표(대변)

**3** 2020년 12월 31일, Kim Company의 정산표상 수정 전 시산표에는 설비 자산이 NT$120,000로 계상되어 있다. 설비의 1년 감가상각비 NT$15,000의 수정 분개를 통해 정산표에 나타나는 수정 후 시산표상 설비 자산은 어떻게 보고되는가?

a. 재무상태표 칸의 설비로 차변 NT$105,000
b. 손익계산서 칸의 감가상각비로 대변 NT$15,000
c. 재무상태표 칸의 설비로 차변 NT$120,000
d. 재무상태표 칸의 감가상각누계액으로 차변 NT$15,000

**4** 결산 분개와 포스팅 후 금액이 0이 되는 계정은 무엇인가?

a. 용역 매출　　b. 소모품
c. 선급비용　　d. 감가상각누계액

**5** 집합손익 계정에 손실이 발생했을 때는 어떻게 하는가?

a. 차변에서 이익잉여금의 대변으로 이체
b. 대변에서 이익잉여금의 차변으로 이체
c. 차변에서 배당금의 차변으로 이체
d. 대변에서 배당금의 차변으로 이체

**6** 결산 분개는 계정을 마감하는 일련의 절차이다. ㉠ 비용, ㉡ 배당금, ㉢ 수익, ㉣ 집합손익 계정의 진행 순서로 올바른 것은?

a. ㉣, ㉢, ㉡, ㉠
b. ㉠, ㉡, ㉢, ㉣
c. ㉢, ㉠, ㉣, ㉡
d. ㉢, ㉡, ㉠, ㉣

**7** 결산 후 시산표에 나타나는 계정은 무엇인가?

a. 영구적 계정 또는 실질 계정
b. 일시적 계정 또는 명목 계정
c. 정산표상 손익계산서 칸의 계정
d. 위의 보기 모두 해당 없음

**8** 다음 중 회계순환 과정에 해당하지 않는 것은?

a. 결산 분개와 포스팅
b. 재무제표 작성
c. 거래 분개
d. 정산표 작성

**9** 다음 중 회계순환 과정을 바르게 나열한 것은?

a. 수정 전 시산표 작성-거래 분개-총계정원장에 포스팅-수정 분개와 포스팅
b. 거래 분개-수정 전 시산표 작성-총계정원장에 포스팅-수정 분개와 포스팅
c. 거래 분개-총계정원장에 포스팅-수정 전 시산표 작성-수정 분개와 포스팅
d. 수정 전 시산표 작성-거래 분개-수정 분개와 포스팅-총계정원장에 포스팅

**10** Lopez Company는 $600의 소모품을 구입하고 소모품의 대변, 현금의 차변에 $6,000로 분개하여 오류가 발생했다. 오류 수정 전 계정은 어떠한가?

a. 현금 과대계상, 소모품 과대계상
b. 현금 과소계상, 소모품 과소계상
c. 현금 과소계상, 소모품 과대계상
d. 현금 과대계상, 소모품 과소계상

**11** 용역을 제공하고 현금 €100를 수령한 것을 현금의 차변에 €100, 매출채권의 대변에 €100로 분개하여 오류가 발생했다. 오류정정 분개로 옳은 것은?

a. 용역 매출 차변 €100, 매출채권 대변 €100
b. 매출채권 차변 €100, 용역 매출 대변 €100
c. 현금 차변 €100, 용역 매출 대변 €100
d. 매출채권 차변 €100, 현금 대변 €100

**12** 통상의 계열화된 재무상태표상 유동자산의 배열 순서를 바르게 나열한 것은?

a. 매출채권, 현금, 선급보험료, 재고자산
b. 선급보험료, 재고자산, 매출채권, 현금
c. 현금, 매출채권, 재고자산, 선급보험료
d. 재고자산, 현금, 매출채권, 선급보험료

**13** 토지를 구입하고 5년 후 그곳에 공장을 지을 계획이다. 착공 전 5년 동안 토지는 어떤 자산으로 분류되어야 하는가?

a. 유형자산
b. 토지 비용
c. 장기투자자산
d. 무형자산

**14** 계열화된 재무상태표상 자산과 부채의 배열 순서를 바르게 나열한 것은?

a. 유동자산, 유동부채, 비유동자산, 비유동부채
b. 비유동부채, 유동부채, 유동자산, 비유동자산
c. 비유동부채, 비유동자산, 유동부채, 유동자산
d. 비유동자산, 유동자산, 비유동부채, 유동부채

**15** 유동자산의 배열 기준은?

a. 현금으로 변환되는 용이성의 역순
b. 중요성
c. 자산의 수명
d. 크기

***16** Kohl Company는 12월 31일에 미지급비용으로 급여 $2,000를 수정 분개하고 다음 해 1월 1일에 재조정 분개를 했다. 1월 8일, 급여 $3,800 지급 시 Kohl Company가 행할 분개는 현금의 차변에 동액을 기록하되 상대 계정은 어떻게 되는가?

a. 미지급 급여 $1,800, 급여 $2,000
b. 미지급 급여 $2,000, 급여 $1,800
c. 급여 $3,800
d. 미지급 급여 $3,800

## 기초 확인 문제

**1** Xi Travel의 총계정원장에 다음과 같은 계정과 금액이 있다(단위: 1,000). 12월 31일 자 결산 분개를 하라.

| | | | |
|---|---|---|---|
| 이익잉여금 | ¥40,000 | 배당금 | ¥ 3,000 |
| 용역 매출 | 65,000 | 급여 | 39,000 |
| 수리관리비 | 9,000 | | |

해답

| | | | |
|---|---|---|---|
| 12월 31일 | 용역 매출 | 65,000 | |
| | 집합손익 | | 65,000 |
| 31일 | 집합손익 | 48,000 | |
| | 급여 | | 39,000 |
| | 수리관리비 | | 9,000 |
| 31일 | 집합손익 | 17,000 | |
| | 이익잉여금 | | 17,000 |
| 31일 | 이익잉여금 | 3,000 | |
| | 배당금 | | 3,000 |

**2** Shields Pharmaceuticals는 회계 처리에 다음과 같은 오류가 있음을 발견했다. 오류정정 분개를 하라.

**a.** 현금매출 €780를 현금 차변 €780, 매출채권 대변 €780로 분개했다.

**b.** €1,730의 설비를 외상으로 구입하고 설비 차변에 €1,370, 미지급금 대변에 €1,370로 분개했다.

해답

| | | |
|---|---|---|
| a. 매출채권 | 780 | |
| 용역 매출 | | 780 |
| b. 설비(€1,730 − €1,370) | 360 | |
| 미지급금 | | 360 |

**3** Soon Cosmetics의 재무상태표에 다음과 같은 유동자산이 있다(단위: 1,000). 재무상태표의 유동자산 항목을 고정성 배열법에 따라 적절히 배열하여 작성하라.

| | | | |
|---|---|---|---|
| 매출채권 | ₩25,000 | 선급보험료 | ₩ 7,000 |
| 현금 | 8,000 | 소모품 | 11,000 |
| 재고자산 | 14,000 | | |

해답

**Soon Cosmetics**
**재무상태표(일부 발췌)**

| | |
|---|---|
| 유동자산 | |
| 선급보험료 | ₩ 7,000 |
| 소모품 | 11,000 |
| 재고자산 | 14,000 |
| 매출채권 | 25,000 |
| 현금 | 8,000 |
| 유동자산 계 | ₩65,000 |

## 확인 문제

**1** Hercules Company의 결산기는 2020년 8월 31일에 종료되며 수정 전 시산표는 다음과 같다.

**Hercules Company**
**수정 전 시산표**
**2020년 8월 31일 기준**

| No. | 계정과목 | 차변 | 대변 |
|---|---|---|---|
| 101 | 현금 | €10,900 | |
| 112 | 매출채권 | 6,200 | |
| 157 | 설비 | 10,600 | |
| 167 | 감가상각누계액 | | € 5,400 |
| 201 | 미지급금 | | 2,800 |
| 208 | 선수임대료 | | 1,200 |
| 311 | 자본금 | | 3,000 |
| 320 | 이익잉여금 | | 28,700 |
| 332 | 배당금 | 12,000 | |
| 404 | 용역 매출 | | 42,400 |
| 429 | 임대료 수입 | | 6,100 |
| 711 | 감가상각비 | 2,700 | |
| 720 | 급여 | 37,100 | |
| 732 | 수도광열비 | 10,100 | |
| | | €89,600 | €89,600 |

**a.** 분개장의 쪽수 번호를 J15로 하여 결산 분개를 하라.

**b.** 결산 분개를 이익잉여금 계정에 포스팅하라. 집합손익 계정의 번호는 350, 계정 양식은 3위식 표시 방식으로 하라.

**c.** 2020년 8월 31일 기준 결산 후 시산표를 작성하라.

**해답**

a.

분개장 J15

| 일자 | 계정과목 | Ref. | 차변 | 대변 |
|---|---|---|---|---|
| 8월 31일 | 용역 매출 | 404 | 42,400 | |
| | 임대료 수입 | 429 | 6,100 | |
| | 집합손익 | 350 | | 48,500 |
| | (수익 계정 마감) | | | |
| 31일 | 집합손익 | 350 | 49,900 | |
| | 급여 | 720 | | 37,100 |
| | 수도광열비 | 732 | | 10,100 |
| | 감가상각비 | 711 | | 2,700 |
| | (비용 계정 마감) | | | |
| 31일 | 이익잉여금(€49,900 – €48,500) | 320 | 1,400 | |
| | 집합손익 | 350 | | 1,400 |
| | (당기손실을 이익잉여금으로 대체) | | | |
| 31일 | 이익잉여금 | 320 | 12,000 | |
| | 배당금 | 332 | | 12,000 |
| | (배당금을 이익잉여금으로 대체) | | | |

b.

이익잉여금 No. 320

| 일자 | 거래 내역 | Ref. | 차변 | 대변 | 잔액 |
|---|---|---|---|---|---|
| 8월 31일 | 기초 잔액 | | | | 28,700 |
| 31일 | 당기손실 대체 | J15 | 1,400 | | 27,300 |
| 31일 | 배당금 대체 | J15 | 12,000 | | 15,300 |

집합손익 No. 350

| 일자 | 거래 내역 | Ref. | 차변 | 대변 | 잔액 |
|---|---|---|---|---|---|
| 8월 31일 | 수익 대체 | J15 | | 48,500 | 48,500 |
| 31일 | 비용 대체 | J15 | 49,900 | | (1,400) |
| 31일 | 당기손실 대체 | J15 | | 1,400 | 0 |

c.

**Hercules Company**
**결산 후 시산표**
2020년 8월 31일 기준

| | 차변 | 대변 |
|---|---|---|
| 현금 | €10,900 | |
| 매출채권 | 6,200 | |
| 설비 | 10,600 | |
| 감가상각누계액 | | € 5,400 |
| 미지급금 | | 2,800 |
| 선수 임대료 수입 | | 1,200 |
| 자본금 | | 3,000 |
| 이익잉여금 | | 15,300 |
| | €27,700 | €27,700 |

**2** 1번 문제에 제시된 Hercules Company의 수정 후 시산표를 이용하여 다음 문제를 풀라.

**a.** 2020년 8월 31일에 종료되는 회계기간의 손익계산서와 이익잉여금계산서를 작성하라.

**b.** 2020년 8월 31일 현재 계열화된 재무상태표를 작성하라.

**해답**

a.

**Hercules Company**
**손익계산서**
2019년 9월 1일부터 2020년 8월 31일까지

| | | |
|---|---|---|
| 수익 | | |
| 용역 매출 | €42,400 | |
| 임대료 수입 | 6,100 | |
| 수익 계 | | €48,500 |
| 비용 | | |
| 급여 | 37,100 | |
| 수도광열비 | 10,100 | |
| 감가상각비 | 2,700 | |
| 비용 계 | | 49,900 |
| 당기순손실 | | € (1,400) |

**Hercules Company**
**이익잉여금계산서**
2019년 9월 1일부터 2020년 8월 31일까지

| | | |
|---|---|---|
| 2019년 9월 1일 이익잉여금 | | €28,700 |
| 차감: 당기순손실 | € 1,400 | |
| 배당금 | 12,000 | 13,400 |
| 2020년 8월 31일 이익잉여금 | | €15,300 |

b.

**Hercules Company**
**재무상태표**
2020년 8월 31일 현재

자산

| | | |
|---|---|---|
| 유형자산 | | |
| 설비 | €10,600 | |
| 차감: 감가상각누계액 | 5,400 | € 5,200 |
| 유동자산 | | |
| 매출채권 | 6,200 | |
| 현금 | 10,900 | 17,100 |
| 자산 계 | | €22,300 |

자본과 부채

| | | |
|---|---|---|
| 자본 | | |
| 자본금 | € 3,000 | |
| 이익잉여금 | 15,300 | €18,300 |
| 유동부채 | | |
| 미지급금 | 2,800 | |
| 선수 임대료 수입 | 1,200 | 4,000 |
| 자본과 부채 계 | | €22,300 |

## 실습 문제

**1** 다음은 Pampered Pet Service가 개업하여 영업 첫 달 말에 만든 수정 전 시산표이다.

| Pampered Pet Service<br>시산표<br>2020년 8월 31일 기준 | 차변 | 대변 |
|---|---|---|
| 현금 | NT$ 5,400 | |
| 매출채권 | 2,800 | |
| 소모품 | 1,300 | |
| 선급보험료 | 2,400 | |
| 설비 | 60,000 | |
| 지급어음 | | NT$40,000 |
| 미지급금 | | 2,400 |
| 자본금 | | 30,000 |
| 배당금 | 1,000 | |
| 용역 매출 | | 4,900 |
| 급여 | 3,200 | |
| 수도광열비 | 800 | |
| 광고비 | 400 | |
| | NT$77,300 | NT$77,300 |

기타 자료

1. 보험은 월 NT$200의 비율로 소멸된다.
2. 8월 31일 현재 사용되지 않은 소모품이 NT$1,000 있다.
3. 설비의 월별 감가상각액은 NT$900이다.
4. 지급어음에 대한 8월의 이자는 NT$500이다.

**a.** 정산표를 작성하라.

**b.** 지급어음의 NT$35,000를 장기 부채로 가정하고 재무상태표를 작성하라.

**c.** 결산 분개를 하라.

해답 a.

**Pampered Pet Service 정산표**
**2020년 8월 1일부터 2020년 8월 31일까지**

| | 시산표 | | 수정 | | 수정 후 시산표 | | 손익계산서 | | 재무상태표 | |
|---|---|---|---|---|---|---|---|---|---|---|
| 계정과목 | 차변 | 대변 | 차변 | 대변 | 차변 | 대변 | 차변 | 대변 | 차변 | 대변 |
| 현금 | 5,400 | | | | 5,400 | | | | 5,400 | |
| 매출채권 | 2,800 | | | | 2,800 | | | | 2,800 | |
| 소모품 | 1,300 | | | (b) 300 | 1,000 | | | | 1,000 | |
| 선급보험료 | 2,400 | | | (a) 200 | 2,200 | | | | 2,200 | |
| 설비 | 60,000 | | | | 60,000 | | | | 60,000 | |
| 지급어음 | | 40,000 | | | | 40,000 | | | | 40,000 |
| 미지급금 | | 2,400 | | | | 2,400 | | | | 2,400 |
| 자본금 | | 30,000 | | | | 30,000 | | | | 30,000 |
| 배당금 | 1,000 | | | | 1,000 | | | | 1,000 | |
| 용역 매출 | | 4,900 | | | | 4,900 | | 4,900 | | |
| 급여 | 3,200 | | | | 3,200 | | 3,200 | | | |
| 수도광열비 | 800 | | | | 800 | | 800 | | | |
| 광고비 | 400 | | | | 400 | | 400 | | | |
| 계 | 77,300 | 77,300 | | | | | | | | |
| 보험료 | | | (a) 200 | | 200 | | 200 | | | |
| 소모품비 | | | (b) 300 | | 300 | | 300 | | | |
| 감가상각비 | | | (c) 900 | | 900 | | 900 | | | |
| 감가상각누계액 | | | | (c) 900 | | 900 | | | | 900 |
| 이자비용 | | | (d) 500 | | 500 | | 500 | | | |
| 미지급 이자비용 | | | | (d) 500 | | 500 | | | | 500 |
| 계 | | | 1,900 | 1,900 | 78,700 | 78,700 | 6,300 | 4,900 | 72,400 | 73,800 |
| 순손실 | | | | | | | | 1,400 | 1,400 | |
| 계 | | | | | | | 6,300 | 6,300 | 73,800 | 73,800 |

참고: (a) 보험이 만료됨, (b) 사용된 소모품, (c) 감가상각, (d) 발생 이자

b.

**Pampered Pet Service**
**재무상태표**
2020년 8월 31일 현재(단위: NT$1,000)

| 자산 | | |
|---|---|---|
| 유형자산 | | |
| 설비 | NT$60,000 | |
| 차감: 감가상각누계액 | 900 | NT$59,100 |
| 유동자산 | | |
| 선급보험료 | 2,200 | |
| 소모품 | 1,000 | |
| 매출채권 | 2,800 | |
| 현금 | 5,400 | 11,400 |
| 자산 계 | | NT$70,500 |
| **자본과 부채** | | |
| 자본 | | |
| 자본금 | NT$30,000 | |
| 이익잉여금 | (2,400)* | NT$27,600 |
| 비유동부채 | | |
| 지급어음 | | 35,000 |
| 유동부채 | | |
| 지급어음 | 5,000 | |
| 미지급금 | 2,400 | |
| 미지급 이자비용 | 500 | 7,900 |
| 자본과 부채 계 | | NT$70,500 |

*손실 NT$1,400와 배당금 NT$1,000의 합

c.

| | | | |
|---|---|---|---|
| 8월 31일 | 용역 매출 | 4,900 | |
| | 집합손익 | | 4,900 |
| | (수익 계정 마감) | | |
| 31일 | 집합손익 | 6,300 | |
| | 급여 | | 3,200 |
| | 감가상각비 | | 900 |
| | 수도광열비 | | 800 |
| | 이자비용 | | 500 |
| | 광고비 | | 400 |
| | 소모품비 | | 300 |
| | 보험료 | | 200 |
| | (비용 계정 마감) | | |
| 31일 | 이익잉여금(NT$6,300 − NT$4,900) | 1,400 | |
| | 집합손익 | | 1,400 |
| | (순손실의 이익잉여금 대체) | | |
| 31일 | 이익잉여금 | 1,000 | |
| | 배당금 | | 1,000 |
| | (배당금의 이익잉여금 대체) | | |

## 단원 정리를 위한 질문

**1** "정산표는 영구적인 회계 기록이며 회계순환 과정에서 필요하다." 이 말에 동의하는지 밝히고 그 이유를 설명하라.

**2** 정산표의 목적을 설명하라.

**3** 해당 계정의 수정 후 시산표 칸에 표시된 금액과 총계정원장상 잔액 사이에 어떤 관계가 있는지 설명하라.

**4** 회사의 매출이 ¥125,000이고 비용이 ¥113,000일 때 정산표상 어떤 재무제표 칸에 ¥12,000의 순이익이 나타나는가? 반대로 비용이 수익을 초과할 때는 어떤 칸에 순손실이 나타나는가?

**5** 모든 자료가 정산표 안에 있는데 굳이 공식적인 재무제표를 작성하는 이유를 설명하라.

**6** 해당 연도에 순이익이 발생했다고 가정하고 네 종류의 결산 분개를 차변과 대변으로 나누어 설명하라.

**7** 집합손익 계정의 특성을 설명하고 이 계정에 이체되는 계정을 밝혀라.

**8** 결산 후 시산표의 내용과 목적을 설명하라.

**9** 미지급금, 설비, 감가상각비, 배당금, 선수수익, 감가상각누계액, 용역 매출 중 결산 후 시산표에 표시되지 않는 계정은 무엇인가?

**10** 재조정 분개와 수정 분개의 차이점 및 재조정 분개가 필요한 이유를 설명하라.

**11** 회계순환 과정에서 분개에 속하는 세 가지 필수 단계를 작성 순서대로 밝혀라.

**12** 회계순환 과정에 등장하는 세 가지 시산표를 작성 순서대로 밝혀라.

**13** 오류정정 분개와 수정 분개의 차이점을 설명하라.

**14** 계열화된(표준형) 재무상태표 작성 시 분류와 배열 기준을 설명하라.

**15** 영업주기에 대해 설명하라.

**16** 유동자산을 정의하고 유동자산 내 배열 순서를 정하는 기준에 대해 설명하라.

**17** 장기투자자산과 유형자산의 차이점을 설명하라.

**18** a. 주식회사의 지분 항목을 나타내는 용어는 무엇인가?
b. 주식회사의 지분을 구성하는 두 가지 대표적 계정을 밝히고 차이점을 설명하라.

**19** 이 책의 부록 A에 실린 TSMC의 연례 보고서에서 2015년 12월 31일과 2016년 12월 31일 유동부채의 규모를 찾아내어 2년 동안 유동자산보다 큰지 여부를 밝혀라.

***20** Cigale Company가 재조정 분개를 하여 미지급 이자비용에 대한 수정 분개가 취소되면 미지급 이자비용과 이자비용 계정의 금액에 어떤 변동이 생기는지 밝혀라.

***21** 12월 31일에 미지급 급여가 €3,500인데 1월 10일에 €8,000의 급여가 지급된다.
a. 재조정 분개가 1월 1일에 이루어진다는 가정하에 1월 10일에 분개를 하고 급여 계정의 금액을 밝혀라.
b. 재조정 분개를 하지 않았다는 가정하에 1월 10일에 분개를 하고 급여 계정의 금액을 밝혀라.

## 가벼운 연습 문제

**1** 다음은 정산표를 사용하는 단계이다. 순서대로 바르게 나열하라.
a. 시산표의 칸을 채운다.
b. 수정된 금액을 산출한다.
c. 수정된 금액을 적합한 재무제표에 옮겨 적는다.
d. 재무제표 칸을 합산하여 순이익(손실)을 계산하고 정산표를 완성한다.
e. 수정 금액을 기입한다.

**2** 다음은 Walters Repair Shop의 총계정원장에서 가져온 수정 전 계정이다. 계정별 수정 사항은 (a) 기간이 경료된 보험료 €1,800, (b) 용역을 수행하고 대금을 청구했으나 미회수된 용역 매출 누락 €1,100, (c) 미지급 급여 €900이다.

| 선급보험료 €3,000 | 용역 매출 €60,000 | 급여 €25,000 |
|---|---|---|

정산표를 사용하여 계정별로 수정 전 금액과 수정된 금액을 완성하라. (참고: 매출채권, 급여, 보험료 계정을 추가한다.)

**3** Lee Company가 작성 중인 정산표의 수정 후 시산표에는 감가상각누계액, 감가상각비, 자본금, 배당금, 용역 매출, 소모품, 미지급금 등의 계정이 있다. 계정별로 정산표의 어느 재무제표 칸에 금액을 옮겨 적어야 할지를 '손익계산서 차변', '재무상태표 대변'과 같이 나타내라.

**4** 다음은 Desai Catering의 총계정원장에서 가져온 계정이다. 12월 31일에 해야 할 결산 분개를 하라.

| | | | |
|---|---|---|---|
| 이익잉여금 | ₹30,000 | 배당금 | ₹ 2,000 |
| 용역 매출 | 58,000 | 급여 | 39,000 |
| 소모품비 | 7,000 | | |

**5** 4번 문제의 자료를 가지고 T 계정에 금액을 적은 후 결산 분개를 포스팅하여 밑줄을 긋는 방식으로 계정을 마감하라.

**6** Golden Golf Club의 7월 손익계산서에 1,000단위 금액으로 용역 매출 ¥17,800, 급여 ¥9,600, 수선유지비 ¥2,500, 순이익 ¥5,700이 있다. 관련된 결산 분개를 하고 3위식 표시 방식으로 포스팅하여 계정을 마감하라.

**7** 6번 문제에서 결산 후 시산표에 포함되는 계정은 무엇인가?

**8** 다음은 회계순환의 단계이다. 정산표를 사용하지 않는다고 가정하고 적절한 순서대로 나열하라.
a. 시산표 작성
b. 거래 분개
c. 결산 분개와 포스팅
d. 재무제표 작성
e. 수정 분개와 포스팅
f. 총계정원장에 포스팅
g. 결산 후 시산표 작성
h. 수정 후 시산표 작성
i. 거래 분석

**9** Raymond Ltd.의 분개와 포스팅 후 시산표에서 다음과 같은 오류가 발견되었다. 오류정정 분개를 하라.

1. 매출채권에서 회수한 £870를 차변 현금 £870, 대변 용역 매출 £870로 기입했다.
2. £1,510의 소모품을 외상으로 구입하고 차변 소모품 £1,150, 대변 미지급금 £1,150로 기록했다.

**10** Jolie Company가 작성한 정산표의 재무상태표 차변 칸에는 매출채권 $12,500, 선급보험료 $4,500, 현금 $4,100, 소모품 $5,200, 단기 채무증권 투자 $7,600 등이 있다. 재무상태표의 유동자산 항목을 고정성 배열법으로 작성하라.

**11** 다음은 재무상태표의 주요한 분류 항목이다.

| | |
|---|---|
| 무형자산(IA) | 자본(E) |
| 유형자산(PPE) | 비유동부채(NCL) |
| 장기투자자산(LTI) | 유동부채(CL) |
| 유동자산(CA) | |

분류 항목에 해당하는 계정을 아래 보기에서 골라라.

| | | | |
|---|---|---|---|
| ________ | 미지급금 | ________ | 미지급 법인세비용 |
| ________ | 매출채권 | ________ | 장기 채무증권투자 |
| ________ | 감가상각누계액 | ________ | 토지 |
| ________ | 건물 | ________ | 재고자산 |
| ________ | 현금 | ________ | 특허권 |
| ________ | 저작권 | ________ | 소모품 |

***12** Miras Transportation은 10월 31일에 €3,300의 미지급 급여를 인식하는 수정 분개를 했다. 11월 1일에 재조정 분개를 한 후 급여와 미지급 급여 계정의 금액을 밝혀라.

## DO IT! 적용 문제

**1** 정산표를 작성 중인 조던 카에게 수정 후 시산표에 있는 다음의 계정을 정산표의 재무제표 칸으로 옮겨 적는 방법을 설명하라.

| | |
|---|---|
| 용역 매출 | 매출채권 |
| 지급어음 | 감가상각누계액 |
| 자본금 | 수도광열비 |

**2** 다음은 Paloma Grooming의 수정 후 시산표에 있는 계정이다(단위: 1,000). 12월 31일의 결산 분개를 하라.

| | | | |
|---|---|---|---|
| 소모품 | Rp32,000 | 용역 매출 | Rp108,000 |
| 소모품비 | 6,000 | 급여 | 40,000 |
| 매출채권 | 12,000 | 수도광열비 | 8,000 |
| 배당금 | 22,000 | 임차료 | 18,000 |
| 자본금 | 70,000 | | |

**3** Hanson Stables의 신입 경리 직원이 입사 첫 달 동안의 분개에서 다음과 같은 오류를 범했다. 오류정정 분개를 하라.

1. 현금 €650를 주고 소모품을 구입한 것을 차변 설비 €210, 대변 현금 €210로 분개했다.
2. €500의 현금 배당금을 차변 급여 €900, 대변 현금 €900로 기입했다.
3. €820의 지급채무 변제를 차변 미지급금 €280, 대변 현금 €280로 처리했다.

**4** 다음은 Giles Company의 재무제표에 있는 계정이다.

| | | | |
|---|---|---|---|
| ________ | 이자수익 | ________ | 자본금 |
| ________ | 수도광열비 | ________ | 감가상각누계액 |
| ________ | 미지급금 | ________ | 설비 |
| ________ | 소모품 | ________ | 급여 |
| ________ | 사채 | ________ | 장기 채무증권 투자 |
| ________ | 영업권 | ________ | 선수수익 |

위의 계정이 재무상태표의 어느 항목으로 분류되는지 아래 보기에서 골라라. 없으면 'NA'로 표시하라.

| | |
|---|---|
| 무형자산(IA) | 자본(E) |
| 유형자산(PPE) | 비유동부채(NCL) |
| 장기투자자산(LTI) | 유동부채(CL) |
| 유동자산(CA) | |

## 단원 연습 문제

**1** 다음은 2020년 6월 30일 Lim Acupuncture의 정산표에 있는 시산표이다(단위: 1,000).

**Lim Acupuncture**
**정산표**
**2020년 6월 1일부터 2020년 6월 30일까지**

| 계정과목 | 시산표 차변 | 시산표 대변 |
|---|---|---|
| 현금 | 2,320 | |
| 매출채권 | 2,440 | |
| 소모품 | 1,880 | |
| 미지급금 | | 1,120 |
| 선수수익 | | 240 |
| 자본금 | | 3,600 |
| 용역 매출 | | 2,400 |
| 급여 | 560 | |
| 기타 비용 | 160 | |
| | 7,360 | 7,360 |

1. 재고 조사 결과 미사용 소모품이 HK$500 있다.
2. 선수수익 중 HK$100가 남아 있다.
3. 미지급 급여 HK$210가 있다.

정산표의 시산표 칸을 채우고 정산표를 완성하라.

**2** 다음은 Tai Interiors의 정산표에서 가져온 수정 후 시산표의 계정이다(단위: NT$). 정산표를 완성하라.

**Tai Interiors**
**정산표(일부 발췌)**
**2020년 4월 1일부터 2020년 4월 30일까지**

| | 수정 후 시산표 | | 손익계산서 | | 재무상태표 | |
|---|---|---|---|---|---|---|
| 계정과목 | 차변 | 대변 | 차변 | 대변 | 차변 | 대변 |
| 현금 | 10,000 | | | | | |
| 매출채권 | 7,840 | | | | | |
| 선급임차료 | 2,280 | | | | | |
| 설비 | 23,050 | | | | | |
| 감가상각누계액 | | 4,900 | | | | |
| 지급어음 | | 5,700 | | | | |
| 미지급금 | | 4,920 | | | | |
| 자본금 | | 25,960 | | | | |
| 배당금 | 3,650 | | | | | |
| 용역 매출 | | 17,590 | | | | |
| 급여 | 10,840 | | | | | |
| 임대료 | 760 | | | | | |
| 감가상각비 | 650 | | | | | |
| 이자비용 | 57 | | | | | |
| 미지급 이자비용 | | 57 | | | | |
| 계 | 59,127 | 59,127 | | | | |

**3** 2번 문제의 자료를 이용하여 손익계산서, 이익잉여금계산서, 재무상태표를 작성하라.

**4** 2번 문제의 자료를 이용하여 다음 문제를 풀라.

**a.** 4월 30일 자 결산 분개를 하라.

**b.** T 계정을 이용하여 결산 분개를 집합손익과 이익잉여금 계정에 포스팅하라.

**c.** 4월 30일 자 결산 후 시산표를 작성하라.

**5** 다음은 Becker Company의 정산표 내 수정 사항이다.

| 계정과목 | 수정 분개 차변 | 수정 분개 대변 |
|---|---|---|
| 매출채권 | 1,100 | |
| 선급보험료 | | 300 |
| 감가상각누계액 | | 900 |
| 미지급 급여 | | 500 |
| 용역 매출 | | 1,100 |
| 급여 | 500 | |
| 보험료 | 300 | |
| 감가상각비 | 900 | |
| | 2,800 | 2,800 |

**a.** 수정 분개를 작성하라.

**b.** 각 계정의 수정 후 시산표에 나타난 금액이 정상적인 경우의 금액이라고 가정하고 각 금액을 옮겨 적을 재무제표의 차변과 대변을 표시하라.

**6** 다음은 Wong Landscaping의 정산표에서 발췌한 것이다.

| | 시산표 | | 수정 후 시산표 | |
|---|---|---|---|---|
| 계정과목 | 차변 | 대변 | 차변 | 대변 |
| 매출채권 | ? | | 34,000 | |
| 선급보험료 | 26,000 | | 20,000 | |
| 소모품 | 7,000 | | ? | |
| 감가상각누계액 | | 12,000 | | ? |
| 미지급 급여 | | ? | | 5,600 |
| 용역 매출 | | 88,000 | | 97,000 |
| 보험료 | | | ? | |
| 감가상각비 | | | 10,000 | |
| 소모품비 | | | 4,500 | |
| 급여 | ? | | 49,000 | |

**a.** 정산표에 누락된 금액을 입력하라(모든 금액은 ¥으로 표시하라).

**b.** 수정 분개를 작성하라.

**7** 다음은 Je Ju Consultants의 수정 후 시산표이다.

**Je Ju Consultants**
**수정 후 시산표**
**2020년 6월 1일부터 2020년 6월 30일까지**

| 계정과목 | 수정 후 시산표 차변 | 수정 후 시산표 대변 |
|---|---|---|
| 현금 | ₩ 3,712 | |
| 매출채권 | 3,904 | |
| 소모품 | 480 | |
| 미지급금 | | ₩ 1,382 |
| 선수수익 | | 160 |
| 자본금 | | 4,100 |
| 이익잉여금 | | 1,660 |
| 배당금 | 550 | |
| 용역 매출 | | 4,300 |
| 급여 | 1,260 | |
| 기타 경비 | 256 | |
| 소모품비 | 1,900 | |
| 미지급 급여 | | 460 |
| | ₩12,062 | ₩12,062 |

**a.** 2020년 6월 30일 기준 결산 분개를 작성하라.

**b.** 결산 후 시산표를 작성하라.

**8** Huang Automotive의 결산기는 2020년 7월 31일에 종료되며 회계연도 말 수정 후 시산표는 다음과 같다.

**Huang Automotive**
**수정 후 시산표**
**2020년 7월 31일 기준**

| 계정 번호 | 계정과목 | 차변 | 대변 |
|---|---|---|---|
| 101 | 현금 | NT$ 9,840 | |
| 112 | 매출채권 | 8,780 | |
| 157 | 설비 | 15,900 | |
| 158 | 감가상각누계액 | | NT$ 7,400 |
| 201 | 미지급금 | | 4,220 |
| 208 | 선수수익 | | 1,800 |
| 311 | 자본금 | | 20,000 |
| 320 | 이익잉여금 | | 25,200 |
| 332 | 배당금 | 16,000 | |
| 400 | 용역 매출 | | 64,000 |
| 429 | 임대료 수익 | | 6,500 |
| 711 | 감가상각비 | 8,000 | |
| 726 | 급여 | 55,700 | |
| 732 | 수도광열비 | 14,900 | |
| | | NT$129,120 | NT$129,120 |

**a.** 분개장 쪽수 번호를 J15로 하여 결산 분개를 하라.

**b.** 3위식 표시 방식으로 이익잉여금과 집합손익 계정(No. 350)에 포스팅하라.

**c.** 7월 31일 기준 결산 후 시산표를 작성하라.

**9** 8번 문제의 자료를 이용하여 다음 문제를 풀라.

**a.** 해당 연도의 손익계산서와 이익잉여금계산서를 작성하라.

**b.** 7월 31일 기준 표준형 재무상태표를 작성하라.

**10** Ji-a Cho는 회계순환과 관련하여 다음과 같은 사항을 마련했다. 각 설명이 맞으면 ○, 틀리면 ×로 표시하고 틀린 부분을 바르게 고쳐라.

1. '거래 분개'는 회계순환의 첫 단계이다.
2. 재조정 분개는 회계순환의 필수적 단계이다.
3. 오류정정 분개는 반드시 회계순환의 일부일 필요가 없다.
4. 정산표를 사용하면 회계순환의 일부 단계가 정산표에서 통합된다.
5. 회계순환은 거래 분석으로 시작하여 결산 후 시산표 작성으로 끝난다.
6. 회계순환은 회계기간 동안 매일 발생한다.
7. '총계정원장에 포스팅' 단계는 '거래 분개' 단계 이전에 발생한다.
8. 결산 분개는 재무제표를 작성하기 전에 해야 한다.

**11** 다음은 Tamora's Salon의 계정이며, 6월 30일 자 포스팅은 모두 결산 분개이다.

**급여**

| | | | |
|---|---|---|---|
| 6/10 | 3,200 | | |
| 6/28 | 5,600 | | |
| 금액 | 8,800 | 6/30 | 8,800 |

**용역 매출**

| | | | |
|---|---|---|---|
| | | 6/15 | 9,700 |
| | | 6/24 | 8,400 |
| 6/30 | 18,100 | 금액 | 18,100 |

**소모품비**

| | | | |
|---|---|---|---|
| 6/12 | 600 | | |
| 6/24 | 700 | | |
| 금액 | 1,300 | 6/30 | 1,300 |

**임차료**

| | | | |
|---|---|---|---|
| 6/1 | 3,000 | | |
| 금액 | 3,000 | 6/30 | 3,000 |

**이익잉여금**

| | | | |
|---|---|---|---|
| 6/30 | 2,500 | 6/1 | 12,000 |
| | | 6/30 | 5,000 |
| | | 잔액 | 14,500 |

**배당금**

| | | | |
|---|---|---|---|
| 6/13 | 1,000 | | |
| 6/25 | 1,500 | | |
| 금액 | 2,500 | 6/30 | 2,500 |

**a.** 결산 분개를 작성하라.

**b.** 결산 분개를 집합손익 계정에 포스팅하라.

**12** Natt Spa는 2020년 1월에 다음과 같은 오류를 발견했다.

1. 급여 지출 €700를 차변 설비, 대변 현금 €700로 기록했다.
2. 매출채권 회수 €1,500를 차변 현금 €150, 대변 용역 매출 €150로 처리했다.
3. €670의 소모품을 외상으로 구입한 것을 차변 설비 €760, 대

변 미지급금 €760로 계상했다.

a. 오류 분개를 취소하고 바르게 분개하여 오류를 수정하라.
b. 오류 분개를 취소하지 않는 방식으로 오류를 수정하라.

**13** Patel Company의 신입 경리 직원이 입사하고 첫 2주 동안 분개에서 다음과 같은 오류를 범했다.

1. 지급채무의 변제 $750를 차변 미지급금 $570, 대변 현금 $570로 기입했다.
2. $560의 소모품을 외상으로 구매한 것을 차변 설비 $56, 대변 미지급금 $56로 분개했다.
3. 현금 배당금 $500를 차변 급여 $500, 대변 현금 $500로 처리했다.

오류정정 분개를 하라.

**14** 다음은 2020년 12월 31일 Tsai Bowling Alley의 수정 후 시산표에 있는 계정이다(단위: 1,000).

| | 차변 | | 대변 |
|---|---|---|---|
| 건물 | ¥128,800 | 자본금 | ¥100,000 |
| 매출채권 | 14,520 | 이익잉여금 | 13,000 |
| 선급보험료 | 4,680 | 감가상각누계액–건물 | 42,600 |
| 현금 | 18,040 | 미지급금 | 12,300 |
| 설비 | 62,400 | 지급어음 | 97,780 |
| 토지 | 65,000 | 감가상각누계액–설비 | 18,720 |
| 보험료 | 780 | 미지급 이자비용 | 3,800 |
| 감가상각비 | 7,360 | 용역 매출 | 17,180 |
| 이자비용 | 3,800 | | ¥305,380 |
| | ¥305,380 | | |

a. 표준형 재무상태표를 작성하되 지급어음 중 ¥30,000은 2021년에 결제될 것이라고 가정하라.
b. Tsai Bowling Alley의 유동성 상황에 대해 어떻게 생각하는가?

**15** 다음은 재무상태표의 주요 분류 항목이다.

| | |
|---|---|
| 무형자산(IA) | 자본(E) |
| 유형자산(PPE) | 비유동부채(NCL) |
| 장기투자자산(LTI) | 유동부채(CL) |
| 유동자산(CA) | |

Faust Company의 재무상태표에서 가져온 다음 계정을 위의 항목으로 각각 분류하라.

| | |
|---|---|
| ________ 미지급금 | ________ 감가상각누계액 |
| ________ 매출채권 | ________ 건물 |
| ________ 현금 | ________ 토지(사용 중) |
| ________ 자본금 | ________ 지급어음(2년 만기) |
| ________ 특허권 | ________ 소모품 |
| ________ 미지급 급여 | ________ 설비 |
| ________ 재고자산 | ________ 선급비용 |
| ________ 지분증권 투자(7개월 내 매각 예정) | |

**16** 다음은 J. Kung Enterprises의 재무제표에 있는 계정이다(단위: 1,000).

| | |
|---|---|
| 장기 차입금 | HK$ 1,000 |
| 선급보험료 | 650 |
| 설비 | 11,500 |
| 지분증권 투자(장기) | 264 |
| 채무증권 투자(단기) | 3,690 |
| 지급어음(2021년 만기) | 500 |
| 현금 | 2,668 |
| 감가상각누계액 | 5,655 |
| 미지급금 | 1,214 |
| 지급어음(2021년 이후 만기) | 400 |
| 자본금 | 11,455 |
| 이익잉여금 | 1,500 |
| 매출채권 | 1,696 |
| 재고자산 | 1,256 |

2020년 12월 31일 자 표준형 재무상태표를 작성하라.

**17** 다음은 2020년 7월 31일 말 현재 Basten Tax Services의 계정이다.

| | | | |
|---|---|---|---|
| 미지급 급여 | £ 2,080 | 지급어음(장기) | £ 1,800 |
| 급여 | 48,700 | 현금 | 14,200 |
| 수도광열비 | 22,600 | 매출채권 | 9,780 |
| 설비 | 34,400 | 감가상각누계액 | 6,000 |
| 미지급금 | 4,100 | 배당금 | 3,000 |
| 용역 매출 | 63,000 | 감가상각비 | 4,000 |
| 임대수익 | 8,500 | 이익잉여금(기초) | 31,200 |
| 자본금 | 20,000 | | |

a. 해당 연도의 손익계산서와 이익잉여금계산서를 작성하라.
b. 7월 31일 자 표준형 재무상태표를 작성하라.

* **18** Krantz Company는 5일간(월요일~금요일) 일한 급여 $12,000를 매주 월요일에 지급하는데, 마침 12월 31일이 화요일이라 직원들은 회계연도 말에 급여를 받지 않고 2일간 일했다.

a. 재조정 분개를 하지 않는 경우 Krantz Company가 12월 31일에 해야 할 수정 분개와 급여를 지급하는 1월 6일 월요일의

분개를 하라.

b. 재조정 분개를 하는 경우 Krantz Company가 12월 31일에 해야 할 수정 분개와 1월 1일의 재조정 분개, 1월 6일 급여 지급 시의 분개를 하라.

*19 다음은 Shihata Employment Agency의 12월 31일 수정 후 시산표에서 가져온 계정이다.

| | | | |
|---|---|---|---|
| 매출채권 | NT$24,500 | 용역 매출 | NT$92,500 |
| 이자비용 | 7,700 | 미지급 이자비용 | 2,200 |

수정 분개로 (1) 용역 매출 누락 NT$5,000의 기입과 (2) 이자비용 NT$2,200 발생에 대한 조정이 이루어졌다.

a. 12월 31일에 일시적 계정을 마감하는 결산 분개를 하라.

b. 1월 1일 자 재조정 분개를 하라.

c. T 계정을 이용하여 (a)와 (b)의 분개를 포스팅하고 계정에 밑줄을 긋는 방식으로 마감하라.

d. (1) 1월 10일의 매출채권 회수 NT$5,000, (2) 1월 15일에 변제한 이자 NT$3,000를 분개하라.

e. (d)의 항목을 일시적 계정인 손익 계정에 포스팅하라.

## 마무리 연습 문제

1 다음은 2020년 3월 31일 Wang Roofing의 정산표에 있는 시산표에서 가져온 계정이다(단위: ¥1,000).

**Wang Roofing**
**정산표**
**2020년 3월 1일부터 2020년 3월 31일까지**

| | 시산표 | |
|---|---|---|
| 계정과목 | 차변 | 대변 |
| 현금 | 4,500 | |
| 매출채권 | 3,200 | |
| 소모품 | 2,000 | |
| 설비 | 11,000 | |
| 감가상각누계액 | | 1,250 |
| 미지급금 | | 2,500 |
| 선수수익 | | 550 |
| 자본금 | | 12,900 |
| 배당금 | 1,100 | |
| 용역 매출 | | 6,300 |
| 급여 | 1,300 | |
| 기타 경비 | 400 | |
| | 23,500 | 23,500 |

1. 재고 조사 결과 실제 소모품은 ¥480이 남아 있다.
2. 3월 감가상각액은 ¥250이다.
3. 3월 31일의 선수수익 잔액은 ¥260이다.
4 미지급 급여는 ¥700이다.

a. 시산표와 수정 금액을 입력하여 정산표를 완성하라.

b. 정산표를 참고하여 3월의 손익계산서와 이익잉여금계산서, 3월 31일 기준 표준형 재무상태표를 작성하라.

c. 정산표의 수정 칸을 참고하여 수정 분개를 하라.

d. 정산표의 재무제표 작성 칸을 참고하여 결산 분개를 하라.

a. 수정 후 시산표 ¥24,450
b. 순이익 ¥2,420
자산 계 ¥17,680

2 다음은 Nguyen Company의 정산표에 있는 수정 후 시산표이다(단위: $).

**Nguyen Company**
**정산표**
**2020년 1월 1일부터 2020년 12월 31일까지**

| | | 수정 후 시산표 | |
|---|---|---|---|
| 계정 번호 | 계정과목 | 차변 | 대변 |
| 101 | 현금 | 5,300 | |
| 112 | 매출채권 | 10,800 | |
| 126 | 소모품 | 1,500 | |
| 130 | 선급보험료 | 2,000 | |
| 157 | 설비 | 27,000 | |
| 158 | 감가상각누계액 | | 5,600 |
| 200 | 지급어음 | | 15,000 |
| 201 | 미지급금 | | 6,100 |
| 212 | 미지급 급여 | | 3,600 |
| 230 | 미지급 이자비용 | | 600 |
| 311 | 자본금 | | 11,000 |
| 320 | 이익잉여금 | | 2,000 |
| 332 | 배당금 | 7,600 | |
| 400 | 용역 매출 | | 61,000 |
| 610 | 광고비 | 9,000 | |
| 631 | 소모품비 | 4,000 | |
| 711 | 감가상각비 | 5,600 | |
| 722 | 보험료 | 3,500 | |
| 726 | 급여 | 28,000 | |
| 905 | 이자비용 | 600 | |
| | 계 | 104,900 | 104,900 |

a. 정산표의 재무제표에 금액을 옮겨 적어 정산표를 완성하라.

b. 손익계산서와 이익잉여금계산서, 표준형 재무상태표를 작성하라. (참고: 지급어음의 $4,000는 2021년에 결제된다.)

c. 분개장 쪽수 번호를 J14로 하여 결산 분개를 하라.

**d.** 3위식 표시 방식으로 결산 분개를 포스팅하되 집합손익의 계정 번호를 350으로 하라.

**e.** 결산 후 시산표를 작성하라.

a. 당기순이익 $10,300
b. 유동자산 $19,600
유동부채 $14,300
e. 결산 후 시산표 계 $46,600

**3** 다음은 Bray Music의 정산표에 있는 재무제표이다(단위: NT$).

**Bray Music**
**정산표**
**2020년 1월 1일부터 2020년 12월 31일까지**

| 계정 번호 | 계정과목 | 손익계산서 차변 | 손익계산서 대변 | 재무상태표 차변 | 재무상태표 대변 |
|---|---|---|---|---|---|
| 101 | 현금 | | | 8,800 | |
| 112 | 매출채권 | | | 10,800 | |
| 130 | 선급보험료 | | | 2,800 | |
| 157 | 설비 | | | 24,000 | |
| 158 | 감가상각누계액 | | | | 4,200 |
| 201 | 미지급금 | | | | 9,000 |
| 212 | 미지급 급여 | | | | 2,400 |
| 311 | 자본금 | | | | 15,000 |
| 320 | 이익잉여금 | | | | 4,500 |
| 332 | 배당금 | | | 11,000 | |
| 400 | 용역 매출 | | 60,000 | | |
| 622 | 수선유지비 | 1,700 | | | |
| 711 | 감가상각비 | 2,800 | | | |
| 722 | 보험료 | 1,800 | | | |
| 726 | 급여 | 30,000 | | | |
| 732 | 수도광열비 | 1,400 | | | |
| | 계 | 37,700 | 60,000 | 57,400 | 35,100 |
| | 당기순이익 | 22,300 | | | 22,300 |
| | | 60,000 | 60,000 | 57,400 | 57,400 |

**a.** 손익계산서와 이익잉여금계산서, 표준형 재무상태표를 작성하라.

**b.** 결산 분개를 하라.

**c.** T 계정을 이용하여 결산 분개를 포스팅하고 밑줄을 긋는 방식으로 계정을 마감하되, 집합손익 계정 번호를 350으로 하라.

**d.** 결산 후 시산표를 작성하라.

a. 기말 이익잉여금 NT$15,800
유동자산 계 NT$22,400
d. 결산 후 시산표 계 NT$46,400

**4** Rusthe Management Services는 2020년 1월 1일에 자본 $120,000를 투자하여 사업을 시작했으며, 주 수입원은 콘도미니엄 관리 용역과 자체 건물의 여유 공간 임대이다. 다음은 사업 첫해의 정산표상 수정 전 시산표와 수정 후 시산표의 계정이다(단위: $).

**Rusthe Management Services**
**정산표**
**2020년 1월 1일부터 2020년 12월 31일까지**

| 계정과목 | 시산표 차변 | 시산표 대변 | 수정 후 시산표 차변 | 수정 후 시산표 대변 |
|---|---|---|---|---|
| 현금 | 13,800 | | 13,800 | |
| 매출채권 | 28,300 | | 28,300 | |
| 선급보험료 | 3,600 | | 2,100 | |
| 토지 | 67,000 | | 67,000 | |
| 건물 | 127,000 | | 127,000 | |
| 설비 | 59,000 | | 59,000 | |
| 미지급금 | | 12,500 | | 12,500 |
| 선수수익 | | 6,000 | | 1,000 |
| 담보부 차입금 | | 120,000 | | 120,000 |
| 자본금 | | 130,000 | | 130,000 |
| 이익잉여금 | | 14,000 | | 14,000 |
| 배당금 | 22,000 | | 22,000 | |
| 용역 매출 | | 90,700 | | 90,700 |
| 임대수익 | | 29,000 | | 34,000 |
| 급여 | 42,000 | | 42,000 | |
| 광고비 | 20,500 | | 20,500 | |
| 수도광열비 | 19,000 | | 19,000 | |
| 계 | 402,200 | 402,200 | | |
| 보험료 | | | 1,500 | |
| 감가상각비 | | | 6,600 | |
| 감가상각누계액-건물 | | | | 3,000 |
| 감가상각누계액-설비 | | | | 3,600 |
| 이자비용 | | | 10,000 | |
| 미지급 이자비용 | | | | 10,000 |
| 계 | | | 418,800 | 418,800 |

**a.** 정산표를 완성하라.

**b.** 표준형 재무상태표를 작성하라. (참고: 담보부 차입금 중 $45,000는 내년에 지불해야 한다.)

**c.** 정산표를 참고하여 수정 분개를 하라.

**d.** 결산 분개를 하라.

**e.** 결산 후 시산표를 작성하라.

a. 당기순이익 $25,100
b. 유동자산 계 $44,200
e. 결산 후 시산표 계 $297,200

**5** 애냐 클라크는 2020년 7월 1일에 Anya's Cleaning Service를 창업하고 7월 동안 다음과 같은 거래를 했다.

7월 1일 주주가 주식과 교환하여 현금 €20,000를 투자했다.
1일 중고 트럭을 €12,000에 구입하면서 현금 €4,000를 지불했으며 잔액은 외상이다.
3일 €2,100의 청소용 소모품을 외상으로 구입했다.
5일 7월 1일에 1년 보험료 €1,800를 지불했다.
12일 청소 용역을 제공하고 대금 €4,500를 청구했다.

18일 미지급한 트럭 구입 대금 €1,500와 청소용 소모품비 €1,400를 지불했다.
20일 직원에게 급여 €2,800를 현금으로 지급했다.
21일 7월 12일에 발생한 매출채권에서 현금 €3,400를 회수했다.
25일 청소 용역을 제공하고 대금 €6,000를 청구했다.
31일 트럭의 월 주유비 €350를 지불했다.
31일 현금 배당 €5,600를 선언하고 지급했다.

Anya's Cleaning Service의 총계정원장에는 다음과 같은 계정이 있다.

| | | | |
|---|---|---|---|
| No. 101 | 현금 | No. 112 | 매출채권 |
| No. 126 | 소모품 | No. 130 | 선급보험료 |
| No. 157 | 설비 | No. 158 | 감가상각누계액 |
| No. 201 | 미지급금 | No. 212 | 미지급 급여 |
| No. 311 | 자본금 | No. 320 | 이익잉여금 |
| No. 332 | 배당금 | No. 350 | 집합손익 |
| No. 400 | 용역 매출 | No. 631 | 소모품비 |
| No. 633 | 주유비 | No. 711 | 감가상각비 |
| No. 722 | 보험료 | No. 726 | 급여 |

**a.** 3위식 표시 방식으로 7월의 거래를 분개하고 포스팅하되, 분개장 쪽수 번호를 J1로 하라.

**b.** 7월 31일 정산표 내 수정 전 시산표를 작성하라.

**c.** 정산표에 다음 수정 분개를 기입하고 정산표를 완성하라.

1. 7월 31일에 수행했으나 청구하지 않아 누락된 수익이 €2,700 있다.
2. 설비의 감가상각비는 월 €500이다.
3. 보험료의 기간이 1/12 경과되었다.
4. 재고 조사 결과 7월 31일 현재 미사용 소모품이 €600 있다.
5. 지급하지 않은 급여가 €1,000 있다.

**d.** 7월에 대한 손익계산서와 이익잉여금계산서, 7월 31일 기준 표준형 재무상태표를 작성하라.

**e.** 분개장 쪽수 번호를 J2로 하여 수정 분개를 하고 포스팅하라.

**f.** 분개장 쪽수 번호를 J3으로 하여 결산 분개를 하고 계정을 마감하라.

**g.** 7월 31일 기준 결산 후 시산표를 작성하라.

b. 수정 전 시산표 계 €37,700
c. 수정 후 시산표 계 €41,900
d. 순이익 €6,900
자산 계 €29,500
g. 결산 후 시산표 계 €30,000

**6** Pulsar Cable은 영국 공인회계사인 호러스 컬페퍼에게 2020년 4월의 재무제표를 작성해달라고 요청했다. 다음은 컬페퍼가 집계한 Pulsar Cable의 시산표이다.

**Pulsar Cable**
**시산표**
**2020년 4월 30일 기준**

| | 차변 | 대변 |
|---|---|---|
| 현금 | £ 4,100 | |
| 매출채권 | 3,200 | |
| 소모품 | 800 | |
| 설비 | 10,800 | |
| 감가상각누계액 | | £ 1,350 |
| 미지급금 | | 2,100 |
| 미지급 급여 | | 700 |
| 선수수익 | | 890 |
| 자본금 | | 10,100 |
| 이익잉여금 | | 2,800 |
| 용역 매출 | | 5,650 |
| 급여 | 3,300 | |
| 광고비 | 600 | |
| 기타 경비 | 290 | |
| 감가상각비 | 500 | |
| | £23,590 | £23,590 |

컬페퍼는 다음과 같은 오류를 발견했다.

1. 매출채권에서 회수한 현금은 £590인데 £950로 기록되었다.
2. 광고비 £75의 지급이 차변 기타 경비 £75, 대변 현금 £75로 처리되었다.
3. 4월의 급여 지급은 3월 31일에 계상된 미지급 급여 £700를 포함하여 £1,900인데 차변 급여 £1,900, 대변 현금 £1,900로 계상했다(재조정 분개가 없다고 가정한다).
4. £310의 프린터 설비를 외상으로 구매하면서 차변 소모품 £310, 대변 미지급금 £310로 기록했다.
5. 설비를 수리하면서 지출한 £96를 차변 설비 £69, 대변 현금 £69로 처리했다.

**a.** 오류에 대해 (1) 오류 분개, (2) 올바른 분개, (3) 오류정정 분개를 하라. 단, 4번과 5번의 분개는 2020년 4월 30일에 발생했다고 가정한다.

**b.** 정확한 시산표를 작성하라.

b. 정확한 시산표 계 £22,890

## 회계순환 과정 복습 문제

**1** 제이든 리는 2020년 7월 1일 Kleene Window Washing을 개점하고 7월 동안 다음과 같은 거래를 했다.

| | |
|---|---|
| 7월 1일 | 주주가 주식과 교환하여 현금 NT$12,000를 투자했다. |
| 1일 | 중고 트럭을 NT$8,000에 구입하면서 현금 NT$2,000를 지불했으며 잔액은 외상이다. |
| 3일 | NT$900의 청소용 소모품을 외상으로 구입했다. |
| 5일 | 7월 1일에 1년 보험료 NT$1,800를 현금으로 지불했다. |
| 12일 | 청소 용역을 제공하고 대금 NT$3,700를 청구했다. |
| 18일 | 미지급한 트럭 구입 대금 NT$1,000와 청소용 소모품비 NT$500를 현금으로 지불했다. |
| 20일 | 직원에게 급여 NT$2,000를 현금으로 지급했다. |
| 21일 | 7월 12일에 발생한 매출채권에서 현금 NT$1,600를 회수했다. |
| 25일 | 청소 용역을 제공하고 대금 NT$2,500를 청구했다. |
| 31일 | 트럭의 월 주유비 NT$290를 지불했다. |
| 31일 | 현금 배당 NT$600를 선언하고 지급했다. |

Kleene Window Washing의 계정일람표에는 다음과 같은 계정이 있다.

| | | |
|---|---|---|
| 현금 | 매출채권 | 소모품 |
| 선급보험료 | 설비 | 감가상각누계액 |
| 미지급금 | 미지급 급여 | 자본금 |
| 이익잉여금 | 배당금 | 집합손익 |
| 용역 매출 | 수선유지비 | 소모품비 |
| 감가상각비 | 보험료 | 급여 |

**a.** 7월의 거래를 분개하라.

**b.** T 계정을 이용하여 총계정원장에 포스팅하라.

**c.** 7월 31일 기준 시산표를 작성하라.

**d.** 다음 수정 분개를 하라.

1. 7월 31일에 수행했으나 청구하지 않아 미기록된 용역 매출 NT$1,700가 있다.
2. 설비의 감가상각비는 월 NT$180이다.
3. 보험료의 기간이 1/12 경과되었다.
4. 7월 31일 현재 미사용 소모품이 NT$320 있다.
5. 지급하지 않은 급여가 NT$400 있다.

**e.** T 계정을 이용하여 수정 분개를 포스팅하라.

**f.** 수정 후 시산표를 작성하라.

**g.** 7월의 손익계산서와 이익잉여금계산서, 7월 31일 기준 표준형 재무상태표를 작성하라.

**h.** 결산 분개를 하여 포스팅하고 계정을 마감하라.

**i.** 7월 31일 기준 결산 후 시산표를 작성하라.

f. 현금 계 NT$5,410
g. 자산 계 NT$21,500

**2** 라르스 린켄은 2020년 3월 1일에 Lars Cleaners를 개점하고 3월 동안 다음과 같은 거래를 했다.

| | |
|---|---|
| 3월 1일 | 주주가 주식과 교환하여 현금 €15,000를 투자했다. |
| 1일 | 6개월 만기, 연 이자율 6%, 액면 €6,000인 지급어음을 발행하고 은행으로부터 현금 €6,000를 차입했다. 이자는 다음 달 1일에 지급한다. |
| 1일 | 현금 €8,000를 주고 중고 트럭을 구입했다. |
| 2일 | 3월 1일부터 5월 31일까지의 임차료 €1,500를 현금으로 지불했다. |
| 3일 | 3월 1일에 현금 €2,400를 지불하고 6개월 기간의 보험에 가입했다. |
| 6일 | €2,000의 청소용 소모품을 외상으로 구입했다. |
| 14일 | 청소 용역을 제공하고 대금 €3,700를 청구했다. |
| 18일 | 미지급한 청소용 소모품비 중 €500를 지불했다. |
| 20일 | 직원에게 급여 €1,750를 현금으로 지불했다. |
| 21일 | 3월 14일에 발생한 매출채권에서 현금 €1,600를 회수했다. |
| 28일 | 청소 용역을 제공하고 대금 €4,200를 청구했다. |
| 31일 | 트럭의 월 주유비 €350를 지불했다(수선유지비 계정 사용). |
| 31일 | 현금 배당 €900를 선언하고 지급했다. |

Lars Cleaners의 계정일람표에는 다음과 같은 계정이 있다.

| | | |
|---|---|---|
| 현금 | 매출채권 | 소모품 |
| 선급보험료 | 선급임차료 | 설비 |
| 감가상각누계액 | 미지급금 | 미지급 급여 |
| 지급어음 | 미지급 이자비용 | 자본금 |
| 이익잉여금 | 배당금 | 집합손익 |
| 용역 매출 | 수선유지비 | 소모품비 |
| 감가상각비 | 보험료 | 급여 |
| 임차료 | 이자비용 | |

**a.** 3월의 거래를 분개하라.

**b.** T 계정을 이용하여 총계정원장에 포스팅하라.

**c.** 3월 31일 기준 수정 전 시산표를 작성하라.

**d.** 다음 수정 분개를 하라.

1. 3월 31일에 수행했으나 청구하지 않아 미기록된 용역 매출이 €200 있다.
2. 설비의 감가상각비는 월 €250이다.
3. 보험료의 기간이 1/6 경과되었다.

4. 재고 조사 결과 3월 31일 현재 미사용 소모품이 €280 있다.
5. 지급하지 않은 급여가 €1,080 있다.
6. 선급임차료의 1개월이 경과되었다.
7. 지급어음과 관련된 이자비용이 1개월 누적되어 4월 1일에 지급했다. (힌트: 이자를 계산하려면 그림 3.17의 공식을 이용한다.)

**e.** T 계정을 이용하여 수정 분개를 포스팅하라.
**f.** 수정 후 시산표를 작성하라.
**g.** 3월의 손익계산서와 이익잉여금계산서, 3월 31일 기준 표준형 재무상태표를 작성하라.
**h.** 결산 분개를 하여 포스팅하고 계정을 마감하라.
**i.** 3월 31일 기준 결산 후 시산표를 작성하라.

f. 수정 후 시산표 계 €31,960
g. 자산 계 €24,730

**3** 다음은 2020년 8월 1일 B&B Repair Services의 계정이다.

| | 차변 | | 대변 |
|---|---|---|---|
| 현금 | $ 6,040 | 감가상각누계액 | $ 600 |
| 매출채권 | 2,910 | 미지급금 | 2,300 |
| 받을어음 | 4,000 | 선수수익 | 1,260 |
| 소모품 | 1,030 | 미지급 급여 | 1,420 |
| 설비 | 10,000 | 자본금 | 16,300 |
| | $23,980 | 이익잉여금 | 2,100 |
| | | | $23,980 |

B&B Repair Services가 8월 동안 한 거래는 다음과 같다.

8월 1일 8월과 9월의 광고비(배달되는 신문에 광고 전단지를 끼워 배포)로 현금 $400를 지불했다.
3일 8월 임대료로 $380를 지불했다.
5일 매출채권에서 현금 $1,200를 회수했다.
10일 급여 $3,120를 지급했다. 이 중 $1,700는 8월 급여, $1,420는 7월 급여이다.
12일 용역을 제공하고 현금 $2,800를 받았다.
15일 $2,000의 매장 설비를 외상으로 구입했다.
20일 미지급금 $2,000를 변제했다.
22일 $800의 소모품을 외상으로 구입했다.
25일 급여 $2,900를 지급했다.
27일 용역을 제공하고 대금 $3,760를 청구했다.
29일 향후 용역을 수행하기로 계약하고 $780를 받았다.

수정 자료

1. 재고 조사 결과 미사용된 소모품이 $960 있다.
2. 지급하지 않은 급여가 $1,540 있다.
3. 설비의 감가상각비는 월 $320이다.
4. 선수수익 중 $800의 용역을 수행했다.
5. 한 달치 광고 서비스를 받았다.
6. 4개월 만기, 연 이자율 6%, 액면 $4,000의 받을어음에 대한 1개월간의 이자수익이 발생했다. (힌트: 이자를 계산하려면 그림 3.17의 공식을 이용한다.)

**a.** T 계정을 이용하여 8월 1일의 잔액을 기입하라.
**b.** 8월의 거래를 분개하라.
**c.** 분개를 포스팅하라. B&B Repair Services의 계정일람표에는 선급광고비, 미수이자, 용역 매출, 이자수익, 광고비, 감가상각비, 소모품비, 급여, 임차료가 있다.
**d.** 8월 31일 기준 시산표를 작성하라.
**e.** 수정 분개를 하고 포스팅하라.
**f.** 수정 후 시산표를 작성하라.
**g.** 8월의 손익계산서와 이익잉여금계산서, 8월 31일 기준 표준형 재무상태표를 작성하라.
**h.** 결산 분개를 하여 포스팅하고 계정을 마감하라.
**i.** 8월 31일 기준 결산 후 시산표를 작상하라.

f. 현금 계 $2,020
수정 후 시산표 계 $32,580
g. 순손실 $530

**4** 다음은 가장 최근의 회계연도 말인 2020년 6월 30일 현재 Green River Computer Consultants의 결산 후 시산표이다(단위: 1,000).

| | 차변 | 대변 |
|---|---|---|
| 현금 | ¥5,230 | |
| 매출채권 | 1,200 | |
| 소모품 | 690 | |
| 미지급금 | | ¥ 400 |
| 선수수익 | | 1,120 |
| 자본금 | | 4,000 |
| 이익잉여금 | | 1,600 |
| | ¥7,120 | ¥7,120 |

새로운 회기인 7월부터 공격적인 확대 경영을 하기로 한 Green River Computer Consultants는 많은 직원을 고용하고 자본금을 늘리기 위해 다음과 같은 거래를 했다. 이 회사는 매달 결산을 한다.

7월 1일 설비를 구입하면서 현금 ¥4,000을 지불하고 2년 만기, 연 이자율 6%, 액면 ¥20,000의 약속어음을 발행했다. 설비의 내용연수는 4년이고 이자는 다음 달 1일에 지급된다.
2일 주주가 주식과 교환하여 현금 ¥50,000을 추가로 투자했다.
3일 7월 1일부터 효력이 발생하는 12개월 보험료로 현금 ¥3,600을 지불했다.
3일 사무실을 월 ¥4,000에 임차하고 첫 2개월(2020년 7~8월)의 임차료를 지불했다.
6일 소모품을 구입하고 현금 ¥3,800을 지불했다.

9일 Connor Productions와 자문 용역 계약을 체결하고 매월 20일에 자문료를 청구하기로 했다.

10일 6월에 Milani Brothers에 청구한 용역 대금 ¥1,200을 현금으로 받았다.

13일 Fitzgerald Enterprises에 용역을 제공했는데, 지난달에 용역 대금 ¥1,120을 선불로 받았다.

14일 6월의 수도광열비로 청구된 ¥400을 지불했다.

16일 새로운 고객인 Thunder Bay Technologies와 향후 용약을 수행하기로 계약하고 현금 ¥12,000을 미리 받았다.

18일 반 달치 급여 ¥11,000을 지급했다.

20일 ¥28,000 상당의 용역을 수행하고 대금을 청구했다.

20일 7월의 광고비 ¥2,200의 청구서를 받았다. 동 금액은 8월 15일에 지급할 예정이다.

23일 Thunder Bay Technologies에 용역 프로젝트 1단계를 제공하여 7월 16일에 받은 선금 중 ¥10,000을 수익으로 인식했다.

27일 7월 20일에 청구한 용역 대금 중 ¥15,000을 현금으로 받았다.

수정 자료

1. 기간이 경과된 선급보험료를 수정했다.
2. 기간이 경과된 선급임차료를 수정했다.
3. 소모품을 ¥1,250 사용했다.
4. 설비의 감가상각비는 월 ¥500이다.
5. 어음에 대한 이자가 발생했다. (힌트: 이자를 계산하려면 그림 3.17의 공식을 이용한다.)
6. 7월의 반 달치 급여 ¥11,000을 8월 1일에 지급할 예정이다.
7. 7월의 수도광열비는 ¥800으로 예상된다.
8. 7월의 법인세 ¥1,200을 8월에 납부할 예정이다. (힌트: 법인세비용과 미지급 법인세 계정을 사용한다.)

Green River Computer Consultants의 계정일람표에는 다음과 같은 계정이 있다.

| | | |
|---|---|---|
| 현금 | 매출채권 | 소모품 |
| 선급보험료 | 선급임차료 | 설비 |
| 감가상각누계액 | 미지급금 | 지급어음 |
| 미지급 이자비용 | 미지급 법인세 | 미지급 급여 |
| 선수수익 | 자본금 | 이익잉여금 |
| 집합손익 | 용역 매출 | 소모품비 |
| 감가상각비 | 보험료 | 급여 |
| 광고비 | 법인세비용 | 이자비용 |
| 임차료 | 수도광열비 | |

**a.** T 계정을 이용하여 7월 1일의 잔액을 기입하라.
**b.** 7월의 거래를 분개하라.
**c.** 7월의 거래를 T 계정에 포스팅하라.
**d.** 7월 31일 기준 수정 전 시산표를 작성하라.
**e.** 7월 31일의 수정 분개를 하고 포스팅하라.
**f.** 수정 후 시산표를 작성하라.
**g.** 7월의 손익계산서와 이익잉여금계산서, 7월 31일 기준 표준형 재무상태표를 작성하라.
**h.** 결산 분개를 하여 포스팅하고 계정을 마감하라.
**i.** 7월 31일 기준 결산 후 시산표를 작성하라.

g. 순이익 ¥6,770
자산 계 ¥99,670

## 비판적 사고력 확장 문제

### 재무보고: TSMC

**1** TSMC의 재무제표는 이 책의 부록 A에 실려 있으며, 재무제표 주석을 포함한 전체 연례 사업 보고서는 회사 웹사이트에서 확인할 수 있다. 이를 이용하여 다음 문제를 풀라.

**a.** 2015년 12월 31일, 2016년 12월 31일 기준 유동자산은 얼마인가?
**b.** 유동자산의 배열 순서가 올바른가?
**c.** TSMC의 자산은 어떻게 분류되었는지 설명하라.
**d.** 2015년 12월 31일, 2016년 12월 31일 기준 유동부채는 얼마인가?

### 비교 분석: 네슬레와 델피

**2** 네슬레와 델피의 재무제표는 이 책의 부록 B와 C에 실려 있다. 이를 이용하여 다음 문제를 풀라.

**a.** 2016년 12월 31일 현재 네슬레와 델피의 다음 각 항목은 얼마인가?
1. 유동자산 계
2. 순유형자산 계
3. 유동부채 계
4. 자본 계

**b.** 네슬레와 델피의 재무 상태가 어떠한지 유동자산과 유동부채를 토대로 설명하라.

## 실제 사례

**3** 대부분의 기업은 홈페이지를 운영하고 있다. 기탄잘리그룹(Gitanjali Group, 인도)과 우메이(Wumart, 중국)의 홈페이지를 살펴보고 다음 문제를 풀라.

**a.** 어떤 유형의 정보가 있는가?

**b.** 어떤 회계 관련 정보가 있는가?

**c.** 정보 제공과 홍보의 관점에서 또는 이 둘을 종합한 관점에서 홈페이지에 대해 평가하라.

## 조직 전반에 걸친 의사결정

**4** 2년 전 Whitegloves Janitorial Service라는 청소 용역업체를 창업한 제나 올슨은 사업이 아주 잘되자 2020년 7월 1일부터 트럭을 추가로 구입하고 직원을 2명 더 고용하여 사업을 확장하기로 결정했다. 올슨은 확장 자금을 조달하기 위해 2020년 7월 1일 10% 이자율로 은행 대출을 £25,000 받았으며, 2021년 7월 1일에 £10,000, 2022년 7월 1일에 전액을 변제하기로 했다. 또한 2020년 12월 31일 현재 기준 유동자산이 유동부채보다 £10,000만큼 크지 않을 경우 이자율이 15%로 상승 조정되도록 대출 조건을 약정했다. 다음은 Whitegloves Janitorial Service의 경리 직원이 만든 2020년 12월 31일 기준 재무상태표이다.

**Whitegloves Janitorial Service**
**재무상태표**
**2020년 12월 31일 현재**

| 자산 | | |
|---|---|---|
| 유형자산 | | |
| 설비(순액) | £22,000 | |
| 배달 트럭(순액) | 34,000 | £56,000 |
| 유동자산 | | |
| 선급보험료 | 4,800 | |
| 소모품 | 5,200 | |
| 매출채권 | 9,000 | |
| 현금 | 5,500 | 24,500 |
| 계 | | £80,500 |
| **자본과 부채** | | |
| 자본 | | |
| 자본금 | £41,000 | |
| 이익잉여금 | 13,000 | £54,000 |
| 비유동부채 | | |
| 지급어음 | | 15,000 |
| 유동부채 | | |
| 지급어음 | 10,000 | |
| 미지급금 | 1,500 | 11,500 |
| 계 | | £80,500 |

2021년 1월 2일, 제나 올슨은 은행에 재무상태표를 제시하면서 대출 조건을 충족했다고 자신 있게 말했지만 은행의 반응은 냉담했다. 은행은 공인회계사가 감사한 재무제표를 요구했다. 이에 외부 감사를 받은 결과 다음과 같은 수정 사항이 발견되었다.

1. 용역을 제공하고 청구하지 않은 £3,700가 있다.
2. 미사용된 청소용 소모품이 £2,500 있다.
3. 선급보험료는 2020년 1월 1일부터 3년 만기 상품에 대한 것이다.
4. 12월에 £500의 비용이 발생했으나 12월 31일까지 미지급 상태이다.
5. 은행 대출에 대한 이자를 인식하지 않았다.
6. 재무상태표에 표시된 유형자산은 감가상각누계액을 차감한 순액으로 보고되었는데(취득원가에서 감가상각누계액을 차감), 감가상각누계액은 2020년 1월 1일 현재 청소 설비 £4,000, 배달 트럭 £5,000이다. 또한 계상되지 않은 2020년의 감가상각비는 청소 설비 £2,000, 배달 트럭 £5,000이다.

**a.** 올바른 재무상태표를 작성하라.

**b.** 은행의 대출 조건을 충족했는지 설명하라.

## 커뮤니케이션 활동

**5** 회계순환은 회계 절차를 이해하는 데 중요하다. 회계순환의 단계를 나열하고, 회계순환 과정에서 선택적 수단이 있다면 이에 대해서도 밝혀라.

## 윤리 사례

**6** Take No Prisoners Perfume의 회계 책임자(컨트롤러)인 당신은 실수로 전년도 재무제표의 순이익이 과대계상된 사실을 발견했다. 그런데 이 재무제표가 연례 사업 보고서에 첨부되어 은행과 증권거래소, 감독 기관에 배포된 지 한 달도 채 되지 않았다. 큰일이라고 생각한 당신은 용기를 내어 회장에게 실수를 보고하면서 수정하자고 건의했다. 그러자 회장은 이렇게 지시했다. "그 정도 오류로 이해관계자들이 잘못될 리는 없다고 보는데, 어떻게 생각하나요? 영향이 없기는 하겠지만 그래도 재무제표는 반드시 수정해야 하니 고치긴 하되, 복잡하게 일을 만들지 말고 올해 재무제표에 반영하세요. 앞으로 다시는 그런 실수를 하지 마세요."

**a.** 이 상황에서 이해관계자는 누구인가?

**b.** 이 상황의 윤리적 문제는 무엇인가?

**c.** 이 상황에서 회계 책임자인 당신이 할 일은 무엇인가?

## 장래를 위한 활동

**7** 기업은 특정 시점의 재무 상태를 알기 위해 재무상태표를 작성하며, 이를 기반으로 전과 비교하고 미래를 계획할 수 있다. 이와 마찬가지로 개인의 재정 상태를 평가하려면 개인 재무상태표를 작성해야 한다. 다음은 당신의 재정과 관련된 정보이다. (참고: 일부 항목은 개인

의 재무상태표와 관련이 없을 수도 있다.)

| | |
|---|---|
| 학자금 대출 잔액(장기) | € 5,000 |
| 당좌예금 잔액 | 1,200 |
| 투자자산(6개월) | 3,000 |
| 연간 아르바이트 수입 | 11,300 |
| 자동차 | 7,000 |
| 자동차 대출 잔액(단기분) | 1,500 |
| 자동차 대출 잔액(장기분) | 4,000 |
| 컴퓨터 | 800 |
| 남동생에게 받을 채권 | 300 |
| 저축예금 잔액 | 1,800 |
| 연간 등록금 | 6,400 |
| 비디오 및 음향 설비 | 1,250 |
| 신용카드 미지불 잔액(당월 청구액) | 150 |
| 신용카드 미지불 잔액(전기 사용 할부 잔액) | 1,650 |

표준형 재무상태표에 대해 배운 형식을 사용하여 개인 재무상태표를 작성하라. 단, 자본 계정은 회사가 아니니 소유자 지분이라고 기입한다.

## U.S. GAAP 살펴보기

**학습목표**

IFRS와 U.S. GAAP의 회계순환 과정을 비교한다.

표준형 또는 계열화된 재무상태표는 U.S. GAAP과 IFRS 간에 형식상 차이가 있다. 즉 IFRS는 재무상태표의 계정과목 배열에 유동성 배열법과 고정성 배열법을 모두 사용하지만(대부분 고정성 배열법을 선호) U.S. GAAP은 유동성 배열법만을 허용한다. 고정성 배열법은 유동성이 적은 순서로 항목을 표기하고, 유동성 배열법은 반대로 유동성이 많은 항목을 먼저 표기한다. 예를 들어 현금자산의 경우 고정성 배열법에서는 맨 아래에 등장하지만 유동성 배열법에서는 거꾸로 맨 위에 포진한다.

또한 IFRS는 재무상태표에서 자산과 부채를 일일이 열거한 후 총자산에서 총부채를 차감한 수치를 '순자산(net assets)'이라고 표시한 후 이 금액을 자본의 구성 항목으로 보여주는 방식을 쓰기도 하지만 U.S. GAAP에서는 허용되지 않는다. 또한 재무상태표상 자산에 대한 평가에서 공정가치를 적용하는 범위에도 차이가 있다. U.S. GAAP과 IFRS는 공히 객관성 부족이라는 현실적 제약 때문에 취득원가를 평가 원칙으로 주로 사용하지만, 활성화된 시장에서의 시가가 있는 경우에는 가능한 한 공정가치를 사용하려 한다. 따라서 공정가치를 적용하는 사례가 점차 늘어나고 있다. 그러나 사용 빈도로 보면 IFRS가 훨씬 개방적이다. IFRS는 유형자산뿐만 아니라 무형자산에도 공정가치를 적용하는 특별한 경우를 늘려가고 있지만 U.S. GAAP은 여전히 원가주의를 고수한다.

그리고 IFRS에는 재무상태표에 공시해야 할 내용에 대해 일반적인 지침이 있으나 U.S. GAAP에는 그러한 규정이 아예 없다. 대신 미국의 상장회사는 미국의 증권 감독 기구인 SEC(Securities and Exchange Commission)가 만든 상세한 재무상태표 공시 내용 및 양식에 준거하여 작성해야 하는데, 이 기준은 오히려 IFRS보다 훨씬 세밀하다.

그 밖에도 U.S. GAAP을 적용하는 기업은 사용하는 용어가 IFRS와 다르다. IFRS는 재무상태표(statement of financial position)라고 하지만 U.S. GAAP은 아직도 대차대조표(balance sheet)라는 용어를 사용한다. 또한 주식을 뜻하는 용어로 'share' 대신 'stock'을 사용하거나 'non-current liabilities(비유동부채)' 대신 'long-term liabilities(고정부채)'라는 용어를 사용하는 등 일부 계정과목에 차이가 있다.[5] 다음은 미국 기업의 U.S. GAAP상 전형적인 재무상태표인

5 역자 주: IFRS와 U.S. GAAP상 용어의 차이는 번역보다는 원문을 비교해보아야 한다.

데, 유동성 배열법을 유의해서 살펴보기 바란다.

| Franklin Corporation<br>대차대조표<br>2020년 10월 31일 현재 | | | |
|---|---|---|---|
| **자산** | | | |
| **유동자산** | | | |
| 현금 | | $ 6,600 | |
| 단기투자자산 | | 2,000 | |
| 매출채권 | | 7,000 | |
| 받을어음 | | 1,000 | |
| 재고자산 | | 3,000 | |
| 소모품 | | 2,100 | |
| 선급보험료 | | 400 | $22,100 |
| **장기투자자산** | | | |
| Walters Corp.의 주식 투자 | | 5,200 | |
| 부동산 투자 | | 2,000 | 7,200 |
| **유형자산** | | | |
| 토지 | | 10,000 | |
| 설비 | $24,000 | | |
| 차감: 감가상각누계액 | 5,000 | 19,000 | 29,000 |
| **무형자산** | | | |
| 특허권 | | | 3,100 |
| 자산 계 | | | $61,400 |
| **부채와 주주지분** | | | |
| **유동부채** | | | |
| 지급어음 | | $11,000 | |
| 미지급금 | | 2,100 | |
| 미지급 급여 | | 1,600 | |
| 선수수익 | | 900 | |
| 미지급 이자비용 | | 450 | $16,050 |
| **고정부채** | | | |
| 담보부 차입금 | | 10,000 | |
| 지급어음 | | 1,300 | 11,300 |
| **주주지분** | | | |
| 자본금 | | 20,000 | |
| 이익잉여금 | | 14,050 | 34,050 |
| 부채와 주주지분 계 | | | $61,400 |

한편 U.S. GAAP과 IFRS상 재무제표는 다음과 같은 공통점이 있다. 첫째, 재무상태표에 반드시 공시할 내용으로 가능한 여러 회계 대안 중 회사가 선택한 회계 방침, 회계상 판단 내용, 다음 연도 자산과 부채의 장부 가액에 큰 영향을 줄 만한 회계상 가정과 불확실성에 대한 경영자의 예측 등을 꼽고 있다. 둘째, 전년도와 당년도 재무상태표를 같이 공시하는 비교 재무제표 형식을 요구하고 있다. 셋째, 적어도 1년에 한 번은 재무상태표를 공시해야 한다.

그 외 특이한 사항으로 IASB와 FASB는 회계기준의 개념적 틀과 체계에 대한 연구의 일부로서 재무상태표의 양식을 통일하기 위해 공동 작업을 한 결과, 향후 재무상태표도 현금흐름표처럼 영업 활동, 투자 활동, 재무 활동으로 나누어 계정을 분류하고, 재무 활동은 다시 채권자와 주주별로 구분하여 보고하는 것이 바람직하다는 안을 제시했다. 이에 손익계산서와 현금흐름표에도 재무상태표에 적용된 동일한 기준을 적용하여 활동 구분별로 공시될 전망이다.

## U.S. GAAP 확인 문제

**1** 다음 설명 중 옳지 않은 것은?

a. 자산은 부채와 주주지분의 합계와 같다.
b. IFRS에서는 자산과 부채의 총계를 서로 차감하여 재무상태표 내 순자산으로 금액을 표시하는 것이 허용된다.
c. FASB와 IASB는 회계기준의 개념적 틀과 체계에 대해 공동 연구를 하고 있다.
d. U.S. GAAP은 재무상태표를 자산과 지분의 표라고 하는 경우도 있다.

**2** 기업이 구입한 토지에 5년 후 공장을 짓기로 하여 토지가 5년간 불용자산인 경우 U.S. GAAP상 이 토지에 대해 적절한 회계 처리는 무엇인가?

a. 토지 비용
b. 유형자산
c. 무형자산
d. 장기투자자산

**3** U.S. GAAP상 유동자산이 배열되는 순서는?

a. 중요성에 따른다.
b. 현금으로 회수되는 속도가 가장 늦은 순서에 따른다.
c. 유동성 순서에 따른다.
d. 알파벳 순서에 따른다.

**4** U.S. GAAP에 대한 설명으로 옳은 것은?

a. 모든 자산을 대차대조표에 공정가치로 보고할 수 있다.
b. 간혹 자산과 부채를 개별적으로 공시하지 않고 서로 상계하여 순자산이나 순부채로 재무상태표에 공시하기도 한다.
c. 대차대조표에 비유동성 자산보다 유동성 자산을 먼저 배열한다.
d. 대차대조표에 공시하는 것에 대한 지침이 전혀 없다.

**5** U.S. GAAP으로 대차대조표를 작성할 때 항목의 배열 순서는?

a. 유동자산, 고정자산, 유동부채, 고정부채, 주주지분
b. 고정자산, 고정부채, 유동자산, 유동부채, 주주지분
c. 고정자산, 유동자산, 주주지분, 고정부채, 유동부채
d. 주주지분, 고정자산, 유동자산, 고정부채, 유동부채

**해답** 1. d  2. d  3. c  4. c  5. a

## U.S. GAAP 연습 문제

**1** IFRS에 따른 재무상태표의 형식과 U.S. GAAP에 따라 표시되는 대차대조표의 주요 차이점은 무엇인가?

**2** U.S. GAAP에서는 재무상태표를 어떻게 부르는가?

**3** Diaz Company의 대차대조표는 다음과 같은 계정으로 이루어져 있다. U.S. GAAP에 따라 적절한 순서로 계정을 나열하여 대차대조표의 자산 부분을 완성하라.

| | | | |
|---|---|---|---|
| 매출채권 | $12,500 | 선급보험료 | $3,600 |
| 현금 | 15,400 | 소모품 | 5,200 |
| 단기 투자 | 6,700 | | |

**4** 다음은 Zurich Company의 2020년 12월 31일 대차대조표와 관련된 계정이다. U.S. GAAP에 따라 표준형 대차대조표의 자산 부분을 작성하라.

| | |
|---|---|
| 재고자산 | $ 2,700 |
| 현금 | 13,100 |
| 설비 | 21,700 |
| 지분증권 투자(장기) | 6,500 |
| 단기 투자 | 120 |
| 감가상각누계액 | 5,700 |
| 매출채권 | 4,300 |

**5** 다음은 Rego Bowling Alley가 개장한 첫해인 2020년 12월 31일 기준 계정이다. U.S. GAAP에 따라 표준형 대차대조표를 작성하라. 단, 지급어음의 $13,900가 2021년에 지급된다고 가정한다.

| | | | |
|---|---|---|---|
| 건물 | $128,000 | 이자비용 | $ 2,600 |
| 매출채권 | 7,540 | 자본금 | 112,000 |
| 선급보험료 | 4,680 | 감가상각누계액-건물 | 42,600 |
| 현금 | 18,040 | 미지급금 | 12,300 |
| 설비 | 62,400 | 지급어음 | 95,000 |
| 토지 | 67,000 | 감가상각누계액-설비 | 18,720 |
| 보험료 | 780 | 미지급 이자비용 | 2,600 |
| 감가상각비 | 7,360 | 용역 매출 | 15,180 |

**6** 브라이언 홉킨스는 미국 소프트웨어 회사의 유동성과 부채 지급능력을 중국 경쟁업체와 비교하려 한다. 두 회사가 다른 통화를 사용하여 재무 보고를 하는데 비교가 가능하겠는가?

## 재무 보고: 애플

**7** 애플의 재무제표는 이 책의 부록 D에 실려 있으며, 재무제표 주석을 포함한 전체 연례 사업 보고서는 회사 웹사이트에서 확인할 수 있다. 이를 이용하여 다음 문제를 풀라.

**a.** 2016년 9월 24일, 2015년 9월 26일 기준 유동자산은 얼마인가?

**b.** 자산이 올바른 순서로 나열되어 있는가?

**c.** 애플의 자산은 어떻게 분류되어 있는가?

**d.** 2016년 9월 24일, 2015년 9월 26일 기준 유동부채는 얼마인가?

# CHAPTER 5

Mark Douet/Getty Images

# 유통업의 회계
## Accounting for Merchandise Operations

### 이 단원에서 공부할 내용

같은 물품이라도 사서 팔면 상품이고 만들어 팔면 제품이다. 전자를 유통업이라고 하는데, 유통업의 가득 과정은 생산자와 소비자 사이에서 재화를 전달하여 마진을 얻는 상행위를 요체로 한다. 쉽게 말해 물품을 사서 팔아 이익을 얻는 것이므로 상업이라고도 불린다. 전 세계에서 유통업이 차지하는 비중은 매우 크다. 때문에 유통업을 사업 목적으로 하는 회사의 재무제표를 공부하는 것은 큰 의미가 있다. 이 장에서는 유통업의 전형적인 거래를 분석하고 회계 처리를 하는 방법과 이 업종의 손익계산서를 분석하는 방법을 알아본다.

### 이 단원을 공부해야 하는 이유

**누가 쇼핑을 마다할까?**

프랑스에 본점을 둔 까르푸는 유럽에서는 일등, 전 세계에서는 두 번째로 큰 소매업체이다. 전체 매출의 40%를 프랑스에서 얻으면서 유럽, 아시아, 남미 등의 32개국에 진출하여 까르푸익스프레스(Carrefour

Express), 시티(City), 에드(Ed), 미니프레소(Minipreço), 프로모캐시(Promocash) 등의 이름을 건 1만 개의 점포를 운영 중이며, 471,000명의 종업원이 연 €1,120억에 달하는 매출을 올리고 있다.

그러나 이렇게 되기까지 까르푸는 심한 성장통을 겪었다. 성공적인 M&A가 많아 그 자리에 섰지만 브라질에서의 M&A는 큰 타격을 안겨준 실패로 기록되었다. 까르푸는 현재 신흥 개발국에서는 성공리에 약진하고 있으나 불황을 맞은 유럽에서의 부진으로 전체적으로는 답보 상태에 머물러 있다. 유럽에서의 부진은 급작스러운 판매 정책 변경에서 촉발되었다. 원래 까르푸는 시장 상황에 따라 유동적으로 가격을 변동, 할인하는 정책으로 유명했으나, 저가로 상시 가격을 고정하되 할인 매장인 르클레르(E.Leclerc, 프랑스)보다는 약간 높게 유지하는 정책으로 변경했다. 그런데 이것이 사단이 되었다. 까르푸 경영진은 서비스에 차이가 있으니 약간의 가격 차이는 별 문제가 없을 것이라고 판단했지만, 유럽에 경제 불황이 닥치자 가격에 민감해진 고객들이 대거 이탈하는 사태가 벌어졌다.

이 때문에 까르푸는 7년 동안 CEO를 3명이나 교체하고, 5년도 안 되는 기간 동안 주식이 2/3 수준으로 추락하는 수모를 겪어야 했다. 하지만 까르푸는 포기하지 않았다. 피나는 노력 끝에 최근에는 유럽에서 500여 개 점포를 새로 열었고, 성장 가능성이 높은 나라를 찾아 점포를 더 확대할 계획을 세워 최근에는 인도에 첫 점포를 오픈했다. 까르푸의 CEO인 라르스 올로프손(Lars Olofsson)은 인도로 직접 날아가 개업식에서 "이 점포를 인도라는 특이한 시장을 이해하는 발판으로 삼아 인도에 특화된 두 번째 할인점을 곧 선보이겠다"며 야심 찬 포부를 밝혔다.

## 이 단원의 구성과 학습목표

| | | | |
|---|---|---|---|
| 유통업과 재고관리 시스템 | 유통업과 재고관리 시스템을 이해한다. | • 영업주기<br>• 원가의 흐름 | DO IT! 1 유통업과 재고관리 시스템 |
| 계속기록법의 매입회계 | 계속기록법의 매입회계에 대해 알아본다. | • 운반비<br>• 매입환출과 매입에누리<br>• 매입할인<br>• 매입거래 요약·정리 | DO IT! 2 매입거래 |
| 계속기록법의 매출회계 | 계속기록법의 매출회계에 대해 알아본다. | • 매출환입과 매출에누리<br>• 매출할인 | DO IT! 3 매출거래 |
| 유통업의 회계순환 | 유통업의 회계순환 과정을 이해한다. | • 수정 분개<br>• 결산 분개<br>• 유통업 회계 요약·정리 | DO IT! 4 결산 분개 |
| 유통업 회계의 재무제표 | 유통업 회계의 재무제표를 작성한다. | • 손익계산서<br>• 재무상태표 | DO IT! 5 재무제표 |

## 유통업과 재고관리 시스템 _Merchandising Operations and Inventory Systems

학습목표

유통업과 재고관리 시스템을 이해한다.

메트로(Metro, 독일), 까르푸(Carrefour, 프랑스), 테스코(Tesco, 영국) 같은 기업을 유통업체라고 한다. 유통업체는 앞에서 다루었던 서비스 회사처럼 전문 용역을 제공하고 수수료를 받는 사업 구조가 아니라 상품을 사서 고객에게 되파는 상행위인 상업을 주요 소득원으로 한다. 그런데 유통업자라도 소비자에게 직접 팔면 소매업자(retailer), 소매업자에게 팔면 도매업자(wholesaler)라고 한다. 예를 들어 소매업체인 월그린스(Walgreens, 미국)는 도매업체인 그루포카사(Grupo Casa SA de CV, 멕시코)로부터 물품을 사서 되팔고, 역시 소매업체인 오피스디포(Office Depot, 미국)는 도매업체인 코포레이트익스프레스(Corporate Express, 네덜란드)로부터 물품을 구입하여 소비자에게 전달한다.

앞서 말했듯이 유통업체의 주요 수익원은 상품 판매이며, 상품 판매와 관련된 주요 비용은 **매출원가**(cost of goods sold)와 영업비용이다. 따라서 매출원가는 판매한 상품의 취득원가이고, 영업비용은 판매와 관리에 드는 비용이다. 그림 5.1은 유통업의 이익 산출 구조를 보여주는데, 파란 상자 안의 비용은 서비스 회사에는 없는 것이다.

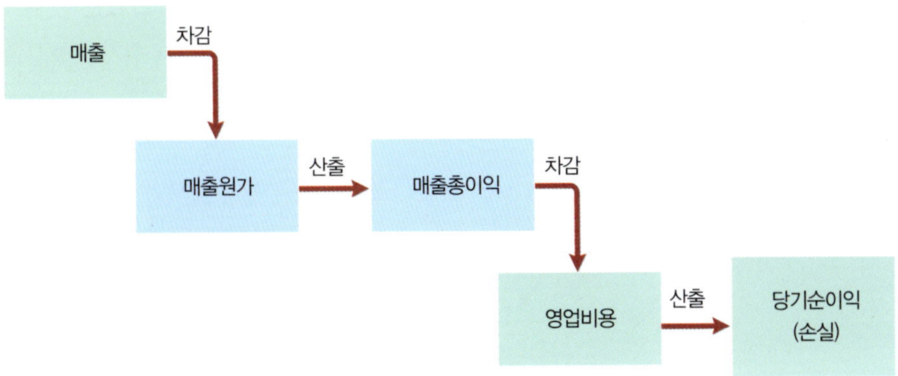


그림 5.1 유통업체의 이익 가득 과정

### 영업주기 _Operating Cycle

유통업의 영업주기는 상품을 사서 고객에게 팔아 현금을 회수하기까지 걸리는 기간으로, 보통은 서비스업보다는 길다. 그림 5.2와 5.3은 각각 서비스업과 유통업의 영업주기를 보여준다.

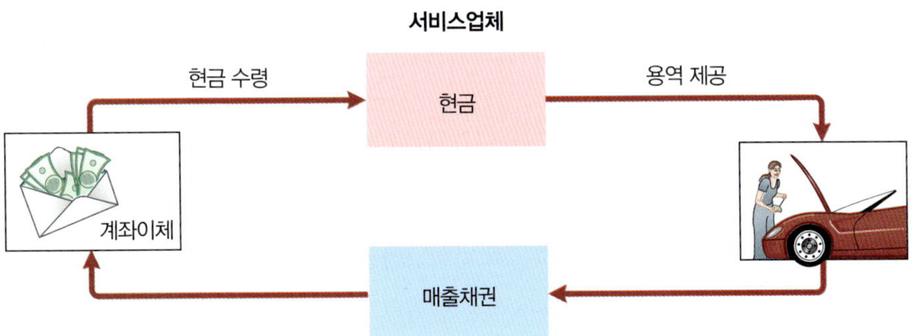


그림 5.2 서비스업의 영업주기

그림 5.3 유통업의 영업주기

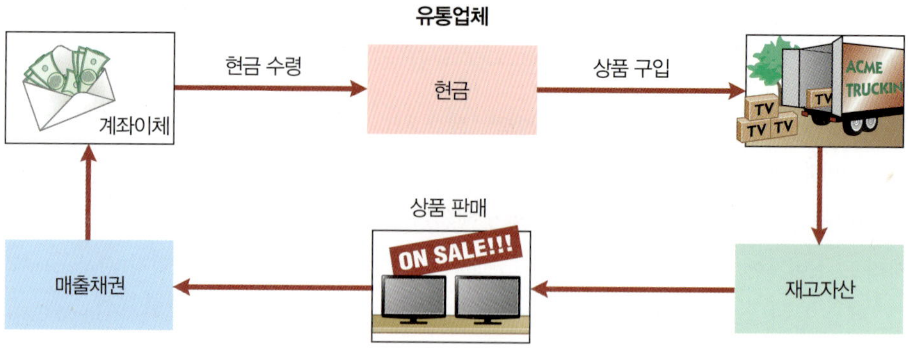


서비스업과 달리 유통업에는 팔기 위해 보유하는 재고자산이 생긴다. 재고자산은 재무상태표에서 유동자산으로 분류되며, 서비스를 제공하는 용역 회사에는 없는 중요한 계정이다.

## 원가의 흐름 _Flow of Costs

유통업에서는 재고자산을 중심으로 이루어지는 원가의 흐름이 회계의 핵심이다. 즉 기초 재고에 당기 구입한 상품을 합하면 판매할 수 있는 재고의 총원가가 되고, 이는 당해 기간 동안 판매한 물품에 해당하는 원가와 기말에 팔리지 않고 남아 있는 재고자산의 원가로 나뉜다. 이에 전자를 매출원가, 후자를 재고자산의 원가로 처리한다(그림 5.4 참조). 이러한 원가의 흐름을 파악하는 방법에는 계속기록법과 실제재고조사법이 있다.

그림 5.4 원가의 흐름

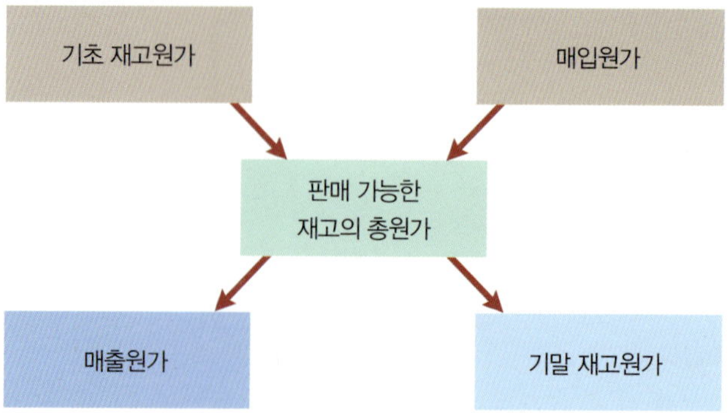


### 계속기록법 _Perpetual System

HINT

계속기록법에서도 재고 조사를 한다. 장부상 기록된 재고자산의 종류별 물량을 파악하여 재고자산수불부의 정확성을 점검하는 동시에 절도 사고를 미연에 방지하기 위함이다. 재고자산은 운반, 보관 중에 자연스럽게 줄어들기도 하는데, 이를 감모 또는 감손(shrinkage)이라고 한다.

**계속기록법**(perpetual inventory system)은 상품을 구입하거나 판매할 때마다 회계 기록을 꾸준히 하여 매출원가와 재고를 항상 즉시 파악하는 방법이다. 때문에 '재고자산수불부'라는 장부를 만들어 물량의 입출고를 일일이 기록한다. 기초 재고에 구입을 더하고 판매를 빼면 기말 재고가 되는데, 구입과 판매를 계속적·영구적으로 기록하면 자동으로 기말 재고가 산출된다. 예를 들어 토요타(Toyota) 자동차를 파는 딜러 회사는 창고에 있는 자동차와 전시장에 진열한 자동차의 종류별로 재고자산수불부를 유지하여 자동차의 입고와 출고, 보유 물량을 항상 파악한다. 또한 식료품 회사인 모리슨스(Morrisons, 영국)는 상품별 바코드와 스캐너를 이용하여 시리얼과 잼 등 온갖 식품의 종류별로 재고자산을 세밀하게 관리한다.

### 실제재고조사법 _Periodic System

**실제재고조사법**(periodic inventory system)은 계속기록법과 달리 평소에는 재고자산수불부의 입고 물량과 원가를 기록하되, 출고를 일일이 기입하지 않다가 정기적인 재고 조사로 출고 물량과 해당 원가를 역산으로 결정하는 방식이다. 즉 기초 재고에 구입을 더하고 기말 재고를 빼서 출고를 파악한다. 실제재고조사법의 계산 공식은 다음과 같다.

1. 기초 재고 파악
2. 구입 재고 가산
3. 재고 조사로 기말 재고를 확정하고 출고인 매출원가 산출

계속기록법과 실제재고조사법의 차이를 그림 5.5에 비교·정리했다.

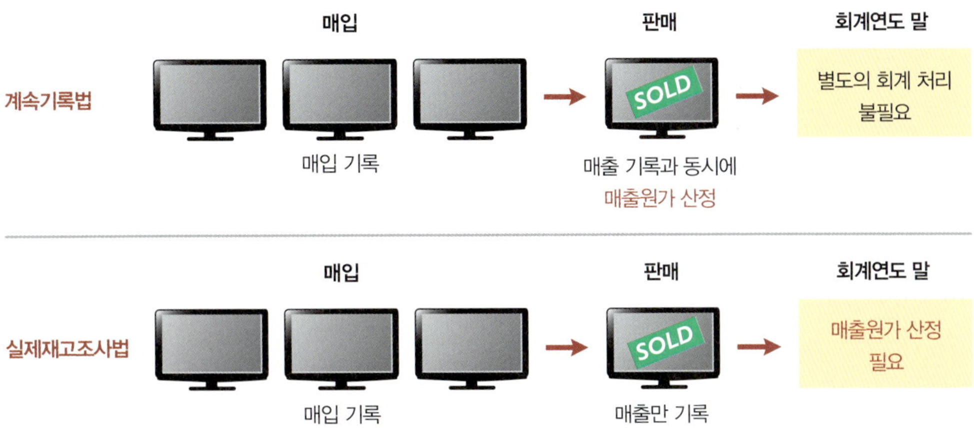


**그림 5.5** 계속기록법과 실제재고조사법의 비교

### 계속기록법의 장점 _Advantages of the Perpetual System

계속기록법과 실제재고조사법을 비교해보면 확실히 계속기록법이 우수하다. 재고의 변화를 즉시 기록하여 재고의 종류별로 언제든 재고와 매출원가를 파악할 수 있기 때문이다. 하지만 번거롭다는 것이 큰 문제이다. 또한 재고자산을 계속기록법으로 관리하려면 인건비 등이 만만치 않게 들어 과거에는 고급 상품이면 몰라도 주로 실제재고조사법을 애용했다.

하지만 오늘날에는 사정이 달라졌다. 컴퓨터의 발달과 바코드, 스캐너 등의 첨단 기술 덕분에 계속기록법을 저렴하고 편리하게 도입할 수 있게 되어 계속기록법이 일반적인 재고관리 시스템으로 자리 잡게 되었다. 이제는 중·소규모 회사라도 컴퓨터 소프트웨어를 통한 간단한 재고관리 시스템으로 계속기록법을 이용하고 있다.

그러나 못, 문구류 같은 재고의 물량을 계속기록법으로 확인할 필요가 있는지는 생각해보아야 한다. 게다가 계속기록법을 일종의 사치라고까지 생각하는 관리자도 있으며, 재고수불부를 믿지 못하고 아예 매일 재고 조사를 하여 재고를 확인해야 직성이 풀리는 관리자도 있다. 하지만 대세는 계속기록법이다. 사실 아마존닷컴(Amazon.com, 미국)의 성공 비결은 정교하고 세련된 재고관리 시스템 덕분이라고 알려져 있다.

한편 계속기록법상 산출되는 재고는 현재 회사에 남아 있어야 하는 재고이다. 부족하면 절도일 가능성이 높기 때문에 즉시 조사에 착수하여 원인을 찾아내야 한다. 또한 재고자산수불부 기

**투자적 사고력 키우기 | 회사의 가치와 직결되는 재고관리**

대중은 기발하고 히트를 칠 만한 아이템을 개발한 회사에 투자하고 싶어 한다. 그런데도 핫 제품인 스노보드를 개발하여 스키 대신 겨울 스포츠 시장에서 폭발적인 인기를 끈 회사가 그 여세를 몰아 주식시장에서 공모를 했을 때 모두들 투자를 망설인 적이 있다. 회사의 재고자산에 대한 부실한 내부 통제가 걸림돌이 되었다. 이에 회사는 계속기록법을 도입하고 분기마다 재고 조사를 하여 재고자산수불부의 신뢰성을 높이겠다고 투자가들에게 약속했다.

**계속기록법으로 매일 재고를 파악하면서도 재고 조사를 반드시 수행해야 하는 이유는 무엇인가?**

© Ben Blankenburg/iStockphoto

록에 오류가 있을 수도 있고 고의적인 부정이 존재할 수도 있다. 따라서 계속기록법을 작용한다고 해서 재고 조사가 없는 것이 아니라 적어도 회계연도 말에 한 번은 재고 조사를 해야 한다.

**DO IT! 1 유통업과 재고관리 시스템**

다음 설명이 맞으면 ○, 틀리면 ×로 표시하고 틀린 부분을 바르게 고쳐라.

1. 유통업의 주요 수익원은 서비스를 제공하는 것이다.
2. 서비스업의 영업주기는 보통 유통업보다 짧다.
3. 매출에서 매출원가를 빼면 매출총이익이 된다.
4. 기말 재고에 매입원가를 더하면 판매 가능한 재고의 총원가가 된다.

**해답** 1. ×(서비스 회사의 주요 수익원은 용역을 제공하는 것이다.) 2. ○ 3. ○ 4. ×(기초 재고에 매입원가를 더해야 판매 가능한 재고의 총원가가 된다.)

**학습목표**

계속기록법의 매입회계에 대해 알아본다.

## 계속기록법의 매입회계 _Recording Purchases Under a Perpetual System

상품을 구매할 때 현금 또는 신용(외상)으로 매입하고 회계 기록을 한다. 구매에는 반드시 증빙이 따른다. 현금매입의 경우 지불하여 회수한 수표(canceled check)나 현금영수증으로 구매 사실과 금액을 증명할 수 있다. 회사는 재고의 증가(차변)와 현금의 감소(대변)로 회계 처리를 한다.

외상매입의 경우 **매입송장**(purchase invoice)이 증거 서류가 된다. 이 송장은 판매업자가 물품을 보내고 대금을 보내달라는 청구서로서 물품의 정보와 기타 필요한 정보가 기재되어 있다. 그래서 회사는 판매자가 보낸 송장을 매입 증빙으로 삼는다. 그림 5.6은 Sauk Stereo라는 구입업체가 판매업체인 PW Audio Supply로부터 받은 송장이며, Sauk Stereo는 이를 회계상 구매 증빙으로 사용한다.

역자 한마디

수표는 현금을 지급하는 대신 발행한 일종의 증서로, 공급업자가 은행에 제시하고 발행자의 예금통장에서 돈을 찾아가는 과정에서 은행을 통해 다시 발행자에게 돌아온다.

Sauk Stereo는 외상구매를 했으므로 재고자산을 증가(차변)시키고 매입채무를 증가(대변)시키는 다음의 분개가 필요하다.[1] 사실 까르푸 정도의 큰 기업이라면 재고자산을 수많은 스포츠

1 역자 주: 매입채무는 지급채무 또는 미지급 계정에 속하지만 재고자산의 외상매입을 구분하기 위해 사용한다.

용품, 옷 종류별로 세밀하게 분류하여 회계 기록을 해야 한다.

INVOICE NO. 731

**PW AUDIO SUPPLY**
27 CIRCLE DRIVE
AMSTERDAM, THE NETHERLANDS 1081

판매처
회사명 Sauk Stereo
주무부서 James Hoover, Purchasing Agent
주소 125 Main Street
Oslo Norway 283

| 일자 5/4/20 | 매출 담당자 Malone | 신용 조건 2/10, n/30 | 운반 조건 FOB 출고지 | |
|---|---|---|---|---|
| 카탈로그 번호 | 상품 사양 | 수량 | 가격 | 금액 |
| X572Y9820 | Printed Circuit Board-prototype | 1 | 2,300 | €2,300 |
| A2547Z45 | Production Model Circuits | 5 | 300 | 1,500 |
| 주의: 수령 후 10일 이후에는 반품할 수 없습니다. | | | 계 | €3,800 |

**그림 5.6** Sauk Stereo가 구매 증빙으로 사용하는 송장

HINT
송장 확인 시 주의할 정보
1. 판매자
2. 송장 일자
3. 구매자
4. 매출 담당자
5. 신용 조건
6. 운반 조건
7. 상품 사양: 카탈로그 번호, 종류, 수량, 단가
8. 송장 금액

| 5월 4일 | 재고자산 | 3,800 | |
|---|---|---|---|
| | 매입채무 | | 3,800 |
| | (PW Audio Supply로부터 외상구매) | | |

| A | = | L | + | E |
|---|---|---|---|---|
| +3,800 | | | | |
| | | +3,800 | | |

현금 유출입
없음

그런데 모든 구입이 재고자산으로 처리되지는 않는다. 소모품이나 설비 자산과 같이 자체 사용을 위한 구매도 있다. 통상 재고자산은 유통업의 상품이나 제조업의 원료, 반제품, 제품 등을 의미하므로 자체 사용을 위한 구매는 재고자산 대신 소모품 또는 설비로 회계 처리를 해야 한다.

## 운반비 _Freight Costs

유통업에서 운반비는 상당히 큰 비용이므로 운반비를 누가 부담하는지는 계약상 민감한 사항이다. 운반비를 포함한 보험료, 통관 시 관세 등을 누가 부담할지는 운반 조건에 따라 다르다. 운

반 조건은 FOB(free on board, 인도의 의무를 다함)를 기본으로 CIF, DDP 등 다양한데, 여기서는 FOB를 중심으로 설명한다.[2]

운반 조건에는 기본적으로 FOB 출고지와 FOB 도착지가 있다. **FOB 출고지**(FOB shipping point)는 FOB가 출고지라는 의미이다. 다시 말해 판매자의 물품 인도 의무가 판매자가 정한 출고지에서 해제되므로 구매자가 판매자의 장소까지 와서 물품을 가져가야 한다. 따라서 구매자가 운반비를 부담하게 된다. **FOB 도착지**(FOB destination)는 판매자가 목적지에서 물품 인도 의무를 이행하기 때문에 구매자가 지정한 장소에 판매자가 물품을 가져다 놓아야 한다. 즉 판매자가 운반비를 부담하게 된다. 그림 5.6의 송장은 FOB 출고지이므로 구매자인 Sauk Stereo가 운반비를 부담한다. 그림 5.7을 보면 운반 조건에 대해 쉽게 이해할 수 있을 것이다.

**그림 5.7** 운반 조건

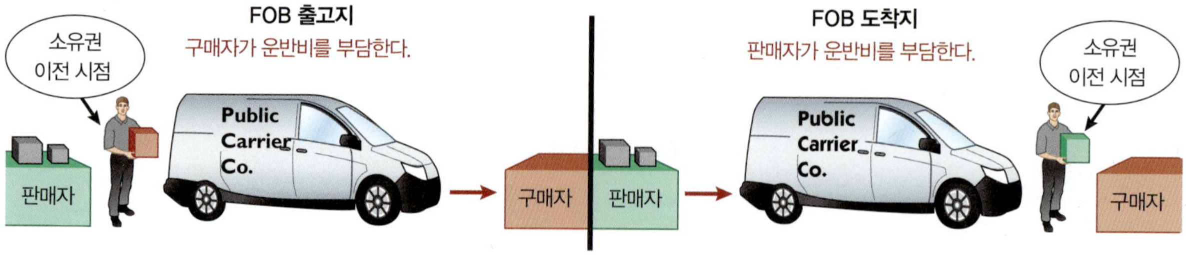


### 구매자가 운반비를 부담하는 경우 _Freight Costs Incurred by the Buyer

구매자가 지급한 운반비는 재고자산 취득원가의 일부로 본다. 회계기준상 취득에 소요되는 모든 원가를 취득원가에 포함하도록 정했기 때문이다. Sauk Stereo는 5월 6일 운반업체인 Acme Freight에 운반비 €150를 지급했다면 재고를 증가시키고 현금을 줄이는 다음과 같은 분개를 해야 한다.

A = L + E
+150
–150
현금 유출
–150

| 5월 6일 | 재고자산<br>현금<br>(매입으로 운반비 지급) | 150 | <br>150 |
|---|---|---|---|

### 판매자가 운반비를 부담하는 경우 _Freight Costs Incurred by the Seller

판매자가 지급한 운반비는 영업비용이 된다. 만약 PW Auto Supply가 운반비를 부담하는 것이 판매 조건이라면 다음과 같이 분개해야 한다.

A = L + E
–150 비용
–150
현금 유출
–150

| 5월 4일 | 매출운반비<br>현금<br>(판매를 위한 운반비 지급) | 150 | <br>150 |
|---|---|---|---|

2 역자 주: FOB는 판매자가 물품 인도라는 계약상 이행 책임을 다하여 법적 의무로부터 자유로워지는 시점을 의미한다. 이는 소유권을 이전하는 동시에 반대급부로 대금을 청구할 수 있는 권리를 획득하는 시점이기도 하다.

그런데 판매자가 운반비를 부담하는 경우에는 상품의 가격이 올라가게 마련이다.

## 매입환출과 매입에누리 _Purchase Returns and Allowances

수량 부족, 품질 불량, 파손 등의 물품 하자 또는 주문과 다른 상품 배달 등으로 구매자가 반품을 원하는 경우가 있는데 이를 **매입환출**(purchase return)이라고 한다. 그런데 이미 배달되었으니 반품하기보다는 가격을 깎아주기를 원하기도 하는데 이를 **매입에누리**(purchase allowance)라고 한다. 이러한 일이 발생하면 매입환출이건 매입에누리이건 재고자산의 취득원가를 줄이는 분개를 해야 한다. 재고를 감소시키고 현금거래였으면 돌려받은 현금을, 외상거래였으면 매입채무를 줄인다. 만약 Sauk Stereo가 5월 8일에 상품 하자로 PW Audio Supply에 €300만큼 반품했다면 다음과 같이 분개해야 한다.

| 날짜 | 계정 | 차변 | 대변 |
|---|---|---|---|
| 5월 8일 | 매입채무 | 300 | |
| | 재고자산 | | 300 |
| | (PW Audio Supply에 반품 처리) | | |

| A | = | L | + | E |
|---|---|---|---|---|
| | | −300 | | |
| −300 | | | | |

현금 유출입
없음

반품 대신 €50만큼 에누리를 해달라고 했다면, 즉 값을 깎아달라고 했다면 신용거래의 경우 €50만큼 매입채무와 재고자산을 줄인다.

## 매입할인 _Purchase Discounts

신용거래의 경우 언제까지 물품 대금을 현금으로 갚기로 상호 간에 확실히 기간을 정해야 한다. 판매자는 매출채권에서 현금이 조기에 회수되기를 바라기 때문에 구매자의 조기 지급을 유도하려면 약간의 인센티브가 필요한데, 이러한 것을 정한 계약을 **신용 조건**(credit terms)이라고 한다. 예를 들어 신용 계약에 '2/10, n/30'이라고 적혀 있으면 늦어도 판매 후 30일 이내에 갚아야 하되, 10일(할인 기간) 이내에 갚으면 2% 할인을 해준다는 의미이다. '2/10, n/30'은 '2, 10, 네트 30'으로 읽으며, n은 net의 약자이다.

HINT
'net 30'에서 net는 매입채무에서 매출환입과 에누리 및 일부 지급액이 있다면 이를 공제한 순지급채무를 뜻한다. 따라서 'net 30'은 그 돈을 30일 이내 갚으라는 의미이다.

1/10 EOM(end of month)이라고 쓰는 경우도 있다. 이는 판매한 달의 다음 달까지 갚되, 다음 달의 10일 이내에 갚으면 1% 할인을 해준다는 의미이다. 할인 정책은 선택적이다. 그냥 만기일만 정하고 싶으면 n/30, n/60, n/10 EOM이라고 적는다. 이는 할인 없이 판매 후 30일 이내, 60일 이내, 판매일이 속한 달의 다음 달 10일 이내에 상환하라는 의미이다.

어쨌든 **매입할인**(purchase discount)도 취득원가를 줄이는 거래이므로 재고자산을 감소시키는 분개를 해야 한다. 예를 들어 Sauk Stereo가 €3,800의 매입채무에서 상품 하자로 €300를 에누리 받아 €3,500의 지급채무가 있다고 하자. 만약 신용 조건이 2/10, n/30일 때 10일 이내인 5월 14일에 조기 상환했다면 €70(€3,500 × 2%)의 매입할인을 받아 실제 현금 지급액은 €3,430가 된다. 이때 Sauk Stereo가 해야 할 분개는 다음과 같다.

| 날짜 | 계정 | 차변 | 대변 |
|---|---|---|---|
| 5월 14일 | 매입채무 | 3,500 | |
| | 현금 | | 3,430 |
| | 재고자산 | | 70 |
| | (할인 기간 내 매입채무 지급) | | |

| A | = | L | + | E |
|---|---|---|---|---|
| | | −3,500 | | |
| −3,430 | | | | |
| −70 | | | | |

현금 유출
−3,430

| A | = | L | + | E |
|---|---|---|---|---|
| | | −3,500 | | |
| −3,500 | | | | |

현금 유출
−3,500

만약 매입할인을 원하지 않아 6월 3일에 €3500를 지급한 경우의 분개는 다음과 같다.

| | | | |
|---|---|---|---|
| 6월 3일 | 매입채무 | 3,500 | |
| | 현금 | | 3,500 |
| | (매입할인 없이 매입채무 지급) | | |

구매자가 매입할인을 받을 것인지 결정할 때는 할인율을 염두에 둔다. 2/10, n/30의 경우 30일이 되는 날에 대금을 갚는다면 20일간 자금을 더 사용하고 2%의 할인을 포기하는 것이니 1년 단위로 환산하면 36.5%(2% × 365/20)의 이자율을 포기하는 셈이다. 은행의 차입 이자율이 6~10%라면 20일간 은행에서 차입하여 조기에 갚는 것이 훨씬 이득인데, 이는 구매자의 제반 여건에 따른 판단과 선택 사항이다.

한편 매입환출과 에누리, 매입할인을 평소에 별도의 대변 계정으로 처리하는 것은 자유이다. 다만 수익으로서의 정의에 부합하지 않고 비용의 차감 계정이므로 결국에는 재고자산의 취득원가를 줄이는 방식으로 정리하고 표시해야 한다. 즉 수익이 아닌 마이너스 비용 계정이라고 보아야 한다.

## 매입거래 요약 · 정리 _Summary of Purchasing Transactions

지금까지 설명한 내용을 Sauk Stereo의 경우를 예로 들어 다음과 같이 T 계정으로 정리할 수 있다. Sauk Stereo는 €3,800의 상품을 구매하고 €300만큼 반품했으며, 운반비로 €150를 지불하고 매입할인으로 €70를 공제받았는데, 모두 재고자산의 취득원가를 결정하는 항목이므로 재고자산에 반영한다.

| | 재고자산 | | | | |
|---|---|---|---|---|---|
| 매입 | 5월 4일 | 3,800 | 5월 8일 | 300 | 매입환출 |
| 매입운반비 | 6일 | 150 | 14일 | 70 | 매입할인 |
| 금액 | | 3,580 | | | |

### DO IT! 2 매입거래

9월 5일, Zhu Company는 Gao Company로부터 ¥15,000의 상품을 구입했으며 Gao Company의 취득원가는 ¥8,000이다. 이후 9월 8일, Zhu Company는 불량이 있다는 이유로 ¥2,000만큼을 반품했다. Zhu Company의 분개를 하라.

**해답**

| | | | |
|---|---|---|---|
| 9월 5일 | 재고자산 | 15,000 | |
| | 매입채무 | | 15,000 |
| | (외상으로 매입) | | |
| 8일 | 매입채무 | 2,000 | |
| | 재고자산 | | 2,000 |
| | (불량품 반품) | | |

## 계속기록법의 매출회계 _Recording Sales Under a Perpetual System

**학습목표**

계속기록법의 매출회계에 대해 알아본다.

수익 인식의 원칙에 따르면 수익은 판매자로서의 이행 의무를 다했을 때 인식한다. 이 시점은 일반적으로 물품이 판매자의 책임 영역에서 외부로 출고되는 때이다. 물품 인도 의무를 다했으니 대금을 청구할 수 있는 권리가 생기고 가격도 확정된다. 판매는 현금 또는 신용(외상)으로 이루어진다. 현금판매일 때는 현금영수증이 증빙이 되고, 외상판매일 때는 그림 5.6과 같은 **매출 송장**(sales invoice)이 증빙이 된다. 업계에서 인보이스라고도 부르는 송장은 물품을 인도했다는 의미일 뿐만 아니라 인도했으니 대금을 지급하라는 청구서 역할도 한다. 인보이스는 여러 부 만들어 한 부는 구매자에게 보내고 복사본은 판매자가 판매 증빙 서류로 보관한다. 인보이스에는 판매 일자, 거래처 상호, 단가, 수량, 총 판매 금액 등 다양한 정보가 담겨 있다.

계속기록법하에서의 판매자는 거래마다 두 가지 분개를 해야 한다. 첫 번째는 판매 기록으로, 매출채권이나 현금의 증가(차변)와 함께 자본의 증가인 매출수익의 대변에 판매 금액을 기록한다. 두 번째는 재고가 유출되었으니 재고자산의 감소이다. 자본 감소 항목인 비용, 즉 매출원가를 인식하는 동시에 재고자산을 감소시킨다. 이로써 재고자산 계정은 항상 보유하고 있는 재고자산의 금액을 표시한다. 그림 5.6과 같은 거래가 이루어졌을 때 판매자인 PW Audio Supply는 다음과 같이 분개한다.

**역자 한마디**

계속기록법하에서는 보유한 재고자산의 수량 감소가 즉각 재고자산수불부에 반영된다. 재고자산수불부는 보유 재고, 입고, 출고를 기록하는 관리 장부로 총계정원장상 재고자산의 차변과 대변의 금액과 일치하며, 금액 외에도 수량에 관한 정보가 담겨 있다.

| | | | |
|---|---|---|---|
| 5월 4일 | 매출채권 | 3,800 | |
| | 매출 | | 3,800 |
| | (Sauk Stereo에 판매, 인보이스 #731 참조) | | |
| 4일 | 매출원가 | 2,400 | |
| | 재고자산 | | 2,400 |
| | (Sauk Stereo에 상품 인도, 인보이스 #731 참조) | | |

A = L + E
+3,800
+3,800 수익
현금 유출입
없음

A = L + E
−2,400 비용
−2,400
현금 유출입
없음

판매를 기록하는 매출 계정은 세분할수록 좋다. 총계정원장에 여러 계정을 두어도 되고, 계정을 하나로 하되 매출장이라는 별도의 보조부를 두어도 무방하다. 매출 계정을 세분하면 상품별 판매 실적이나 고객의 선호도 등을 자세히 파악할 수 있다. PW Audio Supply의 경우 TV와 블루레이 플레이어의 매출을 구분하면 TV 판매 실적이 호조를 보일 때 블루레이 플레이어가 열세인지 여부를 파악하여 광고 전략이나 가격 정책에 반영할 수 있다. 까르푸의 경우 스포츠 용품, 아동복, 신발 등 훨씬 정밀하게 매출 계정을 세분해야 할 것이다. 그런데 이는 경영자를 위한 관리회계 영역에 더 가깝다.

재무회계의 목적상 기업은 손익계산서를 공시할 때 매출 계정을 하나로 하고 총액으로 보고한다. 이유는 두 가지이다. 첫 번째 이유는 손익계산서가 길어져서 양식이 간결하지 않다는 것인데, 이는 핑계이고 귀찮다는 의미로 읽힌다. 두 번째 이유는 경쟁자가 알아서 좋을 것이 없기 때문이다. 그럼에도 불구하고 마이크로소프트(Microsoft, 미국)는 손익계산서의 매출 계정을 어느 날 5개 정도로 구분하여 공시하기 시작했는데, 투자가가 기업의 성장을 이해하는 데 도움을 주기 위함이라고 그 취지를 밝힌 바 있다.

**부정 사례[3]**

홀리 하먼은 미국 유명 슈퍼마켓의 계산원으로 취직하자마자 슈퍼마켓의 물건을 빼돌리기 시작했다. 그녀는 세 가지 방법을 이용했다. 첫 번째는 남편과 친구를 시켜 비싼 상품에 저렴한 상품의 바코드 라벨을 바꿔 붙인 후 그녀가 맡은 계산대에서 스캔할 때 상품을 확인하지 않고 통과시키는 방식이었다. 두 번째는 상품을 계산대에서 스캔한 후 즉시 취소 처리하고 상품을 반납하지 않은 채 그대로 카트에 실어 유유히 나가는 방식이었다. 세 번째 방법은 더 대담했다. 큰 플라스틱 가방에 상품을 잔뜩 담고 계산대에서 가방만 스캔했다. 홀리의 절도 행각은 허점이 많았음에도 불구하고 그녀가 슈퍼마켓을 그만둔 뒤 CCTV를 돌려보고 나서야 발각되었다.

**절도액: $12,000**

**내부 통제의 흠결**

**이력 관리:** 홀리를 고용하기 전에 전과 기록을 조회했다면 절대 계산원으로 뽑지 않았을 것이다.

**물리적 통제:** 계산대를 통과하는 상품을 찍는 감시 카메라를 두어 스캔 내역과 무작위로 비교하거나 취소 거래와 낮은 가격 거래가 비정상적으로 많은 이유를 분석하는 등 적절한 시스템으로 입출고를 관리했다면 홀리의 절도 행각은 일찌감치 들통이 났을 것이다.

출처: Wells, *Fraud Casebook* (2007), pp. 251–259.

## 매출환입과 매출에누리 _Sales Returns and Allowances

매입환출과 매입에누리를 반대 입장에서 보면 **매출환입**(sales return)과 **매출에누리**(sales allowances)가 된다. 다시 말해 구매자가 반품을 하거나 에누리를 받으면 판매자 입장에서는 반품을 받거나 매출에누리를 해주게 된다. 따라서 판매자인 PW Audio Supply는 두 가지 반품 회계 처리를 해야 한다. 먼저 '매출환입과 에누리'라는 매출 계정의 차감 계정을 만들어 증가(차변)로 기록하고 매출채권을 감소(대변)시킨 다음, 반품으로 입고된 재고자산의 원가(€140라고 가정)만큼 재고자산의 증가(차변)로 처리하고 매출원가를 동액만큼 감소(대변)시킨다.

| A | = | L | + | E |
|---|---|---|---|---|
| | | | | −300 수익 |
| −300 | | | | |

현금 유출입
없음

| 날짜 | 계정 | 차변 | 대변 |
|---|---|---|---|
| 5월 8일 | 매출환입과 에누리 | 300 | |
| | 매출채권 | | 300 |
| | (Sauk Stereo로부터의 반품 처리) | | |

| A | = | L | + | E |
|---|---|---|---|---|
| +140 | | | | |
| | | | | +140 비용 |

현금 유출입
없음

| 날짜 | 계정 | 차변 | 대변 |
|---|---|---|---|
| 8일 | 재고자산 | 140 | |
| | 매출원가 | | 140 |
| | (반품 입고) | | |

Sauk Stereo가 반품한 재고의 하자가 명백하다면 손상에 대한 회계 처리도 필요하다. 만약 반품되는 공정가치가 €50라면 PW Audio Supply는 재고자산에 €50 증가, 매출원가에 €50 감소로 처리해야 한다. 종래는 재고자산 평가 손실의 별도 계정을 두어 판매비로 처리하자는 주장도 있었으나 재고의 손상이 정상적인 하자 범위(흔히 있는) 내라면 매출원가에 포함하는 것이 합리적이라는 주장이 대세이다. 만약 반품하지 않고 가격만 깎아준다면 재고자산과 매출원가의 분개 없이 매출채권을 차감하고 매출환입과 에누리로 깎아준 금액만큼 인식하는 분개를 해야 한다.

---

3 조지프 웰스(Joseph T. Wells)가 쓴 《Fraud Casebook: Lessons from the Bad Side of Business》(Hoboken, NJ: John Wiley & Sons, Inc., 2007)에서 옮겨 온 것으로, 가명을 사용했으나 내용은 사실이다(저자의 허락을 받음).

### 조직의 회계 | 잘못된 유통업의 회계에 경종을 울리다

유통업의 회계, 즉 상업 회계는 대체로 간단하다. 그런데 보기보다 단순하지 않은 경우도 있다. 최근 영국의 대형 유통업체인 테스코는 3년 동안 £2억 6,300만이나 이익을 과대계상하여 사회적 물의를 일으킨 적이 있다. 테스코는 그동안 상품 광고를 하는 비용을 생산자에게 부담시키면서 광고를 하기 1년 전에 미리 현금을 받았다. 이 돈은 부채로 계상되었다가 다음 해에 부채를 제거하면서 광고비로 사용해야 함에도 테스코는 부채 대신 이익에 반영했다. 일반적인 시각에서 보면 대수롭지 않은 일처럼 보인다. 현금을 받은 것이 사실이고 이익에 공헌한 것도 맞다. 그저 광고비를 줄여 회계상 이익을 1년 정도 앞당겨 인식한 것뿐이다.

그러나 이 문제로 테스코의 회장이 사임하고 외부 회계 감사를 맡은 회계법인이 조사를 받았다. 이 사건은 테스코의 명성에 큰 흠집을 냈다.

출처: Jenny Anderson, "Tesco Chairman to Step Down as Overstatement of Profit Grows," *The New York Times Online* (October 23, 2014).

© Julius Kielaitis/Shutterstock

**투자가는 왜 이러한 유형의 오류에 민감한가? 회사는 투자가의 우려를 해결하기 위해 어떤 조치를 취했는가?**

매출환입과 에누리는 통상적인 금액이 차변에 나타나는(따라서 차변 계정이라고 함) 계정으로서 **매출 차감 항목**(contra revenue account)이다. 따라서 손익계산서상에서는 서로 상계하여 매출을 순액으로 표시해야 한다. 그러나 매출환입과 에누리를 별도의 계정으로 처리하고 매출과 구분하여 매출 총액의 차감항목으로 표시할 수도 있다. 매출을 총액으로 표시하느냐, 순액으로 표시하느냐는 간단치 않은 경영자의 중요한 의사결정 사항이다. 매출할인과 에누리가 많다는 것은 회사의 부정적인 이미지를 조성한다. 이는 상품에 하자가 많거나, 고객에게 보내는 청구서나 세금계산서에 오류가 많거나, 배달 과정이 깔끔하지 않다는 것을 의미하기 때문이다. 따라서 일반적으로 회사는 순액 표시를 선호하는데, 이로 인해 매출환입과 에누리 계정을 직원들이 대수롭지 않게 여기거나 회계기간별 매출액의 단순 비교를 무의미하게 만들기도 하는 단점이 있다.

한편 판매한 물품의 상당 부분이 반품될 것으로 예측된다면 회계기간 말에 매출환입과 에누리를 추정하여 매출을 차감하는 수정 분개를 해야 한다. 예를 들어 책이나 출판물 판매의 경우 반품이 많은데, 예고되는 반품을 매출로 인식할 수는 없다. 반품된 재고자산 평가 등의 회계 처리는 고급 회계 분야라 자세한 설명을 생략한다.

역자 한마디

어떤 산업은 특성상 고객이 테스트해보고 구입을 결정하기도 하는데, 이러한 경우에는 반품이 많기 때문에 애초에 매출을 인식하지 않고 판매가 확정될 때까지 기다려야 한다.

## 매출할인 _Sales Discounts

매입할인은 판매자의 입장에서는 **매출할인**(sales discount)이다. 예를 들어 PW Audio Supply는 5월 14일에 Sauk Stereo에 제공한 매출할인의 분개를 다음과 같이 해야 한다.

| | | | |
|---|---|---|---|
| 5월 14일 | 현금 | 3,430 | |
| | 매출할인 | 70 | |
| | 매출채권 | | 3,500 |
| | (Sauk Stereo에 제공한 2/10, n/30의 매출할인 기록) | | |

| A | = | L | + | E |
|---|---|---|---|---|
| +3,430 | | | | −70 매출 |
| −3,500 | | | | |

현금 유입
+3,430

매출환입과 에누리와 마찬가지로 매출할인도 매출의 차감 항목이고 차변 계정이다.[4] 그러나 PW Audio Supply는 매출에서 직접 차감하지 않고 별도의 계정으로 하되 손익계산서에는 매

4 역자 주: 대금 회수 과정에서 발생하기 때문에 매출할인을 판매비용이나 금융비용의 일종으로 보는 시각도 있으나 매출의 차감 항목으로 의견이 모아졌다.

출에서 차감하는 형식으로 표시하기로 했다. 만약 구매자인 Sauk Stereo가 매입할인을 포기했다면 PW Audio Supply는 대금 회수 시 현금을 €3,500 증가(차변)시키고 매출채권의 대변을 동액만큼 감소시켜야 한다.

결산기 말에 매출할인이 중요한 금액으로 이루어질 것으로 예상되면 매출할인을 추산하여 매출에서 차감하는 수정 분개를 해야 한다. 이에 대한 자세한 내용과 수량할인 등은 고급 회계에서 다루는 것이므로 설명을 생략한다.

지금까지의 설명을 T 계정으로 정리하면 다음과 같다.

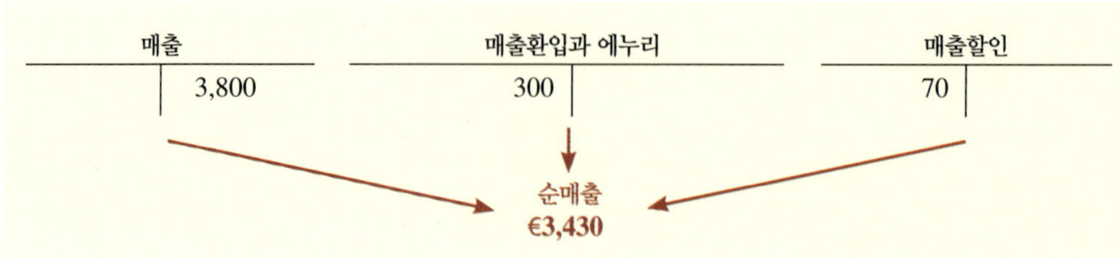


### DO IT! 3 매출거래

9월 5일, Gao Company는 ¥8,000에 구입한 상품을 Zhu Company에 ¥15,000을 받기로 하고 외상으로 판매했다. 그런데 9월 8일, Zhu Company는 상품에 하자가 있다면서 ¥2,000만큼 반품했다. 반품된 상품의 공정가치는 ¥300이다. Gao Company의 반품 처리 분개를 하라.

**해답**

| 일자 | 계정 | 차변 | 대변 |
|---|---|---|---|
| 9월 5일 | 매출채권 | 15,000 | |
| | 매출 | | 15,000 |
| | (외상판매 기록) | | |
| 5일 | 매출원가 | 8,000 | |
| | 재고자산 | | 8,000 |
| | (신용거래의 매출원가 기록) | | |
| 8일 | 매출환입과 에누리 | 2,000 | |
| | 매출채권 | | 2,000 |
| | (반품 인식) | | |
| 8일 | 재고자산 | 300 | |
| | 매출원가 | | 300 |
| | (반품을 공정가치로 인식) | | |

**학습목표**
유통업의 회계순환 과정을 이해한다.

## 유통업의 회계순환 _The Accounting Cycle for a Merchandising Company

지금까지는 계속기록법하에 상품을 사고파는 거래의 분개를 배웠다. 이제 4장에서 다루었던 수정 분개와 결산 분개 등 회계순환의 과정이 유통업 회계에서 어떻게 이루어지는지 살펴보자. 회계순환은 결산을 위해 계정을 마감하는 작업이다. 이 장의 부록 5A에서는 결산을 위한 정산표 사용법을 소개했으니 참조하기 바란다.

## 수정 분개 _Adjusting Entries

유통업의 수정 분개도 서비스업의 수정 분개와 다를 바가 없다. 다만 유통업에는 재고자산이 있다 보니 계속기록법하의 장부상 재고와 실제 재고가 일치하는지 확인하고 틀리면 이를 수정하는 절차가 필요하다. 이를 위해 실제 재고를 확인하는 것을 재고 조사라고 한다. 수량에 차이가 나는 이유는 기록상 오류, 절도와 낭비, 감손, 소멸 등 다양한데, 책임 소재와는 별개로 회계는 실제와 맞아야 하므로 일치시키는 분개가 필요하고, 차이 조정은 매출원가에서 한다는 것을 주의하기 바란다. 가령 PW Audio Supply의 재고자산수불부상 금액은 €40,500인데 재고 조사 결과 12월 31일 자 재고가 €40,000라면 다음과 같은 수정 분개를 해야 한다.

| 12월 31일 | 매출원가<br>재고자산(€40,500 − €40,000)<br>(재고자산을 재고 조사와 일치시킴) | 500 | <br>500 |
|---|---|---|---|

| A | = | L | + | E |
|---|---|---|---|---|
| −500 | | | | |
| | | | | −500 비용 |

현금 유출입
없음

## 결산 분개 _Closing Entries

유통업의 결산 과정도 서비스업과 마찬가지로 집합손익 계정에 수익과 비용을 모두 이체하는 것으로 시작한다. 다음은 PW Audio Supply의 결산 분개이다. 매출원가도 비용 계정이며 집합손익으로 이체된다. 집합손익에서 산출된 손익은 이익잉여금으로 이체된다.

HINT
쉬운 방법은 일시적 계정인 손익 계정을 차대변에 위치한 금액을 기준으로 수익과 비용으로 구분한 뒤 두 번에 걸쳐 집합손익 계정으로 대체하여 정리하는 것이다.

| 날짜 | 계정 | 차변 | 대변 |
|---|---|---|---|
| 12월 31일 | 매출 | 480,000 | |
| | 집합손익 | | 480,000 |
| | (수익을 집합손익으로 대체) | | |
| 31일 | 집합손익 | 450,000 | |
| | 매출원가 | | 316,000 |
| | 급여 | | 64,000 |
| | 수도광열비 | | 17,000 |
| | 광고비 | | 16,000 |
| | 매출환입과 에누리 | | 12,000 |
| | 매출할인 | | 8,000 |
| | 감가상각비 | | 8,000 |
| | 운반비 | | 7,000 |
| | 보험료 | | 2,000 |
| | (비용을 집합손익으로 대체) | | |
| 31일 | 집합손익 | 30,000 | |
| | 이익잉여금 | | 30,000 |
| | (손익을 이익잉여금으로 대체) | | |
| 31일 | 이익잉여금 | 15,000 | |
| | 배당금 | | 15,000 |
| | (배당금을 이익잉여금으로 대체) | | |

PW Audio Supply가 결산 분개를 하고 나면 모든 일시적 계정은 금액이 0이 되고 손익을 넘겨받은 이익잉여금은 차후 연도로 넘어간다.

## 유통업 회계 요약 · 정리 _Summary of Merchandising Entries

지금까지 설명한 계속기록법하에 유통업 회계의 전형적인 분개를 그림 5.8에 정리했다.

**그림 5.8** 일상적 거래의 분개와 수정 분개, 결산 분개

| | 거래 | 분개 | 차변 | 대변 |
|---|---|---|---|---|
| 매출거래 | 고객에 판매 | 현금 또는 매출채권 | XX | |
| | | 매출 | | XX |
| | | 매출원가 | XX | |
| | | 재고자산 | | XX |
| | 반품과 매출에누리 | 매출환입과 에누리 | XX | |
| | | 현금 또는 매출채권 | | XX |
| | | 재고자산 | XX | |
| | | 매출원가 | | XX |
| | 운반 조건에 따른 운반비 지급 | 운반비 | XX | |
| | | 현금 | | XX |
| | 매출채권 회수 및 매출할인 | 현금 | XX | |
| | | 매출할인 | XX | |
| | | 매출채권 | | XX |
| 매입거래 | 매입거래상품 구입 | 재고자산 | XX | |
| | | 현금 또는 매출채권 | | XX |
| | 운반 조건에 따른 운반비 지급 | 재고자산 | XX | |
| | | 현금 | | XX |
| | 반품과 매입에누리 | 현금 또는 매출채권 | XX | |
| | | 재고자산 | | XX |
| | 매입채무 지급 | 매입채무 | XX | |
| | | 재고자산 | | XX |
| | | 현금 | | XX |

| 사건 | 수정 및 결산 분개 | 차변 | 대변 |
|---|---|---|---|
| 재고자산수불부상 재고가 실제 재고보다 많을 때 | 매출원가 | XX | |
| | 재고자산 | | XX |
| 수익의 일시적 계정 마감 | 매출 | XX | |
| | 집합손익 | | XX |
| 비용의 일시적 계정 마감 | 집합손익 | XX | |
| | 매출환입과 에누리 | | XX |
| | 매출할인 | | XX |
| | 매출원가 | | XX |
| | 운반비 | | XX |
| | 기타 비용 | | XX |

**DO IT! 4 결산 분개**

Celine's Sports Wear Shop의 12월 31일 자 시산표에는 재고자산 €25,000, 매출 €162,400, 매출환입과 에누리 €4,800, 매출할인 €3,600, 매출원가 €110,000, 임대료 수입 €6,000, 매출운반비 €1,800, 임차료 €8,800, 급여 €22,000가 있다. 결산 분개를 하라.

**해답** 수익과 비용을 정리하기 위한 2개의 분개는 다음과 같다.

| 날짜 | 계정 | 차변 | 대변 |
|---|---|---|---|
| 12월 31일 | 매출액 | 162,400 | |
| | 임대료 수입 | 6,000 | |
| | 집합손익 | | 168,400 |
| | (수익 계정을 집합손익으로 대체) | | |
| 31일 | 집합손익 | 151,000 | |
| | 매출원가 | | 110,000 |
| | 매출환입과 에누리 | | 4,800 |
| | 매출할인 | | 3,600 |
| | 매출운반비 | | 1,800 |
| | 임차료 | | 8,800 |
| | 급여 | | 22,000 |
| | (비용 계정을 집합손익으로 대체) | | |

## 유통업 회계의 재무제표 _Financial Statements for a Merchandiser

**학습목표**
유통업 회계의 재무제표를 작성한다.

유통업 회계의 재무상태표는 4장에서 살펴본 서비스업체의 재무상태표와 별반 다르지 않으니 손익계산서를 중점적으로 설명한다.

### 손익계산서 _Income Statement

손익계산서는 기업의 경영 성과를 보여주는 재무제표로, 각 사업의 성격과 구조에 따라 여러 수익과 비용 계정이 등장하여 다양한 모습을 띤다.

#### 손익계산서상 매출 표시 _Income Statement Presentation of Sales

손익계산서의 맨 위에는 매출액이 있고 매출환입과 에누리, 매출할인의 차감 항목에 이어 **순매출액**(net sales)이 산출된다. 그림 5.9는 PW Audio Supply의 매출 표시 방식을 보여준다.

**그림 5.9** 순매출의 표기

**PW Audio Supply**
**손익계산서(일부 발췌)**

| | | |
|---|---|---|
| **매출** | | |
| 매출액 | | €480,000 |
| 차감: 매출환입과 에누리 | €12,000 | |
| 매출할인 | 8,000 | 20,000 |
| **순매출액** | | **€460,000** |

매출 표시 방식과 상세함 정도에 따라 수익 창출의 핵심 내용을 알 수 있다.

### 매출총이익 _Gross Profit

그림 5.1에서 보았듯이 **매출총이익**(gross profit, gross margin)은 매출에서 매출원가를 공제한 금액이다. 그림 5.9에서 PW Audio Supply의 순매출액(총매출에서 매출환입과 에누리, 매출할인 차감)은 €460,000이다. 계속기록법에서 유지하고 있는 재고자산수불부상 매출원가가 €316,000라고 가정하면 PW Audio Supply의 매출총이익은 €144,000이다(그림 5.10 참조).

**그림 5.10** 매출총이익의 계산과 표시

| | |
|---|---|
| 순매출액 | €460,000 |
| 매출원가 | 316,000 |
| 매출총이익 | €144,000 |

회사의 매출총이익을 순매출액으로 나누어 얻은 백분율을 **매출총이익률**(gross profit rate)이라고 한다. PW Audio Supply의 매출총이익률은 31.3%이다(그림 5.11 참조).

**그림 5.11** 매출총이익률의 공식과 계산

| 매출총이익 | ÷ | 순매출액 | = | 매출총이익률 |
|---|---|---|---|---|
| €144,000 | ÷ | €460,000 | = | 31.3% |

매출총이익률은 매출의 수익성을 알려주는 정보이므로 절대 금액인 매출총이익보다 더 중요하다. 예컨대 매출총이익을 €1,000,000 달성했다고 하자. 일단 상당히 고무적이다. 그러나 매출총이익률이 동종업계 평균인 20%에 턱없이 부족한 7%라면 오히려 절망적이다. 즉 매출총이익률은 매출액 중 얼마가 회사의 이익으로 남는지를 알려주는 고급 정보이다.

한편 매출총이익은 회사 전체의 이익이 아니라 상품 판매에서 나오는 이익이다. 매출총이익에서 영업비용을 빼야 그 상품에 대한 진정한 부가가치인 영업이익이 산출된다. 그러나 경영자는 영업이익 못지않게 매출총이익의 향방을 예의 주시한다. 연도별 추이에 따라 회사의 성장세를 짐작할 수도 있고, 경쟁자나 해당 산업 전체 평균과 비교하여 경영 성과를 판단할 수도 있다. 또한 매출총이익은 회사의 구매 정책과 가격 정책의 개선점이나 나아갈 방향을 시사한다.

### 영업비용 _Operating Expenses

**영업비용**(operating expenses)은 손익계산서상 매출총이익 다음에 등장하는 항목으로, 매출하는 과정에서 발생한 비용을 말한다.[5] 영업비용 또는 판매관리비는 서비스 회사와 크게 다를 바가 없다. PW Audio Supply의 경우 판매관리비가 €114,000이며, 여기에는 급여, 수도광열비, 광고비, 감가상각비, 운반비, 보험료 등이 포함된다(그림 5.12 참조).

5 역자 주: 우리나라에서는 영업비용을 판매관리비라고 하니 이 책에서는 두 가지 용어를 혼용하겠다.

**그림 5.12** 판매관리비

| 판매관리비 | |
|---|---|
| 급여 | € 64,000 |
| 수도광열비 | 17,000 |
| 광고비 | 16,000 |
| 감가상각비 | 8,000 |
| 운반비 | 7,000 |
| 보험료 | 2,000 |
| 판매관리비 계 | €114,000 |

손익계산서에 판매관리비를 표시하는 방식으로 IFRS는 두 가지 선택지를 제시하고 있다. 첫 번째는 비용의 성격(nature)별로 구분하여 공시하는 방식으로, 그림 5.12와 같이 많은 비용을 상세하게 구체적으로 표시한다. 두 번째는 비용의 기능(function)별로 구분하여 표시하는 방식이다. 그림 5.12의 비용은 모두 영업 기능을 위해 발생한 것이므로 영업비용 또는 판매관리비 €114,000라는 한 줄 총액으로 나타낼 수가 있다. 다만 이 경우 상세한 성격별로 계정을 구분하여 별도의 주석으로 표시해야 한다. 한편 매출총이익에서 판매관리비를 공제한 이익을 영업이익(operating income)이라고 한다.

## 영업외 수익과 비용 _Other Income and Expense

영업외 수익과 비용은 회사의 주 영업 과정 외에서 벌어들이거나 소요되는 경제적 가치를 말한다. 그림 5.13에 그 내역을 정리했다.

**그림 5.13** 영업외 수익과 비용의 종류

| 영업외 수익 | 영업외 비용 |
|---|---|
| 이자수익: 받을어음과 채권 투자 등의 이자 | 재해손실: 사고 등으로 발생한 재산상 손해 |
| 배당금: 주식 투자로 얻는 이익 배부 | 처분손실: 유형자산 처분에서 발생한 손해 |
| 임대료: 영업장소의 일부를 임대하여 받은 대가 | 노동쟁의손실: 노사 분규로 인한 손해 |
| 처분이익: 유형자산 처분에서 얻은 차익 | |

**역자 한마디**

영업외 수익의 전형적인 예는 이자비용인데, 매우 중요하여 별도의 항목으로 표시한다.

영업외 수익과 비용은 영업이익 다음에 가감하여 표시한다. 그림 5.14는 PW Audio Supply의 경우를 보여준다.

## 이자비용 _Interest Expense

자금을 빌리는 등 금융을 하면 반드시 지급이자가 발생한다. 지급이자의 금액이 커서 중요하다고 판단되면 손익계산서에 영업외 비용과 별도 항목으로 표시한다.[6] 그림 5.14는 PW Audio Supply가 지급이자 €1,800를 어떻게 손익계산서에 표시하는지를 보여준다.

6 역자 주: 이자는 영업외 수익과 비용의 중요 부분을 차지하는데, 최근에는 금융 활동이 복잡다기(複雜多岐)하기 때문에 이자라는 용어로는 부족하다 하여 금융수익, 금융비용으로 표현하기도 한다.

그림 5.14 손익계산서

| PW Audio Supply<br>손익계산서<br>2020년 1월 1일부터 2020년 12월 31일까지 | | |
|---|---|---|
| **매출** | | |
| 총매출액 | | €480,000 |
| 차감: 매출환입과 에누리 | €12,000 | |
| 매출할인 | 8,000 | 20,000 |
| 순매출액 | | 460,000 |
| **매출원가** | | 316,000 |
| **매출총이익** | | 144,000 |
| **판매관리비** | | |
| 급여 | 64,000 | |
| 수도광열비 | 17,000 | |
| 광고비 | 16,000 | |
| 감가상각비 | 8,000 | |
| 운반비 | 7,000 | |
| 보험료 | 2,000 | |
| 판매관리비 계 | | 114,000 |
| **영업이익** | | 30,000 |
| **영업외 수익과 비용** | | |
| 이자수익 | 3,000 | |
| 유형자산 처분이익 | 600 | |
| 재해손실 | (200) | 3,400 |
| 이자비용 | | 1,800 |
| **당기순이익** | | € 31,600 |

### 포괄손익 _Comprehensive Income

1장에서 공정가치에 대해 살펴보았는데, 공정가치로 자산을 평가하면 미실현 손익이 발생한다. 처분하지 않아 현금으로 실현되지 않았기 때문에 미실현이다. 포괄손익의 개념은 이러한 미실현 손익에서 출발한다. 미실현 이익이 손익의 일종이라는 주장도 있지만 당기손익과 구분하여 별도로 표시하자는 주장이 대세이다. 이와 같이 당기손익에 포함되지 않는 별도의 손익을 기타포괄손익이라고 하며, 당기손익과 기타포괄손익을 합하여 포괄손익(comprehensive income)이라고 한다.

기타포괄손익을 공시하기 위해서는 과거부터 누적된 금액으로 재무상태표의 자본 항목을 표시하되 당기 중 발생한 금액은 당기손익을 나타내는 손익계산서와 별도로 포괄손익계산서(comprehensive income statement)를 작성하여 구분한다. 그러나 하나의 포괄손익계산서를 작성하고 그 안에서 당기손익과 포괄손익을 구분하여 표시하는 방식도 허용된다.[7]

---

7 역자 주: 포괄손익을 완전히 이해하려면 오랫동안 회계상 대립해온 두 가지 전통적 주장을 이해할 필요가 있다. 바로 원가주의와 공정가치주의이다. 두 주장의 근원을 따라가 보면 재무상태표와 손익계산서 중 어느 것을 우선으로 보느냐는 가치관의 차이로 귀결된다. 원가주의에서 회계의 핵심은 주주이다. 배당을 중시하니 이익제일주의이고 재무제표 중 손익계산서를 으뜸으로 본다. 이익 중에서도 주주의 배당 재원이 되지 못하는 이익은 무의미하다. 그래서 미실현 손익의 계상을 원칙적으로 반대한다. 배당을 줄 수 있는 이익만이 진정한 이익이므로 수익과 비용의 정의를 중시하고 이에 해당하는 수익과 비용의 항목만을 손익계산서에 담아야 한다고 주장한다. 이를

## 조직의 회계 | 인도의 온라인 매출

인도는 우수한 컴퓨터 전문가를 많이 보유한 나라로 유명하지만 인터넷 공급망이 부족한 탓에 온라인 전자상거래가 예외로 부진하여 놀라움을 더한다. 하지만 인터넷의 꾸준한 확산으로 곧 4억 6,000만 인도 인구가 인터넷을 사용할 수 있을 것으로 전망된다. 이에 인도의 두 기술자가 의기투합하여 플립카트(Flipkart)라는 온라인 서점을 만들었다. 그들의 목표는 인도의 아마존닷컴이 되는 것이다. 그간 많은 어려움이 있었지만 최근 매출이 급신장했다. 그러나 두 가지 문제가 여전히 남아 있다. 첫째, 인도 사람들은 신용카드 대신 현금을 주로 사용하여 온라인 결제가 어렵다. 둘째, 도로 사정이 열악하여 많은 책을 신속하게 배달할 수 없다. 따라서 플립카트가 더 빨리 성장하려면 인터넷이 확충되는 만큼 금융 제도와 교통이 시급히 개선되어야 할 것이다.

출처: Amol Sharma, "Dot-Coms Begin to Blossom in India," *Wall Street Journal* (April 12, 2011).

**인도 사람들이 신용카드를 사용하지 않는 데다가 배달 시스템이 열악한데, 이 상황은 플립카트의 수익성에 어떤 영향을 미칠 것으로 생각되는가?**

© pheonix3d/iStockphoto

그림 5.15는 PW Audio Supply의 기타포괄손익이 €2,300라고 가정하고 별도의 포괄손익계산서를 작성한 예이다. 한편 기타포괄손익 항목에는 확정급여제도의 재측정, 외화환산손익, 투자자산의 미실현 손익 등이 있는데 어려운 분야라 설명을 생략한다.

**그림 5.15** 포괄손익계산서

PW Audio Supply
포괄손익계산서
2020년 1월 1일부터 2020년 12월 31일까지

| | |
|---|---|
| 당기순이익 | €31,600 |
| 기타포괄손익 | |
| 　투자자산의 미실현 이익 | 2,300 |
| 총포괄순이익 | €33,900 |

손익계산서의 당기업적주의라고도 하는데, 미실현 이익을 배제하다 보니 자산은 선급비용으로 취급되어 자연스럽게 원가가 기본적인 평가 기준이 된다.

이와 반대로 공정가치주의는 재무상태표를 중시한다. 기업은 주주뿐만 아니라 채권자 등 이해관계자를 위해 독점적으로 존재하는 사회적 실체이므로 재무 상태가 중요하다고 본다. 따라서 자산, 부채, 자본의 정의를 중시하고 공정가치를 추구한다. 이 공정가치는 목적 적합한 정보여서 인식해야 한다고 보기 때문에 그 결과로 생기는 미실현 손익도 손익이다. 그래서 반드시 손익계산서를 거쳐서 자본으로 반영되어야 한다는 주장을 편다. 이를 당기업적주의에 대비하여 손익계산서의 포괄주의라고 한다.

결과적으로 IFRS는 두 의견을 절충했다. 원가를 자산의 기본 측정 기준으로 하되 표현의 충실성(객관성)이 확보된 경우에는 공정가치 평가의 길을 열어놓았다. 그 결과로 발생하는 미실현 손익은 실현된 손익과 구분하고, 해당 자산의 보유 목적에 따라 손익계산서에 포함되는 것과 포함되지 않는 것으로 나누었다. 후자를 전자와 구분하여 기타포괄손익이라고 부르며, 당기손익에 기타포괄손익을 가감하여 포괄손익을 산출하고 공시하기로 했다. 이로써 손익에 포함되는 수익과 비용 및 미실현 손익은 손익계산서를 거쳐 재무상태표의 이익잉여금으로 들어오고, 손익에 포함되지 않는 미실현 손익은 포괄손익계산서를 거쳐 재무상태표의 기타포괄손익누계액으로 집계된다.

## 재무상태표 _Classified Statement of Financial Position

유통업 회계의 재무상태표상 핵심은 재고자산이다. 유동성이 느린 순서부터 배열하는 고정성 배열법에 따르면 재고자산은 매출채권 바로 위에 위치하는 유동자산이다. 판매라는 어려운 과정 때문에 현금 회수 속도가 매출채권보다 느리기 때문이다. 그림 5.16은 PW Audio Supply의 재무상태표인데 재고자산을 유의해서 참조하라.

**그림 5.16** 재무상태표상 자산 부분

HINT
€40,000는 예상 판매 가격이 아니라 보유하고 있는 재고자산의 취득원가이다.

**PW Audio Supply**
**재무상태표(일부 발췌)**
2020년 12월 31일 현재

| 자산 | | |
|---|---|---|
| 유형자산 | | |
| 설비 | €80,000 | |
| 차감: 감가상각누계액 | 24,000 | € 56,000 |
| 유동자산 | | |
| 선급보험료 | 1,800 | |
| 재고자산 | 40,000 | |
| 매출채권 | 16,100 | |
| 현금 | 9,500 | 67,400 |
| 자산 계 | | €123,400 |

### DO IT! 5 재무제표

다음은 유통업체인 Gorman Company의 수정 후 시산표상 계정이다. 어떤 재무제표에 어떤 분류 항목으로 공시해야 할지 표시하라(손익계산서–IS, 재무상태표–SFP, 이익잉여금계산서–RES).

| | |
|---|---|
| 매입채무 | 이자비용 |
| 매출채권 | 미지급 이자비용 |
| 감가상각누계액–건물 | 재고자산 |
| 감가상각누계액–설비 | 토지 |
| 광고비 | 지급어음(3년 만기) |
| 건물 | 미지급 재산세 |
| 현금 | 급여 |
| 감가상각비 | 미지급 급여 |
| 배당금 | 매출환입과 에누리 |
| 설비 | 매출 |
| 운반비 | 자본금 |
| 유형자산처분이익 | 수도광열비 |
| 보험료 | |

**해답**

| 계정 | 재무제표 | 분류 |
|---|---|---|
| 매입채무 | SFP | 유동부채 |
| 매출채권 | SFP | 유동자산 |
| 감가상각누계액-건물 | SFP | 유형자산 |
| 감가상각누계액-설비 | SFP | 유형자산 |
| 광고비 | IS | 판매관리비 |
| 건물 | SFP | 유형자산 |
| 현금 | SFP | 유동자산 |
| 감가상각비 | IS | 판매관리비 |
| 배당금 | RES | 차감 항목 |
| 설비 | SFP | 유형자산 |
| 운반비 | IS | 판매관리비 |
| 유형자산처분이익 | IS | 영업외 수익과 비용 |
| 보험료 | IS | 판매관리비 |
| 이자비용 | IS | 금융비용 |
| 미지급 이자비용 | SFP | 유동부채 |
| 재고자산 | SFP | 유동자산 |
| 토지 | SFP | 유형자산 |
| 지급어음(3년 만기) | SFP | 비유동부채 |
| 미지급 재산세 | SFP | 유동부채 |
| 급여 | IS | 판매관리비 |
| 미지급 급여 | SFP | 유동부채 |
| 매출환입과 에누리 | IS | 매출 |
| 매출 | IS | 매출 |
| 자본금 | SFP | 자본 |
| 수도광열비 | IS | 판매관리비 |

## 부록 5A 유통업 회계의 정산표 _Worksheet for a Merchandising Company

**학습목표**

유통업 회계의 정산표를 작성한다.

### 정산표 _Using a Worksheet

4장에서 설명했듯이 정산표는 수정 분개를 장부에 하지 않고 정산표에 하여 재무제표를 작성하는 도구로, 작성법은 서비스 회사의 경우와 동일하다. 그림 5A.1은 PW Audio Supply의 정산표인데, 영업외 수익과 비용을 생략하고 포괄손익이 없다고 가정했다. 유통업의 전형적인 계정은 붉은색으로 표시했다.

**그림 5A.1** 유통업의 정산표

**PW Audio Supply**
정산표
2020년 12월 31일 기준

| 계정과목 | 시산표 차변 | 시산표 대변 | 수정 분개 차변 | 수정 분개 대변 | 수정 후 시산표 차변 | 수정 후 시산표 대변 | 손익계산서 차변 | 손익계산서 대변 | 재무상태표 차변 | 재무상태표 대변 |
|---|---|---|---|---|---|---|---|---|---|---|
| 현금 | 9,500 | | | | 9,500 | | | | 9,500 | |
| 매출채권 | 16,100 | | | | 16,100 | | | | 16,100 | |
| 재고자산 | 40,500 | | | (a) 500 | 40,000 | | | | 40,000 | |
| 선급보험료 | 3,800 | | | (b) 2,000 | 1,800 | | | | 1,800 | |
| 설비 | 80,000 | | | | 80,000 | | | | 80,000 | |
| 감가상각누계액 | | 16,000 | | (c) 8,000 | | 24,000 | | | | 24,000 |
| 매입채무 | | 20,400 | | | | 20,400 | | | | 20,400 |
| 자본금 | | 50,000 | | | | 50,000 | | | | 50,000 |
| 이익잉여금 | | 33,000 | | | | 33,000 | | | | 33,000 |
| 배당금 | 15,000 | | | | 15,000 | | | | 15,000 | |
| 매출 | | 480,000 | | | | 480,000 | | 480,000 | | |
| 매출환입과 에누리 | 12,000 | | | | 12,000 | | 12,000 | | | |
| 매출할인 | 8,000 | | | | 8,000 | | 8,000 | | | |
| 매출원가 | 315,500 | | (a) 500 | | 316,000 | | 316,000 | | | |
| 운반비 | 7,000 | | | | 7,000 | | 7,000 | | | |
| 광고비 | 16,000 | | | | 16,000 | | 16,000 | | | |
| 급여 | 59,000 | | (d) 5,000 | | 64,000 | | 64,000 | | | |
| 수도광열비 | 17,000 | | | | 17,000 | | 17,000 | | | |
| 계 | 599,400 | 599,400 | | | | | | | | |
| 보험료 | | | (b) 2,000 | | 2,000 | | 2,000 | | | |
| 감가상각비 | | | (c) 8,000 | | 8,000 | | 8,000 | | | |
| 미지급 급여 | | | | (d) 5,000 | | 5,000 | | | | 5,000 |
| 계 | | | 15,500 | 15,500 | 612,400 | 612,400 | 450,000 | 480,000 | 162,400 | 132,400 |
| 당기순이익 | | | | | | | 30,000 | | | 30,000 |
| 계 | | | | | | | 480,000 | 480,000 | 162,400 | 162,400 |

참고: (a) 보유한 재고자산을 재고 조사에 따라 반영, (b) 시간이 경료된 보험료 인식, (c) 감가상각비 인식, (d) 발생했지만 미지급된 급여 반영

### 시산표 칸 _Trial Balance Columns

PW Audio Supply의 12월 31일 자 총계정원장에서 옮겨 적되, 재고자산 €40,500는 계속기록법상 나타나는 금액으로 연말에 보유하는 재고 금액이다.

### 수정 분개 칸 _Adjustments Columns

유통업의 수정 분개는 서비스업과 동일하다. 수정 분개 (b), (c), (d)는 보험료, 감가상각비, 급여의 인식이다. 3장과 4장에서 다루었던 Yazici Advertising A.Ş.와 같은 분개이다. 수정 분개 (a)만 다른데, 이는 실제 재고 조사 결과 나타난 계속기록법상 재고자산에 대한 금액 수정이다. 수정 분개 후에는 차대변의 합계가 일치하는지 확인한다.

### 수정 후 시산표 칸 _Adjusted Trial Balance

수정 분개가 반영된 시산표상의 금액이다.

### 손익계산서 칸 _Income Statement Columns

수정 후 시산표의 금액에서 손익 항목을 손익계산서 칸으로 옮겨 적는다. PW Audio Supply의 매출 €480,000는 대변에, 매출의 차감 항목인 매출환입과 에누리 €12,000, 매출할인 €8,000는 차변에 적는다. 순매출액 €460,000는 그림 5.14의 순매출과 같다.

손익계산서 칸의 수익(대변)과 비용(차변)의 총액을 집계한 후 차액을 계산하면 당기순이익을 얻을 수 있다. PW Audio Supply의 경우 대변이 차변을 초과하여 당기순이익이 €30,000이다. 만약 차변인 비용이 대변인 수익을 초과한 경우에는 당기순손실이 계상될 것이다.

### 재무상태표 칸 _Statement of Financial Position Columns

재무상태표상 서비스업체와의 가장 큰 차이점은 재고자산이다. PW Audio Supply의 기말 재고는 €40,000, 이익잉여금의 기초 금액은 €33,000, 배당금은 €15,000이다. 재무상태표의 차변 총액이 대변 총액을 초과할 때 당기순이익이 발생하고, 당기순손실은 반대로 대변 총액이 차변 총액을 초과할 때 발생한다. 이 금액은 당기손익으로 손익계산서 칸의 차액인 당기손익과 반드시 같아야 한다.

## 부록 5B 실제재고조사법 _Periodic Inventory System

**학습목표**
실제재고조사법하에서 매입과 매출만을 기록한다.

재고자산을 회계 처리하는 방식에는 계속기록법과 실제재고조사법이 있다. 이 두 가지 방법의 가장 큰 차이는 매출원가를 결정하는 방식이다.

### 실제재고조사법에서의 매출원가 산출 _Determining Cost of Goods Sold Under a Periodic System

계속기록법에서는 매입과 매출 발생 시 일일이 기록하여 보유 중인 재고자산의 잔액을 즉시 산출한다. 즉 매출원가를 계상하여 재고자산이 산출되는 구조이다. 반면에 실제재고조사법에서는 판매를 통해 유출되는 재고자산을 기록하지 않다가 회계기간 말에 실사를 거쳐 재고자산을 확정하고, 기초 재고와 구입을 합한 금액에서 기말 재고자산을 공제함으로써 역으로 매출원가를 산출하는 방식을 취한다(그림 5B.1 참조).

**그림 5B.1** 실제재고조사법의 매출원가 산출 공식

| | |
|---|---|
| | 기초 재고자산 |
| + | 구매 재고의 원가 |
| | 판매 가능한 전체 재고자산 |
| − | 기말 재고자산 |
| | **매출원가** |

그 밖에도 매입운반비와 매입환출, 매입할인 등의 처리 문제가 다르다. 계속기록법에서는 이

러한 부대비용을 발생 즉시 구매 재고자산의 취득원가에 반영하여 판매가 발생하면 산식에 따라 매출원가와 재고자산으로 안분한다. 그러나 실제재고조사법에서는 기중에 매입과 별도의 계정에 모아두었다가 결산기에 이르면 그림 5B.2와 같이 모두 매입에 가감한 후 매출원가와 재고자산에 반영한다.

**그림 5B.2** 실제재고조사법의 매출원가 산출

| PW Audio Supply<br>매출원가<br>2020년 1월 1일부터 2020년 12월 31일까지 | | | |
|---|---|---|---|
| 매출원가 | | | |
| 기초 재고(1월 1일) | | | € 36,000 |
| 매입 | | €325,000 | |
| 차감: 매입환출과 에누리 | €10,400 | | |
| 매입할인 | 6,800 | 17,200 | |
| 순매입 | | 307,800 | |
| 가산: 매입운반비 | | 12,200 | |
| 총매입원가 | | | 320,000 |
| 판매 가능한 재고자산 원가 | | | 356,000 |
| 차감: 기말 재고(12월 31일) | | | 40,000 |
| 매출원가 | | | €316,000 |

HINT
오른쪽 하단의 숫자는 매출원가 €316,000이고, 중간에 취득에 소요된 총매입원가 €320,000가 나타나며, 왼쪽의 €17,200는 매입 차감 항목이다.

그림 5B.2의 계산은 그림 5B.1의 공식에 따른 것이다. 어떤 재고자산 기록법을 따르든 매출원가를 즉시 혹은 결산기 말에 산출하는 시점과 산출 방식의 문제일 뿐이고, 재무상태표상 유동자산으로 표시되는 재고자산과 손익계산서상 매출원가는 동일하다. 실제재고조사법의 또 다른 이슈는 6장에서 자세히 살펴볼 것이다.

## 실제재고조사법의 회계 처리 _Recording Merchandise Transactions

실제재고조사법은 매출원가를 산정하는 방식의 차이를 제외하고는 계속기록법과 결과가 동일하다. 판매 시점에 매출원가의 기록 여부가 차이점이다. 계속기록법에서는 판매 시점에 매출원가와 재고자산을 구분하여 산출하지만, 실제재고조사법에서는 회계 말에 재고 조사를 통해 실제 보유 중인 재고의 원가를 먼저 확정한 뒤 팔린 상품의 원가인 매출원가를 역으로 한꺼번에 산출한다.

또한 실제재고조사법에서는 계속기록법과 달리 구매 시 자산 계정인 재고자산으로 처리하지 않고 비용 계정인 매입으로 처리한다. 매입환출이나 에누리, 매입할인, 운반비는 매입이 아닌 별도의 계정으로 처리한다. 이해를 돕기 위해 PW Audio Supply와 Sauk Stereo 사이의 거래를 가지고 실제재고조사법에 따른 회계 처리를 해보자.

### 매입 _Recording Purchases of Merchandise

HINT
설비나 소모품을 매입으로 회계 처리하지 않도록 주의한다.

PW Audio Supply의 매출송장(그림 5.6)에 따라 Sauk Stereo는 €3,800의 매입을 하고 다음과 같이 분개한다.

| 5월 4일 | 매입<br>　매입채무<br>　　(PW Audio Supply로부터 매입) | 3,800 | <br>3,800 |
|---|---|---|---|

매입은 일시적 계정으로 손익 계정이자 차변 계정이다. 매입 시 일단 비용 계정인 매입으로 처리하고 재고 조사를 통해 보유 중인 기말 재고를 자산으로 이체하여 매입이 매출원가를 표시하게 한다. 이와 달리 계속기록법에서는 자산 계정으로 처리하고 판매할 때마다 매출원가를 빼내어 재고자산이 기말 자산으로 남게 하는 방법을 쓴다. 결과는 같지만 계산 방식이 다를 뿐이다.

### 운반비 _Freight Costs

구매자가 운반비를 부담하면 매입운반비 계정을 만들고 차변으로 인식한다. 즉 Sauk Stereo가 PW Audio Supply로부터 매입하면서 Acme Freight Company에 5월 6일에 지불한 운반비 €150는 다음과 같이 분개된다.

| 5월 6일 | 운반비<br>　현금<br>　　(구매운반비 발생) | 150 | <br>150 |
|---|---|---|---|

운반비는 일시적 계정으로 비용 계정이자 통상 금액이 차변에 나오는 차변 계정이다. 원가에는 취득으로 인해 발생하는 모든 비용이 포함되어야 하기 때문에 운반비는 결국 매입원가를 구성하도록 이체된다. 또한 운반비는 판매자와 관련이 없으므로 당연히 판매자가 제공하는 매입할인의 대상이 아니다. 매입할인은 판매자가 받아야 할 매입채무에만 적용된다.

### 매입환출과 에누리 _Purchase Returns and Allowances

Sauk Stereo가 PW Audio Supply에 반품 처리한 €300는 다음과 같이 분개한다.

| 5월 8일 | 매입채무<br>　매입환출과 에누리<br>　　(PW Audio Supply로 반품 처리) | 300 | <br>300 |
|---|---|---|---|

일시적 계정인 매입환출과 에누리는 수익이 아닌 매입의 차감 계정이며, 통상 금액이 대변에 나오는 대변 계정이다.

### 매입할인 _Purchase Discounts

5월 14일, Sauk Stereo는 PW Audio Supply에 매입채무를 10일 이내에 조기 입금하면서 2%의 현금할인을 받았다. Sauk Stereo의 분개는 다음과 같다.

| 5월 14일 | 매입채무(€3,800 − €300)<br>　매입할인(€3,500 × 0.02)<br>　현금<br>　　(매입할인을 받고 매입채무 지급) | 3,500 | <br>70<br>3,430 |
|---|---|---|---|

매입할인도 일시적 계정으로 매입의 차감 계정이며 통상 금액이 대변에 나오는 대변 계정이다.

## 매출 기록 _Recording Sales of Merchandise

판매자인 PW Audio Supply는 5월 4일 Sauk Stereo에 판매하면서 €3,800의 매출(매출 인보이스 #731, 그림 5.6 참조)을 다음과 같이 회계 처리한다.

| | | | |
|---|---|---|---|
| 5월 4일 | 매출채권 | 3,800 | |
| | 매출 | | 3,800 |
| | (Sauk Stereo에 판매: 인보이스 #731) | | |

### 매출환입과 에누리 _Sales Returns and Allowances

역자 한마디
반품 입고에 대한 분개는 실제재고조사법의 경우 재고 실사를 통해 이루어지므로 불필요하다.

PW Audio Supply는 5월 8일에 발생한 Sauk Stereo의 반품 €300를 다음과 같이 분개한다.

| | | | |
|---|---|---|---|
| 5월 8일 | 매출환입과 에누리 | 300 | |
| | 매출채권 | | 300 |
| | (Sauk Stereo의 반품) | | |

### 매출할인 _Sales Discounts

5월 14일, PW Audio Supply는 Sauk Stereo의 매출채권에서 €3,430를 회수하고 10일 이내에 상환받았으므로 2%의 현금할인을 해주었다. 이에 대한 분개는 다음과 같다.

| | | | |
|---|---|---|---|
| 5월 14일 | 현금 | 3,430 | |
| | 매출할인(€3,500 × 0.02) | 70 | |
| | 매출채권(€3,800 − €300) | | 3,500 |
| | (Sauk Stereo의 매출채권 회수, 매출할인 발생) | | |

### 계속기록법과 실제재고조사법의 비교 _Comparison of Entries-Perpetual vs. Periodic

그림 5B.3에 계속기록법과 실제재고조사법의 분개상 차이를 비교하여 정리했다. 차이가 나는 분개는 붉은색으로 표시했다.

## 결산 분개와 포스팅 _Journalizing and Posting Closing Entries

역자 한마디
계속기록법에서는 재고자산과 매출원가가 기중에 분리되므로 별다른 절차 없이 매출원가 계정을 집합손익으로 대체하면 된다.

유통업체의 결산 분개는 기본적으로 서비스업체와 동일하다. 모든 수익과 비용 계정을 집합손익 계정으로 대체하여 손익을 산출하고 이를 이익잉여금으로 대체하면 된다. 다만 유통업체에는 재고자산이 있으므로 이에 대한 처리가 필요하다. 즉 실제재고조사법에서는 재고자산 마감을 다음과 같이 한다.

**1.** 기초 재고자산 금액을 대변에서 집합손익의 차변으로 이체한다.
**2.** 기말 재고자산 금액을 재고자산 차변과 집합손익의 대변에 기록한다.

다음은 정산표의 손익계산서 칸을 참고하여 만든 PW Audio Supply의 재고자산에 대한 결산 분개이다.

| | (1) | | |
|---|---|---|---|
| 12월 31일 | 집합손익 | 36,000 | |
| | 재고자산 | | 36,000 |
| | (기초 재고 대체) | | |
| | (2) | | |
| 31일 | 재고자산 | 40,000 | |
| | 집합손익 | | 40,000 |
| | (기말 재고 대체) | | |

**그림 5B.3** 계속기록법과 실제재고조사법의 분개 비교

| Sauk Stereo의 장부 | | | | | | | |
|---|---|---|---|---|---|---|---|
| 거래 | | 계속기록법 | | | 실제재고조사법 | | |
| 5월 4일 | 외상구매를 하다. | 재고자산 | 3,800 | | 매입 | 3,800 | |
| | | 매입채무 | | 3,800 | 매입채무 | | 3,800 |
| 6일 | 매입운반비가 발생하다. | 재고자산 | 150 | | 운반비 | 150 | |
| | | 현금 | | 150 | 현금 | | 150 |
| 8일 | 반품 처리하다. | 매입채무 | 300 | | 매입채무 | 300 | |
| | | 재고자산 | | 300 | 매입환출과 에누리 | | 300 |
| 14일 | 매입채무를 할인받고 지급하다. | 매입채무 | 3,500 | | 매입채무 | 3,500 | |
| | | 현금 | | 3,430 | 현금 | | 3,430 |
| | | 재고자산 | | 70 | 매입할인 | | 70 |
| **PW Audio Supply의 장부** | | | | | | | |
| 거래 | | 계속기록법 | | | 실제재고조사법 | | |
| 5월 4일 | 외상판매를 하다. | 매출채권 | 3,800 | | 매출채권 | 3,800 | |
| | | 매출 | | 3,800 | 매출 | | 3,800 |
| | | 매출원가 | 2,400 | | 분개 없음 | | |
| | | 재고자산 | | 2,400 | | | |
| 8일 | 반품을 받다. | 매출환입과 에누리 | 300 | | 매출환입과 에누리 | 300 | |
| | | 매출채권 | | 300 | 매출채권 | | 300 |
| | | 재고자산 | 140 | | 분개 없음 | | |
| | | 매출원가 | | 140 | | | |
| 14일 | 매출채권에서 할인이 적용된 현금이 회수되다. | 현금 | 3,430 | | 현금 | 3,430 | |
| | | 매출할인 | 70 | | 매출할인 | 70 | |
| | | 매출채권 | | 3,500 | 매출채권 | | 3,500 |

그림 5B.4는 재고자산과 집합손익 계정의 결산 분개에 따른 포스팅을 보여준다.

**그림 5B.4** 재고자산 결산 분개와 포스팅

| 재고자산 | | | | | |
|---|---|---|---|---|---|
| 1/1 | 기초 잔액 | 36,000 | 12/31 | 기말 대체 | 36,000 |
| 12/31 | 기말 대체 | 40,000 | | | |
| 12/31 | 기말 잔액 | 40,000 | | | |

| 집합손익 | | | | | |
|---|---|---|---|---|---|
| 12/31 | 기말 대체 | 36,000 | 12/31 | 기말 대체 | 40,000 |

실제재고조사법에서 재고자산의 결산 분개는 다음과 같이 다른 손익 계정과 묶어서 같이 집합

손익으로 대체한다.

| 날짜 | 계정 | 차변 | 대변 |
|---|---|---|---|
| 12월 31일 | **재고자산(12월 31일)** | **40,000** | |
| | 매출 | 480,000 | |
| | 매입환출과 에누리 | 10,400 | |
| | 매입할인 | 6,800 | |
| | 집합손익 | | 537,200 |
| | (기말 재고자산과 수익 계정 마감) | | |
| 31일 | 집합손익 | 507,200 | |
| | **재고자산(1일 1일)** | | **36,000** |
| | 매출환입과 에누리 | | 12,000 |
| | 매출할인 | | 8,000 |
| | 매입 | | 325,000 |
| | 운반비 | | 12,200 |
| | 급여 | | 64,000 |
| | 매입운반비 | | 7,000 |
| | 광고비 | | 16,000 |
| | 수도광열비 | | 17,000 |
| | 감가상각비 | | 8,000 |
| | 보험료 | | 2,000 |
| | (재고자산과 손익 계정 마감) | | |
| 31일 | 집합손익 | 30,000 | |
| | 이익잉여금 | | 30,000 |
| | (순이익을 이익잉여금으로 대체) | | |
| 31일 | 이익잉여금 | 15,000 | |
| | 배당금 | | 15,000 |
| | (배당금을 이익잉여금으로 대체) | | |

결산 분개를 하고 나면 모든 일시적 손익 계정이 담고 있는 금액이 집합손익을 거쳐 이익잉여금으로 대체되는 바람에 남아 있는 금액은 0이 된다. 이에 PW Audio Supply의 이익잉여금 계정의 잔액은 대변으로 €48,000가 된다(기초 금액 + 당기순이익 − 배당금 = €33,000 + €30,000 − €15,000).

## 정산표 활용 _Using a Worksheet

4장에서 설명했듯이 수정 분개와 결산 분개를 장부상 직접 하기 전에 재무제표를 쉽게 작성하기 위해 정산표를 활용한다. 작성법은 서비스업체와 동일하다.

### 시산표 칸 _Trial Balance Columns

PW Audio Supply의 12월 31일 자 총계정원장상 계정과목과 금액을 모두 모아 시산표에 옮겨 적는다. 이때 재고자산 €36,000는 실제재고조사법상 회계기간의 기초 금액이다.

### 수정 분개 칸 _Adjustments Columns

수정 분개도 서비스업체와 다를 바가 없다. 1장과 4장의 Yazici Advertising A.Ş.와 마찬가지로 그림 5B.5의 정산표상 수정 분개 (a), (b), (c)는 보험료, 감가상각비, 급여에 대한 수정이다. 실제재고조사법을 적용하는 유통업체에 전형적으로 나타나는 재고자산은 붉은색으로 표시했으며, 영업외 수익과 비용이 없다고 가정했다. 수정 분개를 다 했으면 차변과 대변의 합이 일치하는지 확인하고 수정 후 시산표를 작성한다.

**그림 5B.5** 유통업의 정산표(실제재고조사법)

PW Audio Supply

Home Insert Page Layout Formulas Data Review View

P18 fx

PW Audio Supply
정산표
2020년 12월 31일 기준

| | A | B | C | D | E | F | G | H | I | J | K |
|---|---|---|---|---|---|---|---|---|---|---|---|
| 6 | | 시산표 | | 수정 분개 | | 수정 후 시산표 | | 손익계산서 | | 재무상태표 | |
| 7 | 계정과목 | 차변 | 대변 | 차변 | 대변 | 차변 | 대변 | 차변 | 대변 | 차변 | 대변 |
| 8 | 현금 | 9,500 | | | | 9,500 | | | | 9,500 | |
| 9 | 매출채권 | 16,100 | | | | 16,100 | | | | 16,100 | |
| 10 | 재고자산 | 36,000 | | | | 36,000 | | 36,000 | 40,000 | 40,000 | |
| 11 | 선급보험료 | 3,800 | | | (a) 2,000 | 1,800 | | | | 1,800 | |
| 12 | 설비 | 80,000 | | | | 80,000 | | | | 80,000 | |
| 13 | 감가상각누계액 | | 16,000 | | (b) 8,000 | | 24,000 | | | | 24,000 |
| 14 | 매입채무 | | 20,400 | | | | 20,400 | | | | 20,400 |
| 15 | 자본금 | | 50,000 | | | | 50,000 | | | | 50,000 |
| 16 | 이익잉여금 | | 33,000 | | | | 33,000 | | | | 33,000 |
| 17 | 배당금 | 15,000 | | | | 15,000 | | | | 15,000 | |
| 18 | 매출 | | 480,000 | | | | 480,000 | | 480,000 | | |
| 19 | 매출환입과 에누리 | 12,000 | | | | 12,000 | | 12,000 | | | |
| 20 | 매출할인 | 8,000 | | | | 8,000 | | 8,000 | | | |
| 21 | 매입 | 325,000 | | | | 325,000 | | 325,000 | | | |
| 22 | 매입환출과 에누리 | | 10,400 | | | | 10,400 | | 10,400 | | |
| 23 | 매입할인 | | 6,800 | | | | 6,800 | | 6,800 | | |
| 24 | 매입운반비 | 12,200 | | | | 12,200 | | 12,200 | | | |
| 25 | 매출운반비 | 7,000 | | | | 7,000 | | 7,000 | | | |
| 26 | 광고비 | 16,000 | | | | 16,000 | | 16,000 | | | |
| 27 | 급여 | 59,000 | | (c) 5,000 | | 64,000 | | 64,000 | | | |
| 28 | 수도광열비 | 17,000 | | | | 17,000 | | 17,000 | | | |
| 29 | 계 | 616,600 | 616,600 | | | | | | | | |
| 30 | 보험료 | | | (a) 2,000 | | 2,000 | | 2,000 | | | |
| 31 | 감가상각비 | | | (b) 8,000 | | 8,000 | | 8,000 | | | |
| 32 | 미지급 급여 | | | | (c) 5,000 | | 5,000 | | | | 5,000 |
| 33 | 계 | | | 15,000 | 15,000 | 629,600 | 629,600 | 507,200 | 537,200 | 162,400 | 132,400 |
| 34 | 당기순이익 | | | | | | | 30,000 | | | 30,000 |
| 35 | 총계 | | | | | | | 537,200 | 537,200 | 162,400 | 162,400 |
| 36 | | | | | | | | | | | |

참고: (a) 시간이 경료된 보험료 인식, (b) 감가상각비 인식, (c) 발생했지만 미지급된 급여 반영

### 손익계산서 칸 _Income Statement Columns

수정 후 시산표상 금액을 손익계산서 칸과 재무상태표 칸으로 나누어 옮겨 적는다. 매출 €480,000는 손익계산서의 차변에, 매출환입과 에누리 €12,000와 매출할인 €8,000는 매출 차감으로 차변에 옮겨 적는다. 그 차액인 €460,000는 순매출액이며 그림 5.9의 손익계산서와 일치한다. 같은 방식으로 매입 €325,000와 구매운반비 €12,200를 차변에 기입하고, 차감 계정인 매입환출과 에누리 €10,400, 매입할인 €6,800를 대변에 기입한다.

다음은 재고자산에 대한 추가 설명이다(그림 5B.6 참조).

1. 기초 재고자산 €36,000는 손익계산서의 차변으로 옮기는데, 이는 판매 가능한 재고자산의 일부라는 점에서 당기 중에 구입한 매입과 기능이 동일하다.
2. 기말 재고자산 €40,000를 재고 조사로 확정한 후 손익계산서의 대변과 재무상태표의 차변에 동시에 기입한다. 이는 손익계산서에서는 판매 가능 매출원가에서 차감되어 판매한 매출원가를 나타내는 동시에 재무상태표의 현재 보유 중인 재고자산을 나타낸다.

**그림 5B.6** 정산표상 재고자산 처리

| | | 손익계산서 | | | 재무상태표 | |
|---|---|---|---|---|---|---|
| | | 차변 | 대변 | | 차변 | 대변 |
| 재고자산 | (1) | 36,000 | 40,000 ← | (2) | → 40,000 | |

그림 5B.7은 그림 5B.5의 정산표상 손익계산서 칸의 매출원가가 어떻게 계산된 것인지를 보여주는 상세 내역이다.

**그림 5B.7** 정산표의 매출원가 계산

| 차변 열 | | 대변 열 | |
|---|---|---|---|
| 기초 재고자산 | € 36,000 | 기말 재고자산 | €40,000 |
| 매입 | 325,000 | 매입환출과 에누리 | 10,400 |
| 매입운반비 | 12,200 | 매입할인 | 6,800 |
| 차변 계 | 373,200 | 대변 계 | €57,200 |
| 차감: 대변 계 | 57,200 | | |
| 매출원가 | €316,000 | | |

HINT
실제재고조사법에서는 매출원가가 추후의 재고 조사 후 역산으로 나오기 때문에 평소 총계정원장상의 금액으로는 나타나지 않는다.

정산표상 옮겨 적기가 끝났으면 손익계산서의 차대변 총액을 비교하여 그 차액으로 당기손익을 산출한다. PW Audio Supply의 경우 대변이 차변보다 €30,000 크기 때문에 당기순이익으로 동액이 계산된다. 만약 차변이 대변보다 크다면 당기순손실이 계상될 것이다.

### 재무상태표 칸 _Statement of Financial Position Columns

서비스업체와 유통업체의 차이는 재고자산의 유무이다. PW Audio Supply는 기말 재고자산으로 €40,000를 정산표상 재무상태표 칸의 차변에 표시했다. 이익잉여금계산서도 재무상태표에 있는 정보로 작성할 수 있는데, 배당금 €15,000를 공제하고 손익계산서 칸에서 산출된 당기순이익을 기초 이익잉여금인 €33,000와 더하면 완성된다.

## 단원 요약

### 1 유통업과 재고관리 시스템

재고로 인해 유통업 회사의 재무제표에는 매출, 매출원가, 매출총이익이 나타난다. 재고자산을 정리하는 방법으로는 계속기록법과 실제재고조사법이 있다.

### 2 계속기록법의 매입회계

매입 시 재고자산의 증가로 기록하고 원가에 운반비가 가산되며 매입환출과 에누리, 매입할인 등이 재고자산의 취득원가에서 차감된다.

## 3 계속기록법의 매출회계

유통업에서는 재고자산을 팔면 차변에 매출채권(또는 현금), 대변에 매출이 판매가로 기록된다. 동시에 차변으로 매출원가를 증가시키고 대변으로 재고자산을 감소시킨다. 매출환입과 에누리, 매출할인은 매출의 차감 항목이다.

## 4 유통업의 회계순환

유통업체도 서비스업체와 동일한 결산 과정을 거친다. 물론 정산표는 선택 사항이다. 계속기록법에서는 재고 조사를 했으면 실제 재고자산과 일치되도록 조정해야 한다.

## 5 유통업 회계의 재무제표

유통업의 손익계산서는 매출, 매출원가, 매출총이익, 판매관리비, 영업외 수익과 비용, 이자비용으로 구성된다. 포괄손익계산서에서는 당기손익에 기타포괄손익을 가감하여 총포괄손익을 산출한다.

## *6 유통업 회계의 정산표

유통업체의 정산표 사용법은 서비스업체와 동일하다. 차이가 있는 계정은 상품 판매에 따른 재고자산과 매출, 매출환입과 에누리, 매출할인, 매출원가 등이다.

## *7 실제재고조사법

실제재고조사법에서는 현금매입과 신용매입을 매입 계정으로 기록하고 매입환출과 에누리, 매입할인, 매입운반비를 별도로 기록하여 추후 매입에서 가감한다. 매출의 경우 현금매출과 외상매출을 매출로 기록하고 매출환입과 에누리, 매출할인이 발생하면 매출의 차감으로 처리한다.

## 핵심 용어

**계속기록법(perpetual inventory system)** 매출이 발생할 때마다 유출되는 재고의 원가를 계속 기록하여 보유 재고자산을 산출하는 방식

**매입송장(purchase invoice)** 판매처가 발송하는 대금 청구서로서 매입을 입증하는 서류

**매입에누리(purchase allowance)** 수령 상품의 하자로 반품 처리를 하는 대신 매출가격에서 깎아주는 금액

**매입할인(purchase discount)** 매입채무를 조기에 현금으로 납입함에 따른 현금할인

**매입환출(purchase return)** 수령 상품의 하자로 반품하여 현금을 돌려받거나 매입채무가 감액됨

**매출(sales)** 유통업의 주요 수익원

**매출송장(sales invoice)** 신용판매를 뒷받침하는 매출 증서

**매출원가(cost of goods sold)** 회계기간 동안 팔린 상품의 취득원가

**매출 차감 항목(contra revenue account)** 손익계산서상 매출액에서 차감되어 순매출액을 보여주는 항목

**매출총이익(gross profit, gross margin)** 매출원가를 상회하는 매출로서 매출의 이득

**매출총이익률(gross profit rate)** 매출총이익을 매출로 나누어 백분율로 표시한 것

**매출할인(sales discount)** 매출채권을 조기에 현금으로 수령함에 따른 현금할인

**매출환입과 에누리(sales returns and allowances)** 판매자 입장에서의 매입환출과 에누리

**순매출(net sales)** 매출에서 매출환입과 에누리, 매출할인을 차감한 금액

**실제재고조사법(periodic inventory system)** 재고자산수불부로 재고의 입출입을 관리하지 않고 회계기간 말 재고 조사를 통해 기말 재고를 확정한 후 매출원가를 역산하는 방식

**영업비용/판매관리비(operating expenses)** 매출을 달성하는 데 소요되는 영업과 관련된 비용

**포괄손익(comprehensive income)** 당기손익을 결정하는 데 제외된 이득과 손실을 가감한 손익

**포괄손익계산서(comprehensive income statement)** 당기손익을 결정하는 수익 비용에서 제외되는 기타포괄손익 항목을 가감하여 당기에 발생한 포괄손익을 보여주는 표

**FOB 도착지(FOB destination)** 구매자가 지정한 장소에 물품을 배달해야 판매자의 이행 의무가 완료되는 조건으로, 판매자가 운반비를 부담함

**FOB 출고지(FOB shipping point)** 구매자가 판매자의 판매 장소에 와서 물품을 가져가는 조건으로, 매입자가 운반비를 부담함

---

8 이 장의 부록과 관련된 것은 별표(*)로 표시했다.

## 객관식 문제

**1** 매출총이익에 대한 설명으로 옳은 것은?

a. 판매관리비를 당기순이익에서 차감한 것
b. 순매출액에서 판매관리비를 공제한 것
c. 순매출액에서 매출원가를 차감한 것
d. 판매관리비를 매출원가에서 공제한 것

**2** 계속기록법에서는 구매를 어떻게 분개하는가?

a. 외상매입의 경우 재고자산의 차변에 기록한다.
b. 외상매입의 경우 매입의 차변에 기록한다.
c. 매입환출과 에누리의 차변에 기록한다.
d. 발생한 운반비는 매출운반비로 기록한다.

**3** 매출 관련 계정으로 차변에 주로 계상되는 계정은 무엇인가?

a. 매출할인
b. 매출환입과 에누리
c. (a)와 (b) 둘 다
d. (a)와 (b) 둘 다 아님

**4** 6월 13일에 NT$7,500의 상품이 외상으로 신용 조건 2/10, net/30에 판매되었고 이 중 NT$500가 6월 16일에 반품되었다. 6월 23일에 대금이 입금되었다면 수령액은 얼마인가?

a. NT$7,000　　b. NT$6,860
c. NT$6,850　　d. NT$6,500

**5** 계속기록법을 적용하는 유통업체의 총계정원장에만 나타나는 계정은 무엇인가?

a. 매입　　b. 매입운반비
c. 매출원가　　d. 매입할인

**6** 계속기록법에서 현금매출을 기록하는 분개는 무엇인가?

a. 매출원가 증가와 재고자산 감소의 1개 분개
b. 현금과 매출 증가의 1개 분개
c. 현금과 매출 증가의 분개 및 매출원가 발생과 재고자산 감소의 2개 분개
d. 현금 증가와 재고 감소 분개 및 매출원가와 매출 발생의 2개 분개

**7** 유통업체의 회계순환 과정은 ________을 제외하고는 서비스업체와 동일하다. 빈칸에 들어갈 내용은 무엇인가?

a. 유통업체는 재고자산에 대한 수정 분개가 필요할 수도 있다.
b. 유통업체는 결산 분개가 필요 없다.
c. 유통업체는 결산 후 시산표 작성이 필요 없다.
d. 유통업체에만 손익계산서 작성이 요구된다.

**8** 전형적인 유통업의 손익계산서에 나타나지 않는 계정 항목은 무엇인가?

a. 매출총이익　　b. 매출원가
c. 매출　　d. 투자 활동

**9** 순매출액이 €400,000, 매출원가가 €310,000, 판매관리비가 €60,000라면 매출총이익은 얼마인가?

a. €30,000　　b. €90,000
c. €340,000　　d. €400,000

***10** 계속기록법을 적용하는 회사의 정산표에서 재고자산이 등장하는 칸은 무엇인가?

a. 수정 후 시산표의 차변과 재무상태표의 차변
b. 손익계산서의 차변과 재무상태표의 차변
c. 손익계산서의 대변과 재무상태표의 차변
d. 손익계산서의 대변과 수정 후 시산표의 차변

***11** 실제재고조사법에서 매출원가를 결정하는 과정에 속하는 것은?[9]

a. 순매입에서 매입할인을 차감한다.
b. 매출운반비를 순매입에 가산한다.
c. 매입환출과 에누리를 순매입에서 공제한다.
d. 매입운반비를 순매입에 가산한다.

***12** 기초 재고자산이 HK$600,000, 매입원가가 HK$3,800,000, 기말 재고자산이 HK$500,000라면 매출원가는 얼마인가?

a. HK$3,900,000
b. HK$3,700,000
c. HK$3,300,000
d. HK$4,200,000

***13** 실제재고조사법에서는 매입을 어떻게 분개하는가?

a. 외상매입을 재고자산의 차변에 기록한다.
b. 외상매입을 매입의 차변에 기록한다.
c. 반품은 매입환출과 에누리의 차변에 기록한다.
d. 매입운반비를 매입으로 처리한다.

---

9 역자 주: 매입과 순매입을 구분한다. 순매입은 매입에서 매출할인과 매입환출, 에누리를 공제한 금액이다. 순매입에 기초 재고와 매입운반비를 더하면 총매입원가가 되고, 여기서 기말 재고를 빼면 매출원가가 산출된다.

## 기초 확인 문제

**1** 다음은 (a) Frazier Hardware, (b) Todd Supplies, (c) Abreu Beverages의 매출원가를 산출하기 위한 계정이다. 빈칸을 채워라.

| | 기초 재고자산 | 매입 | 판매 가능한 재고자산의 원가 | 기말 재고자산 | 매출원가 |
|---|---|---|---|---|---|
| **a.** | £120,000 | £150,000 | ? | ? | £160,000 |
| **b.** | £ 50,000 | ? | £125,000 | £45,000 | ? |
| **c.** | ? | £220,000 | £330,000 | £61,000 | ? |

**해답**

a. 판매 가능한 재고자산의 원가 = £120,000 + £150,000 = £270,000

기말 재고자산 = £270,000 − £160,000 = £110,000

b. 매입 = £125,000 − £50,000 = £75,000

매출원가 = £125,000 − £45,000 = £80,000

c. 기초 재고자산 = £330,000 − £220,000 = £110,000

매출원가 = £330,000 − £61,000 = £269,000

**2** 계속기록법을 적용하고 있는 Kowloon Group의 다음 거래를 분개하라(단위: 1,000).

**a.** 3월 2일, Totoro Equipment는 Kowloon Group에 가격 ₩800,000, 대금 회수 조건 2/10, n/30으로 상품을 판매했다.

**b.** 3월 6일, Kowloon Group은 그중 ₩100,000을 반품했다.

**c.** 3월 12일, Kowloon Group은 잔액의 매입채무를 Totoro Equipment에 지급했다.

**해답**

| | 차변 | 대변 |
|---|---|---|
| a. 재고자산 | 800,000 | |
| 　매입채무 | | 800,000 |
| b. 매입채무 | 100,000 | |
| 　재고자산 | | 100,000 |
| c. 매입채무(₩800,000 − ₩100,000) | 700,000 | |
| 　재고자산(₩700,000 × 2%) | | 14,000 |
| 　현금(₩700,000 − ₩14,000) | | 686,000 |

**3** Cabrera Enterprise의 계정에 매출 €300,000, 매출환입과 에누리 €10,000, 매출원가 €174,000, 재고자산 €50,000가 있다. 집합손익으로 대체하는 결산 분개를 하라.

**해답**

| | 차변 | 대변 |
|---|---|---|
| 매출 | 300,000 | |
| 　집합손익 | | 300,000 |
| 집합손익 | 184,000 | |
| 　매출원가 | | 174,000 |
| 　매출환입과 에누리 | | 10,000 |

**4** Yoan Company의 계정에 매출 $400,000, 매출할인 $10,000, 매출원가 $234,000, 판매관리비 $60,000가 있다. (a) 순매출, (b) 매출총이익, (c) 영업이익, (d) 매출총이익률(소수점 첫째 자리에서 반올림)을 구하라.

**해답**

a. 순매출 = $400,000 − $10,000 = $390,000

b. 매출총이익 = $390,000 − $234,000 = $156,000

c. 영업이익 = $156,000 − $60,000 = $96,000

d. 매출총이익률 = $156,000 ÷ $390,000 = 40%

## 확인 문제

**1** 6월 10일, Vareen Electronics는 £8,000의 상품을 Harrah Circuits로부터 외상구매했는데, 구매 조건은 FOB 출고지이고 대금 지급은 3/10, n/30이다. 6월 11일, Vareen Electronics가 부담한 운반비는 £400이다. 상품 수령 후 하자로 인해 6월 12일에 £300를 반품 처리했는데, 반품된 상품의 공정가치는 £70이다. 6월 19일, Vareen Electronics는 Harrah Circuits로부터 매입할인을 적용받아 매입채무를 전액 지급했다. 두 회사는 계속기록법으로 재고자산을 관리한다.

**a.** 각 거래에 대한 Vareen Electronics의 분개를 하라.

**b.** 각 거래에 대한 Harrah Circuits의 분개를 하라. Vareen Electronics가 6월 10일 자로 구입한 상품의 취득원가는 £4,800이다.

a.

| | | | |
|---|---|---|---|
| 6월 10일 | 재고자산 | 8,000 | |
| | 매입채무 | | 8,000 |
| 11일 | 재고자산 | 400 | |
| | 현금 | | 400 |
| 12일 | 매입채무 | 300 | |
| | 재고자산 | | 300 |
| 19일 | 매입채무(£8,000 – £300) | 7,700 | |
| | 재고자산(£7,700 × 3%) | | 231 |
| | 현금(£7,700 – £231) | | 7,469 |

b.

| | | | |
|---|---|---|---|
| 6월 10일 | 매출채권 | 8,000 | |
| | 매출 | | 8,000 |
| 10일 | 매출원가 | 4,800 | |
| | 재고자산 | | 4,800 |
| 12일 | 매출환입과 에누리 | 300 | |
| | 매출채권 | | 300 |
| 12일 | 재고자산 | 70 | |
| | 매출원가 | | 70 |
| 19일 | 현금(£7,700 – £231) | 7,469 | |
| | 매출할인(£7,700 × 3%) | 231 | |
| | 매출채권(£8,000 – £300) | | 7,700 |

**2** 2020년 12월 31일 Sun Ltd.의 계정과목과 금액은 다음과 같다. 손익계산서를 작성하라.

| | | | |
|---|---|---|---|
| 이자비용 | NT$ 70,000 | 순매출 | NT$2,200,000 |
| 판매관리비 | 725,000 | 이자수익 | 25,000 |
| 매출원가 | 1,300,000 | 유형자산처분손실 | 17,000 |

**해답**

**Sun Ltd.**
**손익계산서**
2020년 1월 1일부터 2020년 12월 31일까지

| | | |
|---|---|---|
| 순매출 | | NT$2,200,000 |
| 매출원가 | | 1,300,000 |
| 매출총이익 | | 900,000 |
| 판매관리비 | | 725,000 |
| 영업이익 | | 175,000 |
| 영업외 수익과 비용 | | |
| 이자수익 | NT$25,000 | |
| 유형자산처분손실 | 17,000 | 8,000 |
| 지급이자 | | 70,000 |
| 당기순이익 | | NT$ 113,000 |

## 실습 문제

다음은 Falcetto SpA의 2020년 12월 31일 자 정산표이다(단위: €). 손익계산서를 작성하라.

| | 차변 | | 대변 |
|---|---|---|---|
| 현금 | 14,500 | 감가상각누계액 | 18,000 |
| 매출채권 | 11,100 | 지급어음 | 25,000 |
| 재고자산 | 29,000 | 매입채무 | 10,600 |
| 선급보험료 | 2,500 | 자본금 | 70,000 |
| 설비 | 95,000 | 이익잉여금 | 11,000 |
| 배당금 | 12,000 | 매출 | 536,800 |
| 매출환입과 에누리 | 6,700 | 이자수익 | 2,500 |
| 매출할인 | 5,000 | | 673,900 |
| 매출원가 | 363,400 | | |
| 매출운반비 | 7,600 | | |
| 광고비 | 12,000 | | |
| 급여 | 56,000 | | |
| 수도광열비 | 18,000 | | |
| 임차료 | 24,000 | | |
| 감가상각비 | 9,000 | | |
| 보험료 | 4,500 | | |
| 이자비용 | 3,600 | | |
| | 673,900 | | |

**해답**

**Falcetto SpA**
**손익계산서**
2020년 1월 1일부터 2020년 12월 31일까지

| | | |
|---|---|---|
| 총매출 | | |
| 매출액 | | €536,800 |
| 차감: 매출환입과 에누리 | € 6,700 | |
| 매출할인 | 5,000 | 11,700 |
| 순매출액 | | 525,100 |
| 매출원가 | | 363,400 |
| 매출총이익 | | 161,700 |
| 판매관리비 | | |
| 급여 | 56,000 | |
| 임차료 | 24,000 | |
| 수도광열비 | 18,000 | |
| 광고비 | 12,000 | |
| 감가상각비 | 9,000 | |
| 매출운반비 | 7,600 | |
| 보험료 | 4,500 | |
| 판매관리비 계 | | 131,100 |
| 영업이익 | | 30,600 |
| 영업외 수익과 비용 | | |
| 이자수익 | | 2,500 |
| 이자비용 | | 3,600 |
| 당기순이익 | | € 29,500 |

## 단원 정리를 위한 질문

1 (a) "유통업체의 회계순환 과정은 서비스업체의 회계순환 과정과 다르다." 이 말에 동의하는지 밝히고 그 이유를 설명하라. (b) 유통업체의 순이익 측정은 서비스업체와 개념적으로 동일한지에 대해 설명하라.

2 유통업체의 정상적인 영업주기가 서비스업체보다 긴 이유는 무엇인가?

3 (a) 유통업체와 서비스업체는 수익과 비용의 구성 요소가 어떻게 다른가? (b) 유통업체의 당기순이익 측정 과정에 대해 설명하라.

4 유통업체와 서비스업체의 당기손익 측정은 어떻게 다른가?

5 계속기록법에서 매출원가는 언제 결정되는가?

6 운반 조건 중 FOB 출고지와 FOB 도착지에 대해 설명하라. 구매자에게 재고자산 차변을, 판매자에게 운반비 차변을 발생시키는 것은 무엇인가?

7 신용 조건 2/10, n/30의 의미를 설명하라.

8 7월 15일, £2,500의 상품을 신용 조건 2/10, n/30으로 외상구매했는데, 이 중 손상된 상품이 있어 7월 18일에 공급업체로부터 £200의 대변 메모를 받았다. 그리고 7월 24일 매입채무를 변제하면서 매입할인을 받았다. 계속기록법을 적용하는 경우 7월 24일의 지급 거래를 분개하라.

9 캐런 로이드는 외상판매한 매출은 대금이 현금으로 들어오기 전이라도 수익으로 기록될 수 있다고 생각한다. 동의하는지 밝히고 그 이유를 설명하라.

10 (a) 현금판매와 신용판매의 회계 처리를 하기 위한 기본 증빙은 각각 무엇인가? (b) 임의의 금액인 XX를 사용하여 (a)의 각 거래를 분개하라.

11 7월 10일에 €700의 상품을 신용 조건 2/10, n/30으로 외상판매하고 7월 12일에 €100가 반품되었다. 판매 대금을 7월 19일에 수령하여 매출할인이 적용되었는데, 이 입금 거래를 분개하라.

12 일반적으로 재고자산 계정이 연말에 조정되어야 되는 이유를 설명하라.

13 €180,000의 매출과 €125,000의 매출원가 계정으로 결산 분개를 하라.

14 유통업체의 결산 후 시산표에 나타나는 재고자산 계정은 무엇을 뜻하는가?

15 Regis Co.의 계정에는 순매출 HK$1,090,000, 매출원가 HK$ 700,000, 판매관리비 HK$230,000가 있다. 매출총이익과 매출총이익률을 구하라.

16 Kim Ho Company는 순매출 ¥800,000, 매출총이익 ¥570,000, 순이익 ¥240,000을 보고했다. 판매관리비는 얼마인가?

17 유통업체의 손익계산서는 어떤 특징이 있는지 서비스 업체와 비교하여 설명하라.

18 손익계산서 내 (a) 영업 활동과 (b) 영업 외 활동에 대해 설명하라.

*19 계속기록법으로 재고자산을 회계 처리하는 회사의 정산표에 (a) 재고자산과 (b) 매출원가가 어느 칸에 표시되는가?

*20 실제재고조사법으로 재고자산을 회계 처리하는 회사가 상품 구매 시 취득원가에 추가되거나 차감되는 항목을 열거하라.

*21 실제재고조사법으로 재고자산을 회계 처리하는 회사가 7월 15일에 신용 조건 2/10, n/30으로 NT$60,000의 상품을 외상으로 구매하고, 7월 18일에 손상된 제품에 대해 NT$6,000의 에누리를 받았다. 7월 24일에 매입할인을 받고 매입채무를 변제한 경우의 분개를 하라.

## 가벼운 연습 문제

1 다음은 Clearwater Pools의 손익계산서이다. 빈칸을 채워라.

| | 매출 | 매출원가 | 매출총이익 | 판매관리비 | 순이익 |
|---|---|---|---|---|---|
| **a.** | £78,000 | ? | £30,000 | ? | £10,800 |
| **b.** | £108,000 | £55,000 | ? | ? | £29,500 |
| **c.** | ? | £83,900 | £79,600 | £39,500 | ? |

**2** Giovanni Leather Goods는 Gordon Tannery로부터 외상으로 상품을 구매했는데, 상품의 판매 가격은 €780, 매출원가는 €560이다. 두 회사가 해야 할 분개를 하라. 단, 두 회사는 계속기록법을 사용한다.

**3** 계속기록법을 사용하는 Benson Ltd.의 다음 거래를 분개하라.

**a.** 3월 2일, Benson은 Edgebrook Company에 £800,000의 상품을 외상으로 판매했다. 신용 조건은 2/10, n/30이며, 상품의 매출원가는 £620,000이다.

**b.** 3월 6일, Edgebrook Company는 3월 2일에 구매한 상품 중 £120,000를 반환했는데, 이 상품의 원가는 £90,000이다.

**c.** 3월 12일, Benson은 Edgebrook Company로부터 매출채권을 회수했다.

**4** 3번 문제에서 계속기록법을 사용하는 Edgebrook Company가 해야 할 분개를 하라.

**5** 계속기록법을 적용하는 Federer Sports의 장부에는 재고자산 CHF98,000이 표시되어 있으나 실제 보유 재고는 CHF96,100이다. 필요한 수정 분개를 하라.

**6** Orlaida Bath Salts의 계정에 매출 €192,000, 매출할인 €2,000, 매출원가 €105,000, 재고자산 €40,000가 있다. 집합손익 계정을 사용하여 결산 분개를 하라.

**7** Yangtze Canoes는 2020년 10월 31일로 종료되는 달에 중국 위완화로 외상매출 ¥280,000, 현금매출 ¥100,000, 매출할인 ¥5,000, 매출환입과 에누리 ¥22,000을 시현했다. 손익계산서의 매출 부분을 작성하라.

**8** (a) 장비처분이익, (b) 이자비용, (c) 기물 파손으로 인한 손실, (d) 매출원가, (e) 감가상각비는 손익계산서의 어디에 표시되는가?

**9** Jose Foods의 손익 관련 계정은 매출 €506,000, 매출환입과 에누리 €13,000, 매출원가 €342,000, 판매관리비 €110,000로 구성된다. (a) 순매출, (b) 매출총이익, (c) 영업이익, (d) 매출총이익률(소수점 둘째 자리에서 반올림)을 구하라.

*__10__ 다음은 부록 5A에 제시한 정산표이다.

| 시산표 | | 수정 분개 | | 수정 후 시산표 | |
|---|---|---|---|---|---|
| 차변 | 대변 | 차변 | 대변 | 차변 | 대변 |

| 손익계산서 | | 재무상태표 | |
|---|---|---|---|
| 차변 | 대변 | 차변 | 대변 |

정산표에서 (a) 현금, (b) 재고자산, (c) 매출, (d) 매출원가가 표시될 위치를 밝혀라.

예 현금: 시산표 차변, 수정 후 시산표 차변, 재무상태표 차변

*__11__ 다음은 실제재고조사법을 적용하는 Kowloon Electronics의 계정이다(단위: 1,000). 순매입액과 총매입원가를 구하라.

| | |
|---|---:|
| 매입 | ₩430,000 |
| 매입할인 | 8,000 |
| 매입환출과 에누리 | 13,000 |
| 매입운반비 | 16,000 |

*__12__ 11번 문제의 자료를 이용하되 Kowloon Electronics의 기초 재고자산과 기말 재고자산이 각각 ₩60,000, ₩86,000이고 순매출액이 ₩680,000일 때(단위: 1,000) 매출원가와 매출총이익을 구하라.

*__13__ 실제재고조사법을 적용하는 Huntington Kitchen의 다음 거래를 분개하라.

**a.** 3월 2일, Saunder Cabinet으로부터 £900,000의 상품을 신용조건 2/10, n/30에 외상구매했다.

**b.** 3월 2일에 구입한 상품 중 £184,000를 3월 6일에 반품했다.

**c.** 3월 12일, Saunder Cabinet에 대금을 지불했다.

*__14__ 다음은 실제재고조사법을 적용하는 Hall Music의 계정이다. 기초 재고자산과 기말 재고자산이 각각 $40,000와 $30,000일 때 집합손익을 사용하여 결산 분개를 하라.

| | |
|---|---:|
| 매출 | $180,000 |
| 매입 | 120,000 |
| 매출할인 | 2,000 |
| 매입환출과 에누리 | 30,000 |

*__15__ 다음은 부록 5B에 제시한 실제재고조사법의 정산표이다.

| 시산표 | | 수정 분개 | | 수정 후 시산표 | |
|---|---|---|---|---|---|
| 차변 | 대변 | 차변 | 대변 | 차변 | 대변 |

| 손익계산서 | | 재무상태표 | |
|---|---|---|---|
| 차변 | 대변 | 차변 | 대변 |

정산표에서 (a) 현금, (b) 기초 재고자산, (c) 외상매입금, (d) 기말 재고자산이 표시될 위치를 밝혀라.

예 현금: 시산표 차변, 수정 후 시산표 차변, 재무상태표 차변

## DO IT! 적용 문제

**1** 다음 설명이 맞으면 ○, 틀리면 ×로 표시하고 틀린 부분을 바르게 고쳐라.

1. 유통업체는 매출총이익을 보고하지만 서비스업체는 그렇지 않다.
2. 실제재고조사법에서는 판매가 발생할 때마다 매출원가가 결정된다.
3. 서비스업체는 매출채권 계정이 있지만 유통업체는 그렇지 않다.
4. 실제재고조사법에서는 기초 재고자산에 매입원가를 더하고 기말 재고자산을 차감하여 매출원가를 산출한다.

**2** 10월 5일, Lepik Flowers는 Tamm Gardens로부터 외상으로 화초를 구매했는데, 구입 가격은 €4,700이고 Tamm의 취득원가는 €3,100이다. 10월 8일, Lepik Flowers는 이 중 병든 화초를 반품했는데, 구입 가격은 €650이고 시장가치는 €160로 평가된다. Lepik Flowers가 해야 할 분개를 하라.

**3** 2번 문제에서 Tamm Gardens가 해야 할 분개를 하라.

**4** 다음은 Alagoas's Boutique의 12월 31일 자 시산표에 있는 계정이다. 결산 분개를 하라.

| | | | |
|---|---|---|---|
| 재고자산 | R$21,000 | 매출 | R$156,000 |
| 매출환입과 에누리 | 4,100 | 매출할인 | 3,000 |
| 매출원가 | 92,400 | 이자수익 | 3,000 |
| 운반비 | 2,200 | 수도광열비 | 7,400 |
| 급여 | 19,500 | | |

**5** 다음은 Dorothea Publications의 계정이다. 계정별로 재무제표 칸에는 손익계산서, 이익잉여금계산서, 재무상태표 중 어느 것과 관련이 있는지를 표시하고, 구분 칸에는 어떤 항목으로 분류되어 보고되는지를 표시하라.

| 계정 | 재무제표 | 구분 |
|---|---|---|
| 지급채무 | | |
| 매출채권 | | |
| 감가상각누계액 | | |
| 현금 | | |
| 기물 파손으로 인한 손실 | | |
| 매출원가 | | |
| 감가상각비 | | |
| 설비 | | |
| 판매운반비 | | |
| 보험료 | | |
| 미지급 이자비용 | | |
| 재고자산 | | |
| 토지 | | |
| 지급어음(5년 만기) | | |
| 자본 | | |
| 이익잉여금 | | |
| 배당금 | | |
| 미지급 재산세 | | |
| 급여 | | |
| 미지급 급여 | | |
| 매출환입과 에누리 | | |
| 매출 | | |
| 선수 임대료 수익 | | |
| 수도광열비 | | |

## 단원 연습 문제

**1** 수쿠프 씨는 서비스업체와 유통업체의 차이에 대해 다음과 같이 알고 있다. 맞으면 ○, 틀리면 ×로 표시하고 틀린 부분을 바르게 고쳐라.

1. 유통업 회계의 순이익 측정은 개념적으로 서비스업과 동일하다.
2. 유통업 회계의 경우 매출에서 판매관리비를 차감하고 매출총이익을 산출한다.
3. 유통업의 주요 수익원은 상품 판매이다.
4. 판매 직원의 급여는 판매관리비의 한 예이다.
5. 유통업의 영업주기는 서비스업과 동일하다.
6. 계속기록법에서는 보유 중인 상품의 입출입에 대해 상세하게 기록한다.
7. 실제재고조사법에서는 회계기간 종료 시 매출원가가 결정된다.
8. 실제재고조사법은 계속기록법보다 재고자산을 더 잘 관리한다.

**2** 다음은 Duffy Yachts의 거래 내역이다.

1. 4월 5일, Thomas Nautical Supply로부터 £25,000의 상품을 외상으로 구입하면서 신용 조건은 2/10, net/30, 운반 조건은 FOB 출고지로 했다.

2. 4월 6일, Thomas Nautical Supply로부터 구입한 상품에 대해 £900의 운임을 지불했다.
3. 4월 7일, £26,000의 장비를 외상으로 구입했다.
4. 4월 8일, Thomas Nautical Supply에 손상된 상품을 반품하고 £2,600를 에누리 받았다.
5. 4월 15일, Thomas Nautical Supply에 매입채무를 변제했다.

**a.** 계속기록법을 적용하여 Duffy Yachts의 거래를 분개하라.

**b.** Duffy Yachts가 4월 15일이 아닌 5월 4일에 Thomas Nautical Supply에 매입채무를 지불했다고 가정하고 분개하라.

**3** 계속기록법을 사용하는 Moreau Office Supply는 9월 1일 현재 계산기 30개를 재고자산으로 보유하고 있으며, 각각의 취득원가는 €22이다. 다음은 9월의 거래이다.

| | |
|---|---|
| 9월 6일 | Roux Electronics로부터 계산기 90개를 개당 €20에 현금매입했다. |
| 9일 | 운반비 €180를 지불했다. |
| 10일 | 하자 있는 계산기 3개를 €66(운임 포함)에 반품하고 현금을 수령했다. |
| 12일 | Village Book Store에 신용 조건 n/30으로 취득원가 €22(운임 포함)의 계산기 28개를 개당 €33에 외상판매했다. |
| 14일 | 주문 오류가 있어 Village Book Store로부터 계산기 1개를 반납받고 €33를 깎아주었다. |
| 20일 | Holiday Card Shop에 신용 조건 n/30으로 취득원가 €22의 계산기 40개를 개당 €35에 외상판매했다. |

9월의 거래를 분개하라.

**4** York Gifts는 6월 10일에 Bianchi Designs로부터 신용 조건 2/10, n/30으로 £7,600의 상품을 외상으로 구입했다. 또한 운반 조건이 FOB 출고지라 York Gifts는 6월 11일에 £400의 운반비를 지불했다. 그러나 총 £300에 달하는 상품에 하자가 있어 6월 12일에 Bianchi Designs에 반환하고 에누리를 받았는데, 이 상품의 시장가치는 £70이다. 6월 19일, York Gifts는 매입할인을 받고 Bianchi Designs에 대한 매입채무를 전액 변제했다. 두 회사 모두 계속기록법을 사용한다.

**a.** York Gifts가 해야 할 분개를 하라.

**b.** Bianchi Designs가 해야 할 분개를 하라. 단, York Gifts가 구입한 상품의 취득원가로 Bianchi Designs가 부담한 금액은 £4,300이다.

**5** 다음은 Li Gourmet의 거래 내역이다.

1. 12월 3일, Li Gourmet는 South China Ltd.에 신용 조건 1/10, n/30, 운반 조건 FOB 도착지로 HK$580,000의 상품을 판매했다. 판매한 상품의 취득원가는 HK$364,800이다.
2. 12월 8일, South China는 12월 3일에 구입한 상품에 대해 HK$28,000의 에누리를 받았다.
3. 12월 13일, Li Gourmet는 South China로부터 매출채권 전액을 수령했다.

**a.** 계속기록법을 적용하여 Li Gourmet의 거래를 분개하라.

**b.** Li Gourmet가 12월 13일이 아니라 다음 해 1월 2일에 South China로부터 매출채권을 회수했다고 가정하고 대금 수령을 분개하라.

**6** 다음은 2020년 10월 31일로 종료되는 회계연도 말 Mendoza Auto Supply의 수정 후 시산표에 있는 계정이다.

| | | | |
|---|---|---|---|
| 매출 | €820,000 | 매출운반비 | €16,000 |
| 매출환입과 에누리 | 28,000 | 매출할인 | 13,000 |

**a.** 손익계산서의 매출 항목을 작성하라.

**b.** (1) 매출, (2) 매출 차감 계정에 대한 결산 분개를 하라.

**7** Hezir Creations의 연말 계정은 다음과 같으며, 재고 조사 결과 현재 보유 중인 재고자산이 ₺14,200로 파악되었다.

| | |
|---|---|
| 매출원가 | ₺ 60,000 |
| 재고자산 | 15,000 |
| 판매관리비 | 29,000 |
| 매출 | 117,000 |
| 매출할인 | 1,300 |
| 매출환입과 에누리 | 1,700 |

**a.** 재고 조사에 따른 수정 분개를 하라.

**b.** 결산 분개를 하라.

**8** 다음은 Poulsen Industries의 2020년 1월 자 계정이다.

| | |
|---|---|
| 계속기록법에 따른 기말 재고자산 | € 21,600 |
| 실제 기말 재고자산 | 21,000 |
| 매출원가 | 208,000 |
| 매출운반비 | 7,000 |
| 보험료 | 12,000 |
| 임차료 | 20,000 |
| 급여 | 59,000 |
| 매출할인 | 8,000 |
| 매출환입과 에누리 | 13,000 |
| 매출 | 378,000 |

**a.** 재고자산과 관련된 수정 분개를 하라.

**b.** 결산 분개를 하라.

**9** 다음은 Bach Chocolatiers의 2020년 3월 자 계정이다.

| | |
|---|---:|
| 매출원가 | £212,000 |
| 임차료 | 32,000 |
| 판매운반비 | 9,000 |
| 매출할인 | 7,400 |
| 보험료 | 7,000 |
| 매출환입과 에누리 | 13,000 |
| 급여 | 58,000 |
| 매출 | 380,000 |
| 기타포괄손익 | 2,200 |

**a.** 손익계산서를 작성하라.

**b.** 포괄손익계산서를 작성하라.

**c.** 매출총이익률을 구하라.

**10** 다음은 Mancini Films의 2020년 12월 31일 자로 종료되는 연도의 손익계산서에서 뽑은 실적이다.

| | |
|---|---:|
| 판매관리비 | € 725,000 |
| 매출원가 | 1,256,000 |
| 이자비용 | 70,000 |
| 이자수익 | 33,000 |
| 유형자산처분손실 | 17,000 |
| 순매출 | 2,200,000 |
| 기타포괄손익 | 8,300 |

**a.** 손익계산서를 작성하라.

**b.** 포괄손익계산서를 작성하라.

**11** 다음은 Zoeng Ceramics의 경리 직원이 상품 거래를 기록하면서 범한 오류이다.

1. 상품 결함으로 고객에게 HK$1,750를 환불했는데, 이를 차변에 매출 HK$1,750, 대변에 현금 HK$1,750로 처리했다.
2. HK$1,400의 소모품을 외상으로 구입하고 차변에 재고자산 HK$1,400, 대변에 현금 HK$1,400로 처리했다.
3. HK$2,150의 매출할인을 매출에서 직접 차감했다.
4. 상품 구매를 위한 운반비 HK$200를 현금으로 지불하고 차변에 운반비 HK$2,000, 대변에 현금 HK$2,000로 처리했다.

오류 분개를 취소하지 않는 방식으로 오류정정 분개를 하라.

**12** Endeaver Cameras의 2020년 순매출은 £860,000, 매출원가는 £533,200, 판매관리비는 £221,000, 이자비용은 £7,000이다.

**a.** 매출총이익을 구하라.

**b.** 매출총이익률을 계산하고, 재무제표 이용자가 이를 계산하는 이유를 설명하라.

**c.** 영업이익과 당기순이익을 구하라.

**d.** Endeaver Cameras는 재무상태표의 어떤 분류 항목으로 상품 재고를 보고해야 하는가?

**13** 다음은 두 회사의 재무 정보이다(단위: 1,000).

| | Natasha Shoes | Boris Footwear |
|---|---:|---:|
| 매출 | руб 94,000 | (d) |
| 매출환입 | (a) | руб 5,000 |
| 순매출 | 80,000 | 98,000 |
| 매출원가 | 56,000 | (e) |
| 매출총이익 | (b) | 37,500 |
| 판매관리비 | 12,000 | (f) |
| 당기순이익 | (c) | 15,000 |

**a.** 빈칸을 채워라.

**b.** 매출총이익률을 구하라(소수점 둘째 자리에서 반올림).

**14** 다음은 세 회사의 재무 정보이다. 빈칸을 채워라.

| | Athena Cosmetics | Harry Grocery | Panama Wholesalers |
|---|---:|---:|---:|
| 매출 | €90,000 | € (e) | €122,000 |
| 매출환입과 에누리 | (a) | 5,000 | 12,000 |
| 순매출 | 86,000 | 95,000 | (i) |
| 매출원가 | 56,000 | (f) | (j) |
| 매출총이익 | (b) | 22,000 | 24,000 |
| 판매관리비 | 15,000 | (g) | 18,000 |
| 영업이익 | (c) | (h) | (k) |
| 영업외 수익과 비용 | (4,000) | (3,000) | (l) |
| 당기순이익 | (d) | 11,000 | 5,000 |

*__15__ 다음은 Feisal Pet Supply의 2020년 5월 말 정산표에 있는 계정이다.

| 계정 | 수정 후 시산표 | |
|---|---:|---:|
| | 차변 | 대변 |
| 현금 | 9,000 | |
| 재고자산 | 76,000 | |
| 매출 | | 460,000 |
| 매출환입과 에누리 | 10,000 | |
| 매출할인 | 9,000 | |
| 매출원가 | 288,000 | |

| 손익계산서 | | 재무상태표 | |
|---|---|---|---|
| 차변 | 대변 | 차변 | 대변 |
| | | | |

수정 후 시산표의 각 금액을 정산표 내 해당 칸으로 옮겨 적어 정산표를 완성하라.

*16 다음은 Barbosa Apparel의 2020년 6월 30일 자 정산표 내 시산표이다.

**Barbosa Apparel**
**정산표**
**2020년 6월 1일부터 2020년 6월 30일까지**

| | 시산표 | |
|---|---|---|
| **계정과목** | **차변** | **대변** |
| 현금 | 2,120 | |
| 매출채권 | 2,740 | |
| 재고자산 | 11,640 | |
| 매입채무 | | 1,120 |
| 자본금 | | 4,000 |
| 매출 | | 42,800 |
| 매출원가 | 20,560 | |
| 판매관리비 | 10,860 | |
| | 47,920 | 47,920 |

기타 자료: 판매관리비로 발생했지만 미지급되어 회계 처리가 되지 않은 금액이 R$1,640 있다.

시산표와 수정 자료를 토대로 정산표를 완성하라.

*17 다음은 2020년 8월 31일에 종료되는 회계연도 말 현재 Biju Medical Supplies의 시산표에서 가져온 계정이다(단위: 1,000). 기말 재고자산은 Rp16,000로 평가된다.

| | |
|---|---|
| 재고자산 | Rp 17,200 |
| 매출 | 190,000 |
| 매출환입과 에누리 | 3,000 |
| 매입환출과 에누리 | 6,200 |
| 매입 | 149,000 |
| 매입운반비 | 5,000 |
| 매출운반비 | 1,000 |

8월 31일로 종료되는 연도의 손익계산서 내 매출원가 항목을 구성하라(실제재고조사법).

*18 다음은 Scott Enterprises의 2020년 12월 31일 자 계정이다. 2020년 1월 1일 자 재고자산은 £50,000, 2022년 12월 31일 자 재고자산은 £60,000이다.

| | | | |
|---|---|---|---|
| 매입운반비 | £ 4,000 | 매입 | £509,000 |
| 매입할인 | 6,000 | 매입환출과 에누리 | 8,000 |
| 매출 | 840,000 | 매출환입과 에누리 | 11,000 |
| 매출할인 | 7,000 | | |

**a.** 2020년 매출총이익을 구하라.

**b.** 영업 외 활동이 없다고 가정하고 당기순이익이 £130,000일 때 Scott Enterprises의 2020년 판매관리비를 구하라.

*19 다음은 Alpha, Beta, Chi, Decca의 매출원가를 구성하는 항목이다. 빈칸을 채워라.

| | A | B | C | D |
|---|---|---|---|---|
| 기초 재고 | € 165 | € 70 | €1,000 | € (j) |
| 매입 | 1,620 | 1,060 | (g) | 43,810 |
| 매입환출과 에누리 | 40 | (d) | 290 | (k) |
| 순매입 | (a) | 1,030 | 6,210 | 41,090 |
| 매입운반비 | 95 | (e) | (h) | 2,240 |
| 매입원가 | (b) | 1,280 | 7,940 | (l) |
| 판매 가능한 재고자산의 원가 | 1,840 | 1,350 | (i) | 49,530 |
| 기말 재고 | 310 | (f) | 1,450 | 6,230 |
| 매출원가 | (c) | 1,260 | 7,490 | 43,300 |

*20 다음은 Olaf Decor에 관한 정보이다.

1. 4월 5일, DeVito Group으로부터 €18,000의 상품을 외상으로 구입했다. 신용 조건은 2/10, net/30이고 운반 조건은 FOB 도착지이다.
2. 4월 6일, 구입한 상품에 대한 운반비 €820를 DeVito Group에 지불했다.
3. 4월 7일, €30,000의 장비를 외상으로 구입했다.
4. 4월 8일, 하자가 있어 €2,800의 상품을 DeVito Group에 반품했다.
5. 4월 15일, DeVito Group에 매입채무 전액을 지불했다.

**a.** 실제재고조사법을 가정하고 각 거래에 대해 분개하라.

**b.** Olaf Decor가 4월 15일이 아닌 5월 4일에 DeVito Group에 매입채무를 변제했다고 가정하고 분개하라.

*21 다음은 Chilean Industries에 관한 정보이다.

1. 4월 5일, Graham Ltd.로부터 £17,400의 상품을 외상으로 구입했다. 신용 조건은 2/10, net/30이고 운반 조건은 FOB 도착지이다.
2. 4월 6일, 구입한 상품에 대한 운반비 £800를 Graham Ltd.에 지불했다.
3. 4월 7일, Reed Manufacturing으로부터 £27,000의 장비를 외상으로 구입했다.
4. 4월 8일, 하자가 있어 £4,000의 상품을 Graham Ltd.에 반품했다.
5. 4월 15일, Graham Ltd.에 매입채무 전액을 지불했다.

**a.** 실제재고조사법을 가정하고 각 거래에 대해 분개하라.

**b.** Chilean Industries가 4월 15일이 아닌 5월 4일에 Graham Ltd.에 매입채무를 변제했다고 가정하고 분개하라.

*22 다음은 Midler Stores의 2020년 5월 말 정산표 내 계정이며, 기말 재고자산은 $75,000이다.

| 계정 | 수정 후 시산표 | |
|---|---|---|
| | 차변 | 대변 |
| 현금 | 9,000 | |
| 재고자산 | 80,000 | |
| 매입 | 240,000 | |
| 매입환출과 에누리 | | 30,000 |
| 매출 | | 450,000 |
| 매출환입과 에누리 | 10,000 | |
| 매출할인 | 5,000 | |
| 임차료 | 42,000 | |

| 손익계산서 | | 재무상태표 | |
|---|---|---|---|
| 차변 | 대변 | 차변 | 대변 |
| | | | |

실제재고조사법을 사용한다고 가정하고 수정 후 시산표의 각 금액을 정산표 내 해당 칸으로 옮겨 적어 정산표를 완성하라.

## 마무리 연습 문제

1 도매업체인 Ready-Set-Go는 소매점에 여행용 가방을 외상으로 판매하면서 신용 조건을 1/10, n/30으로 했다. 다음은 7월의 거래이며, 6월 말 Ready-Set-Go의 재고자산은 £1,200이다.

7월 1일 Trunk Manufacturers로부터 £1,620어치의 여행용 가방을 외상으로 구입했다. 신용 조건은 2/10, n/30이고 운반 조건은 FOB 도착지이다. 운반비 £100를 현금으로 지불했다.

3일 Satchel World에 여행용 가방을 판매했다. 판매가는 £2,200이고 매입원가는 £1,400이다.

9일 Trunk Manufacturers에 매입채무를 변제했다.

12일 Satchel World로부터 매출채권 전액을 회수했다.

17일 Lady GoGo에 매입원가가 £1,030인 여행용 가방을 £1,400에 외상으로 판매했다.

18일 Holiday Manufacturer로부터 £1,900어치의 여행용 가방을 외상으로 구입했다. 신용 조건은 1/10, n/30이고 운반 조건은 FOB 출고지이다. 운반비 £125를 현금으로 지불했다.

20일 Holiday Manufacturer에 하자 있는 여행용 가방을 반품하고 £300(운임 포함)를 에누리 받았다.

21일 Lady GoGo로부터 매출채권 전액을 회수했다.

22일 Vagabond에 매입원가가 £1,350인 여행용 가방을 £2,400에 외상으로 판매했다.

30일 Holiday Manufacturer에 매입채무 전액을 변제했다.

31일 Vagabond로부터 £200의 반품을 받았는데, 매입원가는 £120이다.

Ready-Set-Go의 계정일람표에는 다음 계정이 있다.

| | | | |
|---|---|---|---|
| No. 101 | 현금 | No. 112 | 매출채권 |
| No. 120 | 재고자산 | No. 201 | 매입채무 |
| No. 401 | 매출 | No. 412 | 매출환입과 에누리 |
| No. 414 | 매출할인 | No. 505 | 매출원가 |

계속기록법을 사용하여 Ready-Set-Go의 7월 거래를 분개하라.

2 Vree Distributors는 4월 동안 다음과 같은 거래를 했다. 4월 초 Vree Distributors의 장부에는 현금 €8,000와 자본금 €8,000가 있다.

4월 2일 Walker Supply로부터 €6,200의 상품을 외상으로 구입했다. 신용 조건은 1/10, n/30이다.

4일 매입원가가 €3,400인 상품을 €5,500에 외상으로 판매했다. 신용 조건은 1/10, n/30이고 운반 조건은 FOB 도착지이다.

5일 4월 4일에 판매한 상품에 대한 운반비 €240를 지불했다.

6일 Walker Supply에 €500를 반환하고 에누리를 받았다.

11일 매입할인을 받고 Walker Supply에 매입채무 전액을 변제했다.

13일 4월 4일의 판매로 인한 매출채권을 매출할인을 공제하고 전액 회수했다.

14일 €3,800의 상품을 현금으로 매입했다.

16일 4월 14일에 구입한 상품에 대해 €500를 반환하고 에누리를 받았다.

18일 Benjamin Glassware로부터 €4,500의 상품을 외상으로 구입했다. 신용 조건은 2/10, n/30이고 운반 조건은 FOB 출고지이다.

20일 4월 18일에 구입한 상품에 대한 운반비 €160를 지불했다.

23일 매입원가가 €4,120인 상품을 현금 €7,400를 받고 판매했다.

26일 현금 €2,300로 상품을 구입했다.

27일 매입할인을 받고 Benjamin Glassware에 매입채무 전액을 변제했다.

29일 결함이 있는 상품에 대해 고객에게 현금 €90를 환불했다. 반품된 상품의 시장가치는 €30이다.

30일 매입원가가 €1,900인 상품을 €3,400에 외상으로 판매했다. 신용 조건은 n/30이다.

Vree Distributors의 계정일람표에는 다음 계정이 있다.

| | | | |
|---|---|---|---|
| No. 101 | 현금 | No. 112 | 매출채권 |
| No. 120 | 재고자산 | No. 201 | 매입채무 |
| No. 311 | 자본금 | No. 401 | 매출 |
| No. 412 | 매출환입과 에누리 | No. 414 | 매출할인 |
| No. 505 | 매출원가 | No. 644 | 매출운반비 |

**a.** 계속기록법을 사용하여 거래를 분개하라.

**b.** T 계정을 만들어 현금과 자본금을 입력하고 거래를 계정별로 포스팅하라(분개장 쪽수 번호를 J1로 하라).

**c.** 2020년 4월 손익계산서를 매출총이익을 중심으로 작성하라.

c. 매출총이익 €6,765

**3** 다음은 Towne Shopping Mall 근처에 있는 Starz Department Store의 2020년 12월 31일 현재 수정 전 시산표와 수정 후 시산표이다.

| | 수정 전 | 수정 후 |
|---|---|---|
| 매입채무 | £ 76,300 | £ 77,300 |
| 매출채권 | 50,300 | 50,300 |
| 감가상각누계액–건물 | 42,100 | 52,500 |
| 감가상각누계액–설비 | 29,600 | 42,700 |
| 건물 | 290,000 | 290,000 |
| 현금 | 23,800 | 23,800 |
| 매출원가 | 412,700 | 412,700 |
| 감가상각비 | | 23,500 |
| 배당금 | 24,000 | 24,000 |
| 설비 | 110,000 | 110,000 |
| 보험료 | | 7,200 |
| 이자비용 | 3,000 | 8,100 |
| 미지급 이자비용 | | 5,100 |
| 이자수익 | 4,000 | 4,000 |
| 재고자산 | 75,000 | 75,000 |
| 담보부 차입금 | 80,000 | 80,000 |
| 선급보험료 | 9,600 | 2,400 |
| 재산세 | | 4,800 |
| 미지급 재산세 | | 4,800 |
| 이익잉여금 | 64,600 | 64,600 |
| 급여 | 105,000 | 105,000 |
| 판매수수료 | 10,200 | 14,500 |
| 미지급 판매수수료 | | 4,300 |
| 매출환입과 에누리 | 8,000 | 8,000 |
| 매출 | 724,000 | 724,000 |
| 자본금 | 112,000 | 112,000 |
| 수도광열비 | 11,000 | 12,000 |

**a.** 손익계산서, 이익잉여금계산서, 계열화된 재무상태표를 작성하라. 단, 담보부 차입금 중 £16,000는 내년에 만기이다.

**b.** 수정 분개를 하라.

**c.** 결산 분개를 하라.

a. 순이익 £132,200
이익잉여금 £172,800
자산 계 £456,300

**4** 전직 프로 테니스 스타인 J. 정은 Yalong River Resort에서 Zheng's Tennis Shop을 운영하고 있다. 현재 시즌이 시작될 때 Zheng's Tennis Shop의 총계정에는 현금 ¥2,200, 재고자산 ¥1,800, 자본금 ¥4,000의 계정이 있다. 다음은 4월의 거래이다.

| | |
|---|---|
| 4월 4일 | Jay-Mac Ltd.로부터 ¥760어치의 라켓과 볼을 외상으로 구입했다. 신용 조건은 2/10, n/30이고 운반 조건은 FOB 출고지이다. |
| 6일 | 구입한 상품에 대한 운반비 ¥40을 Jay-Mac에 지불했다. |
| 8일 | 회원에게 매입원가가 ¥790인 상품을 ¥1,150에 외상으로 판매했다. 신용 조건은 n/30이다. |
| 10일 | Jay-Mac에 하자 물품을 반품하고 ¥60을 에누리 받았다. |
| 11일 | Li Sports로부터 ¥420어치의 테니스화를 현금으로 구입했다. |
| 13일 | Jay-Mac에 매입채무 전액을 변제했다. |
| 14일 | Everett Sportswear로부터 ¥800어치의 테니스 셔츠와 반바지를 외상으로 구입했다. 신용 조건은 3/10, n/60이고 운반 조건은 FOB 출고지이다. |
| 15일 | Li Sports에 결함이 있는 테니스화를 반품하고 현금 ¥50을 수령했다. |
| 17일 | 구입한 상품에 대한 운반비 ¥30을 Everett Sportswear에 지불했다. |
| 18일 | 회원에게 매입원가가 ¥520인 상품을 ¥980에 외상으로 판매했다. 신용 조건은 n/30이다. |
| 20일 | 회원들로부터 매출채권 ¥600을 회수했다. |
| 21일 | Everett Sportswear에 매입채무 전액을 변제했다. |
| 27일 | 회원으로부터 사이즈가 맞지 않는 테니스복을 반품 받고 ¥40을 지급했다. |
| 30일 | 회원으로부터 매출채권 ¥820을 회수했다. |

Zheng's Tennis Shop의 계정일람표에는 다음 계정이 있다.

| | | | |
|---|---|---|---|
| No. 101 | 현금 | No. 112 | 매출채권 |
| No. 120 | 재고자산 | No. 201 | 매입채무 |
| No. 311 | 자본금 | No. 401 | 매출 |
| No. 412 | 매출환입과 에누리 | No. 505 | 매출원가 |

**a.** 계속기록법을 사용하여 4월의 거래를 분개하라.

**b.** T 계정을 만들어 기초 금액을 입력하고 4월의 거래를 포스팅하라(분개장 쪽수 번호를 J1로 하라).

**c.** 2020년 4월 30일 자 시산표를 작성하라.

c. 차변 계 ¥6,130

***5** 다음은 Rosiak Fashion Center의 회계연도 말인 11월 30일 자 시산표이다.

**Rosiak Fashion Center**
**시산표**
**2020년 11월 30일 기준**

| | 차변 | 대변 |
|---|---|---|
| 현금 | £ 8,700 | |
| 매출채권 | 27,700 | |
| 재고자산 | 44,700 | |
| 소모품 | 6,200 | |
| 설비 | 133,000 | |
| 감가상각누계액 | | £ 23,000 |
| 지급어음 | | 51,000 |
| 매입채무 | | 48,500 |
| 자본금 | | 50,000 |
| 이익잉여금 | | 38,000 |
| 배당금 | 8,000 | |
| 매출 | | 755,200 |
| 매출환입과 에누리 | 12,800 | |
| 매출원가 | 497,400 | |
| 급여 | 136,000 | |
| 광고비 | 24,400 | |
| 수도광열비 | 14,000 | |
| 유지보수비 | 12,100 | |
| 매출운반비 | 16,700 | |
| 임차료 | 24,000 | |
| 계 | £965,700 | £965,700 |

수정 자료

1. 미사용 소모품은 £2,100이다.
2. 설비의 감가상각은 £11,500이다.
3. 지급어음에 발생된 이자는 £4,000이다.
4. 실제 보유 재고자산은 £44,520이다.

**a.** 정산표에 시산표를 입력하여 정산표를 완성하라.

**b.** 수정 항목을 분개하라.

**c.** 2020년 11월 30일로 종료되는 회계연도의 손익계산서와 이익잉여금계산서, 2020년 11월 30일 현재 계열화된 재무상태표를 작성하라. 단, 지급어음 £6,000의 만기는 2021년 1월이다.

**d.** 결산 분개를 하라.

**e.** 결산 후 시산표를 작성하라.

a. 수정 후 시산표 계 £981,200
순손실 £1,980
c. 매출총이익 £244,820
자산 계 £181,520

*6 다음은 Hotai Department Store의 2020년 12월 31일로 종료되는 회계연도의 수정 후 시산표에 있는 계정이다.

| | |
|---|---|
| 매입운반비 | NT$ 165,000 |
| 재고자산 | 1,215,000 |
| 매입 | 13,200,000 |
| 매입할인 | 360,000 |
| 매입환출과 에누리 | 192,000 |
| 매출 | 21,540,000 |
| 매출환입과 에누리 | 510,000 |

추가 자료

1. 2020년 12월 31일 재고자산은 NT$1,950,000이다.
2. Hotai Department Store는 실제재고조사법을 사용한다.

2020년 12월 31일로 종료되는 연도에 대해 매출총이익을 작성하되 손익계산서에 표시되는 방식으로 하라.

매출총이익 NT$8,952,000

*7 의류 소매업체인 Fons Apparel은 모든 상품을 신용으로 구매하고 실제재고조사법을 적용한다. 매입채무는 상품 구매를 기록하는 데에만 사용하며 다른 유동부채는 별도의 계정으로 처리한다. 다음은 2017~2020 회계연도에 대한 자료이다.

| | 2017 | 2018 | 2019 | 2020 |
|---|---|---|---|---|
| 기말 재고자산 | €13,000 | € 11,300 | € 14,700 | € 12,200 |
| 기말 매입채무 | 20,000 | | | |
| 매출 | | 225,700 | 240,300 | 235,000 |
| 외상매입 | | 141,000 | 150,000 | 132,000 |
| 매입채무의 변제 | | 135,000 | 161,000 | 127,000 |

**a.** 2018, 2019, 2020 회계연도의 매출원가를 구하라.

**b.** 2018, 2019, 2020 회계연도의 매출총이익을 구하라.

**c.** 2018, 2019, 2020 회계연도의 매입채무 기말 잔액을 구하라.

**d.** 2020 회계연도에 매출이 감소했는데, 매출총이익률로 측정되는 수익성도 감소했다고 볼 수 있는가? 각 회계연도의 매출총이익률을 계산해보면 도움이 된다(소수점 둘째 자리에서 반올림).

a. 2019 €146,600
c. 2019 기말 매입채무 €15,000

*8 시즌 초반 Village Tennis Shop의 회계장부는 현금 CHF2,500, 재고자산 CHF1,700, 자본금 CHF4,200으로 구성되어 있다. 다음은 4월의 거래이다.

4월 4일 Hingis AG로부터 CHF860어치의 라켓과 볼을 외상으로 구입했다. 신용 조건은 3/10, n/30이다.

6일 구입한 상품에 대한 운반비 CHF74을 Hingis AG에 지불했다.

8일 회원에게 CHF900의 상품을 판매했다. 신용 조건은 n/30이다.

10일 Hingis AG에 하자 있는 라켓을 반환하고 CHF60을 에누리 받았다.
11일 Volker Sports로부터 CHF300어치의 테니스화를 현금으로 구입했다.
13일 Hingis AG에 지급채무 전액을 지불했다.
14일 Linzey Sportswear로부터 CHF700어치의 테니스 셔츠와 반바지를 외상으로 구입했다. 신용조건은 2/10, n/60이다.
15일 Volker Sports에 손상된 상품을 반품하고 현금 CHF90을 환불받았다.
17일 구입한 상품에 대한 운반비 CHF25을 Linzey Sportswear에 지불했다.
18일 회원에게 CHF1,200의 상품을 외상으로 판매했다. 신용 조건은 n/30이다.
20일 회원들로부터 매출채권 CHF500을 회수했다.
21일 Linzey Sportswear에 매입채무 전액을 변제했다.
27일 맞지 않는 테니스 의류를 반품 받고 회원들에게 CHF25의 에누리를 제공했다.
30일 회원들로부터 매출채권 CHF630을 회수했다.

Village Tennis Shop의 계정일람표에는 다음 계정이 있다.

| | |
|---|---|
| 현금 | 매출채권 |
| 자본금 | 매출 |
| 매입환출과 에누리 | 매입할인 |
| 재고자산 | 매입채무 |
| 매출환입과 에누리 | 매입 |
| 매입운반비 | |

**a.** 실제재고조사법을 사용하여 4월의 거래를 분개하라.

**b.** T 계정을 만들어 원장 계정의 기초 잔액을 입력하고 4월의 거래를 포스팅하라.

**c.** 2020년 4월 30일 자 시산표를 작성하라.

**d.** 4월 30일 재고자산이 CHF2,140이라고 가정하고 손익계산서상 매출총이익을 구성하라.

c. 시산표 계 CHF6,488
d. 매출총이익 CHF744

## 회계순환 과정 복습 문제

다음은 Jurczyk Distributing의 2020년 12월 1일 자 계정이다.

| | 차변 | | 대변 |
|---|---|---|---|
| 현금 | € 7,200 | 감가상각누계액 | € 2,200 |
| 매출채권 | 4,600 | 매입채무 | 4,500 |
| 재고자산 | 12,000 | 미지급 급여 | 1,000 |
| 소모품 | 1,200 | 자본금 | 30,000 |
| 설비 | 22,000 | 이익잉여금 | 9,300 |
| | €47,000 | | €47,000 |

12월의 거래는 다음과 같다.

12월 6일 급여 €1,600를 지불했다. 이 중 €600는 12월 급여이고 €1,000는 11월 30일의 미지급 급여이다.
8일 매출채권에서 €2,100를 회수했다(매출할인 미적용).
10일 매입원가가 €4,100인 상품을 현금 €6,600를 받고 판매했다.
13일 Gong Co.로부터 €9,000의 상품을 외상으로 구입했다. 신용 조건은 2/10, n/30이다.
15일 €2,000의 소모품을 현금으로 구입했다.
18일 매입원가가 €8,400의 상품을 €12,000에 외상으로 판매했다. 신용 조건은 3/10, n/30이다.
20일 급여 €1,800를 지불했다.
23일 Gong Co.의 매입채무 전액을 매입할인을 공제하고 변제했다.
27일 12월 18일에 판매한 상품에 대해 고객으로부터 매출할인을 차감한 매출채권 전액을 수령했다.

수정 자료

1. 미지급 급여는 €800이다.
2. 감가상각은 월 €200이다.
3. 미사용 소모품은 €1,700이다.

**a.** 계속기록법을 사용하여 12월의 거래를 분개하라.

**b.** T 계정에 12월 1일의 잔액을 입력하고 12월의 거래를 포스팅하라. 매출원가, 감가상각비, 급여, 매출, 매출할인과 에누리 계정을 사용하라.

**c.** 수정 자료를 분개하고 포스팅하라.

**d.** 수정 후 시산표를 작성하라.

**e.** 12월의 손익계산서와 이익잉여금계산서, 12월 31일의 계열화된 재무상태표를 작성하라.

d. 총 €65,600
e. 순이익 €840

## 비판적 사고력 확장 문제

### 재무 보고: TSMC

**1** TSMC의 재무제표는 이 책의 부록 A에 실려 있으며, 재무제표 주석을 포함한 전체 연례 사업 보고서는 회사 웹사이트에서 확인할 수 있다. 이를 이용하여 다음 문제를 풀라.

**a.** 2015~2016년의 순매출과 당기순이익 변동률을 구하라.

**b.** 2015년과 2016년의 매출총이익률을 구하라.

**c.** 2015년과 2016년 순매출에 대한 당기순이익의 비율은 얼마인가? 이 비율의 추세에 대해 어떻게 생각하는가?

### 비교 분석: 네슬레와 델피

**2** 네슬레와 델피의 재무제표는 이 책의 부록 B와 C에 실려 있다.

**a.** 이를 이용하여 다음 문제를 풀라.

1. 가장 최근 회계연도의 매출총이익은 얼마인가?
2. 가장 최근 회계연도의 매출총이익률을 구하라.
3. 가장 최근 회계연도의 영업이익은 얼마인가? (참고: 손익을 회사별로 다양한 형태로 공시하고 있어 영업이익을 별도로 산출해야 한다.)
4. 가장 최근 회계연도의 영업이익 변동률을 구하라.

**b.** 위 자료를 바탕으로 상대적인 수익성과 관련하여 어떤 결론을 내릴 수 있는가?

### 실제 사례

**3** 재무적 의사결정자는 결정을 내리기 위해 연례 사업 보고서에 담긴 재무 정보에만 의존해서는 안 되며, 회사에 관한 최신 뉴스를 모두 알고 있어야 한다. 인터넷에서 네슬레와 델피에 관한 흥미로운 금융 뉴스를 검색한 후 다음 문제를 풀라.

**a.** 기사의 출처는 무엇인가(예: Reuters, Businesswire, PR Newswire)?

**b.** 당신이 재무설계사이고 고객 중 한 사람이 네슬레와 델피의 주식을 소유하고 있다고 가정하자. 기사를 요약하고, 기사가 고객의 투자에 미치는 영향을 설명하는 간단한 메모를 작성하라.

### 조직 전반에 걸친 의사결정

**4** 데비 셀스와 처남 마이크 무니는 3년 전에 Family Department Store를 창업했다. 처음 2년 동안은 사업이 잘되었지만 2019년의 영업 결과는 다음과 같이 기대에 미치지 못했다.

**Family Department Store**
**손익계산서**
**2019년 1월 1일부터 2019년 12월 31일까지**

| | | |
|---|---|---|
| 순매출 | | £700,000 |
| 매출원가 | | 553,000 |
| 매출총이익 | | 147,000 |
| 판매관리비 | | |
| 판매비 | £100,000 | |
| 관리비 | 20,000 | 120,000 |
| 당기순이익 | | £ 27,000 |

데비와 마이크는 문제를 진단하는 관점이 서로 다르다. 데비는 21%라는 상대적으로 낮은 매출총이익률(매출총이익을 순매출로 나눈 값)이 문제라고 추정하고, 마이크는 판매관리비가 너무 높은 것이 문제라고 생각한다.

데비는 매출총이익률을 개선하기 위해 다음 두 가지를 계획하고 있는데, 이러한 변경 사항이 판매관리비와 무관하다고 단정한다.

1. 평균 판매 가격을 20% 인상한다. 그러나 이러한 인상으로 매출량이 줄어들어 실제 매출액은 5%만 증가할 것이라고 예상한다.
2. 상품을 대량으로 구매하여 여러 매입할인을 받는다면 매출총이익률이 21%에서 24%로 증가할 것이라고 예상한다.

이와 달리 마이크는 다음 두 가지를 변경하여 비용을 절감하려 하는데, 이러한 변경이 순매출에는 영향을 미치지 않을 것이라고 본다.

1. 2020년의 판매원 급여(판매비용) £60,000를 절반으로 줄이고 대신 순매출의 2%로 수수료를 제공한다.
2. 매장 배송을 1주일에 두 번에서 한 번으로 줄인다. 이러한 변경으로 2020년에는 £30,000에 달하는 운반비(판매비용)가 40% 감소할 것이라고 예측한다.

데비와 마이크는 자신의 생각이 맞다고 논쟁하다가 순이익을 개선할 수 있는 최선의 방법을 알려달라고 당신에게 도움을 요청했다.

**a.** (1) 데비의 변경 사항이 구현되고 (2) 마이크의 아이디어가 채택되었다고 가정하고 각각의 경우 2020년에 대한 요약손익계산서를 작성하라.

**b.** 당신은 데비와 마이크에게 무슨 방법을 추천하겠는가?

**c.** 제안된 두 가지 변경 사항이 모두 적용되었다고 가정하고 2020년에 대한 요약 손익계산서를 작성하라.

### 커뮤니케이션 활동

**5** 다음은 발생 순서대로 정리한 일련의 거래이다.

1. 덱스터는 서핑보드를 사기로 마음먹었다.
2. Boardin Co.에 전화를 걸어 서핑보드에 대해 문의했다.
3. 이틀 후 덱스터는 Boardin Co.에 서핑보드 제작을 요청했다.
4. 3일 후 Boardin Co.는 덱스터에게 정식 주문서를 요청했다.
5. 덱스터는 구매 주문서를 작성하여 보냈다.
6. Boardin Co.는 구매 주문서를 받았다.
7. Boardin Co.는 서핑보드를 완성했다.
8. 덱스터는 서핑보드를 받았다.
9. Boardin Co.는 덱스터에게 대금을 청구했다.
10. Boardin Co.는 덱스터에게 대금을 받았다.

Boardin Co.의 사장에게 다음의 질문에 대한 답을 전하라.

**a.** Boardin Co.는 언제 판매를 기록해야 하는가?

**b.** 덱스터가 구매 주문서를 보내면서 계약금을 지불해야 한다고 가정하자. 그렇다면 당신의 대답이 바뀌는가?

### 윤리 사례

**6** 어니타 주르브루그는 Yorktown Stores의 재무부서 보조 직원으로 취업했다. 이 회사는 수도권에 9개의 소매점을 운영하는 전문 체인점으로, 모든 청구서의 지불이 중앙에 집중되고 어니타가 이를 총괄 관리한다. 어니타의 주요 책임은 모든 청구서에 대해 빠짐없이 신용 조건 마지막 날에 수표로 지급하되, 모든 매입할인을 적용받도록 관리하여 회사의 높은 신용 등급을 그대로 유지하는 것이다.

그런데 책임 재무관으로 승진한 전직 재무 보조원인 크리스 다디안은 어니타에게 자신이 개발한 업무 방식으로 하라고 지시했다. 즉 모든 수표를 '매입할인공제후 금액'으로 하여 할인을 받을 수 있는 기간의 마지막 날로 발급하되, 실제 수표의 발송은 4일이 지난 후에 하라는 것이었다. 이렇게 하면 거래처가 4일 늦게 은행에서 돈을 찾아가기 때문에 이자만큼 덕을 볼 수 있다면서 그는 이렇게 말했다. "대부분의 채권자는 그 정도로 불평하지는 않을 거예요. 그래도 만약 우리 회사가 할인 기간을 놓쳤다고 주장하면 일단 메일룸이나 우체국 탓으로 돌리고, 그 핑계가 통하지 않아도 경험상 1% 정도로 할인 혜택을 잃으니 상관없어요. 아마 대부분의 회사도 그렇게 할 겁니다."

**a.** 이 경우의 윤리적 고려 사항은 무엇인가?

**b.** 이 상황에서 피해를 입거나 혜택을 받는 이해관계자는 누구인가?

**c.** 어니타는 크리스가 시킨 일을 계속해야 하는가? 어떤 대안이 있는가?

---

**학습목표**

IFRS와 U.S. GAAP의 유통업을 비교한다.

## U.S. GAAP 살펴보기

U.S. GAAP과 IFRS의 유통업 회계 관련 기준은 거의 유사하다. 둘 다 계속기록법과 실제재고조사법을 모두 허용하면서 재고자산을 "판매를 위해 일상적으로 보유하는 물품, 그 물품의 생산 과정에 있는 재공품, 생산 과정에 투입되기 위한 원료와 일체의 소모품 등을 의미한다"고 정의한다. 다만 유통업을 비롯한 여러 산업에 대한 손익계산서의 양식이 다를 뿐이다. 특히 IFRS는 IAS 기준서 1호인 '재무제표 공시(Presentation of Financial Statements)'에서 손익계산서의 작성에 관한 일반적인 지침을 소개하고 손익에 관한 많은 지침을 추가로 발표했다. 양식의 차이점을 이해하기 위해 우선 U.S. GAAP에 따라 월마트(Wal-Mart Stores, Inc., 미국)가 실제로 공시한 손익계산서를 보자.

손익계산서에서 보듯이 U.S. GAAP은 손익계산서의 비용을 기능별로 분류하고 배열하는 것을 선호한다. 그러나 IFRS는 손익계산서에서 비용 계정을 성격별로 배열하는 방법과 기능별로 구분하는 방법을 둘 다 허용한다. 성격별 구분은 급여, 감가상각비, 수도광열비처럼 내용별로 나누는 것이고, 기능별 구분은 관리 분야, 판매 분야, 생산 분야 등으로 나누는 것이다. 단, 기능별로 공시하는 경우 그 성격별 계정 내역을 주석으로 상세하게 공시해야 한다.

Real World

**Wal-Mart Stores, Inc.**
**손익계산서**

| (단위: 주당 정보 외 $100만) | |
|---|---|
| **매출액:** | |
| 순매출액 | $473,076 |
| 회원 회비 수입 | 3,218 |
| | 476,294 |
| **매출원가와 비용:** | |
| 매출원가 | 358,069 |
| 판매관리비 | 91,353 |
| **영업이익** | 26,872 |
| **금융비용:** | |
| 대손상각 | 2,072 |
| 자본리스 | 263 |
| 이자수익 | (119) |
| 순금융비용 | 2,216 |
| **법인세비용 차감 전 계속사업이익** | 24,656 |
| **법인세비용:** | |
| 당기법인세 | 8,619 |
| 이연법인세 | (514) |
| | 8,105 |
| **법인세비용 차감 후 계속사업이익** | 16,551 |
| **중단사업손익** | 144 |
| **당기순이익** | 16,695 |
| **차감: 비지배주주지분 당기순이익** | (673) |
| **지배주주지분 당기순이익** | $ 16,022 |

U.S. GAAP의 손익계산서 형식에는 단일단계 방식과 다단계 방식이 있다. 반면에 IFRS는 이에 대해 구체적인 언급이 없다. 단일단계 방식은 총수익과 총비용을 따로 배열하여 총액끼리 비교하고 당기손익을 공시하는 방법인 데 비해 다단계 방식은 매출에서 매출원가를 공제하여 매출총이익을 보여주고, 매출총이익에서 판매관리비를 차감하여 영업이익을 산출하며, 다시 영업외 수익과 비용을 빼서 법인세비용 차감 전 당기순이익을 보여주는 식으로 이익을 단계별로 구분하며 당기손익까지 내려가는 방식이다.

한편 IFRS와 마찬가지로 U.S. GAAP에도 포괄손익의 개념이 있다. 포괄손익은 재무상태표의 자본 조정 항목으로 가감되는데, IFRS는 U.S. GAAP과 달리 토지와 건물, 무형자산의 재평가를 허용하므로 자본 조정 항목이 U.S. GAAP보다 더 많다. 그 외 특이 사항으로 IFRS는 손익계산서를 2년 비교식으로 요구하지만 U.S. GAAP은 3년 비교식으로 요구한다.

전술한바 IASB와 FASB는 공동으로 재무제표를 연구하면서 특히 손익계산서를 어떻게 공시하면 기업을 잘 이해할 수 있는지를 연구의 관건으로 삼았다. 결론은 종전처럼 당기순이익에만 초점을 둘 것이 아니라 현금흐름표와 같이 기업 활동을 영업, 투자, 재무 활동으로 구분하여 경영자의 경영 활동에 맞게 손익을 공시하는 것이다. 그리고 손익계산서에 표시되는 영업 활동에 공헌한 자산과 부채를 재무상태표에서 연계하여 찾아볼 수 있도록 하는데, 이러한 새로운 재무제표 양식을 개발한 데에는 재무제표 분석가들이 강력한 영향력을 행사했다는 후문이 있다.

## U.S. GAAP 확인 문제

**1** U.S. GAAP이 정의한 재고자산에 포함되지 않는 것은?

**a.** 사무실 문구류를 판매하는 업체가 보유하고 있는 복사용지
**b.** 전자제품 업체가 판매하기 위해 보관 중인 스테레오 음향기기
**c.** 플라스틱 회사의 인사부에서 판매하기 위해 보유 중인 중고 사무기기
**d.** 위의 보기 모두

**2** 다음 중 성격에 따른 비용 분류에 속하지 않는 것은?

**a.** 감가상각비 **b.** 급여
**c.** 이자비용 **d.** 제조비

**3** 다음 중 기능에 따른 비용 분류에 속하지 않는 것은?

**a.** 관리비 **b.** 제조비
**c.** 수도광열비 **d.** 판매비

**4** 다음 설명 중 옳지 않은 것은?

**a.** U.S. GAAP은 다단계 손익계산서 방식만을 허용한다.
**b.** U.S. GAAP은 계속기록법과 실제재고조사법을 모두 허용한다.
**c.** 새롭게 제안된 재무제표 방식은 재무제표 분석가들의 영향을 많이 받았다.
**d.** 새롭게 제안된 손익계산서 양식은 당기순이익에만 초점을 두지 않는다.

**5** 새롭게 제안된 재무제표 양식에 대한 설명으로 옳은 것은?

**a.** 현재 사용 중인 재무제표와 비슷하다.
**b.** 경영자가 경영하는 방식과 일치한다.
**c.** 기능별로 구분하는 방식만 허용한다.
**d.** 손익계산서가 지금보다 덜 상세하게 변경된다.

**해답** 1. c 2. d 3. c 4. a 5. b

## U.S. GAAP 연습 문제

**1** '비용의 성격'별 분류와 '비용의 기능'별 분류의 차이점을 설명하라.

**2** 다음의 손익계산서 항목이 '성격'에 의한 분류인지, '기능'에 의한 분류인지 구분하라.

| | | | |
|---|---|---|---|
| ________ | 매출원가 | ________ | 수도광열비 |
| ________ | 감가상각비 | ________ | 운반비 |
| ________ | 급여 | ________ | 일반관리비 |
| ________ | 판매비 | | |

**3** Atlantis Company는 2020년에 당기순이익 $150,000, 건물 재평가와 관련된 미실현 이익 $10,000, 비매매 증권에 대한 미실현 손실 $(35,000)을 시현했다. 2020년 Atlantis Company의 당기 총포괄손익을 구하라.

### 재무 보고: 애플

**4** 애플의 재무제표는 이 책의 부록 D에 실려 있으며, 재무제표 주석을 포함한 전체 연례 사업 보고서는 회사 웹사이트에서 확인할 수 있다. 이를 이용하여 다음 문제를 풀라(소수점 둘째 자리에서 반올림).

**a.** 2014~2015년, 2015~2016년의 순매출과 당기순이익 변동률을 구하라.
**b.** 2014년, 2015년, 2016년의 매출총이익률을 구하라.
**c.** 2014년, 2015년, 2016년에 순매출 대비 당기순이익이 차지한 비율을 구하라.

# CHAPTER 6

James Porter/Workbook/Getty Images, Inc.

# 재고자산

Inventories

## 이 단원에서 공부할 내용

5장에서는 유통업 회계를 배웠다. 이제 더 나아가 매입의 단가가 다양하게 구성되어 있을 때 총원가를 매출원가와 재고자산의 원가로 할당하여 각각의 원가를 산출하는 방법을 좀 더 알아보자.

## 이 단원을 공부해야 하는 이유

### 고마쓰의 불도저

재고자산은 대부분 작지만 유형자산만큼 덩치가 큰 것도 있다. 굉음을 울리며 요란하게 작업하는 어마어마한 물건, 바로 불도저 같은 것이다. 고마쓰(Komatsu Ltd., 일본)는 재고자산인 건설용 중장비와 착굴 장비를 만드는 세계 2위의 기업이다. '고마쓰(こまつ)'는 일본말로 '작은 소나무'라는 뜻이지만 고마쓰는 결코 작은 것을 만들지 않는다. 굴삭기, 불도저, 벌목 장비, 포크리프트, 프레스 등 지축을 뒤흔들 만큼 거대한 중장비를 만들어 판다.

이 기업에서는 재고관리가 남달리 중요하다. D575 불도저 한 대의 가격만 해도 엄청난데, 거대 장비가 창고에 빽빽이 차 있다면 엄청난 원가가 창고에서 잠자고 있는 셈이다. 그렇다고 창고를 텅 비운다면 전 세계에서 밀려드는 주문을 어떻게 감당하겠는가? 자칫 3위에 판매 기회가 넘어갈 수도 있다.

사실 고마쓰는 이러한 고민을 일찌감치 해왔기 때문에 재고관리의 전문성만큼은 타의 추종을 불허한다. 최근의 쓰나미 재해에도 끄떡없었을 정도로 재고관리에 일가견이 있다. 별도의 재고관리와 물류를 담당하는 회사인 고마쓰로지스틱스(Komatsu Logistics)를 두어 중장비의 분리 해체, 조립, 보관, 포장, 국제적 배송까지 전담한다. 산을 하나 옮기는 데 필요한 장비를 주문하더라도 고마쓰는 눈 하나 깜짝하지 않고 장비를 보내줄 것 같은 믿음이 간다.

출처: Company website and Peter Marsh, "Komatsu Carries Strong Yen Load," *Financial Times (www.FT.com)* (October 25, 2010).

## 이 단원의 구성과 학습목표

| | | | |
|---|---|---|---|
| **재고의 분류와 수량 파악** | **재고자산을 분류하고 수량을 파악한다.** | **• 재고자산 분류**<br>**• 재고 수량 확정** | **DO IT! 1** 소유권 |
| **재고자산 평가법** | **재고자산의 원가흐름과 재무적 영향을 이해한다.** | **• 개별법**<br>**• 원가흐름의 가정**<br>**• 원가배부 방법에 따른 손익 및 세금 효과**<br>**• 계속적 적용** | **DO IT! 2** 원가 결정법 |
| **재고 오류의 영향** | **재고 오류가 재무제표에 미치는 영향을 이해한다.** | **• 손익 계산에 미치는 영향**<br>**• 재무 상태에 미치는 영향** | **DO IT! 3** 재고 오류 |
| **재고 표시와 분석** | **재고 표시와 분석을 이해한다.** | **• 재고 표시**<br>**• 저가법**<br>**• 재고 분석** | **DO IT! 4** 저가법과 재고 회전율 |

## 재고의 분류와 수량 파악 _Classifying and Determining Inventory

학습목표
재고자산을 분류하고 수량을 파악한다.

재고자산 회계에서 시작해야 할 첫 두 단계는 재고자산의 분류와 기말 보유 재고의 수량을 파악하여 금액을 확정하는 것이다.

### 재고자산 분류 _Classifying Inventory

먼저 재고자산이 상품인지 제품인지 구분해야 하는데, 유통업에서는 상품이고 제조업에서는 제품이다. 상품은 사서 그대로 되파는 것이므로 다음과 같은 특성을 가지고 있다. 즉 유통 회사의 재고자산이 되기 위해서는 회사가 소유하고, 완성품이므로 언제든 고객에게 팔 수 있는 상태여야 한다. 따라서 유통업의 재고자산은 상품 하나로 구성되지만 종류가 많다.

HINT
재고자산은 종류를 불문하고 모두 재무상태표의 유동자산으로 분류된다.

반면에 제조 회사의 경우 생산에 따라 완제품, 재공품, 원재료, 세 가지 재고자산 분류가 있다. **완제품**(finished goods)은 제조가 완료되어 언제든 고객에게 팔릴 준비가 끝난 재고자산이고, **재공품**(work in process)은 생산 중에 있는 재고자산이며, **원재료**(raw materials)는 아직 생산에 투입되지 않은 재고자산이다.

일본의 중장비 회사인 고마쓰의 경우, 판매할 준비가 끝난 거대한 트랙터는 완제품, 생산 라인에 있는 트랙터는 재공품, 트랙터를 만들기 위한 철판, 유리, 타이어 등 각종 구성품은 원재료로 분류된다. 그림 6.1은 고마쓰의 연례 사업 보고서에 포함된 재무상태표의 주석 5에서 발췌한 재고자산의 분류이다.

**그림 6.1** 고마쓰의 재고자산 분류

Real World

**Komatsu**
**재무제표 주석**
(단위: 100만)

| | 3월 31일 | |
|---|---|---|
| | **2016** | **2015** |
| 완제품 | ¥385,623 | ¥452,081 |
| 재공품 | 106,233 | 121,525 |
| 원재료 | 47,755 | 49,270 |
| 계 | ¥539,611 | ¥622,876 |

이렇게 재고자산을 세 가지로 분류한 것은 그냥 보면 단순한 정보에 불과하다. 그러나 세심한 재무제표 이용자에게는 중요한 정보이다. 예를 들어 제품이 많고 상대적으로 원재료가 적다면 경영자가 제품이 충분하다고 판단하고 있으며, 불황에 대비하여 앞으로 생산을 단축할 것이라고 추측할 수 있다. 반대로 원재료가 많고 상대적으로 제품이 적다면 경영자가 앞으로 생산 가동률을 높일 준비를 할 것이라는 예측이 가능하다.

한편 대부분의 회사는 되도록 재고를 줄여 원가가 재고자산에 많이 잠겨 있지 않게 하려고 노력하는데, 이를 위해 개발된 방법이 **JIT**(just-in-time) 기법이다. JIT는 필요할 때 상품을 구입하고 필요할 때 제품을 생산한다는 재고관리 기법이라 재고가 필요 없다. JIT를 적용하는 델(Dell, 미국)은 고객이 요청해야 컴퓨터를 만드는 회사로 유명하다. 고객의 다양하고 복잡한 요구를 충

**조직의 회계 | 결산기를 언제로 할까?**

기업은 JIT 시스템을 통해 많은 돈을 절약할 수 있지만 여기에는 리스크가 따른다. 예상치 못한 공급망의 차질로 큰 손해를 입을 수 있기 때문이다. 최근 일본에서는 규모 6.8의 지진이 일어나 일본 내 50% 이상 자동차 회사에 피스톤 링을 공급하는 부품업체가 큰 피해를 입었다. 피스톤 링의 가격은 $1.50에 불과하지만 일본의 자동차 회사들은 하잘것없는 이 링 때문에 며칠간 생산을 전면 중단해야 했다.

비슷한 사건으로 대만의 반도체 회사 TSMC도 규모 6.4에 달하는 지진을 겪었다. 애플의 아이폰 7에 들어가는 와이퍼와 섬세한 주요 부품을 공급하는 이 업체는 다행히 큰 피해를 입지 않아 생산에 차질을 면했지만 자칫 역사적인 새 휴대전화의 출시가 늦어질 뻔했다.

출처: Amy Chozick, "A Key Strategy of Japan's Car Makers Backfires," *Wall Street Journal* (July 20, 2007); and Jonathan Webb, "The Taiwanese Earthquake That Nearly Flattened the Apple iPhone 7," *Forbes* (February 19, 2016).

© Dudoladov/iStockphoto

**앞으로 닥칠지도 모를 심각한 혼란을 피하기 위해 기업은 어떤 조치를 취해야 하는가?**

분히 충족하는 사양으로 생산하여 배송 차량에 올리는 데 48시간도 채 걸리지 않는다. 그러나 JIT의 성공은 역량 있는 공급자를 만나야 가능하다. 공급자와 연계하여 재고관리 시스템을 구성해야 하기 때문이다. 델의 경우 재고 수준이 거의 0인데, 컴퓨터는 하루 만에 구식이 되기도 하는 물건이라 재고를 적게 유지하는 것이 경쟁에서 엄청난 장점이 된다.

이 장에서 배우는 내용은 유통업과 제조업 모두에 해당하지만 주로 유통업에 초점을 맞춘다. 제조업은 관리회계 영역에서 많이 다룬다.

## 재고 수량 확정 _Determining Inventory Quantities

계속기록법이든 실제재고조사법이든 기업은 결산기 말에 재고 조사를 통해 회계연도 말에 보유하고 있는 재고의 실제성을 확인하여 재고량을 확정해야 한다. 실제재고조사법을 사용하는 기업의 재고 조사는 당연하다. 재고 조사를 해야 회계연도 말의 재고자산을 계산하여 회계연도의 매출원가를 확정할 수 있기 때문이다. 그런데 장부상 재고 수량이 파악되고 있는 계속기록법에서도 재고 조사를 하는 이유는 무엇일까? 그 이유는 다음과 같다.

1. 재고수불부상 기록의 정확성을 확인한다.
2. 감모 손실이나 절도 등으로 사라진 재고 수량을 파악한다.

재고 조사를 통해 재고를 확정할 때는 보유하고 있는 실제 재고 수량을 카운트하고 재고의 소유권을 유심히 살펴보아야 한다.

ETHICS NOTE
샐러드드레싱 오일을 만드는 어떤 회사는 오일 저장 탱크를 물로 가득 채웠다. 기름이 위에 떠 있으니 감사인은 그 아래가 물인 줄 몰랐다. 그것도 모자라 이 회사는 실제 탱크 수량보다 더 많은 탱크가 있다고 속이고는 이미 카운트한 탱크에 페인트칠을 새로 하여 감사인을 혼란에 빠뜨렸다. 유명한 재고자산 부정 사건이다.

### 재고 조사 _Taking a Physical Inventory

재고 조사는 반드시 회계연도 말에 한다. 그런데 수량을 세고 무게를 재고 측량을 하는 재고 조사는 쉬운 일이 아니다. 소매업체인 에스프리홀딩스(Esprit Holdings, 홍콩), 인도마르코프리스마타마(Indomarco Prismatama, 인도), 에슬리트서점(Eslite Bookstore, 대만)에는 수십만 종류의 재고가 있어 이를 일일이 확인하기가 매우 어렵다. 더구나 재고 조사를 할 때 재고가 드나들면 헷갈려서 정확히 할 수가 없다. 따라서 재고 조사는 영업을 종료했을 때나 재고 흐름이 한가할 때 해야 한

**윤리적 사고력 키우기 | 가공의 이익을 만들기 위한 재고 조작**

여성복을 만들어 팔던 회사의 관리자가 이익을 조작하기 위해 재고자산 장부에 손을 대어 유죄 판결을 받았다. 보너스를 받기 위해서였다. 또한 전자제품을 만드는 회사의 경영자는 거짓 재고로 은행을 속여 기소되었다. 기소장에 따르면 그는 불량품을 새 제품이라고 거짓 분류를 하거나 수리를 하여 정상품인 것처럼 꾸몄다. 그리고 해외에서 구입한 재고를 가득 싣고 오는 배가 있다고 했으나 그런 배는 존재하지 않았다.

**재고의 과대계상은 회사의 재무제표에 어떤 영향을 미치는가?**

다. 대부분의 소매업체는 1월에 명절 세일이 끝나고 조용한 날 일찍 문을 닫고 재고 조사를 한다. 보석 회사인 기탄잘리그룹(Gitanjali Group, 인도)은 손님이 뜸한 3월 31일을 결산일로 하고 재고 조사를 한다.

### 소유권 확인 _Determining Ownership of Goods

재고확인은 두 가지 의문을 가지고 접근해야 한다. 첫째, 이 창고의 물건은 전부 해당 회사의 것인가? 둘째, 이 창고 외에 또 다른 재고는 없는가?

**운송 중인 재고** 재고 조사 중에 운송 중인 재고(goods in transit)가 있으면 재고 확정이 어렵다. 운송 중인 재고는 트럭, 기차, 선박, 비행기에 실려 있는 재고를 말한다. 구매했으나 아직 도착하지 않은 물품(미착품)이거나 판매했으나 아직 배달 중인 물품이다. 이는 법적 소유권 유무에 따라 재고 여부를 판단하며 법적 소유권은 계약 조건에 따른다. 이에 관한 기본적 내용으로 운송 중인 판매에 대한 소유권의 구분을 그림 6.2에 정리했다.

그림 6.2 판매 계약 조건

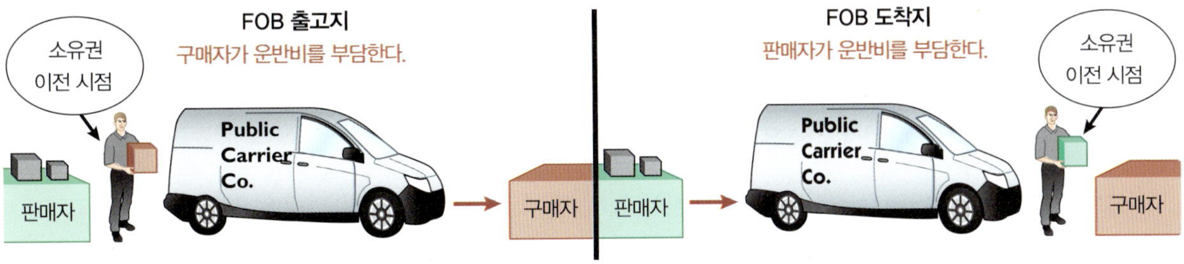


1. 계약 조건이 **FOB 출고지**(FOB shipping point)이면 운송 회사인 Public Carrier Co.가 판매자로부터 물품을 인도받을 때 소유권이 넘어간다.
2. 계약 조건이 **FOB 도착지**(FOB destination)이면 Public Carrier Co.가 실은 물품이 구매자에게 도착하기 전에는 소유권이 이전되지 않는다.

그리고 매입했으나 운송 중이라 아직 도착하지 않은 미착재고를 무시하면 재고 수량이 심각하게 왜곡된다. 가령 Hargrove Stores가 12월 31일 기준으로 20,000개의 재고 수량을 보유하고 있는데 다음의 운송 중인 재고를 감안하지 않았다고 하자.

## 부정 사례

시계를 제조하는 달리인더스트리스(Dally Industries)의 CEO인 테드 니커슨(Ted Nickerson)은 값비싼 취미를 가지고 있었다. 그는 취미 생활을 하기 위해 은행에 빚을 내고 회사의 주식을 그 빚의 담보로 넣었다. 그런데 주식 가격이 떨어지면 추가 담보를 넣어야 했기에 그는 주가를 올리기로 작정하고 재고자산의 조작을 지시했다. 주로 재고 조사 후 태그를 수정하는 수법을 써서 20개를 220개로 고치고 단가 $125를 $1,250로 고쳤다. 이렇게 함으로써 회사는 매출원가를 줄여 가공의 이익을 만들었다.

**가공의 이익: $245,000**

**내부 통제의 흠결**

**독립적 내부 감사:** 누군가가 태그의 수량을 실물과 확인하고 공급자가 배포한 가격 목록과 조작된 금액을 확인했다면 이러한 부정을 저지르기 어려웠을 것이다.

출처: Wells, *Fraud Casebook* (2007), pp. 502–509.

**1.** 12월 31일에 1,500개가 판매를 위해 출고되었으며 판매 조건은 FOB 도착지이다.

**2.** 12월 31일에 FOB 출고지 조건으로 2,500개를 구입했는데 아직 미도착이다.

Hargrove Stores는 판매한 1,500개와 구입한 2,500개의 소유권을 법적으로 보유하고 있다. 만약 운송 중인 재고를 무시하면 4,000개(1,500개 + 2,500개)의 재고를 과소계상하는 것이다. 재고가 왜곡되어 재무 상태가 왜곡되면 결국 당기손익이 왜곡된다.

**위탁재고** 다른 회사의 제품을 대신 팔아주고 수수료를 얻기 위해 타인의 재고를 보관하는 경우를 위탁거래라고 한다. 위탁거래의 경우 재고를 점유하기는 하지만 소유권이 없는데, 이러한 재고를 **위탁재고**(consigned goods)라고 한다.

예를 들어 중고차를 팔려고 딜러에게 인도했더라도 그 차의 소유권을 넘겨준 것은 아니어서 차는 딜러의 차고에 있지만 딜러의 재고자산에 포함될 수 없다. 마찬가지로 골동품 딜러도 수탁자로서 위탁판매를 하는데, 골동품은 딜러의 것이 아니라 주인이 따로 있다. 그런데 왜 위탁거래를 할까? 위탁자에게 판매 능력이 없기 때문이다. 또한 재고의 보관과 유지에 소요되는 비용을 줄이려는 목적도 있다. 그래서 일반 회사도 위탁판매를 의뢰하여 재고 수준을 낮추기도 한다.

### DO IT! 1 소유권

Deng Imports는 재고 조사를 통해 재고를 ¥200,000(단위: 1,000)으로 확정했다. 그런데 Deng Imports의 새로운 회계 직원이 다음과 같은 정보를 입수했다면 정확한 재고 금액은 얼마인가?

1. Deng Imports의 재고에 Falls Co.의 위탁재고가 ¥15,000 포함되어 있다.
2. 미착재고가 ¥10,000(조건: FOB 출고지) 있다.
3. 운송 중인 재고가 ¥12,000(조건: FOB 출고지) 있다.

**해답** 재고에서 위탁재고 ¥15,000을 제외하고, FOB 출고지 조건 미착재고 ¥10,000을 포함하며, 운송 중인 재고로서 FOB 출고지 조건인 ¥12,000은 이미 회사의 재고가 아니다. 따라서 재고 금액은 ¥195,000(¥200,000 − ¥15,000 + ¥10,000)이다.

## 재고자산 평가법 _Inventory Methods and Financial Effects

학습목표

재고자산의 원가흐름과 재무적 영향을 이해한다.

재고자산은 역사적 원가인 취득원가로 평가해야 한다. 취득원가는 사용 가능한 상태에 이르기까지 소요되는 모든 지출을 포함하여 산정한다. 그러므로 매입 시 운반비는 취득원가에 포함되지만 판매를 위한 운반비는 취득원가가 아닌 판매비에 포함된다.

재고자산의 원가는 취득단가와 재고 수량을 곱하여 산출하고, 매출원가는 취득단가와 판매 수량을 곱하여 산출한다. 이는 아주 쉬워 보이지만 각기 다른 날짜에 다른 매입가격으로 매입원가가 구성되어 있으면 재고자산의 단가 결정이 어렵기 때문에 간단치 않다. 예를 들어 Crivitz Home Entertainment가 50인치 TV 3대를 각기 다른 날짜에 £720, £750, £800를 주고 구입하고 그해에 TV 2대를 대당 £1,200에 팔았다면 이 TV 2대에 해당하는 매입단가는 얼마인가? 이 경우를 그림 6.3에 나타냈다.

**그림 6.3** 재고자산의 원가 계산을 위한 예

| **매입** | | |
|---|---|---|
| 2월 3일 | TV 1대 | £720 |
| 3월 5일 | TV 1대 | £750 |
| 5월 22일 | TV 1대 | £800 |
| **판매** | | |
| 6월 1일 | TV 2대 | £2,400 (£1,200 × 2) |

판매한 TV의 매출원가는 여러 가지 방식으로 계산할 수 있다. 즉 £1,470(£720 + £750)도 되고, £1,520(£720 + £800)도 되고, £1,550(£750 + £800)도 될 수 있다. 이를 좀 더 이론적으로 접근하여 살펴보자.

### 개별법 _Specific Identification

Crivitz가 판매한 TV를 개별적으로 구분하여 파악하고 있다면 개별법이 가능하다. **개별법**(specific identification method)은 실제 물건의 이동에 따라 매입가를 추적하여 원가를 인식하는 방법이다. 예를 들어 Crivitz가 판매된 TV 2대가 2월 3일, 5월 22일에 구입한 TV라고 알고 있으면 매출원가는 £1,520(£720 + £800), 재고자산 원가는 £750이다(그림 6.4 참조). 개별법의 장점은 정확성이다.

**그림 6.4** 개별법

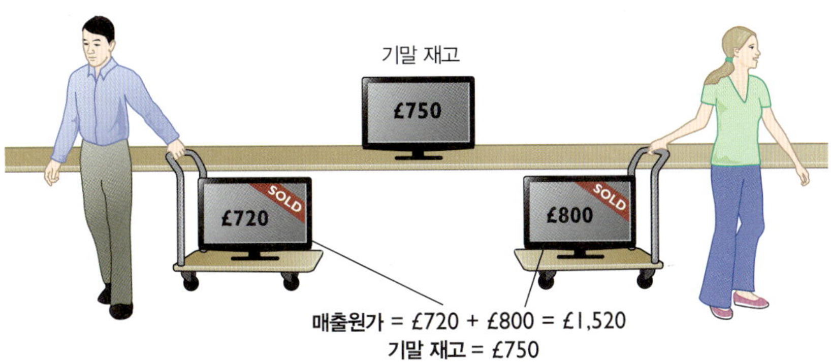

ETHICS NOTE
개별법은 손익 조정이 가능하다는 것이 단점이다. 같은 물건일 때 이익을 내고 싶으면 낮은 취득원가의 재고를 팔고, 이익을 낮추고 싶으면 높은 취득원가의 상품을 팔면 된다.

개별법을 사용하려면 각 재고의 원가를 파악하고 실제로 어떤 것이 팔렸는지 추적하고 있어야 한다. 하지만 이러한 방식은 관리비용이 많이 들기 때문에 재고 하나하나가 중요한 고가의 자동차, 피아노, 골동품 등에만 의미가 있을까, 보통의 재고에는 적용하기 힘들다. 그런데 최근에는 바코드와 같은 전자 식별 코드나 RFID 코드로 모든 제품에 개별법을 상대적으로 적용하기가 쉬워졌다. 그렇다 해도 개별법은 왠지 번거롭다. 같은 옷이 여러 벌 걸려 있는데 고객이 어느 것을 골라 집어 갔는지 파악하여 매출원가와 재고자산의 원가를 구분하는 것이 중요하지 않아 보인다. 따라서 원가흐름의 가정에 따른 원가 결정법이 고안되었다.

## 원가흐름의 가정 _Cost Flow Assumptions

개별법과 달리 실제적인 흐름과 관계없이 원가흐름을 가정하는 것을 원가흐름의 가정(cost flow assumption)이라고 한다. 여기에는 다음과 같은 두 가지 방법이 있다.

**1.** 선입선출법(FIFO)
**2.** 평균법

선입선출법은 먼저 들어온 물건이 먼저 판매되고, 평균법은 섞여서 판매된다는 가정이다. 이러한 가정은 원가흐름이 반드시 실제적인 물건의 흐름과 같아야 한다는 회계기준상의 요구가 없기 때문에 가능한 방법이다. 그런데 이 장에서는 원가흐름의 가정을 설명하기 위해 실제재고조사법을 전제로 한다. 계속기록법하에서의 FIFO는 이 장의 부록 6A에서 따로 설명하는데, 결과는 실제재고조사법과 같다. 다만 계속기록법을 적용하는 회사는 판매할 때마다 매출원가를 산정해야 하므로 일반적으로 상품이 팔릴 때 표준원가와 같은 사전에 정한 원가로 매출원가를 계산하는 방식을 쓰는 경우가 많기 때문에 설명하는 실익이 적다. Lin Electronics의 아스트로 콘덴서 재고자산을 예로 들어 원가흐름의 가정에 따른 원가 산출을 살펴보자(그림 6.5 참조).

그림 6.5 Lin Electronics의 회계 자료

**Lin Electronics**
Astro Condensers

| 일자 | 적요 | 수량 | 단가 | 총원가 |
|---|---|---|---|---|
| 1월 1일 | 기초 재고 | 10 | HK$100 | HK$ 1,000 |
| 4월 15일 | 구매 | 20 | 110 | 2,200 |
| 8월 24일 | 구매 | 30 | 120 | 3,600 |
| 11월 27일 | 구매 | 40 | 130 | 5,200 |
| | 판매 가능한 총수량 | 100 | | HK$12,000 |
| | 기말 재고 수량 | (45) | | |
| | 판매 수량 | 55 | | |

실제재고조사법에서 판매 수량에 대한 매출원가는 다음과 같다.

(기초 재고 + 구매) − 기말 재고 = 매출원가

Lin Electronics의 경우 판매 가능한 수량(기초 재고 + 구매)이 100개이고 원가는 HK$12,000이며, 12월 31일 자 재고 조사 결과 기말 재고가 45개로 확정되어 55개(100개 − 45개)가 팔렸다. 55개의 매출원가는 45개의 기말 재고가 확정되면 자동으로 역산된다. 여기서부터 원가흐름의 가정이 필요하다. 그러나 어떤 방식이든 '기초 재고 + 구매 = 기말 재고 + 매출원가'이며, 판매 가능한 수량의 원가는 모두 HK$12,000임을 명심하라. 즉 판매 가능한 원가를 어떻게 매출원가와 기말 재고로 나누어 배부하느냐가 핵심이다.

### 선입선출법 _First-In, First-Out(FIFO)

**선입선출법**(first-in, first-out, FIFO)은 말 그대로 먼저 들어온 물건이 먼저 나간다는 가정이다. 사실 이 가정은 오래된 것부터 먼저 팔려는 기업의 경영 방침과 맞아 떨어지기 때문에 실제 물량의 흐름과 같을 수 있다는 믿음이 바탕에 깔려 있다. 그러므로 FIFO에서는 먼저 매입한 물건이 먼저 매출원가로 인식된다. 이는 실제재고의 흐름과 무관하다. 옷걸이에 걸려 있는 같은 옷 중 어느 것이 먼저 팔리는지는 중요하지 않다. 그림 6.6은 Lin Electronics가 FIFO를 적용하여 재고와 매출원가를 산정하는 계산 방식을 보여준다.

**그림 6.6** 원가배부 선입선출법

**판매 가능한 수량의 원가**

| 일자 | 적요 | 수량 | 단가 | 총원가 |
|---|---|---|---|---|
| 1월 1일 | 기초 재고 | 10 | HK$100 | HK$ 1,000 |
| 4월 15일 | 구매 | 20 | 110 | 2,200 |
| 8월 24일 | 구매 | 30 | 120 | 3,600 |
| 11월 27일 | 구매 | 40 | 130 | 5,200 |
| | 계 | 100 | | **HK$12,000** |

**1단계: 기말 재고**

| 일자 | 수량 | 단가 | 총원가 |
|---|---|---|---|
| 11월 27일 | 40 | HK$130 | HK$5,200 |
| 8월 24일 | 5 | 120 | 600 |
| 계 | 45 | | **HK$5,800** |

**2단계: 매출원가**

| | |
|---|---|
| 판매 가능한 재고의 원가 | HK$12,000 |
| 차감: 기말 재고 | 5,800 |
| 매출원가 | **HK$ 6,200** |

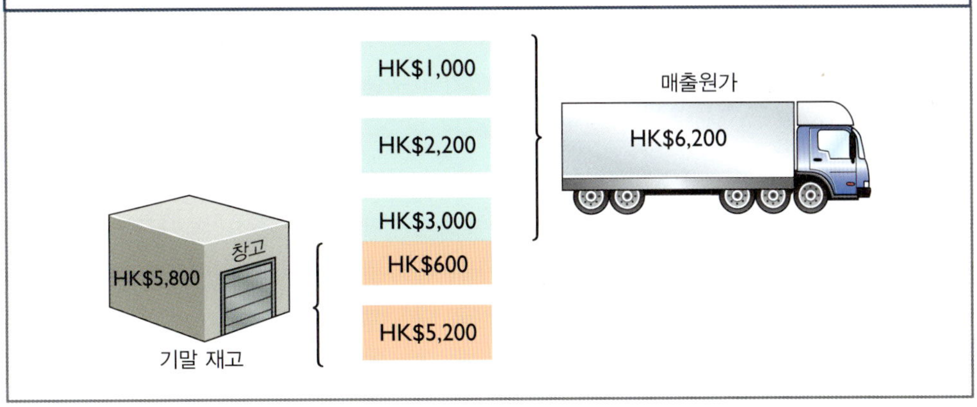


FIFO에서는 먼저 들어온 상품이 먼저 판매되어 출고되므로 기말 재고가 최근에 구매한 상품으로 구성된다는 것을 이용한다. 그러므로 실사가 끝나면 기말 재고의 수량에 도달할 때까지 최

HINT
원가 배부의 순서에 유의하자. 먼저 기말 재고에 원가를 배부한 후 매출원가를 결정한다.

근에 구입한 구매단가의 역순으로 적용하여 FIFO에 따른 재고자산의 원가를 산출한다. 그런 다음 판매 가능한 총원가에서 이를 차감하여 매출원가를 역산한다. 예를 들어 Lin Electronics의 기말 재고 45개를 최근의 단가로 구성하면 다음과 같이 산정할 수 있다. 가장 늦은 구매가 11월 27일의 40개, 단가 HK$130이므로 먼저 동 수량이 기말 재고가 된다. 남은 5개는 그다음 최근 구매인 8월 24일의 단가 HK$120를 적용하여 더하면 된다.

또 다른 방법으로 그림 6.7과 같이 매출원가를 직접 산출할 수도 있다. 즉 판매량 55개에 대해 가장 오래된 구매원가부터 채워나가는 방법이다. 우선 기초 재고와 4월 15일 구매의 합인 30개의 원가를 매출원가로 넣고, 잔량 25개는 8월 24일에 취득한 30개 중 25개가 판매되었다고 하면 매출원가의 결과는 같을 수밖에 없다.

**그림 6.7** 매출원가의 계산 검증

| 일자 | 수량 | 단가 | 총원가 |
|---|---|---|---|
| 1월 1일 | 10 | HK$100 | HK$1,000 |
| 4월 15일 | 20 | 110 | 2,200 |
| 8월 24일 | 25 | 120 | 3,000 |
| 계 | 55 | | **HK$6,200** |

## 평균법 _Average-Cost

**평균법**(average-cost method)은 취득원가를 평균 내어 적용하는 방식이다(그림 6.8 참조).

**그림 6.8** 평균취득단가 산출

| 판매 가능한 수량의 원가 | ÷ | 판매 가능한 수량 | = | 평균취득단가 |
|---|---|---|---|---|
| HK$12,000 | ÷ | 100 | = | HK$120 |

이 **평균취득단가**(weighted-average unit cost)를 기말 재고 수량과 곱하여 기말 재고 금액을 산정하고 판매 가능한 총원가에서 이를 차감하면 평균법에 따른 매출원가를 구할 수 있다. 그림 6.9는 Lin Electronics가 평균법으로 매출원가를 산정하는 계산 방식을 보여준다.

물론 매출원가를 산출하기 위해 직접 평균단가에 판매 수량을 곱해도 같은 결과를 얻을 수 있다(55 × HK$120 = HK$6,600). 그런데 평균단가를 구할 때 수량으로 매입단가를 가중평균해야 한다는 사실을 명심하라. 단순히 단가를 평균하면 안 된다. 예컨대 HK$100 + HK$110 + HK$120 + HK$130 = HK$460, HK$460 ÷ 4 = HK$115와 같이 해서는 안 된다. 평균법은 판매로 인한 재고 출고 시에 FIFO처럼 먼저 들어온 재고부터 순서대로 나가는 것이 아니라 순서와 상관없이 재고가 섞여서 출고의 기회를 균등하게 갖는다는 가정이다. 그래서 수량이 많으면 당연히 출고의 기회가 많기 때문에 수량으로 가중평균하는 것이다.[1]

---

1 그러나 미국에서 가장 많이 사용되는 방식은 후입선출법(LIFO)이다. LIFO는 FIFO와 반대로 나중에 입고된 물건이 먼저 출고된다는 가정으로, 가장 최근의 구매단가로 매출원가를 정하기 때문에 재고가 오래된 원가로 구성되어 현행 원가와 멀어져 적절히 평가되지 못하는 것이 약점이다. 따라서 IFRS는 LIFO를 허용하지 않는다. 이는 부록 6C에서 자세히 설명할 것이다.

**그림 6.9** 원가배부평균법

**판매 가능한 수량의 원가**

| 일자 | 적요 | 수량 | 단가 | 총원가 |
|---|---|---|---|---|
| 1월 1일 | 기초 재고 | 10 | HK$100 | HK$ 1,000 |
| 4월 15일 | 구매 | 20 | 110 | 2,200 |
| 8월 24일 | 구매 | 30 | 120 | 3,600 |
| 11월 27일 | 구매 | 40 | 130 | 5,200 |
| | 계 | 100 | | HK$12,000 |

**1단계: 기말 재고**

HK$12,000 ÷ 100 = HK$120

| 수량 | 단가 | 총원가 |
|---|---|---|
| 45 | HK$120 | HK$5,400 |

**2단계: 매출원가**

| | |
|---|---|
| 판매 가능한 재고의 원가 | HK$12,000 |
| 차감: 기말 재고 | 5,400 |
| 매출원가 | HK$ 6,600 |

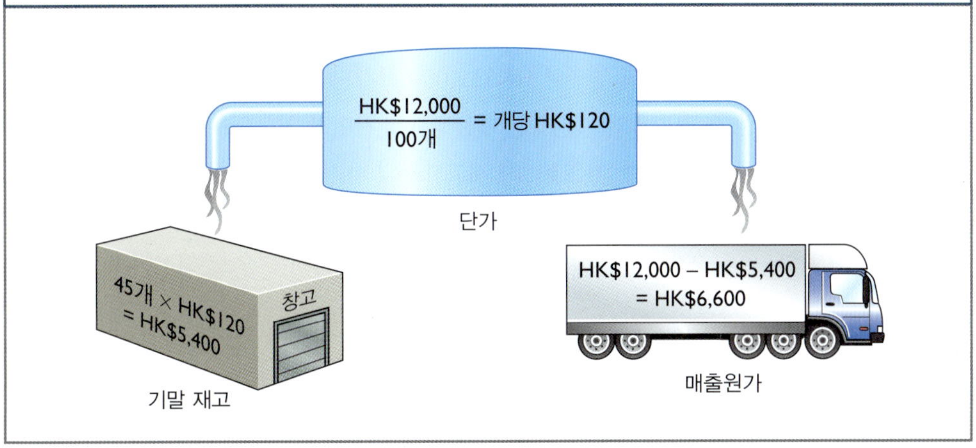


## 원가배부 방법에 따른 손익 및 세금 효과

_Financial Statement and Tax Effects of Cost Flow Methods

FIFO와 평균법은 기업 회계기준상 널리 인정받는 방식이다. 예를 들어 레노보(Lenovo, 중국)는 평균법을 사용하고 잉리솔라(Yingli Solar, 중국)는 중요 원재료에는 평균법을, 일반 자재에는 FIFO를 적용한다. 조사에 따르면 IFRS를 도입한 회사의 60%가 평균법을 사용하고 40%가 FIFO를 선호하며, 약 23%가 혼용한다고 알려져 있다.

어떤 방법을 선택하는 데에는 다양한 이유가 있겠지만, 이론적으로는 각기 손익계산서, 재무상태표, 세금 효과에 다른 영향을 미친다.

### 손익 효과 _Income Statement Effects

이해를 돕기 위해 Lin Electronics의 축약된 손익계산서를 살펴보자(그림 6.10 참조). 판매량 55개의 판매 가격은 HK$11,500, 판매관리비는 HK$2,000이고 법인세율은 30%라고 가정한다.

**그림 6.10** 원가배부 방법에 따른 손익 효과 비교

**Lin Electronics**
**축약된 손익계산서**

| | FIFO | 평균법 |
|---|---|---|
| 매출 | HK$11,500 | HK$11,500 |
| 기초 재고 | 1,000 | 1,000 |
| 구매 | 11,000 | 11,000 |
| 판매 가능한 원가 | 12,000 | 12,000 |
| 기말 재고 | **5,800** | **5,400** |
| 매출원가 | 6,200 | 6,600 |
| 매출총이익 | 5,300 | 4,900 |
| 판매관리비 | 2,000 | 2,000 |
| 법인세비용 차감 전 당기순이익* | 3,300 | 2,900 |
| 법인세비용(30%) | 990 | 870 |
| 당기순이익 | **HK$ 2,310** | **HK$ 2,030** |

*Lin Electronics는 법인이므로 법인세를 납부해야 한다.

판매 가능한 원가는 FIFO나 평균법이나 HK$12,000로 같지만 기말 재고와 매출원가의 배부에는 차이가 있다. 기말 재고의 금액 차이만큼 매출원가에 차이가 있으므로 법인세비용 차감 전 당기순이익에도 차이가 생긴다. 즉 HK$400가 재고자산의 차이이자 매출원가의 차이이며 법인세비용 차감 전 당기순이익의 차이이다.

특히 가격이 심하게 변동할 때 원가배부 방법에 따라 다음과 같이 큰 손익 차이가 발생한다.

1. 물가가 상승하는 인플레이션일 때 FIFO는 재고를 높게, 매출원가를 적게 하여 이익이 많이 산출되게 한다.
2. 재고의 품귀 등으로 구입 가격이 계속 올라갈 때도 마찬가지이다. Lin Electronics의 당기순이익은 FIFO하에서는 HK$2,310, 평균법하에서는 HK$2,030이다.
3. 디플레이션이나 재고의 공급 초과로 가격이 내려갈 때는 그 반대 현상인 이익 감소가 나타난다. FIFO에서는 높은 매출원가가 매출에 대응하기 때문이다.

경영자 입장에서는 당기순이익이 높으면 좋다. 회사의 평판이 올라가고 보너스도 넉넉히 챙길 수 있기 때문이다. 따라서 가격이 오르는 경제 상황에서 CEO는 FIFO를 선호한다.

### 재무 효과 _Statement of Financial Position Effects

경영자의 관점에서 FIFO의 장점은 인플레이션일 때 위력을 발휘한다. 최근 원가로 재고가 구성되기 때문이다. Lin Electronics의 경우 45개의 기말 재고 중 40개가 가장 높은 매입원가인 11월 27일의 HK$130로 구성되는 데 반해 평균법은 이보다 낮은 원가로 재고가 구성된다. 만약 재고가 한 해가 아니라 여러 해에 걸친 구매로 구성된다면 그 차이는 더욱 커진다.

### 세금 효과 _Tax Effects

이익이 작으면 당연히 세금을 덜 낸다. Lin Electronics의 법인세는 평균법의 경우 HK$870, FIFO의 경우 HK$990이다. 즉 평균법하에서는 세금을 HK$120나 줄일 수 있다.

### 국제적 사고력 키우기 | LIFO는 공정한가

많은 미국 회사는 LIFO를 선호한다. LIFO는 먼저 들어온 원가로 재고를 구성한다. 그래서 매입원가가 오르면 LIFO의 경우 당기순이익이 하락하고 세금을 덜 내게 되므로 현금흐름이 좋아진다. 따라서 LIFO를 불공정행위의 일종으로 '세금 회피 행위(tax dodge)'라고도 부른다.

이에 미국 의회는 LIFO를 폐지하는 안을 제안하기도 했다. 그러나 LIFO를 지지하는 세력도 만만치 않다. LIFO는 최근 원가로 구성된 매출원가가 매출에 대응하므로 손익을 합리적으로 산출하는 정당한 방법이고, 따라서 세금을 회피하는 것이 아니라 제대로 내고 있다는 주장이다. 또한 인플레이션일 때 회사가 존속할 수 있는 방식이라고 지적한다.

어쨌든 IFRS는 LIFO를 불허한다. 따라서 IFRS를 적용하는 산시옌칭석유(Shaanxi Yanching Petroleum, 중국)와 로열더치셸(Royal Dutch Shell, 영국)을 LIFO를 사용하는 미국의 에너지 회사와 직접 비교하기는 어렵다.

출처: David Reilly, "Big Oil's Accounting Methods Fuel Criticism," *Wall Street Journal* (August 8, 2006), p. C1.

Bloomberg/Getty Images

**LIFO 사용에 대해 찬성하는 주장과 반대하는 주장은 무엇인가?**

## 계속적 적용 _Using Inventory Cost Flow Methods Consistently

원가흐름의 가정은 어떤 방법을 선택하든 계속해서 사용해야 한다. 입맛대로, 유리한 대로 매년 변경할 수 없는데, 이를 **계속성**(consistency)의 원칙이라고 한다. 어떤 해는 FIFO를 사용하고 다음 해는 평균법을 사용한다면 회계기간별로 비교할 수가 없다. 그렇다고 아예 변경할 수 없다는 것은 아니다. 사정 변경의 원칙에 따라 합리성이 있으면 바꿀 수 있는데, 대신 변경 사유의 정당성이 있어야 함은 물론이고 이와 손익에 미치는 영향을 충분히 공시해야 한다.

### DO IT! 2 원가 결정법

Shumway Implements의 회계 자료는 다음과 같다.

| | |
|---|---|
| 기초 재고 | 4,000개, 단가 €3 |
| 구매 | 6,000개, 단가 €4 |
| 판매 | 7,000개, 판매단가 €12 |

매출원가를 실제재고조사법으로 결정하되 (a) FIFO와 (b) 평균법을 적용하라.

**해답** 판매 가능한 원가 = (4,000 × €3) + (6,000 × €4) = €36,000

기말 재고 = 10,000 − 7,000 = 3,000개

a. FIFO: €36,000 − (3,000 × €4) = €24,000

b. 평균법: [(4,000 @ €3) + (6,000 @ €4)] ÷ 10,000 = €3.60

매출원가: €36,000 − (3,000 × €3.60) = €25,200

## 재고 오류의 영향 _Effects of Inventory Errors

**학습목표**
재고 오류가 재무제표에 미치는 영향을 이해한다.

재고 오류는 흔히 발생한다. 기록을 누락하거나 잘못 기입할 수도 있고, 재고 조사 시 수량을 잘못 셀 수도 있고, 운송 중인 물품을 빠뜨릴 수도 있다. 이러한 재고 오류는 재무제표에 영향을 준다.

## 손익 계산에 미치는 영향 _Income Statement Effects

기말 재고는 다음 회기의 기초 재고가 된다. 그러므로 재고 오류는 두 회계연도의 매출원가와 당기손익에 영향을 미친다. 매출원가를 계산하는 공식은 그림 6.11과 같다.

**그림 6.11** 매출원가 공식

| 기초 재고 | + | 구매원가 | − | 기말 재고 | = | 매출원가 |
|---|---|---|---|---|---|---|

위의 공식에서 보듯이 기초 재고가 과소계상되면 매출원가가 과소계상되고, 기말 재고가 과소계상되면 매출원가가 과대계상된다. 재고자산의 오류가 당기손익에 미치는 영향을 그림 6.12에 정리했다.

**그림 6.12** 재고 평가의 오류가 당기손익에 미치는 영향

| 재고 평가 오류 | 매출원가 | 당기순이익 |
|---|---|---|
| 기초 재고의 과소계상 | 과소계상 | 과대계상 |
| 기초 재고의 과대계상 | 과대계상 | 과소계상 |
| 기말 재고의 과소계상 | 과대계상 | 과소계상 |
| 기말 재고의 과대계상 | 과소계상 | 과대계상 |

ETHICS NOTE

불황일 때 재고 가격을 과대계상하거나 없는 재고를 있다고 하는 등 재고 부정 사건이 자주 발생한다. 재고가 높으면 매출원가가 줄어들어 당기손익이 증가한다.

당기의 기말 재고 오류는 차년도 회계기간에는 올해 미친 영향의 반대 효과를 가져온다(그림 6.13 참조). 만약 2019년에 기말 재고가 과소계상되면 2020년에 기초 재고가 과소계상되고, 2020년 매출원가의 과소계상으로 당기순이익이 과대계상된다.

그런데 2년을 합하면 당기손익은 동일하다. 2개 연도의 잘못된 손익의 합은 어쨌든 €35,000(€22,000 + €13,000)이고, 이는 올바른 손익의 합인 €35,000(€25,000 + €10,000)와 같다.

**그림 6.13** 재고 오류의 영향

Hanbit Company
단순 손익계산서

| | 2019 | | | | 2020 | | | |
|---|---|---|---|---|---|---|---|---|
| | 오류 | | 오류 없음 | | 오류 | | 오류 없음 | |
| 매출 | | €80,000 | | €80,000 | | €90,000 | | €90,000 |
| 기초 재고 | €20,000 | | €20,000 | | **€12,000** | | **€15,000** | |
| 구매원가 | 40,000 | | 40,000 | | 68,000 | | 68,000 | |
| 판매 가능한 원가 | 60,000 | | 60,000 | | 80,000 | | 83,000 | |
| 기말 재고 | **12,000** | | **15,000** | | 23,000 | | 23,000 | |
| 매출원가 | | 48,000 | | 45,000 | | 57,000 | | 60,000 |
| 매출총이익 | | 32,000 | | 35,000 | | 33,000 | | 30,000 |
| 판매관리비 | | 10,000 | | 10,000 | | 20,000 | | 20,000 |
| 당기순이익 | | €22,000 | | €25,000 | | €13,000 | | €10,000 |

**€(3,000)**
당기순이익 과소계상

**€3,000**
당기순이익 과대계상

**오류가 상쇄되어 2개 연도의 손익을 합하면 맞다.**

1년씩 따로 보면 틀릴 뿐이다. 당년도 기말 재고의 오류는 다음 해의 기초 재고를 타고 다음 해로 이월되지만, 그다음 해의 기말 재고만 정확하다면 자본에 미치는 영향이 저절로 상쇄되어 사라진다. 그리고 당년도 기초 재고의 오류는 당년도 기말 재고와 무관하다는 것에 주의하라. 전년도 기말 재고는 당년도 기초 재고가 되어 오류가 전염되지만, 당년도 기말 재고는 재고 조사 및 원가 계산 방식에 따라 결정되므로 당년도 기초 재고와는 늘 서로 다른 독립변수이다. 즉 당년도 기말 재고 오류는 차년도 기초 재고의 오류가 될 뿐 차년도 기말 재고와는 무관하다고 정리할 수 있다.

### 재무 상태에 미치는 영향 _Statement of Financial Position Effects

회계 항등식(자산 = 부채 + 자본)을 보면 재고 오류가 재무 상태에 미치는 영향을 알 수 있다(그림 6.14 참조).

**그림 6.14** 재고 평가의 오류가 당기손익에 미치는 영향

| 기말 재고 오류 | 자산 | 부채 | 자본 |
|---|---|---|---|
| 과대계상 | 과대계상 | 영향 없음 | 과대계상 |
| 과소계상 | 과소계상 | 영향 없음 | 과소계상 |

한편 그림 6.13에서 설명했듯이 기말 재고 오류는 다음 해로 이월되어 2개 연도를 합하면 상쇄되어 오류가 없었던 경우와 같아진다. 즉 2019년에 과소계상되면 2020년에 자동으로 과대계상되어 2020년 말에는 재무에 미치는 영향이 저절로 없어진다.

**DO IT! 3 재고 오류**

Visual Designs는 2019년에 기말 재고를 NT$22,000 과대계상했다. 2019년과 2020년의 기말 재고, 매출원가, 자본에 미치는 영향을 분석하라.

**해답**

| | 2019 | 2020 |
|---|---|---|
| 기말 재고 | NT$22,000 과대계상 | 영향 없음 |
| 매출원가 | NT$22,000 과소계상 | NT$22,000 과대계상 |
| 자본 | NT$22,000 과대계상 | 영향 없음 |

## 재고 표시와 분석 _Inventory Statement Presentation and Analysis

**학습목표**
재고 표시와 분석을 이해한다.

### 재고 표시 _Presentation

5장에서 배웠듯이 고정성 배열법에 따르면 재고자산은 재무상태표의 유동자산으로, 매출채권 바로 위에 위치한다. 다단계 방식의 손익계산서에서는 매출에서 공제되는 매출원가의 산출 항목인 기초 및 기말 재고자산으로 등장한다. 또한 재고자산의 회계 정책은 주석으로 공시해야 하는데, 주요 재고의 분류, 평가 방법(원가법 또는 저가법), 원가법의 종류(FIFO 또는 평균법)와 같은 내용이 주가 된다.

## 저가법 _Lower-of-Cost-or-Net Realizable Value

첨단 기술이 적용된 제품을 팔거나 패션을 다루는 회사는 기술이나 유행이 바뀌면 가격이 급전직하(急轉直下)하여 재고자산의 평가에 문제가 생긴다. 예를 들어 포드(Ford, 미국)의 구매 담당자가 부품 품귀 현상을 너무나 걱정한 나머지 자동차 배기 장치에 중요한 팔라듐을 대량 구매하기로 결정했다. 그러나 걱정한 품귀 현상이 나타나지 않은 데다 오히려 팔라듐 가격이 추락했다. 포드의 재고는 현재 $10억인데 취득원가로 평가되어 있으니 현 시세보다 훨씬 높다. 취득원가 그대로 둘 것인가? 순실현가치로 평가해야 하는가? 이는 회계의 큰 이슈이다.

이때 원가와 순실현가치 중 낮은 금액으로 평가해야 한다는 주장이 **저가법**(lower-of-cost-or-net realizable value, LCNRV)이다. 미실현 손실이지만 미리 손실로 인식하는 것이 이해관계자에게 도움이 된다는 생각으로, 이는 **보수주의**(prudence)와 궤를 같이한다. 보수주의는 회계상 선택지가 있을 때 회사의 자산과 손익을 가장 적게 표시하는 방법을 선택한다. 그리고 자산의 가액을 낮추는 회계 처리를 '평가감(write down)'이라고 한다.

한편 저가법의 **순실현가치**(net realizable value)는 재고를 팔아 회수되는 금액이다. 즉 정상적인 시장의 판매가에서 판매를 위한 비용을 공제한 것이다. 저가법은 개별법, FIFO, 평균법으로 원가가 결정된 다음 이루어지는, 원가흐름의 가정과는 차원이 다른 개념으로, IFRS는 저가법을 적용한다. 그림 6.15는 Gao TVs의 제품, 원가, 순실현가치와 재고를 어떻게 평가하는지를 보여주어 저가법을 이해하는 데 도움이 된다.

그림 6.15 저가법 적용

| | 수량 | 개당 원가 | 개당 순실현가치 | 저가법 | |
|---|---|---|---|---|---|
| 평면 TV | 100 | NT$600 | NT$550 | NT$ 55,000 | (NT$550 × 100) |
| 위성 라디오 | 500 | 90 | 104 | 45,000 | (NT$90 × 500) |
| DVD 리코더 | 850 | 50 | 48 | 40,800 | (NT$48 × 850) |
| DVD | 3,000 | 5 | 6 | 15,000 | (NT$5 × 3,000) |
| 총재고 | | | | NT$155,800 | |

## 재고 분석 _Analysis

재고 관리는 양날의 칼과 같다. 다양한 재고를 보유하면서 고객의 주문에 즉시 대응하고 까다로운 입맛에 부응할 수 있다. 그러나 거액의 현금이 재고에 잠기고(투자로 보는 시각도 있음) 창고 보관료, 화재보험료가 들어가며 훼손과 진부화의 위험도 있다. 그렇다고 재고를 적게 보유하면 순간적인 품절로 고객이 이탈하고 판매 기회를 잃을 수도 있다. 따라서 적정한 재고 수준을 유지하는 것이 매우 중요하다. 적정 재고는 재고 회전율과 재고 회전 일수로 판단한다.

회계기간 동안 몇 번이나 재고자산이 팔려나갔느냐는 유동성을 나타내는 **재고 회전율**(inventory turnover ratio)은 매출원가를 재고 금액으로 나누어 구한다. 계절적 사정 탓에 기초 재고와 기말 재고의 차이가 크지 않은 이상 보통은 두 금액을 더하고 2로 나누어 평균 재고를 사용한다. 예를 들어 에스프리홀딩스의 기초 재고가 HK$32억 900만, 기말 재고가 HK$32억 5,400만, 매출원가가 HK$120억 7,100만이라면 재고 회전율은 3.7회이다. 이 수치는 1년간 3.7회에 걸쳐 창고에 재고가 들어차고 비워졌음을 나타낸다(그림 6.16 참조).

## 조직의 회계 | 재고가 너무 많은가, 적은가

일본의 소니는 2,500만 대의 LCD TV를 팔겠다는 목표를 세우고 재고 수준을 전년보다 60% 늘렸다. 불과 1년 전만 해도 소니는 분기별 재고 회전 기간을 61일에서 38일로 줄였으나 이번 재고의 증가로 59일이 되었다. 소니의 경영진은 높은 재고 수준이 아니라고 주장했지만 업계에서는 무리수라고 보았다. 재고를 다 팔려면 결국 할인 정책을 써야 하는데, 이는 일종의 잘못된 경영 정책을 응징하는 '벌'로 돌아온다.

출처: Daisuke Wakabayashi, "Sony Pledges to Corral Inventory," *Wall Street Journal* Online (November 2, 2010).

**소니의 경우 낮은 재고 회전 기간의 장점과 단점은 무엇인가?**

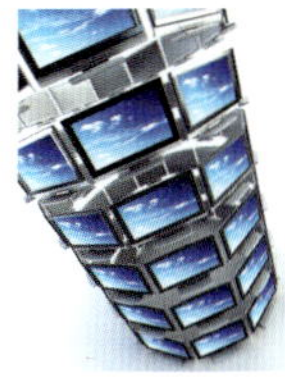

Chris Ison/©AP/Wide World Photos

**그림 6.16** 에스프리홀딩스의 재고 회전율

| 매출원가 | ÷ | 평균 재고 | = | 재고 회전율 |
|---|---|---|---|---|
| HK$12,071 | ÷ | $\frac{\text{HK\$3,209} + \text{HK\$3,254}}{2}$ | = | 3.7회 |

재고 회전율은 **재고 회전 기간**(days in inventory)으로 변환할 수 있다. 1년 365일을 재고 회전율로 나누면 금액이 재고자산으로 머문 일수가 산출된다. 즉 재고자산 금액을 하루의 매출원가 금액으로 나눈 것이다.[2] 예를 들어 에스프리홀딩스의 재고 회전율 3.7회로 365를 나누면 약 99일이 산출되는데, 이것은 재고로 들어와서 판매될 때까지 기간을 나타낸다.

산업별 재고의 특성에 따라 독특한 회전 일수가 있음에 유의하라. 또한 재고 수준이 낮아도 재고 회전율이 높은 회사는 고객 수요를 충족하는 재고 수준을 유지한다고 볼 수 있다.

### DO IT! 4 저가법과 재고 회전율

a. Poon Heaters는 세 가지 형태의 가정용 난로(가스, 나무, 펠릿)를 만들어 판다. 제품의 원가와 순실현가치는 다음과 같다(단위: 1,000).

| | 원가 | 순실현가치 |
|---|---|---|
| 가스 | NT$ 84,000 | NT$ 79,000 |
| 나무 | 250,000 | 280,000 |
| 펠릿 | 112,000 | 101,000 |

저가법하에서 각각의 재고 금액은 얼마인가?

b. 2020년 초에 Westmoreland Company는 JIT 재고 시스템을 적용하기로 했다. 2019년과 2020년의 매출, 매출원가, 재고 금액은 다음과 같다.

2 역자 주: 평균 재고 금액을 하루 판매량의 매출원가로 나누면 재고 소진에 걸리는 일수가 산출되므로 재고 회전 기간을 용이하게 구할 수 있다. 사고를 전환하면 공식을 쉽게 이해할 수 있다.

| | 2019 | 2020 |
|---|---|---|
| 매출 | NT$2,000,000 | NT$1,800,000 |
| 매출원가 | 1,000,000 | 910,000 |
| 기초 재고 | 290,000 | 210,000 |
| 기말 재고 | 210,000 | 50,000 |

재고 회전율과 재고 회전 기간을 연도별로 계산하고 2개 연도의 재고 수준과 회전율에 대해 설명하라.

**해답** a. 제품별 저가는 가스가 NT$79,000, 나무가 NT$250,000, 펠릿이 NT$101,000이고 총 재고 금액은 그 합인 NT$430,000이다.

b.

| | 2019 | 2020 |
|---|---|---|
| 재고 회전율 | $\frac{\text{NT\$1,000,000}}{(\text{NT\$290,000} + \text{NT\$210,000})/2} = 4$ | $\frac{\text{NT\$910,000}}{(\text{NT\$210,000} + \text{NT\$50,000})/2} = 7$ |
| 재고 회전 기간 | 365 ÷ 4 = 91.3일 | 365 ÷ 7 = 52.1일 |

JIT로 인해 재고가 줄어들고 재고 회전율과 재고 회전 기간이 개선되었다. 재고의 감소는 품귀를 의미한다. 재고를 줄이는 비용의 혜택과 품절의 기회 손실을 잘 따져서 결정해야 한다.

학습목표

계속기록법의 재고원가 결정법에 대해 알아본다.

## 부록 6A 계속기록법의 재고원가 결정법

_Inventory Cost Flow Methods in Perpetual Inventory Systems

계속기록법이라고 해서 어떤 원가법만 써야 한다는 제한은 없다. 계속기록법은 원가가 아닌 재고 수량을 결정하는 방법이기 때문에 어떤 방식이든 가능하다. 그림 6A.1은 Lin Electronics가 판매하는 아스트로 콘덴서의 회계 자료이다. 이를 바탕으로 FIFO와 평균법으로 재고자산과 매출원가 금액을 정해보자.

**그림 6A.1** 재고자산의 수량과 단가

Lin Electronics
Astro Condensers

| 일자 | 적요 | 수량 | 단가 | 총원가 | 잔량 |
|---|---|---|---|---|---|
| 1월 1일 | 기초재고 | 10 | HK$100 | HK$ 1,000 | 10 |
| 4월 15일 | 구매 | 20 | 110 | 2,200 | 30 |
| 8월 24일 | 구매 | 30 | 120 | 3,600 | 60 |
| 9월 10일 | 판매 | 55 | | | 5 |
| 11월 27일 | 구매 | 40 | 130 | 5,200 | 45 |
| | | | | HK$12,000 | |

### 선입선출법 _First-In, First-Out(FIFO)

먼저 들어온 물품이 먼저 판매되므로 판매가 되면 빠른 날짜의 구매를 찾아 매출원가를 구성한다. 즉 9월 10일 판매에 대한 매출원가는 1월 1일의 기초 재고, 4월 15일과 8월 24일의 매입으로 산정한다(그림 6A.2 참조).

**그림 6A.2** 계속기록법(FIFO)

| 일자 | 구매 | | 매출원가 | 잔량과 잔액 | |
|---|---|---|---|---|---|
| 1월 1일 | | | | (10 @ HK$100) | HK$1,000 |
| 4월 15일 | (20 @ HK$110) | HK$2,200 | | (10 @ HK$100)<br>(20 @ HK$110) | HK$3,200 |
| 8월 24일 | (30 @ HK$120) | HK$3,600 | | (10 @ HK$100)<br>(20 @ HK$110)<br>(30 @ HK$120) | HK$6,800 |
| 9월 10일 | | | (10 @ HK$100)<br>(20 @ HK$110)<br>(25 @ HK$120)<br>**HK$6,200** (매출원가) | (5 @ HK$120) | HK$ 600 |
| 11월 27일 | (40 @ HK$130) | HK$5,200 | | (5 @ HK$120)<br>(40 @ HK$130) | **HK$5,800** (기말 재고) |

기말 재고는 HK$5,800이고 매출원가는 HK$6,200[(10 @ HK$100) + (20 @ HK$110) + (25 @ HK$120)]이다.

그림 6.6과 그림 6A.2를 비교해보라. 계속기록법이건 실제재고조사법이건 FIFO에서는 같은 결과인 기말 재고 HK$5,800, 매출원가 HK$6,200가 산출된다.

## 평균법 _Average-Cost

계속기록법은 구매단가의 평균을 내는 방식이 실제재고조사법과 조금 다르다. 구매가 일어날 때마다 매출원가에 적용할 단가를 새롭게 계산하는데, 이를 **이동평균법**(moving-average method)이라고 한다. 이에 비해 실제재고조사법에서는 회계기간 전체를 대상으로 하는 총평균법을 쓴다. 따라서 단가 금액에 미묘한 차이가 발생한다. 이동평균법에서는 판매가 일어나면 매번 새로운 구매단가를 적용하여 기말 재고와 매출원가를 산출한다(그림 6A.3 참조).

**그림 6A.3** 계속기록법(평균법)

| 일자 | 구매 | | 매출원가 | 잔량과 잔액 | |
|---|---|---|---|---|---|
| 1월 1일 | | | | (10 @ HK$100) | HK$ 1,000 |
| 4월 15일 | (20 @ HK$110) | HK$2,200 | | (30 @ HK$106.667) | HK$ 3,200 |
| 8월 24일 | (30 @ HK$120) | HK$3,600 | | (60 @ HK$113.333) | HK$ 6,800 |
| 9월 10일 | | | (55 @ HK$113.333)<br>**HK$6,233** (매출원가) | (5 @ HK$113.333) | HK$ 567 |
| 11월 27일 | (40 @ HK$130) | HK$5,200 | | (45 @ HK$128.156) | **HK$5,767** (기말 재고) |

Lin Electronics는 이동평균법을 적용하여 구매가 일어날 때마다 새로운 단가를 산정한다.

**1.** 4월 15일, 20개를 HK$2,200에 구매했다. 보유 재고는 기초 재고 10개(HK$1,000)에 본 구매를 더한 총 30개에 원가는 HK$3,200(HK$1,000 + HK$2,200), 평균단가는 HK$106.667(HK$3,200 ÷ 30)이다.

**2.** 8월 24일, 30개를 HK$3,600에 구매했다. 보유 재고는 60개에 원가는 HK$6,800 (HK$1,000 + HK$2,200 + HK$3,600), 평균단가는 HK$113.333(HK$6,800 ÷ 60)이다.

**3.** 9월 10일 매출원가는 위의 평균단가 HK$113.333를 판매량 55개에 구하여 HK$6,233가 계산된다.

**4.** 11월 27일, 40개를 HK$5,200에 구매했다. 재고 잔량은 45개에 원가는 HK$5,767 (HK$567 + HK$5,200), 새로운 평균단가는 HK$128.156(HK$5,767 ÷ 45)이다.

실제재고조사법에서 평균단가를 구하는 방식(그림 6.9 참조), 즉 총평균법과 비교해보면 FIFO와 달리 약간의 금액 차이가 있음을 알 수 있다.

**학습목표**

재고를 추산하는 두 가지 방법을 알아본다.

## 부록 6B 재고 추산 _Estimating Inventories

화재, 홍수, 지진으로 실제재고조사법을 사용하는 회사의 재고 조사가 어려울 수도 있다. 또한 재고 조사는 1년에 한 번 하기도 힘든 방대한 작업이라 월별, 분기별 결산을 위해 매번 할 수도 없다. 게다가 계속기록법을 사용하던 회사에 사고가 생겨 재고 기록이 없어질 수도 있다. 이러한 경우에는 총이익률법이나 소매재고법으로 재고를 추산해야 한다.

### 총이익률법 _Gross Profit Method

**총이익률법**(gross profit method)은 총이익률과 순매출액을 곱하여 매출원가를 산출한 다음 판매 가능한 총원가에서 차감하여 기말 재고 금액을 추산한다. 간단하고 효과적이어서 외부 감사인(회계법인)이 기말 재고의 적정성을 테스트할 때 주로 쓰는 방식이다. 여기에는 순매출액, 판매 가능한 총원가, 매출총이익률에 관한 정보가 필요하다. 총이익률법의 공식을 그림 6B.1에 정리했다.

**그림 6B.1** 총이익률법의 공식

| | | | | | |
|---|---|---|---|---|---|
| 1단계: | 순매출액 | − | 추산 매출총이익 | = | 추산 매출원가 |
| 2단계: | 판매 가능한 원가 | − | 추산 매출원가 | = | 기말 재고 추산액 |

예를 들어 Kishwaukee Company의 1월 순매출액이 $200,000, 기초 재고 금액이 $40,000, 당기매입원가가 $120,000라고 하자. 전년도 매출총이익률이 30%였으며 올해도 같을 것으로 예상한다면 1월 31일에 기말 재고 추산액은 그림 6B.2와 같다.

그림 6B.2 총이익률법의 계산

| | |
|---|---|
| **1단계:** | |
| 순매출액 | $200,000 |
| 차감: 추산 매출총이익(30% × $200,000) | 60,000 |
| **추산 매출원가** | **$140,000** |
| **2단계:** | |
| 기초 재고 | $ 40,000 |
| 당기매입원가 | 120,000 |
| 판매 가능한 원가 | 160,000 |
| 차감: 추산 매출원가 | 140,000 |
| **추산 기말 재고원가** | **$ 20,000** |

총이익률법은 매년 총이익률이 일정하다는 가정하에 추산하는데 실제는 다를 수도 있다. 그럴 때는 조정을 해야 한다. 그리고 제품별로 세분하면 더 정확한 추산이 가능하다. 하지만 이 방법은 실제 재무제표 작성 목적으로는 허용되지 않는다. 재무제표 작성을 위해서는 엄밀한 재고조사를 바탕으로 해야 한다. 홍수나 지진이 났을 때의 추산에 그쳐야 하고 재고 조사에 참고 자료 정도로 사용된다.

## 소매재고법 _Retail Inventory Method

대규모 소매업체인 프레지던트체인스토어(President Chain Store, 대만), 마크스앤드스펜서(Marks & Spencer plc, 영국), 월마트(Wal-Mart, 미국)의 재고자산은 원가가 소액인 수십만 개 물품으로 구성되어 있어 재고자산수불부를 작성하여 일일이 원가로 파악하는 것은 엄청난 시간과 노력을 요한다. 하지만 원가율을 알고 있다면 이를 판매가로 파악된 재고 금액에 곱하여 원가로 환원할 수 있는데, 이를 **소매재고법**(retail inventory method)이라고 한다. 산출 공식은 그림 6B.3을 참조하라.

그림 6B.3 소매재고법의 공식

| | | | | | |
|---|---|---|---|---|---|
| **1단계:** | **판매 가능한 판매가** | − | **순매출액** | = | **판매가의 기말 재고** |
| **2단계:** | **판매 가능한 원가** | ÷ | **판매 가능한 판매가** | = | **원가율** |
| **3단계:** | **판매가의 기말 재고** | × | **원가율** | = | **추산 기말 재고원가** |

예를 들어 Ortiz Inc.는 재고 10개를 $7에 사서 $10에 팔아 원가율 70%($70 ÷ $100)를 시현하고 있다. 4개가 팔리면 매출이 $40(4 × $10), 원가가 $28($40 × 70%)이다. 이는 판매 물량에 구입단가를 직접 곱한 금액과 동일하다(4 × $7).

그림 6B.4는 Valley West가 소매재고법을 이용하여 재고자산을 산출하는 과정을 보여준다. 소매재고법은 재고 조사를 안 해도 계속기록법처럼 언제든 재고자산 금액을 원가로 산출할 수 있다. 이 말은 재고 조사가 필요 없다는 의미가 아니다. 소매재고법에서는 재고를 원가가 아닌 판매가로 관리한다는 뜻이다. 오히려 소매재고법은 정확성을 담보하기 위해 재고 조사를 촉진

한다. 가령 옷마다 가격표가 붙어 있고 계산대 전산에 입력되어 있으니 원가 정보보다 징구하기가 빠르다. 이 경우 판매가에 정확한 원가율을 곱하기만 하면 재고 조사로 파악된 수량 곱하기 판매가의 기말 재고가 원가로 환원된다.

소매재고법은 총이익률법과 달리 별다른 대체 방법이 없고 결과가 실제와 유사할 것이라는 전제하에 재무제표 작성을 위한 방법으로 인정된다. 따라서 현실적으로는 다품종을 취급하는 거대한 소매 유통업체에 한하여 적용할 수 있다.

**그림 6B.4** 소매재고법의 계산

| | 원가 | 판매가 |
|---|---|---|
| 기초 재고 | $14,000 | $ 21,500 |
| 매입 | 61,000 | 78,500 |
| 판매 가능 | $75,000 | 100,000 |
| 차감: 순매출액 | | 70,000 |
| **1단계 판매가의 기말 재고 =** | | **$ 30,000** |
| **2단계 원가율 = $75,000 ÷ $100,000 = 75%** | | |
| **3단계 추산 기말 재고원가 = $30,000 × 75% = $22,500** | | |

소매재고법은 유통업체의 연말 재고 조사와 함께 유용하게 사용된다. 예컨대 Valley West는 위 공식이 아니더라도 판매 가능한 재고의 원가율을 가지고 재고 조사를 통해 판매가로 파악된 기말 재고를 원가로 쉽게 환원하여 추산할 수 있다.

한편 소매재고법은 원가율의 정확성에 달려 있다는 것이 단점이다. 예를 들어 Valley West의 평균원가율이 75%인데 70%, 75%, 80%라는 세 가지 재고의 평균이라면 이야기가 달라진다. 만약 기말 재고가 70%의 원가율로만 구성되어 있다면 재고가 왜곡된다. 이 방법 역시 제품을 세분화하는 것이 관건이다.

**학습목표**

후입선출법에 대해 알아본다.

## 부록 6C 후입선출법 _LIFO Inventory Method

**후입선출법**(last-in, first-out, LIFO)은 원가흐름을 결정할 때 나중에 들어온 것이 먼저 팔린다는 가정을 말한다. 따라서 최근 구매부터 매출원가를 구성한다. 하지만 IFRS는 재고자산의 금액이 최근 가격과 동떨어지는 단점 때문에 LIFO를 허용하지 않는다. 즉 재고자산이 공정가치와 멀어지므로 LIFO를 사용할 수 없다는 입장이다. 그러나 재무상태표가 아닌 손익 관점에서 보면 매출과 같은 기간의 매출원가가 대응되어 당기손익이 더 정확하다는 장점이 있다. 이렇게 보면 IFRS는 자산의 공정가치를 중시하고 재무상태표를 손익계산서보다 더 중시하는 입장이라는 것을 짐작할 수 있다. 이와 달리 미국에서는 LIFO가 허용된다. 다른 나라와 달리 당기순이익을 축소하여 세금이 절약되니 오히려 더 많이들 사용한다.

LIFO는 통상 실제 재고흐름과 안 맞는다는 비판에도 직면한다. 단, 석탄이나 건초처럼 쌓여서 위에서부터 팔리는 경우는 예외이다. 그림 6C.1은 Lin Electronics가 LIFO를 사용하여 매출원가와 재고자산을 산출하는 과정을 보여준다. 앞에서와 마찬가지로 11월의 판매량은 55개, 기말 재고는 45개라고 가정한다.

그림 6C.1 LIFO의 원가배부

**판매 가능한 원가**

| 일자 | 적요 | 수량 | 단가 | 총원가 |
|---|---|---|---|---|
| 1월 1일 | 기초 재고 | 10 | HK$100 | HK$ 1,000 |
| 4월 15일 | 구매 | 20 | 110 | 2,200 |
| 8월 24일 | 구매 | 30 | 120 | 3,600 |
| 11월 27일 | 구매 | 40 | 130 | 5,200 |
| | 계 | 100 | | **HK$12,000** |

**1단계: 기말 재고**

| 일자 | 수량 | 단가 | 총원가 |
|---|---|---|---|
| 1월 1일 | 10 | HK$100 | HK$1,000 |
| 4월 15일 | 20 | 110 | 2,200 |
| 8월 24일 | 15 | 120 | 1,800 |
| 계 | 45 | | **HK$5,000** |

**2단계: 매출원가**

| | |
|---|---|
| 판매 가능한 원가 | HK$12,000 |
| 차감: 기말 재고 | 5,000 |
| 매출원가 | **HK$ 7,000** |

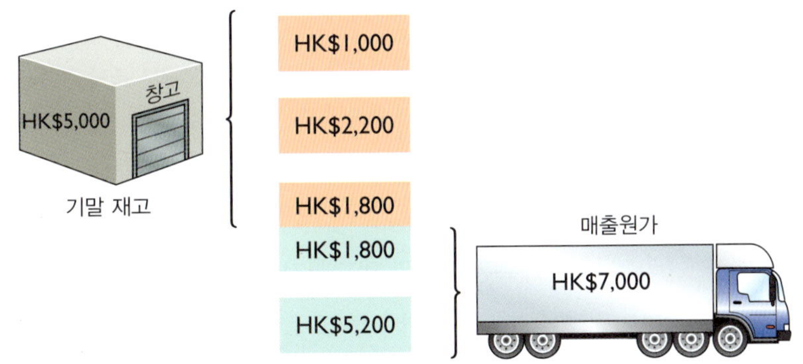


LIFO의 경우 최근에 들어온 구매부터 팔리기 때문에 재고에 옛날 원가가 남아 있다. 따라서 기말 재고의 원가를 알려면 앞으로 한참 거슬러 올라가야 하는데, 어쩌면 회사 설립 시까지 추적해야 할지도 모른다. Lin Electronics의 경우 기말 재고의 45개는 기초 재고 10개(단가 HK$100)와 그다음에 구매한 20개(단가 HK$110), 그리고 8월 24일에 구매한 것의 잔량 15개(HK$120)로 구성된다. 기말 재고를 각 수량에 단가를 곱하여 산출한 다음 판매 가능한 원가에서 이를 차감하면 매출원가가 산출된다.

그림 6C.2는 거꾸로 판매한 55개의 매출원가를 먼저 구하여 기말 재고를 산출하는 방법을 보여준다. 결과는 당연히 같다. 판매한 55개 중 40개는 11월 27일에 구입한 것이고 나머지 15개는 8월 24일에 구입한 것이다. 8월 24일에 구입한 30개는 15개가 팔리고 15개가 남아 있는데, 단가를 동일하게 곱하여 매출원가와 기말 재고로 배부한다.

그림 6C.2 매출원가의 계산 검증

| 일자 | 수량 | 단가 | 총원가 |
|---|---|---|---|
| 11월 27일 | 40 | HK$130 | HK$ 5,200 |
| 8월 24일 | 15 | 120 | 1,800 |
| 계 | 55 | | **HK$7,000** |

LIFO의 단점은 구매단가가 급상승할 때 재고가 심각하게 과소계상된다는 것이다. 예를 들어 캐터필러(Caterpillar, 미국)는 50년 이상 LIFO를 사용했는데, 기말 재고로 표시된 $87억 8,100만의 원가는 회사 설립 시 취득한 것이나 실제 공정가치는 무려 $119억 6,400만이나 된다. 그런데도 미국 회사가 LIFO를 선호하는 이유는 세금을 줄여서 현금흐름이 좋아지기 때문이라고 이미 설명했다.

## 단원 요약

### 1 재고의 분류와 수량 파악

제조업체는 재고자산을 완제품, 재공품, 원재료로 분류한다. 재고 수량을 파악하려면 먼저 재고 조사로 보유 재고량을 파악한 다음 운송 중인 제품과 미착품, 위탁품 등을 살펴 소유권을 확인하여 재고 수량을 조정한다.

### 2 재고자산 평가법

재고자산은 취득원가로 평가한다. 판매 가능한 수량을 원가로 측정하면 기초 재고 원가와 구매원가로 구성된다. 판매 가능한 원가는 다시 매출원가와 기말 재고로 나뉘는데, 이것들로의 원가흐름을 산출하는 방법은 개별법과 FIFO과 평균법, 두 가지 원가흐름에 대한 가정으로 구분된다.

FIFO는 취득가격이 올라가는 구조일 때는 낮은 매출원가로 인해 총평균법에 비해 이익이 많이 산출되는 구조이다. 이에 법인세가 많아진다. 반대로 취득가격이 낮아지는 구조일 때는 이익이 낮게 표시된다. 재무상태표 관점에서는 FIFO의 재고가 현행 원가를 반영하는데 평균법은 낮게 표시한다.

### 3 재고 오류의 영향

재고자산을 잘못 계산하면 손익에 영향을 미친다. 기초 재고가 과소계상되면 당기손익이 과대계상되고, 기초 재고가 과대계상되면 당기손익이 과소계상된다. 또한 기말 재고가 과대계상되면 당기손익이 과대계상되고, 기말 재고가 과소계상되면 당기손익이 과소계상된다. 당해 연도의 기말 재고는 다음 연도의 기초 재고가 되므로 올해의 영향이 내년에 상쇄 작용을 하여 2개 연도를 합하면 동일하다. 즉 한쪽이 크면 한쪽이 작아진다. 기말 재고가 오류를 안고 다음 연도의 기초 재고로 이전되기 때문이다. 재무상태표 관점에서 보면 기말 재고 오류는 자산의 오류이고, 부채에는 영향이 없으나 결국 회계 항등식에 따라 자본의 오류를 유발한다.

### 4 재고 표시와 분석

고정성 배열법에 따르면 재고자산은 유동자산으로, 재무상태표의 매출채권 앞에 등장한다. 재고자산과 관련하여 재고 분류, 회계 정책, 원가흐름에 대한 가정 등은 반드시 주석으로 공시해야 하는 사항이다.

저가법을 적용하는 경우 순실현가치보다 원가가 높으면 감액한다. 재고 회전율은 매출원가를 평균 재고원가로 나눈 것이며, 1년 365일을 재고 회전율로 나누어 일수로 산출하면 재고 회전 기간이 산출된다.

### *5 계속기록법의 재고원가 결정법

계속기록법에서의 FIFO도 실제재고조사법과 동일하게 매출원가를 판매 날짜보다 빠른 순서의 매입으로 원가를 구성한다. 평균법은 이동평균법으로 구매마다 새로운 평균단가를 산출한다.

### *6 재고 추산

재고 금액을 추산하려면 총이익률법이나 소매재고법을 이용한다. 총이익률법은 총이익률과 순매출액을 곱하여 매출원가를 산출한 다음 이를 판매 가능한 총원가에서 차감하여 기말 재고 금액을 추산한다. 소매재고법은 판매 가능한 원가를 판매 가능한 판매가로 나누어 원가율을 산정하고, 이를 재고의 판매가로 평가한 기말 재고와 곱하여 재고를 추산한다.

### *7 후입선출법

LIFO는 나중에 매입(생산)한 것이 먼저 팔린다는 가정으로, 실제 재고의 흐름과 안 맞는 경우가 많다. 그러나 매출과 대응하는 매출원가가 최근의 원가이므로 손익이 정확하고 세금을 덜 낸다는 것이 장점이다.

---

3 이 장의 부록과 관련된 것은 별표(*)로 표시했다.

## 핵심 용어

**가중평균취득단가(weighted-average unit cost)** 구매 물량을 감안하여 산출한 평균단가

**개별법(specific identification method)** 실제 재고의 흐름을 추적하여 매출원가와 재고를 파악하는 방법

**계속성(consistency)** 한 번 정한 회계 정책과 방법은 매년 동일하게 적용되어야 한다는 개념

**보수주의(prudence)** 회계 방법을 선택할 때 자산과 이익이 가장 적게 나타나는 방식을 선호하는 주의

**선입선출법[first-in, first-out(FIFO) method]** 먼저 구매한 재고가 먼저 판매된다는 가정하에 재고원가를 결정하는 방법

***소매재고법(retail inventory method)** 기말 재고를 원가로 추산하는 방법으로, 원가율을 판매가의 재고에 곱하여 산출함

**순실현가치(net realizable value)** 재고를 팔아 받을 수 있는 금액으로, 보통은 정상 판매가에서 판매비를 공제하여 산출함

**완제품(finished goods)** 생산이 완료되어 판매 가능한 상태의 재고

**원재료(raw materials)** 생산에 투입되기 전의 기초 원료와 재료

**위탁재고(consigned goods)** 소유권을 이전하지 않고 판매를 위해 타인에게 인도하는 자산

***이동평균법(moving-average method)** 구매가 발생할 때마다 보유하고 있는 판매 가능한 물량의 금액을 수량으로 나누어 구매 평균단가를 산출하는 방법

**재고 회전 기간(days in inventory)** 판매 전까지 재고로 있는 기간으로, 365일을 재고 회전율로 나누어 산출함

**재고 회전율(inventory turnover ratio)** 회계기간 동안 재고가 몇 번이나 판매되었는지를 보여주는 비율로, 매출원가를 평균 재고로 나누어 산출함

**재공품(work in process)** 생산에 투입되었으나 아직 제조 공정 중에 있는 재고자산

**저가법[lower-of-cost-or-net realizable value(LCNRV) basis]** 원가와 순실현가치 중 낮은 금액으로 재고를 평가한다는 기준

***총이익률법(gross profit method)** 기말 재고를 원가로 추산하는 방법으로, 순매출액에 매출이익률을 곱하여 매출원가를 산출한 후, 이를 판매 가능한 물량의 총원가에서 공제하여 기말 재고를 원가로 산정함

**평균법(average-cost method)** 재고자산의 원가를 결정하는 방법으로, 판매 가능한 재고의 가중평균된 단가를 이용하여 총원가를 매출원가와 기말 재고에 배부하는 것

***후입선출법[last-in, first-out(LIFO) method]** 나중에 구매한 재고가 먼저 판매된다는 가정하에 재고원가를 결정하는 방법

**FOB 도착지(FOB destination)** 물품이 구매자가 지정한 장소에서 인도되어야 소유권이 이전되는 운반 조건

**FOB 출고지(FOB shipping point)** 물품이 판매자의 창고에서 출고되는 순간 소유권이 이전되는 운반 조건

**JIT(just-in-time)** 재고를 미리 확보하지 않고 생산 혹은 구매 행위가 필요할 때만 일으키는 재고관리 시스템

## 객관식 문제

**1** 다음 중 회사의 재고가 아닌 것은?

a. 위탁품으로 보관 중인 재고
b. 다른 회사로 위탁판매를 의뢰한 재고
c. FOB 출고지 조건으로 회사로 운송 중인 미착재고
d. 위의 보기 모두

**2** Railway Ltd.는 재고 조사를 한 후 2020년 12월 31일 자 재고를 €180,000로 확정했다. 그러나 다음과 같은 수정 사항을 발견했다면 올바른 재고는 얼마인가?

1. Rogers Consignment에 원가 €35,000의 위탁판매를 의뢰했으나 아직도 팔리지 않았다.
2. FOB 도착지 조건으로 12월 27일 출고하여 다음 해 1월 3일 주문자에게 수령되는 바람에 12월 31일 현재 운송 중인 제품이 있는데 판매가는 €50,000, 원가는 €13,000이다.

a. €230,000
b. €215,000
c. €228,000
d. €193,000

**3** 판매 가능한 재고의 원가는 기초 재고와 무엇으로 구성되는가?

a. 기말 재고
b. 구매원가
c. 매출원가
d. 위의 보기 모두

**4** 다음은 Tinker Bell Magic Shop의 재고에 관한 정보이다.

| | 수량 | 단가 |
|---|---|---|
| 1월 1일 기초 재고 | 8,000 | £11 |
| 6월 19일 구매 | 13,000 | 12 |
| 11월 8일 구매 | 5,000 | 13 |

Tinker Bell Magic Shop이 12월 31일에 9,000개를 기말 재고로 보유한 경우 FIFO를 적용하여 원가를 구하라.

**a.** £99,000
**b.** £108,000
**c.** £113,000
**d.** £117,000

**5** 다음은 Davidson Electronics의 재고에 관한 정보이다.

| | 수량 | 단가 |
|---|---|---|
| 1월 1일 기초 재고 | 5,000 | £ 8 |
| 4월 2일 구매 | 15,000 | 10 |
| 8월 28일 구매 | 20,000 | 12 |

Davidson Electronics가 12월 31일에 7,000개를 기말 재고로 보유한 경우 평균법을 적용하여 원가를 구하라.

**a.** £84,000
**b.** £70,000
**c.** £56,000
**d.** £75,250

**6** 물가가 오를 때 평균법은 어떤 결과를 가져오는가?

**a.** FIFO보다 당기순이익을 증가시킨다.
**b.** 당기순이익에 미치는 영향이 FIFO와 같다.
**c.** FIFO보다 당기순이익을 감소시킨다.
**d.** 개별법과 당기순이익에 미치는 영향이 같다.

**7** 재고자산의 원가 결정법을 선택하는 데 영향을 미치지 않는 것은 무엇인가?

**a.** 세금 효과
**b.** 재무상태표
**c.** 손익계산서
**d.** 계속기록법과 실제재고조사법

**8** Atlantis Aquarium의 기말 재고가 NT$122,000 과소계상되었다면 이러한 오류는 매출원가와 당기순이익에 어떤 영향을 미치는가?

**a.** 과소계상, 과대계상
**b.** 과대계상, 과소계상
**c.** 과대계상, 과대계상
**d.** 과소계상, 과소계상

**9** Lee Athletics의 2019년 12월 31일 기말 재고가 NT$500,000 과대계상되었다면 2019년과 2020년 자본에 어떤 영향을 미치는가?

**a.** 2019년 과대계상, 2020년 과소계상
**b.** 2019년 과대계상, 2020년 제대로 됨
**c.** 2019년 과소계상, 2020년 과소계상
**d.** 2019년 과대계상, 2020년 과대계상

**10** Rickety Company는 1,000개의 위젯을 구매하여 200개를 기말 재고로 보유하고 있다. 원가는 개당 HK$91이고 순실현가치는 HK$80이다. 저가법에 따르면 기말 재고는 얼마인가?

**a.** HK$91,000
**b.** HK$80,000
**c.** HK$18,200
**d.** HK$16,000

**11** 다음 중 재고 회전율을 가장 크게 증가시키는 것은 무엇인가?

**a.** 재고 늘리기
**b.** 재고를 동일하게 유지하고 판매 늘리기
**c.** 재고를 동일하게 유지하고 판매 줄이기
**d.** 재고를 줄이고 판매 늘리기

**12** Carlos Cookware는 기초 재고원가 €80,000, 기말 재고원가 €110,000, 매출원가 €285,000, 매출액 €475,000를 시현하고 있다. Carlos Cookware의 재고 회전 기간은 며칠인가?

**a.** 73일 **b.** 121.7일
**c.** 102.5일 **d.** 84.5일

*__13__ Songbird Records의 매출은 £150,000이고 판매 가능한 원가는 £135,000이다. 매출총이익률을 30%로 가정하고 기말 재고를 총이익률법으로 추산하라.

**a.** £15,000 **b.** £30,000
**c.** £45,000 **d.** £75,000

*__14__ 계속기록법에 대한 설명으로 옳은 것은?

**a.** 개별법만이 사용된다.
**b.** 평균단가를 단순평균법으로 산출한다.
**c.** 판매할 때마다 재고의 평균단가를 산출한다.
**d.** FIFO로 산출되는 매출원가가 실제재고법의 FIFO로 산출되는 결과와 같다.

*__15__ 4번 문제에서 LIFO를 적용하면 기말 재고 금액은 얼마인가?

**a.** £113,000
**b.** £108,000
**c.** £99,000
**d.** £100,000

## 기초 확인 문제

**1** Moncada Stores는 사업 첫해에 단가 £7에 200개, 단가 £8에 300개, 단가 £9에 150개를 구입했다. 기말 재고가 220개일 때 (a) FIFO, (b) 평균법에 따라 기말 재고의 원가를 구하라. 단, Moncada Stores는 재고관리에 실제재고조사법을 적용한다.

**해답**

a. FIFO하에 기말 재고는 (단가 £9에 150개) + (단가 £8에 70개)로 구성되어 원가는 £1,910(£1,350 + £560)이다.

b. 기말 재고의 평균단가는 £7.92(£5,150 ÷ 650)이고 다음과 같이 계산된다.

| | |
|---|---|
| 단가 £7에 200개 = | £1,400 |
| 단가 £8에 300개 = | 2,400 |
| 단가 £9에 150개 = | 1,350 |
| 650개의 총원가 | £5,150 |

따라서 기말 재고는 £1,742.40(220 × £7.92)이다.

**2** Avisail Leisure는 2020년 당기순이익으로 €80,000를 공시했으나 기말 재고가 €9,000 과대계상되었다. 2020년의 정확한 당기순이익을 구하고, 2020년 12월 31일 자 재무상태표에 미치는 영향을 설명하라.

**해답** 기말 재고의 과대계상은 매출원가의 과소계상이므로 당기순이익이 €9,000만큼 과대계상되어 정확한 당기순이익은 €71,000(€80,000 − €9,000)이다. 재고자산이 €9,000 과대계상되어 표시된다.

**3** 다음은 2020년 12월 31일 Seng Holdings의 회계 자료이다(단위: 1,000). 재고 회전율과 재고 회전 기간을 구하라.

| | |
|---|---|
| 기말 재고 | ¥ 30,000 |
| 기초 재고 | 42,000 |
| 매출원가 | 240,000 |
| 매출 | 400,000 |

**해답** 재고 회전율: $\frac{¥240{,}000}{(¥30{,}000 + ¥42{,}000)/2} = \frac{¥240{,}000}{¥36{,}000} = 6.67$

재고 회전 기간: $\frac{365}{6.67} = 54.7$일

## 확인 문제

**1** 회계법인 Martinez Chartered Accountants 소속 회계사인 미카 소르비노는 Sergei Group의 재고 계정을 검토하고 있다. 그는 Sergei Group의 경영 성과가 좋지 않아 이익을 과대계상할 염려가 있다고 생각하던 중 재고자산에 대해 다음 사항을 파악했다. 장부상 Sergei Group의 기말 재고자산 잔액은 €650,000로 표시되어 있다.

1. 원가가 €200,000인 Bosnia Enterprises의 위탁재고가 재고자산에 포함되어 있다.
2. 12월 28일에 €40,000의 부품을 구입했는데, 이는 다음 해 1월 3일에 도착하여 창고에 입고되었다. 운반 조건은 FOB 출고지이다.
3. 재고자산에 €15,000의 사무용품이 포함되어 있고, 다음 해에 직원들이 모두 소비했다.
4. 12월 28일에 주문을 받아 출고한 제품이 있다. 동 제품은 12월 31일에 부두의 창고에 있다가 1월 1일에 선적되어 1월 6일에 고객에게 인도되었다. 운반 조건은 FOB 출고지이다. 판매가격은 €40,000, 원가는 €30,000인데, 동 제품은 재고 조사 시 부두에 있어 수량 확인에 포함되지 않았다.
5. 12월 29일에 판매가 €80,000, 원가 €60,000인 제품을 Oman Sales에 FOB 출고지 조건으로 판매했다. 동 제품은 1월 3일에 목적지에 도착했으나 Oman Sales가 실제로 주문한 물량은 판매가 €10,000, 원가 €8,000이다. 그런데도 Sergei Group의 판매 담당 임원은 출고를 승인하면서 Oman Sales에 초과 물량을 그다음 주에 반납하라고 요청했다.
6. 재고자산 중 €30,000는 생산을 중단한 부품이다. 첨단 산업이라 진부화되어 더 이상 사용되지 않을 것으로 판단된다. 그러나 경영자는 어쨌든 돈을 주고 획득한 것이니 회사의 재고라고 주장한다.

정확한 재고 금액을 산출하기 위한 조정표를 만들고 조정 이유를 설명하라.

**해답**

| | |
|---|---|
| 현재 장부상 기말 재고 | €650,000 |
| 1. 차감: Bosnia Enterprises의 위탁품이라 회사의 재고가 아니다. | (200,000) |
| 2. 가산: 판매자에서 출고되는 순간 회사의 미착재고이다. | 40,000 |
| 3. 차감: 사무용품은 재고자산이 아니기 때문에 별도의 계정으로 처리한다. | (15,000) |
| 4. 가산: 선적되기 전까지는 회사의 재고이다. | 30,000 |

| | |
|---|---|
| 5. 가산: Oman Sales가 주문한 제품은 원가 €8,000, 판매가 €10,000에 불과하다. 주문받지 않은 판매는 판매가 아님은 물론이고 비윤리적인 분식이다. | 52,000 |
| 6. 차감: IFRS는 저가법을 적용한다. 사용 가치가 없으니 순실현가치가 0이므로 전액 차감한다. | (30,000) |
| 정확한 기말 재고 | €527,000 |

**2** Tainan Hardware는 다음과 같이 매출원가를 공시했다.

| | 2019 | 2020 |
|---|---|---|
| 기초 재고 | NT$ 200,000 | NT$ 300,000 |
| 구매원가 | 1,500,000 | 1,750,000 |
| 판매 가능한 원가 | 1,700,000 | 2,050,000 |
| 기말 재고 | (300,000) | (350,000) |
| 매출원가 | NT$1,400,000 | NT$1,700,000 |

그런데 2019년 기말 재고가 NT$25,000 과대계상되고 2020년 기말 재고가 NT$55,000 과소계상되었다. 각 연도의 정확한 매출원가를 구하라.

**해답**

| | 2019 | 2020 |
|---|---|---|
| 기초 재고 | NT$ 200,000 | NT$ 275,000 |
| 구매원가 | 1,500,000 | 1,750,000 |
| 판매 가능한 원가 | 1,700,000 | 2,025,000 |
| 정확한 기말 재고 | (275,000)[a] | (405,000)[b] |
| 매출원가 | NT$1,425,000 | NT$1,620,000 |

[a]NT$300,000 − NT$25,000 = NT$275,000
[b]NT$350,000 + NT$55,000 = NT$405,000

## 실습 문제

**1** 다음은 Englehart Foods의 3월 중 재고, 구매, 판매 정보이다. 3월 3일 자 재고 조사 결과 보유 재고량은 500개이다.

| | | | |
|---|---|---|---|
| 재고: | 3월 1일 | 200개 @ €4.00 | € 800 |
| 구매: | 3월 10일 | 500개 @ €4.50 | 2,250 |
| | 3월 20일 | 400개 @ €4.75 | 1,900 |
| | 3월 30일 | 300개 @ €5.00 | 1,500 |
| 판매: | 3월 15일 | 500개 | |
| | 3월 25일 | 400개 | |

실제재고조사법하에서 3월 31일 자 재고자산의 원가와 3월의 매출원가를 (a) FIFO, (b) 평균법으로 구하라.

**해답** 판매 가능한 원가는 €6,450이고 다음과 같이 계산된다.

| | | | |
|---|---|---|---|
| 재고: | 3월 1일 | 200개 @ €4.00 | € 800 |
| 구매: | 3월 10일 | 500개 @ €4.50 | 2,250 |
| | 3월 20일 | 400개 @ €4.75 | 1,900 |
| | 3월 30일 | 300개 @ €5.00 | 1,500 |
| 계: | | | €6,450 |

a. **FIFO**

기말 재고:

| 일자 | 수량 | 단가 | 총원가 |
|---|---|---|---|
| 3월 30일 | 300 | €5.00 | €1,500 |
| 3월 20일 | 200 | 4.75 | 950 |
| | | | €2,450 |

매출원가: €6,450 − €2,450 = €4,000

b. **평균법**

평균단가: €6,450 ÷ 1,400 = €4.607
기말 재고: 500 × €4.607 = €2,303.50

매출원가: €6,450 − €2,303.50 = €4,146.50

***2** 다음은 계속기록법을 사용하는 Englehart Foods의 3월 중 재고, 구매, 판매 정보이다. 3월 31일의 재고 조사 결과 기말 재고는 500개로 확정되었다.

| | | | |
|---|---|---|---|
| 재고: | 3월 1일 | 200개 @ €4.00 | € 800 |
| 구매: | 3월 10일 | 500개 @ €4.50 | 2,250 |
| | 3월 20일 | 400개 @ €4.75 | 1,900 |
| | 3월 30일 | 300개 @ €5.00 | 1,500 |
| 판매: | 3월 15일 | 500개 | |
| | 3월 25일 | 400개 | |

계속기록법하에서 3월 31일 자 기말 재고의 원가와 3월의 매출원가를 (a) FIFO, (b) 평균법으로 구하라.

**해답** 판매 가능한 원가는 €6,450이고 다음과 같이 계산된다.

| | | | |
|---|---|---|---|
| 재고: | 3월 1일 | 200개 @ €4.00 | € 800 |
| 구매: | 3월 10일 | 500개 @ €4.50 | 2,250 |
| | 3월 20일 | 400개 @ €4.75 | 1,900 |
| | 3월 30일 | 300개 @ €5.00 | 1,500 |
| 계: | | | €6,450 |

a.

FIFO

| 일자 | 구매 | 매출원가 | 잔액 |
|---|---|---|---|
| 3월 1일 | | | (200 @ €4.00) € 800 |
| 3월 10일 | (500 @ €4.50) €2,250 | | (200 @ €4.00)<br>(500 @ €4.50) €3,050 |
| 3월 15일 | | (200 @ €4.00)<br>(300 @ €4.50)<br>€2,150 | (200 @ €4.50) € 900 |
| 3월 20일 | (400 @ €4.75) €1,900 | | (200 @ €4.50)<br>(400 @ €4.75) } €2,800 |
| 3월 25일 | | (200 @ €4.50)<br>(200 @ €4.75)<br>€1,850 | (200 @ €4.75) € 950 |
| 3월 30일 | (300 @ €5.00) €1,500 | | (200 @ €4.75)<br>(300 @ €5.00) } €2,450 |
| | 기말 재고: €2,450 | 매출원가: €2,150 + €1,850 = €4,000 | |

b.

평균법

| 일자 | 구매 | 매출원가 | 잔액 |
|---|---|---|---|
| 3월 1일 | | | (200 @ € 4.00) € 800 |
| 3월 10일 | (500 @ €4.50) €2,250 | | (700 @ €4.357) €3,050 |
| 3월 15일 | | (500 @ €4.357) €2,179 | (200 @ €4.357) € 871 |
| 3월 20일 | (400 @ €4.75) €1,900 | | (600 @ €4.618) €2,771 |
| 3월 25일 | | (400 @ €4.618) €1,847 | (200 @ €4.618) € 924 |
| 3월 30일 | (300 @ €5.00) €1,500 | | (500 @ €4.848) €2,424 |
| | 기말 재고: €2,424 | 매출원가: €2,179 + €1,847 = €4,026 | |

## 단원 정리를 위한 질문

**1** "성공적인 경영의 핵심은 효과적인 재고관리이다." 이 말에 동의하는지 밝히고 그 이유를 설명하라.

**2** 유통업의 재고자산이 되기 위한 두 가지 특성을 설명하라.

**3** 아트 메가는 Jaegar Hardware Store에서 재고 조사를 맡고 있다. 아트 메가가 어떤 일을 하는지 구체적으로 설명하라.

**4** **a.** Girard Company가 12월 30일에 Liu Company에 상품을 배송하여 1월 6일에 도착하는 경우, 12월 31일을 기준으로 상품이 (1) Girard의 재고에 포함될 판매(운반) 조건, (2) Liu의 재고에 포함될 판매(운반) 조건을 제시하라.

**b.** Girard Company는 어떤 상황일 때 재고에 위탁 상품을 포함해야 하는가?

**5** Topp Hat Shop은 도매업자에게 £2,970를 지불하고 모자를 구입했다. 모자의 가격은 £3,000였으나 Topp Hat Shop은 £30의 현금할인을 받고 £80의 운임을 지불했다. 또한 구매 협상을 한 직원의 여행 경비로 £130를 지불했다. 재고에 해당하는 금액을 밝히고 그 이유를 설명하라.

**6** FOB 출고지와 FOB 도착지라는 용어의 차이점을 설명하라.

**7** 민준은 물품의 실제 물리적 흐름을 토대로 재고자산으로의 원가배분이 이루어져야 한다고 생각한다. 민준의 생각이 비실용적인 이유를 설명하라.

**8** 재고자산 평가 방법 중 개별법의 주요 장점과 단점을 설명하라.

**9** "재고자산 평가 방법의 선택은 재무제표 작성자가 결정한다." 이 말에 동의하는지 밝히고 그 이유를 설명하라. 그리고 일단 방법을 선택한 다음에는 어떤 회계적 요구 사항이 있는가?

**10** 재고자산을 평가하면서 다음과 같이 원가흐름을 가정했다. 각각 어떤 방법의 가정인가?

**a.** 실제의 물리적 흐름에 접근하려고 노력한다.

**b.** 구매 순서와 관계없이 판매될 기회가 동일하다고 가정한다.

**c.** 먼저 구매한 상품이 먼저 판매된다고 가정한다.

**11** 베아트리스 디아스는 회계 과목 시험에 대비하여 공부하면서 재고자산의 평가에 대해 다음과 같은 문제가 나올 것으로 예상한다. 베아트리스가 알아야 할 내용은 무엇인가?

**a.** 원가 외 평가 방법

**b.** 원가와 순실현가치 중 낮은 금액으로 평가하는 저가법에서 '순실현가치'의 의미

**12** Beethovan Music Center는 결산일 현재 TV 5대를 보유하고 있다. 대당 원가는 €100이고 순실현가치는 €90이다. 저가법을 적용하는 경우 얼마로 평가하는지 밝히고 그 이유를 설명하라.

**13** Maggie Stores는 재무상태표일 현재 토스터 20개를 보유하고 있다. 개당 원가는 £28이고 순실현가치는 £30이다. 저가법을 적용하는 경우 얼마로 평가하는지 밝히고 그 이유를 설명하라.

**14** Bakkar Kitchens의 2020년 12월 31일 자 기말 재고가 €7,600 과소계상되었다면 (a) 2019년 순이익, (b) 2020년 순이익, (c) 2년 동안의 결합 순이익에 어떤 영향을 미치는가?

**15** Xu Fashions의 재무상태표에서 재고를 HK$1,628,000로 공시한다. 그 밖에 어떤 추가 공시가 필요한가?

**16** 어떤 경우에 재고 회전율이 너무 높아지는가? 또한 그로 인해 어떤 부정적인 결과가 나타나는가?

***17** 재고자산 평가 방법 중 평균법은 계속기록법이나 실제재고조사법과 어떻게 다른가?

***18** 재고자산의 추정은 언제 필요한가?

***19** 총이익률법과 소매재고법은 둘 다 평균이익률이나 평균원가율을 사용하여 재고자산을 추산하는 방식이다. 구체적인 적용 방법에 대해 설명하라.

***20** Szabo Gourmet의 순매출액은 €400,000이고 판매 가능한 상품의 원가는 €300,000이다. 매출총이익률이 40%라면 기말 재고의 추정원가는 얼마인가? 계산 과정도 제시하라.

***21** Park Shoe Shop의 2020년 판매 가능한 물량을 소매가로 평가하면 €120,000이고 원가로 평가하면 €84,000이다. 해당 기간 동안 매출이 €90,000일 때 소매재고법을 사용하여 기말 재고의 원가를 추산하라.

***22** 물가가 상승하는 국면에서 Kanth Company의 재무상태표상 재고는 현재 시가에 가깝고 Phelan Company의 재고는 현재 시가보다 상당히 낮게 공시되었다면 각 회사가 가정하는 재고자산의 원가흐름 방식은 무엇인가? 어느 회사가 더 높은 매출총이익을 시현하고 있는가?

***23** LIFO를 적용하여 재고자산을 평가하면 법인세가 낮아지는 이유는 무엇인가?

## 가벼운 연습 문제

**1** Lazio Antiques는 재고 조사를 하면서 다음과 같은 사항을 파악했다. 항목별로 재고자산에 포함되는지 여부를 밝혀라.

**a.** 위탁판매하기 위해 Lazio Antiques가 다른 회사에 보낸 상품

**b.** 공급업체에서 FOB 도착지 조건으로 운송 중인 상품

**c.** 판매되었지만 고객 픽업을 위해 보관 중인 상품

**d.** 위탁판매하기 위해 Lazio Antiques가 보관 중인 다른 회사의 상품

**2** Stallman Furniture는 12월 31일 자 재고 조사를 통해 원가 €200,000의 재고가 수중에 있다는 것을 알았다. 그런데 FOB 출고지 조건으로 Pelzer Corporation으로부터 구매한 €25,000의 운송 중인 상품과 FOB 도착지 조건으로 Alvarez Company에 €30,000에 판매된 €22,000의 상품이 재고에 포함되지 않았다면 Stallman Furniture가 12월 31일 자 재고로 보고해야 하는 금액은 얼마인가?

**3** Tatung Electronics는 영업 첫 달에 다음과 같은 순서로 세 번 구매했다.

(1) NT$180에 300개 (2) NT$210에 400개 (3) NT$240에 200개

월말에 실제재고조사법으로 420개의 재고를 파악했을 때 기말 재고원가를 (a) FIFO, (b) 평균법으로 구하라(소수점 둘째 자리까지 표시).

**4** Muni Group의 경영진은 재고자산의 원가 계산법이 재무제표와 법인세비용에 미치는 영향을 검토하고 있다. 재고자산의 구입 가격이 증가하는 추세라고 가정할 때 다음 각각의 경우에 적합한 평가법은 무엇인가?

**a.** 당기순이익이 높게 산출되는 방법

**b.** 기말 재고자산이 높게 평가되는 방법

**c.** 법인세를 경감하는 방법

**d.** 당기순이익의 변동을 줄이는 방법

**5** Zammit Watches는 2020년에 당기순이익으로 €90,000를 보고했는데 기말 재고가 €5,000 과소계상되었다. 정확한 당기순이익을 구하고, 이러한 오류가 2020년 12월 31일의 재무상태표상 총자산에 어

떤 영향을 미치는지 설명하라.

**6** 다음은 Blackburn Appliance Center의 12월 31일 자 재고자산별 원가와 순실현가치이다. 저가법을 적용하여 재고자산을 평가하라.

| 재고 | 원가 | 순실현가치 |
|---|---|---|
| 카메라 | £12,000 | £12,100 |
| 캠코더 | 9,420 | 9,200 |
| 블루레이 플레이어 | 14,000 | 12,800 |

**7** Tai Lin Goods의 2020년 12월 31일 자 기말 재고는 HK$400,000, 기초 재고는 HK$580,000, 매출원가는 HK$2,842,000, 매출은 HK$3,800,000이다. 재고 회전율과 재고 회전 일수를 구하라.

*** 8** Abbott 백화점은 상품 E2-D2를 다음과 같이 구매했다.

| 일자 | 개수 | 단가 |
|---|---|---|
| 5월 7일 | 50 | £11 |
| 7월 28일 | 30 | 13 |

6월 1일에 30개를 판매하고 8월 27일에 35개를 판매했을 때 (a) FIFO, (b) 이동평균법을 적용하여 위 거래에 대한 재고자산수불부를 작성하라.

*** 9** Chang Dancewear의 5월 31일 자 순매출액은 ¥330,000이고 판매 가능한 상품의 원가는 ¥230,000이다. 총이익률을 45%로 가정하고 기말 재고자산의 원가를 추정하라.

*** 10** Lyon Fabrics의 6월 30일 자 판매 가능한 상품의 원가와 소매가는 각각 €35,000, €50,000이고 순매출은 €42,000, 기말 재고의 소매가는 €8,000이다. 소매재고법을 사용하여 기말 재고의 원가를 추정하라.

*** 11** 3번 문제에서 Tatung Electronics의 기말 재고가 420개라고 가정하고 LIFO로 기말 재고원가를 구하라.

## DO IT! 적용 문제

**1** Recife Apparel은 재고 조사를 하여 사업장에 있는 재고자산이 원가 R$300,000임을 파악했으며, 추가로 고려할 사항은 다음과 같다.

1. 원가가 R$18,000인 상품을 위탁판매하기 위해 Rio Company에 보냈는데 12월 31일 현재 Rio Company가 전량 보관 중이다.
2. 12월 28일에 FOB 출고지 조건으로 구입한 상품(원가 R$20,000)이 재고에 포함되지 않았다. 상품은 12월 31일 현재 운송 중에 있다.
3. FOB 출고지 조건으로 판매된 상품(원가 R$17,000)이 재고에 포함되지 않았다. 상품은 12월 31일 현재 운송 중에 있다.

12월 31일 기준 정확한 재고를 구하라.

**2** 다음은 Connor Electronics의 회계 자료이다. (a) FIFO, (b) 평균법을 적용하여 실제재고조사법에 따라 판매된 상품의 원가를 구하라(소수점 둘째 자리에서 반올림).

| | |
|---|---|
| 기초 재고 | 3,000개 @ £5 |
| 구매 | 8,000개 @ £7 |
| 매출 | 9,400개 @ £10 |

**3** Vanida Company는 2019년 기말 재고를 $27,000 과소계상했다. 이러한 오류가 2019년과 2020년의 기말 재고, 매출원가, 자본에 미치는 영향을 설명하라.

**4** **a.** Guo Hardware는 세 가지 유형의 도구(소형, 중형, 대형)를 판매하며 원가와 순실현가치는 다음과 같다. 저가법을 적용하여 재고자산을 구하라.

| | 원가 | 순실현가치 |
|---|---|---|
| 소형 | HK$ 640,000 | HK$ 730,000 |
| 중형 | 2,900,000 | 2,600,000 |
| 대형 | 1,520,000 | 1,485,000 |

**b.** Lausanne Clocks는 2020년 초에 JIT 재고관리 시스템으로 전환했다. 2019년과 2020년의 매출, 매출원가, 재고자산은 다음과 같다.

| | 2019 | 2020 |
|---|---|---|
| 매출 | CHF3,120,000 | CHF3,713,000 |
| 매출원가 | 1,200,000 | 1,425,000 |
| 기초 재고 | 180,000 | 220,000 |
| 기말 재고 | 220,000 | 100,000 |

2019년과 2020년의 재고 회전율과 재고 회전 일수를 구하라. 그리고 2년간의 재고자산과 매출액의 변동에 따른 재고 회전율과 재고 회전 일수의 변화에 대해 설명하라.

## 단원 연습 문제

**1** Premier Bank & Trust는 Alou Company에 대한 대출을 검토하면서 연말 재고자산이 £297,000로 계산한 것에 대해 맞는지 우려를 표명했다. 다음은 Alou Company 경리 담당자와의 대화 내용이다.

1. Alou Company가 12월 28일에 FOB 출고지 조건으로 Comerico Company에 판매한 상품이 다음 달 1월 12일에 거래처에 도착할 것으로 보인다. 12월 31일 현재 상품이 운송 중이라 재고 조사에 포함되지 않았다.
2. Alou Company가 12월 27일에 FOB 도착지 조건으로 구입한 £91,000의 상품이 12월 31일 현재 운송 중이라 재고 조사에 포함되지 않았다.
3. Alou Company는 1월 2일에 Grant Co.로부터 구입한 £25,000의 상품을 수령했는데, 이는 FOB 도착지 조건으로 12월 26일에 선적되었다. 동 상품 역시 12월 31일의 재고 조사에 포함되지 않았다.
4. Alou Company는 12월 30일에 FOB 도착지 조건으로 Emerick Co.에 £35,000의 상품을 판매했다. Emerick이 1월 8일에 수령한 동 상품 역시 재고 조사에 포함되지 않았다.
5. Alou Company는 1월 2일에 £44,000의 구매 상품을 수령했는데, 이는 12월 29일에 FOB 출고지 조건으로 배송된 것이다. 동 상품은 12월 31일 도착을 기한 긴급 주문이라 £297,000의 기말 재고에 포함되었다.

12월 31일 기준 정확한 재고를 구하라.

**2** 회계법인 Sneed Chartered Accountants 소속 공인회계사인 케일 웰슨은 Platinum Stereos의 재고자산을 검토하고 있는데, Platinum Stereos의 실적이 나빴음으로 경영진이 당기순이익을 늘려야 한다는 압박과 유혹을 받는다고 짐작했다. 연말 재고자산은 £740,000로 표시되어 있지만 추가로 발견된 고려해야 할 사항은 다음과 같다.

1. Platinum Stereos가 Superior Ltd.로부터에서 위탁판매를 의뢰받아 보유하고 있는 원가 £250,000의 상품도 재고자산 계정에 포함되었다.
2. FOB 도착지 조건으로 12월 28일에 배송되어 1월 3일까지 Platinum Stereos의 창고에 도착하지 못한 £40,000의 구매 상품이 재고 조사에 누락되었다.
3. 창고에 보관 중인 £17,000의 사무용품이 재고자산에 포함되었는데, 이는 다음 해에 회사의 직원들이 사용할 예정이다.
4. Platinum Stereos는 12월 29일에 주문받은 물량을 12월 31일에 선착장에 배달했으며, 이는 1월 1일 배에 실려 1월 6일 거래처에 도착했다. 판매 조건은 FOB 출고지이고 판매 가격은 £49,000, 원가는 £33,000이다. 동 상품은 재고 조사 때 선적을 위해 부두에 있었기 때문에 재고자산에 포함되지 않았다.
5. 더 이상 생산하지 않는 기계 부품 £48,000가 재고자산에 포함되어 있다. Platinum Stereos의 제품에 첨단 기술이 적용된다는 점을 고려할 때 이 구식 부품이 다른 용도로 사용될 가능성은 전무하다. 그러나 경영진은 돈을 주고 만든 것이기 때문에 재고자산에 원가로 포함해야 한다고 주장한다.

정확한 재고자산 금액을 결정하는 명세서를 작성하라. 또한 각 항목에 대한 조정 여부를 밝히고 그 이유를 설명하라.

**3** 12월 1일 현재 Discount Electronics는 DVD 플레이어 3개를 보유하고 있으며, 이 중 #1012는 6월 1일에 NT$3,000로, #1045는 11월 1일에 NT$2,760로, #1056은 11월 30일에 NT$2,520로 구매한 것이다. 상품은 모두 동일하며 판매 가격은 NT$4,500이다.

a. 12월 말까지 DVD 플레이어가 2개 팔렸다고 가정하고 FIFO를 적용하여 판매된 상품의 원가를 구하라.

b. Discount Electronics가 FIFO 대신 개별법을 사용한다면 판매된 특정 DVD 플레이어를 '선택적으로 선택하여' 수익을 어떻게 바꿀 수 있는지 설명하라. 그리고 수익을 최소화 또는 최대화하려는 경우 판매된 상품의 원가는 각각 얼마인가?

c. 두 가지 재고자산 평가 방법 중 어느 것이 바람직한지 밝히고 그 이유를 설명하라.

**4** Zhu Boards는 Xpert라는 스노보드를 9월에 121개 판매했다. 다음은 9월의 구매 내역이며, Zhu Boards는 실제재고조사법을 사용한다.

| 일자 | 적요 | 수량 | 단위당 원가 | 총원가 |
|---|---|---|---|---|
| 9월 1일 | 재고 | 23 | HK$ 970 | HK$ 22,310 |
| 9월 12일 | 구매 | 45 | 1,020 | 45,900 |
| 9월 19일 | 구매 | 20 | 1,040 | 20,800 |
| 9월 26일 | 구매 | 44 | 1,050 | 46,200 |
| | 계 | 132 | | HK$135,210 |

a. FIFO와 평균법을 적용하여 9월 30일 자 기말 재고와 판매된 상품의 원가를 구하고 산출 근거를 밝혀라.

b. 위의 계산 결과를 토대로 FIFO와 평균법에 대해 무엇을 알 수 있는가?

**5** 실제재고조사법을 사용하는 Zambian Co.는 5월 동안 다음과 같이 구매했으며, 이 중 68개를 5월에 팔았다.

| | | 수량 | 단위당 원가 | 총원가 |
|---|---|---|---|---|
| 5월 1일 | 재고 | 30 | € 9 | €270 |
| 15일 | 구매 | 22 | 11 | 242 |
| 24일 | 구매 | 38 | 12 | 456 |
| | 계 | 90 | | €968 |

FIFO와 평균법을 적용하여 5월 31일 자 기말 재고와 판매된 상품의 원가를 구하고 산출 근거를 밝혀라.

**6** 다음은 Howsham Interiors의 6월 구매 내역이다.

| | | 수량 | 단가 | 총원가 |
|---|---|---|---|---|
| 6월 1일 | 재고 | 200 | £5 | £1,000 |
| 12일 | 구매 | 300 | 6 | 1,800 |
| 23일 | 구매 | 500 | 7 | 3,500 |
| 30일 | 재고 | 160 | | |

a. FIFO와 평균법을 적용하여 기말 재고와 매출원가를 구하라.
b. 기말 재고가 높게 산출되는 방법을 고르고 그 이유를 설명하라.
c. 판매원가가 높게 산출되는 방법을 고르고 그 이유를 설명하라.

**7** Thaam Appliances의 기초 재고는 100개, 원가는 NT$300,000이다. 또한 연중에 200개를 구매했는데 원가는 NT$680,000이며, 연말에 기말 재고가 75개 남아 있다.

a. FIFO와 평균법을 적용하여 기말 재고의 원가와 매출원가를 구하라.
b. 순이익이 높게 산출되는 방법은 무엇인가?
c. 현재의 시가에 가까운 재고를 나타내는 방법은 무엇인가?
d. 초반에 법인세를 덜 내는 방법은 무엇인가?

**8** 다음은 Kinshasa Camera Shop의 12월 31일 자 재고 관련 정보이다.

| 품목 | 수량 | 단가 | 순실현가치 |
|---|---|---|---|
| 카메라: | | | |
| 미놀타 | 8 | ₩170,000 | ₩156,000 |
| 캐논 | 6 | 150,000 | 152,000 |
| 노출계: | | | |
| 비비타르 | 12 | 125,000 | 115,000 |
| 코닥 | 14 | 115,000 | 135,000 |

저가법을 적용하여 기말 재고를 구하라.

**9** 다음은 Banovic Footwear가 FIFO를 적용하여 산출한 기말 재고자산의 수량과 단가이다. 또한 연말에 개당 순실현가치는 테니스화 €70, 러닝화 €71, 농구화 €74이다.

| | |
|---|---|
| 테니스화 | 100개 @ €68 |
| 러닝화 | 150개 @ €75 |
| 농구화 | 125개 @ €80 |

저가법을 적용하여 기말 재고자산을 평가하라.

**10** 다음은 Bamburgh Hardware의 매출원가 내역이다. 그런데 Bamburgh Hardware는 두 가지 오류를 범했다. 즉 2019년 기말 재고가 €2,000 과대계상되었고, 2020년 기말 재고가 €6,000 과소계상되었다.

| | 2019 | 2020 |
|---|---|---|
| 기초 재고 | € 20,000 | € 30,000 |
| 매입원가 | 150,000 | 175,000 |
| 판매 가능한 상품의 원가 | 170,000 | 205,000 |
| 기말 재고 | 30,000 | 35,000 |
| 매출원가 | €140,000 | €170,000 |

연도별 매출원가를 구하라.

**11** 다음은 Wu Jewelry가 2년 동안 공시한 손익계산서 자료이다. Wu Jewelry는 실제재고조사법을 사용하여 재고자산을 평가하는데, 2019년 1월 1일과 2020년 12월 31일의 재고는 정확하고 2019년 12월 31일의 기말 재고는 HK$60,000만큼 과소계상되었다.

| | 2019 | 2020 |
|---|---|---|
| 매출 | HK$2,100,000 | HK$2,500,000 |
| 매출원가 | | |
| 기초 재고 | 320,000 | 440,000 |
| 매입 | 1,730,000 | 2,040,000 |
| 판매 가능한 상품의 원가 | 2,050,000 | 2,480,000 |
| 기말 재고 | 440,000 | 520,000 |
| 매출원가 | 1,610,000 | 1,960,000 |
| 매출총이익 | HK$ 490,000 | HK$ 540,000 |

a. 2년 동안의 손익계산서 자료를 바르게 수정하라.
b. 재고자산의 오류가 2년 동안 매출총이익에 미치는 영향을 산출하라.
c. Wu Jewelry의 사장에게 오류의 성격과 재무제표에 미친 영향을 설명하라.

**12** 다음은 Sepia Photos의 2018년, 2019년, 2020년 자료이다.

| | 2018 | 2019 | 2020 |
|---|---|---|---|
| 기초 재고 | £ 100,000 | £ 330,000 | £ 400,000 |
| 기말 재고 | 330,000 | 400,000 | 480,000 |
| 매출원가 | 900,000 | 1,120,000 | 1,300,000 |
| 매출 | 1,200,000 | 1,600,000 | 1,900,000 |

2018년, 2019년, 2020년의 재고 회전율, 재고 회전 일수, 매출총이익률을 구하고 3년 동안 나타난 경향 혹은 추세에 대해 설명하라.

**13** 다음은 Gouda Company와 Edam Company의 매출원가 내역이다.

| | Gouda Company | Edam Company |
|---|---|---|
| 기초 재고 | € 47,000 | € 71,000 |
| 매입원가 | 200,000 | 290,000 |
| 판매 가능한 상품의 원가 | 247,000 | 361,000 |
| 기말재고 | 58,000 | 69,000 |
| 매출원가 | €189,000 | €292,000 |

a. 각 회사의 재고 회전율과 재고 회전 일수를 구하라.

b. 어떤 회사의 재고자산이 빠르게 움직이는가?

*14 Roselle TV의 1월 1일 현재 TV 재고는 3대로 대당 단가가 €600이다. 1월 10일에 대당 €648인 TV를 6대 구입하고 1월 8일에 2대, 1월 15일에 4대를 판매했다. 계속기록법으로 FIFO와 이동평균법을 적용하여 기말 재고를 구하라(소수점 첫째 자리에서 반올림).

*15 다음은 Howsham Ltd.의 6월 구매 내역이다.

| 일자 | 적요 | 수량 | 단위당 원가 | 총원가 |
|---|---|---|---|---|
| 6월 1일 | 재고 | 200 | £5 | £1,000 |
| 12일 | 구매 | 300 | 6 | 1,800 |
| 23일 | 구매 | 500 | 7 | 3,500 |
| 30일 | 재고 | 160 | | |

a. 6월 15일 £8에 400개, 6월 27일 £9에 440개를 판매했다고 가정하고 계속기록법으로 FIFO와 이동평균법을 적용하여 월말 재고자산과 매출원가를 구하라.

b. 6번 문제의 결과와 어떻게 다른지 설명하라.

c. 평균단가가 £6[(£5 + £6 + £7) ÷ 3 = £6]가 될 수 없는 이유를 설명하라.

*16 다음은 4번 문제에서 언급한 Zhu Boards의 Xpert 스노보드 판매 자료이다. Zhu Boards는 계속기록법을 사용한다고 가정하라.

| 일자 | 적요 | 수량 | 판매단가 | 매출 |
|---|---|---|---|---|
| 9월 5일 | 매출 | 12 | HK$1,990 | HK$ 23,880 |
| 9월 16일 | 매출 | 50 | 2,030 | 101,500 |
| 9월 29일 | 매출 | 59 | 2,090 | 123,310 |
| | 계 | 121 | | HK$248,690 |

a. FIFO와 이동평균법을 적용하여 9월 30일 자 기말 재고를 구하라.

b. 계속기록법과 실제재고조사법(4번 문제)상 결과의 차이를 비교하라.

c. 계속기록법과 실제재고조사법을 각각 사용하는 회사 간에 FIFO와 이동평균법 중 어느 것이 기말 재고를 동일하게 산출하는가? 기말 재고를 다르게 산출하는 것은 무엇인가?

*17 다음은 Punjab Artisans의 2020년 11월, 12월 자료이며, 화재로 인해 12월 31일 기말 재고가 소실되었다.

| | 11월 | 12월 |
|---|---|---|
| 구매원가 | Rs5,000,000 | Rs 6,000,000 |
| 월초 재고 | 1,000,000 | 1,200,000 |
| 월말 재고 | 1,200,000 | ? |
| 매출 | 7,500,000 | 10,000,000 |

a. 11월의 매출총이익률을 구하라.

b. 11월의 매출총이익률을 사용하여 화재로 소실된 재고를 추정하라.

*18 Ipswich Books의 재고가 3월 1일에 화재로 소실되어 회계 기록을 검토하여 2월 말까지 2개월 동안 일어난 다음 내역을 파악했다.

| | |
|---|---|
| 매출 | £51,000 |
| 매출환입과 에누리 | 1,000 |
| 매입 | 31,200 |
| 매입운반비 | 1,200 |
| 매입환출과 에누리 | 1,800 |

a. 기초 재고가 £20,000, 매출총이익률이 40%일 때 화재로 소실된 상품을 결정하라.

b. 기초 재고가 £30,000, 매출총이익률이 32%일 때 화재로 소실된 상품을 결정하라.

*19 Zapatos Stores는 여성화와 남성화에 소매재고법을 적용하며, 품목별 정보는 다음과 같다.

| 품목 | 여성화 | 남성화 |
|---|---|---|
| 기초 재고원가 | € 36,500 | € 45,000 |
| 구매원가 | 150,000 | 136,300 |
| 순매출 | 178,000 | 185,000 |
| 기초 재고 판매가 | 46,000 | 60,000 |
| 구매 판매가 | 187,000 | 185,000 |

소매재고법에 따라 각 품목의 기말 재고원가를 추산하라.

*20 6번 문제의 자료를 이용하되 실제재고조사법에 의한 LIFO를 적용하여 기말 재고원가와 매출원가를 구하라.

*21 (a) 7번 문제의 자료를 이용하되 실제재고조사법에 의한 LIFO를 적용하여 기말 재고원가와 매출원가를 구하라. 그리고 LIFO하에서 (b), (c), (d)를 다시 풀라.

## 마무리 연습 문제

**1** Anatolia Designs는 2020년 2월 28일에 종료되는 회계연도의 결산을 위해 기말 재고자산을 평가하려 한다. 이에 2월 28일 기준 창고에 있는 모든 수량을 실사하여 기말 재고자산을 ₺48,000로 평가했으나 다음 사항을 검토하여 반영해야 한다.

**a.** 2월 26일, Anatolia Designs는 원가가 ₺800인 상품을 고객에게 배송했다. 이는 FOB 출고지 조건이며, 입고 보고서에 따르면 고객은 3월 2일에 상품을 수령했다.

**b.** 2월 26일, Anatolia Designs는 Shira Inc.로부터 FOB 도착지 조건으로 상품을 구입했다. 동 상품의 송장 가격은 ₺350이고 3월 2일에 입고되었다.

**c.** Anatolia Designs는 승인 조건부 판매를 위해 고객의 창고에 원가가 ₺620인 상품을 예치하고 있으며, 고객은 3월 4일까지 구매 여부를 알려줄 예정이다.

**d.** Anatolia Designs는 위탁판매를 위해 Palletine 크래프트숍에 원가가 ₺400인 재고를 예치 중이다.

**e.** 2월 26일, Anatolia Designs는 ₺780의 상품을 주문했으며, 이는 FOB 출고지 조건으로 2월 27일에 거래처에서 배송되어 3월 1일에 수령했다.

**f.** 2월 28일, Anatolia Designs는 FOB 도착지 조건으로 판매하기 위해 상품을 포장하고 배송 준비를 마쳤다. 동 상품의 판매가격은 ₺350, 원가는 ₺220이며, 입고 보고서에 따르면 고객은 3월 2일에 상품을 수령했다.

**g.** Anatolia Designs는 판매가 불가능할 정도로 손상된 상품을 창고에 보관 중이다. 동 상품의 원가는 ₺400, 판매가는 ₺600이다.

위의 항목별로 기말 재고에 포함되는지 여부를 밝히고, 포함된다면 그 금액을 구하라. 또한 기말 재고에 포함되지 않는다면 누구의 어느 계정에 담겨 있어야 하는지도 밝혀라.

**2** Dyna Distribution은 공연 예술가인 킹 제임스의 CD를 판매하며, 3월 초 보관하고 있는 물량은 개당 원가가 €7인 1,500개이다. 이후 3월 중에 다음과 같이 CD를 대량 구매하고 같은 3월에 CD를 10,000개 팔았다. Dyna Distribution은 실제재고조사법을 사용한다.

| | | | |
|---|---|---|---|
| 3월 5일 | 3,500 @ €8 | 3월 21일 | 2,000 @ €10 |
| 3월 13일 | 4,000 @ €9 | 3월 26일 | 2,000 @ €11 |

**a.** 판매 가능한 상품의 원가를 구하라.

**b.** FIFO와 평균법을 적용하여 기말 재고와 매출원가를 구하고 산출 근거를 밝혀라.

**c.** 원가흐름을 가정하는 방식 중 재무상태표에 더 큰 재고 금액을 표시하는 것은 무엇인가? 손익계산서에 더 큰 매출원가를 표시하는 것은 무엇인가?

b. 매출원가
FIFO €84,500
평균법 €89,615

**3** Marlow Bed & Bath는 기초에 개당 원가가 £8인 Product Kimbo를 400개 보유하고 있다. 한 해 동안의 구매 내역은 다음과 같으며 판매 수량은 1,500개이다. Marlow Bed & Bath는 실제재고조사법을 사용한다.

| | | | |
|---|---|---|---|
| 2월 20일 | 200개 @ €9 | 8월 12일 | 600개 @ €11 |
| 5월 5일 | 500개 @ €10 | 12월 8일 | 300개 @ €12 |

**a.** 판매 가능한 상품의 원가를 구하라.

**b.** FIFO와 평균법을 적용하여 기말 재고와 매출원가를 구하라.

**c.** 원가흐름의 가정 중 재무상태표에 더 적은 기말 재고 금액을 표시하는 것은 무엇인가? 손익계산서에 더 적은 매출원가를 표시하는 것은 무엇인가?

b. 매출원가
FIFO £14,400
평균법 £15,150

**4** Gisel Group의 경영진이 현재 사용하고 있는 재고자산의 원가흐름 가정을 재검토하면서 FIFO와 평균법이 2020년의 운영 결과에 미치는 영향을 분석해달라고 당신에게 요청했다. 2020년의 회계 기록은 다음과 같다.

| 재고 | | 매입과 판매 | |
|---|---|---|---|
| 기초(10,000개) | €22,800 | 순매출(225,000개) | €865,000 |
| 기말(15,000개) | | 구매원가(230,000개) | 578,500 |

다음은 분기별 구매 자료이다.

| 분기 | 수량 | 구매단가 | 총원가 |
|---|---|---|---|
| 1 | 60,000 | €2.30 | €138,000 |
| 2 | 50,000 | 2.50 | 125,000 |
| 3 | 50,000 | 2.60 | 130,000 |
| 4 | 70,000 | 2.65 | 185,500 |
| | 230,000 | | €578,500 |

판매관리비는 €147,000이고 회사의 법인세율은 32%이다.

**a.** FIFO와 평균법에 따른 2020년 비교 형식의 요약손익계산서를 작성하라(기말 재고자산 계산 과정을 포함하라).

**b.** 경영진의 다음 질문에 답하라.

1. FIFO와 평균법 중 재무상태표의 목적에 적합한 것을 밝히고 그 이유를 설명하라.

2. FIFO와 평균법 중 실제의 물리적 흐름에 더 가까운 원가흐름을 가정하는 것을 밝히고 그 이유를 설명하라.
3. FIFO와 평균법 중 회사에 현금이 더 많이 남는 방식을 밝히고 그 이유를 설명하라. 또한 현금의 차액을 산출하라.

a. 순이익
FIFO €106,386
평균법 €104,907
b. 3. €696

**5** 다음은 실제재고조사법을 사용하는 Senta Ltd.의 2020년 10월 회계 자료이다.

| 일자 | 적요 | 수량 | 매입단가 또는 판매단가 |
|---|---|---|---|
| 10월 1일 | 기초 재고 | 60 | €24 |
| 10월 9일 | 매입 | 120 | 26 |
| 10월 11일 | 매출 | 100 | 35 |
| 10월 17일 | 매입 | 70 | 27 |
| 10월 22일 | 매출 | 65 | 40 |
| 10월 25일 | 매입 | 80 | 28 |
| 10월 29일 | 매출 | 120 | 40 |

**a.** FIFO와 평균법을 적용하여 기말 재고, 매출원가, 총이익, 총이익률을 구하라.
**b.** FIFO와 평균법의 원가흐름 가정에 대한 결과를 비교하라.

a. 총이익
FIFO €3,470
평균법 €3,395

**6** 다음은 단일 종류, 단일 규격의 다이아몬드를 판매하는 Greco Diamonds의 재고자산에 대한 거래 자료이다. 실제재고조사법을 사용하는 Greco Diamonds는 각 다이아몬드에 코드를 부여하여 식별하고 매입원가를 표시한다.

3월 1일 다이아몬드를 개당 원가 €310에 150개 보유하고 있다.
3일 다이아몬드를 개당 €350에 200개 구입했다.
5일 다이아몬드를 개당 €600에 180개 판매했다.
10일 다이아몬드를 개당 €380에 350개 구입했다.
25일 다이아몬드를 개당 €650에 400개 판매했다.

**a.** 개별법을 적용한다고 가정하고 3월 5일과 3월 25일에 판매한 다이아몬드에 대해 다음 문제를 풀라.
1. 3월의 매출총이익을 극대화하려면 어떤 다이아몬드가 팔려야 하는가?
2. 3월의 매출총이익을 극소화하려면 어떤 다이아몬드가 팔려야 하는가?

**b.** FIFO에 의한 원가흐름을 가정하고 매출원가와 매출총이익을 구하라.
**c.** 평균법에 의한 원가흐름을 가정하고 매출원가와 매출총이익을 구하라.
**d.** Greco Diamonds는 어떤 방법을 선택하는 것이 좋은지 밝히고 그 이유를 설명하라.

a. 총이익
1. 최대 €164,100
2. 최소 €155,700

**7** Tudor Living의 경영진은 FIFO와 평균법이 회사에 미치는 영향을 검토 중이며, 2020년 회계 기록은 다음과 같다. 또한 120,000개의 구입 내역은 5월 10일 £4.00에 40,000개, 8월 15일 £4.20에 60,000개, 11월 20일 £4.45에 20,000개로 구성되고 법인세율은 28%이다.

| | |
|---|---|
| 1월 1일 기초 재고(10,000개) | £ 35,000 |
| 120,000개 구입원가 | 501,000 |
| 105,000개 판매 금액 | 695,000 |
| 판매관리비 | 130,000 |

**a.** FIFO와 평균법에 따른 2020년 비교 형식의 요약손익계산서를 작성하라(기말 재고자산 계산 과정도 밝혀라).
**b.** 경영진의 다음 질문에 답하라.
1. FIFO와 평균법 중 재무상태표의 목적에 적합한 것을 밝히고 그 이유를 설명하라.
2. FIFO와 평균법 중 실제의 물리적 흐름에 더 가까운 원가흐름을 가정하는 것을 밝히고 그 이유를 설명하라.
3. FIFO보다 평균법을 적용했을 때 회사에 현금이 더 많이 남는 이유를 설명하라.

a. 매출총이익
FIFO £269,000
평균법 £262,075

*** 8** Tempo Ltd.는 캐나다 노바스코샤주의 다트머스에 있는 소매업체로 계속기록법을 사용한다. 판매 후 반품은 재고로 다시 입고되며 손상되지 않았다고 가정한다. 또한 외상거래가 없고 모두 현금판매이다. 다음은 Tempo Ltd.의 2020년 1월 매입 및 매출 자료이다.

| 일자 | 적요 | 수량 | 매입단가 또는 판매단가 |
|---|---|---|---|
| 12월 31일 | 기말 재고 | 150 | £19 |
| 1월 2일 | 매입 | 100 | 21 |
| 1월 6일 | 매출 | 150 | 40 |
| 1월 9일 | 매출 반품 | 10 | 40 |
| 1월 9일 | 매입 | 75 | 24 |
| 1월 10일 | 매입 반품 | 15 | 24 |
| 1월 10일 | 매출 | 50 | 45 |
| 1월 23일 | 매입 | 100 | 26 |
| 1월 30일 | 매출 | 160 | 50 |

**a.** FIFO와 평균법을 적용하여 매출원가, 기말 재고, 매출총이익을 구하라.
**b.** FIFO와 평균법의 원가흐름 가정에 대한 결과를 비교하라.

a. 매출총이익
FIFO £8,420
평균법 £8,266

*9 5월 1일부터 영업을 시작한 Dominican Appliance Mart는 계속기록법을 사용한다. 다음은 5월의 Model 25 Sureshot 카메라 매입 및 매출 자료이다.

| | 매입 | | |
|---|---|---|---|
| 일자 | 수량 | 단가 | 판매 개수 |
| 5월 1일 | 7 | NT$4,600 | |
| 5월 4일 | | | 4 |
| 5월 8일 | 8 | NT$5,100 | |
| 5월 12일 | | | 5 |
| 5월 15일 | 6 | NT$5,520 | |
| 5월 20일 | | | 3 |
| 5월 25일 | | | 5 |

**a.** FIFO와 이동평균법을 적용하여 기말 재고를 구하라.

**b.** FIFO와 이동평균법 중 더 높은 기말 재고 평가를 산출하는 원가 계산 방법은 무엇이고, 더 낮은 기말 재고 평가를 산출하는 원가 계산 방법은 무엇인가?

a. FIFO NT$22,080
이동평균법 NT$20,968

*10 Lisbon Pottery는 2020년 3월 25일의 화재로 재고의 70%가 소실되었으나, 다행히 화재보험에 가입되어 있어 보험금을 타기 위해 보험 회사에 자료를 제출해야 한다. 회계 기록에 따르면 2월과 3월의 매출총이익 관련 자료는 다음과 같다.

| | 2월 | 3월 (3월 25일까지) |
|---|---|---|
| 순매출액 | €300,000 | €260,000 |
| 순매입액 | 197,800 | 191,000 |
| 매입운반비 | 2,900 | 4,000 |
| 기초 재고 | 4,500 | 25,200 |
| 기말 재고 | 25,200 | ? |

**a.** 2월의 매출총이익률을 구하라.

**b.** 2월의 매출총이익률을 사용하여 3월 25일 자 예상 재고와 화재로 소실된 재고액을 구하라.

a. 매출총이익률 40%

*11 Terzi 백화점은 소매재고법을 사용하여 월별로 기말 재고를 산출하며, 다음은 두 품목의 2020년 8월 31일 자료이다. 이 백화점은 12월 31일에 재고 조사를 하여 소매가 기준으로 스포츠용품을 €85,000, 보석 및 화장품을 €52,000로 평가했다.

| | 스포츠용품 | | 보석 및 화장품 | |
|---|---|---|---|---|
| | 원가 | 소매가 | 원가 | 소매가 |
| 순매출 | | €1,010,000 | | €1,150,000 |
| 매입 | €675,000 | 1,066,000 | €639,000 | 1,158,000 |
| 매입반품 | (26,000) | (40,000) | (10,000) | (20,000) |
| 매입할인 | (12,360) | — | (8,860) | — |
| 매입운반비 | 9,000 | — | 7,000 | — |
| 기초 재고 | 47,360 | 74,000 | 32,860 | 62,000 |

**a.** 소매재고법을 사용하여 2020년 8월 31일 자 품목별 예상 기말 재고액을 구하라.

**b.** 소매가 대비 원가율이 스포츠용품의 경우 60%, 보석 및 화장품의 경우 54%라고 가정하고 12월 31일 자 기말 재고를 구하라.

a. 스포츠용품 €56,700

*12 5번 문제의 자료를 이용하여 실제재고조사법에서 LIFO에 따른 기말 재고액을 구하라.

## 회계순환 과정 복습 문제

다음은 Cambridge Printers의 2020년 12월 1일 자 계정이다.

| | 차변 | | 대변 |
|---|---|---|---|
| 현금 | £ 4,650 | 감가상각비누계액 | £ 1,500 |
| 매출채권 | 3,900 | 매입채무 | 3,000 |
| 재고자산 | 1,950* | 자본금 | 20,000 |
| 설비 | 21,000 | 이익잉여금 | 7,000 |
| | £31,500 | | £31,500 |

*(3,000 × £0.65)

12월에 발생한 매입 및 매출 거래는 다음과 같다.

12월 3일 개당 £0.72에 재고 4,000개를 외상으로 구입했다.
5일 개당 £0.92에 재고 4,400개를 외상으로 판매했다(£0.65 3,000개, £0.72 1,400개).
7일 12월 5일 판매한 상품 중 200개가 반품되어 고객에게 £184를 에누리해주었다. 반품의 원가는 £144이며 재고로 다시 입고되었다.
17일 개당 £0.78에 재고 2,200개를 현금으로 구입했다.
22일 개당 £0.95에 재고 2,000개를 외상으로 판매했다(£0.72 2,000개).

수정 자료

1. 미지급 급여는 £400이다.
2. 감가상각은 월 £200이다.

**a.** Cambridge Printers가 계속기록법을 사용한다고 가정하고 12월의 거래와 수정 사항을 분개하라.

**b.** T 계정에 12월 1일의 잔액을 기입하고 12월의 거래를 포스팅하라. 위에서 언급한 계정 외에 매출원가, 감가상각비, 급여, 미지급 급여, 매출, 매출할인과 에누리 계정을 추가하여 사용하라.

**c.** 2020년 12월 31일의 조정 후 시산표를 작성하라.

**d.** 2020년 12월의 손익계산서와 2020년 12월 31일의 표준형 재무상태표를 작성하라.

**e.** Cambridge Printers가 실제재고조사법을 사용한다고 가정하고 FIFO를 적용하여 기말 재고와 매출원가를 구하라.

**f.** Cambridge Printers가 실제재고조사법을 사용한다고 가정하고 평균법을 적용하여 기말 재고와 매출원가를 구하라.

## 비판적 사고력 확장 문제

### 재무 보고: TSMC

**1** 재무제표와 함께 공시되는 주석은 재무제표의 복잡한 숫자와 내용을 상세히 설명해주어 매우 유용하다. TSMC의 재무제표는 이 책의 부록 A에 실려 있으며, 연결재무제표 주석을 포함한 2016년 연례 사업 보고서는 회사 웹사이트에서 확인할 수 있다. 이를 이용하여 다음 문제를 풀라. 금액 단위는 재무제표에 표시된 NT$100로 한다.

**a.** 2015년과 2016년 12월 31일 기준 연결재무상태표의 재고자산은 얼마인가?

**b.** 2015년과 2016년 사이에 재고자산의 변동액과 변동 비율은 얼마인가? 2016년 12월 31일 기준 재고자산이 유동자산에서 차지하는 비율은 얼마인가?

**c.** TSMC는 어떤 재고자산 평가법과 원가흐름 방법을 사용하는가? (연결재무제표에 대한 주석을 참조하라.)

**d.** 2016년과 2015년의 매출원가는 얼마인가? 2016년의 순매출액 대비 매출 원가율을 구하라.

### 비교 분석: 네슬레와 델피

**2** 네슬레와 델피의 재무제표는 이 책의 부록 B와 C에 실려 있다. 이를 이용하여 다음 문제를 풀라.

**a.** 가장 최근 회계연도의 재고 회전율(소수점 둘째 자리에서 반올림)과 평균 재고 보유 일수(날짜 단위로 반올림)를 구하라.

**b.** 위 자료를 바탕으로 네슬레와 델피의 재고관리와 관련하여 어떤 결론을 내릴 수 있는가?

### 실제 사례

**3** 기업의 연례 사업 보고서에 공시되고 있는 재고자산 평가법을 통해 동 방법이 손익계산서와 재무상태표에 미치는 영향을 분석할 수 있다. 시스코(Cisco, 미국) 웹사이트에서 올해의 연례 사업 보고서를 찾아보고 다음 문제를 풀라.

**a.** 회계연도 말에 대차대조표(재무상태표)의 재고자산은 얼마인가?

**b.** 전기 말과 비교하여 변동액은 얼마인가?

**c.** 재고자산 중 완제품의 금액은 얼마인가?

**d.** 시스코가 사용하는 재고자산 평가법은 무엇인가?

### 조직 전반에 걸친 의사결정

**4** 2020년 4월 10일, Ehlert Lighting의 사무실과 창고가 화재로 불타버렸다. 대부분의 회계 기록이 사라졌지만 다행히 2020년 3월 31일 기준으로 다음 계정 금액을 복구했다.

| | |
|---|---|
| 재고(2020년 1월 1일) | £80,000 |
| 매출(2020년 1월 1일~3월 31일) | £180,000 |
| 매입(2020년 1월 1일~3월 31일) | £94,000 |

Ehlert Lighting의 회계연도는 12월 31일에 종료되며 실제재고조사법을 사용한다.

4월 동안 은행과의 거래 내역서를 통해 4월 1일부터 10일까지의 현금 구매 사용액으로 결제된 수표 £4,200를 발견했다. 또한 같은 기간의 현금 입금액이 총 £20,500인데, 이 중 60%는 매출채권 회수액이고 나머지는 현금 판매액이라는 것을 알아냈다.

또한 주요 매입처와의 통신에 따르면 4월 1일부터 10일까지 £12,400의 외상구매가 있었으며, 이 중 £1,900는 FOB 도착지 조건으로 4월 10일 현재 운송 중이라는 것을 알아냈다. 그리고 주요 판매처와의 통신을 바탕으로 4월 1일부터 10일까지 £37,000의 신용판매를 확인했으나 £5,600에 대해서는 고객이 거래 사실을 부인했다.

Ehlert Lighting은 지난 2년 동안의 매출총이익률의 평균을 토대로 화재 손실을 보상받기로 보험 회사와 합의했다. 다음은 2018년과 2019년 재무제표 자료이며, 이 중 £17,000의 재고가 화재에서 살아남았다.

| | 2019 | 2018 |
|---|---|---|
| 순매출 | £600,000 | £480,000 |
| 총매입원가 | 404,000 | 346,400 |
| 기초 재고 | 60,000 | 40,000 |
| 기말 재고 | 80,000 | 60,000 |

**a.** 2020년 1월 1일부터 4월 10일까지의 매출과 구매액을 구하라.

***b.** 2018년과 2019년의 평균 매출총이익률을 구하라. (힌트: 각 연도 매출총이익률의 합계를 2로 나눈다.)

***c.** 매출총이익률법을 사용하여 화재로 인한 재고 손실을 구하라.

### 커뮤니케이션 활동

**5** 당신은 Classic Toys Ltd.의 회계 책임자이다. 그런데 구매 부서의 실수로 2019년 재무제표에서 기말 재고가 €100만 과대계상된 사실이 최근 발견되었다. 사장은 이러한 종류의 오류는 회계상 시간이 지나면 저절로 수정된다고 알고 있었다. 이에 사장은 2020년 기말 재고가 정확하니 2020년 당기순이익도 정확할 수밖에 없다면서 이렇게 말했다. "이미 지나간 일이에요. 더 이상 걱정할 필요가 없습니다." 그러나 당신은 사장이 틀렸다고 결론 내렸다. 사장에게 상황을 간단히 설명하는 보고서를 작성하라.

## U.S. GAAP 살펴보기

**학습목표**

IFRS와 U.S. GAAP의 재고자산 회계를 비교한다.

재고자산의 회계기준에 대해 IFRS는 원칙을 제시하고 U.S. GAAP은 상세하게 규정하는 방법론의 차이는 있지만 근본적인 내용은 같다. 가령 재고자산을 판매를 위해 준비된 완성품으로서 제품 또는 상품, 생산 과정에 투입된 재공품, 생산에 대비한 원재료로 구분하는 것이나 운송 중인 물품 또는 미착품의 재고자산 포함 여부에 대한 기준, 저가법의 적용 등이 같다.

그러나 IFRS는 LIFO를 인정하지 않는다. 또한 IFRS는 비슷한 성격의 재고는 같은 원가 결정법을 사용해야 한다고 하지만 U.S. GAAP은 이에 대해 함구하고 있다. 그리고 IFRS는 재고가 확실히 구분되어 상호 대체 불가능한 물품이면 우선적으로 개별법을 사용하되, 구분이 의미 없는 경우에만 FIFO와 같은 원가흐름법을 가정하라고 하지만 U.S. GAAP은 이에 대해서도 아무 말이 없다. 그 밖에도 IFRS는 농업 분야에서 자라는 농작물이나 키우는 가축을 공정가치에서 처분에 드는 비용을 공제한 가격으로 평가할 것을 요구하는 데 반해 U.S. GAAP은 원가법을 고수한다.

그러나 두 회계기준의 컨버전스에 걸림돌이 되는 것은 무엇보다도 LIFO이다. IFRS가 허용하지 않는 LIFO를 미국에서는 많이 쓴다. 세금을 절약할 수 있는 데다 현행 원가로 매출원가를 구성하므로 손익이 더 정확하다는 주장이 예상 외로 설득력이 높기 때문이다.

## U.S. GAAP 확인 문제

**1** U.S. GAAP상 재고자산에 포함될 수 없는 것은 무엇인가?

**a.** 수탁재고(위탁받은 재고)

**b.** 위탁한 재고

**c.** FOB 출고지 조건으로 출고한 재고

**d.** 위의 보기 모두 해당되지 않음

**2** IFRS에서 인정하지 않는 재고자산 원가 배분법은 무엇인가?

**a.** 개별법

**b.** LIFO

**c.** FIFO

**d.** 평균법

**해답** 1. a 2. b

## U.S. GAAP 연습 문제

**1** 재고자산 회계와 관련하여 U.S. GAAP과 IFRS의 유사점과 차이점을 간략히 설명하라.

**2** 프랑스 회사인 LaTour Perfumes는 IFRS에 따라 재무제표를 작성하여 2020년에 매출원가 €5억 7,800만, 평균 재고자산 €1억 5,400만을 공시했다. LaTour Perfumes의 재고 회전율에 대한 분석(U.S. GAAP을 사용하는 회사와 비교)이 IFRS와 U.S. GAAP 간의 재고자산 회계 방법의 차이에 따라 어떤 영향을 받을 수 있는지 간략히 설명하라.

**3** Franklin Company는 2020년 12월 31일 현재 기말 재고로 네 가지 품목을 보유하고 있다. 품목별 시장 가격과 LIFO로 계산한 원가는 다음과 같다.

| 품목 번호 | 원가 | 시장가 |
|---|---|---|
| AB | $1,700 | $1,400 |
| TRX | 2,200 | 2,300 |
| NWA | 7,800 | 7,100 |
| SGH | 3,000 | 3,700 |

저가법으로 재고자산을 구하라.

### 재무 보고: 애플

**4** 애플의 재무제표는 이 책의 부록 D에 실려 있으며, 재무제표 주석을 포함한 전체 연례 사업 보고서는 회사 웹사이트에서 확인할 수 있다. 이를 이용하여 다음 문제를 풀라(연례 사업 보고서에 표시된 대로 금액 단위는 $1,000를 사용하라).

**a.** 2016년 9월 24일과 2015년 9월 26일 자 연결 대차대조표상 재고자산은 얼마인가?

**b.** 2015년과 2016년 사이에 재고자산의 변동액과 변동 비율은 얼마인가? 2016년 기준 재고자산이 유동자산에서 차지하는 비율은 얼마인가?

**c.** 애플은 어떤 재고자산 평가법과 원가흐름 방법을 사용하는가?

**d.** 2016, 2015, 2014년에 공시된 제품의 매출원가는 얼마인가? 2016년의 순매출액 대비 매출 원가율을 구하라.

CHAPTER 7

Monkey Business Images/Shutterstock

# 부정과 내부 통제, 현금

Fraud, Internal Control, and Cash

## 이 단원에서 공부할 내용

닉스스테이크하우스앤드피자(Nick's Steakhouse & Pizza, 캐나다)처럼 현금거래가 상당히 많은 사업에서는 부정이 발생하지 않도록 내부 통제를 갖추는 것이 매우 중요하다. 모두들 현금을 보면 욕심이 생기기 때문이다. 물론 현금만 중요한 것은 아니고 다른 자산도 보호해야 한다. 닉스스테이크하우스앤드피자에는 방심하면 음식을 빼돌리고 원재료를 훔쳐가며, 틈만 나면 식기와 심지어 주방의 조리 도구까지 노리는 자들이 있다.

이 장에서는 자산을 보호하기 위한 내부 통제의 관건은 무엇인지, 내부 통제가 어떻게 구성되고 어떻게 범죄와 부정을 막는 기능을 하는지 알아본다. 특히 현금을 중점적으로 다룬다. 현금을 보호하는 가장 기본적인 내부 통제는 누구나 알고 있듯이 즉각 은행에 입금하는 것이다. 은행은 훌륭한 금고이기 때문이다.

## 이 단원을 공부해야 하는 이유

### 매출 대금 챙기기

닉 페트로스(Nick Petros)는 캐나다 캘거리의 유명 레스토랑인 닉스스테이크하우스앤드피자의 창업자이다. 영어도 못하고 무일푼이었던 그는 17세 때 그리스에서 캐나다로 이민 와 25년간 식당 종업원으로 일했다. 접시 닦기부터 시작해서 주차 요원, 웨이터 등 온갖 궂은일을 하다 마침내 지배인 자리에 오른 입지전적인 인물이다. 그러다가 1979년에 그는 자기 이름을 딴 레스토랑을 차려 어머니가 해주던 가정 요리법으로 크게 성공했고, 이 레스토랑을 2000년에 아들 마크 페트로스(Mark Petros)에게 물려주었다.

닉스스테이크하우스앤드피자는 금요일과 토요일 저녁에 특히 바쁘다. 650제곱미터의 매장에서 웨이터 11명과 바텐더 3명이 1,200명에 달하는 손님을 위해 눈코 뜰 새 없이 서비스를 해야 한다. 이에 마크는 일찌감치 정보관리 시스템인 POS(point-of-sale)를 도입하여 주문, 재고, 대금 회수를 일관된 시스템으로 관리했다.

웨이터는 손님의 주문을 받아 6개의 컴퓨터 단말기 중 하나에 그 내용을 입력한다. 단말기에는 메뉴와 가격이 이미 입력되어 있어 해당 메뉴의 주문 버튼만 누르면 된다. 입력된 주문 내용은 주방으로, 술과 샐러드가 보관되어 있는 진열장으로 각각 전달된다. 그 정보에 따라 주방에서는 음식을 만들고 술, 샐러드와 함께 손님 테이블로 서빙된다. 움직인 재고는 당연히 POS 내에서 자동으로 기록된다. 식사를 마친 손님이 계산을 하면 담당 웨이터는 현금을 수령하거나 신용카드를 받아 결제한다. 그리고 모든 일이 끝나면 POS 시스템에서 웨이터별로 받은 주문과 연계하여 레스토랑에 입금해야 할 현금과 신용카드, 직불카드 내용이 출력된다.

한편 레스토랑은 거스름돈용으로 웨이터와 바텐더에게 인당 현금 $400를 미리 나누어주는데, 이들은 퇴근할 때 현금 $400와 음식값으로 받은 현금을 레스토랑에 반납해야 한다. 모자라면 각자의 책임이다. 또한 일을 시작하기 전에 냉장고에 있는 술병의 개수와 담겨 있는 양을 미리 체크하고, 이 모든 것을 POS 시스템의 재고에 반영한다. 만약 맥주가 3병 없어지면 주문받은 것이고, 결제한 흔적이 없다면 바텐더의 책임이다.

이와 같은 굳건한 내부 통제 제도에 대해 창업자인 닉 페트로스는 자신 있게 말한다. "POS 시스템에서는 차이가 발생할 수 없습니다. 차이가 생긴다면 딱 하나, 주문 정보를 잘못 입력한 경우입니다."

## 이 단원의 구성과 학습목표

| | | | |
|---|---|---|---|
| **부정과 내부 통제 제도** | **부정과 내부 통제 제도의 원칙을 이해한다.** | • 부정<br>• 내부 통제 제도<br>• 통제 활동의 원칙<br>• 내부 통제 제도의 한계 | **DO IT! 1** 통제 행위 |
| **현금 통제** | **현금 통제를 이해한다.** | • 현금 수령 통제<br>• 현금 출금 통제<br>• 소액현금 제도 | **DO IT! 2a** 현금 입금 통제<br>**DO IT! 2b** 소액현금 제도 |
| **은행계좌 통제** | **은행계좌 통제를 이해한다.** | • 은행 예치<br>• 수표 발행<br>• 온라인 이체 시스템<br>• 은행 거래 내역서<br>• 은행계정 조정표 | **DO IT! 3** 은행계정 조정표 |
| **현금 공시** | **현금 공시에 대해 알아본다.** | • 현금성 자산<br>• 사용이 제한된 현금 | **DO IT! 4** 현금 공시 |

## 부정과 내부 통제 제도 _Fraud and Internal Control

학습목표

부정과 내부 통제 제도의 원칙을 이해한다.

닉스스테이크하우스앤드피자가 운영하고 있는 몇 가지 통제 절차에서 보듯이 내부 통제 제도는 부정을 저지르려는 종업원의 의욕을 꺾어놓는 효과가 있다.

### 부정 _Fraud

임직원의 부정직한 행위인 **부정**(fraud)은 회사의 비용으로 개인의 사욕을 채우는 것을 말한다. 다음은 최근 언론이 밝힌 부정의 사례이다.

- 3년 동안 €750,000를 구매대금 지급이라면서 본인의 은행계좌에 송금한 중소기업 직원
- 8년 동안 근무하면서 $125,000의 물품을 자기 집으로 배달한 창고 부서 직원
- 2년 동안 웰스파고은행(Wells Fargo Bank, 미국)에 있는 회삿돈 $2,100만을 빼돌린 전산실 직원
- 친구와 공모하여 장거리 허위 주문을 넣은 후 장거리 운송을 다녀왔다고 하고 받은 수당을 친구와 나누어 착복한 택시 회사 소속 운전사

그렇다면 부정은 왜 발생하는가? 그림 7.1은 부정을 유발하는 세 가지 요인, 즉 **부정의 삼각형**(fraud triangle)을 보여준다.

그림 7.1 부정의 삼각형

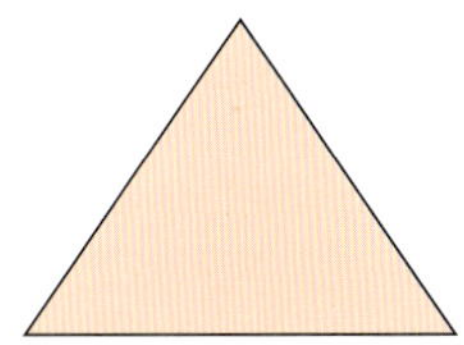


첫 번째 요인은 기회(opportunity)이다. 기회가 있으니 부정을 저지르는 것이다. 따라서 기회를 없애는 것은 내부 통제를 설계할 때 기본 중의 기본이다. 부정을 저지를 수 없는 통제 제도가 있거나, 부정을 저질러도 금방 들통나는 근무 환경에서는 주저하고 망설이다가 결국 포기하게 된다. 내부 통제가 허술하면 부정이 들끓게 마련이다. 두 번째 요인은 경제적 압박(financial pressure)이다. 이는 과도한 빚, 사치와 낭비, 분에 넘치는 호화로운 삶의 동경에서 비롯된다. 세 번째 요인은 자기합리화(rationalization)이다. 자신의 부정을 정당화할 수 있는 핑계가 있으면 부정이 더 잘 일어난다. 가령 사장은 고액의 연봉을 받는데 자기는 쥐꼬리만큼만 받는다고 생각하면 부정을 저지르기 쉽다. 이 경우 자신의 부정이 오히려 당당하고 정의롭다는 착각마저 든다.

### 내부 통제 제도 _Internal Control

**내부 통제 제도**(internal control)는 운영, 보고, 준수와 관련하여 회사의 목표 수준이 제대로 이루어지도록 계획 및 고안된 절차이다. 구체적인 목표는 첫째, 자산을 보호하고, 둘째, 회계 기록의 신뢰성을 제고하며, 셋째, 업무의 효율성을 높이고, 넷째, 법과 그에 준하는 각종 정책 사항을 준수하는 것이다. 내부 통제는 부정을 막는 기능을 하지만 근본적인 지향점은 자산을 보호하고 회계 기록의 신뢰성과 정확성을 기하며 경영 목적을 달성하는 데 있다. 부정을 막는 것을 내부 통제의 주요 목적으로 보는 인식도 있는데 이는 지나치게 좁은 시각이다. 부정 방지는 자산 보호라는 더 큰 목적에 포섭되는 부수적 효과로 보아야 한다. 내부 통제 제도는 부정 방지 이상의 더 큰 목표를 지향한다.

정밀함의 차이가 있을 뿐 내부 통제 제도가 없는 회사는 없다. 다들 나름의 방식이 있다. 그러

**공동체적 사고력 키우기 | 지속가능성의 보고**

최근 들어 회계 보고를 넘어 지속가능성의 보고(sustainability reporting)에 대한 요구가 커지고 있다. 기업은 단순히 돈을 벌기 위한 사업체가 아니라 사회를 배려하고 지구의 환경을 위해 노력해야 할 의무가 있다는 것을 전제로, 그 공헌 내용을 이해관계자에게 충분히 보고해야 한다는 것이다. 기업은 그러한 활동과 보고를 통해 건전해지고, 사회와의 공감대와 공존의식을 기반으로 더욱 지속가능해진다.

그런데 지속가능성의 보고도 회계 보고서와 마찬가지로 적절한 내부 통제하에 이루어져야 한다. 그래야 보고 내용을 사전에 충분히 검토하여 잘못된 내용이 있으면 바로잡아 정보의 정확성, 정당성, 완전성을 확보할 수 있으며, 보고 내용의 전체적인 흐름을 경영자의 의도에 맞추고, 이해관계자가 지속가능성의 보고를 신뢰할 수 있게 된다. 한편 지금은 온실가스를 배출하여 환경을 심하게 해치는 광산 또는 채굴 사업을 하는 기업을 대상으로 지속가능성의 보고 의무를 강조하고 있지만 그 영역이 점차 확산되고 있어 보고 내용에 대한 외부 감사가 필요하다는 목소리가 높다. 실제로 지속가능성의 보고 내용을 의무적으로 감사받게 하는 나라도 있다.

© Karl Dolenc/iStockphoto

**지속가능성 정보가 투자자에게 중요한 이유는 무엇인가?**

나 올바른 내부 통제 제도에는 다음과 같은 기본 요소가 있어야 한다.[1]

- **통제 환경**(control environment): 먼저 조직의 분위기가 진실되고 윤리적이어야 한다. 이는 최고경영자의 책임이다. 경영자가 비윤리적이고 가식적이면 좋은 내부 통제 제도가 뿌리내릴 수 없다. 이를 위한 경영자의 다짐과 노력을 'tone at the top'이라고 하며, 관련 메시지가 지속적으로 구성원에게 전파되어야 한다.
- **위험 평가**(risk assessment): 올바른 내부 통제 제도를 갖추려면 회사에 어떤 위험이 닥칠지를 정의하고 예측하며 이를 다양한 요소로 분석하여 대처할 수 있는 전문 능력이 있어야 한다. 웬만한 대기업에는 리스크를 담당하는 전담 부서가 있다.
- **통제 활동**(control activities): 회사가 직면하는 각종 위험을 헤쳐나갈 수 있도록 정책과 방침, 절차, 방법 등을 회사에 맞게 고안하여 구체적인 업무 과정으로 장착해야 한다. 이를 매뉴얼로 만들어두면 더욱 효과적이다.
- **정보와 의사소통**(information and communication): 적절한 정보를 모두가 위치한 수준에 맞게 공유하고 소통해야 한다. 내부 임직원뿐만 아니라 외부의 이해관계자와도 적절히 소통해야 한다.
- **모니터링**(monitoring): 내부 통제 제도를 정기적으로 검토하고 평가하여 흠결이 있으면 치유하고, 중요한 하자(deficiency)는 경영자와 이사회에 보고해야 한다.

## 통제 활동의 원칙 _Principles of Internal Control Activities

앞서 언급한 내부 통제의 다섯 가지 요소는 하나하나가 중요하다. 그러나 여기서는 부정을 방지하기 위한 회사의 구체적인 노력의 결정체인 통제 활동에 중점을 두어 설명한다. 구체적으로 어떤 통제를 갖추느냐는 회사마다 다른데, 이는 회사의 규모와 업종에 따라 경영자가 위험을 바라

---

1 The Committee of Sponsoring Organizations of the Treadway Commission, "Internal Control–Integrated Framework," *www.coso.org/documents/990025P_executive_summary_final_May20_e.pdf*; and Stephan J. McNally, "The 2013 COSO Framework and SOX Compliance," *Strategic Finance* (June 2013).

보는 비중과 시각의 영향을 크게 받는다. 그렇지만 통제 활동에는 기본적으로 여섯 가지 원칙이 있다.

- 책임 할당
- 업무 분장
- 문서화
- 물리적 통제
- 독립적인 제삼자의 검토
- 인력 관리 통제

이러한 원칙은 전산화 여부와 관계없이 모두 적용되는 것으로, 통제 활동을 전산화할 때도 똑같이 염두에 두고 설계해야 한다.

### 책임 할당 _Establishment of Responsibility

통제 활동의 기본이자 첫 출발은 책임 할당이다. 이는 누구에게 어떤 일을 전적으로 맡기는 것으로, 그 일을 특정인만 할 수 있게 한다면 이는 책임 할당 원칙에 따른 것이다. 할당된 책임은 중복되지 않고 한 사람에게 부과하는 것이 효과적이다.

예를 들어 유통 소매업체인 이마트(e-mart, 한국)에서 하루일이 마감된 후, 극히 소액이지만 현금 ₩100이 금전등록기(cash register)에 찍힌 기록보다 부족하다고 하자. 금전등록기를 사용한 종업원이 1명이면 누구의 책임인지 금방 알 수 있지만 2명 이상이 금전등록기를 사용했다면 누구의 잘못인지 확인하기가 어렵다. 따라서 대부분의 소매업체는 금전등록기는 1대라도 입출금을 담당하는 종업원에게 각자의 현금 보관 상자(drawer)를 나누어준다. 그래야 오류가 발생하더라도 누구의 잘못인지 알 수 있다. 현금 보관 상자는 담당자만 개폐할 수 있어야 현금 부족의 책임을 물을 수 있으므로 책임 할당은 담당자 외 접근이 제한되게 보증해준다는 것을 전제 조건으로 한다.

현금 보관 상자의 교환

전산화된 회사는 종업원별 인식 암호를 넣게 하여 누가 분개를 하고, 누가 판매 주문을 받고, 누가 창고에 가서 언제 물품을 반출했는지 기록이 남게 한다. 이렇게 하면 누가 부정과 오류에 관여되었는지 바로 알 수 있어 접근을 제한하는 효과가 있다. 남의 일에 책임이 없는 사람이 마음만 먹으면 관여할 수 있게 하여 접근 제한을 위배하는 것은 책임 할당 원칙에서 벗어나는 일이다.

#### 부정 사례 |

모린 프루갈리는 Colossal Healthcare의 보험금 신청을 처리하는 업무를 훈련하는 책임을 맡은 교관이었다. 훈련 과정의 일환으로 수습 사원들에게 가공의 보험금 신청서를 만들어 처리하게 하되, 최종 지급 단계에 이르면 가공의 거래라고 회사의 재정부에 알려주어 지급을 막는 절차로 모의 훈련을 진행했다. 그런데 모린은 일부 가공의 거래에 대한 통지를 일부러 누락하여 돈을 빼돌리고 공범과 나누어 가졌다.

**착복액: $1,100만**

**내부 통제의 흠결**

책임 할당이 제대로 되지 않았다. 훈련만 하는 교관에게 회사의 실제 시스템에서 가공의 거래를 진행하는 책임을 부여해서는 안 된다. 이는 보험금을 지급하는 책임에 무자격자가 접근하여 관여한 셈이다.

출처: Wells, *Fraud Casebook* (2007), pp. 61–70.

### 업무 분장 _Segregation of Duties

내부 통제의 필수 요소인 업무 분장에는 두 가지 기본 세부 원칙이 있다.

1. 책임 할당 시 서로 관련된 업무를 한 사람의 책임 통제하에 두지 말고 각기 다른 직원이 담당한다.
2. 특히 자산 기록과 자산 보관 업무는 같은 직원이 맡으면 안 되고 반드시 구분한다.

업무 분장이 효과를 발휘하는 원리는 한 사람의 일이 즉각 다른 사람의 일에 토대가 되어 서로 연관된다는 데 있다. 그래서 견제가 가능하다. 공모하지 않으면 업무 사이에 차이가 나타나 부정이 곧바로 드러난다. 예컨대 컴퓨터 프로그래머는 컴퓨터 사용자와 구분되어야 한다. 그렇지 않으면 프로그래머 자신이 이익을 보도록 프로그램을 설계할 수도 있다.

**관련 업무 간의 업무 분장** 한 사람이 여러 업무를 동시에 관할하면 부정과 오류가 생길 가능성이 매우 높다.

**매입거래** 예를 들어 구매 절차는 주문서 작성, 주문서 승인, 물품 수령, 대금 지급으로 구성되는데, 이를 한 사람이 담당하면 부정이 일어날 수 있다. 그러므로 여러 명에게 할당하여 서로 견제하도록 해야 한다.

- 주문서 품의를 상급자가 승인하는 절차가 없으면 수의 계약을 하고 공급자로부터 리베이트를 받을 수 있다.
- 주문자가 송장 관리, 물품 수령, 대금 지급을 모두 담당하면 허위 청구서로 돈을 횡령할 수 있다.

위의 업무를 여러 직원이 나누어 한다면 공모를 하지 않고는 부정을 저지르기가 어렵다.

**매출거래** 판매 절차는 주문서 접수, 물품 출고, 배송, 대금 청구, 대금 수령으로 구성되는데, 이 또한 한 사람이 담당하면 부정이 발생하기 쉽다.

- 감독자가 없으면 판매 사원이 판매 정책을 어기고 멋대로 가격을 낮게 정하여 많이 팔아 보너스를 타갈 수 있다.
- 창고 직원이 기록까지 담당하면 자기 집으로 물품을 발송할 수 있다.

#### 부정 사례 |

이솝대학교의 홍보 담당 부총장인 로런스 페어뱅크스는 $2,500 미만의 구매를 외부 승인 없이 자신의 전결로 할 수 있었다. 이에 그는 사적인 목적으로 골동품 등 고가의 소장품을 다른 구매품과 같이 구입하곤 했다. 그리고 거래처에서 날아온 대금 청구서를 자신이 만든 가짜 청구서로 바꿔치기하면서 골동품의 품목을 없애고 대신 그 금액을 다른 정상 품목의 가격에 포함했으며, 이러한 허위 청구서를 회계부와 자금부에 제출하여 대금 지불에 성공했다.

**부정액: $475,000**

**내부 통제의 흠결**

업무 분장 원칙을 위배했다. 로런스가 주문, 물품 수령, 청구서를 받는 업무까지 도맡았기 때문에 거짓 송장으로 바꿔치기가 가능했다.

출처: Wells, *Fraud Casebook* (2007), pp. 3–15.

**부정 사례**

출링 송은 Yanchang Construction의 대금 지급 부서 직원이다. 구입처에 수표를 끊어주는 일부터 회계 부서에서 회계 기록을 받아 은행 계정 조정표를 작성하는 일까지 모두 담당했던 출링은 대담한 부정을 저질렀다. 우선 적당한 거래처를 선별하여 거짓 금액으로 수표를 발급하겠다고 품의한 후, 상급자가 이를 승인하고 수표에 서명 날인하면 지급처를 지우고 대신 공범의 이름을 써넣어 횡령을 했다. 물론 회계 부서에는 수표 발행 사실을 통보하지 않았다.

**횡령액: ¥310만**

**내부 통제의 흠결**

업무 분장 원칙을 어겼다. 출링은 수표책을 보관하면서 엉터리로 은행계정 조정표를 작성할 수 있었기 때문에 부정을 속일 수 있었다. 은행계정 조정표는 회계 기록과 은행계정의 차이를 맞추는 작업인데, 다른 직원이 작성했다면 발행된 수표가 회계 기록에 반영되지 않았기에 차이 조정이 도저히 설명될 수 없는 구조였다.

출처: Wells, *Fraud Casebook* (2007), pp. 100–107.

- 대금 청구를 담당하는 직원이 대금 수령도 하면 친구나 친척에게 물품 가격보다 싸게 청구할 수 있다. 대금 수령자가 다른 직원이면 품목 가격표와 수령액을 대사해보는 등 견제가 가능하다.

여러 명이 관련되어 있으면 부정을 저지를 가능성이 낮아진다. 그러므로 판매 직원은 판매만 하고, 운송 부서는 출하 지시서에 따라 운송만 하고, 청구 부서는 출하 지시서와 수령증을 비교하여 청구만 하게 한다.

**기록과 실물 보관의 분리** 회계 담당자가 실물 보관 업무도 맡으면 안 된다. 특히 현금과 재고는 움직이기 쉬우므로 회계와 보관 업무를 분리해야 한다.

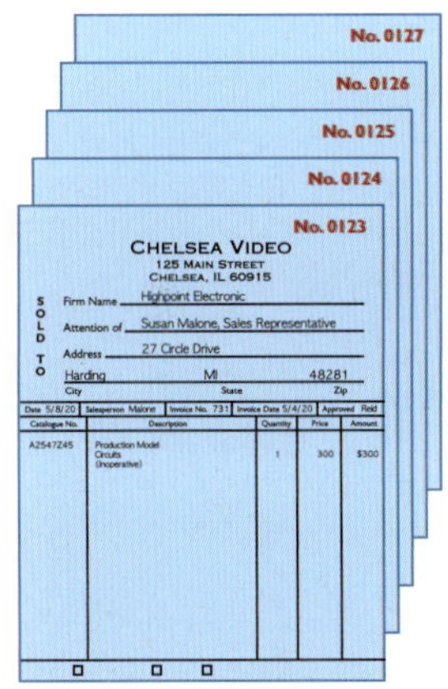

연번호가 매겨진 송장

## 문서화 _Documentation Procedures

이는 업무를 할 때 반드시 문서를 남기라는 원칙이다. 모든 거래는 문서를 통해 확인할 수 있고, 문제가 생기면 문서로 추적이 가능하다. 이른바 문서에 의한 통제이다. 그러므로 거래는 반드시 증빙에 의해 뒷받침되고 발생되어야 한다. 예를 들어 주문이 POS에 기록되면 주문에 근거한 판매 기록이 생기고, 출고하면 출고 관련 문서가 있고, 대금을 청구하면 청구서가 있다. 즉 판매 기록은 판매 사실을 증명하고, 출고서는 출고 사실을 뒷받침하고, 송장은 물품을 보내고 대금을

**부정 사례**

Mod Fashions의 디자인 부서는 출장비를 청구하려면 증빙이 있어야 했는데 식비 청구서(거래명세서), 신용카드 영수증, 월말 카드 대금 명세서 등 무엇이든 증빙으로 사용할 수 있었다. 이에 출장을 함께 다녀온 직원들은 이중 삼중 청구 행각에 맛을 들였다. €200어치의 식사를 함께 하고 한 사람은 청구서로, 한 사람은 신용카드 영수증으로, 한 사람은 월말 카드 대금 명세서로 식비를 타 갔다.

**횡령액: €75,000**

**내부 통제의 흠결**

문서화의 통제가 미비했다. 식비 청구 시에는 청구서와 신용카드 영수증을 같이 첨부해야 하고 월말 카드 대금 명세서를 인정하면 안 된다. 복사본도 허용하면 안 된다. 또한 출장비는 개인 신용카드 대신 법인카드를 사용하게 해야 정보를 공유할 수 있어 효과적이다.

출처: Wells, *Fraud Casebook* (2007), pp. 79–90.

## 부정 사례 |

보험사인 Centerstone Health의 메일룸은 늘 보험 가입을 위한 신청서로 가득하다. 메일룸의 직원은 신청서가 오면 스캔하여 업로드하고, 모든 직원은 스캔 자료를 공유하면서 업무를 처리한다. 한편 Centerstone Health의 보험설계사는 보험을 소개하고 수수료를 받는데, 신청서에 소개인의 이름이 적혀 있어야 지급된다. 그러나 15%는 소개인이 없는 신청서이다. 친구 사이인 회계 부서의 앨릭스와 보험설계사 파비즈는 이를 이용하기로 공모했다. 보험설계사의 이름이 없는 신청서가 스캔되어 들어오면 앨릭스가 근무 시간 후 메일룸에 가서 원본을 찾아 파비즈의 이름을 적은 다음 다시 스캔하고 업로드하여 기존 파일을 교체했다. 이렇게 해서 파비즈가 받은 수수료를 둘이 나누어 가졌다.

**횡령액: £240,000**

**내부 통제의 흠결**

물리적 통제가 미흡했다. 메일룸은 근무 시간이 지나면 잠가두고 근무 시간에는 접근을 제한해야 한다. 또한 스캔한 신청서는 아무나 보면 안 되고 담당 직원만 비밀번호를 입력하고 들어가서 볼 수 있도록 해야 한다. 그런데 Centerstone Health의 비밀번호는 사원번호와 동일하여 직원 모두가 비밀번호를 알고 있는 셈이었으니 무용지물이었다.

출처: Wells, *Fraud Casebook* (2007), pp. 316–326.

청구한 사실을 입증한다. 그리고 관련자가 문서에 서명하여 책임 소재를 분명히 해야 한다.

한편 문서화에는 중요한 절차가 두 가지 있다. 첫째, 가능하면 문서는 연번호가 매겨진 양식을 사용해야 한다. 그래야 중복 기록이나 누락을 방지할 수 있고 허위 문서가 개입될 여지가 줄어든다. 둘째, 문서는 문서 작성으로만 그치지 말고 즉각 회계부에 전달되어 적시에 장부에 반영되어야 한다. 일단 공식적으로 기록되면 부정이 개입될 여지가 크게 줄어든다.

역자 한마디
업무를 분장하여 견제하는 등의 접근 통제를 제도적인 시각에서 바라보면 책임 할당 원칙에 속하지만 현실적인 접근 제한은 물리적 통제이다.

### 물리적 통제 _Physical Controls

물리적 통제는 자산을 직접 보호하고 회계 기록의 신뢰성과 정확성을 고양한다. 그림 7.2는 다양한 물리적 통제 방법을 보여준다.

**그림 7.2** 물리적 통제

현금과 중요 서류를 보관하는 각종 금고 | 재고자산과 서류를 보관하는 잠금 장치가 달린 창고나 캐비닛 | 비밀번호나 지문, 홍채인식기 등 접근 제한 장치 | 경보기 등 침입 알림 장치 | CCTV | 출입 기록 또는 근무 기록

### 독립적인 제삼자의 검토 _Independent Internal Verification

업무 분장이 효력을 발휘하려면 각자의 업무를 독립된 누군가가 비교·대조·확인해야 한다. 아래 직원이 기안하면 상급자가 검토하고 승인하는 것도 같은 맥락이다. 여기에도 다음과 같이 세부 원칙이 있다.

1. 정기적으로, 수시로 기록을 점검한다.
2. 독립적인 제삼자가 한다.

**3.** 차이나 예외적인 것은 반드시 이를 수정할 수 있는 힘과 사후 징계 조치까지 할 수 있는 권한이 있는 상급자에게 보고한다.

닉스스테이크하우스앤드피자처럼 POS 기록과 실제로 받은 현금을 비교하거나, 계속기록법상 재고수불부의 기록과 창고에 보관된 실제 재고 물량을 대조 확인하거나, 은행 기록과 회사 기록을 비교하는 은행계정 조정표 작성은 모두 독립적인 제삼자가 해야 한다. 같은 사람이 하면 부정을 하고도 속일 수 있어 쉽게 발견하기가 어렵다. 그림 7.3은 업무 분장에 근거하여 독립적인 제삼자의 검토를 나타낸 업무 흐름도이다.

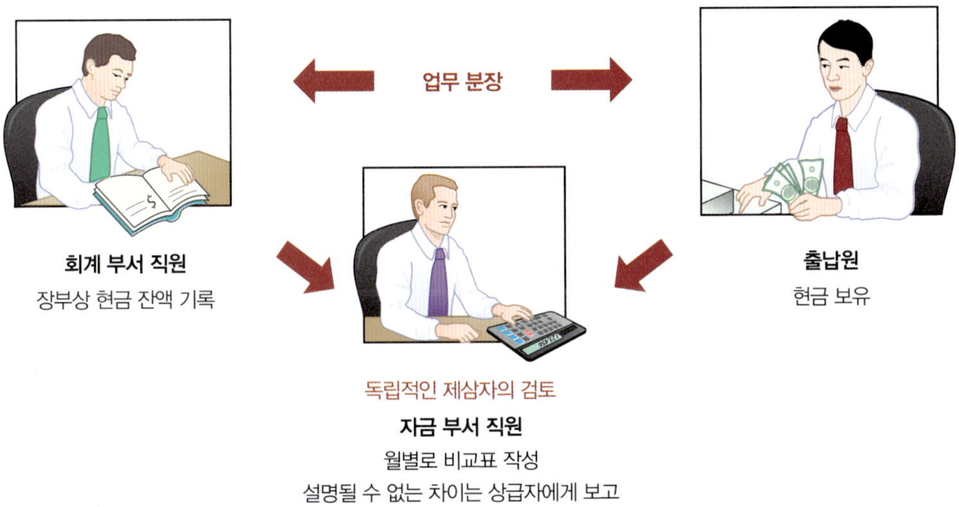


**그림 7.3** 독립적인 제삼자의 검토를 동반한 업무 분장

한편 제삼자의 검토 영역에는 내부 감사가 있다. **내부 감사인**(internal auditor)은 내부 통제의 효과를 점검하고 부서뿐만 아니라 사람별로도 평가하여 개선안을 제시한다. 예를 들어 월드컴(WorldCom, 미국)은 한때 미국에서 두 번째로 큰 통신 회사였으나 분식으로 파산했다. 분식액은 수십억 달러로 당시로서는 최대 규모였는데 내부 감사로 적발되었다.

### 부정 사례

Mod Fashions 디자인 부서의 관리 담당자인 보비 도널리는 부서의 예산을 짜고 직원의 경비를 검토하는 책임을 진다. 그런데 명품 옷을 너무 갖고 싶은 나머지 개인적으로 사고 나서 회사 경비에 슬쩍 집어넣었다. 본인이 경비 담당자이고, 심지어 상급자가 바쁘면 경비 승인 결제도 대신 담당했으니 넉넉히 속일 수 있다고 생각했다. 게다가 예산도 담당했기 때문에 옷 구입을 미리 예산 자료에 적당한 코드로 올려놓았기에 아무도 의심하지 못했다.

**횡령액: €275,000**

**내부 통제의 흠결**

독립적인 제삼자의 검토가 없었다. 보비의 상급자는 보비의 비용 보고서를 확인했어야 했다. 상급자의 근무 태만이 어느 정도였는지는 보비가 쓴 비용이 연간 약 €10,000라고 알고 있었다는 것으로 짐작할 수 있다. 실제로 보비가 쓴 비용은 연간 €115,000로 상급자의 예상보다 10배가 넘었다.

출처: Wells, *Fraud Casebook* (2007), pp. 79–90.

## 부정 사례

엘런 라우리는 유명 고급 호텔인 Excelsior Inn의 접수 담당 데스크 책임자이고 조지핀 로드리게스는 청소 부서의 책임자로, 둘은 친한 친구 사이였다. 이들은 매우 성실하여 휴가를 간 적이 없고 다른 직원들의 일을 대신 맡기도 하는 등 모범적인 관리자로 정평이 나 있었다. 특히 조지핀은 책임자여서 직접 청소를 하지 않아도 되는데, 직원의 사기를 올린다며 솔선수범하여 청소를 하곤 했다. 그런데 이들이 공모하여 짭짤하게 현금을 착복한 사실이 드러났다. 엘런은 프런트에서 근무하면서 카드 대신 현금을 내는 손님에게 상당한 할인을 해주었는데, 현금을 받으면 호텔 컴퓨터에는 그 방을 빈방으로 기록하는 대신 수리나 점검 목적으로 분류했다. 하지만 청소가 배정되지 않았기 때문에 조지핀이 직접 청소를 했던 것이다.

**횡령액: $95,000**

**내부 통제의 흠결**

인력 관리 통제의 실패이다. 사실 엘런은 전 직장에서 부정으로 해고된 전력이 있었다. Excelsior Inn이 이력 조사를 철저히 했다면 엘런을 고용하지 않았을 것이다. 이 부정은 엘런이 아파서 며칠 출근을 못 하는 바람에 드러났는데, 순환 근무제와 강제 휴가는 부정을 막는 효과가 있다.

출처: Wells, *Fraud Casebook* (2007), pp. 145–155.

### 인력 관리 통제 _Human Resource Controls

인력 관리 통제는 다음과 같은 직원 통제를 말한다.

1. 현금을 다루는 직원은 **보증보험**(bonding)을 들게 한다. 보증보험은 두 가지 점에서 도움이 된다. 첫째, 보험사는 회사를 대신하여 가입 대상 직원을 철저히 조사하고 불미스러운 전력이 조금이라도 있으면 보험 가입을 거절한다. 둘째, 보험에 가입하면 보험사가 부정행위를 열심히 조사하기 때문에 직원이 딴 마음을 품지 못한다.
2. 직원의 업무를 순환시키고 강제 휴가를 보낸다. 영원히 안 들킬 재간이 없으니 부정을 기획하기 힘들다. 실제로 많은 금융 기관은 보직 순환과 강제 휴가로 직원의 부정을 많이 찾아낸다.
3. 채용 전 반드시 전력을 조사한다. 이때 학력이 맞는지 확인하고, 전임자가 소개한 지원자라도 전적으로 의존하지 말고 독립적으로 평가해야 한다.

### 내부 통제 제도의 한계 _Limitations of Internal Control

HINT
대상 자산의 고유한 위험 요소에 따라 통제의 정도를 정한다. 예컨대 잠가놓은 창고의 재고보다 현금이 더 횡령과 절도에 노출되어 위험하다. 그렇다면 회사 내부의 자원을 현금 통제 강화에 더 투입해야 한다.

내부 통제 제도는 자산을 보호하고 기록의 신뢰성을 고양하는 것을 목표로 하지만 한계가 있다. 좋다고 해서 마냥 좋게만 설계할 수는 없다. 내부 통제 제도의 한계는, 첫째, 비용이다. 효익과 비용을 비교하여 효익보다 비용이 크면 내부 통제보다 다른 방법을 찾아보아야 한다. 이는 내부 통제 제도를 합리적 확신(reasonable assurance)의 수준으로 구성해야 함을 의미한다. 합리적 확신의 수준이란 내부 통제가 지나치게 과하거나 부족하지 않은 상태를 말한다. 예를 들어 대형 소매업체에서 들치기(shoplifting)로 인한 손실을 막기 위해 보안요원을 두어 고객을 철저히 검색한다고 하자. 보안요원의 인건비도 문제이지만 고객의 불쾌함은 이루 말할 수가 없다. 고객을 범죄자 취급함으로써 판매액이 줄어들 수도 있다. 따라서 소매업체는 더 낮은 비용으로 "당사는 고객의 구입 여부를 검색할 권리가 있습니다" 혹은 "어떠한 절도도 형사처벌을 받습니다"라는 문구를 써 붙이고 CCTV를 설치하며 출구에 검색대를 두는 등 다른 방법을 강구하는 것이 마땅하다.

**조직의 회계 | 내부 통제와 인사 부서의 역할**

임직원이 주어진 업무를 수행할 수 있는 능력을 충분히 갖추고 있는지 자질을 검토하고 자격 여부를 관리하는 것은 인사 부서의 중요한 임무 중 하나이다. 적절한 감독을 받고 업무 분장이 잘되어 있는지 조직도를 그려서 살펴보는 것이 효과적인데, 한 연구에 따르면 어떤 회사는 직원 17,000명 중 400명이 상급자의 감독 없이 무풍지대에서 일하고 있는 것으로 밝혀졌다. 또한 35명은 보고를 하더라도 서로 보고하는 관계라 적당히 넘어갔다. 인사 부서는 내부 통제 제도상 직원이 불공정한 해고를 거론하거나 회계적인 분식 가능성을 제보하면 즉각 감사위원회에 보고하고 변호사와 상담해야 한다.

**감독을 받지 않는 직원이나 서로 보고하는 관계의 직원이 내부 통제에 잠재적 위협이 되는 이유는 무엇인가?**

Stockbyte/Getty Images, Inc.

둘째, 인간적인 요소이다. 아무리 시스템이 좋아도 종업원이 피곤해하고 부주의하고 무관심하면 효과가 없다. 가령 물품 수령을 담당하는 직원이 입고되는 물품의 점검을 귀찮게 여겨 대충하면 헛일이다.[2]

셋째, 직원들이 나쁜 쪽으로 합심하거나 공모하면 업무 분장의 효과가 무력화된다. 어떤 내부 통제도 공모를 이겨내기는 어렵다.

넷째, 회사의 규모도 내부 통제의 한계로 작용한다. 작은 회사는 업무 분장이나 독립적인 제삼자의 검토 등이 좋다는 것을 알면서도 자금과 인력이 부족하여 이용할 수가 없다.

### DO IT! 1 통제 행위

다음의 각 경우에 어떤 통제 원칙을 위반했는지 밝히고 어떤 부정이 나타날 수 있는지 설명하라.

1. 회사의 회계 담당자가 은행에 돈을 입금하고 은행계정 조정표를 작성하는 일을 같이 한다.
2. Wellstone Company의 재무 담당 임원은 30년간 휴가를 가지 않아서 우수직원상을 받았다.
3. 식당에서 연번호가 있는 주문서 양식을 구입하기가 아깝고 주문서와 실제 주문을 비교하기가 귀찮아서 메모지에 주문을 적는다.

**해답**

1. 업무 분장 원칙을 위배했다. 기록 담당자와 실물 보관 담당자는 반드시 구분되어야 한다. 그렇지 않으면 현금을 빼돌리고 들키지 않도록 회계 장부에 적당히 적을 수 있다.
2. 인력 관리 통제 원칙을 위배했다. 핵심 직원은 반드시 휴가를 가야 한다. 재무 담당 임원은 자리를 비우지 않고 지위를 이용하여 횡령을 숨길 수 있다.
3. 문서화 원칙을 위배했다. 연번호가 있는 주문서를 사용하지 않는 경우 회계 기록이 누락되거나, 주문을 받은 후 손님에게 받은 돈을 챙기고 주문서를 버리면 그만이다.

2 역자 주: 미국 영화를 보면 경찰 2명이 한 조를 이루어 매뉴얼대로 일한다. 그리고 오류가 생기면 공동 책임을 지는데, 그 배경에는 범죄자로부터 서로 보호하고 지켜주면서도 상호 견제하면 일을 대충 하지 못할 것이라는 기대감이 깔려 있다.

**학습목표**

현금 통제를 이해한다.

# 현금 통제 _Cash Controls

현금은 어떤 자산도 구입할 수 있는 수단이다. 따라서 빨리 변환할 수 있고, 부피가 작아서 숨기기도 쉽고 운반하기도 쉬워 절도 대상 1호이다. 또한 현금거래가 워낙 많아서 오류도 많이 발생하므로 제대로 된 내부 통제 제도가 필수적이다.

## 현금 수령 통제 _Cash Receipts Controls

현금 수령 시 적용되는 통제를 그림 7.4에 정리했다. 현금 수령 통제는 돈을 수령하는 장소와 방식에 따라 다르다. 이 장에서는 특히 소매업체의 계산대와 우편으로 돈을 받는 경우를 구분하여 살펴본다.

**그림 7.4** 현금 수령 통제를 위한 내부 통제 제도

**책임 할당**
지정된 직원(출납원)만 현금을 수령한다.

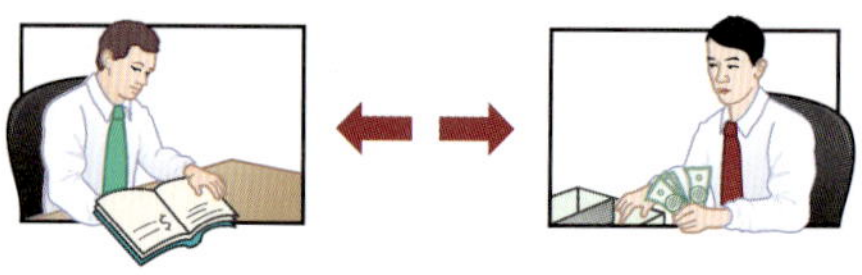

**업무 분장**
각기 다른 직원이 현금 수령, 기록, 현금 보관을 나누어 담당한다.

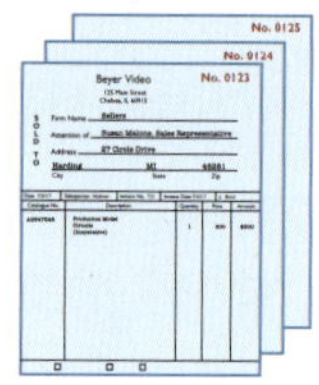

**문서화**
입금 통지서, 금전등록기 기록지, 컴퓨터 기록, 입금 보관증 등을 사용한다.

**물리적 통제**
현금을 사내 금고나 은행 금고에 보관하여 접근을 통제하고 금전등록기나 POS 단말기를 사용한다.

**독립적인 제삼자의 검토**
감독자가 매일 현금 수령액을 확인한다. 자금 담당 직원은 매일 은행 입금 기록과 당일 현금 수령액을 대조하여 모두 은행에 입금되었는지 확인한다.

**인력 관리 통제**
현금 담당자를 보증보험에 가입시키고 강제 휴가를 보낸다. 또한 직원을 채용하기 전에 과거 이력을 확인한다.

### 계산대의 현금 수령 _Over-the-Counter Receipts

소매업체는 계산대에 있는 금전등록기를 고객이 보고 확인할 수 있는 위치에 두는지 여부가 통제의 핵심이다. 현금 판매의 경우 금전등록기나 POS 단말기에 입력할 때 판매 금액이 고객의 눈에 보여야 한다. 그래야 판매 직원이 금액을 줄여서 입력하고 차액을 착복하는 일이 줄어든다. 또한 금전등록기의 기록지는 상급자가 추출할 때까지 열어볼 수 없어야 한다. 이 기록지는 현금 총수령액의 기록으로서 입금되어야 할 금액을 나타내는 중요한 정보이기 때문이다.

교대 시간이 되면 판매 직원은 금전등록기의 현금을 세어 합계를 적고 현금과 함께 출납원에게 보낸다. 출납원은 현금을 다시 확인한 뒤 은행에 입금하고 입금전표를 만든다. 이 입금전표는 회계 부서로 전달된다. 한편 판매 직원의 상급자는 따로 금전등록기의 기록지를 빼서 회계 부서로 보낸다. 회계 부서는 입금전표와 금전등록기의 기록지를 대조하여 일치하면 회계 기록을 한다(POS 단말기를 사용하는 경우 회계 부서는 전산 시스템을 통해 입금 기록을 자동으로 전달받아 확인할 수 있다).

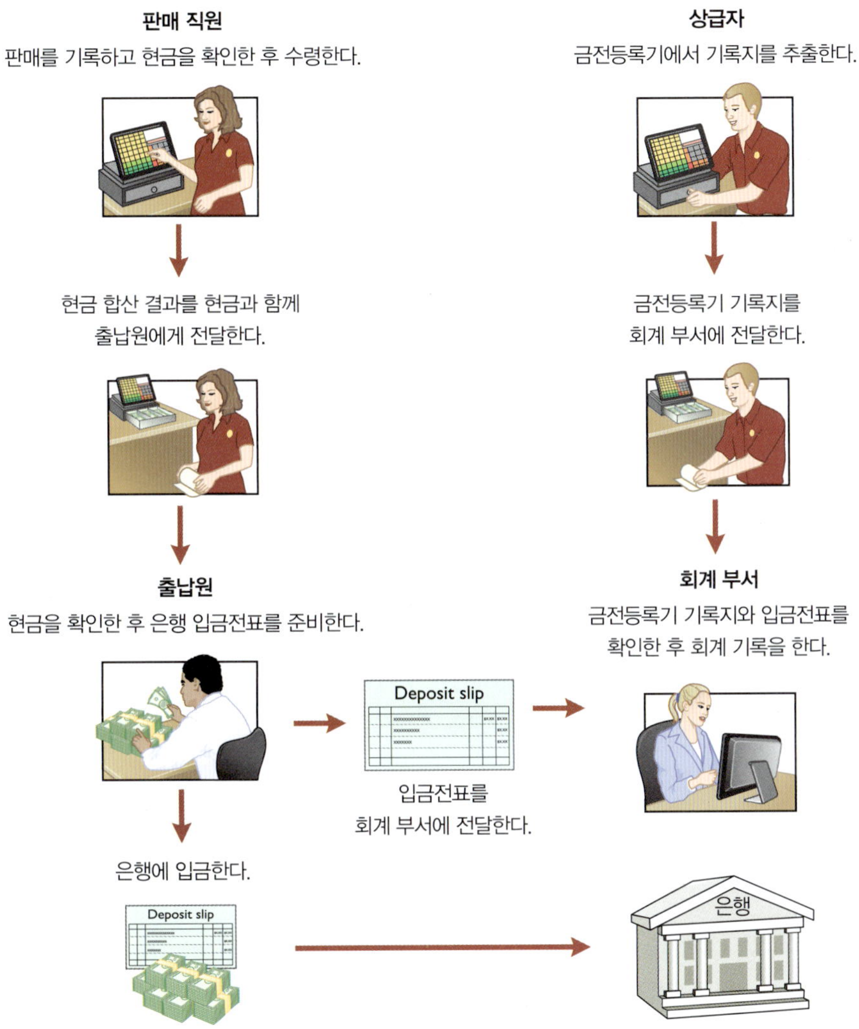


**그림 7.5** 계산대의 현금 수령 통제

HINT
이 흐름도는 문서 전달과 업무 절차, 내부 통제를 이해하는 데 도움이 된다.

현금 수령에 대한 내부 통제는 업무 분장, 문서화, 독립적인 제삼자의 검토라는 세 가지 중요 원칙에 따라 고안된다. 특히 업무 분장 원칙에 따른 기록과 실물 보관의 분리가 잘되어 있어야 한다. 상급자는 금전등록기 기록지에만 접근하고 현금에는 접근하지 못하며, 반대로 판매 직원은 금전등록기의 현금에는 관여해도 기록지에는 전혀 관여하지 못하게 해야 한다. 그리고 금전등록기의 기록지는 문서화 원칙에 따라 독립적인 제삼자인 회계 부서 직원이 대조 확인하는 근거로 사용되고, 추후에 내부 확인 감사를 위한 자료로 활용된다. 업무 분장, 문서화, 독립적인 제삼자의 검토 원칙은 내부 통제의 기능을 발휘함으로써 공모를 하지 않고는 부정이 불가능하게 만든다.

그런데 고객에게 거스름돈을 잘못 준 탓으로 현금 수령액과 기록에 차이가 있을 수도 있다. 가령 금전등록기상으로는 현금 수령액이 ₺6,956여야 하는데 실제로는 ₺6,946인 경우 회계 부서는 다음과 같이 분개한다.

| A | = | L | + | E |
|---|---|---|---|---|
| +6,946 | | | | |
| | | | | −10 |
| | | | | +6,956 |

현금 유입
+6,946

| | 차변 | 대변 |
|---|---|---|
| 현금 | 6,946 | |
| 현금과부족 | 10 | |
| 매출 | | 6,956 |
| (매출과 현금부족액 발생) | | |

현금과부족 계정은 손익 계정으로 임시 계정이며, 원인이 밝혀지지 않으면 손익계산서에서 잡이익이나 잡손실로 처리한다. 금액 차이가 크면 당연히 조사에 착수해야 한다.

### 우편을 통한 입금 _Mail Receipts

우편을 통해 입금이 이루어질 때는 적어도 2명 이상의 메일룸 직원이 봉투 개봉에 참관해야 한다. 보통은 봉투에 수표가 들어 있으며 개봉하는 순간 수표에 '배서 금지(For Deposit Only)'라고 써야 한다. 배서 금지라고 적힌 수표는 은행에서 지급을 거절하기 때문에, 이렇게 함으로써 수표가 개인 용도로 변용되는 것을 막을 수 있다.

메일룸 직원은 받은 수표 목록(입금 보고서)을 작성하여 2부를 복사한다. 목록에는 발행자, 결제 사유, 금액을 기입하고 서명하여 책임 소재를 분명히 밝힌다. 원본은 개봉한 수표와 함께 자금 부서로, 복사본 1부는 기록을 위해 회계 부서로 보내고 복사본 1부는 자체 보관한다. 이렇게 짜인 내부 통제의 효과는 매우 크다. 직원 2명을 고용하여 부정의 위험을 대폭 줄일 수 있다. 서로 감시하고 견제하므로 공모하지 않고서는 횡령이 불가능하다.

고객 또한 입금 통지서를 보내 입금 내용을 주어 견제 장치 역할을 한다. 만약 본인의 송금 내용과 다르다면 반드시 연락이 올 것이다. 또한 자금 부서 담당자는 실물만 보고 기록에는 관여하지 못하고, 회계 부서 직원은 기록만 하고 실물에는 관여하지 못하니 부정을 저지르기 어렵다.

#### DO IT! 2a 현금 입금 통제

Big Cheese라는 패스트푸드 식당의 지배인인 L. R. 코르테스는 현금 수령 통제에 대해 매우 걱정하여 좋은 방법을 강구하려 한다. 현재 식당에는 금전등록기가 2대인데 2명 이상의 직원이 주문을 받으면 즉시 입력하며, 직원들은 4~8시간마다 교대한다. 좋은 내부 통제 시스템을 갖추기 위해 코르테스에게 해줄 수 있는 권고 사항은 무엇인가?

**해답** 금전등록기의 현금 보관 상자를 종업원별로 할당해야 한다. 각 종업원은 교대 시간이 되기 전까지 업무 시간 동안 각자의 현금 보관 상자를 전적으로 책임진다. 업무가 시작되면 본인의 현금 보관 상자를 가지고 일하고, 금전등록기 기록지와 수령한 현금이 일치하는지 확인하고 나서야 퇴근할 수 있다. 나아가 POS 시스템을 갖추면 전 직원이 모든 주문 정보를 일관되게 공유할 수 있어 더 좋다.

## 현금 출금 통제 _Cash Disbursements Controls

현금 입금에 못지않게 현금 출금도 많기 때문에 이에 대한 내부 통제도 중요하다. 일반적으로 출금은 수표로 지급하거나 온라인으로 지급한다. 단, 소액현금은 예외이다. 그림 7.6은 현금 출금 시 적용되는 통제의 예를 보여준다.

**그림 7.6** 현금 출금 통제를 위한 내부 통제 제도

**책임 할당**

지정된 직원만 수표를 발행한다.

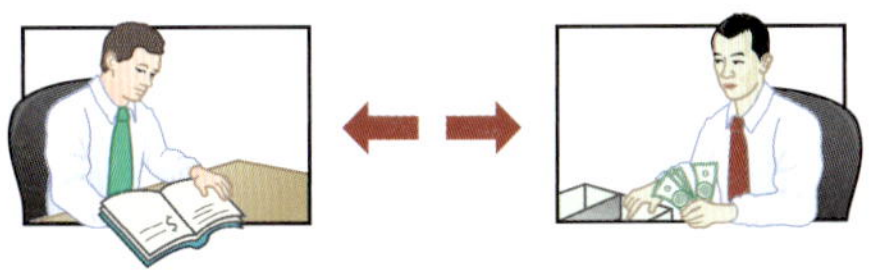

**업무 분장**

각기 다른 직원이 수표 발행과 기록을 나누어 담당한다.

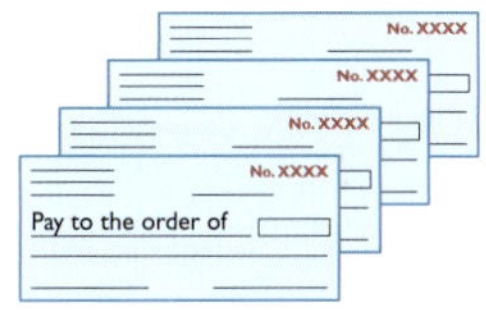


**문서화**

연번호가 적힌 수표를 순서대로 발행하고, 각 수표에는 지급 승인된 청구서를 첨부한다. 지급된 송장에는 '지급필(paid)'이라는 도장을 찍는다. 경비에는 법인카드를 사용한다.

**물리적 통제**

미사용 수표책은 금고에 보관하고 접근을 통제한다. 금액은 기계로 기입하고 지워지지 않는 잉크를 사용한다.

**독립적인 제삼자의 검토**

수표와 청구서(송장)를 비교하여 확인하고 월별 은행 거래 내역서와 대조한다.

**인력 관리 통제**

현금 담당자를 보증보험에 가입시키고 강제 휴가를 보낸다. 또한 직원을 채용하기 전에 이력을 확인한다.

## 품의 제도 _Voucher System Controls

**품의 제도**(voucher system)는 아래 직원이 기안(품의)을 하면 상급자가 확인하고 승인하는 제도이다. 현금은 품의 제도에 의해 출금된다. 예를 들어 구매 부서의 직원이 구매를 하면 적절한 정보를 기입하고 공급처로부터 받은 송장(청구서)을 첨부하여 **지출결의서**(voucher)를 만들어 상급자의 승인을 받은 후 회계 부서와 자금 부서로 보낸다. 자금 부서는 지출결의서를 토대로 기록해 놓았다가 정해진 날짜가 되면 수표를 발행하고 지출결의서에 '지급필'이라고 찍어 회계 부서로 보낸다. 회계 부서는 이를 가지고 회계상 분개를 한다. 이로써 회계 부서의 분개는 2개이다. 먼저 지출결의서가 오면 지급채무인 부채를 기록하고 수표 발행일에는 현금 출금을 적는다.

품의 제도의 내부 통제 효과는 크다. 첫째, 상급자의 승인 제도를 통해 감독함으로써 오류와 남용을 막는다. 둘째, 문서화로 추적이 가능하다. 앞의 '부정 사례'에서 소개한 이솝대학교의 경우 $2,500 미만의 구매에 품의 제도를 두지 않았기 때문에 개인 물품을 구입해도 막을 수가 없었다.

## 소액현금 제도 _Petty Cash Fund

현금을 직접 주는 것보다는 수표가 안전한 출금 통제 방식이라는 것은 분명하다. 하지만 우편료, 식대, 택시 요금 등의 소액을 수표로 지급하면 매우 번거롭다. 따라서 현금으로 지급하는 대신 일종의 통제 제도를 두는데, 이를 **소액현금 제도**(petty cash fund) 또는 전도금 제도(imprest system)라고 한다. 소액현금 제도는 전도금 조성, 지급, 보충으로 구성된다.

ETHICS NOTE
소액현금 제도는 공식적이고 합법인 데 반해 비자금(slush fund)은 비공식적이고 불법이다.

### 전도금 조성 _Establishing the Petty Cash Fund

전도금을 조성하려면 담당자를 지정하고 전도금의 규모를 결정해야 한다. 보통 3~4주에 소진되는 금액으로 정한다. 예를 들어 Zhū Ltd.는 3월 1일 담당자에게 NT$3,000의 수표를 발행해 주고 다음과 같이 분개한다.

| A | = | L | + | E |
|---|---|---|---|---|
| +3,000 | | | | |
| −3,000 | | | | |

현금 유출입
없음

| 3월 1일 | 소액현금 | 3,000 | |
|---|---|---|---|
| | 현금 | | 3,000 |
| | (전도금 지급) | | |

담당자는 수표를 은행에서 현금으로 바꾸어 금고에 보관하고 지출에 대비한다. 전도금은 고정 금액으로 유지한다. 만약 Zhū Ltd.가 7월 1일에 전도금 규모가 적다고 NT$7,500로 올리고 자금을 더 집행하면 소액현금 차변에 NT$4,500, 현금 대변에 NT$4,500가 기록될 것이다.

### 전도금에서 지급 _Making Payments from the Petty Cash Fund

HINT
소액현금 제도는 내부 통제 제도의 책임 할당, 문서화 원칙을 충족한다.

담당자는 미리 정한 지급 방침에 따른 조건을 갖춘 요청에는 소액현금을 지급할 수 있는 권한을 가지는데, 일반적으로 금액의 크기에 대한 제한과 직원에게 가불용으로 할 수 없다는 것 등 성격상 제한이 있다. 그림 7.7은 수령 확인증으로, 미리 매겨진 연번호와 담당자, 수령인의 서명이 있고 운반비 영수증 등의 증빙이 첨부된다.

그림 7.7 수령 확인증

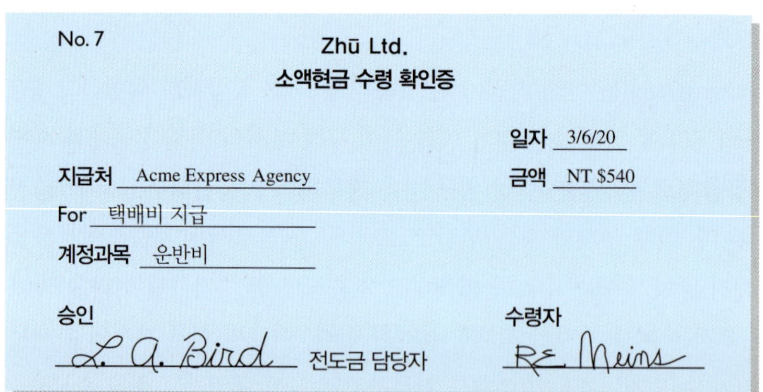
No. 7
Zhū Ltd.
소액현금 수령 확인증
일자 3/6/20
지급처 Acme Express Agency
금액 NT $540
For 택배비 지급
계정과목 운반비
승인 L. A. Bird 전도금 담당자
수령자 R. E. Meins

소액현금의 잔액이 부족하면 보충을 받는다. 현금 잔액과 수령 확인증의 금액을 합하면 처음에 받은 금액(회사의 전도금) 규모와 일치해야 한다. 수시로 불시에 점검하여 방침에 어긋난 지출이 있거나 담당자가 개인적으로 잠시라도 유용하는지 확인한다.

### 전도금 보충 _Replenishing the Petty Cash Fund

소액현금이 정해진 잔액 이하가 되어 자금을 보충하려면 전도금 담당자가 요청서를 작성하고 그간의 출금 내역을 첨부하여 증빙과 함께 자금 부서로 보내야 한다. 자금 부서가 요청서를 보고 승인하여 지출액만큼 현금을 보내주면 전도금은 다시 처음과 같은 정액이 된다.

예를 들어 3월 15일 Zhū Ltd.의 소액현금 요청액은 NT$2,610이며 우편료 NT$1,320, 택배비 NT$1,140, 그 외 잡비 NT$150의 증빙으로 구성되어 있다. 현재 소액현금에는 현금 NT$390가 남아 있고, 보충하는 소액현금은 항상 지출액만큼인 NT$2,610이다. 그래야 소액현금의 규모가 미리 정해놓은 금액인 NT$3,000와 일치한다. Zhū Ltd.의 분개는 다음과 같다.

HINT
소액현금 보충의 세 가지 내부 통제 요소
1. 업무 분장
2. 문서화
3. 독립적인 제삼자의 검토

| | | | |
|---|---|---|---|
| 3월 15일 | 우편료 | 1,320 | |
| | 택배비 | 1,140 | |
| | 잡비 | 150 | |
| | 현금 | | 2,610 |
| | (전도금 보충) | | |

A = L + E
−1,320 비용
−1,140 비용
−150 비용

현금 유출
−2,610

실제로는 전도금을 보충하더라도 소액현금 대신 우편료 등의 분개로 처리하기 때문에 소액현금 계정은 항상 변화가 없음에 유의하라. 문제는 과부족일 때이다. 간혹 전도금과 실제 현금이 안 맞을 수도 있는데, 이럴 때는 현금과부족 계정을 사용한다.

Zhū Ltd.의 경우 전도금에 남아 있는 소액현금이 NT$390가 아니라 NT$360라면 지출액 $2,610를 더해도 전도금 규모인 NT$3,000에 이르지 않기 때문에 자금 부서가 보낼 보충액은 NT$30가 많은 NT$2,640이다. 무조건 보충액은 미리 정한 전도금 규모에서 실제 보유한 현금을 공제한 금액이다. 따라서 Zhū Ltd.의 분개는 다음과 같다.

HINT
현금과부족은 주로 기록상 실수에 따른 것이다.

| | | | |
|---|---|---|---|
| 3월 15일 | 우편료 | 1,320 | |
| | 택배비 | 1,140 | |
| | 잡비 | 150 | |
| | 현금과부족 | 30 | |
| | 현금 | | 2,640 |
| | (전도금 보충) | | |

A = L + E
−1,320 비용
−1,140 비용
−150 비용
−30 비용

현금 유출
−2,640

반대로 담당자가 보관하고 있는 현금이 NT$420라면 요청액이 NT$2,580이므로 현금 대변에 동 금액을 적고 현금과부족의 대변에 NT$30를 적는다. 현금과부족 계정은 손익 계정으로 대변 금액이 잡이익이다. 엄밀히 말하면 비용의 수정이지만 중요성의 원칙에 따라 소소한 금액을 일일이 이론적으로 따지고 추적할 필요는 없다.

소액현금(전도금)은 수시로 보충을 하지만 회계기간 말이 되면 반드시 자금을 보충하면서 누락된 비용을 분개해야 한다. 그렇지 않으면 재무제표상에 비용이 과소계상된다. 소액현금 제도는 감독관을 두어 수시로 점검하여 현금과 지출의 합계가 사전에 정한 전도금 규모와 일치하는지 확인하고, 지출결의서 관리로 이중 지급을 막으면 더욱 효과적이다.

## 윤리적 사고력 키우기 | 임직원 부정의 유형

직장인이 회사의 자산을 남용하고 오용하는 행위인 직업적 부정에는 다음과 같은 세 가지 유형이 있다.

1. **배임과 횡령**: 현금 절도, 부정 지출, 부정 환급, 가공의 직원을 두어 급여 착복, 개인 용도로 회사 자산 사용 등이 포함된다. 흔한 범죄이지만 사실 회사에 큰 피해가 되지는 않는다.
2. **독직과 부패**: 뇌물이나 사례품을 주고받는 것, 회사의 지침을 어기고 수단과 방법을 가리지 않는 업무 스타일과 편법, 권한의 오용과 남용 등 비도덕적인 타락 행위를 말한다. 횡령과 분식의 중간 정도로 발생하고 회사에 피해를 입힌다.
3. **회계분식**: 가공의 매출과 비용 축소로 거짓 이익을 만들고, 재산의 과대계상과 부외부채의 누락으로 재무 상태를 좋게 표시하며, 헛된 사업 전망 등의 거짓 공시를 하는 것을 말한다. 흔하지는 않지만 회사에 막대한 피해를 입힌다.

© Chris Fertnig/iStockphoto

다음 그래프는 부정의 유형별 빈도와 평균 손실액을 보여준다(부정이 여러 행위에 관여되기 때문에 합하면 100%가 넘는다).

출처: *2016 Report to the Nations on Occupational Fraud and Abuse*, Association of Certified Fraud Examiners, pp. 10–12.

**회사는 직업적 부정의 가능성을 어떻게 줄일 수 있는가?**

**부정의 유형별 빈도와 손실의 중간값**

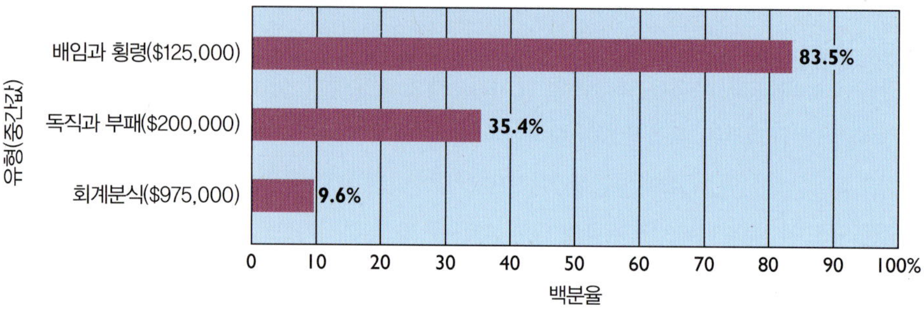


### DO IT! 2b 소액현금 제도

Bateer Company는 7월 1일에 $50의 전도금 제도를 마련했다. 7월 30일에 전도금 보충을 하는데, 전도금에는 소액현금 $12와 지출결의서로 우편료 $14, 소모품 $10, 택배비 $15가 있었다. 7월 1일과 현금 보충 시의 분개를 하라.

**해답**

| 날짜 | 계정 | 차변 | 대변 |
|---|---|---|---|
| 7월 1일 | 소액현금 | 50 | |
| | 현금 | | 50 |
| | (전도금 조성) | | |
| 30일 | 우편료 | 14 | |
| | 소모품 | 10 | |
| | 택배비 | 15 | |
| | 현금과부족 | | 1 |
| | 현금($50 − $12) | | 38 |
| | (전도금 보충) | | |

학습목표

은행계좌 통제를 이해한다.

## 은행계좌 통제 _Control Features of a Bank Account

현금을 은행에 맡기는 것은 튼튼한 금고를 마련하는 것과 같아서 훌륭한 내부 통제의 한 방법이다. 사내 현금 보유액이 줄어들면 그만큼 위험이 감소한다. 또한 은행 측 기록과 회사 측 기록을 비교하면서 복수 기록에 의한 입출금 통제와 차이 분석을 통해 회계 기록의 정확성도 기할 수 있다.

대부분의 회사는 정도의 차이는 있지만 여러 은행과 거래한다. 예를 들어 마타하리백화점(Matahari Department Store, 인도)과 우메이(Wumart, 중국)는 은행 몇 곳을 이용하는 반면, 엑슨모빌(ExxonMobil, 미국)은 10만 명이 넘는 종업원의 급여 지급을 위해 수많은 은행을 이용하고 있다. 일반적으로 회사는 자금이 필요할 때를 대비하여 주거래 은행 외에도 여러 은행을 이용한다.

### 은행 예치 _Making Bank Deposits

은행에 돈을 예치하는 업무는 아무나 하면 안 된다. 오직 권한 있는 직원만이 은행 예금을 담당해야 한다. 예금 여부는 그림 7.8과 같은 입금 확인증으로 입증한다. 은행은 입금 확인증을 만들어 원본은 보관하고 예금자에게는 복사본을 준다. 위조와 변조를 막기 위해 은행의 특수 기계로 금액을 찍는다.

**그림 7.8** 입금 확인증

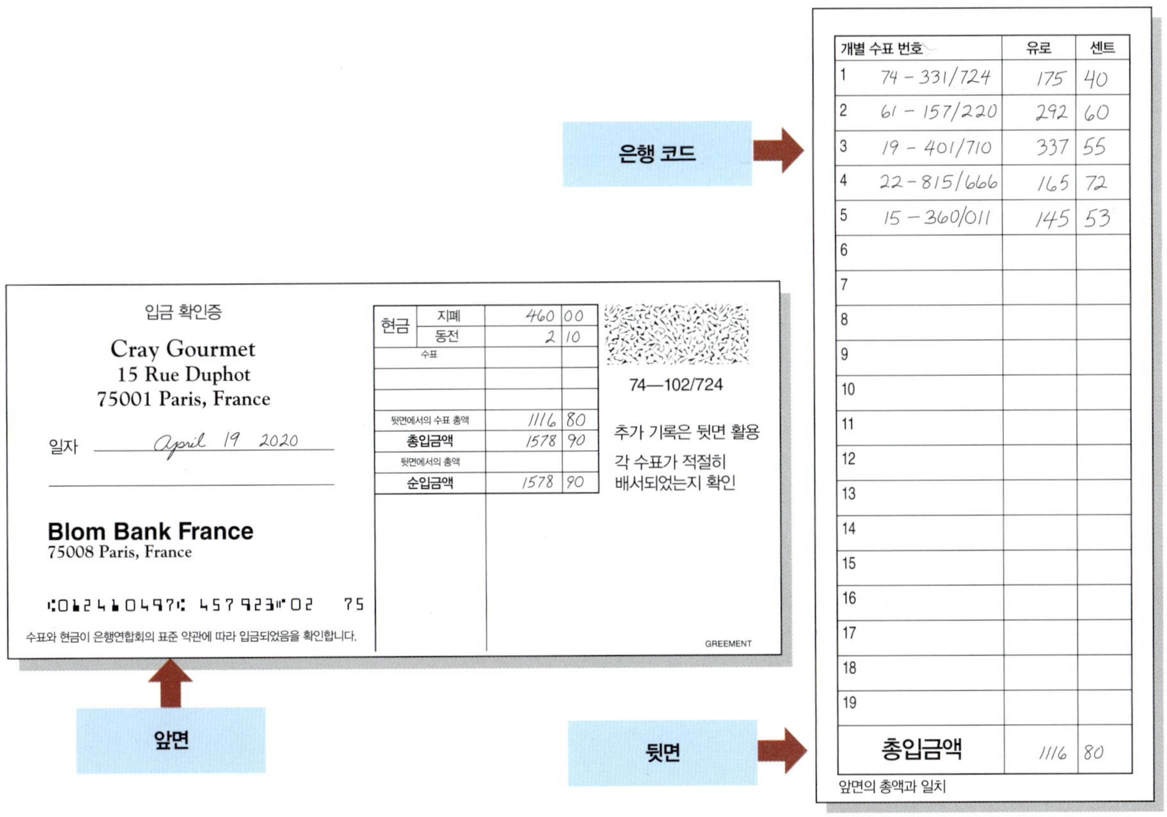

## 수표 발행 _Writing Checks

**수표**(check)는 예금자가 은행에 본 증서를 제시하는 사람에게 본인의 예금에서 증서에 적힌 금액을 지급하라는 일종의 명령서이다.[3] 따라서 수표는 현금과도 같다. 수표와 관련된 당사자는 수표 발행인, 그 수표를 받아 은행에서 현금을 타 가는 수취인, 그 수표를 현금으로 바꿔주는 은행(지급인)으로 구성된다. 이때 사용되는 예금계좌를 '당좌예금'이라고 한다. 또한 수표는 배서(endorsement)라는 행위를 통해 제삼자에게 은행에서 돈을 찾는 권리가 이전될 수 있다. 그래서 수표를 유통 가능한 금융 결제 수단(negotiable instrument)으로 분류한다. 배서는 수표에다 수취인이 누군가에게 현금을 받을 권리를 양도한다는 뜻을 글로 쓰는 행위를 말한다. 따라서 당사자를 확대하면 수표 발행인 혹은 배서인, 지급인인 은행, 현금 수취인인 수표 소지인으로 재정의할 수 있다.

일반적인 수표 양식은 그림 7.9와 같다. 대개 수표의 뒷면에는 수표 발행의 근거가 되는 거래 내역이 첨부된다.

**그림 7.9** 거래 내역이 첨부된 수표

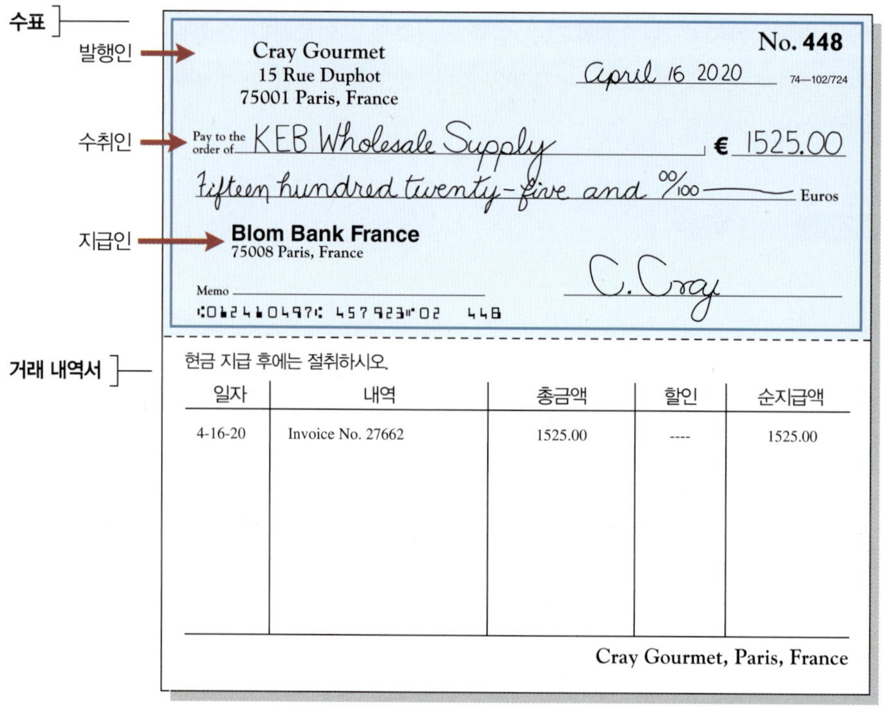


| 일자 | 내역 | 총금액 | 할인 | 순지급액 |
|---|---|---|---|---|
| 4-16-20 | Invoice No. 27662 | 1525.00 | ---- | 1525.00 |

## 온라인 이체 시스템 _Electronic Funds Transfer System

인터넷이 발달한 오늘날에는 수표도 번거롭다. 온라인으로 자금을 이체하는 **ETF**(electronic funds transfer) 시스템이 당연해졌다. 전화나 컴퓨터를 통해 온라인으로 자금이 오고 간다. 급여는 현금이나 수표로 주지 않고 개인의 급여 통장으로 바로 입금된다. 전기료, 수도료 등은 약속된 날짜에 은행계좌에서 자동이체로 지급된다. 이처럼 ETF 시스템이 일상화되어 현금을 만질

3 역자 주: 현금을 직접 전달하기보다는 수표를 발행하면 현금이 사람들 눈에 보이지 않아 현금 출금 통제에 효과적이다.

일이 없다. 따라서 내부 통제 제도로는 효과 만점이지만 그렇다고 부정의 가능성이 완전히 사라진 것은 아니다. 업무 분장과 승인 제도가 없으면 엉뚱한 개인 계좌로 돈이 송금될 수도 있다.[4]

## 은행 거래 내역서 _Bank Statements

매달 은행은 고객에게 **은행 거래 내역서**(bank statement)를 보낸다. 그림 7.10은 Cray Gourmet와의 은행 거래 내역서이다.

**그림 7.10** 은행 거래 내역서

**Blom Bank France**
75008 Paris, France

**은행 거래 내역서**

Cray Gourmet
15 Rue Duphot
75001 Paris, France

| Statement Date/Credit 마감 일자 |
|---|
| 2020년 4월 30일 |

| 457923 |
|---|
| 계좌번호 |

| 기초 잔액 | 입금 | | 출금 | | 기말 잔액 |
|---|---|---|---|---|---|
| | No. | 총액 | No. | 총액 | |
| 13,256.90 | 20 | 34,805.10 | 26 | 32,154.55 | 15,907.45 |

| 출금 내역 (debits) | | | 입금 내역 (credits) | | 일별 잔액 | |
|---|---|---|---|---|---|---|
| 일자 | No. | 금액 | 일자 | 금액 | 일자 | 금액 |
| 4–2 | 435 | 644.95 | 4–2 | 4,276.85 | 4–2 | 16,888.80 |
| 4–3 | EFT | 1,000.00 | 4–3 | 2,137.50 | 4–3 | 18,249.65 |
| 4–5 | 436 | 2,260.00 | 4–5 | 1,350.47 | 4–4 | 17,063.86 |
| 4–4 | 437 | 1,185.79 | 4–7 | 982.46 | 4–5 | 15,154.33 |
| 4–3 | 438 | 776.65 | 4–8 | 1,320.28 | 4–7 | 14,648.89 |
| 4–8 | 439 | 1,781.70 | 4–9 EFT | 1,035.00 | 4–8 | 11,767.47 |
| 4–7 | 440 | 1,487.90 | 4–11 | 2,720.00 | 4–9 | 12,802.47 |
| 4–7 | EFT | 320.00 | 4–12 | 757.41 | 4–11 | 13,936.87 |
| 4–8 | 441 | 2,100.00 | 4–13 | 1,218.56 | 4–12 | 13,468.28 |
| 4–11 | 442 | 1,585.60 | | | | |
| 4–12 | 443 | 1,226.00 | | | | |
| 4–29 | NSF | 425.60 | 4–27 | 1,545.57 | 4–27 | 13,005.45 |
| 4–29 | 459 | 1,080.30 | 4–29 | 2,929.45 | 4–29 | 14,429.00 |
| 4–30 | DM | 120.00 | 4–30 | 2,128.60 | 4–30 | 15,907.45 |
| 4–30 | DM | 30.00 | | | | |
| 4–30 | 461 | 500.15 | | | | |

구분: **CM** 대변 메모 **DM** 차변 메모 **EC** 오류 정정 **INT** 이자수입 **NSF** 잔고 부족 **SC** 수수료 **EFT** 온라인 이체

HINT
은행 거래 내역서는 온라인상으로 확인할 수도 있다.

은행 거래 내역서는 입출입의 거래와 잔액을 보여주는 설명서로 은행 입장에서 작성한 것이다. 그러므로 예금은 은행 입장에서는 부채로서 대변이다. 예를 들어 그림 7.10을 보면 Blom Bank France의 입장에서는 Cray Gourmet 측의 돈이 입금되면 부채로 대변에 처리해야 한다. 따라서 대변 메모(CM)는 은행 입장에서 은행이 예금자에게 알리는 예금 증가에 대한 제반 통지이다. 반면에 발행 수표가 제시되어 소지인이 예금을 찾아가면 은행 입장에서는 부채의 차감이고 분개상 차변이 된다. 따라서 차변 메모(DM)는 고객 입장에서 예금 감소, 즉 출금에 관한 제

4 역자 주: 현금이나 수표처럼 실물이 보이지 않고 전산 시스템이나 통신상에 존재하므로 더욱 교묘하게 이루어질 가능성도 있다.

반 통지이다.

그리고 은행 거래 내역서상 지급된 수표의 배열은 번호순이 아니라 지출 일자순이므로 수표를 구분하고 식별하는 데 약간의 신경을 써야 한다. 또한 수표가 결제되면 은행은 기지급 수표 혹은 취소 수표(canceled check)라는 의미의 스탬프를 찍고 펀치로 구멍을 내어 이중 지급을 막기 위한 조치를 취한다.

한편 수표 발행자의 은행 잔고 부족으로 지급이 거절된 수표를 **부도수표**[not sufficient fund (NSF) check]라고 한다. 부도수표 발생 과정은 수표 소지자가 수표를 본인의 거래 은행에 예금으로 입금하면서부터 시작된다. 수표를 받은 은행은 수표 발행자의 거래 은행으로 수표를 보내는데, 정상적일 때는 은행 간에 자금이 이체되지만 수표 발행자의 잔고 부족으로 자금 이체가 이루어지지 않는 경우가 있다. 즉 부도가 난 것이다. 은행은 지급이 거절되어 되돌아온 수표를 부도수표라고 표시하여 예금자에게 반송하는데, 이때 은행은 부도수표를 처리하는 과정에서 발생한 소정의 수수료를 징구하면서 차변 메모로 통지한다. 이에 예금자는 종전의 분개를 취소하여 매출채권의 차변을 다시 증가시키고 현금을 대변 감소로 처리한다.

## 은행계정 조정표 _Reconciling the Bank Account

은행과 회사의 기록이 언제나 같다고 생각할 수 있으나 실상은 차이가 있어야 정상이다. 맞아떨어지는 것이 오히려 이상하다. 이러한 차이는 거래의 시간차와 기록의 오류 때문에 발생한다. 이 가운데 시간차는 가장 흔하고 정상적인 경우이다. 예를 들어 수표를 발행한 지 며칠 후 현금을 찾아가는 경우인 **미결제 수표**(outstanding check)로 출금의 시간차가 발생하고, 은행 마감 시간이 지나 심야에 예금을 하는 **마감 후 입금**(deposits in transit)이 생기면 그다음 날 하루 차이로 입금 기록이 이루어져 입금의 시간차가 발생한다. 또한 기록의 오류는 €450의 수표를 €45 혹은 €540로 기록하거나, 은행에서 수수료 부과를 G. Dufour 계좌에 해야 하는데 G. Dupont 계좌에 하는 경우 등에 발생한다. 그러나 은행 측 실수는 거의 없다고 보는 것이 맞다.

HINT
마감 후 입금이나 미결제 수표는 시간차로 인한 조정 사항이다.

### 차이 조정 과정 _Reconciliation Procedure

은행과 회사의 기록 차이는 조정 과정을 거쳐 상호 일치하는지 맞춰보아야 기록과 예금의 정확성이 담보된다. 차이 조정은 은행이나 회사 측의 한 금액에서 출발하여 다른 금액에 이르기까지 가감하여 조정하는 것이 아니라, 은행과 회사의 기록 각각에서 출발하여 올바른 금액이 되기까지 조정하여 서로 맞춰보는 과정으로 진행된다. 사실 은행 측이나 회사 측이나 상호 간의 정보 부족으로 현재 금액이 정답이 아니다. 이러한 은행계정 조정은 은행 측이라고 해서 은행이 하는 것이 아니라 회사가 2개의 금액을 가지고 한다. 그리고 예금자가 아닌 독립적인 제삼자가 해야 한다. 그래야 내부 통제 기능을 한다. 앞의 '부정 사례'에서 출링 송은 현금 출금을 담당하면서 은행계정 조정까지 맡아 횡령을 속일 수 있었다.

그림 7.11은 은행계정 조정 과정의 한 예이다. 먼저 은행과 회사 기록의 양쪽 금액을 기입한 후 정답에 이르기까지 조정을 한다.

그림 7.11 은행계정 조정표

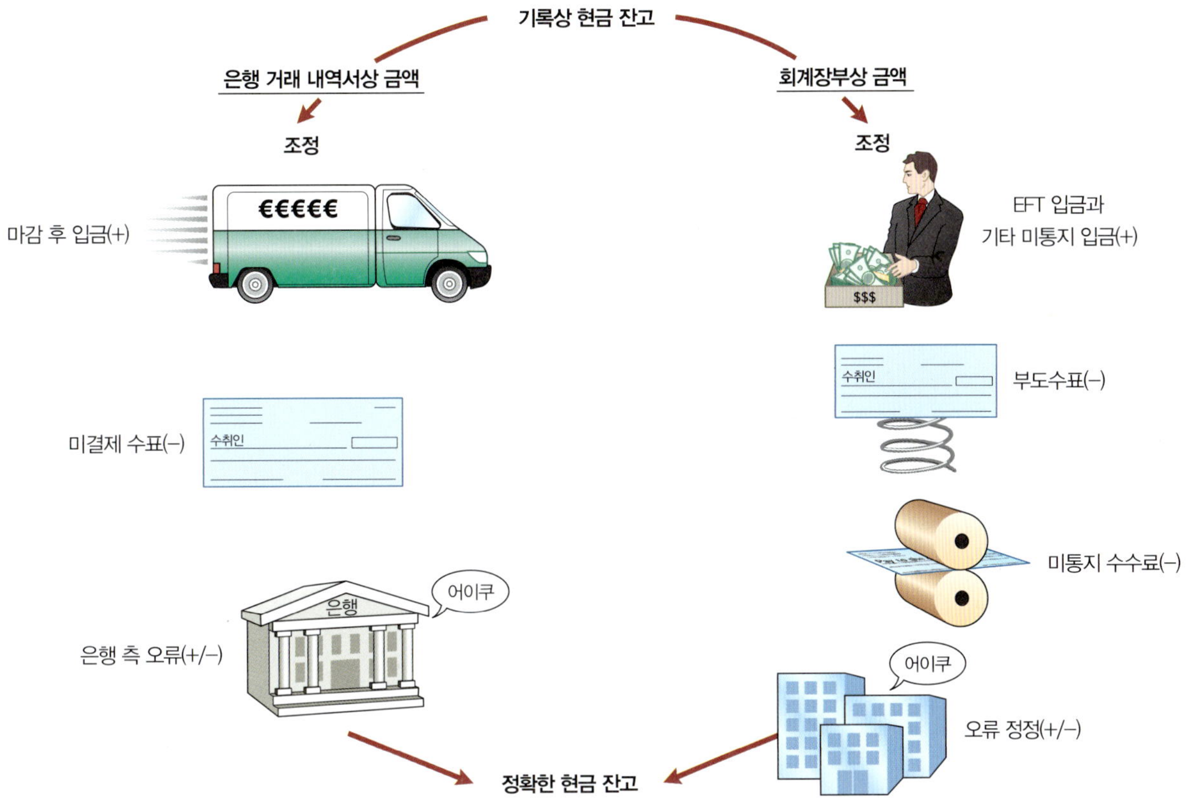


**은행 측 잔액 조정** 은행 측 금액에 하는 전형적인 조정은 마감 후 입금을 더하고 미결제 수표를 차감하며 은행 측 차이를 정정하는 것이다.

**1단계:** 마감 후 입금을 가산한다(+). 은행 거래 내역서와 회사의 입금 기록을 비교하여 누락된 금액을 가산한다.

**2단계:** 미결제 수표를 차감한다(−). 회사에 출금이 기록되었으나 아직 예금에서 빠지지 않은 것이 미결제 수표인데 이를 차감한다.

**3단계:** 은행의 기록상 실수를 가감한다(+/−). 입금 €1,693를 €1,639로 기록했으므로 €54(€1,693 − €1,639)를 가산한다.

**회사 측 잔액 조정** 회사 측 금액에 통상 미통지되어 몰랐던 입금을 더하고 다른 미통지 지급을 차감한 후 회사 측 차이를 가감한다.

**1단계:** 미통지 입금을 가산한다(+). 회사가 통지받지 못하여 적어야 할 기록을 놓친 금액인 미통지 입금을 가산한다.

**2단계:** 미통지 출금을 차감한다(−). 몰랐던 은행 수수료를 차감한다.

**3단계:** 장부 실수를 가감한다(+/−). 발행한 수표 금액 €1,226를 €1,262로 기록했으므로 차액 €36(€1,262 − €1,226)를 가산한다. 당연히 은행 측 실수는 여기서의 조정 대상이 아니다.

HINT
그림 7.10의 은행 거래 내역서를 보면 459번, 461번 수표는 지급되었고, 460번 수표는 보이지 않으므로 미결제 수표이다. Cray Gourmet는 이 수표를 수표 발행 기록과 대조하여 확인할 수 있다.

## 은행계정 조정표 작성 _Bank Reconciliation Illustrated

그림 7.12에 제시한 Cray Gourmet의 은행계정 조정표를 구체적으로 살펴보자. 2020년 4월 30일 현재 Cray Gourmet의 은행 측 기록상 잔액은 €15,907.45이고 회사 측 장부상 기록은 €11,709.45라고 가정한다.

### 은행 측 조정

| | |
|---|---|
| **1단계:** 마감 후 입금을 가산한다(+). 4월 30일에 입금했으나 은행은 5월 1일에 기록한다. | €2,201.40 |
| **2단계:** 미결제 수표를 차감한다(−). No. 453(€3,000.00), No. 457(€1,401.30), No. 460(€1,502.70) | 5,904.00 |
| **3단계:** 은행 측 오류는 없다. | |

### 회사 측 조정

| | |
|---|---|
| **1단계:** 미통지 입금을 가산한다(+). 온라인으로 입금되어 4월 9일 회사에 미통지된 입금 | €1,035.00 |
| **2단계:** 미통지 출금을 차감한다(−). 4월 3일과 4월 7일에 온라인으로 빠져나간 미통지 수수료 | |
| 4월 29일 부도수표 수수료 | 425.60 |
| 4월 30일 카드 수수료 | 120.00 |
| 4월 30일 은행 수수료 | 30.00 |
| **3단계:** 회사 측 오류를 가산한다(+). No. 443의 수표 금액은 €1,226인데 4월 12일 회사의 기록은 €1,262로 되어 있다. | 36.00 |

**그림 7.12** 은행계정 조정표

**Cray Gourmet**
**은행계정 조정표**
2020년 4월 30일

| | | |
|---|---|---|
| 은행 거래 내역서상 예금 잔액 | | € 15,907.45 |
| 가산: 마감 후 입금 | | 2,201.40 |
| | | 18,108.85 |
| 차감: 미결제 수표 | | |
| No. 453 | € 3,000.00 | |
| No. 457 | 1,401.30 | |
| No. 460 | 1,502.70 | 5,904.00 |
| **수정 후 예금** | | **€12,204.85** |
| 회계장부상 예금 잔액 | | € 11,709.45 |
| 가산: 미통지 온라인 입금 | € 1,035.00 | |
| 오류 조정: No. 443 수표 | 36.00 | 1,071.00 |
| | | 12,780.45 |
| 차감: 부도수표 | 425.60 | |
| 신용카드와 직불카드 수수료 | 120.00 | |
| 은행 수수료 | 30.00 | 575.60 |
| **수정 후 예금** | | **€12,204.85** |

## 후속 분개 _Entries from Bank Reconciliation

정확한 수정 후 금액이 나왔으니 장부상 금액을 수정하는 후속 분개를 해야 한다. 간혹 모르고 이 과정을 누락하곤 하지만 은행계정 조정표를 만들고 나면 반드시 해야 하는 절차이다. 누락되면 재무제표상 현금 잔액이 왜곡된다. 후속 분개는 다음과 같이 이루어진다.

**미통지 온라인 입금** 미통지 예금에 대한 분개이다.

| 날짜 | 계정 | 차변 | 대변 |
|---|---|---|---|
| 4월 30일 | 현금 | 1,035 | |
| | 수취채권(또는 미수금) | | 1,035 |
| | (미수금을 예금으로 회수) | | |

| A | = | L | + | E |
|---|---|---|---|---|
| +1,035 | | | | |
| −1,035 | | | | |

현금 유입
+1,035

**장부상 실수** 거래처인 Roux Foods에 준 No. 443 수표의 기록상 오류를 정정하는 분개이다.

| 날짜 | 계정 | 차변 | 대변 |
|---|---|---|---|
| 4월 30일 | 현금 | 36 | |
| | 지급채무(또는 미지급금) | | 36 |
| | (오류 정정) | | |

| A | = | L | + | E |
|---|---|---|---|---|
| +36 | | | | |
| | | +36 | | |

현금 유입
+36

**부도수표** 부도수표에 대한 분개이다.

| 날짜 | 계정 | 차변 | 대변 |
|---|---|---|---|
| 4월 30일 | 수취채권 | 425.60 | |
| | 현금 | | 425.60 |
| | (부도수표 발생으로 채권과 현금 정정) | | |

| A | = | L | + | E |
|---|---|---|---|---|
| +425.60 | | | | |
| −425.60 | | | | |

현금 유출
−425.60

**은행 수수료 기록** 은행 수수료에 대한 처리 분개이다.

| 날짜 | 계정 | 차변 | 대변 |
|---|---|---|---|
| 4월 30일 | 은행 수수료 | 150 | |
| | 현금 | | 150 |
| | (은행 수수료 발생) | | |

| A | = | L | + | E |
|---|---|---|---|---|
| | | | | −150 비용 |
| −150 | | | | |

현금 유출
−150

Cray Gourmet의 후속 수정 분개 후 정확한 현금 산출액은 그림 7.13의 T 계정을 참조하라.

**현금**

| | | 차변 | | 대변 |
|---|---|---|---|---|
| 4월 30일 | 잔액 | 11,709.45 | 4월 30일 | 425.60 |
| 30일 | | 1,035.00 | 30일 | 150.00 |
| 30일 | | 36.00 | | |
| 4월 30일 | 잔액 | **12,204.85** | | |

**그림 7.13** 수정 분개 후 정확한 예금 잔고

이제 회사의 장부상 잔액은 그림 7.12의 은행계정 조정표상 정확한 금액과 일치한다.

은행 측에서 할 분개는 없다. 은행계정 조정표는 회사가 작성하고 회사의 관심 대상일 뿐 은행과는 무관하다. 은행 측에 오류가 있다면 물론 회사가 통지하여 은행이 수정하겠지만 나머지는 처리 대상이 아니다. 은행은 오직 은행 입장에서 회계 처리를 할 뿐이다.

**투자적 사고력 키우기 | 메이도프의 폰지 사기**

버나드 메이도프(Bernard Madoff)는 희대의 사기꾼이다. 뉴욕의 엘리트 펀드매니저 출신인 그는 투자의 귀재로 경기의 흐름과 관계없이 안정적으로 10~15%의 펀드 이익을 보장하여 인기가 높았다. 그러나 실제로는 펀드로 어디든 투자한 적이 없다. 새로운 투자가들에게 돈을 받아 그 돈을 기존 투자가들에게 나눠주었을 뿐이다. 일명 폰지 사기(Ponzi scheme)는 새로운 투자가들로부터 유입되는 자금이 기존 투자가들에게 수익과 만기 상환액을 줄 정도로만 영원히 성장하면 문제가 전혀 없다는 것이 사업 구조(?)의 골자이다.

메이도프는 부정을 숨기기 위해 허위 투자 내역서를 만들고 어리숙한 회계법인을 고용하여 감사 의견도 받아냈다. 회계사는 감사도 안 하고 적정 의견을 내보냈고, 유일하게 안달이 난 것은 메이도프와 경쟁하는 펀드매니저였다. 그는 10년 동안 미국 SEC에 부정 의혹을 꾸준히 제보했다. 하지만 어찌 된 일인지 감독관도 무덤덤했다. 그런데 메이도프의 주요 단골은 공교롭게도 사회사업을 하는 자선단체였다. 이들이 $180억을 잃고 나서야 SEC는 큰 사건이 터졌음을 알아챘다. 결국 이 사건은 150년 유죄 판결을 받은 메이도프가 감옥에서 세상을 떠남으로써 일단락되었다.

Mary Altaffer/© AP/ Wide World Photos

**메이도프는 어떻게 엄청난 사기를 숨길 수 있었는가?**

**DO IT! 3 은행계정 조정표**

Deepika Fine Fabrics를 소유하고 있는 디피카 칸은 은행계정 조정표를 만들 때 다음 사항을 어떻게 조정하는지 궁금해한다. 회계 전문가로서 디피카에게 조언하라.

1. 부도수표
2. 미통지 온라인 입금
3. 미결제 수표
4. 마감 후 입금

**해답** 디피카는 다음과 같이 조정해야 한다.

1. 부도수표는 회사 금액에서 차감한다.
2. 미통지 온라인 입금은 회사 금액에 가산한다.
3. 미결제 수표는 은행 금액에서 차감한다.
4. 마감 후 입금은 은행 금액에 가산한다.

학습목표

현금 공시에 대해 알아본다.

## 현금 공시 _Reporting Cash

**현금**(cash)은 동전과 지폐, 수표, 여행자수표 같은 머니오더 등을 포함하여 현금처럼 사용할 수 있는 금융 수단 전부를 말한다. 따라서 부도수표는 현금이 될 수 없다. 그러고 보니 언제나 인출하여 사용할 수 있는 예금도 현금인데, 이를 요구불예금(demand deposit)이라고 한다. 보통예금이나 당좌예금이 여기에 속한다. 현금은 재무상태표와 현금흐름표에 공시되는데, 재무상태표상 현금은 기준일 현재 보유한 현금을 표시하고, 현금흐름표는 현금의 명세서로 회계기간 동안 입출금 내역까지 활동별로 구분하여 나타낸다.

재무상태표의 현금 계정에는 보유하고 있는 현금이 모두 포함된다. 손에 들고 있는 현금과 금고에 있는 현금, 전도금으로 나와 있는 소액현금, 은행의 보통예금과 당좌예금 등 당장 쓸 수 있는 회삿돈은 모두 포함된다. 한편 현금은 유동성 그 자체이므로 고정성 배열법상 재무상태표의 최하단에 표시된다.

## 현금성 자산 _Cash Equivalents

현금 말고도 현금과 유사한 **현금성 자산**(cash equivalents)이 있다. 현금성 자산의 본질은 현금이다. 그러나 현금 수요에 충족하기 위해 보유하지만 여유 현금이 있다 보니 잠시 단기 금융상품이나 단기 투자자산에 넣어두는 경우를 말한다. 결코 투자 목적이 아니다. 애당초 투자 목적이라면 금융상품 계정을 사용해야 한다. 따라서 현금성 자산은 현금으로 거의 다 전환된 자산으로 단기 금융상품 또는 장기라도 만기가 다 되어 이자율이 변동해도 영향이 없는 금융상품(통상 취득 시 만기일이 3개월 이내)으로 구성된다. 단기 금융상품이 현금성 자산이 되기 위해서는 확정된 금액의 현금으로 전환이 가능하고 가치 변동의 위험이 경미해야 한다.

정기예금이나 정기적금은 재무상태표에서 처음부터 금융상품이라는 계정과목을 쓴다. 이는 애초에 이자나 차익을 목적으로 하는 투자 목적의 금융상품이지 현금성 자산이 아니다. 재무제표일 현재 다가오는 만기일의 기간에 따라 유동성과 비유동성 자산으로 분류될 뿐이다. 그러나 같은 금융상품이라도 여유 현금을 잠시 불리기 위한 목적으로 만기가 취득일 기준(재무제표일 기준이 아님에 유의하라) 3개월 이내라면 현금성 자산으로 분류한다.

현금성 자산은 유동성이 아주 큰 단기투자자산이고 여유 현금과 같기 때문에 굳이 현금과 구분할 이유가 없다. 그래서 통상 재무상태표에는 현금 계정 대신 '현금과 현금성 자산'으로 묶어서 보고한다(그림 7.14 참조).

**그림 7.14** 재무상태표상 현금

Real World

**Korean Air Lines, Inc.**
**재무상태표**(일부 발췌)
(단위: 100만)

| 유동자산 | |
|---|---|
| 단기투자자산 | ₩111,988 |
| 현금과 현금성 자산 | 967,481 |

이미 언급했듯이 현금성 자산은 여유 현금으로 구입한 국공채나 종금사, 단자사가 발행한 단기 상업어음, 단기 금융시장의 펀드로서 현금 전환이 빠르게 이루어지는 자산으로 구성된다. 본래 목적이 현금 소요를 위함이고 투자 목적이 아니라는 근거에 따라 현금성 자산으로 분류하는데, 만약 취득일 기준 만기가 3개월 그 이상이면 투자 목적으로 의심되어 장단기 투자자산으로 분류한다.

가끔 잔액이 마이너스로 표시되는 현금(예금)도 있는데, 이는 당좌차월 계약에 의해 발생한 금액이다. 당좌차월은 은행과 회사 간에 당좌예금 잔고를 넘는 수표가 발행되어도 어느 정도까지는 부도수표로 처리하지 않기로 하는 계약이므로 속성은 회사의 부채이다. 이에 은행 잔고를 넘어 수표를 발행한 농기구 제조 회사 에이지켐(Ag-Chem, 미국)은 $2,145,000를 유동부채인 단기 차입금으로 재무상태표에 공시한 바 있다.

### 사용이 제한된 현금 _Restricted Cash

ETHICS NOTE

최근 많은 회사는 현금성 자산이 아닌데 현금성 자산으로 잘못 분류하여 재무상태표를 재공시해야 했다. 그렇게 억지로라도 현금성 자산으로 분류하면 회사의 유동성이 좋아 보인다.

현금 중에는 사용이 제한되는 것도 있다. **사용이 제한된 현금**(restricted cash)은 현금으로서의 기능을 상실하여 더 이상 현금이 아니다. 따라서 재무상태표에 '사용이 제한된 현금'이라는 별도의 계정과목으로 표시한다. 예를 들어 미술품을 취급하는 회사인 타쿵아트(Takung Art Co., Ltd., 중국)는 ¥25,676,519을 미술품 매매를 위한 자금으로 사용할 것이라며 사용 제한 현금으로 공시했다. 그런데 사용이 제한된 현금이라도 사용 예정일이 1년 이내이면 유동자산, 1년 후라면 비유동자산으로 분류된다.

**DO IT! 4 현금 공시**

다음 설명이 맞으면 ○, 틀리면 ×로 표시하고 틀린 부분을 바르게 고쳐라.

1. 현금과 현금성 자산은 동전과 지폐, 머니오더, 부도수표로 구성된다.
2. 사용이 제한된 현금은 조건과 환경에 따라 유동자산이나 비유동자산으로 보고된다.
3. 은행 잔액이 마이너스이면 현금과 현금성 자산에서 차감한다.
4. 현금과 현금성 자산은 단기 투자자산과 매출채권을 포함하되 재무상태표의 최하단에 표시한다.

**해답** 1. ×(부도수표는 현금이 아니다.) 2. ○ 3. ×(유동부채로 표시한다.) 4. ×(만기가 취득일 기준 3개월 이내인 단기 투자자산은 현금성 자산에 포함되지만 매출채권은 포함되지 않는다. 매출채권은 아무리 현금으로의 유동성이 좋아도 그 속성상 현금이 될 수 없다. 현금과 현금성 자산은 매출채권보다 유동 속도가 빠르기 때문에 그다음에 표시한다.)

## 단원 요약

### 1 부정과 내부 통제 제도

부정은 회사의 비용으로 개인의 사욕을 채우는 부정직한 행위를 말한다. 부정을 유발하는 세 가지 요인, 즉 기회, 경제적 압박, 자기합리화를 부정의 삼각형이라고 부른다. 내부 통제 제도는 부정으로부터 자산을 보호하고, 회계 기록의 신뢰성을 제고하며, 업무의 효율성을 높이고, 제반 법규를 준수하기 위해 회사가 마련한 제도, 방법, 수단이다. 이 중 통제 활동의 원칙은 책임 할당, 업무 분장, 문서화, 물리적 통제, 독립적인 제삼자의 검토, 인력 관리 통제이다. 인력관리 통제의 주요 수단은 보증보험, 강제 휴가 등이다.

### 2 현금 통제

현금 통제에는 현금 수령 통제와 현금 출금 통제가 있다. 현금 수령 통제를 위한 방법은 다음과 같다. ① 지정된 직원만 현금을 수령한다. ② 각기 다른 직원이 현금 수령, 기록, 보관을 나누어 담당한다. ③ 우편으로 수표를 받을 때는 입금 보고서를 작성하고, 계산대에서는 금전등록기를 사용하되 기록지를 통제 수단으로 사용하며, 은행에 예금할 때는 은행에서 발급하는 입금 확인증을 받아 거증한다. ④ 현금을 사내 금고나 은행 금고에 보관하여 접근을 통제하고 금전등록기나 POS 단말기를 사용한다. ⑤ 독립적인 제삼자가 금전등록기 기록지와 실제 현금 수령액을 매일 확인한다. ⑥ 현금 담당자를 보증보험에 가입시키고 강제 휴가를 보낸다.

현금 출금 통제를 위한 방법은 다음과 같다. ① 현금보다는 수표로 지급한다. ② 지급 시 상급자의 승인을 받게 하고 지급과 기록 업무를 구분한다. ③ 미리 연번호가 매겨진 수표를 사용하고 각 수표에는 발행 근거가 되는 증빙을 첨부한다. ④ 미사용 수표책은 금고에 보관하고 접근을 통제하며, 금액은 기계로 프린트한다. ⑤ 수표를 발행하기 전에 증빙과 비교하고, 월별로 은행계정 조정표를 작성하여 지불의 정당성을 확인한다. ⑥ 현금 담당자를 보증보험에 가입시키고 강제 휴가를 보낸다. 또한 직원을 채용하기 전에 이력을 확인한다.

부득이하게 현금으로 지출할 때는 소액현금 제도를 운영하여 전도금 조성, 지출, 보충의 단계별로 현금 통제를 강화한다.

## 3 은행계좌 통제

은행을 이용하는 것은 접근 통제와 물리적 통제를 위해 바람직한 방법이다. 또한 은행을 이용하면 사내 현금 보유액이 줄어들어 그만큼 위험이 감소한다. 은행 측 기록과 회사 측 기록을 비교하면서 이중 기록에 의한 입출금 통제와 차이 분석을 통해 회계 기록의 정확성도 기할 수 있다. 그 과정은 은행계정 조정표 작성을 통해 이루어지며, 마감 후 입금이나 미결제 수표, 미통지 입금과 미통지 출금을 조정하고 오류를 정정한다.

## 4 현금 공시

현금은 고정성 배열법에 따라 재무상태표의 최하단에 표시한다. 현금성 자산은 현금과 같이 묶어서 표시하며, 사용이 제한된 현금은 자유 통제 사용이 가능한 본래의 현금 기능을 상실했으므로 현금과 구분하고 그 내용을 공시한다. 사용이 제한된 현금은 언제 사용하는지에 따라 유동과 비유동으로 구분한다. 사용이 제한된 현금은 사용 예정일이 1년 이내이면 유동자산, 1년 후면 비유동자산으로 분류한다.

## 핵심 용어

**내부 감사인(internal auditor)** 회사의 내부 통제 제도를 평가하고 검토하는 부서나 임직원

**내부 통제 제도(internal control)** 회사의 업무, 보고, 준수 등에 관해 회사가 세운 목표 수준으로 운영될 수 있도록 고안된 제도와 절차, 수단과 방법

**마감 후 입금(deposits in transit)** 입금했으나 은행에서 미처리된 예금

**미결제 수표(outstanding check)** 발행되었으나 아직 지급되지 않은 수표

**보증보험(bonding)** 직원의 부정으로 인한 손실을 보상받는 보험

**부도수표[not sufficient fund(NSF) check]** 잔고 부족으로 발행자의 은행에서 지급이 거절된 수표

**부정(fraud)** 회사의 비용으로 개인의 사욕을 채우는 부정직한 행위

**부정의 삼각형(fraud triangle)** 부정을 유발하는 세 가지 요인, 즉 기회, 경제적 압박, 자기합리화로 이루어짐

**사용이 제한된 현금(restricted cash)** 일반 목적으로 사용할 수 없는 현금

**소액현금 제도(petty cash fund)** 소액현금을 지급하기 위해 만든 사내 자금

**수표(check)** 예금자가 은행에 본 증서를 제시하는 사람에게 본인의 예금에서 증서에 적힌 금액을 지급하라는 명령서

**은행 거래 내역서(bank statement)** 월별로 은행이 보내주는 은행과의 거래 내역서

**은행계정 조정(bank reconciliation)** 은행 잔고와 회사 잔고의 기록을 비교하면서 차이를 조정하고 설명하는 절차

**지출결의서(voucher)** 품의 제도하에 지급이 제대로 이루어지도록 만든 전표 양식

**품의 제도(voucher system)** 지급이 정당성 있고 정확히 이루어지도록 담당자가 기안하고 독립적인 제삼자가 확인한 후 승인하여 지불의 근거를 확보하고 지급하는 제도

**현금(cash)** 회사에 보관 중인 동전과 지폐, 수표, 머니오더 등의 현금, 은행의 보통예금과 당좌예금 등 현금으로 사용 가능한 자산

**현금성 자산(cash equivalents)** 여유 현금을 단기투자자산에 넣어 현금과 유사한 유동성이 있는 자산

**ETF(electronic funds transfer)** 전화나 컴퓨터를 통해 온라인으로 처리하는 현금 이체

## 객관식 문제

**1** 다음 중 부정의 삼각형에 속하지 않는 것은?

a. 자기합리화
b. 경제적 압박
c. 업무 분장
d. 기회

**2** 내부 통제 제도의 주요 목적은 회계 기록의 신뢰성과 정확성을 기하는 외에 또 무엇이 있는가?

a. 자산 보호
b. 부정 방지
c. 정확한 재무제표 작성
d. 직원의 부정 지연

**3** 다음 중 내부 통제의 원칙에 속하지 않는 것은?

a. 책임 할당
b. 문서화
c. 경영자 책임
d. 독립적인 제삼자의 검토

**4** 다음 중 물리적 통제가 아닌 것은?

a. 현금 보관 금고
b. 독립적인 제삼자에 의한 은행계정 조정
c. 잠금 장치가 있는 창고
d. 은행의 금고

**5** 다음 중 전산화된 회사의 내부 통제 제도와 관련이 없는 것은?

a. 책임 할당
b. 업무 분장
c. 독립적인 제삼자의 검토
d. 위의 보기 모두 관련이 있음

**6** 지정된 직원만이 현금 수령을 다룰 수 있다는 것은 어떤 원칙과 관련이 있는가?

a. 업무 분장
b. 책임 할당
c. 독립적인 제삼자의 검토
d. 인력 관리 통제

**7** 연번호가 매겨진 수표로 지불하는 것은 어떤 원칙과 관련이 있는가?

a. 책임 할당
b. 업무 분장
c. 물리적 통제
d. 문서화

**8** €100로 유지되는 소액현금 제도의 경우 지출 증빙이 €94, 현금이 €4로 이루어진 상태에서 회사가 보충해주었다면 어떤 분개가 나타나는가?

a. 현금과부족 차변에 €2
b. 소액현금 차변에 €94
c. 현금 대변에 €94
d. 소액현금 대변에 €2

**9** 다음 중 은행계좌를 보유하는 이유와 관련이 없는 것은?

a. 은행 감사인의 회사 기록 검증
b. 보유 현금의 극소화
c. 모든 은행 거래에 대해 양측에서의 복수 기록 유지
d. 현금의 보관 강화

**10** 은행계정 조정에서 마감 후 입금의 조정 방식은 무엇인가?

a. 회사 잔액에서 차감
b. 회사 잔액에 가산
c. 은행 잔고에 가산
d. 은행 잔고에서 차감

**11** 은행계정 조정 과정 중 예금자 기록에서 조정하는 내용은 무엇인가?

a. 미결제 수표
b. 마감 후 입금
c. 은행 측 오류
d. 은행 수수료

**12** 다음 중 11월 30일 자 현금 계정에 포함될 수 없는 것은?

a. 머니오더
b. 동전과 지폐
c. 부도수표
d. 발행 일자가 11월 28일인 거래처 수표

**13** 다음 중 현금 공시에 대한 설명으로 옳은 것은?

a. 현금은 현금성 자산과 구분해야 한다.
b. 사용이 제한된 현금은 현금성 자산이다.
c. 현금은 유동자산의 맨 마지막에 위치한다.
d. 사용이 제한된 현금은 유동자산으로 공시하면 안 된다.

## 기초 확인 문제

**1** Tyler Lighting은 £200 규모의 소액현금 제도를 운영하고 있다. 5월 31일에 소액현금이 현금 £7와 우편료 £105, 택배비 £49, 잡비 £40의 증빙으로 구성되어 있는데 요청을 받고 보충해주었다. 이에 대해 분개하라.

**해답**

| | | | |
|---|---|---|---|
| 5월 31일 | 우편료 | 105 | |
| | 택배비 | 49 | |
| | 잡비 | 40 | |
| | 현금 | | 193 |
| | 현금과부족 | | 1 |

**2** 8월 31일, Saladino Coffee의 은행계좌 관련 조정 내용이 다음과 같다면 수정 후 정확한 은행 잔고는 얼마인가?

| | |
|---|---|
| 은행 기록상 예금 잔액 | ₺5,200 |
| 미결제 수표 | 1,462 |
| 마감 후 입금 | 1,211 |
| 은행의 차변 메모 | 110 |

**해답**

| | |
|---|---|
| 은행 잔고 | ₺5,200 |
| 가산: 마감 후 입금 | 1,211 |
| | 6,411 |
| 차감: 미결제 수표 | 1,462 |
| 수정 후 예금 | ₺4,949 |

**3** Zian Athletics의 현금이 다음과 같이 구성되어 있을 때 재무상태표에 어떻게 공시할지 설명하라(단위: 1,000).

| | |
|---|---|
| 보통예금 | ¥18,762 |
| 급여 지급을 위한 은행계좌의 잔액 | 8,000 |
| 소액현금 | 150 |
| 2년 후 사용할 공장 증설 자금 | 30,000 |

**해답** 보통예금과 급여 지급 은행의 잔액, 소액현금을 모두 현금자산으로 묶어 공시하고, 공장 증설 자금은 사용이 제한된 현금으로 하여 1년 이내 사용할 수 없으므로 비유동자산으로 보고한다.

## 확인 문제

**1** 다음은 Lee Enterprises가 운용하고 있는 내부 통제 제도이다.

1. 현금을 담당하는 윙 푼이 은행에 돈을 입금하고 은행계정 조정표까지 작성한다.
2. 직원이 근무 시간을 적어 자금 부서에 직접 자유롭게 제한 통제 없이 방문하여 제출한다.
3. 직원이 휴가를 가지 않는다.
4. 판매 부서의 관리자만이 신용거래를 승인한다.
5. 직원 3명이 재고 출고, 대금 청구, 수금을 각각 담당한다.

내부 통제 제도를 평가하고, 어떤 내부 통제 원칙을 준수하거나 위배했는지 밝혀 다음 표를 완성하라.

| 제도 | 바람직함/문제 있음 | 통제 원칙 |
|---|---|---|
| 1 | | |
| 2 | | |
| 3 | | |
| 4 | | |
| 5 | | |

**해답**

| 제도 | 바람직함/문제 있음 | 통제 원칙 |
|---|---|---|
| 1 | 문제 있음 | 독립적인 제삼자의 검토 |
| 2 | 문제 있음 | 물리적 통제 |
| 3 | 문제 있음 | 인력 관리 통제 |
| 4 | 바람직함 | 책임 할당 |
| 5 | 바람직함 | 업무 분장 |

**2** 다음은 Ong Trading의 회계장부상 기록이다(단위: 1,000).

| | |
|---|---|
| 6월 1일 잔액 | ¥9,947 |
| 현금 입금 | ¥37,120 |
| 6월 30일 잔액 | ¥10,094 |
| 수표 발행 | ¥36,973 |

6월의 은행 거래 내역서에는 6월 30일 자 예금 잔액이 ¥9,525으로 표시되고 다음과 같은 통지가 있다. 또한 6월 30일 마감 후 입금으로 ¥2,581이 있고, 미결제 수표는 ¥1,382이다.

| **대변** | |
|---|---|
| 온라인 이체로 매출채권 입금 | ¥884 |
| 당좌 계정에 수입이자 발생 | ¥26 |
| **차변** | |
| R. Doll이 발행한 부도수표 | ¥245 |
| 금고 사용료 | ¥35 |

**a.** 6월 30일 자 은행계정 조정표를 작성하라.

**b.** 6월 30일 자 부도수표가 매출채권에서 발생했다고 가정하고 수정 분개를 하라.

**해답**

a.

**Ong Trading**
**은행계정 조정표**
**2020년 6월 30일**

| | | |
|---|---|---|
| 은행 잔고 | | ¥ 9,525 |
| 가산: 마감 후 입금 | | 2,581 |
| | | 12,106 |
| 차감: 미결제 수표 | | 1,382 |
| 수정 후 예금 | | ¥10,724 |
| 회사 장부상 예금 잔고 | | ¥10,094 |
| 가산: 미통지 온라인 입금 | ¥884 | |
| 수입이자 | 26 | 910 |
| | | 11,004 |
| 차감: 부도수표 | 245 | |
| 금고 사용료 | 35 | 280 |
| 수정 후 예금 | | ¥10,724 |

b.

| 날짜 | 계정 | 차변 | 대변 |
|---|---|---|---|
| 6월 30일 | 현금 | 884 | |
| | 매출채권 | | 884 |
| 30일 | 현금 | 26 | |
| | 이자수입 | | 26 |
| 30일 | 은행 수수료 | 35 | |
| | 현금 | | 35 |
| 30일 | 매출채권(R. Doll) | 245 | |
| | 현금 | | 245 |

## 실습 문제

다음은 Choi Group의 2020년 5월 은행 거래 내역서에 담긴 정보이다(단위: 1,000).

| | | | |
|---|---|---|---|
| 5월 1일 잔액 | ₩12,650 | 5월 31일 잔액 | ₩14,280 |
| 차변 메모: | | 대변 메모: | |
| 부도수표 | ₩175 | 온라인 입금 | ₩505 |

5월 31일 자 회사 장부에는 은행 잔고가 ₩13,319으로 기록되어 있고 조정 내용은 다음과 같다.

1. 거래처인 Copple Co.가 발행한 수표가 부도났다.
2. 5월 31일 자 미결제 수표의 총액은 ₩2,410이다.
3. 5월 31일 자 마감 후 입금은 ₩1,752이다.
4. Choi Group이 5월 10일에 ₩352의 수표를 발행하여 5월 25일 결제되었다. 그런데 회사는 ₩325으로 기록했다.

**a.** 5월 31일 자 은행계정 조정표를 작성하라.

**b.** 조정 후 필요한 분개를 하라.

**해답**

a.

**Choi Group**
**은행계정 조정표**
**2020년 5월 31일**

| | | |
|---|---|---|
| 은행 잔고 | | ₩14,280 |
| 가산: 마감 후 입금 | | 1,752 |
| | | 16,032 |
| 차감: 미결제 수표 | | 2,410 |
| 수정 후 예금 | | ₩13,622 |
| 회사 장부상 잔액 | | ₩13,319 |
| 가산: 미통지 온라인 입금 | | 505 |
| | | 13,824 |
| 차감: 부도수표 | ₩175 | |
| 기록상 오류(₩352 − ₩325) | 27 | 202 |
| 수정 후 예금 | | ₩13,622 |

| b. | 5월 31일 | 현금 | 505 | |
|---|---|---|---|---|
| | | 매출채권 | | 505 |
| | | (온라인으로 매출채권 회수) | | |
| | 31일 | 매출채권 | 175 | |
| | | 현금 | | 175 |
| | | (부도수표 발생) | | |
| | 31일 | 지급채무 | 27 | |
| | | 현금 | | 27 |
| | | (기록상 오류 정정) | | |

## 단원 정리를 위한 질문

**1** 직원들이 부정을 저질러 $150,000의 손실을 입었다고 한 은행이 공시했다. 이 소식을 듣고 에드워드 야소는 '부정'이 무슨 뜻인지 명확히 모른다고 말했다. 에드워드에게 부정의 의미를 설명하고 은행에서 발생할 수 있는 부정의 예를 들라.

**2** 전문가들은 직원이 부정을 저지르게 되는 세 가지 주요 요인이 있다고 한다. 이 세 가지 요인을 밝히고 각각의 의미를 설명하라.

**3** 바람직한 내부 통제 제도의 다섯 가지 구성 요소는 무엇인가?

**4** "내부 통제는 회계 기록의 정확성을 높이는 데에만 관심이 있다." 이 말에 동의하는지 밝히고 그 이유를 설명하라.

**5** 조직에서 적용하는 내부 통제 활동의 원칙은 무엇인가?

**6** 어떤 식료품점에서 모든 판매원이 하나의 금전등록기에서 현금을 받고 잔돈을 거슬러준다면 내부 통제 위반인가? 그 이유를 설명하라.

**7** 시 핑은 업무 분장 원칙을 검토 중이다. 이 원칙의 두 가지 세부 기준은 무엇인가?

**8** 문서화를 하면 내부 통제 활동에 어떻게 도움이 되는가?

**9** 물리적 통제로 어떤 내부 통제 목적을 달성할 수 있는가?

**10** (a) 내부 통제 활동의 원칙 중 독립적인 제삼자의 검토에 대해 설명하라. (b) 이 원칙을 적용할 때 고려해야 하는 세부 기준은 무엇인가?

**11** Faan Store의 경영진이 회사의 회계 책임자인 당신에게 (a) 내부 통제 제도에서 합리적인 확신의 개념과 (b) 내부 통제 제도에서 인적 요소의 중요성에 대해 물어보았다. 질문에 답하라.

**12** 매장의 계산대에서 매일 현금 실물과 판매 기록을 비교·확인하는 절차에 적용되는 내부 통제 원칙은 무엇인가?

**13** 콜스(Kohl's, 미국)는 새로운 전자금전등록기를 설치했다. 금전등록기가 현금 수령 통제를 어떻게 개선하는지 설명하라.

**14** Summato Wholesale에서는 메일룸 직원 2명이 같이 수표가 담긴 우편 봉투를 개봉한다. 이러한 절차가 어떻게 내부 통제 활동을 강화하는지 설명하라.

**15** "현금 지출을 효과적으로 통제하려면 모든 지불을 수표로 해야 한다." 이 말에 동의하는지 밝히고 그 이유를 설명하라.

**16** Deangelo Company에서는 수표를 발행할 때 재무 부서의 담당 직원이 승인된 송장과 발행 금액을 비교·확인한 후 수표 발행 기계를 사용하여 지워지지 않는 잉크로 금액을 찍고 자필 서명을 한다. 이러한 절차에 적용되는 내부 통제 원칙은 무엇인가?

**17** 현금 지출의 내부 통제 활동에 (a) 물리적 통제, (b) 인력 관리 통제 원칙이 어떻게 적용되는지 설명하라.

**18** (a) 품의 제도란 무엇인가? (b) 품의 제도에 적용되는 내부 통제 원칙은 무엇인가?

**19** EFT(온라인 이체)의 주요 특징을 설명하라.

**20** (a) 소액현금 제도와 관련된 세 가지 활동을 밝히고 각 활동에 적용되는 내부 통제 원칙을 설명하라. (b) 소액현금 제도에서는 언제 분개가 필요한가?

**21** "은행을 이용하면 현금에 대한 내부 통제가 크게 강화된다." 이 말에 동의하는지 밝히고 그 이유를 설명하라.

**22** 안나 코르테는 회계장부의 현금 잔액과 은행 잔액이 일치하지 않아 혼란스럽다. 안나에게 일치하지 않는 이유를 설명하고 예를 들라.

**23** 정하나는 부도수표가 무엇인지 잘 모른다. 정하나에게 (a) 부도수표가 무엇인지, (b) 은행계정 조정표에서 어떻게 처리되는지, (c) 후속 수정 분개가 필요한지 설명하라.

**24** (a) "현금성 자산은 현금과 동일하다." 이 말에 동의하는지 밝히고 그 이유를 설명하라. (b) 사용이 제한된 현금은 재무상태표에 어떻게 보고되어야 하는가?

**25** Riverside Fertilizer는 재무상태표일 현재 다음 자산을 보유하고 있다. Riverside Fertilizer가 재무상태표에 현금으로 보고해야 하는 금액은 얼마인가?

| | |
|---|---:|
| 은행 예금계좌의 현금 | € 8,000 |
| 보유 현금 | 850 |
| 세무당국이 환급할 현금 | 1,000 |
| 당좌예금 잔고 | 14,000 |
| 선일자수표[5] | 500 |

**26** TSMC가 2016년 연결 재무상태표에서 공시한 현금과 현금성 자산은 얼마인가?

## 가벼운 연습 문제

**1** 부정의 삼각형을 이루는 요인(기회, 경제적 압박, 자기합리화) 중 다음 상황에 해당하는 것을 각각 밝혀라.

a. 직원의 월 신용카드 사용액이 월수입의 약 75%나 된다.
b. 지난 5년 동안 엄청난 수익을 올렸는데도 직원은 최저 수준의 임금을 받고 있다.
c. 직원이 거액의 도박에 빠졌다.
d. 중소기업의 직원이 은행계정을 조정하는 일과 수표 발행을 담당하고 있다.

**2** 람 시람은 내부 통제에 대해 다음과 같이 말했다. 각 설명이 맞으면 ○, 틀리면 ×로 표시하고 틀린 부분을 바르게 고쳐라.

a. 내부 통제의 목적 중 하나는 직원의 절도, 횡령, 무단 사용으로부터 자산을 보호하는 것이다.
b. 내부 통제의 목적 중 하나는 회계 기록의 정확성과 신뢰성을 높이는 것이다.

**3** 아뉴샤 다스는 주차장 영업을 하는 Kolkata Parking을 인수했다. 그는 내부 통제에 대해 들어는 보았지만 자신의 사업에 어떻게 적용해야 할지 모른다. 아뉴샤에게 내부 통제의 네 가지 목적을 설명하고, 목적별로 Kolkata Parking에 적용할 수 있는 예를 한 가지씩 들라.

**4** Hamzah Electronics의 내부 통제 제도에는 다음과 같은 규정이 있다. 각 경우에 적용된 내부 통제 원칙은 무엇인가?

a. 자산을 물리적으로 관리하는 직원은 회계 기록에 접근할 수 없다.
b. 매월 내부 감사인이 보유 자산을 회계 기록과 비교한다.
c. 고객에게 상품을 배송할 때마다 미리 번호가 매겨진 배송 지시서를 작성한다.

**5** Wu Hardware는 현금 수령에 대해 다음과 같은 내부 통제 제도를 갖추고 있다. 각 경우에 적용된 내부 통제 원칙은 무엇인가?

a. 모든 매장의 현금 수령을 빠짐없이 금전등록기에 입력한다.
b. 모든 계산대의 직원을 보증보험에 가입시킨다.
c. 계산대 직원의 관리감독자는 매일 현금과 판매 기록을 확인한다.
d. 현금 수령, 기록, 보관 업무를 각기 다른 직원에 분담한다.
e. 계산대 직원만 금전등록기를 만질 수 있다.

**6** Bluestem Industries의 금전등록기상 기록이 $6,871.50의 매출을 보고했을 때 다음 각 상황에 필요한 수정 분개를 하라.

a. 있어야 할 현금이 실제 현금보다 $50.75 많다.
b. 있어야 할 현금보다 실제 현금이 $28.32 많다.

**7** 현금 입금액을 검토하던 회계 부서가 기초 현금액 €160, 현재 현금액 €1,125.74, 금전등록기에 기록된 현금 판매액 €980.83를 확인했을 때 필요한 분개를 하라.

**8** Deutche Travel은 현금 출금에 대해 다음과 같은 내부 통제 제도를 갖추고 있다. 각 경우에 적용된 내부 통제 원칙은 무엇인가?

a. 회사가 발행할 수표에 미리 번호가 매겨져 있다.
b. 내부 감사인이 매월 은행계정 조정표를 작성한다.
c. 미사용 수표책을 재무실의 금고에 보관한다.
d. 재무 부서 책임자만 수표에 서명할 수 있다.
e. 수표 발행자는 현금 지급에 대한 거래를 기록할 수 없다.

**9** Dody는 €100 규모의 소액현금 제도를 운영하면서 3월 20일에 전도금 보충을 했는데, 전도금은 현금 €9와 우편료 €52, 택배비 €26, 교통비 €10에 대한 영수증으로 구성되어 있다. 필요한 분개를 하라.

**10** 베이 용은 은행을 통한 내부 통제 기능에 대해 잘 모른다. 그에게 (a) 수표 사용과 (b) 은행 거래 내역서에 의한 통제의 장점을 설명하라.

---

5 역자 주: 선일자수표는 수표에 기록된 발행일이 실제 발행일보다 뒷날인 수표이다. 은행에서 돈을 찾아가는 날을 여유를 가지고 연기하기로 합의하여 발행하는 수표로서 신사협정일 뿐 법률상 억제력은 없다.

**11** 다음은 Ellington Company의 은행계정 조정표 작성에 필요한 조정 사항이다. 조정되는 방식을 밝혀라.

**a.** 미결제 수표

**b.** 서비스 요금에 대한 은행 차변 메모

**c.** 미통지 입금에 대한 은행 대변 메모

**d.** 마감 후 입금

**12** 11번 문제에서 (a) 회사가 후속 수정 분개를 해야 하는 항목과 (b) 수정 분개를 할 필요가 없는 항목을 구분하고 그 이유를 설명하라.

**13** 7월 31일 Wenji Interiors의 은행계정 관련 정보는 다음과 같다 (단위: 1,000). 7월 31일 자 은행의 수정 후 현금 잔액을 구하라.

| | |
|---|---:|
| 은행의 현금 잔액 | ¥7,420 |
| 미결제 수표 | 762 |
| 마감 후 입금 | 1,620 |
| 은행 수수료 | 20 |

**14** 8월 31일에 Pratt Shipping의 회계장부상 현금 잔액은 £9,500이며 추가 자료는 다음과 같다. 8월 31일 자 회계장부상 수정 후 현금 잔액을 구하라.

| | |
|---|---:|
| 수표책 인쇄비용 | £ 35 |
| 당좌계정 이자수입 | 40 |
| 미결제 수표 | 800 |

**15** Fiesta Catering은 11월에 €9,750, 12월에 €11,762의 수표를 발행했으며, 은행에 제시된 수표는 11월과 12월에 각각 €8,800, €10,889이다. 11월 말과 12월 말 기준 미결제 수표는 얼마인가?

**16** Zhang Company가 보유한 현금은 은행예금 $15,742, 급여 지급용 계좌 $6,000, 2년 후 사용할 시설 확장 자금 $25,000로 구성되어 있다. 재무상태표에 각 금액을 어떻게 보고해야 하는지 설명하라.

## DO IT! 적용 문제

**1** 다음 각 상황이 위반한 내부 통제 원칙을 밝히고, 어떻게 부정 또는 부정확한 회계 기록을 유발할 수 있는지 설명하라.

1. 한 달에 한 번 영업 부서에서 회계 부서로 판매 송장을 보내 회계 처리를 한다.
2. Wular Lake Company의 구매 담당 직원인 레아 허처슨은 상품 주문, 수령, 지불을 같이 담당한다.
3. Great Food의 몇몇 직원은 같은 금전등록기를 사용한다.

**2a** 루오 양은 Yang's Tools에서 우편으로 수표를 받는 내부 통제 절차에 대해 걱정이 많다. 현행 절차에서는 메일룸 직원인 롱 후가 모든 우편물을 개봉하고 동봉된 수표에 '배서 금지'라는 스탬프를 찍어 회계 부서로 보낸다. 회계 부서는 수표를 주 단위로 모아 기록하고 은행에 예치한다. 개선할 점이 있다면 루오에게 조언하라.

**2b** Wilkinson Company는 8월 1일에 $100 규모의 소액현금 제도를 도입했으며, 8월 31일 전도금이 현금 $7와 우편료 $31, 사무용품 $42, 기타 비용 $16에 대한 구입 및 지출 영수증으로 구성되어 있다. 8월 1일의 전도금 조성과 8월 31일의 전도금 보충에 대해 분개하라.

**3** 로저 리치먼은 Richman Blankets라는 사업체를 소유하고 있다. 회사의 은행계정 조정표를 작성할 때 다음 항목을 어떻게 조정 처리해야 하는지 그에게 설명하라.

1. 미결제 수표
2. 마감 후 입금
3. 부도수표
4. 은행 수수료에 대한 차변 메모

**4** 다음 설명이 맞으면 ○, 틀리면 ×로 표시하라(단위: 1,000).

1. 회사는 연말에 다음과 같은 자산을 보유하고 있으므로 현금과 현금성 자산이 NT$62,000이다.

| | |
|---|---:|
| 보유 현금 | NT$40,000 |
| 고객에서 받을 환불금 | 30,000 |
| 당좌예금 | 22,000 |

2. 부도수표를 받은 회사는 이를 재무상태표에 유동부채로 보고해야 한다.
3. 사용이 제한된 현금이라도 유동자산이면 현금과 현금성 자산의 일부로 보고된다.
4. 은행에 현금 NT$50,000, 소액현금 NT$400, 주식 투자 NT$100,000를 가지고 있다면 이 회사의 현금과 현금성 자산은 NT$50,400이다.

## 단원 연습 문제

**1** 리 퉁이 운영하는 Zhao Pizza는 테이크아웃 주문만 받는다. 손님은 카운터에 와서 주문한 뒤 현금을 내고 피자를 가져가는데, 그 사이에 주문한 피자를 만드는 주방 직원과 피자를 만드는 대형 오븐을 구경할 수 있다. 내부 통제 활동의 여섯 가지 원칙에 근거하여 손님이 주방을 보면서 피자 가게에 적용할 수 있는 각 원칙의 예를 들라. (참고: 모든 원칙이 다 적용되는 것은 아니며 필요한 원칙만 언급한다.)

**2** 다음은 Torres Company가 매장에서 현금 판매에 적용하는 절차이다.

1. 도난 위험을 최소화하기 위해 $100가 넘는 현금은 은행에 예치할 때까지 잠금 장치가 없는 가방에 보관한다.
2. 모든 현금 출납은 직원 3명이 담당하는데 하나의 금전등록기에 같은 현금 보관 상자를 사용한다.
3. 경리 직원이 현금 수령액을 은행에 입금하고 기록한다.
4. 하루 일과가 끝나면 담당 출납 직원이 실제 현금과 금전등록기의 기록을 비교하여 확인한다.
5. 출납 직원은 경험 있는 직원으로 보증보험에 가입하지 않았다.

**a.** 각 절차에 대한 내부 통제의 약점을 파악하고 어떤 원칙을 위반했는지 밝혀라.

**b.** 각 약점에 대한 개선점을 제시하라.

**3** 다음은 Mendy Lang's Boutique의 현금 사용 절차에서 확인한 사항이다.

1. 경리 직원이 은행계정 조정표를 작성하고 불일치하면 사장에게 보고한다.
2. 매장 점장이 개인적으로 모든 수표에 서명하고 발행한다.
3. 매주 100매의 미사용 회사 수표가 금전등록기 뒤 선반에 아무 표시도 없는 봉투에 담겨 있다.
4. 결제 후 청구서를 결제 송장 폴더에 보관한다.
5. 회사가 발행하는 수표에 번호가 없다.

**a.** 각 절차에 대한 내부 통제의 약점을 파악하고 어떤 원칙을 위반했는지 밝혀라.

**b.** 각 약점에 대한 개선점을 제시하라.

**4** Bun Company에서는 구매 책임자와 재무 책임자가 수표를 발행할 권한을 가지고 있기 때문에 번호를 매기지 않은 수표를 사용한다. 수표책은 잠그지 않은 캐비닛에 보관하며 두 책임자는 미사용 수표에 언제나 접근할 수 있다. 구매 상품과 관련된 모든 청구서를 지불할 권한이 있는 구매 책임자는 상품 수령 여부, 공급업체가 보낸 송장과 수표 금액이 일치하는지 확인하고, 수표를 발행하며, 구매 부서의 장부에 기록한다. 지급된 송장은 공급처별로 보관한다. 재무 책임자는 구매 외 모든 청구서를 지불하는데, 이는 관계 부서 직원의 승인을 받은 지출품의서를 근거로 한다. 수표를 발행하면 지출품의서에 '지급필'이라는 스탬프를 찍고 수표 발송일에 현금 지출장에 기록한다. Bun Company의 당좌예금은 하나의 계좌로 운영되고 있으며 은행계정 조정표는 재무 책임자가 작성한다.

**a.** 현금 지출에 대한 내부 통제의 약점을 밝혀라.

**b.** Bun Company에 제안할 개선점을 설명하라.

**5** 다음은 Eikenberry Hotels의 내부 통제 제도이다.

1. 여러 직원이 하나의 금전등록기에 같은 현금 보관 상자를 사용한다.
2. 현금 관련 책임이 없는 사람이 월별 은행계정 조정표를 작성한다.
3. 조 코크럴은 수표를 발행하고 기록도 한다.
4. 주문하는 직원과 지불을 승인하는 직원이 다르다.
5. 외상판매를 한 판매 송장은 미리 번호가 부여되지 않은 채 4주마다 회계 부서로 전달되어 회계 처리된다.

내부 통제 제도를 평가하고, 어떤 내부 통제 원칙을 준수하거나 위배했는지 밝혀 다음 표를 완성하라.

| 제도 | 바람직함/문제 있음 | 통제 원칙 |
|---|---|---|
| 1 | | |
| 2 | | |
| 3 | | |
| 4 | | |
| 5 | | |

**6** 다음은 Rhone Bakery의 내부 통제 제도이다.

1. 직원은 강제 휴가를 가야 한다.
2. 판매 부서의 모든 직원은 신용판매 여부를 결정할 수 있다.
3. 판매 부서의 폴 재거드는 상품 배송, 대금 청구, 대금 수령을 모두 담당한다.
4. 현금 관련 책임이 없는 직원이 매일 총 현금 수령액과 은행 입금을 비교한다.
5. 직원이 근무한 시간을 기록하기 위해 시간기록계를 사용한다.

내부 통제 제도를 평가하고, 어떤 내부 통제 원칙을 준수하거나 위배했는지 밝혀 다음 표를 완성하라.

| 제도 | 바람직함/문제 있음 | 통제 원칙 |
|---|---|---|
| 1 | | |
| 2 | | |
| 3 | | |
| 4 | | |
| 5 | | |

**7** Setterstrom Company는 5월 1일부터 $100 규모의 소액현금 제도를 운용하는데, 월초에 부족한 자금을 보충하기로 했다. 다음은 6월 1일과 7월 1일의 전도금 자료이다.

6월 1일 현금 $1.75, 영수증: 택배비 $31.25, 우편료 $39.00, 잡비 $25.00

7월 1일 현금 $3.25, 영수증: 택배비 $21.00, 접대비 $51.00, 잡비 $24.75

7월 10일, Setterstrom Company는 전도금 규모를 $100에서 $130로 인상했다. 5월 1일, 6월 1일, 7월 1일, 7월 10일에 해야 할 분개를 하라.

**8** Horvath Furniture는 3월 1일부터 €100 규모의 소액현금 제도를 운용하는데, 다음은 3월 14일까지의 자료이다.

| 일자 | 영수증 번호 | 내용 | 금액 |
|---|---|---|---|
| 3/5 | 1 | 우편료 | €39 |
| 7 | 2 | 택배비 | 21 |
| 9 | 3 | 잡비 | 6 |
| 11 | 4 | 교통비 | 24 |
| 14 | 5 | 잡비 | 5 |

3월 15일, Horvath Furniture는 전도금에 현금 €2가 있을 때 보충했고, 3월 20일에 전도금 규모를 €175로 인상했다. 소액현금 제도와 관련된 3월의 거래를 분개하라.

**9** Wyatt Ltd.는 1월 31일 현재 은행계정을 조정할 능력이 없다. 다음은 Wyatt Ltd.가 작성한 조정 내용이다.

| | |
|---|---|
| 은행 거래 내역서의 현금 잔액 | £3,560.20 |
| 가산: 부도수표 | 490.00 |
| 차감: 은행 수수료 | 25.00 |
| 수정 후 은행 측 잔액 | £4,025.20 |
| | |
| 회계장부의 현금 잔액 | £3,875.20 |
| 차감: 마감 후 입금 | 530.00 |
| 가산: 미결제 수표 | 730.00 |
| 수정 후 회사 측 잔액 | £4,075.20 |

**a.** 올바른 은행계정 조정표를 작성하라.

**b.** 필요한 후속 수정 분개를 하라.

**10** 4월 30일, Westbrook Company의 은행계정 조정표에는 다음과 같은 미결제 수표가 있다.

No. 254 $650 No. 255 $620 No. 257 $410

또한 5월의 은행 거래 내역서와 현금 지출장은 다음과 같다.

| 은행 거래 내역서<br>결제된 수표 | | |
|---|---|---|
| 일자 | 수표 번호 | 금액 |
| 5/4 | 254 | $650 |
| 5/2 | 257 | 410 |
| 5/17 | 258 | 159 |
| 5/12 | 259 | 275 |
| 5/20 | 261 | 500 |
| 5/29 | 263 | 480 |
| 5/30 | 262 | 750 |

| 현금 지출장<br>발행 수표 | | |
|---|---|---|
| 일자 | 수표 번호 | 금액 |
| 5/2 | 258 | $159 |
| 5/5 | 259 | 275 |
| 5/10 | 260 | 890 |
| 5/15 | 261 | 500 |
| 5/22 | 262 | 750 |
| 5/24 | 263 | 480 |
| 5/29 | 264 | 560 |

**11** 다음은 Crane Video에 관한 정보이다(단위: 1,000).

1. 7월 31일 은행의 현금 잔고 HK$7,263
2. 회사가 모르는 7월 은행 수수료 HK$28
3. 7월 31일 회사 장부상 현금 잔액 HK$7,284
4. 7월 31일 마감 후 입금 HK$1,300
5. 은행은 7월에 예금 고객을 위해 받을어음 HK$700와 이자 HK$36를 회수하고 수수료 HK$20를 차감했다. 이러한 사실은 Crane Video에 통보되지 않아 회사가 기록하지 않았으며 미수이자를 계산하지도 않았다.
6. 7월 31일 미결제 수표 HK$591

**a.** 7월 31일 자 은행계정 조정표를 작성하라.

**b.** 7월 31일에 Crane Video가 해야 할 후속 수정 분개를 하라.

**12** 다음은 Wang Artworks의 총계정원장에 있는 현금 계정에 관한 정보이다(단위: 1,000).

| | |
|---|---|
| 9월 1일 잔액 | ¥17,150 |
| 현금 입금액 | ¥64,000 |
| 9월 30일 잔액 | ¥17,404 |
| 수표 발행액 | ¥63,746 |

9월 은행 거래 명세서에는 9월 30일 자 잔액 ¥16,422과 함께 다음과 같은 메모가 있다.

| 대변 | |
|---|---|
| 받을어음 ¥2,500과 이자 ¥30 수령 | ¥2,530 |
| 당좌예금이자 | ¥45 |
| **차변** | |
| 부도수표: 리처드 낸스 | ¥425 |
| 대여금고 사용료 | ¥65 |

9월 30일, 마감 후 입금은 ¥5,450이고 미결제 수표는 총 ¥2,383이다.

**a.** 9월 30일 자 은행계정 조정표를 작성하라.

**b.** 9월 30일에 Wang Artworks가 해야 할 후속 수정 분개를 하라. 단, 부도수표는 상품을 외상으로 사 간 고객의 것이고, 받을어음에 이자가 발생하지 않는다고 가정한다.

**13** 다음은 Dawes Ceramics의 현금 관련 정보이다.

7월

1. 6월 30일 은행계정 조정표에는 마감 후 입금 €920가 조정 항목으로 있다. 그리고 7월 동안 회사 장부상으로는 €15,750를 예금했지만 은행 거래 명세서에는 같은 달에 €15,600가 예금되었다고 나타나 있다.
2. 6월 30일 은행계정 조정표에는 미결제 수표 €680가 조정 항목으로 있다. 그리고 7월 동안 회사 장부상으로는 €17,200의 수표가 발행되었지만 은행 거래 명세서에는 같은 달에 은행에서 결제된 수표가 €16,400로 나타나 있다.

9월

3. 9월의 은행 거래 내역서상으로는 총예치금이 €26,700이지만 회사 장부상에는 예치금이 €26,400로 기록되어 있다. 그리고 9월 30일에 마감 후 입금이 €2,100 있다.
4. 9월의 회사 장부상으로는 수표 발행액이 €23,700이지만 9월에 은행에 제시된 수표는 €25,000이며, 9월 30일에 미결제 수표가 €2,100 있다. 그 밖에 은행에서 통지하는 차변 메모나 대변 메모가 없고 은행과 회사의 오류가 없다고 가정한다.

**a.** 1번에서 7월 31일의 마감 후 입금은 얼마인가?

**b.** 2번에서 7월 31일의 미결제 수표는 얼마인가?

**c.** 3번에서 8월 31일의 마감 후 입금은 얼마인가?

**d.** 4번에서 8월 31일의 미결제 수표는 얼마인가?

**14** 다음은 Kaur Artisans의 재무 기록이다(단위: 1,000). 유동성이 높은 투자상품은 매입 당시 만기가 3개월 이내였으며, 채무증권 투자는 향후 6~12개월 내에 매각할 예정이다. 또한 시설 확장 프로젝트는 3년 후에 시작한다.

| | |
|---|---|
| 은행에 있는 현금 | ₹ 42,000 |
| 시설 확장 자금 | 100,000 |
| 보유 현금 | 12,000 |
| 유동성이 높은 투자상품 | 34,000 |
| 소액현금 | 500 |
| 매출채권 | 89,000 |
| 채무증권 투자 | 61,000 |

**a.** Kaur Artisans는 재무상태표에 현금과 현금성 자산을 얼마로 보고해야 하는가?

**b.** 재무상태표에서 (a)에 포함되지 않은 항목은 어디에 보고해야 하는가?

**15** Wyne Glass에서 새로 들어온 경리 직원은 2020년 4월 30일 현재 재무상태표에서 다음 금액 중 유동자산인 현금과 현금성 자산으로 보고해야 하는 금액을 확인하려 한다.

1. 자질구레한 현금거래에 사용하기 위해 상자에 담아놓은 $60의 지폐와 동전
2. 고객에게 받았으나 아직 은행에 입금하지 않은 4월 자 수표 $260
3. 4월의 외상판매 대금으로 받은 5월 1일 자 선일자수표 $85
4. 당좌예금 잔고 $2,500
5. 예금계좌 잔고 $4,800
6. 미사용 우표 $75
7. 회사 직원에게 받은 차용증 $25

**a.** 2020년 4월 30일에 현금과 현금성 자산으로 보고해야 할 금액은 얼마인가?

**b.** 현금과 현금성 자산에 포함되지 않은 항목은 어떤 계정이며, 재무상태표에 어떻게 보고해야 하는가?

## 마무리 연습 문제

**1** Bolz Office Supply는 최근 현금 출금과 관련한 내부 통제 시스템을 다음과 같이 변경했다. 종전에는 번호를 매기지 않은 수표를 수작업으로 발급했지만, 이제 새로 구입한 소프트웨어를 이용하여 수표마다 번호가 자동 부여된다. 그리고 수표로 대금을 지불하려면 고객

으로부터 받은 청구서에 구매 책임자인 캐시 문이 승인하고 창고 책임자인 로빈 셀프의 수령 확인 서명이 반드시 있어야 가능하다. 수표는 재무 책임자인 제니퍼 에드워즈와 부책임자인 리치 우드러프가 발행하는데, 이들은 수표 발행 전 수표 금액과 청구서의 금액이 맞는지 확인해야 한다. 수표가 작성되면 청구서에 '지급필' 스탬프를 찍고 지급일자, 수표 번호, 수표 금액을 기입한 후 지불된 청구서를 기록하도록 회계 부서로 보낸다. 미사용 수표는 재무 부서의 금고에 보관하며, 금고 비밀번호는 재무 책임자와 부책임자만이 알고 있다. 결제된 수표는 회계 부서의 부책임자가 매달 은행이 보내주는 은행 거래 명세서와 회계장부를 대조하여 확인한다. 현금을 다루거나 기록과 연관된 모든 직원은 보증보험에 의무적으로 가입해야 한다.

Bolz Office Supply의 현금 출금 통제 절차에는 어떤 내부 통제 원칙이 적용되었는지 설명하라.

**2** Rondelli School은 강당에 새로운 사운드 시스템을 설치할 자금을 마련하기 위해 유명 디제이인 D.J. 사운드를 초청하여 음악과 댄스 공연을 하기로 기획했다. 행사 전문가인 맷 발레스테르는 모금과 행사의 총책임을 맡았으나, 사실 그도 처음 해보는 일이라 학교 합창단을 불러 행사 준비에 주도적으로 참여시키고 자신은 수동적인 감독 역할만 하기로 마음먹었다.

맷은 공연 관람권 500장을 일련번호도 없이 인쇄하여 책상 위 상자에 넣어두고 합창단 학생들에게 장당 €5에 팔 수 있는 만큼 관람권을 가져가라고 했다. 그리고 여분의 관람권이 나돌지 않도록 팔다가 남은 관람권을 폐기하라고 지시했다. 학생들은 관람권을 팔고 받은 돈을 맷에게 건넸고, 그는 그 돈을 책상 서랍의 저금통에 넣고 잠가두었다. 한편 맷은 몇몇 학생에게 공연장을 장식하는 일도 맡겼는데, 그들에게 책상 서랍의 열쇠를 주면서 돈을 자유롭게 꺼내 사용하되 얼마를 어떤 용도로 썼는지만 메모하여 서랍 안에 넣어두라고 했다. 그런 지 2주 후 저금통이 가득 차자 맷은 제프 케니에게 저금통의 돈을 확인하고 명세서를 작성하여 자신의 이름으로 개설한 은행 당좌계좌에 입금하라고 했다.

드디어 행사 당일 맷은 디제이에게 공연비를 지불하기 위해 수표를 발행하려고 했지만, 디제이는 현금만 받고 영수증은 써주지 않겠다고 하여 할 수 없이 저금통에서 €200를 꺼내 디제이에게 주었다. 또한 맷은 샘 코퍼에게 공연장 입구에서 관람권을 확인하고 회수하는 일을 맡기면서 사전에 관람권을 구매하지 않은 사람들에게는 현장에서 관람권을 판매하게 했다. 맷은 400명이 공연장에 입장한 것으로 추산했다.

다음 날 맷은 €250가 들어 있는 은행계좌에서 돈을 출금하고 저금통에 남아 있는 €180를 더한 금액을 핑크 교장에게 주었다. 이에 핑크 교장은 대략 €2,000의 관람권이 팔렸는데 고작 €430의 순이익밖에 얻지 못했다는 사실에 매우 놀란 듯했다. 그러나 맷은 어떻게 대답해야 할지 몰랐다.

위의 이야기에서 내부 통제의 약점을 가능한 한 많이 파악하여 개선점을 설명하라.

**3** Kael Photography는 소액현금 제도를 운영하고 있으며 다음은 8월에 발생한 관련 거래이다.

| | |
|---|---|
| 8월 1일 | 소액현금 관리인에게 R$200의 수표를 발행하여 전도금을 마련했다. |
| 15일 | R$175의 수표를 발행하여 전도금을 보충했다. 이날 전도금은 현금 R$25와 택배비 R$74.40, 식비 R$36, 우편료 R$33.70, 잡비 R$27.50의 지출 증빙으로 구성되었다. |
| 16일 | R$200의 수표를 발행하여 전도금 규모를 R$400로 늘렸다. |
| 31일 | R$283의 수표를 발행하여 전도금을 보충했다. 이날 전도금은 현금 R$117와 우편료 R$145, 식비 R$90.60, 택배비 R$46.40의 지출 증빙으로 구성되었다. |

**a.** 위 거래를 분개하라.

**b.** 소액현금 계정에 포스팅하라.

**c.** 소액현금 제도는 어떤 내부 통제 기능을 하는지 설명하라.

**4** 2020년 7월 31일 Keeds Company의 장부상 은행에 보관된 현금 잔액은 $6,140인데, 같은 날 Dakota State 은행이 보내온 거래 내역서에는 잔액이 $7,690.80로 표시되어 있다. 이에 은행 거래 내역과 현금계좌의 기록을 비교한 결과 다음과 같은 사실이 밝혀졌다.

1. 7월의 은행 수수료 $25가 있다.
2. 온라인 이체로 $1,520가 은행에 입금되었다.
3. 7월 31일 야간에 예치한 $1,193.30가 아직 은행에서 예금으로 처리되지 않았다.
4. 7월에 은행에서 지급된 $384는 회사가 차입금을 상환하기 위해 채권자인 L. 테일러에게 발행한 No. 2480 수표가 결제된 것인데, 회사는 7월 10일 수표를 발행하면서 $348로 잘못 기록했다.
5. 7월 31일 자 미결제 수표는 총 $1,860.10이다.
6. 7월 31일 은행 거래 내역서에는 고객인 W. 크루거로부터 매출채권을 회수받아 입금한 수표가 부도 처리되어 수수료 $575가 청구되었다.

**a.** 7월 31일 자 은행계정 조정표를 작성하라.

**b.** 7월 31일에 해야 할 후속 수정 분개를 하라.

a. 수정 후 현금 잔액 $7,024.00

**5** 2020년 11월 30일 현재 Shou Florists의 은행계정 조정표상 은행 측 조정 내역은 다음과 같다(단위: 1,000).

**Shou Florists**
**은행계정 조정표**
**2020년 11월 30일**

| | | |
|---|---|---|
| 은행의 현금 잔고 | | HK$14,367.90 |
| 가산: 마감 후 입금 | | 2,530.20 |
| | | 16,898.10 |
| 차감: 미결제 수표 | | |
| 수표 번호 | 수표 금액 | |
| 3451 | HK$2,260.40 | |
| 3470 | 720.10 | |
| 3471 | 844.50 | |
| 3472 | 1,426.80 | |
| 3474 | 1,050.00 | 6,301.80 |
| 수정 후 현금 잔액 | | HK$10,596.30 |

은행 측 수정 후 현금 잔액은 11월 30일 자 회계장부상 현금 잔액과 일치했다. 그리고 12월의 은행 거래 내역서에는 결제된 수표와 예금 내역이 다음과 같이 나타나 있다.

**은행 거래 내역서**

| 수표 | | | 예금 | |
|---|---|---|---|---|
| 일자 | 번호 | 금액 | 일자 | 금액 |
| 12-1 | 3451 | HK$ 2,260.40 | 12-1 | HK$ 2,530.20 |
| 12-2 | 3471 | 844.50 | 12-4 | 1,211.60 |
| 12-7 | 3472 | 1,426.80 | 12-8 | 2,365.10 |
| 12-4 | 3475 | 1,640.70 | 12-16 | 2,672.70 |
| 12-8 | 3476 | 1,300.00 | 12-21 | 2,945.00 |
| 12-10 | 3477 | 2,130.00 | 12-26 | 2,567.30 |
| 12-15 | 3479 | 3,080.00 | 12-29 | 2,836.00 |
| 12-27 | 3480 | 600.00 | 12-30 | 1,025.00 |
| 12-30 | 3482 | 475.50 | 계 | HK$18,152.90 |
| 12-29 | 3483 | 1,140.00 | | |
| 12-31 | 3485 | 540.80 | | |
| | 계 | HK$15,438.70 | | |

12월의 회사 회계장부상 현금 기록은 다음과 같다.

**현금 지급장**

| 일자 | 번호 | 금액 | 일자 | 번호 | 금액 |
|---|---|---|---|---|---|
| 12-1 | 3475 | HK$1,640.70 | 12-20 | 3482 | HK$ 475.50 |
| 12-2 | 3476 | 1,300.00 | 12-22 | 3483 | 1,140.00 |
| 12-2 | 3477 | 2,130.00 | 12-23 | 3484 | 798.00 |
| 12-4 | 3478 | 621.30 | 12-24 | 3485 | 450.80 |
| 12-8 | 3479 | 3,080.00 | 12-30 | 3486 | 889.50 |
| 12-10 | 3480 | 600.00 | 계 | | HK$13,933.20 |
| 12-17 | 3481 | 807.40 | | | |

**현금 입금장**

| 일자 | 금액 |
|---|---|
| 12-3 | HK$ 1,211.60 |
| 12-7 | 2,365.10 |
| 12-15 | 2,672.70 |
| 12-20 | 2,954.00 |
| 12-25 | 2,567.30 |
| 12-28 | 2,836.00 |
| 12-30 | 1,025.00 |
| 12-31 | 1,690.40 |
| 계 | HK$17,322.10 |

또한 은행 거래 내역서에는 두 가지 메모가 적시되어 있다.

1. 대변 메모로 Shou Florists의 거래처가 온라인으로 입금한 신용거래 대금 HK$2,242
2. 차변 메모로 수표책 발행 인쇄비 HK$85

12월 31일 자 회계장부상 예금 잔액은 HK$13,985.20, 은행 거래 내역서상 예금 잔액은 HK$19,239.10이다. 그리고 거래를 처리하면서 은행 측에는 오류가 없었지만 Shou Florists 측에는 두 가지 오류가 있었다.

**a.** 2020년 12월 31일 자 은행계정 조정표를 작성하라.

**b.** 필요한 후속 수정 분개를 하라. (힌트: 수표 지급에 관한 오류는 매입채무와 관련이 있고, 예금에 관한 오류는 매출채권과 관련이 있다.)

a. 장부상 수정 후 금액 HK$16,043.20

**6** Timmins Grow-Fast는 농부의 의뢰를 받아 제초제와 액체 비료를 뿌리는 업체로 2020년 5월 31일 자 총계정원장상 현금 잔액이 £6,738.90이고, 같은 날 Manchester 은행의 잔고 내역은 다음과 같다.

**Manchester Bank**

| 수표(차변) | 예금(대변) | 일별 잔액 |
|---|---|---|
| | | 5/31 6,968.00 |

은행 거래 내역서의 내용과 현금 계정의 내용을 비교한 결과 다음과 같은 사실이 밝혀졌다.

1. 은행 거래 내역서에는 추가로 만든 회사 수표책 인쇄비용 £40의 차변 메모가 있다.
2. 5월 12일 £883.15의 판매 대금이 은행에 입금되었는데, 회사가 잘못 분개하여 £933.15로 기록하고 은행은 정확히 처리했다.
3. 5월 31일 자 미결제 수표는 £276.25이고 마감 후 입금은 £1,880.15이다.
4. 5월 18일 회사는 공급처 H. Moses에 £685를 지급하기 위해 1181번 수표를 발행했으며, 이 수표는 5월 중 은행에서 결제

되었다. 그러나 회사는 £658로 잘못 기록했다.

5. 5월 31일 은행에 온라인 입금된 £2,690가 회사에 통보되지 않았다.
6. 결제된 수표 중 £360는 Tomins라는 회사가 C. 퍼노드에게 발행한 수표인데, 은행이 비슷한 회사명인 Timmins에 잘못 청구한 수표이다.
7. 5월 31일 은행 거래 내역서에는 회사가 고객인 세라 밸러드에게 외상판매 대금으로 받은 수표가 부도 처리되어 수수료 £380가 청구되었다.

**a.** 2020년 5월 31일 자 은행계정 조정표를 작성하라.

**b.** 2020년 5월 31일에 해야 할 후속 수정 분개를 하라.

a. 수정 후 현금 잔액 £8,931.90

**7** 중소기업인 Daisey Company는 엄청난 수익을 올리고 있으나 내부 통제가 매우 취약하다. 회사가 비용을 최소화하기 위해 직원 수를 줄이고 현금 출납과 장부 기록을 한 직원에게 맡기는 바람에 브렛 튜린은 현금 출납, 회계 기록, 월별 은행계정 조정을 담당하고 있다.

2020년 10월 31일 은행 거래 내역서상 현금 잔액은 $18,380이며, 미결제 수표인 No. 62 $140.75, No. 183 $180, No. 284 $253.25, No. 862 $190.71, No. 863 $226.80, No. 864 $165.28가 있다. 그리고 10월 25일에 받을어음 $185가 입금되었으나 Daisey Company는 이를 모르고 있다. 또한 회사의 총계정원장상 현금 계정에 잔액 $21,877.72가 있는데, 동 계정에는 은행에 예치하지 않는 현금도 포함되어 있다.

한편 브렛은 취약한 내부 통제를 틈타 $3,795.51를 횡령하고 이를 은폐하기 위해 다음과 같은 은행계정 조정표를 작성했다.

| | | |
|---|---|---|
| 10월 31일 장부상 현금 잔액 | | $21,877.72 |
| 가산: 미결제 수표 | | |
| No. 862 | $190.71 | |
| No. 863 | 226.80 | |
| No. 864 | 165.28 | 482.79 |
| | | 22,360.51 |
| 차감: 회사 내 현금 | | 3,795.51 |
| 10월 31일 은행 측 수정 전 잔액 | | 18,565.00 |
| 차감: 은행의 대변 메모 | | 185.00 |
| 10월 31일 은행 거래 내역서상 현금 잔액 | | $18,380.00 |

**a.** 올바른 은행계정 조정표를 작성하라. (힌트: 정확한 장부상 수정 후 현금에서 횡령액을 공제한다.)

**b.** 브렛이 횡령을 은폐하려고 시도한 세 가지 방법과 각 방법에 관련된 금액을 밝혀라.

**c.** Daisey Company는 어떤 내부 통제 원칙을 위반했는가?

a. 횡령 전 장부상 수정 후 현금 잔액 $21,018.72

## 회계순환 과정 복습 문제

다음은 2020년 12월 1일 현재 Papadopoulos Seasonings의 계정이다.

| | 차변 | | 대변 |
|---|---|---|---|
| 현금 | €18,200 | 감가상각누계액 | € 3,000 |
| 받을어음 | 2,200 | 매입채무 | 6,100 |
| 매출채권 | 7,500 | 자본금 | 50,000 |
| 재고자산 | 16,000 | 이익잉여금 | 14,400 |
| 선급보험료 | 1,600 | | €73,500 |
| 설비 | 28,000 | | |
| | €73,500 | | |

12월에 이루어진 거래는 다음과 같다.

12월 7일 매출채권에서 현금 €3,600를 회수했다(매출할인 없음).

12일 Spiro Co.가 €12,000의 상품을 신용 조건 1/10, n/30으로 외상구매했다.

17일 €16,000의 상품을 신용 조건 2/10, n/30으로 외상판매했다. 판매 상품의 매출원가는 €10,000이다.

19일 급여 €2,200를 지급했다.

22일 Spiro Co.가 매입할인을 차감한 매입채무를 전액 변제했다.

26일 12월 17일 판매로 발생한 매출채권을 매출할인을 제하고 전액 수령했다.

31일 매출채권에서 현금 €2,700를 수령했다(매출할인 없음).

수정 자료

1. 감가상각은 월 €200이다.
2. 기간이 경과된 보험료는 €400이다.

**a.** 12월의 거래를 분개하라(계속기록법이라고 가정한다).

**b.** T 계정에 12월 1일의 잔액을 기입하고 12월의 거래를 포스팅하라. 단, 매출원가, 감가상각비, 보험료, 급여, 매출, 매출할인 계정을 사용한다.

**c.** 12월 31일 Athens 은행의 거래 내역서에는 잔액 €26,130가 있는데, 은행 거래 내역과 현금 계정을 비교한 결과 다음과 같은 사실이 밝혀졌다.

1. 은행은 12월 15일에 Papadopoulos Seasonings의 받을어음에서 €2,200를 회수했다.
2. 12월 31일에 매출채권에서 수령한 현금을 야간 예금금고

에 예치했는데 이는 1월에 은행에 기록되었다.

3. 12월 31일 자 미결제 수표는 €1,210이다.

4. 12월 31일 은행 거래 내역서에는 회사가 고객인 A. 퀸에게 받은 수표가 부도 처리되어 수수료 €680가 청구되었다.

위의 정보를 바탕으로 12월 31일 자 은행계정 조정표를 작성하라. [힌트: (a)와 (b)를 풀고 나면 장부상 현금 잔액이 €26,100이다.]

**d.** 은행계정 조정의 결과 회사가 해야 할 수정 분개를 하라.

**e.** 후속 수정 분개를 T 계정에 포스팅하라.

**f.** 수정 후 시산표를 작성하라.

**g.** 12월의 손익계산서와 12월 31일 자 표준형 재무상태표를 작성하라.

f. 수정 후 현금 잔액 €27,620
g. 당기순이익 €2,880

## 비판적 사고력 확장 문제

### 재무 보고: TSMC

**1** TSMC의 재무제표는 이 책의 부록 A에 실려 있으며, 재무제표 주석을 포함한 전체 연례 사업 보고서는 회사 웹사이트에서 확인할 수 있다. 이를 이용하여 다음 문제를 풀라.

**a.** 연결재무상태표에는 현금과 현금성 자산에 대해 어떤 내용을 공시하고 있는가?

**b.** 연결재무상태표에 대한 주석에서 현금성 자산을 어떻게 정의하고 있는가?

### 비교 분석: 네슬레와 델피

**2** 네슬레와 델피의 재무제표는 이 책의 부록 B와 C에 실려 있다.

**a.** 이를 이용하여 다음 문제를 풀라.

1. 2016년 12월 31일의 현금과 현금성 자산은 얼마인가?
2. 2016년 12월 종료된 회계연도 중 영업 활동으로 인한 현금 흐름(현금흐름표 참조)은 어떠한가?

**b.** 위 자료를 바탕으로 네슬레와 델피의 현금 관리와 관련하여 어떤 결론을 내릴 수 있는가?

### 실제 사례

**3** 모든 조직에는 부정을 방지하는 내부 통제 시스템이 있어야 한다. ACFE(Association of Certified Fraud Examiner)의 웹사이트에서 'Report to the Nations on Occupational Fraud and Abuse'를 검색하여 'Costs'를 클릭하고 다음 문제를 풀라.

**a.** 부정으로 손실된 연간 수익의 비율은 얼마인가?

**b.** 미국 직원들이 저지른 부정으로 인한 손실의 중앙값을 구하라.

**c.** 조직 내 부정 방지를 위한 통제가 없으면 어떻게 될지 설명하라.

### 조직 전반에 걸친 의사결정

**4** 교회의 신탁운영위원회는 주간 예배마다 모금되는 현금의 회계적 내부 통제에 대해 걱정하고 있다. 이에 신탁운영위원회는 당신에게 내부 감사 팀에 합류해달라고 요청했는데, 내부 감사 팀은 그 지역 대학의 내부 감사로 일하고 있는 신도와 교회에 막 다니기 시작한 공인회계사, 그리고 당신으로 구성된다. 감사 팀은 신탁운영위원회와 회의를 하고 다음과 같은 사항을 파악했다.

1. 교회의 재정 관리와 회계 감사에 대한 책임은 신탁운영위원회 산하 재정위원회에 위임되었는데, 재정위원회는 연간 예산 작성과 주요 지출에 대한 승인 업무만 하고 현금 모금이나 회계 기록에는 전혀 관여하지 않는다. 또한 직원 한 사람이 15년 동안 회계 기록과 재무 담당자로 일했으며, 그동안 사고나 부정이 없어 믿을 수 있었기에 최근 몇 년간 회계 감사를 하지 않았다. 그리고 교회는 직원에 대한 보증보험에 가입하지 않았다.
2. 주간 예배에서 모금한 현금은 1개월간 자원봉사를 하는 신도가 수금하여 교회 뒤에 있는 지하 사무실로 가져가서 책임 수금원에게 건네고, 책임 수금원은 받은 현금을 세어보고 합계를 적은 메모와 함께 교회 금고에 넣어둔다. 책임 수금원 역시 자원봉사를 하는 신도이며 3개월간 일한다.
3. 다음 날 아침 재무 담당자가 금고를 열고 현금을 다시 세어 금액을 확인한 후 1주일 동안 예상되는 현금 지출을 £150~200 정도 남겨놓고 나머지 금액을 은행에 예치한다. 입금 절차를 편리하게 하기 위해 가계수표로 헌금하는 교인에게는 수표의 지시인으로 교회명 대신 '현금'이라고 적어달라고 요청하고 있다.
4. 재무 담당자는 매달 은행 거래 내역을 회계장부와 맞추고 조정 사본을 신탁운영위원회에 제출하는데, 그동안 조정 사본에는 은행 측 오류가 아주 드물게 있었지만 교회 측 장부상 오류는 전혀 없었다.

**a.** 모금되는 현금의 처리에 대한 내부 통제의 약점을 밝혀라.

**b.** 다음에 있을 신탁운영위원회와 감사 팀의 회의에서 발표할 수금원, 책임 수금원, 재무 담당자, 재정위원회에 대한 내부 통제 절차의 개선점을 설명하라.

**c.** 내부 통제를 개선하기 위해 교회는 어떤 정책을 변경해야 하는가?

### 윤리 사례

**5** 당신은 Hallasan Bottling에서 총계정원장을 담당하는 부책임자이다. Hallasan Bottling은 보험 회사로부터 큰 금액을 대출받았는데, 대출 약정에 따르면 회사의 현금 잔고는 매월 ₩2억 이상을 유지해야 한다.

6월 30일, 현금 잔고가 ₩8,000만이 되어 재무담당 부사장인 유연에게 보고했더니 그는 현금 장부를 마감하지 말고 하루만 더 열어두라고 지시하면서 이렇게 말했다. "매월 말 ₩2억 이상의 현금 잔고가 없으면 대출 계약 조건을 위반하는 것이라 은행의 대출금 회수로 회사가 망해서 우리는 실직할 거예요. 그래서 내가 우리 회사의 최대 고객인 Oconto Distributors에 부탁했더니 어제 수표 ₩1억 5,000만을 보냈답니다. 정말 다행이지 뭐예요. 수표가 내일 도착할 텐데 그 수표 한 장만 현금 잔고에 포함하면 만사 해결됩니다. 돈이 없는 것도 아니고 우편물로 있을 테니 상관없잖아요!"

**a.** 당신이 유연 부사장의 지시를 따르거나 거부하면 누가 피해를 입는가?

**b.** 이 경우의 윤리적 고려 사항은 무엇인가?

**c.** 어떤 대안이 있는가?

## U.S. GAAP 살펴보기

**학습목표**
IFRS와 U.S. GAAP의 부정과 내부 통제 제도를 비교한다.

어떤 나라건 어떤 회사건 부정 발생에 예외는 없다. 거대 에너지 회사인 엔론과 통신 회사인 월드컴의 분식, 펀드매니저 버나드 메이도프의 폰지 사기는 미국을 대표하는 부정행위이다. 이에 업무 상호 간의 견제와 균형을 이루어 오류와 부정을 방지하는 동시에 이를 찾아내기 위한 내부 통제 제도가 고안되었지만, 감사인이 부정적인 의견을 낼 정도로 열악한 수준의 내부 통제 제도를 갖춘 상장회사가 미국 내에 여전히 많다.

미국 의회는 엔론의 분식 사건이 터지자 사베인스-옥슬리법을 제정했다. 이 법에 따라 미국의 모든 상장회사는 신뢰할 수 있는 내부 통제 제도를 갖추어야 하며, 경영자와 이사회는 내부 통제의 유효성과 신뢰성에 대해 책임을 지고 그 제반 노력을 외부 감사인이 검증해야 한다. 사실 대부분의 회사는 외부 회계법인이 내부 통제 제도를 감사하는 것을 돈이 드는 일이라며 내심 반기지 않았다. 그러나 한 연구에 따르면 내부 통제 제도의 감사에 $350억이나 들었지만 이에 못지않게 내부 통제의 많은 문제를 밝혀내는 성과가 있었다고 한다.

그런데 이러한 회계 부정을 막는 데에는 강력한 내부 통제 제도뿐만 아니라 미국식 규칙 중심의 회계기준이 맞는가, IFRS의 원칙 중심의 회계기준이 맞는가에 대한 해묵은 논쟁이 끝을 보지 못했다. 이에 IFRS는 원칙 중심 기준을 재천명했다.

그 외 높은 수준의 회계를 위해서는 높은 수준의 회계 기준은 물론이고 높은 수준의 감사도 필요하다는 인식하에 사베인스-옥슬리법은 Public Company Accounting Oversight Board (PCAOB)를 창설하여 높은 수준의 감사 기준과 감사 규제를 하게 했다. 이에 유럽에서도 발맞추어 International Auditing and Assurance Standards Board(IAASB)를 만들어 국제 감사 기준을 발표했다. IAASB는 높은 수준의 감사를 지향하지만 미국식의 무자비한(?) 내부 통제 제도를 국제 감사 기준에 도입하는 데에는 부정적인 시각을 가지고 있다.

한편 현금에 대해서는 IAS 기준서 1호인 '재무제표 공시(Presentation of Financial Statements)'가 IFRS로 유일하게 있으며, U.S. GAAP도 현금성 자산과 사용이 제한된 현금에 대해 IFRS와 동일한 규정을 두고 있다. 하지만 현재 U.S. GAAP은 현금과 현금성 자산을 묶어서 공시하지 못하게 하는 것을 검토하고 있다.

## U.S. GAAP 확인 문제

**1** IFRS를 적용하는 미국 밖의 회사에 대한 설명으로 옳은 것은?

**a.** 내부 통제 제도가 일반적인 내부 통제 제도보다 낮은 수준이다.
**b.** 현금을 재무상태표상 지급채무와 상계한다.
**c.** 사베인스-옥슬리법을 준수하지 않아도 된다.
**d.** 위의 보기 모두 해당되지 않음

**2** U.S. GAAP상 현금에 대한 설명으로 옳은 것은?

**a.** 현금을 현금성 자산과 합치면 안 된다.
**b.** 사용이 제한된 현금은 경우에 따라 유동자산 또는 비유동자산으로 보고한다.
**c.** 사용이 제한된 현금은 유동자산으로 공시할 수 없다.
**d.** 보유 현금은 재무상태표상 현금에 포함되지 않는다.

**3** 다음 중 사베인스-옥슬리법을 적용하는 회사는?

**a.** 미국의 모든 상장회사
**b.** 전 세계의 상장회사
**c.** 전 유럽의 상장회사
**d.** 미국과 유럽의 상장회사

**4** 높은 수준의 회계는 높은 수준의 회계 기준과 함께 무엇을 요구하는가?

**a.** 좀 더 완화된 사베인스-옥슬리법
**b.** 높은 수준의 감사
**c.** 정부의 간섭
**d.** 내부 통제 제도의 새로운 원칙

**5** U.S. GAAP상 현금성 자산에 대한 설명으로 옳은 것은?

**a.** 현금과 완전히 다르다.
**b.** 현금과 구분하여 공시한다.
**c.** 미래에는 현금과 구분하여 공시할 것이다.
**d.** 위의 보기 모두 해당되지 않음

**해답** 1. c　2. b　3. a　4. b　5. c

## U.S. GAAP 연습 문제

**1** 사베인스-옥슬리법의 내부 통제 요건 때문에 미국의 회사가 미국 밖의 회사에 비해 경쟁적으로 불리하다는 주장이 있다. 사베인스-옥슬리법의 경쟁적 관점에서 유리한 점과 불리한 점에 대해 설명하라.

**2** 다음 설명이 맞으면 ○, 틀리면 ×로 표시하고 틀린 부분을 바르게 고쳐라.

**a.** 제안되고 있는 미국의 새로운 재무회계 기준은 현금성 자산을 현금과 묶어서 함께 보고하는 것을 허용하지 않는다.
**b.** 뇌물수수에 대한 관점과 뇌물수수 행위에 대한 처벌은 모든 국가에서 동일하다.
**c.** 현금성 자산은 보유 현금과 요구불예금으로 구성된다.
**d.** 사베인스-옥슬리법은 IASB(International Accounting Standards Board)에서 만들었다.

### 재무 보고: 애플

**3** 애플의 재무제표는 이 책의 부록 D에 실려 있으며, 재무제표 주석을 포함한 전체 연례 사업 보고서는 회사 웹사이트에서 확인할 수 있다. 이를 이용하여 다음 문제를 풀라.

**a.** 회계법인의 감사 보고서상 현금에 대해 어떻게 언급하고 있는가?
**b.** 연결대차대조표(재무상태표)에 현금과 현금성 자산으로 어떤 내용이 표시되어 있는가?
**c.** 연결 재무제표에 대한 주석에서 현금성 자산을 어떻게 정의하고 있는가?
**d.** '재무 보고를 위한 내부 통제에 대한 경영진 보고서(Management's Report on Internal Control Over Financial Reporting)'를 읽고 요약하라.

CHAPTER 8

Edyta Pawlowska/Shutterstock

# 수취채권

Accounting for Receivables

## 이 단원에서 공부할 내용

수취채권은 흔히들 미수금으로 부르는 채권(債權)을 말한다. 채권은 특정인에게 특정한 무엇을 요구할 수 있는 권리로, 국공채와 같은 채권(債券)과 혼동해서는 안 된다. 그러한 특정한 무엇을 급부(給付)라고 한다. 수취채권은 급부 내용이 특정인에게 현금의 양도를 요청할 수 있는 법적 청구권이다. 은행업에서 돈을 대여하는 여신을 하거나 상품 매매업에서 외상으로 판매하면 반드시 수취채권이 생긴다. 신용거래가 일반화된 오늘날 수취채권은 전체 자산에서 상당한 비중을 차지하는 매우 중요한 자산이다. 이 장에서는 수취채권이 발생하여 현금으로 회수될 때까지 혹은 회수 불능으로 대손 처리될 때까지의 회계 처리를 살펴본다.

## 이 단원을 공부해야 하는 이유

### 부실채권의 악몽

상품을 판매하는 것보다 빚을 받아내는 일이 더 힘들다고 한다. 은행원에게 물어보면 1년 내내 부실채권에 빠져 살고 이를 해결하는 데 몇 년씩 진을 뺀다고 한다. 사실 은행만 힘든 것이 아니다. 일반 회사에서도 외상거래를 하거나 자금을 대여하면 수취채권이 생기는데, 회계연도 말이 되면 이 중 얼마가 회수될 수 있는지 냉정히 평가해야 한다.

당연히 부실채권은 주가에 큰 영향을 미친다. BNP파리바(BNP Paribas, 프랑스)는 부실채권이 전년 대비 50% 이상 줄었다고 했더니 주가가 하루 만에 5.3% 올랐고, BBVA(Banco Bilbao Vizcaya Argentaria, 스페인)는 대손이 €1억 6,400만 늘었다고 공시했더니 주가가 하루 만에 6%나 빠져버렸다. 또한 세상 어디에도 부실채권에 자유로운 금융 기관은 없다. 뱅크오브아메리카(Bank of America, 미국)도 한때 $54에 도달한 적이 있던 주가가 부실채권의 영향으로 3년 동안 한 자릿수에서 벗어나지 못했다.

부실채권은 비금융권 회사에도 마찬가지로 악몽이다. 이에 재무 분석가는 은행과 회사를 분석할 때 수취채권을 가장 세밀하게 들여다본다. 한편 이란은 나라 전체 은행의 20%에 달하는 수취채권이 부실채권이라고 알려져 있다.

출처: Ben Hall, "Fall in Bad Loans Boosts BNP Paribas," *Financial Times Online (FT.com)* (August 2, 2010); Tracy Alloway, "BBVA, an Exercise in Spanish Banking Losses," *Financial Times Online (FT.com)* (February 3, 2011); and Najmeh Bozorgmehr, "Private Banks Open to Assist Tehran Insiders," *Financial Times Online (FT.com)* (May 9, 2011).

## 이 단원의 구성과 학습목표

| | | | |
|---|---|---|---|
| **외상매출금 인식** | **외상매출금을 어떻게 인식하는지 알아본다.** | • **수취채권의 종류**<br>• **외상매출금 인식** | **DO IT! 1** 외상매출금 인식 |
| **외상매출금 평가와 처분** | **외상매출금을 어떻게 평가하고 처분하는지 알아본다.** | • **외상매출금 평가**<br>• **외상매출금 양도** | **DO IT! 2a** 대손상각비<br>**DO IT! 2b** 팩터링 |
| **받을어음** | **받을어음을 어떻게 인식, 평가, 처분하는지 알아본다.** | • **지급일 결정**<br>• **이자 계산**<br>• **받을어음 인식**<br>• **받을어음 평가**<br>• **받을어음 처분** | **DO IT! 3** 받을어음 인식 |
| **공시와 분석** | **매출채권의 공시와 분석을 이해한다.** | • **공시**<br>• **분석** | **DO IT! 4** 매출채권 분석 |

## 외상매출금 인식 _Recognition of Accounts Receivable

**학습목표**

외상매출금을 어떻게 인식하는지 알아본다.

신용거래에서 발생하는 채권인 **수취채권**(receivables)[1]은 특정인에게 현금의 인도를 요구할 수 있는 내용을 가진 청구권이다. 수취채권은 권리로서 결국에는 현금으로 전환되어야 의미가 있다. 회수하지 못하면 판매가 헛일이 된다. 따라서 기업은 수취채권 관리에 각별히 신경을 쓴다.

수취채권은 현금으로의 유동성이 매우 높은 데다 전체 자산에서 차지하는 비중이 크기 때문에 매우 중요한 자산이다. 거대 통신 기업인 에티살랏(Etisalat, 아랍에미리트)은 유동자산 중 43.7%가 수취채권으로 알려져 있다. 그림 8.1은 5개 유명 기업의 최근 자산에서 수취채권이 차지하는 비중을 보여준다.

**역자 한마디**

법에서 정한 권리는 대체로 물권 아니면 채권이다. 이 중 물권은 소유권이라 누구에게나 주장할 수 있는 광범위하고 절대적인 권리이다. 이에 비해 채권은 청구권으로, 특정 상대에게만 무엇을 해달라고 요구할 수 있는 권리이다. 수취채권은 물품을 매도하고 반대급부로 상대방에 대해 가지게 되는 대금 청구권이다.

| 기업 | 전체 자산 대비 수취채권의 비중 |
|---|---|
| 아디다스(독일) | 16% |
| 현대(대한민국) | 5% |
| 삼성(대한민국) | 13% |
| 네슬레(스위스) | 41% |
| 차이나모바일(홍콩) | 2% |

**그림 8.1** 수취채권의 자산 비율

### 수취채권의 종류 _Types of Receivables

수취채권은 중요한 자산이지만 속해 있는 산업과 1년 중 시기, 신용 정책에 따라 회사별로 중요성을 바라보는 시각에는 상대적인 차이가 있다. 수취채권은 발생 원천에 따라 외상매출금, 받을어음, 기타 수취채권으로 구분된다.

**외상매출금**(accounts receivable)은 판매를 신용으로 거래함으로써 발생하는 가장 기본적이고 중요한 수취채권으로, 현금 회수 기간을 보통 30~60일 이내로 기대한다. **받을어음**(notes receivable)은 수취채권을 언제까지 지급하겠다고 서면으로 약속하는 증서이며, 통상 60~90일 정도로 회수 기간이 좀 더 긴 대신 이자가 발생한다. 받을어음 중 판매에서 생긴 받을어음과 외상매출금을 합하여 **매출채권**(trade receivable)이라고 부른다. 판매라는 같은 원인에서 발생했으므로 공시할 때는 합쳐서 표시하는 것이 일반적이다. 마지막으로 **기타 수취채권**(other receivable)은 매출거래를 제외한 거래에서 발생하는 각종 수취채권으로 미수금, 임직원 단기 대여금, 미수이자, 법인세 환급미수금 등이 여기에 속한다. 기타 수취채권은 영업 과정에서 발생하는 매출채권과 구분하기 위해 재무상태표에 별도로 표시한다.

### 외상매출금 인식 _Recognizing Accounts Receivable

회계상 외상매출금을 인식하는 일은 매우 간단하다. 유통업이든 서비스업이든 업종을 불문하고 외상거래로서 서비스업은 용역을 제공한 시점에, 유통업은 판매 시점에 외상매출금이 생기므로 차변에 외상매출금이 증가하고 대변에 손익 계정인 매출이 증가한다.

**ETHICS NOTE**

기타 수취채권 중 임직원 단기 대여금은 금액이 커서 중요하다고 판단되는 경우 재무상태표에 별도로 표시해야 한다. 회사 구성원과의 자금 거래라 공정거래(arm's-length transaction)가 아닐 수도 있기 때문에 별도로 공시한다.

1 역자 주: 이전에는 수취채권을 흔히 미수금이라고 불렀다.

역자 한마디

판매 시점을 정할 때 법에서는 채무 이행을 이행하면 채권이 생긴다고 보기 때문에 판매자의 급부 내용인 상품을 인도하거나 용역을 공급하는 순간에 외상매출금이 발생한다.

HINT

이 분개는 5장에서 배운 내용과 동일한데, 그중 매출원가 분개를 생략했다.

그런데 외상매출금은 액면 그대로 회수되지 않는 경우가 빈번하다. 판매자가 조기 입금을 유도하기 위해 현금할인을 제공하기도 하고, 받은 물품에 하자가 있으면 거래가 취소되어 반품이 발생하는 경우도 있기 때문이다. 예를 살펴보자. 2020년 7월 1일, Zhang Ltd.가 Li Stores에 ¥1,000(단위: 1,000)의 상품을 팔면서 신용 조건으로 2/10, n/30을 제안했다고 하자. 그 후 Li Stores는 상품의 하자를 발견하고 7월 5일에 ¥100을 반품했으며, 7월 11일에 이르러 Zhang Ltd.에 잔금 전부를 지급했다면 Zhang Ltd.가 해야 할 분개는 다음과 같다(매출원가 분개는 생략한다).

| | | | |
|---|---|---|---|
| 7월 1일 | 외상매출금 | 1,000 | |
| | 매출 | | 1,000 |
| | (외상으로 상품 판매) | | |
| 7월 5일 | 매출환입과 에누리 | 100 | |
| | 외상매출금 | | 100 |
| | (반품 입고) | | |
| 7월 11일 | 현금(¥900 − ¥18) | 882 | |
| | 매출할인(¥900 × 0.02) | 18 | |
| | 외상매출금 | | 900 |
| | (신용기간 내 매출채권 회수) | | |

유통업 중 백화점 같은 소매업체는 고객에게 자체 카드를 발급하기도 한다. 이 카드로 상품을 사고 정해진 기간 내(보통 25~30일)에 대금을 입금하지 않으면 이자가 붙는다. 예를 들어 이케아(IKEA, 스웨덴) 카드는 한 달 이내에 대금을 정산하지 않으면 1.5%의 이자가 부과된다. 만약 2020년 6월 1일에 고객이 이케아 카드로 €300어치의 가구를 샀다면 이케아는 €300만큼의 매출채권 증가(차변)와 매출 증가(대변)를 다음과 같이 인식한다(매출원가 분개는 생략한다).

A = L + E

+300

+300 수익

현금 유출입

없음

| | | | |
|---|---|---|---|
| 6월 1일 | 외상매출금 | 300 | |
| | 매출 | | 300 |
| | (외상매출) | | |

그런데 고객이 신용기간 내인 6월 말까지 돈을 갚지 못했다면 이케아는 한 달째인 6월 30일에 다음과 같이 이자수입 €4.50(€300 × 1.5%)를 외상매출금에 얹는 분개를 한다. 이렇게 외상매출금이 늦게 입금되어 발생하는 이자수익은 사실 소매업체에 쏠쏠한 이익이 된다고 한다.

A = L + E

+4.50

+4.50 수익

현금 유출입

없음

| | | | |
|---|---|---|---|
| 6월 30일 | 외상매출금 | 4.50 | |
| | 이자수익 | | 4.50 |
| | (이자수익 발생) | | |

**부정 사례**

타사니는 꽤 큰 비영리단체에서 수입 관리를 맡고 있다. 비영리단체의 수입은 기부금, 시설 사용료, 입장료 등으로 구성되었는데 이 모든 수입을 타사니 혼자 관리했다. 게다가 현금 수령뿐만 아니라 회계 기록도 하고 현금을 은행에 입금하는 일도 같이 했다. 이러한 구조에서는 부정이 없는 것이 오히려 신기하다. 타사니는 개인적으로 착복한 후 기부금이 들어오면 수령액을 줄여서 기록하고 그 돈으로 부족액을 보충했다. 아무도 기부금의 실제 수령액과 기부 약정서, 회계장부를 대조하지 않았다. 점입가경으로 타사니는 은행계정 조정표 작성까지 담당했다. 타사니는 은행 기록과 회계 기록의 차이를 적당히 꾸며댔지만 상급자는 은행계정 조정표를 건성으로 검토하고 여러 서류를 세밀하게 맞춰보지 않았다. 그래서 타사니의 부정 행각이 오랫동안 지속될 수 있었다.

**횡령액: $150만**

**내부 통제의 흠결**

기록과 수령, 실물 보관을 구분하여 각기 다른 직원이 담당해야 함에도 타사니 혼자 도맡았다. 이는 업무 분장 원칙에 어긋난다. 또한 독립적인 제삼자의 검토 원칙에도 위배된다. 은행계정 조정표는 다른 누군가가 작성하거나 상급자가 철저히 검토했어야 했다. 상급자는 즉각 해고되었는데, 이는 당연한 처사이다.

출처: Wells, *Fraud Casebook* (2007), pp. 183–194.

**DO IT! 1 외상매출금 인식**

5월 1일, Wilton은 Bates에 £50,000의 상품을 팔면서 대금 회수 조건을 3/15, net 45로 했다. 5월 4일, Bates는 £2,000를 반품하고 5월 16일에 잔액을 전부 지불했다. Wilton의 분개를 하라(매출원가 분개는 생략한다).

**해답**

| 날짜 | 계정 | 차변 | 대변 |
|---|---|---|---|
| 5월 1일 | 외상매출금 | 50,000 | |
| | 매출 | | 50,000 |
| 5월 4일 | 매출환입과 에누리 | 2,000 | |
| | 외상매출금 | | 2,000 |
| 5월 16일 | 현금(£48,000 − £1,440) | 46,560 | |
| | 매출할인(£48,000 × 0.03) | 1,440 | |
| | 외상매출금 | | 48,000 |

## 외상매출금 평가와 처분 _Valuation and Disposition of Accounts Receivable

**학습목표**

외상매출금을 어떻게 평가하고 처분하는지 알아본다.

### 외상매출금 평가 _Valuing Accounts Receivable

회계장부에 계상된 외상매출금의 금액은 계속적으로 평가해야 한다. 100% 현금 회수가 되지 않을 수도 있기 때문에 변동성이 크다. 고객이 물건을 사 갈 때는 외상매출금을 제때 지불할 마음이었겠지만, 갑자기 사업이 어려워지거나 정리해고를 당하거나 큰 병에 걸리기라도 하면 채무 이행이 어려워진다. 그래서 외상매출금을 지불하지 못하는 경우 채권이 손상을 입었다 혹은 대손이 발생했다고 하고 부실채권으로 분류한다. 손상 또는 대손을 비용으로 인식하면 이를 **대손**

**상각비**(Bad Debt Expense, Uncollectible Accounts Expense)라고 부른다.[2]

대손상각비는 기업이 신용거래를 하는 이상 불가피한 비용이다. 그렇지만 한도를 넘은 거액이라면 회사의 존립마저 위태로울 수 있다. 2008년 서브프라임 모기지가 촉발한 경제 위기가 닥쳤을 때 주택 가격이 폭락하고 경매 건수는 급증했다. 경기가 바닥을 치자 거대 은행인 와코비아(Wachovia, 미국)조차 부실채권이 한도를 넘어 보통 한 분기에 $1억 800만 정도 하던 대손상각비가 $4억 800만까지 치솟았다. 이로 인해 와코비아는 결국 웰스파고(Wells Fargo, 미국)에 인수되고 말았다.

이러한 대손상각비를 회계적으로 인식하는 방식으로는 직접상각법과 충당금 설정법이 있다.

## 직접상각법 _Direct Write-Off Method for Uncollectible Accounts

**직접상각법**(direct write-off method)은 회수가 불능이 되어 대손이 실제로 발생할 때까지 기다렸다가 그 금액을 부실채권에서 직접 차감하고 대손상각비를 인식하는 방식이다. 예를 들어 Warden Retail이 M. E. 도런에 대해 보유하고 있는 외상매출금에서 12월 12일에 와서 NT$1,600의 회수가 불가능하다고 판단되면 다음과 같이 분개한다.

| A | = | L | + | E |
|---|---|---|---|---|
| | | | | −1,600 비용 |
| −1,600 | | | | |

현금 유출입
없음

| | | | |
|---|---|---|---|
| 12월 12일 | 대손상각비 | 1,600 | |
| | 외상매출금 | | 1,600 |
| | (M. E. 도런의 외상매출금을 대손상각) | | |

직접상각법에서의 대손상각비는 회수 불능으로 실제로 발생한 금액이다. 대손으로 확정되어야 비용으로 인식한다. 따라서 직접상각법은, 첫째, 손익계산서상 수익과 관련된 비용의 인식이 한참 후에 일어나 같은 회계기간이 아닐 수도 있다. 둘째, 재무상태표상 매출채권의 평가가 적합하지 못하다는 치명적인 약점이 있다. 예를 들어 2020년에 퀵벅컴퓨터스(Quick Buck Computers, 홍콩)는 신용 조사도 생략한 채 대금을 1년 후에 갚으라는 조건으로 대학생들에게 선금도 받지 않고 컴퓨터를 판매한 적이 있다. 일종의 '묻지 마' 판매 전략이었는데, 대당 HK$8,000의 컴퓨터 100만 대가 순식간에 팔려나가자 매출이 HK$80억이나 증가했다. 그 결과 2020년의 재무제표는 근사해졌다. 매출이 전년 대비 크게 증가하고 자산도 크게 늘고 당기순이익도 좋아 보였다. 그런데 그다음 해가 문제였다. 2021년에 40%가 넘는 대학생들이 외상매출금을 갚지 못하여 거액의 대손상각비가 발생했다. 그로 인해 2021년의 재무제표는 전년 대비 크게 쪼그라들어 보기에 참담할 지경이었다.

이와 같이 직접상각법은 대손상각비를 매출이 인식된 시점과 어긋나게 하여 손익계산서와 재무상태표를 급변하게 하고 왜곡한다. 비용수익 대응의 원칙에도 위배되고 매출채권을 허망한 숫자로 부풀려 목적 접합성의 원칙에도 벗어나므로 직접상각법은 회계기준으로 허용되지 않는다. 이러한 직접상각법의 취약점을 그림 8.2에 정리했다.

---

2 역자주: 상각(償却)이란 회계 용어는 '사라진다, 없어진다'는 뜻이다. 최근에는 상각을 다른 자산처럼 손상(impairment)이라는 개념하에 두기 때문에 대손은 약간 구식 표현이 되었지만 아직도 흔히 사용된다.

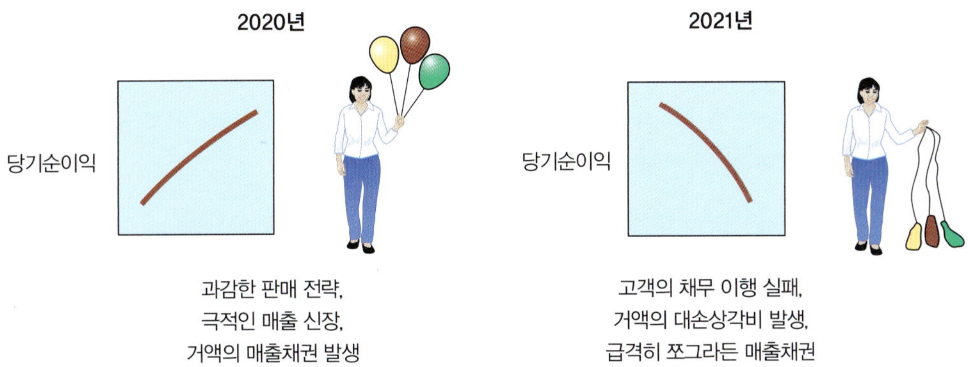


**그림 8.2** 직접상각법의 영향

## 충당금 설정법 _Allowance Method for Uncollectible Accounts

**충당금 설정법**(allowance method)은 회계연도 말에 매출채권을 평가하여 회수가 어려운 대손 금액을 미리 인식하는 방식으로 비용수익의 대응 원칙에 부합한다. 또한 매출채권을 **현금 실현가치**(cash realizable value)로 평가하여 표시하므로 직접상각법보다 훨씬 우월하다. 그런데 현금 실현가치는 일종의 순실현가치이다. 6장에서 이미 살펴본 순실현가치는 재고자산이나 유형자산을 평가할 때 최종 판매 가치에서 추가적 가공 원가 및 판매비를 차감한 잔액을 의미한다. 그런데 외상매출금의 경우 추가적 가공이나 판매비 등이 크게 문제되는 것이 아니라 현금으로 온전히 회수되는 고객 측의 제반 경제적 사정과 여건만이 문제되므로 순실현가치 중에서도 현금 실현가치로 표현한다.

충당금 설정법은 다음과 같이 이루어진다.

1. 회수가 의심되는 외상매출금을 평가하여 대손상각비를 추정하고 비용으로 인식한다. 이로써 매출과 관련 비용이 같은 회계기간에 속하여 대응한다.
2. 회계기간 말에 대손상각비를 차변, 대손충당금을 대변으로 하는 수정 분개를 한다. 대손충당금은 외상매출금의 평가적 차감 항목으로 표시한다.
3. 나중에 실제로 대손이 발생하면 외상매출금을 대손충당금과 상계 처리한다.

**대손상각비 인식** 한 예로 Hampson Furniture의 경우를 살펴보자. 이 회사는 2020년에 외상판매로 €1,200,000를 기록했는데 그중 €200,000가 외상매출금으로 남아 있다. 12월 31일이 되자 판매 부서가 €12,000의 회수가 의심스럽다고 판단했다면 회계 부서가 해야 할 분개는 다음과 같다.

| 12월 31일 | 대손상각비<br>  대손충당금<br>    (대손상각비를 추정하여 인식) | 12,000 | <br>12,000 |
|---|---|---|---|

| A | = | L | + | E |
|---|---|---|---|---|
| −12,000 | | | | −12,000 비용 |

현금 유출입
없음

Hampson Furniture는 대손상각비를 해당 매출과 같은 회계기간에 인식하여 판매관리비로 손익계산서에 공시함으로써 정확한 손익 산출을 기대할 수 있다. 그런데 대손충당금은 회사가 향후 회수가 불가능할 것이라고 예측하는 금액을 모아둔 계정이므로 재무상태표에서 대손충당금을 표시할 때는 그림 8.3처럼 전체 외상매출금에서 차감하여 공시한다. 그래야 외상매출금이 회수 가능한 가치, 즉 현금 실현가치로 평가되고 표시된다. 그림 8.3에서 €188,000는 회사가 외상매출금에서 향후 회수될 것이라고 보는 현금액이다.

대손충당금은 나중에 실제로 대손이 발생하면 대손상각비를 미리 인식했으므로 두 번 인식할 필요 없이 매출채권과 직접 상계하는 묘미가 있다.

그림 8.3 대손충당금의 표시

| Hampson Furniture<br>재무상태표(일부 발췌) | | |
|---|---|---|
| 유동자산 | | |
| 소모품 | | € 25,000 |
| 재고자산 | | 310,000 |
| 외상매출금 | €200,000 | |
| 차감: 대손충당금 | 12,000 | 188,000 |
| 현금 | | 14,800 |
| 유동자산 계 | | €537,800 |

**대손 확정** 만기를 넘긴 외상매출금을 추심(회수)하기 위해 회사는 채권자로서 갖은 방법을 강구한다. 편지, 전화, 방문, 내용증명, 소송, 경매 처분 등의 절차와 과정이 있다. 그럼에도 거래처에 돈이 없으면 받을 수 없는데, 그때는 회수 불능으로 처리한다. 통상 매출채권이 발생한 후 210일이 지나면 손상을 인식하는 것이 관례이다. 대손상각의 인식은 회사가 하지만 독립된 부서의 제삼자와 같이 해야 한다. 채권을 포기하는 것이므로 판매를 담당한 직원만이 하면 안타까운 마음에 정확성이 떨어진다. 또한 대금을 수령하는 직원이 하면 더더욱 안 된다. 대금을 수령하고도 개인적으로 착복하고 대손 처리할 수도 있기 때문이다.

대손상각이 실제로 발생하면 외상매출금을 줄이고 대손충당금과 상계 처리한다. 관련 대손상각은 지난 회계기간에 이미 비용으로 인식했기 때문이다. Hampson Furniture의 경우를 통해 이를 살펴보자. 부사장이 20201년 3월 1일에 R. A. 웨어에 대한 외상매출금의 손상을 결국 승인했다면 다음과 같은 분개가 필요하다.

| A | = | L | + | E |
|---|---|---|---|---|
| +500 | | | | |
| −500 | | | | |

현금 유출입
없음

| 3월 1일 | 대손충당금 | 500 | |
|---|---|---|---|
| | 외상매출금 | | 500 |
| | (R. A. 웨어의 외상매출금을 회수 불능으로 인식) | | |

누차 말하지만 실제로 대손이 발생해도 당해 연도에는 Hampson Furniture에 비용이 생기지 않는다. 충당금을 미리 설정하여 비용을 조기에 인식했기 때문이다. 비용을 두 번 인식할 수는 없으니 대신 대손충당금과 관련 매출채권을 상계한다. 그림 8.4는 대손이 발생하여 분개와 포스팅을 하고 난 후 총계정원장상 관련 계정의 모습을 보여준다.

**그림 8.4** 대손상각 발생 후 총계정원장

**외상매출금**

| 차변 | | 대변 | |
|---|---|---|---|
| 1월 1일 잔액 | 200,000 | 3월 1일 | **500** |
| 3월 1일 잔액 | 199,500 | | |

**대손충당금**

| 차변 | | 대변 | |
|---|---|---|---|
| 3월 1일 잔액 | **500** | 1월 1일 잔액 | 12,000 |
| | | 3월 1일 잔액 | 11,500 |

실제로 대손이 발생하여 행한 부실채권의 상각 처리는 매출채권과 대손충당금의 감소로 분개하므로 재무상태표에만 영향을 미치고 손익계산서에는 아무런 영향을 미치지 않는다. 또한 재무상태표의 외상매출금은 그림 8.5에서 보듯이 현금 실현가치를 나타낸다.

**그림 8.5** 현금 실현가치의 비교

| | 손상(상각) 인식 전 | 손상(상각) 인식 후 |
|---|---|---|
| 외상매출금 | €200,000 | €199,500 |
| 대손충당금 | 12,000 | 11,500 |
| 현금 실현가치 | **€188,000** | **€188,000** |

**대손 확정 후 회수** 회수 불능으로 보여 대손으로 확정했으나 거래처가 재기하여 입금을 하는 경우가 간혹 있다. 이럴 때는 두 가지 분개가 필요하다. 대손으로 상각 처리한 분개를 취소하는 역분개를 하여 외상매출금을 다시 복원한 다음, 외상매출금에서 현금이 회수된 사실로 보아 분개한다. 예를 들어 7월 1일, Hampson이 지난 3월 1일에 회수 불능으로 상각 처리했던 R. A. 웨어의 외상매출금에서 €500가 입금되었다면 다음과 같이 분개한다.

(1)

| | | | |
|---|---|---|---|
| 7월 1일 | 외상매출금 | 500 | |
| | 대손충당금 | | 500 |
| | (대손 처리한 R. A. 웨어의 외상매출금 복원) | | |

| A | = | L | + | E |
|---|---|---|---|---|
| +500 | | | | |
| −500 | | | | |

현금 유출입
없음

(2)

| | | | |
|---|---|---|---|
| 7월 1일 | 현금 | 500 | |
| | 외상매출금 | | 500 |
| | (R. A. 웨어의 외상매출금에서 현금 회수) | | |

| A | = | L | + | E |
|---|---|---|---|---|
| +500 | | | | |
| −500 | | | | |

현금 유입
+500

대손상각 후 회복도 대손상각처럼 재무상태표 계정에만 영향을 미치고 손익 계정에는 아무런 영향을 미치지 않는다는 것에 유의하라. 두 분개를 같이 놓고 보면 결국 현금이 들어오고 대손충당금이 다시 증가했다. 그런데도 굳이 2개의 분개를 하는 것은, 첫째, 회사의 대손충당금 설정에 오류가 있음을 밝히고, 둘째, 총계정원장이나 거래처별로 상세한 내용이 담겨 있는 외상매출금의 보조장부에 이 기록이 남아 있어야 차후 대손 금액을 추산하는 데 도움이 되기 때문이다. 즉 R. A. 웨어라는 거래처는 함부로 회수 불능을 의심하지 말라는 메시지를 남겨두는 것이다.

**대손예상액 추정** 그림 8.3에 제시한 Hampson Furniture의 경우 대손이 발생할 가능성이 있는 금액이 주어졌지만 실제는 회사가 평가하여 예측해야 한다. 그림 8.6은 나이키(Nike, 미국)의 재무제표 주석에서 발췌한 대손충당금 추산 방법이다.

**역자 한마디**
과거에는 상각한 채권에서 '대손상각 추심이익'이라는 손익 계정을 사용하기도 했다. 하지만 본질상 이익이라기보다는 비용의 수정 항목이고, 또한 회계기간 말에 대손액을 추산할 때 새로이 설정되는 대손상각비와 상쇄되어 결과적으로 손익에 자동 반영되므로 별도로 인식하지 않는 것이 마땅하다.

**그림 8.6** 나이키의 대손충당금 인식

**Real World**

**Nike, Inc.**
**재무제표 주석**

**대손충당금 설정 방법(손상 인식 방법)**

당 회사는 매출채권 회수 가능성을 계속적으로 평가하고 발생 가능한 손상에 대해서는 대손충당금을 설정하고 있는바, 대손의 추산액을 예측함에 있어서는 과거 경험을 바탕으로 하되 주요한 거래처에 대해서는 별도의 신용 평가를 했습니다. 그러나 향후 실제로 발생하는 대손의 크기는 제반 예측할 수 없는 여러 요소로 인해 당 회사의 예측과 다를 수 있습니다.

HINT
백분율법에서는 한 가지 비율을 사용한다.

**대손충당금**

| | | | |
|---|---|---|---|
| | 12월 31일 | 수정 전 금액 | 1,500 |
| | 12월 31일 | 수정 분개 | **8,500** |
| | 12월 31일 | 금액 | 10,000 |

일반적으로 회사는 대손을 추산할 때 현재 외상매출금 잔액에 대한 **백분율법**(percentage-of-receivables basis)을 사용한다. 예를 들어 Steffen Ltd.의 회계기간 말 외상매출금과 대손충당금의 잔액이 각각 £200,000, £1,500라면, 그리고 과거 경험치로 보아 회수 불능률이 5%라면 대손충당금으로 £10,000(0.05 × £200,000)가 쌓여 있어야 한다. 그렇다면 대손상각비를 £8,500(£10,000 − £1,500)만큼 추가로 인식하여 대손충당금을 £10,000로 맞춘다는 뜻이다. 이와 같이 백분율법은 대손상각액을 추가로 쌓는 금액을 산출하는 것이 아니라 현재 대손충당금의 쌓기가 충분한지 금액을 평가하고 대손상각액을 역산하여 산출하는 방법임에 유의한다.

백분율법을 바탕으로 하되 좀 더 정교한 방법을 쓰고자 하는 회사는 이른바 **외상매출금의 연령조사표**(aging the accounts receivable)를 사용한다. 연령조사표는 거래처별로 외상매출금의 경과 일수를 보여주는 표로, 경과 일수 구간별로 회수 불능의 경험치인 백분율을 달리하여 대손액을 추산한다. 이는 경과 일수가 길수록 채권의 회수 불능률이 높다는 경험치를 바탕으로 한다. 그림 8.7은 Xi Electronics의 연령조사표를 근거로 대손을 추산하는 방식을 보여주는데, 적용되는 대손율은 2~40%로 다양하다.

**그림 8.7** 연령조사표(단위: 1,000)

HINT
오래된 채권일수록 회수 불능률이 높다.

계산표

| | A | B | C | D | E | F | G |
|---|---|---|---|---|---|---|---|
| 1 | | | | 만기 후 경과 일수 | | | |
| 2 | | | | | | | |
| 3 | 거래처 | 총액 | 만기 미도래 | 1–30 | 31–60 | 61–90 | Over 90 |
| 4 | T. E. Adert | ¥ 600 | | ¥ 300 | | ¥ 200 | ¥ 100 |
| 5 | R. C. Bortz | 300 | ¥ 300 | | | | |
| 6 | B. A. Carl | 450 | | 200 | ¥ 250 | | |
| 7 | O. L. Diker | 700 | 500 | | | 200 | |
| 8 | T. O. Ebbet | 600 | | | 300 | | 300 |
| 9 | 기타 | 36,950 | 26,200 | 5,200 | 2,450 | 1,600 | 1,500 |
| 10 | | ¥39,600 | ¥27,000 | ¥5,700 | ¥3,000 | ¥2,000 | ¥1,900 |
| 11 | 회수 불능 비율 | | 2% | 4% | 10% | 20% | 40% |
| 12 | 회수 불능 추산액 | **¥ 2,228** | **¥ 540** | **¥ 228** | **¥ 300** | **¥ 400** | **¥ 760** |
| 13 | | | | | | | |

Xi Electronics의 총대손은 ¥2,228으로 추산된다. 이는 회계기간 말 기준으로 향후 고객이 갚지 못할 돈을 예측한 것이므로 재무상태표에 외상매출금의 차감액으로 기재되어야 하

는 금액이다. 따라서 대손상각은 현재 대손충당금의 잔액이 ¥2,228에 도달할 수 있도록 부족액만큼 추가로 설정해야 한다. 현재의 대손충당금 잔액은 기초의 금액에서 당해 연도에 실제로 확정된 대손을 상계 차감한 금액이다. 만약 남은 대손충당금의 잔액이 ¥528이라면 ¥1,700 (¥2,228 − ¥528)만큼 대손상각비를 설정하는 수정 분개가 필요하다.

| | | | |
|---|---|---|---|
| 12월 31일 | 대손상각비 | 1,700 | |
| | 대손충당금 | | 1,700 |
| | (대손상각비 추가 인식) | | |

A = L + E
−1,700 비용
−1,700

현금 유출입
없음

수정 분개와 포스팅을 한 후 Xi Electronics의 총계정원장상 해당 계정과목은 그림 8.8과 같다.

**그림 8.8** 포스팅 후 대손상각 관련 계정

| 대손상각비 | |
|---|---|
| 12월 31일 수정 분개 **1,700** | |

| 대손충당금 | |
|---|---|
| | 12월 31일 수정 전 금액 528 |
| | 12월 31일 수정 분개 **1,700** |
| | 12월 31일 잔액 2,228 |

외상매출금을 관리할 때 핵심은 경과 일수이다. 일반적으로 만기 60일이 경과하면 30일 단위로 50%가 사라진다. 즉 90일 이내 50%가 회수 불능이 되고 30일이 더 지난 120일째 다시 50%가 사라져 전체 75%가 대손의 위험에 처한다.

기끔 대손충당금의 잔액이 차변에 나타나는 경우가 있다. 이는 대손 확정액이 당초 추산하여 설정한 금액보다 더 크기 때문에 일어나는 현상이다. 즉 전기에 대손 추산액을 과소하게 설정한 탓이다. 이 경우 당기에 설정해야 할 대손상각액이 전기 부족액만큼 더 늘어나게 된다. 만약 대손충당금의 잔액이 차변 ¥500이라면 대손충당금의 회계기간 말 잔액이 ¥2,228에 도달하기 위해서는 대손상각비가 ¥2,728(¥2,228 + ¥500)이 되어야 한다는 뜻이다. 관련 분개는 다음과 같다.

| | | | |
|---|---|---|---|
| 12월 31일 | 대손상각비 | 2,728 | |
| | 대손충당금 | | 2,728 |
| | (대손상각비 추가 인식) | | |

A = L + E
−2,728 비용
−2,728

현금 유출입
없음

수정 분개와 포스팅을 한 후 Xi Electronics의 총계정원장상 해당 계정과목은 그림 8.9와 같다.

**그림 8.9** 포스팅 후 대손상각 관련 계정

| 대손상각비 | |
|---|---|
| 12월 31일 수정 분개 **2,728** | |

| 대손충당금 | |
|---|---|
| 12월 31일 수정 분개 금액 500 | 12월 31일 수정 분개 **2,728** |
| | 12월 31일 잔액 2,228 |

## 윤리적 사고력 키우기 | 이익이 줄면 되나?

최근 국내외 경제가 침체기에 들어서자 이익률이 크게 나빠진 중국의 금융 기관은 이를 회계에 반영하지 않고 오히려 부실채권에 대한 대손충당금 쌓기를 소홀히 하여 이익을 과대 표시했다. 사실 ICBC나 China Construction Bank와 같은 국가 소유 은행의 경영자들은 부실여신(non-performing loans)에 대한 대손충당금을 더 많이 설정하고자 했으나 중국 정부는 생각이 달랐다. 호황일 때 대손충당금을 많이 쌓고 불황일 때 적게 쌓아야 경제가 어려울 때 내리막길을 순탄하게 내려갈 수 있다고 생각했다. 그래야 재무제표상 표시되는 이익이 일정 수준으로 보호되고, 나아가 정부에 들어오는 배당이 매년 급변 없이 균등하게 될 수 있게 하는 목적에 부합한다고 보았다. 정부 관료에게는 정확한 이익 산출보다는 정치·경제적인 목표가 우선이었다.

출처: Cathy Holcombe, "Chinese Banks Are Suddenly Being Frank about the Non-Performing Loans Mystery," *South China Morning Post* (November 7, 2016).

alexsl/Getty Images

**대손상각을 고의로 적게 인식한 은행의 재무제표는 외부 투자가에게 어떤 오인을 불러일으키는가?**

백분율법은 외상매출금의 현금 실현가치를 산정할 뿐 아니라 대손상각을 비용수익 대응의 원칙에 따라 회계기간에 귀속되게 하여 합리적인 손익을 산출할 수 있게 하는 우수한 방법론이다. 그림 8.10은 스케처스(Skechers USA, 미국)의 사업 보고서에서 매출채권의 손상에 관한 주석을 발췌한 것이다.

**그림 8.10** 스케처스의 매출채권 손상에 관한 주석

Real World

**Skechers USA**
**재무제표 주석**

당 회사의 매출채권 손상은 주로 특정 국가의 경제 상황에 따라 발생하는데, 돌발적인 특별한 경제 상황을 제외하고는 과거 경험치에 근거하여 충분한 충당금을 설정했습니다. 이에 당기 2014년과 전기 2013년 말 총매출채권 $2억 9,310만과 $2억 4,190만에 대한 대손충당금은 각각 $2,100만, $1,590만이며, 2014년, 2013년, 2012년 중에 발생한 대손상각비는 각각 $1,180만, $260만, $150만입니다. 또한 매출환입과 에누리는 각각 $230만, $20만, $(40)만이 발생했습니다.

### DO IT! 2a 대손상각비

창업한 지 5년이 된 Brule Group의 당기 말 수정 전 시산표에는 매출채권과 매출이 각각 $30,000, $180,000가 계상되고 대손충당금이 차변 잔액으로 $2,000 남아 있다. 연말 Brule Group의 매출채권 중 10%가 회수 불능으로 추정되는 경우, 이에 적합한 대손충당금을 설정하는 분개를 하라.

**해답** Brule Group의 연말 기준 대손충당금 잔액은 $3,000(10% × $30,000)가 되어야 한다.

| | | |
|---|---|---|
| 대손상각비[(10% × $30,000) + $2,000] | 5,000 | |
| 대손충당금 | | 5,000 |
| (대손상각비 추가 인식) | | |

## 외상매출금 양도 _Disposing of Accounts Receivable

일반적으로 외상매출금은 거래처로부터 현금이 회수됨으로써 장부에서 사라진다. 그러나 경제 수단이 발달함에 따라 외상매출금을 제삼자에게 양도하여 현금을 조기에 회수할 수도 있다. 이른바 채권의 양도이다.

채권을 양도하는 이유는 두 가지이다. 첫째, 급히 현금이 필요하기 때문이다. 현금이 쪼들리면 금융 기관에서 돈을 빌리기 어렵고 지급이자로 비용이 많이 든다. 차라리 외상매출금을 양도하여 현금을 마련하는 것이 낫다. 둘째, 청구서를 보내고 수금하는 일이 번거롭고 시간과 비용이 많이 들기 때문이다. 전문 기관에 맡기는 편이 가성비가 높은데, 주로 카드 회사가 이를 대신 해준다. 채권을 양수하는 카드 회사로는 마스터카드(MasterCard, 미국)와 비자(Visa, 미국)가 유명하다. 마스터카드와 비자카드는 중국의 ICBC, 프랑스의 BNP파리바, 독일의 바클리 할 것 없이 전 세계 은행을 통해 발급된다.

### 팩터링 _Sale of Receivables to a Factor

외상매출금을 양도하는 가장 흔한 방법은 **팩터**(factor)에게 양도하는 것이다. 팩터는 채권자로부터 채권을 사서 채무자로부터 수금을 하고 그 기간에 해당하는 수수료를 받는 금융 기관이다. 이러한 사업을 팩터링(factoring)이라고 하며 시장 규모가 수십억 달러에 달한다.

팩터링에서 팩터에게 지급해야 하는 수수료는 1~3%이다. 예를 들어 2020년 4월 2일에 Keelung Jewelry가 외상매출금 NT$600,000(단위: 1,000)를 Federal Factors에 처분했다고 하자. Federal Factors의 수수료가 2%라면 Keelung Jewelry가 해야 할 분개는 다음과 같다.

| | | | |
|---|---|---|---|
| 4월 2일 | 현금 | 588,000 | |
| | 수수료 비용(2% × NT$600,000) | 12,000 | |
| | 외상매출금 | | 600,000 |
| | (매출채권 양도) | | |

A = L + E
+588,000
−12,000 비용
−600,000
현금 유입
+588,000

수수료 비용은 Keelung Jewelry가 매출채권의 팩터링을 자주 하는 경우라면 판매관리비에 속하고 불가피하게 어쩌다가 하는 경우라면 영업외 비용에 속한다.

### 신용카드 사용 _National Credit Card Sales

비자와 마스터카드는 전 세계적으로 알아주는 신용카드사이며, 여기서 발급하는 카드는 국제적으로 통용된다. 중국의 ICBC도 비자와 마스터카드를 발급한다. 신용카드의 경우 판매자가 물품 대금을 카드사를 통해 회수하므로 이 또한 팩터링의 일종이다. 판매자는 신용카드를 통해 그림 8.11과 같은 편익을 얻는 대신 물품 가격의 2~4%를 수수료로 카드사에 납부해야 한다.

ETHICS NOTE

신용카드사와의 약정은 작은 글씨까지 꼼꼼히 살펴볼 필요가 있다. 가령 수수료율이 낮은 대신 미납금에 대한 연체이자 부과 전 25일의 유예 기간이 없는 경우도 있다.

**그림 8.11** 신용카드 사용에 따른 편익

**신용카드 사용 시 회계** 판매자의 입장에서 보면 신용카드 사용은 2~3일 후 현금이 입금되므로 현금매출과 마찬가지이다. 예를 들어 3월 22일에 링 리가 Visa First Bank Card를 사용하여 Wu Supplies로부터 식당에서 쓸 물티슈를 NT$6,000에 구매했다고 하자. 카드 수수료가 3%라면 Wu Supplies는 다음과 같이 분개한다.

| A | = | L | + | E |
|---|---|---|---|---|
| +5,820 | | | | |
| | | | | −180 비용 |
| | | | | +6,000 수익 |

현금 유입
+5,820

| | | | |
|---|---|---|---|
| 3월 22일 | 현금 | 5,820 | |
| | 지급수수료 | 180 | |
| | 매출 | | 6,000 |
| | (신용카드 매출 발생) | | |

## 조직의 회계 | 신용카드의 결제 구조

다들 신용카드를 쓰고 있지만 신용카드 사용에 따른 돈의 흐름까지 알고 있는 사람은 흔치 않다. 가령 소비자가 소고(Sogo Co., Ltd., 대만)에서 비자카드로 넥타이를 하나 구입했다고 하자. 카드를 긁는 순간 단말기가 카드 뒷면의 마그네틱테이프에 담긴 고객의 정보를 읽고 점원이 입력한 판매 금액과 함께 컴퓨터 회선을 타고 비자 신용카드사로 전달한다. 비자는 카드와 연계된 고객의 지급 계좌가 있는 발급 은행을 순식간에 연결하여 정보의 정확성과 분실 카드, 한도 초과 여부 등을 검증한다. 검증이 끝나면 단말기를 통해 승인 여부를 알려주고 소비자가 서명을 하면 거래가 성립된다. 그러면 비자는 2~3일 이내에 소고의 은행계좌로 구매자를 대신하여 현금을 보낸다. 카드사는 이러한 현금을 한 달간 모아 소비자에게 청구하는데, 이때 수수료가 추가된다. 소비자는 그 대금을 상환하고 나서야 넥타이를 온전히 소유할 수 있다.

© Michael Braun/iStockphoto

**소고가 매월 말 은행계정 조정표를 작성한다고 하자. 일부 신용카드 판매가 은행에서 처리되지 않은 경우 소고는 은행계정 조정표에서 이러한 거래를 어떻게 조정해야 하는가?**

**DO IT! 2b 팩터링**

Kell Wholesalers는 돌아오는 금요일에 직원들에게 줄 급여로 현금 €120,000가 급히 필요하다. 그러나 채무 상한선을 초과하여 은행에서는 더 이상 돈을 빌릴 수가 없다. 이에 2020년 9월 7일, 외상매출금 €750,000 중 €125,000를 팩터링하여 자금난을 벗어났다면 관련 분개를 어떻게 해야 하는가? 단, 팩터링 수수료는 1%이다.

**해답**

| | | | |
|---|---|---|---|
| 9월 7일 | 현금 | 123,750 | |
| | 지급수수료(1% × €125,000) | 1,250 | |
| | 외상매출금 | | 125,000 |
| | (외상매출금 팩터링) | | |

## 받을어음 _Notes Receivable

**학습목표**

받을어음을 어떻게 인식, 평가, 처분하는지 알아본다.

신용거래를 절대로 하지 않겠다는 회사라도 구매자가 약속어음이라는 금융 수단(financial instrument)을 제시한다면 응할 수도 있다. **약속어음**(promissory note)은 특정 금액을 특정일에 갚겠다는 약속을 서면으로 나타낸 증서이다. 따라서 약속어음은 금융 기관에서 자금을 빌릴 때, 거래 금액이 신용 한도를 초과하여 구두보다는 좀 더 확실한 담보가 필요할 때, 기존 외상매출금의 약속어음으로 변제할 때 주로 사용된다.

약속어음에는 **발행자**(maker)와 **수취인**(payee)이 있는데, 수취인은 이름으로 지명되어 있을 수도 있고 단순히 소지인에게 지급하라는 식으로 되어 있을 수도 있다. 약속어음은 채권자 입장에서는 받을어음이고 채무자 입장에서는 지급어음이다. 그림 8.12를 보면 Calhoun plc는 채무자로서 발행인이고 채권자인 Wilma Ltd.는 수취인이다.

**그림 8.12** 약속어음

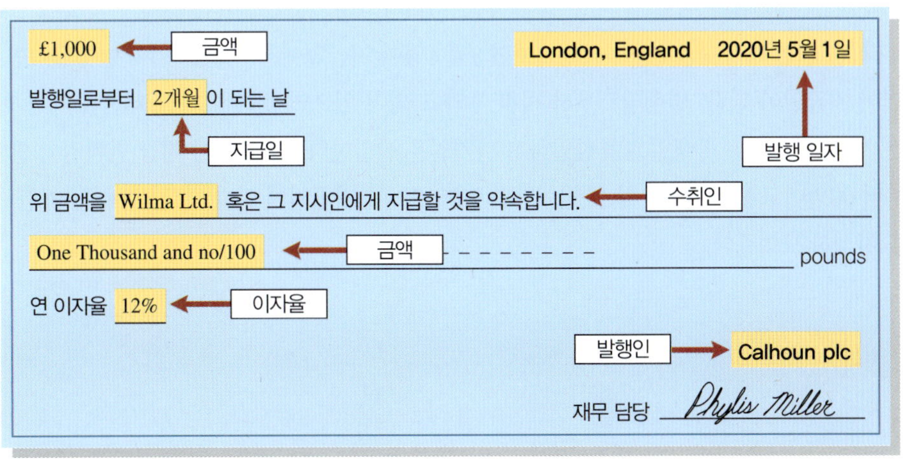


HINT

이 약속어음을 매개로 금전 차입이 일어났다면 발행인인 Calhoun plc는 현금 증가(차변)와 지급어음 증가(대변)로 분개하고, 수취인인 Wilma Ltd.는 받을어음 증가(차변)와 현금 감소(대변)로 회계 처리를 한다.

약속어음은 거래처의 신용 상태가 취약하거나 외상매출금의 신용 한도를 초과한 경우 구두 약속에 불과한 외상매출금으로는 도저히 불안할 때 요구되기도 하지만, 연예계나 스포츠 분야처럼 모든 거래에서 약속어음 발행을 관례로 하는 산업도 있다. 그러나 약속어음이 가장 빈번하게 사용되는 경우는 자금의 차용거래이다. 자금 차입에서 약속어음은 일종의 담보 기능을 한다. 그리고 약속어음은 단순한 일반 채권보다 법적 구속력이 강하며 채권의 이전이 더 용이하게 이루어진다. 수표처럼 약속어음에 권리를 양도한다는 뜻의 기록, 즉 배서만 하면 채권이 양도된다. 수표는 현금과 동일하게 취급되고 약속어음은 '굳건한' 약속이라는 점이 다르다.

받을어음의 회계 처리는 기본적으로 외상매출금과 동일하다. 지급일, 즉 만기일을 정하는 것과 이자 계산이 다를 뿐이다.

## 지급일 결정 _Determining the Maturity Date

그림 8.13은 약속어음의 지급일을 지정하는 방법 중 통상적인 세 가지를 보여준다.

**그림 8.13** 만기일 지정 방법

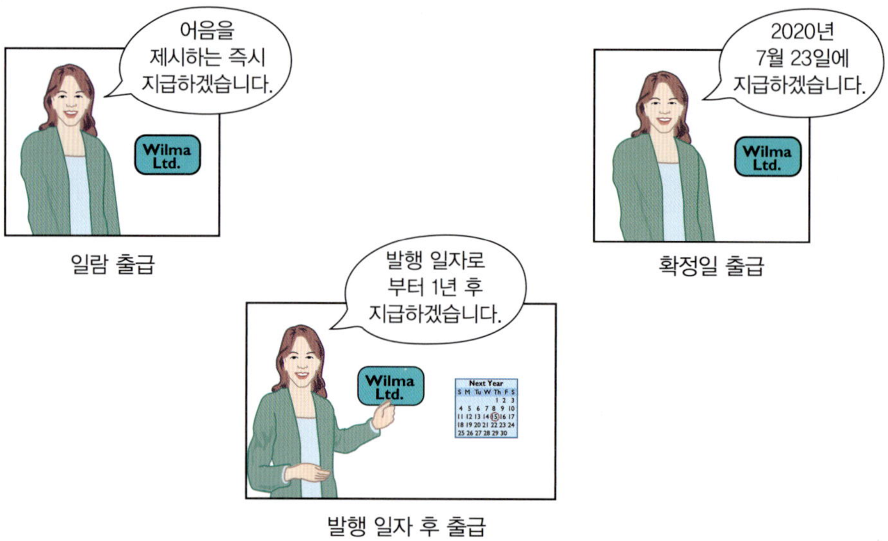


지급일 지정을 월 단위로 할 때는 일자 수가 아니라 월로 카운트한다. 가령 만기일이 발행일로부터 3개월인 경우 3월 1일이 발행일이면 8월 1일이 지급일이고, 7월 31일이 발행일이면 9월 30일이 지급일이 된다. 발행일로부터 며칠 후라고 되어 있으면 정확히 기간 계산을 해야 한다. 기간 계산을 할 때는 발행일은 불산입하고 만기일은 산입한다. 예를 들어 지급 만기일이 발행일로부터 60일이고 발행일이 7월 17일이라면 9월 15일이 지급일이 된다. 그림 8.14는 기간 계산법을 자세히 보여준다.

**그림 8.14** 만기일 계산

| | | |
|---|---|---|
| 만기일 조건 | | 60일 |
| 7월(31–17) | 14 | |
| 8월 | 31 | 45 |
| **만기일: 9월** | | **15** |

## 이자 계산 _Computing Interest

이자가 붙는 이자부 어음(interest-bearing note)의 이자를 계산하는 기본 공식은 그림 8.15와 같다.

**그림 8.15** 이자 계산 공식

| 액면 금액 | × | 연 이자율 | × | 연으로 환산한 기간 | = | 이자 금액 |
|---|---|---|---|---|---|---|

약속어음에 표시된 이자율은 연 단위이므로 발행일로부터 지급일 사이의 기간을 그림 8.15와 같이 연 단위로 변환해야 한다. 가령 만기가 일자로 표시된 경우 365로 나누어야 하는데, 발행일은 불산입하고 만기일은 산입한다는 사실에 주의하라.[3] 만약 기간이 월로 표시되었다면 당연히 12로 나누어야 한다(그림 8.16 참조).

HINT
이자율은 연 이자율이다.

**그림 8.16** 이자 계산

| 어음 조건 | 이자 계산 | | | | | | | |
|---|---|---|---|---|---|---|---|---|
| | 액면 금액 | × | 이자율 | × | 기간 | = | 이자 |
| ₺ 730, 12%, 120일 | ₺ 730 | × | 12% | × | **120/360** | = | ₺ 29.20 |
| ₺1,000, 9%, 6개월 | ₺ 1,000 | × | 9% | × | **6/12** | = | ₺ 45.00 |
| ₺2,000, 6%, 1년 | ₺ 2,000 | × | 6% | × | **1/1** | = | ₺120.00 |

그림 8.16에서는 1년을 360일로 보았으나 실제로는 365일을 사용한다. 그러나 이후 모든 문제 풀이에서는 계산의 편의상 360일로 한다.

## 받을어음 인식 _Recognizing Notes Receivable

받을어음을 수령했을 때의 분개는 다음과 같다. 예를 들어 3월 1일에 Calhoun plc가 Wilma Ltd.로부터 기존 외상매출금의 상환일 연장을 요청받으면서 액면가 £1,000, 2개월 만기, 12% 이자율의 약속어음을 받았다고 하자.

| 3월 1일 | 받을어음 | 1,000 | |
|---|---|---|---|
| | 외상매출금 | | 1,000 |
| | (Calhoun plc로부터 외상매출금을 변제하여 받을어음 수령) | | |

| A | = | L | + | E |
|---|---|---|---|---|
| +1,000 | | | | |
| −1,000 | | | | |

현금 유출입
없음

받을어음을 분개할 때는 수령 시 약속어음 표지에 있는 액면가를 적는다. 매출을 하고 약속어음을 받았을 때 당장은 이자수익을 고려할 필요가 없다. 이자수익은 시간의 경과에 따라 발생하기 때문에 아직 미발생이다. 판매가 아니라 자금을 대여하고 담보조로 약속어음을 받았을 때는 차변에 받을어음, 대변에 현금이 분개된다.

3 역자 주: 이는 민법의 기간 계산법에 따른 것이다.

## 받을어음 평가 _Valuing Notes Receivable

약속어음을 수령하는 경우의 평가 방식은 외상매출금과 다를 바 없다. 약속어음일지라도 부도가 날 수 있으니 현금 실현가치로 평가하여 대손상각비를 인식하고 대손충당금을 계상하면 된다.

## 받을어음 처분 _Disposing of Notes Receivable

약속어음을 만기일까지 보유하여 현금과 이자를 수령할 수도 있지만 중간에 부도가 날 수도 있다. 또한 외상매출금처럼 제삼자에게 양도하여 현금을 조기에 회수할 수도 있다.

### 받을어음의 현금 회수 _Honor of Notes Receivable

약속어음이 만기가 되어 액면 금액과 이자를 발행자가 지급하면 만사가 순조롭다. 예를 들어 6월 1일에 Wolder Co.가 Higley Co.에 €10,000를 빌려주고 5개월 만기, 이자율 9%의 약속어음을 수령했다고 하자. 이 경우 이자가 €375(€10,000 × 9% × 5/12)이므로 만기일에 수령할 금액은 총 €10,375(€10,000 + €375)이다. 그런데 현금을 수령하기 위해 Wolder(수취인)는 Higley(발행인) 또는 발행인의 지급인인 은행에 약속어음을 제시해야 한다. 만약 Wolder가 11월 1일에 약속어음을 제시했다면 다음과 같이 분개한다.

A = L + E
+10,375
−10,000
+375 수익
현금 유입
+10,375

| | | | |
|---|---|---|---|
| 11월 1일 | 현금 | 10,375 | |
| | 받을어음 | | 10,000 |
| | 이자수익(€10,000 × 9% × 5/12) | | 375 |
| | (Higley의 받을어음 상환) | | |

### 이자수익 발생 인식 _Accrual of Interest Receivable

Wolder Co.가 만기일 전에 9월 30일 자로 회계기간이 도래하여 재무제표를 작성해야 한다면 발행주의에 따라 그림 8.17과 같이 이자수익의 시간별 발생을 파악해야 한다.

그림 8.17 이자수익 발생

즉 이자수익이 발생하기는 했지만 아직 지급일이 도래하지 않아 수령하지 못한 금액에 대해 Wolder는 9월 30일 자에 이자수익 발생을 인식해야 한다. 4개월의 이자 €300에 대한 수정 분개는 다음과 같다.

A = L + E
+300
+300 수익
현금 유출입
없음

| | | | |
|---|---|---|---|
| 9월 30일 | 미수이자(€10,000 × 9% × 4/12) | 300 | |
| | 이자수익 | | 300 |
| | (Higley가 발행한 어음에 4개월의 발생 이자 인식) | | |

약속어음 만기일인 11월 1일에 Wolder는 €10,375를 수령했으며, 이는 원금 €10,000와 이자수익 €375로 구성된다. 이자수익 €375는 9월 30일 자 미수수익 €300와 10월 한 달의 이자 €75를 합한 것이다. 그러므로 11월 1일의 분개는 다음과 같다.

| | | | |
|---|---|---|---|
| 11월 1일 | 현금[€10,000 + (€10,000 × 9% × 5/12)] | 10,375 | |
| | 받을어음 | | 10,000 |
| | 미수이자 | | 300 |
| | 이자수익(€10,000 × 9% × 1/12) | | 75 |
| | (Higley의 받을어음을 이자와 함께 수령) | | |

| A | = | L | + | E |
|---|---|---|---|---|
| +10,375 | | | | |
| −10,000 | | | | |
| −300 | | | | |
| | | | | +75 수익 |

현금 유입
+10,375

## 받을어음의 부도 _Dishonor of Notes Receivable

만기일에 어음에 대해 현금 지급이 되지 않으면 **부도어음**(dishonored note, defaulted note)이라고 한다. 부도어음은 배서로 채권을 양도할 수 없다. 대신 발행자에 대한 채권이 그대로 유지되므로 받을어음을 제각하고 외상매출금으로 권리를 기표한다. 하지만 회수 가능성이 심히 의심스럽다. 예를 들어 Higley Co.가 11월 1일에 약속어음을 상환하지 못하여 부도를 냈다면 후속적인 회계 처리는 Wolder Co.가 현금을 회수할 수 있을지 여부를 어떻게 판단하느냐에 달려 있다. 만약 회수가 가능하다고 판단하면 받을어음이 외상매출금으로 전환되어 다음과 같은 분개가 필요하다(미수이자는 없다고 가정한다).

| | | | |
|---|---|---|---|
| 11월 1일 | 외상매출금 | 10,375 | |
| | 받을어음 | | 10,000 |
| | 이자수익 | | 375 |
| | (Higley의 받을어음을 외상매출금으로 전환) | | |

| A | = | L | + | E |
|---|---|---|---|---|
| +10,375 | | | | |
| −10,000 | | | | |
| | | | | +375 수익 |

현금 유출입
없음

현금 회수가 불가능하다고 판단하면 받을어음을 제각하고 이를 대손충당금과 상계한다. 이 경우에는 이자수익도 현금 실현이 불가능하므로 당연히 계상할 수 없고 대손충당금과 상계하거나 비용으로 즉시 처리해야 한다. 두 방법의 결과는 동일하다. 비용 인식이 아닌 대손충당금으로 상계해도 회계기간 말의 대손상각비를 추산하는 과정에서 비용으로 자동 반영되기 때문이다.

### 윤리적 사고력 키우기 | 우리만 늘 호황기

2008년 세계 경제 위기가 엄습하자 인도 정부는 경제를 자극하고 성장을 촉진하기 위해 통화량을 대폭 늘렸지만 무분별한 정부 주도의 경제 시스템은 오히려 엄청난 부실채권의 발생으로 얼어붙어버렸다. 많은 사람이 무절제한 통화량 증가와 허술한 대출 심사를 맹렬히 비난하는 가운데 일부 기업은 수년 동안 부패한 정치가와 결탁하여 저렴한 이자로 많은 자금을 받아냈다. 그중 인도의 거물 재벌인 비제이 말리아(Vijay Mallya)는 정치적 수완을 발휘하여 Rs700억을 대출받아 그룹 내 킹피셔항공(Kingfisher Airlines)과 주류 공장, 경주용 자동차 사업에 천문학적인 자금을 쏟아부었다. 스스로 '호황기의 제왕(King of the Good Times)'이라고 칭하며 불황을 몰랐던 비제이는 결국 자금 세탁과 뇌물, 고의적인 부도 혐의로 기소됨에 따라 해외로 야반도주하는 신세로 전락했다.

출처: Megha Bahree, "Vijay Mallya, Indian 'King of the Good Times,' Dethroned by Debt," *The New York Times* (April 28, 2016).

STRDEL AFP/GettyImages

**대출 신청을 평가할 때 어떤 요소를 고려해야 하는가?**

### DO IT! 3 받을어음 인식

Gambit Stores는 5월 10일에 Leonard Co.로부터 액면가 $3,400, 90일 만기, 이자율 6%의 약속어음을 받았다. 이는 오래된 기존 외상매출금을 대신하여 받은 것이다.

a. 어음의 만기일은 언제인가?

b. 만기일의 이자는 얼마인가?

c. Gambit Stores가 만기일에 부도가 나지 않았다면 어떻게 분개해야 하는가?

**해답**

a. 만기일은 8월 8일이다.

| | | |
|---|---|---|
| 어음 조건: | | 90일 |
| 5월(31-10) | 21 | |
| 6월 | 30 | |
| 7월 | 31 | 82 |
| 만기일: 8월 8일 | | 8 |

b. 이자는 $51이다.

| 액면가 | × | 이자율 | × | 기간 | = | 이자 |
|---|---|---|---|---|---|---|
| $3,400 | × | 6% | × | 90/360 | = | $51 |

c. Gambit Stores의 만기일 분개는 다음과 같다.

| | 차변 | 대변 |
|---|---|---|
| 현금 | 3,451 | |
| 받을어음 | | 3,400 |
| 이자수익 | | 51 |
| (Leonard의 받을어음 결제) | | |

**학습목표**

매출채권의 공시와 분석을 이해한다.

## 공시와 분석 _Presentation and Analysis

매출채권이 많으면 재무 분석가는 어떻게 매출채권을 관리하고 있는지 유심히 살펴보게 되므로 공시 방식에 유의한다.

### 공시 _Presentation

회사는 재무상태표에 외상매출금과 받을어음을 구분하거나 매출채권으로 합하여 공시할 수 있으며 기타 수취채권도 합하여 공시할 수 있다. 그러나 이 경우에는 주석에 수취채권의 종류를 중요성에 따라 구분하여 공시해야 한다. 현금 회수가 빠른 수취채권은 유동자산에 표시되어야 하며, 고정성 배열법에 따라 유동 속도가 더 빠른 단기투자자산의 바로 앞에 위치한다. 그리고 수취채권에서 대손충당금을 차감하는 형식으로 표시한다.

다단계 표시법의 손익계산서에는 대손상각비와 지급수수료를 판매관리비에 넣어 공시한다. 이자수익은 영업외 수익에 포함한다.

## 분석 _Analysis

매출채권의 유동성을 분석하는 방법은 회전율이다. **외상매출금 회전율**(accounts receivable turnover)은 현금으로 회수되는 유동성의 속도로, 회계기간 동안 매출채권이 몇 번이나 현금으로 회수되었는가를 나타낸다. 이는 평균 채권의 잔액으로 순외상매출액(순매출액에서 현금매출액을 차감)을 나눈 수치이다. 예를 들어 회계를 달러로 표시하여 공시하는 레노보그룹(Lenovo Group, 중국)의 최근 순매출액은 $387억 700만이며 기초 매출채권은 $28억 8,500만, 기말 매출채권은 $31억 7,100만이다. 순매출액이 전액 신용매출이라면 매출채권 회전율은 그림 8.18과 같다.

**그림 8.18** 매출채권 회전율

| 순외상매출액 | ÷ | 평균 매출채권 | = | 매출채권 회전율 |
|---|---|---|---|---|
| \$38,707 | ÷ | $\frac{\$2,885 + \$3,171}{2}$ | = | 12.8회 |

계산 결과 매출채권 회전율은 연 12.8회이다. 회전율이 높을수록 현금으로 변환한 실적이 많고 그만큼 많은 현금을 회사에 가져다주었으니 유동성이 높다. 이 회전율을 **평균 회수 기간**(average collection period)으로 변환하면 더 이해하기 쉽다. 365일을 회전율로 나누면 회수 기간이 나온다.[4] 그림 8.19에서 보듯이 레노보그룹은 평균 28.5일 만에 매출채권을 현금으로 회수한다.

**그림 8.19** 매출채권 회수 기간

| 1년 일수 | ÷ | 매출채권 회전율 | = | 평균 회수 기간 |
|---|---|---|---|---|
| 365일 | ÷ | 12.8회 | = | 28.5일 |

### DO IT! 4 매출채권 분석

2020년 Nadal Racquets의 순외상매출액은 €923,795이고 매출채권의 기초 금액과 기말 잔액은 각각 €38,275, €35,988이다. (a) 매출채권 회전율과 (b) 평균 회수 기간을 계산하라.

**해답**

| | | | | |
|---|---|---|---|---|
| a. | 순외상매출액 | ÷ | 평균 매출채권 | = | 매출채권 회전율 |
| | €923,795 | ÷ | $\frac{€38,275 + €35,988}{2}$ | = | 24.9회 |
| b. | 1년 일수 | ÷ | 매출채권 회전율 | = | 평균 회수 기간 |
| | 365일 | ÷ | 24.9회 | = | 14.7일 |

4 역자 주: 평균 회수 기간 산정 공식은 매출채권의 평균 잔액을 일 순외상매출액으로 나누는 것과 같은데, 이는 일 순외상매출액이 평균 매출채권 금액에 도달하는 데 며칠이 걸리는지 계산하는 것이므로 이해하기가 쉽다.

## 단원 요약

### 1 외상매출금 인식

수취채권은 외상매출금, 받을어음, 기타 수취채권으로 구분된다. 외상매출금은 회사의 주 가득 활동인 판매로 인해 고객이 회사에 지는 채무, 즉 고객에 대한 회사의 현금 청구권을 뜻하고, 받을어음은 채무자가 발행하는 채무 이행의 약속 증서이며, 기타 수취채권은 매출거래를 제외한 거래에서 발생하는 각종 수취채권으로 미수금, 임직원 단기대여금, 미수이자, 법인세 환급미수금 등이 여기에 속한다.

외상매출금은 판매되는 시점에 인식한다. 외상매출금은 반품에 의한 매출환입과 에누리로 취소되거나 매출할인으로 감액되기도 한다. 외상매출금이 약정 만기를 지나 이자가 부과되는 경우, 이는 받을 돈이므로 이자수익을 인식하고 외상매출금의 금액에 가산한다.

### 2 외상매출금 평가와 처분

회수가 의심되는 외상매출금을 부실채권이라고 하며, 손상 금액을 비용으로 인식하는 방식으로는 직접상각법과 충당금 설정법이 있다. 손상 금액, 즉 대손상각비는 채권 잔액에 대한 백분율로 계산하는 경우가 많다. 외상매출금의 연령조사표는 채권의 기일에 따른 백분율을 달리 하는 좀 더 정교한 방법이다. 대손충당금이 설정되면 외상매출금은 현금 실현가치로 평가된다.

현금이 회수되면 외상매출금이 사라지는데, 그 전에 팩터링을 할 수도 있다. 팩터링을 하면 수수료가 발생하고 수령하는 현금액이 감소한다.

### 3 받을어음

만기일이 월로 표시된 어음의 지급일은 발행일로부터 월을 더하면 된다. 일수로 표시된 경우에는 발행일을 불산입하고 만기일을 산입한다. 이자는 액면가 × 이자율 × 기간으로 산출한다.

받을어음은 액면가로 기록된다. 간혹 만기일 전에 회계기간 말이 도래하면 미수이자를 인식해야 하며, 미수이자와 이자수익이 분개된다.

받을어음은 만기일까지 보유했다가 현금을 받으면 액면 금액과 이자를 수령하며, 차변에 현금 증가, 대변에 받을어음 감소로 분개한다. 그러나 대부분 조속한 현금 회수를 위해 만기까지 기다리지 않고 팩터에 매각한다. 어음이 취소되거나 부도가 났을 때는 받을어음을 제각하고 회수 가능성에 따라 외상매출금을 계상하거나 대손 처리하여 감액한다.

### 4 공시와 분석

외상매출금과 받을어음은 현금 실현가치로 평가하여 공시한다. 그래서 회수가 의심스러운 금액은 대손충당금으로 하여 차감 표시한다. 외상매출금과 받을어음에 대해 대손상각을 추정하는 방식은 달리할 이유가 없다. 그리고 재무상태표나 주석에 수취채권을 합하여 표시했으면 그 종류를 공시해야 하며, 그 밖에도 단기 수취채권은 유동자산으로 공시하고, 대손상각비와 수수료는 판매관리비로, 이자수익은 영업외 수익에 포함한다. 매출채권의 유동성은 회전율과 회수 기간으로 평가한다.

## 핵심 용어

**기타 수취채권(other receivale)** 미수이자, 법인세 환급미수금 등 판매 이외에 발생한 채권

**대손상각비(Bad Debt Expense, Uncollectible Accounts Expense)** 회수 불능 채권을 비용으로 인식한 것

**매출채권(trade receivable)** 판매에서 발생한 외상매출금과 받을어음을 묶어서 부르는 용어 또는 계정과목

**받을어음(notes receivable)** 채권자 입장에서의 약속어음

**발행자(maker)** 채무자로서 어음 발행인

**백분율법(percentage-of-receivables basis)** 회수가 의심되는 채권의 손상인 대손상각비를 추산할 때 전체 채권액에 대한 비율을 적용하는 방법

**부도어음(dishonored note, defaulted note)** 만기에 지급이 거절된 어음

**수취인(payee)** 약속어음에 의해 현금을 수령할 채권자

**수취채권(receivale)** 특정인에게 현금을 받을 수 있는 청구권

**약속어음(promissory note)** 채무자가 특정 금액을 특정일에 갚겠다는 약속을 서면으로 나타낸 증서

**외상매출금(accounts receivable)** 신용판매로 인한 고객의 채무, 회사의 청구권

**외상매출금 연령조사표(aging the accounts receivable)** 미지급 상태로 경과된 일수에 따라 외상매출금을 분석하는 방법

**외상매출금 회전율(accounts receivable turnover)** 외상매출금의 유동성을 분석하는 방법으로, 순외상매출액을 외상매출금 평균 잔액으로 나누어 산출

**직접상각법(direct write-off method)** 대손이 확정되면 해당 채권에서 직접 차감하는 방식

**충당금 설정법(allowance method)** 대손상각을 회계연도 말에 추정하여 인식하는 방식

**팩터(factor)** 상거래에서 발생한 수취채권을 구입한 후 추후 채무자에게 직접 현금을 회수하여 차액을 얻는 금융 기관

**평균 회수 기간(average collection period)** 수취채권이 회수되는 데 걸리는 시간으로, 365일을 평균 회전율로 나누어 산출

**현금 실현가치(cash net realizable value)** 현금으로 회수할 수 있을 것으로 보이는 금액

## 객관식 문제

**1** 다음 중 수취채권을 바르게 구분한 것은?

a. 외상매출금, 회사 수취채권, 기타 수취채권
b. 외상매출금, 받을어음, 임직원 대여금
c. 외상매출금, 일반 수취채권
d. 외상매출금, 받을어음, 기타 수취채권

**2** 6월 15일, Buehler Company는 Chaz Co.에 $1,000를 신용 조건 2/10, n/30으로 외상판매했으며 Chaz Co.는 6월 20일에 $300를 반품 처리했다. 이후 6월 24일에 Chaz Co.가 외상매출금을 입금했다면 현금 수령액은 얼마인가?

a. $700
b. $680
c. $686
d. 위의 보기 모두 해당되지 않음

**3** Hughes plc의 대손충당금의 수정 전 잔액은 대변으로 £5,000이다. 회계연도 말에 외상매출금을 연령조사한 결과 대손 예상액이 £60,000로 추산되었다. 대손상각비로 얼마를 계상해야 하는가?

a. £5,000 b. £55,000
c. £60,000 d. £65,000

**4** 3번 문제에서 Hughes plc의 대손충당금 잔액이 차변으로 £5,000라면 대손상각비로 얼마를 계상해야 하는가?

a. £5,000 b. £55,000
c. £60,000 d. £65,000

**5** 월말 외상매출금의 잔액이 €800,000이고 동 금액의 1.5%가 회수 불능으로 예상된다. 대손충당금의 잔액이 대변으로 €1,000이면 대손상각비로 계상될 금액은 얼마인가?

a. €7,000 b. €11,000
c. €12,000 d. €13,000

**6** 2020년 12월 31일 현재 Carlson Enterprises의 외상매출금은 ₺750,000이며, 2020년 1월 1일의 대손충당금 잔액은 대변으로 ₺18,000였다. 그 사이 2020년에 발생한 회수 불능으로 확정된 외상매출금은 ₺30,000인데, 과거 경험상 외상매출금의 3%가 회수 불능이라면 2020년에 계산할 대손상각비는 얼마인가?

a. ₺10,500 b. ₺22,500
c. ₺30,000 d. ₺34,500

**7** Prince Ltd.의 12월 31일 자 외상매출금의 연령조사 분석 결과는 다음과 같다. 수정 후 외상매출금의 현금 실현가치는 얼마인가?

| | |
|---|---|
| 외상매출금 | £800,000 |
| 수정 전 대손충당금 잔액 | 50,000 |
| 회수 불능으로 추산된 금액 | 65,000 |

a. £685,000 b. £750,000
c. £800,000 d. £735,000

**8** 상품 매매에서 비자카드를 사용했을 때 다음 설명 중 옳지 않은 것은?

a. 카드사가 고객의 신용을 조사한다.
b. 판매자는 고객으로부터의 현금 회수를 위해 노력할 필요가 없다.
c. 두 당사자가 관여한다.
d. 판매자는 보다 빨리 외상판매에 대한 현금을 회수한다.

**9** 7월 1일, Blinka Retailers는 시티은행 비자카드를 받아 HK$50만어치를 팔았으며, 시티은행에 4%의 수수료를 내야 한다. 대변의 매출 HK$500,000와 함께 차변에 해야 할 분개는 무엇인가?

| | | |
|---|---|---|
| a. | 현금 | HK$480,000 |
| | 지급수수료 | HK$20,000 |
| b. | 외상매출금 | HK$480,000 |
| | 지급수수료 | HK$20,000 |
| c. | 현금 | HK$500,000 |
| d. | 외상매출금 | HK$500,000 |

**10** 약속어음에 대한 설명으로 옳지 않은 것은?

a. 지급을 약속한 당사자를 발행인이라고 한다.
b. 현금을 수령할 당사자를 수취인이라고 한다.
c. 약속어음은 양도 불능이다.
d. 약속어음은 신용이 낮은 고객에게 주로 요구한다.

**11** Foti Co.는 Bartelt Co.가 발급한 액면가 $1,000, 3개월 만기, 이자율 6%의 약속어음을 받고 외상매출금의 채권을 연장했다. 해야 할 분개는 무엇인가?

| | 차변 | 대변 |
|---|---|---|
| a. 받을어음 | 1,015 | |
| 외상매출금 | | 1,015 |
| b. 받을어음 | 1,000 | |
| 외상매출금 | | 1,000 |
| c. 받을어음 | 1,000 | |
| 매출 | | 1,000 |
| d. 받을어음 | 1,030 | |
| 외상매출금 | | 1,030 |

**12** Ginter Ltd.는 Kolar Co.가 발급한 액면가 NT$10,000, 120일 만기, 이자율 9%의 어음을 수령했다면 Ginter가 추후 결제일에 해야 할 분개는 무엇인가? 단 미수이자의 수정 분개는 없었다고 가정한다.

| | 차변 | 대변 |
|---|---|---|
| a. 현금 | 10,300 | |
| 받을어음 | | 10,300 |
| b. 현금 | 10,000 | |
| 받을어음 | | 10,000 |
| c. 외상매출금 | 10,300 | |
| 받을어음 | | 10,000 |
| 이자수익 | | 300 |
| d. 현금 | 10,300 | |
| 받을어음 | | 10,000 |
| 이자수익 | | 300 |

**13** 외상매출금과 받을어음은 재무상태표상 유동자산으로 보고되는데, 공시되는 금액은 무엇인가?

a. 현금 실현가치
b. 순장부가액
c. 저가법에 의한 실현가치
d. 송장 금액

**14** Shin Industries의 회계연도 동안 순외상매출액과 매출원가가 각각 ¥800,000, ¥500,000이고, 외상매출금의 기초 금액과 기말 금액이 각각 ¥100,000, ¥150,000이라면 외상매출금의 회전율과 회수 기간은 얼마인가(단위: 1,000)?

a. 4.0, 91.3일
b. 5.3, 68.9일
c. 6.4, 57일
d. 8.0, 45.6일

## 기초 확인 문제

**1** Gwok Toys의 다음 거래를 분개하라(단위: 1,000).

a. 8월 1일, Gwok Toys는 Miguel Imports에 NT$15,500의 장난감을 신용 조건 1/10, n/30으로 외상판매했다.
b. 8월 8일, Miguel Imports는 NT$3,100의 장난감을 반품했다.
c. 8월 11일, Miguel Imports는 외상매출금 잔액을 지급했다.

**해답**

| | 차변 | 대변 |
|---|---|---|
| a. 외상매출금 | 15,500 | |
| 매출 | | 15,500 |
| b. 매출환입과 에누리 | 3,100 | |
| 외상매출금 | | 3,100 |
| c. 현금(NT$12,400 − NT$124) | 12,276 | |
| 매출할인(NT$12,400 × 1%) | 124 | |
| 외상매출금(NT$15,500 − NT$3,100) | | 12,400 |

**2** Sanchez Vineyards는 채권 잔액 대비 백분율로 2020년의 대손상각비를 추산하면서 외상매출금의 3%가 회수 불능이라고 예측했다. 2020년 동안 매출은 €900,000, 매출환입은 €50,000이며, 2020년 12월 31일 자 외상매출금 잔액은 €139,000이고 대손충당금의 잔액은 대변으로 €3,000가 남아 있다. 2020년 대손상각비를 인식하는 분개를 하라.

**해답**

| | 차변 | 대변 |
|---|---|---|
| 대손상각비[(€139,000 × 3%) − €3,000] | 1,170 | |
| 대손충당금 | | 1,170 |

**3** 2020년 1월 20일, Carlos Co.는 Carson Co.에 $20,000의 상품을 외상으로 판매하면서 회수 조건을 n/30으로 했다. 2월 19일, Carson Co.는 Carlos Co.에 이자율 8%의 약속어음으로 외상매출금을 변제했다. 판매와 받을어음 수령을 분개하라.

**해답**

| 날짜 | 계정 | 차변 | 대변 |
|---|---|---|---|
| 1월 20일 | 외상매출금 | 20,000 | |
| | 매출 | | 20,000 |
| 2월 19일 | 받을어음 | 20,000 | |
| | 외상매출금 | | 20,000 |

## 확인 문제

**1** Nuro Metalworks의 회계장부상 당해 연도의 외상매출금은 £180,000이고 매출과 매출환입은 각각 £1,800,000, £60,000이다.

**a.** 직접상각법으로 회수 불능을 회계 처리하는 경우 £2,900가 대손 처리되었을 때 12월 31일 자 분개를 하라.

**b.** 충당금 설정법을 사용하는 경우 대손충당금의 잔액이 대변으로 £4,300 남아 있고 외상매출금의 10%가 회수 불능일 때 대손 처리를 분개하라.

**c.** 충당금 설정법을 사용하는 경우 대손충당금의 잔액이 차변으로 £410 남아 있고 외상매출금의 6%가 회수 불능일 때 대손 처리를 분개하라.

### 해답

| | | 차변 | 대변 |
|---|---|---|---|
| a. 12월 31일 | 대손상각비 | 2,900 | |
| | 외상매출금 | | 2,900 |
| b. 12월 31일 | 대손상각비 | 13,700 | |
| | 대손충당금 | | |
| | [(£180,000 × 10%) − £4,300] | | 13,700 |
| c. 12월 31일 | 대손상각비 | 11,210 | |
| | 대손충당금 | | |
| | [(£180,000 × 6%) + £410] | | 11,210 |

**2** Sargeant Supply는 2020년 후반 2개월 동안 다음과 같은 거래를 하고 받을어음을 수령했다.

11월 1일 메리 호킨스에게 현금 CHF20,000을 대여하고 1년 만기, 이자율 12%의 약속어음을 발행했다.

12월 11일 Eminem, Inc.에 상품을 팔고 액면가 CHF9,000, 90일 만기, 이자율 8%의 약속어음을 받았다.

16일 릭 들롱의 외상매출금을 액면가 CHF8,000, 6개월 만기, 이자율 9%의 약속어음으로 변제받았다.

31일 받을어음에 대한 이자수익을 계상했다.

**a.** Sargeant Supply의 분개를 하라.

**b.** 2021년 메리 호킨스가 발행한 어음이 만기가 되었을 때 필요한 분개를 하라.

### 해답

a.

| 2020 | | 차변 | 대변 |
|---|---|---|---|
| 11월 1일 | 받을어음 | 20,000 | |
| | 현금 | | 20,000 |
| 12월 11일 | 받을어음 | 9,000 | |
| | 매출 | | 9,000 |
| 16일 | 받을어음 | 8,000 | |
| | 외상매출금 | | 8,000 |
| 31일 | 미수이자 | 470 | |
| | 이자수익* | | 470 |

*이자수익 산출:

| | | |
|---|---|---|
| 호킨스 발행어음: | CHF20,000 × 12% × 2/12 = | CHF400 |
| Eminem's 발행어음: | 9,000 × 8% × 20/360 = | 40 |
| 들롱 발행어음: | 8,000 × 9% × 15/360 = | 30 |
| | | CHF470 |

b.

| 2021 | | 차변 | 대변 |
|---|---|---|---|
| 11월 1일 | 현금 | 22,400 | |
| | 미수이자 | | 400 |
| | 이자수익** | | 2,000 |
| | 받을어음 | | 20,000 |

**(CHF20,000 × 12% × 10/12)

## 실습 문제

다음은 Dylan Confectioners의 거래 내용이다(단위: 1,000).

3월 1일 Hé Ltd.에 ₩20,000의 상품을 신용 조건 2/10, n/30으로 판매했다.

11일 Hé Ltd.로부터 외상매출금을 전액 회수했다.

12일 Juno Company로부터 액면가 ₩20,000, 6개월 만기, 이자율 12%의 약속어음을 외상매출금의 변제로 수령했다.

13일 Dylan Confectioners의 자체 신용카드로 ₩13,200을 판매했다.

15일 비자카드로 ₩6,700을 판매하여 비자카드에 대한 3%의 서비스 수수료가 발생했다.

4월 11일 Harcot Factor에 ₩8,000의 외상매출금을 양도했다. Harcot Factor는 채권 금액의 2%를 서비스 요금으로 부과한다.

13일 Dylan 카드로 인한 매출채권 중 ₩8,200을 수령했다. 미회수 잔액에 대해서는 1.5%의 수수료를 부과했다.

5월 10일 회수 불능의 매출채권 ₩16,000을 대손 처리했다. Dylan Confectioners는 부실채권을 추산하기 위해 대손충당금 계정과 백분율법을 사용한다.

6월 30일 총매출채권 ₩2,000,000에 대해 1%의 대손을 설정했다. 6월 30일, 일자 수정 전 대손충당금 잔액이 대변으로 ₩3,500 있다.

7월 16일 줄리 찬으로부터 5월에 대손처리한 ₩4,000을 전액 회수했다.

앞의 거래를 분개하라(매출원가 부분은 생략한다).

**해답**

| | | | |
|---|---|---|---|
| 3월 1일 | 외상매출금 | 20,000 | |
| | 매출 | | 20,000 |
| | (외상판매) | | |
| 11일 | 현금 | 19,600 | |
| | 매출할인(2% × ₩20,000) | 400 | |
| | 외상매출금 | | 20,000 |
| | (매출채권 회수) | | |
| 12일 | 받을어음 | 20,000 | |
| | 외상매출금 | | 20,000 |
| | (외상매출금을 받을어음으로 회수) | | |
| 13일 | 외상매출금 | 13,200 | |
| | 매출 | | 13,200 |
| | (회사가 발급한 신용카드로 판매) | | |
| 15일 | 현금 | 6,499 | |
| | 지급수수료(3% × ₩6,700) | 201 | |
| | 매출 | | 6,700 |
| | (비자카드로 판매) | | |
| 4월 11일 | 현금 | 7,840 | |
| | 지급수수료(2% × ₩8,000) | 160 | |
| | 외상매출금 | | 8,000 |
| | (매출채권 양도) | | |
| 13일 | 현금 | 8,200 | |
| | 외상매출금 | | 8,200 |
| | (외상매출금 회수) | | |
| | 외상매출금[(₩13,200 − ₩8,200) × 1.5%] | 75 | |
| | 이자수익 | | 75 |
| | (미회수 채권에 대한 이자 인식) | | |
| 5월 10일 | 대손충당금 | 16,000 | |
| | 외상매출금 | | 16,000 |
| | (외상매출금 대손 처리) | | |
| 6월 30일 | 대손상각비[(₩2,000,000 × 1%) − ₩3,500] | 16,500 | |
| | 대손충당금 | | 16,500 |
| | (대손상각 추산) | | |
| 7월 16일 | 외상매출금 | 4,000 | |
| | 대손충당금 | | 4,000 |
| | (대손 처리 취소) | | |
| | 현금 | 4,000 | |
| | 외상매출금 | | 4,000 |
| | (외상매출금 회수) | | |

## 단원 정리를 위한 질문

**1** 외상매출금과 받을어음의 차이는 무엇인가?

**2** 외상매출금과 받을어음 이외의 수취채권에는 어떤 것이 있는지 밝혀라.

**3** 텍사코(Texaco Oil Company, 미국)는 자체 신용카드를 발급하고 적기에 지급되지 않는 금액에 $40의 이자를 부과한다고 하자. 이 수익을 기록하기 위한 분개를 하라.

**4** 충당금을 설정하여 대손상각을 처리하는 방법의 주요 특징을 설명하라.

**5** 로저 홀러웨이는 외상매출금을 대손충당금 계정을 사용하여 대손을 인식하는 경우 회수 불능이 발생하더라도 채권의 현금 실현가치가 감소하지 않는 이유를 이해하지 못한다. 로저에게 그 이유를 설명하라.

**6** TSMC의 재무상태표에는 어떤 유형의 수취채권이 있는가? TSMC는 대손 처리를 인식하기 위해 충당금 설정법과 직접상각법 중 무엇을 사용하는가?

**7** Borke Ltd.의 수정 전 대손충당금 잔액이 대변으로 NT$300,000 있고, 백분율법에 따른 총대손상각비가 NT$580,000이다. 대손상각을 인식하기 위한 분개를 하라.

**8** 직접상각법에서의 대손상각 처리 방법에 대해 설명하라. 이 방법의 단점은 무엇인가?

**9** Tropical Pools & Spas의 영업 담당 부사장인 리자이나 골든은 회사 내 신용 부서가 까다로운 데 불만이 많아서 "아무도 안 믿으면 팔 것이 없어요"라고 주장한다. 신용 방침이 느슨하면 어떤 장단점이 있는지, 그리고 회계에 어떤 영향을 미치는지 설명하라.

**10** Freida ASA는 자체 발급 신용카드와 카드 전문 회사의 신용카드를 모두 받는다. 각 카드의 장점을 설명하라.

**11** 최근 《월스트리트저널(Wall Street Journal)》에 기업의 매출채권 매각이 최고액을 기록했다는 기사가 실렸다. 기업이 채권을 매각하는 이유는 무엇인가?

**12** Westside Textiles는 외상매출금 HK$8,000,000를 First Factors에 매각하기로 결정했으며, First Factors는 해당 채권 금액의 3%를 서비스 요금으로 수취한다. Westside Textiles의 분개를 하라.

**13** 받을어음의 장점을 외상매출금과 비교하여 설명하라.

**14** 약속어음의 지급일에는 어떤 종류가 있는가?

**15** 다음 각 약속어음의 지급일은 언제인가?

| | 발행 일자 | 조건 |
|---|---|---|
| a. | 3월 13일 | 기재일로부터 1년 후 |
| b. | 5월 4일 | 발행일로부터 3개월 후 |
| c. | 6월 20일 | 발행일로부터 30일 후 |
| d. | 7월 1일 | 발행일로부터 60일 후 |

**16** 다음 각 약속어음의 빈칸을 채워라.

| | 원금 | 연 이자율 | 기간 | 총이자 |
|---|---|---|---|---|
| a. | ? | 9% | 120일 | €450 |
| b. | €30,000 | 10% | 3년 | ? |
| c. | €60,000 | ? | 5개월 | €1,500 |
| d. | €45,000 | 8% | ? | €1,200 |

**17** Jana Company는 지급일에 어음을 결제하지 못하여 부도를 냈다. 어음 소지자가 취할 수 있는 대안은 무엇인가?

**18** 토요타(Toyota Motor Company, 일본)에는 매출채권으로 외상매출금과 받을어음이 있다. 재무상태표에 공시하는 방법을 설명하라.

**19** 외상매출금의 회전율이 8.14이고 해당 기간 외상매출금의 평균잔액이 ₺400,000일 때 해당 기간의 순외상매출액을 구하라.

**20** TSMC의 2016년 대손충당금은 총매출채권 대비 몇 퍼센트인가?

## 가벼운 연습 문제

**1** 다음은 수취채권의 발생 내역이다. 재무상태표상 외상매출금, 받을어음, 기타 수취채권 중 어떤 항목으로 표시되는지 밝혀라.

a. 고객에게 ₩64,000,000의 상품을 판매했다.

b. 용역을 수행하고 ₩57,000,000의 약속어음을 받았다.

c. 직원에게 ₩10,000,000을 선지급했다.

**2** RAS Co.의 다음 거래를 분개하라.

a. 7월 1일, Waegelein Inc.에 $17,200의 상품을 신용 조건 2/10, n/30으로 외상판매했다.

b. 7월 8일, Waegelein Inc.가 $3,800 상당의 상품을 반품했다.

c. 7월 11일, Waegelein Inc.가 상품 대금을 지불했다.

**3** Energy Solutions는 사업 첫해에 €3,000,000의 외상판매를 했으며 연말 외상매출금에 €600,000가 남아 있다. 신용 부서 담당자는 이 중 €31,000를 회수할 수 없을 것이라고 추정한다.

a. 대손에 관해 분개하라.

b. Energy Solutions의 재무상태표 내 유동자산 부분을 작성하라. 외상매출금 외에 현금 €90,000, 재고자산 €130,000, 선급보험료 €7,500가 있다.

**4** 2020년 말 Chin Appliances의 외상매출금은 ¥700,000, 대손충당금은 ¥54,000(단위: 1,000)이다. 다음 해 2021년 1월 24일 자로 메건 그레이에 대한 채권이 회수 불능이라는 사실을 알게 되었고, 경영진은 ¥6,200 대손상각을 승인했다.

a. 대손상각을 분개하라.

b. 상각 전과 상각 후 외상매출금의 현금 실현가치는 얼마인가?

**5** 4번 문제에서 2021년 3월 4일 Chin Appliances가 메건 그레이로부터 ¥6,200 전액을 받은 경우 해당 분개를 하라.

**6** Kingston Publishers는 매출채권에 대한 1%의 비율로 대손상각비를 인식한다. 연말에 매출채권이 £420,000이고 대손충당금의 잔액이 대변으로 £1,500이다.

a. 해당 연도의 대손상각을 인식하기 위한 분개를 하라.

b. 대손충당금의 잔액이 차변으로 £800일 때의 분개를 하라.

**7** 다음은 각각 독립적인 거래이다.

a. Fiesta Restaurant은 점심식사 대금 €175를 비자카드로 받았으며, 비자는 4%의 서비스 수수료를 부과한다. 이를 분개하라.

b. St. Pierre AG는 €60,000의 매출채권을 매각했으며 3%의 수수료가 부과된다. 이를 분개하라.

**8** 다음 각 어음의 이자를 계산하고 만기일을 밝혀라(단위: 1,000).

| | 어음 | 원금 | 이자율(%) | 기간 |
|---|---|---|---|---|
| a. | 6월 10일 | NT$80,000 | 6% | 60일 |
| b. | 7월 14일 | NT$64,000 | 7% | 90일 |
| c. | 4월 27일 | NT$12,000 | 8% | 75일 |

**9** 다음 각 약속어음의 빈칸을 채워라.

| | 발행일 | 기간 | 만기일 | 원금 | 연 이자율 | 이자 금액 |
|---|---|---|---|---|---|---|
| a. | 4월 11일 | 60일 | ? | ₺600,000 | 6% | ? |
| b. | 7월 2일 | 30일 | ? | 90,000 | ? | ₺600 |
| c. | 3월 7일 | 6개월 | ? | 120,000 | 10% | ? |

**10** 2020년 1월 10일, Wilfer Ltd.는 Robertsen Co.에 HK$84,600의 상품을 신용 조건 n/30으로 외상판매했으며, 2월 9일에 Robertsen Co.로부터 외상매출금 변제를 위해 이자율 10%의 약속어음을 수령했다. 매출과 받을어음 수령을 분개하라(매출원가 분개는 생략한다).

**11** Fertig Retail은 운영 첫해에 외상판매액이 R$3,000,000이고 이 중 R$400,000가 연말에 미회수 상태인데, 신용 담당자는 R$18,000를 회수할 수 없을 것이라고 추정한다.

**a.** 대손을 인식하는 분개를 하라(대손충당금 잔액을 0으로 가정한다).

**b.** 위의 외상매출금 외 현금 R$90,000, 재고자산 R$180,000, 소모품 R$13,000이 있다고 가정하고 Fertig Retail에 대한 재무상태표상 유동자산 부분을 작성하라.

**c.** 외상매출금의 평균 잔액이 R$300,000일 때 외상매출금 회전율과 평균 회수 기간을 구하라. 이러한 분석의 목적은 무엇인가?

**12** 미국의 3M 그룹에 속한 미네소타마이닝앤드매뉴팩처링컴퍼니(Minnesota Mining & Manufacturing Company)의 재무제표에 따르면 순매출이 $200억이고, 순외상매출금의 기초 및 기말 잔액이 각각 $27억, $28억이다. 외상매출금 회전율과 회수 기간을 구하라.

## DO IT! 적용 문제

**1** 3월 1일, Lincoln은 Amelia Stores에 €28,000의 상품을 신용 조건 1/10, net 45로 외상판매했다. Amelia Stores는 3월 6일에 €1,000의 상품을 반품한 후 3월 11일에 Lincoln에 외상매출금 전액을 변제했다. Lincoln이 해야 할 분개를 하라(매출원가는 고려하지 않는다).

**2a** 다음은 Gonzalez Fashions의 매출 관련 자료이다.

| | |
|---|---|
| 외상매출금 | R$ 310,000(차변) |
| 매출 | 2,200,000(대변) |
| 대손충당금 | 6,100(대변) |

회수 불능 채권은 전체 금액의 5%로 추정된다. 대손상각을 인식하는 분개를 하라.

**2b** Neumann Distributors는 매출이 빠르게 신장하는데도 돈을 구하기가 어렵다. 은행은 더 이상 대출을 해주지 못한다고 거절한 상황이다. Neumann Distributors는 공급업체에는 송장일로부터 30일 이내에 대금을 지급하지만 고객에게는 60~90일 이내로 대금을 받고 있어 결과적으로 현금흐름에 문제가 있기 때문이다. 이에 다음 주 금요일 직원들에게 지급할 급여 €160,000를 조달하기 위해 매출채권 €800,000 중 €170,000를 판매했는데, Neumann Distributors가 해야 할 분개를 하라(수수료가 2%라고 가정한다).

**3** Gentry Wholesalers는 Benton Stores의 연체된 외상매출금 변제로 발행일 5월 31일 자의 액면가 £6,200, 4개월 만기, 이자율 9%의 어음을 수령했다.

**a.** 어음의 만기일은 언제인가?

**b.** 만기일에 지불해야 할 이자는 얼마인가?

**4** 2020년에 Wainwright Drugstores는 해당 연도의 순외상판매액으로 NT$1,300,000(단위: 1,000)를 시현했으며, 순외상매출금의 기초 및 기말 잔액은 각각 NT$101,000, NT$107,000이다. (a) 외상매출금 회전율과 (b) 평균 회수 일수를 구하라.

## 단원 연습 문제

**1** 1월 6일, Malta Ltd.는 Harley Inc.에 £9,200의 상품을 신용 조건 1/10, n/30으로 외상판매했으며, Harley Inc.는 1월 16일에 외상매출금을 전액 변제했다. Malta Ltd.의 판매와 대금 회수를 분개하라(매출원가 부분은 생략한다).

**2** 다음은 Federer Apparel의 거래이다. Federer Apparel은 도매로 다른 회사에 상품을 대량 판매하기도 하고 자체 소매업장에서 직접 판매하기도 한다.

| | |
|---|---|
| 3월 1일 | Lynda Company에 CHF5,000의 상품을 신용 조건 2/10, n/30으로 외상판매했다. |
| 3일 | Lynda Company가 CHF500 상당의 상품을 반환했다. |
| 9일 | Federer Apparel은 Lynda Company로부터 3월 1일의 외상매출금 전액을 회수했다. |
| 15일 | Federer Apparel은 소매업장에서 CHF400의 상품을 판매했으며, 고객은 Federer Apparel 카드를 사용했다. |
| 31일 | Federer Apparel은 고객의 신용카드 잔액에 월 1.5%의 이자를 추가했다. |

앞의 거래를 분개하라(매출원가 부분은 생략한다).

**3** 다음은 각각 독립적인 거래이다.

**a.** 1월 6일, Brumbaugh Co.는 Pryor Group에 €7,000의 상품을 신용 조건 2/10, n/30으로 외상판매했으며, Pryor Group은 1월 16일에 약정된 매출채권을 변제했다. 판매와 대금 회수를 분개하라(매출원가 부분은 생략한다).

**b.** 1월 10일, 앤드루 팔리는 Paltrow Co.에서 €9,000의 상품을 Paltrow Co. 카드로 구입했다. 앤드루는 2월 10일에 €9,000의 청구서를 받았으나 2월 12일에 €5,000만 변제했기 때문에 3월 10일에 미지급 잔액과 월 이자 1%의 청구서를 받았다. 이 거래와 관련하여 Paltrow Co.가 1월 10일, 2월 12일, 3월 10일에 해야 할 분개를 하라(매출원가 부분은 생략한다).

**4** Coe Ltd.의 기초 외상매출금은 £200,000, 기초 대손충당금은 £9,000(대변)이다. 이후 당해 연도에 £800,000의 순외상매출을 시현하고 £763,000의 대금을 회수했으며, £73,000의 채권을 대손 처리했다. 또한 종전에 회수 불능으로 대손 처리한 부실채권에서 £3,100를 회수(상각채권 추심)했으며, 당기 말 대손으로 £25,000를 추산한다(매출원가 부분은 생략한다).

**a.** 당기 중 판매와 대금 회수를 분개하라.

**b.** 당기 중 대손 처리를 분개하라.

**c.** 당기 중 상각채권의 추심을 분개하라.

**d.** 당기 말 대손상각의 인식을 분개하라.

**e.** 외상매출금과 대손충당금의 기말 잔액을 구하라.

**f.** 기말 기준으로 외상매출금의 현금 실현가치를 구하라.

**5** Costello Company의 당해 연도 총계정원장에는 외상매출금 $110,000, 매출 $840,000, 매출환입과 에누리 $20,000가 있다.

**a.** Costello Company가 직접차감법으로 대손을 인식하는 경우, 연말에 L. 돌에 대해 보유한 외상매출금 $1,400를 회수 불능으로 판단하여 상각하려고 할 때 필요한 수정 분개를 하라.

**b.** Costello Company가 대손충당금 계정을 사용하여 대손을 인식하는 경우, 대손충당금 계정에 수정 전 잔액이 대변으로 $2,100 있고 대손을 외상매출금의 10%로 예상할 때 12월 31일에 해야 할 수정 분개를 하라.

**c.** 대손충당금에 수정 전 잔액이 차변으로 $200 있고, 대손을 외상매출금의 6%로 예상할 때 12월 31일에 해야 할 수정 분개를 하라.

**6** Min Yacht의 결산일인 2020년 3월 31일 자 외상매출금이 ₩95,400(단위: 1,000)이고 신용 조건은 2/10, n/30이다. 그리고 같은 날 수정 전 대손충당금의 잔액이 차변으로 ₩2,100 있다. Min Yacht는 백분율법을 사용하여 대손상각을 산출하는데, 구체적인 대손 추정치는 다음과 같다.

| | 3월 31일 잔액 | | |
|---|---|---|---|
| 채권 연령 | 2020 | 2019 | 회수 불능 비율 |
| 미연체 | ₩65,000 | ₩75,000 | 2% |
| 1~30일 연체 | 12,900 | 8,000 | 5% |
| 31~90일 연체 | 10,100 | 2,400 | 30% |
| 90일 넘게 연체 | 7,400 | 1,100 | 50% |
| | ₩95,400 | ₩86,500 | |

**a.** 2020년 3월 31일 자 대손상각비를 구하라.

**b.** 2020년 3월 31일 대손상각비 인식의 수정 분개를 하라.

**c.** 2019년부터 2020년 사이 채권의 연령 구성 변동에 대해 설명하라.

**7** 2019년 12월 31일, Blanda Creations의 대손충당금 잔액이 대변으로 €15,000이며, 2020년 동안 총 €11,000를 대손 처리하고 그중 €1,800는 이후 회수되었다. 2020년 12월 31일, 채권의 연령 조사에 따르면 대손충당금의 잔액이 €19,000가 되어야 한다. 2020년의 거래를 분개하라.

**8** 2020년 12월 31일, Ling Industries는 ¥450,000의 순매출채권 중 2%를 회수할 수 없을 것으로 추정하여 같은 일자에 잔액이 0을 보이는 대손충당금 계정으로 대손상각비를 계상했다(단위: 1,000). 이후 2021년 5월 11일, Ling Industries는 제프 슈메이커에 대한 채권이 회수 불능이라고 판단하고 ¥1,100을 상각했으며, 2021년 6월 12일에 동액이 회수되었다. 2020년 12월 31일, 2021년 5월 11일, 2021년 6월 12일에 해야 할 분개를 하라.

**9** 다음은 각각 독립적인 거래이다.

**a.** 3월 3일, Kitselman Appliances가 매출채권 중 $650,000를 Ervay Factors Inc.에 매각했을 때 Kitselman Appliances가 해야 할 분개를 하라.

**b.** 5월 10일, Fillmore Company는 $3,000의 상품을 판매하고 고객에게 아메리카은행 마스터카드를 받았다. 아메리카은행의 수수료가 4%일 때 Fillmore Company가 해야 할 분개를 하라.

**10** 다음은 각각 독립적인 거래이다.

**a.** 4월 2일, 제니퍼 엘스톤은 이케아 매장에서 이케아 카드를 사용하여 €1,500의 상품을 구입하고 5월 1일에 동액의 청구서를 받았으며, 5월 3일에 €500를 지불했다. 이에 제니퍼는 6월 1일에 미변제 잔액과 월 이자 1%의 청구서를 받았다. 이 거래와 관련하여 이케아가 4월 2일, 5월 3일, 6월 1일에 해야 할 분개를 하라.

**b.** 7월 4일, Dupré Restaurant은 저녁식사 대금 €200를 비자카드로 받았으며, 비자는 2%의 서비스 수수료를 부과한다. 이를 분개하라.

**11** Colaw Stores는 자체 신용카드와 국내 카드사의 신용카드를 모두 받으며, 해당 연도에 다음과 같은 거래가 발생했다(단위: 1,000).

| | |
|---|---|
| 1월 15일 | Colaw Stores 카드로 NT$18,000를 판매했다(1월 15일 이전 매출채권 잔액은 없다). |
| 20일 | 비자카드로 NT$4,500를 판매했다(수수료는 2%). |
| 2월 10일 | Colaw Stores 카드로 인한 매출채권에서 NT$10,000를 회수했다. |
| 15일 | Colaw Stores 카드의 미회수 잔액에 1.5%의 이자를 부과했다. |

위 거래를 분개하라.

**12** Chang Supply는 2020년의 남은 2개월 동안 받을어음과 관련하여 다음과 같은 거래를 했다. 발생 이자에 대한 회계적 인식은 12월 31일에만 한다고 가정한다.

| | |
|---|---|
| 11월 1일 | 매니 신에게 만기 12개월, 이자율 10%의 약속어음을 받고 HK$300,000의 현금을 대여했다. |
| 12월 11일 | Malcolm Inc.에 상품을 판매하고 액면가 HK$67,500, 90일 만기, 이자율 8%의 약속어음을 받았다. |
| 16일 | 조 페르네티로부터 연체된 매출채권 변제로 액면가 HK$400,000, 180일 만기, 이자율 9%의 약속어음을 받았다. |
| 31일 | 받을어음에 대한 이자수익이 발생했다. |

**a.** 위 거래를 분개하라(매출원가 부분은 생략한다).

**b.** 2021년 만기에 매니 신이 발행한 어음에서의 회수 금액을 구하라.

**13** Redeker Group의 다음 거래를 분개장에 기록하라.

**2020**

| | |
|---|---|
| 5월 1일 | 마크 챔버로부터 매출채권 변제로 액면가 €9,000, 12개월 만기, 이자율 10%의 약속어음을 받았다. |
| 12월 31일 | 마크 챔버가 발행한 약속어음에 이자가 발생했다. |
| 12월 31일 | 이자수익 계정을 결산 분개하고 마감했다. |

**2021**

| | |
|---|---|
| 5월 1일 | 마크 챔버가 발행한 약속어음의 원금과 이자를 수령했다(2021년에는 이자가 발생하지 않았다고 가정한다). |

**14** 다음은 Vandiver Company의 거래이다.

| | |
|---|---|
| 2020년 4월 1일 | Goodwin Company로부터 외상매출금 $30,000의 변제 대금으로 12개월 만기, 이자율 6%의 약속어음을 받았다. |
| 2020년 7월 1일 | 토머스 슬로컴에게 9개월 만기, 이자율 10%의 약속어음을 받고 현금 $25,000를 대여했다. |
| 2020년 12월 31일 | 받을어음에 이자가 발생했다. |
| 2021년 4월 1일 | Goodwin Company가 발행한 어음의 원금과 이자를 받았다. |
| 2021년 4월 1일 | 토머스 슬로컴이 발행한 어음을 부도냈으나 Vandiver Company는 대여금이 회수될 것이라고 예측한다. |

위 거래를 분개하라. 단, Vandiver Company는 1년에 한 번, 12월 31일에 수정 분개를 한다.

**15** 5월 2일, Ling Ltd.는 Chen, Inc.에 ¥9,000을 빌려주면서 6개월 만기, 이자율 7%의 약속어음을 받았다(단위: 1,000). 그러나 어음 만기일인 11월 2일에 Chen, Inc.는 지불 불능을 선언했다.

**a.** 어음 발행을 분개하라.

**b.** Ling Ltd.가 대여금이 회수될 것이라고 예측할 때 어음의 부도를 분개하라.

**c.** Ling Ltd.가 대여금이 회수되지 않을 것이라고 예측할 때 어음의 부도를 분개하라.

**16** Eileen Corp.의 2020년 10월 31일 자 수취채권은 대손충당금 $52, 외상매출금 $2,910, 기타 수취채권 $189, 받을어음 $1,353로 구성되어 있다(단위: 1,000). 수취채권을 재무상태표에 표시하라.

**17** Laskova A/S의 2020년 1월 1일 자 외상매출금은 €100,000이다. 2020년 동안 순외상판매액이 €1,000,000 있고, 현금으로 €920,000가 회수되었으며, 회수 불능으로 €30,000가 상각되었다.

**a.** 매출채권의 기말 잔액을 구하라.

**b.** 2020년 외상매출금 회전율을 구하라.

**c.** 평균 회수 일수를 구하라.

## 마무리 연습 문제

**1** 다음은 Catu Medical의 2019년 12월 31일 자 재무상태표상 외상매출금이다.

| | |
|---|---|
| 외상매출금 | R$960,000 |
| 차감: 대손충당금 | 80,000 |

2020년 동안 Catu Medical은 외상매출금과 관련하여 다음 거래를 했다.

| | |
|---|---|
| 1. 외상판매 | R$3,700,000 |
| 2. 매출환입과 에누리 | 50,000 |
| 3. 외상매출금 회수 | 2,810,000 |
| 4. 회수 불능으로 보이는 외상매출금 상각 | 90,000 |
| 5. 상각된 외상매출금 추심 | 29,000 |

**a.** 앞의 거래를 분개하라. 단, 외상매출금 회수 시 매출할인이 없다고 가정한다.

**b.** 외상매출금과 대손충당금의 T 계정을 만들어 2020년 1월 1일 자 기초 금액을 입력하고, 위 분개를 포스팅하여 기말 잔액을 구하라.

**c.** 외상매출금의 연령조사로 추산되는 부실채권 금액이 R$115,000일 때 2020년 대손상각비를 인식하기 위한 분개를 하라.

**d.** (c)에서 예상된 대손상각비를 전제로 하여 2020년 외상매출금의 회전율을 구하라.

b. 외상매출금 R$1,710,000
대손충당금 R$19,000
c. 대손상각비 R$96,000

**2** 다음은 2020년 Mingenback Ltd.의 회계 정보이다.

| | |
|---|---|
| 총외상판매액 | £2,500,000 |
| 12월 31일 외상매출금 | 875,000 |
| 대손 처리 | 33,000 |

**a.** Mingenback Ltd.가 직접차감법을 사용하는 경우 대손상각비를 구하라.

**b.** Mingenback Ltd.가 매출채권의 6%를 부실채권으로 추정하는데 대손충당금 잔액이 대변으로 £3,000 남아 있을 때 대손상각비를 구하라.

**c.** (b)에서 대손충당금 잔액이 차변으로 £3,000 남아 있을 때 대손상각비를 구하라.

**d.** 대손비용을 매출채권에서 직접 차감하는 방식의 단점은 무엇인가?

b. £49,500

**3** 다음은 Sycamore AG의 외상매출금에 대한 연령조사표이다.

계산표

| | A | B | C | D | E | F | G |
|---|---|---|---|---|---|---|---|
| 1 | | | | | | | |
| 2 | | | | 연체 일수 | | | |
| 3 | 고객 | 금액 | 미연체 | 1–30 | 31–60 | 61–90 | Over 90 |
| 4 | Anders | € 22,000 | | €10,000 | €12,000 | | |
| 5 | Blake | 40,000 | € 40,000 | | | | |
| 6 | Cyr | 57,000 | 16,000 | 6,000 | | €35,000 | |
| 7 | Deleon | 34,000 | | | | | €34,000 |
| 8 | Others | 132,000 | 96,000 | 16,000 | 14,000 | | 6,000 |
| 9 | | €285,000 | €152,000 | €32,000 | €26,000 | €35,000 | €40,000 |
| 10 | 회수 불능 비율 | | 3% | 6% | 13% | 25% | 50% |
| 11 | 회수 불능 추산액 | € 38,610 | € 4,560 | € 1,920 | € 3,380 | € 8,750 | €20,000 |
| 12 | | | | | | | |

2020년 12월 31일 대손충당금의 잔액은 대변으로 €12,000이다.

**a.** 2020년 12월 31일 자 대손상각비를 분개하고 관련 계정에 포스팅하라.

**b.** 2021년에 발생한 다음 사건과 거래를 분개하고 대손충당금 계정에 포스팅하라.

1. 2020년에 발생한 외상매출금 €1,000가 회수 불능으로 판단되어 3월 31일에 상각 처리했다.
2. 5월 31일에 위 금액 €1,000가 상각 후 변제되었다.

**c.** 2021년 12월 31일 자 대손상각비를 분개하라. 단, 대손충당금의 잔액은 차변으로 €800 남아 있고, 연령조사에 따른 부실채권은 €31,600가 될 것이라고 추산된다.

a. 대손상각비 €26,610
c. 대손상각비 €32,400

**4** Ho Publishers는 충당금을 설정하여 부실채권에 대한 대손상각비를 인식하며, 연말에 다음과 같이 외상매출금의 연령조사를 했다(단위: 1,000).

계산표

| | A | B | C | D | E | F | G |
|---|---|---|---|---|---|---|---|
| 1 | | | | | | | |
| 2 | | | 경과 일수 | | | | |
| 3 | | Total | 0–30 | 31–60 | 61–90 | 91–120 | Over 120 |
| 4 | 외상매출금 | 200,000 | 77,000 | 46,000 | 39,000 | 23,000 | 15,000 |
| 5 | 회수 불능 비율 | | 1% | 4% | 5% | 8% | 20% |
| 6 | 부실채권 추정액 | | | | | | |
| 7 | | | | | | | |

**a.** 연령조사로 예상되는 부실채권 금액을 구하라.

**b.** (a)에서 추정된 부실채권 금액을 바탕으로 연말의 대손상각비를 인식하는 수정 분개를 하라. 단, 대손충당금 잔액은 차변으로 ¥8,000이다.

**c.** 위 외상매출금 중 ¥5,000이 회수 불능으로 결정되었을 때 분개를 하라.

**d.** (c)에서 대손 처리한 ¥5,000을 추후 추심하게 되었을 때 계정 복구와 현금 회수를 분개하라.

**e.** Ho Publishers가 외상매출금의 연령조사 대신 일괄적으로 총매출채권의 4%를 부실채권으로 추정하는 경우 (a)~(d)를 다시 풀고 어떻게 변동되는지 설명하라. 연령조사는 어떤 장점이 있는가?

a. 부실채권 추정액 ¥9,400

**5** 다음은 2020년 12월 31일 현재 Darby Antiques의 시산표상 수정 전 계정 금액이다.

| | 차변 | 대변 |
|---|---|---|
| 외상매출금 | £385,000 | |
| 대손충당금 | | £ 1,000 |
| 매출액 | | 970,000 |

**a.** 위 정보를 바탕으로 Darby Antiques가 직접상각법과 충당금 설정법 중 무엇으로 대손상각비를 인식하는지 밝히고 근거를 제시하라.

**b.** 2020년 12월 31일에 대손상각비를 인식하는 수정 분개를 하

라. 단, 연령조사에 따라 외상매출금 중 £11,750를 회수할 수 없을 것이라고 추정한다.

**c.** 대손충당금 잔액이 차변으로 £1,000 있을 때 (b)를 다시 풀라.

**d.** 2021년 1월에 £3,000의 매출채권이 회수 불능으로 판단될 때 상각 처리를 위한 분개를 작성하라.

**e.** Darby Antiques가 직접상각법을 사용하는 경우 (d)를 다시 풀라.

**f.** 대손충당금은 어떤 유형의 계정인가? 매출채권은 재무상태표에 보고되는 금액에 어떤 영향을 미치는가?

b. £10,750

**6** Anping Enterprises의 결산일은 7월 31일이며, 발생 이자 인식 등의 수정 분개는 결산일 외에는 하지 않는다. 또한 6월 30일 기준 받을어음이 NT$23,800(단위: 1,000)이고 다음과 같은 약속어음으로 구성되어 있다.

| 일자 | 발행인 | 액면가 | 기간 | 만기일 | 이자율 |
|---|---|---|---|---|---|
| 4/21 | Coote Inc. | NT$ 6,000 | 90일 | 7/20 | 8% |
| 5/25 | Brady Co. | 7,800 | 60일 | 7/24 | 10% |
| 6/30 | BMG Corp. | 10,000 | 6개월 | 12/31 | 6% |

다음은 7월의 거래이다.

7월 5일 Anping에 NT$4,500를 외상으로 판매했다.
14일 NT$600를 판매하면서 비자카드를 받았다. 비자의 서비스 수수료는 3%이다.
20일 Coote Inc.의 어음에서 전액을 회수했다.
24일 Brady Co.의 어음에서 전액을 회수했다.

**a.** 7월의 거래를 분개하라. 그리고 발생 이자에 대한 7월 31일 자 수정 분개를 하라(이자는 360일을 기준으로 하며 매출원가 부분은 생략한다).

**b.** 모든 매출채권 계정에 7월 1일의 금액을 입력하고 7월의 분개를 포스팅하라(T 계정을 사용하라).

**c.** 7월 31일 자 매출채권을 재무상태표에 표시하라.

b. 외상매출금 NT$4,500
c. 매출채권 계 NT$14,550

**7** Harter Wholesalers의 2020년 1월 1일 자 외상매출금은 €139,000, 받을어음은 €25,000, 대손충당금은 €13,200이다. 받을어음은 Willingham Company가 발행한 것이며, 만기일은 발행 일자 2019년 12월 31일로부터 4개월, 이자율은 9%이다. 또한 Harter Wholesalers의 결산일은 12월 31일이며, 연중에 다음 거래가 발생했다.

1월 5일 €20,000의 상품을 신용 조건 n/15로 Sheldon Company에 판매했다.
20일 Sheldon Company로부터 €20,000, 3개월 만기, 이자율 8%의 약속어음을 받았다.
2월 18일 Patwary Company에 €8,000의 상품을 판매하고 액면가 €8,000, 6개월 만기, 이자율 9%의 약속어음을 받았다.
4월 20일 Sheldon Company가 발행한 약속어음에서 현금을 회수했다.
30일 Willingham Company가 발행한 약속어음에서 현금 전액을 회수했다.
5월 25일 Potter Inc.로부터 외상매출금 변제를 위한 액면가 €6,000, 3개월 만기, 이자율 7%의 약속어음을 받았다.
8월 18일 Patwary Company가 발행한 약속어음에서 현금을 회수했다.
25일 Potter Inc.의 약속어음이 부도가 났다. 그러나 파산하지는 않았으므로 향후 대금 회수가 가능하다.
9월 1일 Stanbrough Company에 €12,000의 상품을 판매하고 액면가 €12,000, 6개월 만기, 이자율 10%의 약속어음을 받았다.

위 거래를 분개하라(매출원가 부분은 생략한다).

**8** 나이키와 아디다스의 2020년 연례 사업 보고서에 있는 재무 정보(단위: 100만)가 다음과 같다고 가정하자.

| | 나이키 | 아디다스 |
|---|---|---|
| 매출 | $19,176.1 | $10,381 |
| 기초 대손충당금 | 78.4 | 119 |
| 기말 대손충당금 | 110.8 | 124 |
| 기초 외상매출금 | 2,873.7 | 1,743 |
| 기말 외상매출금 | 2,994.7 | 1,553 |

두 회사의 외상매출금 회전율과 평균 회수 기간을 구하고 채권 회수의 차이점을 설명하라.

**9** 다음은 2020년 12월 31일로 종료되는 회계연도에 Yoon Imports가 작성한 조정 후 시산표이다(단위: 1,000).

| | 차변 | 대변 |
|---|---|---|
| 현금 | ¥ 6,400 | |
| 외상매출금 | 2,700 | |
| 받을어음 | 6,300 | |
| 재고자산 | 10,000 | |
| 설비 | 7,500 | |
| 대손충당금 | | ¥ 300 |
| 감가상각누계액 | | 1,000 |
| 지급어음 | | 1,100 |
| 매입채무 | | 600 |
| 자본금 | | 16,000 |
| 이익잉여금 | | 12,000 |
| 배당금 | 1,000 | |
| 매출 | | 13,000 |
| 이자수익 | | 100 |
| 매출원가 | 8,000 | |
| 급여 | 1,400 | |
| 임차료 | 700 | |
| 대손상각비 | 60 | |
| 지급수수료 | 40 | |
| | ¥44,100 | ¥44,100 |

손익계산서, 이익잉여금계산서, 표준형 재무상태표를 작성하라. 단, 지급어음의 만기일이 2021년 1월 10일이라고 가정한다.

당기순이익 ¥2,900

## 회계순환 과정 복습 문제

다음은 Victoria Ltd.의 2019년 12월 31일 자 재무상태표이다.

**Victoria Ltd.**
**재무상태표**
**2019년 12월 31일 현재**

| | | | |
|---|---|---|---|
| 재고자산 | £ 9,400 | 자본금 | £20,000 |
| 외상매출금 | 19,780 | 이익잉여금 | 12,730 |
| 대손충당금 | (800) | 매입채무 | 8,750 |
| 현금 | 13,100 | | £41,480 |
| | £41,480 | | |

Victoria Ltd.는 계속기록법을 사용하며, 2020년 1월에 발생한 거래는 다음과 같다.

1월 1일 Victoria는 외상매출금 변제로 Merando Company가 발행한 액면 £1,200, 4개월 만기, 이자율 8%의 약속어음을 받았다.

3일 Victoria는 Inwood Corporation(£450)과 Goza Company(£280)의 외상매출금을 회수 불능으로 판단했다.

8일 Victoria는 £17,200의 재고를 외상으로 구입했다.

11일 Victoria는 취득원가 £19,600의 재고자산을 £28,000에 판매했다.

15일 Victoria는 마크 라우버에게 £700의 재고를 £1,000에 판매하고 마크 라우버는 퍼스트뱅크 비자카드로 결제했다. 퍼스트뱅크가 부과하는 서비스 수수료는 3%이다.

17일 Victoria는 외상매출금 변제로 고객에게 £22,900를 받았다.

21일 Victoria는 매입채무 £14,300를 지불했다.

24일 Victoria는 1월 3일에 상각한 Goza에 대한 외상매출금 전액(£280)을 회수했다.

27일 Victoria는 현금 £1,400를 주고 소모품을 구입했다.

31일 Victoria는 판매관리비로 £3,718를 지불했다.

수정 자료

1. 받을어음에 대한 이자는 1월 1일부터 매달 회계적으로 인식된다.
2. 부실채권은 2020년 1월 31일 매출채권의 6%로 예상된다.
3. 2020년 1월 31일의 미사용 소모품은 £560이다.

T 계정을 이용하여 문제를 풀라.

**a.** 1월의 거래와 수정 자료에 따라 필요한 수정 분개를 하라(계속기록법에 따른 매출원가 분개도 하라).

**b.** 2020년 1월 31일 자 조정 후 시산표를 작성하라.

**c.** 2020년 1월 31일로 종료되는 월의 손익계산서와 이익잉여금계산서, 2020년 1월 31일의 표준형 재무상태표를 작성하라.

## 비판적 사고력 확장 문제

### 재무 보고: CAF AG

**1** 사무용 설비와 소모품을 외상으로 판매하는 CAF AG는 최근 외상매출금 회수에 적신호가 울렸다. 회사의 신용 조건인 2/10, n/30에 따라 청구일로부터 10일 이내에 결제함으로써 할인 혜택을 받는 고객의 비중이 전체의 75%였으나 작년부터 30일이 지나 결제하는 고객의 수가 증가하여 현재 60% 미만으로 감소하고, 매출 대비 부실채권의 비율도 지난 몇 년 동안 2.5%에서 올해 약 4.5%로 증가했다. 이에 회사의 재무이사회가 매출채권 회수에 대한 상세한 정보를 요청하여 회계 책임자는 다음과 같은 보고서를 작성하여 보고했다.

**CAF AG**
**외상매출금 회수에 대한 분석**
**2020년 5월 31일**

외상판매액을 전액 회수하는 것은 현실적으로 불가능합니다. 그래서 부실채권의 발생을 당연한 사실로 받아들이되 그 빈도를 줄이는 것이 중요합니다. 당사의 대손상각비는 통상 신용판매액의 2.5%인데 당 회계연도에 이르러 4.5%에 약간 미달되는 비율로 증가했습니다. 그리고 현재 외상매출금의 잔액은 €1,400,000이고, 과거 경험에 따른 연령별 대금 회수 확률은 다음과 같습니다.

| 구성 비율 | 연령 구분 | 회수 확률 |
|---|---|---|
| 60% | 신용 기간 내 | 98% |
| 22% | 30일 미만 연체 | 96% |
| 9% | 30~60일 연체 | 94% |
| 5% | 61~120일 연체 | 91% |
| $2^1/_2$% | 121~180일 연체 | 75% |
| $1^1/_2$% | 180일 넘게 연체 | 30% |

대손충당금은 2019년 6월 1일 기준 대변 잔액으로 €29,500가 설정되어 있으며, 당사는 외상매출액의 4.5%가 회수 불가능할 것이라는 추정에 따라 월별로 대손상각비를 인식하고 있습니다. 또한 2019년 6월 1일부터 2020년 5월 31일 회계연도의 외상판매액은 €2,800,000이며, 부실채권 발생액은 €102,000입니다.

a. 위 연령 분석을 활용하여 다음과 같은 단계로 외상매출금의 연령조사표를 작성하라.
   1. 외상매출금을 연령별로 세분
   2. 연령별로 회수 불능액 추산
b. 위 분석 결과에 따라 대손충당금에 계상할 대손상각비를 산출하고 분개하라.
c. 여신이 줄고 금리가 높은 경기 침체 상황을 가정하고 다음 문제를 풀라.
   1. CAF의 외상매출금 관리를 개선할 수 있는 방안을 설명하라.
   2. 각 방안에 대해 위험과 비용 측면에서 평가하라.

## 비교 분석: 네슬레와 델피

**2** 네슬레와 델피의 재무제표는 이 책의 부록 B와 C에 실려 있다. 이를 이용하여 다음 문제를 풀라.

a. 가장 최근 연도에 대해 다음 비율을 계산하라(모두 외상판매이고 모든 수취채권이 매출채권이라고 가정한다).
   1. 매출채권 회전율
   2. 매출채권의 평균 회수 기간
b. 위 자료를 바탕으로 네슬레와 델피의 매출채권과 관련하여 어떤 결론을 내릴 수 있는가?

## 실제 사례

**3** 인터넷에서 'commercial capital factoring'을 검색하여 Commercial Capital LLC의 웹사이트에 들어가 'Invoice Factoring'을 클릭하고 다음 문제를 풀라.

a. 팩터링의 이점은 무엇인가?
b. 수수료로 일반적인 할인율의 범위는 얼마인가?
c. 회사가 매출채권을 팩터링한다면 통상 받을 현금의 크기는 얼마이고, 어느 정도 신속하게 받을 수 있는가?

## 조직 전반에 걸친 의사결정

**4** 힐다 피웨크와 팀 피웨크는 Campus Fashion이라는 사업체를 운영하고 있으며, 설립 당시부터 현금 아니면 외상으로만 상품을 판매하고 신용카드는 받지 않았다. 그러던 중 지난 몇 달 동안 판매 정책에 의문을 품게 되었다. 신용카드를 받으면 매출이 증가할 수 있다는 생각이 들었는데, 이는 두 신용카드사가 적극적으로 설득한 것이 계기가 되었다. 그중 City National Bank는 신용카드 수수료가 4%라고 밝혔다. 이에 피웨크는 그간 신용카드를 받지 않고 외상판매를 함으로써 소요된 비용이 얼마인지 궁금하여 지난 3년간의 회계 기록(단위: 1,000)에서 다음 자료를 산출했다.

| | 2020 | 2019 | 2018 |
|---|---|---|---|
| 순외상매출액 | NT$500,000 | NT$650,000 | NT$400,000 |
| 수금 대행 수수료 | 2,450 | 2,500 | 2,300 |
| 외상매출금 담당 직원의 급여 | 4,100 | 4,100 | 4,100 |

그 외 부대비용으로 유의할 것은 순외상매출액 대비 백분율로 표시하여 회수 불능의 부실채권이 1.6%, 청구서 작성과 우편료가 0.5%, 신규 고객에 대한 신용 조사비 0.15%이다.

한편 평균적인 외상매출금 잔액은 순외상매출액의 5%이며, 피웨크는 채권에 잠겨 있는 현금을 다른 사업에 투자한다면 연간 평균 8%의 이익은 충분히 올릴 수 있을 것으로 추정한다.

a. 연도별로 외상매출액에 대한 각종 부대비용을 금액과 순외상매출액 대비 비율로 구하라.
b. 현금 투자를 하지 못해 상실한 기회이익도 감안하여 (a)를 다시 풀라.
c. 외상판매를 신용카드 판매로 전환하는 의사결정과 관련하여 재무적 요인과 비재무적 요인을 설명하라.

## 커뮤니케이션 활동

**5** 릴리 파오는 직장에서 우연히 사장 주도로 부실채권에 대한 회계 변경을 논의하는 것을 들었다. 회계에 문외한인 릴리는 당신에게 직접 상각법과 대손충당금 설정법의 차이를 물어보았다. 릴리에게 알려주기 위해 부실채권 회계 처리의 두 가지 방법과 차이에 대해 1쪽 이내로 작성하라.

## 윤리 사례

**6** Diaz Fashions의 회계 책임자는 연간 대손충당금이 연말 매출채권 잔액의 2%가 되어야 적정하다고 생각하는데, 주주들이 회사의 성장률을 10%까지 높게 기대하는 것을 걱정하고 있는 사장은 기대 수준을 낮추기 위해 대손충당금을 4%로 늘릴 것을 제안했다. 사장은 당기

순이익이 실제보다 낮게 표시될수록 회사가 더 견실해지고 지속가능하다고 믿는다.

**a.** 이 경우의 이해관계자는 누구인가?

**b.** 사장의 요청이 회계 책임자에게 윤리적 고민을 안겨주는 지시라고 생각하는가?

**c.** 회계 책임자로서 회사의 성장률을 걱정해야 하는가?

## U.S. GAAP 살펴보기

학습목표

IFRS와 U.S. GAAP의 매출채권 회계 처리를 비교한다.

매출채권에 대한 기본적인 회계 처리의 경우, IFRS는 기준서에 수취채권을 성격에 따라 분류하여 공시하는 것이 원칙이라고 암시하는 데 비해 U.S. GAAP은 강행 규정으로 강제하지 않는다는 것을 제외하고는 거의 동일하다. 즉 매출채권의 인식과 반품에 따른 매출환입, 매출할인, 대손충당금 설정 등이 모두 같다.

그동안 FASB와 IASB는 자산을 공정가치로 평가하고 공동 작업을 했는데, 다른 자산과 달리 매출채권의 공정가치 표시에 대해서는 여러 이해관계자의 극렬한 반대에 부딪혀 완성을 보지 못하고 있다. 이 충돌 과정을 들여다보면 FASB와 IASB는 한목소리로 수취채권을 포함하여 금융상품을 공정가치로 평가 및 보고하는 것이 재무제표를 투명하고 유용하게 한다고 믿는다는 것을 짐작할 수 있다.

한편 외상매출금의 경우 IFRS와 U.S. GAAP의 큰 차이는 '제거(dereconition)'이다.[5] 제거는 특정 계정이 장부에서 사라지는 것으로, 예를 들면 팩터링을 채권의 양도로 보고 외상매출금의 감소로 분개 처리할 수 있는지 여부를 말한다. 그렇지 않으면 차입으로 본다. 이에 IFRS는 효익과 위험의 이전, 통제의 상실을 종합하여 양도의 기준으로 삼지만 U.S. GAAP은 통제의 상실만 양도의 기준으로 한다. 또한 IFRS는 외상매출금 양도 시 부분적 제거도 인정하지만 U.S. GAAP은 그렇지 않다.

5 역자 주: 회계상 제거를 종전에는 'off the balance'라고 표현하기도 했다. 팩터링을 하면 외상매출금이 팩터에게 양도되어 재무상태표에서 제거된다. 하지만 외상매출금의 회수를 담보하기 위한 팩터의 까다로운 조건이 붙게 마련이다. 그렇게 되면 양도로 보기 곤란하고 차입에 가까워진다. 이 경우 IFRS는 자산에 대한 점유권을 잃거나 지배권이 이전됨에 따른 통제의 상실도 고려하지만, 법적으로 채권의 효익과 채권이 손상될 위험이 모두 팩터에게 이전되는지 여부를 중요하게 본다. 즉 하자에 대한 책임 등이 남아 있지 않아야 매각된 것으로 보아 재무제표에서 제거할 수 있다. 그렇지 않으면 금융 거래, 즉 차입으로 보아 차입금을 계상하고 외상매출금은 그대로 두어야 한다. 이에 반해 U.S. GAAP은 느슨하게 통제의 상실, 즉 지배권의 상실만을 제거의 주요 기준으로 한다. 한편 양도에는 복잡한 계약 조건이 있게 마련인데, 매각인지 차입인지 구분이 애매한 경우가 태반이다. 이때 IFRS는 대략적으로 매각으로 보이면 매각, 대략적으로 차입으로 보이면 차입으로 보는 것은 U.S. GAAP과 같은 입장이나, 경우에 따라서는 인도에 따른 계약 조건에 따라 외상매출금의 일부 제거도 인정한다. 하지만 U.S. GAAP은 그렇지 않다.

## U.S. GAAP 확인 문제

**1** U.S. GAAP은 재무제표상 수취채권을 어떻게 표시하는가?

**a.** 총액

**b.** 총액에서 대손충당금 차감

**c.** 역사적 원가

**d.** 대체원가

**2** 다음 설명 중 옳지 않은 것은?

**a.** 수취채권에는 회사가 투자한 지분증권도 포함된다.

**b.** 수취채권에는 신용카드 매출액도 포함된다.

**c.** 수취채권에는 임직원 대여금도 포함된다.

**d.** 수취채권에는 거래처와의 거래로 인한 금액도 포함한다.

**3** 팩터링의 회계 처리에 대한 설명으로 옳은 것은?

**a.** IFRS는 통제의 상실에 초점을 둔다.

**b.** U.S. GAAP은 통제의 상실과 효익 및 위험의 이전에 초점을 둔다.

**c.** IFRS와 U.S. GAAP은 부분 제거를 허용한다.

**d.** IFRS는 부분 제거를 허용한다.

**4** IFRS에 대한 설명으로 옳은 것은?

**a.** 회수 불능 금액의 회계 처리는 U.S. GAAP과 동일하다.

**b.** 모든 손상은 매출채권에서 직접 차감한다.

**c.** 직접상각법을 허용한다.

**d.** 모든 수취채권을 공정가치로 평가한다.

**해답** 1. b  2. a  3. d  4. a

## U.S. GAAP 연습 문제

### 재무 보고: 애플

**1** 애플의 재무제표는 이 책의 부록 D에 실려 있으며, 재무제표 주석을 포함한 전체 연례 사업 보고서는 회사 웹사이트에서 확인할 수 있다. 이를 이용하여 다음 문제를 풀라.

**a.** 2015년과 2016년의 외상매출금 회전율과 평균 회수 기간을 구하라. 단, 2014년 9월 27일의 외상매출금 잔액은 $174억 6,000만이다.

**b.** (a)의 답에서 어떤 결론을 이끌어낼 수 있는가?

CHAPTER 9

David Trood/Getty Images, Inc.

# 유무형자산과 천연자원

Plant Assets, Natural Resources, and Intangible Assets

## 이 단원에서 공부할 내용

이 장에서는 유형자산과 무형자산의 회계 처리를 살펴본다. 이를 위해 유명 렌터카 회사인 렌터렉(Rent-A-Wreck, 미국), 허츠(Hertz, 미국), 유럽카(Europcar, 프랑스) 등이 그 많은 자동차를 어떻게 평가하여 재무제표에 공시하는지, 또한 전 세계적으로 알려진 회사 로고를 자산으로 취급하되 어떻게 회계적으로 처리하는지도 알아보고, 나아가 유무형자산 등에 필수적으로 관련된 감가상각의 정의와 방법, 브레이크나 타이어 교체와 같은 일상 수선비의 회계 처리 등을 다룬다.

## 이 단원을 공부해야 하는 이유

### 어떤 차를 빌릴까?

고대하던 여름 휴가가 시작되었다. 목적지는 스웨덴의 튀윌산드로 정했다. 공항에 도착하니 수많은 렌터카 회사의 부스가 길게 줄지어 서 있다. 허츠와 유럽카가 바로 눈앞에 보이지만 저 멀리 있는 렌터렉이 더 시선을 끈다.

대부분의 렌터카 회사는 새 차로 사업을 하지만 특이하게도 렌터렉은 중고차를 빌려준다. 대신 가격 경쟁력이 있다. 렌터렉의 메시지는 간단하다. "헌 차를 빌려 쓰고 여행 경비를 왕창 절약하세요." 사업차 중요한 자리에 간다면 멋진 고급 차가 좋겠지만 그렇지 않다면 저렴한 차도 고려해볼 만하다. 이것이 바로 렌터렉의 노림수이다. 그 덕에 렌터렉의 매출은 급상승했다.

그런데 렌터렉이나 유럽카는 한 회사가 아니다. 독립된 업체의 연합으로 이루어져 있어 차 주인이 각각 다르다. 즉 상호만 같이 사용하는 프랜차이즈 사업체이다. 프랜차이즈에 가입하면 로열티를 내고 동일한 상호로 사업을 할 수 있는 권리를 얻지만, 동일한 업무 방식과 상당 수준의 서비스 제공을 위해 만들어놓은 여러 규정과 방침을 성실히 준수해야 사업권이 유지된다. 차를 잘 관리하고 고장 나지 않게 유지하는 것도 그러한 의무 중 하나이다. 휴가 때 렌터렉을 이용하는 고객이라도 견인차를 부를 정도의 형편없는 차를 원치는 않기 때문이다.

## 이 단원의 구성과 학습목표

| | | | |
|---|---|---|---|
| **유형자산에 관한 지출** | 유형자산의 취득과 유지비의 회계 처리를 이해한다. | • 유형자산의 취득원가<br>• 사용 기간 동안의 지출 | DO IT! 1 유형자산의 취득원가 |
| **감가상각법** | 유형자산의 감가상각법을 이해한다. | • 감가상각의 계산 요소<br>• 감가상각법<br>• 감가상각의 구성 요소별 구분 계산<br>• 감가상각비와 법인세<br>• 자산 재평가<br>• 추정 변경, 정기적인 감가상각비 조정 | DO IT! 2a 정액법<br>DO IT! 2b 감가상각비 조정 |
| **유형자산 처분** | 유형자산을 어떻게 처분하는지 알아본다. | • 폐기처분<br>• 매각 | DO IT! 3 유형자산 처분 |
| **천연자원과 무형자산** | 천연자원과 무형자산의 회계 처리를 이해한다. | • 천연자원과 감모상각<br>• 무형자산 | DO IT! 4 무형자산의 개념 |
| **공시와 분석** | 유형자산과 무형자산 등의 공시와 분석을 이해한다. | • 공시<br>• 분석 | DO IT! 5 총자산 회전율 |

## 유형자산에 관한 지출 _Plant Asset Expenditures

학습목표

유형자산의 취득과 유지비의 회계 처리를 이해한다.

**유형자산**(plant assets)을 정의하자면 사업을 위해 수단으로 사용하는 자산 중에서 손으로 만지고 느낄 수 있는 것이라고 말할 수 있다. 따라서 유형자산의 특징은, 첫째, 크기와 모양 등 물리적 형태를 갖추고, 둘째, 사업에 공여하고 있으며, 셋째, 재고자산처럼 팔 목적이 아닌 자산이다. 종전에는 기업에 오래 머문다는 의미에서 고정자산(fixed assets)이라고 했으나 지금은 유형자산을 뜻하는 PPE(property, plant, and equipment)라는 용어로 통용된다.

유형자산은 수년간 유효 연수(서비스 기간)를 가지고 기업에 사용되며, 토지를 제외하고는 시간이 경과함에 따라 서비스 능력이 감소하고 퇴화하는 것이 일반적인 현상이다. 그러므로 유형자산에 집계된 금액은 선급비용처럼 장기에 걸쳐 조금씩 비용으로 처리되어야 하는데, 이를 감가상각이라고 한다.

유형자산은 사업에 계속적으로 공여해야 되므로 최선의 상태를 유지해야 한다. 부품이 닳으면 교체하고 기술 성능이 뒤처지면 개선해야 한다. 신경 쓸 것이 한두 가지가 아니다. 게다가 대규모 현금을 잡아먹는다. 사업이 잘되지 않는데 큰 금액이 유형자산에 잠기기라도 하면 골치 아프다. 따라서 유형자산을 형성할 때는 신중하게 해야 한다. 그림 9.1은 일부 유명 회사의 유형자산이 전체 자산에서 차지하는 비중을 보여준다.

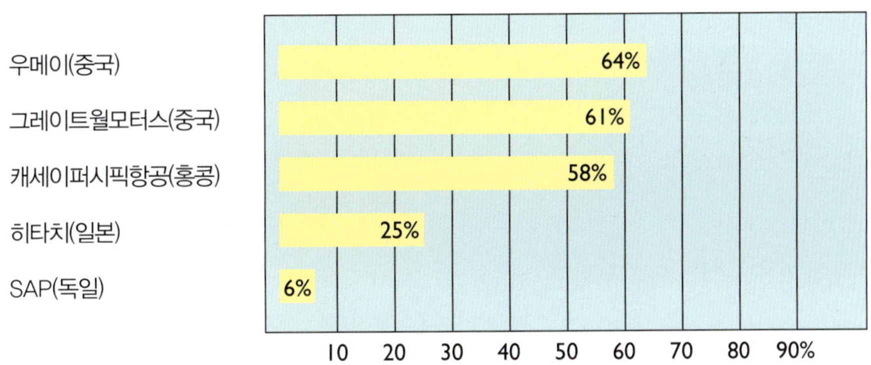


**그림 9.1** 총자산에서 유형자산이 차지하는 비중

## 유형자산의 취득원가 _Determining the Cost of Plant Assets

유형자산 회계의 근간을 한마디로 요약하면 금액을 모아 취득원가를 정한 후 감가상각을 통해 사용 기간에 걸쳐 비용으로 나누어 처리하는 것이다. 그러므로 유형자산은 역사적 원가법을 적용하여 기록하는 것이 첫 단계이다. 역사적 원가법은 유형자산을 역사적으로 실제 발생한 원가로 기록하고 유지하는 방식이다. 그래서 유럽카는 보유하고 있는 차량을 모두 취득원가로 평가한다.

취득원가는 회사가 의도한 사용 목적에 유형자산이 도달할 때까지(이때를 '취득'으로 본다) 소요된 금액이다. 예를 들어 공장에서 사용하는 기계의 취득원가에는 구매 가격뿐만 아니라 운반비, 설치비, 시운전비까지 얹어서 계산해야 한다. 일단 완전한 취득이 되고 나면 그때까지 모인 금액을 취득원가라 하고 다음 단계인 감가상각의 대상이 되는 것이다.

그렇다면 유형자산별로 취득원가를 결정하는 사례를 살펴보자.

### 토지 _Land

토지는 회사의 공장이나 건물을 세우는 공간이며, 취득원가는 역사적 원가법에 따라 구매 가격 외에 변호사, 토지감정평가사, 공인중개사 등의 수수료, 취득세와 등록세 등 각종 부대비용으로 구성된다. 가령 구매 가격이 NT$50,000이고 부대비용으로 세금만 NT$5,000가 들었다면 취득원가는 NT$55,000이다.

회사는 차변에 토지 증가를 인식하되, 토지 금액을 사용 목적에 맞게 달할 때까지 부담한 모든 지출을 포함하여 정한다. 회계상 '취득'이란 단순히 소유권을 획득하는 것만이 아니라 사용 목적에 도달해야 하므로, 만약 빈 터를 취득한 후 토지를 정비하고 청소하고 배수 시설을 넣는다면 이러한 비용도 모두 취득원가에 넣어야 한다. 게다가 토지에 마음에 안 드는 건물이 있어 이를 허물고 새 건물을 짓는다면 기존 건물의 제각비도 취득원가에 포함된다. 단, 폐품으로 판매하여 처분 금액이 있으면 이를 공제한다.

예를 들어 Lew Ltd.가 토지를 HK$2,000,000에 구입했는데 그 자리에 창고가 있어 HK$60,000(제각비 HK$75,000에서 폐품가 HK$15,000 공제)를 들여 허물고 변호사와 공인중개사 수수료로 각각 HK$10,000, HK$80,000를 지불했다면 총취득원가는 HK$2,150,000이다(그림 9.2 참조).

HINT
경영자의 사용 목적은 취득원가를 결정하는 데 아주 중요한 요소이다.

**그림 9.2** 토지의 취득원가 결정

| 토지 | |
|---|---:|
| 구입 가격 | HK$2,000,000 |
| 창고 제작비(HK$75,000 – HK$15,000) | 60,000 |
| 변호사 수수료 | 10,000 |
| 공인중개사 수수료 | 80,000 |
| **취득원가** | **HK$2,150,000** |

토지 취득에 따른 분개는 다음과 같다.

| A | = | L | + | E |
|---|---|---|---|---|
| +2,150,000 | | | | |
| −2,150,000 | | | | |

현금 유출
−2,150,000

| | 차변 | 대변 |
|---|---:|---:|
| 토지 | 2,150,000 | |
| 현금 | | 2,150,000 |
| (토지 취득) | | |

### 토지개량비 _Land Improvements

토지 개량은 토지에 길을 내고 담을 세우고 주차장을 만들고 스프링클러 등을 장착하는 행위를 말하며, 토지개량비는 비용이 아니고 유형자산으로 처리한다. 사용 목적에 달할 때까지 모든 지출을 포함하여 취득원가를 결정한다는 원리를 바탕으로 하기 때문이다. 예를 들어 히어로슈퍼마켓(Hero Supermarket, 인도)이 새로운 주차장을 짓기 위해 기존 토지를 아스콘으로 포장하고 주차장 선을 긋는 개량을 했다면 차변에 토지개량비를 모아 자산으로 처리한다.

그런데 토지는 사라지는 대상이 아니라 유효 기간이 없지만 개량비는 아무리 잘해도 유효 기간이 있게 마련이다. 따라서 토지 개량에 소요된 지출은 원래 토지와 분리하여 계상하고 감가상각을 해야 한다.

### 건물 _Buildings

건물은 영업장, 사무실, 공장, 창고, 비행기 격납고 등으로 쓰이는 사업 공간이다. 건물을 산다면 구매에 소요된 가격, 스스로 짓는다면 필요했던 건축비를 건물이라는 유형자산에 모아 계상한다. 당연히 구매 가격 외에도 변호사 및 공인중개사 수수료, 리모델링비와 수리비, 전기시설비, 배관 교체비 등이 포함된다. 만약 건물을 새로 짓는다면 건설 공사비뿐만 아니라 굴착비, 설계사 수수료, 인허가에 드는 지출이 모두 포함된다.

한편 건물비에 이자를 포함하는 경우가 있는데 이를 '건설자금이자'라고 한다. IFRS는 건축기간이 상당히 길고 특정 건설을 위해 특정 부채가 발생했다면 취득에 소요된 직접비로 그 기간의 이자도 다른 원가와 마찬가지로 취득원가에 산입할 수 있다고 인정한다. 그러나 건설 기간이 지나고 취득이 끝나면 이후에 발생하는 이자는 기간비용으로서 손익(이자비용)으로 계상되어야 할 것이다.

### 장비와 설비 _Equipment

장비와 설비는 사업에 사용되는 각종 시설과 전자 단말기, 기계, 운반 트럭, 수송기 같은 것을 말한다. 설비의 원가에는 구입 가격에 취득할 때까지 소요된 취득세, 운반비, 보험료 등은 물론이고 조립과 설치, 장착, 시운전 비용도 포함된다. 그러나 자동차 면허세와 사고보험료는 포함되지 않는다. 이는 취득 이후 매년 발생하는 기간비용으로서 기능이 당해 연도에 소멸하므로 판매관리비인 영업비용으로 처리한다.

예를 들어 Zhang Ltd.가 공장 기계를 HK$500,000에 구입하고 취득세 HK$30,000, 운송보험료 HK$5,000, 설치 및 시운전비 HK$10,000를 지출했다면 공장 기계의 총취득원가는 HK$545,000이다(그림 9.3 참조).

**그림 9.3** 공장 기계의 취득원가

| 공장 기계 | |
|---|---:|
| 구입 가격 | HK$500,000 |
| 취득세 | 30,000 |
| 운송보험료 | 5,000 |
| 설치 및 시운전비 | 10,000 |
| **취득원가** | **HK$545,000** |

Zhang Ltd.는 다음과 같이 분개해야 한다.

| | | |
|---|---:|---:|
| 설비 | 545,000 | |
| 현금 | | 545,000 |
| (설비 구입) | | |

A = L + E
+545,000
−545,000

현금 유출
−545,000

또 다른 예로, Huang Group이 운송 트럭을 HK$420,000에 구입하면서 취득세 HK$13,200, 회사 로고 도장비 HK$5,000, 자동차 면허세 HK$800, 3년치 사고보험료 HK$16,000를 지불했다면 운송 트럭의 취득원가는 HK$438,200이다(그림 9.4 참조).

**그림 9.4** 운송 트럭의 취득 원가

| 운송 트럭 | |
|---|---|
| 구매 가격 | HK$420,000 |
| 취득세 | 13,200 |
| 도장비 | 5,000 |
| **취득원가** | **HK$438,200** |

자동차 면허세와 사고보험료는 취득과 별도로 취득 이후 매 기간 발생한 기간비용으로서 시간 경과를 구분하여 비용 또는 선급비용으로 처리해야 한다. 분개는 다음과 같다.

| A | = L | + E |
|---|---|---|
| +438,200 | | |
| | | −800 비용 |
| + 16,000 | | |
| −455,000 | | |

현금 유출
−455,000

| | 차변 | 대변 |
|---|---|---|
| 설비 | 438,200 | |
| 면허세 | 800 | |
| 선급비용 | 16,000 | |
| 현금 | | 455,000 |
| (운송 트럭을 취득하고 제반비용 인식) | | |

## 사용 기간 동안의 지출 _Expenditures During Useful Life

유형자산을 사용하는 기간 동안에도 수선, 증축, 개량 등의 목적으로 다양한 지출이 발생한다. 이 중 수선유지비(maintenance and repairs expense)는 유형자산이 정상적으로 작동하고 본래의 효율성을 유지하기 위한 지출이다. 그래서 잘해봐야 원위치이다. 당연히 당해 연도 수익에 대응하는 비용으로 처리하며 작은 금액이 자주 발생한다. 엔진 정비나 오일 교환, 페인트칠 다시 하기, 닳은 부품 교체 등이 이에 속한다. 당해 연도 수익에 대응하므로 **수익적 지출**(revenue expenditure)이라고 부른다.

이에 비해 **증설**(addition)과 **개량**(improvement)은 유지가 아니라 유형자산의 실력 향상이다. 효율성을 올리고 생산 능력을 키우거나 내용연수를 늘리는 것이 목적이며, 큰마음을 먹어야 하는 프로젝트이므로 금액이 크고 발생 빈도가 적다. 그래서 유형자산의 가치가 증가하므로 증설과 개량은 유형자산의 원본에 가산하여 감가상각 대상으로 처리한다. 이러한 지출은 수익적 지출

### 부정 사례

버나드 에버스(Bernard Ebbers)는 미국의 거대 통신 회사인 월드컴의 창업자이자 CEO이다. 월드컴은 성장 전략의 일환으로 계속해서 다른 회사를 인수했으나 모두 빚으로 했다. 게다가 관리 시스템의 통합에 전혀 신경을 쓰지 않았다. 이에 월드컴의 주가가 엄청나게 올랐지만 취득한 회사의 회계 시스템이 모두 제각각이라 월드컴의 회계는 점차 엉망이 되었다. 그러던 어느 날 월드컴의 성장 시계가 멈추자 회계 부서는 주가 유지를 위해 분식을 저지르기 시작했다. 어지러운 회계 시스템이 오히려 부정을 숨기는 데 큰 도움이 되었다. 수익적 지출인 전화선 사용료 $70억을 다른 명목의 자본적 지출로 처리했다. 전화선 사용료는 다른 통신 회사의 회선을 빌려 쓰는 사용료로 그 전까지는 비용으로 처리했던 것인데, 그 결과 엄청난 가공 이익이 계상되었다.

**분식액: $70억**

**내부 통제의 흠결**

먼저 문서화가 되지 않았다. 인수한 회사의 회계 처리를 통일하고 매뉴얼을 작성하여 일관성을 갖추어야 하는데 그렇게 하지 않았다. 월드컴의 회계 시스템은 정비가 안 된 무질서의 합에 불과했으며, 오히려 경영자는 분식을 숨기는 데 이를 이용했다. 또한 독립적인 제삼자의 검토도 결여되어 있다. 누군가 회사의 실물자산과 회계 기록을 대조해보았더라면 분식이 금방 들통났을 것이다.

**조직의 회계 | 리스 산업**

간단히 말해 리스는 물건을 장기간 빌리는 것이다. 그런데 잠시 빌리는 일반 렌트와 달리 내용연수가 다 되도록 오래 빌리면 여러 가지 의문이 든다. 그 물건의 실제 주인은 리스 회사인가, 아니면 빌려서 사용하는 회사인가? 빌리는 회사의 것이라면 리스료는 사용료가 아니라 일종의 할부금처럼 보이기도 한다. 어쨌든 헷갈린다. 항공사의 비행기도 리스로 빌려서 사용한다. 리스 산업의 시장 규모는 실로 엄청나다. 리스 업계의 중요 플레이어로는 AWAS(아일랜드), J.P.모건리싱(J.P. Morgan Leasing, 미국), ICBC(중국)를 꼽을 수 있다. 그 밖에도 보잉캐피털 코퍼레이션(Boeing Capital Corporation, 미국), 미쓰비시중공업(Mitsubishi Heavy Industries, 일본) 등 많은 회사가 리스 회사를 만들어 운영하고 있다. 리스는 호텔 산업에도 확산되어 메리어트(Marriott, 미국)와 인터콘티넨털(InterContinental, 영국)의 호텔 건물도 모두 빌린 것이다.

Chris Ison/©AP/Wide World Photos

**항공사 관리자가 비행기를 구매하는 대신 리스를 선택하는 이유는 무엇인가?**

에 대응하여 **자본적 지출**(capital expenditure)이라고 부른다.

이와 같이 수익적 지출과 자본적 지출은 손익에 영향을 미치기 때문에 그 구분을 신중하고 정직하게 해야 한다. 그렇다고 해서 너무 고지식할 필요는 없다. 융통성을 발휘해도 된다. 예를 들어 Rodriguez Co.는 사무실용 쓰레기통을 구입하면서 유형자산으로 계상하고 내용연수로 감가상각하는 것이 정확한 회계 처리라고 생각하지만 그렇게 하는 것이 번잡하기 때문에 전액 비용으로 처리하고 싶어 한다. 그렇다면 갈등할 필요가 전혀 없다. 금액이 작고 손익에 미치는 영향이 미비하면 철저하게 IFRS를 따르지 말고 편한 대로 처리해도 무방하다. 그래도 IFRS를 준수하고 있다고 보아도 된다. 이는 회계 전반에 흐르는 실용적 원칙으로서 '**중요성**(materiality concept)의 원칙'이라고 한다.

**DO IT! 1 유형자산의 취득원가**

Jing Feng Heating & Cooling이 현금 ¥150,000을 주고 운송 트럭을 구입하면서 취득세 ¥9,000, 운반비 ¥5,000이 들었다. 또한 트럭에 회사 상호를 그려넣는 도장비와 1년치 사고보험료로 각각 ¥2,000, ¥6,000을 지급했으며, 차량을 등록하면서 면허세 ¥800이 발생했다. 운송 트럭의 취득원가는 얼마인가?

**해답** 구매 가격이 ¥150,000이고 취득세 ¥9,000, 운반비 ¥5,000, 도장비 ¥2,000은 운송 트럭이 사용 목적에 이르기까지 필요한 지출이므로 취득원가는 ¥166,000이다. 사고보험료와 차량 면허세는 매년 발생하여 당기 비용으로 처리한다.

## 감가상각법 _Depreciation Methods

**학습목표**
유형자산의 감가상각법을 이해한다.

3장에서 설명했듯이 **감가상각**(depreciation)은 유형자산의 취득원가를 사용 기간(또는 유효 내용연수)에 걸쳐 합리적·체계적으로 배부하는 과정이다. 따라서 감가상각의 본질은 원가 배부이다. 감가상각을 해야 유형자산에 드는 비용이 합리적인 비용 인식 원칙에 따르고 수익에 적절히 대응하게 되다(그림 9.5 참조).

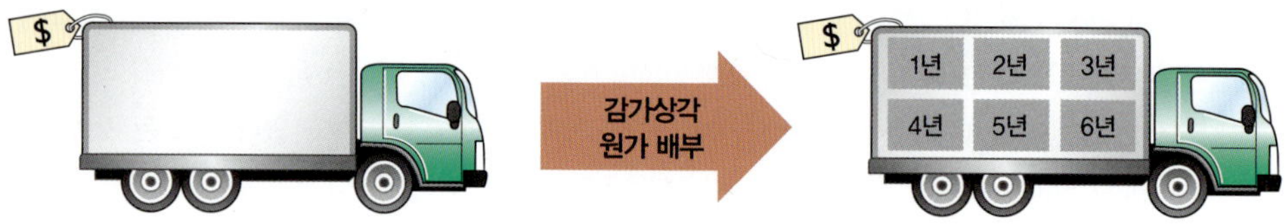


**그림 9.5** 원가 배부로 보는 감가상각의 개념

ETHICS NOTE
사업을 인수하면 총인수가액을 그 안에 구성된 자산으로 적절히 안분해야 하는데 이는 매우 중요한 회계 처리 과정이다. 감가상각에 따라 차후 손익이 달라지기 때문이다. 가령 토지는 감가상각대상자산이 아니므로, 건물에 비해 많이 할당하면 향후 이익이 좋게 보일 수 있는 효과가 있다.

감가상각은 절대로 평가 과정이 아니다. 감가상각을 원가의 합리적 배부(cost allocation)를 뜻하는 안분(安分)으로 바라보는 개념은 매우 중요하다. 사실 유형자산은 사업에 공여하기 위해 계속적으로 사용할 목적으로 보유하고 시장에 팔 것이 아니므로 공정가치로 평가하는 것은 목적 적합하지도 않고 오히려 불필요한 절차이다. 따라서 유형자산은 취득원가에서 감가상각누계액을 공제한 장부가(book value, carrying value)로 평가한다. 물론 장부가는 공정가치와 차이가 있다. 또한 감가상각이 끝나면 장부가는 0이지만 여전히 가치가 있을 수도 있다. 그러나 매각용 자산이 아니니 신경 쓸 이유가 없다.

감가상각의 대상은 크게 토지개량비, 건물, 설비로 나뉜다. 모두 감가상각을 하는 이유는 내용연수가 정해져 있고 그 기간 동안 수익을 창출하는 능력이 감소하기 때문이다. 그렇게 보면 토지는 감가상각을 할 필요가 없다. 토지의 유용성과 수익 창출 능력은 웬만하면 퇴화하지 않기 때문이다. 오히려 괜찮은 토지의 가치는 증가한다. 그래서 토지는 감가상각대상자산(depreciable asset)이 아니다.

감가상각대상자산은 시간이 가면 갈수록, 사용하면 할수록 마모되고 손상되어 수익 창출 능력이 떨어진다. 10만 마일을 달린 차는 800마일을 달린 차보다 확실히 성능이 뒤진다. 수익 창출 능력은 감모뿐만 아니라 진부화(obsolescence)에 의해서도 하락한다. 진부화는 한마디로 시대에 뒤떨어지는 것이다. 예를 들어 시카고의 미드웨이공항은 오헤어국제공항보다 활주로가 짧아 점보제트기가 내리고 뜰 수 없다. 점보제트기의 출현으로 공항의 가치가 떨어졌는데, 이를 진부화가 되었다고 표현한다. 컴퓨터도 마찬가지로 기술이 발달할수록 진부화로 인해 교체 시기가 점차 빨라지고 있다.

그런데 감가상각을 하면 그 자산을 교체하는 데 소요되는 현금이 쌓이는 것이 아님에 유의해야 한다. 감가상각누계액은 매년 비용으로 처리한 감가상각을 모아둔 것에 불과하다. 물론 비용으로 인식하여 당기손익에 반영되므로 주주 배당이나 법인세 유출로 인한 현금 유출을 막는 효과는 있다. 그러나 감가상각한 만큼 별도로 현금을 구분하여 사용 제한으로 예치하지 않는 이상 구체적인 현금이 쌓이지 않는다. 또한 감가상각은 **기업의 계속성 공준**(going concern assumption)과도 연관이 있다. 기업의 계속성이 전제되지 않으면 감가상각을 할 필요가 없다. 청산을 바라보는 회사라면 유형자산을 즉시 처분 가능한 공정가치로 평가하는 것이 회계의 유용성에 있어 훨씬 목적 적합하다.

## 감가상각의 계산 요소 _Factors in Computing Depreciation

감가상각의 계산에는 그림 9.6과 같이 세 가지 요소가 있다.

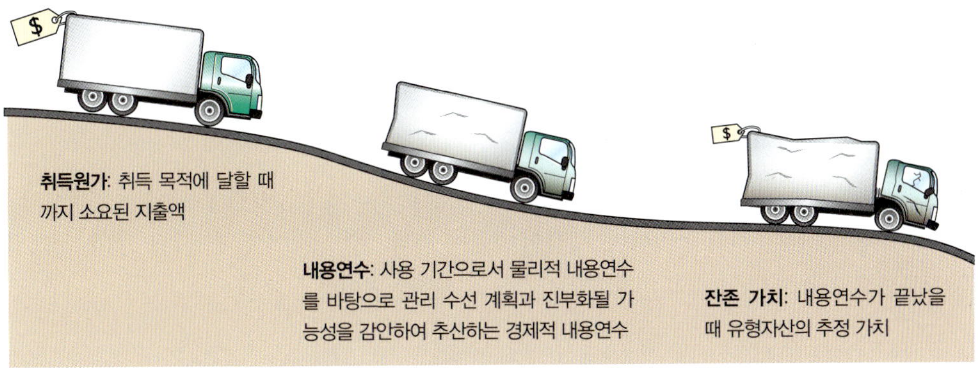


그림 9.6 감가상각의 계산 요소

1. **취득원가**(cost): 취득원가로 장부에 계상한다.
2. **내용연수**(useful life): 예측 사용 기간이다. 내용연수는 대개 기간으로 표시하지만 사용 가능 시간이나 생산량으로 표시할 수도 있다. 경제적 사용 기간으로서 물리적 연수를 바탕으로 관리 수선의 정도와 진부화가 될 가능성을 예측하여 결정한다. 그러므로 회사별 과거 경험도 중요하다. 이에 렌터렉과 유럽카는 외형상 같은 자동차라도 각기 다른 내용연수를 적용한다.
3. **잔존 가치**(residual value): 내용연수가 끝났을 때의 추정 가치이다. 폐품 또는 중고품으로의 판매 가치를 근거로 정한다. 잔존 가치도 내용연수처럼 상각 후 자산의 처분 계획과 과거 경험에 근거하여 합리적으로 추산한다.

## 감가상각법 _Depreciation Methods

감가상각법은 다음과 같다.

1. 정액법
2. 생산량 비례법
3. 체감잔액법

이 세 가지 모두 IFRS에서 인정하는 방법이다. 경영자는 이 중 가장 적당하다고 생각되는 것을 선택하되, 자산의 사용 형태를 보고 수익에 기여하는 가장 적합한 방법으로 한다. 그러나 조건이 있다. 한 번 정하면 계속해서 적용해야 한다. 이는 비교 가능성을 제고하기 위함이다. 감가상각법은 한 번 정해지면 금액의 크기로 인해 순익에 미치는 영향이 크기 때문에 신중히 결정해야 한다.

HINT
감가상각은 손익계산서에 비용으로 보고되고 감가상각누계액은 재무상태표상 유형자산에서 차감하여 표시된다.

그림 9.7은 Barb's Florists가 2020년 1월 1일에 구입한 운송 트럭의 취득원가 자료이다. 앞으로 이를 가지고 감가상각법을 설명하겠다.

그림 9.7 운송 트럭의 자료

| | |
|---|---:|
| 취득원가 | €13,000 |
| 추정 잔존 가치 | €1,000 |
| 추정 내용연수 | 5년 |
| 추정 사용 가능 운송 거리 | 100,000마일 |

먼저 어떤 감가상각법을 사용하건 감가상각대상원가는 모두 같다는 사실을 알아야 한다. **감가상각대상원가**(depreciable cost)는 취득원가에서 잔존 가치를 공제한 금액이다.

### 정액법 _Straight-Line Method

**정액법**(straight-line method)은 감가상각대상원가를 내용연수로 나누어 감가상각비를 산출하는 방식으로 매년 감가상각액이 동일하며, 시간이 흐름에 따라 감가상각이 된다. 그림 9.8은 정액법을 적용하여 Barb's Florists의 첫해 감가상각액을 계산한 것이다.

**그림 9.8** 정액법 공식

| 취득원가 | − | 잔존 가치 | = | 감가상각대상원가 |
|---|---|---|---|---|
| €13,000 | − | €1,000 | = | €12,000 |

| 감가상각대상원가 | ÷ | 내용연수(년) | = | 연간 감가상각비 |
|---|---|---|---|---|
| €12,000 | ÷ | 5 | = | €2,400 |

결과는 같지만 정액법을 계산하는 또 다른 방식은 상각률을 산출한 후 이를 감가상각대상원가에 매회 곱하여 계산하는 것이다. 상각률은 1을 내용연수로 나눈 비율로, Barb's Florists의 경우 상각률이 20%(100% ÷ 5년)이다(그림 9.9 참조).

**그림 9.9** 정액법에 의한 연도별 감가상각비

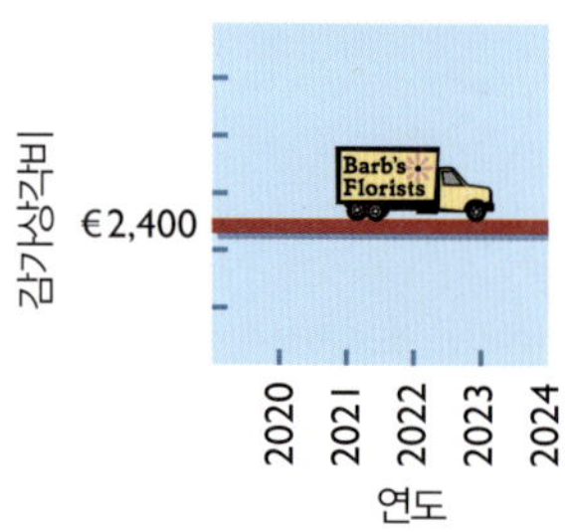


**Barb's Florists**

| | 계산 | | | = | | 연도 말 | |
|---|---|---|---|---|---|---|---|
| 연도 | 감가상각 대상원가 | × | 감가 상각 비율 | = | 연간 감가상각비 | 감가상각 누계액 | 장부가 |
| 2020 | €12,000 | | 20% | | **€2,400** | € 2,400 | €10,600* |
| 2021 | 12,000 | | 20 | | **2,400** | 4,800 | 8,200 |
| 2022 | 12,000 | | 20 | | **2,400** | 7,200 | 5,800 |
| 2023 | 12,000 | | 20 | | **2,400** | 9,600 | 3,400 |
| 2024 | 12,000 | | 20 | | **2,400** | 12,000 | **1,000** |

*장부가 = 취득원가 − 감가상각누계액 = (€13,000 − €2,400)

정액법에서는 매년 감가상각비 금액이 일정하다. 그리고 감가상각이 종료되면 장부가에 잔존가치 €1,000만 남는다.

그런데 기중에 유형자산을 취득하면 감가상각비는 어떻게 계산하는 것이 합리적일까? 당연히 1년 감가상각액을 시간별로 안분하면 된다. 중요성에 따라 월할도 좋고 일할도 좋다. 예를 들어 Barb's Florists가 운송 트럭을 2020년 4월 1일에 취득했다면 4월부터 12월까지 9개월치만 감가상각을 인식하면 되는데, 이 경우 2020년 감가상각비는 €1,800(€12,000 × 20% × 9/12)으로 계산된다.

정액법은 많은 회사가 사용하는 방법이다. 다임러(Daimler, 독일), 앤하이저부시인베브(Anheuser-Busch InBev, 벨기에), 그레이트월모터스(Great Wall Motors, 중국)는 정액법을 적용하는 대표적인 회사이다. 계산이 간단해서 좋고, 유형자산이 수익에 공헌하는 비중이 내용연수 기간 동안 거의 일정하다고 생각하는 회사는 정액법을 선호한다.

### DO IT! 2a 정액법

2020년 1월 1일, Iron Mountain Ski는 눈 다듬는 기계를 €50,000에 구입했다. 내용연수 10년에 잔존 가치는 €2,000로 추산된다. 2020년 12월 31일에 Iron Mountain Ski가 인식할 감가상각비를 정액법으로 산출하고 분개하라.

**해답** 감가상각비 $= \dfrac{\text{취득원가} - \text{잔존가치}}{\text{내용연수}} = \dfrac{(€50{,}000 - €2{,}000)}{10} = €4{,}800$

감가상각비 인식의 분개는 다음과 같다.

| | | | |
|---|---|---|---|
| 12월 31일 | 감가상각비 | 4,800 | |
| | 감가상각누계액 | | 4,800 |
| | (감가상각비 계상) | | |

## 생산량 비례법 _Units-of-Activity Method

**생산량 비례법**(units-of-activity method)은 사용 실적에 비례하여 감가상각하는 방식이다. 이를 위해서는 내용연수를 시간이 아닌 생산량이나 가동 시간으로 표시한다. 가령 운송 차량은 사용 가능 거리, 비행기는 항공 시간으로 나타낼 수 있다. 그런데 생산량 비례법은 기계 장치에는 적합하지만 건물에는 안 맞다. 건물은 사용 여부와 관계없이 시간의 흐름에 따라 감모되는 것이 상식적이기 때문이다.

HINT
어떤 감가상각법을 사용하건 감가상각이 끝나면 장부가는 잔존 가치가 된다.

생산량 비례법의 계산법은 간단한다. 감가상각대상원가를 총가동량으로 나누어 단위당 단가를 구한 후 이를 해당 연도 사용량과 곱하여 감가상각비를 산출한다. 예를 들어 Barb's Florists의 운송 트럭이 15,000마일을 뛰는 경우의 감가상각비는 그림 9.10과 같이 계산된다.

| 감가상각대상원가 | ÷ | 총가동량 | = | 단위당 감가상각비 |
|---|---|---|---|---|
| €12,000 | ÷ | 100,000마일 | = | €0.12 |
| **단위당 감가상각비** | **÷** | **당해 연도 사용량** | **=** | **당해 연도 감가상각비** |
| €0.12 | ÷ | 15,000마일 | = | €1,800 |

그림 9.10 생산량 비례법의 감가상각비

그림 9.11은 사용량에 따른 연도별 감가상각 계산표이다.

**그림 9.11** 생산량 비례법에 의한 연도별 감가상각비

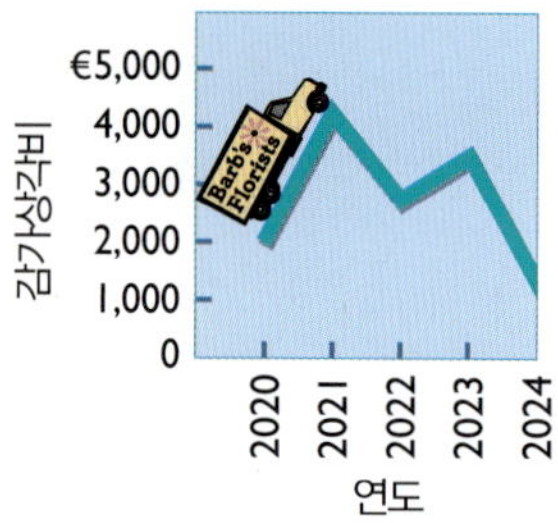


**Barb's Florists**

| | 계산 | | | | | 연도 말 | |
|---|---|---|---|---|---|---|---|
| 연도 | 총가동량 | × | 단위당 감가상각비 | = | 연간 감가상각비 | 감가상각 누계액 | 장부가 |
| 2020 | 15,000 | | €0.12 | | **€1,800** | € 1,800 | €11,200* |
| 2021 | 30,000 | | 0.12 | | **3,600** | 5,400 | 7,600 |
| 2022 | 20,000 | | 0.12 | | **2,400** | 7,800 | 5,200 |
| 2023 | 25,000 | | 0.12 | | **3,000** | 10,800 | 2,200 |
| 2024 | 10,000 | | 0.12 | | **1,200** | 12,000 | **1,000** |

*(€13,000 – €1,800)

이 방법도 기중에 구입한 자산의 경우 감가상각비 계산은 정액법과 동일하게 취득 시부터 회계연도 말까지 사용량을 곱하여 산출하면 된다. 그런데 생산량 비례법은 총가동량 산출이 어렵기 때문에 정액법만큼 많이 사용되지 않는다. SINOPEC(China Petroleum & Chemical Corporation, 중국)과 BP(British Petroleum, 영국) 정도가 이 방법을 이용하여 감가상각비를 계산한다. 하지만 유형자산의 사용량이 매년 심하게 들쑥날쑥하다면 생산량 비례법이야말로 감가상각비의 수익비용 대응을 제대로 하여 당기순이익을 가장 합리적으로 산출하는 방식이라고 할 수 있다.

### 체감잔액법 _Declining-Balance Method

**체감잔액법**(declining-balance method)은 감가상각비가 시간이 갈수록 점차 줄어들게끔 원가 안배를 하는 방식이다. 정액법처럼 매년 같은 금액의 감가상각이 아니라, 초반에 많이 하고 점차 줄여가는 방식이므로 이러한 이름이 붙었다. 체감잔액법은 일정한 상각률을 정하는 것은 정액법과 같지만 곱하는 대상이 취득원가가 아니라 매년 기초로 이월되는 장부가액, 즉 점차 줄어드는 미상각 잔액과 곱하여 감가상각비를 산출한다. 당연히 첫해 장부가액은 취득원가이고 그다음 해는 취득원가에서 첫해의 감가상각비를 차감한 가액이 된다. 즉 매년 미상각 잔액이 감소하므로 감가상각비도 점차 줄어든다. 계산 시 잔존 가치는 무시하는 대신 장부가가 잔존 가치 이하가 되면 감가상각을 중지한다.

체감잔액법의 가장 일반적인 방법은 상각률을 정액법상 상각률의 2배로 정하는 이중체감잔액법(double-declining-balance method)이다. 만약 Barb's Florists가 이 방법을 사용한다면 상각률은 40%(2 × 정률 20%)가 되고, 첫해의 구체적인 계산은 그림 9.12와 같다.[1]

**그림 9.12** 이중체감잔액법의 공식

| 기초 장부가 | × | 상각률 | = | 연간 감가상각비 |
|---|---|---|---|---|
| €13,000 | × | 40% | = | €5,200 |

1 IFRS에서는 이중체감잔액법과 유사한 방식으로 정률법(diminishing-balance method)을 감가상각법으로 인정한다. 감가상각비를 계산하는 체계는 이중체감잔액법과 동일한데 상각률만 다르다. 상각률 = $\left(1 - \sqrt[n]{\frac{\text{잔존 가치}}{\text{취득원가}}}\right)$로 정하며, $n$은 유효 내용연수이다.

그림 9.13은 체감잔액법에 따른 연도별 감가상각액을 보여준다.

**그림 9.13** 이중체감잔액법의 연도별 감가상각비

**Barb's Florists**

| | 계산 | | | | | 연도 말 | |
|---|---|---|---|---|---|---|---|
| 연도 | 기초 장부가 | × | 감가상각비 정률 | = | 연간 감가상각비 | 감가상각 누계액 | 장부가 |
| 2020 | €13,000 | | 40% | | **€5,200** | € 5,200 | €7,800 |
| 2021 | 7,800 | | 40 | | **3,120** | 8,320 | 4,680 |
| 2022 | 4,680 | | 40 | | **1,872** | 10,192 | 2,808 |
| 2023 | 2,808 | | 40 | | **1,123** | 11,315 | 1,685 |
| 2024 | 1,685 | | 40 | | **685***| 12,000 | **1,000** |

*€674(€1,685 × 40%)는 잔존 가치를 맞추기 위해 €685로 고쳤다. 마지막 연도에는 미상각 잔액을 잔존 가치와 비교하여 잔존 가치를 남겨야 한다.

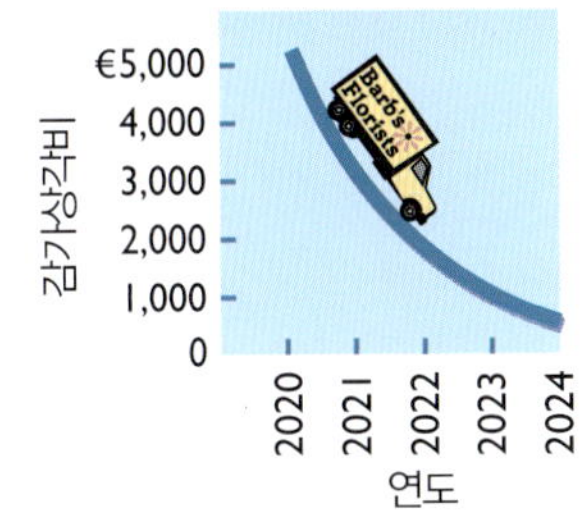


그림 9.13에서 보듯이 Barb's Florists가 소유한 운송 트럭의 69%(€8,320 ÷ €12,000)가 2차 연도에 상각되었다. 정액법에 따르면 40%(€4,800 ÷ €12,000)가 상각된다. 이처럼 초반에 감가상각을 많이 하는 체감잔액법은 시간이 갈수록 유형자산의 수익 창출 능력이 떨어지고 진부화가 심한 산업에 적합하다. 즉 초반에 수익에 기여하는 바가 큰 경우에는 수익비용 대응의 원칙에 맞아 합리적인 방식이다. 이와 같은 방식의 감가상각 계산법을 **가속상각법**(accelerated-depreciation method)이라고도 부른다.

HINT
초반에 생산성이 뛰어난 유형자산의 경우에는 체감잔액법이 좋다.

기중에 자산을 구입한 경우 감가상각비는 시간으로 안분한다. 예를 들어 Barb's Florists가 2020년 4월 1일에 취득한 유형자산에 대해 월할로 안분하면 감가상각비는 €3,900(€13,000 × 40% × 9/12)이다. 이에 2021년 유형자산의 기초 장부가는 €9,100(€13,000 − €3,900)이 되고 2021년 감가상각비는 €3,640(€9,100 × 40%)로 계산된다.

## 감가상각법의 비교 _Comparison of Methods

그림 9.14는 세 가지 감가상각법을 비교하여 살펴볼 수 있도록 Barb's Florists에 적용한 것이다.

**그림 9.14** 감가상각법의 비교

| 연도 | 정액법 | 생산량 비례법 | 체감잔액법 |
|---|---|---|---|
| 2020 | € 2,400 | € 1,800 | € 5,200 |
| 2021 | 2,400 | 3,600 | 3,120 |
| 2022 | 2,400 | 2,400 | 1,872 |
| 2023 | 2,400 | 3,000 | 1,123 |
| 2024 | 2,400 | 1,200 | 685 |
| | **€12,000** | **€12,000** | **€12,000** |

연도별 감가상각비는 차이가 크지만 내용연수 5년간의 총액은 동일하게 €12,000임에 유의하라. 결국 감가상각은 내용연수에 걸친 원가 배분으로서 총액을 기간별로 할당하는 배부 방법만 다를 뿐이다. 각각 연도별로 당기손익에 다른 영향을 준다. 그러나 체계적이고 합리적인 원가의 안분 방법이므로 모두 적절한 회계 처리 방법으로 인정된다. 그림 9.15는 세 가지 감가상각법의

연도별 감가상각비를 그래프로 나타낸 것이다.

**그림 9.15** 감가상각비 그래프

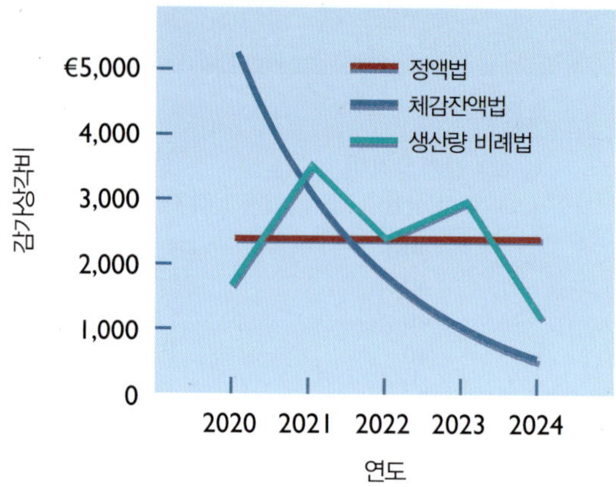


## 감가상각의 구성 요소별 구분 계산 _Component Depreciation

어떤 유형자산은 다양한 자산으로 조립되거나 구성되는데, 유효 내용연수가 각기 다르면 **감가상각의 구분 계산**(component depreciation)이 합리적이다. 예를 들어 Lexure Construction이 HK$4,000,000(토지 값은 별도)를 들여 사무실을 건축했다고 하자. 감가상각을 정액법으로 하기로 했으며, 잔존 가치가 없고 내용연수를 40년으로 추정한 경우, 감가상각비는 매년 HK$100,000(HK$4,000,000 ÷ 40)로 계산된다. 그런데 취득원가 안에 냉난방 및 공조 처리 시스템으로 HK$320,000가 있고 바닥을 나무로 마감하는 공사에 HK$600,000가 들었다고 하자. 그리고 각각의 내용연수가 5년, 10년이라면 이를 40년으로 취급할 것이 아니라 구분하여 감가상각을 하는 것이 합리적이다. 그림 9.16은 구분하여 감가상각을 한 내역으로, 감가상각액이 HK$201,000이므로 당기순이익에 미치는 영향이 무려 HK$101,000(HK$201,000 − HK$100,000)나 된다.

**그림 9.16** 감가상각비의 구분 계산

| | |
|---|---|
| 수정된 건물 취득원가(HK$4,000,000 − HK$320,000 − HK$600,000) | HK$3,080,000 |
| 연간 건물 감가상각비(HK$3,080,000 ÷ 40) | HK$ 77,000 |
| 연간 냉난방 장치 감가상각비(HK$320,000 ÷ 5) | 64,000 |
| 연간 마루 바닥재 감가상각비(HK$600,000 ÷ 10) | 60,000 |
| 총감가상각비 | HK$ 201,000 |

## 감가상각비와 법인세 _Depreciation and Income Taxes

세법상 감가상각비는 소득 계산에서 손금으로 인정되어 세금을 줄여주는 역할을 한다. 그런데 기왕 세금 효과를 주는 이상 감가상각법을 반드시 재무제표 목적으로 사용한 감가상각법과 일치할 필요가 없다고 하는 나라가 많다. 따라서 회사는 재무제표용으로는 손익을 크게 보이려고 정액법을 사용하고, 세무 신고를 위해서는 세금을 절약하고자 가속상각법을 사용하는 것을 현명하게 여긴다. 그러나 내용연수 전체를 통틀어 보면 감가상각 총액이 같은데, 가속상각법으로 초반에 세금을 절약하면 후반에는 반드시 더 내게 되어 있으니 적절한 세무 전략이 필요하다.

## 자산 재평가 _Revaluation of Plant Assets

IFRS는 유형자산의 평가 원칙을 전술한바 역사적 원가를 기본으로 하지만 특별히 공정가치로 재평가하는 것도 허용한다. 전자를 원가 모형, 후자를 재평가 모형이라고 부른다면 U.S. GAAP은 원가 모형만 인정한다. 그런데 IFRS상 재평가 모형을 적용하려면 몇 가지 기본 규칙을 따라야 한다. 즉 재평가하려면 동종 자산은 전부 해야 하며 부분적 재평가는 허용되지 않는다. 가령 토지는 재평가를 하고 기계와 건물은 안 해도 되지만, 어떤 토지는 하고 어떤 토지는 안 하는 것은 불가하다. 손익 조정의 의도가 너무 심하기 때문이다. 그런데 IFRS상 재평가 시기를 반드시 회계연도 말에 의무적으로 해야 하는지에 대한 규정은 없다. 가격 변화가 극심한 자산은 1년에 한 번 하고 그렇지 않은 자산은 좀 더 간격을 두고 해도 된다.

재평가 모형을 적용할 때의 회계 처리 방법을 구체적으로 살펴보자.

### 공정가치가 증가하는 상황 _Gain Situation

Pernice Ltd.는 2020년 1월 1일에 HK$1,000,000로 취득한 설비를 회계연도 말에 재평가하려고 한다. 내용연수는 5년, 잔존 가치는 없으며 정액법을 적용하여 감가상각을 했다. 그런데 재평가 전 반드시 할 일이 있다. 1년이 흘렀으니 2020년 12월 31일에 감가상각비를 인식해야 한다.

| 12월 31일 | 감가상각비<br>　감가상각누계액<br>　　(감가상각비 인식) | 200,000 | <br>200,000 |
|---|---|---|---|

분개 후 장부가는 HK$800,000(HK$1,000,000 − HK$200,000)이다. 여기서 재평가를 실시하는데, 2020년 말 독립적인 감정평가사가 해당 자산의 공정가치를 HK$850,000로 평가했다면 Pernice Ltd.는 설비를 새로운 공정가치 HK$850,000로 보고하기 위해 기존의 감가상각누계액을 제거하고 설비자산을 HK$850,000로 새롭게 조정하면서 재평가잉여금(revaluation surplus) HK$50,000를 계상한다.

| 12월 31일 | 감가상각누계액<br>　설비<br>　재평가잉여금<br>　　(설비 공정가치로 재평가) | 200,000 | <br>150,000<br>50,000 |
|---|---|---|---|

위의 예에서 보듯이 재평가는 두 가지 절차로 이루어진다. 즉 감가상각비를 계산한 다음 재평가를 한다. 따라서 Pernice Ltd.는 취득원가 HK$1,000,000를 대상으로 감가상각비 HK$200,000를 손익에 올린 다음, 감가상각누계액 전액을 지우고 설비를 공정가치로 재조정했다.

공정가치 HK$850,000와 장부가 HK$800,000의 차액 HK$50,000는 재평가잉여금이다. 재평가잉여금은 5장에서 설명한 기타포괄손익에 속한다.[2] Pernice Ltd.는 앞의 내용을 그림 9.17

과 같이 공시한다.

그림 9.17 재무제표상 재평가 보고

| | |
|---|---|
| 설비(HK$1,000,000 – HK$150,000) | HK$850,000 |
| 감가상각누계액 | 0 |
| | HK$850,000 |
| 재평가잉여금(자본) | HK$ 50,000 |

Pernice Ltd.는 감가상각비 HK$200,000를 손익계산서에 보고하고 HK$50,000는 포괄손익으로 보고한다. 그리고 HK$850,000는 감가상각대상자산의 새로운 기준이 된다. 만약 내용연수가 기존과 동일하다면 2021년의 감가상각비는 새로운 상각 대상 금액을 현재 남은 잔존 연수로 나눈 금액인 HK$212,500(HK$850,000 ÷ 4)가 된다. 내용연수도 변할 수 있는데 그때는 계산 결과가 달라진다.

### 공정가치가 감소하는 상황 _Loss Situation

장부가가 HK$800,000(HK$1,000,000 – HK$200,000)인 상황에서 2020년 말에 독립된 감정평가사가 HK$775,000로 평가했다면 Pernice Ltd.에 손상차손(impairment loss)으로 HK$25,000(HK$800,000 – HK$775,000)가 발생한다. 이 경우 감가상각누계액을 지우고 총자산을 HK$225,000 감액하여 공정가치인 HK$775,000(HK$1,000,000 – HK$225,000)로 맞춘다. 필요한 분개는 다음과 같다.

| | | | |
|---|---|---|---|
| 12월 31일 | 감가상각누계액 | 200,000 | |
| | 손상차손 | 25,000 | |
| | 설비 | | 225,000 |
| | (설비 손상 인식) | | |

손상차손인 HK$25,000는 재평가잉여금처럼 공정가치의 변화에 의해 산출되었지만 회계 처리는 기타포괄손익 항목이 아니고 당기비용으로 당기손익을 감소시킨다.[3] 이는 매우 중요한 내용이나 고급 회계 영역이므로 상세한 설명을 생략한다.

2 역자 주: 기타포괄손익은 손익 거래에서 발생했지만 당기손익 계산에는 포함될 수 없는 일종의 자본 조정 항목이다. 당기손익을 구성하지 않으므로 당연히 손익계산서에는 포함되지 않는다. 사실 공정가치의 증가는 재무상태를 나타내는 재무상태표의 목적으로만 보면 바람직한 방향이다. 그러나 미실현 이익이므로 현금으로의 실현 가능성이 낮으면 당기순이익을 형성하기에는 아직 이르다. 그럼에도 불구하고 당기순이익에 포함한다면 주주로부터 강한 배당 압력이 있을 것이다. 그래서 기타포괄손익이라는 별도의 조정 항목이 생겼다.

3 역자 주: 재평가 모형에서의 손상차손은 재고자산의 저가법과 맥락을 같이한다. 즉 공정가치보다 장부가가 하락하면 당기손익에 반영하는 것이 저가법인데, 이는 미실현 손실일망정 손익에 반영하는 것이 보수주의에 입각한 오랜 관행적 회계 처리이고, 또한 건전한 재정 상태를 유지할 수 있어 기업에 도움이 된다. 그런데 좀 애매한 상황이 생길 수 있다. 공정가치가 전년에는 증액 상태이고 이후 감액 상태이면 손상은 손익계산서에 손실로 당기손익에 반영되지만 증액은 포괄손익에 반영되어 자본에 있다면 억울하고 미묘한 상황이 된다. 이에 IFRS는 재평가 시 공정가치가 감소했다면 기존의 기타포괄손익을 살펴보고 재평가잉여금이 있는 경우 이와 먼저 상계한 후, 그래도 초과액이 있으면 손상차손(당기손실)으로 인식하라고 한다. 반대로 재평가 시 공정가치가 증가했다면 전기에 이미 인식한 손상차손이 있는 경우 동액만큼 당기이익으로 인식하여 이익잉여금을 먼저 복원한 후, 그래도 초과액이 있으면 재평가잉여금(기타포괄손익)으로 인식하라고 한다.

역자 한마디

기업은 재평가 모형을 허용해도 토지만 대상으로 하는 경향이 있다. 토지는 시간이 갈수록 공정가치가 증가하므로 재평가 모형을 적용하면 회사의 자산이 커지고 자본이 넉넉해 보이는 효과가 있다. 그러나 건물이나 기계설비는 토지와 달리 증액해보았자 향후 감가상각의 부담이 있으므로 공정가치가 상승해도 계상하는 당해 연도만 효과가 있을 뿐 결국 더 많이 감가상각을 해야 해서 향후 당기손익이 나빠진다. 그래서 대부분 원가 모형을 적용한다.

## 추정 변경, 정기적인 감가상각비 조정 _Revising Periodic Depreciation

감가상각비는 실제가 아닌 추정의 산물이다. 따라서 경영자는 정기적으로 감가상각비의 적정성을 검토하여 이를 장부에 조정하고 반영해야 한다. 만약 감모와 진부화가 극심해져서 감가상각비가 턱없이 현실을 못 쫓아가거나 감가상각을 너무 많이 했다고 판단되면 감가상각의 완급을 조절할 필요가 있다. 회계 변경(accounting change)의 관점에서 보면 정액법, 정율법 등 감가상각법을 한 번 정하면 정당한 사유 없이는 변경할 수 없다는 점에서 계속성을 지켜야 하므로 억제됨이 마땅하나, 내용연수 등의 추정 변경은 감가상각비의 정확한 계산을 위해 적극 권장된다는 점에서 회계 변경의 예외가 된다.

감가상각비의 속도를 조정해야겠다고 판단되면 조정은 당기와 미래에 이루어진다(전진법이라고 하다). 이미 한 감가상각을 소급해서 수정하면 절대 안 된다. 하지만 내용연수와 같은 추정의 변경뿐만 아니라 기준으로서 감가상각법의 변경도 정당한 이유만 있으면 가능하다. 하지만 그러한 경우에도 소급 적용은 절대 안 된다는 것이 IFRS의 입장이다. 이미 발행된 재무제표에 손을 대면 신뢰성을 잃기 때문이다.[4]

새로운 감가상각비는 상각 대상 원가를 새롭게 확정한 후 잔존 내용연수로 안분한다. 예를 들어 2023년 1월 1일 Barb's Florists가 3년이 지난 운송 트럭의 내용연수를 1년 더 연장하여 총 6년(잔존 내용연수 3년)으로 하고 잔존 가치를 €2,200로 새로이 예측했다면 정액법에 의해 달라지는 감가상각비는 €1,200이다. 즉 2020년 1월 1일 최초 취득하여 매년 €2,400[(€13,000 − €1,000) ÷ 5]의 감가상각을 2022년까지 3년간 했으므로 총감가상각비는 €7,200(€2,400 × 3)이며, 이는 감가상각누계액에 쌓여 있으므로 장부가는 €5,800(€13,000 − €7,200)가 된다. 여기서 잔존 가치 €2,200를 공제하여 잔존 연수 3년으로 나눈 것이 새로운 감가상각비이다(그림 9.18 참조).

HINT
단계를 밟되 새로운 감가상각 대상 금액을 정한 후 잔존 내용연수로 나눈다.

**그림 9.18** 새로운 감가상각비의 계산

| | |
|---|---|
| 2023년 1월 1일 장부가(€13,000 – €7,200) | €5,800 |
| 차감: 새로운 잔존 가치 | 2,200 |
| 감가상각대상원가 | €3,600 |
| 잔존 내용연수 | 3년(2023~2025) |
| **새로운 감가상각비(€3,600 ÷ 3)** | **€1,200** |

Barb's Florists는 예측 변동을 결정한 2023년 1월 1일에는 별도로 분개할 것이 없다. 대신 2023년 12월 31일 수정 분개 시에는 €1,200의 감가상각비를 계상하고 변동에 대해 재무제표

---

4 역자 주: 회계는 객관적인 사실에 근거하기 위해 노력하지만 현실에서는 추론과 예측이 불가피하다. 그러므로 예측이 틀렸다고 매번 소급해서 수정하는 것을 허용하면 끝이 없다. 이를 악용할 수도 있고 재무제표의 신뢰성을 떨어뜨리며, 재무제표에 따라 이미 확정된 이해관계가 흔들리게 된다. 최선을 다하여 예측한 것은 이후 틀리더라도 결코 틀린 것이 아니라는 것이 회계의 입장이다. 당시에 맞았으면 맞는 것이고 미래에 대한 100% 정확한 예측은 있을 수 없기 때문이다. 물론 대충 한 엉성한 예측이나 고의적인 틀림은 중요하면 반드시 수정해야 한다. 이를 재무제표의 재작성이라고 하는데, 최선을 다한 예측과는 차원이 다른 이야기이다. 이는 경영자가 처벌을 받고 회사가 법적 책임을 져야 한다. 그런데 회계 처리 방법의 정당한 변경은 이와 달리 계속성의 원칙의 예외로 허용되는 대신 소급하여 수정하고 비교표를 공시하는 것이 원칙이다. 회계 변경으로 인해 무너진 비교 가능성을 제고하기 위함이다. 따라서 전진법으로 하는 감가상각 방법의 변경은 이 원칙의 예외가 되는 셈이다.

주석에 충분히 공시해야 한다.

**DO IT! 2b 감가상각비 조정**

Chambers Landscaping은 설비를 £36,000에 취득하고 내용연수를 6년, 잔존 가치를 £6,000로 추산하여 정액법에 의한 감가상각비를 £5,000[(£36,000 − £6,000) ÷ 6]로 계상했다. 그런데 3년째 회계연도 말에 (감가상각비 수정 분개 전) 내용연수를 10년으로, 잔존 가치는 £2,000로 수정했다면 수정 후 감가상각비는 얼마인가?

**해답**

원래 감가상각비 = [(£36,000 − £6,000) ÷ 6] = £5,000
2년간 감가상각누계액 = 2 × £5,000 = £10,000
장부가 = £36,000 − £10,000 = £26,000

| | |
|---|---:|
| 2년 감가상각 후 장부가 | £26,000 |
| 차감: 새로운 잔존 가치 | 2,000 |
| 감가상각대상원가 | £24,000 |
| 잔존 내용연수(10 − 2) | 8년 |
| 수정 후 감가상각비(£24,000 ÷ 8) | £ 3,000 |

**학습목표**
유형자산을 어떻게 처분하는지 알아본다.

## 유형자산 처분 _Plant Asset Disposals

사용하다가 쓸모가 없어진 유형자산은 처분해야 한다. 처분 방법에는 폐기처분, 매각, 교환이 있다(그림 9.19 참조).

**그림 9.19** 유형자산 처분 방법

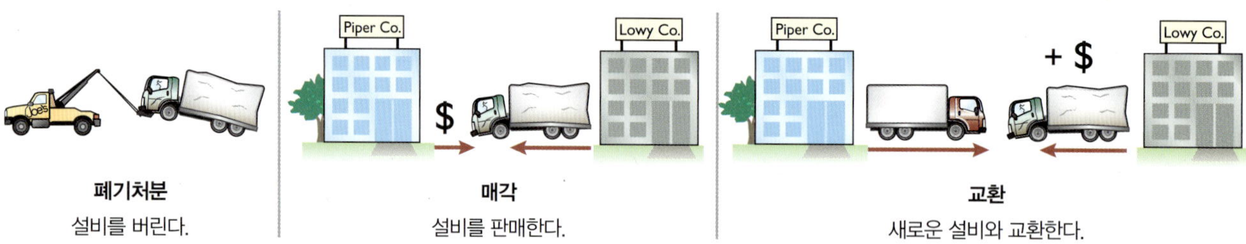


처분되는 유형자산의 회계 처리는 어떤 방식이든 처분일까지 장부가를 제대로 계산한 후 이를 장부에서 제거하여 손익 계산을 정확히 하는 것이다. 따라서 반드시 처분일까지 감가상각을 해야 한다는 사실을 잊지 말자. 누차 설명하지만 장부가는 취득가액에서 감가상각누계액을 차감한 금액이다. 그러므로 제거는 두 계정, 즉 유형자산을 차변으로, 감가상각누계액을 대변으로 옮기는 분개를 의미한다.

HINT
유형자산을 처분하면 관련 계정을 모두 장부에서 제거한다. 이는 취득원가가 표시된 유형자산과 처분일까지 감가상각을 한 감가상각누계액을 장부에서 들어내는 것을 말한다.

여기서는 폐기처분과 매각을 자세히 살펴보고 교환은 부록에서 별도로 다룰 것이다.

## 폐기처분 _Retirement of Plant Assets

Hobart Publishing은 취득원가 €32,000, 감가상각누계액 €32,000인 컴퓨터 프린터기를 제각하기로 결정했다. 폐기 시 분개는 다음과 같다.

| | 차변 | 대변 |
|---|---|---|
| 감가상각누계액 | 32,000 | |
| 설비 | | 32,000 |
| (감가상각이 끝난 자산을 폐기처분) | | |

| A | = | L | + | E |
|---|---|---|---|---|
| +32,000 | | | | |
| −32,000 | | | | |

현금 유출입
없음

감가상각이 끝났음에도 해당 자산을 계속 사용하는 경우가 있는데, 이때 감가상각을 계속적으로 해야 하는지 의문이 있을 수 있다. 취득원가를 초과하여 감가상각을 하는 것이 원가 배부라는 원래의 취지에 안 맞다고 본다면, 원가 배부가 이미 끝난 자산을 추가로 감가상각할 이유는 없다. 다만 사용 중이므로 유형자산과 감가상각누계액을 그대로 재무상태표에 유지하면 된다.

한편 폐기처분 시 스크랩을 처리하여 들어오는 현금이나 잔존 가치가 없다면 손실이 발생한다. 취득원가가 €18,000, 감가상각누계액이 €14,000인 경우 폐기처분 시의 분개는 다음과 같다.

| | 차변 | 대변 |
|---|---|---|
| 감가상각누계액 | 14,000 | |
| 유형자산 처분손실 | 4,000 | |
| 설비 | | 18,000 |
| (유형자산 폐기) | | |

| A | = | L | + | E |
|---|---|---|---|---|
| +14,000 | | | | |
| | | | | −4,000 비용 |
| −18,000 | | | | |

현금 유출입
없음

유형자산 처분손익은 손익계산서상 영업외 손익 항목으로 분류된다.

## 매각 _Sale of Plant Assets

기본적으로 폐기처분과 동일하지만 판매로 인해 현금이 들어오는 만큼 처분손익이 달라진다. 현금이 장부가를 초과하면 처분이익이 생기고 미달하면 처분손실이 발생한다. 만약 판매 처분 시 우연히 현금가가 장부가와 같다면 손익이 생기지 않겠지만 이는 매우 이례적인 일이다. 예를 들어 델타항공(Delta Airlines, 미국)은 비행기 10대를 매각하고 $9,400만을 처분이익으로 공시한 바 있다.

### 처분이익 _Gain on Sale

2020년 7월 1일, Wright Interiors는 취득원가가 €60,000인 사무실 비품을 현금 €16,000를 받고 매각하기로 했다. 그리고 2020년 1월 1일 자 감가상각누계액이 €41,000이고 이후 6개월간 감가상각비가 €8,000라면 비품 매각에 대한 회계 처리는 다음과 같다. 물론 먼저 감가상각비를 정확히 계산하여 감가상각누계액에 반영해야 한다.

| 일자 | 계정 | 차변 | 대변 |
|---|---|---|---|
| 7월 1일 | 감가상각비 | 8,000 | |
| | 감가상각누계액 | | 8,000 |
| | (2020년 6개월간 감가상각비 계상) | | |

| A | = | L | + | E |
|---|---|---|---|---|
| | | | | −8,000 비용 |
| −8,000 | | | | |

현금 유출입
없음

유형자산을 처분할 때는 감가상각누계액을 정확히 해야 유형자산 처분손익이 정확히 계산된다. 유형자산 처분손익은 판매가와 장부가의 차이이고 장부가는 취득원가에 감가상각누계액을 차감한 것이므로 처분 시점까지 감가상각을 정확히 반영해야 한다. 유형자산 처분손익 €5,000의 계산 근거는 그림 9.20을 참조하라.

**그림 9.20** 처분손익의 계산

| | |
|---|---:|
| 비품 취득원가 | €60,000 |
| 차감: 감가상각누계액(€41,000 + €8,000) | 49,000 |
| 매각 시 장부가 | 11,000 |
| 매각으로 인한 현금 수령액 | 16,000 |
| **유형자산 처분이익** | **€ 5,000** |

Wright의 분개는 다음과 같다.

A = L + E
+16,000
+49,000
−60,000
+5,000 수익
현금 유입
+16,000

| | | | |
|---|---|---:|---:|
| 7월 1일 | 현금 | 16,000 | |
| | 감가상각누계액 | 49,000 | |
| | 설비 | | 60,000 |
| | 유형자산 처분이익 | | 5,000 |
| | (유형자산 매각) | | |

유형자산 처분이익은 손익계산서에 영업외 수익으로 공시한다.

### 처분손실 _Loss on Sale

위의 예에서 처분가액이 €16,000가 아니라 €9,000라면 유형자산 처분손실이 €2,000 발생한다(그림 9.21 참조).

**그림 9.21** 처분손실의 계산

| | |
|---|---:|
| 비품 취득원가 | €60,000 |
| 차감: 감가상각누계액 | 49,000 |
| 매각 시 장부가 | 11,000 |
| 매각으로 인한 현금 수령액 | 9,000 |
| **유형자산 처분손실** | **€ 2,000** |

Wright Interiors가 해야 할 분개는 다음과 같다.

A = L + E
+ 9,000
+49,000
−2,000 비용
−60,000
현금 유입
+9,000

| | | | |
|---|---|---:|---:|
| 7월 1일 | 현금 | 9,000 | |
| | 감가상각누계액 | 49,000 | |
| | 유형자산 처분손실 | 2,000 | |
| | 설비 | | 60,000 |
| | (유형자산 매각) | | |

유형자산 처분손실은 손익계산서에 영업외 비용으로 공시된다.

**DO IT! 3 유형자산 처분**

Overland Trucking은 취득원가 £30,000, 감가상각누계액 £16,000인 오래된 트럭을 현금을 받고 매각하기로 했다. (a) £17,000에 매각하는 경우, (b) £10,000에 매각하는 경우에 필요한 분개를 하라.

**해답**

a. 처분이익 발생:

| | | |
|---|---|---|
| 현금 | 17,000 | |
| 감가상각누계액 | 16,000 | |
| 설비 | | 30,000 |
| 유형자산 처분이익[£17,000 − (£30,000 − £16,000)] | | 3,000 |
| (트럭 매각 처분) | | |

b. 처분손실 발생:

| | | |
|---|---|---|
| 현금 | 10,000 | |
| 감가상각누계액 | 16,000 | |
| 유형자산 처분손실[£10,000 − (£30,000 − £16,000)] | 4,000 | |
| 설비 | | 30,000 |
| (트럭 매각 처분) | | |

## 천연자원과 무형자산 _Natural Resources and Intangible Assets

**학습목표**

천연자원과 무형자산의 회계 처리를 이해한다.

### 천연자원과 감모상각 _Natural Resources and Depletion

채굴 산업(extractive industry) 또는 광업(鑛業)은 지표나 지하에 매장된 **천연자원**(natural resource)을 채취하는 산업을 말한다. 흔히 광물이 채취 대상이지만 원유, 천연가스, 지하수를 캐는 것도 포함된다. 광물이나 원유를 채취하는 곳을 광산(鑛山), 유정(油井) 또는 유전(油田)이라고 하며, 천연자원은 산에 있는 수목, 광산과 유전에 매장된 광물, 원유, 가스 등을 말한다.

HINT
재무상태표에는 천연자원을 수목, 광물, 유전 등으로 구체적으로 표시한다.

채굴 산업에 종사하면서 광산과 유정 등을 소유하고 천연자원을 채굴하는 회사가 있다. 회계적으로 보면 천연자원을 담고 있는 산림, 광산, 유전 등을 비유동자산(고정자산)으로 분류하고 추출한 천연자원은 판매나 제조에 투입되므로 재고자산이 된다. IFRS에서는 수목을 생물자산(biological assets)으로 분류하고, 수확되기 전까지 매년 공정가치로 조정되는데, 상세한 내용은 고급 회계 과정에서 다룬다.

비유동자산으로서 천연자원의 취득원가는 광산이나 유전을 구매하거나 그 자원을 찾아 개발하여 사용 목적에 이르기까지 소요된 원가의 합이다. 천연자원의 취득원가도 합리적이고 체계적인 방법으로 내용연수별로 안분해야 하는데, 이때 유형자산과 달리 감가상각이라고 하지 않고 **감모상각**(depletion)이라고 한다. 감모상각은 보통 생산량 비례법으로 계산한다. 감모는 자원이 점차 고갈되는 것인데, 그 기간에 채취한 양에 의해 감모되는 것이 합리적이기 때문이다.

생산량 비례법은 총원가에서 잔존 가치를 공제한 후 동 금액을 천연자원의 양으로 나누어 단가를 구하고 당해 연도의 추출량과 곱하여 산출한다. 예를 들어 Lane Coal이 HK$5,000만을 광산에 투자했는데 매장량을 1,000만 톤으로 추정하고 잔존 가치가 없다면 단위당 감모상각액은 그림 9.22와 같다.

**그림 9.22** 단위당 감모상각액

$$\frac{\text{총취득원가 − 잔존 가치}}{\text{추정 총매장량}} = \text{단위당 감모상각액}$$

$$\frac{\text{HK\$50,000,000}}{10{,}000{,}000} = \text{톤당 HK\$5.00}$$

만약 Lane Coal이 당해 연도에 250,000톤을 채굴한다면 감모상각액은 HK$1,250,000(250,000톤 × HK$5)이고 필요한 분개는 다음과 같다.

| A | = | L | + | E |
|---|---|---|---|---|
| +1,250,000 | | | | |
| −1,250,000 | | | | |

현금 유출입
없음

| | 차변 | 대변 |
|---|---|---|
| 재고자산(석탄) | 1,250,000 | |
| 감모상각누계액 | | 1,250,000 |
| (석탄의 감모상각 기록) | | |

Lane Coal은 감모상각을 재고자산으로 차변에, 감모상각누계액의 대변에 기록하며, 감모상각누계액은 감가상각누계액처럼 평가 계정이므로 광산이나 유전의 장부가에 차감하여 표시한다. 물론 감모상각누계액이라는 계정을 사용하지 않고 광산과 유전 등의 자산에서 직접 차감해도 무방하다.

ETHICS NOTE

네덜란드, 영국 합작 회사인 로열더치셸은 소유하고 있는 유전을 과대계상한 바 있는데, 이로 인해 증시가 큰 충격을 받았다.

## 공동체적 사고력 키우기 | 지속가능성 보고서의 공시

일반인에게는 다소 생소한 지속가능성 보고서(sustainability reports)는 기업이 돈만 추구하지 말고 사회적 책임을 다하고 있는지를 스스로 평가하여 공시하는 보고서를 말한다. 미국의 마이크로소프트, 인도의 타타, 영국의 BP, 스위스의 네슬레, 한국의 삼성 등이 지속가능성 보고서를 발간하고 있다. 종전에는 대기업만 관심을 가졌으나 요즘은 중소기업도 지속가능성 보고를 하는 추세이다.

다음은 세계적인 광물·원유·가스 회사인 BHP빌리턴(BHP Billiton, 호주)의 지속가능성 보고서 중 환경에 관한 내용을 발췌한 것이다. BHP빌리턴은 기후 변화, 공해 감축, 생물학적 다양성 등 세 가지 영역에서 다음과 같은 구체적인 목표를 세우고 업적을 평가했으며, 환경 외에도 사람, 안전, 건강, 공동체 등에 대한 여러 분야에서 사회적 책임을 다하고 있다.

© Christian Uhrig/iStockphoto

**기업이 지속가능성 보고서를 발간하는 이유는 무엇인가?**

| 환경 개선을 위한 목표 | 수행 업적 | 목표 일자 |
|---|---|---|
| 온실가스 배출을 2006년 수준 이하로 유지하겠다. | 2013년의 온실가스 배출은 2006년보다 낮았다. | 2017년 6월 30일까지 |
| 생태학적 가치와 생물학적 다양성을 해치는 각종 폐습과 행태를 제거하는 활동을 하겠다. | 토지와 생물학적 다양성을 위한 각종 계획을 수립했다. | 연중 |
| 모든 생물이 공존할 수 있는 생물학적 다양성과 생태학적 가치 제고를 위해 적극적으로 대화를 추진하고 관리하겠다. | 국제적인 대화를 위해 Five Rivers Conservation Project(호주)와 Valdivian Coastal Reserve Conservation Project(칠레)를 발족했다. | 2017년 6월 30일까지 |

감모상각액을 재고자산의 원가로 처리하는 것은 추출된 천연자원의 원가이기 때문이다. 추출된 천연자원은 재고자산으로서 그대로 판매되거나 생산에 투입되는데, 제조 과정을 거치면서 원료에서 재공품, 제품 등으로 계정을 이전하다가 판매되면 매출원가로 처리된다. 이는 유형자산의 감가상각도 마찬가지이다. 생산에 공여하지 않은 유형자산은 판매관리비 등의 비용으로 인식되지만 생산 시설이나 기계의 감가상각비는 원가의 요소로서 재공품에서 제품으로 원가 계산 과정을 거쳐 최종적으로 매출원가로 처리된다. 이에 대한 구체적인 설명은 이 책의 범위를 넘어서는 원가 계산이므로 생략한다. 다시 정리하자면, 추출되지 않은 천연자원은 유형자산으로 공시되지만 채굴된 광물 등은 판매될 때까지 유동자산의 재고자산으로 분류 및 보고된다.

## 무형자산 _Intangible Assets

**무형자산**(intangible assets)은 유형자산처럼 사업에 공여하지만 형태가 없고 보이지 않는 자산으로서 권리, 특권, 독점적 지위를 말한다. 무형자산의 존재 여부는 계약서, 자격증, 면허증 등으로 입증한다. 무형자산은 크게 다음과 같이 분류된다.

1. 특허권, 저작권, 면허증, 상표권, 상호권처럼 국가가 부여하는 권리
2. 프랜차이즈처럼 계약이나 허가를 근원으로 남에게 침해받지 않고 배타적으로 사용할 수 있는 권리
3. 영업권(유리한 위치, 우수한 경영, 좋은 기업 이미지 등으로 인해 동종의 다른 기업보다 더 많은 수익을 얻을 경우 그 초과 수익을 자본의 가치로 환원한 것을 영업권이라고 한다. 이는 존재 여부를 단순히 주장해서는 안 되고 실제로 구입했을 때만 인정받는다.)

무형자산으로 유명한 것을 꼽으라면 독일 SAP의 특허권, 네덜란드 Spar의 프랜차이즈 편의점, 미국 애플의 아이팟 상표권, J. K. 롤링(J. K. Rowling)의 《해리 포터(Harry Potter)》 시리즈 저작권, 유럽카의 상호 로고 등이 있다.

### 무형자산의 회계 처리 _Accounting for Intangible Assets

먼저 취득원가를 결정해야 하는데, 유형자산과 마찬가지로 취득하여 사용 목적에 달할 때까지 소요된 모든 지출을 포함한다. 무형자산은 권리에 한정된 기간이 있거나 무한정이다. 만약 한정된 기한이 있다면 감가상각처럼 원가를 그 기간에 안분해야 하는데, 이를 **이연상각**(amortization) 혹은 그냥 상각이라고 한다.[5]

> HINT
> 같은 상각이지만 무형자산은 이연상각, 유형자산은 감가상각, 천연자원 채굴 산업은 감모상각이라고 부른다.

무형자산의 상각은 정액법으로 한다. 가령 특허권의 법적 연한이 20년이면 20년 이내 내용연수로 배부한다. 상각한 후에는 이를 무형자산상각비로 차변 처리하고 해당 자산에서 직접 차감하거나, 차감 계정인 충당금누계액을 만들어 대변 처리한다. 예를 들어 National Labs가 특허권을 NT$720,000에 구입했는데 내용연수가 8년이라면 상각비는 NT$90,000(NT$720,000 ÷ 8)이다.

5 역자 주: 무한정이면 분모가 무한대이므로 상각액이 0으로 산출되어 상각 대상이 될 수 없다.

| A | = | L | + | E |
|---|---|---|---|---|
| | | | | −90,000 비용 |
| −90,000 | | | | |

현금 유출입
없음

| | | | |
|---|---|---|---|
| 12월 31일 | 무형자산상각비 | 90,000 | |
| | 특허권 | | 90,000 |
| | (특허권 상각) | | |

무형자산상각비는 주 사업 영역에 속하므로 영업비용, 즉 판매관리비에 해당한다. 그리고 유형자산과 동일하게 무형자산도 IFRS상 재평가 모형을 사용할 수 있다. 단, 영업권은 법적 보호가 약하여 예외로 한다. 한편 무형자산을 구매하면 사용 목적에 달할 때까지 소요된 지출액을 취득원가로 한다고 앞서 언급했다. 자체 개발인 경우는 다음 설명을 참조하라.

**특허권** 정부는 발명을 촉진하기 위해 특이한 발명품에 대해서는 특정 기간 동안 발명자나 그 승계인에게 배타적으로 제조·판매하며 통제할 수 있는 권리를 부여하는데, 이를 **특허권**(patent)이라고 한다. 법적 기간은 나라마다 다르지만 대개 20년이다. 보통은 연장을 해주지 않지만 발명자는 기술적인 변화나 추가 개발을 통해 실질적으로 연장의 효과를 누린다. 또한 특허권의 취득원가는 발명에 소요된 총원가가 아니다. 상당액이 연구개발비로 처리되고, 특허권의 취득원가는 특허청에 출원하여 권리를 확보하는 데 소요되는 출원비, 등록비, 변리사 수수료 등으로 구성된다.

특허권에는 침범이 많다. "특허권의 가치는 지키는 데 소요되는 비용만큼이다"라는 말이 있듯이 실제로 특허권을 지키는 데 따르는 소송으로 많은 돈이 들어간다. 이러한 지출은 모두 특허권의 원가에 가산되어 잔존 연수로 안분한다. 상각은 법적 기한과 내용연수 중 짧은 기간을 적용한다. 내용연수가 법적 연수보다 짧은 것은 진부화와 부적합 때문이다.

**저작권** 인간의 사상이나 감정을 표현한 문학, 예술, 학술에 속하는 창작물을 보호할 필요가 있을 때는 국가 차원에서 저작자나 그 승계인에게 배타적·독점적 권리를 부여하는데, 이를 **저작권**(copyrights)이라고 한다. 저작권은 창작자가 사망해도 존립하며, 법적 기간은 나라마다 다르지만 70년 정도이다. 저작권의 취득원가 역시 구체적인 취득 과정에서 소요되는 지출과 방어에 소요되는 지출이다. 따라서 저작권의 취득원가는 정부 기관에 출원하는 등록비 정도에 불과하다. 저작권은 창작했을 때와 창작자에게 구입했을 때의 금액 차이가 크다. 또한 저작권은 창작품이므로 유행과 기호의 변화에 따라 법적 기간보다 상각 내용연수가 엄청 짧은 것이 특징이다.

**상표권** **상표**(trademark, trade name)는 상품을 표시하는 것으로서 자신의 상품이 다른 판매자의 상품과 식별되게 하는 기호, 문자, 도형, 노래, 상징 또는 그 결합을 말한다. 예컨대 빅맥, 코카콜라, 제타는 보고 들으면 무슨 상품인지 곧바로 알 수 있다. 이처럼 상표는 판매를 늘리는 데 절대적으로 공헌하므로 자산적 가치가 있다. 또한 상표는 정부 기관에 등록하면 배타적으로 사용할 수 있는 권리가 생기며, 기한은 나라마다 다르지만 보통 20년이다. 상표권은 재등록하면 기한이 무한정 늘어나기 때문에 상각하지 않는 것이 일반적이다. 한편 상표권도 구매하지 않는 이상 개발할 때 상당액이 연구개발비로 처리되므로 상표권의 취득원가는 특허권이나 저작권처럼 상표법에 따라 등록에 소요되는 지출 금액에 불과하다.

**프랜차이즈와 면허권** 대만의 국영 석유 회사인 CPC 주유소에서 휘발유를 넣거나, 미국 서브웨이에서 점심을 먹거나, 유럽카에서 차를 빌리면 실상은 프랜차이즈 내 독립된 한 업체와 거래한 것이다. **프랜차이즈**(franchise)는 프랜차이즈 본사(franchisor)가 가맹점(franchisee)에 자사의 상표와 상호, 휘장 등을 사용하여 특정 지역에서 동일한 이미지로 상품을 판매하거나 용역을 제공

**글로벌 사고력 키우기 | 영업권 계상의 비밀**

소프트뱅크(SoftBank Corp., 일본)는 한때 일본에서 일등 인터넷 회사였지만 실적이 전과 같지 않았다. 그러다가 휴대전화 사업의 이익률이 3.2%에서 11.2%로 급상승했다. 영업이 좋아서가 아니라 회계상 교묘한 수법 때문이라는 소문이 시장에 파다했다. 도대체 무슨 기교를 부렸던 것일까? 알고 보니 소프트뱅크는 유형자산의 반을 평가감하고 대신 영업권을 만들어 동 금액을 대체했다. 유형자산은 감가상각이 10년이고 영업권은 20년이다(당시에는 영업권을 상각했다). 결국 순전히 감가상각이 반으로 줄어든 덕분으로 밝혀져 비난이 빗발쳤다. 그러나 감독원의 감리 결과 이상한 회계 처리이기는 하나 일본의 회계기준을 위배한 것은 아니라는 결론이 났다. 이로써 소프트뱅크는 처벌을 받지 않았지만 일본의 회계기준이 후진적이라는 것을 드러내는 사례로 회자된다.

© Pixtal/SuperStock

출처: Andrew Morse and Yukari Iwatani Kane, "SoftBank's Accounting Shift Raises Eyebrows," *Wall Street Journal* (August 28, 2007), p. C1.

**IFRS는 이러한 회계 처리를 허용하는가?**

하는 등 영업 활동을 하도록 허용하고, 그에 따른 각종 영업의 지원 내지 통제를 하면서 그 대가로 일정한 경제적 이익을 지급받는 계속적인 거래 관계를 말한다.

정부나 지방자치단체와 기업 간의 계약으로서 공공시설을 이용하여 기업의 사업을 하도록 허용하는 계약도 허가한다는 측면에서 프랜차이즈와 유사하다. 예컨대 버스 회사가 노선 영업을 하려면 공용 도로를 이용해야 하고, 전기사업자가 전기배선 시설을 설치하려면 국유지인 산을 이용해야 하며, 라디오나 TV 방송을 하려면 공중파를 이용해야 하는데, 이는 모두 국가로부터 사용 허가를 받아야 한다. 이와 같은 사업권을 **면허권**(license) 또는 허가권이라고 한다. 프랜차이즈나 면허는 특정 연도로 한정되거나 영원히 계속될 수도 있는데, 전자는 내용연수로 상각하고 후자는 상각할 수 없다. 상각대상원가는 프랜차이즈를 획득하는 데 드는 지출액이다. 그리고 프랜차이즈 계약으로 인해 매년 지출되는 회비(로열티)는 당해 연도 비용으로 인식해야 한다.

**영업권** 특정 자산과 연결된 것이 아니며 뛰어난 경영자, 유리한 지리적 위치, 충성스러운 고객 관계, 탁월한 직원과 기술, 높은 인지도의 상품, 노동조합과의 무갈등과 조화 등 기업이 가지고 있는 유리한 장점을 통틀어 **영업권**(goodwill)이라고 한다. 영업권은 특허권이나 저작권과 달리 전체 자산이 형성하는 종합적인 무형자산이다.

영업권의 가치는 평가할 수는 있지만 주관적이기 때문에 통제 없이 허용하면 재무제표 신뢰성에 문제가 생긴다. 따라서 영업권은 사고파는 과정에서 그 존재와 가치가 입증되는 경우에만 인식한다. 즉 보통 전체 사업이 매수될 때 순자산 가치를 상회하는 공정가치가 생겼을 때 영업권을 인식할 수 있다. 사업을 인수하면 차변에 공정가치의 개별 자산이, 대변에 공정가치의 부채가 계상되고, 또한 인수 가격으로 지출한 현금이 계상되는데, 차변이 대변의 금액보다 작을 때 바로 그 차이가 영업권이 된다. 즉 영업권만큼 현금을 더 지불한 것이다.

종래에는 영업권이 소멸되기 쉽다는 취지에서 일정 내용연수로 상각했다. 그러나 IFRS는 정해진 내용연수가 없기 때문에 상각 대상이 아니라고 본다. 대신 영업권이 손상을 입기 쉽다는 관점에서 회계연도 말 손상 평가를 하여 손상차손을 손익에 반영한다.

## 연구개발비 _Research and Development Costs

**연구개발비**(research and development costs)는 특허권, 저작권을 획득하고 새로운 공정, 신규 제품을 만들기 위해 투입되는 지출이다. 그러므로 특허권을 취득하기 위해 지출되는 전 단계의 금액은 연구개발비로 회계 처리되어, 막상 특허권을 취득해도 자산으로 계상할 것이 별로 없다.

많은 기업은 연구개발비를 쓴다. 최근 한국의 삼성전자는 한 해에 ₩15조 이상을 투입했다고 한다. 그런데 연구개발비는 성공을 바라고 쏟아붓는 것이지만 실패하는 경우가 더 많다. 그렇다고 연구개발을 하지 않으면 미래가 없다.

따라서 IFRS는 일단 연구 단계에 있는 지출은 발생 즉시 비용으로 처리하는 것이 옳다고 본다. 그런데 개발의 경우는 좀 다르게 처리한다. 발생 즉시 비용으로 처리하기는 하되, 기술적으로 가능성이 있음을 보여주는 특정 조건에 맞으면 무형자산으로 처리한다.[6]

예를 들어 Scanner Ltd.가 신제품 개발을 위해 NT$100만을 연구에, NT$200만을 개발에 사용하고, NT$40만은 기술적 가능성 전에, NT$160만은 기술적 가능성 이후에 지출했다면 분개는 다음과 같다.

| A | = | L | + | E |
|---|---|---|---|---|
| | | | | −1,400,000 비용 |
| +1,600,000 | | | | |
| −3,000,000 | | | | |

현금 유출
−3,000,000

| | | |
|---|---|---|
| 경상연구개발비(비용) | 1,400,000 | |
| 개발비(무형자산) | 1,600,000 | |
| 　현금 | | 3,000,000 |
| 　　(연구개발비 회계 처리) | | |

**DO IT! 4　무형자산의 개념**

다음 각 설명은 어떤 무형자산에 대한 것인지 보기에서 골라라.

저작권　　감모상각　　무형자산　　프랜차이즈　　연구개발비

1. 천연자원 자산의 취득원가를 합리적·체계적으로 안분하는 것
2. 물리적 실체가 없으며 기업에 장기간 공여하는 권리, 특권, 독점적 지위
3. 예술적 창작물을 재생산하여 팔 수 있도록 국가가 인정하는 배타적 권리
4. 특정 지역에서 특정 상표를 사용하여 특정 제품을 만들어 팔거나 용역을 제공할 수 있는 계약상 권리
5. 특허나 신제품 연구를 위해 지출한 원가로, 발생 즉시 비용 처리하는 것

**해답**　1. 감모상각　2. 무형자산　3. 저작권　4. 프랜차이즈　5. 연구비

6 역자 주: 기업이 연구개발을 하면 그 과정을 통해 기업의 무형자산 가치가 임직원의 몸에 알게 모르게 기술력으로 녹아든다. 그래서 과거에는 이론상으로는 이 점을 부각하고 실상은 연구개발비를 촉진하기 위해 정부 차원에서 회계기준으로 자산으로 처리하라고 안내한 적도 있었다. 그러나 광고비나 교육비도 이러한 관점에서 보면 모두 자산으로 처리될 수 있는 것이라 문제의 소지가 있다. 즉 연구개발비는 광고비처럼 언제 미래 효익이 실현될지, 또한 그 크기를 측정하기가 매우 어렵기 때문에 특정 프로젝트에 확고한 자산으로 할당하기가 매우 곤란하고 애매하다. 자산으로 보자면 연기처럼 흩어지는, 집결력이 없는 허망한 자산이다. 그러나 연구개발비를 자산으로 인정하지 않고 무작정 전액 비용으로 처리하라고 하면 기업이 연구개발비 지출을 망설이고 등한시할 수도 있다. 따라서 IFRS처럼 자산으로 인정하는 경우를 이론적으로 구성하여 살려놓을 필요가 있다. 그러나 자산으로 인식해도 유효한 기간은 최초 몇 년뿐이다. 즉 매년 동일한 금액을 연구개발비로 지출하는 기업의 경우 상각 기간을 5년으로 한다면 6년 차부터는 지난 5년간 감가상각이 모여 비용이 되므로 비용으로 처리하든 자산으로 처리하든 당기손익에 대한 효과가 같아진다. 따라서 연구개발비를 비용으로 처리하는 용기 있는 기업이 많아졌고, 그렇게 하는 것이 회계적으로 바람직하다는 것이 전문가의 공통된 의견이다.

## 공시와 분석 _Statement Presentation and Analysis

학습목표

유형자산과 무형자산 등의 공시와 분석을 이해한다.

### 공시 _Presentation

일반적으로 유형자산과 미채굴 천연자원을 묶어서 재무상태표에 유형자산으로 보고한다. 그림 9.23은 Artex Enterprises의 공시 내용이다.

그림 9.23 유형자산의 공시

Artex Enterprises
재무상태표(일부 발췌)
(단위: 10억)

| | | | |
|---|---|---|---|
| **유형자산** | | | |
| 금광 | ¥ 530 | | |
| 차감: 감모상각누계액 | 210 | ¥ 320 | |
| 토지 | | 600 | |
| 건물 | 7,600 | | |
| 차감: 감가상각누계액 | 500 | 7,100 | |
| 설비 | 3,870 | | |
| 차감: 감가상각누계액 | 620 | 3,250 | |
| 유형자산 계 | | | ¥11,270 |
| **무형자산** | | | |
| 특허권 | | 440 | |
| 상표권 | | 180 | |
| 영업권 | | 900 | 1,520 |
| 자산 계 | | | ¥12,790 |

유형자산은 중요성에 따라 재무상태표 본문이나 주석에서 분류하여 공시한다. 토지, 토지개량비, 건물, 설비 등으로 나누고 각각의 감가상각누계액을 구분하여 표시하며, 감가상각비와 이연상각 방법을 주석에 충분히 설명하고 금액도 공시한다.

### 분석 _Analysis

자산의 분석에도 **총자산 회전율**(asset turnover)이 있다. 총자산 회전율은 자산 1원이 매출을 얼마나 창출했는지를 말하며 자산의 효율적 사용, 즉 자산의 생산성을 보여준다. 그림 9.24에서 보듯이 총자산 회전율은 순매출액을 총자산의 평균 잔액으로 나누어 산출한다. 예를 들어 한국 기업인 LG의 순매출액은 ₩58조 1,400억, 총자산의 기말 및 기초 금액은 각각 ₩35조 5,280억, ₩34조 7,660억인데, 총자산 회전율을 산출하면 총자산이 얼마나 매출에 기여했는지를 알 수 있다.

그림 9.24 총자산 회전율의 공식과 계산

| 순매출액 | ÷ | 평균 총자산 | = | 총자산 회전율 |
|---|---|---|---|---|
| ₩58조 1,400억 | ÷ | (₩35조 5,280억 + ₩34조 7,660억) / 2 | = | 1.65회 |

이는 각 자산에 투자한 ₩1이 매출 ₩1.65을 만든다는 의미이다. 즉 자산의 효율성이 높으면 더 많은 매출액을 만든다. 이러한 비율은 산업별로 다르겠지만, 일반적으로 동력을 만드는 유틸리티 업종은 자산의 비중이 크고 서비스 업종은 자산의 비중이 작다.

**DO IT! 5 총자산 회전율**

Paramour Company는 당기순이익 $180,000, 순매출액 $420,000를 시현했다. 2020년 1월 1일의 총자산은 $460,000이고 2020년 12월 31일의 총자산은 $540,000이다. Paramour Company의 2020년 총자산 회전율을 구하라.

**해답**

| 순매출액 | ÷ | 평균 총자산 | = | 총자산 회전율 |
|---|---|---|---|---|
| $420,000 | ÷ | $\frac{\$460,000 + \$540,000}{2}$ | = | 0.84회 |

학습목표

유형자산의 교환에 대한 회계를 이해한다.

## 부록 9A 유형자산의 교환 _Exchange of Plant Assets

유형자산을 사용하다가 새로운 자산과 교환하는 경우도 있다. 예컨대 차를 바꿀 때 같은 새 차로 바꿀 수도 있고 완전히 다른 차로 바꿀 수도 있다. 그런데 교환을 하면 대부분 상거래적 의미(commercial substance)가 있으므로 처분손익이 인식된다. 상거래적 의미는 미래의 현금 창출과 흐름이 달라지는 것을 말한다. 즉 교환을 통해 현금흐름이 달라졌으므로 상거래적 의미가 있다는 뜻이다.

그런데 같은 종류의 자산을 교환하면서 상거래적 의미가 없다고 판단되면 어떻게 회계 처리를 해야 하는가? 이는 고급 회계의 영역이므로 설명을 생략한다. 이 장에서는 모두 상거래적 의미가 있다고 간주한다.

역자 한마디

종래는 다른 종류 간의 이종(異種) 교환이면 처분손익을 인식하고, 같은 종류 간의 교환이면 가득 과정이 종결되지 않고 계속된다고 보아 인식하지 않았다.

예를 들어 Ramos Construction이 보유하고 있는 중고 설비를 Brodhead Group의 토지와 교환한다고 가정하면 설비와 토지에서 나오는 현금 창출이 달라지므로 Ramos Construction과 Brodhead Group은 교환으로 인해 종전과는 완전히 다른 경제적 위치에 서게 된다. 그러므로 이종 자산을 교환하면 상거래적 의미가 있고 당연히 처분손익이 발생한다. 유사한 종류 간의 교환도 상거래적 의미가 있다고 보는 마당이니 이론의 여지가 없다.

### 교환손실 발생 _Loss Treatment

Roland NV는 현금 웃돈을 주고 중고 트럭을 세미트럭으로 교환하기로 했으며, 중고 트럭의 장부가는 €42,000(취득원가 €64,000 − 감가상각누계액 €22,000)이다. 구매 대행업자에 따르면 중고 트럭의 시장 가격은 €26,000이다. Roland NV가 지급하는 현금 웃돈이 €17,000일 때 해야 할 분개는 그림 9A.1과 같다.

| | |
|---|---:|
| 중고 트럭의 시가(공정가치) | €26,000 |
| 추가 지급한 현금 | 17,000 |
| 세미트럭의 취득원가 | €43,000 |

**그림 9A.1** 세미트럭의 취득원가

Roland NV는 이종 자산의 교환으로 인해 €16,000의 유형자산 처분손실이 발생한다. 중고 트럭의 장부가가 세미트럭의 취득원가보다 크기 때문이다(그림 9A.2 참조).

| | |
|---|---:|
| 중고 트럭의 장부가(€64,000 – €22,000) | €42,000 |
| 차감: 중고 트럭의 공정가치 | 26,000 |
| **유형자산 처분손실** | **€16,000** |

**그림 9A.2** 유형자산 처분손실의 계산

다음의 체계적인 4단계를 거치면 유형자산 처분손실을 쉽게 계산할 수 있다. ① 교환해서 나가는 자산의 장부가를 제거하고, ② 취득하는 자산의 원가를 기입하며, ③ 유형자산 처분손실을 인식하고, ④ 주고받은 현금을 기입한다.

| | | |
|---|---:|---:|
| 장비(신규) | 43,000 | |
| 감가상각누계액 | 22,000 | |
| 유형자산 처분손실 | 16,000 | |
| 장비(중고) | | 64,000 |
| 현금 | | 17,000 |
| (중고 트럭을 세미트럭과 교환) | | |

A = L + E
+43,000
+22,000
−16,000 비용
−64,000
−17,000

현금 유출
−17,000

## 교환이익 발생_Gain Treatment

Mark Express는 사용하던 운송 장비를 현금 웃돈 €3,000를 주고 새로운 운송 장비로 교체하기로 했다. 중고 장비의 장부가는 €12,000(취득원가 €40,000 − 감가상각누계액 €28,000)이고 새 장비의 공정가치는 €19,000이다. 따라서 새 장비의 취득원가는 중고 장비의 공정가치에 현금 웃돈을 더한 것으로서 €22,000가 된다(그림 9A.3 참조).

| | |
|---|---:|
| 중고 장비의 공정가치 | €19,000 |
| 추가 지급한 현금 | 3,000 |
| **신규 장비의 취득원가** | **€22,000** |

**그림 9A.3** 새 장비의 취득원가

중고 장비의 공정가치가 장부가보다 높으면 이득이 발생한다. 이에 Mark Express에도 처분이익 €7,000가 생겼다(그림 9A.4 참조).

**그림 9A.4** 유형자산 처분이익의 계산

| | |
|---|---|
| 중고 장비의 공정가치 | €19,000 |
| 차감: 중고 장비의 장부가(€40,000 – €28,000) | 12,000 |
| **유형자산 처분이익** | **€ 7,000** |

Mark Express가 해야 할 분개는 다음과 같다.

| A | = | L | + | E |
|---|---|---|---|---|
| +22,000 | | | | |
| +28,000 | | | | |
| −40,000 | | | | |
| | | | | +7,000 수익 |
| − 3,000 | | | | |

현금 유출
−3,000

| | 차변 | 대변 |
|---|---|---|
| 장비(신규) | 22,000 | |
| 감가상각누계액(중고) | 28,000 | |
| 장비(중고) | | 40,000 |
| 유형자산 처분이익 | | 7,000 |
| 현금 | | 3,000 |
| (장비 교체) | | |

다음의 체계적인 4단계를 거치면 유형자산 처분이익을 쉽게 계산할 수 있다. ① 중고 장비의 장부가를 제거하고, ② 신규 장비의 취득원가를 기입하며, ③ 유형자산 처분이익을 인식하고, ④ 주고받은 현금을 기입한다.

## 단원 요약

### 1 유형자산에 관한 지출

유형자산의 취득원가는 사용 목적에 도달할 때까지 소요된 모든 지출액이다. 취득원가는 내용연수에 걸쳐 안분하는데 이를 감가상각이라고 한다.

현재의 효율성을 유지하기 위한 지출은 수익적 지출이라고 하며 수선유지비로 당해 연도의 비용으로 처리한다. 반면에 효율성을 증가시키고 생산 능력을 제고하며 내용연수를 늘리는 지출을 자본적 지출이라고 하며 취득원가의 원본에 가산한다.

### 2 감가상각법

감가상각은 취득원가를 내용연수별로 합리적·체계적인 방법으로 원가 배분하여 비용으로 인식하는 것을 말한다. 감가상각은 절대 평가 과정이 아니고 누계액이라고 해서 현금을 모아두는 것도 아니다. 감가상각법은 다음과 같이 세 가지가 있다.

| 방법 | 연간 감가상각비 | 공식 |
|---|---|---|
| 정액법 | 일정 | 감가상각대상원가 ÷ 내용연수(년) |
| 생산량 비례법 | 변동 | 단위당 감가상각비 × 당해 연도 사용량 |
| 체감잔액법 | 감소 | 기초 장부가 × 감가상각비 정률 |

감가상각은 추정의 영역이므로 정기적으로 적정성을 검토하여 조정해야 한다. 감가상각비의 속도를 조정해야겠다고 판단되면 조정은 당기와 미래에 이루어진다. 이미 한 감가상각을 소급해서 수정하면 절대 안 된다. 수정하는 경우 감가상각은 새로운 감가상각대상원가를 확정한 후 잔존 연수로 안분하여 산출한다.

### 3 유형자산 처분

감가상각이 끝난 유형자산을 폐기나 판매로 처분하면 처분일에 해당 자산의 장부가를 제거하고, 현금 수령액이 있으면 기록하며, 현금 수령액과 장부가의 차이를 유형자산 처분손익으로 인식한다.

### 4 천연자원과 무형자산

천연자원의 경우 취득원가에서 잔존 가치를 공제한 후 이를 추정 총매장량으로 나누어 단위당 상각액을 구하고 당해 연도의 추출량과 곱하여 상각액을 산출한다. 무형자산도 정액법을 적용하여 취득원가를 내용연수별로 안분하는데, 이를 이연상각이라고 한다. 그러나 기한이 무한정이면 상각 대상이 아니다.

### 5 공시와 분석

일반적으로 유형자산과 미채굴 천연자원을 묶어서 공시하고 무형자산은 구분하여 공시한다. 재무상태표 본문이나 주석에 토지, 건물, 설비 등으로 나누고 각각의 감가상각누계액을 구분하여 표시하며, 감가상각비와 이연상각 방법을 주석에 충분히 설명하고 금액도 공시한다. 자산의 생산성을 분석하려면 회전율을 산출해본다.

### *6 유형자산의 교환

유형자산을 교환하여 처분손익을 인식한다. 교환을 하면 상거래적 의미가 있다고 보기 때문이다. 상거래적 의미는 미래의 현금 창출과 흐름이 달라지는 것이며, 교환을 통해 현금흐름이 달라졌으므로 상거래적 의미가 있다는 뜻이다.

## 핵심 용어

**가속상각법(accelerated-depreciation method)** 초반에 감가상각비 안배를 많이 하고 해가 갈수록 적게 하는 방법

**감가상각(depreciation)** 유형자산의 원가를 합리적·체계적인 방식으로 내용연수에 걸쳐 안분하는 것

**감가상각대상원가(depreciable cost)** 감가상각 대상이 되는 금액으로, 유형자산의 취득원가에서 잔존 가치를 공제한 금액

**감가상각의 구분 계산(component depreciation)** 내용연수의 차이가 큰 중요한 유형자산은 반드시 별도로 감가상각비를 계산해야 한다는 원칙

**감모상각(depletion)** 회사가 천연자원을 보유하고 채굴한 자원을 사업에 투입할 때 이러한 자산의 취득원가를 합리적·체계적인 방법으로 내용연수에 걸쳐 안분하는 것

**기업의 계속성 공준(going concern assumption)** 기업은 끝없이 계속 사업을 영위한다는 가정

**내용연수(useful life)** 자산의 활용 또는 사용 기간

**면허권(license)** 공공시설을 사업에 사용할 수 있는 자격 또는 권리로 정부 등이 부여함

**무형자산(intangible assets)** 물리적 형태는 없지만 권리, 특권, 유리한 조건 등의 형식으로 기업의 사업에 장기간 공헌하는 자산

**상표(trademark, trade name)** 특정 상품을 지칭하는 이름, 구절, 노래, 상징 또는 그 결합

**생산량 비례법(units-of-activity method)** 해당 자산의 생산 능력에 대비하여 소진한 생산 능력 비율로 감가상각을 하는 방식

**수익적 지출(revenue expenditure)** 당해 연도 수익에 대응하여 비용으로 인식되는 지출

**연구개발비(research and development costs)** 특허권, 저작권을 획득하거나 신기술, 신공정, 신제품을 만들기 위해 연구하고 개발하는 데 소요되는 지출

**영업권(goodwill)** 유리한 위치, 우수한 경영, 좋은 기업 이미지 등으로 동종의 다른 기업보다 더 많은 수익을 얻을 때 그 초과 수익을 자본의 가치로 환원한 것

**유형자산(plant assets)** 사업을 위해 사용하는 자산 중에서 물리적 형태를 갖춘 것

**이연상각(amortization)** 무형자산의 취득원가를 내용연수에 걸쳐 합리적·체계적인 방법으로 안분하는 것

**자본적 지출(capital expenditure)** 생산 시설의 능력을 향상하는 지출

**잔존 가치(residual value)** 내용연수 종결 시 남아 있는 자산의 가치

**저작권(copyrights)** 예술, 문학 창작 등의 경우 정부의 승인하에 배타적으로 사용할 수 있는 권리

**정액법(straight-line method)** 내용연수 동안 매년 같은 금액의 감가상각비를 계상하는 방법

**중요성(materiality concept)** 회계 처리 방법의 차이가 의사결정에 영향을 줄 정도가 아니면 IFRS를 준수하지 않아도 된다는 융통성

**증설(addition)·개량(improvement)** 작업 효율 향상, 생산 능력 제고, 내용연수 증가 등에 소요된 원가

**천연자원(natural resource)** 산림이나 석유, 가스, 광물처럼 지하에 파묻혀 있는 자원 형태의 자산

**체감잔액법(declining-balance method)** 매년 이월되는 유형자산의 장부가에 일정한 상각률을 곱하여 감가상각비를 계산하는 방식으로, 매년 감가상각비가 줄어드는 구조

**총자산 회전율(asset turnover)** 자산이 어느 정도 효율적으로 운영되는지 측정하는 방법으로, 순매출액을 평균 자산액으로 나누어 산출함

**특허권(patent)** 발명품을 특정 기간 동안 배타적으로 침해받지 않고 독점적으로 사용할 수 있는 권리

**프랜차이즈(franchise)** 당사자 사이에 약정으로 특정 지역에서 특정 상표나 상호를 사용하여 특정 상품을 팔거나 특정 서비스를 제공할 수 있는 권리를 득하고 제반 의무를 부담하는 계약

7 이 장의 부록과 관련된 것은 별표(*)로 표시했다.

## 객관식 문제

**1** Erin Danielle Electronics는 장비를 구입하면서 다음과 같이 지출했다.

| | |
|---|---|
| 구매 가격 | €24,000 |
| 취득세 | 1,200 |
| 운반보험료 | 200 |
| 설치 및 시운전비 | 400 |
| 총지출액 | €25,800 |

장비의 취득원가로 계상될 금액은 얼마인가?

**a.** €24,000　**b.** €25,200
**c.** €25,400　**d.** €25,800

**2** 유형자산의 증설에 대한 설명으로 옳은 것은?

**a.** 수익적 지출　**b.** 수선유지비로 차변 처리
**c.** 매입으로 차변 처리　**d.** 자본적 지출

**3** 감가상각비는 어떤 과정인가?

**a.** 평가　**b.** 원가 배분
**c.** 현금 쌓기　**d.** 감정

**4** 2019년 1월 1일, Micah Bartlett Ltd.는 송장 가격인 £400,000를 주고 장비를 구입했는데 내용연수는 5년, 잔존 가치는 £10,000이다. 정액법을 적용하는 경우 2020년 12월 31일의 감가상각누계액은 얼마인가?

**a.** £80,000　**b.** £160,000
**c.** £78,000　**d.** £156,000

**5** 2019년 1월 1일, 앤 토버트는 트럭을 €11,000에 구입했는데 내용연수는 5년, 잔존 가치는 €1,000이다. 생산량 비례법으로 감가상각을 한다면 2020년 12월 31일의 감가상각누계액 계산 공식은 무엇인가?

**a.** (€11,000 ÷ 총 생산 능력) × 2020년 사용량
**b.** (€10,000 ÷ 총 생산 능력) × 2020년 사용량
**c.** (€11,000 ÷ 총 생산 능력) × 2019년, 2020년 사용량
**d.** (€10,000 ÷ 총 생산 능력) × 2019년, 2020년 사용량

**6** 2020년 1월 1일, Chang Industries는 설비를 HK$600,000에 구입했는데 잔존 가치는 HK$80,000, 내용연수는 8년이다. 이중체감잔액법에 따른 2021년의 감가상각비는 얼마인가?

**a.** HK$65,000　**b.** HK$112,500
**c.** HK$150,000　**d.** HK$65,620

**7** 감가상각비를 조정할 때는 어떻게 하는가?

**a.** 과거 감가상각비를 모두 수정해야 한다.
**b.** 당기와 향후 감가상각비가 수정 대상이다.
**c.** 향후 감가상각비만 수정 대상이다.
**d.** 위의 보기 모두 해당되지 않음

**8** 2018년 1월 1일, Able Towing은 트럭을 £60,000에 구입했으며 내용연수를 10년, 잔존 가치를 £12,000로 추정하고 정액법으로 상각했다. 2020년 12월 31일, 수정 분개를 하기 전 잔존 내용연수를 4년(2020년 포함), 잔존 가치를 £2,000로 수정했다. 2020년 감가상각비는 얼마인가?

**a.** £6,000　**b.** £4,800
**c.** £15,000　**d.** £12,100

**9** Wales Remodeling은 취득원가가 €800,000, 당해 연도에 감가상각한 후의 감가상각누계액이 €100,000인 설비에 대해 재평가 모형을 적용하기로 했다. 현재 공정가치가 €775,000일 때 필요한 분개는 무엇인가?

**a.** 대변에 설비 €25,000
**b.** 차변에 설비 €75,000
**c.** 대변에 감가상각누계액 €100,000
**d.** 차변에 재평가잉여금 €75,000

**10** Bennie Razors는 사용 중인 기계를 2020년 6월 30일에 매각하기로 했다. 이 기계는 2016년 1월 1일에 €80,000를 주고 취득했으며, 내용연수 10년에 잔존 가치가 없다고 보고 정액법으로 감가상각을 해왔다. 기계를 €26,000에 매각했다면 유형자산 처분손익은 얼마인가?

**a.** €18,000　**b.** €54,000
**c.** €22,000　**d.** €46,000

**11** Maggie Sharrer Energy는 NT$1,200만을 주고 산 광산의 매장량을 2,000만 톤으로 추산했다. 광산의 잔존 가치가 없고 당해 연도 채굴량이 200만 톤일 때 감모상각비를 인식하는 분개는 무엇인가?

**a.** 차변에 감모상각누계액 NT$2,000,000
**b.** 대변에 감모상각비 NT$1,200,000
**c.** 차변에 재고자산 NT$1,200,000
**d.** 대변에 감모상각누계액 NT$2,000,000

**12** 다음 설명 중 옳지 않은 것은?

**a.** 무형자산은 내용연수가 있으면 상각 처리된다.
**b.** 무형자산의 내용연수는 20년 이상일 수 있다.
**c.** 영업권은 사업체가 인수될 때 인식된다.
**d.** 개발비는 반드시 비용이다.

**13** 다음 설명 중 옳은 것은?

**a.** 무형자산은 물질적 형태가 없으므로 재무제표 주석으로만 공시된다.

**b.** 영업권은 자본의 차감 계정이다.

**c.** 전체 유형자산은 재무상태표에 총액으로 표시하고 상세 내용은 주석으로 공시할 수 있다.

**d.** 일반적으로 무형자산은 천연자원과 함께 유형자산에 포함되어 공시된다.

**14** Tianzi Coffee의 순매출액이 HK$1,800,000, 당기순이익이 HK$540,000, 기초 및 기말 총자산이 각각 HK$2,000,000, HK$3,000,000라면 총자산 회전율은 얼마인가?

**a.** 0.90 **b.** 0.20
**c.** 0.72 **d.** 1.39

***15** Schopenhauer NV는 구형 기계를 신형 기계로 바꾸기로 했다. 현재 구형 기계의 장부가는 €39,000, 공정가치는 €35,000이며 현금 웃돈을 €10,000 지급하기로 했다. 이 교환이 상거래적 의미가 있다면 Schopenhauer NV가 계상할 새 기계의 취득원가는 얼마인가?

**a.** €45,000 **b.** €46,000
**c.** €49,000 **d.** €50,000

***16** 상거래적 의미가 있는 자산 교환에 대한 설명으로 옳은 것은?

**a.** 유형자산 처분손익은 계상될 수 없다.

**b.** 유형자산 처분이익만 계상될 수 있다.

**c.** 유형자산 처분손실만 계상될 수 있다.

**d.** 유형자산 처분손익 모두 계상될 수 있다.

## 기초 확인 문제

**1** Fulmer Express는 운송 트럭을 NT$50,000에 구입했는데 내용연수는 5년, 잔존 가치는 NT$5,000로 추정된다. 첫해와 2년째의 감가상각비를 (a) 정액법, (b) 이중체감잔액법으로 구하라.

**해답**

a. 감가상각대상자산은 NT$45,000(NT$50,000 − NT$5,000)이며, 내용연수가 5년이므로 연간 감가상각비는 NT$9,000(NT$45,000 ÷ 5)이다. 정액법에서는 매년 감가상각비가 같으므로 첫해와 2년째의 감가상각비는 NT$9,000이다.

b. 상각률이 40%(20% × 2)이고 이 비율을 기초 장부가에 곱하면 다음과 같다.

| | 장부가 | × | 상각률 | = | 감가상각비 |
|---|---|---|---|---|---|
| 1년 | NT$50,000 | | 40% | | NT$20,000 |
| 2년 | 30,000* | | 40 | | 12,000 |

*NT$50,000 − NT$20,000

**2** 2020년 8월 31일, Giolito Farming은 취득원가가 €60,000이고 2020년 1월 1일 자 감가상각누계액이 €38,000인 설비를 현금 €20,000에 팔기로 했다. 2020년 8개월간의 감가상각비는 €6,000이다. (a) 2020년 8월 31일에 해야 할 감가상각비의 분개와 (b) 설비의 매각에 따른 분개를 하라.

**해답**

| | | 차변 | 대변 |
|---|---|---|---|
| a. | 감가상각비 | 6,000 | |
| | 감가상각누계액 | | 6,000 |
| b. | 현금 | 20,000 | |
| | 감가상각누계액 | 44,000 | |
| | 설비 | | 60,000 |
| | 유형자산 처분이익 | | 4,000 |

| | |
|---|---|
| 설비의 취득원가 | €60,000 |
| 차감: 감가상각누계액 | 44,000* |
| 처분 시 장부가 | 16,000 |
| 현금 수령액 | 20,000 |
| 유형자산 처분이익 | € 4,000 |

*€38,000 + €6,000

**3** 2020년 1월 2일, Snow Restaurants는 계약 기간이 10년인 프랜차이즈 권리를 ¥200,000(단위: 1,000)에 취득했다. (a) 첫해 프랜차이즈의 이연상각을 분개하고, (b) 재무상태표에 어떻게 표시되는지 설명하라.

**해답**

| | | 차변 | 대변 |
|---|---|---|---|
| a. | 무형자산(¥200,000 ÷ 10) | 20,000 | |
| | 프랜차이즈 | | 20,000 |

b. 무형자산
　　프랜차이즈 ¥180,000

## 확인 문제

**1** 2020년 10월 1일, Winston Printing은 새 기계를 £120,000에 구입했으며, 잔존 가치를 £12,000로 추정하고 4년간 사용할 수 있는 총 기계 시간을 12,000시간으로 예측했다. 다음 각 경우의 감가상각비를 구하라.

**a.** 2020년 정액법

**b.** 2020년 생산량 비례법, 당해 연도 기계 시간 1,700시간

**c.** 2020년과 2021년 이중체감잔액법

**해답**

a. $\frac{£120,000 - £12,000}{4} = £27,000/\text{년}$

2020년 감가상각비 = £27,000 × 3/12 = £6,750

b. $\frac{£120,000 - £12,000}{12,000} = £9/\text{시간}$

2020년 감가상각비 = 1,700시간 × £9 = £15,300

c. 2020년 감가상각비 = £120,000 × 50% × 3/12 = £15,000

2021년 1월 1일 장부가 = £120,000 − £15,000 = £105,000

2021년 감가상각비 = £105,000 × 50% = £52,500

**2** 다음은 2020년 창업한 Sun Moon Chemical의 무형자산 거래이다.

| | | |
|---|---|---|
| 2020년 1월 2일 | 특허권(8년) | NT$560,000 |
| 2020년 4월 1일 | 영업권(영구적) | 360,000 |
| 2020년 7월 1일 | 10년의 프랜차이즈 (만료일 2030년 7월 1일) | 440,000 |
| 2020년 9월 1일 | 연구개발비 | 185,000 |

지출액을 모두 현금으로 지급했을 때 각 무형자산을 인식하고 상각하는 분개를 하라. 단, 연구개발비는 기술적 가능성이 실현되기 전의 지출액이다.

**해답**

| 날짜 | 계정 | 차변 | 대변 |
|---|---|---|---|
| 2020년 1월 2일 | 특허권 | 560,000 | |
| | 현금 | | 560,000 |
| 2020년 4월 1일 | 영업권 | 360,000 | |
| | 현금 | | 360,000 |
| | (다른 회사 인수 분개의 일부) | | |
| 2020년 7월 1일 | 프랜차이즈 | 440,000 | |
| | 현금 | | 440,000 |
| 2020년 9월 1일 | 연구개발비 | 185,000 | |
| | 현금 | | 185,000 |
| 2020년 12월 31일 | 이연상각비 (NT$560,000 ÷ 8) + [(NT$440,000 ÷ 10) × 1/2] | 92,000 | |
| | 특허권 | | 70,000 |
| | 프랜차이즈 | | 22,000 |

2020년 12월 31일 기말 금액

특허권 = NT$490,000(NT$560,000 − NT$70,000)

영업권 = NT$360,000

프랜차이즈 = NT$418,000(NT$440,000 − NT$22,000)

연구개발비 = NT$185,000

## 실습 문제

**1** 2020년 1월 1일, DuPage Manufacturing은 공장 기계를 €18,000에 구입했으며 내용연수를 4년, 잔존 가치를 €2,000, 기계의 예상 가동 시간을 160,000시간으로 추정했다. 연도별 가동 시간은 다음과 같다.

| | | | |
|---|---|---|---|
| 2020년 | 40,000시간 | 2021년 | 60,000시간 |
| 2022년 | 35,000시간 | 2023년 | 25,000시간 |

연도별 감가상각비를 (a) 정액법, (b) 생산량 비례법, (c) 이중체감잔액법으로 구하라.

**해답** a.

정액법

| | 계산 | | | | | 연도 말 | |
|---|---|---|---|---|---|---|---|
| 연도 | 감가상각대상 원가* | × | 감가상각 비율 | = | 연간 감가상각비 | 감가상각 누계액 | 장부가 |
| 2020 | €16,000 | | 25% | | €4,000 | € 4,000 | €14,000** |
| 2021 | 16,000 | | 25% | | 4,000 | 8,000 | 10,000 |
| 2022 | 16,000 | | 25% | | 4,000 | 12,000 | 6,000 |
| 2023 | 16,000 | | 25% | | 4,000 | 16,000 | 2,000 |

*€18,000 − €2,000

**€18,000 − €4,000

b. 생산량 비례법

| | 계산 | | | | | 연도 말 | |
|---|---|---|---|---|---|---|---|
| 연도 | 총가동량 | × | 단위당 감가상각비* | = | 연간 감가상각비 | 감가상각 누계액 | 장부가 |
| 2020 | 40,000 | | €0.10* | | €4,000 | € 4,000 | €14,000 |
| 2021 | 60,000 | | 0.10 | | 6,000 | 10,000 | 8,000 |
| 2022 | 35,000 | | 0.10 | | 3,500 | 13,500 | 4,500 |
| 2023 | 25,000 | | 0.10 | | 2,500 | 16,000 | 2,000 |

*(€18,000 − €2,000) ÷ 160,000

c. 이중체감잔액법

| | 계산 | | | | | 연도 말 | |
|---|---|---|---|---|---|---|---|
| 연도 | 기초 장부가 | × | 감가상각비 정률* | = | 연간 감가상각비 | 감가상각 누계액 | 장부가 |
| 2020 | €18,000 | | 50% | | €9,000 | € 9,000 | €9,000 |
| 2021 | 9,000 | | 50% | | 4,500 | 13,500 | 4,500 |
| 2022 | 4,500 | | 50% | | 2,250 | 15,750 | 2,250 |
| 2023 | 2,250 | | 50% | | 250** | 16,000 | 2,000 |

*¼ × 2

**장부가는 잔존 가치 이하로 계상될 수 없으므로 €250로 수정함

**2** 2020년 1월 1일, Hong Kong International Airport Limousine은 리무진을 HK$280,000에 취득하고 정액법으로 상각하기로 했다. 내용연수는 4년, 잔존 가치는 HK$40,000이며 회계연도는 12월 31일에 종료한다. 다음과 같이 리무진을 처분하는 경우의 분개를 하라.

**a.** 2024년 1월 1일에 폐기처분

**b.** 2023년 7월 1일에 HK$50,000를 받고 매각

**해답**

| | 날짜 | 계정 | 차변 | 대변 |
|---|---|---|---|---|
| a. | 2024년 1월 1일 | 감가상각누계액 | 240,000 | |
| | | 유형자산 처분손실 | 40,000 | |
| | | 설비 | | 280,000 |
| | | (리무진 폐기처분) | | |
| b. | 2023년 7월 1일 | 감가상각비* | 30,000 | |
| | | 감가상각누계액 | | 30,000 |
| | | (매각시까지 감가상각비 인식) | | |
| | | 현금 | 50,000 | |
| | | 감가상각누계액** | 210,000 | |
| | | 유형자산 처분손실 | 20,000 | |
| | | 설비 | | 280,000 |
| | | (리무진 매각) | | |

*[(HK$280,000 − HK$40,000) ÷ 4] × ½

**[(HK$280,000 − HK$40,000) ÷ 4] × 3 = HK$180,000; HK$180,000 + HK$30,000

## 단원 정리를 위한 질문

**1** 릭 베이든은 역사적 원가법을 플랜트 자산의 평가에 적용할 수 있는지 확신이 서지 않는다. 그에게 이에 대해 설명하라.

**2** 토지개량비의 예를 몇 가지 들라.

**3** Lexa Company는 Malta Company로부터 토지와 건물을 취득했다. Lexa Company가 (a) 토지만 사용하는 경우, (b) 토지와 건물을 모두 사용하는 경우에 자산을 의도한 용도에 맞게 준비하는 데 발생할 수 있는 원가의 유형을 밝혀라.

**4** 자산의 내용연수 동안 발생하는 수익적 지출과 자본적 지출을 구분하여 설명하라.

**5** 최근 신문에 Wanzo OAO의 사장이 감가상각비에 대해 특단의 조치를 취해야 한다는 기사가 실렸다. 사장은 "감가상각비를 인식한다고 해서 자산의 내용연수가 끝나는 시점에 자산을 대체하는 데 필요한 현금이 축적되지는 않는다"고 주장했다. 이에 대해 어떻게 생각하는가?

**6** 제러미는 회계 과목 시험을 대비하여 공부하다가 다음 두 가지 문제에 대해 도움을 요청했다. 제러미에게 설명하라.

**a.** 잔존 가치란 무엇인가?

**b.** 감가상각비를 산출하는 모든 방법에 잔존 가치가 사용되는가?

**7** 정액법과 생산량 비례법을 (a) 내용연수, (b) 내용연수에 걸친 감가상각비 산출 방식을 중심으로 비교하여 설명하라.

**8** 세 가지 감가상각법이 연간 감가상각비 산출에 미치는 영향을 비교하여 설명하라.

**9** 감가상각의 구분 계산이란 무엇이며, 언제 적용해야 하는가?

**10** 자산의 내용연수 5년 중 4년 차에 내용연수를 6년으로 변경하는 경우 감가상각비 수정 방법과 그 이유를 설명하라.

**11** 유형자산의 재평가와 필요 시기에 대해 설명하라.

**12** 유형자산 매각에 따른 손익은 어떻게 계산되는가?

**13** Luis Cycles는 완전히 감가상각되었지만 여전히 사용 중인 기계를 소유하고 있다. 이 자산을 어떻게 회계 처리하고 재무제표에 보고해야 하는가?

**14** 채굴 가능한 천연자원이란 무엇이며, 다른 자산과 구별되는 특성은 무엇인가?

**15** 감모상각의 개념과 계산 방법을 설명하라.

**16** 감가상각, 감모상각, 이연상각이라는 용어의 유사점과 차이점은 무엇인가?

**17** Spectrum Pharmaceutical의 회계 부서 인턴은 무형자산은 항상 법적 유효 기간 동안 상각해야 한다고 주장한다. 인턴의 의견이 맞는지 설명하라.

**18** 영업권은 사업과 관련된 모든 유리한 속성의 가치로 정의된다. 영업권으로 이어질 수 있는 속성의 유형은 무엇인가?

**19** 경영학을 전공하는 마크 개넌은 수업 중 회사가 개발한 신제품을 출시하기 위해 거액의 자금을 조달해야 하는 사례 문제를 풀고 있다. 그런데 엔지니어링을 전공하는 세라 베이츠가 회사의 재무상태표를 보고 "이 회사는 엄청난 영업권을 가지고 있는데, 현금을 마련하기 위해 일부를 파는 것이 어때?"라고 말했다. 마크는 세라에게 어떻게 대답해야 하는가?

**20** 영업권은 어떤 조건에서 회계적으로 인식되는가?

**21** 연구개발은 기업에 수년 동안 지속되는 혜택을 제공하기도 한다(예컨대 특허 개발로 이어져 수년 동안 기업의 수익을 증가시킨다). 그럼에도 IFRS가 연구개발비를 발생 즉시 비용으로 처리하라고 하는 이유는 무엇인가?

**22** 제품 개발을 위해 지출한 금액은 경우에 따라 비용 또는 자산으로 처리된다. 두 계정의 차이점과 적절한 분류 기준을 설명하라.

**23** 맥도날드(McDonald's Corporation, 미국)의 평균 총자산은 $289억, 순매출은 $205억이다. 총자산 회전율을 구하라.

**24** 동종 산업에 속해 있는 Alpha SE는 정액법으로 감가상각을 하고, Zito SE는 가속상각법으로 감가상각을 한다. 두 회사의 경영 성과를 비교할 때 어떤 문제가 있는가?

**25** Wanzo ASA는 재무 보고 목적으로 정액법을 사용하지만 세금 신고에는 가속상각법을 사용한다. 목적에 따라 다른 감가상각법을 사용해도 되는가? Wanzo ASA가 이렇게 하는 이유는 무엇인가?

**26** 같은 업종인 Lam Ltd.는 공장 설비를 유효기간 40년으로 감가상각하고, Shuey Ltd.는 유효 연수 20년으로 감가상각을 한다. 이는 두 회사의 결과를 비교할 때 어떤 영향을 미치는가?

**27** Zelm Company는 창고를 개량하는 데 상당한 노력을 기울이고 있으나 지출된 금액의 자산 처리가 맞는지, 비용 처리가 맞는지 모른다. 두 방법이 당해 연도 순이익과 차후 연도 순이익에 미치는 영향을

분석하라.

*28 상거래적 의미가 있는 교환 거래에서 유형자산의 처분손익은 어떻게 계산되는가?

*29 Morris Refrigeration Company는 오래된 기계를 신형 기계와 교환하기로 했으며, 상거래적 의미가 있다고 가정한다. 만약 오래된 기계의 공정가치가 장부 가치보다 크다면 Morris Refrigeration Company는 유형자산 처분이익을 인식할 수 있는가? 반대로 오래된 기계의 공정가치가 장부 가치보다 낮다면 유형자산 처분손실을 인식할 수 있는가?

## 가벼운 연습 문제

**1** Rosenberg Construction은 토지를 구입하면서 현금 €64,000, 취득세 €3,000, 변호사 수수료 €2,500, 공인중개사 수수료 €2,000, 청산 및 평가비 €4,400를 지불했다. 토지의 취득원가를 구하라.

**2** Jawson Repairs는 트럭을 구입하면서 현금 £30,000, 사고보험료 £2,000, 취득세 £1,800, 자동차 면허세 £160, 도장비 £400를 지불했다. 트럭의 취득원가를 구하라.

**3** Tong Pizza는 배달 트럭과 관련하여 다음과 같이 지출했다. 이를 분개하라.

1. €45를 주고 오일을 교환했다.
2. 트럭의 작동 효율성을 높이는 특수 기어 장치를 설치하기 위해 €580를 지불했다.

**4** Weller Express는 취득원가가 €42,000인 배달 트럭을 구입했다. 내용연수는 5년, 내용 수명이 끝날 때 잔존 가치는 €9,000로 예상된다. 정액법을 사용하여 첫해와 2년째의 연간 감가상각비를 구하라.

**5** 2020년 1월 1일, Kowloon Group은 토지와 건물을 구입했다. 토지와 건물의 추정 가치가 각각 HK$1,000,000, HK$2,000,000인데 경영진은 회계 부서에 토지를 HK$2,250,000, 건물을 HK$750,000로 기록하라고 지시했다. 건물은 잔존 가치 없이 20년에 걸쳐 정액법으로 감가상각된다. 경영진이 이러한 회계 처리를 요청한 이유는 무엇이라고 생각하는가? 이는 윤리적인가?

**6** 4번 문제에서 상각률을 정액법의 2배로 가정하고 체감잔액법을 사용하여 첫해와 2년째의 연간 감가상각비를 구하라.

**7** Freemont Taxi Service는 택시의 감가상각을 계산할 때 생산량비례법을 사용하며, 모든 택시는 150,000마일을 주행할 것이라고 예상한다. 이 중 택시 번호 10의 취득원가는 €33,500이고 잔존 가치는 €500로 예상된다. 1년 차에 36,000마일을 주행하고 2년 차에 22,000마일을 주행했을 때 각 연도의 감가상각비를 구하라.

**8** Mandall Ltd.는 £280,000를 들여 창고를 지었으며 내용연수는 20년, 잔존가치는 없다고 추정한다. 그리고 건설 기록에 따르면 창고 비용 중 £40,000는 예상 내용연수가 8년인 난방, 환기, 공조(HVAC) 시스템과 관련이 있다. 감가상각의 구분 계산을 적용하여 첫해의 정액법에 따른 감가상각비를 구하라.

**9** Vasquez SA의 2020년 1월 1일 자 총계정원장에는 설비 €32,000가 있고 감가상각누계액이 €9,000인데, 이는 설비를 내용연수 10년, 잔존 가치 €2,000로 하여 정액법으로 감가상각한 결과이다. 그런데 같은 날 Vasquez SA는 설비의 잔여 내용연수가 앞으로 4년밖에 남지 않았다고 변경하면서 잔존 가치가 동일하다고 결정했다면 수정된 연간 감가상각비는 얼마인가?

**10** 설립 첫해 말 Brianna Industries는 IFRS가 허용하는 재평가 모형을 사용하기로 결정했다. 총계정원장에는 설비 £480,000, 감가상각누계액 £60,000가 있다. 다음의 각 경우를 분개하라.

**a.** 회사와 독립된 감정평가사가 설비의 공정가치를 £468,000로 평가했다.

**b.** 회사와 독립된 감정평가사가 설비의 공정가치를 £400,000로 평가했다.

**11** 다음 거래를 분개하라.

**a.** Matterhorn AG는 CHF44,000인 운송 장비를 폐기하는데, 감가상각누계액이 CHF44,000이고 잔존 가치는 없다.

**b.** Matterhorn AG는 CHF44,000인 운송 장비를 폐기하는데, 감가상각누계액이 CHF37,000이고 잔존 가치는 없다.

**12** 2020년 9월 30일, Arma Ltd.는 취득원가가 £72,000인 장비를 현금 £20,000를 받고 팔았다. 2020년 1월 1일까지 감가상각누계액은 £42,000이고 2020년 9월까지의 감가상각액은 £4,800이다.

**a.** 2020년 9월 30일 기준으로 감가상각누계액을 계상하는 분개를 하라.

**b.** 장비의 판매를 분개하라.

**13** Jackie Chan Mining은 총채굴량이 2,800만 톤이고 잔존 가치가 없는 것으로 추산되는 광산을 ¥700만에 구입하여 첫해에 광석 470만 톤을 채굴했다.

a. 첫해의 감모상각을 분개하라.

b. 이 광산은 첫해 말 재무상태표에 어떻게 보고되는가?

**14** 2020년 1월 2일, Felipe Engineering은 특허권을 R$120,000에 구입했으며 예상 유효수명은 8년이다.

a. 첫해의 상각비를 분개하라.

b. 이 특허권은 첫해 말 재무상태표에 어떻게 보고되는가?

**15** Newell Industries는 신제품 연구에 €260,000, 개발에 €600,000를 지출했다. 개발비 €600,000 중 €400,000는 기술적 타당성이 입증되기 이전에, €200,000는 기술적 타당성이 입증된 후에 발생했을 때 연구개발비의 회계 처리를 위한 분개를 하라.

**16** Loomis Energy의 2020년 말 유형자산, 천연자원, 무형자산과 관련된 정보는 다음과 같다. 재무상태표의 고정자산 부분을 작성하라.

| | |
|---|---:|
| 건물 | £1,300,000 |
| 감가상각누계액 | 650,000 |
| 영업권 | 410,000 |
| 탄광 | 500,000 |
| 감모상각누계액 | 122,000 |

**17** 타깃(Target, 미국)은 최근 연례 사업 보고서에서 기초 총자산 $482억, 기말 총자산 $446억을 공시하고 $726억의 순매출을 시현했다. 총자산 회전율을 구하라.

***18** Cordero Shiping은 오래된 운송 장비를 새로운 장비로 교환했다. 기존 운송 장비의 장부 가치는 €33,000(취득원가 €61,000 − 감가상각누계액 €28,000)이고 공정가치는 €19,000라 현금 €5,000를 추가로 지불했다. 거래에 상업적 의미가 있다고 가정하고 거래를 분개하라.

***19** 18번 문제에서 오래된 운송 장비의 공정가치가 €37,200라고 가정하고 거래를 분개하라.

## DO IT! 적용 문제

**1** Yockey HVAC는 운송 트럭을 구입했는데, 총 현금 지불액이 £28,220이고 구성 내역은 다음과 같다.

| | |
|---|---:|
| 구매 가격 | £24,000 |
| 특수 선반 설치 | 1,200 |
| 도장비 | 780 |
| 자동차 면허세 | 140 |
| 연간 보험료 | 800 |
| 취득세 | 1,300 |
| 총지출액 | £28,220 |

지출액별 회계 처리를 설명하라.

**2a** 2020년 1월 1일, Rolling Hills Country Club은 잔디 깎는 기계를 £18,000에 구입했는데 내용연수는 8년, 잔존 가치는 £2,000로 추산한다. 정액법을 사용하는 경우 2020년 12월 31일에 Rolling Hills가 해야 할 분개를 하라.

**2b** Savin NV는 장비를 €50,000에 구입했는데 내용연수는 5년, 잔존 가치는 €2,000로 추정한다. 그러나 4년 차 말(감가상각 조정 전)에 내용연수 8년, 잔존 가치 €4,000로 추정을 변경했을 때 수정된 감가상각을 계산하라.

**3** Forgetta Manufacturing은 취득원가가 €48,000, 감가상각누계액이 €28,000인 오래된 장비를 매각 처분하기로 결정했다.

a. 처분가를 현금 €26,000로 가정하고 분개하라.

b. 처분가를 현금 €15,000로 가정하고 분개하라.

**4** 다음 용어에 대한 설명을 아래 보기에서 골라 연결하라.

| | |
|---|---|
| a. 영업권 | b. 무형자산 |
| c. 개발비용 | d. 감모상각 |
| e. 프랜차이즈 | f. 개발비(자산) |

1. 물리적 형태가 없는 자산의 소유권으로 인해 얻는 권리, 특권, 경쟁적 우위
2. 합리적이고 체계적인 방식으로 무형자산의 원가를 비용으로 배분하는 것
3. 지정된 지역 내에서 특정 상품을 판매하거나 서비스를 제공하고 특정 상표 또는 상호를 사용할 수 있는 권리
4. 기술적 타당성을 갖춘 후 신제품 개발을 완성하는 데 소요되는 지출
5. 회사를 인수하기 위해 지급한 원가로 순자산의 공정가치를 초과하는 부분
6. 신제품 연구를 기반으로 기술적 타당성을 갖추는 데 드는 개발비

**5** 2020년에 Sale Company는 기초 총자산을 $300,000, 기말 총자산을 $340,000로 공시했으며, 이 기간 동안의 당기순이익은 $50,000, 순매출은 $400,000이다. 2020년의 총자산 회전율을 구하라.

## 단원 연습 문제

**1** Lee Jung Ltd.는 2020년 1~2월에 유형자산과 관련하여 다음과 같이 지출했다(단위: 1,000).

1. 공장 부지를 취득하면서 발생한 미지급 세금 ₩5,000을 납부했다.
2. 기계 운송 중 일어날 수 있는 사고에 대비하여 보험금 ₩400을 지불했다.
3. 새 운송 트럭의 취득세 ₩850을 납부했다.
4. 신규 공장 부지 내에 주차장과 진입로를 만드는 데 ₩17,500을 지불했다.
5. 새 운송 트럭에 회사명과 광고 슬로건을 그려넣는 데 ₩310을 지불했다.
6. 새 기계의 설치비 ₩8,000을 지불했다.
7. 새 운송 트럭의 1년치 사고보험료 ₩900을 지불했다.
8. 새 트럭의 자동차 면허세 ₩90을 납부했다.

**a.** 유형자산의 취득원가를 결정할 때 사용되는 역사적 원가법을 설명하라.

**b.** 거래별로 분개 시 차변에 표시되는 계정과목은 무엇인가?

**2** 다음은 Bliesmer Electronics가 지출한 내역이다.

| | |
|---|---:|
| 1. 기계 구입 시 취득세 | € 5,000 |
| 2. 새 트럭의 도장 | 700 |
| 3. 기계의 설치와 시험 | 2,000 |
| 4. 공인중개사의 토지 매입 수수료 | 3,500 |
| 5. 새 트럭의 첫해 보험료 | 1,100 |
| 6. 매입 부지의 정비 | 7,200 |
| 7. 신축 건물의 주차장 포장 | 17,900 |
| 8. 부지의 개간, 배수, 매립 | 12,600 |
| 9. 자체 건축을 위한 건축가의 설계비 | 10,000 |

이러한 지출을 분개할 때 차변에 표시되는 계정과목은 무엇인가?

**3** 2020년 3월 1일, Rollinger Group은 소규모 사무실을 건축하기 위해 토지를 취득하면서 현금 €86,000를 지불했다. 그리고 토지에 있던 낡은 창고를 멸실하는 데 €9,400가 들었으나 폐자재를 처분하고 €1,700를 받았다. 그 밖에 변호사, 공인중개사, 건축사에게 수수료를 각각 €1,100, €5,100, €7,800 지불하고, 진입로와 주차장을 만드는 데 €12,700를 지출했다.

**a.** 토지의 취득원가를 구하라.

**b.** (a)의 취득원가에 포함되지 않는 지출을 처리하기 위한 차변의 계정과목을 정하라.

**4** 다음은 앤 트레멜이 감가상각에 대해 알고 있는 내용이다. 각 다음 설명이 맞으면 ○, 틀리면 ×로 표시하고 틀린 부분을 바르게 고쳐라.

1. 감가상각은 비용 배분이 아닌 자산 평가의 과정이다.
2. 감가상각은 비용과 수익의 적절한 대응을 기한다.
3. 유형자산의 장부 가치는 공정가치에 접근해야 한다.
4. 감가상각은 토지, 건물, 장비, 이 세 종류 유형자산에 모두 적용된다.
5. 일반적으로 건물의 유용성과 수익 창출 능력은 시간이 흘러도 그대로 유지되기 때문에 감가상각을 하지 않는다.
6. 감가상각대상자산의 수익 창출 능력은 마모와 노후화로 인해 감소한다.
7. 자산의 감가상각을 인식하면 자산을 대체하기 위한 현금이 축적된다.
8. 감가상각누계액의 잔액은 비용으로 처리된 총원가와 같다.
9. 감가상각비와 감가상각누계액은 손익계산서에 기재한다.
10. 감가상각 계산에 영향을 미치는 세 가지 요소는 취득원가, 내용연수, 잔존 가치이다.

**5** Copacabana Bus Lines는 버스를 감가상각할 때 생산량 비례법을 사용한다. 2020년 1월 1일에 버스 1대를 R$145,000에 구입했으며, 이 버스는 내용연수 4년 동안 100,000마일을 주행할 것으로 예상하고 잔존 가치를 R$15,000로 추산한다.

**a.** 단위당 감가상각비를 구하라.

**b.** 실제 주행 거리가 2020년에 27,000마일, 2021년에 32,000마일, 2022년에 24,000마일, 2023년에 17,000마일일 때 연도별 감가상각표를 작성하라.

**6** 2020년 10월 1일, Xanadu A/S는 현금 €96,000를 주고 새 기계를 구입했다. 잔존 가치를 €12,000로 추정하며 5년의 사용 기간 동안 10,000시간을 사용할 것으로 예상한다.

**a.** 정액법을 사용하여 2020년의 감가상각비를 구하라.

**b.** 2020년의 기계 사용량이 1,700시간일 때 생산량 비례법을 사용하여 감가상각비를 구하라.

**c.** 체감잔액법으로 2020년과 2021년의 감가상각비를 구하라. 단, 상각률을 정액률의 2배로 한다.

**7** 2020년 1월 1일, Tanger Interiors는 배달 트럭을 R$38,000에 구입했다. 잔존 가치는 R$6,000, 내용연수는 8년이며 동 기간 동안 사용 거리를 100,000마일로 예상한다. 또한 실제 주행 거리는 2020년에 15,000마일, 2021년에 12,000마일이다.

a. 정액법, 생산량 비례법, 체감잔액법을 사용하여 2020년과 2021년의 감가상각비를 구하라.

b. 정액법을 사용하는 경우 2020년 감가상각비를 기록하기 위한 분개를 작성하라.

c. 정액법을 사용하는 경우 이 트럭은 2020년 12월 31일 재무상태표에 어떻게 보고되는가?

**8** 2019년 12월 31일, Mooney Ltd.는 £2,400,000를 들여 사무실용 건물을 지었으며 잔존 가치를 £0, 내용연수를 40년으로 추정한다. 그런데 건축비를 자세히 검토한 결과 £300,000가 사무용품, £180,000가 토지 개량에 사용된 것으로 나타났다. 사무용품의 감가상각 기간은 5년, 토지개량비의 감가상각 기간은 10년이다. 감가상각의 구분 계산에 의한 정액법으로 2020년 감가상각비를 구하라.

**9** 2020년 1월 1일, Barton Enterprises는 장비를 €350,000에 구입했으며 내용연수는 5년, 잔존 가치는 없다고 추산한다. Barton Enterprises는 정액법을 적용하기로 했으며, 2020년 말 독립된 감정평가사가 이 장비의 공정가치를 €320,000로 평가했다.

a. 정액법을 사용하여 2020년 감가상각비를 기록하기 위한 분개를 하라.

b. 장비의 재평가를 기록하기 위한 분개를 하라.

c. 더 이상의 재평가가 없다고 가정하고 2021년 감가상각비를 분개하라.

**10** 사업 첫해가 끝나는 2020년 12월 31일에 Franklin SA는 IFRS가 허용하는 재평가 모형을 사용하기로 결정했다. Franklin SA의 총계정원장에는 설비 €750,000, 감가상각누계액 €150,000가 있다.

a. 감정평가사가 객관적으로 설비의 공정가치를 €660,000로 평가했을 때 재평가를 인식하는 분개를 하라.

b. (a)의 공정가치 인식 후 2021년의 감가상각비를 구하라. 단, 2021년에 공정가치의 변동이 없으며 남은 내용연수는 4년, 잔존 가치는 없다.

c. 감정평가사가 설비의 공정가치를 €520,000로 평가했을 때 재평가를 인식하는 분개를 하라.

d. (c)의 공정가치 인식 후 2021년의 감가상각비를 구하라. 단, 2021년에 공정가치의 변동이 없으며 남은 내용연수는 4년, 잔존 가치는 없다.

**11** 다음은 Ingles Company의 2020년 거래 내역이다.

1월 1일 2010년 1월 1일에 구입한 기계를 폐기처분했다. 취득원가는 £58,000, 내용연수는 10년, 잔존 가치는 없다.

6월 30일 2017년 1월 1일에 구입한 컴퓨터를 £14,600에 매각했다. 취득원가는 £40,000, 내용연수는 5년, 잔존 가치는 없다.

12월 31일 2016년 1월 1일에 구입한 운송 트럭을 폐기했다. 취득원가는 £34,000이며, 잔존 가치 £4,000에 내용연수 6년으로 감가상각되었다.

처분된 자산의 추가 감가상각을 포함하여 거래를 분개하라. 단, Ingles Company는 정액법을 사용한다(감가상각은 2019년 12월 31일까지 정확히 기록되었다고 가정한다).

**12** Francis Manufacturing은 취득원가가 €50,000인 장비를 2017년 1월 1일에 구입하여 소유하고 있다. 이 장비는 정액법을 사용하여 잔존 가치 €8,000에 내용연수 5년으로 감가상각되었다.

a. 2020년 1월 1일 €28,000에 매각되었을 때 회계 처리를 위한 분개를 하라.

b. 2020년 5월 1일 €28,000에 매각되었을 때 회계 처리를 위한 분개를 하라.

c. 2020년 1월 1일 €11,000에 매각되었을 때 회계 처리를 위한 분개를 하라.

d. 2020년 10월 1일 €11,000에 매각되었을 때 회계 처리를 위한 분개를 하라.

**13** 2020년 7월 1일, Ticino AG는 균일한 등급의 광석 800,000톤이 매장된 것으로 추정되는 광산에 CHF736,000을 투자했으며, 이후 6개월 동안 124,000톤을 채굴했다.

a. 감모상각의 분개를 하라.

b. 채굴된 광석 124,000톤 중 90,000톤만 판매되었을 때 남은 34,000톤의 원가 산출 방식을 설명하라.

**14** 다음은 Yosuke Ltd.의 2020년 거래 내역이다.

1월 1일 소규모 회사를 인수하고 €150,000의 영업권을 인식했다. 내용연수는 무한하다.

5월 1일 €84,000를 주고 특허권을 구입했다. 예상 유효연수는 5년, 법적 기한은 20년이다.

무형자산의 상각을 인식하기 위한 2020년 12월 31일 자 분개를 하라.

**15** Greenbriar Ltd.의 새로운 회계 책임자인 스티브 그랜트는 2020년 초에 감가상각 자산의 예상 내용연수와 잔존 가치를 검토한 후 감가상각을 변경하기 위해 다음과 같은 표를 작성했다.

| 자산 유형 | 취득일 | 취득원가 | 감가상각누계액 2020년 1월 1일 | 총내용연수(년) | | 잔존 가치 | |
|---|---|---|---|---|---|---|---|
| | | | | 기존 | 제안 | 기존 | 제안 |
| 건물 | 2010년 1월 1일 | £800,000 | £190,000 | 40 | 50 | £40,000 | £18,000 |
| 창고 | 2015년 1월 1일 | 100,000 | 18,000 | 25 | 20 | 10,000 | 3,700 |

Greenbriar Ltd.의 회계연도는 달력연도를 따르며 정액법을 적용하여 감가상각을 한다. 또한 경영진은 스티브가 제안한 감가상각의 변경에 동의했다.

**a.** 2020년 각 자산에 대한 수정된 연간 감가상각을 계산하라(계산 과정을 밝혀라).

**b.** 2020년 건물의 감가상각비를 기록하기 위한 분개를 하라.

**16** 다음은 2020년에 설립된 Nelson Company에서 무형자산과 관련하여 발생한 거래이다.

| | | |
|---|---|---|
| 1월 2일 | 특허권 취득(내용연수 7년) | $560,000 |
| 4월 1일 | 영업권 매입(내용연수 무기한) | 360,000 |
| 7월 1일 | 8년 계약의 프랜차이즈 (만료일 2028년 7월 1일) | 440,000 |
| 11월 1일 | 기술적 타당성이 있기 이전에 발생한 연구개발비 | 448,000 |

무형자산을 회계 처리하기 위한 분개를 하라. 단, 모든 지출은 현금으로 했다고 가정한다. 그리고 2020년 12월 31일에 무형자산을 바르게 표시할 수 있도록 상각 처리에 대한 분개를 하라.

**17** Otaki Cellular는 2020년에 순매출 €5,200,000, 당기순이익 €1,500,000를 공시했으며, 재무상태표상 평균 총자산은 €1,600,000이다. 총자산 회전율을 구하라.

*__18__ 다음은 각각 독립적인 거래이며 모두 상업적 의미가 있다.

1. Global Co.는 현금 웃돈 £17,000를 주고 오래된 트럭(취득원가 £64,000 − 감가상각누계액 £22,000)을 새 트럭과 교환했다. 오래된 트럭의 공정가치는 £37,400이다.
2. Rijo Ltd.는 현금 웃돈 £3,200를 주고 중고 기계(취득원가 £12,000 − 감가상각누계액 £4,000)를 새 기계와 교환했다. 중고 기계의 공정가치는 £9,000이다.

**a.** Global Co.의 자산 교환을 분개하라.

**b.** Rijo Ltd.의 자산 교환을 분개하라.

*__19__ 2020년 1월 1일, Jay's Delivery Company와 Astro's Express Delivery는 배달 트럭을 교환했으며 상업적 의미가 있다. Jay's Delivery Company가 소유한 트럭의 공정가치는 €4,000, 취득원가는 €22,000, 감가상각누계액은 €16,000이고, Astro's Express Delivery가 소유한 트럭의 공정가치는 €4,000, 취득원가는 €10,000, 감가상각누계액은 €7,000이다.

**a.** Jay's Delivery Company가 해야 할 분개를 하라.

**b.** Astro's Express Delivery가 해야 할 분개를 하라.

## 마무리 연습 문제

**1** 1월 1일에 설립된 Diaz SLU는 운영 첫해에 유형자산과 관련하여 다음과 같은 지출과 수입이 발생했다.

**차변**

| | |
|---|---|
| 1. 토지 등기비 | € 6,600 |
| 2. 새 건물 시공비 | 780,000 |
| 3. 당기 토지 보유세 | 5,000 |
| 4. 공장 부지로 부동산 구입(토지 €100,000, 건물 €45,000) | 145,000 |
| 5. 새 건물 건축을 위한 토지 굴착비 | 35,000 |
| 6. 새 건물 설계비 | 10,500 |
| 7. 부동산 구입에 따른 취득세 | 2,800 |
| 8. 주차장 및 진입로 설치비 | 14,000 |
| 9. 구 건물 철거비 | 15,000 |
| | €1,013,900 |

**대변**

| | |
|---|---|
| 10. 철거 건물의 폐자재 매각 대금 | € 3,600 |

거래를 분석하고 다음 표를 작성하라. 거래별 금액을 토지, 건물, 기타 계정으로 구분하고, 기타 계정에는 구체적인 계정과목을 적시하라.

| 거래 번호 | 토지 | 건물 | 기타 계정 |
|---|---|---|---|

토지 계 €165,800
건물 계 €825,500

**2** Freeman Transportation은 최근 몇 년 동안 중고 버스 3대를 구입했는데, 회계 부서 직원의 잦은 교체로 인해 각 버스의 감가상각법이 다르다. 다음은 버스에 관한 정보이다.

| 버스 | 취득일 | 취득원가 | 잔존 가치 | 내용연수 | 감가상각법 |
|---|---|---|---|---|---|
| 1 | 2018년 1월 1일 | £ 96,000 | £ 6,000 | 5 | 정액법 |
| 2 | 2018년 1월 1일 | 140,000 | 10,000 | 4 | 체감잔액법 |
| 3 | 2019년 1월 1일 | 92,000 | 8,000 | 5 | 생산량 비례법 |

체감잔액법의 경우 상각률로 이중체감률을 사용하며, 생산량 비례법의 경우 총 주행 거리가 120,000마일로 예상되는데, 실제 주행 거리는 2019년에 24,000마일, 2020년에 36,000마일, 2021년에 31,000마일이다.

**a.** 2020년 12월 31일에 각 버스의 감가상각누계액을 계산하라.

**b.** 2번 버스를 1월 1일이 아니라 4월 1일에 구입했을 때 2018년, 2019년 감가상각비를 구하라.

a. 2번 버스 2019년 12월 31일 £105,000

**3** 2020년 1월 1일, Pele Industries는 생산 공정에 투입하기 위해 다음과 같은 기계를 구입했다.

A 기계: 이 기계에 현금 R$35,000을 지출했으며, 여기에는 판매세 R$2,200, 운반비 R$150, 운반보험료 R$80, 설치 및 시운전비 R$70, 작동 첫해 동안 기계에 사용할 유류비 R$100이 포함되어 있다. 유효 내용연수는 5년, 잔존 가치는 R$5,000로 추정하며 정액법을 사용하여 감가상각을 한다.

B 기계: 이 기계의 취득원가는 R$80,000이며 유효 내용연수는 4년, 잔존 가치는 R$5,000로 추정한다.

**a.** A 기계에 대해 다음 문제를 풀라.

1. 2020년 1월 1일 자 취득에 관해 분개하라.
2. 2020년 12월 31일 자 연간 감가상각을 인식하는 분개를 하라.

**b.** 각 상각법에 따라 B 기계에 대해 매년 인식해야 할 감가상각비를 구하라.

1. 정액법을 사용한다.
2. 체감잔액법을 사용하되 상각률은 정액률의 2배로 한다.
3. 생산량 비례법을 사용하되 기계의 내용연수를 특정 단위로 환산하여 125,000단위로 추정한다. 실제 사용량은 2020년에 42,000단위, 2021년에 37,000단위, 2022년에 28,000단위, 2023년에 18,000단위이다.

**c.** B 기계의 감가상각 계산에 사용된 방법 중 첫해(2020년)와 4년째(2023년)에 가장 많은 감가상각비를 인식하는 것은 무엇인가? 4년을 통틀어 가장 많이 인식되는 감가상각비는 얼마인가?

b. 2. 2020년 이중체감법 감가상각비 R$40,000

**4** 2018년 초 Mansen Group은 장비를 £80,000에 인수했으며, 당시 내용연수는 6년이고 잔존 가치는 £8,000로 추정되었다. 또한 감가상각법으로 정액법이 적합하다고 판단했으며 매년 말에 감가상각을 인식한다. 이후 2020년(장비 사용 3년 차)에 회사의 엔지니어들은 장비의 내용연수를 6년에서 7년으로 변경하고 잔존 가치는 그대로라고 추정했으나 2023년에 이르자 잔존 가치가 £4,400로 감소된다고 전망했다.

이 장비에 대해 매년 인식해야 하는 감가상각비를 나타낸 다음 표를 완성하라.

| 연도 | 감가상각비 | 감가상각누계액 |
|---|---|---|
| 2018 | | |
| 2019 | | |
| 2020 | | |
| 2021 | | |
| 2022 | | |
| 2023 | | |
| 2024 | | |

2024년 감가상각비 £11,400

**5** 다음은 2019년 12월 31일에 Jimenez Enterprises가 공시한 공장 관련 유형자산이다.

| | | |
|---|---|---|
| 토지 | | € 3,000,000 |
| 건물 | €26,500,000 | |
| 차감: 감가상각누계액 | 12,100,000 | 14,400,000 |
| 설비 | 40,000,000 | |
| 차감: 감가상각누계액 | 5,000,000 | 35,000,000 |
| 공장 자산 계 | | €52,400,000 |

그리고 2020년에 다음과 같은 현금 거래가 발생했다.

| | |
|---|---|
| 4월 1일 | €2,200,000를 주고 토지를 구입했다. |
| 5월 1일 | 2016년 1월 1일에 취득한 원가 €750,000인 설비를 €466,000에 매각 처분했다. |
| 6월 1일 | 2010년 6월 1일에 취득한 원가 €300,000인 토지를 €1,800,000에 매각했다. |
| 7월 1일 | €2,450,000를 주고 설비를 구입했다. |
| 12월 31일 | 2010년 12월 31일에 구입한 원가 €500,000인 설비를 폐기했으며 잔존 가치는 인정받지 못했다. |

**a.** 위 거래를 분개하라. 단, 건물과 설비의 감가상각에 정액법을 적용하며, 건물과 설비의 내용연수는 각각 50년, 10년이고 잔존 가치는 없다고 가정한다. 처분과 폐기 시점까지 감가상각을 하라.

**b.** 2020년 감가상각비를 분개하라.

**c.** 2020년 12월 31일 재무상태표의 공장 관련 유형자산 부분을 표시하라.

b. 감가상각비–건물 €530,000, 설비 €3,997,500
c. 공장 자산 계 €51,722,500

**6** Yount Towing에는 취득원가가 €50,000, 감가상각누계액이 €22,000인 장비가 있다. 다음의 각 경우를 분개하라.

**a.** 가치가 없어 폐기처분했다.

**b.** €25,000에 판매했다.

**c.** €31,000에 판매했다.

**7** Glover Restaurant의 2019년 12월 31일 자 무형자산은 다음과 같다.

| | |
|---|---|
| 특허권(취득원가 £60,000 − 상각누계액 £6,000) | £54,000 |
| 프랜차이즈(취득원가 £48,000 − 상각누계액 £19,200) | 28,800 |
| 계 | £82,800 |

특허권은 2019년 1월에 취득했으며 유효 내용연수는 10년이다. 프랜차이즈는 2016년 1월에 인수했으며 내용연수는 10년이다. 다음은 2020년에 발생한 무형자산 관련 현금거래이다.

| | |
|---|---|
| 1월 2일 | 다른 회사의 침해로부터 특허권를 방어하기 위해 법률비용으로 £45,000를 지불했다. |
| 1~6월 | 신제품 연구비로 £100,000, 기술적 타당성을 인정받기 전의 개발비로 £68,000를 지출했다. 7월 1일에 이 제품에 특허가 부여되었으며 내용연수는 법적 기한인 20년이다. |
| 9월 1일 | 유명 미식축구 선수에게 광고 출연료 £58,000를 지불했다. 광고는 9월과 10월에 방영될 예정이다. |
| 10월 1일 | 프랜차이즈를 £100,000에 인수했다. 프랜차이즈의 내용연수는 40년이다. |

**a.** 위 거래를 분개하라.

**b.** 2020년 상각비를 분개하라.

**c.** 2020년 12월 31일 재무상태표의 무형자산 항목을 작성하라.

b. 특허권 상각비 £11,000
프랜차이즈 상각비 £5,425

c. 무형자산 계 £211,375

**8** Buek Industries는 2020년에 회계부 직원의 잦은 이직으로 다음과 같이 무형자산과 관련된 거래의 회계 처리를 잘못했다.

1. 그동안 Buek Industries는 새로운 제조 공정을 개발하기 위해 연구비 €97,000, 기술적 타당성을 인정받기 전의 개발비로 €50,000를 지출했으며, 별도로 €60,000를 주고 특허권을 구입했다. 이에 1월 초 동 금액을 모두 모아 특허권 €207,000를 자산화하고, 20년의 유효 내용연수로 하여 €10,350의 특허권 상각비를 인식했다.
2. 2020년 7월 1일, Buek Industries는 소규모 회사를 인수하여 €80,000의 영업권을 취득했으며, 존속 기간이 무한임에도 내용연수를 50년으로 하여 2020년 말 반기 상각비(€800)를 인식했다.

2020년의 오류를 수정하는 데 필요한 분개를 하라. 단, 2020년의 장부가 아직 마감 전이라고 가정한다.

연구개발비 €147,000

**9** 인라인스케이트 제조업체인 Luó Ltd.와 Zhào Ltd.는 규모가 비슷하며, 두 회사 모두 정액법을 사용하여 유형자산을 감가상각한다. 다음은 재무제표 내 정보이다.

| | Luó Ltd. | Zhào Ltd. |
|---|---|---|
| 당기순이익 | HK$ 400,000 | HK$ 450,000 |
| 매출 | 1,240,000 | 1,110,000 |
| 평균 총자산 | 2,000,000 | 1,500,000 |
| 평균 유형자산 | 1,500,000 | 800,000 |

**a.** 두 회사의 총자산 회전율을 구하라.

**b.** (a)의 답을 바탕으로 두 회사가 자산을 사용하여 매출과 순이익을 창출할 때의 상대적인 효율성에 대해 설명하라.

## 회계순환 과정 복습 문제

다음은 2020년 12월 31일 현재 Raymond Construction의 시산표인데 일부 거래가 누락되었다.

| | 차변 | 대변 |
|---|---|---|
| 현금 | £ 28,000 | |
| 외상매출금 | 36,800 | |
| 받을어음 | 10,000 | |
| 미수이자 | −0− | |
| 재고자산 | 36,200 | |
| 선급보험료 | 4,400 | |
| 토지 | 20,000 | |
| 건물 | 160,000 | |
| 설비 | 60,000 | |
| 특허권 | 8,000 | |
| 대손충당금 | | £ 300 |
| 감가상각누계액–건물 | | 49,000 |
| 감가상각누계액–설비 | | 24,000 |
| 매입채무 | | 28,300 |
| 미지급 법인세 | | −0− |
| 미지급 급여 | | −0− |
| 선수임대료 | | 6,000 |
| 지급어음(2021년 만기) | | 11,000 |
| 미지급 이자비용 | | −0− |
| 지급어음(2021년 이후 만기) | | 35,000 |
| 자본금 | | 50,000 |
| 이익잉여금 | | 63,600 |
| 배당금 | 12,000 | |
| 매출 | | 910,000 |
| 이자수익 | | −0− |
| 임대료 수익 | | −0− |

| | 차변 | 대변 |
|---|---|---|
| 유형자산처분이익 | | -0- |
| 대손상각 비 | -0- | |
| 매출원가 | 630,000 | |
| 감가상각비 | -0- | |
| 법인세비용 | -0- | |
| 보험료 | -0- | |
| 이자비용 | -0- | |
| 기타 판매관리비 | 61,800 | |
| 무형자산상각비 | -0- | |
| 급여 | 110,000 | |
| 계 | £1,177,200 | £1,177,200 |

미기록 거래

1. 2020년 5월 1일에 장비를 £13,000에 구입하고 취득세 £780를 현금으로 지불했다.
2. 2020년 7월 1일에 취득원가가 £5,000인 장비를 £3,500에 매각했으며, 2020년 1월 1일 자 동 장비의 감가상각누계액은 £1,800이고 매각 전까지 2020년 감가상각비는 £450이다.
3. 2020년 12월 31일에 취득원가가 £6,600인 재고자산을 £9,400에 외상판매했다.
4. 연말에 회수 불능 부실채권을 £4,000로 추정했다.
5. 2020년 4월 1일에 발행된 1년 만기, 이자율 8%인 받을어음의 이자수익을 인식하지 않았다.
6. 선급보험료는 2020년 10월 1일에 가입한 6개월간 보험료 £4,400이다.
7. 건물은 40년에 걸쳐 정액법으로 감가상각하고 잔존 가치는 £20,000이다.
8. 올해 이전에 취득한 장비는 5년에 걸쳐 정액법으로 감가상각하고 잔존 가치는 취득원가의 10%이다.
9. 2020년 5월 1일에 구입한 장비는 5년에 걸쳐 정액법으로 감가상각하고 잔존 가치는 £1,000이다.
10. 특허권은 2020년 1월 1일에 취득했으며 유효기간은 10년이다.
11. 2020년 12월 31일 현재 미지급 급여는 총 £2,200이다.
12. 선수수익은 2020년 12월 1일에 4개월 임대료로 받은 £6,000의 임대료 선금이다.
13. 단기 및 장기 지급어음 모두 2020년 1월 1일에 발행했으며, 이자율이 9%이고 12개월마다 지불해야 한다.
14. 법인세는 £17,000이며 12월 31일 현재 미지급 상태이다.

**a.** 위 거래를 분개하라.

**b.** 2020년 12월 31일 기준 조정 후 시산표를 작성하라.

**c.** 2020년의 손익계산서와 이익잉여금계산서를 작성하라.

**d.** 2020년 12월 31일 기준 표준형 재무상태표를 작성하라.

b. 총 £1,228,294
c. 당기순이익 £68,256
d. 자산 계 £271,996

## 비판적 사고력 확장 문제

### 재무 보고: TSMC

**1** TSMC의 재무제표는 이 책의 부록 A에 실려 있으며, 재무제표 주석을 포함한 전체 연례 사업 보고서는 회사 웹사이트에서 확인할 수 있다. 이를 이용하여 다음 문제를 풀라.

**a.** 2016년 12월 31일에 유형자산의 총취득원가와 장부가는 얼마인가?

**b.** TSMC가 재무 보고 목적으로 사용하는 감가상각법은 무엇인가?

**c.** 2015년과 2016년의 감가상각비는 각각 얼마인가?

**d.** 현금흐름표에 나타난 2015년과 2016년의 자본적 지출액은 얼마인가?

**e.** TSMC는 무형자산을 재무제표 어디에 공시하며, 2016년 12월 31일 현재 어떤 유형의 무형자산을 보유하고 있는가?

### 비교 분석: 네슬레와 델피

**2** 네슬레와 델피의 재무제표는 이 책의 부록 B와 C에 실려 있다. 이를 이용하여 다음 문제를 풀라.

**a.** 가장 최근 회계연도의 총자산 회전율을 구하라.

**b.** 위 자료를 바탕으로 자산의 효율성과 관련하여 어떤 결론을 내릴 수 있는가?

### 실제 사례

**3** 연례 보고서를 사용하여 회사의 유형자산과 사용된 감가상각법을 식별할 수 있다. 유명 회사를 임의로 선택하여 인터넷에서 그 회사명을 검색한 후 다음 문제를 풀라.

**a.** 회사명은 무엇인가?

**b.** 연례 사업 보고서가 실려 있는 인터넷 주소는 무엇인가?

**c.** 회계연도 말 유형자산의 순금액은 얼마인가?

d. 감가상각누계액은 얼마인가?
e. 회사가 선택한 감가상각법은 무엇인가?

### 조직 전반에 걸친 의사결정

**4** Givens Enterprises와 Runge Group은 여러 면에서 유사한데, 유일한 차이점은 Givens Enterprises는 정액법을 사용하고 Runge Group은 체감잔액법 중 이중체감잔액법을 사용한다는 것이다. 2018년 1월 2일 두 회사는 다음과 같은 감가상각 자산을 취득했다.

| 자산 | 취득원가 | 잔존 가치 | 내용연수 |
|---|---|---|---|
| 건물 | £320,000 | £20,000 | 40년 |
| 설비 | 125,000 | 10,000 | 10년 |

그리고 2018년, 2019년, 2020년 당기순이익과 3년간의 합계는 다음과 같다.

| | 2018 | 2019 | 2020 | 합계 |
|---|---|---|---|---|
| Givens Enterprises | £84,000 | £88,400 | £90,000 | £262,400 |
| Runge Group | 68,000 | 76,000 | 85,000 | 229,000 |

2020년 12월 31일 현재 두 회사의 재무상태표는 Runge Group이 Givens Enterprises보다 더 많은 현금을 보유하고 있다는 것을 제외하고 유사하다. 이에 린다 야니크는 두 회사 중 하나를 인수하기 위해 당신에게 조언을 구했다.

a. 3년 동안 두 회사가 인식한 연간 감가상각비와 총계를 구하라.
b. Runge Group도 정액법을 사용한다고 가정하고 3년간 감가상각비를 산출하여 당기순이익을 작성하라.
c. 린다에게 어떤 회사를 인수하라고 권유하겠는가? 그 이유는 무엇인가?

### 커뮤니케이션 활동

**5** 다음은 아메리칸엑스플로레이션컴퍼니(American Exploration Company, 미국)의 재무제표 주석으로 공시된 내용이다.

**American Exploration Company**
**재무제표 주석**

유형자산－당사는 유전 및 가스 탐사와 생산으로 인한 지출을 '탐사 결과에 따라' 달리 회계 처리합니다. 즉 지출 내용이 발생하면 일단 자산 처리하되 … 그러다가 유전을 탐사하여 매장량이 없다고 확인되면 당해 연도 비용으로 처리합니다. … 자산으로 처리된 시추비는 '생산량 비례법'으로 상각됩니다.

유형자산에 대한 아메리칸엑스플로레이션컴퍼니의 주석 내용을 검토하는 간략한 메모를 작성하되 '탐사 결과에 따라', '생산량 비례법'의 의미를 설명하라.

### 윤리 사례

**6** Dieker Containers는 주요 제품인 플라스틱 제품이 생물학적으로 분해되지 않는다는 이유로 판매가 감소되어 큰 어려움을 겪고 있다. 이에 에드워드 몰링 사장은 회계 책임자인 베티 페터스에게 자산의 내용연수를 연장하여 감가상각비를 줄이라고 지시했다. 2020년 1월에 €310만을 주고 구입한 자동화 플라스틱 압출 장비의 공정 라인은 원래 내용연수 8년에 잔존 가치가 €30만으로 추정되었고, 이를 기준으로 2년간 감가상각을 계상한 바 있다.

그러나 사장은 정액법을 계속 적용하되 내용연수를 총 12년으로 변경하라고 명령했고, 베티는 이러한 방식으로 당기순이익을 늘리는 것이 비윤리적이라고 생각하여 변경을 주저했다. 그러자 사장은 이렇게 말했다. "내용연수는 사실이 아닌 추정치일 뿐이잖소. 그리고 경쟁자들도 내용연수로 12년을 사용한단 말이오."

a. 이 경우의 이해관계자는 누구인가?
b. 내용연수의 변경은 비윤리적인가? 아니면 단순히 영리한 사장이 할 수 있는 관행인가?
c. 사장의 제안이 법인세비용 차감 전 손익에 미치는 영향은 무엇인가?

## U.S. GAAP 살펴보기

**학습목표**
IFRS와 U.S. GAAP의 유형자산 회계 처리를 비교한다.

U.S. GAAP과 IFRS의 유형자산 회계 처리는 근본이 유사하지만 다른 자산에 비해 차이점이 상대적으로 많다. 감가상각비를 내용연수 동안 원가 배부 과정으로 보는 것, 정액법과 가속상각법, 생산량 비례법 등을 감가상각법으로 인정하는 것, 경상적인 수선유지비를 수익적 지출로 분류하여 비용으로 인식하는 것 등은 동일하다. 또한 감가상각법을 수정할 때 당기와 미래에만 반영하고 과거로 소급하지 않는 것도 동일하다. 사실 IFRS는 감가상각법이나 내용연수 등 추정의 변경도 과거 감가상각비를 소급하여 수정하는 회계 처리를 모두 금지하는 데 반해 U.S. GAAP은 종전에는 회계 처리 방법의 변경은 소급 처리하고 추정의 변경은 당기와 미래에만 적용하는

것을 고집하다가 최근 상각법의 변경은 IFRS처럼 소급 처리하지 않는 것으로 입장을 선회했다. 이는 양대 기준의 일치를 위한 노력인 컨버전스의 대표적 사례이다. 그 밖에 유형자산의 처분이나 천연자원의 취득가액 결정, 유무형자산의 정의, 자산의 교환 회계 처리에 의한 손익 인식(U.S. GAAP이 IFRS에 맞춤), 취득원가 결정법과 그에 따른 건설 자금 이자의 산입도 IFRS가 U.S. GAAP을 따라 인정함으로써 같은 입장을 보인다.

U.S. GAAP과 IFRS가 크게 다른 입장을 보이는 영역은 다음과 같다.

첫째, U.S. GAAP은 조립품인 경우 내용연수가 달라 감가상각을 구분하는 구성 요소별 구분 감가상각도 허용하지만 IFRS와 달리 전체 자산의 내용연수로 상각해도 무방하다는 입장이다. 따라서 미국 회사들은 관례적으로 구성 요소별 구분 감가상각을 적용하지 않는다.

둘째, IFRS는 유형자산과 무형자산 모두 영업권을 제외하고 재평가 모형을 인정하지만 U.S. GAAP은 원가 모형만 채택한다. 그동안 IASB와 FASB는 양대 기준의 간격을 좁히기 위한 노력의 일환으로 기준의 개념 체계를 중심으로 재평가 모형의 광범위한 적용을 논의했는데, FASB는 투자자산 등 다른 자산의 경우 재평가 모형에 원칙적으로 동의하지만 IASB와 달리 유형자산과 무형자산에 대해서는 계속 부정적인 입장이다. 또한 스스로 창설한 무형자산에 대해서도 IASB는 재평가 모형을 사용하여 높은 공정가치로 평가하는 데 호의적이지만 FASB는 극구 반대하고 있다.

셋째, IFRS는 연구개발비를 연구와 개발로 구분하여 연구는 비용, 개발은 기술적 가능성을 기준으로 자산으로도 처리하지만 U.S. GAAP은 전액 비용으로 처리함을 원칙으로 한다.

넷째, 매년 자산의 손상을 평가할 때 U.S. GAAP은 공정가치와 장부가를 비교하여 공정가치가 낮으면 손상비용을 인식하지만, IFRS는 장부가를 공정가치가 아닌 회수 가능액(recoverable amount)과 비교하여 손상비용을 인식한다. 회수 가능액은 자산의 처분 가치와 사용 가치로 구분하여 그중 큰 금액으로 정하는데, 처분 가치는 공정가치에 처분비용을 제한 금액이고, 사용 가치는 미래의 현금흐름을 추산하여 현재 가치로 할인하고 평가한 금액이다.

다섯째, IFRS는 비용으로 인식한 손상차손이 차후에 가격이 올라 회복되면 이익이 발생했다고 보고 인식함으로써 이익잉여금을 복원하는 데 반해, U.S. GAAP은 손상으로 인해 자산 가치가 새로운 원가로 변환되었다고 보는 입장이라 손상차손이 회복되었다고 해도 여전히 미실현 이익으로 보아 절대 회복을 인정하지 않는다(이익으로 인식하지 않는다).

여섯째, U.S. GAAP이나 IFRS는 유무형자산을 자가 창설한 경우 재료비, 인건비 등 직접적으로 발생한 변동비만으로 취득원가를 구성한다. 하지만 고정 경비의 포함 여부에 대해 IFRS는 구체적으로 언급하지 않고 있어 고정 경비를 취득원가에 포함하는 것을 실제적으로 제재하지는 않는다.

## U.S. GAAP 확인 문제

**1** 다음 설명 중 옳은 것은?

**a.** IFRS와 U.S. GAAP은 유형자산과 무형자산의 재평가를 인정한다(영업권은 제외).

**b.** IFRS는 유형자산과 무형자산의 재평가를 허용한다(영업권은 제외).

**c.** IFRS와 U.S. GAAP은 유형자산의 재평가는 허용하되 무형

자산은 허용하지 않는다.

**d.** U.S. GAAP은 유형자산의 재평가는 허용하되 무형자산은 허용하지 않는다.

**2** Rando Company는 취득원가가 $450,000인 토지를 소유하고 있으며 공정가치는 $600,000이다. Rando Company가 U.S. GAAP을 적용할 때 다음 설명 중 옳은 것은?

**a.** Rando Company는 토지를 $450,000로 공시한다.

**b.** Rando Company는 토지의 가치 상승으로 이익 $150,000를 인식한다.

**c.** Rando Company는 토지를 $600,000로 공시한다.

**d.** Rando Company는 대변에 이익잉여금 $150,000를 인식한다.

**3** Francisco Corporation은 $10,000,000를 들여 새 건물을 자가 건축했으며, 내용연수가 50년이고 잔존 가치가 없다고 추정한다. 그런데 건물의 5%를 차지하는 고급 특수 마룻바닥은 내용연수가 20년이고, 건물의 20%를 차지하는 전기 공조 및 냉난방 시스템은 내용연수가 25년이다. U.S. GAAP에 따라 정액법을 적용하면 첫해의 감가상각비는 얼마인가? 단, 회사는 U.S. GAAP에 따라 구성 요소별 구분 감가상각을 하지 않는다.

**a.** $200,000

**b.** $215,000

**c.** $255,000

**d.** 위의 보기 모두 해당되지 않음

**4** U.S. GAAP과 IFRS는 연구개발비를 어떻게 인식하는가?

**a.** U.S. GAAP상 전액 비용이다.

**b.** IFRS상 전액 비용이다.

**c.** U.S. GAAP이나 IFRS 모두 전액 비용이다.

**d.** 위의 보기 모두 해당되지 않음

**5** 사용 가치는 어떻게 정의되는가?

**a.** 순실현가치

**b.** 공정가치

**c.** 미래 현금흐름을 현재 가치화

**d.** 미래 단순 현금흐름의 합

**해답** 1. b 2. a 3. a 4. a 5. c

## U.S. GAAP 연습 문제

**1** IFRS와 U.S. GAAP 모두 구성 요소별 감가상각의 구분 계산법을 규정하는가?

**2** 유형자산의 재평가란 무엇인가? U.S. GAAP의 입장을 설명하라.

**3** IFRS는 제품 개발을 위한 지출을 경우에 따라 개발 비용 또는 자산인 개발비로 회계 처리한다. 그 차이점은 무엇인가? U.S. GAAP은 어떤 입장인가?

**4** Mandall Company는 $280,000를 들여 창고를 지었으며, 내용연수가 20년이고 잔존 가치가 없다고 추정한다. 그런데 건설 기록에 따르면 지출액 중 $40,000는 예상 유효연수가 10년인 난방, 환기, 공조(HVAC) 시스템과 관련이 있다. IFRS에 근거하여 구성 요소별 구분 감가상각법에 의한 정액법으로 첫해의 감가상각비를 구하라. U.S. GAAP은 IFRS와 어떻게 다른가?

**5** Newell Industries는 신제품 연구에 $300,000, 개발에 $600,000를 지출했으며, 개발비 중 $400,000는 기술적 타당성이 확보되기 전에, $200,000는 그 이후에 발생했다.

**a.** IFRS에 따라 연구개발비를 분개하라.

**b.** U.S. GAAP에 따라 연구개발비를 분개하라.

### 재무 보고: 애플

**6** 애플의 재무제표는 이 책의 부록 D에 실려 있으며, 재무제표 주석을 포함한 전체 연례 사업 보고서는 회사 웹사이트에서 확인할 수 있다. 이를 이용하여 다음 문제를 풀라.

**a.** 2016년 9월 24일에 유형자산의 총원가와 장부가는 얼마인가?

**b.** 애플이 재무 보고 목적으로 사용하는 감가상각법은 무엇인가?

**c.** 2014년, 2015년, 2016년의 유형자산 감가상각비와 무형자산 상각비는 얼마인가? (힌트: 현금흐름표를 참조한다.)

**d.** 현금흐름표에 따라 2015년과 2016년에 구입한 유형자산(자본적 지출) 금액은 얼마인가?

**e.** 애플이 2016년에 무형자산을 어떻게 회계 처리했는지 설명하라.

# CHAPTER 10

Cary Westfall/iStockphoto

# 유동부채

Current Liabilities

## 이 단원에서 공부할 내용

발명가이자 사업가인 윌버트 머독은 하는 일마다 실패하여 늘 돈에 쪼들렸다. 여러 은행을 전전했지만 돈을 빌려주는 곳이 없었다. 마침내 머독은 수십 장의 신용카드를 가지고 부족한 사업 자금을 융통하기 시작했다. 카드 빚은 매달 갚아야 하는 이른바 유동부채이다. 심각한 카드 빚에 허덕이던 머독은 결국 원금의 일부와 이자를 납부하면서 카드 빚을 계속 이월할 수밖에 없었다. 이자 때문에 카드 빚이 눈덩이처럼 불어났지만 유동부채가 장기 부채가 되는 효과는 있었다. 결국 머독은 영원히 채무자로 남게 되었다.

## 이 단원을 공부해야 하는 이유

### 꿈을 위해 빚을 지다

기발한 아이디어가 있는데 사업할 자금이 없다면 정말 답답한 노릇이다. 돈 있는 투자가는 소규모 사업에는 아예 눈길조차 주지 않는다. 담보가 없으니 은행에서 차입을 하기도 어렵고 쌓인 신용이 없으니 채권을 발행할 자격도 없다. 결국 고율의 이자를 부담해야 하는 사채시장의 막장을 기웃거릴 수밖에 없는데 머독의 경우가 딱 그렇다.

그는 뉴욕에서 자랐다. 어릴 적부터 대단한 사업 열정을 가지고 있었고 머릿속에는 늘 아이디어가 넘쳤다. 그래서 여러 사업에 손을 댔으나 하는 족족 실패했다. 그는 다양한 발명품을 내놓았는데 자가 의료진단기, 손목 떨림을 없애는 기구, 모양을 마음대로 디자인할 수 있는 신발, 운전 중 졸음을 방지하는 장치 등이 그의 대표적인 실패작이다. 그러다가 최근에는 골프 스윙을 분석하여 즉석에서 교정해주는 컴퓨터 골프채를 발명했다. 상당히 전도유망한 사업 같았다. 그러나 사업 밑천을 대겠다는 은행이 없었고 투자가들은 듣기도 전에 외면했다. 그렇다고 포기할 머독이 아니었다. 그는 순식간에 카드로 $25,000를 사용했다.

카드로 사업 자금을 마련하는 것은 기발하기는 하지만 매우 비상식적으로 보인다. 그런데 현실은 그렇지 않다. 종업원이 20명 이하인 소규모 개인 기업의 1/3 정도가 신용카드로 사업 자금을 융통한다는 연구 결과가 있다. 그래서인지 머독 역시 신용카드야말로 스타트업 기업에 최고의 금융 수단이라고 극찬했다.

사실 카드사는 돈을 제때 갚기만 한다면 카드를 어디에 쓰든 관심이 없다. 돈을 빌려준답시고 은행처럼 자질구레하게 사업을 설명하라고 요구하지도 않는다. 하지만 세상에 공짜 점심은 없다. 머독은 카드사로부터 극심한 빚 독촉에 시달려 타고 다니던 자동차도 팔고 어두운 지하방에 살면서 굶주린 배를 달래야 했다. 그래도 그는 꿈을 버리지 않는다. 혹시라도 그의 발명품이 대박을 치는 날에는 그의 인생역전 이야기가 아메리칸익스프레스(American Express, 미국)의 한 면을 장식할 것을 기대하면서.

출처: Rodney Ho, "Banking on Plastic: To Finance a Dream, Many Entrepreneurs Binge on Credit Cards," *Wall Street Journal* (March 9, 1998), p. A1.

## 이 단원의 구성과 학습목표

| | | | |
|---|---|---|---|
| 유동부채의 회계 처리 | 유동부채의 회계 처리를 이해한다. | • 유동부채란?<br>• 지급어음<br>• 미지급 세금(부가가치세와 판매세)<br>• 선수수익<br>• 인건비<br>• 장기 부채의 유동성 대체 | DO IT! 1 유동부채 |
| 유동부채의 공시와 분석 | 유동부채의 공시와 분석을 이해한다. | • 불확실성의 공시<br>• 유동부채의 공시<br>• 유동부채의 분석 | DO IT! 2 공시와 분석 |

## 유동부채의 회계 처리 _Accounting for Current Liabilities

학습목표

유동부채의 회계 처리를 이해한다.

### 유동부채란? _What Is a Current Liability?

부채는 채권자가 채무자인 회사에 대해 가진 청구권이다. 회사 입장에서 보면 부채는 특정인에게 지는 책임이자 의무이다. 따라서 회사는 청구권의 내용(급부)에 따라 특정일에 자산으로 갚거나 용역을 제공함으로써 부채를 변제해야 한다. 이때 부채의 크기인 금액도 물론 중요하지만 언제 갚아야 하는지(만기)도 이에 못지않게 중요하다.

만기가 1년 혹은 영업주기 중 긴 날 안에 들어오는 부채를 **유동부채**(current liabilities)라고 한다. 그리고 유동부채와 달리 만기가 많이 남은 부채를 비유동부채(non-current liabilities)라고 한다. 유동부채는 만기가 얼마 안 남았으니 회사에 조심하라는 경고의 시그널을 보낸다. 이에 회사는 유동부채를 변제하기 위해 충분한 유동자산이 있는지 점검하고 부족하면 마련해야 한다. 유동자산이 유동부채보다 모자라면 유동성 위기가 있다는 뜻이다. 유동성 위기는 회사에 충분한 현금이 없어 부채를 제때 갚을 수 없으므로 파산할 염려가 있음을 말한다.

한편 회사가 파산하면 아우성치는 채권자들 사이에 변제에 관한 질서를 부여할 필요가 있다. 정상적인 경우 누구의 채무를 먼저 변제하느냐는 채무자의 마음에 달렸지만 파산일 때는 공평하게 채권자를 보호해야 하므로 다르다.[1] 따라서 회사가 부도가 날 때를 대비하여 재무제표에 부채의 담보 및 보증 여부, 금액과 만기 등 관련 정보가 충분히 공시되어 있어야 한다.

유동부채의 종류에는 매입채무, 지급어음, 선수수익, 미지급비용, 미지급이자 등이 있다.

역자 한마디

금융 거래로 인한 부채를 차입금이라고 하며, 물품 거래로 인한 부채를 미지급금이라고 하는데 최근에는 지급채무라는 용어가 유행이다. 지급채무 중 회사의 주요 매출을 구성하는 제품이나 상품과 관련된 미지급금을 특히 매입채무라고 하는데, 이는 기존의 외상매입금을 대체하는 계정과목이다.

### 지급어음 _Notes Payable

**지급어음**(notes payable)은 채무를 어음 형식으로 꾸며놓은 것이다. 채무자가 어음이라는 형식의 약속 증서를 발행하면 어음수표법에 따라 채무 이행에 강한 법률 규제를 받는다.[2] 따라서 어음을 발행하면 채권자에게는 유리하고 채무자에게는 불리하다. 어음의 또 다른 특징은 어음에 적시된 만기일이다. 계약에 의한 채무보다 급부가 이행되는 날이 훨씬 확정적이다. 그리고 지급어음이 유동부채인지 여부는 만기일과 결산일로 정한다. 즉 만기일이 결산일로부터 1년 이내라면 유동부채이다.

예를 들어 Yang Enterprises가 2020년 9월 1일에 ￥100,000을 First Human Bank로부터 빌리고 4개월 만기, 이자율 12%의 어음을 발행했다면 다음과 같이 분개한다.

1 역자 주: 변제받을 권리의 순서는 민법에 정해놓았다. 일반채권보다는 담보권이 설정된 채권이 우선하고, 담보채권 중에서는 저당권 설정 등기의 순서대로 권리가 앞선다. 제삼자의 지급 보증 여부도 중요하다. 담보를 잡아놓지 않아도 든든한 지급 보증이 있으면 여유롭다.

2 역자 주: 일반적으로 지급어음은 물품을 외상으로 구입한 후 신용이 쌓이지 않아 발행하거나, 단기 자금의 융통을 위해 발행한다. 전자를 진성어음 또는 상업어음, 후자를 융통어음이라고 한다. 진성어음은 발행의 바탕이 되는 상거래가 존재하지만 융통어음은 실제 상거래 없이 자금시장에서 자금을 조달하기 위해 발행하는 어음이다. 따라서 융통어음은 신용이 높은 초우량 기업만 발행할 수 있다. 그리고 은행이 대출하면서 담보력을 강화하기 위해 기업으로부터 받는 어음을 견질(담보)어음이라고 한다. 견질어음은 금액이 적혀 있지 않은 백지어음의 형태를 띠는데, 보통은 배서를 통한 교환을 하지 않고 수령자의 금고에 보관된다. 그러므로 견질어음이 시장에 등장했다는 것은 기업이 파산에 임박했음을 나타낸다.

| A | = | L | + | E |
|---|---|---|---|---|
| +100,000 | | | | |
| | | +100,000 | | |

현금 유입
+100,000

| | | 차변 | 대변 |
|---|---|---|---|
| 9월 1일 | 현금 | 100,000 | |
| | 지급어음 | | 100,000 |
| | (First Hunan Bank로부터 현금을 차입하고 어음 발행) | | |

Yang Enterprises는 2020년 12월 31일 결산기가 오면 발생한 이자비용 ￥4,000(￥100,000 × 12% × 4/12)을 인식한다. 이자비용의 계산은 그림 10.1을 참조하라.

**그림 10.1** 이자비용 계산 공식

| 액면 금액 | × | 연 이자율 | × | 기간 | = | 이자비용 |
|---|---|---|---|---|---|---|
| ¥100,000 | × | 12% | × | 4/12 | = | ¥4,000 |

다음은 회계연도 말 이자비용에 대한 수정 분개이다.

| A | = | L | + | E |
|---|---|---|---|---|
| | | | | −4,000 비용 |
| | | +4,000 | | |

현금 유출입
없음

| | | 차변 | 대변 |
|---|---|---|---|
| 12월 31일 | 이자비용 | 4,000 | |
| | 미지급 이자비용 | | 4,000 |
| | (First Hunan Bank에 발행한 지급어음의 4개월분 미지급 이자 계산) | | |

12월 31일 기준 Yang Enterprises의 재무상태표에는 유동부채로 지급어음 ￥100,000과 미지급 이자비용 ￥4,000이 계상되며, 손익계산서에는 이자비용 ￥4,000이 영업외 비용으로 공시된다. 만약 Yang Enterprises가 월별 결산을 한다면 매월 말에 미지급 이자비용 ￥1,000(￥100,000 × 12% × 1/12)이 계상되어 연말에는 총 ￥4,000이 쌓이게 된다.

한편 2021년 1월 1일은 지급어음의 만기일이다. Yang Enterprises는 지급어음의 액면 금액 ￥100,000에 이자비용 ￥4,000(￥100,000 × 12% × 4/12)을 더하여 현금으로 지급해야 하며, 분개는 다음과 같다.

| A | = | L | + | E |
|---|---|---|---|---|
| | | −100,000 | | |
| | | −4,000 | | |
| −104,000 | | | | |

현금 유출
−104,000

| | | 차변 | 대변 |
|---|---|---|---|
| 1월 1일 | 지급어음 | 100,000 | |
| | 미지급 이자비용 | 4,000 | |
| | 현금 | | 104,000 |
| | (First Hunan Bank에 발행한 지급어음과 이자 지급) | | |

## 미지급 세금(부가가치세와 판매세) _Value-Added and Sales Taxes Payable

소비세는 소비 사실을 포착하여 부과하는 세금이다. 법인세와 종합소득세처럼 정부의 주요 재원이 되기 때문에 많은 나라에서 소비세를 운용하고 있으며 납부 구조가 특이하다. 물품을 소비하는 자는 소비세를 납부할 의무가 있고, 물품을 파는 회사는 세무 당국을 대신하여 소비자에게 소비세를 징구하여 세무 당국에 대신 납부할 의무를 진다. 그렇다 보니 판매 회사에는 유동부채가 발생한다. 이러한 소비세는 부가가치세와 판매세로 구분된다.

### 부가가치세 예수금 _Value-Added Taxes Payable

부가가치세(value-added taxes, VAT)는 전 세계 100여 개국 이상이 도입하여 판매세를 적용하는 나라보다 훨씬 많은 나라에서 부과하고 있다. 소비세이므로 부담자는 최종 소비자이고, 판매자는 국가를 대신해서 징수한다. 부가가치세는 물품이나 용역이 생산·제공·유통되는 모든 단계에서 기업이 부과하는 가치만큼 과세하는 세금이지만, 판매세는 최종 소비자가 소비를 위해 구입하는 시점에 한 번 부과된다는 점이 다르다.[3]

부가가치세의 구체적인 회계 처리를 살펴보자. 예를 들어 Hill Farms Wheat가 밀을 재배하여 Sunshine Baking에 €1,000를 받고 판다고 하자. 부가가치세율이 10%일 때 Hill Farms Wheat의 분개는 다음과 같다.

| | | |
|---|---|---|
| 현금 | 1,100 | |
| 매출 | | 1,000 |
| 부가가치세 예수금 | | 100 |
| (매출과 예수 부가가치세 기록) | | |

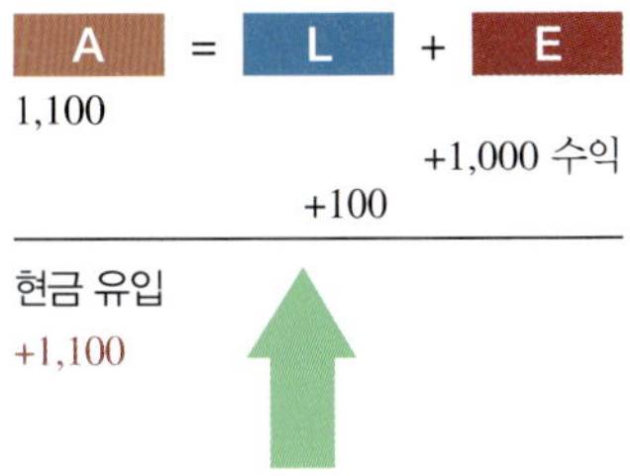


Hill Farms Wheat는 Sunshine Baking으로부터 받은 €100에서 자신이 전 단계에 납부한 부가가치세를 차감한 후 세무 당국에 지급한다.[4]

### 판매세 예수금 _Sales Taxes Payable

판매세는 부가가치세와 비교하면 최종 소비자가 부담하는 것은 같지만 중간 단계의 부가가치에 대해 부과하지 않는 점이 다르다. 징수 관점에서 보았을 때 부가가치세가 매 단계에서 분할하여 징수하는 간접소비세라면 판매세는 최종 소비자에게 한 번에 직접 부과하는 직접소비세로, 최종 소비자에게 판매한 판매자가 징수하여 납부한다.

예를 들어 Cooley Grocery가 총 €800의 빵을 팔았고 판매세가 6%라면 다음과 같이 분개한다.

| | | |
|---|---|---|
| 현금 | 848 | |
| 매출 | | 800 |
| 판매세 예수금 | | 48 |
| (매출과 판매세 기록) | | |

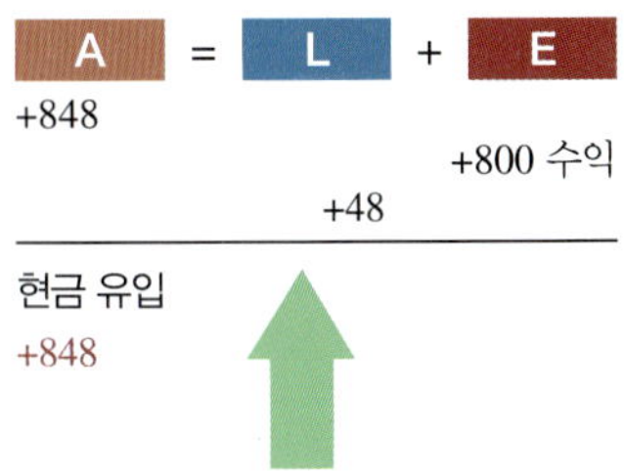


이후 Cooley Grocery가 판매세 예수금을 세무 당국에 지급하면 현금과 판매세 예수금이 감소하여 각각 현금의 대변, 판매세 예수금의 차변에 기재된다. 여기서 판매세가 비용으로 인식되지 않는다는 것을 알 수 있다. 회사는 소비자가 낸 세금을 대신 징수하여 국세청에 전달만 하는 역

---

3 역자 주: 부가가치세 징수 구조를 보면 중간 제조나 유통 단계에 관련된 회사는 재화나 용역을 살 때 일단 최종 소비자로 추정되므로 부가가치세를 판매자에게 내야 한다. 그러나 추가 가공하여 다음 단계의 소비자에게 팔면 최종 소비자의 지위를 면하게 되므로, 다음 소비자로부터 부가가치세를 받아 자신이 전 단계에 납부한 부가가치세를 차감한 후 잔액을 세무 당국에 납부한다. 따라서 공급망 내에 있는 업체는 부가가치세를 내고 받는 형국일 뿐 실제적으로는 부담하지 않는다. 전체적으로 보면 부가가치세는 최종 소비자가 부담하되 그 금액은 각 중간 단계에서 형성된 부가가치만큼 부가가치세가 분할 징수되어 세무 당국에 모인다.

4 빵은 제조 회사에서 도매상과 소매상을 거쳐 최종 소비자의 손에 들어가며 각 단계에서 부가가치세가 발생한다. 이 점이 바로 중간 단계 없이 최종 소비자에게 한꺼번에 징수하는 판매세와 다른 특징이다.

할을 담당하기 때문이다.

간혹 판매세가 분리되지 않고 매출액과 합쳐져서 금전등록기에 입력되는 경우가 있는데, 이때는 1 + 판매세율로 총금액을 나누어 매출액과 판매세를 구분해야 한다. 예를 들어 Cooley Grocery가 6%의 판매세가 포함된 물품 대금으로 €10,600를 받았다면 다음과 같이 매출액을 계산한다.

$$€10,600 \div 1.06 = €10,000$$

판매세 €600는 총금액에서 매출액을 차감하여 구할 수도 있고(€10,600 − €10,000), 매출액에 판매세율을 곱하여 구할 수도 있다(€10,000 × 0.06).

## 선수수익 _Unearned Revenues

콴타스항공(Qantas Airways, 호주)이 비행기표를 예약받거나 홍콩 잡지인 《파이낸스아시아(Finance Asia)》가 독자의 주문을 받으면 미리 선금을 받는 경우가 태반이다. 그렇지만 항공 서비스와 잡지를 전달하기 전이라 매출로 인식하기에는 시기상조이다. 선금을 받고 파는 음악회, 스포츠 경기, 영화 티켓도 마찬가지 경우이다. 즉 재화와 서비스를 제공하기 전에 받은 현금이니 매출이 될 수 없다. 이러한 경우에는 다음과 같이 회계 처리를 해야 한다.

1. 대가 없이 현금을 미리 받으면 차변에 현금 증가, 대변에 선수수익이라는 유동부채를 인식한다.
2. 이후 대가에 해당하는 의무를 다하면 매출을 대변에 인식하고 차변에 선수수익인 유동부채를 감소시킨다.

예를 들어 2020년 8월 6일, 리버풀F.C.(Liverpool F.C., 영국)가 다섯 경기를 볼 수 있는 축구 시즌 티켓 10,000장을 장당 £50에 팔았다면 다음과 같이 분개한다.

A = L + E
+500,000
+500,000
현금 유입
+500,000

| 8월 6일 | 현금(10,000 × £50)<br>선수수익<br>(티켓 10,000장을 미리 판매) | 500,000 | <br>500,000 |
|---|---|---|---|

각 경기가 끝날 때마다 리버풀F.C.는 다음과 같이 수익을 인식한다.

A = L + E
−100,000
+100,000 수익
현금 유출입
없음

| 9월 7일 | 선수수익<br>입장료 수익(£500,000 ÷ 5)<br>(선수수익에서 매출 인식) | 100,000 | <br>100,000 |
|---|---|---|---|

선수수익의 본질은 미실현 수익이다. 그리고 1년 이내 급부를 이행할 의무가 있으므로 유동부채로 분류한다. 즉 의무를 다하면 선수수익에서 매출로 계정 대체를 한다. 선수수익이 큰 회사의 대표적인 예는 항공사로, 항공권 예매로 인한 선수수익이 유동부채의 50%를 차지하는 경우도 있다. 특히 유나이티드항공(United Airlines, 미국)의 선수수익은 $10억이 넘고 유동부채 중 가장 크다.

그림 10.2는 산업별 선수수익과 매출을 비교하여 보여준다.

**그림 10.2** 선수수익과 매출

| | 계정과목 | |
|---|---|---|
| **산업** | **선수수익** | **매출수익** |
| 항공사 | 항공권 예매 | 항공권 판매 |
| 잡지사 | 선납 구독료 | 구독료 |
| 호텔 | 숙박료 예치금 | 숙박료 |

## 인건비 _Salaries and Wages

회계연도 말에 인건비 발생액은 비록 지급일이 도래하지 않아도 발생주의에 따라 미지급 인건비로 인식해야 하는데 이는 유동부채이다. 지급일이 다음 달로 1년 이내에 도래하기 때문이다. 그 밖에 인건비와 관련하여 급여공제 항목과 상여를 유의해야 한다.

### 급여공제 항목 _Payroll Deductions

직원의 급여를 지급할 때 총급여액에서 각종 항목으로 공제할 것이 많다. 소득세 원천징수가 대표적이고 그 밖에도 보험료, 경조비, 임직원 예치금, 노동조합 회비, 기부금 등을 공제하여 사내 보관하거나 직원 대신 납부해야 한다. 이렇게 공제한 것은 유동부채로 분류된다.

**사회보장세** 각국 정부는 사회보장법에 따라 각종 복지 혜택(은퇴, 실업, 장애, 건강보험 등)을 제공하고 그 재원 마련을 위해 국민에게 일종의 세금을 부과한다. 미국의 **사회보장세**(Social Security taxes, Social Welfare taxes)와 한국의 국민연금·건강보험·고용보험·산재보험 등 4대 보험료가 이에 속한다. 이러한 세금은 보통 고용인인 회사와 직원이 반반 나누어 부담한다. 회사는 직원 부담액을 급여에서 공제하여 정부에 납부하고, 고용주로서 납부할 부분과 함께 유동부채로 공시한다.

**소득세 원천징수** 소득세법에 따르면 고용주는 종업원이 납부할 소득세를 미리 급여에서 공제하여 다음 달까지 대신 국세청에 납부해야 한다. 원천징수액(income tax withholding)은 국세청의 공식에 따른 간이세액표에 의해 징구되며 금액, 결혼 여부, 각종 소득공제 상황에 따라 개인마다 다르다. 회사는 이를 유동부채로 공시한다(그림 10.3 참조).

**그림 10.3** 급여와 관련된 유동부채

| 구성 항목 | 징수 납부자 | |
|---|---|---|
| 소득세 원천징수액<br>사회보장세-직원 부담금<br>노동조합 회비 | 직원 | 고용주는 납부 전까지 유동부채로 공시한다. |
| 사회보장세-고용주 부담금 | 고용주 | |

**급여공제 항목 사례: 직원** Cumberland Company는 매주 급여 $10,000를 지급하며 사회보장세 8%, 소득세 원천징수 $1,320, 노동조합 회비 $88를 공제한다. 이 모든 징수 납부액을 1월 14일에 납부한다면 순급여 지급액(net pay)의 계산과 분개는 다음과 같다.

| A | = | L | + | E |
|---|---|---|---|---|
| | | | | −10,000 |
| | | +1,320 | | |
| | | +800 | | |
| | | +88 | | |
| | | +7,792 | | |

현금 유출입
없음

| 1월 14일 | 인건비 | 10,000 | |
|---|---|---|---|
| | 예수금(소득세 원천징수) | | 1,320 |
| | 예수금(사회보장세) | | 800 |
| | 예수금(노동조합 회비) | | 88 |
| | 미지급 인건비 | | 7,792 |
| | (1월 14일 인건비 관련 기록) | | |

현금이 급여로 지급되면 분개는 다음과 같다.

| A | = | L | + | E |
|---|---|---|---|---|
| | | −7,792 | | |
| −7,792 | | | | |

현금 유출
−7,792

| 1월 14일 | 미지급 인건비 | 7,792 | |
|---|---|---|---|
| | 현금 | | 7,792 |
| | (급여 지급) | | |

그 밖에 직원들은 개인별로 다른 예수금(각종 보험료, 기부금)도 공제하여 대납을 요청하기도 하는데, 이 또한 예수금으로서 유동부채가 된다.

**급여공제 항목 사례: 고용주** 고용주로서 Cumberland Company는 인건비에 부과된 사회보장세와 기타 세금을 별도로 부담하며, 관련 분개는 다음과 같다.

| A | = | L | + | E |
|---|---|---|---|---|
| | | | | −800 |
| | | +800 | | |

현금 유출입
없음

| 1월 14일 | 사회보장세 | 800 | |
|---|---|---|---|
| | 미지급 사회보장세 | | 800 |

Cumberland Company는 고용주로서 부담하는 미지급 사회보장세, 직원의 급여에서 예수금으로 공제한 사회보장세 및 기타 원천징수한 세금 등을 국가에 납부한다. 이러한 예수금 등은 통상 다음 달 내 곧 지급해야 하므로 유동부채이다. 특히 세금에 대한 원천징수 의무를 제대로 하지 않으면 큰 과태료를 물게 된다.[5]

ETHICS NOTE
일반적으로 상여금은 뛰어난 직원에게 지급하지만 팀워크를 고려하여 남용해서도 안 된다. 또한 상여금을 받기 위해 직원이 남의 아이디어를 자기 것인 양 도용하는 비윤리적인 행동을 유발하기도 하므로, 이를 막으면서 일을 잘하려는 의욕을 북돋는 것이 상여 정책의 묘미이다.

**초과이익 공유와 상여금** 대부분의 회사는 일 잘하는 임직원을 선별하여 **상여금**(bonus)을 지급하지만 어떤 때는 전체 임직원에게 골고루 지급하기도 한다. 상여금은 지급을 결정하는 시점에 비용과 부채가 인식되지만, 이익이 먼저 결정된 후 초과 이익에 연동하여 상여금이 지급되는 이른바 이익 분배 상여금인 경우라 할지라도 해당 연도의 추가 급여로 취급되므로 관련된 그 연도의 당기순이익을 차감하는 비용으로 회계의 귀속 시기를 정해야 한다. 예를 들어 Palmer Group이 2020년 당기순이익 NT$100,000가 시현되어 2021년 1월에 전 임직원에게 상여금 NT$10,700를 지급하기로 했다면 상여금의 비용 귀속 시기는 2020년이므로 2020년 12월 31일의 분개는 다음과 같다.

| 인건비 | 10,700 | |
|---|---|---|
| 미지급 인건비 | | 10,700 |

그리고 2021년 1월에 상여금을 지급하면 다음과 같은 분개가 필요하다.

5 가볍게 설명했지만 직원의 수를 감안하면 회사가 할 일이 태산이다.

| | | |
|---|---|---|
| 미지급 인건비 | 10,700 | |
| 현금 | | 10,700 |

## 장기 부채의 유동성 대체 _Current Maturities of Long-Term Debt

장기 부채였지만 시간이 흘러 만기가 1년 이내로 다가오면 유동부채로 분류해야 하는데, 이를 유동성 대체라고 한다. 예를 들어 Wendy Construction이 2020년 1월 1일에 5년 분할 상환의 이자부 어음 €25,000를 발행하고 2021년부터 매년 1월 1일에 €5,000씩 갚아야 한다고 가정하자. 2020년 12월 31일 회계연도가 도래하여 재무제표를 작성해야 할 때 만기가 1년 내인 €5,000는 유동부채, 나머지 €20,000는 비유동부채로 분류해야 한다. 유동성 대체는 비유동부채에서 유동부채로 굳이 별도의 수정 분개를 통해 할 필요가 없다. 재무상태표를 작성할 때 재무제표일 기준 만기가 1년 이내이면 유동부채, 1년이 넘으면 비유동부채로 분류하면 된다.

### DO IT! 1 유동부채

다음 문제를 풀라(단위: 1,000).

1. 9월 1일, 액면 HK$50,000, 6개월 만기, 이자율 12%의 어음을 발행했을 때 12월 31일에 인식할 이자비용은 얼마인가?
2. 금전등록기에 판매세와 합계가 찍혔다면 회계 분개 시 매출과 판매세를 어떻게 구분하는가?
3. 11월 1일에 3개월치 임대료 HK$15,000를 미리 받았다면 12월 31일에 임대료 수익은 얼마인가?
4. 총급여액이 HK$80,000이고 사회보장세가 8%, 원천징수액이 HK$15,600라면 순지급액은 얼마인가?

**해답**

1. HK$50,000 × 12% × 4/12 = HK$2,000
2. 먼저 총수령액을 1 + 판매세율로 나누어 매출액을 구하고 이를 총수령액에서 차감하면 판매세가 산출된다.
3. HK$15,000 × 2/3 = HK$10,000
4. HK$80,000 − (8% × HK$80,000) − HK$15,600 = HK$58,000

# 유동부채의 공시와 분석 _Reporting and Analyzing Current Liabilities

**학습목표**
유동부채의 공시와 분석을 이해한다.

## 불확실성의 공시 _Reporting Uncertainty

지급어음, 미지급 이자비용, 부가가치세 예수금, 판매세 예수금, 미지급 인건비 같은 경우는 확실히 지급 의무가 있는 부채이다. 하지만 애매한 부채도 있다. 가령 회사가 존폐가 걸린 소송에 휘말려 패소할 수도 있고 승소할 수도 있다고 하자. 이러한 불확실성, 즉 컨틴전시(contingency)

역자 한마디

예로부터 충당금이라는 용어를 사용하고 평가성 충당금, 부채성 충당금으로 분류했다. 평가성 충당금은 대손충당금처럼 자산인 채권의 현금 실현가치를 산정하기 위한 차감 항목이고, 부채성 충당금은 충당부채를 가리킨다.

는 회계적으로 어떻게 공시해야 하는가?

불확실성은 일단 주석에 충분히 그 내용을 공시하되, 일어날 가능성이 높으면 비용과 동시에 **충당부채**(provision)를 인식하는 것이 기본 원칙이다. 충당부채는 확정된 부채가 아니라 추측에 의한 것이라 추정부채(estimated liability)라고도 한다. 그리고 언제 지급될 것인가에 대한 예측에 따라 유동부채 또는 비유동부채로 구분한다. 가장 흔한 충당부채는 소송에 의한 손해배상, 제품의 하자 보증, 공해 유발로 인한 보상 등이다. 예컨대 옌청석유(Yancheng Petroleum, 중국)는 원자력 시설의 폐기 의무로 인해 HK$1억 4,300만을 충당부채로 인식해야 했고, 소니(Sony, 일본)는 제품의 하자(불량품)로 인해 ￥669억 4,300만을 충당부채로 인식했다.

충당부채와 일반 부채의 차이는 책임과 의무를 다해야 하는 경우에 발생하는 시기나 금액의 확실성 여부에 있다. 가령 자이언트매뉴팩처링(Giant Manufacturing, 대만)의 매입채무에는 송장이나 계약서상 근거가 있고 미지급 이자비용에는 약정과 계산 공식에 의한 만기와 금액이 확정되어 있지만 충당부채는 그렇지 않다.

### 충당부채 인식 _Recognition of a Provision

재무제표 본문에 충당부채를 설정하는 조건은 다음과 같다.

1. 과거 사건의 결과로 인해 현재 의무를 부담한다.
2. 그 의무를 이행하기 위해 자산이 유출될 가능성이 상당히 높다.
3. 의무의 크기를 금액적으로 신뢰성 있게 측정할 수 있어야 한다.

이 세 가지 조건이 충족되지 않으면 충당부채를 설정할 수 없다. 두 번째 조건에서 가능성이 상당히 높다(probable)는 것은 그럴 가능성이 있는 것이 없는 것보다 많다(more likely than not)는 정도이면 충분하다는 뜻이다. 즉 발생 확률이 50% 이상이라는 뜻으로, 50%가 넘으면 충당부채를 설정해야 한다.

### 충당부채 공시 _Reporting a Provision

제품 하자 보증(product warranties)은 가장 전형적인 충당부채이다. 제품 보증 계약을 하면 향후 하자가 있는 제품을 교체하거나 수리하는 데 비용이 들 때 그 비용의 발생 시기는 매출하는 순간이고 차후에는 그냥 발견되는 것뿐이라는 인식을 바탕으로 한다. 즉 매출이 발생할 때 이미 그 안에 하자 있는 물품이 있다고 보면 매출 발생 시 보증비용을 인식해야 하며, 그래야 비용 인식의 원칙에 부합한다는 뜻이다. 그래서 소니는 4K 브라비아 TV와 플레이스테이션을 팔면서 부품 불량으로 인한 보증비용이 든다는 것을 인지하고 있었고 그 금액이 과거 경험상 얼마인지 예측할 수 있었으므로 충당부채를 설정했다.

보증비용을 어떻게 계산하는지 구체적인 예를 통해 살펴보자. Denson Manufacturing은 2020년에 세척기와 건조기 10,000대를 대당 평균 €600에 팔았으며, 1년 동안 부품을 무상 제공하기로 제품 보증을 약정했다. Denson Manufacturing은 500개(5%) 정도가 불량일 것으로 보고 수선비를 대당 평균 €80로 예측했는데, 실제로 2020년에 300대가 불량으로 신고되어 €24,000를 지출했다. Denson Manufacturing은 2020년에 다음과 같은 분개로 매출과 보증비용을 인식했다.

| | | 차변 | 대변 |
|---|---|---|---|
| 1월 1일–12월 31일 | 보증비용 | 24,000 | |
| | 수선용 부품 | | 24,000 |
| | (2020년 매출과 함께 보증비용 인식) | | |

| A | = | L | + | E |
|---|---|---|---|---|
| | | | | −24,000 |
| −24,000 | | | | |

현금 유출입
없음

그런데 여기서 보증비용을 인식하는 회계 처리를 멈추면 안 되고 12월 31일 회계연도 말에 보증비용을 추가로 인식해야 한다. 즉 5%의 불량품 물량에 소요될 보증비용과 기존에 발생한 보증비용 €24,000의 차액을 추가로 인식해야 한다(그림 10.4 참조).

**그림 10.4** 제품 보증 충당부채

| | |
|---|---|
| 판매량 | 10,000 |
| 추정 불량품 비율 | × 5% |
| 추정 불량품 개수 | 500 |
| 평균 개당 보증비용 | × €80 |
| 추정 보증비용 총액 | €40,000 |
| 차감: 실제 발생한 보증비용 | 24,000 |
| **2020년 12월 31일 충당부채** | **€16,000** |

이에 Denson Manufacturing은 보증비용 €16,000를 실제로 발생한 보증비용 €24,000에 추가하여 다음과 같이 수정 분개한다.

| | 차변 | 대변 |
|---|---|---|
| 보증비용 | 16,000 | |
| 제품 보증 충당부채 | | 16,000 |
| (충당부채 인식) | | |

| A | = | L | + | E |
|---|---|---|---|---|
| | | | | −16,000 |
| | | +16,000 | | |

현금 유출입
없음

그리고 보증비용으로 €40,000(€24,000 + €16,000)를 손익계산서에 판매비로 공시하고 보증 충당부채 €16,000(€40,000 − €24,000)를 유동부채로 재무상태표에 인식하는데, 여기에는 내년에 보증에 필요한 수리용 부품으로 €16,000가 소비될 것이라는 추측이 깔려 있다. 다시 말해 2020년에 인식한 보증비용 €40,000는 실제로 2020년과 2021년에 각각 €24,000, €16,000의 수리용 부품 사용으로 나타난다는 뜻이다.

따라서 차년도에는 2020년의 판매와 관련된 보증비용이 발생할 것이며, Denson Manufacturing은 미리 설정해둔 보증 충당부채를 차변에 세우면서 동 지출액을 정리한다. 예를 들어 2021년 1월에 20개가 불량품으로 추가 신고되었다면 개당 수리비 €80를 곱하여 다음과 같이 2021년 1월의 분개를 한다.

| | | 차변 | 대변 |
|---|---|---|---|
| 1월 31일 | 제품 보증 충당부채 | 1,600 | |
| | 수선용 부품 | | 1,600 |
| | (2020년 판매로 인한 보증) | | |

| A | = | L | + | E |
|---|---|---|---|---|
| | | −1,600 | | |
| −1,600 | | | | |

현금 유출입
없음

## 유동부채의 공시 _Reporting of Current Liabilities

유동부채는 재무상태표에서 비유동부채 다음에 공시되며 계정과목으로 그 내용을 충분히 세분하여 표시한다. 또한 지급어음의 발행 조건 등 채무와 관련된 내용을 주석에 공시한다. 그리고 관례상 금액의 다과와 관계없이 지급어음 다음에 매입채무와 지급채무가 등장하고 유동성 대체는 맨 나중에 표시한다(그림 10.5 참조).

**그림 10.5** 재무상태표와 유동부채

HINT
부록 A와 B에 제시한 TSMC, 네슬레의 재무상태표에서도 유동부채를 살펴볼 수 있다.

| Croix Beverages<br>재무상태표(일부 발췌)<br>2020년 12월 31일 현재(단위: 1,000) | |
|---|---|
| 유동부채 | |
| 지급어음 | € 4,157 |
| 매입채무 | 3,990 |
| 미지급비용 | 1,847 |
| 미지급 인건비 | 1,730 |
| 선수수익 | 555 |
| 미지급 법인세 | 259 |
| 제품 보증 충당부채 | 141 |
| 장기 채무의 유동성 대체 | 3,531 |
| 유동성 부채 계 | €16,210 |

## 유동부채의 분석 _Analysis of Current Liabilities

유동성(liquidity)은 만기가 도래하는 유동부채를 유동자산으로 갚을 능력, 예측하지 못한 현금의 용도를 대비할 수 있는 회사의 능력을 말한다. 따라서 유동부채와 유동자산을 비교하는 것이 유동성 분석의 핵심이므로 유동성과 비유동성의 정확한 분류가 전제되어야 한다.

일반적으로 유동성은 **순운전자본**(working capital)과 유동 비율로 파악한다. 순운전자본은 유동자산과 유동부채의 차이이다. 그림 10.6은 Croix Beverages의 순운전자본을 계산하는 공식으로, 유동자산을 €20,856(단위: 1,000)로 가정했다.

**그림 10.6** 순운전자본 계산 공식

| 유동자산 | − | 유동부채 | = | 순운전자본 |
|---|---|---|---|---|
| €20,856 | − | €16,210 | = | €4,646 |

하지만 순운전자본의 절대 금액 산출만으로는 분석에 한계가 있다. 예를 들어 €100만은 작은 회사라면 충분할지 몰라도 대기업의 경우 턱없이 모자란 자금일 수 있으며, 지금은 충분할지 몰라도 다른 시점에는 부족한지를 판단하기가 어렵다. 따라서 유동 비율과 같이 본다.

**유동 비율**(current ratio)은 유동자산을 유동부채로 나눈 비율로, 회사 규모와 관계없이 유동성을 비교할 수 있고 같은 회사라도 시점 간의 비교가 가능하다. 그림 10.7에서는 Croix Beverages의 유동자산과 유동부채로 유동 비율을 산출했다(단위: 1,000).

**그림 10.7** 유동 비율 계산 공식

| 유동자산 | ÷ | 유동부채 | = | 유동 비율 |
|---|---|---|---|---|
| €20,856 | ÷ | €16,210 | = | 1.29:1 |

전통적으로 유동 비율은 2:1이 좋은 신용 상태를 나타내는 기준이었다. 그러나 오늘날의 건강한 회사는 유동자산 및 유동부채 관리 능력이 뛰어나 2:1 아래여도 큰 문제가 없다. 이에 Croix Beverages는 유동 비율이 1.29:1이므로 2:1보다 낮지만 적정하다고 볼 수 있다.

### DO IT! 2 공시와 분석

다음은 Tron Cellular의 2020년 12월 31일 회계 자료이다(단위: 1,000).

| | |
|---|---|
| 지급어음(이 중 NT$80,000의 만기일은 2021년 12월 31일 이후) | NT$200,000 |
| 선수수익 | 75,000 |
| 기타 장기 채무(NT$30,000, 만기일 2021년 기준) | 150,000 |
| 미지급 인건비 | 22,000 |
| 기타 미지급비용 | 15,000 |
| 매입채무 | 100,000 |

Tron Cellular는 소송에 계류되어 있으며, 변호사는 2021년에 NT$38,000 정도의 손해배상을 할 것으로 예측한다.

a. 2020년 12월 31일 기준 재무상태표의 유동부채 부분을 작성하라.

b. Tron Cellular의 유동자산이 NT$504,000일 때 순운전자본과 유동 비율을 구하라.

**해답**

a. 유동부채

| | |
|---|---|
| 지급어음(NT$200,000 − NT$80,000) | NT$120,000 |
| 매입채무 | 100,000 |
| 선수수익 | 75,000 |
| 소송 충당부채 | 38,000 |
| 미지급 인건비 | 22,000 |
| 기타 미지급비용 | 15,000 |
| 장기 채무의 유동성 대체 | 30,000 |
| 유동부채 계 | NT$400,000 |

b. 순운전자본 = 유동자산 − 유동부채 = NT$504,000 − NT$400,000 = NT$104,000

유동 비율 = 유동자산 ÷ 유동부채 = NT$504,000 ÷ NT$400,000 = 1.26:1

## 단원 요약

### 1 유동부채의 회계 처리

유동부채는 1년 혹은 영업주기 중 긴 날 안에 회사의 의무를 다해야 하는 단기 채무이다. 전형적인 유동부채는 지급어음, 매입채무, 부가가치세 예수금, 판매세 예수금, 선수수익 등 발생주의에 따른 수정 분개로 등장하는 세금과 인건비, 지급이자에 대한 미지급비용 등이다.

지급어음인 약속어음에 이자가 포함되는 경우, 발행 시에는 부채가 액면가와 같지만 시간이 흐름에 따라 이자가 발생하여 어음 금액을 지급하는 만기가 되면 액면가에 이자비용이 가산된다.

매출이 이루어지면 부가가치세나 판매세를 소비자에게 징구하여 세무 당국에 납부해야 하므로 부가가치세 예수금과 판매세 예수금이 발생한다. 이는 회사의 비용이 아니라 세무 당국을 대신해서 세금을 징구·납부하는 것이므로 예수금이라는 부채이며, 납부하면 사라진다.

수익 가운데 아직 의무를 실현하지 못하여 미실현된 수익은 선수수익으로 계상하고, 나중에 의무를 실현하면 수익으로 대체한다. 그 밖에 미지급 인건비라는 유동부채는 발생주의에 따라 지급일이 도래하기 전까지 유동부채로 인식된다. 또한 인건비를 지급할 때는 급여공제 항목으로 사회보장세, 소득세 원천징수 등의 각종 예수금을 징수하여 납부하는 의무를 지는데, 이러한 예수금은 유동부채이다. 그리고 장기부채 중 만기일이 유동성 기간 내에 들어오면 유동부채로 보고한다.

## 2 유동부채의 공시와 분석

지급어음, 미지급 이자비용, 매입채무, 판매세 예수금 등은 지급할 의무가 확실히 있다. 이에 반해 지급액이나 시기가 불확실한 것도 있는데, 이를 충당부채라고 한다. 이 경우 충당부채를 세우고 비용을 인식하며, 충당부채는 예상 지급일 예측에 따라 유동부채 또는 비유동부채로 분류된다.

유동부채의 성격과 금액은 재무상태표 본문과 주석에 공시한다. 유동성은 순운전자본과 유동 비율을 산출하여 분석한다.

## 핵심 용어

**사회보장세(Social Security taxes, Social Welfare taxes)** 국민의 복지를 위해 정부가 운영하는 공적 자금으로, 기금을 마련하기 위해 고용주와 종업원에게 부과함. 우리나라의 경우 4대 보험료에 해당함

**상여금(bonus)** 판매 증가나 순이익 발생 등 각종 평가 요소로 임직원에게 지급하는 보상금

**순급여 지급액(net pay)** 총급여액에서 각종 공제 항목을 차감한 금액

**순운전자본(working capital)** 유동성을 판단하기 위한 측정법으로 유동부채를 초과하는 유동자산

**유동부채(current liabilities)** 1년 혹은 영업주기 중 긴 날 안에 회사의 의무를 다해야 하는 단기 채무

**유동 비율(current ratio)** 유동성을 판단하는 비율로, 유동자산을 유동부채로 나누어 산출함

**지급어음(notes payable)** 문서 형태의 지급 약속

**충당부채(provision)** 시기나 금액이 불확실한 부채

## 객관식 문제

**1** 유동부채를 판단하는 기간은 1년과 영업주기 중 무엇인가?

**a.** 긴 날 **b.** 짧은 날
**c.** 가능성 **d.** 높은 가능성

**2** 유동부채로 분류하려면 상환일이 언제 도래해야 하는가?

**a.** 1년 이내
**b.** 영업주기 이내
**c.** 2년 이내
**d.** (a) 또는 (b) 중 긴 날 이내

**3** 2020년 9월 1일, Ong Imports는 Seoul City Bank로부터 ₩88,500(단위: 1,000)을 빌리고 액면가 ₩88,500, 이자율 12%, 만기 1년의 약속어음을 발행했다. 2020년 12월 31일에 인식할 이자비용은 얼마인가?

**a.** ₩2,655 **b.** ₩3,540
**c.** ₩4,425 **d.** ₩10,620

**4** RS Company가 12월 1일에 €70,000를 차입하고 6개월 만기, 이자율 6%의 지급어음을 발행했을 때 12월 31일에 포함될 유동부채는 무엇인가?

**a.** 지급어음과 미지급 이자비용 모두 아니다.
**b.** 지급어음
**c.** 미지급 이자비용
**d.** 지급어음과 미지급 이자비용 모두

**5** Becky Sherrick Company가 판매 후 $4,515를 현금으로 받았는데 여기에 판매세 5%가 포함되어 있다면 매출액은 얼마인가?

**a.** $4,000
**b.** $4,300
**c.** $4,289.25
**d.** 위의 보기 모두 해당되지 않음

**6** Sensible Insurance Company가 4월 1일에 1년 만기 보험료로 $18,000를 받았을 때 12월 31일 선수수익으로 계상할 금액은 얼마인가?

**a.** $0 **b.** $4,500
**c.** $13,500 **d.** $18,000

**7** 고용주는 인건비를 분개할 때 어떻게 회계 처리를 해야 하는가?

a. 종업원이 벌어들인 급여 전체를 미지급 인건비로 기록

b. 순지급액을 인건비로 기록

c. 급여 공제액을 예수금으로 처리

d. 위의 보기 중 하나 이상

**8** 고용주가 부담하는 급여 관련 세금에 대한 설명으로 옳은 것은?

a. 급여가 포함된다.

b. 노동조합 회비 예수금이 포함된다.

c. 미지급 법인세가 포함된다.

d. 미지급 사회보장세가 포함된다.

**9** 충당부채는 언제 인식되는가?

a. 현금 지출 가능성이 높다. 그러나 신뢰성 있게 금액을 추산할 수 없다.

b. 현금 지출 가능성이 있다. 그러나 신뢰성 있게 금액을 추산할 수 있다.

c. 현금 지출 가능성이 높다. 그리고 신뢰성 있게 금액을 추산할 수 있다.

d. 현금 지출 가능성이 있다. 그러나 신뢰성 있게 금액을 추산할 수 없다.

**10** 12월 31일, Beijing Supply가 제품 보증 충당부채를 세우기 위한 수정 분개를 할 때 분개에 포함되는 것은 무엇인가?

a. 잡비

b. 보증비용

c. 수선 부품

d. (a)와 (b)

**11** 순운전자본은 어떻게 계산하는가?

a. 유동자산에서 유동부채를 차감한다.

b. 총자산에서 총부채를 차감한다.

c. 비유동부채에서 유동부채를 차감한다.

d. (b)와 (c)

**12** 다음 중 유동 비율을 구하는 공식은?

a. 총자산 ÷ 총부채

b. 총자산 ÷ 유동부채

c. 유동자산 ÷ 총부채

d. 유동자산 ÷ 유동부채

## 기초 확인 문제

**1** Pond Discounts는 판매하고 금전등록기에 입력할 때 매출과 부가가치세를 구분하지 않는데, 3월 16일 금전등록기의 판매 총액이 ¥19,928(단위: 1,000)이고 부가가치세율이 6%이다. 부가가치세 예수금을 구하고 3월 16일의 매출을 분개하라.

**해답**

부가가치세 예수금:

1. 매출 = ¥18,800 = (¥19,928 ÷ 1.06)
2. 부가가치세 예수금 = ¥1,128 = (¥18,800 × 6%)

| | | | |
|---|---|---|---|
| 3월 16일 | 현금 | 19,928 | |
| | 매출 | | 18,800 |
| | 부가가치세 예수금 | | 1,128 |

**2** 벤 보크의 시급은 보통 $20이고 40시간이 넘어가면 시간당 $30를 받는다. 1월에 벤은 46시간을 근무했으며 원천징수세는 $123, 사회보장세율은 7.65%이다. 벤의 총근로소득과 순급여 지급액을 구하라.

**해답**

| | | |
|---|---|---|
| 총근로소득: | | |
| 일반 시간에 대한 급여(40 × $20) | $800.00 | |
| 초과근무수당(6 × $30) | 180.00 | $980.00 |
| 근로소득 | | $980.00 |
| 차감: 사회보장세 예수금($980 × 7.65%) | $ 74.97 | |
| 소득세 예수금 | 123.00 | 197.97 |
| 순급여 지급액 | | $782.03 |

**3** 10월 1일, Oswald Electronics는 보증 기간이 1년인 신제품을 출시하여 연말까지 3,000개가 팔렸다. 이 중 6%에 하자가 있고 개당 평균 수리비를 €120로 예측할 때 12월 31일 보증비용을 인식하는 수정 분개를 하라. 단, 그간 보증비용이 실제로 발생하지 않았다.

**해답**

| | | | |
|---|---|---|---|
| 12월 31일 | 보증비용 | 21,600 | |
| | 제품 보증 충당부채 | | 21,600 |
| | [(3,000 × 6%) × €120] | | |

## 확인 문제

**1** 6월 1일, Song Group은 First Bank로부터 ¥150,000을 차입하고 액면 금액 ¥150,000에 6개월 만기, 이자율 8%의 약속어음을 발행했다(단위: 1,000).

**a.** 6월 1일의 분개를 하라.

**b.** 6월 30일 이자비용의 수정 분개를 하라.

**c.** 만기일(12월 1일)의 분개를 하라. 단, 11월 30일까지 매달 이자비용의 수정 분개를 했다고 가정한다.

**d.** 총이자비용은 얼마인가?

**해답**

| | 계정 | 차변 | 대변 |
|---|---|---|---|
| a. 6월 1일 | 현금 | 150,000 | |
| | 지급어음 | | 150,000 |
| b. 6월 30일 | 이자비용 | 1,000 | |
| | 미지급 이자비용 | | 1,000 |
| | (¥150,000 × 8% × 1/12) | | |
| c. 12월 1일 | 지급어음 | 150,000 | |
| | 미지급 이자비용 | | |
| | (¥150,000 × 8% × 6/12) | 6,000 | |
| | 현금 | | 156,000 |

d. ¥6,000

**2** Lake Corporation의 직원들은 9월에 $60,000의 급여를 받았으며 소득세 원천징수가 $4,590, 사회보장세가 $6,500, 노동조합 회비가 $2,000이다. 9월 30일의 (a) 인건비와 미지급 인건비, (b) 인건비 지급, (c) 고용주 부담 사회보장세를 분개하라.

**해답**

| | 계정 | 차변 | 대변 |
|---|---|---|---|
| a. 9월 30일 | 인건비 | 60,000 | |
| | 사회보장세 예수금 | | 4,590 |
| | 소득세 원천징수 예수금 | | 6,500 |
| | 노동조합 회비 예수금 | | 2,000 |
| | 미지급 인건비 | | 46,910 |
| b. 9월 30일 | 미지급 인건비 | 46,910 | |
| | 현금 | | 46,910 |
| c. 9월 30일 | 사회보장세 | 4,590 | |
| | 미지급 사회보장세 | | 4,590 |

**3** 다음은 Kuo Theater의 수정 분개 후 부채이다(단위: 1,000).

| | |
|---|---|
| 매입채무 | NT$ 77,000 |
| 입장료 선수수익 | 36,000 |
| 제품 보증 충당부채 | 25,000 |
| 미지급 이자비용 | 10,000 |
| 담보부 차입금 | 150,000 |
| 지급어음 | 100,000 |
| 판매세 예수금 | 14,000 |

회사의 영업주기는 1년 이내이고, 입장료 선수수익은 1년 이내에 실현된다고 본다. 또한 제품 보증 충당부채 관련 수리비도 1년 이내에 실제로 발생하고, 지급어음의 만기는 3년이다.

**a.** 재무상태표의 유동부채를 공시하라. 단, 담보부 차입금 중 NT$40,000는 차년도에 만기이다.

**b.** 유동자산이 NT$350,000일 때 Kuo Theater의 유동성을 평가하라.

**해답**

a.

**Kuo Theater**
**재무상태표**

| | |
|---|---|
| 유동부채 | |
| 매입채무 | NT$ 77,000 |
| 입장료 선수수익 | 36,000 |
| 보증 충당부채 | 25,000 |
| 판매세 예수금 | 14,000 |
| 미지급 이자비용 | 10,000 |
| 장기 차입금 유동성 대체 | 40,000 |
| 유동부채 계 | NT$202,000 |

b. Kuo Theater의 순운전자본은 NT$148,000(NT$350,000 − NT$202,000)이고 유동 비율은 1.73:1(NT$350,000 ÷ NT$202,000)이다. 우량한 회사의 유동 비율 기준이 2:1로 알려져 있으나 많은 회사가 잘 관리·운영하고 있으므로 위기가 있다고 단언할 수는 없다.

## 실습 문제

다음은 Boha Group의 거래 내역이다(단위: 1,000).

2월 1일 CitiBank로부터 현금 ¥50,000을 차입하고 액면 금액 ¥50,000, 6개월 만기, 이자율 9%의 이자부 어음을 발행했다.

10일 부가가치세 8%를 포함하여 ¥43,200을 매출하고 금전등록기에 입력했다.

28일 인건비 ¥50,000이 발생했으며 이 중 사회보장세 8%, 소득세 원천징수액 ¥8,900을 징구하여 대납해야 한다. 인건비는 3월 1일에 지급했다.

28일 회사는 수정 분개 시 다음을 고려했다.

1. 지급어음에 이자비용 ¥375이 발생한다.
2. 고용주 부담 사회보장세가 인건비의 8% 발생한다.
3. 매출 중 일부에는 보증 약정이 있다. 350개에 하자가 있어 개당 수선비가 ¥40 들 것으로 예측한다.

**a.** 2월 거래를 분개하라.

**b.** 2월 28일 수정 분개를 하라.

### 해답

| | 일자 | 계정 | 차변 | 대변 |
|---|---|---|---|---|
| a. | 2월 1일 | 현금 | 50,000 | |
| | | 지급어음 | | 50,000 |
| | | (6개월 만기, 이자율 9%의 이자부 어음을 CitiBank에 발행) | | |
| | 10일 | 현금 | 43,200 | |
| | | 매출(¥43,200 ÷ 1.08) | | 40,000 |
| | | 부가가치세 예수금(¥40,000 × 8%) | | 3,200 |
| | | (매출을 하고 부가가치세 징구) | | |
| | 28일 | 인건비 | 50,000 | |
| | | 사회보장세 예수금(8% × ¥50,000) | | 4,000 |
| | | 소득세 예수금 | | 8,900 |
| | | 미지급 인건비 | | 37,100 |
| | | (2월분 인건비 계상) | | |
| b. | 2월 28일 | 이자비용 | 375 | |
| | | 미지급 이자비용 | | 375 |
| | | (2월분 미지급 이자비용 인식) | | |
| | 28일 | 사회보장세 | 4,000 | |
| | | 미지급 사회보장세 | | 4,000 |
| | | (2월분 사회보장세 계상) | | |
| | 28일 | 보증비용(350 × ¥40) | 14,000 | |
| | | 제품 보증 충당부채 | | 14,000 |
| | | (제품 보증 충당부채 계상) | | |

## 단원 정리를 위한 질문

**1** 안잘리 쿠마르는 유동부채가 1년 안에 갚을 것으로 예상되는 부채라고 알고 있다. 이것이 맞는지 설명하라.

**2** 7월 1일, Petrocelli Foods는 First Bank에 이자율 7%, 6개월 만기의 어음을 발행하고 현금 €40,000를 차입했다. Petrocelli Foods의 회계연도는 9월 30일에 종료되는데, 재무제표에서 동 지급어음에 대해 어떤 정보를 보고해야 하는가?

**3** **a.** 룸메이트가 "부가가치세는 손익계산서에 비용으로 보고된다"고 말했다. 이 말에 동의하는지 밝히고 그 이유를 설명하라.

**b.** Miaoli Company는 NT$8,400(단위: 1,000)의 물품을 판매하고 현금을 수령했는데, 이 금액에는 판매세 NT$400가 포함되어 있다. 매출을 분개하라.

**4** South Ulsan University는 여섯 경기를 볼 수 있는 축구 시즌 티켓 15,000장을 장당 NT$80(단위: 1,000)에 판매했다. (a) 티켓이 판매되었을 때, (b) 각 경기 후에 해야 할 분개를 하라.

**5** 유동성이란 무엇인가? 유동성을 측정하는 두 가지 방법은 무엇인가?

**6** 충당부채를 설명하고 예를 들라.

**7** 총급여와 순급여의 차이는 무엇인가? 회사가 급여로 인식해야 하는 금액은 무엇인가?

**8** 고용주와 종업원 모두에게 부과되는 근로 관련 세금은 무엇인가?

**9** 직원 급여에서 원천징수되는 소득세는 고용주에게 부과되는 근로 관련 세금인가?

**10** 순운전자본과 유동 비율의 유사점과 차이점을 설명하라.

**11** (a) 보증, (b) 상품 외상구매, (c) 이익 분배 상여금의 부채를 회사 장부에 기재하는 시점은 언제인가?

## 가벼운 연습 문제

**1** Jamison Company는 12월 31일에 다음과 같은 의무를 지고 있다.

**a.** 2년 후 만기가 도래하는 $100,000에 대한 어음

**b.** 10년 만기 담보대출 $300,000에 대한 연간 지급액 $30,000

**c.** 담보대출에 대한 이자 $15,000

**d.** 매입채무 $60,000

각 의무를 유동부채로 분류해야 하는지 여부를 밝혀라(영업주기가 1년 미만이라고 가정한다).

**2** 7월 1일, Pom Computers는 은행에 액면 금액 HK$60,000, 이자율 10%, 1년 만기의 어음(단위: 1,000)을 발행하고 HK$60,000를 차입했다.

**a.** 현금 수령을 분개하라.

**b.** 12월 31일에 발생한 이자를 분개하라. 단, 연말에만 수정 분개를 한다.

**3** Coghlan Auto Supply는 현금 판매를 하면서 매출과 판매세를 분리하지 않는다. 3월 16일 금전등록기의 판매 총액이 €16,380이고 모든 판매에 5%의 판매세가 부과될 때 판매세 예수금을 구하고 매출과 판매세 예수금을 분개하라.

**4** Dillons AS는 €30,000를 외상판매했으며 부가가치세 6%가 부과된다. 또한 6%의 부가가치세를 포함하여 총 €20,670의 현금 매출을 올렸다. (a) 외상매출, (b) 현금매출을 분개하라.

**5** Lexington AG가 직원들에게 주급 €24,000를 지급하면서 사회보장세 €1,920, 소득세 €2,990, 보험료 €250를 원천징수했을 때 관련 분개를 하라.

**6** 2020년 8월 1일, Sport Pro Magazine은 월간 잡지 12,000건을 연간 구독료 €18에 판매했다. 2020년 8월 1일과 2020년 12월 31일에 해야 할 분개를 하라.

**7** Derby University는 열두 경기를 볼 수 있는 농구 시즌 티켓 4,000장을 $210에 판매했다. (a) 시즌 티켓 판매 시, (b) 첫 번째 경기로 얻은 수익을 인식하는 분개를 하라.

**8** Mayaguez Ltd.는 순이익을 헐어 직원들에게 상여금을 주는데, 2020년 상여금은 총 £350,000이고 2021년 2월 15일에 지급된다. Mayaguez Ltd.가 2020년 12월 31일에 해야 할 수정 분개와 2021년 2월 15일의 상여금 지급을 분개하라.

**9** 이번 주 레이첼 신나의 총수입은 €800이고 소득세 원천징수액은 €95이다. 다른 공제가 없고 사회보장세율이 6%일 때 레이첼의 순급여를 구하라.

**10** 9번 문제에서 고용주가 할 (a) 급여 발생, (b) 1월 15일 급여 지급 시 필요한 분개를 하라.

**11** Lugo Company의 1월 총수입은 $80,000이며, 모든 소득에 사회보장세 7.65%와 법인세 20%가 적용된다. 고용주가 부담할 1월의 근로 관련 세금을 분개하라.

**12** 12월 1일, New Belgium Appliances는 1년 보증의 신제품을 출시하여 12월에 1,000개를 판매했다. 경영진이 제품의 5%에 결함이 있고 평균 보증비용이 제품당 €90일 것이라고 추산할 때 12월 31일에 인식할 예상 보증비용을 분개하라.

**13** Scorcese A.Ş.는 2020년 12월 31일에 소송에 피소되었다.

**a.** 이 소송의 결과로 Scorcese A.Ş.가 ₺900,000에 대해 책임을 지게 될 가능성이 높은(probable) 경우 12월 31일에 해야 할 수정 분개를 하라.

**b.** 책임을 질 가능성이 낮은 경우 12월 31일에 해야 할 수정 분개를 하라.

**14** 야후(Yahoo! Inc., 미국)의 최근 재무제표에는 다음과 같은 자료가 포함되어 있다(단위: 1,000). 순운전자본과 유동 비율을 구하라.

| | | | |
|---|---|---|---|
| 유동자산 | $ 4,594,772 | 유동부채 | $1,717,728 |
| 총자산 | 14,936,030 | 총부채 | 2,417,394 |

## DO IT! 적용 문제

**1** 당신과 몇몇 급우는 회계 과목 시험을 준비하고 있다. 다음 문제를 풀라.

1. 8월 1일에 액면 금액 €70,000, 만기 9개월, 이자율 6%의 어음으로 현금을 빌린다면 12월 31일까지 발생하는 이자비용은 얼마인가?
2. 금전등록기의 총액이 판매세를 포함하여 €42,000이고 판매세율이 5%라면 판매세는 얼마인가?
3. 11월 1일에 6개월간 월간 잡지 구독을 위해 선금으로 €45,000를 수령한 경우 12월 31일까지 인식해야 하는 수익액은 얼마인가?

**2** 2020년 12월 31일 현재 Eslite Company의 계정 금액은 다음과 같다(단위: 1,000).

| | |
|---|---|
| 지급어음(2021년 12월 31일 이후 만기 NT$60,000) | NT$100,000 |
| 선수 용역 매출 | 70,000 |
| 기타 장기 부채(2021년까지 NT$90,000) | 250,000 |
| 미지급 급여 | 32,000 |
| 매입채무 | 63,000 |

또한 Eslite Company는 소송에 휘말렸는데, 법률 고문은 2021년에 손해배상액을 NT$25,000 지불할 가능성이 있다고 판단한다.

**a.** 2020년 12월 31일 현재 재무상태표의 유동부채 부분을 작성하라.

**b.** Eslite Company의 현재 자산이 NT$570,000일 때 순운전자본과 유동 비율을 구하라.

## 단원 연습 문제

**1** 다음은 Ang Hsu Enterprises의 지급어음 관련 거래이다(단위: 1,000).

| | |
|---|---|
| 2020년 7월 1일 | First Taiwan Bank에 9개월 만기, 이자율 8%의 약속어음을 발행하고 NT$50,000를 차입했다. |
| 2020년 11월 1일 | Nantou City Bank에 3개월 만기, 이자율 6%의 약속어음을 발행하고 NT$60,000를 차입했다. |
| 2020년 12월 31일 | 수정 분개를 했다. |
| 2021년 2월 1일 | Nantou City Bank에 원리금을 지급했다. |
| 2020년 4월 1일 | First Taiwan Bank에 원리금을 지급했다. |

위 거래를 분개하라.

**2** 6월 1일, Merando Company는 First Bank에 액면 금액 $90,000, 6개월 만기, 이자율 8%의 약속어음을 발행하고 $90,000를 차입했다.

**a.** 6월 1일의 거래를 분개하라.

**b.** 6월 30일의 수정 분개를 하라.

**c.** 11월 30일까지 월별 수정 분개를 했다고 가정하고 만기(12월 1일)에 할 분개를 하라.

**d.** 총금융비용(이자비용)은 얼마인가?

**3** 소상공인을 위한 회계 업무를 수행하다 보면 현금판매와 관련하여 다음과 같은 상황에 처하곤 한다.

1. Poole Suppliers는 판매 대금과 판매세를 금전등록기에 별도로 입력하는데, 4월 10일 금전등록기상 판매 대금과 판매세 총액은 각각 £30,000, £1,500이다.
2. Waterman Aquatics는 판대 대금과 판매세를 분리하지 않는데, 4월 15일의 등록 총액은 판매세 7%가 포함된 £25,680이다.

각 경우의 매출과 관련 세금을 분개하라.

**4** Danielle's Boutique의 6월 현금판매액은 £265,000, 외상판매액은 £153,700이며, 둘 다 7월 15일까지 납부해야 하는 판매세 6%가 포함되어 있다.

**a.** 6월 30일 적정한 재무제표 작성을 위해 수정 분개를 하라.

**b.** 만약 6%의 세금이 판매세가 아니라 부가가치세라면 수정 분개는 어떻게 달라지는가?

**5** Moorehead Communications는 연간 구독료가 €20인 스포츠 월간지 《Walkabout Preview》를 발행한다. 2020년 11월에 Moorehead Communications는 12월 호부터 보내주기로 하고 15,000개의 주문을 받아 구독료를 수령했다. Moorehead Communications는 분기별로 재무제표를 작성하고 분기 말에 구독료를 수익으로 인식하며, 구독료 수익과 선수 구독료 수익 계정을 사용한다.

**a.** 11월의 구독료 수령을 분개하라.

**b.** 12월 구독료를 인식하기 위한 2020년 12월 31일 자 수정 분개를 하라.

**c.** 2021년 1분기 구독료 수익을 인식하기 위한 3월 31일 자 수정 분개를 하라.

**6** 2020년 9월 Kee Ltd.의 총급여는 ¥340,000(단위: 1,000)이며, 조합비 ¥9,000, 소득세 ¥80,000, 그리고 급여의 8%인 사회보장세를 원천징수했다. 또한 고용주는 급여의 8%를 사회보장세로 부담해야 한다. (a) 미지급 급여, (b) 급여 지급, (c) 고용주의 사회보장세 부담을 분개하라.

**7** Allison Hardware Ltd.의 2020년 11월 급여는 €200,000이며, 소득세 €29,000와 급여의 8%인 사회보장세를 원천징수했다. (a) 미지급 급여, (b) Allison Hardware Ltd.의 사회보장세 부담을 분개하라.

**8** 2020년 7월 10일, Soundgarden Ltd.는 1년간 보증 관리를 해주기로 하고 컬러 레이저 복사기 200대를 대당 현금 £4,000를 받고 판매했으며, 보증 기간 동안 복사기 관리비는 대당 £330로 예상된다. 복사기의 판매와 관련 보증비용의 실제 발생 및 2020년 12월 31일에 해야 할 수정 분개를 하라. 단, 2020년에 실제로 발생한 보증비용은 £17,000이다.

**9** Ting Manufacturing은 결함이 있는 경우 75일간 보증하기로 하고 제품을 판매했다. 경영진은 과거 경험상 판매된 제품의 3%에 보증 기간 동안 결함이 발생할 것이며, 이러한 제품의 교체 및 수리 비용을 개당 평균 NT$15(단위: 1,000)로 추정한다. 2020년 후반 2개월 동안 발생한 판매와 불량품의 개수는 다음과 같다.

| 월 | 판매량 | 12월 31일 이전의 불량품 |
|---|---|---|
| 11월 | 30,000 | 600 |
| 12월 | 32,000 | 400 |

a. 보증비용 발생과 1,000건의 보증 청구를 이행하는 데 소요된 지출을 처리하기 위한 분개를 하라(실제로 발생한 보증비용이 NT$15,000라고 가정한다).

b. 11월과 12월에 판매된 제품에 대해 12월 31일 자 보증 충당부채 금액을 산정하라.

c. 1월에 평균 NT$15에 보증 계약 500건을 이행했을 때 이를 회계 처리하기 위한 분개를 하라.

**10** Streep Factory는 2020년에 첫 출시하는 제품에 대해 2년간 보증을 제공하기로 하고 $1,000,000를 판매했으며, 향후 2년 동안의 보증비용을 $125,000로 예상한다. 2020년에 실제로 발생한 보증비용은 $70,000이다. 2020년의 제품 판매, 보증 책임 준수에 소요되는 비용(수리비용으로 현금 지출을 가정)과 2020년 12월 31일 자 보증 충당부채를 계상하기 위한 분개를 하라.

**11** 개브리엘 오즈먼의 시급은 보통 €14이고 40시간이 넘어가면 €21를 받는다. 3월에 개브리엘은 46시간을 근무했으며 소득세 원천징수액은 €135이다.

a. 개브리엘의 3월 임금에 대해 총급여액, 사회보장세(세율 7.65%), 순급여액을 구하라.

b. 개브리엘의 급여 지급을 분개하라.

**12** 다음은 Saputra Group의 2월 급여 기록부에서 가져온 정보이며 일부 금액은 의도적으로 누락했다. 사회보장세와 건강보험료는 각각 총수입의 7.65%, 4%이다.

| | | | |
|---|---|---|---|
| 총수입: | | 의료보험료 | (3) |
| 정상 근무 | Rp9,100 | 조합 회비 | 100 |
| 초과근무 | (1) | 공제 계 | (4) |
| 계 | (2) | 순급여액 | Rp7,595 |
| 공제: | | 차변 계정: | |
| 사회보장세 | Rp 765 | 급여 | (5) |
| 소득세 | 1,140 | | |

a. 빈칸을 채워라.

b. 2월 급여와 급여 지급을 분개하라.

**13** Gallardo Industries는 2020년 9월 5일에 일어난 사고로 소송에 휘말렸다. 소송은 2020년 11월 1일에 제기되었으며 NT$1,000,000의 손해배상을 청구했다.

a. 2020년 12월 31일, Gallardo Industries의 변호사가 소송에서 패소하여 NT$1,000,000를 지불할 확률이 50% 이상이라고 판단하는 경우 회사의 회계 처리 방법을 설명하라.

b. 2020년 12월 31일, Gallardo Industries의 변호사가 소송에서 패소하여 NT$1,000,000를 지불할 확률이 50% 미만이라고 판단하는 경우 회사의 회계 처리 방법을 설명하라.

**14** 다음은 Younger Online Company의 수정 분개 후 부채이다.

| | |
|---|---|
| 매입채무 | $ 73,000 |
| 티켓 선수수익 | 24,000 |
| 보증 충당부채 | 18,000 |
| 미지급 이자비용 | 8,000 |
| 담보부 차입금 | 120,000 |
| 지급어음 | 80,000 |
| 부가가치세 예수금 | 10,000 |

회사의 영업주기는 1년 미만이고 티켓 수익은 1년 이내에 실현된다. 또한 보증비용이 1년 이내에 발생하고 어음 만기는 3년이다.

a. 내년에 담보부 차입금 중 $30,000가 지급될 때 재무상태표의 유동부채 부분을 작성하라.

b. 총유동자산이 $300,000일 때 Younger Online Company의 유동성에 대해 설명하라.

**15** 3M(3M Company, 미국)이 2019년과 2020년에 대해 다음과 같은 재무 자료를 공시했다고 가정하자(단위: 100만).

| 3M Company<br>재무상태표(일부 발췌) | | |
|---|---|---|
| | **2020** | **2019** |
| 유동자산 | | |
| 현금과 현금성 자산 | $ 3,040 | $1,849 |
| 순매출채권 | 3,250 | 3,195 |
| 재고자산 | 2,639 | 3,013 |
| 기타 유동자산 | 1,866 | 1,541 |
| 유동자산 계 | $10,795 | $9,598 |
| 유동부채 | $ 4,897 | $5,839 |

**a.** 2019년과 2020년의 유동 비율과 순운전자본을 계산하라.

**b.** 2020년 말에 3M 경영진이 현금 $2억을 사용하여 $2억의 매입채무를 상환했다면 유동 비율과 순운전자본은 어떻게 달라지는가?

## 마무리 연습 문제

**1** 2020년 1월 1일 Chuan-Kwang Luggage의 회계장부에 다음과 같은 부채 계정이 있다(단위: 1,000).

| | |
|---|---|
| 매입채무 | NT$52,000 |
| 판매세 예수금 | 7,700 |
| 선수 용역 매출 | 16,000 |

다음은 1월의 거래 내역이다.

1월 5일 판매세 8%를 포함하여 현금 NT$20,520를 받고 상품을 판매했다.

12일 NT$10,000를 선불한 고객을 위해 용역을 수행했다.

14일 2019년 12월에 징수된 판매세(NT$7,700)를 납부했다.

20일 1년 보증이 적용되는 신제품 900개를 개당 NT$50에 판매세 8%를 더하여 외상판매했다.

21일 First National Bank에 액면 금액 NT$27,000, 3개월 만기, 이자율 8%의 약속어음을 발행하고 NT$27,000를 차입했다.

25일 판매세 8%를 포함하여 현금 NT$12,420를 받고 상품을 판매했다.

**a.** 1월의 거래를 분개하라.

**b.** 1월 31일 자 (1) 지급어음의 수정 분개를 하고, (2) 보증비용이 신제품 판매의 7%로 예상될 때 보증 충당부채에 대한 수정 분개를 하라. (힌트: First National Bank에 발행한 지급어음의 이자 계산을 위한 기간은 한 달의 1/3로 한다.)

**c.** 2020년 1월 31일 자 재무상태표의 유동부채 부분을 작성하라. 매입채무에는 변동이 없다고 가정한다.

c. 유동부채 계 NT$94,250

**2** 다음은 분기별 결산을 하는 Deok-moon Group의 일부 거래 내역이다(단위: 1,000).

1월 2일 Nan Company가 ₩30,000의 상품을 신용 조건 2/10, n/30으로 외상구매했다(회사는 재고자산에 계속기록법을 적용한다).

2월 1일 Nan Company에 액면 금액 ₩30,000, 이자율 9%, 2개월 만기의 약속어음을 매입채무 변제로 발행했다.

3월 31일 Nan Company에 발행한 약속어음에 2개월간의 이자가 발생했다.

4월 1일 Nan Company에 발행한 약속어음의 액면 금액과 이자를 지급했다.

7월 1일 Ji-yoo Equipment에 현금 ₩11,000과 액면 금액 ₩60,000, 이자율 10%, 3개월 만기의 약속어음을 주고 장비를 구입했다.

9월 30일 Ji-yoo Equipment에 발행한 약속어음에 3개월간의 이자가 발생했다.

10월 1일 Ji-yoo Equipment에 발행한 약속어음의 액면 금액과 이자를 지급했다.

12월 1일 Wonju Bank로부터 ₩24,000을 차입하고 액면 금액 ₩24,000, 이자율 8%, 3개월 만기의 약속어음을 발행했다.

12월 31일 Wonju Bank에 대한 1개월간의 이자비용을 인식했다.

**a.** 위 거래를 분개하라.

**b.** 지급어음, 미지급 이자비용, 이자비용 계정에 포스팅하라.

**c.** 12월 31일 자 재무상태표에 지급어음과 미지급 이자비용을 표시하라.

**d.** 해당 연도의 총이자비용을 구하라.

d. ₩2,110

**3** Cedarville Company는 매월 사무실 직원에게 급여를 지급하며, 직원 목록과 8월의 급여는 다음과 같다.

| 직원 | 8월 급여 |
|---|---|
| Mark Hamill | $4,200 |
| Karen Robbins | 3,500 |
| Brent Kirk | 2,700 |
| Alec Guinness | 7,400 |
| Ken Sprouse | 8,000 |

원천징수되는 소득세와 노동조합 회비는 각각 급여의 10%, 2%이고 사회보장세는 고용인과 고용주에게 각 8%가 부과된다. 8월 급여에 필요한 분개를 하되 급여와 회사의 사회보장세 납부를 별도로 작성하라(급여가 8월에 지급된다고 가정한다).

대변 현금 $20,640

**4** 다음은 2020년 9월 Otis Import plc의 급여 명세서이다. 모든 직원에게 소득세율 10%를 적용하고 직원과 고용주에게 각각 사회보장세 8%가 부과된다.

| 이름 | 기초부터 8월 31일 까지의 급여 | 9월 급여 | 소득세 원천징수 | 사회보장세 |
|---|---|---|---|---|
| B.D. Williams | £ 6,800 | £ 800 | | |
| D. Raye | 6,500 | 700 | | |
| K. Baker | 7,600 | 1,100 | | |
| F. Lopez | 13,600 | 1,900 | | |
| A. Daniels | 105,000 | 13,000 | | |
| B. Kingston | 112,000 | 16,000 | | |

**a.** 급여와 급여 지급을 분개하라.

**b.** 사회보장세를 분개하라.

a. 미지급 급여 £27,470

**5** 다음은 거래 목록이다.

1. 재고자산을 €80,000에 외상구매했다(계속기록법을 사용한다).
2. 매입채무를 변제하기 위해 €80,000의 약속어음을 발행했다(1번 참조).
3. 2번의 지급어음에 발생한 이자를 기록했다.
4. 부가가치세 10%를 포함하여 현금 €75,260를 받고 판매했다.
5. 급여 €35,000가 발생하여 €25,000를 지급했다. 차액은 여러 가지 원천징수에 따른 것이다.
6. 고용주에게 부과되는 근로 관련 세금으로 사회보장세를 인식했다.
7. 직원에게 지급하는 상여금을 기록했다.
8. 제품 판매를 기록했다.
9. 제품 판매의 보증 계약에 따른 수리로 부품이 감소했다.
10. 패소 가능성이 높은 소송에 대한 배상 책임을 인식했다.

위 거래의 영향을 분석하여 다음 표를 작성하라.

| # | 자산 | 부채 | 자본 | 순이익 |
|---|---|---|---|---|
| 1 | | | | |

다음 코드를 사용하라.

I: 증가 D: 감소 NE: 영향 없음

**6** Chen Group은 몇 년간 사업을 영위하고 2020년 12월 31일에 다음 재무상태표(단위: 1,000)를 발표했다. 담보부 차입금의 상환은 2023년까지이다.

**Chen Group**
**재무상태표**
**2020년 12월 31일 현재**

| | | | |
|---|---|---|---|
| 유형자산(순) | ¥220,000 | 자본금 | ¥220,000 |
| 재고자산 | 95,000 | 담보부 차입금 | 140,000 |
| 수취채권 | 75,000 | 매입채무 | 70,000 |
| 현금 | 40,000 | | |
| | ¥430,000 | | ¥430,000 |

유동 비율과 순운전자본을 구하라.

## 회계순환 과정 복습 문제

다음은 Morgan Fashions의 2019년 12월 31일 자 재무상태표이다.

**Morgan Fashions**
**재무상태표**
**2019년 12월 31일 현재**

| | | | |
|---|---|---|---|
| 설비 | € 38,000 | 자본금 | € 40,750 |
| 재고자산 | 30,750 | 매입채무 | 13,750 |
| 선급보험료 | 6,000 | 미지급 이자비용 | 250 |
| 현금 | 30,000 | 지급어음(장기) | 50,000 |
| | €104,750 | | €104,750 |

2020년 1월에 다음과 같은 거래가 발생했다(계속기록법을 사용한다).

1. 2020년 1월 1일에 지급할 어음에 대해 €250의 이자를 지급했다. 어음 만기일은 2021년 12월 31일이다.
2. €261,100의 재고자산을 외상으로 구입했다.
3. 취득가가 €265,000인 재고자산을 €440,000에 판매하고 판매세 €28,600를 징수했다.
4. 매입채무 €230,000를 지불했다.
5. 과세 당국에 판매세 €17,000를 지불했다.
6. 기타 운영비 €30,000를 지불했다.
7. 2020년 1월 31일에 한 달 급여로 €60,000가 발생했으며, 모든 급여에는 사회보장세 7.65%가 부과되고 총 €8,900의 소득세가 원천징수되었다. 급여는 2월 1일에 지급된다.

수정 자료

8. 지급어음에 대해 €250의 이자비용이 발생했다.
9. 2020년의 보험료는 2019년 12월 31일에 선납했다.
10. 2019년 12월 31일에 취득한 설비는 잔존 가치가 €2,000이고 5년에 걸쳐 정액법으로 감가상각된다.
11. 고용주에게 사회보장세 7.65%가 부과된다.

(T 계정을 사용하면 기말 잔액을 파악하는 데 도움이 된다.)

**a.** 위 거래를 분개하고 월말 수정 분개를 작성하라.

**b.** 2020년 1월 31일 자 조정 후 시산표를 작성하라.

**c.** 2020년 1월 31일로 종료되는 월 손익계산서와 이익잉여금계산서, 2020년 1월 31일 현재 표준형 재무상태표를 작성하라.

## 비판적 사고력 확장 문제

### 재무 보고: TSMC

**1** TSMC의 재무제표는 이 책의 부록 A에 실려 있으며, 재무제표 주석을 포함한 전체 연례 사업 보고서는 회사 웹사이트에서 확인할 수 있다. 이를 이용하여 다음 문제를 풀라.

**a.** 2016년 12월 31일의 총유동부채는 얼마인가? 전년도에 비해 총유동부채가 얼마나 증가 또는 감소했는가?

**b.** 2016년 12월 31일 현재 총유동부채의 구성 과목은 무엇인가?

**c.** 2016년 12월 31일의 총비유동부채는 얼마인가? 전년도에 비해 총비유동부채가 얼마나 증가 또는 감소했는가? 2016년 12월 31일 현재 총비유동부채의 구성 과목은 무엇인가?

### 비교 분석: 네슬레와 델피

**2** 네슬레와 델피의 재무제표는 이 책의 부록 B와 C에 실려 있다. 이를 이용하여 다음 문제를 풀라.

**a.** 가장 최근 회계연도 말에 가장 큰 유동부채 계정과목은 무엇인가? 총유동부채는 얼마인가?

**b.** 해당 재무제표의 정보를 바탕으로 가장 최근 회계연도의 운전자본과 유동 비율을 구하라.

**c.** 위 자료를 바탕으로 상대적 유동성과 관련하여 어떤 결론을 내릴 수 있는가?

### 조직 전반에 걸친 의사결정

**3** Cunningham Processing은 일반 고객과 대학생을 대상으로 워드프로세싱 서비스를 제공하는 업체이다. 일반 고객의 주문량은 1년 내내 안정적이지만 대학생의 주문량은 숙제, 연구 프로젝트 보고서, 학위 논문이라 12월과 5월에 많이 몰린다.

2년 전 Cunningham Processing은 시간제 도우미를 고용하여 최대 수요에 대응했으나, 이로 인해 수많은 오류와 고객 불만이 발생하여 1년 전부터 시간제 도우미 대신 숙련된 직원 4명을 정규직으로 고용했다. 이러한 변경은 생산성과 고객 만족도 측면에서는 훨씬 나은 선택이지만 급여비용이 증가하여 연간 순이익이 크게 감소했다.

최근 인력 파견업체 Banister Services의 영업대표인 멀리사 브라운이 찾아와 숙련된 직원을 최대 4명까지 하루 8시간 근무하면서 인당 일당 $80로 파견할 수 있다고 제안했다. 그런데 Banister Services의 파견 직원에게는 시급을 적용할 수 없고 무조건 일당을 지급해야 한다.

이에 Cunningham Processing의 캐럴 홀트 사장은 회사의 경리 책임자인 당신에게 의사결정을 위한 보고서를 준비하라고 지시했다. Banister Services의 제안이 채택되면 정규직 직원 2명을 해고하고 정규직 직원 2명을 유지할 수 있다. 현재 Cunningham Processing이 지급하는 직원 일인당 연간 급여는 $22,000이고, 별도로 사회보장세 7.65%와 직원 일인당 건강보험료로 월 $40를 지불하고 있다. 다음은 Banister Services의 제안이 채택되는 경우 홀트 사장이 필요로 하는 파견 직원의 인력 구성이다.

| 월 | 직원 수 | 월별 근무일 |
|---|---|---|
| 1~3월 | 2 | 20 |
| 4~5월 | 3 | 25 |
| 6~10월 | 2 | 18 |
| 11~12월 | 3 | 23 |

**a.** Banister Services의 제안을 채택하는 경우와 정규직을 계속 고용하는 경우를 비교하는 비용 보고서를 작성하라.

**b.** 홀트 사장이 최종 결정을 내리기 전에 고려해야 할 요소는 비용 말고 또 무엇이 있는가?

### 커뮤니케이션 활동

**4** Mui Consultants의 삼모 청 사장은 최근 많은 직원을 뽑았는데, 이로 인해 사회보장세가 증가하고 여러 세금에 대한 징수 대리인의 역할도 해야 한다는 것을 알고 있다. 각각의 세금과 Mui Consultants에 부과되는 사회보장세에 대해 설명하는 메모를 작성하라.

### 윤리 사례

**5** 조코 사푸라는 도시 내 의료 단지 근처에서 24시간 식당인 Joko's Restaurant을 운영하고 있다. 조코는 정규직 직원 9명과 시간제 직원 16명을 두고 있는데, 정규직 직원의 경우 외부 공인회계사인 아가 우

웨이스에게 용역을 주어 금액을 산출하고 수표로 급여를 지급하지만, 시간제 직원의 경우 자신이 직접 금액을 계산하고 금전등록기에서 현금을 꺼내 급여를 지급한다. 이에 아카는 모든 직원에게 수표로 급여를 지급하라고 거듭 권유했으나 조코는 또 다른 식당인 Senang Diner를 소유한 친구 이코 머해피에게 이렇게 말했다. "시간제 직원들은 수표보다 현금을 선호해. 나 또한 현금으로 급여를 주면 회계 처리하지 않아도 되고 원천징수할 필요나 세금을 내지 않아서 좋아."

**a.** 이 경우의 이해관계자는 누구인가?

**b.** 조코의 급여 처리와 관련하여 법적·윤리적 고려 사항은 무엇인가?

**c.** 아카는 조코가 시급을 현금으로 지급한다는 사실을 알고 있는데, 이 경우의 윤리적 책임은 무엇인가?

**d.** 조코의 급여 지급 절차는 어떤 내부 통제 원칙을 위반하고 있는가?

**학습목표**

IFRS와 U.S. GAAP의 유동부채 회계 처리를 비교한다.

## U.S. GAAP 살펴보기

IFRS와 U.S. GAAP은 유동부채의 정의, 각종 예수금 처리 등 유동부채의 회계 처리가 같거나 유사하다. 다만 각국의 연금 제도, 실업급여, 사회보장 제도 등에 따른 인건비의 공제 항목이 다를 뿐이다. 물론 형식상의 차이는 있다. U.S. GAAP은 재무상태표에서 유동성 배열법을 선호하므로 IFRS와 달리 자산이 부채 앞에, 유동부채가 비유동부채 앞에 나타난다.

가장 큰 차이를 보이는 것은 역시 충당부채이다. IFRS는 불확실한 부채를 발생 조건과 금액의 예측 가능성에 따라 충당부채와 우발채무(contingent liability)로 구분한다. 충당부채는 재무제표 본문에 숫자로 인식한 부채를 말하고, 우발채무는 재무제표 본문에 인식하지는 않지만 주석에 그 내용을 공시할 정도로 중요한 것을 뜻한다. 그러나 U.S. GAAP은 충당부채와 우발채무를 합쳐서 우발채무라고 하며, 우발채무를 재무제표 본문에 인식하는 것, 주석에 공시하는 것, 아무 공시가 필요 없는 것으로 분류한다.

앞에서 여러 번 말했듯이 FASB와 IASB는 회계기준 통합의 일환으로 현재 두 가지 공동 작업을 하고 있다. 하나는 지분증권과 채무증권의 분류이고, 또 하나는 개념 체계 내에서 회계를 구성하는 각종 항목의 새로운 정의이다. 연구 결과에 따라 지분증권과 채무증권의 분류뿐만 아니라 지금의 자산, 자본, 부채 회계 전반에 걸쳐 영향을 미칠 것으로 예상된다.

### U.S. GAAP 확인 문제

**1** 다음 설명 중 옳지 않은 것은?

**a.** U.S. GAAP에서는 유동부채가 비유동부채 앞에 나타난다.

**b.** U.S. GAAP에서는 12개월 이내에 지불해야 하는 부채를 유동부채로 분류한다.

**c.** U.S. GAAP의 경우 재무상태표에서 유동부채가 간혹 유동자산과 상계되어 표시된다.[6]

**d.** U.S. GAAP에서는 현재 확실히 존재하는 부채만 인식된다.

**2** U.S. GAAP에서는 우발채무의 회계 처리를 어떻게 하는가?

**a.** 발생 가능성이 높지만 신뢰성 있게 금액을 측정할 수 없으면 주석으로 표시한다.

**b.** 발생 가능성이 있으면 재무제표 본문에 인식한다.

**c.** 충당부채와 동일하다.

**d.** IFRS와 같다.

---

6 역자 주: 회계에서는 상계를 싫어하는 경향이 강하다. 이를 총액주의라고 하며, 정보의 충분성 측면에서 설득력 있게 주장된다.

**3** U.S. GAAP에서는 보증 채무를 어떻게 분류하는가?

**a.** 우발채무
**b.** 충당부채
**c.** 가능성 있는 부채
**d.** 위의 보기 모두 해당되지 않음

**4** FASB와 IASB가 현재 하고 있는 공동 작업이 미치는 영향은 무엇인가?

**a.** 부채의 정의
**b.** 자본의 정의
**c.** 자산의 정의
**d.** 위의 보기 모두

**해답** 1. c 2. a 3. a 4. d

## U.S. GAAP 연습 문제

**1** 우발부채를 정의하고 예를 들라.

**2** U.S. GAAP과 IFRS의 부채 회계 처리에 대해 유사점과 차이점을 간략히 설명하라.

**재무 보고: 애플**

**3** 애플의 재무제표는 이 책의 부록 D에 실려 있으며, 재무제표 주석을 포함한 전체 연례 사업 보고서는 회사 웹사이트에서 확인할 수 있다. 이를 이용하여 다음 문제를 풀라.

**a.** 2016년 9월 24일 현재 총유동부채는 얼마인가? 전년도에 비해 총유동부채가 얼마나 증가하거나 감소했는가?
**b.** 재무제표 주석 10에서 애플이 공시한 우발적 상황을 설명하라. 애플이 우발채무로 인식하는 기준은 무엇인가?
**c.** 2016년 9월 24일 현재 총유동부채의 구성 요소는 무엇인가?

CHAPTER 11

© Henrik Jonsson/iStockphoto

# 비유동부채

Non-Current Liabilities

## 이 단원에서 공부할 내용

유동부채는 말 그대로 빨리 갚아야 하는 채무이다. 채권자에게 시달리기 싫으면 갚을 준비를 미리미리 해야 해서 빚이라는 것을 절실히 피부로 느낄 수 있다. 하지만 장기 부채는 그다지 급하지 않다. 독촉이 없으니 한동안은 남의 돈을 자기 돈인 양 착각하다가 파산하기도 한다. 회사나 개인이나 부채가 많으면 위험하기 때문에 회사를 분석할 때 유심히 살펴야 한다. 이 장에서는 변제 시기가 1년 이상 남아 있는 장기 부채(비유동부채)를 살펴보면서 회사채와 장기 기업어음, 리스부채를 중점적으로 다룬다.

## 이 단원을 공부해야 하는 이유

### 꿈을 위해 빚을 지다

사업을 크게 하려면 자기 돈만으로는 부족하다. 어느 정도의 빚이 필요하다. 그러나 과도한 빚은 파산에 이르는 지름길이 된다. 국가 경제도 마찬가지이다. 적당한 부채는 경제를 촉진하고 활성화하지만 많은 빚은 국가 경제를 어렵게 만든다. 2008년에 일어난 세계 금융 위기가 바로 그러한 경우이다. 서브프라임 모기지 또는 비우량 주택담보대출이라고 불리는 부채로 인해 신용 과잉 공급이 경제 위기의 원인이 되었다.[1]

돌아보면 국가가 주도적으로 기업의 빚을 과도하게 늘리는 일은 비일비재하다. 경제를 자극하고 활성화하기 위해 저금리 정책을 펴기 때문이다. 저렴한 이자율로 돈을 구할 수 있으니 당연히 기업에 부채가 산더미처럼 쌓인다. 다음은 최근 신문 기사에서 빚과 관련된 헤드라인을 몇 개 뽑은 것이다.

"최저 금리로 가속도가 붙은 사채 발행 10년, 빚더미에 올라선 국가와 기업"
"전 세계적인 사채 발행의 열기, 1월에 이미 세계 신기록 돌파"
"중국, 한 달 만에 국가채무 $5,400억 증가"
"연초부터 역대 최저 수준의 금리, 늘어난 국가 채무 $4조 8,800억"

빚은 분명 경제를 활성화한다. 그러나 무분별하게 부채를 늘렸다가는 큰코다친다. 재무상태표에 나타난 부채를 단순히 기업의 채무를 나타내는 숫자로 보면 안 된다. 불경기가 닥쳤을 때 부채는 파산의 정도를 측정하는 바로미터가 된다.

출처: McKinsey Global Institute, *Debt and (Not Much) Deleveraging* (2015).

## 이 단원의 구성과 학습목표

| | | | |
|---|---|---|---|
| **회사채의 개요** | **회사채의 주요 특징을 이해한다.** | • 사채의 종류<br>• 사채 발행<br>• 사채 유통<br>• 사채 발행가 | **DO IT! 1** 사채 관련 용어 |
| **사채의 회계 처리** | **사채의 회계 처리를 이해한다.** | • 액면가 발행<br>• 사채 할인 및 할증 발행<br>• 사채 할인 발행<br>• 사채 할증 발행<br>• 사채 상환 | **DO IT! 2a** 사채 발행<br>**DO IT! 2b** 사채 상환 |
| **기타 비유동부채의 회계 처리** | **기타 비유동부채의 회계 처리를 이해한다.** | • 장기 지급어음<br>• 리스부채 | **DO IT! 3** 장기 지급어음 |
| **비유동부채의 공시와 분석** | **비유동부채의 공시와 분석을 이해한다.** | • 표시와 공시<br>• 분석<br>• 부채와 자본 조달 | **DO IT! 4** 비유동부채의 분석 |

1 역자 주: 당시 미국은 경기 부양을 위해 초저금리 정책을 폈다. 여기에 서민의 집 마련이라는 정치적 어젠다가 더해지자 부동산 가격이 급격히 오르기 시작했다. 그러자 이에 편승한 금융권이 서브프라임(비우량 대출자)에게까지 마구잡이로 돈을 빌려주어 주택 수요가 급증했다. 집값이 천정부지로 오르자 이자와 수수료에 재미를 붙인 금융 기관은 더욱 복잡한 파생상품을 설계하여 더 많은 신용 공급을 해댔다. 그러나 실물경제가 이를 충분히 받쳐주지 못했다. 집값만 오르고 소득은 그대로였다. 결국 빚을 내어 집을 산 가난한 사람들이 대출을 상환하지 못하는 시기가 오자 버블이 터져버렸다. 이들이 빚을 갚기 위해 한꺼번에 집을 내놓으면서 순식간에 집값이 폭락하고, 집값 상승을 기반으로 설계한 복잡한 파생상품이 금융 기관에 엄청난 빚을 안겨주었다. 결국 거대 금융 기관인 리먼브라더스(Lehman Brothers)가 도산하자 거미줄처럼 연결된 금융 기관들이 도미노처럼 쓰러졌다.

## 회사채의 개요 _Overview of Bonds

학습목표

회사채의 주요 특징을 이해한다.

부채(채무)는 법률과 계약에 의해 강제되어 이행해야 하는 회사의 의무이다. 부채에는 이행해야 하는 시기, 즉 변제 기일이 있다. 회계상으로는 변제 기일이 1년이 남지 않은 부채를 유동부채, 1년 이상 남은 부채를 **비유동부채**(non-current liabilities)라고 한다. 비유동부채는 변제 기일이 길게 남았다는 의미에서 장기 부채(long-term liabilites)이다. 장기 부채가 많으면 회사의 펀더멘털 유지가 어려운 장기적인 위험 요소가 있다는 뜻이고, 유동부채가 많으면 장기 부채처럼 반드시 기업을 파산에 이르게 하지는 않더라도 자금 관리의 단기적인 위험을 나타낸다.

비유동부채는 회사채, 장기 기업어음(차입금), 리스부채가 대표적이다. 이 중 **회사채**(bond)[2]는 회사가 장기 자금을 조달하기 위해 발행하는 유가증권이다. 즉 사채라는 유가증권을 매개로 소수가 아닌 불특정 다수인으로부터 균일하게 세분된 금액으로 거액을 모아 차입하는데, 사채를 발행한 회사는 돈을 빌린 채무자가 되고 사채를 사는 일반인은 돈을 빌려준 채권자(투자자)가 된다. 이에 사채는 유가증권 중 일종의 이자부 약속어음의 형태를 띠지만 일반 약속어음과 달리 발행 단위 금액이 작은 대신 발행 증서의 수가 많다. 많은 일반인에게 공모하기 위해 보통은 $1,000 혹은 $1,000의 배수로 발행한다.

### 사채의 종류 _Types of Bonds

#### 담보부 사채와 무담보 사채 _Secured and Unsecured Bonds

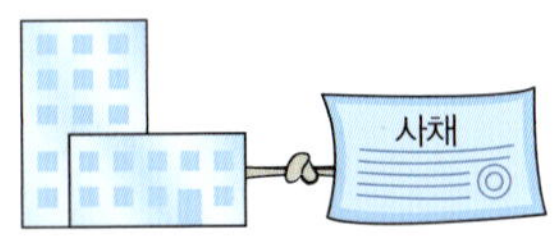


담보부 사채

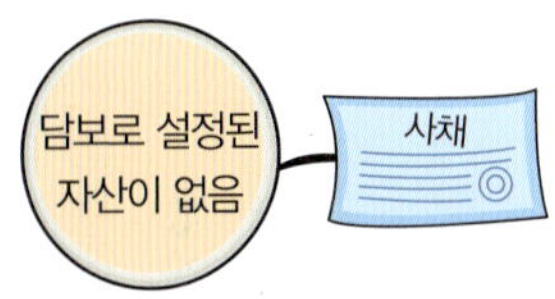


무담보부 사채

사채는 발행 회사의 신용만으로도 발행이 가능하지만 원리금이 보장되어야 안심이다. 이에 담보로 원리금이 보장된 사채를 **담보부 사채**(secured bond)라고 한다. 담보부 사채는 담보의 종류에 따라 부동산 담보부 사채, 유가증권 담보부 사채, 감채기금부 사채, 보증사채 등으로 구분된다. **부동산 담보부 사채**(mortgage bond)는 발행 회사의 특정 부동산으로 담보가 설정된 사채이고, **감채기금부 사채**(sinking fund bond)는 만기 시 거액의 사채 원리금을 상환할 수 있는 재원을 미리 마련하기 위해 발행 회사가 외부에 일정한 기금(감채기금)을 설정하여 적립하는 것을 조건으로 하는 사채이며, 보증사채는 능력 있는 제삼자가 원리금 상환을 보증한 사채이다.

이와 반대로 담보가 설정되어 있지 않은 **무담보 사채**(debenture bond)는 순전히 발행 회사의 신용으로만 발행한다. 신용 등급이 높은 회사는 무담보, 무보증 사채를 발행할 수 있다. 일례로 뒤퐁(DuPont, 미국)은 $20억의 무담보 사채를 발행하여 유통하고 있다.

전환사채

#### 전환사채와 상환사채 _Convertible and Callable Bonds

상환사채

사채 중 현금으로 상환받지 않고 주식으로 전환할(convert) 수 있는 사채를 **전환사채**(convertible bond)라고 한다. 전환사채는 회사가 좋으면 주주로 변신할 수 있으므로 사채를 보유하려는 사채권자(bondholder)에게 크게 어필할 수 있다. 또한 사채 중 발행 회사가 만기 전에 사전에 정한 가격인 상환 가격(call price)으로 조기 상환할(buy back) 수 있는 사채를 **상환사채**(callable bond)라고

2 역자 주: 회사채를 줄여서 사채라고 부르기도 한다. 이때의 사채는 제도권 밖에서의 개인 간 자금 융통을 뜻하는 사채(私債)가 아니라, 회사가 발행하는 이자부 약속어음이라는 의미의 회사채(會社債)이다. 이자부는 이자가 붙는다는 말이다.

한다. 최근의 사채는 대부분 상환사채로 발행되는 경향이 있다.

### 사채 발행 _Issuing Procedures

사채를 발행하려는 회사는 상법과 담보부사채신탁법 등의 관련 법을 따르되, 먼저 이사회와 주주의 승인을 받아야 한다. 특히 이사회에서는 사채 발행 수와 총액, 이자율 등을 신중히 검토해야 하는데, 일반적으로 회사는 이사회에서 수권 발행액을 미리 큰 금액으로 승인받아 놓고 그 안에서 발행 금액을 조절함으로써 향후 현금이 필요할 때를 대비하여 융통성 있게 운용한다.

사채를 발행하려면 사채의 3요소인 액면가, 만기일, 계약이자율을 정해야 한다. **액면가**(face value)는 발행 회사가 만기일에 갚기로 약속하는 원금이고, **만기일**(maturity date)은 원금을 갚아야 하는 날이며, **계약이자율**(contractual interest rate)은 이자의 크기를 연 비율로 나타낸 것이다. 그 밖에 사채권자의 권리와 발행 회사의 의무, 신탁자의 역할 등 사채 발행의 구체적인 약정이 필요한데, 이는 **사채약정서**(bond indenture)에 상세히 기술한다. 사채약정서는 약관의 형태를 띤다. 약관은 보험 약관, 운송 약관, 은행예금 약관처럼 계약 당사자가 다수의 상대방과 계약 체결을 위해 미리 작성한 계약을 말한다. 사채약정서와 별도로 사채권자를 증명하는 **사채증서**(bond certificate)에는 발행 회사와 액면가, 만기일, 계약이자율이 적시되어 있다(그림 11.1 참조).

**그림 11.1** 사채증서

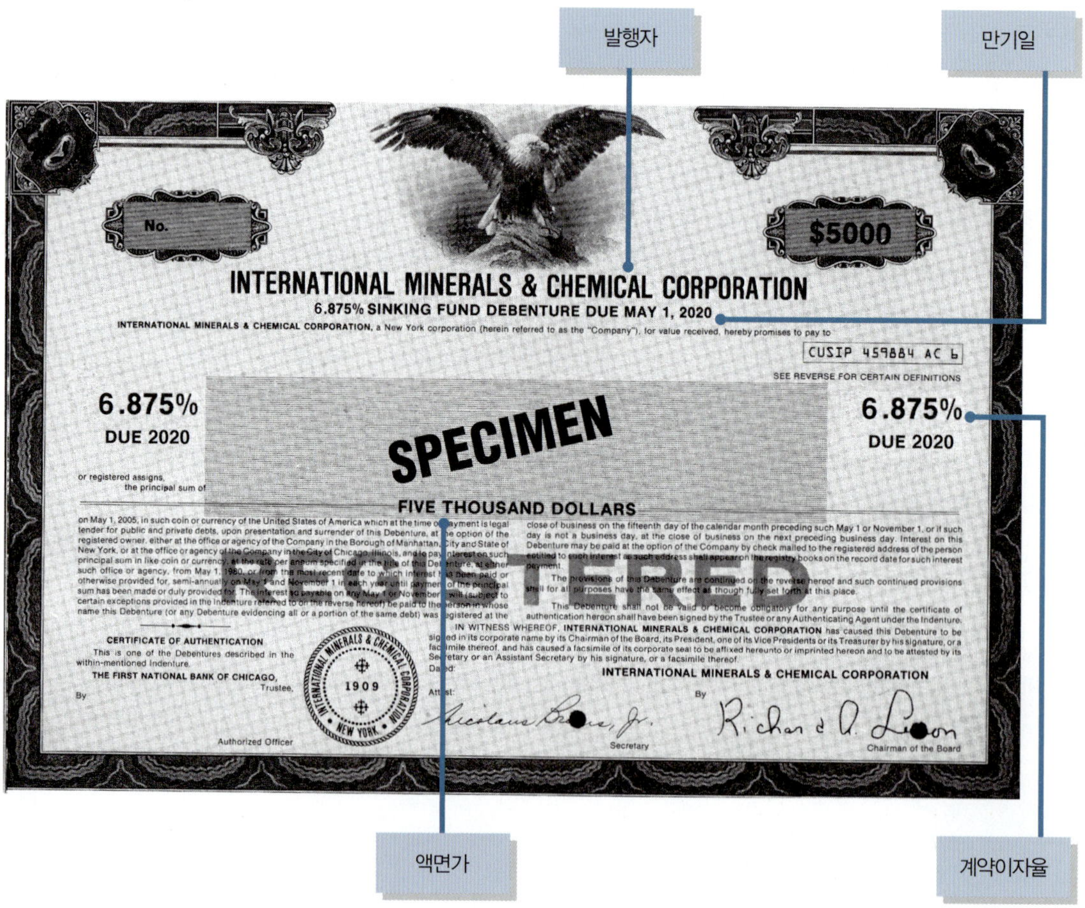

한편 신탁자라고도 하는 사채 관리 회사가 정부에 신탁업을 하는 자로 등록하고 사채 발행자와 투자자 사이에서 사채의 실무를 담당한다. 사채 관리 회사는 주로 은행, 증권 회사 등의 금융기관이며, 사채권자 명단과 미발행 사채를 관리하고 담보 물건의 소유권을 보유하는 등 사채권자를 보호하는 일도 맡아서 한다.

## 사채 유통 _Bond Trading

사채증권은 사채시장에서 매매되고 유통되므로 현금이 필요한 사채권자는 보유한 사채를 시가로 처분하면 된다. 시가는 액면가 대비 비율로 나타낸다. $1,000가 액면가라면 시가 97은 액면가의 97%인 $970를 뜻한다.

HINT
시세를 액면가 $1,000, 95¼로 표시하면 시세가 $952.50라는 뜻이고, 액면가 $1,000, 101⅞로 표시하면 시세가 $1,018.75라는 뜻이다.

사채의 시세와 거래량은 다음 날 경제 신문에 실린다. 그림 11.2는 보잉(Boeing Co., 미국)이 발행한 사채의 시세 정보로, 액면가 $1,000, 이자율 5.125%, 만기일이 2020년 2월 15일인 사채의 현재 수익률이 5.747%, 거래 금액이 $33,965,000, 장 마감 때의 시세가 96.595%($965.95)임을 나타낸다.

**그림 11.2** 시세 정보

| 사채 | 만기일 | 장 마감 시세 | 수익률 | 거래량(000) |
|---|---|---|---|---|
| Boeing Co. 5.125 | 2020년 2월 15일 | 96.595 | 5.747 | 33,965 |

사채를 발행한 회사는 발행과 상환, 전환 등의 거래에 대해 회계 처리를 해야 한다. 그런데 사채권자 사이에 사채를 사고파는 거래는 회사의 회계 대상이 아님에 유의해야 한다. 가령 톰 스미스가 지멘스(Siemens, 독일)의 사채를 보유하다가 페이스 존스에게 판다고 한들 지멘스와 무슨 상관이 있겠는가. 지멘스의 경제 가치에 전혀 영향을 주지 않는다.

## 사채 발행가 _Determining the Market Price of a Bond

사채의 발행가는 사채증권에 표시된 액면가가 아니라 발행 당시 사채의 시세를 말한다. 액면가는 만기 때 상환해야 할 금액이니 발행가가 액면가와 같아야 할 것 같지만 사실 대부분이 다르다. 원인은 이자율이다. 즉 모든 사람이 원하는 보편적인 이자율인 시장이자율과 개별 이자율인 사채의 표면이자율이 서로 다르면 발행가가 액면가와 달라진다. 이자율 차이만큼 액면가에서 가감되어 발행가가 정해지기 때문이다.

시간대가 다르면 돈의 가치가 같을 수 없다.

이를 쉽게 이해할 수 있도록 아예 이자가 없는 사채를 생각해보자. 예를 들어 Coronet AG가 이자 없는 액면가 €100만의 사채를 20년 만기로 발행한다면 사채권자는 20년 동안 돈 한 푼 못 받다가 20년이 지나서야 원금 €100만을 돌려받게 된다. 과연 누가 이 사채를 사겠는가? 바보가 아닌 이상 €100만에는 아무도 사지 않을 것이다. 20년 후의 €100만은 지금의 €100만과 같을 수 없기 때문이다. 그래서 20년 후에는 더 높은 금액으로 상환해주어야 거래가 성립되는데, 이러한 현상을 **화폐의 시간 가치**(time value of money)라고 한다. 그리고 두 시점 간 가치의 차이를 이자라고 한다.

그렇다면 화폐의 시간 가치는 어떻게 계산되어야 하는가? 그 답은 역시 이자에 있다. 즉 이자는 화폐의 시간 가치를 극복할 수 있는 보상이므로 현재 가치에 이자를 가산하면 미래 가치가 되고, 미래 가치에서 이자를 제하면 현재 가치가 된다. Coronet AG의 경우 현재 가치에 이자율을 곱하여 20년 후 원금과 이자의 합을 구하면 투자가가 생각하는 현재 가치와 같은 미래의 화폐 가치가 된다.

미래의 화폐 가치에 대응하는 현재 가치도 같은 원리로 계산한다. 누군가가 20년 후에 €100만을 줄 테니 지금 빌려달라고 한다면 그보다 낮은 금액으로 빌려주어야 할 것이다. 즉 미래의 화폐 가치를 현재 가치로 환원하는 계산은 미래 가치에서 시간 차이의 보상액인 이자를 차감하면 된다. 그런데 이자라는 용어 대신 이자율(이자 ÷ 원금)로 표현하면 미래 가치는 현재 가치에 이자율을 곱하여 계산하지만, 현재 가치는 미래 가치를 이자율로 나누어 미래 가치에 포함된 이자를 제거하여 산출한다.

이와 같이 화폐의 미래 가치를 이자율로 나누어 현재 가치로 환원하는 것을 '할인'이라고 하는데, 할인에는 세 가지 요소, 즉 수령액, 시간의 길이, 시장이자율이 필요하다. 이자율은 시간 가치를 극복하는 비율이지만 이는 보는 사람마다 다르기 때문에 그중 다수가 공통으로 원하는 **시장이자율**(market interest rate)을 사용한다. 즉 시장이자율은 투자가들이 원하는 이자율을 말하며, 사채의 경우 시장이자율로 할인된 사채의 원금과 이자의 현재 가치를 합한 것이 바로 지금 시장에서 팔 수 있는 금액인 발행가(시세)이다.

예를 들어 Acropolis SA가 2020년 1월 1일 액면가 €100,000, 이자율 9%, 만기 5년인 사채를 발행했다고 하자. 이 경우 사채권자는 만기일에 원금 €100,000와 5년간 매년 이자 €9,000(€100,000 × 9%)를 받게 된다. 그림 11.3은 연도별 현금흐름을 보여준다.

**그림 11.3** 현금흐름

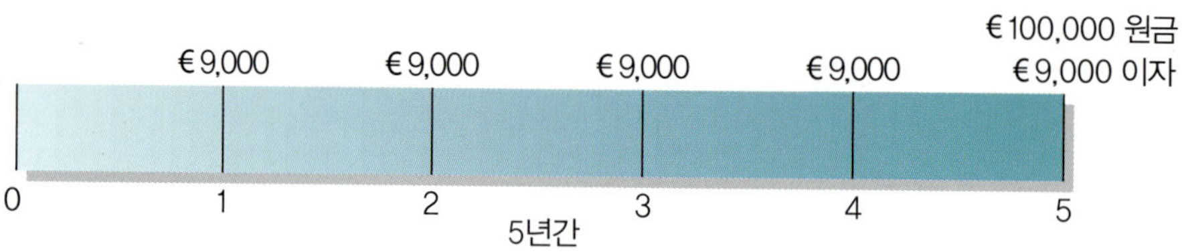


역자 한마디
시장이자율이 명시된 것처럼 이론을 전개하고 있지만 사실 시장이자율은 투자가들의 마음속에 내재된 것이라 겉으로는 알 수가 없다. 그러나 시세는 수요와 공급의 원칙에 따라 시장에서 결정되어 드러나는 금액이라 분명히 알 수 있다. 이론상 설명에서는 이자율로 미래의 현금흐름을 할인하여 현재 가치인 시세를 구했지만 현실에서는 시세만 알고 이자율을 모른다. 그러므로 미래 현금의 현재 가치와 시장 가치가 일치되게 하는 이자율을 역산하면 투자가들이 원하는 이자율, 즉 시장이자율을 구할 수 있다.

현재 시세는 모든 미래의 현금흐름을 현재 가치로 할인한 금액과 같다. 현금을 시장이자율 9%로 나누어 할인해보자. 이 예에서는 시장이자율과 계약(표면)이자율이 동일하므로 발행가가 액면가와 같다. 다수의 투자가가 원하는 이자를 지급하는 사채이니 발행가와 액면가에 차이가 날 리가 없다. 구체적인 계산은 그림 11.4를 참조하라.

**그림 11.4** 사채의 시가 계산

| | |
|---|---:|
| 5년 후 €100,000의 현재 가치 | € 64,993 |
| 매년 받는 이자 €9,000의 현재 가치 | 35,007 |
| 사채의 시가 | €100,000 |

한편 현재 가치를 직접 계산하고 산출하는 것은 다소 번거롭고 복잡하다. 고급 계산기의 기능

**공동체적 사고력 키우기 | 그린본드**

그린본드(green bond)는 사채를 발행하여 조달한 자금을 환경 개선과 공해 방지, 신재생 에너지 프로젝트 등 녹색 산업과 관련된 데에만 사용하겠다고 제한한 채권이다. 사회적으로 환경에 대한 관심이 점차 고조되면서 투자가들 중에는 그린본드에 아주 민감한 그룹이 생겨났다. 이들은 강력한 사회적 책임을 구현하기 위해 사전에 철저한 심사를 통해 기준에 부합해야 투자를 한다. 그래서 기업은 그린본드의 성공적 발행을 위해 부지런히 홍보해야 하는데, 과대광고나 거짓광고를 하게 그냥 둘 수는 없다. 기업은 그린본드로 조달한 자금의 사용처를 투명하게 공시하는 표준 안내 방법을 준수하는 것은 물론이고, 사내에 사회 공헌팀을 만들어 자금의 조달과 사용이 기업의 지속가능성과 연계될 수 있도록 관리하고 노력해야 한다.

CarpathianPrince/Shutterstock

출처: Ben Edwards, "Green Bonds Catch On." *Wall Street Journal* (April 3, 2014), p. C5.

**표준 안내 방법에 따른 공시는 기업이 채권을 발행하여 얻은 자금을 어떻게 사용하는지를 투자가가 이해하는 데 어떻게 도움이 되는가?**

을 사용해도 되지만 미리 계산해놓고 산출표를 사용하면 더욱 편리하다.[3] 이 책의 부록 E에 화폐의 시간적 가치에 대한 추가 설명과 산출표를 실었으니 참조하기 바란다.

**DO IT! 1 사채 관련 용어**

다음 설명이 맞으면 ○, 틀리면 ×로 표시하고 틀린 부분을 바르게 고쳐라.

1. 부동산 담보부 사채와 감채기금부 사채는 담보부 사채이다.
2. 무담보 사채는 담보가 설정되어 있지 않다.
3. 계약(표면)이자율은 투자가들이 원하는 이자율이다.
4. 사채의 액면가는 만기에 상환해야 하는 원금이다.
5. 사채를 발행한 회사는 사채권자 사이의 거래도 분개해야 한다.

**해답** 1. ○ 2. ○ 3. ×(계약이자율은 사채 발행 회사가 지급하고자 하는 이자율이다.) 4. ○
5. ×(사채권자 간의 권리 이전은 발행 회사와 무관하다.)

## 사채의 회계 처리 _Bond Transactions

**학습목표**
사채의 회계 처리를 이해한다.

사채를 발행하거나 상환 또는 전환하면 회계 처리를 해야 한다. 앞서 언급했듯이 사채권자 사이의 거래는 회사에 현금이 들어오는 등 경제적 변화가 있는 것이 아니므로 분개할 필요가 없다. 물론 사채권자의 명의 변경은 기명사채인 경우 관리적인 일이 따르겠지만 회계와는 무관하다. 그리고 사채는 계약이자율과 시장이자율이 우연히 일치하지 않는 이상 발행가와 액면가가 다르게 발행되는 것이 일반적이다.

3 산출표를 이용하면 쉽게 계산할 수 있다. 그림 11.4에 적용하면 원금은 €100,000 × 0.64993 = €64,993, 이자는 €9,000 × 3.88965 = €35,007(반올림)이다.

역자 한마디

사채의 상환가나 발행가는 액면가 대비 퍼센트로 표시하는데, 단순히 퍼센트 단위 없이 백분율 수치만 표시하기도 한다.

## 액면가 발행 _Issuing Bonds at Face Value

2020년 1월 1일, Candlestick AG는 액면가 €100,000, 5년 만기, 이자율 10%인 사채를 100(액면가의 100%라는 의미)으로 발행했다. 이는 다음과 같이 분개한다.

A = L + E
+100,000 (A)
+100,00 (L)
현금 유입 +100,000

| 1월 1일 | 현금<br>　사채<br>　　(사채를 액면가로 발행) | 100,000 | <br>100,000 |
|---|---|---|---|

Candlestick은 사채의 만기가 5년 후라 1년을 초과하므로 재무상태표에 비유동부채로 공시하며, 시간이 지남에 따라 이자가 발생하므로 지급이자를 인식해야 한다. 이자비용은 매년 €10,000(€100,000 × 10%)가 발생하고, 매 회계연도 말인 12월 31일에 Candlestick이 해야 할 분개는 다음과 같다.

A = L + E
−10,000 비용 (E)
+10,000 (L)
현금 유출입 없음

| 12월 31일 | 이자비용<br>　미지급 이자비용<br>　　(사채 이자 인식) | 10,000 | <br>10,000 |
|---|---|---|---|

미지급 이자비용은 1년 이내에 지급해야 하므로 유동부채로 분류되어 공시된다. 2021년 1월 1일에 이자를 지급할 때는 미지급 이자비용을 차변에, 현금을 대변에 각각 €10,000씩 분개한다.

A = L + E
−10,000 (L)
−10,000 (A)
현금 유출 −10,000

| 1월 1일 | 미지급 이자비용<br>　현금<br>　　(사채 이자 지급) | 10,000 | <br>10,000 |
|---|---|---|---|

## 사채 할인 및 할증 발행 _Discount or Premium on Bonds

Candlestick의 경우 계약(표면)이자율과 시장이자율이 같아서 발행가가 액면가와 같았다. 그런데 투자가가 원하는 시장이자율은 경제 사정과 발행 회사의 실적에 따라 계약이자율과 다른 것이 일반적이다. 따라서 발행가와 액면가가 다르다.

예를 들어 사채의 계약이자율이 10%인데 시장이자율이 12%라고 하자. 투자가는 낮은 이자율을 주겠다는 사채에 관심이 없을 것이다. 그러면 시장의 수요와 공급 원칙에 따라 사채 가격이 떨어진다. 이때 액면가와 발행가의 차액을 할인액 또는 디스카운트라고 하며, 회계상으로는 **사채할인발행차금**(discount on a bond)이라고 한다. 이는 시장이자율과 계약이자율 차이를 보상하는 금액이며, 이 금액으로 인해 계약이자율이 시장이자율과 동일해지는 효과가 있다. 즉 이자를 시세보다 적게 지급하는 대신 보상으로 발행가에서 차감되어 발행가가 낮아진다.

반대로 시장이자율이 8%로 사채의 계약이자율 10%보다 낮으면 이 사채는 투자가들 사이에 인기가 있어 가격이 상승한다. 이 차이를 할증액 또는 프리미엄이라고 하며, 회계상으로는 **사채할증발행차금**(premium on a bond)이라고 한다. 같은 이유로 인해 계약이자율이 시장이자율과 같아진다. 즉 이자를 시세보다 높게 지급하는 대신 보상으로 발행가가 높아진다. 이 관계를 그림 11.5에 나타냈다.

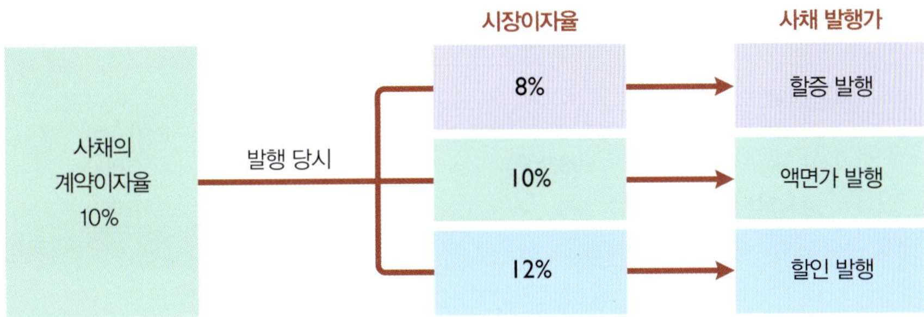


**그림 11.5** 이자율과 사채 발행가

전술했듯이 액면가 발행은 현실에서 흔치 않은 일이다. 경제 사정과 심리적 여론에 따라 시장이자율이 시시각각 변하기 때문에 시장이자율과 계약이자율이 일치하는 것은 오히려 우연에 가깝다. 그러므로 할인 발행이라고 해서 회사의 재무 상태가 나쁘다거나, 할증 발행이라고 해서 재무 상태가 좋다는 것은 결코 아니다.

## 사채 할인 발행 _Issuing Bonds at a Discount

2020년 1월 1일, Candlestick AG는 €100,000, 5년 만기, 이자율 10%의 사채를 €98,000(액면가의 98%)에 할인 발행하고 매년 1월 1일 이자를 지급하기로 했다. Candlestick이 해야 할 분개는 다음과 같다.

| | | | |
|---|---|---|---|
| 1월 1일 | 현금 | 98,000 | |
| | 사채 | | 98,000 |
| | (사채를 할인 발행) | | |

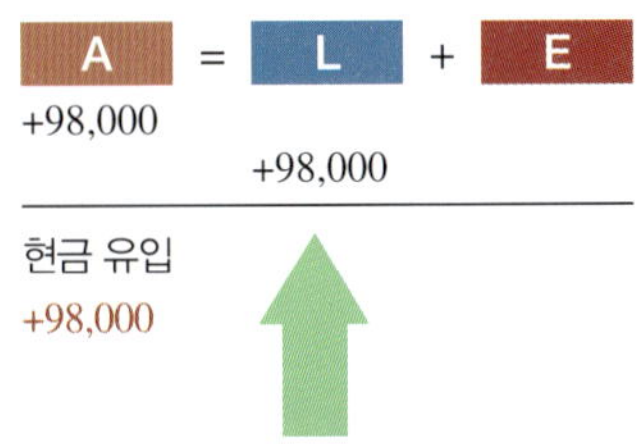


그리고 Candlestick은 사채의 액면가에서 할인액을 차감한 발행가로 재무상태표에 공시해야 한다(그림 11.6 참조).

**그림 11.6** 재무상태표의 사채 표시

| Candlestick AG<br>재무상태표(일부 발췌) | |
|---|---|
| 비유동부채 | |
| 사채 | €98,000 |

사채의 장부가액 €98,000는 발행 당시 가액으로서 액면가에서 할인액을 차감한 것이다. 사실 발행 회사의 입장에서는 사채의 조달비용을 지급이자로 한정하고 싶다. 그런데 시장 작동 원리에 의해 사채를 할인 발행하면 할인해준 만큼 조달비용이 추가로 더 든 셈이다. 만기에 회사는 할인 발행 여부와 상관없이 액면 금액을 갚아야 하기 때문이다. 즉 투자가로부터의 수령액에 할인액을 더 얹어서 만기에 갚는다. 이에 사채 발행으로 조달한 €98,000에 드는 조달비용, 즉 이자비용은 계약상 지급하는 이자비용에 할인액을 포함한 €52,000가 된다(그림 11.7 참조).

**그림 11.7** 사채 할인 발행의 조달비용 1

| 사채 할인 발행 | |
|---|---|
| 지급이자 | |
| (€100,000 × 10% = €10,000, €10,000 × 5) | €50,000 |
| 가산: 할인액(€100,000 – €98,000) | 2,000 |
| 총조달비용 | €52,000 |

할인액의 내역을 넣어서 그림 11.8과 같이 보다 구체적으로 계산할 수도 있다.

**그림 11.8** 사채 할인 발행의 조달비용 2

| 사채 할인 발행 | |
|---|---|
| 만기 시 상환 원금 | €100,000 |
| 지급이자(€10,000 × 5) | 50,000 |
| 사채권자에게 지급하는 현금 총액 | 150,000 |
| 차감: 사채권자에게 수령하는 현금 총액 | 98,000 |
| 총조달비용 | € 52,000 |

**역자 한마디**

사채의 회계 처리는 일견 복잡해 보이나 설명이 어려울 뿐 내용은 오히려 단순하다. 회계를 공부할 때 분개로 접근하면 용이한데, 사채의 회계 처리도 그렇다. 먼저 사채를 발행하면 액면가가 아닌 발행가로 회계 처리를 한다. 즉 '현금 = 사채의 장부가 = 사채(액면가) ± 사채발행차금'을 기준으로 차변과 대변으로 분개한다. 그러나 만기에는 발행가가 아닌 액면가로 상환해야 하므로 사채의 계약 기간 동안 장부가를 액면가에 수렴하도록 매년 조금씩 조정해야 한다. 즉 사채발행차금을 일정액만큼 상각하여 이자비용에 가감하는 방식으로 조정한다. 상각 방법에는 정액법과 유효이자율법이 있다. 예를 들어 액면 100의 사채를 90으로 할인 발행했을 때의 분개는 다음과 같다.

**사채 발행 시**

현금 90 사채 90

**사채할인발행차금의 상각**

이자비용 10 사채 10
(이를 계약 기간 동안 매년 안분한다.)

물론 지급이자에 대한 분개는 별도로 한다.

그림 11.7과 11.8에서 보듯이 사채의 총조달비용은 계약상 이자비용보다 €2,000가 더 많다. 이는 할인액 때문인데, 그렇다면 할인액은 조달비용으로서 본질상 이자비용과 마찬가지이다. 따라서 할인액을 이자로 계산하되 전액을 비용으로 발행 연도에 한꺼번에 인식하는 것이 아니라, 이자는 시간의 흐름에 따라 인식된다는 합리적인 비용 인식의 원칙에 따라 사채의 만기 도래 전, 즉 사채의 유통 기간 동안 매년 비용으로 안분한다. 그리고 안분된 금액은 계약이자율에 의해 실제 지급하는 이자비용에 가산하여 당해 회계연도의 정확한 사채 이자비용으로 구성한다. 이와 같이 사채 할인액을 안분하는 과정을 상각이라고 하며, 할인액이 상각되면 액면가와 발행가의 차액인 미상각 할인액이 줄어들어 사채의 장부가가 액면가를 목표로 매년 증가한다. 즉 매 회계기간 할인액을 상각하면 이자비용으로 차변에 인식하고 대변에 사채를 증가시키는 분개를 한다. 이로써 매년 증가하는 사채는 만기가 되면 지급해야 할 액면가와 동일해진다.

정액법을 전제로 도식화한 그림 11.9는 위의 설명을 시각적으로 이해하는 데 도움이 된다. 정액법은 매년 상각액을 동일하게 안분하는 방식이다. 상각 방법 등 구체적인 내용은 부록 11A와 11B를 참조하라.

**그림 11.9** 사채 할인액의 상각

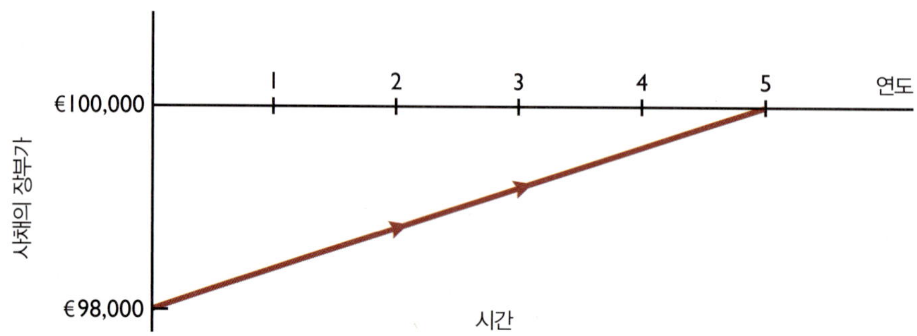

## 사채 할증 발행 _Issuing Bonds at a Premium

만약 Candlestick AG가 €98,000가 아니라 €102,000(액면가의 102%)로 사채를 발행했다면 다음과 같이 분개해야 한다.

| | | | |
|---|---|---|---|
| 1월 1일 | 현금 | 102,000 | |
| | 사채 | | 102,000 |
| | (사채를 할증 발행) | | |

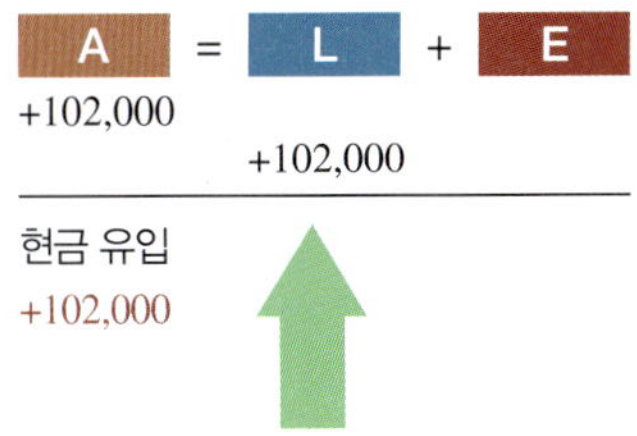


Candlestick은 사채의 액면가에 할증액을 더한 발행가로 재무상태표에 공시한다(그림 11.10 참조).

**그림 11.10** 재무상태표의 사채 표시

| Candlestick AG<br>재무상태표(일부 발췌) | |
|---|---|
| 비유동부채 | |
| 사채 | €102,000 |

할증 발행은 지급한 이자비용보다 조달비용이 낮아지게 만든다. 할증액은 만기 시 안 갚아도 되기 때문이다. 즉 할증액은 조달비용인 이자비용을 줄여주므로 이자비용의 차감으로 인식된다. Candlestick의 할증 발행 €102,000에 드는 조달비용의 계산은 그림 11.11과 11.12를 참조하라.

**그림 11.11** 사채 할증 발행의 조달비용 1

| 사채 할증 발행 | |
|---|---|
| 지급이자(€100,000 × 10% = €10,000, €10,000 × 5) | €50,000 |
| 차감: 할증액(€102,000 – €100,000) | 2,000 |
| **총조달비용** | **€48,000** |

**그림 11.12** 사채 할증 발행의 조달비용 2

| 사채 할증 발행 | |
|---|---|
| 만기 시 상환 원금 | €100,000 |
| 지급이자(€10,000 × 5) | 50,000 |
| 사채권자에게 지급하는 현금 총액 | 150,000 |
| 차감: 사채권자에게 수령하는 현금 총액 | 102,000 |
| **총조달비용** | **€ 48,000** |

그림 11.11과 11.12에서 보듯이 Candlestick의 계약이자율로 계산한 이자보다 실제 조달비용이 €2,000가 더 적다. 이 할증액을 만기 도래 전 유통 기간 동안 안분(상각)하여 계약이자율로 계산되는 이자비용을 차감해야 한다. 할증액이 상각되면 사채에 가산된 할증액이 감소하여 사채 금액이 만기 시 지급할 원금인 액면가와 점차 같아진다. 따라서 매 회계기간 상각액만큼 이자비용을 감소시켜 대변에 인식하고 사채 또한 감소시켜 차변에 인식하는 분개를 한다. 그래

야 높았던 사채의 발행가가 만기 시 액면가와 같게 된다. 그림 11.13은 이를 시각적으로 보여주며, 상각 방법 등 구체적인 내용은 부록 11A와 11B를 참조하기 바란다.

**그림 11.13** 사채 할증액의 상각

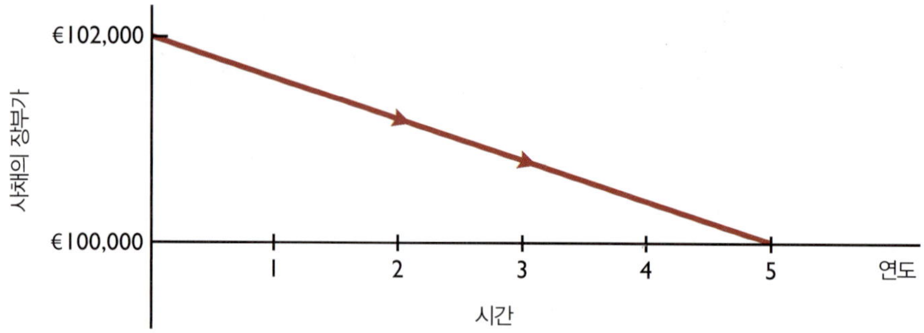


**DO IT! 2a　사채 발행**

Giant Ltd.는 액면가가 ¥200,000,000인 사채를 ¥189,000,000에 발행했다. (a) 사채 발행을 분개하고, (b) 재무상태표에 어떻게 공시하는지 간략히 나타내라.

**해답**

| | | |
|---|---|---|
| a. 현금 | 189,000,000 | |
| 　사채 | | 189,000,000 |
| 　(사채를 할인 발행) | | |

b. 비유동부채
　사채　¥189,000,000

## 사채 상환 _Redeeming Bonds

발행한 사채는 만기가 도래하면 현금으로 상환하거나 주식으로 전환한다. 사채의 전환은 고급 회계 영역이므로 설명을 생략한다.

### 만기 사채 상환 _Redeeming Bonds at Maturity

만기 시 사채의 상환 금액은 할증 및 할인 발행 여부와 관계없이 계약상 액면가이다. Candlestick AG는 사채를 상환할 때 이자는 별도로 하고 다음과 같이 분개한다.

A = L + E
−100,000　−100,000

현금 유출
−100,000

| | | | |
|---|---|---|---|
| 1월 1일 | 사채 | 100,000 | |
| | 　현금 | | 100,000 |
| | 　(사채 상환) | | |

### 만기 전 사채 상환 _Redeeming Bonds before Maturity

만기 전이라도 계약이 있으면 사채를 조기 상환할 수 있다. 회사 사정이 좋아져서 현금이 넉넉해지면 조달비용을 줄이고 재무제표에서도 사채를 지우고 싶은 것이 인지상정이다.

사채를 조기 상환할 때의 회계 처리는 비교적 간단하다. 사채의 장부가를 장부에서 제거하고,

지출하는 현금과 상환 시 발생하는 상환손익을 기록하고 인식하면 된다. 사채의 장부가는 액면가액에 할증액 및 할인액 미상각 잔액이 가감된 금액이다. 예를 들어 Candlestick AG가 사채를 할증 발행하고 4년 차인 2024년 1월 1일 이자를 지급한 후 액면가의 103%에 상환하는 경우, 장부가를 €100,476로 가정했을 때의 분개는 다음과 같다.

HINT
조기 상환 시 장부가가 상환가를 초과하면 이익이 발생한다.

| 1월 1일 | 사채 | 100,476 | |
|---|---|---|---|
| | 사채 상환손실 | 2,524 | |
| | 현금 | | 103,000 |
| | (사채 상환) | | |

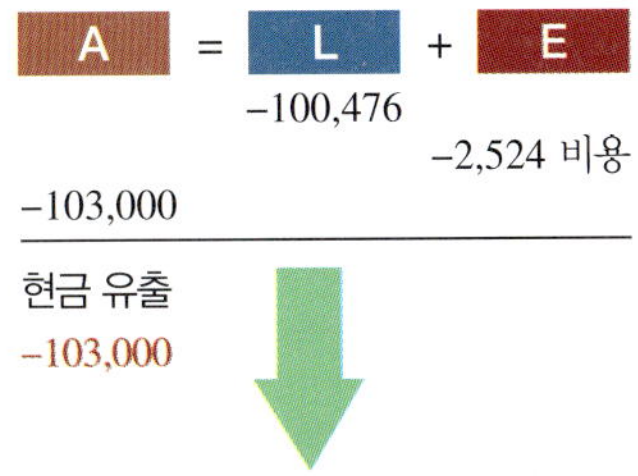


상환손실 €2,524는 현금의 지출 €103,000와 사채의 장부가 €100,476의 차액으로 산출된다.

**DO IT! 2b 사채 상환**

R&B Ltd.는 액면가 £500,000, 10년 만기의 사채를 할인 발행하고, 만기 전에 장부가가 £496,000일 때 액면가 대비 98에 상환했다. 이를 분개하라.

**해답** 현금 지출액 £490,000(£500,000 × 98%)가 사채 장부가 £496,000보다 적어 상환이익이 발생한다.

| 사채 | 496,000 | |
|---|---|---|
| 사채 상환이익 | | 6,000 |
| 현금 | | 490,000 |
| (사채 조기 상환) | | |

## 기타 비유동부채의 회계 처리 _Accounting for Non-Current Liabilities

학습목표
기타 비유동부채의 회계 처리를 이해한다.

### 장기 지급어음 _Long-Term Notes Payable

장기 지급어음은 회사가 약속어음을 발행하고 조달한 장기 차입금이다. 앞서 배운 유동부채의 지급어음과 본질은 같지만 용도가 다르고 만기가 1년 이상 남은 어음이다. 이 약속어음에는 원금 상환을 확보하기 위해 담보를 설정하곤 한다. 맥도날드(McDonald's, 미국)가 토지, 건물 등 시설 확충에 필요한 자금을 장기 지급어음으로 조달하고 그 금액이 전체 장기 부채의 18%에 해당한다고 공시할 만큼 미국과 유럽 등 선진국에서는 이 제도의 사용 빈도가 높으며, 일반 개인이 집을 살 때 이 제도를 활용한다.

장기 지급어음은 자금의 차입이므로 당연히 이자가 수반된다. 이자율에는 확정적인 고정금리와 시장 상황에 따라 변하는 변동금리가 있다. 또한 장기 지급어음은 분할 상환을 요구하는데, 분할금은 미지급 잔액에 대한 이자와 원금의 일부로 구성된다. 매년 분할금이 일정하므로 횟수가 거듭될수록 같은 금액 안에서 이자가 차지하는 부분이 줄어들고 원금 상환액이 차지하는 비중은 늘어난다. 원금의 분할 상환으로 이자 대상이 되는 차입금이 감소하기 때문이다. 이를 쉽

역자 한마디
회사가 발행하는 어음은 크게 상업어음과 융통어음, 두 종류가 있다. 상업어음은 물품 구입 등의 상거래를 바탕으로 거래처에 발행하는 어음으로서, 언제까지 얼마를 지급하여 채무를 이행하겠다는 약속 증서를 말한다. 이러한 약속 증서는 어음수표법상 약속의 엄중함이 요구되므로 함부로 발행하면 안 된다. 그러므로 채권자 입장에서는 채권이 보다 확보되는 장점이 있고, 이를 유통하여 현금을 조기에 회수할 수도 있다. 상업어음은 바탕이 되는 거래가 있기 때문에 진성어음이라고도 한다. (계속)

반면에 융통어음은 바탕이 되는 거래 없이 순전히 자금을 빌린 대가로 발행하는 어음이다. 자금을 빌렸으니 언제까지 얼마를 갚겠다는 약속 증서를 발행한 것이다. 그런데 융통어음 중에 신용이 좋은 기업이 일반 대중을 상대로 무담보, 무보증의 소액 단위 약속어음을 많은 양으로 발행하여 증권 회사 등 금융 기관을 통해 자금을 조달하는 경우가 있는데, 이는 특별히 기업어음(commercial paper, CP)이라고 하여 일반 융통어음과 구분한다. 또한 융통어음처럼 자금 거래에 쓰이기는 하나 담보조로 발행하는 어음이 있다. 이를 담보어음 또는 견질어음이라고 하며, 보통은 융통어음과 달리 할인이나 배서를 통해 유통하지 않는다. 한편 어음에는 나라별로 분할 지급 만기 등에 일정한 제한이 있고 법과 제도가 다름에 유의해야 한다.

이 장에서 다루는 어음은 융통어음이기는 하나, 시설 자금 등 큰 용도의 자산을 구입할 때 회사가 은행에 만기가 장기인 지급어음을 발행하고 이를 분할 상환하는 미국과 유럽 등의 제도에 의한 어음을 말한다. 일종의 장기 차입금이 어음 형식을 띤 것이다.

게 이해할 수 있도록 다음 예를 살펴보자.

Mongkok Technology Ltd.가 새로운 실험실을 만들기 위해 HK$500,000, 이자율 8%, 20년 만기의 어음을 2020년 12월 31일에 발행했다고 하자. 그리고 HK$50,926를 매년 분할 상환한다면 첫 4년간 분할 상환액의 원금과 이자 구성은 그림 11.14와 같다.

**그림 11.14** 장기 지급어음의 분할 상환

| 기간 | (A) 분할 상환액 | (B) 이자비용 (D) × 8% | (C) 원금 상환액 (A) − (B) | (D) 미상환 원금 (D) − (C) |
|---|---|---|---|---|
| 발행일 | | | | HK$500,000 |
| 1 | HK$50,926 | HK$40,000 | HK$10,926 | 489,074 |
| 2 | 50,926 | 39,126 | 11,800 | 477,274 |
| 3 | 50,926 | 38,182 | 12,744 | 464,530 |
| 4 | 50,926 | 37,162 | 13,764 | 450,766 |

Mongkok Technology는 2020년 12월 31일에 장기 지급어음을 발행했을 때 다음과 같이 분개한다.

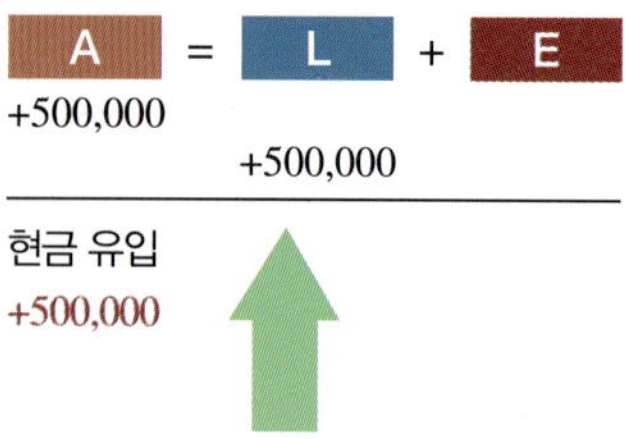


| 2020년 12월 31일 | 현금 | 500,000 | |
|---|---|---|---|
| | 장기 지급어음 | | 500,000 |
| | (장기 지급어음 발행) | | |

그리고 2021년 12월 31일에 첫 번째 분할 금액을 지급하면서 다음과 같이 분개한다.

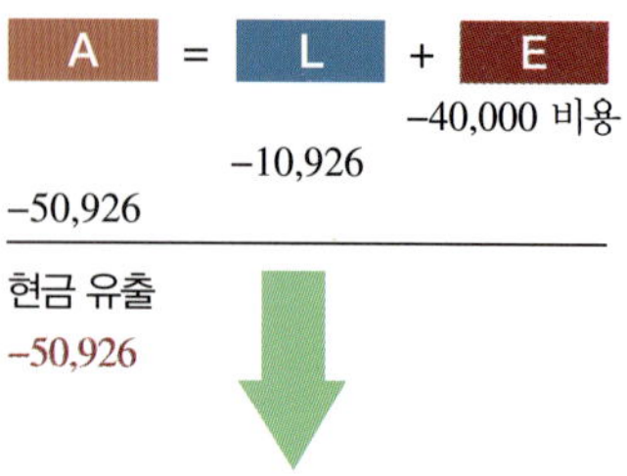


| 2021년 12월 31일 | 이자비용 | 40,000 | |
|---|---|---|---|
| | 장기 지급어음 | 10,926 | |
| | 현금 | | 50,926 |
| | (장기 지급어음 분할 상환) | | |

Mongkok Technology는 재무상태표에 내년에 지급할 원금액을 유동부채로, 나머지 잔액을 비유동부채로 공시해야 한다. 이에 따라 2021년 12월 31일 현재 HK$11,800를 유동부채로, HK$477,274(HK$489,074 − HK$11,800)를 비유동부채로 하여 총부채 HK$489,074를 공시한다.

역자 한마디

우리나라의 경우 장기 차입금을 확보하기 위한 분할 금액만큼의 별개 어음을 발행하는 등 비슷한 제도는 있으나 한 장의 어음을 분할 지급하는 제도는 없다. 이는 우리나라 어음법에 어음은 만기가 일정해야 한다고 규정되어 있어, 어음 금액의 일부에 각각 달리 만기를 정하는 어음의 분할 지급이 허용되지 않기 때문이다.

## 리스부채 _Lease Liabilities

**리스**(lease)는 자산을 소유하고 있는 임대인이 임차인에게 특정 자산을 일정 기간 동안 사용하게 하고 소정의 임대료를 받는 약정이다. 리스 산업은 엄청나게 빠르게 성장했다. 항공사가 돈을 빌려다 비행기를 사서 운송 사업을 하던 시대는 지나가고 이제는 비행기 자체를 빌려서 운송 사업을 한다. 그뿐만이 아니다. 컴퓨터 장치도 빌리고, 원자로도 빌리고, 카지노의 슬롯머신도 빌리고, 심지어 인공위성도 빌린다. 리스 시장의 규모는 이미 $900조를 넘어섰는데 이 중 아시아,

유럽, 북미가 80%를 차지한다.

### 리스 거래의 회계 처리 _Accounting for Lease Arrangements

임차를 하면 임차료가 발생한다. 종전에는 임차료를 비용으로만 인식하여 회계 처리가 아주 간단했다. 그런데 리스 기간이 리스 대상 자산의 내용연수와 비슷하다면 단순히 임차하는 것이 아니라 금융 거래로 보인다. 자동차를 관광지에서 하루 이틀 빌려 쓰면 렌트이지만 5년 정도 사용한다면 실질적으로는 빌린 사람이 소유자로 보인다. 단순히 법적인 관점에서만 볼 일이 아니다. 이 경우 리스는 단순한 임대차 계약이 아니라 일종의 할부 금융과 같다.

리스의 회계 처리는 바로 이 점에 착안하여 리스자산과 리스부채를 인식한다. 자산과 부채의 평가는 향후 지급할 리스료의 현재 가치로 하고, 리스자산과 리스부채가 임차 기간 동안 소멸하는 부분을 임차료 대신 감가상각과 지급이자로 손익계산서에 인식하는데, 이러한 방식의 회계 처리를 자본리스 또는 금융리스라고 한다.

**역자 한마디**
리스 회계는 렌트와 달리 리스부채가 재무상태표에 계상되므로 부채 비율이 상승한다. 따라서 많은 회사는 리스 회계를 불편해한다.

예를 들어 Gonzalez Construction이 새로운 장비를 4년간 빌리기로 했으며 향후 지급해야 할 리스료의 현재 가치가 €190,000라면 다음과 같이 분개해야 한다.

| | | |
|---|---|---|
| 리스자산 | 190,000 | |
| 　리스부채 | | 190,000 |

Gonzalez Construction은 일반 자산 및 부채와 마찬가지로 리스자산을 재무상태표상 비유동자산으로 분류하고, 리스부채는 1년 이내에 갚을 부분은 유동부채로, 그 이상의 만기는 비유동부채로 공시한다. 모든 리스 계약을 금융리스로 보지는 않는다. 그러나 IFRS는 임대차 기간이 1년을 초과하면 금융리스 회계를 적용하는 것을 원칙으로 한다. 즉 임차인은 리스 덕분에 자산을 사용할 수 있는 권리를 자산으로 인식하고, 부담하는 의무를 부채로 계상하는 방식이다.

**DO IT! 3 장기 지급어음**

Cole Research는 새로운 실험실을 만들기 위해 ₩250,000,000, 이자율 6%, 20년 만기의 담보부 장기 어음을 발행하고 매년 ₩21,796,000씩 분할 상환하기로 했다. 발행과 첫해의 분할 지급을 분개하라.

**해답**

| | | |
|---|---|---|
| 현금 | 250,000,000 | |
| 　장기 지급어음 | | 250,000,000 |
| 　　(장기 지급어음 발행) | | |
| 이자비용 | 15,000,000* | |
| 장기 지급어음 | 6,796,000 | |
| 　현금 | | 21,796,000 |
| 　　(장기 지급어음을 첫해 분할 상환) | | |

*이자비용 = ₩250,000,000 × 6%

학습목표

비유동부채의 공시와 분석을 이해한다.

## 비유동부채의 공시와 분석 _Reporting and Analyzing Non-Current Liabilities

### 표시와 공시 _Presentation

비유동부채는 고정성 배열법에 따라 재무상태표에서 유동부채 앞에 위치한다(그림 11.15 참조). 또한 비유동부채를 재무제표 본문에 복잡하게 나열하기도 하지만 보통은 간단히 표시하고 대신 주석에 이자율, 만기, 전환권, 담보 내용을 상세하게 공시한다.

그림 11.15 재무상태표상 비유동부채의 표시

Guangzhou Ltd.
재무상태표(일부 발췌)
(단위: 1,000)

| | |
|---|---|
| 비유동부채 | |
| 사채, 10%, 만기 2022년 | ¥ 920,000 |
| 담보부 차입금, 11%, 만기 2028년 | 300,000 |
| 리스차입금 | 200,000 |
| 비유동부채 계 | ¥1,420,000 |

장기 부채 중 만기가 1년 또는 영업주기 중 긴 날 이내에 상환해야 할 금액은 유동부채로 분류하여 보고해야 한다. 유동성 구분 기준에 따른 유동성 대체이다. 분할 상환하는 장기 부채를 생각해보면 쉽게 이해될 것이다.

### 분석 _Analysis

ETHICS NOTE

재무상태표에 계상되는 부채를 축소해서 표시하려는 의욕이 앞서는 회사가 간혹 있는데, 이는 비도덕적인 행위이다.

역자 한마디

부채 상환 능력은 단기적인 현금 보유액이 충분한지를 보는 유동성과는 별개의 개념이다. 유동성은 자금 관리로 극복할 수도 있는 문제이지만, 부채 상환 능력은 회사의 장기적인 존속 능력을 나타낸다.

부채가 많아서 갚을 능력이 없으면 회사는 결국 망한다. 채권자는 주주처럼 속수무책으로 당하거나 기다려주지 않는다. 법적으로 조치할 능력이 주주보다 많기 때문이다. 그래서 장기 채권자와 주주는 회사의 부채 상환 능력(solvency)에 관심이 많다. 부채 상환 능력은 한마디로 만기에 부채를 상환하고 이자를 따박따박 낼 수 있는 능력이므로 부채 비율과 이자보상 비율로 그 능력을 평가한다. 부채 비율이 낮고 이자보상 비율이 높아야 안심이 된다.

**부채 비율**(debt to assets ratio)은 전체 자산 중 부채로 조달한 부분이 얼마인지를 나타내는 비율로, 총부채(유동부채와 비유동부채 모두 포함)를 총자산으로 나누어 산출한다. 당연히 비율이 높을수록 부채를 못 갚을 위험이 높다.

이자를 낼 수 있는 능력을 나타내는 **이자보상 비율**(times interest earned)은 채권자에게 지급해야 하는 이자의 안전도를 측정하는 지표이다. 사업에서 창출되는 영업이익 중 얼마를 이자비용으로 지출하는지로 측정하므로 영업이익을 이자비용으로 나누어 산출한다. 영업이익은 매출총이익에서 판매관리비를 공제한 금액이지만, 만약 문제에 영업이익이 따로 주어지지 않았다면 당기순이익에 이자비용, 법인세 비용을 가산하여 역산해야 한다.

예를 들어 LG(한국)의 사업 보고서에는 총부채 ₩22조 8,390억, 총자산 ₩35조 5,280억, 이자비용 ₩8,270억, 법인세 비용 ₩3,540억, 당기순이익 ₩2,230억으로 공시되었다. 이 자료를 바탕으로 그림 11.16과 같이 부채 비율과 이자보상 비율을 구할 수 있다.

| 총부채 | ÷ | 총자산 | = | 부채 비율 |
|---|---|---|---|---|
| ₩22,839 | ÷ | ₩35,528 | = | 64.3% |
| **당기순이익 + 이자비용 + 법인세 비용** | **÷** | **이자비용** | **=** | **이자보상 비율** |
| ₩223 + ₩827 + ₩354 | ÷ | ₩827 | = | 1.70배 |

**그림 11.16** 부채 비율과 이자 보상 비율의 계산

계산 결과 LG의 부채 비율은 다소 높은 64.3%이고 이자보상 비율은 1.7배로 낮기 때문에 부채 상환 능력이 다소 불안한 것으로 판단된다.

## 부채와 자본 조달 _Debt and Equity Financing

자본과 장기 부채는 오랫동안 사용할 수 있는 장기 자금이라는 점에서는 기능이 같지만 각각 장단점이 있다. 장기 부채는 대주주의 파워를 그대로 유지해주는 것이 큰 장점이다. 신주를 발행하면 기존 대주주가 돈을 내고 인수하지 않는 이상 새로운 주주를 영입해야 하므로 회사의 지배권을 다른 주주에게 빼앗길 수도 있다. 그래서 대부분의 회사는 장기 부채를 선호하지만, 장기 부채는 회사가 마음 편안히 오랫동안 사용할 수 없는 돈이다. 자칫하면 과도한 빚으로 파산하여 은행의 관리를 받는 신세로 전락할 수도 있다.

따라서 주식과 사채 중 무엇을 발행하여 자본을 조달할 것인지 신중히 선택해야 한다. 이 결정은 주주와 채권자, 회사 모두에 중요한 영향을 미친다. 일반적으로 재무제표를 통해 자산 조달의 원천인 자본 구조를 살펴보면 회사의 잠재적 이익 실현 능력과 내재된 위험을 짐작하는 데 많은 도움이 된다.

그림 11.17은 사채 발행의 장점을 요약한 것이다. 사채를 발행하는 이유는 크게 세 가지이다. 첫째, 사채권자는 대주주에 대항할 의결권이 없으므로 주주의 지배 구조에 아무런 영향을 주지 않는다. 그래서 회사는 신주 발행보다는 장기 차입을 먼저 고려해본다. 둘째, 절세 효과가 있다. 사채 발행에 드는 이자는 세무상 손금으로 인정되어 세금이 절약된다. 이에 반해 주주에게 지급하는 배당은 소득의 배부로 보아 손금불산입 항목이다. 셋째, 주당순이익(EPS)이 주식 발행보다 높게 나온다.

| 사채 발행 | 장점 |
|---|---|
|  | **1. 기존 대주주의 지배 구조 불변**<br>사채권자는 의결권이 없어 기존 대주주의 지배 구조가 그대로 유지된다. |
|  | **2. 절세 효과**<br>사채이자는 배당과 달리 세무상 손금 처리가 가능하다. |
| 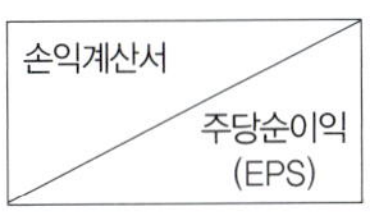 | **3. 상대적으로 높은 주당순이익**<br>사채이자는 분자인 당기순이익을 감소시키지만 분모인 주식 수의 변화가 없어 주당순이익이 상대적으로 높게 산출된다. |

**그림 11.17** 주식 발행 대비 사채 발행의 장점

예를 들어 Microsystems가 €500만을 조달하기 위해 플랜 A와 플랜 B를 세웠다고 하자. 플랜 A는 현재 시장가인 주당 €25로 주식 200,000주를 발행하는 것이고, 플랜 B는 액면가 €500만의 사채를 이자율 8%로 액면 발행하는 것이며, 영업이익은 €150만으로 추산된다. 법인세율 30%, Microsystems의 현재 유통주식 수는 100,000주로 가정하여 각 플랜의 주당순이익을 계산하면 그림 11.18과 같다.

**그림 11.18** 주당순이익의 산출

| | 플랜 A 주식 발행 | 플랜 B 사채 발행 |
|---|---|---|
| 영업이익 | €1,500,000 | €1,500,000 |
| 이자비용(8% × €5,000,000) | — | 400,000 |
| 법인세 비용 차감 전 순이익 | 1,500,000 | 1,100,000 |
| 법인세 비용(30%) | 450,000 | 330,000 |
| 당기순이익 | €1,050,000 | € 770,000 |
| 유통주식 수 | 300,000 | 100,000 |
| **주당순이익** | **€3.50** | **€7.70** |

당기순이익은 사채를 발행하는 플랜 B가 주식을 발행하는 플랜 A보다 €280,000(€1,050,000 − €770,000) 적다. 그러나 주식 수가 200,000주 적기 때문에 주당순이익이 높게 산출된다.

그럼에도 불구하고 사채 발행의 단점은 이익이 나건 손실이 나건, 그리고 이익이 얼마건 간에 정기적으로 이자를 지급해야 하며, 자본처럼 영구적으로 사용하지 못하고 언젠가는 만기가 도래하여 원금을 상환해야 한다는 것이다. 이익과 현금 보유량이 항상 오늘 같다는 보장이 없고 회사의 영업 감소와 경제 침체, 급변하는 국제 정세에 따라 이익이 줄고 현금이 부족할 수 있음을 감안할 때 사채 발행이 과연 최선의 선택인지는 신중히 고려해야 한다.

## 투자적 사고력 키우기 | 약식대출

대출약정서에 상세하게 규정되어 있는 커버넌트(covenant)는 자금을 조달하는 기업이 차입 기간 동안 지켜야 할 각종 재무적 기준을 약정한 것이다. 여기에는 시현해야 할 최소 당기순이익의 크기, 이익잉여금 수준, 현금흐름, 이자보상 비율, 회계법인의 감사 의견 등이 포함되는데, 이를 지키지 못하거나 위배하면 계약 위반으로 취급된다. 그 결과 채권자는 즉시 상환을 요구할 수도 있고(기한의 이익 상실), 이자율을 올리는 등 대여 조건을 다시 정할 수도 있다. 이와 같이 커버넌트는 회수 불능에 빠지기 전에 투자자를 보호하기 위한 목적으로 고안된 제도이다.

1990년대를 돌이켜보면 초반에는 대개 3~6개 정도의 커버넌트가 붙었으나 이후 시중에 유동성이 넘치자 은행들이 서로 돈을 빌려주겠다며 경쟁적으로 커버넌트를 없애는 바람에 일명 약식대출(covenant-lite loan)이 성행했다. 이렇게 룰을 제대로 지키지 않고 방만하게 돈을 빌려준 결과는 참담했다. 경제 불황기가 닥치자 은행들은 많은 돈을 떼이고 말았다.

출처: Cynthia Koons, "Risky Business: Growth of 'Covenant-Lite' Debt," *Wall Street Journal* (June 18, 2007), p. C2.

© alfabravoalfaromeo/iStockphoto

**이 장에서 다룬 것과 같은 재무 비율 분석은 어떻게 채권자를 보호하는가?**

**DO IT! 4 비유동부채의 분석**

다음은 FX Group의 2020년 12월 31일 회계 자료이다. 부채 비율을 구하고 설명하라.

| | |
|---|---|
| 자산 | €2,000,000 |
| 부채 | 1,200,000 |
| 자본 | 800,000 |

**해답** 부채 비율 = €1,200,000 ÷ €2,000,000 = 60%

부채 비율 60%는 총자산의 60%가 채권자로부터 조달되었다는 뜻으로, 이 비율이 높을수록 만기에 부채를 상환할 수 있는 부채 상환 능력이 약해서 파산 위험이 높다.

## 부록 11A 유효이자율법에 의한 사채발행차금 상각

_Effective-Interest Method of Bond Amortization

학습목표

유효이자율법에 따른 사채발행차금의 상각을 이해한다.

사채는 발행 시에는 조달 금액인 발행가액으로 현금이 들어오므로 발행가액만큼 회계 처리하지만 만기 때 상환해야 할 금액은 액면가액이다. 따라서 사채의 장부가액은 시간이 흐름에 따라 액면가액에 점차 접근하여 수렴하도록 회계상 평가되어야 한다. 사채의 장부가액은 액면가액에 사채발행차금을 더하거나 차감한 것이다. 그러므로 사채발행차금을 매 회계기간 상각하여 0이 만들어질 때까지 지급이자에 가감해야 만기 때 사채의 장부가가 액면가가 된다.

상각법에는 유효이자율법과 정액법이 있는데 IFRS는 유효이자율법만 인정한다. 유효이자율법(interest method of amortization)의 경우 당해 연도의 이자비용은 현재 갚아야 할 미상환액에 시장이자율(유효이자율)을 곱한 금액이라는 개념을 기본 출발점으로 한다. 이는 유효이자율법을 이해하는 데 핵심이 된다. 그런데 실제 매년 이자 지급액은 표면이자율에 액면가액을 곱한 것이므로 두 금액에 차액이 생기는데, 이는 사채 원금을 더 갚거나 더 빌린 것으로 볼 수 있다. 따라서 이 차액을 매년 사채의 장부가에 가감하여 사채 원금을 수정한다. 즉 이 차액만큼 사채발행차금을 상각하는데, 이 과정을 만기까지 계속하면 사채의 장부가는 액면가에 도달하게 된다.

한편 유효이자율법의 특징은 상각액이 매년 다르다는 데 있다. 그래서 매년 지급되는 이자는 일정하지만 여기에 상각액을 가감하여 인식되는 회계상 이자비용도 매년 달라진다. 유효이자율법에서 매년 일정하여 달라지지 않는 것은, 지급이자 ± 상각액을 기초 사채 장부가로 나눈 비율인 유효이자율이다. 복잡한 설명에 의지하기보다는 다음의 계산 단계를 먼저 숙지하고 그림 11A.1을 찬찬히 살펴보면 쉽게 이해할 수 있을 것이다.

역자 한마디

왜 장부가가 액면가에 반드시 수렴하는가 하는 의문은 불필요하다. 수학 공식에 의한 결과이기 때문이다. 미래의 현금흐름을 시장이자율로 할인하여 발행가액을 정한 것이니 다시 발행가액에 시장이자율을 유효이자율로 하여 이자를 계산하면 공식상 저절로 액면가액과 일치하게 된다.

1. 기초 장부가에 시장이자율을 곱하여 이자비용을 먼저 확정한다.
2. 액면가와 표면이자율을 곱하여 지급액을 확정한다.
3. (1)과 (2)의 차액으로 상각액을 결정한다.

**그림 11A.1** 유효이자율법에 따른 상각

| (1) | | (2) | | (3) |
|---|---|---|---|---|
| 사채 이자비용 | | 사채 이자 지급액 | | |
| (기초 장부가 × 유효이자율) | − | (액면가 × 표면이자율) | = | 상각액 |

## 사채할인발행차금 상각 _Amortizing Bond Discount

사채발행차금 중 먼저 할인 발행의 예를 살펴보자. 2020년 1월 1일에 Candlestick AG가 액면가 €100,000, 5년 만기, 이자율 10%의 사채를 €98,000로 발행했다면 사채할인발행차금은 €2,000(€100,000 − €98,000)이다. 5년 후 액면가 €100,000와 5년간 지급이자의 현재 가치로 할인하여 발행가 €98,000와 일치하는 시장이자율은 10.5348%이다(부록 E 참조).

그림 11A.2는 사채할인발행차금의 상각표이다. 상각에 사용되는 유효이자율은 항상 10.5348%임에 유의하라.

**그림 11A.2** 사채할인발행차금 상각표

Candlestick AG
사채할인발행차금 상각표
유효이자율법 적용
표면이자율 10%의 사채를 시장이자율 10.5348%로 할인 발행

| 기간 | (A) 지급이자 (10% × €100,000) | (B) 이자비용 (10.5348% × 기초 사채 장부가) | | (C) 상각액 [(B) − (A)] | (D) 미상각 잔액 [(D) − (C)] | (E) 이월 사채 장부가 [€100,000 − (D)] |
|---|---|---|---|---|---|---|
| 발행일 | | | | | €2,000 | € 98,000 |
| 1 | €10,000 | €10,324 | (10.5348% × €98,000) | € 324 | 1,676 | 98,324 |
| 2 | 10,000 | 10,358 | (10.5348% × €98,324) | 358 | 1,318 | 98,682 |
| 3 | 10,000 | 10,396 | (10.5348% × €98,682) | 396 | 922 | 99,078 |
| 4 | 10,000 | 10,438 | (10.5348% × €99,078) | 438 | 484 | 99,516 |
| 5 | 10,000 | 10,484 | (10.5348% × €99,516) | 484 | −0− | 100,000 |
| | €50,000 | €52,000 | | €2,000 | | |

(A) 액면가 €100,000에 표면이자율 10%를 곱한 것으로 매년 동일하게 지급할 이자 금액이다.
(B) 이자비용으로 기초 사채 장부가와 시장이자율 10.5348%를 곱하여 산출한다.
(C) 연도별 상각액이다.
(D) 만기에 0이 될 때까지 매년 감소한다.
(E) 매년 증가하여 만기에 액면가에 도달한다.

첫해의 지급이자를 이자비용과 상각액으로 구분하면 그림 11A.3과 같다.

**그림 11A.3** 사채할인발행차금 상각액

| | |
|---|---|
| 사채 이자비용(€98,000 × 10.5348%) | €10,324 |
| 차감: 지급이자(€100,000 × 10%) | 10,000 |
| 상각액 | € 324 |

Candlestick은 12월 31일에 다음과 같이 분개해야 한다.

| | | | |
|---|---|---|---|
| 12월 31일 | 이자비용 | 10,324 | |
| | 사채 | | 324 |
| | 미지급 이자비용 | | 10,000 |
| | (사채 이자비용 인식 및 사채할인발행차금 상각) | | |

A = L + E
−10,324 비용
+324
+10,000
현금 유출입
없음

2년째에는 이자비용이 €10,358(€98,324 × 10.5348%)이므로 전기보다 늘어났다. 점차 증가하는 사채의 장부가에 유효이자율을 곱하여 이자비용을 상각했기 때문이다. 따라서 상각액은 €358이다. 회계연도 말인 12월 31일에 Candlestick은 다음과 같이 분개해야 한다.

| | | | |
|---|---|---|---|
| 12월 31일 | 이자비용 | 10,358 | |
| | 사채 | | 358 |
| | 미지급 이자비용 | | 10,000 |
| | (사채 이자비용 계상 및 사채할인발행차금 상각) | | |

A = L + E
−10,358 비용
+358
+10,000
현금 유출입
없음

## 사채할증발행차금 상각 _Amortizing Bond Premium

다음으로 Candlestick AG의 사채 발행가가 €102,000인 경우를 살펴보자. 사채할증발행차금은 €2,000(€102,000 − €100,000)이고 시장이자율은 9.4794%이다(부록 E 참조). 그림 11A.4는 사채할증발행차금의 상각표이다.

**그림 11A.4** 사채할증발행차금의 상각표

Candlestick AG

Home Insert Page Layout Formulas Data Review View

P18 *fx*

**Candlestick AG**
**사채할증발행차금 상각표**
**유효이자율법 적용**
**표면이자율 10%의 사채를 시장이자율 9.4794%로 할증 발행**

| 기간 | (A) 지급이자 (10% × €100,000) | (B) 이자비용 (9.4794% × 기초 사채 장부가) | | (C) 상각액 [(A) − (B)] | (D) 미상각 잔액 [(D) − (C)] | (E) 이월 사채 장부가 [€100,000 + (D)] |
|---|---|---|---|---|---|---|
| 발행일 | | | | | €2,000 | €102,000 |
| 1 | €10,000 | € 9,669 | (9.4794% × €102,000) | € 331 | 1,669 | 101,669 |
| 2 | 10,000 | 9,638 | (9.4794% × €101,669) | 362 | 1,307 | 101,307 |
| 3 | 10,000 | 9,603 | (9.4794% × €101,307) | 397 | 910 | 100,910 |
| 4 | 10,000 | 9,566 | (9.4794% × €100,910) | 434 | 476 | 100,476 |
| 5 | 10,000 | 9,524 * | (9.4794% × €100,476) | 476* | −0− | 100,000 |
| | €50,000 | €48,000 | | €2,000 | | |

(A) 액면가 €100,000에 표면이자율 10%를 곱한 것으로 매년 동일하게 지급할 이자 금액이다.
(B) 이자비용으로 기초 사채 장부가와 시장이자율 9.4794%를 곱하여 산출한다.
(C) 연도별 상각액이다.
(D) 만기에 0이 될 때까지 매년 감소한다.
(E) 매년 감소하여 만기에 액면가에 도달한다.
*미상각 잔액을 0으로 만들기 위해 반올림한 것이며, 이는 유효이자율을 반올림한 영향으로 나타난다.

첫해의 지급이자를 이자비용과 상각액으로 구분하면 그림 11A.5와 같다.

그림 11A.5 사채할증발행차금 상각

| | |
|---|---:|
| 지급이자(€100,000 × 10%) | €10,000 |
| 차감: 이자비용(€102,000 × 9.4794%) | 9,669 |
| 상각액 | € 331 |

Candlestick은 12월 31일에 다음과 같이 분개해야 한다.

A = L + E
−9,669 비용
−331
+10,000
현금 유출입
없음

| | | | |
|---|---|---:|---:|
| 12월 31일 | 이자비용 | 9,669 | |
| | 사채 | 331 | |
| | 미지급 이자비용 | | 10,000 |
| | (사채 이자비용 인식 및 사채할증발행차금 상각) | | |

2년째에는 이자비용이 €9,638, 상각액이 €362이므로 이자비용이 점차 줄어든다는 것을 알 수 있다. 점차 감소하는 사채의 장부가에 유효이자율을 곱하기 때문이다. 만기가 다가오면서 액면가를 누르고 있는 미상각 사채할증발행차금이 줄어들면서 액면가에 수렴하기 때문에 사채의 장부가가 감소한다.

학습목표
정액법에 따른 사채발행차금의 상각을 이해한다.

## 부록 11B 정액법에 의한 사채발행차금 상각 _Straight-Line Amortization

### 사채할인발행차금 상각 _Amortizing Bond Discount

IFRS는 유효이자율법을 기준으로 하지만 U.S. GAAP은 금액적 차이가 중요하지 않다면 정액법의 사용도 허용한다. **정액법**(straight-line method of amortization)은 사채발행차금을 연도별로 같은 금액으로 상각하는 방식으로 매우 간편하고 쉽다(그림 11B.1 참조).

그림 11B.1 정액법에 따른 사채할인발행차금 상각

**사채할인발행차금** ÷ **계약 기간** = **상각액**

Candlestick AG가 액면가 €100,000, 5년 만기, 이자율 10%의 사채를 €98,000로 발행했다면 사채할인발행차금은 €2,000(€100,000 − €98,000)이고 매년 상각액은 €400(€2,000 ÷ 5)이다. 분개는 다음과 같다.

A = L + E
−10,400 비용
+400
+10,000
현금 유출입
없음

| | | | |
|---|---|---:|---:|
| 12월 31일 | 이자비용 | 10,400 | |
| | 사채 | | 400 |
| | 미지급 이자비용 | | 10,000 |
| | (사채 이자비용 인식 및 사채할인발행차금 상각) | | |

사채의 장부가는 매년 같은 금액이 증가하여 만기 시 액면가와 동액이 된다. 그림 11B.2는 사채할인발행차금의 상각표이다. 이자비용은 매년 €10,400로 같고, 사채의 장부가는 매년 €400씩 증가하여 만기 시 액면가가 된다.

**그림 11B.2** 사채할인발행차금 상각표

Candlestick AG

Home Insert Page Layout Formulas Data Review View

P18 *fx*

**Candlestick AG**
**사채할인발행차금 상각표**
**정액법 적용**
**€100,000, 10%, 5년**

| 기간 | (A) 지급이자 (10% × €100,000) | (B) 이자비용 [(A) + (C)] | (C) 상각액 (€2,000 ÷ 5) | (D) 미상각 잔액 [(D) − (C)] | (E) 이월 사채 장부가 [€100,000 − (D)] |
|---|---|---|---|---|---|
| 발행일 | | | | €2,000 | € 98,000 |
| 1 | €10,000 | €10,400 | € 400 | 1,600 | 98,400 |
| 2 | 10,000 | 10,400 | 400 | 1,200 | 98,800 |
| 3 | 10,000 | 10,400 | 400 | 800 | 99,200 |
| 4 | 10,000 | 10,400 | 400 | 400 | 99,600 |
| 5 | 10,000 | 10,400 | 400 | 0 | 100,000 |
| | €50,000 | €52,000 | €2,000 | | |

(A) 액면가 €100,000에 표면이자율 10%를 곱한 것으로 매년 동일하게 지급할 이자 금액이다.
(B) 이자비용으로 지급이자 (A)와 상각액 (C)를 더하여 산출한다.
(C) 연도별 상각액이다.
(D) 만기에 0이 될 때까지 매년 감소한다.
(E) 매년 증가하여 만기에 액면가에 도달한다.

## 사채할증발행차금 상각 _Amortizing Bond Premium

사채를 할증 발행할 때 정액법에 의한 상각 방법과 공식은 그림 11B.3을 참조하라.

**그림 11B.3** 정액법에 따른 사채할증발행차금 상각

**사채할증발행차금 ÷ 계약 기간 = 상각액**

Candlestick AG의 사채 발행가가 €102,000라면 사채할증발행차금은 €2,000(€102,000 − €100,000), 상각액은 €400(€2,000 ÷ 5)이다. 첫해 12월 31일에 Candlestick이 해야 할 분개는 다음과 같다.

| | | 차변 | 대변 |
|---|---|---|---|
| 12월 31일 | 이자비용 | 9,600 | |
| | 사채 | 400 | |
| | 미지급 이자비용 | | 10,000 |
| | (사채 이자비용 계상 및 사채할증발행차금 상각) | | |

A = L + E
−9,600 비용
−400
+10,000
현금 유출입
없음

사채의 장부가는 매년 같은 금액이 감소하여 만기 시 액면가와 동액이 된다. 그림 11B.4는 사채할증발행차금의 상각표이다. 이자비용은 매년 €9,600로 같고, 사채의 장부가는 매년 €400씩 감소하여 만기 시 액면가가 된다.

**그림 11B.4** 사채할증발행차금 상각표

Candlestick AG
사채할증발행차금의 상각표
정액법 적용
€100,000, 10%, 5년

| 기간 | (A) 지급이자 (10% × €100,000) | (B) 이자비용 [(A) − (C)] | (C) 상각액 (€2,000 ÷ 5) | (D) 미상각 잔액 [(D) − (C)] | (E) 이월 사채 장부가 [€100,000 + (D)] |
|---|---|---|---|---|---|
| 발행일 | | | | €2,000 | €102,000 |
| 1 | €10,000 | € 9,600 | € 400 | 1,600 | 101,600 |
| 2 | 10,000 | 9,600 | 400 | 1,200 | 101,200 |
| 3 | 10,000 | 9,600 | 400 | 800 | 100,800 |
| 4 | 10,000 | 9,600 | 400 | 400 | 100,400 |
| 5 | 10,000 | 9,600 | 400 | 0 | 100,000 |
| | €50,000 | €48,000 | €2,000 | | |

(A) 액면가 €100,000에 표면이자율 10%를 곱한 것으로 매년 동일하게 지급할 이자 금액이다.
(B) 이자비용으로 지급이자 (A)와 상각액 (B)를 더하여 산출한다.
(C) 연도별 상각액이다.
(D) 만기에 0이 될 때까지 매년 감소한다.
(E) 매년 증가하여 만기에 액면가에 도달한다.

## 단원 요약

### 1 회사채의 개요

사채는 담보, 전환, 조기 상환 여부 등에 따라 다양한 종류가 있다. 사채 발행에 관한 내용은 사채약정서에 상세히 기술되어 있으며, 사채약정서와 별도로 사채권자를 증명하는 사채증서가 발행된다.

### 2 사채의 회계 처리

사채를 발행하면 수령액으로 차변에 현금, 대변에 만기 시 상환할 금액인 액면가로 사채라 적고 그 차액을 사채발행차금으로 적는다. 사채발행차금과 사채는 서로 차감하여 사채를 순액으로 표시해도 무방하다. U.S. GAAP은 전자를, IFRS는 후자를 선호한다. 만기 시 상환할 때는 차변에 사채를, 대변에 현금을 기입한다. 조기 상환할 때는 사채의 장부가를 장부에서 제거하고, 지출하는 현금을 기록하며, 상환 시 발생하는 상환손익을 인식한다.

### 3 기타 비유동부채의 회계 처리

담보부 장기 지급어음은 일반적으로 분할 상환하며, 분할금은 미지급 잔액에 대한 이자와 원금의 일부로 구성된다. 매년 분할금이 일정하므로 횟수가 거듭될수록 같은 금액 안에서 이자가 줄고 원금이 차지하는 비중은 점차 늘어난다.

리스부채는 리스 계약에 의한 약정 내용을 회계적으로 인식하는 채무이다. 리스는 특정 자산을 일정 기간 동안 사용할 수 있는 권리를 주고받는 계약으로서 외견상으로는 사용료를 지급하는 단순 계약처럼 보인다. 그러나 리스의 회계 처리는 리스 계약의 실질에 착안하여 단순히 리스료를 매년 비용으로 처리하는 것이 아니라 특정 자산 이용권을 자산으로, 리스료의 현재 가치를 부채로 기록한다.

## 4 비유동부채의 공시와 분석

비유동부채는 금액, 담보, 보증 여부 등 상세한 정보를 재무상태표 주석에 표시한다.

장기간 사용하는 자금을 주식 발행 대신 장기 차입금으로 조달하는 것은 세 가지 장점이 있다. 주주의 지배 구조에 아무런 영향을 주지 않고, 절세 효과가 있으며, 주당순이익이 상대적으로 높다. 그러나 많은 부채는 파산의 지름길이기 때문에 장기 채권자와 주주는 회사의 부채 상환 능력에 관심이 많다. 부채 상환 능력은 부채의 크기를 나타내는 부채 비율과 수익 구조가 지급이자의 압박을 견디는 능력인 이자보상비율로 측정한다.

## *5 유효이자율법에 의한 사채발행차금 상각

유효이자율법은 사채 장부가 대비 이자율이 일정하여 사채발행차금의 상각액과 이자비용이 매년 변한다.

## *6 정액법에 의한 사채발행차금 상각

정액법은 사채발행차금의 상각액과 이자비용이 매년 일정하다.

## 핵심 용어

**감채기금부 사채(sinking fund bond)** 사채 상환 자금을 계약 기한 동안 축적하기로 약정하고 발행하는 사채

**계약이자율(contractual interest rate)** 사채 발행 이자에 대한 약정이자율로, 표면이자율이라고도 함

**담보부 기업어음(mortgage notes payable)** 자금을 융통하기 위해 발행된 장기 어음으로, 신용을 보완하기 위해 특정 자산을 담보로 설정함

**담보부 사채(secured bond)** 담보가 설정되어 있는 사채

**리스(lease)** 임대인이 임차인에게 특정 자산을 배타적, 전속으로 사용할 권한을 부여하는 계약

**만기일(maturity date)** 발행 회사가 사채권자에게 원금을 갚아야 하는 기한의 마지막 날

**무담보 사채(unsecured bond, debenture bond)** 신용으로만 발행되는, 담보 설정이 없는 사채

**부동산 담보부 사채(mortgage bond)** 부동산이 담보로 설정되어 있는 사채

**부채 비율(debt to assets ratio)** 부채 상환 능력을 정적으로 측정하는 방법으로, 총부채를 총자산으로 나누어 산출함. 총자산 중 부채로 조달한 정도를 파악할 수 있음

**비유동부채(non-current liabilities)** 변제의 이행 시기가 1년 이후인 부채

**사채약정서(bond indenture)** 사채 발행에 대한 약관 또는 계약서

**사채증서(bond certificate)** 발행 회사, 액면가, 계약이자율, 만기 등을 기입하여 사채를 증명하는 증서

**사채할인발행차금(discount on a bond)** 사채를 할인 발행할 때 발행가와 액면가의 차액인 할인액

**사채할증발행차금(premium on a bond)** 사채를 할증 발행할 때 발행가와 액면가의 차액인 프리미엄

**상환사채(callable bond)** 만기 전 발행자가 상환 가능한 조건의 사채

**시장이자율(market interest rate)** 사채권자가 자금을 빌려주고 받고자 하는 이자율

**액면가(face value)** 만기 도래 시 발행 회사가 갚아야 하는 사채 상환 원금

***유효이자율법(effective-interest method of amortization)** 사채발행차금을 상각하는 방법으로, 매년 기초 사채의 장부가에 시장이자율을 곱하여 이자비용을 산출함

**이자보상 비율(times interest earned)** 부채 상환 능력을 동적으로 측정하는 방법으로, 영업이익을 이자비용으로 나누어 산출함

**전환사채(convertible bond)** 현금으로 상환받지 않고 주식으로 전환할 수 있는 사채

***정액법(straight-line method of amortization)** 사채발행차금을 상각하는 방법으로, 매년 같은 금액을 상각함

**화폐의 시간 가치(time value of money)** 현재의 금액은 미래의 같은 금액보다 더 가치가 있다는 의미

**회사채(bond)** 이자부 지급(약속)어음

---

4 이 장의 부록과 관련된 것은 별표(*)로 표시했다.

## 객관식 문제

**1** 다음 중 시장이자율에 대한 설명으로 옳은 것은?

a. 사채권자에게 매년 지급하기로 한 계약이자율
b. 사채약정서에 표시된다.
c. 사채권자가 받고자 하는 이자율
d. 위의 보기 중 하나 이상

**2** 다음 중 무담보 사채를 뜻하는 영어는?

a. callable bonds　　b. indenture bonds
c. debenture bonds　　d. convertible bonds

**3** Karson Ltd.는 10년 만기에 액면가가 £200,000인 사채를 발행했다. 발행가액에 프리미엄이 붙은 경우에 대한 설명으로 옳은 것은?

a. 계약이자율이 시장이자율을 초과한다.
b. 시장이자율이 계약이자율을 초과한다.
c. 시장이자율과 계약이자율이 같다.
d. 시장이자율과 계약이자율은 무관하다.

**4** Four-Nine Shops는 사채를 발행하고 매년 1월 1일에 이자를 지급한다. 12월 31일 결산기에 해야 할 수정 분개는 무엇인가?

a. 차변에 미지급 이자비용
b. 대변에 현금
c. 대변에 이자비용
d. 대변에 미지급 이자비용

**5** Gester Ltd.는 액면가가 HK$1,000,000인 사채를 1월 1일에 105로 발행하고 매년 이자를 지급하기로 했으며, 장부가가 HK$1,037,450일 때 조기 상환했다. 다음 중 분개에 포함되는 것은?

a. 대변에 사채 상환손실 HK$37,450
b. 차변에 사채 HK$1,037,450
c. 대변에 사채 상환이익 HK$12,550
d. 차변에 사채 HK$50,000

**6** 1월 1일, Andrews Ltd.는 기업어음을 액면가 €497,000, 이자율 10%, 3년 만기로 발행하고 3년 동안 매년 말에 원금과 이자를 합하여 €200,000씩 분할 상환하기로 했다. 2년째에 인식할 이자 금액은 얼마인가?

a. €16,567　　b. €49,700
c. €34,670　　d. €346,700

**7** 2020년 1월 1일, Howard Ltd.는 20년 기한의 기업어음을 발행했다. 이는 2020년 재무상태표에 어떤 항목으로 공시되는가?

a. 유동부채
b. 비유동부채
c. 일부는 유동부채, 일부는 비유동부채
d. 미지급 이자비용

**8** 2020년에 Kim Ltd.는 당기순이익을 ₩300,000, 이자비용을 ₩40,000, 법인세 비용을 ₩100,000으로 공시했다. 이자보상 비율은 얼마인가?

a. 3배　　b. 4.4배
c. 7.5배　　d. 11배

**9** 다음 설명 중 옳지 않은 것은?

a. 금융리스는 재무상태표에 공시되어야 한다.
b. 모든 리스는 금융리스이다.
c. 임대인은 자산의 법적 소유주이다.
d. 임차인의 부채는 향후 지급할 총리스료의 현재 가치이다.

***10** 1월 1일, Besalius plc는 액면가 £1,000,000, 이자율 9%의 사채를 £938,554로 발행했다. 시장이자율은 10%이고 매년 12월 31일에 이자를 지급한다. 유효이자율법으로 상각한다면 첫해의 미상각 할인발행차금은 얼마인가?

a. £54,900　　b. £57,591
c. £51,610　　d. £51,000

***11** 1월 1일, Dias SA는 액면가 R$1,000,000, 이자율 10%, 5년 만기의 사채를 발행하고 이자를 매년 12월 31일 지급하기로 했다. 시장이자율은 12%이고 발행가는 R$1,072,096이다. 유효이자율법으로 상각한다면 첫해의 이자비용은 얼마인가?

a. R$120,000　　b. R$125,581
c. R$128,652　　d. R$140,000

***12** 2020년 1월 1일, Hurley Ltd.는 액면가 NT$5,000,000, 5년 만기, 이자율 12%의 사채를 액면가 96에 발행하고 이자를 매년 12월 31일에 지급하기로 했다. 발행차금을 정액법으로 상각한다면 이자비용 인식을 어떻게 분개하는가?

a. 차변 이자비용 NT$300,000
b. 차변 이자비용 NT$600,000
c. 대변 사채 NT$40,000
d. 대변 사채 T$20,000

***13** 12번 문제에서 3년째 말의 사채 장부가는 얼마인가?

a. NT$4,920,000　　b. NT$4,880,000
c. NT$4,860,000　　d. NT$4,640,000

## 기초 확인 문제

**1** 2020년 1월 1일, Kahnle Industries는 액면가 €1,000에 발행 물량 3,000, 이자율 7%, 5년 만기의 사채를 액면가 대비 100에 발행하고 매년 1월 1일 이자를 지급한다.

**a.** 2020년 1월 1일의 사채 발행을 분개하라.
**b.** 2020년 12월 31일의 이자비용을 수정 분개하라.
**c.** 2021년 1월 1일의 이자 지급을 분개하라.

해답

| | | | |
|---|---|---|---|
| a. 2020년 1월 1일 | 현금 | 3,000,000 | |
| | 사채(3,000 × €1,000) | | 3,000,000 |
| b. 2020년 12월 31일 | 이자비용 | 210,000 | |
| | 미지급 이자비용(€3,000,000 × 7%) | | 210,000 |
| c. 2021년 1월 1일 | 미지급 이자비용 | 210,000 | |
| | 현금(€3,000,000 × 7%) | | 210,000 |

**2** Tyler-Danish Inc.는 새 건물 구입 자금을 융통하기 위해 2020년 12월 31일에 원금 $600,000, 이자율 10%, 10년 만기의 담보부 기업어음을 발행하고 매년 $97,647를 분할 상환하기로 했다. 2020년 12월 31일의 기업어음 발행을 분개하고, 2021년 12월 31일의 첫 할부금 지급을 분개하라.

해답

| 연도 | (A) 분할 상환액 | (B) 이자비용 (D) × 10% | (C) 원금 상환액 (A) − (B) | (D) 미상환 원금 (D) − (C) |
|---|---|---|---|---|
| 발행일 | | | | $600,000 |
| 1 | $97,647 | $60,000 | $37,647 | 562,353 |

| | | | |
|---|---|---|---|
| 2020년 12월 31일 | 현금 | 600,000 | |
| | 장기 지급어음 | | 600,000 |
| 2021년 12월 31일 | 이자비용 | 60,000 | |
| | 장기 지급어음 | 37,647 | |
| | 현금 | | 97,647 |

**3** 다음은 Rymer Group의 2020년 12월 31일 자 부채 구성 항목이다. 재무상태표상 비유동부채의 공시를 작성하라.

| | |
|---|---|
| 2022년 만기 사채(프리미엄 £40,000 포함) | £740,000 |
| 매입채무 | 100,000 |
| 리스부채 | 120,000 |
| 2025년 만기 지급어음 | 110,000 |

해답

| 비유동부채* | |
|---|---|
| 만기 2022년의 사채 | £740,000 |
| 만기 2025년의 지급어음 | 110,000 |
| 리스부채 | 120,000 |
| 비유동부채 계 | £970,000 |

*매입채무는 유동부채

## 확인 문제

**1** 2020년 1월 1일, Global Airlines Ltd.는 액면가 NT$900,000, 이자율 8%, 10년 만기의 사채를 액면 발행하고 매년 1월 1일에 이자를 지급하기로 했다. 다음 거래를 분개하라.

**a.** 사채 발행
**b.** 12월 31일의 이자비용 발생
**c.** 2021년 1월 1일의 이자 지급
**d.** 마지막 이자 지급 후 만기 사채 상환

**해답**

| | 날짜 | 계정 | 차변 | 대변 |
|---|---|---|---|---|
| a. | 2020년 1월 1일 | 현금 | 900,000 | |
| | | 사채 | | 900,000 |
| b. | 2020년 12월 31일 | 이자비용 | 72,000 | |
| | | 미지급 이자비용(NT$900,000 × 8%) | | 72,000 |
| c. | 2021년 1월 1일 | 미지급 이자비용 | 72,000 | |
| | | 현금 | | 72,000 |
| d. | 2030년 1월 1일 | 사채 | 900,000 | |
| | | 현금 | | 900,000 |

**2** 2020년 12월 31일, Trawler SA는 €500,000를 빌리면서 액면가 €500,000, 이자율 7%의 어음을 발행하고 매년 12월 31일에 €80,000만큼 분할 상환하기로 했다.

**a.** 기업어음 발행과 첫 두 해의 분할 상환금 지급을 분개하라.

**b.** 2021년 12월 31일의 기업어음을 유동부채와 비유동부채로 구분하여 나타내라.

**해답**

| | 날짜 | 계정 | 차변 | 대변 |
|---|---|---|---|---|
| a. | 2020년 12월 31일 | 현금 | 500,000 | |
| | | 장기 지급어음 | | 500,000 |
| | 2021년 12월 31일 | 이자비용(€500,000 × 7%) | 35,000 | |
| | | 장기 지급어음 | 45,000 | |
| | | 현금 | | 80,000 |
| | 2022년 12월 31일 | 이자비용[(€500,000 − €45,000) × 7%] | 31,850 | |
| | | 장기 지급어음 | 48,150 | |
| | | 현금 | | 80,000 |

b. 유동부채: €48,150

비유동부채: €406,850(€500,000 − €45,000 − €48,150)

## 실습 문제

새로운 스프레드시트 프로그램을 성공리에 개발한 Lee Software Ltd.는 시장 출시 자금을 마련하기 위해 2020년 1월 1일에 다음과 같은 방식으로 자금을 융통했다.

1. 액면가 NT$1,000,000, 이자율 10%, 10년 만기의 사채를 액면 발행하고 매년 1월 1일에 이자를 지급하기로 했다.
2. 원금 NT$400,000, 이자율 6%, 15년 만기의 담보부 지급어음을 발행하고 매년 12월 31일에 NT$41,185를 분할 상환하기로 했다.

**a.** 사채

1. 2020년 1월 1일의 사채 발행을 분개하라.
2. 2020년 이자비용을 인식하는 분개를 하라.
3. 2023년 1월 1일에 이자를 지급한 후 액면가 대비 101로 조기 상환한 경우를 분개하라.

**b.** 장기 지급어음

1. 2020년 1월 1일의 기업어음 발행을 분개하라.
2. 첫 4년간 분할 상환금의 이자비용과 원금 상환액을 구하라.
3. 2020년 12월 31일의 기업어음을 유동부채와 비유동부채로 구분하라.

**해답** a. 1. 2020년 1월 1일

| | | 차변 | 대변 |
|---|---|---|---|
| 2020년 1월 1일 | 현금 | 1,000,000 | |
| | 사채 | | 1,000,000 |
| | (사채 발행) | | |

2. 2020년 12월 31일

| | | 차변 | 대변 |
|---|---|---|---|
| 2020년 12월 31일 | 이자비용 | 100,000 | |
| | 미지급 이자비용(NT$1,000,000 × 10%) | | 100,000 |
| | (1년 이자비용 발생) | | |

3. 2023년 1월 1일

| | | 차변 | 대변 |
|---|---|---|---|
| 2023년 1월 1일 | 사채 | 1,000,000 | |
| | 사채 상환손실 | 10,000* | |
| | 현금 | | 1,010,000 |
| | (사채 조기 상환) | | |

*(NT$1,010,000 − NT$1,000,000)

b. 1. 2020년 1월 1일

| | | 차변 | 대변 |
|---|---|---|---|
| 2020년 1월 1일 | 현금 | 400,000 | |
| | 장기 지급어음 | | 400,000 |
| | (담보부 장기 지급어음 발행) | | |

2.

| 기간 | 분할 상환액 | 이자비용 | 원금 상환액 | 미상환 원금 |
|---|---|---|---|---|
| 발행일 | | | | NT$400,000 |
| 1 | NT$41,185 | NT$24,000 | NT$17,185 | 382,815 |
| 2 | 41,185 | 22,969 | 18,216 | 364,599 |
| 3 | 41,185 | 21,876 | 19,309 | 345,290 |
| 4 | 41,185 | 20,717 | 20,468 | 324,822 |

3. 유동부채: NT$18,216

비유동부채: NT$364,599

## 단원 정리를 위한 질문

**1** a. 비유동부채를 설명하고 세 가지 예를 들라.

b. 회사채를 설명하라.

**2** a. 담보부 사채와 무담보부 사채를 설명하라.

b. 전환사채와 상환사채를 설명하라.

**3** 회사채 발행에 중요한 (a) 액면가, (b) 계약이자율, (c) 사채약정서, (d) 사채증서를 설명하라.

**4** 회사가 사채를 발행할 때 부담하는 두 가지 주요 의무는 무엇인가?

**5** Bedazzled Ltd.가 액면가가 €100,000인 사채를 €104,000에 판매했을 때 시장이자율이 사채의 계약이자율과 같은지, 낮은지, 높은지 설명하라.

**6** 액면가로 6%, 10년 만기, R$800,000의 사채를 발행하고 연간 이자를 지급할 때 1분기 말 이자 지급액은 얼마인가?

**7** 미상환 사채의 잔액이 HK$8,400,000이고 미상환 사채의 할인 발행차금이 HK$600,000일 때 사채의 액면가를 구하라.

**8** 할증 발행으로 판매한 사채를 이자 지급 직후 액면가 대비 97에 만기 전 상환하는 경우 차변에 분개되는 계정과 대변에 분개되는 계정은 각각 무엇인가?

**9** 로이 토스는 최근 €125,000의 집을 구입하면서 현금 €25,000를 지불하고 나머지 자금은 6.5%의 20년 모기지 융자(담보부 차입금)를 내어 지불했다. 그리고 은행에 매월 €745.57를 갚기로 했는데, 첫 달 말이 되자 로이는 은행으로부터 그달에 €203.90의 원금만 상환되었음을 나타내는 명세서를 받았다. 그는 이 속도라면 모기지 융자를 갚는 데 40년 이상이 걸릴 것이라고 계산했다. 그의 생각이 맞는지 설명하라.

**10** 비유동부채를 재무제표에 공시할 때 요구되는 사항은 무엇인가?

**11** 장기 자금의 조달 원천으로서 주식 발행에 비해 사채의 주요 장점과 단점을 설명하라.

**12** 리스 계약을 설명하라.

**13** Jhutti Company는 생산량이 실제 매출을 크게 초과하면 넘치는 재고를 보관하기 위해 간헐적으로 월 단위로 창고를 임차한다. 이러한 임차 계약의 성격은 무엇이며, 어떻게 회계 처리를 해야 하는가?

**14** Benedict Production은 Haley Electronics로부터 컴퓨터 12대를 리스하는 계약을 체결했으며, 리스료의 현재 가치는 $186,300이다. Benedict Production은 리스 계약일에 어떻게 분개해야 하는가?

*__15__ 지니 벨리스는 회계 부서의 부하 직원에게 유효이자율법에 의한 사채 상각의 장점에 대해 설명하고 있다. 지니는 어떤 내용을 말하겠는가?

*__16__ Redbone AG가 2020년 1월 1일에 액면가 CHF500,000, 이자율 8%, 5년 만기의 사채를 액면가 대비 104에 발행하고 유효이자율법으로 사채 프리미엄을 상각할 때 사채 존속 기간에 걸쳐 연간 이자비용이 증가하는지 감소하는지 설명하라.

*__17__ 미상환 사채의 할인발행차금과 할증발행차금을 상각하는 정액법을 설명하라.

*__18__ Flemimg Ltd.가 2020년 1월 1일에 액면가 £400,000, 이자율 7%, 5년 만기의 사채를 액면가 대비 105에 발행하고 정액법으로 사채 프리미엄을 상각할 때 2020년 이자비용의 총액은 얼마인가?

## 가벼운 연습 문제

**1** 2020년 1월 1일, Meera Ltd.는 4,000좌, 8%, 5년, £1,000의 사채를 100으로 발행하고 매년 1월 1일에 이자를 지급하기로 했다.

- **a.** 2020년 1월 1일의 사채 발행을 분개하라.
- **b.** 2020년 12월 31일의 이자비용을 수정 분개하라.
- **c.** 2021년 1월 1일의 이자 지급을 분개하라.

**2** Nasreen Company는 97에 €200만의 10년 만기, 8% 사채를 발행하고 매년 1월 1일에 이자를 지급하기로 했다.

- **a.** 2020년 1월 1일의 사채 발행을 분개하라.
- **b.** 사채가 104에 판매되었을 때 2020년 1월 1일의 사채 판매를 분개하라.

**3** Frankum SpA는 2020년에 다음과 같은 종류의 사채를 발행했으며, 매년 각 사채의 이자를 지급해야 한다. 발행일의 각 사채 거래를 분개하라.

1. 2020년 1월 1일에 €1,000, 1,000좌, 8%, 5년 만기의 사채를 액면가로 발행했다.
2. 7월 1일에 €900,000, 9%, 5년 만기의 사채를 102에 발행했다.
3. 9월 1일에 €400,000, 7%, 5년 만기의 사채를 98에 발행했다.

**4** 다음은 2020년 7월 1일 현재 Miley Consulting의 재무상태표 자료이다.

| | |
|---|---|
| 비유동부채 | |
| 사채 | £940,000 |

Miley Consulting은 관련 이자를 모두 지불한 후 위의 사채를 101(액면가 £1,000,000)에 상환했다. 이를 분개하라.

**5** Hanschu plc는 건물 신축 자금을 마련하기 위해 £800,000, 10%, 10년 만기의 주택담보부 장기 지급어음을 2020년 12월 31일에 발행했으며, 매년 £130,196를 상환하기로 했다. 2020년 12월 31일의 장기 지급어음 발행과 2021년 12월 31일의 첫 번째 분할 납부를 분개하라.

**6** 다음은 2020년 12월 31일 현재 Suarez AG의 비유동부채 항목이다. 재무상태표상 비유동부채 부분을 작성하라.

| | |
|---|---|
| 2022년 만기 사채 | CHF500,000 |
| 리스차입금 | 72,000 |
| 2025년 만기 장기 지급어음 | 80,000 |

**7** Shaffer Ltd.는 새 공장을 짓는 데 드는 €200만을 조달하기 위해 다음 두 가지 대안을 고려하고 있다.

- **a.** 주당 €10의 시장 가격으로 보통주 200,000주를 발행한다.
- **b.** €200만, 이자율 6%의 사채를 액면가로 발행한다.

다음 표의 빈칸을 채우고 어떤 대안이 바람직한지 밝혀라.

| | 주식 발행 | 사채 발행 |
|---|---|---|
| 이자비용과 법인세비용 차감 전 이익 | €900,000 | €900,000 |
| 사채 이자비용 | | |
| 법인세비용 차감 전 이익 | | |
| 법인세비용(30%) | | |
| 당기순이익 | € | € |
| 유통주식 수 | | 500,000 |
| 주당순이익 | € | € |

**8** Imholf Company는 Noble Construction으로부터 20년간 새 건물을 임대하며, 리스료의 현재 가치는 €700,000이다. 이를 분개하라.

*__9__ Zhu Ktd.는 HK$500만, 10년 만기, 이자율 9%의 사채를 96에 발행했으며, 매년 1월 1일에 이자를 지급하고 정액법으로 사채할인발행차금을 상각한다.

a. 2020년 1월 1일의 사채 판매(발행)를 분개하라.

b. 2020년 12월 31일의 이자비용과 사채할인발행차금 상각을 수정 분개하라.

*10 Golden plc는 £400만, 5년 만기, 이자율 10%의 사채를 102에 발행했으며, 매년 1월 1일에 이자를 지급하고 정액법으로 사채할증발행차금을 상각한다.

a. 2020년 1월 1일의 사채 판매를 분개하라.

b. 2020년 12월 31일의 이자비용과 사채할증발행차금 상각을 수정 분개하라.

*11 다음은 Gomez SA의 유효이자율법에 의한 사채할인발행차금 상각 일정이다.

a. 기간 1의 말에 이자 지급 및 할인발행차금의 상각을 분개하라.

b. 이자비용이 지급된 이자보다 큰 이유를 설명하라.

c. 이자비용이 기간마다 증가하는 이유를 설명하라.

| 이자 기간 | 지급이자 | 이자비용 | 할인발행차금 상각 | 미상각 차금 | 사채 장부가액 |
|---|---|---|---|---|---|
| 발행일 | | | | €38,609 | €961,391 |
| 1 | €45,000 | €48,070 | €3,070 | 35,539 | 964,461 |
| 2 | 45,000 | 48,223 | 3,223 | 32,316 | 967,684 |

## DO IT! 적용 문제

1 다음 설명이 맞으면 ○, 틀리면 ×로 표시하고 틀린 부분을 바르게 고쳐라.

1. 담보부 사채와 감채기금부 사채는 무담보 사채에 속한다.
2. 전환사채를 상환사채라고도 한다.
3. 시장이자율은 투자자가 자금을 대출하기 위해 요구하는 이자율이다.
4. 사채로 연간 지급하는 이자는 액면가에 명시된 이율을 곱한 금액과 같다.
5. 사채의 현재 가치는 시장에서 판매되어야 하는 가치이다.

2a Jeon Enterprises, Ltd.는 ₩300,000,000의 사채를 발행하고 현금 ₩306,000,000을 수령했다.

a. 사채 발행을 분개하라.

b. 발행일의 재무상태표에 사채가 어떻게 보고되는가?

2b Jeske Industries, SA는 €400,000, 10년 만기의 사채를 할인된 가격으로 발행했으며, 만기 이전에 사채의 장부가가 €390,000일 때 99에 상환했다. 사채 상환을 분개하라.

3 Mattsen Orchard는 새로운 연구실에 필요한 자금을 조달하기 위해 R$700,000, 이자율 6%, 15년 만기의 담보부 장기 지급어음을 발행하고 매년 R$72,074을 상환하기로 했다. 어음 발행과 첫 번째 분할 납부를 분개하라.

4 2020년 12월 31일 현재 Huebner Hotels의 자산은 €1,800,000, 부채는 €1,100,000, 자본은 €700,000이다. 연말의 자산 대비 부채 비율을 계산하고 설명하라.

## 단원 연습 문제

1 다음 설명이 맞으면 ○, 틀리면 ×로 표시하고 틀린 부분을 바르게 고쳐라.

1. 사채는 이자가 붙는 지급(약속)어음의 한 형태이다.
2. 장기 자금을 조달할 때 주식 발행에 비해 사채 발행의 장점은 주주의 지배력에 영향을 미치지 않는다는 것이다.
3. 장기 자금을 조달할 때 사채 발행에 비해 주식 발행의 장점은 절세 효과가 있다는 것이다.
4. 담보부 사채는 발행자의 특정 자산을 담보로 제공한다.
5. 담보부 사채를 영어로 debenture bond라고도 한다.
6. 사채 매입자의 관심을 끌기 위해 사채에 전환 기능을 추가할 수 있다.
7. 차입자가 지급하는 현금이자율을 표면이자율이라고 한다.
8. 사채 가격은 보통 사채의 액면가에 대한 비율로 나타낸다.
9. 사채의 현재 가치는 시장에서 판매되어야 하는 가치이다.

2 2020년 1월 1일, Klosterman Ltd.는 액면가 £500,000, 이자율 10%, 10년 만기의 사채를 발행했으며, 매년 1월 1일에 이자를 지급한다. 다음을 분개하라.

a. 사채 발행

b. 2020년 12월 31일의 이자 발생
c. 2021년 1월 1일의 이자 지급

**3** 2020년 1월 1일, Forrester SA는 액면가 R$400,000, 이자율 8%, 5년 만기의 사채를 액면가로 발행했으며, 매년 1월 1일에 이자를 지급한다. 다음을 분개하라.

a. 사채 발행
b. 2020년 12월 31일의 이자 발생
c. 2021년 1월 1일의 이자 지급

**4** 2020년 1월 1일, Pueblo Company는 액면가 €500,000, 이자율 8%, 5년 만기의 사채를 97에 발행했으며, 매년 이자를 지급한다.

a. 사채 발행을 분개하고, 이 사채에 대한 총차입비용을 계산하라.
b. 사채를 105에 발행했을 때 (a)를 다시 풀라.

**5** 다음은 Ohlman Ltd.의 2019년 12월 31일 자 재무상태표에서 발췌한 내용이다. 매년 1월 1일에 이자를 지급하며 각 이자일에 언제든 사채를 상환할 수 있다.

| | |
|---|---|
| 비유동부채 | |
| 2024년 1월 1일 만기 사채, 7% | HK$16,000,000 |
| 유동부채 | |
| 미지급 이자비용 | 1,120,000 |

a. 2020년 1월 1일의 이자 지급을 분개하라.
b. 2020년 1월 1일에 이자를 지급한 후 액면가가 HK$6,000,000인 사채를 사전에 정한 상환가인 103에 상환했을 때 사채 상환을 분개하라.
c. 2020년 12월 31일의 이자 발생을 분개하라.

**6** 다음의 사채 상환을 각각 분개하라.

1. Longbine plc는 2020년 6월 30일에 액면가 £130,000, 이자율 12%의 사채를 102에 상환했으며, 상환일에 사채의 장부가치는 £117,500였다. 사채 이자를 매년 지급했으며, 이자 지급일인 2020년 6월 30일에 이자를 지급하고 회계 처리했다.
2. Tastove Ltd.는 2020년 6월 30일에 액면가 £150,000, 이자율 12.5%의 사채를 98에 상환했으며, 상환일에 사채의 장부가치는 £151,000였다. 사채 이자를 매년 지급했으며, 이자 지급일인 2020년 6월 30일에 이자를 지급하고 회계 처리했다.

**7** 2020년 12월 31일, Jernigan Co.는 건물 신축 자금을 조달하기 위해 액면가 €240,000, 이자율 6%의 담보부 장기 지급어음을 발행하고 €240,000를 차입했으며, 매년 12월 31일에 €33,264를 분할 상환한다. 담보부 장기 지급어음을 이용한 차입과 첫 두 번의 분할 상환금 지급을 분개하라.

**8** Global Car Rental은 차량 구매 자금을 조달하기 위해 다음 두 가지 대안을 고려하고 있다.

1. 주당 ¥40에 보통주 60,000주를 발행한다(현금 배당이 없고 지급 예정도 없다고 가정한다).
2. 액면가 ¥2,400,000, 이자율 7%, 10년 만기의 사채를 발행한다.

회사는 이렇게 함으로써 이자와 세금을 제외하고 ¥800,000을 벌어들일 것으로 추정한다. 예상 법인세율은 30%이고 신규 자금 조달 이전에 보통주 90,000주를 보유하고 있다. 두 가지 대안이 당기순이익과 주당순이익에 미치는 영향을 산출하라.

**9** 다음은 2020년 말 Zhang Ltd.의 수정 후 시산표에서 가져온 계정이다.

| | |
|---|---|
| 미지급 이자비용 | HK$ 9,000 |
| 리스차입금 | 59,500 |
| 2022년 만기 사채 | 204,000 |

재무상태표의 비유동부채 부분을 작성하라.

**10** Lin Ltd.의 2020년 재무제표에는 다음 자료가 포함되어 있다(단위: 100만).

| | | | |
|---|---|---|---|
| 유동자산 | NT$ 3,416.3 | 이자비용 | NT$ 473.2 |
| 총자산 | 30,224.9 | 법인세비용 | 1,936.0 |
| 유동부채 | 2,988.7 | 당기순이익 | 4,551.0 |
| 총부채 | 16,191.0 | | |

a. 자산 대비 부채 비율을 계산하고 간단히 설명하라.
b. 이자보상 비율을 계산하고 간단히 설명하라.

**11** 다음은 각각 독립적인 거래이다.

1. Flinthills Car Rental은 Jayhawk Company에 11개월 동안 매월 $500를 받는 조건으로 차량을 임대했다.
2. 2020년 1월 1일, Throm plc는 Drummond Electronics로부터 컴퓨터 20대를 리스하는 계약을 체결했다. 리스료는 2020년 12월 31일부터 £20,000(10% 이자 포함)씩 세 번에 걸쳐 지급하며, 리스료의 현재 가치는 £49,735이다.

a. Jayhawk Company가 첫 번째 임대료를 지불할 때 해야 할 분개를 하라.
b. 2020년 1월 1일에 Throm plc의 장부에 리스 계약을 기록하기 위한 분개를 하라.

***12** 2020년 1월 1일, Lorance SpA는 액면가 €400,000, 이자율 7%, 20년 만기의 사채를 €360,727에 발행했으며, 이로 인해 사채의 유효이자율이 8%가 되었다. 매년 1월 1일에 이자를 지급하고 유효이

자율법으로 사채할인발행차금을 상각한다. 다음을 분개하라(적절히 반올림).

a. 사채 발행
b. 2020년 12월 31일의 이자 발생 및 할인발행차금 상각
c. 2021년 1월 1일의 이자 지급

*13 2020년 1월 1일, LRNA Ltd.는 액면가 £380,000, 이자율 7%, 10년 만기의 사채를 £407,968에 발행했으며, 이로 인해 사채의 실효이자율이 6%가 되었다. 매년 1월 1일에 이자를 지급하고 유효이자율법으로 사채 프리미엄 또는 할인을 상각한다. 다음을 분개하라(적절히 반올림).

a. 사채 발행
b. 2020년 12월 31일의 이자 발생 및 할증발행차금 상각
c. 2021년 1월 1일의 이자 지급

*14 2020년 1월 1일, Adcock A/S는 액면가 €600,000, 이자율 9%, 20년 만기의 사채를 103에 발행했으며, 매년 1월 1일에 이자를 지급하고 정액법으로 사채 프리미엄 또는 할인을 상각한다. 다음을 분개하라.

a. 사채 발행
b. 2020년 12월 31일의 이자 발생 및 할증발행차금 상각
c. 2021년 1월 1일의 이자 지급
d. 만기 시 사채 상환(마지막 이자를 지급하고 회계 처리했다고 가정한다.)

*15 2019년 12월 31일, Gridley Ltd.는 액면가 £800,000, 이자율 11%, 10년 만기의 사채를 £730,000에 발행했으며, 매년 12월 31일에 이자를 지급하고 정액법으로 사채 프리미엄 또는 할인을 상각한다. 다음을 분개하라.

a. 사채 발행
b. 2020년 12월 31일의 이자 지급 및 할인발행차금 상각
c. 만기 시 사채 상환(마지막 이자를 지급하고 회계 처리했다고 가정한다.)

## 마무리 연습 문제

1 2020년 5월 1일, Herron Industries AG는 액면가 CHF600,000, 이자율 9%, 5년 만기의 사채를 액면가로 발행했으며, 발행 일자는 2020년 5월 1일이고 매년 5월 1일에 이자를 지급한다. 재무제표는 매년 12월 31일에 작성한다.

a. 사채 발행을 분개하라.
b. 2020년 12월 31일의 이자 발생을 인식하는 수정 분개를 하라.
c. 2020년 12월 31일 현재 재무상태표를 작성하라.
d. 2021년 5월 1일의 이자 지급을 분개하라.
e. 2021년 12월 31일의 이자 발생을 인식하는 수정 분개를 하라.
f. 2022년 1월 1일에 미지급 사채 이자를 지불한 후 사채를 102에 상환했을 때 이자 지급과 사채 상환을 분개하라.

d. 이자비용 CHF18,000
f. 상환손실 CHF12,000

2 2020년 1월 1일, Kershaw Electric Ltd.는 액면가 £6,000,000, 이자율 10%, 15년 만기의 사채를 98에 발행했으며, 매년 1월 1일에 이자를 지급한다.

a. 2020년 1월 1일의 사채 발행을 분개하라.
b. 2020년 12월 31일 현재 사채할인발행차금 상각액이 £8,000이다. 2020년 12월 31일 자 재무상태표에 사채를 어떻게 표시해야 하는가?
c. 2022년 1월 1일, 사채의 장부가가 £5,896,000일 때 102에 사채를 상환했다. 해당 기간의 이자가 이미 지급되었다고 가정하고 사채 상환을 분개하라.

c. 상환손실 £224,000

3 Talkington Electronics는 새로운 연구소를 설립하기 위해 2019년 12월 31일에 액면가 R$400,000, 이자율 8%, 10년 만기의 담보부 장기 약속어음을 발행하고 은행으로부터 자금을 차입했다. 분할 상환액은 연간 R$59,612이고 매년 12월 31일에 지급한다.

a. 첫 4년 동안의 분할 상환표를 작성하라.
b. 차입과 첫 번째 분할 상환액 지불을 분개하라.
c. 2020년 12월 31일 자 재무상태표에 담보부 차입금을 어떻게 보고해야 하는가?

b. 12월 31일 차변 장기 지급어음 R$27,612
c. 2020년 유동부채 R$29,821

4 다음은 Ruggiero Inc.가 계약한 리스 계약이다. 두 리스 계약 모두 2020년 1월 1일 자로 유효하며, 약정상 어떠한 경우에도 임차 기간 동안 또는 임차 기간이 끝날 때 임차 부동산에 대한 소유권이 이전되지 않는다.

| | 임대인 | |
|---|---|---|
| | Judson Delivery | Hester Co. |
| 임차자산의 유형 | 컴퓨터 | 배송 장비 |
| 연간 임차료 | $5,000 | $4,200 |
| 임차 기간 | 6년 | 4년 |
| 예상 경제적 연수 | 7년 | 7년 |
| 임차료의 현재 가치 | $26,000 | $13,000 |

**a.** 2020년 Hester Co.와의 임대차 거래는 어떻게 회계 처리되는가?

**b.** 2020년 Judson Delivery와의 임대차 거래는 어떻게 회계 처리되는가?

*5 2020년 1월 1일, Lock Industries Ltd.는 액면가 £1,800,000, 이자율 5%, 10년 만기의 사채를 £1,667,518에 발행했으며, 이로 인해 사채의 유효이자율이 6%가 되었다. 매년 1월 1일에 이자를 지급하고 유효이자율법으로 사채 프리미엄 또는 할인을 상각한다. 다음 문제를 풀라(적절히 반올림).

**a.** 2020년 1월 1일의 사채 발행을 분개하라.

**b.** 2022년 12월 31일(이자 기간 3년)까지의 사채할인발행차금 상각표를 작성하라.

**c.** 2020년 12월 31일의 이자 발생 및 사채할인발행차금 상각을 분개하라.

**d.** 2021년 1월 1일의 이자 지급을 분개하라.

**e.** 2021년 12월 31일의 이자 발생 및 사채할인발행차금 상각을 분개하라.

c. 이자비용 £100,051

*6 2020년 1월 1일, Jade SA는 액면가 €2,000,000, 이자율 7%, 10년 만기의 사채를 €2,147,202에 발행했으며, 이로 인해 사채의 유효이자율이 6%가 되었다. 매년 1월 1일에 이자를 지급하고 유효이자율법으로 사채 프리미엄 또는 할인을 상각한다.

**a.** 다음을 분개하라.

1. 2020년 1월 1일의 사채 발행
2. 2020년 12월 31일의 이자 발생 및 할증발행차금 상각
3. 2021년 1월 1일의 이자 지급
4. 2021년 12월 31일의 이자 발생 및 할증발행차금 상각

**b.** 2021년 12월 31일 자 재무상태표의 비유동부채 항목에 사채를 어떻게 표시해야 하는가?

**c.** 다음 질문에 서술형으로 답하라.

1. 2021년의 이자비용은 얼마인가?
2. 정액법으로 할증발행차금을 상각한다면 2021년의 이자비용이 증가하는가, 감소하는가?

a. 4. 이자비용 €128,162

*7 2020년 1월 1일, Paris Electric은 액면가 €3,000,000, 이자율 10%, 10년 만기의 사채를 104에 판매했으며, 매년 1월 1일에 이자를 지급하고 정액법으로 사채 프리미엄 또는 할인을 상각한다.

**a.** 2020년 1월 1일의 사채 발행을 분개하라.

**b.** 첫 4년간의 이자 기간에 대한 할증발행차금 상각표를 작성하라.

**c.** 2020년과 2021년의 이자와 할증발행차금 상각을 분개하라.

**d.** 2021년 12월 31일 자 재무상태표에 사채를 어떻게 표시해야 하는가?

b. 상각 €12,000
d. 사채 €3,096,000

*8 2020년 1월 1일, Saberhagen Ltd.는 액면가 Rs3,500,000, 이자율 8%, 10년 만기의 사채를 판매했으며, 발행 일자는 2020년 1월 1일이고 매년 1월 1일에 이자를 지급한다. 사채 프리미엄 또는 할인의 상각을 정액법으로 한다.

**a.** 사채를 104에 판매했을 때 2020년의 사채 발행과 사채 이자비용을 분개하라.

**b.** 사채를 98에 판매했을 때 2020년의 사채 발행과 사채 이자비용을 분개하라.

**c.** (a)와 (b)의 사채를 2020년 12월 31일 자 재무상태표에 표시하라.

a. 상각 Rs14,000
b. 상각 Rs7,000
c. 사채 Rs3,626,000
사채 Rs3,437,000

*9 다음은 Colaw SA의 재무상태표에서 발췌한 것이다.

**Colaw SA**
**재무상태표(일부)**
**2020년 12월 31일 현재**

| | |
|---|---|
| 비유동부채 | |
| 사채(액면가 €3,000,000), 2031년 1월 1일 만기, 7% | €3,200,000 |
| 유동부채 | |
| 미지급 이자비용 | |
| (1월 1일부터 12월 31일까지 12개월간) | 210,000 |

약정상 매년 1월 1일에 이자를 지급하되 각 이자일에 언제든 사채를 상환할 수 있다. 그러나 Colaw SA는 2020년 12월 31일 현재 사채를 10년(120개월) 후에 만기 상환할 계획이며, 정액으로 사채 프리미엄 또는 할인을 상각한다.

**a.** 2021년 1월 1일의 이자 지급을 분개하라.

**b.** 2021년 12월 31일의 이자 발생 및 할인발행차금 상각을 분개하라.

**c.** 2022년 1월 1일에 이자를 지급한 후 액면가가 €1,200,000인 사채를 101에 상환했을 때 사채 상환을 분개하라.

**d.** 2022년 12월 31일의 미상환 사채에 대한 이자 발생과 할인발행차금 상각을 분개하라.

b. 상각 €20,000
c. 상환이익 €60,000
d. 상각 €12,000

## 회계순환 과정의 복습

**1** 다음은 James Ltd.의 2019년 12월 31일 자 재무상태표이다.

**James Ltd.**
**재무상태표**
**2019년 12월 31일 현재**

| | | | |
|---|---|---|---|
| 설비 | £ 43,000 | 자본금 | £ 20,000 |
| 선급보험료 | 5,600 | 이익잉여금 | 18,600 |
| 재고자산 | 25,750 | 사채 | 50,000 |
| 현금 | 30,500 | 매입채무 | 13,750 |
| | £104,850 | 미지급 이자비용 | 2,500 |
| | | | £104,850 |

그리고 2020년에 다음과 같은 거래가 발생했다.

1. 2020년 1월 1일, 사채 이자 £2,500를 지급했다.
2. £241,100의 상품을 외상으로 구입했다.
3. 취득원가가 £250,000인 상품을 £450,000에 판매하고 판매세 £31,500를 예수했다.
4. 매입채무 £230,000를 변제했다.
5. 2020년 7월 1일, 사채 이자 £2,500를 지급했다.
6. 7월 31일에 선급보험료(£5,600)의 기간이 만료되었다.
7. 2020년 8월 1일부터 2021년 7월 31일까지의 보험료 £12,000를 8월 1일에 지급했다.
8. 국세청에 판매세 £24,000를 납부했다.
9. 기타 운영비 £91,000를 지불했다.
10. 2020년 12월 31일, £47,000에 이자 £2,500를 가산하여 사채를 상환했다.
11. 2020년 12월 31일, 액면가 £90,000, 이자율 8%의 사채를 104에 발행했으며 매년 12월 31일에 이자를 지급한다.

수정 자료

1. 7번의 보험료의 시간적 경과를 인식했다.
2. 2019년 12월 31일에 설비를 취득했으며, 잔존 가치가 £3,000이고 내용연수 5년에 걸쳐 정액법으로 감가상각된다.
3. 법인세율은 30%이다. (힌트: 세전이익에 30%를 곱하여 계산한다.)

(T 계정을 사용하면 기말 잔액을 파악하는 데 도움이 된다.)

**a.** 위 거래와 수정 사항을 분개하라.

**b.** 2020년 12월 31일의 조정 후 시산표를 작성하라.

**c.** 2020년 12월 31일로 종료되는 회계연도의 손익계산서와 이익잉여금계산서, 2020년 12월 31일 현재 표준형 재무상태표를 작성하라.

b. 총 £652,070
c. 당기순이익 £61,880

**2** 경쟁 관계인 Eastland AG와 Westside AG는 6년 전에 설립되었고 모든 면이 매우 유사하다. 다음은 두 회사의 재무 자료이다.

| | **Eastland AG** | **Westside AG** |
|---|---|---|
| 유형자산 | CHF255,300 | CHF257,300 |
| 감가상각누계액 | (112,650) | (189,850) |
| 재고자산 | 463,900 | 515,200 |
| 매출채권 | 304,700 | 302,500 |
| 대손충당금 | (13,600) | –0– |
| 현금 | 63,300 | 48,400 |
| 자산 계 | CHF960,950 | CHF933,550 |

| | **Eastland AG** | **Westside AG** |
|---|---|---|
| 자본 | CHF442,750 | CHF420,050 |
| 비유동부채 | 78,000 | 82,000 |
| 유동부채 | 440,200 | 431,500 |
| 자본과 부채 계 | CHF960,950 | CHF933,550 |

회계 전문 컨설턴트인 당신은 고객으로부터 어느 회사의 재무 상태가 더 나은지 파악해달라는 요청을 받고 재무제표를 검토했다. 그 결과 두 회사의 회계 처리에 다음과 같은 차이점이 있음을 발견했다.

1. 부실채권에 대해 Eastland는 대손충당금을 설정하는 방법을 사용하고 있으며, 매년 대손으로 설정한 금액이 부실채권 발생액과 상당히 근접한 것으로 보아 부실채권에 대한 평가가 잘되어 있는 것으로 판단된다. 이에 반해 Westside는 부실채권을 직접 매출채권에서 차감하는 방식을 사용하고 있어 회수 불능 채권의 인식이 다소 더뎌 보인다. 이에 매출채권을 연령 분석 등으로 검토한 결과 추가로 CHF18,000이 회수 불능으로 추정된다.
2. 유형자산에 대해 Eastland는 내용연수 12년, 잔존 가치 CHF30,000으로 추정하여 정액법으로 감가상각하지만, Westside는 같은 종류의 유형자산을 내용연수 10년, 잔존 가치 CHF10,000으로 추정하여 이중체감잔액법으로 감가상각한다. 이에 엔지니어링 연구를 근거로 하여 Westside의 추정

치와 감가상각법이 더 적절하다는 결론을 얻었다.

3. 유동부채 중 Eastland는 1년 안에 만기가 도래하는 비유동부채의 일부를 포함하고 있으나, Westside는 비유동부채 CHF82,000 중 CHF16,000이 올해 상환 예정임에도 유동부채로 분류하지 않았다.

**a.** 위의 재무상태표를 바르게 수정하여 비교 가능하게 작성하라.

**b.** 자신의 결론을 고객에게 전달하는 간단한 보고서를 작성하라.

a. 총자산: Eastland CHF885,225, Westside CHF915,550

## 비판적 사고력 확장 문제

### 재무 보고: TSMC

**1** TSMC의 재무제표는 이 책의 부록 A에 실려 있으며, 재무제표 주석을 포함한 전체 연례 사업 보고서는 회사 웹사이트에서 확인할 수 있다. 이를 이용하여 다음 문제를 풀라.

**a.** 2016년 12월 31일에 총비유동부채는 얼마인가? 전년도에 비해 비유동부채가 얼마나 증가하거나 감소했는가?

**b.** 2016년 12월 31일에 비유동부채를 구성하고 있는 계정은 무엇인가?

### 비교 분석: 네슬레와 델피

**2** 네슬레와 델피의 재무제표는 이 책의 부록 B와 C에 실려 있다. 이를 이용하여 다음 문제를 풀라.

**a.** 가장 최근 회계연도의 자산 대비 부채 비율과 이자보상 비율을 구하라.

**b.** 위 자료를 바탕으로 회사의 안정성이나 부채 상환 능력과 관련하여 어떤 결론을 내릴 수 있는가?

### 실제 사례

**3** 사채를 포함하여 각종 채무증권에는 이자 지급을 위한 약정이자율이 표시되어 있으며, 이 이자율은 관련 위험에 따라 달라진다. 이에 신용 평가 기관인 피치레이팅스(Fitch Ratings)는 채무증권을 발행하는 회사에 대한 투자 등급을 투자가에게 제공한다. 피치레이팅스의 웹사이트에 들어가 다음 문제를 풀라.

**a.** 피치레이팅스는 몇 년도부터 '사채 평가 측정계수(bond rating scale)'를 도입했는가?

**b.** '투자 등급(investment grade)' 및 '투기 등급(speculative grade)'으로 간주되는 투자에는 어떤 측정계수가 지정되는가? ['등급의 정의(Ratings Definitions)'를 참조하라.]

**c.** 인터넷에서 또 다른 주요 신용평가 기관 두 곳을 검색해보라.

### 조직 전반에 걸친 의사결정

***4** 2018년 1월 1일, Fleming Ltd.는 액면가 £2,400,000, 이자율 8%, 5년 만기의 사채를 95에 발행했으며, 매년 1월 1일에 이자를 지급한다. 그런데 2020년 1월 1일까지 Fleming Ltd.와 유사한 위험의 사채에 대한 시장이자율이 점차 상승하여 2020년 1월 1일에 위 사채의 시장가치가 장부 가치보다 낮게 £2,000,000로 형성되었다. 그러자 데브라 플레밍 회장은 시장에서 회사의 사채를 £2,000,000에 전액 구매하여 조기 상환할 것을 제안했는데, 여기에 소요되는 자금은 액면가 £2,000,000, 이자율 11%, 10년 만기의 새로운 사채를 발행하여 조달해야 한다. 회장은 회계책임자인 당신에게 "환매 계획의 타당성이 분명히 있지요?"라고 물었다.

**a.** 2020년 1월 1일 자 5년 만기 사채의 장부 가치를 구하라(정액법으로 상각한다고 가정한다).

**b.** 2020년 1월 1일에 5년 만기 사채를 상환하는 경우를 분개하라. 그리고 새로운 10년 만기 사채를 발행하는 경우를 분개하라.

**c.** 회장에게 조언하는 간단한 메모를 작성하라. 특히 조기 상환을 제안한 것과 관련하여 고려해야 할 경제적 요인을 나열하라.

### 커뮤니케이션 활동

**5** Seiser AG의 사장인 론 자이저는 사업 확장 자금을 조달하기 위해 사채 발행을 고려하다가 당신에게 주식 대비 사채의 장점, 발행 가능한 사채의 유형, 사채 발행 절차를 설명해달라고 요청했다. 이에 대해 설명하라.

### 윤리 사례

**6** 딜런 혼은 첨단 의료 기술 제품을 생산하는 신흥 기업 Wesley Medical Ltd.의 CEO이자 설립자이며 대주주이다. 현재 Wesley Medical Ltd.는 운영비 부족에도 시달리고 있지만, 개발에 성공한 몇 가지 신제품을 최종적으로 실험하고 생산에 투입하기 위해 추가 자본이 절실한 상태이다. 한편 발행 주식의 51%를 소유한 딜런은 CEO로서 연구개발과 장기적인 성장에 중점을 두는 데 반해, 회사 지분의 40%를 소유한 대주주 메리 소머스는 회사 경영에는 참여하지 않지만, 연구개발 기능보다는 마케팅 기능을 강조하고 단기 판매와 기존 제품의 이윤을 극대화하는 데 관심이 많다. 메리는 그래야 주가를 끌어올릴 수 있을 것으로 믿는다.

또한 딜런은 회사 설립을 위해 큰돈을 빌리고 전 재산을 끌어다 썼기에 자금 동원력이 고갈된 상태이다. 따라서 회사가 증자를 하면 이에 참여할 수 없어 회사에 대한 자신의 지배력이 약화되는 사실을 너무나 잘 알고 있다. 반면에 메리는 풍부한 자금을 가지고 있다. 그녀는 증자에 적극 참여함으로써 경영권을 장악한 뒤 딜런을 CEO 자리에서 내쫓아 회사의 향후 경영 방침을 변경하고자 한다.

그런데 Wesley Medical Ltd.는 이미 상당한 부채를 가지고 있다. 추가로 부채를 늘리면 금융비용이 많이 들고 신용 등급에 부정적인 영향을 미치며, 이자비용의 증가로 인해 회사의 손실을 증가시킬 것으로 예상된다. 이에 메리를 비롯한 대부분의 주주들은 추가 부채로 인해 회사가 파산할 것을 두려워하여 반대 의사를 적극 표명하고 나섰지만, 딜런은 자신의 통제력과 '자신의' 회사 방향을 유지하기 위해 주식을 발행하지 못하도록 모든 방법을 동원하고 있다. 그는 고금리 사채를 발행하더라도 대규모 사채를 발행하려고 고려 중이다.

a. 이 경우의 이해관계자는 누구인가?
b. 이 경우의 윤리적 문제는 무엇인가?
c. 딜런의 입장이라면 어떻게 하겠는가?

**학습목표**
IFRS와 U.S. GAAP의 비유동부채 회계 처리를 비교한다.

## U.S. GAAP 살펴보기

부채는 법률과 계약에 의해 회사에 강제되는 의무로서, 하는 사업뿐만 아니라 예상치 못한 여러 분야에서 발생할 수 있다. 가령 공해를 유발했다고 소송을 당할 수도 있다. IFRS의 부채에 관한 회계 처리는 기준서 1호인 '재무제표 공시(Presentation of Financial Statements)'와 기준서 37호인 '충당부채, 우발부채와 자산(Provisions, Contingent Liabilities, and Contingent Assets)'에 기술되어 있다. 이를 살펴보면 IFRS와 U.S. GAAP의 비유동부채 회계 처리가 몇 가지 차이를 제외하고는 기본적으로 같다는 것을 알 수 있다.

비유동부채의 회계적 차이는 다음과 같다.

첫째, 재무상태표에서 공시하는 배열 방식이 다르다. 부채는 유동성과 비유동성으로 구분하여 재무상태표에 표시해야 하는데 IFRS의 경우 많은 회사가 고정성 배열법을 선호한다. 따라서 부채를 자산보다 먼저 표시하고 비유동부채를 유동부채 앞에 둔다. 다만 특별히 유동성을 중시하는 금융 기관은 유동성 배열법을 사용해도 무방하다. 반면에 U.S. GAAP은 유동성 배열법만 사용하고 고정성 배열법은 전혀 사용하지 않는다.

둘째, IFRS는 유효이자율법만 인정하지만 U.S. GAAP은 중요한 차이가 없다면 정액법도 인정한다. 간편하기 때문이다. 또한 U.S. GAAP은 사채발행차금을 별도 계정으로 사용하는 경향이 있어 사채를 액면가로 표시하는 데 비해 IFRS는 직접 가감하는 방식을 선호한다. 예를 들어 액면가 $100,000가 97에 발행되었다면 U.S. GAAP과 IFRS는 다음과 같이 나타낸다.

**U.S. GAAP의 분개**

| | | |
|---|---|---|
| 현금 | 97,000 | |
| 사채할인발행차금 | 3,000 | |
| 사채 | | 100,000 |

**IFRS의 분개**

| | | |
|---|---|---|
| 현금 | 97,000 | |
| 사채 | | 97,000 |

셋째, 전환사채의 회계 처리가 다르다. U.S. GAAP은 전환사채라도 수령액을 전부 사채인 부채로 인식하지만, IFRS는 자본과 부채로 구분하여 인식하고 전환권의 가치를 자본으

로 분류한다. 예를 들어 Harris Corp.이 시장이자율이 9%인 상황에서 계약이자율 7%, 액면가 $1,000,000의 전환사채를 발행하고 $1,000,000를 수령했다면, 또한 시장이자율 9%에서 전환이 안 되는 일반사채의 발행가액이 $850,000라면 전환권의 대가는 $150,000이다. U.S. GAAP과 IFRS의 분개는 각각 다음과 같다.

**U.S. GAAP의 분개**

| | | |
|---|---|---|
| 현금 | 1,000,000 | |
| 사채 | | 1,000,000 |

**IFRS의 분개**

| | | |
|---|---|---|
| 현금 | 1,000,000 | |
| 사채 | | 850,000 |
| 자본잉여금-전환권 대가 | | 150,000 |

넷째, 회사에는 현시점에 존재하기는 하나 법적으로 확정되지 않고 표출될 발생 가능성만 있어 금액이 불확실한 채무가 있다. U.S. GAAP과 IFRS는 이러한 잠재적 부채 가운데 발생 가능성이 높고 금액이 신뢰성 있게 추정되면 현재 발생된 부채로 보아 재무제표 본문에 인식하되, 두 가지 요건을 충족하지는 않지만 중요한 내용이라면 주석에 공시한다. 그런데 용어상 차이가 있다. IFRS는 재무제표 본문에 계상하는 전자를 충당부채, 주석에 공시하는 후자를 우발채무라고 하는 데 비해 U.S. GAAP은 모든 잠재적 부채를 우발채무라고 한다. 충당부채의 개념은 있어도 용어상 우발채무에 편입한다.

앞서 언급했듯이 FASB와 IASB는 현재 두 가지 공동 작업을 진행하고 있다. 하나는 채무증권과 지분증권을 구분하여 회계 처리하는 방식이고, 또 하나는 개념 체계 재정립의 일환으로 자산, 부채, 자본 등 회계 구성 요소를 새로운 시각에서 다시 정의 내리는 일이다. 이 두 가지 프로젝트가 완성되면 자산, 부채, 자본의 정의가 달라져 현행 부채 채무와 자본인 지분증권을 구분하고 회계 처리하는 방식에 변화가 있을 것으로 전망된다.

## U.S. GAAP 확인 문제

**1** 다음 설명 중 옳지 않은 것은?

**a.** U.S. GAAP에서는 유동부채가 비유동부채 앞에 나타난다.

**b.** U.S. GAAP에서는 1년 또는 영업주기 중 긴 날 이내에 만기일이 도래하는 부채를 유동부채로 분류한다.

**c.** U.S. GAAP에서 유동부채는 주 사업 활동에서 발생하는 부채를 의미한다.

**d.** U.S. GAAP에서는 현재 발생된 부채만 인식한다.

**2** IFRS와 U.S. GAAP의 사채 회계 처리에 대한 설명으로 옳은 것은?

**a.** 기본적으로는 같다.

**b.** U.S. GAAP이 정액법으로만 사채발행차금의 상각을 요구한다는 점이 다르다.

**c.** 현재 가치를 산출하는 방식이 달라 발행가가 다르게 계산된다는 점 외에는 같다.

**d.** IFRS에는 아직 사채 회계가 없다.

**3** Stevens Corporation은 총액면가 $3,000,000, 이자율 5%의 전환사채를 액면가로 발행했으며, 전환권이 없다면 사채 발행가는 $2,600,000이다. U.S. GAAP에서는 대변을 어떻게 분개하는가?

a. 사채 $3,000,000
b. 사채 $400,000
c. 자본잉여금–전환권 대가 $400,000
d. 사채할인발행차금 $400,000

**4** U.S. GAAP과 IFRS의 사채발행차금 상각에 대한 설명으로 옳은 것은?

a. U.S. GAAP과 IFRS 둘 다 유효이자율법을 사용해야 한다.
b. U.S. GAAP은 유효이자율법만 허용하고, IFRS는 유효이자율법과 정액법을 허용한다.
c. IFRS는 유효이자율법만 허용한다.
d. U.S. GAAP은 정액법만 허용한다.

**5** FASB와 IASB가 현재 하고 있는 공동 작업이 미치는 영향은 무엇인가?

a. 부채의 정의
b. 자본의 정의
c. 자산의 정의
d. 위의 보기 모두

**해답** 1. c　2. a　3. a　4. c　5. d

## U.S. GAAP 연습 문제

**1** 부채의 회계와 관련하여 U.S. GAAP과 IFRS의 유사점과 차이점을 간단히 설명하라.

**2** Ratzlaff Company는 액면가 $2,000,000, 이자율 8%, 10년 만기의 사채를 97에 발행했으며 1월 1일에 이자를 지급한다.

a. U.S. GAAP에 따라 2020년 1월 1일의 사채 발행을 분개하라.
b. 사채가 104에 판매되었을 때 U.S. GAAP에 따라 사채 발행을 분개하라.

**3** Archer Company는 액면가 £4,000,000, 현금을 받고 액면가 대비 99에 7%의 전환사채를 발행했으며, 전환할 수 없는 사채의 순 현재 가치는 £3,800,000이다. (a) U.S. GAAP과 (b) IFRS에 따라 전환사채 발행을 분개하라.

### 재무 보고: 애플

**4** 애플의 재무제표는 이 책의 부록 D에 실려 있으며, 재무제표 주석을 포함한 전체 연례 사업 보고서는 회사 웹사이트에서 확인할 수 있다. 이를 이용하여 다음 문제를 풀라.

a. 2016년 9월 24일 현재 총 장기 부채는 모두 얼마인가? 전년도에 비해 총 장기 부채가 얼마나 증가하거나 감소했는가?
b. 2016년 9월 24일 현재 장기 부채는 얼마인가?
c. 2016년 9월 24일 현재 총 장기 부채의 구성 과목은 무엇인가?

CHAPTER 12

© Pali Rao/iStockphoto

# 기업: 법인과 자본

Corporations: Organization, Share Transactions, and Equity

## 이 단원에서 공부할 내용

아디다스(adidas, 독일)는 유럽 최대의 스포츠웨어 제조업체이다. 엄청난 자산을 소유한 아디다스는 수많은 직원을 거느리고 전 세계를 상대로 매출을 일으켜 많은 이익을 축적한다. 그런데 아디다스는 사람이 아니다. 회사 또는 법인이라고 불리는 사회적 실체로서 존재한다. 기업이 법인의 형태를 띠면 자연인이 사업을 하는 것보다 엄청나게 큰 규모의 회사를 만들 수 있다. 그래서 웬만한 기업은 모두 법인의 형태를 띤다. 이 장에서는 법인에 대해 알아보고, 법인을 만들기 위해 먼저 형성해야 하는 자본의 회계 처리를 다룬다.

## 이 단원을 공부해야 하는 이유

### 승자독식

아디다스의 첫 출발은 다른 기업처럼 평범했다. 가내 수공업 형태로 신발을 만들어 팔던 아돌프 '아디' 다슬러(Adolf 'Adi' Dassler)가 1924년에 형 루돌프 다슬러(Rudolf Dassler)와 함께 다슬러브러더스슈 컴퍼니(Dassler Brothers Shoe Company, 독일)를 설립했다. 그냥 신발이 아니라 스포츠에 특화된 신발을 만들면 큰돈을 벌 수 있겠다는 생각을 했던 아디는 뛰어난 손재주로 질 좋은 축구화를 만들었고, 외향적인 성격의 루돌프는 독일 전역을 다니면서 주문을 받았다.[1]

그런데 1936년에 베를린 올림픽이 개최되었다. 당시 최고의 육상 스타인 미국의 제시 오언스(Jesse Owens)가 독일에 왔고, 아디는 그에게 자신의 스파이크 러닝화를 보여주며 경기에서 신어달라고 간곡히 요청했다. 이에 오언스는 스파이크 러닝화를 신고 100m, 200m와 400m 계주, 멀리뛰기 종목에서 금메달을 획득하여 베를린 올림픽의 최고 스타가 되었다. 그러자 다슬러 형제의 신발은 전 세계의 주목을 받게 되었다. 그러다 제2차 세계대전이 발발한 후 형제 사이에 갈등이 생겼다. 마침내 형인 루돌프가 푸마(Puma, 독일)를 차려 독립했고, 아디는 회사명을 아디다스로 바꾸고 혼자 회사를 꾸려나갔다.

장구한 세월이 흘러 1990년대에 이르자 아디다스는 전문 CEO를 영입했다. 그리고 독일과 프랑스 증권시장에 주식을 상장했으며, 상장으로 모은 자금으로 살로몬그룹(Salomon Group, 프랑스)을 인수했다. 이로 인해 살로몬(Salomon), 테일러메이드(TaylorMade), 마빅(Mavic), 본파이어(Bonfire)와 같은 유명 브랜드를 사용할 수 있게 된 아디다스는 더욱 사세를 키워 마침내 리복(Reebok, 영국)마저 인수했다. 리복 인수로 말미암아 아디다스는 나이키에 대적할 만한 회사의 반열에 오르게 되어 세계 스포츠 용품 시장은 나이키와 아디다스로 양분되었다.

신발 시장에서만큼 변덕스러운 소비자는 없다. 새로운 신발의 인기가 하루도 못 간다. 그래서 오히려 시장의 가능성이 무궁무진하다. 이 큰 시장에서 아디다스와 나이키 중 누가 최후의 승자가 될지는 예측을 불허한다. 주주들은 그저 자기가 소유한 주식의 회사가 승자가 되기를 간절히 바랄 뿐이다.

## 이 단원의 구성과 학습목표

| | | | |
|---|---|---|---|
| **법인과 회사** | **법인의 특징을 이해한다.** | • 회사(법인)의 특징<br>• 회사 설립<br>• 주주의 권리<br>• 주식 발행 시 고려 사항<br>• 자본 | **DO IT! 1a** 법인의 형태<br>**DO IT! 1b** 회사의 자본금 |
| **주식 발행의 회계 처리** | **보통주, 우선주, 자기주식의 회계 처리를 이해한다.** | • 보통주의 자본 회계<br>• 우선주 발행<br>• 자기주식 | **DO IT! 2a** 주식 발행<br>**DO IT! 2b** 자기주식 |
| **배당과 분할** | **배당금과 주식 분할의 회계 처리를 이해한다.** | • 현금 배당의 회계<br>• 우선주 배당금<br>• 주식 배당의 회계<br>• 주식 분할의 회계 | **DO IT! 3a** 우선주와 보통주의 배당금 안분<br>**DO IT! 3b** 주식 배당과 주식 분할 |
| **자본의 공시와 분석** | **자본의 공시와 분석을 이해한다.** | • 이익잉여금<br>• 재무상태표 공시<br>• 자본 분석 | **DO IT! 4a** 자본 항목<br>**DO IT! 4b** 자본이익률 |

1 역자 주: 1925년, 아디는 직접 손으로 스파이크를 박은 러닝화와 가죽 징을 박은 축구화를 개발하여 특허권을 획득했다. 이 신발은 뛰어난 성능을 과시했는데, 특히 스파이크 러닝화가 처음 빛을 본 것은 1928년의 암스테르담 올림픽에서였다. 리나 라드케(Lina Radke) 선수가 스파이크 러닝화를 신고 여자 800m 달리기에서 세계 최고 기록으로 금메달을 목에 걸었다. 또한 1932년 로스앤젤레스 올림픽에서는 아르투어 요나트(Arthur Jonath)가 같은 신발로 100m 달리기에서 동메달을 따면서 다슬러 형제가 만든 신발은 큰 인기를 끌었다.

## 법인과 회사 _The Corporate Form of Organization

학습목표

법인의 특징을 이해한다.

**법인**(corporation)은 말 그대로 법(法)에 의해 생성되는 실체(人)이다. 법인은 자연인이 아닌 법에 의해 만들어진 인위적인 사람, 즉 법인(法人)이다. 단체가 법인의 요건을 갖추어 등록하면 사람으로 똑같이 취급된다.[2]

학계에서는 법인을 '인위적인 존재로서 보이지도 않고 무형적이어서 만질 수도 없는 오직 법률에서만 인정하는 실체'라고 정의한다. 하지만 이 설명을 듣고 나면 오히려 모호하다. 법인은 법적으로 사람과 마찬가지라서 자연인과 동일한 권리 능력을 가지고 의무와 책임의 주체가 된다고 이해하면 충분하다. 때문에 법인은 자연인과 동일하게 법률을 준수하고 세금을 낸다. 하지만 결혼을 하거나, 국회의원이 되거나, 대통령을 뽑거나, 군 복무를 하는 것처럼 실제 사람이 아니면 하기가 불가능한 권리와 의무는 해당이 없다. 또한 법인은 법에 의해 창설되므로 각국의 법에 따라 구체적인 내용이 조금씩 다르다.

역자 한마디

법인이 가진 권리와 의무를 법인격이라고 한다. 어떤 단체를 만들어 법인으로 관청에 등록하면 법인격이 부여된다. 그런데 회계에서는 회계 대상을 굳이 법인이 아니라도 '소유주와 구분, 분리, 독립되어 경제 활동을 하는 경제적 실체(entity)'라는 관점을 가지고 있다. 바로 '경제적 실체의 공준'이다. 회계는 법인격 여부와 관계없이 회계 대상인 사업의 실체를 소유주와 명확히 구분하는 입장을 견지한다.

법인에는 여러 종류가 있다. 먼저 사단법인과 재단법인으로 나뉜다. 사단법인은 사람이 모여 있는 단체(사단이라고 함)에 법인격을 부여한 것이고, 재단법인은 특정 목적에 사용하기 위해 누군가가 출연한 재산에 법인격을 부여한 것인데 재단법인은 논외로 한다. 사단법인은 추구하는 목적에 따라 다시 영리법인과 비영리법인으로 나뉜다. 영리법인을 상법에서는 회사라고 부른다. BHP빌리턴(BHP Billiton, 호주), 현대자동차(Hyundai Motors, 한국), 루크오일(LUKOIL, 러시아), 마이크로소프트(Microsoft, 미국) 등은 모두 회사, 즉 영리를 추구하는 사단법인이다. 영리법인은 수익 사업을 영위하여 창출되는 이윤을 구성원에 귀속시키려는 목적을 가진 법인이다. 이에 반해 비영리법인은 자선, 의료, 교육 등의 공공사업을 목적으로 하는 법인이다. 유명한 비영리법인으로는 국제적십자위원회(International Committee of the Red Cross, 스위스), 게이츠재단(Bill & Melinda Gates Foundation, 미국) 등을 꼽을 수 있다.[3]

회사에는 상장회사와 비상장회사가 있다. **상장회사**(publicly held corporation)는 주식이 증권거래소에 상장되어 있는 회사이다. 주식이 자유롭게 거래되므로 누구나 살 수 있기에 주주의 수가 매우 많다. 대표적인 상장회사로는 토요타(Toyota, 일본), 지멘스(Siemens, 독일), SINOPEC(China Petroleum & Chemical Corporation, 중국), 제너럴일렉트릭(General Electric, 미국) 등 굵직한 회사들이 있다.

역자 한마디

주식을 자유롭게 거래할 수 있는 시장은 증권거래소이다. 세계 1위의 증권거래소는 미국 뉴욕의 월가에 위치한 뉴욕증권거래소이다. 2위인 나스닥도 미국에 있다. 중국 상하이증권거래소, 홍콩증권거래소, 일본 도쿄증권거래소, 유럽연합 유로넥스트, 영국 런던증권거래소가 그 뒤를 따르고 한국증권거래소는 세계 13위이다. 남미의 브라질에는 상파울루증권거래소가 있다.

이와 달리 주식이 상장되어 있지 않은 회사를 **비상장회사**(privately held corporation)라고 한다. 시장에서 쉽게 주식을 사고 팔 수 없으니 당연히 소유주가 소수이고, 대체로 상장법인에 비해

2 역자 주: 예를 들어 삼성전자는 삼성전자의 이름으로 사업을 하면서 삼성전자의 이름으로 직원을 뽑고 삼성전자의 이름으로 각종 계약을 한다. 그래야 편리하다. 그리고 매일 주주가 바뀌고 CEO가 변동되어도 삼성전자는 변함없이 그대로 존재한다. 그래서 영속적이다. 이 점이 바로 법인의 가장 중요한 특징이고 이 세상에서 법인을 만든 주요 이유이다.

3 역자 주: 영리법인과 비영리법인의 법적 구분 기준은 수익사업 여부가 아니라 구성원에 대한 이윤 배분 여부에 있다. 그러므로 공공사업을 하더라도 이윤을 배분하면 영리법인이고, 수익사업을 하더라도 이윤을 배분하지 않으면 비영리법인이다. 즉 수익사업을 한다고 해서 영리법인이 아니고, 영리법인의 목적이 구성원에게 돈을 벌어주는 것이다 보니 자연히 수익사업을 많이 하는 것일 뿐이다. 비영리법인도 마찬가지이다. 공공사업을 위해 수익사업을 하기도 한다.

규모가 작다. 그러나 곡물 회사인 카길(Cargill Inc., 미국)은 비상장법인이면서도 전 세계적인 규모를 자랑한다.[4]

## 회사(법인)의 특징 _Characteristics of a Corporation

기업은 법인(회사) 아니면 비법인기업의 형태를 띤다. 비법인기업은 혼자 사업을 하는지, 동업자가 있는지에 따라 개인기업과 단체인 조합으로 나뉘며, 조합은 '파트너십'이라고도 불린다. 회사의 경우 이론상 일인 소유주도 가능하지만 보통은 혼자가 아니라 복수이다. 따라서 개인기업은 논외로 하고, 둘 다 소유주가 여러 명임에도 불구하고 서로 다른 조합과 법인의 특징을 대비하여 살펴보자.

그런데 미리 알아둘 것이 있다. 우리나라 상법에서는 영리법인의 소유주를 사원이라고 부른다. 이는 통상적인 의미의 회사원이 아니라 법인의 소유주를 뜻한다. 법적 용어로 사원은 회사의 주인을 의미하고, 회사원인 사원은 사단법인이 고용한 일꾼인 셈이다. 그중 주식회사의 사원을 특별히 주주라고 한다. 주식회사가 아닌 회사로는 우리나라의 경우 합병회사, 합자회사, 유한회사, 유한책임회사 등이 있다. 이 중 법인의 개념에 가장 충실한 형태는 주식회사이며, 합병회사나 합자회사는 형태는 법인이지만 조합의 성격이 상당히 가미되어 있다. 따라서 아래 설명에서 법인은 회사를 뜻하고, 회사 중에서도 법인에 가장 충실한 모델인 주식회사로 상정했다는 것에 유의한다. 그리고 소유주, 사원, 주주는 모두 같은 의미로 사용되었다.

주주

**소유주와 독립된 법적 실체**

### 법률적으로 독립된 실체 _Separate Legal Existence

회사는 법률에 의해 소유주와 구분되는 독립적 실체이다. 따라서 회사는 소유주인 사원과는 다른 별도의 고유 명칭을 가진다. 예를 들어 볼보(Volvo, 스웨덴)는 회사 이름으로 토지를 구입하여 소유하고 매각한다. 또한 볼보라는 이름으로 은행에서 자금을 차입하고, 다양한 계약을 하며, 재판상의 권리를 가짐으로써 소송의 당사자로 원고도 될 수 있고 피고도 될 수 있다. 당연히 세금도 볼보의 명의로 납부한다.

볼보 주주들 개인의 법률 행위는 법인에 전혀 영향을 미치지 않는다. 즉 볼보 주주들은 볼보의 소유주이지만 볼보라는 이름으로 토지를 구매할 수 없다. 이는 법률적으로 확연히 구분된다. 주주가 법인에 영향을 주려면 이사가 되거나 볼보와 계약하여 회사의 법적 대리인 자격을 취득하는 수밖에 없다. 그러나 조합의 경우는 다르다. 조합원의 법률 행위는 법인과 달리 조합에 법적인 영향을 준다.

주주

**유한책임**

### 소유주의 유한책임 _Limited Liability of Shareholders

회사가 소유주와 구분되는 독립적 존재가 되면 회사의 채권자는 회사의 재산에 대해서만 채무이행을 요구할 수 있을 뿐 원칙적으로는 주주의 사유재산에까지 그 권리가 미치지 않는다. 책임

---

4 역자 주: 지금까지의 설명을 정리하면 다음과 같다.

- 법인
  - 사단법인
    - 영리법인(회사)
      - 상장회사
      - 비상장회사
    - 비영리법인
  - 재단법인

을 면탈하기 위한 법인 명의를 사용하는 등 주주의 고의적인 부정이 있는 경우에만 가능할 뿐이다. 따라서 일반적으로 주주는 회사의 채무에 대한 직접적인 책임이 없고 법인에 대한 본인의 투자액만 날리면 되는데, 이를 소유주의 유한책임이라고 한다. 반면에 조합처럼 조합의 채무를 소유주가 끝까지 자신의 재산으로 책임지는 형태를 무한책임이라고 한다.

### 자유로운 소유권 이전 _Transferable Ownership Rights

회사의 소유권은 주식이라는 증서로 일정 단위로 쪼개져 자유롭게 거래되며, 주주는 마음만 먹으면 아무런 제한 없이 주식을 양도하고 처분할 수 있다. 반대로 소유주가 되고 싶다면 아무런 제한 없이 주식을 취득하면 된다. 하지만 조합은 그럴 수가 없다. 소유권을 양도하거나 양수하려면 다른 조합원의 동의를 얻어야 한다. 또한 주주 간의 소유권 이전은 법인과 아무런 연관이 없다. 개인 간의 일이기 때문에 회사의 자산, 부채, 자본과 전혀 무관하다.

소유권 이전

### 탁월한 자본 조달 능력 _Ability to Acquire Capital

회사는 주식을 발행하여 대중을 대상으로 자본을 쉽게 조달할 수 있다. 주주는 회사가 파산하더라도 투자금만 손해 보면 되는 유한책임을 지며, 자금이 필요하면 주식을 시장에서 양도하여 언제든지 쉽게 현금화할 수 있다. 또한 적은 자금으로도 투자할 수 있어 큰 부담 없이 증권시장에 뛰어들 수 있다. 이러한 장점 덕분에 법인은 주주를 확보하기가 쉬워 좋은 회사라면 자금 조달 능력이 실로 무한정하다고 할 수 있다.

그러나 적은 금액으로 주식을 취득한 소액 주주는 법률상 소유자일 뿐 일개 주주로서 회사에 큰 힘을 발휘할 수 없다. 그래서 소유주라기보다는 투자자의 성격이 강하다. 이들은 법인을 소유하려는 것이 아니라 회사가 주는 배당을 선호하고 주가 상승에 따른 높은 투자 수익을 기대한다.

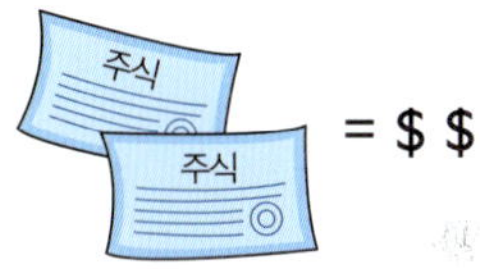


자본 조달 능력

### 지속가능성(영속성) _Continuous Life

회사의 존속 기간은 정관의 기재 사항이며, 설립 시부터 영구적일 수도 있고 제한적일 수도 있다. 그러나 주주총회에서 대다수가 동의하면 정관을 개정하여 존속 기간을 끝없이 늘릴 수 있으므로 한정적으로 존속 기간을 정해놓아도 별 의미가 없다. 그리고 법인은 소유주와 독립되므로 주주와 경영자 및 임직원의 사망, 파산, 주권 양도의 영향을 전혀 받지 않는다. 법인은 구성원과 별개의 존재이기 때문이다. 시장에서 좋은 평판을 받는 법인의 존속 기간은 가히 영구적이라고 할 수 있다.

영속적인 존재

### 소유와 경영의 분리 _Corporation Management

주주는 회사의 법률적 주인이다. 그러나 주주의 수가 워낙 많아서 주주들이 선임한 이사회에 경영을 위임한다. 이사회는 회사에 맞는 경영 방침을 세우고 경영을 잘할 CEO와 임원진을 구성할 책임이 있다. CEO는 경영 전반에 관해 최종 책임을 지면서 자신의 일부 권한을 아래 임원들에게 위임한다. 그중 컨트롤러(controller), 즉 회계 담당 임원은 회계 기록을 하고, 적절한 내부통제 조직을 설계하고 운영하며, 재무제표 작성과 세무 신고의 책임을 담당한다. 비슷한 임원으로는 회사의 자금을 관리하고 책임을 지는 재무 담당 임원이 있다. 회계 기능과 자금 관리 능력은 분명 다른데 같은 선상에 두고 보는 오해가 있다.

ETHICS NOTE
경영자는 기업의 소유자가 아니기 때문에 배당을 받지 않고 경영 성과에 따라 보상을 받는다. 그래서 실적을 부풀리려는 유혹에 빠지기 쉽다.

소유와 경영이 분리되면 전문적인 경영자가 기업을 운영할 수 있지만 소유주인 주주의 영향력이 제한된다. 경영자가 소유자를 위해 얼마나 실력 발휘를 할지는 늘 미지수이다. 그림 12.1은 위의 설명을 축약하여 전형적인 법인의 조직도를 나타낸 것이다.

그림 12.1 주식회사의 조직도

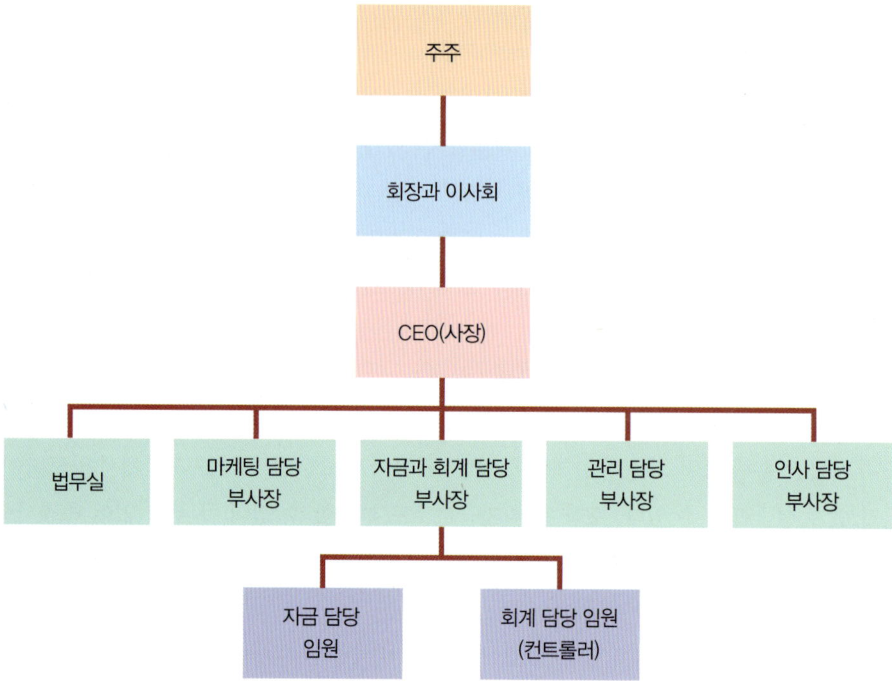


## 정부의 규제 _Government Regulations

회사는 큰 조직이라 사회에 미치는 영향이 자연인과 비교할 수 없을 만큼 매우 크다. 회사를 중심으로 많은 이해관계자의 이해관계가 복잡하게 얽혀 있어 민법 외에도 상법 등 관련 법률이 제정되고 정부의 감독 규제가 많다.

예를 들어 회사가 주식을 발행하고 배당을 하고 자본을 감소시킬 때 소액주주를 보호하기 위해 지켜야 할 법률상 강행 규정이 있는데, 대표적으로 상법이 있다. 또한 증권거래법 또는 자본시장법으로 불리는 법은 시장에서 주식을 널리 공모할 때 적용되는 법으로서 투자자를 보호하는 각종 규정으로 구성되어 있다. 아울러 동법의 준수 여부에 대한 감독을 목적으로 미국의 SEC, 한국의 금융위원회와 금융감독원 같은 기관이 설립되었는데, 상장법인은 재무적인 내용을 이러한 기관에 분기적·연례적으로 보고하여 엄격한 감독을 받는다. 주주를 보호하기 위해 증권거래소의 요구 사항도 많은데, 재무 정보를 제대로 충분히 공시할 것을 강제하므로 상장법인이 되면 준수해야 할 내용이 많고 관리 비용도 꽤 든다.

## 추가 과세 부담 _Additional Taxes

추가 과세

개인기업과 조합은 기업을 통해 벌어들인 소득에 해당하는 세금을 내야 한다. 법인도 법률적으로 독립된 실체이므로 세금을 내야 하는데, 이 세금을 법인세라고 한다. 법인세가 정부 예산에서 차지하는 비중은 상당히 크다.

그런데 법인세를 낸 회사가 배당을 하면 주주는 다시 소득세를 내야 한다. 법인과 주주는 서로 다르기 때문에 당연한 일이기는 하지만 주주 입장에서는 같은 소득에 대해 법인세와 소득세로 두 번 세금을 납부하는 이중과세라는 불만이 있다.

지금까지 조합에 대비하여 살펴본 법인의 장단점을 그림 12.2에 요약·정리했다.

**그림 12.2** 법인의 장단점

| 장점 | 단점 |
|---|---|
| 법률적으로 독립된 실체 | 소유와 경영의 분리에 따른 소유자 소외 |
| 소유주의 유한책임 | 정부의 규제 |
| 자유로운 소유권 이전 | 추가 과세 부담 |
| 탁월한 자본 조달 능력 | |
| 지속가능성 | |
| 소유와 경영의 분리에 따른 경영의 전문성 | |

## 회사 설립 _Forming a Corporation

회사 설립의 절차는 나라마다(미국의 경우 주마다) 다르다. 회사를 설립하려면 먼저 원하는 지역의 관할 관청(우리나라의 경우 법원)에 법인의 명칭과 설립 목적, 수권주식 수와 발기인, 발기인이 인수할 주식 수 등을 적은 신청 서류를 접수해야 한다. 영업하는 지역은 여러 곳이라도 설립 신청은 한 군데에서 하며, 사업 목적에 맞게 가장 알맞은 곳을 골라야 한다. 예를 들어 걸프오일(Gulf Oil, 미국)은 최근 법적 관할 지역을 델라웨어주로 이전했는데, 이는 적대적 M&A를 방어하기 위함이라고 알려져 있다. 델라웨어주는 상법상 주주총회의 결의를 거치지 않고 이사회의 결의만으로도 회사의 의사결정에 대한 법적 효력이 주어지기 때문이다.

회사 설립이 승인 나면 발기인은 **정관**(charter)을 작성하여 관청에 제출해야 한다. 발기인은 회사 설립을 주도하는 사람들이고, 정관은 법인의 조직과 활동을 정한 근본 규칙이다. 정관이 승인되면 정식으로 회사가 설립되고, 정관이라는 자치 규정에 따라 회사의 업무가 시작된다. 한편 미국에서는 회사를 설립하더라도 다른 주에서 영업을 하려면 해당 주에서 영업 허가를 따로 받아야 한다.

회사를 설립하는 데에는 변호사 수수료, 홍보비 등의 **창업비**(organization cost)가 꽤 든다. 회계상 창업비는 발생 즉시 비용으로 처리하는데, 이론적으로는 창업비에 대응하는 수익이 미래에 차츰 실현되므로 수익비용 대응 원칙상 선급비용인 자산으로 처리하는 것이 맞다는 주장이 있다. 따라서 과거에는 창업비를 자산으로 처리하고 매년 비용으로 상각한 적이 있었다. 그러나 미래 수익이 언제 얼마나 생길지 정확히 예측할 수 없기에 자칫 영구적인 자산이 되거나 상각 기간이 매우 긴 장기적 자산이 될 수 있다. 매각도 할 수 없고 사용 가치도 없는 알맹이 없는 창업비를 자산으로 오랫동안 재무상태표에 두는 것은 바람직하지 않다는 주장이 비등해지자 재무상태표를 중시하는 IFRS에서는 발생 즉시 비용화하는 것을 표준화된 회계 처리 방식으로 삼고 있다.

## 주주의 권리 _Shareholder Rights

회사의 소유권은 주식이란 증서로 나뉘어 판매된다. 주식은 권리가 다른 여러 종류로 발행할 수 있는데, 일단 법에서 허용하는 내용으로 한 종류이면 보통주라고 한다. 주주의 권리는 법과 정관으로 보장된다. 구체적인 권리 내용은 그림 12.3을 참조하라.

그림 12.3 주주의 소유권

**주주는 소유권에 따라 다음 권리를 지닌다.**

1. 주주총회에서 이사회를 구성하고 주주의 승인이 필요한 각종 사항을 의결한다.

2. 회사의 성과인 배당금을 받는다.

3. 신주 발행 시 지분율을 유지하기 위해 선매할 수 있는 권리(먼저 살 수 있는 권리)를 가진다.

4. 회사 청산 시 지분율에 따른 잔여 재산 분배권을 가진다.

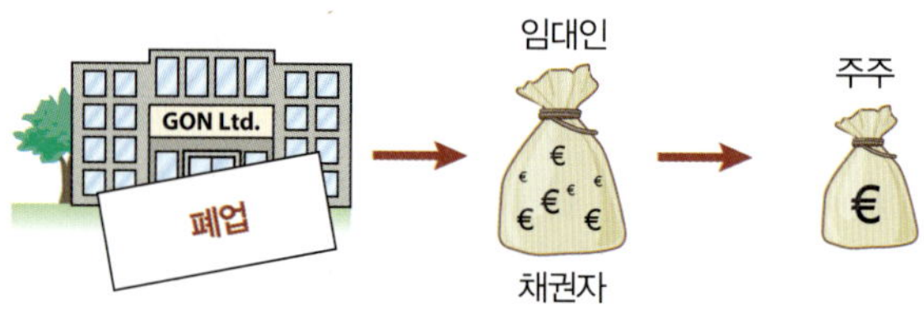


주권은 회사가 주주임을 증명하기 위해 발행하는 증서이다(그림 12.4 참조). 주권에는 회사명, 주권의 종류, 소유주 이름, 소유 주식 수가 기재되고, 회사의 책임 있는 임원이 서명을 한다. 진위를 구분하기 위해 주권에 고유 번호가 부여되면 신뢰도가 더 높아진다.

그림 12.4 주권

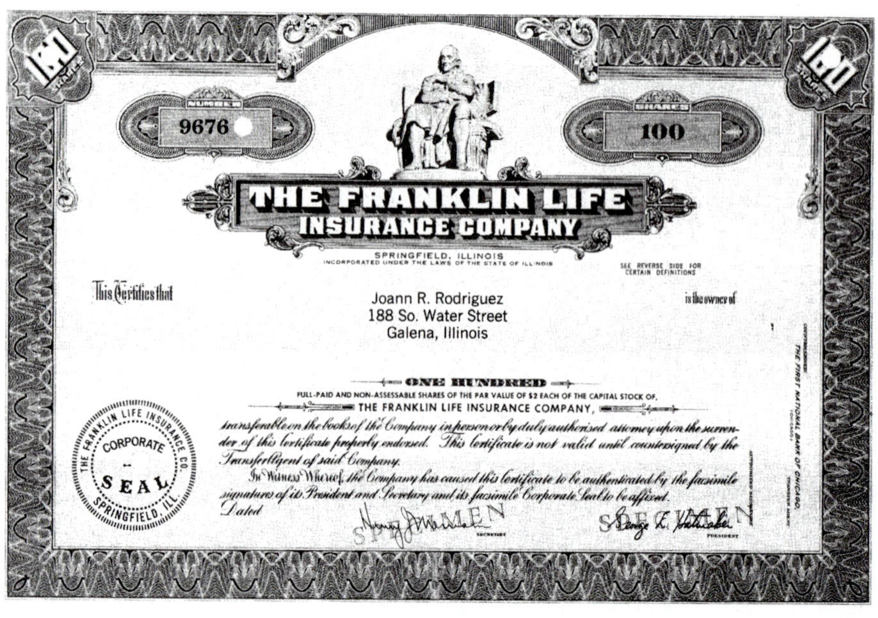

## 주식 발행 시 고려 사항 _Share Issue Considerations

주식을 발행할 때는 다음 사항을 고려해야 한다.

### 수권주식 수 _Authorized Shares

주주총회에서 승인하여 회사가 발행할 수 있는 주식의 총수를 **수권주식 수**(authorized shares)라고 한다. 회사는 수권주식 수의 범위 안에서 주식을 발행한다. 수권주식 수를 전부 소진했을 때는 주주총회를 거쳐 미국 등의 경우 지방 관청에서 정관 변경의 승인을 득해야 한다.

그런데 수권주식은 회계와 무관하다. 회사의 자본에 경제적 가치와 관련된 변동이 없기 때문이다. 주식을 실제로 발행해야 자본이 달라지는 것이고, 수권주식 수의 결정만으로는 재무상태표의 자본 항목에 표시되는 수권주식 수만 달라질 뿐이다. 회사가 앞으로 발행할 수 있는 미발행 주식의 계산은 매우 쉽다. 수권주식 수에서 발행 주식 수를 차감하면 된다. 가령 퀀타컴퓨터(Quanta Computer, 대만)가 주주총회에서 수권주식 수로 100,000주를 승인받은 후 80,000주를 발행했다면 미발행 주식 수는 20,000주이다.

### 주식 발행 _Issuance of Shares

회사가 주식을 발행하는 방법은 두 가지이다. 주주에게 직접 발행할 수도 있고 간접적으로 증권사를 통해 발행할 수도 있다. 후자를 간접 발행이라고 하는데, 대부분의 상장사는 증권사의 전문 능력에 기대어 간접 발행을 한다.

간접 발행은 약정에 따라 여러 가지 방식이 있다. 그중에서 증권사가 발행 회사의 주식 전량을 인수하는(underwrite) 계약을 체결하고 재판매하는 것을 총액 인수 방식이라고 한다. 증권사는 안 팔릴지도 모른다는 리스크를 부담해야 하지만 인수 가격과 발행 가격의 차이로 큰 시세차익을 누릴 가능성이 있다. 그래서 별도의 수수료가 없는 것이 일반적이다. 회사 입장에서는 리스크 없이 증권 회사로부터 현금을 미리 받아 사용할 수 있어 좋다. 또 다른 방식인 잔액 인수 방식은 발행 주체가 정한 가격으로 증권 회사가 일반 투자가들에게 주식을 매각하고 남은 미판매된 주식을 인수하는데, 이 경우에는 증권사가 거액의 수수료를 받는다.[5] 예를 들어 세계 인구의 1/3이 사용하는 검색엔진을 보유한 구글(Google, 미국)이 자본금 $16억 7,000만을 최초 증시에서 조달(IPO라고 함)할 때 이를 맡은 증권사는 3%의 수수료율로 $5,000만을 받았다고 알려져 있다.

간접 발행

한편 발행 가격은 복잡한 셈법을 거쳐 결정된다. 이는 회사의 장래 수익과 배당률, 현재 재무상태, 국가의 경제, 증시 상황 등의 영향을 받는다.

### 시장의 주가 _Market Price of Shares

증시에서 주가, 즉 시장가는 해당 회사의 이익과 배당률에 따라 결정된다. 그러나 더 거시적인 관점에서는 기업의 활동 범위를 넘어 오일 금수 조치나 금리 변동, 대통령 선거 결과 등에 따라서도 주가가 출렁인다. 또한 증권거래소에서의 주식 거래로 회사의 소유주는 시시각각 바뀌지만 법인인 회사와는 무관하다.

5 증권사가 최선의 노력으로 일반 대중에게 주식을 팔고, 팔리지 않은 부분을 회사가 인수하는 계약을 모집주선이라고 한다.

**투자적 사고력 키우기 | 주식 거래 정보의 표시**

증권거래소는 상장회사의 주식을 사고 팔 수 있도록 잘 조직화된 시장이다. 경제지에는 주식 거래에 관한 정보가 실려 있어 주식별로 최고가와 최저가, 거래량, 장 마감 시 종가, 주가 변동액 등을 알 수 있다. 예를 들어 아디다스는 여러 나라의 증권거래소에 상장되어 있는데, 다음은 신문에 실린 하단의 정보(단위: €)를 풀어쓴 것이다.

"지난 1년 52주 동안 아디다스 주식의 최고가와 최저가는 각각 €113.38, €70.61이며, 오늘 최고가와 최저가 및 종가는 각각 €113.38, €111.18, €113.07로, 하루 주가 변동액이 €1.20 증가했다. 그리고 오늘 하루 거래량은 61,753주였다."

© pidjoe/iStockphoto

**증권거래소에서 거래되는 주식의 주당 가격은 어떻게 설정되는가? 시장에서 주가에 영향을 미칠 수 있는 요인은 무엇인가?**

| | 52주 | | | | | | |
|---|---|---|---|---|---|---|---|
| 회사 | 최고가 | 최저가 | 거래량 | 최고가 | 최저가 | 종가 | 변동액 |
| 아디다스 | 113.38 | 70.61 | 61,753 | 113.38 | 111.18 | 113.07 | 1.20 |

### 액면주와 무액면주 _Par and No-Par Value Shares

**액면주**(par value share)는 주식에 가격이 표시된 것으로, 근거로는 정관에 정해져 있는 금액이다. 과거에는 액면주가 대부분이었다. 주식회사의 주주는 유한책임을 지므로 채권자가 믿을 자산은 주주가 불입한 자본금뿐이라 상법에서는 채권자 보호를 위해 법인이 어떻게 하든 자본금을 유지하도록 강제해야 했다. 이에 불입된 자본금을 사외 유출하는 행위를 범죄로 취급했으며, 감자를 통해 특별한 경우가 아니면 대주주가 함부로 빼갈 수 없게 했다. 따라서 법적으로 최소한 유지해야 하는 자본금을 명시할 필요가 있어 액면가와 발행 주식 수를 곱한 결과인 법정자본금(legal capital)을 회사 내에 절대적으로 유지하게 했다. 그래서 액면주가 필요했다. 그러나 이는 액면 발행이 일반적이어서 주식 발행가와 액면가가 같거나 비슷하여 주식발행초과금이 없거나 적을 때는 얼추 맞는 말이다.

그러나 요즘은 주식의 시장가와 액면가의 차이가 커서 이 기능이 제대로 작동하는지 매우 의심스럽다. 예를 들어 어느 미국 상장회사의 주식은 액면가가 $1인데도 2017년 신주 발행 시 시장가인 $27에 팔렸다. 주주가 이미 $27를 투자했는데 회사가 그깟 $1를 지킨들 무슨 의미가 있겠는가. 회사가 지켜야 할 불입자본은 주당 $27인데, 주당 $1인 자본금보다 주당 $26인 주식발행초과금(자본잉여금)이 더 크다. 이에 무액면주가 등장했다. 여기서 주식발행초과금은 주식 발행 금액과 액면 금액의 차액을 뜻하고 자본잉여금은 주주와의 자본 거래 시 불입한 자본금에서 법정자본금을 차감한 나머지를 뜻하며, 주식발행초과금은 자본잉여금의 주요 부분을 차지한다.

그래서 이제는 **무액면주**(no-par value share)가 대세이다. 무액면주는 가격이 정해져 있지 않은 주식이다. 더구나 상법상 불입자본이면 법정자본금이든 주식발행초과금이든 불문하고 모두 사외 유출이 원칙적으로 금지되니 액면주의 의미가 많이 희석되었다. 나이키, 앤하이저부시인베브 등 대부분 회사의 주식은 무액면주이다. 다만 주식 발행 시마다 이사회에서 주식의 액면가를 정해줄 수도 있는데, 이를 **표시가격**(stated value)이라고 한다.[6]

---

6 역자 주: 회계적으로는 표시가격에 주식 수를 곱한 것만큼 자본금으로 처리하고, 발행가와의 차액은 주식발행초과금으로 기록한다.

**DO IT! 1a 법인의 형태**

다음 설명이 맞으면 ○, 틀리면 ×로 표시하고 틀린 부분을 바르게 고쳐라.

1. 조합의 조합원처럼 법인의 사원은 무한책임을 진다.
2. 법인은 주식을 발행하므로 상대적으로 자본 조달이 유리하다.
3. 소유와 경영의 분리는 법인의 장점이다.
4. 수권주식이 결정되면 대변에 적절한 자본 계정을 사용하여 분개해야 한다.

**해답** 1. ×(법인의 사원은 유한책임을 진다.) 2. ○ 3. ×(소유와 경영의 분리에는 전문 경영이라는 장점과 소유권의 제한이라는 단점이 공존한다.) 4. ×(수권주식은 분개의 대상이 아니다.)

## 자본 _Corporate Capital

회사의 자본은 '자산 – 부채'이고 불입자본금과 이익잉여금으로 구분된다. 불입자본금은 주주에게 받은 금액이고 이익잉여금은 기업의 성과를 모아둔 것이다. 상법상 이익잉여금은 주주에게 배당으로 나누어주어도 되지만 불입자본금은 절대 안 된다. 그렇다 해도 이익잉여금이 전부 배당되는 것은 아니다. 회사의 발전을 위한 투자에 사용해야 할 뿐만 아니라, 현금의 사외 유출을 초래하여 유동성에 영향을 주므로 이익잉여금을 모두 배당하는 회사는 없다.

### 자본금 _Share Capital

회사는 주식을 발행하고 현금과 재화를 반대급부로 받는데, 이를 간단히 **자본금**(share capital) 또는 불입자본금(paid-in capital)이라고 한다. 불입자본금은 법정자본금과 자본잉여금으로 나뉘지만 구분의 실익은 별로 없다. 법정자본금은 액면가 곱하기 주식 수이고, 자본잉여금은 불입자본금에서 법정자본금을 제외한 모든 금액을 의미한다. 자본잉여금에는 여러 구성 요소가 있으나 후술하는 주식발행초과금이 대표적이다.

역자 한마디

회계적으로 불입자본을 만드는 주주와의 거래를 자본 거래, 이익잉여금을 만드는 거래를 손익 거래라고 한다. 회사는 상법상 자본 거래에서 나온 자금을 절대 외부로 유출하면 안 되고, 손익 거래에서 나온 경제적 가치만 주주에게 배당할 수 있다. 또한 자본 거래에서 나왔지만 불입자본을 형성하지 못하고 오히려 불입자본의 차감 항목이 되는 주식할인발행차금, 감자차손, 자기주식 등을 처리하기 위한 계정을 자본조정이라고 한다. 그리고 손익 거래에서 나왔지만 공정가치 평가로 인한 차이처럼 자산 변동으로 인해 회계 항등식상 자본 변동이 생겼으나 어떤 경우에는 손익을 구성하는 항목으로 보지 않음으로써 그 금액을 회계 항등식의 대차평균의 원리에 따라 담아두는 계정을 기타포괄손익누계액이라고 한다.

### 이익잉여금 _Retained Earnings

**이익잉여금**(retained earning)은 순이익이 원천으로서 회사가 주주에게 배당하지 않고 사내 유보한 누적 금액이다. 그러므로 매년 결산 시에는 당기순이익을 이익잉여금으로 대체하는 결산 분개를 해야 한다. 즉 많은 계정으로 나뉜 손익 항목을 집합손익으로 모두 모은 후 그 결과인 당기순이익 또는 당기순손실을 이익잉여금으로 대체한다. 예를 들어 Delta Robotics의 당기순이익이 HK$1,300,000일 때 당기순이익을 이익잉여금으로 계정 대체하는 결산 분개는 다음과 같다.

| | | |
|---|---|---|
| 집합손익 | 1,300,000 | |
| 이익잉여금 | | 1,300,000 |
| (당기순이익을 이익잉여금으로 대체) | | |

| A | = | L | + | E |
|---|---|---|---|---|
| | | | | −1,300,000 손익 |
| | | | | +1,300,000 이익잉여금 |

현금 유출입
없음

만약 Delta Robotics의 자본금이 HK$8,000,000라면 그림 12.5와 같이 재무상태표에 자본이 표시될 것이다.

**그림 12.5** 자본 항목

**Delta Robotics**
**재무상태표(일부 발췌)**

| | | |
|---|---|---|
| 자본 | | |
| 자본금 | HK$8,000,000 | |
| 이익잉여금 | 1,300,000 | |
| 자본 계 | | **HK$9,300,000** |

그림 12.6은 개인기업과 회사의 재무상태표상 자본의 공시를 비교하여 보여준다.

**그림 12.6** 자본의 비교

개인기업 / 회사

| 소유주 자본 | |
|---|---|
| | 금액 |

| 자본금 | |
|---|---|
| | 금액 |

| 이익잉여금 | |
|---|---|
| | 금액 |

## DO IT! 1b 회사의 자본금

Doral AG의 사업 첫해 자본금은 €750,000이고 당기순이익 €122,000를 시현했다.

a. 당기순이익을 결산 분개하라.

b. 재무상태표상 자본 항목을 나타내라.

### 해답

| | | |
|---|---|---|
| a. 집합손익 | 122,000 | |
| 이익잉여금 | | 122,000 |
| (당기손익을 마감하고 이익잉여금으로 대체) | | |

| | | |
|---|---|---|
| b. 자본 | | |
| 자본금 | €750,000 | |
| 이익잉여금 | 122,000 | |
| 자본 계 | | €872,000 |

## 주식 발행의 회계 처리 _Accounting for Share Transactions

**학습목표**

보통주, 우선주, 자기주식의 회계 처리를 이해한다.

### 보통주의 자본 회계 _Accounting for Ordinary Shares

주식 발행의 회계 처리를 액면주와 무액면주로 나누어 살펴보자.

#### 액면주 발행 _Issuing Par Value Ordinary Shares for Cash

주식 발행은 대부분 현금을 받고 한다. 그런데 무액면주가 아닌 액면주를 발행했을 때는 일반적으로 액면가와 발행가가 다르며, 액면주의 경우 자본금으로 계상되는 금액은 발행 주식 수와 액면가를 곱한 법정자본금 금액이다. 발행가와 액면가의 차이는 별도의 자본잉여금인 주식발행초과금으로 계상한다. 법적자본금은 법적으로 반드시 유지해야 하는 최소한의 법적 책임금을 말하는데, 실상은 상법상 불입자본이면 모두 유지해야 하므로 액면가와 발행가가 같았던 과거라면 모를까, 차이가 많이 나는 지금은 구분의 실익이 없다. 다만 상법에 따른 자본의 분류 방식 내지 오랜 관례에 따른 것이다.

**역자 한마디**

통상 자본은 '자산 − 부채'이고 불입자본금에 이익잉여금까지 포함하는 자본의 구성 항목 전부를 의미하나, 자본금이라고 할 때는 법정자본금 또는 법정자본금에 주식발행초과금 등의 자본잉여금을 더한 주주로부터의 불입자본금을 뜻하기도 한다. 이는 사용하는 사람에 따라 의미가 다르므로 문제를 풀 때는 이를 헤아려야 한다. 혹자는 불입자본금과 불입자본을 혼용하기도 한다.

예를 들어 Hydro-Slide SA가 발행가를 액면가인 €1로 하여 1,000주를 액면으로 발행했다면 다음과 같이 분개해야 한다.

| | | |
|---|---|---|
| 현금 | 1,000 | |
| 　자본금 | | 1,000 |
| 　　(주식을 액면 발행) | | |

A = L + E
+1,000 　　　+1,000 자본
현금 유입
+1,000

Hydro-Slide가 추가로 주식 1,000주를 액면가 €1를 초과하는 €5로 할증 발행했다면 주당 주식발행초과금 €4(€5 − €1)가 발생하며, 이 경우의 분개는 다음과 같다.

| | | |
|---|---|---|
| 현금 | 5,000 | |
| 　자본금 | | 1,000 |
| 　주식발행초과금 | | 4,000 |
| 　　(주식을 할증 발행) | | |

A = L + E
+5,000 　　　+1,000 자본
　　　　　　+4,000 자본
현금 유입
+5,000

두 번의 주식 발행으로 Hydro-Slide의 자본은 €6,000가 되고 이 중 주식발행초과금이 €4,000 발생했는데, 만약 이익잉여금이 €27,000라면 재무상태표상 자본의 표시는 그림 12.7과 같이 구분하여 공시한다.

**그림 12.7** 주식발행초과금

**Hydro-Slide SA**
**재무상태표(일부 발췌)**

| | |
|---|---|
| 자본 | |
| 　자본금 | € 2,000 |
| 　**주식발행초과금** | **4,000** |
| 　이익잉여금 | 27,000 |
| 　　자본 계 | €33,000 |

흔치는 않지만 발행가가 액면가보다 낮은 경우도 있다. 절대 자본 유지를 강제하는 상법의 원칙상 할인 발행은 제한된다. 또한 액면가와 발행가의 차이(주식할인발행차금)를 기존 주주의 배당 재원인 이익잉여금에서 차감하므로 기존 주주에게 손해가 발생하여 발행을 기피하는 경향도 있다. 주식할인발행차금은 기존의 주식발행초과금이 있으면 거기서 먼저 차감하고, 그래도 모자라면 이익잉여금에서 차감한다.[7]

### 무액면주 발행 _Issuing No-Par Ordinary Shares for Cash

무액면주는 말 그대로 무액면일 수도 있고, 이사회가 발행 시마다 액면가를 지정하는 경우도 있다. 이를 액면가액과 구분하여 표시가격이라고 한다. 표시가격이 있을 때의 회계 처리는 위에서 설명한 액면주와 동일하다. 예를 들어 표시가격이 이사회에서 €5로 지정되고 발행가 €8로 5,000주를 발행했을 때의 분개는 다음과 같다.

A = L + E
+40,000
+25,000 자본
+15,000 자본
현금 유입
+40,000

| | | |
|---|---|---|
| 현금 | 40,000 | |
| 자본금 | | 25,000 |
| 주식발행초과금 | | 15,000 |
| (주식을 할증 발행) | | |

만약 이사회가 액면가를 지정해주지 않으면 전액을 자본금으로 처리한다. 즉 Hydro-Slide가 액면가 지정 없이 주식을 발행했다면 다음과 같이 분개해야 한다.

A = L + E
+40,000
+40,000 자본
현금 유입
+40,000

| | | |
|---|---|---|
| 현금 | 40,000 | |
| 자본금 | | 40,000 |
| (무액면 주식 발행) | | |

### 현물 출자 _Issuing Ordinary Shares for Services or Non-Cash Assets

역자 한마디
노무나 신용은 실체성이 없으므로 무한책임사원만이 현물 출자의 대상으로 삼을 수 있다. 따라서 유한책임을 지는 주식회사의 경우 노무나 신용으로 하는 현물 출자는 법률상 허용되지 않는다.

간혹 회사가 현금이 아닌 노무나 신용, 재산을 받고 주식을 발행하는 경우가 있는데, 이를 현물 출자라고 한다. 현물 출자의 경우 법률이나 회계에서는 공히 적절한 평가를 필요로 한다. 즉 대가로 받는 노무나 재산의 공정가치를 취득원가로 갈음하되, 둘 중 객관성이 더 큰 시가를 취득원가로 삼으면 무난하다.

예를 들어 Jordan Company가 회사 설립을 대리한 변호사가 청구한 수수료 €5,000를 지불하기 위해 액면가 €1인 주식 4,000주를 현금 대신 발행하기로 변호사와 합의했다고 하자. 그러면 공신력과 객관성이 있다고 인정되는 변호사의 청구 수수료 €5,000에 맞게 회사의 주식을 배부했기에 분개의 공정가는 €5,000이고, 액면가와 공정가의 차이에 발행 주식 수를 곱한 €1,000를 주식발행초과금으로 하여 다음과 같은 분개가 성립한다.

7 역자 주: 이는 상법에 근거한 회계 처리이다. 자본 거래에서 발생한 감액은 같은 종류의 자본 거래에서 발생한 증액이 재무제표에 남아 있으면 이것부터 먼저 상쇄하고, 그래도 부족하면 이익잉여금에서 차감하는 것이 큰 원칙이다.

| | | |
|---|---|---|
| 창업비 | 5,000 | |
| 　자본금 | | 4,000 |
| 　주식발행초과금 | | 1,000 |
| 　　(변호사 수수료를 주식으로 물납) | | |

A = L + E
−5,000 비용
+4,000 자본
+1,000 자본

현금 유출입
없음

한편 창업비는 발생과 동시에 비용으로 처리한다.

좀 더 까다로운 예를 살펴보자. Athletic Research AG가 희망가 €90,000로 광고된 건물을 구입하기로 하고, 증권시장에서 주당 시가가 €8인 액면가 €5의 주식 10,000주를 발행하기로 합의했다면 공정가 €80,000로 하여 다음과 같은 분개가 성립한다. 건물의 희망가 €90,000보다는 증권시장의 주가가 더 객관적으로 보이기 때문에 취득원가를 €80,000로 한다.

| | | |
|---|---|---|
| 건물 | 80,000 | |
| 　자본금 | | 50,000 |
| 　주식발행초과금 | | 30,000 |
| 　　(건물로 현물 출자를 받고 주식 발행) | | |

A = L + E
+80,000
+50,000 자본
+30,000 자본

현금 유출입
없음

## 우선주 발행 _Accounting for Preference Shares

상법상 주주는 회사의 소유주로서 의결권을 가지기는 하나 대주주가 아닌 이상 의결권에 관심이 없는 투자자가 대부분이다. 이들에게는 의결권을 포기하게 하는 대신 배당 우선권을 주고, 청산 시에 잔여 재산 분배에 있어 보통주보다 앞서는 권리를 주는 방법을 생각해볼 수 있다. 이러한 맥락에서 발행되는 주식을 **우선주**(preference share)라고 하며, 비교 대상이 되는 의결권이 있는 보통의 주식을 보통주(ordinary share)라고 한다.

재무상태표에는 우선주와 보통주를 구분하고 자본금과 주식발행초과금도 따로 표시해야 한다. 예를 들어 Florence SpA가 액면가 €10, 발행가 €12의 우선주를 10,000주 발행했다면 다음과 같이 분개한다.

| | | |
|---|---|---|
| 현금 | 120,000 | |
| 　우선주 자본금 | | 100,000 |
| 　우선주발행초과금 | | 20,000 |
| 　　(우선주 발행) | | |

A = L + E
+120,000
+100,000 자본
+20,000 자본

현금 유입
+120,000

보통주와 우선주를 구분하여 표시할 때는 우선주가 보통주보다 잔여 재산 우선권이 있으므로 재무상태변동표에서 보통주보다 앞서 표시한다. 우선주도 보통주와 마찬가지로 액면주일 수도 있고 무액면주일 수도 있다.

### DO IT! 2a 주식 발행

Hefei Ltd.는 3월 1일에 사업을 개시하고 액면가 ¥10의 주식을 발행가 ¥12로 1,000,000주 발행했다. 그리고 3월 15일에는 변호사 비용으로 50,000주를 지급하고, 3월 28일에는 액면가 ¥100의 우선주 15,000주를 주당 ¥250에 발행했다. 이를 분개하라.

**해답**

| 날짜 | 계정 | 차변 | 대변 |
|---|---|---|---|
| 3월 1일 | 현금 | 12,000,000 | |
| | 보통주 자본금 | | 10,000,000 |
| | 보통주발행초과금 | | 2,000,000 |
| | (보통주 발행) | | |
| 3월 15일 | 창업비 | 600,000 | |
| | 보통주 자본금 | | 500,000 |
| | 보통주발행초과금 | | 100,000 |
| | (주식 발행으로 창업비 지급) | | |
| 3월 28일 | 현금 | 3,750,000 | |
| | 우선주 자본금(15,000 × ¥100) | | 1,500,000 |
| | 우선주발행초과금(15,000 × ¥150) | | 2,250,000 |
| | (우선주 발행) | | |

## 자기주식 _Accounting for Treasury Shares

HINT
자기주식은 배당금 수령권과 의결권이 없다.

**자기주식** 또는 **자사주**(treasury share)는 회사가 발행한 주식을 회사가 보유하게 된 주식으로, 이는 주주가 불입한 자본을 다시 환급해 가는 행위로 볼 수 있어 상법상 취득이 원칙적으로 금지된다. 그러나 부득이한 경로로 취득하는 경우가 있는데, 어쨌든 자기주식에는 의결권과 배당을 받을 권리가 없다.

자기주식 취득을 금하고 제한하는 정도는 나라마다 다양하다(우리나라는 매우 엄하게 금한다). 자기주식 취득이 비교적 자유로운 나라의 경우 자기주식을 구입하는 목적은 다음과 같다. 기업 합병으로 인해 피합병회사가 보유하고 있는 바람에 우연히 취득하게 될 수도 있는데, 이를 포합주식이라고 한다.

1. 임직원에게 주식으로 상여금을 지급하려는 목적으로 구입한다.
2. 회사가 저평가된 주가 부양책을 기획한다는 시그널을 시장에 보내기 위해 구입한다.
3. 다른 회사의 인수와 관련한 전략에 따라 사용될 주식을 미리 보유하기 위해 구입한다.
4. 시중에 유통 주식 수가 많으면 주당 이익이 낮기 때문에 그 상승을 기하기 위해 구입한다.

흔한 일은 아니지만 회사가 적대적 M&A를 방어하기 위해 그러한 악의(?)를 표하며 주식을 매집하는 주주로부터 울며 겨자 먹기로 주식을 고가에 사들임으로써 자기주식을 본의 아니게 가지는 경우도 있다. 이와 같은 경로로 상법상 자기주식 취득을 금하고 제한한다지만 사실상 많은 회사가 자기주식을 보유한다. 예컨대 최근 아디다스와 레노보(Lenovo, 중국)는 거액의 자기주식을 취득했다고 공시한 바 있다.

### 자기주식 취득 _Purchase of Treasury Shares

회계 처리를 할 때는 원가법에 근거하여 자기주식 취득 시 원가로 처리하고 처분 시 원가를 처분가에서 차감하여 처분손익을 계산한다.

예를 통해 자기주식의 회계 처리와 공시 방법을 알아보자. 2020년 1월 1일에 Mead, Ltd.가 액면가 HK$50인 주식 100,000주를 액면 발행했고 이익잉여금이 HK$2,000,000일 때 그림 12.8과 같이 자본이 표시된다.

**그림 12.8** 자기주식이 없는 경우의 자본 표시

**Mead, Ltd.**
**재무상태표**(일부 발췌)

| | |
|---|---|
| 자본 | |
| 자본금(액면가 HK$50, 발행 및 유통 주식 수 100,000주) | HK$5,000,000 |
| 이익잉여금 | 2,000,000 |
| 자본 계 | HK$7,000,000 |

이후 2020년 2월 1일에 Mead, Ltd.가 주당 취득원가 HK$80로 자기주식을 4,000주 구입했다면 분개는 다음과 같다.

| | | | |
|---|---|---|---|
| 2월 1일 | 자기주식 | 320,000 | |
| | 현금 | | 320,000 |
| | (자기주식 취득) | | |

A = L + E
−320,000 자기주식
−320,000
현금 유출
−320,000

위 분개에서 알 수 있듯이 Mead, Ltd.의 자본금에는 일절 영향을 주지 않는다. 자본금은 액면가 곱하기 발행 주식 수인데 발행 주식 수에 변동이 없기 때문이다. 오직 유통 주식 수만 달라진다. 자기주식은 주주와의 자본 거래이므로 이익잉여금 다음에 자본의 차감 항목으로 그림 12.9와 같이 나타낸다. 그리고 재무상태표의 자본 항목에는 발행 주식 수와 유통 주식 수, 자기주식 수를 공시한다.

**그림 12.9** 자기주식이 있는 경우의 자본 표시

**Mead, Ltd.**
**재무상태표**(일부 발췌)

| | |
|---|---|
| 자본 | |
| 자본금(액면가 HK$50, 발행 주식 수 100,000주, 유통 주식 수 96,000주) | HK$5,000,000 |
| 이익잉여금 | 2,000,000 |
| | 7,000,000 |
| 차감: 자기주식(4,000주) | 320,000 |
| 자본 계 | HK$6,680,000 |

Mead, Ltd.의 재무상태표를 보면 발행 주식 수가 100,000주, 자기주식이 4,000주, 그리고 그 차이인 96,000주가 유통 주식 수로 표시되어 있다. **유통 주식 수**(outstanding shares)는 시장에서 거래되는 실제 주식 수이다.

한편 자기주식을 증시에 매각하면 언제나 현금을 받고 팔 수 있다고 해서 자산으로 처리하는

ETHICS NOTE

자기주식의 취득은 보통주주가 불입했던 자본금을 회수해 가는 것이다. 이로써 법적 책임금이 줄어들어 채권자와 우선주주가 불안해지기 때문에 이익잉여금 이상의 자기주식을 취득할 수 없도록 상법상 제한을 걸어두는 나라가 많다.

HINT
자기주식의 취득과 처분은 자본 거래이며, 자본 거래는 회사와 주주 간의 불입자본에 관한 거래를 말한다. 주식 발행이 손익에 영향을 주지 못하듯이 자기주식 거래도 회사의 성과인 손익과 무관하게 회계 처리를 해야 옳다.

경우도 있는데 이는 잘못된 회계 처리이다. 자기주식은 손익 거래가 아니라 자본 거래로 인해 발생한 항목으로, 채권자와 보통주의 청구권을 제한하는 것으로 보아 자본의 차감 계정이다.

### 자기주식 처분 _Disposal of Treasury Shares

자기주식은 다시 판매하거나 소각할 수 있으며, 처분 시 판매가가 취득원가보다 높고 낮음에 따라 회계 처리가 다르다.

만약 자기주식의 처분가가 취득원가와 동일하면 차변에 현금, 대변에 자기주식이 되며, 처분가가 취득원가보다 크면 그 차액만큼 처분손익이 생긴다. 그런데 자기주식의 처분이익은 손익을 구성하지 않는다. 즉 자기주식은 회사 본연의 영업 활동이 아니라 주주와의 자본 거래에서 발생했으므로 자본잉여금인 주식발행초과금에서 조정해야 한다. 예를 들어 2020년 7월 1일에 Mead, Ltd.가 액면가 HK$80인 자기주식 4,000주 중 1,000주를 주당 HK$100에 매각했다면 다음과 같이 분개해야 한다.

A = L + E
+100,000
+80,000 자기주식
+20,000 자기주식
현금 유입
+100,000

| | | | |
|---|---|---|---|
| 7월 1일 | 현금 | 100,000 | |
| | 자기주식 | | 80,000 |
| | 자기주식처분이익–자본잉여금 | | 20,000 |
| | (자기주식 처분) | | |

Mead, Ltd.는 자기주식처분이익 HK$20,000를 손익으로 인식하면 안 되고 본질상 불입자본의 일부이므로 자본잉여금으로 처리해야 한다. 처분손실이 발생했을 때도 마찬가지이다. 위의 예에서는 자기주식처분이익에서 상계 처리하여 차감해야 한다. 만약 Mead, Ltd.가 10월 1일에 자기주식 800주를 주당 HK$70에 매각한다면 다음 분개가 성립된다.

A = L + E
+56,000
−8,000 자기주식
+64,000 자기주식
현금 유입
+56,000

| | | | |
|---|---|---|---|
| 10월 1일 | 현금(800 × HK$70) | 56,000 | |
| | 자기주식처분손실–자본잉여금 | 8,000 | |
| | 자기주식 | | 64,000 |
| | (자기주식 처분) | | |

한편 보통주 자본금은 역시 발행 주식 수의 변동이 없으므로 영향을 받지 않는다. 즉 자기주식을 팔면 자기주식이 현금으로 변경되고, 자본에서 차감 항목이 사라지니 전체 자산과 자본 계정이 증가할 뿐 보통주 자본금은 불변이다. 위의 분개를 10월 1일 자 T 계정으로 나타내면 그림 12.10과 같다.

그림 12.10 자기주식

**자기주식**

| | | | | |
|---|---|---|---|---|
| 2월 1일 | | 320,000 | 7월 1일 | 80,000 |
| | | | 10월 1일 | 64,000 |
| 10월 1일 | 잔액 | 176,000 | | |

**자기주식처분손익**

| | | | | |
|---|---|---|---|---|
| 10월 1일 | 8,000 | 7월 1일 | | 20,000 |
| | | 10월 1일 | 금액 | 12,000 |

자기주식처분손실을 기존의 자기주식처분이익에서 차감한다고 했는데, 만약 자기주식처

## 조직의 회계 | 자기주식을 취득하는 이유

리복은 자기주식의 비중을 한때 전체 자산의 1/3 수준까지 높인 적이 있다. 엄청난 현금이 소요되어 리복은 돈을 차입하면서까지 자기주식 매입에 열중했다. 업계에서는 위험한 행동이라고 했으나 한편으로는 대담한 결행이라는 평가도 있었다. 어쨌든 리복이 언론에 발표하기로는 현재 회사의 주가가 너무 낮아서 부양하기 위함이라고 했다. 자기주식을 사면 유통 주식 수도 줄지만 회사가 미래의 전망을 낙관적으로 본다는 뜻이라 주가가 상승하는 것이 일반적이다. 따라서 매우 설득력 있는 해명이었다. 그런데 다른 소문도 나돌았다. 리복이 다른 회사에 인수당할 위험이 있기 때문에 경영자가 실직하기 싫어서 자기주식을 취득한다는 것이었다.

시간이 흘러 결국 현금 고갈로 리복은 매력 없는 회사로 전락했다. 인수하려는 회사 입장에서는 인수 대상 회사에 현금이 많아야 좋다. 그래야 인수 과정에서 발생한 빚을 갚을 수 있기 때문이다(우리나라에서는 횡령으로 보는 경우도 있다).

그러다 2014년에 리복은 아디다스에 인수되었다. 아디다스는 실적 부진에 실망한 리복 주주들을 달래기 위해 리복이 소유한 자기주식의 취득원가에 10%를 얹어 매입함으로써 리복 주주들에게 풍성한 배당 재원을 안겨주었다.

Paul Vidler/Alamy

**경영자가 회사의 향후 성장과 실적을 어떻게 보는지 알고자 할 때 회사의 대규모 자기주식 구매는 투자가에게 어떤 신호를 보내는가?**

분이익이 소진되어 없으면 나머지 잔액은 이익잉여금에서 차감해야 한다. 예를 들어 Mead, Ltd.가 남은 자기주식 2,200주를 12월 1일에 주당 HK$70에 판매했다면, 발생한 자기주식처분손실 HK$22,000[2,200 × (HK$80 − HK$70)]를 10월 1일 현재 남은 자기주식처분이익 HK$12,000에서 상계하고 모자라는 금액은 이익잉여금에서 차감한다.

| | | | |
|---|---|---|---|
| 12월 1일 | 현금(2,200 × HK$70) | 154,000 | |
| | 자기주식처분이익 | 12,000 | |
| | 이익잉여금 | 10,000 | |
| | 자기주식 | | 176,000 |
| | (자기주식 처분) | | |

**역자 한마디**

상계해도 남은 자기주식처분손실은 다른 거래에서 발생한 자본잉여금, 가령 주식발행초과금이 있어도 이익잉여금에서 공제해야 한다. 같은 유형의 자본 거래에서 발생해야 서로 공제할 수 있기 때문이다. 이는 회계 이론보다는 상법에서 배당가능이익을 산출하는 공식을 규정하면서 마련한 법률적 제한에 따른 것이다.

A = L + E
+154,000
−12,000 자기주식
−10,000 이익잉여금
+176,000 자기주식

현금 유입
+154,000

### DO IT! 2b 자기주식

Salvador SA는 7월 1일에 액면가 R$50의 자기주식 3,000주를 현금 R$180,000에 매입하고, 11월 1일에 이 중 1,000주를 주당 R$70에 매각했다. 이를 분개하라.

**해답**

| | | | |
|---|---|---|---|
| 7월 1일 | 자기주식 | 180,000 | |
| | 현금 | | 180,000 |
| | (자기주식 취득) | | |
| 11월 1일 | 현금 | 70,000 | |
| | 자기주식 | | 60,000 |
| | 자기주식처분이익−자본잉여금 | | 10,000 |
| | (자기주식 처분) | | |

학습목표

배당금과 주식 분할의 회계 처리를 이해한다.

## 배당과 분할 _Dividends and Splits

**배당**(dividend)은 경영 성과를 주주에게 소유하고 있는 지분 비율대로 나누어주는 것을 말한다. 즉 소유 지분 비율이 10%인 주주는 성과의 10%를 배부받을 권리를 가진다. 배당은 지급 수단에 따라 몇 가지 형태가 있다. 대부분은 현금으로 배부하지만 가끔 주식으로 주기도 하고 아주 드물게 다른 재산이나 약속어음을 주기도 한다. 여기서는 그중 대표적인 현금과 주식 배당만을 다룬다.

당연히 배당률은 투자가에게 뜨거운 관심거리여서 분기별로 배당률이 공시된다. 최근 바스프(BASF, 독일)의 배당률은 €1.95, 더허시컴퍼니(The Hershey Company, 미국)의 배당률은 $1.19, 마크스앤드스펜서(Marks & Spencer plc, 영국)의 배당률은 22.5펜스(0.01£)였다.

### 현금 배당의 회계 _Accounting for Cash Dividends

**현금 배당**(cash dividend)과 관련하여 다룰 내용은 다음과 같다.

1. **이익잉여금**: 불입자본금으로 배당을 하면 위법이고 이익잉여금으로만 배당을 해야 한다. 불입자본금을 헐어서 하는 위법 배당을 **청산배당**(liquidating dividend)이라고 한다.
2. **충분한 현금**: 이익잉여금이 충분해도 현금이 없으면 배당할 수가 없다. 아디다스의 이익잉여금이 €50억일 때, 다른 법적 제약이 없다면 법적으로 허용된 배당 가능액은 원칙적으로 €50억이다. 그러나 보유 현금이 €16억에 불과하다면 배당할 수 있는 금액은 상당히 줄어든다. 빚을 내서 배당을 주는 회사는 많지 않다. 회사의 이사회는 현금 보유액과 유동부채의 만기와 크기, 장기 투자 가능성 등을 면밀히 살펴 배당률을 발표한다.
3. **배당 선언**: 이사회가 공식적으로 선언하기 전까지는 배당을 함부로 줄 수 없다. 배당이 선언되어야 회사의 부채가 된다. 지급 시까지 배당에는 이자가 붙지 않는다.

배당일과 배당 금액의 결정은 여러모로 중요하다. 배당을 많이 주면 회사의 유동성이 나빠지고, 적게 주면 주주의 불만이 팽배해진다. 배당은 동전의 양면과 같아서 신중히 결정해야 한다. 법적으로 제한이 없으면 기중에 배당을 여러 번 나누어서 줄 수도 있는데, 이를 중간배당이라고 하며 보통 분기별로 지급한다. 그런데 중간배당은 결산이 완료되기 전에 성과를 기중에 미리 배부하는 것이므로 아예 금지하거나 배당 횟수를 제한하는 나라도 있다. 주주 입장에서는 배당을 많이 하고 잘하는 회사가 좋지만 늘 그럴 수는 없다. 성장하는 회사는 배당을 제대로 줄 수 없다. 투자할 데가 많은데 배당을 주고 나면 은행에서 차입을 해야 하기 때문이다.

#### 현금 배당의 분개 _Entries for Cash Dividends

배당에서는 **배당 선언일**(declaration date), **주주명부 폐쇄일**(record date), **지급일**(payment date)이 중요하다. 통상 각 날짜 사이에 2~4주 간격이 있으며, 회사는 배당 선언일과 지급일에만 회계 처리를 한다. 배당 선언은 이사회가 하고, 공식적으로 이는 주주에게 부채를 지는 행위이다. 그러므로 배당을 선언하는 날 차변에 현금 배당, 대변에 미지급 배당금을 기록한다.

예를 들어 Media General이 2020년 12월 1일에 주당 €0.5로 현금 배당을 주기로 선언했다고 하자. 당시 발행 주식 수는 100,000주이고 액면가는 €10이다. 이 경우 배당금은 €50,000 (100,000 × €0.50)이다.

**배당 선언일**

| | | | |
|---|---|---|---|
| 12월 1일 | 현금 배당<br>미지급 배당금<br>(현금 배당 선언) | 50,000 | <br>50,000 |

A = L + E
−50,000 배당
+50,000
현금 유출입
없음

Media General이 차변에 사용한 계정과목인 현금 배당은 이익잉여금의 차감 항목이며 미지급 배당금은 유동부채가 된다. 일반적으로 배당금은 선언 후 2~3개월 이내에 지불된다.

주주명부 폐쇄일은 회사가 배당을 받을 주주를 확정하는 날이다. 회사는 주주명부를 관리하는데 주주 간의 거래로 명의가 계속 바뀌기 때문에 특정일에 주주명부의 명의 변경을 막고 배당을 받을 주주를 확정할 필요가 있다. Media General은 주주명부 폐쇄일을 12월 22일로 정했지만 회사의 경제적 가치에 영향이 없으므로 분개할 내용이 없다.

HINT
주주명부 폐쇄일의 목적은 배당금을 결정하는 것이 아니라 누가 배당금을 받을지 결정하는 것이다.

**주주명부 폐쇄일**

| | | | |
|---|---|---|---|
| 12월 22일 | 분개 없음 | | |

2021년 1월 20일, Media General은 12월 22일에 확정한 주주에게 배당금을 지급했으며, 이는 다음과 같이 분개한다.

**지급일**

| | | | |
|---|---|---|---|
| 1월 20일 | 미지급 배당금<br>현금<br>(배당금 지급) | 50,000 | <br>50,000 |

A = L + E
−50,000
−50,000
현금 유출
−50,000

지급일에 유동부채와 유동자산이 줄어든다. 자본은 배당 선언일에 이미 감소하여 불변이다. 그림 12.11은 Media General의 배당 선언일, 주주명부 폐쇄일, 지급일에 일어난 일을 일목요연하게 보여준다.

그림 12.11 주요 배당 관여일

남은 현금 배당 계정은 이익잉여금의 차감 항목이며, 연말에 다음과 같은 마감을 위한 결산 분개가 필요하다.

| | 차변 | 대변 |
|---|---|---|
| 이익잉여금 | 50,000 | |
| 현금 배당 | | 50,000 |
| (현금 배당을 이익잉여금으로 대체) | | |

## 우선주 배당금 _Dividend Preferences

우선주주 보통주주
**배당 우선권**

우선주는 보통주보다 배당받을 권리가 우선한다. 그러므로 우선주가 배당받기 전에는 보통주에 배당을 할 수 없다. 그렇다고 우선주 배당을 보증하지는 않는다. 우선주 배당도 보통주 배당처럼 이익잉여금의 크기와 현금 보유액의 제한을 받는다. 배당은 우선주든 보통주든 이익잉여금이 있어야 하고 현금이 있어야 지급된다. 그리고 우선주 배당은 주당 비율이나 특정 금액으로 나타낸다. 예를 들어 어스링크(Earthlink, 미국)는 우선주 액면가 $100에 3%로 배당금을 책정했고, 로스텔레콤(Rostelecom, 러시아)은 순이익의 10%와 보통주에 대한 배당금 중 큰 금액으로 우선주의 배당금을 책정했다.

우선주는 청산 시 잔여 재산을 분배할 때도 보통주에 우선한다. 우선주주는 기본적으로 보통주주에 앞서 투자 금액을 돌려받을 권리가 있지만, 우선주주보다 우선하는 채권자와 청산 가치의 산정 결과에 따라 금액이 달라진다. 예를 들어 커먼웰스에디슨(Commonwealth Edison, 미국)의 경우 청산 시 우선주주는 주당 액면가 $31.8에 당해 연도 배당금과 밀린 배당금까지 받았는데 이는 천행에 가깝다. 보통은 파산했을 때 우선주주보다 채권자에게 변제 우선권이 있으므로 우선주주라 할지라도 건질 것이 많지 않다. 그런데 채권자들 간에도 변제의 순서가 있다. 담보채권이 무담보채권보다 우선하고 담보채권이라도 등기 일자별로 우선권이 갈라진다. 그러나 실상은 그렇게 간단치 않아 장기간의 소송으로 복잡한 우선 변제권을 다툰다.

## 누적적 배당금 _Cumulative Dividend

우선주주가 지난 연도에 못 받은 배당금이 있으면 배당받을 권리가 소멸되지 않고 계속 쌓이는데, 이를 **누적적 배당금**(cumulative dividend)이라고 한다. 이러한 누적적 배당금의 특징을 지닌 우선주를 누적적 우선주라고 하며, 그렇지 않은 우선주는 비누적적 우선주라고 한다. 누적적 우선주의 경우 누적적 배당금이 지급되지 못하고 밀리면 체납배당금(dividend in arrears)이 전부 지급되기 전까지는 보통주에 대한 배당을 할 수 없다.

예를 들어 Scientific Leasing이 액면가 €100, 배당률 7%의 누적적 우선주 5,000주를 발행했다면 매년 우선주에 지급할 배당금은 €35,000(5,000 × €7)이다. 그런데 2년 동안 배당을 체납했다면 체납배당금 €70,000를 포함하여 당해 연도 우선주가 받아야 할 배당은 총 €105,000이다(그림 12.12 참조).

**그림 12.12** 누적적 우선주 배당액

| | |
|---|---|
| 체납배당금(€35,000 × 2) | € 70,000 |
| 당해 배당금 | 35,000 |
| **우선주 배당 총액** | **€105,000** |

당연히 우선주 배당금 €105,000가 모두 지급되기 전까지 보통주에 대한 배당은 없다. 주의할 점은 우선주 배당의 체납액이라고 해서 당장 회사의 부채는 아니라는 것이다. 이사회가 주겠다고 선언하기 전까지는 법적으로 지급할 의무가 없다. 그렇다 하더라도 재무제표 주석에는 공시해야 한다. 그래야 투자가들이 체납배당금의 존재 여부를 인식할 수 있다. 투자가들은 이러한 회사의 블랙리스트를 만들어 경계한다. 체납배당금은 부채는 아니더라도 한순간의 신뢰 위반으로 취급되어 회사의 치명적인 약점이 될 수도 있다.

**누적적 우선주에 배당**

## 우선주와 보통주 간의 배당금 안분 _Allocating Cash Dividends between Preference and Ordinary Shares

우선주의 배당 순서는 보통주보다 앞서기 때문에 우선주가 밀린 체납배당금과 당해 연도 배당금을 다 받기 전까지 보통주는 배당을 받지 못한다. 예를 살펴보자. 2019년 12월 31일에 IBR Industries가 배당률 8%에 액면가 €100의 누적적 우선주 1,000주를 발행했다. 보통주는 50,000주가 유통되고 있으며 액면가가 €10이다. 만약 이사회가 2019년 12월 31일에 €6,000의 배당을 선언했다면 주식 종류별로 배당액이 어떻게 배부될까? 우선주의 주당 배당액은 €8(액면가 €100 × 8%)이고 총배당액은 €8,000(1,000주 × €8)이므로 배당 선언액을 초과했다. 이 경우 보통주에 갈 배당액이 없으며, 오히려 우선주에 갈 €2,000가 부족하다. 분개는 다음과 같다.

| 12월 31일 | 현금 배당<br>  미지급 배당금<br>  (우선주 배당 선언) | 6,000 | <br>6,000 |
|---|---|---|---|

| A | = | L | + | E |
|---|---|---|---|---|
| | | +6,000 | | −6,000 배당 |

현금 유출입
없음

우선주에 대해 €2,000는 여전히 체불 상태이다. 이에 IBR Industries의 이사회가 2021년 12월 31일에 €50,000의 배당을 선언했다면 우선주와 보통주 간의 배당금 안분은 그림 12.13의 계산과 같다.

**그림 12.13** 우선주와 보통주의 현금 배당 안분

| | | |
|---|---|---|
| 총배당금 | | €50,000 |
| 우선주 배당금 | | |
| **2019년 체납배당금(1,000 × €2)** | **€2,000** | |
| **2020년 배당금(1,000 × €8)** | **8,000** | **10,000** |
| 보통주에 배당될 금액 | | €40,000 |

총배당금 €50,000에서 우선주에 대한 체납액 €2,000와 당기 배당금 €8,000를 제하고 난 €40,000가 보통주에 배당된다. 그러나 분개는 세분할 필요 없이 다음과 같이 총액 기준으로 한다. 물론 세분해도 무방하나 재무제표 작성이 주요 목적이라면 그렇게까지 할 필요는 없다.

| 12월 31일 | 현금 배당<br>  미지급 배당금<br>  (배당 선언) | 50,000 | <br>50,000 |
|---|---|---|---|

| A | = | L | + | E |
|---|---|---|---|---|
| | | +50,000 | | −50,000 현금 배당 |

현금 유출입
없음

만약 IBR Industries가 발행한 우선주가 비누적적 우선주라면 체납액 €2,000는 소멸된다. 따라서 배당 총액 €50,000 중 €8,000가 우선주에, €42,000가 보통주에 배당된다.

### 투자적 사고력 키우기 | 세계적인 배당률 증가 추세

2017년부터 세계적으로 배당이 증가하여 $2,187억의 배당금이 집행되었으며, 이는 전년 대비 5.4%가 높은 수치이다. 일부 국가와 지역별 배당률은 다음과 같다.

| | |
|---|---|
| 신흥 국가 | 11.8% |
| 유럽 | 1.4% |
| 일본 | 3.2% |
| 북미 | 5.1% |
| 아시아 | 14.6% |
| 영국 | 7.1% |
| 세계 평균 | 5.4% |

과거에는 배당에 인색했던 회사들도 지금은 배당에 열심이다. BHP빌리턴의 경우 2016년에는 전기 대비 50%를 지급했으나 2017년 1분기부터 배당금을 급격히 올렸다. 배당률이 높다는 것은 대체로 회사가 건강하다는 의미로 받아들이기 때문에 배당금을 올리면 보기에도 좋고 주주들도 신이 난다.

출처: Lawrence C. Strauss, "Global Dividend Payments Climb by Most Since 2015," *Barrons* (June 2, 2017).

**경영진이 배당금의 규모를 결정할 때 고려해야 할 요소는 무엇인가?**

### DO IT! 3a 우선주와 보통주의 배당금 안분

2020년 12월 31일, MasterMind Gaming은 배당률 6%에 액면가 ¥100(단위: 1,000)의 우선주 2,000주가 유통되고 있는 상황에서 ¥60,000의 배당을 선언했다. 다음의 각 경우에 우선주 배당금과 보통주 배당금을 계산하라.

1. 비누적적 우선주이고 체납배당금이 없다.
2. 비누적적 우선주이고 2년간 배당을 체납했다.
3. 누적적 우선주이고 2년간 배당을 체납했다.

**해답**

1. 우선주 배당금 ¥12,000(2,000 × 0.06 × ¥100), 보통주 배당금 ¥48,000(¥60,000 − ¥12,000)
2. 우선주 배당금 ¥12,000(2,000 × 0.06 × ¥100), 보통주 배당금 ¥48,000(¥60,000 − ¥12,000)
3. 우선주 배당금 ¥36,000(3 × 2,000 × 0.06 × ¥100)(¥36,000 중 ¥24,000은 2년 체납배당금, ¥12,000은 당해 연도 배당금), 보통주 배당금 ¥24,000(¥60,000 − ¥36,000)

## 주식 배당의 회계 _Accounting for Share Dividends

**주식 배당**(share dividend)은 현금이 아닌 주식으로 배당하면서 각 주주의 소유 비율대로 나누어 주는 방식이다. 즉 이익잉여금을 헐어 주식을 발행하는 것이므로 이익잉여금이 감소하고 자본금이 증가한다. 주주 입장에서는 배당으로 받을 현금을 회사의 자본금에 재투자한 셈인데, 실제로는 주식의 공정가치만큼 혜택을 얻고 시장에 매각하여 현금화할 수 있다. 반면에 회사는 주식을 발행하여 현금을 확보할 수 있는 기회를 상실한다. 그 대신 현금 배당을 통한 현금 유출을 막을 수 있으므로 실상은 보유 현금에 변화가 없다. 다시 말해 주식 발행을 통해 얻을 수 있는 현금을 배당한 셈이다. 회사가 현금이 아닌 주식으로 배당을 하는 이유는 다음과 같다.

**1.** 현금을 지출하지 않고도 주주를 만족시킬 수 있다.
**2.** 주가가 너무 높으면 주식 거래가 어려워지므로 주식 수를 적절히 늘려 주가 하락을 기한다.

3. 이익을 배당 재원으로 쓰지 않고 계속 재투자함으로써 투자액이 영원히 자본화된다는 시그널을 시장에 보낸다.

주식 배당 후 주주의 지분율에는 변함이 없다는 사실에 유의한다. 예를 들어 홍길동이 Cetus Group의 지분율 2%를 소유하고 있는데 Cetus Group이 발행한 보통주가 1,000주이면 홍길동은 20주를 소유하고 있다. 이때 Cetus Group이 10%의 주식 배당을 선언한다면 신주가 100주 발행되고 홍길동은 그중 2주를 받게 된다. 그런데 주식 배당 후 홍길동의 지분율은 22주 나누기 1,100주이므로 여전히 2%이다. 즉 홍길동이 소유한 주식의 수가 증가했으나 지분율에는 변함이 없다. 주식 배당을 하면 이익잉여금이 불입자본으로 대체될 뿐 Cetus Group에는 현금 지출도 없고 유동부채도 생기지 않는다.

IFRS는 주식 배당의 회계에 대해 구체적으로 언급하지는 않지만 회계 처리는 주식의 시가만큼 이익잉여금을 감소시키고 불입자본을 늘려주는 것이 정석이다. 즉 발행 주식의 공정가치만큼 이익잉여금을 줄이고 액면가로 자본금을 늘리되 차액을 주식발행초과금으로 계상한다. 결국 이익잉여금이 자본금과 주식발행초과금으로 대체되는 효과만 있고 총자본은 불변이다.

그런데 주식 발행으로 유통 주식 수가 늘어나면 주가 하락으로 공정가치가 변하고, 공정가치가 변하면 감소시켜야 할 이익잉여금이 달라진다. 따라서 주가에 영향을 미치지 않는 소량의 주식 배당과 다량의 주식 배당을 구분해야 한다. 소량의 주식 배당은 발행 주식 수의 약 20~25% 이하로 본다. 주가 하락을 초래하는 다량의 주식 배당은 이익잉여금의 차감을 액면가 기준으로 회계 처리해야 한다. 다음의 예는 소량의 주식 배당을 가정하고 회계 처리를 한 경우이다.

### 주식 배당의 회계 처리 _Entries for Share Dividends

Danshui Ltd.는 이익잉여금 NT$3,000,000를 보유하고 있으며, 액면가 NT$100의 보통주 50,000주에 10%의 주식 배당을 선언했다. 보통주의 현재 시장가는 주당 NT$150이다. 이 경우 주식 배당으로 발행되는 신주 수는 5,000주이며, 여기에 시장가 NT$150를 곱하면 신주의 공정가치는 NT$750,000(NT$150 × 5,000)이다. 그리고 향후 발행할 주식을 미교부주식배당금이라는 계정을 사용하여 처리하되 금액을 NT$500,000(NT$100 × 5,000)로 하고, 공정가치와의 차액인 NT$250,000(NT$50 × 5,000)를 주식발행초과금으로 계상한다. 주식 배당 선언일에 회사가 해야 할 분개는 다음과 같다.

| | | |
|---|---|---|
| 주식 배당 | 750,000 | |
| 미교부주식배당금 | | 500,000 |
| 주식발행초과금 | | 250,000 |
| (주식 배당 선언) | | |

| A | = | L | + | E |
|---|---|---|---|---|
| | | | | −750,000 배당 |
| | | | | +500,000 자본 |
| | | | | +250,000 자본 |

현금 유출입
없음

주식 배당은 현금 배당처럼 이익잉여금의 차감 계정이고, 미교부주식배당금은 부채 계정이 아니라 자본 계정이다. 부채가 되려면 변제를 위한 자산이 사용되어야 하는데, 이 경우에는 주식 발행으로 변제하기 때문이다. 만약 Danshui Ltd.의 결산일이 주식 배당을 하기 전에 도래한다면 재무상태표는 그림 12.14와 같이 공시된다.

그림 12.14 주식 배당의 재무제표 표시

| | |
|---|---|
| 자본금 | NT$5,000,000 |
| 미교부주식배당금 | 500,000 |
| | NT$5,500,000 |

이후 주식 발행일이 되면 Danshui Ltd.는 다음과 같이 미교부주식배당금을 감소시키고 자본금을 증가시킨다.

A = L + E
−500,000 자본
+500,000 자본

현금 유출입
없음

| | | |
|---|---|---|
| 미교부주식배당금 | 500,000 | |
| 자본금 | | 500,000 |
| (주식 배당으로 주식 발행) | | |

### 주식 배당의 효과 _Effects of Share Dividends

주식 배당은 이익잉여금을 감소시키고 동액을 자본금과 주식발행초과금으로 이전하는 효과가 있다. 그래서 총자본은 변함이 없다. 주식 배당은 이어서 설명할 주식 분할과 달리 주식 액면가에 변화를 주지 않고 유통 주식 수만 증가시킨다. 그림 12.15는 Danshui Ltd.의 자본 변동을 보여준다.

그림 12.15 주식 배당의 효과

| | 주식 배당 전 | 주식 배당 | 주식 배당 후 |
|---|---|---|---|
| 자본 | | | |
| 자본금 | NT$5,000,000 | NT$500,000 | NT$5,500,000 |
| 주식발행초과금 | — | 250,000 | 250,000 |
| 자본금 계 | 5,000,000 | +750,000 | 5,750,000 |
| 이익잉여금 | 3,000,000 | −750,000 | 2,250,000 |
| **자본 계** | **NT$8,000,000** | **NT$ 0** | **NT$8,000,000** |
| **유통 주식 수** | **50,000** | **+5,000** | **55,000** |
| **주당 액면가** | **NT$100.00** | **NT$0** | **NT$100.00** |

Danshui Ltd.의 경우 자본금과 주식발행초과금이 합해서 NT$750,000(50,000주 × 10% × NT$150) 증가하고 그만큼 이익잉여금이 감소했다. 따라서 자본 총액은 그대로 NT$8,000,000이다. 다만 유통 주식 수가 5,000주(50,000 × 10%) 증가했다.

## 주식 분할의 회계 _Accounting for Share Splits

HINT
주식 분할은 액면가를 변동시키지만 주식 수가 그만큼 늘어서 자본 전체는 불변이다.

**주식 분할**(share split)은 주식의 액면을 일정 비율로 분할하여 주식 수를 증가시키는 것으로, 액면 분할이라고도 한다. 기존 주식의 세분화라고 할 수 있는 주식 분할의 주요 목적은 주식의 시장성을 올리는 것이다. 그래야 나중에 증자할 때 용이하다. 주식의 거래 단가가 너무 높으면 돈이 부족한 투자자는 살 엄두를 못 내기 때문이다.

구체적으로 주식 분할은 시가 총액의 변동 없이 주식 수를 늘리는 대신 액면가를 낮추는 것이다. 가령 나이키의 주식 1주를 2주로 주식 분할하면 이론적으로는 시장가 $111가 $55로 떨어진다. 그런데 실제 주가가 반드시 이론적 수치로 반응하는 것은 아니다. 1년도 안 되어 나이키의 주가는 $100를 다시 돌파했다. 어쨌든 액면가를 더 세분할수록 시장성이 더 커진다. 그림 12.16은 1주를 4주로 주식 분할한 경우를 보여준다.

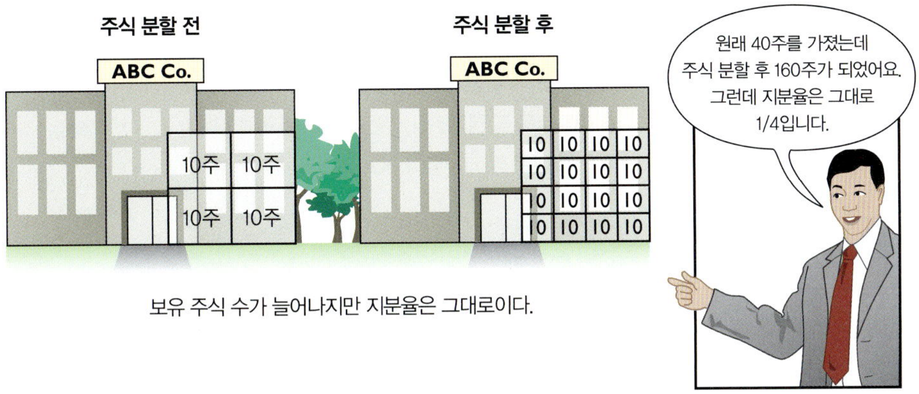


**그림 12.16** 주식 분할이 주주에게 미치는 영향

주식 분할은 액면가가 줄고 그 비율대로 주식 수가 늘어나므로 자본금, 자본잉여금, 이익잉여금이 불변이다. 오직 주당 액면가만 하락한다. 그림 12.17은 Danshui Ltd.가 1:2로 주식 분할을 한 경우로, 주식이 50,000주에서 100,000주로 늘고 액면가가 NT$100에서 NT$50로 감소했다.

**그림 12.17** 주식 분할의 효과

| | 주식 분할 전 | 주식 분할 | 주식 분할 후 |
|---|---|---|---|
| 자본 | | | |
| 자본금 | NT$5,000,000 | NT$ –0– | NT$5,000,000 |
| 주식발행초과금 | –0– | –0– | –0– |
| 이익잉여금 | 3,000,000 | –0– | 3,000,000 |
| **자본 계** | **NT$8,000,000** | **NT$ –0–** | **NT$8,000,000** |
| **유통 주식 수** | **50,000** | **+50,000** | **100,000** |
| **주당 액면가** | **NT$100.00** | **–NT$50.00** | **NT$50.00** |

역자 한마디

주식 배당과 주식 분할은 둘 다 주식 수가 증가하지만 차이가 있다. 주식 배당은 주식 발행을 통해 이익잉여금을 자본금으로 옮기는 것이고, 주식 분할은 주식 수를 늘리는 대신 액면가를 낮추는 것이다.

자본에 아무런 변화가 없으니 주식 분할은 회계 처리를 할 필요가 없다. 주식 배당과 주식 분할의 차이를 그림 12.18에 정리했다.

**그림 12.18** 주식 배당과 주식 분할의 차이

| 구분 | 주식 배당 | 주식 분할 |
|---|---|---|
| 이익잉여금 | 감소 | 불변 |
| 자본금 | 증가 | 불변 |
| 주당 액면가 | 불변 | 감소 |
| 유통 주식 수 | 증가 | 증가 |
| 총자본 | 불변 | 불변 |

**투자적 사고력 키우기 | 주식 분할을 절대 하지 않는 버크셔해서웨이**

워런 버핏(Warren Buffett)이 소유한 버크셔해서웨이(Berkshire Hathaway Inc., 미국)는 최근 주가가 $250,000를 넘어섰다. 주가가 너무 높아서 주식 분할을 할 것이라는 소문이 끊임없이 나돌았다. 하지만 무성한 소문일 뿐 버크셔해서웨이는 다음과 같은 이유로 주식 분할을 하지 않는다.

첫째, 자부심 때문이다. 버크셔해서웨이의 주가는 세계에서 두 번째로 높은데 초고급 이미지를 계속 유지하고 싶어 한다. 둘째, 초우량 투자가만 주주로 모시려는 욕심이 있다. 이들은 주식 가치를 올리는 것은 회사의 성과이지 주식 분할이 아니라고 생각한다. 따라서 주식 분할을 괜한 짓으로 본다. 주식 분할로 주가를 낮추면 초우량 주주의 심기를 거스를 수도 있다. 그래서 버크셔해서웨이의 주식은 두 종류이다. 즉 고가 액면의 A 클래스와 그것의 1/30 수준인 B 클래스가 있다. B 클래스는 A 클래스를 사기 어려운 소액 주주를 위해 고안되었다. 그동안 소액 주주가 A 클래스를 사려면 금융 기관을 통해 뮤추얼펀드에 가입하여 십시일반 돈을 모으는 수밖에 없었는데, 이는 금융 기관에 고액의 수수료를 내야 한다는 것이 문제였다. 이에 버핏의 아이디어로 B 클래스가 만들어졌고 버크셔해서웨이는 더더욱 주식 분할이 필요 없게 되었다.

출처: Erik Holm, "Three Reasons Berkshire Never Split A Shares," *The Wall Street Journal* (February 16, 2017), p. B13.

Dietmar Klement/ iStockphoto

**워런 버핏이 주식 분할을 반대하는 이유는 무엇인가?**

**DO IT! 3b 주식 배당과 주식 분할**

Sing CD의 유통 주식 수는 500,000주이다. 지난 5년간 이익이 좋아서 자본금과 주식발행초과금은 각각 £2,000,000로 같지만 이익잉여금은 £1,500,000에서 £10,000,000로 증가했다. 그리고 액면가가 £2인 주식의 주가가 전년 대비 3배로 뛰어올라 £15에서 £45가 되었다. CEO인 조앤 엘버트는 10% 주식 배당 또는 2:1의 주식 분할을 고려하고 있다. 각 경우의 이익잉여금, 총자본, 유통 주식 수, 액면가의 변동을 분석하라.

**해답** 주식 배당의 규모는 £2,250,000[(500,000주 × 10%) × £45]이고, 이로 인해 이익잉여금이 £7,750,000(£10,000,000 − £2,250,000)로 감소한다. 그러나 주식 분할의 경우 이익잉여금이 그대로 £10,000,000이다. 두 경우 모두 총자본이 달라지지 않는다. 자세한 분석은 다음과 같다.

| | 원래 금액 | 주식 배당 후 | 주식 분할 후 |
|---|---|---|---|
| 자본금과 주식발행초과금 | £ 2,000,000 | £ 4,250,000 | £ 2,000,000 |
| 이익잉여금 | 10,000,000 | 7,750,000 | 10,000,000 |
| 총자본 | £12,000,000 | £12,000,000 | £12,000,000 |
| 유통 주식 수 | 500,000 | 550,000 | 1,000,000 |
| 주당 액면가 | £2.00 | £2.00 | £1.00 |

학습목표
자본의 공시와 분석을 이해한다.

## 자본의 공시와 분석 _Reporting and Analyzing Equity

### 이익잉여금 _Retained Earnings

이익잉여금은 회계상 이익을 모아둔 누적 이익이다. 누적된 이익이니 주주에게 나누어줄 수 있으나 배당을 하면 회사의 자산이 소모된다. 그런데 이익을 모아둔 것이라 하더라도 그만큼의 현금이 존재하는 것은 아니다. 예컨대 이익잉여금이 NT$10,000,000 있다고 해서 현금이 NT$10,000,000 있는 것은 아니다. 현금주의가 아닌 발생주의에 의한 회계인 데다 벌어들인 돈이 현금으로 있다가 다른 자산을 구입하는 데 쓰였다면 다른 자산으로 변모해 있다. 그림 12.19에 제시한 몇몇 회사의 경우를 보더라도 이익잉여금과 현금 보유액이 각기 다르다. 이익잉여금의 크기는 특정 자산의 크기를 나타내는 것이 아님을 유념한다.

**그림 12.19** 이익잉여금과 현금의 크기(단위: 100만)

| 회사 | 이익잉여금 | 현금 |
|---|---|---|
| 스토라엔소(핀란드) | €3,197 | €2,065 |
| 캐세이퍼시픽항공(홍콩) | HK$40,320 | HK$12,359 |
| 오리온(한국) | ₩457,219 | ₩223,179 |
| 차이나모바일(중국) | ¥44,931 | ¥786,631 |

당해 발생한 손익은 결산기에 이익잉여금으로 대체하는 결산 분개를 해야 한다. 결산 분개는 수익과 비용을 집합손익 계정에 모은 후 이익잉여금으로 대체하는 일이다. 집합손익 계정에 이익이 발생하면 집합손익이 감소하고(차변) 이익잉여금이 증가하는(대변) 분개가 된다. 반대로 당기 손실이 발생하면 집합손익의 대변과 이익잉여금의 차변에 기록하는 분개를 해야 한다. 예를 들어 Chen Company가 당기순손실로 2020년에 HK$400,000를 시현했다면 분개는 다음과 같다.

HINT
이익잉여금은 회계 항등식에서 자본 계정이다. 그러므로 정상적인 경우 잔액이 대변에 나타난다.

| | 차변 | 대변 |
|---|---|---|
| 이익잉여금 | 400,000 | |
| 집합손익 | | 400,000 |
| (당기순손실을 이익잉여금으로 대체) | | |

이익잉여금은 주주로부터의 불입자본인 자본금 내지 자본잉여금과는 별개 항목으로, 회사의 사업 성과로 벌어들인 돈이다. 하지만 늘 벌기만 하는 것은 아니며 손실도 발생한다. 이익잉여금이 마이너스가 되면 **결손금**(deficit)이라고 하는데, 결손금이 생기더라도 불입자본과 상계할 수 없다. 상법상 불입자본은 회사가 내부에 유지해야 하는 금액이라 외부 유출을 금한다. 결손금이 발생하면 이것이 메워질 때까지 사업을 통해 이익을 만들어야 하고 그 전까지는 배당을 하지 못한다. 그래도 안 되면 최후의 수단으로 자본금 감소 절차인 감자로 메운다. 결손금은 그림 12.20과 같이 자본의 차감으로 표시한다.

**그림 12.20** 결손금의 표시

| 재무상태표(일부 발췌) | |
|---|---|
| 자본 | |
| 자본금 | €800,000 |
| 이익잉여금(결손금) | (50,000) |
| 자본 계 | €750,000 |

이익잉여금은 주주에게 나누어줄 배당 재원이다. 그러나 **이익잉여금의 사용 제한**(retained earnings restrictions)이 있다면 이를 재무제표에 공시해야 한다. 그림 12.21은 전자부품 제조 회

사인 텍트로닉스(Tektronix Inc., 미국)가 공시한 배당 제한 내용으로, 이익잉여금이 $7억 7,400만 있지만 배당 가능액은 $2억 2,380만에 불과하다.

**그림 12.21** 배당 제한의 공시

Real World

**Tektronix Inc.**
**재무제표 주석**

당사는 부채 약정에 따라 준수해야 할 의무 사항이 있어, 이로 인해 배당으로 사용할 수 있는 이익잉여금이 $2억 2,380만입니다.

이익잉여금계산서의 양식은 Graber SA라는 가상 회사의 자료로 구성한 그림 12.22를 참조하라.

**그림 12.22** 이익잉여금계산서

**Graber SA**
**이익잉여금계산서**
2020년 1월 1일부터 2020년 12월 31일까지

| | | |
|---|---|---|
| 1월 1일 기초 금액 | | €1,050,000 |
| 가산: 당기순이익 | | 410,000 |
| | | 1,460,000 |
| 차감: 현금 배당액 | €100,000 | |
| 주식 배당액 | 200,000 | 300,000 |
| 12월 31일 기말 금액 | | €1,160,000 |

## 재무상태표 공시 _Presentation of Statement of Financial Position

그림 12.23은 복잡한 자본 구성의 예로 Graber SA의 재무상태표상 자본 항목을 보여준다. 자본금 아래에 있는 미교부주식배당금과 주기 R를 주의해서 살펴보자.

**그림 12.23** 복잡한 자본 항목 공시의 예

**Graber SA**
**재무상태표**(일부 발췌)

| | | |
|---|---|---|
| 자본 | | |
| 우선주 자본금(배당률 9%, 액면가 €100, 누적적, €120에 상환 가능, 수권주식 수 10,000주, 발행 및 유통 주식 수 6,000주) | | € 600,000 |
| 보통주 자본금(무액면, 표시가 €5, 수권주식 수 500,000주, 발행 주식 수 400,000주, 유통 주식 수 390,000주) | €2,000,000 | |
| **미교부주식배당금** | **50,000** | 2,050,000 |
| 우선주발행초과금 | 30,000 | |
| 보통주발행초과금 | 1,050,000 | 1,080,000 |
| 이익잉여금(**주기 R 참조**) | | 1,160,000 |
| 차감: 자기주식(10,000주) | | 80,000 |
| 자본 계 | | €4,810,000 |

**주기 R: 자기주식으로 인해 배당 재원으로 사용이 제한된 이익잉여금 €80,000**

재무상태표에 공시된 내용을 보면 Graber SA의 발행 주식 수는 400,000주, 수권주식 수는 500,000주, 미발행 주식은 100,000주이고 자기주식이 10,000주 있어 유통 주식 수는 390,000주임을 알 수 있다.

한편 IFRS는 주주로부터 불입받은 자본과 구분하기 위해 '유보금(Reserve)'이라는 용어를 사용하곤 하는데, 이때 유보금은 불입자본을 제외한 모든 자본 항목을 의미한다. 이 안에는 이익잉여금 외에도 재평가잉여금 등을 비롯한 기타포괄손익누계액이 포함된다.

자본 항목이 복잡한 회사는 굳이 많은 내용을 재무상태표에 혼란스럽게 표시하지 않고 **자본변동표**(statement of changes in equity)라는 별도의 재무제표를 작성하기도 한다. 이 자본변동표에 각 자본 항목의 구성 요소별 기초 금액, 증감 변동, 기말 금액을 표시한다.

### DO IT! 4a 자본 항목

Jennifer NV는 주당 액면가가 €3인 주식을 300,000주 발행했으며 수권주식 수는 600,000주, 주식발행초과금은 €380,000이다. 그리고 과거 €72,000에 발행한 주식 15,000주를 원가 €50,000에 취득하여 보유하고 있으며, 우선주를 4,000주 발행했는데 수권주식 수는 10,000주이고 배당률은 8%, 액면가는 €100이다. 또한 우선주발행초과금은 €25,000, 이익잉여금은 €610,000이다. 재무상태표의 자본 항목을 구성하라.

**해답**

**Jennifer NV**
**재무상태표**(일부 발췌)

| | | |
|---|---|---|
| 자본 | | |
| 우선주 자본금(배당률 8%, 액면가 €100, 수권주식 수 10,000주, 발행 및 유통 주식 수 4,000주) | | € 400,000 |
| 보통주 자본금(액면가 €3, 수권주식 수 600,000주, 발행 주식 수 300,000주, 유통 주식 수 285,000주) | | 900,000 |
| 우선주발행초과금금 | € 25,000 | |
| 보통주발행초과금 | 380,000 | |
| 자기주식발행초과금 | 72,000 | 477,000 |
| 이익잉여금 | | 610,000 |
| 차감: 자기주식(15,000주) | | 50,000 |
| 자본 계 | | €2,337,000 |

## 자본 분석 _Analysis

자본을 분석하는 대표적인 공식은 자본이익률을 산출하는 것이다. **자본이익률**(return on ordinary shareholders' equity)은 보통주의 총투자액에 비해 얼마나 이득을 보았는지를 나타내는 이익률로, 당기에 발생한 배당 가능한 이익(당기순이익 – 우선주 배당금)을 보통주의 가중평균 불입자본 금액으로 나눈 것이다. 자본이익률은 보통주주가 투자한 €1당 획득한 당기순이익이 얼마인지를 나타낸다. 예를 들어 까르푸(Carrefour, 프랑스)의 당기손익이 €12억 6,300만, 기초 및 기말 보통주의 불입자본금이 각각 €80억 4,700만, €85억 9,700만이고 우선주가 없다면 자본이익률은 그림 12.24와 같이 계산된다.

**그림 12.24** 보통주의 자본이익률

| (당기순이익 − 우선주 배당금) | ÷ | 평균 보통주 불입자본금 | = | 보통주 자본이익률 |
|---|---|---|---|---|
| (€1,263 − €0) | ÷ | $\frac{(€8{,}047 + €8{,}597)}{2}$ | = | 15.2% |

만약 우선주가 있으면 우선주에 갈 배당금을 분자에서 차감하고 분모인 평균 불입자본에서도 우선주와 관련된 금액을 제거해야 한다.

### DO IT! 4b 자본이익률

다음은 Siena의 2019년, 2020년 자본 내역이며, Siena는 2020년 1월 1일에 자기주식 2,000주를 취득했다.

| | 2019 | 2020 |
|---|---|---|
| 당기순이익 | €110,000 | €110,000 |
| 우선주 배당금 | €10,000 | €10,000 |
| 보통주 배당금 | €2,000 | €1,600 |
| 가중평균 유통 주식 수 | 10,000 | 8,000* |
| 기초 보통주 불입자본금 | €500,000 | €400,000* |
| 기말 보통주 불입자본금 | €500,000 | €400,000 |

*자기주식 취득으로 인해 조정됨

(a) 연도별 보통주 자본이익률을 계산하고, (b) 그 변동에 대해 설명하라.

**해답**

a.

| | 2019 | 2020 |
|---|---|---|
| 자본이익률 | $\frac{(€110{,}000 - €10{,}000)}{(€500{,}000 + €500{,}000)/2} = 20\%$ | $\frac{(€110{,}000 - €10{,}000)}{(€400{,}000 + €400{,}000)/2} = 25\%$ |

b. 2019년과 2020년 사이에 자본이익률이 20%에서 25%로 증가했다. 일견 주주에게 좋은 소식 같지만 자세히 살펴보면 당기순이익이 불변이다. 즉 자본이익률이 분자인 당기순이익이 늘어났기 때문에 증가한 것이 아니라 자기주식 취득으로 인해 분모가 줄어들어 증가한 것이므로 별일이 아니다. 오히려 회사의 부채 비율이 올라가 위험이 커졌다고 평가된다.

학습목표

자본에 대해 알아본다.

## 부록 12A 자본변동표 _Statement of Changes in Equity

회사는 재무상태표와 손익계산서를 작성하면서 유용한 정보로 자본의 변동을 반드시 이익잉여금계산서와 주석 등에 공시해야 하며, 자본의 내용이 복잡한 경우 재무상태표를 별도로 작성하여 공시의 편리성을 기한다(그림 12A.1 참조). 그런데 자본변동표를 제공하면 그 안에 이익잉

여금의 내용이 포함되므로 이익잉여금계산서를 작성하지 않아도 된다.[8]

**그림 12A.1** 자본변동표

| Hampton AG<br>자본변동표<br>2020년 1월 1일부터 2020년 12월 31일까지 | | | | | |
|---|---|---|---|---|---|
| | 자본금(액면 €5) | 주식발행초과금 | 이익잉여금 | 자기주식 | 자본 계 |
| 1월 1일 기초 금액 | €300,000 | €200,000 | €650,000 | €(34,000) | €1,116,000 |
| 보통주 5,000주(발행가 €15) | 25,000 | 50,000 | | | 75,000 |
| 미교부 현금 배당 €40,000 | | | (40,000) | | (40,000) |
| 자기주식 2,000주(취득원가 주당 €16) | | | | (32,000) | (32,000) |
| 당기순이익 | | | 240,000 | | 240,000 |
| 12월 31일 기말 금액 | €325,000 | €250,000 | €850,000 | €(66,000) | €1,359,000 |

## 부록 12B 보통주 장부가－주당 가격 산정

_Book Value－Another per Share Amount

> **학습목표**
> 주당 장부가를 어떻게 계산하는지 알아본다.

### 주당 보통주 장부가 _Book Value per Share

**주당 장부가**(book value per share)는 보통주 1주당 회계상 보통주에 귀속되는 자본 금액을 나타낸다. 따라서 보통주로만 구성된 자본이라면 자본을 유통 주식 수로 나눈 것이며, 자본은 순자산으로서 총자산에서 총부채를 차감한 것과 같다. 예를 들어 Marlo Corporation의 자본이 $1,500,000(보통주 자본금 $1,000,000, 이익잉여금 $500,000), 보통주의 유통 주식 수가 50,000주일 때 주당 장부가는 $30($1,500,000 ÷ 50,000)이다. 계산은 그림 12B.1을 참조하라.

**그림 12B.1** 주당 장부가

**보통주 총자본** ÷ **보통주의 유통 주식 수** = **주당 장부가**

보통주 외에 우선주가 있으면 계산이 좀 더 복잡해진다. 우선주는 보통주보다 재산 분배권이 우선하므로 자본에서 차감해야 하며, 다음과 같은 계산 과정을 거친다.

1. 상환가에 체납배당금을 합하여 우선주의 자본을 먼저 계산한다. 상환가가 없으면 액면가로 한다.
2. 자본에서 우선주 자본을 차감하여 보통주의 자본을 구한다.
3. 이 금액을 보통주로 나누어 보통주당 장부가를 구한다.

---

8 역자 주: 다음과 같이 접근하면 재무제표를 좀 더 쉽게 이해할 수 있다. 즉 재무제표 중 회계 항등식인 '자산 = 부채 + 자본'을 나타내는 재무상태표가 으뜸이고, 다른 재무제표는 모두 재무상태표 주요 계정의 증감을 나타내는 명세서로 본다. 당기손익의 명세서는 손익계산서, 이익잉여금의 명세는 이익잉여금계산서, 자본 전체의 명세는 자본변동표, 현금의 명세서는 현금흐름표이다. 그러므로 자본변동표를 작성하면 이익잉여금계산서가 불필요하다.

그림 12.23에 제시된 Graber SA의 자본을 이용하여 계산해보자. 누적적 우선주의 상환가가 €120이고 체납배당금이 1년간 밀려서 €54,000(6,000 × €9)라고 가정하면 그림 12B.2와 같이 우선주 자본금이 산출된다(1단계).

**그림 12B.2** 우선주 자본금 계산(1단계)

| | |
|---|---|
| 상환가(6,000주 × €120) | €720,000 |
| 체납배당금(6,000주 × €9) | 54,000 |
| 우선주 자본 | €774,000 |

따라서 보통주의 주당 장부가를 그림 12B.3과 같이 구할 수 있다(2, 3단계).

**그림 12B.3** 우선주가 있는 경우 보통주의 주당 장부가 계산

| | |
|---|---|
| 총자본 | €4,810,000 |
| 차감: 우선주 자본 | 774,000 |
| 보통주 자본 | €4,036,000 |
| 유통 주식 수 | 390,000 |
| 보통주 주당 장부가(€4,036,000 ÷ 390,000) | €10.35 |

액면가 €100 대신 상환가 €120를 사용하여 우선주 자본을 구했다. 그리고 우선주 주식발행초과금 €30,000는 우선주 자본이 아니라 보통주 자본에 가산된다는 것에 유의하라. 우선주는 상환가나 액면가로 돌려받고 나면 법률상 우선주발행초과금에 대한 권리가 없기 때문이다.

## 장부가와 시장가 _Book Value versus Market Price

주당 장부가는 시장의 시가와 다르다. 주당 장부가는 회계상 기록된 수치에 근거하고 시가는 수많은 주주와 투자가가 회사의 미래 성과를 예측한 것과 배당액을 바탕으로 시장에서 형성되니 당연히 다르다. 따라서 시가가 장부가를 초과하는 경우가 있는데, 이로 인해 시가가 시장에서 과대평가되었다고 보면 성급하다. 사실 서로 독립적이다. 그림 12B.4는 주식 시가와 주당 장부가가 많이 다르다는 것을 보여주는 몇 가지 예이다.

**그림 12B.4** 장부가와 시가의 비교

| 회사 | 장부가(연말) | 시가(연중) |
|---|---|---|
| 더리미티드 | $13.38 | $31.03~$22.89 |
| 하인즈 | $ 7.48 | $40.61~$34.53 |
| 시스코시스템 | $ 3.66 | $21.24~$17.01 |
| 월마트 | $12.79 | $50.87~$42.31 |

그럼에도 불구하고 주당 장부가는 주당 자본의 추세나 시세의 변동을 판단하고 예측하는 데 도움이 된다. 그리고 어떤 권리가 주당 장부가를 근거로 계약하여 그로 인해 소송이 발생했을 때 중요하게 다루어지는 경우가 있다.

## 단원 요약

### 1 법인과 회사

법인 형태의 기업을 회사라고 하며, 회사 중에서도 법인의 개념에 가장 충실한 형태는 주식회사이다. 법적으로 독립된 실체인 주식회사의 특징은 주주가 유한책임을 지고, 소유권 이전이 자유로우며, 자본 조달 능력이 뛰어나다는 것이다. 또한 존속 기간이 영구적이고, 전문 경영인을 두어 소유와 경영을 분리할 수 있으며, 정부의 규제를 받고, 세금 부담이 크다.

### 2 주식 발행의 회계 처리

현금을 받고 액면가가 있는 보통주를 발행하면 액면가로 자본금이 생기지만, 발행가와 액면가가 다르면 그 차액은 별도의 주식발행초과금으로 처리한다. 액면가가 없는 무액면주의 경우 표시가격이 있으면 액면주와 똑같이 회계 처리를 하고, 표시가격이 없으면 전액 자본금으로 처리한다.

우선주는 보통주보다 배당과 자산 분배권의 권리가 앞서지만 의결권이 없다. 자기주식의 회계 처리는 취득원가로 하며, 처분 시 취득원가와 판매가의 차액은 자본 거래에서 발생했으므로 당기손익으로 처리할 수 없다.

### 3 배당과 분할

현금 배당의 경우 배당 선언일에는 차변에 현금 배당, 대변에 미지급 배당금으로 회계 처리하고, 지급일에는 미지급 배당금을 차변에, 현금을 대변에 기록한다. 주식 배당의 경우 배당 선언일에는 차변에 주식 배당, 대변에 미교부주식배당금과 자본잉여금을 기록하고, 지급일에는 미교부주식배당금을 차변에, 자본금을 대변에 기록한다. 주식 분할은 액면가나 표시가격을 줄이고 주식 수를 늘리는 것이므로 총자본에 아무런 영향이 없다.

### 4 자본의 공시와 분석

자본의 구성 항목별 증감과 변동액은 이익잉여금계산서와 주석 등에 공시되어야 한다.

이익잉여금계산서에서는 당기순이익을 가산하고 현금 배당금과 주식 배당금을 차감하며 일부 자기주식처분손실 등을 공제하여 이익잉여금을 계산하고 표시한다. 자본이 복잡하게 구성된 경우라도 불입자본과 이익잉여금으로 크게 구분하고 명세를 작성하여 공시하면 용이하다. 또한 이익잉여금의 배당으로 사용 제한과 체납배당금을 반드시 재무제표 주석에 공시한다.

보통주의 자본이익률은 당기순이익에서 우선주 배당금을 제외하고 보통주의 유통 주식 수로 나누어 산출한다.

### *5 자본변동표

자본의 변동은 반드시 공시해야 한다. 자본 요소별로 증감을 나타내는 자본변동표를 작성하면 그 안에 이익잉여금의 내용이 포함되므로 이익잉여금계산서를 별도로 작성하지 않아도 된다.

### *6 보통주 장부가 – 주당 가격 산정

주당 장부가는 보통주 1주당 회계상 자본 금액을 나타낸다. 보통주만 있는 경우에는 총자본을 유통 주식 수로 나누어 산출한다.

## 핵심 용어

**결손금(deficit)** 누적된 손실로 이익잉여금의 차변액

**누적적 배당금(cumulative dividend)** 우선주가 당해 연도에 못 받은 배당금이 차기 연도로 이월되어 누적되는 것으로, 이 금액이 지급되기 전까지 보통주주는 배당금을 받을 수 없음

**무액면주(non-par value share)** 정관으로 주당 가격을 정하지 않은 주식

**배당(dividend)** 성과를 주주에게 지분율대로 배분하는 것

**배당 선언일(declaration date)** 이사회가 배당을 선언한 날

**법인(corporation)** 상법에 따라 소유주로부터 독립된 형태의 회사

**비상장회사(privately held corporation)** 증권거래소에 주식이 상장되지 않고 소수의 주주가 소유하고 있는 회사

**상장회사(publicly held corporation)** 증권거래소에 주식이 상장되어 거래되는 회사

**수권주식 수(authorized shares)** 회사가 발행할 수 있도록 주주총회에서 승인된 주식의 총량

**액면주(par value share)** 정관으로 주당 가격을 정하여 표시한 주식

9 이 장의 부록과 관련된 것은 별표(*)로 표시했다.

**우선주(preference share)** 보통주보다 우선권이 부여된 주식

**유통 주식 수(outstanding shares)** 발행되어 시중에 유통되는 주식

**이익잉여금(retained earnings)** 당기순이익의 누적액으로 미래에 사용하기 위해 유보함

**이익잉여금의 사용 제한(retained earnings restrictions)** 다른 용도로의 사용이 제한되어 배당 재원이 될 수 없는 이익잉여금

**자기주식·자사주(treasury share)** 회사가 발행한 후 취득하여 보유하고 있는 주식

**자본금(share capital)** 주식을 발행하고 받은 현금이나 현물

**자본변동표(statement of changes in equity)** 자본을 구성하는 항목별 금액과 증감을 나타낸 재무제표

**자본이익률(return on ordinary shareholders' equity)** 보통주주의 관점에서 이익률을 측정하는 방법으로, 보통주주에게 귀속되는 당기순이익을 평균 유통 주식 수로 나누어 산출

**정관(charter)** 회사 설립 시 회사의 중요 규칙을 담은 문서

***주당 장부가(book value per share)** 주당 회계상 순자산액

**주식 배당(share dividend)** 성과 배분인 배당으로 주식을 발행하는 것

**주식 분할(share split)** 주당 액면가나 표면가격을 낮추고 줄어든 금액만큼 주식 수를 늘리는 것

**주주명부 폐쇄일(record date)** 배당금을 지급하기 위해 주주의 변동을 기록하는 명부를 고정하여 권리자를 확정하는 날

**지급일(payment date)** 주주에게 배당금을 지급하는 날

**창업비(organization cost)** 회사를 설립하는 데 드는 지출

**청산배당(liquidating dividend)** 이익잉여금을 초과한 배당으로, 회사의 성과가 아닌 불입자본금과 주식발행초과금을 환급하는 것이므로 불법임

**표시가격(stated value)** 자본금으로 계상하기 위해 이사회에서 부과한 주당 금액

**현금 배당(cash dividend)** 주주에게 성과를 균등하게 배분하기 위해 현금을 지급하는 것

## 객관식 문제

**1** 다음 중 법인(회사)의 주요 장점이 아닌 것은?

a. 법률적으로 독립된 실체
b. 영속성
c. 정부의 규제
d. 자유로운 소유권 이전

**2** 다음 중 법인(회사)의 단점에 해당하는 것은?

a. 소유주의 유한책임
b. 이중과세
c. 자유로운 소유권 이전
d. 법률적으로 독립된 실체

**3** 다음 설명 중 옳지 않은 것은?

a. 보통주는 의결권이 있다.
b. 자본 항목은 자본금부터 시작한다.
c. 수권주식을 정하는 것은 회계 분개의 대상이 아니다.
d. 주식의 액면가와 시장가는 항상 같다.

**4** ABC Industries는 액면가 €10의 보통주 1,000주를 주당 €12에 발행했다. 대변에 계상되는 분개는 무엇인가?

a. 자본금 €10,000와 주식발행초과금 €2,000
b. 자본금 €12,000
c. 자본금 €10,000와 주식처분이익 €2,000
d. 자본금 €10,000와 이익잉여금 €2,000

**5** Lucroy AG는 액면가 €10의 우선주 100주를 주당 €12에 발행했다. 대변에 계상되는 분개는 무엇인가?

a. 우선주 자본금 €1,200
b. 우선주 자본금 €1,000와 이익잉여금 €200
c. 우선주 자본금 €1,000와 보통주발행초과금 €200
d. 우선주 자본금 €1,000와 우선주발행초과금 €200

**6** 자기주식을 취득하는 목적은 무엇인가?

a. 임직원의 상여금과 보상을 지급하기 위해
b. 주식이 저평가되어 있다는 메시지를 시장에 전하기 위해
c. 다른 회사의 합병과 인수에 사용하기 위해
d. 위의 보기 모두

**7** XYZ Ltd.는 액면가 £5의 자기주식 100주를 £13에 처분했으며, 취득원가는 주당 £10이다. 대변에 계상되는 분개는 무엇인가?

a. 자기주식 £1,000와 자본잉여금 £300
b. 자기주식 £500와 자본잉여금 £800
c. 자기주식 £1,000와 이익잉여금 £300
d. 자기주식 £500와 자기주식처분이익 £800

**8** 재무상태표에서 자기주식은 어디서 차감하는가?

a. 비용 b. 수익

c. 자본 d. 부채

**9** 현금 배당이라는 계정과목은 언제 나타나는가?

a. 배당 선언일, 지급일

b. 주주명부 폐쇄일, 지급일

c. 배당 선언일, 주주명부 폐쇄일, 지급일

d. 배당 선언일, 주주명부 폐쇄일

**10** 우선주가 보통주에 비해 우선권을 가지지 못하는 경우는?

a. 배당금

b. 잔여 재산 분배권

c. 누적적 배당금

d. 의결권

**11** Encore Ltd.는 £80,000의 현금 배당을 선언했으며 배당률 7%, 액면가 £100의 누적적 우선주 3,000주가 유통되고 있다. 체납배당금이 1년 밀렸다면 보통주에 얼마가 배당되는가?

a. £38,000 b. £42,000

c. £59,000 d. 없음

**12** 주식 배당을 소량 발행한 경우에 대한 설명으로 옳은 것은?

a. 차변에 이익잉여금을 발행 주식의 액면가만큼 분개한다.

b. 주식 배당은 총자본을 감소시킨다.

c. 주식 배당금은 주당 시장 가격으로 회계 처리한다.

d. 주당 액면가에 영향을 준다.

**13** 주식 분할을 3:1로 한 경우에 대한 설명으로 옳은 것은?

a. 주식의 시세를 3배로 올리는 효과가 있다.

b. 총자본을 3배로 증가시킨다.

c. 총자본에 영향이 없다.

d. 현금 지출을 수반한다.

**14** Raptor NV의 이익잉여금은 €500,000, 총자본은 €2,000,000이다. 액면가 €8의 주식 100,000주가 유통되고 있으며 현재 시가는 주당 €30이다. 10%의 주식 배당을 선언했다면 Raptor NV에 어떤 영향을 미치는가?

a. 당기순이익이 €80,000 감소한다.

b. 이익잉여금이 €80,000 감소하고 총자본이 €80,000 증가한다.

c. 이익잉여금이 €300,000 감소하고 총자본이 €300,000 증가한다.

d. 이익잉여금이 €300,000 감소하고 불입자본금이 €300,000 증가한다.

**15** 다음 중 이익잉여금계산서에 보고되는 항목이 아닌 것은?

a. 주식 배당

b. 당기손익

c. 매출

d. 현금 배당

**16** 자본 항목으로서 미교부주식배당금은 어떻게 공시되는가?

a. 자본금과 이익잉여금에서 공제

b. 주식발행초과금에 가산

c. 이익잉여금에서 차감

d. 자본금에 가산

**17** 보통주의 자본이익률을 산출하는 공식은 무엇인가?

a. 당기순이익 ÷ 총자산

b. 현금 배당액 ÷ 평균 보통주 불입자본

c. 보통주에 배당 가능한 당기순이익 ÷ 평균 보통주 불입자본

d. 위의 보기 모두 해당되지 않음

**18** Katie Ltd.는 2020년에 당기순이익 NT$186,000를 시현하고 보통주주와 우선주주에게 각각 NT$26,000, NT$60,000를 배당했다. 우선주는 배당률 6%로 비누적적이고 액면가가 NT$100이며 10,000주가 유통된다. 2020년 기초와 기말의 보통주 자본 총액이 각각 NT$1,200,000, NT$1,600,000일 때 2020년 보통주주의 자본이익률은 얼마인가?

a. 10.0%

b. 9.0%

c. 7.1%

d. 13.3%

***19** 자본변동표를 작성하여 공시하면 필요 없는 재무제표는 무엇인가?

a. 이익잉여금계산서

b. 재무상태표

c. 손익계산서

d. 현금흐름표

***20** JFK, plc의 장부에 자본금과 자기주식이 있고 우선주가 없을 때 주당 장부가를 구하는 공식은 무엇인가?

a. 총자본 ÷ 발행 주식 수

b. 자본금 ÷ 발행 주식 수

c. 총자본 ÷ 유통 주식 수

d. 자본금 ÷ 유통 주식 수

## 기초 확인 문제

**1** 4월 10일, Leury SE는 액면가 €5의 보통주 3,000주를 주당 €14에 발행했다. 이를 분개하라.

**해답**

| 날짜 | 계정 | 차변 | 대변 |
|---|---|---|---|
| 4월 10일 | 현금(3,000 × €14) | 42,000 | |
| | 자본금(3,000 × €5) | | 15,000 |
| | 주식발행초과금(3,000 × €9) | | 27,000 |

**2** 6월 1일, Omar Group은 액면가 £5의 보통주 600주를 주당 현금 £10에 자기주식을 취득했다. 그리고 8월 15일에 자기주식 400주를 주당 £13에 매각했다. 이를 분개하라.

**해답**

| 날짜 | 계정 | 차변 | 대변 |
|---|---|---|---|
| 6월 1일 | 자기주식(600 × £10) | 6,000 | |
| | 현금 | | 6,000 |
| 8월 15일 | 현금(400 × £13) | 5,200 | |
| | 자기주식(400 × £10) | | 4,000 |
| | 자기주식처분이익 (자본잉여금)(400 × £3) | | 1,200 |

**3** Teng Electronics는 유통되는 보통주 수가 70,000주이며, 11월 15일에 주당 ¥2의 현금 배당을 12월 15일 자 주주명부상 주주에게 지급하겠다고 선언하고 12월 31일에 지급했다. 현금 배당과 관련된 분개를 하라.

**해답**

| 날짜 | 계정 | 차변 | 대변 |
|---|---|---|---|
| 11월 5일 | 현금 배당(70,000 × ¥2) | 140,000 | |
| | 미지급 배당금 | | 140,000 |
| 12월 31일 | 미지급 배당금 | 140,000 | |
| | 현금 | | 140,000 |

**4** Ynoa plc의 자본은 자본금(액면 £5) £3,000,000와 이익잉여금 £1,000,000로 구성되어 있는데, 주가가 주당 £11일 때 15%의 주식 배당(90,000주)을 선언했다. 주식 배당 전과 후에 다음 각 항목이 어떻게 달라지는가?

a. 자본 항목

b. 유통 주식 수

c. 주식 액면가

**해답**

| | 배당 전 | 배당 후 |
|---|---|---|
| a. 자본 | | |
| 자본금(액면가 £5) | £3,000,000 | £3,450,000 |
| 주식발행초과금 | — | 540,000 |
| 이익잉여금 | 1,000,000 | 10,000 |
| 자본 계 | £4,000,000 | £4,000,000 |
| b. 유통 주식 수 | 600,000 | 690,000 |
| c. 주식 액면가 | £5.00 | £5.00 |

**5** 2020년 1월 1일, ChrisBeck Ltd.의 이익잉여금은 HK$400,000(단위: 1,000)이며 현금 배당을 HK$50,000, 주식 배당을 HK$10,000 했다. 당기순이익은 HK$107,000이다. 2020년의 이익잉여금계산서를 작성하라.

**해답**

**ChrisBeck Ltd.**
**이익잉여금계산서**
2020년 1월 1일부터 2020년 12월 31일까지
(단위: 1,000)

| | | |
|---|---|---|
| 1월 1일 기초 금액 | | HK$400,000 |
| 가산: 당기순이익 | | 107,000 |
| | | 507,000 |
| 차감: 현금 배당 | HK$50,000 | |
| 주식 배당 | 10,000 | 60,000 |
| 12월 31일 기말 금액 | | HK$447,000 |

**6** Phoa Enterprises의 12월 31일 자 자본 항목은 보통주 자본금 HK$100,000(액면가 HK$2, 발행 주식 수 50,000주), 주식발행초과금 HK$40,000, 이익잉여금 HK$65,000, 자기주식 HK$17,000(2,000주)로 구성되어 있다(단위: 1,000). 재무상태표의 자본 항목을 나타내라.

**해답**

**Phoa Enterprises**
**재무상태표**(일부 발췌)
(단위: 1,000)

| | |
|---|---|
| 자본 | |
| 자본금(액면가 HK$2, 발행 주식 수 50,000주, 유통 주식 수 48,000주) | HK$100,000 |
| 주식발행초과금 | 40,000 |
| 이익잉여금 | 65,000 |
| 차감: 자기주식(2,000주) | 17,000 |
| 자본 계 | HK$188,000 |

## 확인 문제

**1** Maci plc의 다음 거래를 분개하라.

3월 2일 창업에 필요한 법률 수수료 £35,000를 액면가 £5의 보통주 5,000주를 발행하여 지급했다.
6월 12일 액면가 £5의 보통주 60,000주를 현금 £370,000를 받고 발행했다.
7월 11일 액면가 £100의 우선주 1,000주를 주당 현금 £112에 발행했다.
11월 28일 자기주식 2,000주를 £70,000에 취득했다.

**해답**

| 날짜 | 계정 | 차변 | 대변 |
|---|---|---|---|
| 3월 2일 | 창업비 | 35,000 | |
| | 보통주 자본금(5,000 × £5) | | 25,000 |
| | 보통주발행초과금 | | 10,000 |
| 6월 12일 | 현금 | 370,000 | |
| | 보통주 자본금(60,000 × £5) | | 300,000 |
| | 보통주발행초과금 | | 70,000 |
| 7월 11일 | 현금(1,000 × £112) | 112,000 | |
| | 우선주 자본금(1,000 × £100) | | 100,000 |
| | 우선주발행초과금(1,000 × £12) | | 12,000 |
| 11월 28일 | 자기주식 | 70,000 | |
| | 현금 | | 70,000 |

**2** Star Industries는 자기주식 5,000주를 €250,000에 취득하고 이 중 2,000주를 주당 €53에, 2,000주를 주당 €48에, 1,000주를 주당 €43에 매각했다. 각 처분 거래를 분개하라.

**해답**

| 계정 | 차변 | 대변 |
|---|---|---|
| 자기주식 | 250,000 | |
| 현금 | | 250,000 |
| 현금(2,000 × €53) | 106,000 | |
| 자기주식(2,000 × €50) | | 100,000 |
| 자기주식처분이익−자본잉여금 | | 6,000 |
| 현금(2,000 × €48) | 96,000 | |
| 자기주식처분이익−자본잉여금 | 4,000 | |
| 자기주식(2,000 × €50) | | 100,000 |
| 현금(1,000 × €43) | 43,000 | |
| 자기주식처분이익−자본잉여금 (€6,000 − €4,000) | 2,000 | |
| 이익잉여금 | 5,000 | |
| 자기주식(1,000 × €50) | | 50,000 |

**3** 2020년 12월 31일, Lebron Athletics는 현금 배당 €50,000를 선언했으며, 보통주 자본금 €400,000와 배당률 6%의 우선주 €100,000가 있다.

**a.** 우선주가 비누적적이라고 가정하고 보통주주와 우선주주에게 배당액을 안분하라.

**b.** 우선주가 누적적이며 2년간 체납배당금이 있다고 가정하고 보통주주와 우선주주에게 배당액을 안분하라.

**c.** (b)의 현금 배당 선언일에 해야 할 분개를 하라.

**해답**

a.

| | **2020** |
|---|---|
| 총배당 선언액 | €50,000 |
| 우선주 배당금(6% × €100,000) | (6,000) |
| 보통주 배당금 | €44,000 |

b.

| | **2020** |
|---|---|
| 총배당 선언액 | €50,000 |
| 우선주 배당금(6% × €100,000 × 3) | (18,000) |
| 보통주 배당금 | €32,000 |

c.

| 날짜 | 계정 | 차변 | 대변 |
|---|---|---|---|
| 12월 31일 | 현금 배당 | 50,000 | |
| | 미지급 배당금 | | 50,000 |

**4** 1월 1일, Chong Ltd.는 무액면주 95,000주를 발행했으며 주당 표시가격이 NT$60이다. 그리고 다음과 같이 거래했다.

4월 1일 추가로 보통주 25,000주를 주당 NT$170에 발행했다.
6월 15일 주당 NT$10의 현금 배당을 선언하고 주주명부 폐쇄일을 6월 30일로 했다.
7월 10일 주당 NT$10의 현금을 지급했다.
12월 1일 보통주 2,000주를 주당 NT$190에 발행했다.
12월 15일 12월 31일 자 주주명부 기준으로 주당 NT$12의 현금 배당을 선언했다.

**a.** 배당과 관련하여 세 날짜의 분개를 하라.

**b.** 배당금과 미지급 배당금을 재무제표에 어떻게 표시하여 공시하는가?

**해답**

a.

| 날짜 | 계정 | 차변 | 대변 |
|---|---|---|---|
| 6월 15일 | 현금 배당 (120,000 × NT$10) | 1,200,000 | |
| | 미지급 배당금 | | 1,200,000 |
| 7월 10일 | 미지급 배당금 | 1,200,000 | |
| | 현금 | | 1,200,000 |
| 12월 15일 | 현금 배당 (122,000 × NT$12) | 1,464,000 | |
| | 미지급 배당금 | | 1,464,000 |

b. 배당금 NT$2,664,000는 이익잉여금계산서에서 공제하고, 미지급 배당금 NT$1,464,000는 유동부채로 표시한다.

**5** 2020년 1월 1일, Rabb AG는 이익잉여금이 €400,000이고 유통 주식 수가 200,000주이다. 그리고 다음과 같이 거래했다.

1. 주당 €0.50의 현금 배당을 선언하고 지급했다.
2. 주식 가격이 주당 €18일 때 주당 5%로 주식 배당을 선언하고 주식을 발행했다.
3. 당기순이익 €340,000를 시현했다.

2020년의 이익잉여금계산서를 작성하라.

**해답**

**Rabb AG**
**이익잉여금계산서**
2020년 1월 1일부터 2020년 12월 31일까지

| | | |
|---|---|---|
| 1월 1일 기초 금액 | | €400,000 |
| 가산: 당기순이익 | | 340,000 |
| | | 740,000 |
| 차감: 현금 배당 | €100,000* | |
| 주식 배당 | 180,000** | 280,000 |
| 12월 31일 기말 금액 | | €460,000 |

*(200,000 × €0.50) **(200,000 × 0.05 × €18)

## 실습 문제

**1** Cabral SA는 주당 R$5의 보통주 1,000,000주를 수권주식 수로 주주총회에서 승인을 받고 사업 첫해에 다음과 같이 거래했다.

| | |
|---|---|
| 1월 10일 | 현금을 받고 액면가 R$8의 보통주 400,000주를 액면 발행했다. |
| 7월 1일 | 토지 현물 출자에 대한 대가로 보통주 100,000주를 발행했다. 토지의 시가로 주장되는 가격은 R$900,000이고 증권시장에서의 주가 시세는 주당 R$8.25이다. |
| 9월 1일 | 자기주식 10,000주를 주당 R$9에 취득했다. |
| 12월 1일 | 자기주식 4,000주를 주당 R$10에 매각했다. |

**a.** 각 거래를 분개하라.

**b.** 12월 31일의 이익잉여금 잔액이 R$200,000일 때 재무상태표의 자본 항목을 작성하라.

**해답**

a.

| 날짜 | 계정 | 차변 | 대변 |
|---|---|---|---|
| 1월 10일 | 현금 | 3,200,000 | |
| | 자본금 | | 2,000,000 |
| | 주식발행초과금 | | 1,200,000 |
| | (주식을 액면 발행) | | |
| 7월 1일 | 토지 | 825,000 | |
| | 자본금 | | 500,000 |
| | 주식발행초과금 | | 325,000 |
| | (현물 출자로 주식 발행) | | |
| 9월 1일 | 자기주식 | 90,000 | |
| | 현금 | | 90,000 |
| | (자기주식 취득) | | |
| 12월 1일 | 현금 | 40,000 | |
| | 자기주식 | | 36,000 |
| | 자기주식처분이익–자본잉여금 | | |
| | (자기주식 처분) | | 4,000 |

b.

**Cabral SA**
**재무상태표**(일부 발췌)

| | | |
|---|---|---|
| 자본 | | |
| 자본금(액면가 R$5, 발행 주식 수 1,000,000주, 수권주식 수 500,000주, 유통 주식 수 494,000주) | | R$2,500,000 |
| 주식발행초과금 | R$1,525,000 | |
| 자기주식처분이익 | 4,000 | 1,529,000 |
| 이익잉여금 | | 200,000 |
| 차감: 자기주식(6,000주) | | 54,000 |
| 자본 계 | | R$4,175,000 |

**2** 2020년 1월 1일, Hayslett AG의 자본은 다음과 같이 구성되어 있다.

| | |
|---|---|
| 자본금(액면가 €10, 발행 및 유통 주식 수 260,000주) | €2,600,000 |
| 주식발행초과금 | 1,500,000 |
| 이익잉여금 | 3,200,000 |

그리고 다음과 같이 거래했다.

| | |
|---|---|
| 4월 1일 | 주당 €1.50의 현금 배당을 4월 15일 자 주주명부를 기준으로 선언했다. |
| 5월 1일 | 배당을 지급했다. |
| 6월 1일 | 2:1의 주식 분할을 했다. 당시 주가는 €24였다. |
| 8월 1일 | 주당 10%의 주식 배당을 8월 15일 자 주주명부를 기준으로 선언했다. 주식 시세는 주당 €10였다. |
| 31일 | 주식 배당을 위해 주식을 발행했다. |
| 12월 1일 | 주당 €1.50의 현금 배당을 12월 15일 자 주주명부를 기준으로 선언했다. 지급 예정일은 다음 해 1월 5일이다. |
| 31일 | 당기순이익 €600,000를 시현했다. |

**a.** 날짜별 거래를 분개하고 당기순이익과 주식 배당, 현금 배당을 결산 분개하라.

**b.** 12월 31일 자 재무상태표의 자본 항목을 작성하라.

**해답**

a.

| 날짜 | 계정 | 차변 | 대변 |
|---|---|---|---|
| 4월 1일 | 현금 배당(260,000 × €1.50) | 390,000 | |
| | 미지급 배당금 | | 390,000 |
| 5월 1일 | 미지급 배당금 | 390,000 | |
| | 현금 | | 390,000 |
| 6월 1일 | 주식 분할은 분개가 불필요함 | | |
| 8월 1일 | 주식 배당(52,000* × €10) | 520,000 | |
| | 미교부주식배당금(52,000 × €5) | | 260,000 |
| | 주식발행초과금(52,000 × €5) | | 260,000 |
| | *520,000 × 0.10 | | |
| 31일 | 미교부주식배당금 | 260,000 | |
| | 자본금 | | 260,000 |
| 12월 1일 | 현금 배당(572,000** × €1.50) | 858,000 | |
| | 미지급 배당금 | | 858,000 |
| | **(260,000 × 2) + 52,000 | | |
| 31일 | 집합손익 | 600,000 | |
| | 이익잉여금 | | 600,000 |
| | 이익잉여금 | 1,768,000 | |
| | 주식 배당 | | 520,000 |
| | 현금 배당 (€390,000 + €858,000) | | 1,248,000 |

b.

**Hayslett AG**
**재무상태표(일부 발췌)**

| | |
|---|---|
| 자본 | |
| 자본금(액면가 €5, 발행 및 유통 주식 수 572,000주) | €2,860,000 |
| 주식발행초과금 | 1,760,000 |
| 이익잉여금 | 2,032,000* |
| 자본 계 | €6,652,000 |

*€3,200,000 + €600,000 − €390,000 − €520,000 − €858,000

## 단원 정리를 위한 질문

**1** 학생인 마크 애들러가 법인의 특성 중 (a) 법률적으로 독립된 실체, (b) 소유주의 유한책임, (c) 자유로운 소유권 이전에 대해 알려달라고 도움을 요청했다. 이에 대해 마크에게 설명하라.

**2** a. 친구인 폴라 류크는 법인 경영의 장점과 단점을 잘 모른다. 이에 대해 설명하라.

b. 법인의 두 가지 단점을 제시하고 설명하라.

**3** 법인 설립과 관련된 용어인 정관, 상법, 창업비에 대해 설명하라.

**4** 제한 조항이 없을 때 통상 보통주를 소유한 주주의 기본적인 권리는 무엇인가?

**5** 법인은 소유자와 별개의 독립된 실체로 정의된다. 법인은 어떤 면에서 별도의 실체인가?

**6** a. 자본의 두 가지 주요 구성 요소는 무엇인가?

b. 자본금이란 무엇인지 세 가지 예를 들어 설명하라.

**7** Keller Ltd.는 정관에 따라 최대 100,000주까지 보통주를 발행할 수 있으며, 설립 후 첫 2년 동안 70,000주를 발행하고 7,000주를 취득했다. 수권주식 수, 발행 주식 수, 유통 주식 수를 구하라.

**8** 액면가가 ₩5,000인 보통주와 액면가가 ₩20,000인 보통주 중 어느 쪽이 더 나은 투자인가? 그 이유는 무엇인가?

**9** 주식의 시장 가격을 결정하는 요소는 무엇인가?

**10** 일반적으로 보통주는 액면가보다 낮은 가격으로 발행되지 않는 이유를 설명하라.

**11** 현물 출자 대상인 토지를 £84,000로 평가하여 액면가 £10인 보통주 1,000주를 발행하고 취득했다. 그런데 당시 정상적인 증권시장에서 이 주식의 시장 가격은 주당 £95이다. 토지를 £10,000, £84,000, £95,000 중 얼마로 회계 처리해야 하는지 밝히고 그 이유를 설명하라.

**12** 웨스파머스(Wesfarmers, 호주)와 같은 회사가 증권시장에서 자기주식을 매입하는 이유는 무엇인가?

**13** Luz A/S는 이전에 발행한 액면가 €5의 보통주 1,000주를 €9,000에 매입하고 주식이 회사 내에 보관되어 있을 때 이 거래가 당기순이익, 총자산, 이익잉여금, 총자본에 미치는 영향을 설명하라.

**14** 13번 문제에서 구입한 자기주식을 €13,000에 판매했을 때 이 거래가 당기순이익, 총자산, 이익잉여금, 총자본에 미치는 영향을 설명하라.

**15** 보통주와 우선주의 주요 차이점은 무엇인가?

**16** a. 배당금이란 무엇인가?

b. "배당금은 현금으로만 지급해야 한다." 이 말에 동의하는지 밝히고 그 이유를 설명하라.

**17** 팀 미오트케는 충분한 현금 보유가 현금 배당을 선언할 수 있는 유일한 요건이라고 주장한다. 팀의 주장이 맞는지 설명하라.

**18** a. 현금 배당에서는 세 가지 날짜가 중요하다. 이를 밝히고 회사와 주주에게 어떤 의미가 있는지 설명하라.

b. 현금 배당을 위한 날짜별 분개를 하라.

**19** 2020년 12월 31일, Farley Farms는 보통주와 우선주에 €55,000의 현금 배당을 선언했으며, 우선주 배당금을 연간 €10,000로 약정한 바 있다. 우선주 배당금이 누적되어 1년간 연체되었을 때 우선주 배당금과 보통주 배당금은 얼마인가?

**20** 회사의 재무상태표에 현금 배당과 주식 배당이 미치는 영향을 비교하여 설명하라.

**21** 트라비스 모르디카가 "주식 배당으로 아무것도 변하지 않는데 왜 선언합니까?"라고 물었다. 이 질문에 답하라.

**22** Gorton Ltd.의 유통 주식은 액면가 £10의 보통주 30,000주이며 2:1의 주식 분할을 발표했다. 분할 이전 주식의 시장 가격은 주당 £120였다. 분할 후 발행 주식 수와 대략적인 주당 시장 가격을 구하라.

**23** 이사회가 주식 분할과 주식 배당을 고려하고 있는데, 총자본 금액에 변화가 없다는 것만 이해할 뿐 그 외 측면에서 자본에 미치는 영향이 다르다는 것을 모른다. 그 차이를 설명하라.

**24** 이익잉여금의 사용 제한을 재무제표에 어떻게 보고하는지 설명하라.

**25** 라피 푸르칼은 이익잉여금의 기초 금액과 기말 금액이 모두 재무상태표의 자본 항목에 표시된다고 믿는다. 이에 동의하는지 밝히고 그 이유를 설명하라.

**26** 주식 투자를 많이 하고 있는 딘 퍼시벌은 "회사의 당기순이익이 뭐가 중요해? 주가가 다 말해주지!"라고 말한다. 이 말에 동의하는지 밝히고 그 이유를 설명하라.

***27** 회사가 보통주만 가지고 있을 때 주당 장부가를 계산하는 공식을 설명하라.

***28** Bihar Ltd.의 보통주는 액면가 Rs10, 장부가 Rs240, 시장가 Rs180이다. 세 금액이 다른 이유를 설명하라(단위: 1,000).

## 가벼운 연습 문제

**1** 카리 홈은 회계 과목 중간고사를 대비하여 공부하고 있다. 카리에게 법인 형태 사업 조직의 장단점을 설명하라.

**2** 5월 10일, Chen Co.는 액면가 €6의 보통주 2,000주를 주당 €13에 현금으로 발행했다. 이를 분개하라.

**3** 6월 1일, Federia Ltd.는 주당 HK$600의 현금 가격으로 무액면 보통주 4,500주를 발행했다. 주식의 표시가격이 주당 HK$200라고 가정하고 이를 분개하라.

**4** 액면가가 £10인 Alou Ltd.의 보통주는 주당 £15의 시장 가격에 활발히 거래되고 있다. 이에 Alou Ltd.는 5,000주를 발행하여 판매하겠다고 광고된 토지를 £81,000에 구매했다. 토지 취득을 위한 주식 발행을 분개하라.

**5** 7월 1일, Pearl River Industries는 액면가 HK$20의 보통주 중 500주를 주당 HK$80의 현금으로 자기주식을 매입했다. 그리고 9월 1일에 자기주식 중 350주를 주당 HK$90의 현금으로 매각했다. 두 가지 거래를 분개하라.

**6** Chard Ltd.는 주당 £118에 현금으로 액면가 £100의 우선주 5,000주를 발행했다. 이를 분개하라.

**7** Greenwood Enterprises는 보통주 80,000주를 발행했으며, 11월 1일에 12월 1일 자 주주명부상 주주에게 €1의 현금 배당을 선언했다. 배당금은 12월 31일에 지급된다. 현금 배당의 선언 및 지급을 분개하라.

**8** M. Bot Ltd.는 2020년 12월 31일 현재 배당률 8%, 액면가 €100의 누적적 우선주 10,000주를 보유하고 있으며, 2018년과 2019년에는 배당을 선언하지 않았다. 다음 기간에 €375,000의 배당금을 지급하려고 할 때 2020년의 보통주 배당금을 구하라.

**9** Langley Ltd.는 액면가 £10의 보통주 50,000주를 발행했으며, 주당 시장 가격이 £16인 12월 1일에 15%의 주식 배당을 선언했다. 배당주는 12월 31일에 발행된다. 주식 배당의 선언 및 발행을 분개하라.

**10** Pretzer plc의 자본은 보통주(액면가 £10) £2,000,000와 이익잉여금 £500,000로 구성되어 있으며, 주당 시장 가격이 £16일 때 15%의 주식 배당(30,000주)을 선언했다. 다음 항목에 대한 배당 전후의 영향을 밝혀라.

**a.** 자본의 구성 요소

**b.** 발행 주식 수

**c.** 주당 액면가

**11** 2020년 12월 31일로 종료되는 회계연도에 Soto Ltd.는 당기순이익 ¥170,000, 배당금 ¥85,000(단위: 1,000)을 보고했다. 2020년 1월 1일의 이익잉여금 잔액이 ¥220,000일 때 해당 연도의 이익잉여금계산서를 작성하라.

**12** Palmer Cosmetic의 2020년 1월 1일 자 이익잉여금 잔액이 €800,000였으며, 2020년 동안 회사는 €90,000의 현금 배당과 €8,000의 주식 배당을 했다. 2020년의 당기순이익이 €120,000일 때 해당 연도의 이익잉여금계산서를 작성하라.

**13** Garcia Enterprises는 12월 31일 현재 다음 계정을 보유하고 있다. 재무상태표의 자본 항목을 나타내라.

| | |
|---|---:|
| 자본금(액면가 €10, 발행 주식 5,000주) | €50,000 |
| 주식발행초과금 | 32,000 |
| 이익잉여금 | 45,000 |
| 자기주식(500주) | 9,000 |

**14** Whetzel Imports는 당기순이익 NT$152,000, 보통주 배당금 NT$50,000, 이익잉여금 NT$360,000를 보고했으며, 보통주 자본금은 연초에 NT$700,000, 연말에 NT$820,000였다. 보통주의 자본이익률을 구하라.

**15** Lauren Ltd.는 재무상태표에 총자본 £817,000와 발행 보통주 수 44,000주, 유통 보통주 수 35,000주를 공시했다. 주당 장부 가치를 구하라(우선주는 발행하지 않았다).

## DO IT! 적용 문제

**1a** 다음 설명이 맞으면 ○, 틀리면 ×로 표시하고 틀린 부분을 바르게 고쳐라.

1. 법인은 소유자와 별개의 독립된 실체이다.
2. 주주의 책임은 일반적으로 주식회사에 대한 투자로 제한된다.
3. 정부의 규제가 상대적으로 적다는 것은 법인 형태 기업의 장점이다.
4. 보통주의 수권주식 수 결정을 기록하는 분개는 없다.
5. 액면가가 없는 주식은 오늘날 매우 드물다.

**1b** Jaeger Industries는 설립 첫해 말에 보통주 자본금 €1,000,000를 보유하고 당기순이익 €228,000를 시현했다. (a) 당기순이익을 결산 분개하고, (b) 연말의 자본 항목을 작성하라.

**2a** 4월 1일, Zermatt AG는 주당 CHF13의 현금으로 액면가 CHF2의 보통주 50,000주를 발행하고 사업을 개시했다. 이후 4월 19일에는 법인 설립에 필요한 변호사 수수료 CHF27,100을 결제하기 위해 보통주 2,000주를 발행하고, 4월 27일에는 주당 CHF110의 현금으로 액면가 CHF100의 우선주 1,000주를 발행했다. 비상장주식이라 시장에서 거래되지 않는다고 가정하고 이를 분개하라.

**2b** Delsman Limited는 8월 1일에 액면가 £5의 보통주 2,000주를 £128,000에 자기주식으로 취득하고, 이 중 1,200주를 12월 1일에 주당 £72의 현금으로 매각했다. 이를 분개하라.

**3a** 2020년 12월 31일 현재 Herr Fashions의 자본에는 배당률 7%, 액면가 €100의 우선주 2,000주가 있으며, 같은 날 €110,000의 현금 배당을 선언했다. 다음 각 경우의 우선주 배당금과 보통주 배당금을 구하라.

1. 비누적적 우선주이고 배당금이 연체되지 않았다.
2. 비누적적 우선주이고 지난 2년 동안 배당금이 지급되지 않았다.
3. 누적적 우선주이고 지난 2년 동안 배당금이 지급되지 않았다.

**3b** 4년 동안 순이익을 낸 Jurgens AG는 이러한 성공 덕분에 액면가가 £2인 보통주 400,000주의 시장 가격이 주당 £12에서 £49로 상승했으며, 자본금과 주식발행초과금이 £2,400,000로 동일하게 유지된 데 비해 이익잉여금이 £1,800,000에서 £12,000,000로 증가했다. CEO인 E. 리페는 15%의 주식 배당 또는 2:1 주식 분할을 고려하고 있는데, 두 경우가 (a) 이익잉여금, (b) 총자본에 미치는 영향을 설명하라.

**4a** Anders SA는 액면가 €5의 보통주 100,000주를 발행했으며, 수권주식이 500,000주이고 주식발행초과금이 €240,000이다. 이후 회사는 그중 7,000주를 €46,000로 취득하고 현재 해당 주식을 보유하고 있다. 그리고 자기주식의 수만큼 증자하여 취득원가보다 더 높은 가격인 €47,000로 발행했다.

또한 Anders SA는 배당률 7%, 액면가 €100의 우선주 2,000주를 발행했으며, 수권주식이 10,000주이고 주식발행초과금이 €23,000이다. 그리고 이익잉여금이 €372,000 있다.

재무상태표의 자본 항목을 작성하라.

**4b** 2020년 1월 1일, Vahsholtz Automotive는 자기주식 5,000주를 매입했으며 기타 정보는 다음과 같다.

| | 2019 | 2020 |
|---|---|---|
| 당기순이익 | €100,000 | €110,000 |
| 우선주 배당금 | €30,000 | €30,000 |
| 보통주 배당금 | €20,000 | €25,000 |
| 보통주의 가중평균 유통 주식 수 | 50,000 | 45,000 |
| 기초 보통주 자본금 | €600,000 | €750,000 |
| 기말 보통주 자본금 | €750,000 | €830,000 |

각 연도의 보통주 자기자본이익률을 구하라.

## 단원 연습 문제

**1** 빅토리아는 법인에 대해 다음과 같은 목록을 준비했다. 각 설명이 맞으면 ○, 틀리면 ×로 표시하고 틀린 부분을 바르게 고쳐라.

1. 법인은 소유자와 별개의 독립된 실체이다.
2. 법인은 법률적 실체로서 사람처럼 대부분의 권리와 특권이 부여된다.
3. 대규모 기업은 대부분이 비상장회사이다.
4. 법인은 재산을 사고 소유하고 팔 수 있으며 돈을 빌릴 수도 있다. 또한 법적 구속력이 있는 계약을 체결하고, 소송의 당사자로서 원고가 되거나 피고가 되기도 한다.
5. 법인의 당기순이익에는 별도의 과세 대상으로 세금이 부과되지 않는다.
6. 법인의 채권자는 회사가 채무를 상환하지 않는 경우 그 소유자의 개인 자산에 대해 법적 청구권을 갖는다.
7. 주식회사의 주주가 주식을 양도하려면 회사 또는 다른 주주의 승인이 필요하다.
8. 법인의 이사회는 법인을 법적으로 소유한다.
9. 회사의 최고 회계 책임자를 컨트롤러라고 부른다.
10. 법인은 조합이나 개인기업보다 규제를 덜 받는다.

**2** 빅토리아는 배운 내용을 실무에 적용하면서 법인에 대해 추가로 목록을 준비했다. 각 설명이 맞으면 ○, 틀리면 ×로 표시하고 틀린 부분을 바르게 고쳐라.

1. 전문 경영은 개인기업이나 조합에 비해 법인의 장점이자 단점이다.
2. 주주의 유한책임, 정부의 규제, 법인세 등은 법인의 가장 큰 단점이다.
3. 법인 설립 시 창업비는 자산으로 계상한다.
4. 보통주를 소유하면 주주총회에서 의결권을 가지고, 기업 이익을 공유하며, 신주 발행 시 동일한 지분을 유지하도록 증자에 참여할 수 있고, 청산 시 잔여 자산을 분배받을 수 있는 권리를 가진다.
5. 발행 주식 수는 항상 수권주식 수보다 많다.
6. 보통주의 수권주식 수 승인을 분개하는 회계 처리가 필요하다.
7. 상장회사는 통상 투자자에게 직접 주식을 발행한다.
8. 증권거래소에서는 이미 발행된 주식을 투자자 간에 양수도하는 거래가 이루어진다.
9. 보통주의 시장 가격은 일반적으로 액면가와 동일하다.
10. 이익잉여금은 주주가 주식과 교환하여 회사에 지급한 현금 및 기타 자산의 총액이다.

**3** Punjab Limited는 설립 후 첫해에 다음과 같이 거래했다.

1월 10일 주당 Rs50의 현금을 받고 보통주 70,000주를 발행했다.

7월 1일 주당 Rs70의 현금을 받고 보통주 30,000주를 발행했다.

**a.** 보통주의 액면가가 주당 Rs50일 때 위 거래를 분개하라.

**b.** 보통주가 주당 Rs10로 표시된 무액면주일 때 위 거래를 분개하라.

**4** Luis SLU는 보통주 1,000주를 발행했다. 다음 각 경우를 분개하라.

**a.** 주당 액면가가 €5인 주식을 총 €48,000의 현금을 받고 발행했다.

**b.** 주당 표시가격이 €5인 주식을 총 €48,000의 현금을 받고 발행했다.

**c.** 액면가나 표시가격이 없는 주식을 총 €48,000의 현금을 받고 발행했다.

**d.** 회사 설립을 위해 일한 변호사에게 수수료 €48,000를 지불하기 위해 주당 액면가가 €5인 주식을 발행했다.

**e.** €48,000 상당의 토지를 취득하기 위해 주당 액면가가 €5인 주식을 발행했다.

**5** Nanjing Ltd.는 발행한 주식 5,000주를 주주들로부터 ¥250,000에 매입한 후 1,300주를 주당 ¥54에, 2,000주를 주당 ¥49에, 1,700주를 주당 ¥40에 매각했다. 이를 분개하라.

**6** Sorocaba Co.는 당기 중 다음과 같이 거래했다.

| | |
|---|---|
| 3월 2일 | 회사 설립을 도와준 변호사가 청구한 R$44,000을 변제하기 위해 액면가 R$1의 보통주 5,000주를 발행했다. |
| 6월 12일 | 현금 R$468,000을 받고 액면가 R$1의 보통주 60,000주를 발행했다. |
| 7월 11일 | 주당 R$110의 현금을 받고 액면가 R$100의 우선주 1,000주를 발행했다. |
| 11월 28일 | 자기주식 2,000주를 R$18,000에 매입했다. |

위 거래를 분개하라.

**7** 회계법인 Gratis & Goode의 소속 회계사인 당신은 여러 고객을 감사하다가 다음과 같은 거래를 파악했다.

1. 비상장회사인 JR SpA는 12월 5일에 액면가 €10의 보통주 5,000주를 발행하여 토지를 취득했다. 토지 매도자의 요구 가격은 €138,000였으나 토지의 공정가치는 €124,000였다.
2. 상장회사인 Novak A/S는 6월 1일에 액면가 €10의 보통주 20,000주를 발행하여 토지를 취득했다. 토지는 매도 희망가 €250,000로 광고되었고, 주식은 증권거래소에서 주당 €11에 거래되고 있다.

위 거래를 분개하라.

**8** Bergin Stores의 2020년 1월 1일 자 자본은 보통주 자본금(액면가 £5) £1,500,000, 주식발행초과금 £1,000,000, 이익잉여금 £1,200,000로 구성되어 있었으며, 이후 당기 중에 다음과 같은 거래가 발생했다.

| | |
|---|---|
| 3월 1일 | 주당 £12의 현금을 주고 자기주식 50,000주를 매입했다. |
| 7월 1일 | 주당 £14의 현금을 받고 자기주식 10,000주를 매각했다. |
| 9월 1일 | 주당 £10의 현금을 받고 자기주식 8,000주를 매각했다. |

**a.** 위 거래를 분개하라.

**b.** 9월 1일에 자기주식을 주당 £9에 매각했을 때 거래를 다시 분개하라.

**9** Anya OAO는 최근 회계부 직원을 새로 고용했는데, 이 직원은 조합 회계의 경험만 풍부하고 법인 회계에는 익숙지 않다. 더구나 새 직장에 적응하느라 법인 회계에 대해 배웠던 내용을 미처 복습할 수 없었던 그는 첫 달에 회사의 자본 거래를 다음과 같이 잘못 분개했다.

| | | | |
|---|---|---|---|
| 5월 2일 | 현금 | 130,000 | |
| | 보통주 자본금 | | 130,000 |
| | (주당 €13에 액면가 €10의 보통주 10,000주 발행) | | |
| 10일 | 현금 | 580,000 | |
| | 보통주 자본금 | | 580,000 |
| | (주당 €58에 액면가 €50의 우선주 10,000주 발행) | | |
| 5월 15일 | 보통주 자본금 | 18,000 | |
| | 현금 | | 18,000 |
| | (주당 €15에 자기주식 보통주 1,200주 매입) | | |
| 31일 | 현금 | 8,000 | |
| | 보통주 자본금 | | 5,000 |
| | 자기주식처분이익 | | 3,000 |
| | (주당 €16에 자기주식 500주 매도) | | |

각 분개에 대한 설명을 바탕으로 바르게 분개하라.

**10** 1월 1일, Chevon Enterprises는 무액면 보통주 95,000주를 발행하여 유통하고 있으며 명시된 표시가격은 주당 €5이다. 그리고 한 해 동안 다음과 같은 거래가 발생했다.

| | |
|---|---|
| 4월 1일 | 주당 €17에 보통주 25,000주를 추가로 발행했다. |
| 6월 15일 | 6월 30일에 주당 €1의 현금 배당을 하기로 선언했다. |
| 7월 10일 | 주당 €1의 현금 배당을 지급했다. |
| 12월 1일 | 주당 €19에 보통주 2,000주를 추가로 발행했다. |
| 15일 | 12월 31일에 주당 €1.20의 현금 배당을 하기로 선언했다. |

**a.** 위 거래를 분개하라.

**b.** 12월 31일 자 재무제표에 배당금과 미지급 배당금은 어떻게 보고하는지 설명하라.

**11** 2019년 1월 1일에 설립된 Knudsen Bakeries는 첫해에 액면가 HK$50의 우선주 2,000주와 액면가 HK$10의 보통주 100,000주를 발행했다. 그리고 매년 12월 31일에 다음과 같이 현금 배당을 선언했다(단위: 1,000).

2019년 HK$5,000 2020년 HK$12,000 2021년 HK$28,000

**a.** 배당률 6%의 비누적적 우선주일 때 주식 종류별 배당금을 할당하라.

**b.** 배당률 7%의 누적적 우선주일 때 주식 종류별로 배당금을 할당하라.

**c.** (b)에서 2021년 12월 31일의 현금 배당 선언을 분개하라.

**12** 2020년 1월 1일 현재 Lanie Limited는 자본금 £1,000,000와 이익잉여금 £750,000를 가지고 있다. 그리고 7월 1일에 액면가로 보통주 40,000주를 발행했으며, 연간 당기순이익 £400,000를 시현했다. 다음 각 경우에 2020년 12월 10일의 15% 주식 배당 선언을 분개하라.

**a.** 액면가가 £10, 시장 가격이 £18이다.

**b.** 액면가가 £5, 시장 가격이 £20이다.

**13** Lucerne AG의 10월 31일 자 자본은 보통주 자본금 CHF500,000과 이익잉여금 CHF900,000으로 구성되어 있으며, 액면가 CHF10인 50,000주에 대해 5%의 배당을 선언하거나, 액면가를 CHF5으로 낮추는 2:1 주식 분할을 하려고 고려 중이다. 현재 주식의 시장 가격은 주당 CHF14이다. 옵션 시행 전, 주식 배당 후, 주식 분할 후로 구분하여 자본 항목인 자본금과 이익잉여금, 유통 주식 수, 주당 액면가에 미치는 영향을 나타내는 표를 작성하라.

**14** 10월 1일 현재 Little Bobby Company의 자본 항목은 다음과 같다.

| | |
|---|---:|
| 보통주 자본금(액면가 €5) | €400,000 |
| 주식발행초과금 | 25,000 |
| 이익잉여금 | 155,000 |
| 자본 계 | €580,000 |

10월 1일, Little Bobby Company는 주당 시장 가격이 €15일 때 10%의 주식 배당을 선언하고 지급했다.

**a.** 주식 배당 전과 후의 주당 액면가를 구하라.

**b.** 주식 배당을 한 후 3개 자본 항목의 금액은 얼마인가?

**15** Toso Shipping의 회계 책임자는 당해 연도 재무제표를 작성하다가 다음과 같은 회계상 오류를 발견했다.

1. 현금 배당 NT$50,000의 선언과 지급을 차변에 이자비용 NT$50,000, 대변에 현금 NT$50,000로 분개했다.
2. 주식의 주당 시장 가격이 NT$36일 때 액면가 NT$20의 주식에 대해 10%의 주식 배당(1,000주)을 선언했으며, 차변에 주식 배당금 NT$20,000, 대변에 미지급 배당금 NT$20,000로 분개했다. 주식은 아직 발행되지 않은 상태이다.
3. 액면가 NT$20의 보통주 100,000주에 대해 액면가 NT$5의 보통주 400,000주를 발행하는 4:1 주식 분할을 하면서 차변에 이익잉여금 NT$2,000,000, 대변에 자본금 NT$2,000,000로 분개했다.

12월 31일 자 오류정정 분개를 하라.

**16** 2020년 1월 1일 현재 Eddy Industries의 이익잉여금은 £650,000이며, 한 해 동안 이익잉여금과 관련된 거래는 다음과 같다.

1. 현금 배당 £120,000를 선언했다.
2. 순이익 £350,000를 시현했다.
3. 주식 배당 £90,000를 선언했다.

2020년의 이익잉여금계산서를 작성하라.

**17** Bindra A.Ş는 2019년 12월 31일에 이익잉여금 ₺310,000를 공시했으며, 2020년 초에 주식 200,000주를 발행했다. 그리고 2020년에 다음과 같이 자본 거래를 했다.

1. 주당 ₺0.50의 현금 배당을 선언하고 지급했다.
2. 주당 시장 가격이 ₺15일 때 5%의 배당을 선언하고 배당했다.
3. 당기순이익 ₺285,000를 시현했다.

2020년의 이익잉여금계산서를 작성하라.

**18** Dirk SA는 2019년 12월 31일에 보통주 자본금 €500,000, 주식발행초과금 €100,000, 이익잉여금 €250,000를 공시했으며, 2020년에 다음과 같이 자본 거래를 했다.

1. €200,000에 액면가 €125,000의 우선주를 발행했다.
2. 자기주식(보통주)을 €40,000에 구매했다.
3. 순이익 €180,000를 시현했다.
4. €56,000의 현금 배당을 선언하고 지급했다.

2020년 12월 31일 자 재무상태표의 자본 항목을 작성하라.

**19** 다음은 12월 31일에 장부가 마감된 후 Tiger Ltd.의 총계정원장에 있는 계정이다(단위: 1,000).

| | |
|---|---:|
| 보통주 자본금(무액면, 표시가격 ¥1, 수권주식 수 400,000주, 발행 주식 수 300,000주) | ¥ 300,000 |
| 미교부주식배당금 | 30,000 |
| 보통주발행초과금 | 1,200,000 |
| 우선주 자본금(액면가 ¥5, 8%, 수권주식 수 40,000주, 발행 주식 수 30,000주) | 150,000 |
| 이익잉여금 | 800,000 |
| 보통주 자기주식(10,000주) | 74,000 |
| 우선주발행초과금 | 344,000 |

12월 31일 자 자본 항목을 작성하라. 단, 공장 확장을 위해 이익잉여금 중 ¥100,000의 사용이 제한되어 있다.

**20** Atrio Ltd.의 자본은 주식할인발행차금 €6,101, 보통주 자본금 €925, 우선주 자본금 €58, 이익잉여금 €7,420, 자기주식 €2,828로 구성되어 있다(단위: 100만). 액면가가 €100인 우선주의 수권주식 수는 577,740주이고 연간 주당 €3.50의 누적적 배당권이 있으며, 12월 31일 현재 우선주의 발행 주식 수는 577,649주, 유통 주식 수는 546,024주이다. 그리고 액면가가 €1인 보통주의 수권주식 수는 18억 주이며, 12월 31일 현재 보통주의 발행 주식 수는 9억 2,460만 주, 유통 주식 수는 8억 4,480만 주이다. 모든 관련 내용을 공시하고 자본 항목을 작

성하라.

**21** 다음은 Eudaley Group의 2020년 12월 31일 자 장부에 있는 자본 계정이다.

| | |
|---|---|
| 보통주 자본금(표시가격 €5) | €1,500,000 |
| 우선주발행초과금 | 280,000 |
| 보통주발행초과금 | 900,000 |
| 우선주 자본금(8%, 액면가 €100) | 500,000 |
| 이익잉여금 | 1,234,000 |
| 자기주식(보통주 10,000주) | 120,000 |

2020년 12월 31일 자 재무상태표의 자본 항목을 작성하라.

**22** 12월 31일 현재 Ahab SA의 자본은 다음과 같다.

| Ahab SA<br>재무상태표(일부 발췌) | |
|---|---|
| 자본 | |
| 우선주 자본금(누적적, 수권주식 수 10,000주, 발행 및 유통 주식 수 5,000주) | € 300,000 |
| 보통주 자본금(무액면, 수권주식 수 750,000주, 발행 주식 수 600,000주) | 1,200,000 |
| 이익잉여금 | 1,858,000 |
| 차감: 자기주식(보통주 75,000주) | 75,000 |
| 자본 계 | €3,283,000 |

a. 보통주의 유통 주식은 몇 주인가?

b. 표시가격이 있다고 가정할 때 보통주의 표시가격은 얼마인가?

c. 우선주의 액면가는 얼마인가?

**23** 다음은 Plummer SA의 재무 정보이다.

| | 2020 | 2019 |
|---|---|---|
| 평균 보통주 자본금 | €1,200,000 | €900,000 |
| 보통주 배당금 | 50,000 | 30,000 |
| 우선주 배당금 | 20,000 | 20,000 |
| 당기순이익 | 290,000 | 200,000 |
| 보통주의 시장 가격 | 20 | 15 |

가중평균 보통주의 수는 2019년에 80,000주, 2020년에 100,000주이다. 2020년과 2019년의 보통주 자본이익률을 구하라.

**24** 2020년 Orasco SA의 순매출액은 R$600,000, 매출원가는 R$360,000, 판매관리비는 R$153,000, 이자비용은 R$7,500이다. 법인세율은 30%이다. 그리고 2020년에 우선주 배당금 R$15,000을 선언했으며, 해당 연도의 평균 보통주 자본은 R$200,000이다. 2020년의 보통주 자본이익률을 구하라.

***25** Santano Group의 자본은 주식발행초과금 €6,101, 보통주 자본금 €925, 우선주 자본금 €58, 이익잉여금 €7,420, 자기주식 €2,828로 구성되어 있다(단위: 100만). 액면가가 €100인 우선주의 수권주식 수는 577,740주이고 연간 주당 €3.50의 누적적 배당권이 있으며, 12월 31일 현재 발행 주식 수는 577,649주, 유통 주식 수는 546,024주이다. 그리고 액면가가 €1인 보통주의 수권주식 수는 18억 주이며, 12월 31일 현재 발행 주식 수는 9억 2,460만 주, 유통 주식 수는 8억 4,480만 주이다.

a. 모든 관련 내용을 공시하고 자본 항목을 작성하라.

b. 연체된 우선주 배당금이 없을 때 보통주의 주당 장부가를 구하라(소수점 셋째 자리에서 반올림).

***26** 12월 31일 현재 Gorden Limited의 총자본은 £3,200,000이다. 이 총액에는 우선주 자본금 £500,000와 우선주발행초과금 £50,000가 포함되어 있는데, 액면가 £50의 10,000주로서 배당률 8%의 누적적 우선주이다. 그리고 당해 연도 말 현재 보통주 200,000주가 유통되고 있다. 다음 각 경우에 보통주의 주당 장부가를 구하라.

a. 우선주에 연체된 배당금이 없고 상환 가격이 없다.

b. 우선주에 1년 연체된 배당금이 있고 상환 가격은 주당 £60이다.

***27** 10월 1일 현재 Venden Holdings의 자본은 다음과 같다.

| | |
|---|---|
| 보통주 자본금(액면가 £5) | £400,000 |
| 보통주발행초과금 | 25,000 |
| 이익잉여금 | 225,000 |
| 자본 계 | £650,000 |

10월 1일, Venden Holdings는 주당 시장 가격이 £14일 때 12%의 주식 배당을 선언하고 지급했다.

a. 주식 배당 전과 후의 주당 장부가를 구하라(소수점 셋째 자리에서 반올림).

b. 주식 배당을 한 후 3개 자본 항목의 금액은 얼마인가?

## 마무리 연습 문제

**1** 2020년 1월 1일에 설립된 Gão Limited는 정관상 8%, 액면가 HK$1,000의 우선주 10,000주와 표시가격 HK$20, 무액면의 보통주 500,000주를 발행할 수 있는 권한이 있다. 그리고 첫해에 다음과 같이 자본 거래를 했다.

- 1월 10일 주당 HK$48의 현금을 받고 보통주 100,000주를 발행했다.
- 3월 1일 주당 HK$1,050의 현금을 받고 우선주 5,000주를 발행했다.
- 4월 1일 보통주 18,000주를 발행하고 토지를 취득했다. 토지의 희망가는 HK$980,000이나 공정가치는 HK$920,000이다.
- 5월 1일 주당 HK$45의 현금을 받고 보통주 80,000주를 발행했다.
- 8월 1일 회사 설립을 도와준 변호사가 청구한 HK$320,000를 변제하기 위해 보통주 10,000주를 발행했다.
- 9월 1일 주당 HK$50의 현금을 받고 보통주 10,000주를 발행했다.
- 11월 1일 주당 HK$1,060의 현금을 받고 우선주 1,000주를 발행했다.

**a.** 위 거래를 분개하라.

**b.** 각 자본 계정에 포스팅하라(분개장 쪽수 번호를 J5로 하라).

**c.** 2020년 12월 31일 자 재무상태표의 자본 항목을 작성하라.

c. 자본 계 HK$16,450,000

**2** 2020년 1월 1일 현재 Elston Limited는 자본으로 보통주 자본금(액면가 £5) £400,000, 주식발행초과금 £200,000, 이익잉여금 £100,000를 보유하고 있으며, 2020년에 다음과 같이 자기주식을 거래했다.

- 3월 1일 주당 £9에 5,000주를 매입했다.
- 6월 1일 주당 £12에 500주를 매각했다.
- 9월 1일 주당 £10에 2,500주를 매각했다.
- 12월 1일 주당 £6에 1,000주를 매각했다.

Elston Limited는 자기주식 회계 처리에 원가법을 사용하며, 2020년에 순이익 £34,000를 시현했다.

**a.** 위 거래를 분개하고 2020년 12월 31일의 당기순이익을 결산 분개하라.

**b.** 자기주식발행초과금, 자기주식, 이익잉여금에 대한 계정을 만들고 포스팅하라(분개장 쪽수 번호를 J10으로 하라).

**c.** 2020년 12월 31일 자 자본 항목을 작성하라.

b. 자기주식 £9,000
c. 자본 계 £726,000

**3** 2020년 1월 1일 현재 Terrell SE의 자본은 다음과 같다.

| | |
|---|---|
| 우선주 자본금(9%, 액면가 €50, 누적적, 수권주식 수 10,000주) | € 400,000 |
| 보통주 자본금(표시가격 €1, 수권주식 수 2,000,000주) | 1,000,000 |
| 우선주발행초과금 | 100,000 |
| 보통주발행초과금 | 1,450,000 |
| 이익잉여금 | 1,816,000 |
| 보통주 자기주식(20,000주) | 50,000 |

그리고 2020년에 다음과 같이 자본 거래를 했으며, 해당 연도에는 배당을 선언하지 않았다.

- 2월 1일 보통주 30,000주를 €120,000에 발행했다.
- 4월 14일 자기주식 9,000주를 €42,000에 매각했다.
- 9월 3일 가치가 €32,000인 특허권을 받고 보통주 7,000주를 발행했다.
- 11월 10일 €6,000의 자기주식으로 보통주 1,000주를 구입했다.
- 12월 31일 올해 당기순이익 €452,000를 시현했다.

**a.** 위 거래를 분개하고 당기순이익을 결산 분개하라.

**b.** 자본 계정에 기초 금액을 기입하고 분개 내용을 포스팅하라(분개장 쪽수 번호를 J5로 하라).

**c.** 2020년 12월 31일 현재 우선주 배당금의 연체 공시를 포함하여 자본 항목을 작성하라.

c. 자본 계 €5,356,000

**4** 2020년 1월 1일 현재 Prasad SpA의 자본은 다음과 같다.

| | |
|---|---|
| 보통주 자본금(액면가 €25, 발행 및 유통 주식 수 48,000주) | €1,200,000 |
| 보통주발행초과금 | 200,000 |
| 이익잉여금 | 600,000 |

그리고 2020년에 다음과 같이 거래했다.

- 2월 1일 2월 15일 자 주주명부상 주주에게 €1의 현금 배당을 하기로 선언했으며, 3월 1일에 지급할 예정이다.
- 3월 1일 2월에 선언한 배당금을 지급했다.
- 4월 1일 5:1 주식 분할을 공고했다. 분할 전의 주당 시장 가격은 €36였다.
- 7월 1일 7월 15일 자 주주명부상 주주에게 10%의 주식 배당을 하기로 선언했으며, 7월 31일에 지급할 예정이다. 7월 1일의 주당 시장 가격은 €7였다.
- 31일 주식 배당을 위해 주식을 발행했다.
- 12월 1일 12월 15일 자 주주명부상 주주에게 주당 €0.40의 배당금을 선언했으며, 2021년 1월 5일에 지급할 예정이다.
- 31일 해당 연도의 당기순이익을 €350,000로 결정했다.

**a.** 위 거래를 분개하고 당기순이익과 배당금을 결산 분개하라.

**b.** 자본 계정에 기초 금액을 기입하고 분개 내용을 포스팅하라. (참고: 필요에 따라 추가 자본 계정을 개설하라.)

**c.** 12월 31일 자 자본 항목을 작성하라.

c. 자본 계 €2,196,400

**5** 다음은 2020년 12월 31일 현재 Russo SpA의 결산 후 시산표상 자본 계정이다.

| | |
|---|---|
| 우선주 자본금(발행 주식 수 12,000주) | € 600,000 |
| 보통주 자본금(발행 주식 수 250,000주) | 2,500,000 |
| 우선주발행초과금 | 250,000 |
| 보통주발행초과금 | 425,000 |
| 미교부주식배당금 | 250,000 |
| 이익잉여금 | 1,078,000 |

그리고 회계 기록을 검토하여 다음과 같은 내용을 확인했다.

1. 2020년 거래의 기록이나 순이익에 대한 결산 분개에 오류가 없다.
2. 우선주는 액면가 €50, 8%, 누적적이고 2019년 1월 1일 이후 유통 주식 수는 12,000주이다.
3. 우선주의 수권주식 수는 20,000주이고, 보통주는 액면가 €10, 수권주식 수가 500,000주이다.
4. 1월 1일의 이익잉여금은 €1,158,000이다.
5. 7월 1일, 주당 €16의 현금을 받고 보통주 20,000주를 발행했다.
6. 10월 1일, €240,000의 현금 배당을 선언하고 우선주와 보통주에 적절히 할당했다. 2019년에는 우선주에 배당금을 지급하지 않았다.
7. 12월 31일, 주당 시장 가격이 €17일 때 보통주의 이익잉여금에서 10%의 주식 배당을 선언했다.
8. 올해의 당기순이익은 €585,000이다.
9. 2020년 12월 31일, 이사회가 공장 확장을 위한 이익잉여금의 사용 제한 €200,000 공시를 승인했다(주석 X를 사용하라).

**a.** 2020년의 이익잉여금을 다시 계산하라.

**b.** 2020년의 이익잉여금계산서를 작성하라.

**c.** 2020년 12월 31일 자 자본 항목을 작성하라.

**d.** 우선주와 보통주의 현금 배당금을 구하라.

c. 자본 계 €5,103,000

**6** Jude Limited는 정관상 액면가 £100, 10%, 비누적적 우선주 20,000주와 무액면주 1,000,000주를 발행할 수 있으며, 보통주에 £2.50의 표시가격을 할당했다. 다음은 2020년 12월 31일 자 총계정원장의 자본 계정이다.

| | |
|---|---|
| 우선주 자본금 | £ 120,000 |
| 우선주발행초과금 | 12,000 |
| 보통주 자본금 | 1,000,000 |
| 보통주발행초과금 | 1,600,000 |
| 보통주 자기주식(1,000주) | 9,000 |
| 자기주식발행초과금 | 1,000 |
| 이익잉여금 | 82,000 |

우선주는 공정가치가 £132,000인 토지와 교환하기 위해 발행했으며, 보통주는 모두 현금을 받고 발행했다. 11월에 자기주식으로 보통주 1,500주를 주당 £9에 매입하고, 12월에 자기주식 500주를 주당 £11에 매각했다. 2020년에는 배당을 선언하지 않았다.

**a.** 다음을 분개하라.

1. 토지 취득을 위한 우선주 발행
2. 현금으로 보통주 발행
3. 현금으로 자기주식 매입
4. 자기주식 매도

**b.** 2020년 12월 31일 자 자본 항목을 작성하라.

b. 자본 계 £2,806,000

**7** 다음은 Primo plc의 2020년 1월 1일 자 자본 계정이다.

| | |
|---|---|
| 보통주 자본금(액면가 £10, 발행 및 유통 주식 수 75,000주) | £750,000 |
| 보통주발행초과금 | 200,000 |
| 이익잉여금 | 540,000 |

그리고 2020년에 다음과 같이 거래했다.

| | |
|---|---|
| 1월 15일 | 1월 31일 자 주주명부상 주주에게 주당 £2의 현금 배당을 하기로 선언했으며, 2월 15일에 지급할 예정이다. |
| 2월 15일 | 1월에 선언한 배당금을 지급했다. |
| 4월 15일 | 4월 30일 자 주주명부상 주주에게 10%의 주식 배당을 하기로 선언했으며, 5월 15일에 지급할 예정이다. 4월 15일의 주당 시장 가격은 £15였다. |
| 5월 15일 | 주식 배당을 위해 주식을 발행했다. |
| 7월 1일 | 2:1 주식 분할을 공고했다. 분할 전의 주당 시장 가격은 £15였다(새로운 액면가는 £5이다). |
| 12월 1일 | 12월 15일 자 주주명부상 주주에게 주당 £0.60의 현금 배당을 하기로 선언했으며, 2021년 1월 10일에 지급할 예정이다. |
| 31일 | 해당 연도의 당기순이익을 £260,000로 결정했다. |

**a.** 위 거래를 분개하고 당기순이익과 배당금을 결산 분개하라.

**b.** 자본 계정에 기초 금액을 기입하고 분개 내용을 포스팅하라. (참고: 필요에 따라 추가 자본 계정을 개설하라.)

**c.** 12월 31일 자 자본 항목을 작성하라.

c. 자본 계 £1,501,000

*8 다음은 Westin SE의 2020년 12월 31일 자 장부에 있는 자본 계정이다.

| | |
|---|---|
| 보통주 자본금(표시가격 €10) | €1,500,000 |
| 자기주식발행초과금 | 6,000 |
| 보통주발행초과금 | 690,000 |
| 우선주발행초과금 | 42,400 |
| 우선주 자본금(8%, 액면가 €100, 비누적적) | 360,000 |
| 이익잉여금 | 776,000 |
| 보통주 자기주식(7,000주) | 92,000 |

**a.** 2020년 12월 31일 자 자본 항목을 작성하라.

**b.** 우선주의 상환 가격이 주당 €110일 때 보통주의 주당 장부가를 구하라.

a. 자본 계 €3,282,400

*9 다음은 Chamblin AG의 2020년 1월 1일 자 자본이다.

| | |
|---|---|
| 보통주 자본금(발행 주식 수 400,000주) | CHF800,000 |
| 보통주발행초과금 | 500,000 |
| 미교부주식배당금 | 120,000 |
| 이익잉여금 | 600,000 |

그리고 2020년에 다음과 같이 거래했다.

1. 2019년 12월 15일에 선언한 15%의 주식 배당을 위해 액면가 CHF2의 보통주 60,000주를 발행했다.
2. 주당 CHF4의 현금을 받고 보통주 25,000주를 발행했다.
3. 자기주식으로 보통주 22,000주를 주당 CHF5에 매입했다.
4. CHF111,000의 현금 배당을 선언하고 지급했다.
5. 주당 CHF5의 현금을 받고 자기주식 8,000주를 매각했다.
6. CHF360,000의 순이익을 시현했다.

2020년의 자본변동표를 작성하라.

자본 계 CHF2,299,000

## 회계순환 과정 복습 문제

다음은 Voltaire SA의 2019년 12월 31일 자 재무상태표이다.

**Voltaire SA**
**재무상태표**
2019년 12월 31일

| | | | |
|---|---|---|---|
| 토지 | € 40,000 | 자본금(액면가 €1) | € 50,000 |
| 건물 | 130,000 | 이익잉여금 | 147,400 |
| 감가상각누계액 | (20,000) | 매입채무 | 25,600 |
| 소모품 | 4,400 | | €223,000 |
| 매출채권 | 45,500 | | |
| 대손충당금 | (1,500) | | |
| 현금 | 24,600 | | |
| | €223,000 | | |

그리고 2020년에 다음과 같은 거래가 발생했다.

1. 2020년 1월 1일, €33,000에 6%, 액면가 €20의 우선주 1,500주를 발행했다.
2. 2020년 1월 1일, €6,300에 액면가 €1의 보통주 900주를 발행했다.
3. €276,000의 용역을 외상으로 제공했다.
4. 2020년 4월 1일, 2020년 4월 1일부터 2021년 3월 31일까지 용역을 수행하기로 하고 대금 €36,000를 미리 받았다.
5. 매출채권의 변제로 고객으로부터 €267,000를 받았다.
6. €26,100의 소모품을 외상으로 구입했다.
7. 매입채무 €32,200를 지불했다.
8. 2020년 6월 1일, 보통주 400주를 주당 €8에 취득했다.
9. €188,200의 운영비를 지불했다.
10. 2020년 12월 31일, 연간 우선주 배당금과 발행 보통주에 대한 주당 €0.50의 배당금을 2021년 1월 15일에 모두 지급하기로 선언했다.
11. 2019년에 발생한 매출채권 €1,300를 회수 불능으로 상각 처리했다.

수정 자료

1. €5,900의 소모품이 연말에 미사용 상태로 남아 있다.
2. 4번의 수익을 인식했다.
3. 대손충당금 잔액이 연말에 €3,500가 되도록 대손상각을 인식했다.
4. 건물은 수명이 30년, 잔존 가치가 €10,000이고 정액법으로 상각한다.
5. 법인세율은 30%이다. (힌트: 법인세비용 차감 전 순이익에 30%를 곱하여 산출한다.)

(T 계정을 사용하면 기말 잔액을 파악하는 데 도움이 된다.)

**a.** 위 거래와 수정 사항을 분개하라.

**b.** 2020년 12월 31일의 조정 후 시산표를 작성하라.

**c.** 2020년 12월 31일로 종료되는 회계연도의 손익계산서와 이익잉여금계산서, 2020년 12월 31일의 표준형 재무상태표를 작성하라.

b. 총계 €647,620

c. 당기순이익 €58,030
자산 계 €344,900

## 비판적 사고력 확장 문제

### 재무 보고: TSMC

**1** TSMC의 재무제표는 이 책의 부록 A에 실려 있으며, 재무제표 주석(주석 23 참조)을 포함한 전체 연례 사업 보고서는 회사 웹사이트에서 확인할 수 있다. 이를 이용하여 다음 문제를 풀라.

**a.** TSMC의 보통주는 주당 액면가 또는 표시가격이 얼마인가?

**b.** 2016년 12월 31일에 발행된 TSMC의 보통주는 수권주식 수 대비 몇 퍼센트인가?

**c.** 2016년 12월 31일과 2015년 12월 31일 현재 발행된 보통주는 몇 주인가?

### 비교 분석: 네슬레와 델피

**2** 네슬레와 델피의 재무제표는 이 책의 부록 B와 C에 실려 있으며, 재무제표 주석을 포함한 전체 연례 사업 보고서는 회사 웹사이트에서 확인할 수 있다. 이를 이용하여 다음 문제를 풀라.

**a.** 네슬레(주석 17)와 델피(주석 30)의 보통주는 액면가가 얼마인가?

**b.** 2016년 12월 31일 현재 네슬레가 발행한 주식은 몇 주인가? 2015년 12월 31일 현재 델피가 발행한 주식은 몇 주인가?

**c.** 2016년 12월 31일 현재 네슬레가 보유한 자기주식은 몇 주인가? 2015년 12월 31일 현재 델피가 보유한 자기주식은 몇 주인가?

**d.** 2016년 12월 31일 현재 네슬레의 보통주는 몇 주인가? 2015년 12월 31일 현재 델피의 보통주는 몇 주인가?

### 실제 사례

**3** 연례 사업 보고서의 자본 항목을 검토하여 자본의 주요 구성 요소를 파악할 수 있다. 유명 회사를 임의로 선택하여 인터넷에서 그 회사의 최근 연례 사업 보고서를 검색한 후 다음 문제를 풀라.

**a.** 회사명은 무엇인가?

**b.** 어떤 종류의 주식을 발행했는가?

**c.** 각 주식 종류의 수권주식 수, 발행 주식 수, 유통 주식 수는 얼마인가? 액면가는 얼마인가?

**d.** 이익잉여금은 얼마인가?

**e.** 회사는 자기주식을 취득했는가? 취득했다면 얼마나 취득했는가?

### 조직 전반에 걸친 의사결정

**4** Kissinger SE의 주주총회에서 CFO가 올해 재무상태표의 자본 항목을 구성하는 계정을 설명했다. 2020년 12월 31일 현재 Kissinger SE의 자본은 다음과 같다.

**Kissinger SE**
**재무상태표(일부 발췌)**
2020년 12월 31일까지

| | |
|---|---|
| 우선주 자본금(수권주식 수 1,000,000주, 누적적, 액면가 €100, 주당 €8, 발행 및 유통 주식 수 6,000주) | € 600,000 |
| 보통주 자본금(수권주식 수 5,000,000주, 액면가 €1, 발행 주식 수 3,000,000주, 유통 주식 수 2,700,000주) | 3,000,000 |
| 우선주발행초과금 | 50,000 |
| 보통주발행초과금 | 25,000,000 |
| 이익잉여금 | 900,000 |
| 차감: 자기주식(300,000주) | 9,300,000 |
| 자본 계 | €20,250,000 |

주주들이 자본에 대해 제기한 다음 질문에 답하라.

**a.** 우선주에서 누적적이라는 말은 무슨 뜻인가?

**b.** 보통주가 현재 €29.75에 판매되고 있다고 생각했는데 회사의 주식이 주당 €1로 표시되어 있다. 어떻게 그럴 수 있는가?

**c.** 회사가 보통주를 사들이는 이유는 무엇인가? 자기주식은 자본에서 차감되기 때문에 차변 잔액인데 자산으로 보고되지 않는 이유는 무엇인가?

### 커뮤니케이션 활동

**5** 발명가인 제러드 플랫은 법인 설립을 계획하고 있다. 법인 설립 신청서를 작성하던 그는 당신에게 수권주식, 발행 주식, 유통 주식, 우선주의 차이점을 설명해달라고 부탁했다. 네 가지 용어의 차이점을 간단히 메모하라.

### 윤리 사례

**6** Hancock Chemical Ltd.의 R&D 부서는 현재 멕시코와 미국 남부 지역을 초토화하고 있는 사나운 '브라질 살인벌'을 퇴치하는 화학물질을 개발했다. 그동안 매출과 이익 감소로 해고를 당할지 몰라 전전긍긍하던 사장이 이 화학물질을 빨리 시장에 내놓아 회사의 이익을 크게 올리라고 닦달하는 바람에 Hancock Chemical Ltd.는 미국보다 법이 훨씬 더 느슨한 중앙아메리카 나라에서부터 이 화학물질을 판매하기로 결정했다.

그러자 R&D 부서의 임원이 나서서 시판은 아직 시기상조이며, 이 화학물질을 팔려면 다양한 곤충과 새, 동식물, 심지어 인간에게도 부작용이 없는지 추가 실험을 거쳐야 한다고 제동을 걸었다. 그는 사장에게 "만약 그 화학물질에 끔찍한 부작용이 있다면 우리는 회사의 존폐가 걸린 심각한 소송을 당할 수 있다"고 경고했다. 이에 사장은 이렇게 대답했다. "R&D 부서의 실험실 테스트로 1년을 더 기다릴 수는 없어요. 걱정 마세요. 안전장치를 강구할 거예요. 100% 소유하는 별도의 판매 법인을 설립하여 Hancock을 소송으로부터 보호할 거예요. 잘못되더라도 새로운 회사에 대한 투자금만 날리면 됩니다. 그 대신 Hancock은 화학물질의 특허를 따는 데 매진할 거예요. 화학물질이 효과가 있고 안전하면 큰 이익을 얻을 것이고, 그렇지 않다면 Hancock이 아니라 판매 법인이 소송을 당하겠지요. 어쨌든 우리는 소송을 피할 수 있어요."

이에 격렬한 논쟁이 벌어졌지만 결국 1주일 후 Hancock Chemical Ltd.는 Badell Ltd.라는 100% 소유 회사를 설립하여 이 회사에 화학물질을 10달러에 판매하기 시작했다. 회사의 임원들은 중앙아메리카 전역에 화학물질이 살포되는 것을 먼발치에서 지켜보았다.

**a.** 이 경우의 이해관계자는 누구인가?

**b.** 사장의 동기와 행동은 윤리적인가?

**c.** Hancock Chemical Ltd.는 Badell Ltd.의 손실로부터 방어막을 칠 수 있을까?

**학습목표**

IFRS와 U.S. GAAP의 자본 회계 처리를 비교한다.

**역자 한마디**

전에는 자산의 재평가에 따른 자본의 증가를 불입자본의 일종인 자본잉여금으로 처리했다. 가령 화폐 가치의 하락으로 인해 전반적인 물가 상승이 심각해지면 기업과 경제의 안정화를 기하기 위해 자산재평가법에 따라 일괄적으로 자산을 재평가하여 그 차액을 '재평가적립금'이라는 자본잉여금으로 귀속시켰다. 그러나 수요와 공급에 따른 특정 유형자산이나 투자자산의 공정가치 증감은 화폐 가치 하락에 의한 것이 아니고, 또한 처분 시 조만간 현금으로 실현되는 것이므로 자본잉여금이 아닌 장래 이익잉여금을 구성하는 손익의 일부로 본다. 다만 당기손익을 구성하기에는 시기상조이므로 기타포괄손익누계액으로 처리하고 자본의 일부로 둔다. 한편 적립금은 세법에서 잉여금 대신 사용하는 용어이다. 회계에서는 상법과 세법의 용어가 혼용되고 큰 영향을 미치는데, 이는 지극히 자연스러운 현상이다.

## U.S. GAAP 살펴보기

자본의 회계 처리는 IFRS와 U.S. GAAP이 매우 유사하다. 주식 발행, 자기주식 회계 처리가 같고 자기주식처분이익을 손익으로 보는 것을 허용하지 않는 것도 같다. 차이점이라고 해봐야 약간의 용어와 재평가잉여금 인정 여부, 자본 항목 표시 방법 등이다.

IFRS는 자본에서 리저브(reserves)라는 용어를 즐겨 사용한다. 리저브는 유보금으로서 주주와의 자본 거래 외 모든 자본을 구성하는 항목을 지칭한다. 자본 거래는 불입자본을 형성하기 위한 회사와 주주의 거래이고, 이에 비해 사업 성과를 만들어내는 거래는 손익 거래라고 한다. 리저브에는 손익 거래로 인한 이익잉여금과 자산 재평가, 공정가치 차이도 포함된다.

그런데 나라별로 주주의 구성에 독특한 특징이 있다. 미국, 아시아, 영국은 소액 투자가가 많지만 독일은 큰 금융 기관이 채권자인 동시에 주주인 경우가 많다. 독일에서는 회사에 필요한 자금을 은행 등 금융 기관을 통해 공급받고, 미국에서는 캐피털 마켓, 즉 증권시장에 의존하기 때문일 것이다.

그리고 자본 회계는 상법이 가장 많이 개입하는 분야라 IFRS와 U.S. GAAP이 사용하는 용어가 다음과 같이 많이 다르다.

| U.S. GAAP | IFRS | 우리나라 |
|---|---|---|
| common stock | share capital–ordinary | 보통주 자본금 |
| stockholders | shareholders | 주주 |
| par value | nominal 또는 face value | 액면가 |
| authorized stock | authorized share capital | 수권주식 |
| preferred stock | share capital–preference | 우선주 |
| paid-in capital | issued/allocated share capital | 불입자본금 |
| paid-in capital in excess of par–common stock | share premium–ordinary | 보통주발행초과금 |
| paid-in capital in excess of par–preferred stock | share premium–preference | 우선주발행초과금 |
| retained earnings | retained earnings 또는 retained profits | 이익잉여금 |
| retained earnings deficit | accumulated losses | 결손금 |
| accumulated other comprehensive income | general reserve and other reserve accounts | 기타포괄손익누계액 |

IFRS는 이익잉여금을 표시할 때 retained earnings라는 용어를 잘 사용하지만 retained profits 또는 accumulated profits라고도 한다. 반면에 U.S. GAAP은 자본을 구체적인 내용으로 구분하여 주주 자본을 뜻하는 shareholders' equity 또는 stockholders' equity라고 하며, 소유주 지분을 뜻하는 owners' equity라는 용어도 자주 사용한다. 만약 액면가 $1의 주식 1,000주를 발행가 $5에 발행했다면 U.S. GAAP은 IFRS와 다른 용어를 사용하여 다음과 같이 분개한다.

| | | |
|---|---|---|
| 현금(Cash) | 5,000 | |
| 보통주 자본금(Common Stock) | | 1,000 |
| 주식발행초과금(Paid-in Capital in Excess of Par) | | 4,000 |

본질적인 면을 보았을 때 회계상 가장 큰 차이는 재평가잉여금이다. IFRS는 유형자산의 공정가치 평가를 특정 조건하에 인정하고, 그 변동액을 자본 거래가 아닌 손익 거래로 본다. 이에 반해 U.S. GAAP은 유형자산의 공정가치 평가를 인정하지 않는다.

현재 IASB와 FASB가 공동으로 작업하고 있는 개념 체계 프로젝트가 완성되면 재무상태표에 표시되는 항목의 형식이 자본, 자산, 부채 모두 달라질 것으로 예상된다.

## U.S. GAAP 확인 문제

**1** 다음 설명 중 옳은 것은?

a. 미국에서는 주주가 주로 금융 기관이다.

b. U.S. GAAP에서 share capital은 자산 총액을 의미한다.

c. IASB와 FASB는 재무제표 표시 형식에 대해 공동 작업 중이다.

d. 자기주식의 회계 처리는 U.S. GAAP과 IFRS 간에 차이가 크다.

**2** U.S. GAAP은 주식발행초과금(the amount of capital received in excess of par value)을 어떤 항목으로 대변에 처리하는가?

a. retained earnings

b. paid-in capital

c. share premium

d. 미국에서는 액면가가 없으므로 발생하지 않는다.

**3** 다음 설명 중 옳지 않은 것은?

a. U.S. GAAP에서는 자기주식 거래로 인한 처분손익을 손익으로 계상할 수 없다.

b. IFRS에서는 자기주식 거래로 인한 처분손익을 손익으로 계상할 수 없다.

c. IFRS에서는 자본변동표가 필수 재무제표이다.

d. U.S. GAAP에서는 회사가 발행한 보통주의 주가가 상승할 때 재평가잉여금을 인식할 수 있다.

**4** IFRS와 U.S. GAAP이 사용하는 용어가 바르게 짝 지어지지 않은 것은?

a. additional paid-in capital/share premium

b. treasury stock/repurchase reserve

c. common stock/share capital

d. preferred stock/preference shares

**5** U.S. GAAP과 IFRS상 현금 배당과 주식 배당의 기본적인 회계 처리는 어떠한가?

a. 다르다.

b. 같다.

c. 현금 배당은 다르고 주식 배당은 같다.

d. 주식 배당은 다르고 현금 배당은 같다.

**해답** 1. c 2. b 3. d 4. b 5. b

## U.S. GAAP 연습 문제

**1** 5월 10일, Jaurez Corporation은 액면가 $10의 보통주 1,000주를 주당 $18의 현금을 받고 발행했다. 이를 분개하라.

**2** Meenen Corporation은 12월 31일 현재 다음 자본 계정을 보유하고 있다.

| | |
|---|---|
| 보통주 자본금(액면가 $10, 발행 주식 수 5,000주) | $50,000 |
| 액면가 초과 납입 자본금(주식발행초과금) | 10,000 |
| 이익잉여금 | 45,000 |
| 자기주식(500주) | 11,000 |

대차대조표의 자본 항목을 작성하라.

**3** Overton Co.는 당기 중 다음과 같이 거래했다.

| | |
|---|---|
| 3월 2일 | 회사 설립을 도와준 변호사가 청구한 $30,000를 변제하기 위해 액면가 $1의 보통주 5,000주를 발행했다. |
| 6월 12일 | 액면가 $1의 보통주 60,000주를 현금 $375,000를 받고 발행했다. |
| 7월 11일 | 액면가 $100의 우선주 1,000주를 주당 $110의 현금을 받고 발행했다. |
| 11월 28일 | 자기주식 2,000주를 $80,000에 매입했다. |

위 거래를 분개하라.

### 재무 보고: 애플

**4** 애플의 재무제표는 이 책의 부록 D에 실려 있으며, 재무제표 주석을 포함한 전체 연례 사업 보고서는 회사 웹사이트에서 확인할 수 있다. 이를 이용하여 다음 문제를 풀라.

**a.** 2016년 9월 24일 현재 총자기자본과 자기주식 수는 얼마인가?

**b.** 2016년 9월 24일로 종료되는 연도에 대해 배당을 선언하고 지급했는가?

**c.** 대차대조표의 주주 지분 항목 중 common stock(보통주)과 paid-in capital in excess of par(주식발행초과금)를 IFRS에서 사용하는 용어로 고쳐라.

CHAPTER 13

© jonya/iStockphoto

# 투자와 금융자산

Investments

## 이 단원에서 공부할 내용

회사가 성장하려면 지금 하고 있는 사업을 잘하면 되겠지만 잘나가는 회사의 주식을 사 모아 그 실적에 편승하는 방법도 있다. 이를 투자라고 한다. 투자를 적극적으로 잘하기로 알려진 회사로는 소니(Sony, 일본)가 있다. 소니의 경영진은 적극적으로 투자를 해야 회사가 성장한다고 믿었다. 그래서 전도유망한 회사의 주식뿐만 아니라 회사채, 정부가 발행하는 국공채까지 대량으로 사 모았다. 이처럼 회사가 다른 회사에 투자하는 것은 시세차익을 노리거나 다른 회사를 통제하고 지배하기 위해서인데, 두 경우의 회계 처리는 사뭇 다르다. 이 장에서는 이러한 투자의 회계 처리를 살펴본다.

## 이 단원을 공부해야 하는 이유

### 사업의 목적: 이익 추구와 가치 실현

소니는 20세기 중반부터 TV, 음향 기기, 카메라, 캠코더, 방송 영상 장비 등 전 세계를 휩쓸던 일본의 전자 산업을 대표하는 기업이었다가 반도체와 금융, 엔터테인먼트 등으로 사업 분야를 확장하여 거대 복합 기업이 되었다.

소니는 1945년에 도쿄에서 라디오 수리점으로 출발했다. 이후 일본 최초로 녹음기를 만들었고, 애플 아이팟의 효시인 고품질 포켓 사이즈 트랜지스터라디오를 획기적으로 싸게 만들어 공급했다. 그동안 앉아서 음악을 들었던 사람들은 라디오를 호주머니에 넣고 이동하면서 음악을 즐길 수 있게 되어 삶의 패턴이 완전히 달라졌다. 그 후 축소 지향적인 일본만의 특유한 기술로 소형 휴대용 카세트테이프 재생기인 워크맨(Walkman)을 출시하여 공전의 대히트를 쳤고, 카세트테이프를 대체할 CD라는 저장 매체를 필립스(Philips, 네덜란드)와 공동 개발하여 디스크맨(Discman)까지 만들어냈다.

이러한 소니의 성공은 전자 분야의 기술 개발에 대한 혁신적 정신과 노력, 변화를 두려워하지 않는 기업가 정신을 바탕으로 한다. 하지만 소니도 큰 어려움을 겪은 바 있다. 소니의 경영자들은 '이젠 기술력은 다 고만고만하고 앞으로는 기계 안에 들어갈 콘텐츠로 승부해야 한다'고 생각하여 전자제품의 기획, 생산, 마케팅보다는 콘텐츠 미디어 분야의 투자를 적극적으로 늘리기 시작했다. 이에 1988년 미국 방송사인 CBS레코드(CBS Records)를 인수하여 소니뮤직엔터테인먼트(Sony Music Entertainment)를 세우고, 1989년에는 미국의 영화 스튜디오인 컬럼비아픽처스엔터테인먼트(Columbia Pictures Entertainment)를 인수하여 소니픽처스엔터테인먼트(Sony Pictures Entertainment)를 설립했다.

이로 인해 소니는 M&A 분야에서 세계적인 주요 플레이어로 부상하기도 했으나 투자의 결과는 좋지 않았다. 너무 앞선 투자로 적자를 보았고, 거대 가전 시장인 인도와 중국에서 삼성과 LG에 브랜드 가치가 밀리기도 했다. 하지만 소니는 세계 최초로 입체적인 비주얼의 3D 비디오 게임기인 플레이스테이션(PlayStation)을 출시하여 게임 시장을 완전히 평정하면서 화려하게 부활했다.

또한 소니일렉트로닉스(Sony Electronics)는 기존 산업을 강화하기 위해 반도체 회사인 칩플랜트(Chip Plant, 일본)를 인수하고, 비디오 게임 시장에서 선두를 유지하기 위해 게임 회사인 지퍼인터랙티브(Zipper Interactive, 미국), 서커펀치프로덕션스(Sucker Punch Productions, 미국), 미디어말리큘(Media Molecule, 영국) 등을 인수했다. 나아가 이미지 센서 산업에 진출하기 위해 독보적인 영상 처리 컴퓨터 시스템 기술을 보유한 호크아이이노베이션스(Hawk-Eye Innovations, 영국)를 인수했는데, 이로써 소니는 각종 구기 종목에서 드론을 사용하여 공의 위치를 추적·분석하는 기술로 큰 성공을 거두었다.

소니는 여러 합작회사에도 지분 투자했다. 에릭슨(Ericsson, 스웨덴)과 50%씩 투자하여 소니에릭슨(Sony Ericsson)으로 휴대전화 시장에 진출하고, 샤프(Sharp, 일본)와 1/3 투자로 LCD 패널 시장에 진출했으며, 영화 제작사인 메트로골드윈메이어(Metro-Goldwyn-Mayer, 미국)의 지분 20%를 인수하기도 했다. 이와 같이 소니는 내부적으로 변화하는 환경에 적응하고 혁신하는 동시에 다양한 투자를 통해 이종 산업에도 활발히 진출함으로써 획기적인 성장을 이루었다는 평가를 받는다.

## 이 단원의 구성과 학습목표

| | | | |
|---|---|---|---|
| 채무증권 투자 | 채무증권 투자의 회계 처리를 이해한다. | • 투자의 목적<br>• 채무증권 투자의 회계 처리 | DO IT! 1 채무증권 투자 |
| 지분증권 투자 | 지분증권 투자의 회계 처리를 이해한다. | • 20% 미만의 지분율<br>• 20% 이상 50% 이하의 지분율<br>• 50% 초과의 지분율 | DO IT! 2 지분증권 투자 |
| 투자자산의 평가와 공시 | 채무증권 투자와 지분증권 투자의 평가와 공시 방식을 이해한다. | • 금융자산의 평가<br>• 증권형 투자자산의 분류<br>• 재무상태표에의 공시<br>• 실현 손익과 미실현 손익의 보고<br>• 재무상태표 | DO IT! 3a 매매증권과 비매매증권<br>DO IT! 3b 재무상태표의 투자자산 표시 |

## 채무증권 투자 _Debt Investments

학습목표

채무증권 투자의 회계 처리를 이해한다.

### 투자의 목적 _Why Companies Invest

투자(investment)는 돈으로 돈을 벌기 위해 부동산에 투자하거나 주식, 회사채 등을 인수하는 것으로서 가격 부침에 따른 위험한 투자자산을 구성한다. 따라서 투자자산 회계의 핵심은 평가이며, 평가의 변동분인 미실현 손익을 어떻게 처리할지가 중요하다.

지금 살고 있는 집값이 상승하는 것은 계속 그 집에 살아야 하는 사람에게는 의미가 크지 않다. 하지만 집을 팔거나 담보로 은행에서 돈을 차입하려는 사람에게는 중요한 정보가 된다. 즉 어떤 사람의 경우에는 집을 취득원가로 평가해도 무방하나, 어떤 사람의 경우에는 공정가치로 평가해야 회계 정보로서 의미가 있다. 투자자산 회계는 바로 이러한 관점에서 접근하는데, 이 장에서는 채권과 주식 등 증권형 금융자산의 투자 회계를 주로 다룬다.

회사가 투자하는 이유는 크게 세 가지이다. 첫째, 여유 현금 때문이다. 계절적인 사업 구조를 가진 회사의 경우 현금이 남는 시기가 있다. 예를 들어 선박 여행사는 봄과 여름에 현금이 남아돌고 가을과 겨울에 현금이 부족하며, 스키 리조트 등 겨울 스포츠 산업에 속한 회사는 그 반대이다. 그런데 넘치는 돈을 이자율이 낮은 은행 예금에 묻어두기는 아까우니 적당한 투자처를 찾게 마련이다. 그림 13.1은 영업 활동으로 생긴 여유 현금을 일시적인 투자로 불려가는 과정을 보여준다.

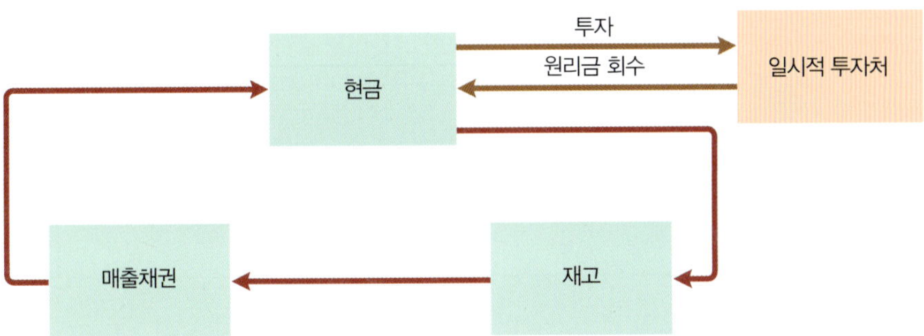


그림 13.1 영업 활동으로 얻은 여유 현금의 일시적 투자

현금이 남아도는 것은 경기 순환과도 연관이 있다. 지멘스(Siemens, 독일)는 호황기를 맞이하여 한때 엄청난 현금을 벌었다. 새로운 시설 투자를 하고도 돈이 남아 배당으로 나누어주기도 했지만 그래도 돈이 남았다. 이에 단기 금융상품에 투자했는데, 불황이 찾아와 매출이 줄고 현금이 부족할 때는 그것을 헐어 충당할 수 있을 것이다.

사실 여유분의 단기성 현금은 리스크가 낮고 환금성이 높은 국공채에 투자하는 것이 좋다. 주식 투자는 바람직하지 않다. 주식시장은 가격 부침이 심하기 때문에 현금이 필요할 때가 갑자기 닥치면 싼 가격에 울며 겨자 먹기로 주식을 처분해야 할 수도 있다.

회사가 투자하는 두 번째 이유는 적극적으로 돈을 벌기 위함이다. 이익이 많으면 그만큼 손실의 위험도 크다. 가장 안전한 투자는 신뢰할 만한 곳에 돈을 빌려주고 적은 이자를 받는 것이지만, 좀 더 모험을 한다면 회사채에 투자하여 높은 수익을 창출할 수도 있고, 보다 과감하게 이익을 창출하기 위해 다소 위험한 상품인 뮤추얼펀드에 가입하여 주가 상승으로 인한 시세차익과 배당수익을 노릴 수도 있다. 이는 경영자의 성격에 좌우된다.

세 번째 이유는 경영 전략이다. 통상 혜안이 있는 회사는 원료를 공급하거나 제품을 사 가는 거래처의 주식을 조금 사둔다. 회사를 지배할 정도는 안 되지만 발언권이 있거나 영향력을 행사할 수 있어 영업에 상당한 도움이 되기 때문이다. 또한 평소에 관심을 가진 산업이 있다면 해당 플레이어의 주식을 사놓고 조만간 진출할 때 교두보로 활용할 수도 있다. 아니면 식품 산업의 강자인 크래프트(Kraft, 미국)가 제과업체인 캐드버리(Cadbury, 영국)의 주식을 인수한 것처럼 몸담고 있는 시장을 완전히 장악하기 위해 사버리는 경우도 있다.

**그림 13.2** 투자의 목적

| 이유 | 전형적인 투자 형태 |
|---|---|
| 여유 현금 굴리기  | 낮은 위험, 높은 환금성, 초단기 투자 (10년 이상 만기의 국공채) |
| 수익 창출   | 채무증권, 지분증권에 투자(회사채, 주식, 뮤추얼펀드, 연금펀드, 1년 이내 만기의 국공채) |
| 경영 전략  | 진출하고자 하는 산업 분야의 회사 주식 |

## 채무증권 투자의 회계 처리 _Accounting for Debt Investments

국공채나 회사채(사채)와 같은 증권을 채무증권이라고 한다. 이는 만기에 원금을 돌려받고 그동안 이자를 수령하는 구조로, 약정에 의해 현금흐름이 정해져 있다. **채무증권 투자**(debt investments)는 바로 이러한 채무증권에 투자하는 것이다. 이에 채무증권의 회계 처리를 구입, 보유 기간 동안의 이자수익, 매각처분으로 나누어 살펴보자.

### 채무증권 구입 _Recording Acquisition of Bonds

국공채나 사채를 구입하면 이를 취득원가로 기록한다. 예를 들어 Doan SA가 발행한 이자율 8%, 10년 만기, 액면가 €1,000의 사채 50매를 Kuhl NV가 2020년 1월 1일에 취득했다면 취득원가는 €50,000이고 분개는 다음과 같다.

| | | | |
|---|---|---|---|
| 1월 1일 | 채무증권 투자(50 × €1,000) | 50,000 | |
| | 현금 | | 50,000 |
| | (사채 구입) | | |

A = L + E
+50,000
−50,000
현금 유출
−50,000

### 이자수익 인식 _Recording Bond Interest

Doan SA는 사채 이자를 매년 1월 1일에 €4,000(€50,000 × 8%)씩 지급한다. 그런데 Kuhl NV의 회계연도가 12월 31일에 종료한다면 결산기에 발생 이자 €4,000를 다음과 같이 분개해야 한다.

| | | | |
|---|---|---|---|
| 12월 31일 | 미수이자 | 4,000 | |
| | 이자수익 | | 4,000 |
| | (이자수익 인식) | | |

A = L + E
+4,000
+4,000 수익
현금 유출입
없음

미수이자는 유동자산으로 재무상태표에 표시하고 이자수익은 손익계산서에 '영업외 수익과 비용' 내 금융수익으로 공시한다. 그리고 그다음 날인 1월 1일에 이자를 수령할 때 Kuhl NV는 다음과 같이 분개한다.

| | | | |
|---|---|---|---|
| 1월 1일 | 현금 | 4,000 | |
| | 미수이자 | | 4,000 |
| | (이자수익을 현금으로 수령) | | |

A = L + E
+4,000
−4,000
현금 유입
+4,000

간혹 현금 수령 시 이자수익을 계상하기도 하는데, 이는 발생주의에 따른 올바른 회계 처리가 아니다. 이자수익은 전년도에 미수이자로 인식하고 당해 연도에는 현금 수령으로 처리해야 한다.

### 채무증권 처분 _Recording Sale of Bonds

채무증권은 만기까지 보유할 수도 있고 중간에 처분할 수도 있는데, 중간에 처분할 때는 취득원가로 채무증권을 제거하고 판매가와 취득원가의 차이로 처분손익을 인식한다. 예컨대 Kuhl NV가 2021년 1월 1일에 현금 €54,000를 받고 처분했을 때의 분개는 다음과 같다.

| | | | |
|---|---|---|---|
| 1월 1일 | 현금 | 54,000 | |
| | 채무증권 투자 | | 50,000 |
| | 채무증권처분이익 | | 4,000 |
| | (사채 처분) | | |

A = L + E
+54,000
−50,000
+4,000 수익
현금 유입
+54,000

채무증권처분이익(사채처분이익)은 손익계산서에 '영업외 수익과 비용' 내 금융수익으로 공시한다.

## 투자적 사고력 키우기 | 안전할 줄 알았는데

사채 투자는 주식 투자보다 안전하다고들 한다. 주식과 달리 사채는 계약과 법률에 의해 원리금 상환이 확정적이기 때문이다. 그래서 만기까지 보유하고 있으면 되지만 다음과 같은 고려 사항이 있다.

- 기중에 사채의 시세가 변한다. 2013년에 모든 사채의 가격이 2%나 떨어진 적이 있는데, 이는 순전히 금리 변동 때문이었다. 시장이자율이 상승하면 기존의 사채는 더 이상 매력적이지 않기 때문에 시세가 하락한다. 반대로 금리가 낮으면 사채 가격이 상승한다.
- 현재 금리(시장이자율)가 낮다면 나중에 오를 확률이 높다. 이러한 전망이 시장에 지배적이면 사채 가격이 떨어지기 시작한다.
- 사채에는 신용위험(credit risk)이 있다. 신용위험은 사채를 발행한 회사가 디폴트(default)에 빠질 위험을 말한다. 디폴트는 채권을 발행한 주체가 원리금을 갚을 능력을 상실하는 것으로서 파산을 의미한다. 발행 회사가 파산하면 사채 가격은 끝도 없이 추락하여 휴지가 된다.

© Jane0606/Shutterstock

사채의 장점은 만기가 있다는 것이다. 발행 회사가 망하지만 않으면 만기까지 원금과 이자를 받을 수 있다. 하지만 부득이 그 전에 매각처분해야 한다면 롤러코스트처럼 급변하는 사채의 시세 때문에 큰 손실을 볼 수도 있다.

**회사가 사채를 만기까지 보유하려는 경우에도 사채의 시세가 관심거리인 이유는 무엇인가?**

### DO IT! 1 채무증권 투자

Waldo AG는 다음과 같이 채무증권에 대한 투자와 처분을 했다.

| | |
|---|---|
| 2020년 1월 1일 | Hillary AG가 발행한 액면가 €1,000, 이자율 10%의 사채 30매를 €30,000에 구입했다. 이자는 매년 1월 1일에 지급된다. |
| 2020년 12월 31일 | 이자수익이 발생했다. |
| 2021년 1월 1일 | 이자를 수령한 후 15매를 €14,600에 처분했다. |
| 2021년 12월 31일 | 이자수익이 발생했다. |

이를 분개하라.

**해답**

| 일자 | 계정 | 차변 | 대변 |
|---|---|---|---|
| 2020년 1월 1일 | 채무증권 투자 | 30,000 | |
| | 현금 | | 30,000 |
| | (사채 구입) | | |
| 2020년 12월 31일 | 미수이자 | 3,000 | |
| | 이자수익(€30,000 × 10%) | | 3,000 |
| | (이자수익 인식) | | |
| 2021년 1월 1일 | 현금 | 3,000 | |
| | 미수이자 | | 3,000 |
| | (미수이자 수령) | | |
| 2021년 1월 1일 | 현금 | 14,600 | |
| | 채무증권처분손실 | 400 | |
| | 채무증권 투자(€30,000 × 15/30) | | 15,000 |
| | (사채 처분) | | |
| 2021년 12월 31일 | 미수이자 | 1,500 | |
| | 이자수익(€15,000 × 10%) | | 1,500 |
| | (이자수익 인식) | | |

## 지분증권 투자 _Share Investments

**학습목표**

지분증권 투자의 회계 처리를 이해한다.

**지분증권 투자**(share investments)는 주식에 투자하는 것을 말한다. 이 경우 기업의 성과에 따라 배당을 받고 시세차익을 노린다. 만약 투자 계정이 여러 종류의 지분증권과 채무증권을 담고 있으면 이를 **투자 포트폴리오**(investment portfolio)라고 부른다.

지분증권 투자는 채무증권 투자와 달리 의결권이 있는 보통주를 사는 것이므로 의결권의 크기, 즉 지분율에 따라 피투자 회사에 대한 영향력이 생긴다.[1] 그리고 그 영향력에 따라 회계 처리를 달리하는데(그림 13.3 참조), 예로부터 영향력이 없으면 원가법을 사용하고 영향력이 있으면 지분법을 사용했다. 그리고 영향력이 증대하여 피투자 회사를 통제하고 지배할 정도가 되면 별도로 연결재무제표를 작성했다. 그러다가 원가법은 IFRS에 의해 공정가치법으로 개정되었다.

**그림 13.3** 지분증권 투자의 회계 처리

| 지분율 | | 영향력 | 회계 처리 |
|---|---|---|---|
|  | 20% 미만 | 미비 | 원가법(IFRS 9호에 따라 공정가치법으로 개정) |
|  | 20% 이상 50% 이하 | 중요 | 지분법 |
|  | 50% 초과 | 강한 지배 | 연결재무제표 |

그림 13.3에 제시한 지분율은 절대적인 기준이 아니라 일종의 가이드라인이다. 다루어야 할 내용은 실질적인 영향력이다. 즉 안내 기준을 따르되 영향력을 객관적·실질적으로 판단해야 하며, 맹목적으로 지분율 수치에 집착해서는 안 된다.

### 20% 미만의 지분율 _Holdings of Less than 20%

**원가법**(cost method)을 적용한다. 즉 구입 시 취득원가에 따라 분개하고 현금 배당을 받을 때 수익으로 인식한다. 그러나 원가법은 IFRS 9호가 발표되면서 공정가치법으로 바뀌었다.

HINT
우선주 투자의 회계 처리는 보통주와 같다.

#### 지분증권 취득 _Recording Acquisition of Shares

구입할 때 취득원가로 분개한다. 예를 들어 2020년 7월 1일에 Lee Ltd.가 Beal Ltd.의 보통주 1,000주(지분율 10%)를 주당 HK$405에 구입했다면 분개는 다음과 같다.

| 7월 1일 | 지분증권 투자(1,000 × HK$405)<br>현금<br>(단기 투자로 주식 취득) | 405,000 | <br>405,000 |
|---|---|---|---|

| A | = | L | + | E |
|---|---|---|---|---|
| +405,000 | | | | |
| −405,000 | | | | |

현금 유출
−405,000

1 지분율에 더하여 피투자 회사에 대한 영향력을 평가하는 요소는 네 가지이다. ① 이사회 참여 여부, ② 경영 정책 결정에의 관여 여부, ③ 상호 간의 중요한 거래 여부, ④ 주식의 집중과 분산도로 종합적인 판단을 한다.

취득한 지분증권은 IFRS에 따르면 회계기간마다 공정가치로 평가해야 하는데 이는 뒤에서 설명하겠다.

### 배당금 수령 _Recording Dividends

배당금은 수익으로 처리한다. 만약 Lee Ltd.가 12월 31일에 배당금으로 주당 HK$20를 받았다면 분개는 다음과 같다.

| A | = | L | + | E |
|---|---|---|---|---|
| +20,000 | | | | |
| | | | | +20,000 수익 |

현금 유입
+20,000

| | | 차변 | 대변 |
|---|---|---|---|
| 12월 31일 | 현금(1,000 × HK$20) | 20,000 | |
| | 배당금 수익 | | 20,000 |
| | (배당금 수령) | | |

배당금은 손익계산서에 '영업외 수익과 비용' 내 금융수익으로 공시된다. 이자수익과 달리 배당금은 시간의 흐름에 따라 발생하지 않고 피투자 회사의 이사회에서 결정하는 사항이다. 배당 선언이 있어야 회계 처리를 하므로 이자수익처럼 시간의 흐름에 따른 연말 기준의 수정 분개가 불필요하다.

### 지분증권 처분 _Recording Sale of Shares

지분증권을 매각하면 지분증권의 장부가를 제거하고 현금 수령액과 처분손익을 인식한다. 이때 처분에 따른 증권 회사의 수수료가 있으면 처분손익에 가감한다. 예를 들어 Lee Ltd.가 2021년 2월 10일에 Beal Ltd.의 주식을 처분하고 HK$395,000를 받았다면 취득원가 HK$405,000의 차액 HK$10,000를 처분손실을 인식하며, 이를 다음과 같이 분개한다.

| A | = | L | + | E |
|---|---|---|---|---|
| +395,000 | | | | |
| | | | | −10,000 비용 |
| −405,000 | | | | |

현금 유입
+395,000

| | | 차변 | 대변 |
|---|---|---|---|
| 2월 10일 | 현금 | 395,000 | |
| | 지분증권처분손실 | 10,000 | |
| | 지분증권 투자 | | 405,000 |
| | (주식 처분) | | |

지분증권처분손실은 손익계산서에 '영업외 수익과 비용' 내 금융수익으로 공시된다.

## 20% 이상 50% 이하의 지분율 _Holdings Between 20% and 50%

지분율이 작을 때는 피투자 회사에 영향력을 미칠 수 없지만 통상 지분율이 20%를 넘어서면 유의적인 영향력(significant influence)을 행사할 수 있다. 유의적이라는 말은 의미가 상당하다는 뜻이다. 그런데 지분율이 50%를 넘으면 차원이 달라져서 피투자 회사를 지배하는 단계로 들어선다. 따라서 단순히 영향력이 있다고 보는 20% 이상 50% 이하의 지분율에 대한 회계 처리를 따로 구분하여 **지분법**(equity method)으로 처리한다. 이때 피투자 회사를 **관계기업**(associate company)이라고 부르는데, 상상하자면 관계기업을 영향력(지분율)만큼 쪼갠 조각을 투자 회사의 일부로 본다.

지분법은 이러한 관점에서 접근하는 회계 처리 방식이다. 즉 피투자 회사 자본의 장부가에 지분율을 곱한 금액으로 분리한 상상의 조각을 수치화한 후 이를 투자 회사의 재무상태표 내 투자

계정에 넣어서 합하는 방식이다. 그러므로 매년 투자 계정을 관계기업의 결산 결과에 따라 평가하는데, 그 과정에서 피투자 회사가 당기에 벌어들인 이익이나 손해 본 손실에 지분율을 곱한 금액만큼을 자신의 몫에 해당하는 이익이나 손실인 양 계상한다. 이로 인해 배당금과 관련하여 수익을 인식하는 방법이 원가법과 달라짐에 유의하라.

지분법에서는 먼저 피투자 회사의 당기순이익에 지분율에 해당하는 금액만큼 투자 계정에 가산하고[2] 이를 당기의 투자이익으로 인식한다. 그리고 배당을 받으면 피투자 회사의 자본 계정이 그만큼 감소하므로 현금의 증가와 동시에 투자 계정을 감소시킨다. 배당 선언이 있어야 이익을 인식하는 원가법과 달리 지분법에서는 배당 선언이 있기 전에 이익을 인식한다. 이 설명이 모호하다면 간편하게 배당금은 투자 계정에서 현금이 나온 것이니 투자 계정을 감소시키고 현금의 증가를 인식한다고 이해해도 무방하다. 같은 맥락으로 관계기업의 순자본이 늘면 연결된 투자 계정이 증가하고 투자이익이 발생한다고 이해한다.

간혹 지분법에 따른 피투자 회사의 당기순이익을 결산기에 인식하지 않고 다음 해 배당을 선언할 때까지 미루다가 투자이익과 배당금을 한꺼번에 같이 처리하기도 하는데, 이는 지분법의 기본 개념을 흔드는 것이다. 지분법은 피투자 회사와 투자 회사를 부분적으로나마 하나의 경제 실체로 엮는다는 사실에 주목하라. 즉 피투자 회사의 이익 발생 시기와 투자 회사의 투자이익 인식 시기가 일치해야 하므로 투자이익의 귀속 회계연도를 배당 선언일이 속한 차년도로 미루는 것은 결코 올바른 방법이 아니다. 이는 발생주의에도 위배되고 지분법의 정신에도 어긋난다. 다만 지분법은 관계기업이 결산을 끝낼 때까지 기다려야 한다는 단점이 있다. 그렇다고 해도 배당 선언일까지 기다릴 것이 아니라 되도록 빠른 시기에 결산을 독려하여 분개해야 한다.

HINT
지분법은 원가법에 비해 발생주의에 보다 충실해 보인다. 피투자 회사에 당기순이익이 발생하는 순간 이익을 인식하기 때문이다. 그러나 영향력에 따른 회계 처리 방식의 차이이므로 원가법도 발생주의에 근원한다고 보아야 한다.

역자 한마디
지분법상 투자 계정은 투자 회사의 몫, 즉 피투자 회사의 장부상 자본에 지분율을 곱한 금액으로 계상하는 것이 원칙이나 실제 지분 취득은 그 금액으로 이루어지지 않으므로 두 금액 간의 차이가 발생한다. 원인은 다양하다. 피투자 회사의 회계 처리 방법이나 오류, 개별 자산의 공정가치와 장부가치 간 차이, 영업권, 가격 협상력, 팔 수밖에 없는 절박한 상황 등 여러 가지가 복합적으로 작용한다. 회계 처리의 원칙은 두 금액의 차이인 투자 차액을 원인별로 구분하는 것인데, 구체적인 내용은 고급 회계 영역이므로 생략한다. 다만 투자 계정 안에 있는 영업권은 상각 대상이 아니며, 매 회계연도 말에 손상 여부를 검토하여 손실로 처리한다. 반대로 주식을 장부가보다 저렴하게 매입했을 때 발생하는 부의 영업권은 염가매수차익으로 당해 연도의 이익으로 인식한다.

## 지분증권 취득 _Recording Acquisition of Shares

지분법 회계 처리의 예를 살펴보자. Milar plc는 2020년 1월 1일에 Beck plc의 주식 30%를 £120,000에 취득하고 다음과 같이 분개한다. 그런데 유의적인 영향력이 있는 지분증권이라 지분법을 적용한다는 사실을 나타내기 위해 '관계기업투자주식'이라는 계정을 사용했다.

| | | | |
|---|---|---|---|
| 1월 1일 | 관계기업투자주식 | 120,000 | |
| | 현금 | | 120,000 |
| | (관계기업의 주식 취득) | | |

A = L + E
+120,000
−120,000

현금 유출
−120,000

## 수익 인식 및 배당금 수령 _Recording Revenue and Dividends

2020 회계연도를 마감한 후 Beck plc는 당기순이익 £100,000를 공시하고 £40,000의 현금 배당금을 선언하여 지급했다. 일반적으로 배당 선언과 지급은 결산이 끝나는 차년도 2021년 초에 이루어지지만 모두 12월 31일에 발생했다고 가정했다. 이에 Milar plc는 Beck plc의 당기순이익 중 £30,000(30% × £100,000)를 이익으로 인식하고, 배당금 수령액 £12,000(£40,000 × 30%)를 투자 계정의 감소로 처리했다. 구체적인 분개는 다음과 같다.

---

2 피투자 회사에 당기순손실이 발생하면 지분율을 곱한 금액만큼 투자 계정을 감소시키고 당기의 투자 손실로 인식한다.

| A | = | L | + | E |
|---|---|---|---|---|
| +30,000 | | | | |
| | | | | +30,000 수익 |

현금 유출입
없음

(1)

| | | | |
|---|---|---|---|
| 12월 31일 | 관계기업투자주식 | 30,000 | |
| | 지분법투자이익 | | 30,000 |
| | (관계기업의 2020년 당기순이익을 지분법으로 인식) | | |

| A | = | L | + | E |
|---|---|---|---|---|
| +12,000 | | | | |
| −12,000 | | | | |

현금 유입
+12,000

(2)

| | | | |
|---|---|---|---|
| 12월 31일 | 현금 | 12,000 | |
| | 관계기업투자주식 | | 12,000 |
| | (배당금 수령 인식) | | |

Milar plc의 총계정원장상 관련 계정별 포스팅은 그림 13.4를 참조하라.

**그림 13.4** 투자 계정과 수익 계정의 포스팅

**관계기업투자주식**

| 차변 | | 대변 | |
|---|---|---|---|
| 1월 1일 | 120,000 | 12월 31일 | **12,000** |
| 12월 31일 | **30,000** | | |
| 12월 31일 잔액 | 138,000 | | |

**지분법투자이익**

| 차변 | 대변 | |
|---|---|---|
| | 12월 31일 | **30,000** |

역자 한마디
원가법은 지분율이 작아 남의 회사인 피투자 회사로부터 배당금을 받아야 수익으로 인식할 수 있다. 그러나 지분법에서는 영향력이 있어 피투자 회사의 일부가 곧 내 회사이므로 당기순이익이 발생하는 순간 그 일부가 내 이익이 되고, 배당금은 그 이익의 일부를 현금으로 실현하는 과정이다. 결국 원가법이나 지분법은 모두 발생주의를 근간으로 하되 영향력인 지분율에 따라 투자수익의 발생을 언제로 볼 것인가에 대한 수익 인식의 관점에 차이가 있다.

1년 동안 Milar plc의 관계기업투자주식이 £18,000 증가했다. 이는 Beck plc의 당기순이익의 지분율에 해당하는 이익 £30,000가 증가하고, 배당금 수령으로 £12,000가 감소한 결과이다. 이를 원가법과 비교해보면 금액적 차이가 상당하다. 만약 Milar plc가 지분법이 아닌 원가법을 적용하여 회계 처리를 했다면 금융수익은 배당금인 £12,000(30% × £40,000)에 불과하기 때문이다. 누차 강조하지만 지분법은 피투자 회사의 당기손익 전체에서 지분율에 해당하는 금액만큼 금융수익으로 인식하고, 원가법은 배당금만큼 금융수익으로 인식한다.

## 50% 초과의 지분율 _Holdings of More than 50%

지분율이 50%를 초과하면 의결권이 과반수가 넘기 때문에 피투자 회사에 유의적인 영향력을 미치는 정도를 넘어 **지배력**(controlling interest)이 있는 수준이 된다. 이 경우 투자 회사를 **모회사**(parent company), 피투자 회사를 **종속회사**(subsidiary company, affiliated company)라고 부른다. 이 둘은 법적으로 구분되어 있어도 모회사가 통제하므로 하나의 경제적 실체나 다름없다. 따라서 지분율이 50% 초과인 투자 계정의 회계 처리는 모회사가 **연결재무제표**(consolidated financial statements)를 작성하는 것으로 귀결된다.

HINT
만약 모회사 A가 종속회사 B, C, D의 지분을 100% 소유하면 법적 실체는 4개이지만 경제적 실체는 하나이다.

연결재무제표는 모회사가 통제할 수 있는 자산과 관리할 수 있는 부채, 그리고 연결 대상 전체의 수익과 비용을 모두 담는 재무제표로, 모회사와 종속회사의 재무제표를 모두 합친 것과 비슷하다. 연결재무제표의 구체적인 작성법은 이 장의 부록 13A를 참조하기 바란다. 모회사는 법적 단위를 대상으로 하는 재무제표도 따로 작성해야 한다. 과거에 보조 수단으로 작성하던 연결재무제표가 회계기준의 변동에 따라 주재무제표가 됨으로써 과거에 주재무제표였던 모회사 단위의 재무제표는 오히려 별도재무제표로 불리게 되었다.

연결재무제표는 모회사의 주주, 이사회, 경영자에게는 경영의 범위를 짐작할 수 있기 때문에 아주 유용한 재무제표이다. 예를 들어 1984년 미국 법원과 정부 관료들이 규합하여 거대 통신사

## 조직의 회계 | 다른 회사 지배하기

아디다스는 락포트(Rockport, 미국)를 100% 소유하고 있다. 아디다스의 주주들이 아디다스 이사회를 구성하면 이사진은 회사를 운영할 CEO와 경영진을 뽑아 회사 경영을 맡긴다. 그리고 아디다스 이사회는 아디다스가 소유한 모든 자산을 통제할 수 있는 권한을 가지고 있는데, 여기에 락포트의 주식이 포함된다. 따라서 아디다스 이사회는 락포트의 대주주인 아디다스를 대표하여 락포트 이사회를 구성함으로써 두 회사를 통제할 수 있다. 다음 그림은 이러한 역학 관계를 나타낸 것이다.

**아디다스의 재무상태표 어디에서 락포트에 대한 투자를 찾을 수 있는가?**

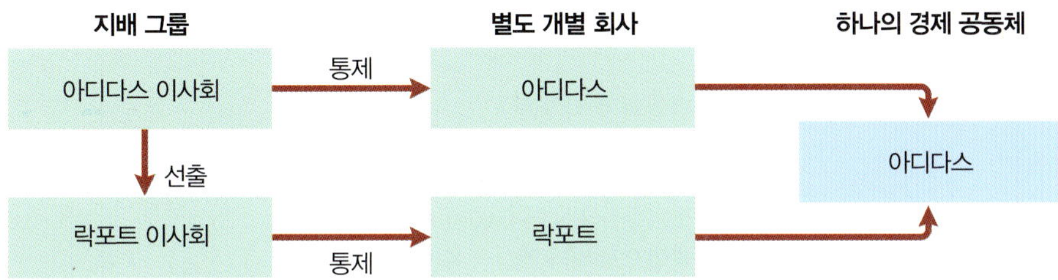

©R.S. Jegg/Shutterstock

인 AT&T(미국)의 독점력이 공공의 이익을 해친다는 이유로 독점금지법을 적용하여 7개 기업으로 강제 분할한 적이 있는데, 이때 사용된 재무제표는 각 회사의 개별재무제표가 아니라 연결재무제표였다. 그림 13.5는 유니레버(Unilever, 영국·네덜란드), 아디다스(adidas 독일), 디즈니컴퍼니(The Disney Company, 미국)의 연결재무제표에 포함되는 연결 대상 회사로 종속회사를 보여준다.

**그림 13.5** 연결재무제표 작성 회사와 그 종속회사

| 유니레버 | 아디다스 | 디즈니컴퍼니 |
|---|---|---|
| 헬만스(Hellmann's) | 리복(Reebok) | 캐피털시티스/ABC(Capital Cities/ABC, Inc.) |
| 립턴(Lipton) | 락포트(Rockport) | 디즈니랜드(Disneyland), 디즈니월드(Disney World) |
| 베르톨리(Bertolli) | 테일러메이드(TaylorMade) | 마이티덕스(Mighty Ducks) |
| 크노르(Knorr) | 애슈워스(Ashworth) | 애너하임앤젤스(Anaheim Angels) |
| | | ESPN |

### DO IT! 2 지분증권 투자

다음은 각각 독립적인 거래이다.

1. 2020년 5월 18일, Rho Jean Ltd.는 Stillwater Ltd.의 보통주 400,000주 중 5%를 주당 NT$60에 취득했다. Stillwater Ltd.는 8월 30일에 NT$750,000의 배당금을 선언하고 지급했으며, 12월 31일에 당기순이익 NT$2,440,000를 공시했다.
2. 2020년 1월 1일, Natal Ltd.는 North Sails의 유통 주식 수 중 40%를 주당 NT$120에 취득하여 유의적인 영향력을 가지게 되었다. North Sails는 4월 15일에 NT$450,000의 배당금을 선언하고 지급했으며, 12월 31일에 당기순이익 NT$1,200,000를 공시했다.

Rho Jean Ltd.와 Natal Ltd.의 거래를 분개하라.

**해답**

| | | | |
|---|---|---|---|
| 1. 5월 18일 | 지분증권 투자(400,000 × 5% × NT$60)<br>현금<br>(단기 투자로 주식 취득) | 1,200,000 | <br>1,200,000 |
| 8월 30일 | 현금<br>배당수익(NT$750,000 × 5%)<br>(배당금 수령) | 37,500 | <br>37,500 |
| 2. 1월 1일 | 관계기업투자주식(60,000 × 40% × NT$120)<br>현금<br>(관계기업의 주식 취득) | 2,880,000 | <br>2,880,000 |
| 4월 15일 | 현금<br>관계기업투자주식(NT$450,000 × 40%)<br>(관계기업으로부터 배당금 수령) | 180,000 | <br>180,000 |
| 12월 31일 | 관계기업투자주식(NT$1,200,000 × 40%)<br>지분법투자이익<br>(지분법으로 투자이익 계상) | 480,000 | <br>480,000 |

**학습목표**

채무증권 투자와 지분증권 투자의 평가와 공시 방식을 이해한다.

## 투자자산의 평가와 공시 _Valuing and Reporting Investments

채무증권과 지분증권을 취득원가에 따라 회계 처리한 후 보유 기간 동안 시세가 매일 변동한다. 가령 유니레버의 주가는 연중 최저가가 $44.41, 최저가가 $36.57이다. 이러한 가치의 등락을 재무제표에 어떻게 반영할 것인가?

한편 지분증권의 경우 지분율이 20% 미만일 때만 시세 변동의 이슈가 있음을 유의해야 한다. 그 이상은 지분법의 대상이므로 시세 변동에 따른 평가와 무관하다.

자산 평가 방법에는 원가법, 시가법, 저가법이 있다. 원가법에서 회계의 기능은 집단의 이해를 조정하는 것이므로 모든 사람이 납득할 수 있는 객관성이 중요하여 시가의 변동을 무시한다. 따라서 기업의 성과를 계산하는 손익에는 계산하는 사람마다 다르게 그리고 모호하게 산출되는 미실현 손익인 평가손익이 포함되면 안 된다는 논리를 편다. 어차피 이익은 처분될 때 제대로 확정되어 산출되니 그 전에는 신경 쓸 필요가 없다는 것이다. 그래서 원가주의라고 한다. 이에 반해 시가주의(공정가치법)는 회계의 기능이란 모름지기 유용한 정보의 제공이어야 하므로, 객관성이 다소 부족하더라도 **공정가치**(fair value)의 변동을 회계적으로 인식해야 한다고 주장한다.

과거에는 원가법이 대세였으나 지금은 시가법을 지지하는 학자와 이해관계자가 많아졌다. 공정가치야말로 시장에서 팔릴 수 있는 가격이므로 자산 평가에 최선이라고 한다. 그러나 당장 팔 자산이 아닌 다음에야 시가는 또 변할 테니 인식할 필요가 없다고 반박하는 학자들도 있다.

한편 저가법은 평가의 원칙은 원가법으로 하되, 시가가 원가보다 하락하면 저가인 시가로 평가하여 손상차손을 인식하자는 것이다. 이는 보수주의적 입장에서 나온 것이라 앞의 두 평가 방법과 대등한 선상에 있는 주장이 아니다. 저가법의 원래 바탕은 원가법이다. 때문에 시가가 하락한 후 새로운 원가로 수정한 이상 시가가 다시 상승하여 손상차손이 회복되더라도 원가주의에 의해 그대로 두어야 한다.

다음 절은 원서에는 없으나 독자의 이해를 돕기 위해 역자가 추가한 것으로, 금융자산의 이른바 '후속 측정'과 관련된 회계 처리에 관한 내용이다. 즉 보유 기간 동안 공정가치의 변동을 재무제표에 어떻게 반영할지에 대한 설명이다. 조금 복잡하지만 이 장의 주요 주제인 증권 투자자산의 회계 처리를 완전히 이해하기 위해서는 금융자산의 회계 처리에 대한 이해가 필요하다. 증권 투자자산의 회계 처리는 금융자산의 회계 처리에 근원하기 때문이다. 그러나 아무리 표현을 정제하더라도 내용이 난삽하여 이 책에서 다루는 범위를 벗어나므로 반복해서 읽기 바란다.

**역자 한마디**

역사적으로 오랫동안 원가법과 시가법이 격돌했으며 단연 원가법이 우세였다. 그러다가 자본시장의 발달로 객관성이 있는 공정가치가 생산되면서 점차 시가주의에 무게가 실리더니 지금은 공정가치가 대세가 되었다. 특히 국제회계기준인 IFRS를 만드는 과정에서 회계 전문가들은 공정가치 평가에 더 큰 비중을 두었다. 단기 투자이든 장기 투자이든 공정가치가 최선의 평가 방법이라는 데에는 이견이 없다. 이 경우의 공정가치는 활성화된 정상적인 증권시장에서 팔릴 수 있는 가격이고 현금으로 회수 가능한 금액이다.

## 금융자산의 평가 _Valuing Financial Investments

### IFRS 기준서 9호 _IFRS 9

현행 국제회계기준은 IAS(International Accounting Standards)와 IFRS 기준서로 구성된다. IAS는 1973년 런던에서 출발한 IASB의 전신인 IASC에서 국제회계기준으로 만들어놓은 것이고, IFRS는 IASC를 대체하기 위해 2001년에 설립된 IASB가 제정하는 것인데, IAS 기준서를 하나씩 검토하여 IFRS 기준서로 고쳐나가는 중이다. 따라서 IFRS로 개정되기 전에는 IAS가 유효하게 적용된다.

금융자산의 회계 처리는 2008년부터 적용되는 IFRS 기준서 9호를 따른다. 이는 기존의 IAS 39호를 대체하는 것으로 금융자산 평가 방법을 상세하게 소개하고 있다. 금융자산은 돈과의 관련성이 커서 돈으로 투자되어 돈의 형태를 띠고 돈으로 구현되는 자산이다. 이 중 투자 금융자산은 이른바 돈을 굴리기 위한 자산인데, 금융 기관에서 내놓은 각종 금융상품과 이 장의 주제인 주식, 채권 등의 증권형 금융자산이 여기에 속한다.

### 금융자산의 평가 원칙 _Classification and Measurement

금융자산의 평가 방법은 복잡하고 어려운 내용이다. 보다 쉬운 접근 방식은 먼저 평가의 기본 원칙을 이해한 다음 세 가지 예외를 알아보면서 각 평가의 골자를 숙지하는 것이다. 그렇게 해서 기본 원칙과 세 가지 예외를 합하여 총 네 가지 평가 방식을 이해하게 된다.

먼저 기본 원칙을 알아보자. 취득 시 공정가치로 회계 처리를 하고 매 회계연도에 공정가치로 평가하며, 그 변동액을 미실현 손익이지만 당기손익에 반영하는 것이 기본 내용이다. 이와 같은 방식으로 회계 처리를 하는 금융자산을 '당기손익 인식-공정가치 측정 금융자산'이라고 하며, 그 방식의 영어 표기는 공정가치를 뜻하는 'fair value'와 당기손익을 뜻하는 'PL'(profit and loss의 약자)을 합한 'FVPL'이다. 이 방식에서 금융자산을 취득하기 위한 부대비용은 자산을 이미 공정가치로 평가함에 따라 취득원가법과 달리 자산에 포함되지 못하고 별도의 비용으로 당해 손익에 반영된다. 또한 금융자산을 처분할 때는 투자자산을 취득원가로 환원함으로써 그동안 인식한 평가손익 누계를 당기손익에 일시에 반영하고 처분손익을 판매가와 취득원가의 차이로 산출하여 당기손익에 산입한다. 금융자산의 평가는 기본적으로 FVPL 방식을 취한다는 것을 명심하라.

그런데 세 가지 예외가 있다. 첫 번째 예외는 국공채, 사채 등의 채무 금융상품처럼 만기가 있고 원리금의 현금흐름이 계약에 따라 확정되어 있는 경우로, 만기까지 보유하는 것이 사업 모형

(보유 목적)이다. 이는 원가로 처리하되, 만기에 상환받을 금액(액면가)과 취득가액에 차이가 있을 때 그 금액을 기중에 조금씩 상각하여 취득원가를 액면가에 접근하도록 조정하는 이른바 '상각후원가'로 평가한다. 이러한 방식으로 평가되는 금융자산을 '상각후원가 측정 금융자산'이라고 하며, 상각후원가를 뜻하는 'amortized cost'의 머리글자를 따서 'AC 측정 자산'이라고 부른다. 그럼에도 불구하고 AC 측정 자산에는 기본 평가 방법인 FVPL로 분류하여 평가할 수 있는 '채무상품의 FVPL 선택권' 혹은 '공정가치 선택권(fair value option)'이 주어진다. 다만 선택 사항이더라도 자유롭지 않고 제한적이다. FVPL 방식이 아니면 수익과 비용이 왜곡되는 경우에만 선택 가능하고, 일단 한 번 정하고 나면 추후에 사업 모형이 바뀌어도 번복하거나 변경할 수 없다.

두 번째 예외는 사업 모형이 만기까지 보유를 목표로 하고 현금흐름이 계약에 의해 일정한 채무 금융상품인 경우라 하더라도 중간에 매각할 의향도 있으면 '기타포괄손익 인식-공정가치 측정 금융자산'으로 처리한다. 이는 평소에는 AC 측정 자산처럼 회계 처리를 하되 결산일에 FVPL처럼 공정가치로 인식하고 평가하며, 다만 그 변동액을 당기손익이 아닌 자본 항목의 기타포괄손익(OCI)으로 처리하는 것이 다르다. 따라서 이 방식을 'FVOCI'라고 부른다. 금융자산을 취득하기 위한 부대비용은 FVPL과 달리 자산 취득원가에 산입했다가 처분 시 처분손익에 반영한다. 또한 금융자산을 처분할 때는 FVPL처럼 투자 계정을 취득원가로 환원하는데, 상대 계정을 당기손익이 아닌 기타포괄손익누계액으로 함으로써 그동안의 자본 계정에 있던 미실현평가손익누계액을 전액 제거(취소)한 후 처분손익을 산출하여 당기손익에 반영한다. 그러므로 처분손익은 처분가와 취득원가로 산출된다. 한편 채무 금융상품의 경우 FVOCI에도 AC 측정 자산과 동일한 조건으로 제한되어 FVPL 방식을 선택할 수 있는 선택권이 있다.

세 번째 예외는 매도가능지분증권이다. 이는 시세에 민감하여 당장 매도할 것은 아니지만 시세가 좋으면 관망하다가 판매할 수도 있는 주식이다. 이러한 주식이라도 FVPL로 평가하는 것이 원칙이지만 FVOCI로도 평가할 수 있는 선택권이 주어진다. 하지만 이 선택권은 채무증권의 공정가치 선택권과 달리 매우 자유롭다. 이렇게 하는 이유는 금융상품이 아닌 또 다른 투자 주식인 비매매증권 때문이다. 투자주식 중 금융자산 투자가 아니라 경영 전략상 취득한 것을 비매매증권이라고 하는데, 그 회계 처리는 공정가치로 평가하되 그 변동액을 당기손익이 아닌 자본 항목의 기타포괄손익으로 처리하는 FVOCI 방식을 취한다. 취득 목적이 경영 전략이면 시세 변동은 자산으로서는 의미가 있으나 손익으로서는 의미가 없기 때문이다. 이러한 연유로 비매매증권인 주식을 처분할 때는 채무증권의 FVOCI 방식과 달리 투자 계정을 취득원가로 환원하지 않고 오히려 공정가치로 먼저 평가하여 그 변동액을 자본인 기타포괄손익으로 계상한 후 처분분개를 함으로써 주식과 관련한 손익이 일체 당기손익에 반영되지 못하게 한다. 그래서 주식을 처분해도 기타포괄손익으로 처리된 금액은 처분손익으로 계정 재분류되지 못하고 영원히 자본 항목으로 남는다. 경영 전략상 취득한 주식의 보유와 처분으로 인한 손익은 일체 인식하지 않겠다는 의도이다. 단, 배당 재원으로도 못 쓰게 하는 것은 너무 가혹하고 억울한 처사이므로 이익잉여금으로의 대체는 가능하다.

어쨌든 매도가능지분증권도 비매매증권과 똑같이 처리할 수 있게 길을 열어두었다. 원래 IFRS에서는 경영 전략상 취득하는 주식에 대한 정의를 내려 FVOCI를 적용하는 방식에 일정 범위를 두어야 하는데, 실제 분류상 20% 이내 보유하는 비매매증권(20% 이상은 지분법이 적용됨)과 매도가능증권의 구분이 애매한 경우가 많아 기업이 스스로 판단하여 선택하게 했다. 그렇다 보니 시세차익을 기하는 매매증권이기는 하나 장기성 성격을 지닌 매도가능증권을 원래는 기본 평가 원칙인 FVPL로 평가해야 하지만 FVOCI로 분류할 수 있는 한 번의 선택권을 부여하는데, 이를 '지분상품의 FVOCI 선택권'이라고 한다. 이 선택권을 갖는 대신 FVOCI이든 FVPL이든 최초 취득 시점에 한 번 정하면 이후 사업 모형이 변경되어도 절대 번복할 수 없다. 이는 손익과 자본 조정을 넘나들며 인위적으로 손익을 조작하는 것을 막기 위함이다.

지금까지의 설명을 그림 13.6에 요약·정리했다.

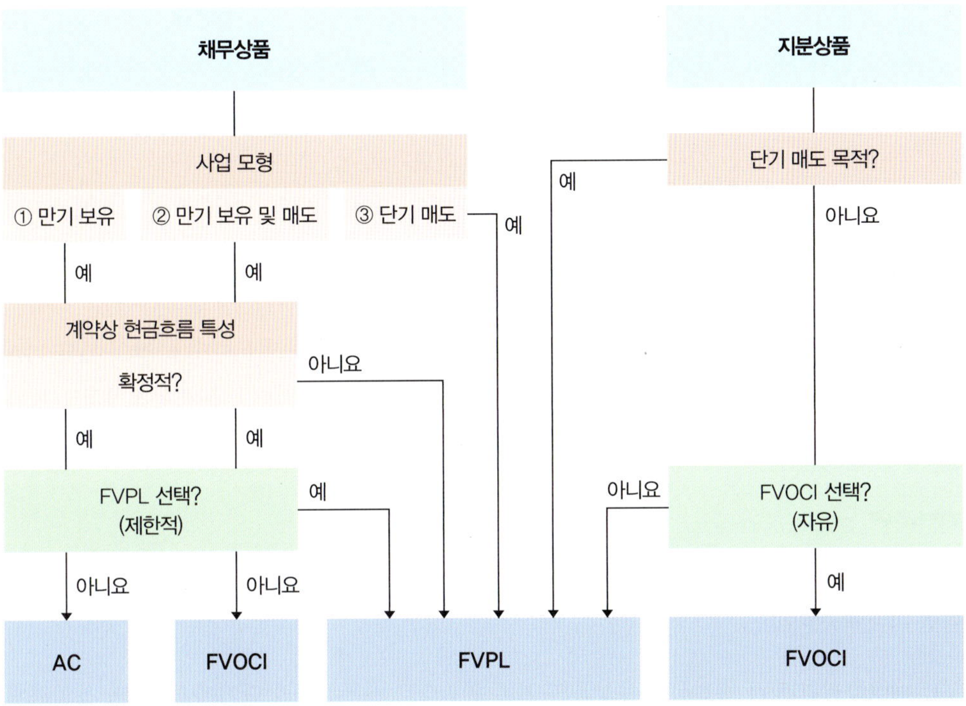


**그림 13.6** 금융자산의 분류와 평가

## 증권형 투자자산의 분류 _Categories of Securities

금융자산의 일종인 증권형 투자자산은 법률적 성격에 따라 채무증권과 지분증권으로 구분되고, 또한 보유한 사업 모형(목적)에 따라 매매증권, 비매매증권, 만기보유증권으로 구분된다. 금융자산으로 분류된 증권형 투자자산은 IFRS 기준서 9호에 따라 다음과 같이 처리한다. 이를 잘 이해하려면 앞서 설명한 금융자산의 평가 원칙을 숙지해야 한다.

### 채무증권 _Debt Investments

채무증권은 보유 목적에 따라 매매증권과 만기보유증권이 있으며, 채무증권의 특징상 의결권을 획득하여 경영상 영향력을 행사하려는 목적의 이른바 비매매증권은 없다. 그리고 만기 보유를 목적으로 하다가 시세가 좋으면 중도에 매각할 의향도 있는 경우의 증권(held-for-collection and selling)이 있는데, 이는 장기매매증권으로서 채무증권 분류의 한 축을 구성하지만 회계 처리는 FVOCI와 상각후원가 측정 방법을 혼용하므로 다소 복잡하다. 이는 고급 회계 수준이라 설명을 생략한다. 따라서 채무증권을 (단기)매매증권과 만기보유증권으로만 분류하기로 한다.

1. **매매증권**(trading securities) 또는 단기매매증권은 시세의 변동에 따른 차익을 목표로 보유하는 증권이다. 따라서 공정가치와 깊은 관계가 있다. 평소에는 AC 측정 자산으로 회계 처리를 하다가 회계연도 말에는 FVPL로 분류하여 공정가치로 평가하고 시세의 변화를 당기손익으로 인식한다.
2. **만기보유증권**(held-for-collection securities)은 만기까지 이자를 받고 만기 시 원금을 회수하기 위해 보유하는 증권이다. 이 점에서 만기가 없는 지분증권과 확연히 구분된다. 만기보유증권의 경우 시장에서의 공정가치 변동은 아무 의미가 없고 만기에 받는 액면가가 중요하여 IFRS 기준서 9호에 따라 AC 측정 자산으로 처리한다. 즉 AC 측정 자산에서의 취득원가는 액면가와 다른 경우가 많은데, 그 차이를 취득차금(할인액 또는 할증액)이라고 한다. 이는 표면이자율과 시장이자율의 차이로 인한 것이다. AC 측정 자산의 회계 처리에서는 취득차금을 상각하여 만기 시까지 0으로 만들어 장부에서 제거하는 것이 골자이다. 그래야 취득원가로 시작된 사채의 장부가가 만기에 액면가로 접근한다. 취득가액이 무엇이든 간에 만기 시 회수되는 금액은 액면가이기 때문이다. 그렇다면 만기 전에 회계는 투자증권의 취득원가가 액면가로 수렴되는 과정을 장부가로 보여주어야 하는데, 이 때문에 만기보유증권의 장부가는 취득원가가 아닌 상각후원가로 평가하고 표시된다. 상각후원가는 취득원가에 취득차금의 미상각 잔액을 가감한 금액이다. 잘 이해되지 않는다면 11장의 부록 11A를 참조하기 바란다. 한편 취득 시 공정가치로 인식하고 보유 기간 중에 공정가치로 평가하는 것을 '후속 측정'이라고 한다.

### 지분증권 _Share Investments

주식과 같은 지분증권은 만기나 이자율이 없기 때문에 만기보유증권이 될 수 없고 매매증권 아니면 비매매증권이다.

1. 매매증권의 평가 방법은 금융상품의 기본 원칙대로 채무증권의 단기매매증권과 동일하게 FVPL로 평가하고 인식한다. 즉 당기손익 인식-공정가치 측정 금융자산이 된다.
2. 매매증권에는 매도가능증권이 있다. 매도가능증권은 팔 수도 있지만 당장의 시세 변동에 흔들리지 않는 주식으로 장기매매증권을 구성한다. 원칙은 역시 FVPL로 하되 기업의 선택에 따라 비매매증권과 같은 방식의 FVOCI로 처리할 수도 있다. 그러나 한 번 선택하면 변경할 수 없다.
3. **비매매증권**(non-trading securities)은 매매 목적이 아닌 경영 목적으로 취득하는 주식이다. 가령 특정 상품을 특정 지역에 팔기 위해 특정 회사의 주식을 보유해야 할 때 이러한 주식은 금융자산이 아니다. 따라서 IFRS 기준서 9호의 제약을 받지 않는다. 그러나 평가 방법은 FVOCI를 원용한다. 즉 두 영역으로 나누어 20% 이상은 지분법으로 처리하고 20% 미만은 FVOCI로 처리한다. 비매매증권을 FVOCI로 처리하면 공정가치와 관련하여 그 변동액을 당기손익으로 인식할 수 있는 여지가 일절 없다. 즉 공정가치의 변동은 자산에만 적용하고 손익과 무관하게 있겠다는 것이 FVOCI 회계 처리 방식의 기본 사상이기 때문에 그렇다. 따라서 매각 시에도 투자 계정을 공정가치로 먼저 평가하여 평가손익을 기타포괄손익으로 보낸 후 처분에 관한 분개를 하므로 처분손익조차 계상될 여지가 없다.

지금까지 설명한 증권형 금융상품의 평가 방법을 그림 13.7에 정리했다. 지분율이 20% 이상인 경우는 금융자산이 아닌 비매매증권으로 지분법을 적용하므로 별도로 구분된다.

**그림 13.7** 평가 지침

## 매매증권 _Trading Securities

매매증권은 대부분 단기 투자를 목적으로 자주 사고팔기 때문에 보통은 보유 기간이 한 달도 안 된다. 물론 단기매매증권 외에 장기매매증권인 매도가능증권도 있다. 단기매매증권의 회계 처리에는 시장 접근법(mark-to-market approach)을 사용하여 회계연도 말 공정가치로 평가하되, 그 차액을 당기손익으로 계상하고 미실현 평가손익으로 표시하는 FVPL법을 적용한다. 당연히 단기매매증권은 금융자산에 속하고 유동자산으로 재무제표에 분류되어 공시된다. 이에 비해 매도가능증권은 앞서 언급했듯이 FVPL과 FVOCI 간의 선택권이 있다.

HINT
단기매매증권은 단기투자자산이므로 마음만 먹으면 당장 현재의 공정가치로 매도할 수 있다. 그래서 지금은 비록 미실현 이익이지만 실현될 가능성이 매우 높아 손익에 반영한다.

그림 13.8은 Pace SA가 사업 첫해를 맞이하여 2020년 12월 31일 자 투자 포트폴리오 내에 공정가치와 취득원가가 달라져 미실현 평가손익이 생긴 투자자산이다. 공정가치가 €147,000로 취득원가 €140,000보다 €7,000가 높아 미실현 평가손익으로 €7,000가 발행했다.[3]

**그림 13.8** 단기매매증권의 평가

**2020년 12월 31일, 단기매매증권**

| 투자 | 취득원가 | 공정가치 | 미실현 평가손익 |
|---|---|---|---|
| Yorkville Company 회사채 | € 50,000 | € 48,000 | €(2,000) |
| Kodak Company 주식 | 90,000 | 99,000 | 9,000 |
| 총액 | €140,000 | €147,000 | **€ 7,000** |

Pace SA는 공정가치로 평가하여 미실현 손익을 인식하는 후속 측정을 결산 시마다 수정 분개로 하되, 구체적인 분개는 다음과 같다. 평가시에는 단기투자자산(구체적으로 단기매매증권)의 계정과목에 직접 가감할 수도 있지만, '공정가치 수정(fair value adjustment)'이라는 평가성 충

3 투자 포트폴리오 내 채무증권의 경우 원가는 취득원가가 아니고 상각후원가로 평가된다. 정기적으로 발생하는 이자수익을 제대로 반영하려면 유효이자율법으로 계산해야 하고, 그러기 위해서는 취득차액을 상각하여 취득원가를 점차 만기 시에 상환받을 액면가로 수정해야 한다. 잘 이해되지 않으면 11장에서 설명한 사채의 회계 처리를 다시 보라. 그림 13.8에서는 취득차액을 유발하는 할인이나 프리미엄이 없다고 가정했다.

당금 계정을 사용하여 최초 취득원가와 공정가치를 구분한다. 이렇게 하면 투자 계정이 항상 취득원가 그대로 있으므로 실제 매각 시 실현된 처분이익을 곧바로 산출할 수 있어 편리하다. FVPL에서는 처분손익을 판매가와 공정가치로 평가되어 있는 장부가가 아닌 취득원가와의 차이로 산출한다. 그 대신 그동안 인식한 미실현 평가손익을 모아 공정가치 수정을 조정하는 동시에 한꺼번에 당해 손익에 반영한다. 그래야 손익이 이중 계산되지 않는다.[4]

| A | = | L | + | E |
|---|---|---|---|---|
| +7,000 | | | | |
| | | | | +7,000 수익 |

현금 유출입
없음

| | | 차변 | 대변 |
|---|---|---|---|
| 2020년 12월 31일 | 공정가치 수정 | 7,000 | |
| | 미실현 단기투자자산평가이익 | | 7,000 |
| | (단기매매증권을 공정가치로 평가하고 미실현 평가손익을 인식) | | |

Pace SA는 단기투자자산인 단기매매증권을 공정가치로 평가하여 재무상태표에 유동자산으로 공시하고, 미실현 손익은 손익계산서의 영업외 수익과 비용 내 금융수익으로 표시한다. 공정가치는 개별로 평가하지 않고 투자 포트폴리오의 총액으로 평가한다는 것에 유의하라. 한편 기중에 공정가치가 많이 변하더라도 공정가치로 평가하여 분개하는 시기는 결산 시에만 한다. 수시로 할 수는 없다. 그러므로 분기별로 결산하면 네 번 해야 한다.

이제 Pace SA의 사업연도가 1년이 흘러 단기매매증권의 공정가치 포트폴리오 내 또 다른 투자자산이 그림 13.9와 같이 변동했을 때 미실현 평가손익을 계산해보자. Yorkville Company나 Kodak Company 주식 등의 공정가치는 변동이 없다고 가정한다.

**그림 13.9** 단기매매증권의 평가

**2021년 12월 31일, 단기매매증권**

| 투자 | 취득원가 | 공정가치 | 미실현 평가손익 |
|---|---|---|---|
| Toby Company 회사채 | € 40,000 | € 41,000 | € 1,000 |
| Vince Company 주식 | 80,000 | 74,000 | (6,000) |
| 총액 | €120,000 | €115,000 | €(5,000) |

Pace SA가 보유한 단기매매증권의 2021년 말 공정가치가 취득원가보다 €5,000 낮으므로 평가 계정인 공정가치 수정은 그 금액만큼 대변 잔액이 되어야 한다. 그런데 이미 전기의 미실현 평가이익으로 인해 공정가치 수정의 잔액이 차변에 €7,000 있으므로 총 €12,000(€7,000 + €5,000)를 미실현 손실로 인식해야 장부가가 단기매매증권의 공정가치와 일치한다. 따라서 수정 분개는 다음과 같다.

공정가치 수정

| 차변 | 대변 |
|---|---|
| 7,000 | |
| | 12,000 |
| | 5,000 |

| | | 차변 | 대변 |
|---|---|---|---|
| 2021년 12월 31일 | 미실현 단기투자자산평가손실 | 12,000 | |
| | 공정가치 수정 | | 12,000 |
| | (단기매매증권의 미실현 손실 인식) | | |

4 역자 주: 예를 들어 ₩100에 사서 다음 해에 ₩120으로 평가한 후 그다음 해에 ₩150에 팔면 당기이익은 첫해 미실현 평가이익으로 ₩20, 다음 해 처분이익으로 ₩30이 계상되는데, 이렇게 하지 않고 처분하는 해에 ₩50을 처분이익으로 하고 ₩20을 미실현 평가이익의 환입(미실현 평가손익에 추후 산입)으로 반영한다는 설명이다. 그러나 우리나라 실무에서는 처분이익을 ₩30으로 계상해도 무방하다.

## 비매매증권 _Non-Trading Securities

전술했듯이 채무증권은 매매증권이 아니면 만기보유증권으로 분류되고, 지분증권은 매매증권이 아니면 비매매증권이 된다. 비매매증권은 전술한바 시세차익을 위해 취득한 매매증권이 아니라 경영 목적상 취득한 주식을 말한다.

비매매증권도 지분법을 적용해야 하는 경우가 아닌 이상 매매증권처럼 공정가치로 평가하되 FVOCI 방식을 적용한다. 예를 들어 Ingrao AG는 사업 첫해에 비유동자산으로 두 종류의 주식을 그림 13.10과 같이 보유하고 있으며, 2020년 12월 31일에 미실현 평가손실로 €9,537가 발생했다. 이는 취득원가가 €293,537로 공정가치인 €284,000보다 €9,537 낮기 때문이다.

ETHICS NOTE
회사에 따라서는 비매매증권의 공정가치가 하락한 증권을 보유하고 상승한 증권을 곧바로 매각하여 이익으로 인식한다. 이는 과연 윤리적인 행동인가? 그러한 경우 기타포괄손익으로 인식해야 하므로 회계기준에도 위배된다.

**그림 13.10** 비매매증권의 평가

| | 2020년 12월 31일, 비매매증권 | | |
|---|---|---|---|
| 투자 | 취득원가 | 공정가치 | 미실현 평가손익 |
| Rachel Soup AG 주식 | € 93,537 | €103,600 | € 10,063 |
| Zeller Company 주식 | 200,000 | 180,400 | (19,600) |
| 총액 | €293,537 | €284,000 | € (9,537) |

비매매증권의 경우 미실현 평가손익의 산출 방식은 같아도 손익으로 계상하는 방법이 매매증권과 다르다. 단기에 매도할 계획이 없으므로 미실현 평가손익은 실현될 가능성이 매우 낮거나 매도할 계획조차 없으니 관심이 없다. 그래서 당기손익이 아니라 자본인 기타포괄손익으로 인식하고 공시한다. 분개는 다음과 같다.

| | | | |
|---|---|---|---|
| 2020년 12월 31일 | 미실현 평가손실–자본 | 9,537 | |
| | 공정가치 수정–비매매증권 | | 9,537 |
| | (비매매증권의 미실현 평가손실 인식) | | |

| A | = | L | + | E |
|---|---|---|---|---|
| | | | | −9,537 비용 |
| −9,537 | | | | |

현금 유출입
없음

미실현 평가손실은 포괄손익계산서 내 기타포괄손익으로 공시된다. Ingrao AG의 2020년 당기순이익이 €126,200일 때 포괄손익계산서는 그림 13.11과 같다.

**그림 13.11** 포괄손익계산서

**Ingrao AG**
**포괄손익계산서**
2020년 1월 1일부터 2020년 12월 31일까지

| | |
|---|---|
| 당기순이익 | €126,200 |
| 기타포괄손익 | |
| 미실현 비매매증권평가손실 | (9,537) |
| 총포괄순이익 | €116,663 |

한편 Ingrao AG는 2020년 12월 31일 현재 재무상태표에 장기투자자산으로 €284,000(€293,537 – €9,537)를 표시하고 재무상태표상 자본 계정인 기타포괄손익누계액 내 평가손실로 €9,537를 공시한다. 따라서 결산 분개를 할 때는 미실현 평가손실을 기타포괄손익누계액으로 다음과 같이 이체하는데, 이 경우 당기손익을 구성하지 않으므로 집합손익 계정으로 대체하

지 않도록 유의한다.

| A | = | L | + | E |
|---|---|---|---|---|
| | | | | −9,537 |
| | | | | +9,537 |

현금 유출입
없음

| 2020년 12월 31일 | 기타포괄손익누계액 | 9,537 | |
|---|---|---|---|
| | 미실현 평가손실–자본 | | 9,537 |
| | (미실현 평가손실을 자본으로 대체) | | |

기타포괄손익누계액

| 차변 | 대변 |
|---|---|
| | 0 |
| 9,537 | |
| 9,537 | |

기타포괄손익누계액은 취득 후 미실현 평가손익의 매년 변화액의 최종 잔액과 일치하는데, Ingrao AG의 경우 첫해이므로 전기에 이월된 기타포괄손익누계액의 기초 잔액이 없다. 따라서 당기에 발생한 미실현 평가손실 €9,537가 기타포괄손익누계액이 되며, 2020년 12월 31일 현재 재무상태표의 기타포괄손익누계액 항목을 작성하면 그림 13.12와 같다.

**그림 13.12** 재무상태표상 기타포괄손익누계액의 공시

**Ingrao AG**
**재무상태표(일부 발췌)**
2020년 12월 31일 현재

| 자본 | |
|---|---|
| 자본금 | €1,200,000 |
| 이익잉여금 | 126,200 |
| 기타포괄손실누계액 | (9,537) |
| 자본 계 | €1,316,663 |

매년 회계연도 말에 Ingrao AG는 공정가치의 변화를 공정가치 수정 계정에 반영하고 미실현 평가손익을 인식해야 한다. 그림 13.13은 20201년 12월 31일, 사업 2년 차를 맞은 Ingrao AG의 비매매증권의 공정가치와 취득원가의 변화를 보여준다.

**그림 13.13** 비매매증권의 평가

| | 2021년 12월 31일, 비매매증권 | | |
|---|---|---|---|
| 투자 | 취득원가 | 공정가치 | 미실현 평가손익 |
| Rachel Soup AG 주식 | € 93,537 | €102,774 | € 9,237 |
| Zeller Company 주식 | 200,000 | 192,400 | (7,600) |
| 총액 | €293,537 | €295,174 | € 1,637 |

Ingrao AG의 비매매증권 포트폴리오의 공정가치는 취득원가보다 €1,637가 크므로 공정가치 수정 계정의 잔액은 €1,637의 차변 금액이 되어야 한다. 그런데 이미 대변 잔액에 €9,537가 있으므로 €11,174(€9,537 + €1,637)를 차변으로 인식해야만 €1,637의 차변 잔액을 얻게 된다. 그리고 동시에 미실현 평가손익의 대변으로 €11,174를 인식해야 한다. 따라서 Ingrao AG의 분개는 다음과 같다.

공정가치 수정

| 차변 | 대변 |
|---|---|
| | 9,537 |
| 11,174 | |
| 1,637 | |

| A | = | L | + | E |
|---|---|---|---|---|
| +11,174 | | | | |
| | | | | +11,174 |

현금 유출입
없음

| 2021년 12월 31일 | 공정가치 수정–비매매증권 | 11,174 | |
|---|---|---|---|
| | 미실현 평가이익–자본 | | 11,174 |
| | (공정가치로 평가하고 미실현 평가이익 인식) | | |

당기 공정가치의 반영은 미실현 평가이익으로 포괄손익계산서에 보고된다. Ingrao AG의 경우 2021년 당기순이익이 €201,400일 때 포괄손익계산서는 그림 13.14와 같다.

**그림 13.14** 포괄손익계산서

**Ingrao AG**
**포괄손익계산서**
2021년 1월 1일부터 2021년 12월 31일까지

| | |
|---|---|
| 당기순이익 | €201,400 |
| 기타포괄손익 | |
| 미실현 비매매증권평가이익 | 11,174 |
| 총포괄손익 | €212,574 |

Ingrao AG는 2021년 12월 31일 자 재무상태표에 장기투자주식으로 €295,174(취득원가 €293,537 + €1,637)를 공시하고 기타포괄손익누계액 €1,637를 자본에 표시해야 하며, 결산 분개 시에는 미실현 평가이익을 재무상태표상 기타포괄손익누계액으로 다음과 같이 대체한다.

| 기타포괄손익누계액 | |
|---|---|
| 9,537 | 11,174 |
| | 1,637 |

| | | | |
|---|---|---|---|
| 2021년 12월 31일 | 미실현 평가이익-자본 | 11,174 | |
| | 기타포괄손익누계액 | | 11,174 |
| | (미실현 평가이익을 자본으로 대체) | | |

A = L + E
−11,174
+11,174

현금 유출입
없음

기타포괄손익누계액의 잔액 €1,637는 그림 13.15와 같이 재무상태표의 자본 항목에 표시된다.

**그림 13.15** 재무상태표의 자본 항목으로 기타포괄손익누계액 공시

**Ingrao AG**
**재무상태표(일부 발췌)**
2021년 12월 31일 현재

| | |
|---|---|
| 자본 | |
| 자본금 | €1,200,000 |
| 이익잉여금 | 327,600 |
| 기타포괄손익누계액 | 1,637 |
| 자본 계 | €1,529,237 |

### DO IT! 3a 매매증권과 비매매증권

Chengdu Ltd.의 투자는 단기매매와 비매매증권으로 분류되고, 2020년 12월 31일의 공정가치는 다음과 같다.

| | 취득원가 | 공정가치 | 미실현 손익 |
|---|---|---|---|
| 단기매매증권 | ¥936,000 | ¥949,000 | ¥13,000 |
| 비매매증권 | ¥488,000 | ¥514,000 | ¥26,000 |

2019년 12월 31일에 공정가치 수정-단기매매증권의 차변 잔액이 ¥92,000, 공정가치 수정-비매매증권의 대변 잔액이 ¥57,500일 때 2020년 12월 31일의 분개를 하라.

**해답**

**단기매매증권:**

| | 차변 | 대변 |
|---|---|---|
| 미실현 평가손실-당기손실(¥92,000 − ¥13,000) | 79,000 | |
| 공정가치 수정-단기매매증권 | | 79,000 |
| (단기매매증권의 미실현 평가손실 계상) | | |

**비매매증권:**

| | 차변 | 대변 |
|---|---|---|
| 공정가치 수정-비매매증권 | 83,500 | |
| 미실현 평가이익-자본(¥57,500 + ¥26,000) | | 83,500 |
| (비매매증권의 미실현 평가이익 계상) | | |

## 재무상태표에의 공시 _Statement of Financial Position Presentation

재무상태표에는 유동성 여부에 따라 투자 계정을 단기투자자산과 장기투자자산으로 구분하여 공시한다. 매매증권 중 1년 또는 영업주기 중 긴 날 이내에 매도할 의사가 있는 단기매매증권은 재무상태표에 유동자산 내 단기투자자산이 되고, 장기매매증권(매도가능증권)과 비매매증권, 만기보유증권 등은 현금으로 회수되는 시기의 예측에 따라 단기투자자산 또는 장기투자자산으로 분류된다.

### 단기투자자산 _Short-Term Investments

재무상태표의 유동자산으로 단기금융자산[5] 내에는 단기금융상품과 단기투자자산 등이 있으며, **단기투자자산**(short-term investments)을 이루는 증권형 금융자산은 시장성유가증권(marketable securities)으로 구성된다. 앞서 언급했듯이 단기금융자산이 되려면 두 가지 조건을 충족해야 한다. 현금으로의 유동성이 임박했다고 볼 수 있는 증거로서, 첫째, 시장성이 있어야 하고, 둘째, 경영자의 회수, 처분, 매각 의사가 있어야 한다. 이 두 가지 조건을 갖추지 않으면 매매증권은 **장기투자자산**(long-term investments)으로 분류된다.

**시장성 조건** 현금이 필요하면 언제든지 시장에서 매도 가능한 조건을 말한다. 즉 보유하고 있는 주식과 사채가 증권시장에서 매일 거래되는 경우(상장되었다고 함)에는 시장성 조건을 충족한다. 아무리 회사의 규모가 커도 비상장된 주식은 시장성이 없어 단기투자자산의 조건에 부합하지 않는다.

**매각 의사** 경영자가 1년 또는 영업주기 중 긴 날 이내에 매각하려는 의사가 있어야 한다. 이는 반드시 매각하고자 하는 의사를 의미하는 것이 아니라, 현금이 필요할 때 투자자산이 매각 대상으로 부각되면 본 요건을 충족하는 것으로 본다. 가령 스키 리조트 회사가 여름에 여유 현금을 겨울 시즌이 시작되기 직전 시설 장비를 구입하기로 하고 잠시 주식에 투자했는데, 그해 눈의 양이 부족하여 투자 의사를 철회하고 주식을 처분하지 않게 되었다 하더라도 그 주식은 언제든 필요하면 매각할 수 있으므로 단기투자자산이 된다.

---

5 단기금융자산에는 단기투자자산인 주식과 사채, 단기 국공채 등 증권형 금융자산 외에도 금융 기관이 만든 금융상품으로 은행의 양도성예금증서(CD)와 6개월짜리 시장금리연동형 정기예금증서, 증권 회사가 중개하는 우량기업 발행 기업어음 등이 있다.

단기투자자산은 유동성이 매우 높으므로 재무상태표의 현금 앞에 위치하고 공정가치로 표시하여 공시한다. 그림 13.16은 이에 따른 Pace SA의 공시 내용과 방식을 보여준다.

**그림 13.16** 단기투자자산의 공시

| Pace SA<br>재무상태표(일부 발췌) | |
|---|---|
| 유동자산 | |
| 공정가치 측정 단기투자자산 | €147,000 |
| 현금 | 21,000 |

### 장기투자자산 _Long-Term Investments

장기투자자산은 그림 13.19와 같이 IFRS가 선호하는 고정성 배열법에 따라 만기보유증권은 상각후원가로, 비매매증권은 공정가치로 평가하여 재무상태표상 유동자산 바로 위에 위치한다. 그리고 지분율이 20%를 넘어 지분법이 적용되는 주식 투자는 피투자 회사의 지분가치로 평가한다.

## 실현 손익과 미실현 손익의 보고 _Presentation of Realized and Unrealized Gain or Loss

재무제표에 미실현 평가손익을 표시할 때는 반드시 미실현 여부를 나타내야 한다. 단기매매증권의 경우 미실현 평가손익을 보고할 때는 손익계산서에 영업외 수익과 비용 항목으로 하여 이자수익, 배당수익 등과 함께 그림 13.17과 같이 공시한다.

**그림 13.17** 투자 관련 영업외 수익과 비용

| 영업외 수익과 비용 | |
|---|---|
| 이자수익 | 미실현 평가이익 |
| 배당수익 | 투자자산처분손실 |
| 투자자산처분이익 | 미실현 평가손실 |

비매매증권의 경우 미실현 평가손익은 포괄손익계산서의 기타포괄손익으로 공시하고, 재무상태표에서는 기타포괄손익누계액에 넣어 자본 항목에 표시한다. 그림 13.18은 Dawson plc의 자본금이 £3,000,000, 이익잉여금과 기타포괄손실누계액이 각각 £1,500,000, £100,000일 때 재무상태표의 자본에 나타낸 것이다.

**그림 13.18** 기타포괄손실누계액

| Dawson plc<br>재무상태표(일부 발췌) | |
|---|---|
| 자본 | |
| 자본금 | £3,000,000 |
| 이익잉여금 | 1,500,000 |
| 기타포괄손실누계액 | **(100,000)** |
| 자본 계 | £4,400,000 |

기타포괄손실누계액은 자본 항목으로 자기주식의 공시 방법과 동일하게 자본에서 차감하고 기타포괄이익누계액은 자본에 가산한다. 공정가치의 변동을 손익이 아닌 기타포괄손익으로 인식하는 데에는 두 가지 목적이 있다. 즉 평소 공정가치의 변동으로 인한 손익의 급변을 막고, 공정가치로 매각되었을 때 처분손익이 얼마나 될지 이해관계자에게 공시하여 알려주기 위함이다.

## 재무상태표 _Classified Statement of Financial Position

그림 13.19의 재무상태표는 지금까지 배운 내용을 총망라한 것이다. 주식의 액면 발행, 이익잉

**그림 13.19** 재무상태표

**Pace SA**
**재무상태표**
2020년 12월 31일 현재

| | | | |
|---|---|---|---|
| **자산** | | | |
| 무형자산 | | | |
| 영업권 | | | € 270,000 |
| 유형자산 | | | |
| 토지 | | €200,000 | |
| 건물 | €800,000 | | |
| 차감: 감가상각누계액–건물 | 200,000 | 600,000 | |
| 설비 | 180,000 | | |
| 차감: 감가상각누계액–설비 | 54,000 | 126,000 | |
| 유형자산 계 | | | 926,000 |
| 투자자산 | | | |
| **만기보유사채 투자–상각후취득원가** | | **20,000** | |
| **20% 미만 주식 투자–공정가치** | | **30,000** | |
| **20~50% 주식 투자–지분법** | | **150,000** | 200,000 |
| 유동자산 | | | |
| 선급보험료 | | 23,000 | |
| 재고자산–FIFO 원가 | | 43,000 | |
| 매출채권 | 84,000 | | |
| 차감: 대손충당금 | 4,000 | 80,000 | |
| **단기투자자산–공정가치** | | **147,000** | |
| 현금 | | 21,000 | 314,000 |
| 자산 계 | | | €1,710,000 |
| **자본과 부채** | | | |
| 자본 | | | |
| 자본금(액면가 €10, 수권주식 수 200,000주, 발행 및 유통 주식 수 80,000주) | | €800,000 | |
| 주식발행초과금 | | 100,000 | |
| 이익잉여금(각주 1) | | 255,000 | |
| **포괄손익누계액 당기순이익** | | **10,000** | €1,165,000 |
| 비유동부채 | | | |
| 사채(이자율 10%, 2024년 만기) | | | 290,000 |
| 유동부채 | | | |
| 매입채무 | | 185,000 | |
| 미지급 법인세비용 | | 60,000 | |
| 미지급 이자비용 | | 10,000 | 255,000 |
| 자본과 부채 계 | | | €1,710,000 |

**각주 1.** 이익잉여금 €100,000는 공장 시설 확장용으로 적립되어 사용이 제한됨

여금의 사용 제한, 사채 발행 등을 투자 계정과 같이 보여주는데, 이 장과 관련된 내용은 붉은색으로 표시했다. 단기투자자산은 단기매매형 증권이고, 장기투자자산은 20% 이내로 소유한 비매매증권과 지분법으로 평가되는 관계기업투자주식도 표시했다. 또한 재무제표 본문 안에 재고자산의 원가흐름에 관한 방식을 표시하고 이익잉여금의 배당 제한 내용을 재무제표 각주로 표시했다.

### DO IT! 3b 재무상태표의 투자자산 표시

다음 각 사항이 재무상태표의 어디에 표시되는지 아래 항목에서 골라라.

1. 사채 투자의 이자수익
2. 공정가치 수정–비매매증권
3. 비매매증권의 미실현 평가손실
4. 지분증권처분이익
5. 단기매매증권의 미실현 평가이익

재무상태표:

| | |
|---|---|
| 무형자산 | 자본 |
| 유형자산 | 비유동부채 |
| 투자자산 | 유동부채 |
| 유동자산 | |

손익계산서:
영업외 수익과 비용

포괄손익계산서:
기타포괄손익

**해답**

| 항목 | 재무제표 | 범주 |
|---|---|---|
| 1. 사채 투자의 이자수익 | 손익계산서 | 영업외 수익과 비용 |
| 2. 공정가치 수정–비매매증권 | 재무상태표 | 투자자산 |
| 3. 비매매증권의 미실현 평가손실 | 포괄손익계산서 | 기타포괄손익 |
| 4. 지분증권처분이익 | 손익계산서 | 영업외 수익과 비용 |
| 5. 단기매매증권의 미실현 평가이익 | 손익계산서 | 영업외 수익과 비용 |

## 부록 13A 연결제무제표 작성 _Preparing Consolidated Financial Statements

**학습목표**
연결제무제표의 형식과 내용, 작성법을 알아본다.

대부분의 큰 회사는 여러 회사를 거느리고 있는 지주회사(holding company)이다. 이러한 회사는 법률적 실체가 다른 여러 회사를 하나의 경제적 실체로 묶어서 연결재무제표를 작성해야 한다. 지분율이 50%를 초과하면 당연히 종속회사에 대한 지배력이 있어 연결재무제표를 작성해야 하는데, 지분율이 50% 미만이더라도 대주주로서 실질 지배력이 있으면 연결재무제표를 작성해야 한다.

## 연결재무상태표 _Consolidated Statement of Financial Position

역자 한마디

재무제표에는 개별재무제표, 연결재무제표, 별도재무제표가 있다. 종속회사가 없는 회사의 단독 재무제표를 개별재무제표라고 하며, 종속회사가 있어 연결재무제표를 만들어야 하는 회사의 단독 재무제표를 별도재무제표라고 한다. 즉 별도재무제표는 개별재무제표와 유사해도 같은 것은 아니다. 연결재무제표를 만드는 대신 모회사는 개별재무제표와 달리 원칙상 지분법을 적용해야 하는 투자 계정을 원가법이나 공정가치법 중 자유롭게 선택하여 회계 처리를 할 수 있기 때문이다.

모회사는 각 종속회사의 개별재무제표를 묶어서 연결재무제표를 만든다. 그렇다고 해서 연결재무제표를 만들기 위한 연결용 장부나 총계정원장이 따로 있는 것은 아니며, 정산표를 사용하여 별도의 작업으로 만든다. 즉 각 종속회사의 개별재무제표를 모회사에 합치되 종속회사 간의 내부 거래를 제거하여 작성한다. 그래야 연결을 통한 자산, 부채, 자본이 과대평가되지 않는다. 생각해보라. 모회사에 대한 종속회사의 채무가 모회사의 채권으로 공시되는데, 그대로 합치면 연결재무상태표에 자산과 부채가 과대계상된다. 연결은 회계 대상으로 경제적 실체를 하나로 보기 때문에 연결재무제표에는 외부와의 거래로 인한 것만 포함되어야 한다. 따라서 **내부 거래 제거**(intercompany elimination)가 반드시 필요하다.

HINT

이중으로 계상된 기록을 없애는 것이므로 제거(eliminations)라는 용어를 사용한다. 수정(adjustments)이 아니다.

예를 들어 2020년 1월 1일, Powers plc가 현금 £150,000를 주고 Serto plc의 주식을 100% 취득했다고 하자. Powers plc는 투자주식으로 취득원가 £150,000를 공시할 것이다. 그림 13A.1을 보면 두 회사의 개별재무제표에서 두 재무제표를 단순히 합친(combined) 것과 연결한(consolidated) 것을 구분하여 표시했다. 결합과 연결한 재무제표는 자산과 부채의 과대계상으로 인해 £150,000의 차이가 발생한다.

**그림 13A.1** 결합과 연결

**Powers plc와 Serto plc**
**재무상태표**
2020년 1월 1일

| 자산 | Powers plc | Serto plc | 결합 숫자 | 연결 숫자 |
|---|---|---|---|---|
| 순유형자산 | £325,000 | £145,000 | £470,000 | **£470,000** |
| Serto plc에 대한 주식 투자 | 150,000 | | 150,000 | **–0–** |
| 유동자산 | 50,000 | 80,000 | 130,000 | **130,000** |
| 자산 계 | £525,000 | £225,000 | £750,000 | **£600,000** |
| **자본과 부채** | | | | |
| 자본금 | £300,000 | £100,000 | £400,000 | **£300,000** |
| 이익잉여금 | 175,000 | 50,000 | 225,000 | **175,000** |
| 유동부채 | 50,000 | 75,000 | 125,000 | **125,000** |
| 자본과 부채 계 | £525,000 | £225,000 | £750,000 | **£600,000** |

역자 한마디

만약 Powers plc가 평소에 지분법으로 투자를 처리해두었다면 두 실체 간의 투자와 자본 금액이 일치하여 연결재무제표를 작성하기가 더욱 쉬워진다.

Powers plc의 재무상태표에 있는 Serto plc의 주식에 대한 투자는 Serto plc의 순자산에 대한 권리액으로 같은 금액이다. 따라서 단순히 합하면 결과적으로 연결 자산과 자본에 이중 계산이 생긴다. Serto plc의 주식은 주주인 Powers plc가 소유하고 있어 같은 경제적 실체이므로 일종의 자기주식과 같아서 서로 상계해야 한다고 생각해도 무방하다. 연결재무제표를 구하려면 이러한 이중 계산을 투자와 자본에서 제거해야 한다.[6]

6 역자 주: 이해하기 어렵다면 Powers plc의 투자 계정을 Serto plc의 자산과 부채로 풀어 상세하게 바꿔 기록한다고 생각해도 된다.

## 정산표 사용-모회사 투자와 종속회사의 자본 금액이 일치하는 경우

_Use of a Worksheet-Cost Equal to Book Value

정산표를 이용하면 연결제무제표를 쉽게 작성할 수 있다. 그림 13A.2와 같이 개별제무제표를 합한 후 종속회사 간의 거래를 제거하여 연결 숫자를 작성한다. 예를 들어 Powers plc와 Serto plc의 정산표를 이용하여 연결재무제표를 작성해보자. Powers plc의 투자 계정 취득원가는 £150,000로 종속회사의 순장부가 £150,000(£225,000 − £75,000)와 일치하기 때문에 매우 쉬운 연결 작업이다. 하지만 일치하지 않는 경우가 일반적이다. 모회사와 종속회사 간의 거래 제거는 Powers plc의 투자를 대변으로, Serto plc의 자본금 £100,000와 이익잉여금 £50,000를 차변으로 처리함으로써 제거한다.

HINT

정산표는 작업의 편이를 위한 것이므로 사용할지 말지는 작성자가 선택하기 나름이다.

**그림 13A.2** 정산표(모회사의 투자자산 취득원가가 종속회사 자본의 순장부가와 일치하는 경우)

Powers plc

Home Insert Page Layout Formulas Data Review View

P18 fx

| | A | B | C | D | E | F |
|---|---|---|---|---|---|---|
| 1 | **Powers plc와 종속회사** | | | | | |
| 2 | 정산표-연결재무상태표 | | | | | |
| 3 | 2020년 1월 1일(취득일) | | | | | |
| 4 | | Powers | Serto | 제거 | | |
| 5 | **자산** | plc | plc | **차변** | **대변** | **연결 숫자** |
| 6 | 순유형자산 | 325,000 | 145,000 | | | 470,000 |
| 7 | Serto plc에 대한 | | | | | |
| 8 | 주식 투자 | 150,000 | | | 150,000 | -0- |
| 9 | 유동자산 | 50,000 | 80,000 | | | 130,000 |
| 10 | 계 | 525,000 | 225,000 | | | 600,000 |
| 11 | | | | | | |
| 12 | | | | | | |
| 13 | **자본과 부채** | | | | | |
| 14 | 자본금-Powers plc | 300,000 | | | | 300,000 |
| 15 | 자본금-Serto plc | | 100,000 | 100,000 | | -0- |
| 16 | 이익잉여금-Powers plc | 175,000 | | | | 175,000 |
| 17 | 이익잉여금-Serto plc | | 50,000 | 50,000 | | -0- |
| 18 | 유동부채 | 50,000 | 75,000 | | | 125,000 |
| 19 | 계 | 525,000 | 225,000 | 150,000 | 150,000 | 600,000 |
| 20 | | | | | | |

그런데 연결 대상 회사 간의 내부 거래 제거는 정산표에서만 하고 개별 회사의 장부에서는 할 필요가 없다. 개별장부는 개별재무제표의 작성에만 사용된다.

## 정산표 사용-모회사 투자가 종속회사의 자본 금액을 초과하는 경우

_Use of a Worksheet-Cost Above Book Value

모회사가 취득한 종속회사의 주식 취득원가가 종속회사의 순자산가(자산 − 부채)를 초과하거나 적을 수도 있다. 사실 일치하는 경우보다 다른 경우가 일반적이다. 그 이유는 다양하다. 종속회사의 유형자산 중 토지, 건물, 시설, 기계 장치 등의 공정가치가 장부가보다 높을 수도 있고, 영업적 입지와 조건이 좋다면 경영 프리미엄을 더 얹어서 구입해야 하기 때문이다.

예를 들어 Powers plc가 취득원가로 £165,000를 지불했다면 Serto plc의 순자산보다 £15,000(£165,000 − £150,000)를 더 지불한 셈이다. 연결 숫자로서 총자산과 총부채를 합한 총자본은 그림 13A.3에서 보듯이 £600,000인데, 이는 그림 13A.2의 연결 숫자와 같다. 그러나 비교해서 살펴보면 자산에서 £15,000의 연결조정차가 발생한 대신 그만큼 종속회사 주식을 더 주고 취득했으므로 유동자산이 적다. 연결조정차는 장부가를 초과하여 취득한 차액을 말한다.

**그림 13A.3** 정산표(모회사의 투자자산 취득원가가 종속회사 자본의 순장부가를 초과하는 경우)

Powers plc

Home Insert Page Layout Formulas Data Review View

P18 fx

| | A | B | C | D | E | F |
|---|---|---|---|---|---|---|
| 1 | Powers plc와 종속회사 | | | | | |
| 2 | 정산표–연결재무상태표 | | | | | |
| 3 | 2020년 1월 1일(취득일) | | | | | |
| 4 | | Powers | Serto | 제거 | | |
| 5 | 자산 | plc | plc | 차변 | 대변 | 연결 숫자 |
| 6 | 순유형자산 | 325,000 | 145,000 | | | 470,000 |
| 7 | Serto plc에 대한 | | | | | |
| 8 | 주식 투자 | 165,000 | | | 165,000 | –0– |
| 9 | 유동자산 | 35,000 | 80,000 | | | 115,000 |
| 10 | 연결조정차 | | | 15,000 | | 15,000 |
| 11 | 계 | 525,000 | 225,000 | | | 600,000 |
| 12 | | | | | | |
| 13 | 자본과 부채 | | | | | |
| 14 | 자본금–Powers plc | 300,000 | | | | 300,000 |
| 15 | 자본금–Serto plc | | 100,000 | 100,000 | | –0– |
| 16 | 이익잉여금–Powers plc | 175,000 | | | | 175,000 |
| 17 | 이익잉여금–Serto plc | | 50,000 | 50,000 | | –0– |
| 18 | 유동부채 | 50,000 | 75,000 | | | 125,000 |
| 19 | 계 | 525,000 | 225,000 | 165,000 | 165,000 | 600,000 |
| 20 | | | | | | |
| 20 | | | | | | |
| 21 | 정산표에는 연결조정차를 위한 별도의 행이 첨가된다. | | | | | |

## 연결재무상태표 작성 _Content of a Consolidated Statement of Financial Position

정산표인 그림 13A.3을 사용하여 연결재무상태표를 작성하면 그림 13A.4와 같다. 그런데 연결조정차 £15,000는 귀속 원천에 따라 풀어야 한다. 따라서 Powers plc는 먼저 각 개별 자산의 공정가치로 공장 설비, 토지, 재고 등으로 귀속시키고, 그래도 남으면 경영 프리미엄인 영업권으로 계상한다. 즉 Serto plc의 경우 공장 설비의 공정가치가 £155,000라면 £10,000를 여기에 귀속시키고 나머지 £5,000는 영업권으로 처리한다. 그림 13A.4는 Powers plc의 축약된 연결재무상태표이다.

HINT
정산표는 유용한 도구이며 연결재무제표를 작성하는 데 사용하기에 좋다.

그림 13A.4 연결재무상태표

**Powers plc**
**연결재무상태표**
2020년 1월 1일 현재

| | | |
|---|---|---|
| **자산** | | |
| 영업권 | | £ 5,000 |
| 순유형자산 | | 480,000 |
| 유동자산 | | 115,000 |
| 자산 계 | | £600,000 |
| **자본과 부채** | | |
| 자본 | | |
| 자본금 | £300,000 | |
| 이익잉여금 | 175,000 | £475,000 |
| 유동부채 | | 125,000 |
| 자본과 부채 계 | | £600,000 |

코카콜라컴퍼니(The Coca-Cola Company, 미국)는 획기적인 재무제표의 재조정을 통해 재무제표에서 한 번에 부채를 제거한 적이 있다. 방법은 간단했다. 보유한 두 종속회사의 51% 지분을 매각하여 연결재무제표를 작성하는 대신 개별재무제표를 만들고 투자 계정에 지분법을 적용했다. '49% 해결법'이라고 불리는 이 방식으로 코카콜라컴퍼니는 종속회사에 대한 통제력은 여전히 유지하면서 $30억의 부채를 재무제표에서 제거할 수 있었다.[7]

**역자 한마디**

지금까지는 연결을 100% 소유 관계로만 설명했다. 지분율이 100%가 되지 않으면 소수지분이 생긴다. 그래도 지배하는 힘에는 영향이 없으므로 종속회사의 전체 자산과 부채를 연결재무상태표에 합하는 대신 소수지분에 속하는 만큼 비지배주주지분이라는 계정을 만들어 회계 처리를 한다. 구체적인 설명은 고급회계 영역이라 생략한다.

### 연결손익계산서 _Consolidated Income Statement

모회사는 종속회사를 하나의 경제적 실체로 보는 연결손익계산서를 만들어야 한다. 하나의 경제적 실체 밖의 영업 거래만 표시하고 내부 거래는 제거하며, 연결 대상 회사 간의 판매와 구매, 수입이자와 지급이자 등이 상계 처리된다. 정산표를 이용하면 연결재무상태표처럼 역시 수월하게 작성할 수 있다.

## 단원 요약

### 1 채무증권 투자

채무증권을 취득하고 처분하는 거래, 보유 기간 동안의 이자수익 발생과 수령 등을 회계 처리해야 한다. 처분손익과 이자는 손익계산서의 영업외 수익과 비용 내 금융수익으로 보고한다.

### 2 지분증권 투자

지분증권을 취득하고 처분하는 거래, 보유 기간 동안의 배당금 수령 등을 회계 처리해야 한다. 지분율이 20% 미만이면 원가법(IFRS에서는 시가법)을, 지분율이 20% 이상 50% 이하이면 지분법을 적용하고, 50% 초과이면 연결재무제표를 작성한다. 연결재무제표는 모회사가 통제하는 경제적 실체를 하나로 보고 작성하는 재무제표이다.

7 역자 주: 그러나 이 방법은 이제 통하지 않는다. 지분율이 50% 이하라도 실질 지배력이 있으면 연결재무제표를 작성해야 한다.

## 3 투자자산의 평가와 공시

지분증권과 채무증권에 투자는 평가와 공시 목적으로 매매증권, 비매매증권, 만기보유증권으로 구분한다. 지분증권은 만기나 이자율이 없기 때문에 만기보유증권이 될 수 없고 매매증권 아니면 비매매증권이다. 단기매매증권은 공정가치로 평가되며 재무상태표에서 유동자산 내 단기투자자산으로 분류된다. 공정가치의 변동은 당기손익으로 인식한다. 비매매증권도 공정가치로 평가하지만 공정가치의 변동은 손익이 아닌 자본 항목의 기타포괄손익누계액으로 보고된다. 장기매매증권(매도가능증권)은 공정가치로 평가하고 그 변동액을 기타포괄손익으로 처리할 수 있는 선택권이 있다. 비매매증권과 만기보유증권은 언제 처분할지에 따라 유동자산과 비유동자산 내의 장기투자자산으로 분류된다.

단기투자자산이 되려면 시장성 조건을 충족하고, 1년 또는 영업주기 중 긴 날 이내에 매각하려는 경영자의 의사가 있어야 한다. 이 두 가지 조건을 갖추지 않으면 장기투자자산으로 분류된다.

## *4 연결재무제표 작성

모회사는 각 종속회사의 개별재무제표를 묶어서 연결재무제표를 만든다. 당기손익은 한 경제적 실체의 성과이다. 정산표를 이용하면 연결재무제표를 쉽게 작성할 수 있다. 즉 개별재무제표를 합한 후 내부 거래를 제거하고 연결 숫자로 작성한다.

## 핵심 용어

**공정가치(fair value)** 정상적인(활성화된) 시장에서 매각될 수 있는 가격

**관계기업(associate company)** 투자 회사가 피투자 회사의 지분을 소유하여 유의적인 영향력을 미칠 때 피투자 회사를 가리키는 용어

***내부 거래 제거(intercompany eliminations)** 연결재무제표 작성 시 내부 거래로 인한 효과를 없애는 것

**단기투자자산(short-term investments)** 시장성이 있고 1년 또는 영업주기 중 긴 날 이내에 처분하려는 의사가 있거나 기획된 증권 투자

**만기보유증권(held-for-collection securities)** 만기까지 이자를 받고 만기 시 원금을 회수하기 위해 보유하는 증권

**매매증권(trading securities)** 매매를 통한 시세차익을 얻기 위해 단기로 보유하는 주식

**모회사(parent company)** 다른 회사의 지분을 50% 넘게 보유한 회사

**비매매증권(non-trading securities)** 매매 목적이 아닌 경영 목적으로 취득하는 주식

**연결재무제표(consolidated financial statements)** 모회사의 지배력이 미치는 종속회사의 자산과 부채를 모아놓은 재무제표로, 연결손익도 모회사의 당기손익에 종속회사의 성과가 합쳐서 표시됨

**원가법(cost method)** 지분증권을 취득원가로 평가하는 회계 방식으로, 보유 기간 내 수익은 배당금을 현금으로 수령할 때 인식함

**장기투자자산(long-term investments)** 단기투자자산이 아닌 모든 투자자산으로, 시장성이 없거나 보유 목적이 단기가 아닌 자산

**종속회사(subsidiary company, affiliated company)** 지분율이 50%를 초과하여 지배력이 있을 때 피투자 회사를 가리키는 용어

**지배력(controlling interest)** 다른 회사의 보통주를 50% 넘게 취득하여 과반수의 의결권을 보유하게 된 소유권을 가리킴

**지분법(equity method)** 취득 시 원가로 기록한 후 매 결산기에 피투자 회사의 순자산 변동에 따라 지분율만큼 수정하는 방법

**지분증권 투자(share investments)** 다른 회사의 주식에 투자하는 것

**채무증권 투자(debt investments)** 정부의 국공채나 회사가 발행한 회사채에 투자하는 것

**투자 포트폴리오(investment portfolio)** 투자 목적으로 보유하는 각종 유가증권의 구성

8 이 장의 부록과 관련된 것은 별표(*)로 표시했다.

## 객관식 문제

**1** 채무증권이나 지분증권에 투자하는 이유나 목적에 해당하지 않는 것은 무엇인가?

a. 경쟁업체를 통제하기 위해
b. 여유 현금을 굴리기 위해
c. 새로운 사업으로 진출하기 위해
d. 법의 요구

**2** 채무증권을 처음 구입했을 때의 평가 방식은 무엇인가?

a. 취득원가
b. 취득원가 더하기 배당금
c. 주식 액면가
d. 사채 액면가

**3** Hanes Group은 채무증권을 £26,000에 구입한 후 발생된 이자를 포함하여 £28,000에 팔았다. 분개 시 대변에 나타날 수 있는 계정과목은 무엇인가?

a. 채무증권 투자, 채무증권투자처분손실
b. 채무증권 투자, 채무증권투자처분이익, 미수이자수익
c. 지분증권 투자, 미수이자수익
d. 위의 보기 모두 해당되지 않음

**4** Anatolian A.Ş.가 지분증권을 ₺39,500에 사서 ₺42,000에 팔았다면 손익계산서에 어떻게 공시하는가?

a. 영업외 비용 항목으로 ₺2,500 손실
b. 영업비용 항목으로 ₺2,500 손실
c. 영업외 수익 항목으로 ₺2,500 이익
d. 영업수익 항목으로 ₺2,500 이익

**5** 장기투자자산에 대한 지분법은 유의적인 영향력을 미칠 수 있을 때 적용한다. 구체적인 지분율은 얼마인가?

a. 20% 이상 50% 미만
b. 30% 이상
c. 50% 초과
d. 20% 미만

**6** Horicon NV는 2020년 1월 1일에 Sheboygan NV의 주식 25%를 €300,000에 취득했으며, 2020년 동안 Sheboygan NV는 당기순이익 €160,000를 공표하고 배당금을 €60,000 지급했다. 지분법을 적용할 때 2020년 12월 31일에 Horicon NV가 계상할 투자주식의 장부가액은 얼마인가?

a. €300,000
b. €325,000
c. €400,000
d. €340,000

**7** 6번 문제에서 Horicon NV가 배당금을 수령할 때 해야 할 분개는 무엇인가?

a. 차변 현금, 대변 지분투자수익
b. 차변 현금 배당, 대변 지분투자수익
c. 차변 현금, 대변 지분투자
d. 차변 현금, 대변 배당수익

**8** 어떤 회사에 대해 지배력을 가지려면 어떻게 해야 하는가?

a. 20%를 초과하는 지분율을 획득한다.
b. 사장이 된다.
c. 지분법을 적용한다.
d. 50%를 초과하는 지분을 획득한다.

**9** 연결재무제표의 유용성에 대한 설명으로 옳지 않은 것은?

a. 종속회사의 이익률을 알 수 있다.
b. 공동 지배하에 있는 회사들의 전체 이익률을 평가할 수 있다.
c. 모회사의 사업 영역을 알 수 있다.
d. 공동 지배하에 있는 회사들의 전체 부채 규모를 알 수 있다.

**10** 첫 회계연도에 단기매매증권 투자 포트폴리오의 원가는 ₩120,000,000이고 공정가치는 ₩115,000,000이다. 재무제표에 공시될 내용은 무엇인가?

a. 자산 감소 ₩5,000,000, 실현 손실 ₩5,000,000
b. 자산 감소 ₩5,000,000, 자본 항목으로 미실현 손실 ₩5,000,000
c. 유동자산 감소 ₩5,000,000, 영업외 비용으로 미실현 손실 ₩5,000,000
d. 유동자산 감소 ₩5,000,000, 영업외 비용으로 실현 손실 ₩5,000,000

**11** 2020년 1월 1일, 취득원가가 €39,800인 비매매증권의 공정가치 수정으로 대변 잔액이 €900로 계상되어 있다. 2020년 12월 31일에 공정가치가 €41,300가 되었다면 해야 할 분개는 무엇인가?

a. 차변에 공정가치 수정 €1,500, 대변에 미실현 손익-자본 €1,500
b. 차변에 공정가치 수정 €600, 대변에 미실현 손익-자본 €600
c. 차변에 공정가치 수정 €2,400, 대변에 미실현 손익-자본 €2,400
d. 차변에 미실현 손익-자본 €2,400, 대변에 공정가치 수정 €2,400

**12** 재무상태표상 미실현 손익-자본의 차변에 잔액이 있다면 자본에 어떤 영향을 미치는가?

a. 자본의 증가
b. 자본의 감소
c. 손익계산서에 손실
d. 이익잉여금에 손실

**13** 회계연도 말 단기 채무증권 투자는 시장성이 있어야 하고, 또한 처분 의사가 어느 기한 내에 있어야 하는가?

a. 취득일로부터 3개월
b. 차년도와 영업주기 중 짧은 날
c. 차년도와 영업주기 중 긴 날
d. 영업주기

*__14__ Pate Ltd.는 자본금 £100,000, 이익잉여금 £60,000로 자본이 구성된 Sinko의 주식 100%를 £175,000에 취득했다. 정산표를 이용하여 연결재무상태표를 작성할 때 투자 관련 내부 거래를 어떻게 제거하는가?

a. 대변에 종속회사 투자 £160,000
b. 대변에 종속회사 장부가 초과 투자액 £15,000
c. 차변에 이익잉여금 £75,000
d. 차변에 종속회사 장부가 초과 투자액 £15,000

*__15__ 내부 거래 제거에 대한 설명으로 옳은 것은?

a. 어떤 연결 대상 회사도 분개와 포스팅을 하지 않는다.
b. 종속회사의 총계정원장에 아무런 영향이 없다.
c. 연결 숫자가 정산표에만 나타난다.
d. 위의 보기 모두

*__16__ 연결손익계산서에 대한 설명으로 옳지 않은 것은?

a. 정산표를 이용하면 작성하기 쉽다.
b. 연결손익계산서는 하나의 경제적 실체로서 모든 연결 대상 회사의 실적을 모아서 보여준다.
c. 모든 수익과 비용 중 내부 거래를 제거한다.
d. 종속회사를 100% 소유한 경우 모회사의 개별 손익계산서와 비교하여 당기손익이 다르다.

## 기초 확인 문제

**1** 2020년 1월 1일, Liriano SpA는 사채를 €85,000에 구입한 후 2020년 7월 1일에 이자로 현금 €6,800를 받았다. 미수이자수익 분개가 없다고 가정하고 사채 취득과 이자 수령을 분개하라.

**해답**

| 날짜 | 계정 | 차변 | 대변 |
|---|---|---|---|
| 1월 1일 | 채무증권 투자 | 85,000 | |
| | 현금 | | 85,000 |
| 7월 1일 | 현금 | 6,800 | |
| | 이자수익 | | 6,800 |

**2** 6월 1일, Meng Group은 Minaya Ltd.의 주식 2,000주를 현금 ¥570,000에 구입한 후 10월 15일에 현금 ¥540,000을 받고 팔았다. 이를 분개하라.

**해답**

| 날짜 | 계정 | 차변 | 대변 |
|---|---|---|---|
| 6월 1일 | 지분증권 투자 | 570,000 | |
| | 현금 | | 570,000 |
| 10월 15일 | 현금 | 540,000 | |
| | 지분증권투자처분손실 | 30,000 | |
| | 지분증권 투자 | | 570,000 |

**3** Dylan Company가 보유하고 있는 취득원가 $46,000의 단기매매증권의 2020년 12월 31일 공정가치는 $50,000이다.

a. 단기매매증권을 공정가치로 평가하는 분개를 하라.
b. 2020년 12월 31일 자 재무상태표를 작성하라.

**해답**

a.

| 날짜 | 계정 | 차변 | 대변 |
|---|---|---|---|
| 12월 31일 | 공정가치 수정 | 4,000 | |
| | 미실현 평가이익-당기손익 ($50,000 − $46,000) | | 4,000 |

b.

**재무상태표**

| | |
|---|---|
| 유동자산 | |
| 공정가치 측정 단기투자자산 | $50,000 |

**손익계산서**

| | |
|---|---|
| 영업외 수익과 비용 | |
| 미실현 평가이익 | $4,000 |

## 확인 문제

**1** 2020년 1월 1일, Chen Enterprises는 Feng Company가 발행한 액면가 NT$10,000, 이자율 6%, 만기 10년의 사채 70매를 NT$700,000에 취득했으며, 이자 지급일은 매년 1월 1일이다. 2021년 1월 1일, Chen Enterprises는 이자를 수령한 후 사채 42매를 NT$391,000에 매각했다. 이를 분개하라.

**해답**

| 2020년 1월 1일 | | |
|---|---|---|
| 채무증권 투자 | 700,000 | |
| 　현금 | | 700,000 |
| **2020년 12월 31일** | | |
| 미수이자수익 | 42,000 | |
| 　이자수익(NT$700,000 × 6%) | | 42,000 |
| **2021년 1월 1일** | | |
| 현금 | 42,000 | |
| 　미수이자수익 | | 42,000 |
| **2021년 1월 1일** | | |
| 현금 | 391,000 | |
| 채무증권투자처분손실 | 29,000 | |
| 　채무증권 투자(42/70 × NT$700,000) | | 420,000 |

**2** Cannon AG가 2020년에 행한 다음 거래를 분개하라.

2월 1일 Ronin의 주식 600주(지분율 2%)를 현금 €6,000에 취득했다.
7월 1일 주당 €1의 배당금을 수령했다.
9월 1일 현금 €4,200를 받고 300주를 매각했다.
12월 1일 주당 €1의 배당금을 수령했다.

**해답**

| 2020년 2월 1일 | | |
|---|---|---|
| 지분증권 투자(600 × €10) | 6,000 | |
| 　현금 | | 6,000 |
| **2020년 7월 1일** | | |
| 현금(600 × €1) | 600 | |
| 　배당수익 | | 600 |
| **2020년 9월 1일** | | |
| 현금 | 4,200 | |
| 　지분증권 투자(€6,000 × 300/600) | | 3,000 |
| 　지분증권투자처분이익 | | 1,200 |
| **2020년 12월 1일** | | |
| 현금(300 × €1) | 300 | |
| 　배당수익 | | 300 |

**3** 2020년 1월 1일에 사업을 개시한 Sunshine Ltd.는 2020년 동안 주식 투자와 관련하여 다음과 같이 거래했다. 비매매증권은 장기투자자산으로 보유한다.

| 유가증권 | 취득원가 | 공정가치 |
|---|---|---|
| 단기매매증권 | £120,000 | £125,000 |
| 비매매증권 | 100,000 | 96,000 |

**a.** 공정가치로 평가하는 수정 분개를 하라.
**b.** 각 증권과 미실현 평가손익을 재무제표에 나타내라.

**해답**

a.

| 2020년 12월 31일 | | |
|---|---|---|
| 공정가치 수정–단기매매증권 (£125,000 − £120,000) | 5,000 | |
| 　미실현 평가이익–당기손익 | | 5,000 |
| 미실현 평가이익–자본 (£100,000 − £96,000) | 4,000 | |
| 　공정가치 수정–비매매증권 | | 4,000 |

b.

| 재무상태표 | |
|---|---|
| 유동자산 | |
| 　공정가치 측정 단기투자자산 | £125,000 |
| 투자자산 | |
| 　지분율 20% 이내의 공정가치 측정 장기투자자산 | 96,000 |
| 자본 | |
| 　기타포괄손익누계액 | £ 4,000 |
| **손익계산서** | |
| 영업외 수익과 비용 | |
| 　미실현 평가이익–당기손익 | £ 5,000 |
| **포괄손익계산서** | |
| 기타포괄손익 | |
| 　비매매증권의 미실현 평가손실 | £ 4,000 |

## 실습 문제

DeMarco plc는 첫 사업연도에 단기 매매가 목적인 주식 투자와 관련하여 다음과 같이 거래했다. Sanburg와 Cey plc의 주식은 12월 31일 공정가치가 각각 £25, £30이다.

| | |
|---|---|
| 6월 1일 | Sanburg의 주식 600주를 주당 £24.50에 취득했다. |
| 7월 1일 | Cey plc의 주식 800주를 주당 £33.75에 취득했다. |
| 9월 1일 | Cey plc로부터 주당 £1의 배당금을 수령했다. |
| 11월 1일 | Sanburg의 주식 200주를 주당 £26.25에 매각했다. |
| 12월 15일 | Sanburg로부터 주당 £0.50의 배당금을 수령했다. |

**a.** 각 거래를 분개하라.

**b.** 12월 31일의 공정가치 평가를 위한 분개를 하라.

**해답**

| | 일자 | 계정 | 차변 | 대변 |
|---|---|---|---|---|
| a. | 6월 1일 | 지분증권 투자 | 14,700 | |
| | | 현금(600 × £24.50) | | 14,700 |
| | | (주식 취득) | | |
| | 7월 1일 | 지분증권 투자 | 27,000 | |
| | | 현금(800 × £33.75) | | 27,000 |
| | | (주식 취득) | | |
| | 9월 1일 | 현금(800 × £1.00) | 800 | |
| | | 배당수익 | | 800 |
| | | (배당금 수령) | | |
| | 11월 1일 | 현금(200 × £26.25) | 5,250 | |
| | | 지분증권 투자 (£14,700 × 200/600) | | 4,900 |
| | | 지분증권투자처분이익 | | 350 |
| | | (주식 처분) | | |
| | 12월 15일 | 현금[(600 − 200) × £0.50] | 200 | |
| | | 배당수익 | | 200 |
| | | (배당금 수령) | | |
| b. | 12월 31일 | 미실현 평가손실-당기손익 | 2,800 | |
| | | 공정가치 수정-단기매매증권 | | 2,800 |
| | | (단기매매증권을 공정가치로 평가) | | |

| 지분증권 | 취득원가 | 공정가치 | 미실현 손익 |
|---|---|---|---|
| Sanburg 주식 | £ 9,800 | £10,000 | £ 200 |
| Cey plc 주식 | 27,000 | 24,000 | (3,000) |
| 계 | £36,800 | £34,000 | £(2,800) |

## 단원 정리를 위한 질문

**1** 기업이 유가증권에 투자하는 이유는 무엇인가?

**2** **a.** 회사채의 투자원가는 어떻게 결정되는가?

**b.** 회사채로 받는 이자는 언제 기록되는가?

**3** 티노 마르티네스는 채무증권 투자자산을 매각하여 발생한 손실과 이익에 대해 잘 모른다. 티노에게 처분손익을 계산하는 방법과 재무제표에 표시하는 방법을 설명하라.

**4** Kolkata Ltd.는 취득원가가 Rs40,000인 Gish의 사채를 Rs45,000에 판매하고 처분이익으로 Rs5,000를 회계 처리했다. 그런데 Rs500의 사채 이자가 있다면 올바른 회계 처리인지 설명하라.

**5** 지분투자 증권의 투자원가는 어떻게 결정되는가?

**6** R. 닐은 Kinston plc의 주식을 인수하기 위해 현금 £63,200를 지불했다. 이를 분개하라.

**7** **a.** 장기 주식 투자를 지분법으로 회계 처리해야 하는 경우는 무엇인가?

**b.** 지분법에서는 수익을 언제 인식하는가?

**8** Rijo SA는 Pippen Packing의 주식을 30% 소유하고 이를 지분법으로 처리하며, Pippen Packing은 2020년에 순이익 €80,000를 보고하고 €10,000의 현금 배당을 지급했다. Rijo SA의 회계 처리에 대해 설명하라.

**9** 투자자의 지분율이 50% 미만일 때 '유의적인 영향력'을 구성하는 조건은 무엇인가?

**10** 주식 투자의 회계 처리 방법인 원가법과 지분법을 비교하여 설명하라.

**11** 연결재무제표에 대해 설명하라.

**12** 재무상태표일의 장기투자자산과 단기투자자산을 분류하는 기준은 무엇인가?

**13** 티나 에딩스는 Mendez SLU의 회계 책임자이다. 12월 31일 현재 회사가 보유하고 있는 매매증권의 투자원가가 €74,000이고 시장에서의 공정가치가 €70,000일 때, 티나는 12월 31일 자 재무제표를 위해서 어떻게 회계 처리를 해야 하는가?

**14** 13번 문제에서 투자가 장기이고 비매매증권으로 분류되는 경우 티나는 12월 31일 자 재무제표에서 어떻게 회계 처리를 해야 하는가?

**15** 12월 31일, Hashmi Group의 비매매증권에 대한 투자원가는 £195,000이고 공정가치는 £205,000이다. 평가를 인식하는 분개를 하라.

**16** 15번 문제에서 단기매매증권으로 분류되는 경우 수정 분개를 하라.

**17** 연말에 인식되는 '미실현 평가손익-자본'에 대해 설명하라.

**18** 미실현 평가손익-자본을 당기손익에 포함하지 않고 자본 항목으로 보고하는 목적을 설명하라.

**19** Altoona Wholesale Supply는 Key Ltd.의 주식을 보유하고 있는데, 이를 매각하면 세금 문제가 있어 주식을 무기한 보유할 계획이다. Key Ltd.에 대한 투자를 단기투자자산으로 분류해야 하는지 밝히고 그 이유를 설명하라.

*__20__ a. 모회사가 100% 지분을 소유한 종속기업과의 연결재무상태표를 작성할 때 제거되는 자산과 자본은 무엇인가?

b. 그 자산과 자본을 제거하는 이유는 무엇인가?

*__21__ Yinhu Finance는 Lia Ltd.의 모든 발행 보통주를 HK$318,000,000에 취득했으며, 구매일에 Lia Ltd.의 순자산 장부가는 HK$290,000,000였다. 이에 Yinhu Finance의 경영진은 초과 금액 중 HK$20,000,000를 Lia Ltd.의 장부상 저평가된 토지에 할당했다면 나머지 초과분은 어떻게 회계처리해야 하는가?

## 가벼운 연습 문제

**1** 2020년 1월 1일, Kimmel Industries AG는 채무증권을 CHF50,000에 구매했으며, 2020년 7월 1일에 이자로 현금 CHF1,600을 받았다. 미수이자로 미리 인식한 것이 없다고 가정하고 이를 분개하라.

**2** Paul Holdings는 8월 1일에 Merlynn의 보통주 1,000주를 €35,700에 구입하고 12월 1일에 현금 €40,000를 받고 매각했다. 이를 분개하라.

**3** Kayser SE는 Plano Company의 지분을 25%를 소유하고 있다. 올해 Plano Company는 순이익 €190,000를 보고했으며 €40,000의 현금 배당을 선언하고 지급했다. Kayser SE의 순이익 인식과 배당금 수령을 회계 처리하라.

**4** 2020년 12월 31일 현재 Hardy Company가 보유한 단기매매증권의 취득원가는 £62,000이고 공정가치는 £59,000이다. 올해가 첫 사업연도일 때 공정가치로 평가하는 분개를 하라.

**5** 4번 문제에서 단기매매증권 및 관련 계정을 재무제표에 어떻게 표시해야 하는지 설명하라.

**6** Amazonas SA는 원가가 R$72,000인 비매매증권을 장기투자자산으로 보유하고 있으며, 2020년 12월 31일 현재 증권의 공정가치는 R$66,000이다. 올해가 첫 사업연도일 때 공정가치로 평가하는 분개를 하라.

**7** 6번 문제에서 비매매증권 및 관련 계정을 재무제표에 어떻게 표시해야 하는지 설명하라. 단, 비매매증권은 비유동자산이라고 가정한다.

**8** Gurnee Limited는 다음과 같은 장기투자자산을 보유하고 있다.

1. 비매매증권으로 보유한 Kornas Co.의 보통주(지분율 10%)-원가 £108,000, 공정가치 £115,000
2. Kozanecki OAO의 보통주(지분율 30%)-원가 £210,000, 지분에 해당하는 자본 £270,000

재무상태표의 투자 항목을 작성하라.

*__9__ Paula Company는 Shannon Company의 보통주 100%를 현금 €190,000에 취득했으며, 취득일에 Shannon Company의 순자산은 자본금 €120,000, 이익잉여금 €70,000로 구성되어 있었다. Paula의 Shannon에 대한 투자, Shannon의 자본금, Shannon의 이익잉여금 계정에 대한 연결정산표를 작성하라.

*__10__ 9번 문제에서 Paula Company가 €190,000를 지불하는 대신 Shannon Company의 지분 100%를 인수하기 위해 €200,000를 지불하는 경우 장부가액 초과 지출에 대한 연결정산표를 작성하라.

## DO IT! 적용 문제

**1** 다음은 Kurtyka Ltd.의 채무증권 투자와 관련된 거래 내역이다.

| | |
|---|---|
| 2020년 1월 1일 | Nordica Company의 사채(액면가 £1,000, 8%) 50매를 £50,000에 구입했다. 매년 1월 1일에 이자가 지급된다. |
| 2020년 12월 31일 | Nordica Company의 사채에 대한 미지급 이자가 발생했다. |
| 2021년 1월 1일 | Nordica Company의 사채 이자를 받았다. |
| 2021년 1월 1일 | Nordica Company의 사채 30매를 £28,700에 매각했다. |

2021년 12월 31일의 이자 발생 분개를 포함하여 위 거래를 분개하라.

**2** 다음은 각각 독립적인 거래이다.

1. 2020년 6월 17일, Lorfeld Ltd.는 Northbrook Enterprises의 보통주 500,000주 중 10%를 주당 €11에 매입했다. Northbrook Enterprises는 9월 3일에 €160,000의 배당금을 선언하고 지급했으며, 12월 31일에 올해 순이익 €550,000를 보고했다.
2. 2020년 1월 1일, Saa Ltd.는 McCarthy Company의 보통주 100,000주 중 30%를 주당 €18에 매입함으로써 McCarthy Company에 유의적인 영향력을 행사하게 되었다. McCarthy Company는 5월 15일에 €150,000의 현금 배당을 선언하고 지급했으며, 12월 31일에 올해 순이익 €270,000를 보고했다.

**a.** Lorfeld Ltd.가 2020년에 해야 할 분개를 하라.

**b.** Saa Ltd.가 2020년에 해야 할 분개를 하라.

**3a** Quinghai Lake Limited의 투자증권 중 일부는 매매증권으로 분류되고 일부는 비매매증권으로 분류된다. 2020년 12월 31일 현재 각각의 취득원가와 공정가치는 다음과 같다.

| | 취득원가 | 공정가치 | 미실현 평가이익(손실) |
|---|---|---|---|
| 매매증권 | ¥96,000 | ¥84,900 | ¥(11,100) |
| 비매매증권 | ¥59,100 | ¥63,200 | ¥ 4,100 |

2019년 12월 31일 현재 공정가치 수정−매매증권 계정의 잔액은 차변으로 ¥2,200이고 공정가치 수정−비매매증권 계정의 잔액은 대변으로 ¥7,750이다. 2020년 12월 31일에 증권별로 필요한 분개를 하라.

**3b** 다음 각 사항이 재무상태표의 어디에 표시되는지 아래 항목에서 골라라.

1. 지분증권투자처분손실
2. 비매매증권의 미실현 평가이익
3. 공정가치 수정−매매증권
4. 사채 투자로 얻은 이자
5. 단기매매증권의 미실현 평가손실

재무상태표:

| | |
|---|---|
| 무형자산 | 자본 |
| 유형자산 | 비유동부채 |
| 투자자산 | 유동부채 |
| 유동자산 | |

손익계산서:

영업외 수익과 비용

포괄손익계산서:

기타포괄손익

## 단원 연습 문제

**1** 회계 과목 시험을 준비하고 있는 웰링턴은 투자자산에 대해 다음과 같은 질문지를 작성했다.

1. 기업이 채무증권과 지분증권에 투자하는 세 가지 이유는 무엇인가?
2. 기업에 여유 현금이 생기는 경우는 언제인가?
3. 현금을 단기간 투자할 때의 전형적인 금융상품은 무엇인가?
4. 이익을 창출하기 위해 현금을 투자할 때의 전형적인 투자 방식은 무엇인가?
5. 회사가 현재 현금흐름이 없는 증권에 투자하는 이유는 무엇인가?
6. 경영상 전략적 이유로 주식을 매입하는 경우는 무엇인가?

이러한 질문에 대한 답을 작성하라.

**2** 다음은 Floyd Limited의 사채 투자와 관련된 거래 내역이다.

| | |
|---|---|
| 2020년 1월 1일 | Petal Co.의 사채(액면가 £1,000, 8%) 50매를 £50,000에 구입했다. 매년 1월 1일에 이자가 지급된다. |

2020년 12월 31일 Petal Co.의 사채에 대한 미지급 이자가 발생했다.
2021년 1월 1일 Petal Co.의 사채 이자를 받았다.
2021년 1월 1일 Petal Co.의 사채 30매를 £33,500에 매각했다.

**a.** 위 거래를 분개하라.

**b.** 2021년 12월 31일의 이자 발생에 대해 수정 분개를 하라.

**3** 2020년 1월 1일, Brook Ltd.는 Meissner AG의 사채(액면가 €1,000, 9%, 10년 만기) 70매를 €70,000에 구입했는데, 매년 1월 1일에 이자가 지급된다. Brook Ltd.는 2021년 1월 1일에 이자를 받은 후 사채 40매를 €40,300에 매각했다. 이를 분개하라.

**4** 다음은 Diann Ltd.의 주식 투자와 관련된 거래 내역이다.

2월 1일 Ronn의 보통주 600주(지분율 2%)를 £6,200에 매입했다.
7월 1일 Ronn의 보통주에 대해 주당 £1의 현금 배당을 받았다.
9월 1일 Ronn의 보통주 300주를 £4,300에 매각했다.
12월 1일 Ronn의 보통주에 대해 주당 £1의 현금 배당을 받았다.

**a.** 위 거래를 분개하라.

**b.** 손익계산서에 배당이익과 주식의 처분손익을 어떻게 보고해야 하는지 설명하라.

**5** 다음은 Spring Ltd.의 주식 투자와 관련된 거래 내역이다.

1월 1일 Angeltide Limited의 보통주 2,500주(지분율 5%)를 €142,100에 매입했다.
7월 1일 주당 €2.80의 현금 배당을 받았다.
12월 1일 Angeltide Limited의 보통주 500주를 €31,200에 매각했다.
12월 31일 주당 €2.90의 현금 배당을 받았다.

위 거래를 분개하라.

**6** Minitori SpA는 2월 1일에 Becker Company의 보통주 500주(지분율 2%)를 주당 €30.80에 매입하고 3월 20일에 100주를 €2,850에 매각했으며, 4월 25일에 주당 €1.00의 배당금을 받았다. 그리고 6월 15일에 Becker Company의 보통주 200주를 €7,310에 매각했으며, 7월 28일에 주당 €1.25의 배당금을 받았다. 이를 분개하라.

**7** 1월 1일, Vince SpA는 Morelli SpA의 지분 25%를 £180,000에 매입했다. Morelli SpA는 12월 31일에 £36,000의 현금 배당을 선언하고 지불했으며, 순이익 £160,000를 보고했다.

**a.** 위 거래를 분개하라.

**b.** 12월 31일에 Morelli SpA에 대한 투자로 보고할 금액을 결정하라.

**8** 다음은 각각 독립적인 거래이다.

1. 2020년 3월 18일, Chicory Cosmetics는 Racine Fashion의 보통주 200,000주 중 15%를 주당 €13에 매입했다. Racine Fashion은 6월 30일에 €60,000의 배당금을 선언하고 지급했으며, 12월 31일에 순이익 €122,000를 보고했다. 12월 31일 현재 Racine Fashion의 주당 시장 가격은 €15이고 비매매증권으로 분류된다.
2. 2020년 1월 1일, Frank Ltd.는 Nowak Industries의 보통주 30,000주 중 30%를 주당 €9에 매입함으로써 Nowak Industries에 유의적인 영향력을 행사하게 되었다. Nowak Industries는 6월 15일에 €30,000의 현금 배당을 선언하고 지급했으며, 12월 31일에 올해 순이익 €80,000를 보고했다.

**a.** Chicory Cosmetics가 2020년에 해야 할 분개를 하라.

**b.** Frank Ltd.가 2020년에 해야 할 분개를 하라.

**9** Edna Company는 Damen Limited의 보통주 70%를 매입했다.

**a.** Edna Company와 Damen Limited의 관계를 설명하라.

**b.** Edna Company는 Damen Limited에 대한 투자를 어떻게 회계 처리해야 하는가?

**c.** (b)의 회계 처리가 왜 유용한지 설명하라.

**10** 첫 사업연도의 종료일인 2020년 12월 31일 현재 Geneva AG의 매매증권은 다음과 같다.

| 증권 | 취득원가 | 공정가치 |
|---|---|---|
| A | CHF17,500 | CHF16,000 |
| B | 12,500 | 14,000 |
| C | 23,000 | 19,000 |
| | CHF53,000 | CHF49,000 |

**a.** 2020년 12월 31일에 증권을 공정가치로 평가하는 분개를 하라.

**b.** 공정가치로 평가한 후 2020년 12월 31일 자 재무상태표와 손익계산서에 어떻게 표시하는지 설명하라.

**11** 10번 문제에서 비매매 장기투자증권으로 분류된다고 가정하고 다음 문제를 풀라.

**a.** 2020년 12월 31일에 증권을 공정가치로 평가하는 분개를 하라.

**b.** 공정가치로 평가한 후 2020년 12월 31일 자 재무상태표에 어떻게 표시되는지 설명하라.

**c.** 이사회의 구성원인 E. 데번셔는 미실현 평가손익 보고를 이해하지 못한다. 데번셔에게 공정가치 평가에 대한 목적과 보고 방법 등을 설명하라.

**12** 2020년 12월 31일 현재 Zippydah SE가 보유하고 있는 증권은 다음과 같다. 사업 첫해이고 비매매증권은 장기투자자산으로 분류된다.

| 증권 | 취득원가 | 공정가치 |
|---|---|---|
| 매매증권 | €120,000 | €124,000 |
| 비매매증권 | 100,000 | 94,000 |

**a.** 각 증권을 공정가치로 평가하는 분개를 하라.

**b.** 각 증권과 미실현 평가손익을 재무제표에 어떻게 표시하는지 설명하라.

***13** 2020년 1월 1일, Lennon Enterprises는 Ono Ltd.의 주식 100%를 £220,000에 인수했다. 인수 직후 두 회사의 요약재무상태표는 다음과 같다.

| | Lennon Enterprises | Ono Ltd. |
|---|---|---|
| 순유형자산 | £300,000 | £220,000 |
| Ono Ltd.의 보통주 투자 | 220,000 | |
| 유동자산 | 60,000 | 50,000 |
| | £580,000 | £270,000 |
| 자본금 | £230,000 | £ 80,000 |
| 이익잉여금 | 170,000 | 140,000 |
| 유동부채 | 180,000 | 50,000 |
| | £580,000 | £270,000 |

연결재무상태표를 작성하기 위한 정산표를 작성하라.

***14** 13번 문제에서 Lennon Enterprises가 Ono Ltd.의 주식 100%를 £225,000에 인수했다고 하자. 인수 직후 Lennon Enterprises의 자산은 유동자산 £55,000, Ono Ltd.의 보통주에 대한 투자 £225,000, 순유형자산 £300,000로 구성된다. 연결재무상태표를 작성하기 위한 정산표를 작성하라.

## 마무리 연습 문제

**1** Yuen Long Carecenters Ltd.는 노인 요양원에 중점을 두고 의료 산업에 투자하는 회사이다. 12월 31일에 종료하는 회계연도에 투자로 취득한 사채와 관련된 거래는 다음과 같다.

**2020년**

| | |
|---|---|
| 1월 1일 | Franco Nursing Centers의 액면가 HK$2,000,000, 10년 만기, 7%의 사채를 Franco Nursing Centers로부터 직접 구입했다. 이자는 매년 1월 1일에 지급된다. |
| 12월 31일 | Franco Nursing Centers의 사채에 대한 연말 이자가 발생했다. |

(2021년부터 2022년까지 모든 거래가 바르게 회계 처리되었고 보유 채권 수에 변동이 없다고 가정한다.)

**2023년**

| | |
|---|---|
| 1월 1일 | Franco Nursing Centers의 사채에 대한 연간 이자를 받았다. |
| 1월 1일 | HK$1,000,000인 Franco Nursing Centers의 사채를 105에 매도했다. |
| 12월 31일 | Franco Nursing Centers의 사채에 대한 연말 이자가 발생했다. |

**a.** 2020년과 2023년의 거래를 분개하라.

**b.** 2020년 12월 31일 자 재무상태표에 사채 이자와 미수이자를 어떻게 표시하는가? 단, 사채가 장기 투자라고 가정한다.

a. 사채처분이익 HK$50,000

**2** 2020년 1월에 Stefan SE의 경영진은 여유 현금이 있어 해당 연도에 사채 및 주식 투자를 하면서 다음 거래를 했다.

| | |
|---|---|
| 2월 1일 | Superior의 보통주 600주를 €32,400에 매입했다. |
| 3월 1일 | Pawlik의 보통주 800주를 €20,400에 매입했다. |
| 4월 1일 | Venice의 사채(액면 €1,000, 7%) 50매를 €50,000에 매수했다. 이자는 반기별로 10월 1일과 4월 1일에 지급된다. |
| 7월 1일 | Superior의 보통주에 대해 주당 €0.60의 현금 배당을 받았다. |
| 8월 1일 | Superior의 보통주 200주를 주당 €57에 매각했다. |
| 9월 1일 | Pawlik의 보통주에 대해 주당 €1의 현금 배당을 받았다. |
| 10월 1일 | Venice의 사채 이자를 받았다. |
| 10월 1일 | Venice의 사채를 €49,000에 매각했다. |

12월 31일 현재 Superior 보통주의 공정가치는 주당 €55, Pawlik 보통주의 공정가치는 주당 €24이다.

**a.** 위 거래를 분개하고 사채 투자와 주식 투자 계정에 포스팅하라(T 계정을 사용하라).

**b.** 투자증권을 공정가치로 평가하기 위한 2020년 12월 31일 자 수정 분개를 하라. 모든 유가증권은 매매증권으로 간주하고, Stefan SE는 보유 주식으로 피투자 회사에 유의적인 영향력을 미치지 않는다고 가정한다.

**c.** 2020년 12월 31일 자 재무상태표에 투자증권을 표시하라.

**d.** 손익 계정을 구분하고 손익계산서에 어떻게 표시하는지 설명하라.

a. 주식처분이익 €600

**3** 2019년 12월 31일 현재 Ogallala Associates는 다음 증권을 장기간 보유하고 있다. 그러나 피투자 회사를 통제하거나 영향력을 행사하기 위해 보유하는 것은 아니다.

| 보통주 | 수량 | 취득원가 |
|---|---|---|
| Carlene Co. | 2,000 | €60,000 |
| Riverdale Co. | 5,000 | 45,000 |
| Raczynski Cp | 1,500 | 30,000 |

2019년 12월 31일 현재 증권의 공정가치는 취득원가와 동일하며, 2020년에는 다음과 같은 거래가 발생했다.

8월 1일 Carlene Co.의 보통주에 대해 주당 £0.70의 현금 배당을 받았다.
9월 1일 Riverdale Co.의 보통주 2,000주를 주당 £8의 현금을 받고 매각했다.
10월 1일 Carlene Co.의 보통주 800주를 주당 £33의 현금을 받고 매각했다.
11월 1일 Raczynski Co.의 보통주에 대해 주당 £1의 현금 배당을 받았다.
12월 15일 Carlene Co.의 보통주에 대해 주당 £0.70의 현금 배당을 받았다.
31일 Riverdale Co.의 보통주에 대해 주당 £1의 연간 현금 배당을 받았다.

12월 31일 현재 주당 공정가치는 Carlene Co.가 £32, Riverdale Co.가 £8, Raczynski Co.가 £18이다.

**a.** 2020년의 거래를 분개하고 주식 투자 계정에 포스팅하라(T 계정을 사용하라).
**b.** 증권을 공정가치로 평가하기 위한 2020년 12월 31일 자 수정 분개를 하라. 증권은 비매매증권으로 분류된다.
**c.** 2020년 12월 31일 자 재무상태표에 투자자산과 관련 계정을 어떻게 표시해야 하는가? 같은 날 Ogallala Associates의 자본은 자본금(보통주) £1,500,000와 이익잉여금 £1,000,000로 구성되어 있다.

b. 미실현 평가손실 £3,600

**4** 2020년 1월 1일, Control Alt Design Ltd.는 Walter Company의 발행 보통주 45,000주(지분율 30%)를 £800,000에 취득했다. Walter Company는 2020년 3월 15일, 6월 15일, 9월 15일, 12월 15일에 주당 £0.30의 현금 배당을 선언하고 지급했으며, 올해 경영 실적으로 순이익 £320,000를 보고했다. 2020년 12월 31일 현재 Walter Company의 보통주는 주당 시장 가격이 £24이다.

**a.** Control Alt Design Ltd.가 Walter Company에 유의적인 영향력을 행사할 수 없다고 가정하고 2020년의 회계적 사건을 원가법으로 분개하라. 단, Walter Company의 보통주는 매매증권으로 분류된다.
**b.** Control Alt Design Ltd.가 Walter Company에 유의적인 영향력을 행사할 수 있다고 가정하고 2020년의 회계적 사건을 지분법으로 분개하라.
**c.** 2020년 12월 31일 현재 각 방법에 따른 계정 금액을 재무상태표와 손익계산서에 어떻게 표시해야 하는지 설명하라.

a. 총배당수익 £54,000
b. 지분법투자이익 £96,000

**5** 2019년 12월 31일 현재 Pascual SA의 장기 비매매증권의 포트폴리오에 포함된 유가증권은 다음과 같다.

| | 취득원가 |
|---|---|
| Reginald SA 보통주 1,000주 | R$52,000 |
| Elderberry A/S 보통주 1,400주 | 84,000 |
| Mattoon AG 우선주 1,200주 | 33,600 |

2019년 12월 31일에 포트폴리오의 총원가는 총공정가치와 동일했으며, 2020년에 Pascual SA는 유가증권과 관련하여 다음 거래를 했다.

1월 20일 Reginald SA의 보통주 1,000주를 주당 R$54.80에 매각했다.
28일 Hachito Ltd.의 보통주 400주(액면가 R$70)를 주당 R$79.20에 매입했다.
30일 Elderberry A/S의 보통주에 대해 주당 R$1.05의 현금 배당을 받았다.
2월 8일 Mattoon AG의 우선주에 대해 주당 R$0.40의 현금 배당을 받았다.
18일 Mattoon AG의 우선주 1,200주를 주당 R$26.30에 매각했다.
7월 30일 Elderberry A/S의 보통주에 대해 주당 R$1.00의 현금 배당을 받았다.
9월 6일 Hachito Ltd.의 보통주 600주(액면가 R$70)를 주당 R$82에 추가로 매입했다.
12월 1일 Hachito Ltd.의 보통주에 대해 주당 R$1.35의 현금 배당을 받았다.

2020년 12월 31일 현재 유가증권의 공정가치는 다음과 같다.

| | |
|---|---|
| Elderberry A/S 보통주 | 주당 R$64 |
| Hachito Ltd. 보통주 | 주당 R$72 |

**a.** 주식 투자로 인한 유의적인 영향력이 없다고 가정하고 위 거래를 분개하라.
**b.** 투자 계정에 포스팅하라(T 계정을 사용하라).
**c.** 포트폴리오를 공정가치로 보고하기 위한 2020년 12월 31일 자 수정 분개를 하라. 또한 투자유가증권과 관련하여 결산 분개를 하라.

**d.** 2020년 12월 31일 자 재무상태표에 투자와 관련 계정을 어떻게 표시해야 하는지 설명하라.

a. 주식처분이익 R$2,800
c. 미실현 평가손실 R$3,280

**6** 다음은 Radar Industries Ltd.의 재무상태표에서 가져온 계정을 임의의 순서로 배열한 것이다.

| | |
|---|---|
| 매입채무 | € 240,000 |
| 매출채권 | 140,000 |
| 감가상각누계액-건물 | 180,000 |
| 감가상각누계액-설비 | 52,000 |
| 대손충당금 | 6,000 |
| 사채 차입금(10%, 2023년 만기) | 540,000 |
| 건물 | 950,000 |
| 현금 | 42,000 |
| 미지급 배당금 | 80,000 |
| 설비 | 275,000 |
| 공정가치 수정-비매매증권(차변) | 8,000 |
| 영업권 | 200,000 |
| 미지급 법인세비용 | 120,000 |
| 재고자산 | 170,000 |
| Mara 보통주 투자(지분율 30%)-지분법 | 380,000 |
| Sasse 보통주 투자(지분율 10%)-원가법 | 278,000 |
| 토지 | 390,000 |
| 지급어음(2021년 만기) | 70,000 |
| 선급보험료 | 16,000 |
| 이익잉여금 | 103,000 |
| 자본금-보통주(액면가 €10, 수권주식 수 500,000주, 발행 주식 수 150,000주) | 1,500,000 |
| 주식발행초과금 | 130,000 |
| 단기투자자산, 공정가치(원가) | 180,000 |
| 미실현 평가이익-비매매증권 | 8,000 |

Sasse의 보통주에 대한 투자는 장기 비매매증권으로 분류된다. 2020년 12월 31일 자 표준형 재무상태표를 작성하라.

자산 계 €2,791,000

*** 7** 2020년 12월 31일, Liu Limited는 Yang Plastics의 발행 보통주를 모두 매입했다. 매입 직전 두 회사의 요약재무상태표는 다음과 같다(단위: 1,000).

| | Liu Limited | Yang Plastics |
|---|---|---|
| 순유형자산 | ¥2,100,000 | ¥ 676,000 |
| 유동자산 | 1,480,000 | 435,500 |
| | ¥3,580,000 | ¥1,111,500 |
| 자본금 | ¥1,950,000 | ¥ 525,000 |
| 이익잉여금 | 1,052,000 | 494,000 |
| 유동부채 | 578,000 | 92,500 |
| | ¥3,580,000 | ¥1,111,500 |

Liu Limited는 ¥1,218,000의 유동자산을 사용하여 Yang Plastics의 주식을 인수했으며, Yang Plastics의 순자산 장부가액을 초과하는 금액은 Yang Plastics의 유형자산에 ¥84,000을 귀속시키고 나머지는 영업권으로 인식한다.

**a.** Liu Limited의 주식 매입을 분개하라.

**b.** 2020년 12월 31일 자 연결정산표를 작성하라.

**c.** 2020년 12월 31일 자 연결재무상태표를 작성하라.

b. 장부가액 초과액 ¥199,000

## 회계순환 과정 복습 문제

**1** 민디 펠트캄프, 오스카르 로페스, 로리 멜턴은 마드리드에 있는 고급 리조트에서 헬스트레이너로 일하고 있으며, 50세 이상 고령자를 위한 건강 플랜을 전문으로 하는 헬스클럽을 창업하려 한다. 이들은 이 연령대의 인구 증가, 신체 활동과 건강에 대한 소비자의 관심 고조로 상당한 수익을 얻을 수 있을 것으로 예상한다. 그런데 사업 형태를 놓고 오스카르는 조합(파트너십)보다 법인이 더 낫다고 생각하지만 민디와 로리는 생각이 다르다. 이에 중소기업 컨설팅 전문가인 당신에게 무엇이 유리한지 정보와 조언을 요청했다.

조합과 법인의 장단점을 설명하는 메모를 작성하라. 그리고 어떤 사업 형태가 그들의 목적에 더 적합한지 제시하고 그 이유를 설명하라.

**2** 결국 사업 형태를 법인으로 결정한 세 사람은 2019년 6월 12일 공동으로 소유하고 있는 건물(공정가치 €200,000)과 현금 €100,000를 법인에 출자하는 대가로 액면가 €2의 보통주 20,000주를 수령함으로써 법인 설립을 마쳤다. 이제 민디, 오스카르, 로리가 내려야 할 다음 결정은 헬스 장비를 구입할 자금을 조달하는 방법이다. 이들은 증자하여 조달하는 방법과 금융 기관에서 빌리는 방법의 차이를 어렴풋이 이해는 하고 있지만 구체적으로 세금, 순이익과 주당순이익에 미치는 영향을 알지 못한다.

세 동업자와 논의하기 위해 자기자본과 부채 사용 결과의 이자비용과 세금 등을 비교하는 메모를 준비하라. €1,400,000의 자금이 필요한데, 이를 주식으로 조달하는 경우에는 140,000주를 발행하고, 부채로 조달하는 경우에는 이자율이 9%라고 가정하라. 그리고 세율이 32%, 이자 및 법인세비용 차감 전 소득이 €300,000라고 가정하라. (엑셀 등 스프레드시트를 사용하여 계산해도 된다.)

**3** 자금 조달에 대해 고민하던 중 마침 로리의 고객인 로베르토 마리노가 관심을 보이며 투자 의사를 밝혀왔기에 2019년 7월 21일, 주당 €10에 90,000주를 발행하고 현금을 수령했다. 드디어 모든 준비를 마친 헬스클럽은 2020년 1월 12일에 LifePath Fitness라는 이름으로 문을 열었다. 초반에는 다소 힘든 고비가 있었으나 예상대로 많은 수익을 창출했다. 그러나 현금이 부족했기 때문에 첫 이익 배당을 주식배당으로 하기로 했다. 이에 2020년 7월 27일에 10%의 주식 배당을 선언하고(이날 주식의 시장 가격은 €3), 주주명부 폐쇄일을 2020년 7월 31일로 하여(그동안 지분율의 변동 없음) 2020년 8월 15일에 주식을 발행했다. 그리고 이후 2020년 4분기 중반에 이르자 현금흐름이 상당히 개선되어 2020년 12월 4일에 주당 €0.05의 현금 배당을 선언했으며, 주주명부 폐쇄일을 2020년 12월 14일로 하여 2020년 12월 24일에 현금 배당을 지급했다.

LifePath Fitness의 보통주와 관련하여 2019년과 2020년의 모든 거래를 분개하라. 그리고 주식 배당 후 발행된 주식 수와 발행 주식 수를 구하라.

**4** 헬스클럽의 문을 연 이후 가장 큰 관심사는 수영장 시설이었다. 기존의 수영장도 나름 충분했으나 세 동업자는 LifePath Fitness를 최첨단 헬스클럽으로 만들고 싶었다. 하지만 자금 부족으로 엄두를 내지 못하다 2020년 3분기 이후 고객 수와 매출, 이익 등이 꾸준히 증가하자 자신감이 생겨 자금 조달 방안을 본격적으로 검토하기 시작했다. 아무래도 채권 발행이 나아 보였다. 주식을 발행함으로써 새로운 동업자가 등장하여 소유권에 변화가 생기는 것이 탐탁지 않았기 때문이다. 이에 담보부 채권을 발행하기로 하고 2021년 1월 1일에 €600,000의 10년 만기 액면가 채권을 €548,000에 발행했다. 매년 1월 1일에 연 6%의 이자를 지급하고, 발행차금은 정액법으로 상각된다.

담보부 채권 발행을 분개하고, 2021년 12월 31일에 필요한 수정 분개를 하라. 그리고 2022년 1월 1일에 지급된 이자와 2022년 12월 31일에 발생한 이자를 회계 처리하라.

## 비판적 사고력 확장 문제

### 재무 보고: TSMC

**1** TSMC의 재무제표는 이 책의 부록 A에 실려 있으며, 재무제표 주석을 포함한 전체 연례 사업 보고서는 회사 웹사이트에서 확인할 수 있다. 2016년 연례 사업 보고서 내 연결재무제표의 주석을 참조하여 다음 문제를 풀라.

- **a.** 연결재무제표의 주석 4를 보고 연결 대상 회사를 확인하라.
- **b.** 연결현금흐름표에서 해당 연도에 시설 취득(자본적 지출)에 사용된 현금액은 얼마인가?

### 비교 분석: 네슬레와 델피

**2** 네슬레와 델피의 재무제표는 이 책의 부록 B와 C에 실려 있다. 이를 이용하여 다음 문제를 풀라.

- **a.** 현금흐름표에서 당해 연도의 투자 활동으로 조달된 순현금액은 얼마인가? 당기 중 자본적 지출에 사용한 현금은 얼마인가?
- **b.** 네슬레의 재무제표는 '연결재무제표'이다. 연례 사업 보고서에서 연결에 포함된 회사를 확인하라.

### 실제 사례

**3** 기업은 일단 상장하면 많은 애널리스트의 분석 대상이 된다. 하지만 애널리스트들의 의견이 항상 일치하는 것은 아니어서 어떤 기업의 미래 전망을 누구는 비관적으로 보고 누구는 낙관적으로 보기도 한다. 이 문제를 통해 특정 기업에 대한 애널리스트들의 분석과 평가가 시간에 따라 어떻게 변동하는지, 같은 산업 내 경쟁 기업 간에 비교도 해볼 수 있고 '어닝 서프라이즈(earnings surprise)'의 경우도 만나볼 수 있다. 어닝 서프라이즈는 전에 비해 영업 실적이 놀랄 만큼 높게 공시되는 것을 일컫는 경제 용어로, 그 반대는 '어닝 쇼크(earning shock)'이다. 어닝 서프라이즈와 어닝 쇼크는 주가에 반영되어 주가가 크게 출렁이기도 한다.

야후 파이낸스(Yahoo! Finance)에서 한 회사를 고르거나 특정 회사를 검색하여 다음 문제를 풀라.

- **a.** 회사를 평가한 애널리스트는 몇 명인가?
- **b.** 그중 '강력 매수 추천'을 권유하는 비율은 얼마인가?
- **c.** 일주일 동안의 평균 평점은 얼마인가?
- **d.** 평균 평점이 이전 주에 비해 향상되었는가?
- **e.** 지난 4분기에 일어난 어닝 서프라이즈가 있다면 그 비율은 얼마인가?

### 조직 전반에 걸친 의사결정

**4** Kemper Ltd.의 주주총회에서 경영진과의 질의응답 시간이 주어지자 주주인 마이크 커윈이 다음과 같이 물어보았다. "회사가 보유한

UMW Company의 주식을 왜 손해를 보면서 매각했습니까? 그동안 상당히 좋은 실적을 보이고 있었는데요." 최근 회사가 이룬 실적과 밝은 미래에 대해 연설을 마친 후 흐뭇하게 앉아 있던 톰 차베즈 사장은 이 질문을 받자 당황하여 이렇게 답했다. "제 기억으로는 몇 년 전 그 주식을 취득할 때 £1,300,000를 지불했고 훨씬 더 높은 가격에 팔았습니다. 주주님께서는 잘못 알고 계신 듯합니다."

그러자 마이크가 다시 반박했다. "여기 연례 사업 보고서의 재무제표 주석 7을 보면 UMW Company의 지분 30%인 240,000주가 당해 연도 마지막 날에 팔렸다고 나와 있는데, UMW Company는 올해 £520,000를 벌고 현금 배당으로 £160,000를 지급했다고 명시되어 있습니다. 또한 요약 보고서에 따르면 우리 회사가 이 주식을 보유한 기간에 UMW Company는 £1,240,000를 벌었고 배당금을 £440,000 지급했습니다. 그리고 올해 손익계산서를 보면 UMW Company 주식처분손실이 £180,000 있어요. 그래도 제가 착각한 건가요?" 이에 차베즈 사장은 얼굴을 붉히며 전문 회계사인 당신에게 도움의 눈길을 보냈다.

a. Kemper Ltd.는 UMW Company의 주식을 매각한 후 얼마를 받았는가?
b. 주주인 마이크와 차베즈 사장이 둘 다 옳은 이유를 설명하라.

### 커뮤니케이션 활동

**5** Bunge Ltd.는 투자 포트폴리오를 구성하면서 두 종류의 증권을 매입했다. 하나는 공급업체인 Longley Industries의 주식이다. Bunge Ltd.는 Longley Industries의 주식을 수년간 보유할 의도로 10% 매입했다. 그러나 더 많이 매입할 생각은 없다. 또 다른 투자는 채무증권의 매입이다. Bunge Ltd.는 시장 이자율의 변화로 인해 채권의 가치가 단기간에 증가할 것이라고 확신하고, 채무증권의 가치가 상승하는 즉시 매각할 계획이다.

CFO인 맥스 숄스에게 각 투자에 대한 회계 처리 방법을 설명하라. 그리고 각 회계 처리에서 시현된 이익에 내포된 의미를 밝혀라.

### 윤리 사례

**6** Bartlet Financial Services는 채권과 주식으로 구성된 거액의 투자 포트폴리오를 보유하고 있으며, 2020년 12월 31일 현재 개별 유가증권의 시가 등락은 있지만 전체적인 포트폴리오의 공정가치는 총원가보다 크다. 이러한 상황에서 당해 결산을 위해 재무 담당 부사장인 데브 파우스트와 컨트롤러인 잰 매케이브는 증권을 매매와 비매매용으로 분류하면서 갈등을 빚었다.

먼저 파우스트는 올해 순이익을 늘리기 위해 시가가 원가를 상회하는 유가증권을 매매증권으로, 시가가 원가 이하로 하락한 유가증권을 장기 비매매증권으로 분류하자고 제안했다. 그러나 매케이브는 다른 생각을 가지고 있었다. 가치가 하락한 유가증권을 매매증권으로, 가치가 상승한 유가증권을 장기 비매매증권으로 분류하자고 제안했다. 매케이브는 '이익의 평준화(income smoothing)' 관점에서 올해 회사의 실적이 좋으니 손실을 지금 인식하는 것보다는 향후 수익성이 좋지 않을 경우를 대비하여 숨겨놓았다가 이를 합산하면 매년 큰 변동 없는 이익을 공시할 수 있다고 생각한 것이다.

a. 파우스트와 매케이브의 기준대로 증권을 분류하는 것은 실제로 이익 계산에 영향을 미치는가?
b. 파우스트와 매케이브의 제안에 비윤리적인 점이 있는지 설명하라. 이들의 제안으로 영향을 받는 이해관계자는 누구인가?
c. 파우스트와 매케이브가 포트폴리오를 회계기준대로 적절히 분류했다고 가정하자. 그런 다음 연말에 의도적으로 파우스트는 2020년의 순이익을 증가시킬 증권을 매도할 것을 제안하고, 매케이브는 2020년의 순이익을 감소시킬 증권을 매도할 것을 제안했다면 이러한 행위는 비윤리적인가?

**학습목표**
IFRS와 U.S. GAAP의 투자자산 회계 처리를 비교한다.

## U.S. GAAP 살펴보기

투자자산의 회계 처리는 IFRS와 U.S. GAAP이 기본적으로 같은 양상을 보이는데, 심지어 금융자산을 평가할 때 사업 목적과 계약에 의한 현금흐름에 따라 평가 방식을 달리하는 것도 동일하다. 즉 U.S. GAAP도 IFRS처럼 금융자산을 보유하는 목적이 계약에 따른 현금을 만기에 회수하는 것이고, 계약상 현금흐름이 정해진 날짜에 따라 명확히 있으면 상각후원가를 사용하고, 시세차익을 목적으로 보유하면 공정가치로 평가한다.

예를 들어 U.S. GAAP도 IFRS처럼 미쓰비시(Mitsubishi, 일본)가 사채를 취득하여 만기 도래 시까지 보유하는 것이 목적이라면 사업 모형은 만기에 원금과 이자를 수령하는 것이고, 만기까지 날짜별 원금과 이자의 흐름이 명확하므로 상각후원가법을 적용한다. 그런데 미쓰비시가 금리 변동에 따른 시세차익을 목적으로 보유한다고 하면 공정가치로 평가한다.

지분법을 적용하는 기준도 서로 같다. 20%를 공히 유의적인 영향력 기준으로 사용하는데, 다만 IFRS는 계정명을 관계기업투자주식(associate investments)으로 하고 U.S. GAAP은 지분법 투자주식(equity investments)으로 하는 것이 다르다. 그러나 이는 용어 차이에 불과하다. 큰 차이는 IFRS의 경우 지분법을 제대로 적용하려면 대상 회사 간에 회계 정책을 통일하여 회계 처리를 할 것을 요구하는 데 반해 U.S. GAAP에는 그러한 요구가 명시적으로 없다는 데 있다.

그 밖에 U.S. GAAP도 증권형 투자를 분류할 때 IFRS와 동일하게 사업 모형에 따라 (단기)매매증권, 비매매증권, 만기보유증권으로 한다. 이에 단기매매증권을 공정가치로 평가하고 그 변동액을 당기손익에 반영하는 것과 만기보유증권의 상각후원가 처리 방식도 동일하며, 비매매증권의 공정가치 차이를 기타포괄손익누계액으로 표시하는 것도 같다. 다만 공정가치의 변동을 손익계산서에 표시할 때 U.S. GAAP은 기타손익으로 분류하지만 IFRS는 금융손익으로 처리한다.

또한 연결재무제표를 작성하는 기준도 기본적으로 같다. 그러나 실질 지배력을 판단하는 기준에는 차이가 있다. 즉 50%를 초과하는 지분율이면 연결 대상이 된다는 것은 같지만, 50% 이하의 지분율이더라도 연결재무제표를 작성해야 하는 실질 지배력을 판단하는 기준으로 IFRS는 통제력에만 방점을 두고 있고 U.S. GAAP은 위험과 보상, 의결권과 이해관계를 바탕으로 한 두 가지 복잡한 모형을 사용한다.

FASB와 IASB는 모든 금융자산을 예외 없이 공정가치로 평가하고 그 차이를 당기손익으로 인식해야 한다는 회계 처리 방식에 깊은 공감대를 형성하고 있다. 그럼에도 불구하고 만기 보유 채무증권을 상각후원가로 측정하고 있다. 하지만 이는 어디까지나 일시적이다. 머지않아 공정가치 평가 방식과 접목될 것으로 전망된다.

## U.S. GAAP 확인 문제

**1** U.S. GAAP과 IFRS가 금융자산으로 보지 않는 것은 무엇인가?

- **a.** 단기매매증권
- **b.** 지분증권
- **c.** 만기보유증권
- **d.** 재고자산

**2** U.S. GAAP상 지분법을 적용하려면 보통주의 지분율이 얼마가 되어야 하는가?

- **a.** 20% 이상 50% 이하
- **b.** 30% 이상
- **c.** 50% 초과
- **d.** 20% 미만

**3** 첫 사업연도 말에 취득원가가 $120,000인 단기매매증권 포트폴리오의 공정가치가 $115,000라면 U.S. GAAP상 재무제표를 어떻게 공시하는가?

- **a.** 유동자산의 장부가 $5,000 감소, 미실현 평가손실 $5,000를 기타비용으로 공시
- **b.** 유동자산의 장부가 $5,000 감소, 자본에서 미실현 평가손실로 $5,000 감소
- **c.** 유동자산의 장부가 $5,000 감소, 기타포괄손익으로 $5,000 공시
- **d.** 유동자산의 장부가 $5,000 감소, 실현 손실 $5,000를 기타비용으로 공시

**4** U.S. GAAP상 비매매증권의 미실현 평가이익을 어떻게 회계 처리하는가?

- **a.** 손익계산서의 기타수익과 이득으로 공시
- **b.** 손익계산서의 기타이득으로 공시

c. 손익계산서나 대차대조표(재무상태표)에 공시하지 않음
d. 기타포괄이익으로 공시

**5** U.S. GAAP상 단기매매증권의 미실현 평가손실을 어떻게 회계 처리하는가?

a. 기타포괄손실로 당기순이익을 감소시킨다.
b. 손익계산서에서 손실 항목으로 당기순이익을 감소시킨다.
c. 기타포괄손실로 당기순이익에 영향을 미치지 않는다.
d. 손익계산서를 거치지 않고 투자증권을 감소시킨다.

**해답** 1. d 2. a 3. a 4. d 5. b

## U.S. GAAP 연습 문제

### 재무 보고: 애플

**1** 애플의 재무제표는 이 책의 부록 D에 실려 있으며, 재무제표 주석을 포함한 전체 연례 사업 보고서는 회사 웹사이트에서 확인할 수 있다. 이를 이용하여 다음 문제를 풀라.

a. 2015년부터 2016년까지 시장성 단기유가증권과 시장성 장기유가증권의 증가율을 구하라.
b. 애플의 연결현금흐름표에서 당기 중 시장성 유가증권의 매입액, 기업 인수에 지출한 금액 및 당해 연도 순현금 증가액을 구하라.

# CHAPTER 14

© Adchariyaphoto/Shutterstock

# 현금흐름표
Statement of Cash Flows

## 이 단원에서 공부할 내용

재무상태표, 손익계산서, 이익잉여금계산서는 훌륭한 재무제표이지만 무언가 아쉽고 부족하다. 아무리 읽어보아도 앤하이저부시인베브가 1년에 €21억이나 되는 배당금을 어떻게 조달했는지 알 수 없고, 캐세이퍼시픽항공이 HK$86억이 넘는 당기손실을 시현하면서도 HK$92억이나 되는 자산을 무슨 돈으로 구입했는지 알려주지 않는다. 또한 전 세계적으로 $3조 4,000억이나 되는 기업 인수 자금이 어떻게 조달되었는지 궁금해도 재무상태표, 손익계산서, 이익잉여금계산서만으로는 도저히 알 길이 없다. 현금흐름의 내용이 누락되어 있기 때문이다. 이 장에서는 이러한 현금흐름을 보여주는 현금흐름표에 대해 알아본다.

## 이 단원을 공부해야 하는 이유

### 현금의 씀씀이가 다르다

오늘날 회사는 시장의 변화에 빠르게 적응하지 않으면 성장은 고사하고 제자리를 지키기도 힘들다. 하지만 변화에 적응하려면 무엇보다도 현금이 필요하다. 특히 하이테크 회사는 궤도에 오르기까지 많은 자금을 쏟아부어야 한다. 따라서 설립 초반에 현금을 아끼기 위해 직원들에게 현금 대신 주식이나 스톡옵션으로 보상하기도 한다. 회사로서는 현금을 아끼면서 일을 열심히 할 유인을 제공할 수 있으니 일석이조이고, 주가마저 오르면 직원들에게도 대박이다.

그러다가 사업이 성공하여 안정기에 들어서면 회사에 돈이 넘치는데 이를 '잉여현금흐름(free cash flow)'이라고 한다. 이는 쉽게 말해 여유 자금이다. 여유 자금은 공장을 증설하거나, 다른 산업에 진출할 준비를 하거나, 그도 저도 아니면 배당을 하거나 만기 전이라도 회사 빚을 갚는 데 써야 한다.

그런데 아무것도 안 하면서 주주들의 원성이 빗발쳐도 여윳돈을 사내에 그냥 쌓아두는 회사가 있다. 키엔스(Keyence, 일본)라는 회사는 정밀 감지기와 측정기를 만들어 엄청난 돈을 벌었지만 배당도 안 하고 투자도 안 한다. 빚도 없으니 돈이 쓰일 데가 없어 현금이 잔뜩 쌓여 있다. 최근 열린 주주총회에서 주주들은 회사에 넘치는 현금을 사용하지 않고 낮은 이자율의 국공채에만 담아두니 수익률이 급감하고 있다고 울화통을 터뜨렸다. 그런데도 키엔스는 듣는 둥 마는 둥 요지부동이다. 반면에 일본 내 다른 회사를 비롯해 아시아 회사들의 최신 경향은 배당을 늘리는 것이다. 그간 투자를 넉넉히 해두어 당분간은 생산 능력이 시장 수요를 따라가는 데 걱정이 없다. 그래서 배당률이 상승하고, 배당에 사용된 현금이 유럽의 평균 수준에까지 육박한다.

한편 2007~2008년 리먼 사태로 불리는 경제 위기를 겪은 이후 신흥 벤처 회사와 기존의 회사는 현금에 대해 확실히 다른 철학을 보이고 있다. 기성 회사들은 현금을 쌓아두고 빚을 갚는 데에나 사용하면서 또다시 닥칠지도 모를 경제 위기를 대비하여 현금을 가능한 한 아끼지만, 새로이 등장한 회사들은 적극적으로 돈을 빌려 시설 투자를 하고 사세를 확장하는 데 여념이 없다.

## 이 단원의 구성과 학습목표

| | | | |
|---|---|---|---|
| **현금흐름표: 유용성과 형식** | **현금흐름표의 유용성과 형식을 이해한다.** | **• 현금흐름표의 유용성**<br>**• 현금흐름의 분류**<br>**• 중요한 비현금 거래**<br>**• 현금흐름표 작성 양식** | **DO IT! 1** 현금흐름의 활동 |
| **현금흐름표 작성-간접법** | **간접법으로 현금흐름표를 작성하는 방법을 이해한다.** | **• 간접법과 직접법**<br>**• 간접법**<br>**• 1단계: 영업 활동**<br>**• 영업 활동의 현금흐름 계산법 정리-간접법**<br>**• 2단계: 투자 및 재무 활동**<br>**• 3단계: 현금의 증감** | **DO IT! 2a** 영업 활동에서의 현금 창출<br>**DO IT! 2b** 간접법 |
| **현금흐름을 이용한 기업 평가** | **현금흐름표를 분석한다.** | **• 잉여현금흐름** | **DO IT! 3** 잉여현금흐름 |

## 현금흐름표: 유용성과 형식 _Statement of Cash Flows: Usefulness and Format

학습목표

현금흐름표의 유용성과 형식을 이해한다.

재무상태표, 손익계산서, 이익잉여금계산서에는 현금흐름에 대한 구체적인 정보가 없다. 당해 연도와 전년도 재무상태표를 비교해보면 유무형자산의 증가로 취득 여부를 알 수 있지만 그 자금이 어떻게 조달되었는지는 알 수가 없다. 또한 손익계산서는 당기손익을 나타내지만 영업 활동으로 얼마의 현금을 벌었는지에 대한 정보는 없다. 이익잉여금계산서도 마찬가지이다. 배당을 선언했지만 얼마가 지급되었는지는 나타나 있지 않다.

그래서 현금흐름표가 필요하다. 손익계산서가 재무상태표상 이익잉여금 내 당기손익의 명세서이듯이 현금흐름표는 재무상태표상 현금 계정의 명세서이다. 재무상태표의 현금 금액과 현금흐름표상의 현금 금액은 반드시 일치해야 하는데, 현금흐름표는 구체적으로 그 현금이 어떻게 조달되고 어떻게 사용되었는지를 알려준다. 현금흐름표상 현금에는 현금성 자산이 포함된다.

### 현금흐름표의 유용성 _Usefulness of the Statement of Cash Flows

**현금흐름표**(statement of cash flows)는 한 회계기간 동안 현금의 변동액, 즉 수령액과 지출액을 영업 활동, 재무 활동, 투자 활동별로 구분하여 보여주는 표이다. 쉽게 말해 재무상태표에 있는 현금 계정의 변동 내역이다. 따라서 이해관계자에게 다음과 같은 정보를 제공한다.

1. 회사의 미래 현금을 창출하는 능력을 알려준다. 발생주의 회계 처리로는 알 수 없는 향후 현금흐름의 크기와 시기, 불확실성 정도를 추정할 수 있게 한다.
2. 급여와 배당을 지급할 수 있는 회사의 능력과 회사가 각종 부채를 적기에 변제할 수 있는지 여부를 짐작할 수 있게 한다.
3. 영업 활동에서 창출한 현금과 당기순이익 간 차이의 원인을 알려준다. 발생주의로 손익계산서에 표시되는 당기손익은 사업의 성과를 알려주지만 산출에 많은 추정과 평가가 들어간다. 그러므로 현금 창출액과 차이가 크면 당기순이익의 신뢰성에 의심이 간다. 즉 현금은 거짓말을 하지 않기에 두 숫자의 차이를 비교해보면 당기순이익에 어느 정도 거품이 있는지 짐작할 수 있다. 이를 '당기순이익의 질적 수준'이라고 한다. 현금과의 차이가 적을수록 당기순이익의 현금으로 실현되는 비율이 높다. 그래서 이익의 질이 좋은 것이다.
4. 재무 활동과 투자 활동에서의 현금흐름은 자산과 부채가 어떤 사유로 인해 어떤 방식으로 발생하고 변동했는지에 대한 정보를 알려준다.

ETHICS NOTE

이론적으로는 발생주의가 현금주의보다 우수하다고 하지만, 발생주의에 의해 작성된 손익계산서상 당기손익과 현금흐름표상 영업 활동으로 조달된 현금흐름을 비교해보면 회사의 회계가 얼마나 엉성하고 추상적으로 현실을 반영하고 있는지 알 수 있다. 사실 현금흐름은 회사의 골격이지만 이것만이 회사의 경제적 가치를 제대로 반영하고 있다고 볼 수는 없다. 현금을 수반하지는 않지만 대신 법적으로 보호되고 이행해야 할 채권과 채무가 거래의 흔적으로 발생하기 때문이다. 그래서 발생주의가 사용된다. 다만 합리적인 채권과 채무의 범위를 넘어 기업의 경제 가치를 파악한다는 이유로 추정과 평가를 과다하게 남용하면 발생주의와 현금주의 간의 괴리가 심해진다. 발생주의의 심각한 문제는 주관적인 추정과 평가의 과도한 오용에 있다.

### 현금흐름의 분류 _Classification of Cash Flows

현금흐름표는 현금의 흐름을 영업 활동, 투자 활동, 재무 활동별로 보여준다. 각 활동의 특징은 다음과 같다.

1. **영업 활동**(operating activity): 당기손익을 결정하는 수익과 비용을 만드는 활동
2. **투자 활동**(investing activity): 투자자산과 유무형자산을 취득하고 처분하며, 자금을 대여하고 회수하는 활동

**3. 재무 활동**(financing activity): 사채 발행 및 차입, 상환과 증자를 하고 배당금을 지급하는 활동

이 중 영업 활동은 회사 자금의 원천인 영업에서 일어난 현금흐름을 보여주기 때문에 가장 중요하게 다루어진다. 회사가 지속가능하려면 영업 활동에서 계속적으로 충분한 현금이 창출되어야 한다. 그림 14.1은 활동별로 현금 유출입의 전형적인 내용을 보여준다.

영업 활동

투자 활동

재무 활동

**그림 14.1** 전형적인 현금 유출입

**영업 활동 – 손익계산서 항목**

현금 유입: 매출
이자, 배당금 등 금융수익

현금 유출: 재고 구입
인건비
세금
차입금 이자
각종 경비

**투자 활동 – 투자와 비유동자산의 변동**

현금 유입: 유형자산 처분
유가증권 처분
대여금 회수

현금 유출: 유형자산 구입
유가증권 구입
자금 대여

**재무 활동 – 비유동부채와 자본의 변동**

현금 유입: 보통주 발행
사채 발행과 장기 차입

현금 유출: 배당금 지급
사채 상환과 자기주식 취득

각 활동을 분류하기 위해 다음 가이드라인을 참조한다.

1. 영업 활동은 손익계산서의 항목과 관련된다.
2. 투자 활동은 투자와 비유동자산의 변동과 관련된다.
3. 재무 활동은 비유동부채와 자본의 변동과 관련된다.

IFRS는 현금 유출 중 세금 납부, 이자와 배당금 수령 및 지출 내용을 반드시 구분하여 현금흐름표 본문이든 주석이든 별도로 공시할 것을 요구한다.[1] 한 예로 다임러(Daimler, 독일)가 주석으로 공시한 내용을 그림 14.2에 제시했다.

1 IFRS는 이자와 배당금 유출입을 기본적으로 영업 활동으로 분류하나 지출은 재무 활동으로, 수령은 투자 활동으로 분류할 수 있게 하는 등 융통성을 보인다. 또한 세금 납부도 영업 활동으로 분류하나 투자나 재무 활동과 관련되면 그러한 활동으로 분류하는 것도 가능하다. 단, 이 책의 문제 풀이에서는 전부 영업 활동으로 분류한다.

그림 14.2 다임러의 현금흐름표 주석

Real World

**Daimler**
**연례 사업 보고서**

영업 활동에서의 현금 유출입 중 주요 항목:

| (단위: €100만) | 2015 | 2014 | 2013 |
|---|---|---|---|
| 이자비용 지출 | (311) | (445) | (385) |
| 이자수익 수령 | 152 | 136 | 172 |
| 배당금 수령 | 135 | 171 | 144 |

## 중요한 비현금 거래 _Significant Non-Cash Activities

다음 거래는 중요한 투자 및 재무 활동이지만 현금을 수반하지 않는다.

**1.** 현물 출자

**2.** 사채 전환

**3.** 자산 구입으로 사채 발행

**4.** 유형자산 교환

이러한 비현금 거래는 현금을 수반하지 않으므로 현금흐름표 본문에 표시할 필요는 없지만 주석이나 별도의 표로 공시해야 한다. 예를 들어 현물 출자는 유형자산을 취득하고 그 대가로 주식을 발행한 거래이지만, 주식 발행으로 현금을 수령하고 그 돈으로 유형자산을 취득한 거래로 분리해볼 수도 있다. 즉 사업의 편의상 현금 유출입이 생략된 것으로 보아 자금흐름의 관점에서 이해관계자가 알아야 할 만한 가치가 있어 현금흐름표에 공시하도록 요구한다.

## 현금흐름표 작성 양식 _Format of the Statement of Cash Flows

현금흐름표를 작성할 때는 영업 활동에서의 현금흐름을 먼저 보고하고 그 아래에 재무 활동, 투자 활동별로 현금 유출입을 표시하며, 재무 및 투자 활동에서 발생한 중요한 비현금 거래는 주석으로 첨가한다. 구체적인 양식은 그림 14.3과 같다.

### 조직의 회계 | 왜 차이가 나지?

회계상 산출된 당기순이익은 영업 활동으로 조달된 현금흐름과 일치하지 않는다. 몇몇 유통 소매업체의 순이익과 현금을 비교한 다음 자료를 보면 두 숫자 간에 차이가 크다는 것을 알 수 있다(단위: 100만).

| 회사 | 당기순이익 | 영업 활동으로 벌어들인 현금 |
|---|---|---|
| 레노보 | $632 | $20 |
| BP | £23,758 | £21,100 |
| 앤하이저부시인베브 | $16,518 | $17,451 |
| 까르푸 | €1,364 | €2,039 |

Bloomberg/Getty Images, Inc.

**영업 활동으로 벌어들인 현금과 당기순이익에 차이가 나는 이유는 무엇인가?**

그림 14.3 현금흐름표 양식

| Company Name<br>현금흐름표<br>회계기간 | | |
|---|---|---|
| **영업 활동에서의 현금흐름** | | |
| (각 항목 표시) | XX | |
| 창출된 현금 계 | | XXX |
| **투자 활동에서의 현금흐름** | | |
| (각 항목 표시) | XX | |
| 창출된 현금 계 | | XXX |
| **재무 활동에서의 현금흐름** | | |
| (각 항목 표시) | XX | |
| 창출된 현금 계 | | XXX |
| **현금의 순증감** | | XXX |
| **기초 현금액** | | XXX |
| **기말 현금액** | | XXX |
| 주석 xx | | |
| **투자 활동과 재무 활동에서의 중요한 비현금 거래** | | |
| (각 항목 표시) | | XXX |

활동별 현금 창출의 합은 현금의 순증감이다. 현금의 순증감에다 현금의 기초 금액을 합하면 현금의 기말 금액이 산출되는데, 이는 재무상태표상 현금(현금성 자산 포함) 금액과 반드시 일치한다.

### DO IT! 1 현금흐름의 활동

다음은 Hu Na Ltd.의 기중 거래이다.

1. 액면 HK$50의 보통주 100,000주를 발행하고 현금 HK$8,000,000를 수령했다.
2. Castle Bank로부터 HK$2,000,000를 차입하고 만기 5년, 이자율 8%의 약속어음을 발행했다.
3. 현금 HK$1,700,000를 주고 트럭 2대를 구입했다.
4. 인건비 HK$120,000를 지급했다.
5. 매출을 하고 현금 HK$200,000를 수령했다.

각 활동을 영업 활동, 투자 활동, 재무 활동으로 구분하라.

**해답** 1. 재무 활동 2. 재무 활동 3. 투자 활동 4. 영업 활동 5. 영업 활동

## 현금흐름표 작성–간접법 _Preparing the Statement of Cash Flows–Indirect Method

**학습목표**

간접법으로 현금흐름표를 작성하는 방법을 이해한다.

현금흐름을 알면 현금흐름표를 작성할 수 있다. 그런데 현금흐름은 재무상태표나 손익계산서처럼 수정 후 시산표에서 기계적으로 작성되는 것이 아니라 재무제표를 분석하여 현금흐름을 일일이 찾아내야 한다. 따라서 회계에 숙달하지 않은 사람에게는 다소 어려운 작업이다.

현금흐름을 찾아내는 방법은 그림 14.4와 같이 3단계로 구성된다. 1단계는 당기순이익을 들추어 현금흐름을 수반하는 수익과 비용만을 골라내는 것이다. 여기에 유동자산과 유동부채의 증감을 가감하여 이른바 영업 활동에서의 현금흐름을 찾아낸다. 즉 발생주의로 계산된 당기순이익을 현금주의로 전환하는 것이다. 그런 다음 비유동자산과 비유동부채, 자본의 증감에서 투자 활동과 재무 활동에서의 현금흐름을 재무상태표상 현금의 변동액과 일치할 때까지 찾아낸다. 그러므로 현금흐름표를 작성할 때는 대개 다음 자료가 필요하다.

- **비교재무상태표**: 자산, 부채, 자본의 변동 여부를 파악한다.
- **당기 손익계산서**: 당기손익과 이 중 현금흐름을 유발하지 않는 손익 거래를 구분하고 파악한다.
- **추가 자료**: 자산, 부채, 자본의 변동 내역 중 현금흐름을 유발하는 거래를 파악한다.

**1단계:** 발생주의에 의한 손익계산서의 당기손익을 현금주의로 바꾸어 영업 활동에서의 현금흐름을 찾아낸다.

당기 손익계산서와 비교재무상태표, 그 외 징구한 추가 자료로 산출한다.

**2단계:** 비유동자산과 비유동부채를 분석하여 투자 및 재무 활동의 현금흐름과 비현금 거래를 찾아낸다.

비교재무상태표를 분석한 후 추가 자료를 근거로 찾아낸다.

**3단계:** 재무상태표의 현금액 변동과 일치할 때까지 현금흐름을 찾아낸다.

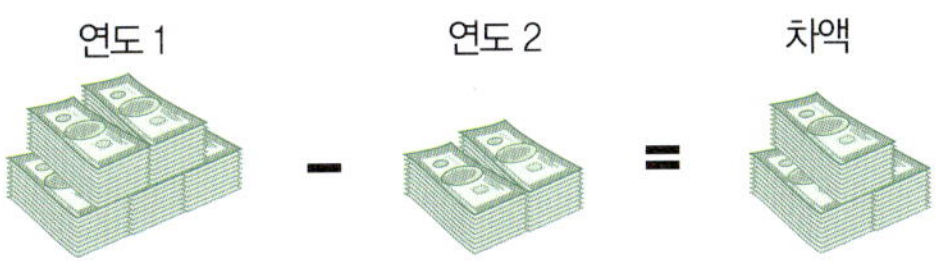


현금액 변동은 비교재무상태표의 현금 계정에서 쉽게 계산된다.

**그림 14.4** 현금흐름표의 3단계 작성법

### 간접법과 직접법 _Indirect and Direct Methods

영업 활동에서의 현금흐름을 찾아 보여주는 작업에는 두 가지 방법이 있다. 직접법과 간접법인데, 두 방법의 계산 결과는 같지만 과정이 다르다. **직접법**(direct method)은 현금 유출입을 수반하는 거래 내용을 일일이 보여주는 방식이고, **간접법**(indirect method)은 발생주의에 근거한 당기순이익에 일정 숫자를 가감함으로써 현금주의에 따른 당기순이익으로 전환하여 통째로 보여주는 방식을 취한다.

예를 들어 감가상각비는 현금 지출을 수반하지 않는 비용이므로 간접법에서는 당기순이익에 포함된 감가상각비를 제거하기 위해 당기순이익에 가산하는 형태를 띠지만, 직접법에서는 현금 지출과 무관하므로 아예 표시가 안 된다. 당연히 간접법이 작성하기 쉽고 공수가 안 들어 많은 회사가 선호한다. 하지만 간접법은 영업 활동 내 현금흐름의 내용을 자세히 알 수 없다는 것이 한계이다. 그러므로 현금흐름표 본연의 목적에서 보면 간접법보다는 직접법이 우월한 방식이다. 이에 IASB는 직접법을 원칙으로 하나 회사의 편의 때문에 간접법도 허용하는 입장을 취한다.

이에 간접법을 먼저 살펴보고 직접법은 부록 14A에서 다룰 것이다.

## 간접법 _Indirect Method–Computer Services International

Computer Services International의 현금흐름표를 간접법으로 작성해보자. 이 회사의 2개 연도 비교재무상태표와 당기 손익계산서, 기타 필요한 정보는 그림 14.5를 참조하라. 부록 14B에서는 실무적으로 쉽다고 알려진 T 계정으로 간접법에 의한 현금흐름표를 작성하는 방법을 소개했다.

**그림 14.5** Computer Services International의 비교재무상태표, 손익계산서, 기타 정보

**Computer Services International**
**비교재무상태표**
2020년 12월 31일 현재

| 자산 | 2020 | 2019 | 계정 금액의 증감 |
|---|---|---|---|
| 유형자산 | | | |
| 토지 | €130,000 | € 20,000 | €110,000 증가 |
| 건물 | 160,000 | 40,000 | 120,000 증가 |
| 감가상각누계액–건물 | (11,000) | (5,000) | 6,000 증가 |
| 설비 | 27,000 | 10,000 | 17,000 증가 |
| 감가상각누계액–설비 | (3,000) | (1,000) | 2,000 증가 |
| 유동자산 | | | |
| 선급비용 | 5,000 | 1,000 | 4,000 증가 |
| 재고자산 | 15,000 | 10,000 | 5,000 증가 |
| 매출채권 | 20,000 | 30,000 | 10,000 감소 |
| 현금 | 55,000 | 33,000 | 22,000 증가 |
| 자산 계 | €398,000 | €138,000 | |
| **자본과 부채** | | | |
| 자본 | | | |
| 자본금 | € 70,000 | € 50,000 | € 20,000 증가 |
| 이익잉여금 | 164,000 | 48,000 | 116,000 증가 |
| 비유동부채 | | | |
| 사채 | 130,000 | 20,000 | 110,000 증가 |
| 유동부채 | | | |
| 매입채무 | 28,000 | 12,000 | 16,000 증가 |
| 미지급 법인세비용 | 6,000 | 8,000 | 2,000 감소 |
| 자본과 부채 계 | €398,000 | €138,000 | |

**그림 14.5** (계속)

**Computer Services International**
**손익계산서**
**2020년 1월 1일부터 2020년 12월 31일까지**

| | | |
|---|---|---|
| 매출 | | €507,000 |
| 매출원가 | €150,000 | |
| 판매관리비(감가상각비 제외) | 111,000 | |
| 감가상각비 | 9,000 | |
| 유형자산처분손실 | 3,000 | |
| 이자비용 | 42,000 | 315,000 |
| 법인세비용 차감 전 순이익 | | 192,000 |
| 법인세비용 | | 47,000 |
| 당기순이익 | | €145,000 |

**기타 필요한 정보**

1. 감가상각비는 빌딩 €6,000, 설비 €3,000로 구성된다.
2. 장부가가 €7,000(취득원가 €8,000, 감가상각누계액 €1,000)인 설비를 현금 €4,000를 받고 처분했다.
3. 토지를 취득하고 사채 €110,000를 발행했다.
4. 건물과 설비를 각각 현금 €120,000, €25,000에 취득했다.
5. 보통주를 발행하고 현금 €20,000를 수령했다.
6. 배당금으로 현금 €29,000를 지급했다.

## 1단계: 영업 활동 _Step 1: Operating Activities

영업 활동은 회사의 이익을 만들려는 행동이므로 먼저 발생주의로 작성된 당기순이익을 현금주의로 변환하여 영업 활동에서의 현금흐름을 산출한다. IFRS에 의해 산출되는 당기순이익은 발생주의를 근간으로 하므로 현금 유출입과는 직접적인 관련이 없다. 예를 들어 외상매출은 당기순이익에 가산되지만 현금 수령 대신 채권이 발생하고, 미지급비용은 당기순이익에서 차감되지만 현금 지출 대신 부채가 발생한다. 즉 당기순이익이라고 해서 모두 현금을 수반하는 것은 아니다. 따라서 당기순이익에 일정 수치를 가감하여 현금흐름을 찾아내는 방식을 간접법이라고 한다. 전형적인 세 가지 형태의 조정 항목을 그림 14.6에 정리했다.

| 당기순이익 | +/− | 조정 | = | 영업 활동으로 조달된 현금 |
|---|---|---|---|---|
| | | • 감가상각비 등 **현금 지출을 수반하지 않는 비용 가산**<br>• 투자 및 재무 활동으로 인한 **손익 제거**<br>• 유동자산과 유동부채의 **변동 가감** | | |

**그림 14.6** 발생주의에서 현금주의로 조정하는 세 가지 형태

Computer Services International이 영업 활동으로 조달한 현금흐름을 간접법으로 구하기 위해 당기순이익에 조정하는 항목을 구체적으로 살펴보자.

### 감가상각비 _Depreciation Expense

Computer Services International의 손익계산서상 감가상각비는 €9,000이다. 감가상각비는 당기순이익에서 차감하지만 현금 지출을 수반하지 않으므로 당기순이익에 가산한다(그림 14.7 참조).

HINT
감가상각비는 비용이지만 현금을 수반하지 않으므로 당기순이익에 가산한다.

그림 14.7 감각상각비의 조정

| 영업 활동에서의 현금흐름 | |
|---|---|
| 당기순이익 | €145,000 |
| 현금주의로 조정: | |
| 감가상각비 | 9,000 |
| 현금 창출액 | €154,000 |

무형자산 감가상각비와 대손상각비도 현금 지출을 수반하지 않는 비용이므로 당기순이익에 가산한다.

### 유형자산처분손익 _Loss on Disposal of Plant Assets

그림 14.1을 보면 유형자산의 처분은 투자 활동으로 분류된다. 따라서 유형자산처분손익도 영업 활동이 아닌 투자 활동으로 보고하기 위해 당기손익에서 제거한다. 즉 유동자산처분손익은 비유동자산의 감소액에 직접 가감되어 투자 활동 내 유형자산의 처분으로 인한 현금 수령액에 포함되어 공시된다.

Computer Services International의 경우 당기순이익에 유형자산처분손실 €3,000(장부가 €7,000, 현금 수령 €4,000)가 포함되어 있다. 이에 동액을 당기순이익에 가산하여 빼낸 다음 투자 활동에서 유형자산처분으로 인한 현금 수령액에서 차감한다(그림 14.8 참조).

그림 14.8 유형자산처분손실 제거

| 영업 활동에서의 현금흐름 | | |
|---|---|---|
| 당기순이익 | | €145,000 |
| 현금주의로 조정: | | |
| 감가상각비 | €9,000 | |
| 유형자산처분손실 | 3,000 | 12,000 |
| 현금 창출액 | | €157,000 |

전술했듯이 유형자산처분손실을 당기순이익에서 제거하는 이유는 감가상각비처럼 현금 지출을 수반하지 않는 비용이기도 하지만 실은 유형자산 처분 행위가 투자 활동으로 분류되기 때문이다. 따라서 유형자산처분이익의 경우 유형자산처분손실과 달리 현금 수입을 수반하는 손익 항목이지만 투자 활동으로 분류되므로 당기순이익에서 차감하고 유형자산 처분으로 인한 현금 수령액에 가산한다.

### 유동자산과 유동부채의 증감 _Changes to Non-Cash Current Asset and Current Liability Accounts

영업 활동으로 창출되는 현금은 당기순이익을 주요 원천으로 하지만 유동자산과 유동부채의 증감에서도 유발된다. 즉 수익을 인식하되 현금을 받지 않으면 당기순이익과 다른 유동자산이 증가하고 비용이 발생하되, 현금을 지급하지 않으면 당기순이익은 감소하지만 유동부채가 증가한다. 따라서 유동자산의 증가는 현금이 들어오지 않으므로 동액만큼 당기순이익에서 차감하고, 유동부채의 증가는 현금 지출이 없으므로 동액을 당기순이익에 가산한다. 예를 들어 외상매출에 의해 당기순이익이 증가하지만 현금의 입금 대신 유동자산인 매출채권이 발생하므로 당기순이익에서 차감해야 하고, 선급비용은 비록 비용으로 인식되지 않지만 유동자산이 증가하고 현금이 지출되므로 당기순이익에서 차감해야 한다.

**유동자산의 증감** 수익이면서 유동자산이 증가하면 현금이 들어오지 않은 것이니 당기순이익에서 차감하고, 전기에 수익으로 인해 증가된 유동자산이 감소하면 현금이 들어온 것이니 당기순이익에 가산한다.[2]

**매출채권 감소** Computer Services International은 매출채권이 €10,000 감소했는데(€30,000에서 €20,000로), 이는 €10,000만큼 현금이 입금되었음을 의미한다. 그림 14.9를 보면 쉽게 이해할 수 있다. 즉 매출이 €507,000 발생하고 전기 매출채권 €10,000가 현금으로 입금되었으므로 결과적으로 영업 활동에 의해 현금 €517,000를 수령했다.

그림 14.9 매출채권 분석

매출채권

| | | | | |
|---|---|---|---|---|
| 2020년 1월 1일 | 기초 잔액 | 30,000 | 현금 회수액 | 517,000 |
| | 매출 | 507,000 | | |
| 2020년 12월 31일 | 기말 잔액 | 20,000 | | |

그러므로 영업 활동에서의 현금흐름 계산을 위한 조정으로 매출(당기순이익)에 매출채권의 감소 €10,000를 가산한다(그림 14.10 참조). 반대로 매출채권이 증가하면 매출이 현금이 아닌 매출채권으로 이루어졌으니 당기순이익에서 차감한다.

**재고자산 증가** Computer Services International은 재고자산이 €5,000 증가했다(€10,000에서 €15,000로). 즉 기초 재고자산에 €5,000만큼 더 구입하여 얻힌 결과이다. 따라서 동액을 지출로 하여 당기순이익에서 차감한다(그림 14.10 참조). 반대로 재고자산이 감소하면 그 부분은 당기순이익 내의 매출원가로 대체된 것이므로 재고자산 감소액을 당기순이익에 가산하여 영업 활동으로 인한 정확한 현금 지출액을 구한다.

**선급비용 증가** Computer Services International은 선급비용이 €4,000 증가했다. 현금이 지출되었는데 당기손익에 비용으로 반영되지 않았으니 동액을 차감한다(그림 14.10 참조).

그림 14.10 유동자산 수정

| | | |
|---|---|---|
| 영업 활동에서의 현금흐름 | | |
| 당기순이익 | | €145,000 |
| 현금주의로 조정: | | |
| 감가상각비 | € 9,000 | |
| 유형자산처분손실 | 3,000 | |
| 매출채권 감소 | 10,000 | |
| 재고자산 증가 | (5,000) | |
| 선급비용 증가 | (4,000) | 13,000 |
| 현금 창출액 | | €158,000 |

2 역자 주: 일단 이해되었으면 규칙을 쉽게 파악하는 요령은 일일이 논리적으로 생각하기보다는 해당 거래를 분개해보는 것이다. 유동자산의 증감에 따른 상대 계정을 현금으로 보고 가산 여부를 판단한다. 예를 들어 유동자산의 증가는 차변이고 상대 계정은 현금의 대변이다. 대변은 지출을 뜻하니 당기순이익에서 차감한다. 반대로 유동자산의 감소는 대변이고 상대 계정은 현금의 차변이다. 차변은 수금을 뜻하니 당기순이익에 가산한다.

만약 선급비용이 감소하면 전기에 현금으로 이미 지출된 선급비용에서 비용 대체로 인해 당기의 비용이 발생한 것이니 (현금 지출이 없으므로) 당기순이익에 가산한다.

**유동부채의 변동** 유동부채가 증가하면 현금흐름에 가산하고 유동부채가 감소하면 차감한다. 유동부채가 증가하면 비용이 발생해도 현금이 지출되지 않은 것이니 당연한 일이다.[3]

**매입채무 증가** Computer Services International은 매입채무가 €16,000 증가했다(€12,000에서 €28,000로). 이는 현금 지출 없이 비용이 계상된 것이니 당기순이익에 가산한다(그림 14.11 참조).

**미지급 법인세비용의 감소** 법인세비용이 발생하고 현금이 지출되지 않으면 유동부채가 발생한다. Computer Services International의 경우 미지급 법인세비용이 €2,000 감소했는데, 이는 전기의 미지급 법인세비용 €49,000가 지출되고 현금 지출을 수반하지 않는 당기 법인세비용 €47,000가 인식된 결과이다. 따라서 미지급 법인세비용의 감소 €2,000는 당기순이익에 가산된다(그림 14.11 참조).

그림 14.11 유동부채 조정

| | | |
|---|---|---|
| 영업 활동에서의 현금흐름 | | |
| 당기순이익 | | €145,000 |
| 현금주의로 조정: | | |
| 감가상각비 | € 9,000 | |
| 유형자산처분손실 | 3,000 | |
| 매출채권 감소 | 10,000 | |
| 재고자산 증가 | (5,000) | |
| 선급비용 증가 | (4,000) | |
| **매입채무 증가** | **16,000** | |
| **미지급 법인세비용 감소** | **(2,000)** | 27,000 |
| 현금 창출액 | | €172,000 |

그림 14.11에서 보듯이 당기순이익 €145,000에 모든 조정 금액 €27,000를 더하여 영업 활동에서의 현금 창출액은 €172,000가 된다.

## 영업 활동의 현금흐름 계산법 정리-간접법

_Summary of Conversion to Net Cash Provided by Operating Activities–Indirect Method

당기순이익에서 출발하여 다음 세 가지를 조정한다. 구체적인 가감 방법은 그림 14.12를 참조하라.

1. 감가상각비와 같이 현금 지출이 없는 비용을 가산한다.
2. 투자 활동인 유형자산처분손익을 제거한다.
3. 유동자산과 유동부채의 증감을 가감한다.

---

3 역자 주: 이는 일일이 논리적으로 생각해서 구분하기보다는 분개를 해보면 쉽다. 유동부채의 증가는 대변이고 상대 계정은 현금의 차변으로 보아 현금 증가로 가산한다.

**그림 14.12** 당기순이익을 현금으로 조정

| | | 당기순이익을 현금으로 조정 |
|---|---|---|
| 비현금 지출 비용 | 감가상각비 | 가산 |
| | 특허권 상각 | 가산 |
| 이득과 손실 | 유형자산처분손실 | 가산 |
| | 유형자산처분이익 | 차감 |
| 유동자산과 유동부채의 변동 | 유동자산 증가 | 차감 |
| | 유동자산 감소 | 가산 |
| | 유동부채 증가 | 가산 |
| | 유동부채 감소 | 차감 |

### DO IT! 2a 영업 활동에서의 현금 창출

Josh's PhotoPlus의 2020년 당기순이익은 £73,000이고, 이 중에는 감가상각비 £7,000와 유형자산처분이익 £2,500가 포함되어 있다. Josh's PhotoPlus의 비교재무상태표에는 다음과 같은 매출채권과 매입채무가 있다.

| | 2019년 12월 31일 | 2020년 12월 31일 |
|---|---|---|
| 매출채권 | £17,000 | £21,000 |
| 매입채무 | 6,000 | 2,200 |

Josh's PhotoPlus의 영업 활동으로 조달된 현금을 계산하라.

**해답**

| 영업 활동에서의 현금흐름 | | |
|---|---|---|
| 당기순이익 | | £73,000 |
| 현금주의로 조정: | | |
| 감가상각비 | £ 7,000 | |
| 유형자산처분이익 | (2,500) | |
| 매출채권 증가 | (4,000) | |
| 매입채무 감소 | (3,800) | (3,300) |
| 현금 창출액 | | £69,700 |

## 2단계: 투자 및 재무 활동 _Step 2: Investing and Financing Activities

투자 및 재무 활동, 비현금 거래는 비유동자산과 비유동부채의 변동을 분석하여 찾아낸다. Computer Services International의 투자 및 재무 활동을 예로 들어 현금흐름표를 작성하는 방법을 살펴보자. 완성된 현금흐름표는 그림 14.14에 제시했다.

**토지 증가** Computer Services International은 €110,000의 토지를 취득하기 위해 사채를 발행하여 교환했다. 이는 중요한 비현금 거래로서 현금 거래를 수반하지 않지만 현금흐름표에 주석으로 공시한다(그림 14.14 참조).

**건물 증가** Computer Services International은 현금 €120,000를 주고 건물을 취득했는데, 이는 투자 활동이다(그림 14.14 참조).

**설비 증가** 설비의 순증가는 €17,000인데, 이는 현금 €25,000를 주고 설비를 취득한 것과 장부가가 €8,000인 설비를 현금 €4,000에 매각한 거래로 구성된다. 그림 14.13의 T 계정을 보면 쉽게 이해될 것이다. 취득과 처분은 현금흐름표에서 다른 투자 활동으로 구분하여 표시해야 하므로 지출 €25,000와 현금 수령 €4,000를 별도로 분류한다.

**그림 14.13** 설비자산 분석

| 설비 | | | | |
|---|---|---|---|---|
| 2020년 1월 1일 | 기초 잔액 | 10,000 | 처분 설비의 원가 | 8,000 |
| | **기계장치 구입** | **25,000** | | |
| 2020년 12월 31일 | 기말 잔액 | 27,000 | | |

설비 처분은 다음과 같이 분개한다.

| A | = | L | + | E |
|---|---|---|---|---|
| +4,000 | | | | |
| +1,000 | | | | |
| | | | | −3,000 비용 |
| −8,000 | | | | |

현금 유입
+4,000

| | | |
|---|---|---|
| 현금 | 4,000 | |
| 감가상각누계액 | 1,000 | |
| 유형자산처분손실 | 3,000 | |
| 설비 | | 8,000 |

설비의 장부가가 €7,000 감소하면서 현금 €4,000를 수령하고 유형자산처분손실이 €3,000 발생했으므로 €3,000를 영업 활동에서 제거(당기순이익에 가산)하며, 투자 활동으로 설비의 감소액 €7,000에서 동액인 €3,000를 차감하여 €4,000로 처분에 의한 현금 수령을 표시한다.

**사채 증가** 사채가 €110,000 증가했으며 이는 토지 증가에서 이미 설명했다.

HINT
주식이나 사채를 발행하면 실제 수령액으로 표시한다(액면이나 표시가는 상관없다).

**자본금 증가** 주식 발행으로 €20,000의 현금 수령액이 증가했는데, 이는 재무 활동이다.

**이익잉여금 증가** 이익잉여금이 €116,000 증가했는데, 이는 당기순이익 €145,000와 배당금 지급 €29,000로 설명된다. 당기순이익은 영업 활동에서 이미 정리했으니 배당금만 재무 활동으로 보고한다.

### 현금흐름표–2020 회계연도 _Statement of Cash Flows–2020

이로써 Computer Services International의 2020년 회계기간의 현금흐름을 정리한 현금흐름표를 완성할 수 있다(그림 14.14 참조).

## 3단계: 현금의 증감 _Step 3: Net Change in Cash

현금흐름표상 현금의 증감과 재무상태표의 현금 변동이 일치하는지 비교·확인한다. 그림 14.14의 현금 순증가 €22,000는 그림 14.5의 재무상태표상 현금 증가와 일치하므로 현금흐름표를 제대로 작성했음을 확인할 수 있다.

**그림 14.14** 2020 회계연도 현금흐름표(간접법)

**Computer Services International**
**현금흐름표–간접법**
2020년 1월 1일부터 2020년 12월 31일까지

| | | |
|---|---|---|
| 영업 활동에서의 현금흐름 | | |
| 당기순이익 | | €145,000 |
| 현금주의로 조정: | | |
| 감가상각비 | € 9,000 | |
| 유형자산처분손실 | 3,000 | |
| 매출채권 감소 | 10,000 | |
| 재고자산 증가 | (5,000) | |
| 선급비용 증가 | (4,000) | |
| 매입채무 증가 | 16,000 | |
| 미지급 법인세비용 감소 | (2,000) | 27,000 |
| 현금 창출액 | | 172,000 |
| 투자 활동에서의 현금흐름 | | |
| 건물 취득 | (120,000) | |
| 설비 취득 | (25,000) | |
| 유형자산 처분 | 4,000 | |
| 현금 사용액 | | (141,000) |
| 재무 활동에서의 현금흐름 | | |
| 주식 발행 | 20,000 | |
| 배당금 지급 | (29,000) | |
| 현금 사용액 | | (9,000) |
| 현금 순증가 | | 22,000 |
| 기초 현금액 | | 33,000 |
| 기말 현금액 | | € 55,000 |
| **주석 1** | | |
| **투자 및 재무 활동에서의 비현금 거래** | | |
| 토지 구입을 위한 사채 발행 | | €110,000 |

## 조직의 회계 | 현금 소진 속도

클라우드 서비스 회사인 박스(Box), 게임 회사인 사이언(Cyan), 사이버 보안 회사인 파이어아이(FireEye), 휴대전화 보안 회사인 모바일아이언(MobileIron) 등은 미국의 전도유망한 하이테크 회사로 최근 증시에 상장하기 위해 출사표를 던졌다. 이들에 관심이 있는 투자가는 지속가능성과 성장가능성을 세밀히 관찰하고 판단해야 한다. 이 중 가장 중요한 기준은 경제 불황이 닥쳤을 때 버티는 능력으로, 이를 확인하는 방법은 현금 소진율(burn rate)이다.

현금 소진율을 구체적으로 살펴보면 파이어아이는 2013년에 벌어들인 현금보다 $5,000만 이상 현금을 더 지출했다. 그러나 $1억 5,000만 이상의 현금 잔액이 있어 현금이 고갈되기까지 30개월 정도는 문제가 없다. 반면에 박스의 현금 소진율은 파이어아이보다 훨씬 낮지만 보유 현금이 적어 1년밖에 지속할 수 없어 보인다. 과거에는 벤처 회사의 25%가 1년을 못 버티고 망했지만 요즘 하이테크 회사는 다행히도 불황기를 잘 견뎌내고 있다.

출처: Shira Ovide, "Tech Firms' Cash Hoards Cool Fears of a Meltdown," *Wall Street Journal* (May 14, 2014).

**회사의 현금 소진율은 기업의 생존에 어떤 영향을 미치는가?**

© Soubrette/iStockphoto

## DO IT! 2b 간접법

다음 자료를 토대로 간접법을 사용하여 현금흐름표를 작성하라.

**Dragon Ltd.**
**비교재무상태표**
12월 31일 현재
(단위: NT$1,000)

| 자산 | 2020 | 2019 | 증감 |
|---|---|---|---|
| 토지 | NT$ 75,000 | NT$ 70,000 | NT$ 5,000 증가 |
| 건물 | 200,000 | 200,000 | –0– |
| 감가상각누계액–건물 | (21,000) | (11,000) | 10,000 증가 |
| 설비 | 193,000 | 68,000 | 125,000 증가 |
| 감가상각누계액–설비 | (28,000) | (10,000) | 18,000 증가 |
| 선급비용 | 4,000 | 6,000 | 2,000 감소 |
| 재고자산 | 54,000 | –0– | 54,000 증가 |
| 매출채권 | 68,000 | 26,000 | 42,000 증가 |
| 현금 | 54,000 | 37,000 | 17,000 증가 |
| 자산 계 | NT$599,000 | NT$386,000 | |
| **자본과 부채** | | | |
| 자본금(액면가 NT$1) | NT$220,000 | NT$ 60,000 | NT$160,000 증가 |
| 이익잉여금 | 206,000 | 136,000 | 70,000 증가 |
| 사채 | 140,000 | 150,000 | 10,000 감소 |
| 매입채무 | 23,000 | 40,000 | 17,000 감소 |
| 미지급비용 | 10,000 | –0– | 10,000 증가 |
| 자본과 부채 계 | NT$599,000 | NT$386,000 | |

**Dragon Ltd.**
**손익계산서**
2020년 1월 1일부터 2020년 12월 31일까지
(단위: NT$1,000)

| | | |
|---|---|---|
| 매출 | | NT$890,000 |
| 매출원가 | NT$465,000 | |
| 판매관리비 | 221,000 | |
| 이자비용 | 12,000 | |
| 유형자산처분손실 | 2,000 | 700,000 |
| 법인세비용 차감 전 순이익 | | 190,000 |
| 법인세비용 | | 65,000 |
| 당기순이익 | | NT$125,000 |

**추가 자료(단위: NT$1,000)**

1. 판매관리비에 감가상각비 NT$33,000가 포함되어 있다.
2. 취득원가 NT$41,000, 장부가 NT$36,000인 설비를 현금 NT$34,000를 받고 처분했다.
3. 장부가로 현금을 수령하고 토지를 처분했다.
4. 이자비용 NT$12,000를 현금으로 지불했다.
5. 현금 NT$166,000를 지불하고 설비를 취득했다.

6. 사채 NT$10,000가 액면가로 상환되었다.
7. 보통주(액면가 NT$1)를 발행하고 현금 NT$130,000를 수령했다.
8. NT$55,000의 배당을 선언하고 2020년에 현금으로 지불했다.
9. 현물 출자를 받고 보통주 NT$30,000를 발행했다.

**해답**

**Dragon Ltd.**
**현금흐름표-간접법**
2020년 1월 1일부터 2020년 12월 31일까지
(단위: NT$1,000)

| | | |
|---|---|---|
| 영업 활동에서의 현금흐름 | | |
| 당기순이익 | | NT$125,000 |
| 현금주의로 조정: | | |
| 감가상각비 | NT$ 33,000 | |
| 유형자산처분손실 | 2,000 | |
| 매출채권 증가 | (42,000) | |
| 재고자산 증가 | (54,000) | |
| 선급비용 감소 | 2,000 | |
| 매입채무 감소 | (17,000) | |
| 미지급비용 증가 | 10,000 | (66,000) |
| 현금 창출액 | | 59,000 |
| 투자 활동에서의 현금흐름 | | |
| 토지 매각 | 25,000 | |
| 유형자산 처분 | 34,000 | |
| 설비 구입 | (166,000) | |
| 현금 사용액 | | (107,000) |
| 재무 활동에서의 현금흐름 | | |
| 사채 상환 | (10,000) | |
| 주식 발행 | 130,000 | |
| 배당금 지급 | (55,000) | |
| 현금 창출액 | | 65,000 |
| 현금 순증가 | | 17,000 |
| 기초 현금액 | | 37,000 |
| 기말 현금액 | | NT$ 54,000 |
| **주석 1** | | |
| **투자 및 재무 활동에서의 비현금 거래** | | |
| 주식 발행으로 토지 취득 | | NT$ 30,000 |

학습목표

현금흐름표를 분석한다.

## 현금흐름을 이용한 기업 평가 _Using Cash Flows to Evaluate a Company

전통적으로 기업을 분석하고 평가할 때 발생주의로 작성한 재무제표를 근거로 다양한 재무 비율을 사용해왔으나 지금은 현금흐름을 바탕으로 한 비율의 유용성이 점차 인정받고 있다.

### 잉여현금흐름 _Free Cash Flow

현금흐름표상 영업 활동으로 조달된 현금을 보면 회사의 현금 조달 능력을 짐작할 수 있다. 그러나 그것만 보면 안 된다. 한 발짝 더 나아가 회사가 마음대로 사용할 수 있는 현금의 크기, 즉 **잉여현금흐름**(free cash flow)을 파악해야 한다.[4] 잉여현금흐름은 영업 활동으로 창출된 현금에서 설비에 대한 일상적인 자본적 지출과 배당을 제하여 산출한다. 지금의 수준을 꾸준히 유지하려면 매년 투자해야 할 금액이 있어야 하고, 주주의 불만을 무마할 최소한의 배당이 필요하기 때문이다. 잉여현금흐름을 구하면 회사의 현금 창출 능력 외에도 어디에 투자할 것인지, 배당을 더 할 것인지 등 회사의 향후 행방에 관한 통찰력을 얻을 수 있다.

예를 들어 MPC라는 회사가 PC 10,000대를 팔고 HK$1,000,000의 현금 창출을 이루었다고 하자. 10,000대를 생산하는 시설을 유지하는 데 드는 자본적 지출이 HK$150,000이고, 주주에게 최소한의 배당금으로 HK$50,000를 지불해야 한다면 잉여현금흐름은 HK$800,000 (HK$1,000,000 − HK$150,000 − HK$50,000)이다. 회사가 새로운 자산을 사거나 추가 배당을 하는 등 자유롭게 사용할 수 있는 돈이 HK$800,000라는 의미이다. 그림 14.15에 잉여현금흐름을 계산하는 공식을 정리했다.

**그림 14.15** 잉여현금흐름의 계산

**잉여현금흐름 = 영업 활동으로 창출된 순현금 − 자본적 지출 − 배당금**

다른 예를 살펴보자. 그림 14.16은 앤하이저부시인베브의 현금흐름표에서 가져온 기본 정보이다.

**그림 14.16** 앤하이저부시인베브의 현금흐름 정보(단위: $100만)

Real World

**Anheuser-Busch InBev**
**현금흐름표**(일부 발췌)

| | | |
|---|---|---|
| 영업 활동에서의 현금흐름 | | $ 17,451 |
| 투자 활동에서의 현금흐름 | | |
| 유형자산 증설 | $ (3,869) | |
| 유가증권 취득 | (99) | |
| 유형자산 처분 | 4,002 | |
| 회사 인수 | (17,439) | |
| 기타 | 7,124 | |
| 투자 활동에서 사용된 현금 계 | | (10,281) |
| 배당금 지급 | | (6,253) |

앤하이저부시인베브의 잉여현금흐름은 그림 14.17과 같이 산출된다.

4 역자 주: 잉여현금흐름은 자유롭게 사용할 수 있다는 뜻을 지닌 영어 'free cash flow'를 번역한 용어이다.

| | |
|---|---|
| 영업 활동의 현금흐름 | $17,451 |
| 차감: 유형자산 취득 | 3,869 |
| 배당금 지급 | 6,253 |
| 잉여현금흐름 | $ 7,329 |

**그림 14.17** 앤하이저부시인베브의 잉여현금흐름(단위: $100만)

앤하이저부시인베브는 영업 활동에서 현금을 많이 창출하지만 상당액을 유형자산에 대한 자본적 지출과 배당으로 소진하고 있어 잉여현금흐름이 생각보다 많지 않다.

## DO IT! 3 잉여현금흐름

다음은 Luó Ltd.의 2020 회계연도 현금흐름표이다.

**Luó Ltd.**
**현금흐름표–간접법**
2020년 1월 1일부터 2020년 12월 31일까지
(단위: ¥1,000)

| | | |
|---|---|---|
| 영업 활동에서의 현금흐름 | | |
| 당기순이익 | | ¥19,000 |
| 현금주의로 조정: | | |
| 감가상각비 | ¥ 8,100 | |
| 유형자산처분손실 | 1,300 | |
| 매출채권 감소 | 6,900 | |
| 재고자산 증가 | (4,000) | |
| 매입채무 감소 | (2,000) | 10,300 |
| 현금 창출액 | | 29,300 |
| 투자 활동에서의 현금흐름 | | |
| 투자주식 처분 | 1,100 | |
| 설비 구입 | (19,000) | |
| 현금 사용액 | | (17,900) |
| 재무 활동에서의 현금흐름 | | |
| 주식 발행 | 10,000 | |
| 장기지급어음 상환 | (5,000) | |
| 배당금 지급 | (9,000) | |
| 현금 사용액 | | (4,000) |
| 현금 순증가 | | 7,400 |
| 기초 현금액 | | 10,000 |
| 기말 현금액 | | ¥17,400 |

a. Luó Ltd.의 잉여현금흐름을 구하라.

b. 영업 활동에서의 현금흐름보다 잉여현금흐름이 더 나은 정보를 알려주는 이유를 설명하라.

**해답**

a. 잉여현금흐름(단위: ¥1,000) = ¥29,300 − ¥19,000 − ¥9,000 = ¥1,300

b. 영업 활동에서의 현금흐름은 회사의 현금 창출 능력을 나타내지만 회사가 자유롭게 사용할 수 있는 돈이 아니다. 반면에 잉여현금흐름은 영업 활동으로 조달된 현금에서 현 상태를 유지하기 위해 불가결한 지출인 자본적 지출과 배당을 제외한 금액으로, 회사가 실제로 자유롭게 사용할 수 있는 돈이다. 따라서 단순히 사업에서 창출된 현금 이상의 정보를 알려준다.

학습목표

직접법으로 현금흐름표를 작성하는 방법을 이해한다.

## 부록 14A 현금흐름표-직접법 _Statement of Cash Flows-Direct Method

Computer Services International의 현금흐름표를 직접법으로 작성해보자. 이 회사의 2개 연도 비교재무상태표와 당기 손익계산서, 기타 필요한 정보는 그림 14A.1을 참조하라.

**그림 14A.1** Computer Services International의 비교재무상태표, 손익계산서, 기타 정보

**Computer Services International**
**비교재무상태표**
12월 31일 현재

| 자산 | 2020 | 2019 | 계정 금액의 증감 |
|---|---|---|---|
| 유형자산 | | | |
| 토지 | €130,000 | € 20,000 | €110,000 증가 |
| 건물 | 160,000 | 40,000 | 120,000 증가 |
| 감가상각누계액-건물 | (11,000) | (5,000) | 6,000 증가 |
| 설비 | 27,000 | 10,000 | 17,000 증가 |
| 감가상각누계액-설비 | (3,000) | (1,000) | 2,000 증가 |
| 유동자산 | | | |
| 선급비용 | 5,000 | 1,000 | 4,000 증가 |
| 재고자산 | 15,000 | 10,000 | 5,000 증가 |
| 매출채권 | 20,000 | 30,000 | 10,000 감소 |
| 현금 | 55,000 | 33,000 | 22,000 증가 |
| 자산 계 | €398,000 | €138,000 | |
| **자본과 부채** | | | |
| 자본 | | | |
| 자본금 | € 70,000 | € 50,000 | € 20,000 증가 |
| 이익잉여금 | 164,000 | 48,000 | 116,000 증가 |
| 비유동부채 | | | |
| 사채 | 130,000 | 20,000 | 110,000 증가 |
| 유동부채 | | | |
| 매입채무 | 28,000 | 12,000 | 16,000 증가 |
| 미지급 법인세비용 | 6,000 | 8,000 | 2,000 감소 |
| 자본과 부채 계 | €398,000 | €138,000 | |

**Computer Services International**
**손익계산서**
2020년 1월 1일부터 2020년 12월 31일까지

| | | |
|---|---|---|
| 매출 | | €507,000 |
| 매출원가 | €150,000 | |
| 판매관리비(감가상각비 제외) | 111,000 | |
| 감가상각비 | 9,000 | |
| 유형자산처분손실 | 3,000 | |
| 이자비용 | 42,000 | 315,000 |
| 법인세비용 차감 전 순이익 | | 192,000 |
| 법인세비용 | | 47,000 |
| 당기순이익 | | €145,000 |

**추가 자료**

1. 건물 감가상각비 €6,000와 설비 감가상각비 €3,000를 인식했다.
2. 장부가가 €7,000(원가 €8,000, 감가상각누계액 €1,000)인 설비를 현금 €4,000를 받고 처분했다.
3. 사채 €110,000를 발행하여 토지와 교환했다.
4. 건물을 현금 €120,000에 취득하고 설비를 현금 €25,000에 취득했다.
5. 주식을 발행하고 현금 €20,000를 수령했다.
6. 배당금 €29,000를 현금으로 지불했다.

이러한 정보를 바탕으로 그림 14.4에서 소개한 3단계 방식을 적용하여 직접법으로 현금흐름표를 작성해보자.

## 1단계: 영업 활동 _Step 1: Operating Activities

직접법은 발생주의 기준 당기순이익을 현금주의 기준으로 전환하는 것은 간접법과 같지만, 손익계산서의 계정 각 항목별로 순현금흐름을 파악하고 현금 수입액에서 현금 지출액을 차감하여 영업 활동에서의 현금흐름을 산출하는 형식을 띠는 것이 다르다(그림 14A.2 참조).

**그림 14A.2** 현금 수입과 현금 지출

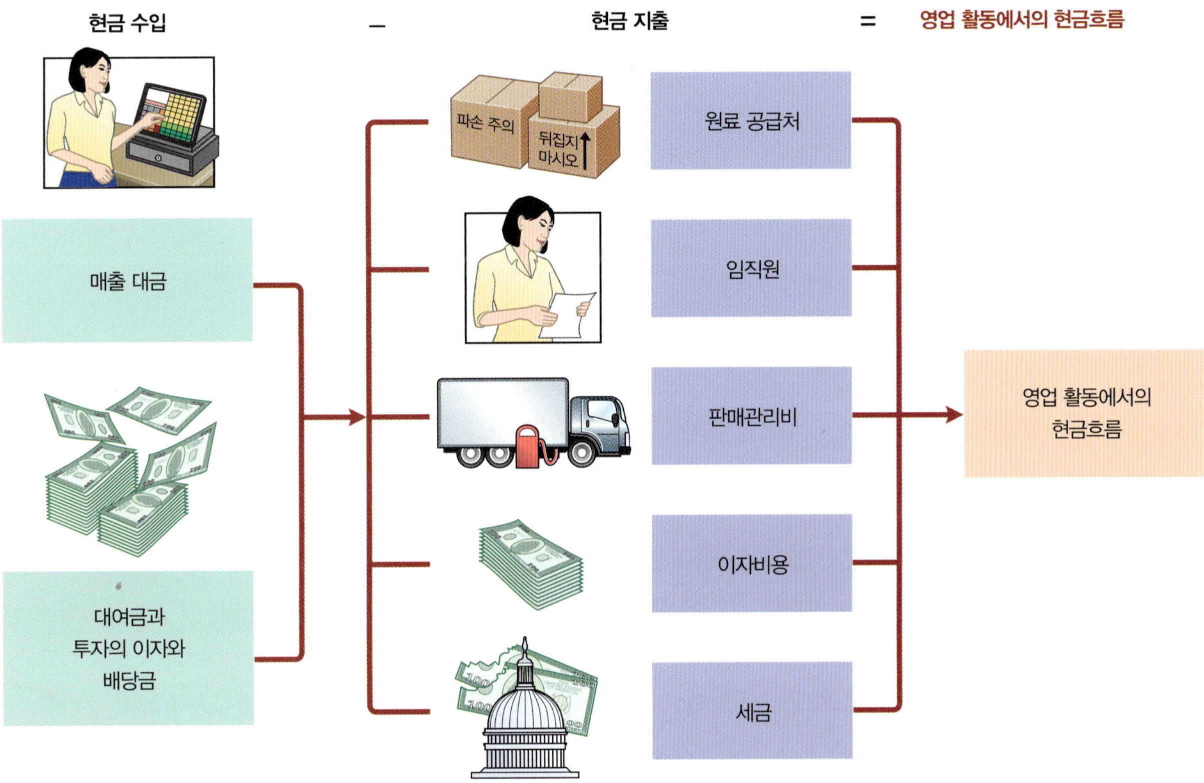


직접법에서 가장 편한 방식은 다음과 같이 손익계산서의 항목별로 현금 수입액과 지출액을 직접 산출하는 것이다.

**매출처로부터의 대금 수령** Computer Services International의 손익계산서상 매출 총액은 €507,000이다. 이 중 얼마가 현금으로 입금되었는지는 매출채권의 증감을 감안해야 알 수 있다. 매출채권이 증가하면 발생주의로 인식된 매출이 현금 수입보다 많은 것이니 총매출에서 매출채권의 증가를 차감해야 현금 수입액이 산출된다. 반대로 매출채권이 감소하면 당기 매출에 전기 채권이 현금화되었으니 현금 수입액이 매출보다 크다는 것을 알 수 있다. 이 경우에는 매출채권의 감소액을 매출에 가산하여 현금 수입액을 산출한다. Computer Services International은 매출채권이 €10,000 감소했으므로 매출에서의 현금 수입액은 €517,000이다

(그림 14A.3 참조).

그림 14A.3 매출에서의 현금 흐름 계산

| | |
|---|---|
| 매출 | €507,000 |
| 가산: 매출채권 감소 | 10,000 |
| 거래처로부터의 현금 수입액 | €517,000 |

HINT
T 계정으로 보면 매출에 매출채권 감소를 더한 것이 현금 수입액임을 알 수 있다.

매출채권에서의 현금 수입액은 그림 14A.4와 같이 T 계정을 그려 증감 원인을 분석하는 방법으로도 쉽게 알 수 있다.

그림 14A.4 매출채권 계정 분석

| 매출채권 | | | | |
|---|---|---|---|---|
| 2020년 1월 1일 | 기초 잔액 | 30,000 | 거래처로부터의 현금 수입액 | 517,000 |
| | 매출 | 507,000 | | |
| 2020년 12월 31일 | 기말 잔액 | 20,000 | | |

매출과 매출채권의 증감, 현금 수입액의 관계를 그림 14A.5에 다시 정리했다.

그림 14A.5 매출에서의 현금 수입액 계산 공식(직접법)

거래처로부터의 현금 수입액 = 매출 { + 매출채권 감소 / 또는 / − 매출채권 증가 }

**매입처에 대금 지불** Computer Services International의 손익계산서상 매출원가는 €150,000이다. 이 중 매입처에 지불한 대금을 알려면 먼저 매입 금액을 알아야 한다. 매입을 산출하는 공식은 '매출원가 + 기말 재고 − 기초 재고'로, 이는 매출원가를 산출하는 공식인 '기초 재고 + 매입 − 기말 재고'에서 역산한 것이다. 즉 재고가 증가하면 매입은 매출원가에 재고 증가를 가산한 금액이 되므로 2020년 Computer Services International의 매입은 매출원가에 재고자산 증가 €5,000를 더한 €155,000가 된다(그림 14A.6 참조).

그림 14A.6 매입의 계산

| | |
|---|---|
| 매출원가 | €150,000 |
| 가산: 재고자산 증가 | 5,000 |
| 매입 | €155,000 |

매입을 결정했으면 이 중 얼마를 현금으로 지불했는지는 매입채무를 분석해야 알 수 있다. 매입채무가 증가하면 외상으로 산 것이니 매입에서 차감해야 하고, 반대로 매입채무가 감소하면 전기의 매입채무를 당기에 지불한 것이니 매입에 가산해야 매입으로 인한 당기 현금 지출액이 산출된다. 따라서 그림 14A.7과 같이 계산해보면 Computer Services International의 현금 지출액은 €139,000이다.

**그림 14A.7** 매입처에 현금 지급

| | |
|---|---|
| 매입 | €155,000 |
| 차감: 매입채무 증가 | 16,000 |
| **매입처에 현금 지급** | **€139,000** |

HINT
T 계정으로 보면 매입에서 매입채무 증가를 차감하면 매입처에 대한 현금 지불액임을 알 수 있다.

T 계정으로 매입채무를 분석해도 이를 알 수 있다. 그림 14A.8은 Computer Services International의 매입채무 계정을 분석한 것이다.

**그림 14A.8** 매입채무 계정 분석

**매입채무**

| | | | | |
|---|---|---|---|---|
| 매입처에 대금 지급 | 139,000 | 2020년 1월 1일 | 기초 잔액 | 12,000 |
| | | | 매입 | 155,000 |
| | | 2020년 12월 31일 | 기말 잔액 | 28,000 |

매입처에 대한 현금 지불과 매출원가, 재고자산 및 매입채무 증감의 상관관계를 그림 14A.9에 정리했다.

**그림 14A.9** 매입처에 대한 현금 지불액 계산 공식(직접법)

**매입처에 대한 현금 지불** = **매출원가** { + **재고자산 증가** 또는 − **재고자산 감소** } { + **매입채무 감소** 또는 − **매입채무 증가** }

**판매관리비의 현금 지출** Computer Services International은 손익계산서에 판매관리비로 €111,000를 계상했는데, 이 중 얼마를 현금으로 지출했는지는 선급비용과 미지급비용을 분석해야 알 수 있다. 선급비용이 증가하면 판매관리비에 가산하고 선급비용이 감소하면 차감한다. 또한 미지급비용이 증가하면 판매관리비에서 차감하고 미지급비용이 감소하면 가산한다. 분개를 해보면 이를 쉽게 알 수 있다. 선급비용이 증가하면 상대 계정은 현금의 대변, 즉 현금 지출이다. 그런데 당기순이익에는 비용이 아니어서 빠져 있으니 판매관리비에 가산하는 것이다. 이러한 방식으로 계산해보면 Computer Services International의 판매관리비로 인한 현금 지출은 €115,000이다(그림 14A.10 참조).

**그림 14A.10** 판매관리비의 현금 지출 계산

| | |
|---|---|
| 판매관리비 | €111,000 |
| 가산: 선급비용 증가 | 4,000 |
| **판매관리비의 현금 지출** | **€115,000** |

판매관리비의 현금 지출과 선급비용, 미지급비용의 관계를 그림 14A.11에 정리했다.

**그림 14A.11** 판매관리비의 현금 지출액 계산 공식(직접법)

$$\text{판매관리비의 현금 지출} = \text{판매관리비} \begin{cases} + \text{ 선급비용 증가} \\ \text{또는} \\ - \text{ 선급비용 감소} \end{cases} \begin{cases} + \text{ 미지급비용 감소} \\ \text{또는} \\ - \text{ 미지급비용 증가} \end{cases}$$

**감가상각비와 유형자산처분손실** 2020년 회계기간 동안 Computer Services International이 인식한 감가상각비는 €9,000이다. 그런데 감가상각비는 현금 지출을 수반하는 거래가 아니므로 직접법으로 작성하는 현금흐름표에서는 표시하면 안 된다. 혹시 판매관리비 안에 포함되어 있다면 제외한다. 유형자산처분손실 €3,000도 마찬가지이다. 현금 지출을 수반하는 거래가 아니므로 현금흐름표에 나타나면 안 된다. 무형자산상각이나 대손상각도 그렇다. 다만 유형자산처분이익은 현금 수입을 수반하는 거래이지만 투자 활동으로 보고되므로 유형자산 처분으로 인한 현금 수입액에 포함한다.

**이자비용의 현금 지급** Computer Services International의 경우 이자비용 €42,000는 미지급이자비용이 없으니 전액 현금으로 지급한 것임을 알 수 있다.

**법인세비용의 현금 지급** Computer Services International의 손익계산서상 법인세비용은 €47,000인데 미지급 법인세비용이 €2,000 감소했다. 따라서 법인세비용의 현금 지출액은 €49,000이다(그림 14A.12 참조).

**그림 14A.12** 법인세비용의 현금 지출

| | |
|---|---|
| 법인세비용 | €47,000 |
| 가산: 미지급 법인세비용 감소 | 2,000 |
| **법인세비용의 현금 지출액** | **€49,000** |

법인세비용의 현금 지출과 법인세비용, 미지급 법인세비용의 관계를 그림 14A.13에 정리했다.

**그림 14A.13** 법인세비용의 현금 지출액 계산 공식(직접법)

$$\text{법인세비용의 현금 지출} = \text{법인세비용} \begin{cases} + \text{ 미지급 법인세비용 감소} \\ \text{또는} \\ - \text{ 미지급 법인세비용 증가} \end{cases}$$

그림 14A.14는 이러한 내용을 토대로 Computer Services International의 현금흐름표상 영업 활동에서의 현금흐름을 직접법으로 작성한 것이다.

**그림 14A.14** 영업 활동에서의 현금흐름

| | | |
|---|---|---|
| 영업 활동에서의 현금흐름 | | |
| 판매 대금 수령 | | €517,000 |
| 차감: 현금 지출 | | |
| 매입 대금 | €139,000 | |
| 판매관리비 | 115,000 | |
| 이자비용 | 42,000 | |
| 법인세비용 | 49,000 | 345,000 |
| 현금 창출액 | | €172,000 |

한편 IFRS는 직접법으로 영업 활동에서의 현금흐름을 산출했다면 간접법으로 당기순이익에서 조정 항목을 통해 구하는 방식도 별도의 공시로 요구한다는 것에 유의하라.

## 2단계: 투자 및 재무 활동 _Step 2: Investing and Financing Activities

비유동자산과 비유동부채를 분석하여 투자 및 재무 활동을 찾아내고 비현금 거래로 표시한다.

**토지 증가** 추가 자료에 따르면 Computer Services International은 €110,000의 사채를 발행하여 토지를 취득했다. 이는 현금을 수반하는 거래가 아니지만 주요한 재무 및 투자 활동으로 주석에 공시한다(그림 14A.16 참조).

HINT
투자 및 재무 활동은 직접법이든 간접법이든 내용이 동일하다.

**건물 증가** Computer Services International은 현금 €120,000를 주고 건물을 취득했는데, 이는 투자 활동으로 보고한다(그림 14A.16 참조).

**설비 증가** 설비 계정이 €17,000 증가했는데, 추가 자료에 따르면 €25,000의 설비를 취득하고 원가 €8,000의 설비를 현금 €4,000를 받고 처분한 결과이다. 유형자산의 취득과 처분은 투자 활동이며, 현금 지출 €25,000와 현금 입금 €4,000를 구분하여 별도로 표시한다(그림 14A.16 참조). 그림 14A.15의 T 계정을 참조하면 현금 유출입 관계를 쉽게 파악할 수 있다.

**그림 14A.15** 설비 계정 분석

설비

| | | | | |
|---|---|---|---|---|
| 2020년 1월 1일 | 기초 잔액 | 10,000 | 설비 처분 | 8,000 |
| | **설비 구입** | **25,000** | | |
| 2020년 12월 31일 | 기말 잔액 | 27,000 | | |

다음은 T 계정과 관련된 설비 처분의 분개이다.

| | | |
|---|---|---|
| 현금 | 4,000 | |
| 감가상각누계액 | 1,000 | |
| 유형자산처분손실 | 3,000 | |
| 설비 | | 8,000 |

| A | = | L | + | E |
|---|---|---|---|---|
| +4,000 | | | | |
| +1,000 | | | | |
| | | | | −3,000 비용 |
| −8,000 | | | | |

현금 유입
+4,000

**사채 증가** 사채 €110,000가 증가했는데, 이는 토지를 취득하기 위해 발행한 것이므로 그림 14A.16과 같이 비현금 거래로 공시한다.

**자본금 증가** 주식을 발행하여 현금 €20,000를 조달했다(그림 14A.16 참조).

HINT
주식이나 사채를 발행하여 현금을 조달하면 액면가가 아닌 실제 수령액에 의해 재무 활동으로 공시한다.

**이익잉여금 증가** 이익잉여금이 €116,000 증가했는데, 이는 당기순이익 €145,000로 인한 증가와 €29,000의 배당금 지급으로 인한 감소의 결과이다. 당기순이익은 이미 영업 활동으로 작성했으니 배당금 지급만 재무 활동으로 공시한다(그림 14A.16 참조).

### 현금흐름표-2020 회계연도 _Statement of Cash Flows-2020

Computer Services International의 완성된 현금흐름표는 그림 14A.16과 같다.

**그림 14A.16** 2020 회계연도 현금흐름표(직접법)

| Computer Services International<br>현금흐름표–직접법<br>2020년 1월 1일부터 2020년 12월 31일까지 | | |
|---|---|---|
| 영업 활동에서의 현금흐름 | | |
| 판매 대금 수령 | | €517,000 |
| 차감: 현금 지출 | | |
| 매입 대금 | € 139,000 | |
| 판매관리비 | 115,000 | |
| 법인세비용 | 49,000 | |
| 이자비용 | 42,000 | 345,000 |
| 현금 창출액 | | 172,000 |
| 투자 활동에서의 현금흐름 | | |
| 건물 취득 | (120,000) | |
| 설비 구입 | (25,000) | |
| 유형자산 처분 | 4,000 | |
| 현금 사용액 | | (141,000) |
| 재무 활동에서의 현금흐름 | | |
| 주식 발행 | 20,000 | |
| 배당금 지급 | (29,000) | |
| 현금 사용액 | | (9,000) |
| 현금 순증가 | | 22,000 |
| 기초 현금액 | | 33,000 |
| 기말 현금액 | | € 55,000 |
| **주석 1** | | |
| **투자 및 재무 활동에서의 비현금 거래** | | |
| 토지 구입을 위한 사채 발행 | | €110,000 |

### 3단계: 현금의 증감 _Step 3: Net Change in Cash

현금흐름표의 순증감이 비교재무상태표의 현금과 일치하는지 비교한다. 그림 14A.16은 현금 €22,000가 순증가했음을 보여주는데, 이는 그림 14A.1에 제시한 재무상태표의 현금 변동액과 일치한다. 현금흐름표의 전체적인 구조가 제대로 되었음을 알 수 있다.

**학습목표**

T 계정법으로 현금흐름표를 작성하는 방법을 이해한다.

## 부록 14B 현금흐름표–T 계정법

_Statement of Cash Flows–T-Account Approach

1장에서 배운 회계 항등식과 T 계정에 의한 포스팅은 이해하기가 쉽기 때문에 실무에서 현금흐름표 작성에 이를 많이 사용한다. 따라서 T 계정법으로 현금흐름표를 작성하는 방법을 알아보자.

먼저 회계 항등식을 다시 보자.

**자산 = 부채 + 자본**

자산을 상세하게 풀어 쓰면 다음과 같다.

| 현금 | + | 비현금자산 | = | 부채 | + | 자본 |
|---|---|---|---|---|---|---|

비유동자산을 양변에서 똑같이 뺀다.

| 현금 | = | 부채 | + | 자본 | − | 비현금자산 |
|---|---|---|---|---|---|---|

이를 변동액을 뜻하는 Δ로 표시한다.

| Δ 현금 | = | Δ 부채 | + | Δ 자본 | − | Δ 비현금자산 |
|---|---|---|---|---|---|---|

공식상 현금의 변화는 재무상태표의 다른 계정의 모든 변화로 파악할 수 있다. 즉 부채와 자본의 변동은 자산의 변동인데 이 중 비현금자산에 영향을 준 것을 빼고 나면 현금의 변동이 된다는 뜻이다. 이러한 개념을 이용하여 기중에 발생한 분개를 계정별 T 계정에 직접 기입해봄으로써 현금 계정에 미치는 거래를 찾아낼 수 있다. 기중에 일어난 거래를 모두 추적하여 T 계정에 직접 분개를 해보면 현금흐름에 영향을 미치는 거래는 모두 현금의 계정에 나타나게 마련이다. 이를 영업, 재무, 투자 활동으로 분류하면 현금흐름표가 된다.

구체적인 방법은, 먼저 현금의 T 계정을 큼지막하게 그린 뒤 가로로 2개의 선을 그어 영업, 재무, 투자 활동으로 나눈다. 그런 다음 부채와 자본, 비현금자산에 속하는 많은 T 계정을 적당한 크기로 그리고 기초 금액과 기말 금액을 모두 기입한다. 준비가 되면 그림 14.4의 현금흐름표 작성 3단계 과정을 되새기면서 각 T 계정의 차변과 대변에 기중에 일어난 분개를 하나씩 기입해본다. 즉 현금 계정을 비롯하여 모든 계정의 변동이 분개를 통해 '기초 + 변동 = 기말'이 모두 설명되면 작업이 끝난다. 그런 다음 현금 계정에 집계되어 나타난 거래를 보고 현금흐름표를 요령껏 작성하면 된다.

예로 Computer Services International의 자료를 가지고 T 계정법으로 현금흐름표를 작성해보자. 그림 14B.1처럼 번호를 붙이면서 분개를 기입한다. 그래야 분개 내용을 헷갈리지 않고 추적할 수 있어 편리하다.

1. 가장 먼저 할 분개는 손익 거래, 즉 당기순이익의 발생이다. 당기순이익은 자본의 이익잉여금 계정의 대변에 발생하고 차변은 현금을 비롯한 다양한 계정이 될 것이다. 그러나 일단 현금으로 모두 분개한다. 그런 다음 실제로는 부채의 증감과 비현금자산의 증감을 초래했던 손익 거래를 찾아내어 이익잉여금 대신 현금 계정에 분개하면 영업 활동에서 창출되는 현금흐름이 저절로 계산된다. 즉 부채의 증가를 초래하는 손익 거래는 부채의 대변과 현금의 차변(가산)에 분개하고, 부채의 감소를 초래하는 손익 거래는 부채의 차변과 현금의 대변(감소)에 분개한다. 또한 비현금자산의 증가를 초래하는 손익 거래는 비현금자산의 차변과 현금의 대변(감소)에 분개하고, 비현금자산의 감소를 초래하는 손익 거래는 비현금자산의 대변과 현금의 차변(가산)에 분개한다.
2. 다음은 감가상각비의 분개이다. 감가상각비의 인식은 원래 감가상각누계액의 대변에 증가로 기입하고 차변은 당기순이익인 이익잉여금이 되어야 하나, 1번에서 모든 당기순이익을

이미 이익잉여금에서 현금 계정으로 옮겨놓았으니 이익잉여금 계정 대신 현금 계정의 영업 활동 차변에 기입한다.

3. 유형자산의 처분은 아래 분개를 통해 장부에 반영되었을 것이므로 각 계정을 찾아 숫자를 기입해본다. 단, 유형자산처분손실 €3,000는 이익잉여금 계정의 차변에 분개되어야 하나, 이미 현금 계정으로 당기순이익을 옮겨 적었으므로 대신 현금 계정의 영업 활동 차변에 기록한다. 그리고 처분으로 인한 현금 증가는 현금의 영업 활동이 아닌 투자 활동으로 기입한다. 이에 따라 현금 €4,000는 현금 계정의 투자 활동으로 기입하고 설비의 대변과 감가상각누계액의 차변에 각각 €8,000, €1,000를 기입한다.

| | | |
|---|---|---|
| 현금 | 4,000 | |
| 감가상각누계액 | 1,000 | |
| 유형자산처분손실 | 3,000 | |
| 설비 | | 8,000 |

**그림 14B.1** T 계정법

**현금**

| | | | |
|---|---|---|---|
| **영업 활동** | | | |
| (1) 당기순이익 | 145,000 | 5,000 | 재고자산 (5) |
| (2) 감가상각비 | 9,000 | 4,000 | 선급비용 (6) |
| (3) 유형자산처분손실 | 3,000 | 2,000 | 미지급 법인세비용 (8) |
| (4) 매출채권 | 10,000 | | |
| (7) 매입채무 | 16,000 | | |
| 현금 창출액 | 172,000 | | |
| **투자 활동** | | | |
| (3) 유형자산처분손실 | 4,000 | 120,000 | 건물 취득 (10) |
| | | 25,000 | 설비 구입 (11) |
| | | 141,000 | 현금 창출액 |
| **재무 활동** | | | |
| (12) 주식 발행 | 20,000 | 29,000 | 배당금 지급 (13) |
| | | 9,000 | 현금 창출액 |
| | 22,000 | | |

**매출채권**

| 차변 | 대변 |
|---|---|
| 30,000 | |
| | 10,000 (4) |
| 20,000 | |

**재고자산**

| 차변 | 대변 |
|---|---|
| 10,000 | |
| (5) 5,000 | |
| 15,000 | |

**선급비용**

| 차변 | 대변 |
|---|---|
| 1,000 | |
| (6) 4,000 | |
| 5,000 | |

**토지**

| 차변 | 대변 |
|---|---|
| 20,000 | |
| (9) 110,000 | |
| 130,000 | |

**건물**

| 차변 | 대변 |
|---|---|
| 40,000 | |
| (10) 120,000 | |
| 160,000 | |

**감가상각누계액-건물**

| 차변 | 대변 |
|---|---|
| | 5,000 |
| | 6,000 (2) |
| | 11,000 |

**설비**

| 차변 | 대변 |
|---|---|
| 10,000 | |
| (11) 25,000 | 8,000 (3) |
| 27,000 | |

**감가상각누계액-설비**

| 차변 | 대변 |
|---|---|
| | 1,000 |
| (3) 1,000 | 3,000 (2) |
| | 3,000 |

**매입채무**

| 차변 | 대변 |
|---|---|
| | 12,000 |
| | 16,000 (7) |
| | 28,000 |

**미지급 법인세비용**

| 차변 | 대변 |
|---|---|
| | 8,000 |
| (8) 2,000 | |
| | 6,000 |

**사채**

| 차변 | 대변 |
|---|---|
| | 20,000 |
| | 110,000 (9) |
| | 130,000 |

**자본금**

| 차변 | 대변 |
|---|---|
| | 50,000 |
| | 20,000 (12) |
| | 70,000 |

**이익잉여금**

| 차변 | 대변 |
|---|---|
| | 48,000 |
| | 145,000 (1) |
| (13) 29,000 | |
| | 164,000 |

**4~8.** 다음으로 유동자산과 유동부채의 비현금 거래를 반영한다. 예를 들어 매출채권의 €10,000 감소는 현금의 증가이므로 매출채권의 대변과 현금 계정의 영업 활동 차변에 기입한다.

**9.** 비유동자산의 비현금 거래를 반영하는데, 토지는 사채 발행으로 취득했으니 토지의 차변과 사채 계정의 대변에 €110,000를 기입한다. 이는 비현금 거래로 주석에 공시한다.

**10.** 건물 취득은 건물 계정의 차변과 현금 계정의 투자 활동 대변에 €120,000를 기입한다.

**11.** 설비 취득은 설비 계정의 차변과 현금 계정의 투자 활동 대변에 €25,000를 기입한다.

**12.** 주식 발행을 통한 증자는 자본금 계정의 대변과 현금 계정의 재무 활동 차변에 €20,000를 기입한다.

**13.** 배당금 지급은 이익잉여금 계정의 차변과 현금 계정의 재무 활동 대변에 €29,000를 기입한다.

역자 한마디
실무에서는 굳이 T 계정을 그리지 않고 엑셀 같은 스프레드시트 프로그램을 사용하여 현금 계정의 증감을 'Δ부채 + Δ자본 − Δ비현금자산'으로 정리한 후 이를 영업, 투자, 재무 활동으로 최선을 다하여 구분하기만 하면 현금흐름표를 수월하게 작성할 수 있다.

이렇게 T 계정을 그려 직접 분개해봄으로써 모든 계정의 금액 변동에 대해 설명할 수 있다. 그 후 현금 계정에 집계된 거래 내역으로 현금흐름표를 작성하면 된다.

## 단원 요약

### 1 현금흐름표: 유용성과 형식

현금흐름표는 일정 회계기간 동안 현금의 유출입과 그 변동액을 영업 활동, 투자 활동, 재무 활동으로 구분하여 나타내는 재무제표이다. 영업 활동은 이익을 창출하는 과정, 투자 활동은 영업 활동의 틀을 만드는 과정, 재무 활동은 그 틀을 만들기 위해 필요한 자금을 형성하는 과정이다. 따라서 영업 활동에서의 현금흐름은 손익 계정과 관련이 깊고, 투자 활동에서의 현금흐름은 비유동자산의 취득과 처분 과정으로 나타나며, 재무 활동에서의 현금흐름은 비유동부채와 자본의 변동으로 나타난다.

### 2 현금흐름표 작성–간접법

현금흐름표는 3단계로 작성한다. ① 영업 활동에서의 현금흐름을 알기 위해 발생주의의 당기순이익을 현금주의로 전환하고, ② 비유동자산과 비유동부채, 자본금을 분석하여 투자 및 재무 활동에서의 현금흐름을 찾아내고 비현금 거래를 주석으로 공시하며, ③ 현금흐름표상 현금의 변동과 재무상태표상 현금의 변동이 일치하는지 비교한다. 간접법은 영업 활동에서의 현금흐름을 당기순이익에 현금흐름을 수반하지 않는 손익을 가감한 후 유동자산과 유동부채의 증감을 조정하여 산출하는 방식이다.

### 3 현금흐름을 이용한 기업 평가

잉여현금흐름은 추가 배당과 사업 확장 목적에 사용할 수 있는, 당해 연도에 창출된 현금을 말한다.

### *4 현금흐름표–직접법

직접법은 영업 활동에서의 현금흐름에 대해 손익 항목별로 현금 수입과 지출을 직접 표시하는 방법이다.

### *5 현금흐름표–T 계정법

T 계정법은 ① 현금의 T 계정을 크게 그리고 영업, 투자, 재무 활동으로 구분하며, ② 현금을 제외한 각 계정의 T 계정을 준비한 후, ③ 각 T 계정의 기초 금액과 기말 금액을 기록하고, ④ 그림 14B.1에 따라 분개를 기입하여 현금 계정에 일어난 거래를 찾아낸다.

5 이 장의 부록과 관련된 것은 별표(*)로 표시했다.

## 핵심 용어

**간접법(indirect method)** 영업 활동에서 조달된 현금흐름을 산출하는 방법으로, 당기순이익에 현금 유출입을 수반하지 않는 거래를 가감하여 산출함

**영업 활동(operating activity)** 이익을 창출하기 위해 수익과 비용을 만드는 행위

**잉여현금흐름(free cash flow)** 영업 활동에서 조달된 현금에서 최소한의 자본적 지출과 배당금을 제외한 금액

**재무 활동(financing activity)** 자본을 조달하는 활동으로, 사채 발행과 상환, 주식 발행 및 자기주식 취득과 배당금 지급 등으로 구성됨

**직접법(direct method)** 영업 활동에서의 현금흐름에 대해 손익 항목별로 현금의 수령과 지출을 표시하는 방법으로 현금흐름표의 본연의 목적에 더 부합함

**투자 활동(investing activity)** 조달된 자본으로 사업의 틀을 만드는 활동으로, 투자와 유형자산을 취득하고 처분하는 행위, 자금을 대여하고 회수하는 행위 등으로 구성됨

**현금흐름표(statement of cash flows)** 현금 수입과 지출로 인한 현금의 순증가를 영업, 투자, 재무 활동별로 구분하여 보여주는 기본 재무제표

## 객관식 문제

**1** 현금흐름표에 대한 설명으로 옳지 않은 것은?

a. 필수 재무제표이다.
b. 회계기간 동안 현금의 수령과 지출을 보여준다.
c. 현금 예금 계정의 회사 장부상 금액과 은행 기록 간의 차이를 조정한 표이다.
d. 영업, 투자, 재무 활동에 대한 정보를 나타낸다.

**2** 다음 중 현금흐름표에 표시되지 않는 것은?

a. 유형자산의 순변동
b. 유형자산 취득에 사용된 현금
c. 유형자산 처분으로 수령한 현금
d. 배당금으로 지출한 현금

**3** 다음 중 현금흐름표에 구분하여 표시하는 활동은?

a. 영업과 비영업 활동
b. 투자, 재무, 영업 활동
c. 재무, 영업, 비영업 활동
d. 투자, 재무, 비영업 활동

**4** 다음 중 현금흐름표상 영업 활동에 속하는 것은?

a. 자금을 빌려준 은행에 이자 지급
b. 주식 발행으로 현금 수령
c. 주주에게 배당금 지급
d. 위의 보기 모두 해당되지 않음

**5** 다음 중 현금흐름표상 투자 활동에 속하는 것은?

a. 사채를 발행하고 현금 수령
b. 발행 주식을 취득하고 현금 지출
c. 설비를 처분하고 현금 수령
d. 원료 공급처에 대금 지불

**6** 주주에게 배당금을 지급하는 행위는 현금흐름표상 어떤 활동에 속하는가?

a. 영업 활동
b. 투자 활동
c. 영업 활동과 투자 활동
d. 재무 활동

**7** 다음 중 재무 활동에 속하는 것은?

a. 토지를 처분하고 현금 수령
b. 사채 발행으로 현금 조달
c. 현금으로 설비 구입
d. 이자 수령

**8** 현금흐름표에 대한 설명으로 옳지 않은 것은?

a. 영업 활동에서의 현금흐름을 직접법으로 표시할 수 있다.
b. 3개 활동에서의 현금흐름을 표시한다.
c. 영업 활동을 맨 마지막에 표시한다.
d. 영업 활동에서의 현금흐름을 간접법으로 표시할 수 있다.

**9** 회계기간 동안 당기순이익이 £132,000 발생하고 매입채무 증가가 £10,000, 재고자산 감소가 £6,000, 매출채권 증가가 £12,000일 때 간접법을 통해 산출한 영업 활동에서의 현금흐름은 얼마인가?

a. £102,000　　b. £112,000
c. £124,000　　d. £136,000

**10** 간접법으로 영업 활동에서의 현금흐름을 산출할 때 당기순이익에 가산하는 조정 항목이 아닌 것은?

a. 유형자산 감가상각비
b. 재고 증가
c. 무형자산 감가상각비
d. 설비처분손실

**11** 다음은 Allen Clapp Ltd.의 자료이다.

| | |
|---|---|
| 당기순이익 | HK$2,000,000 |
| 감가상각비 | 400,000 |
| 배당금 지급 | 600,000 |
| 토지처분이익 | 100,000 |
| 매출채권 감소 | 200,000 |
| 매입채무 감소 | 300,000 |

영업 활동으로 조달된 현금흐름은 얼마인가?

a. HK$1,600,000 b. HK$2,200,000
c. HK$2,400,000 d. HK$2,800,000

**12** 다음은 Orange Peels Ltd.의 자료이다.

| | |
|---|---|
| 토지 처분 | NT$1,000,000 |
| 설비 처분 | 500,000 |
| 주식 발행 | 700,000 |
| 설비 구입 | 300,000 |
| 배당금 지급 | 600,000 |

투자 활동으로 조달된 현금흐름은 얼마인가?

a. NT$1,200,000 b. NT$1,300,000
c. NT$1,500,000 d. NT$1,900,000

**13** 다음은 Something Strange의 자료이다.

| | |
|---|---|
| 매입채무 증가 | € 40,000 |
| 사채 증가 | 100,000 |
| 투자주식 처분 | 50,000 |
| 주식 발행 | 60,000 |
| 배당금 지급 | 30,000 |

재무 활동으로 조달된 현금흐름은 얼마인가?

a. €90,000 b. €130,000
c. €160,000 d. €170,000

**14** 현금흐름표는 기업의 어떤 능력을 평가하는 데 사용할 수 없는가?

a. 당기순이익 창출 능력
b. 미래의 현금 창출 능력
c. 배당금 지급 가능액
d. 부채 변제 능력

**15** 잉여현금흐름은 기업의 무슨 능력을 의미하는가?

a. 당기순이익 창출 능력
b. 추가 배당금 지불 능력
c. 새로운 자본적 지출
d. (b)와 (c)

*__16__ 매출채권의 기초 금액과 기말 금액이 각각 €44,000, €42,000이고 매출이 €129,000일 때 판매처로부터 매출로 수령한 금액은 얼마인가?

a. €127,000 b. €129,000
c. €131,000 d. €141,000

*__17__ 다음 중 직접법의 현금흐름표에 표시되는 것은?

a. 건물처분손실 b. 매출채권 증가
c. 감가상각비 d. 공급처에 대금 지불

## 기초 확인 문제

**1** 다음은 Covey AG의 현금 계정이다.

현금

| | | | |
|---|---|---|---|
| 1월 1일 기초 잔액 | € 8,000 | 상품 구입 | €200,000 |
| 판매처로부터의 수령액 | 364,000 | 판매관리비 지출 | 140,000 |
| 주식 투자 배당금 | 6,000 | 설비 구입 | 70,000 |
| 토지 처분 | 96,000 | 법인세 지급 | 8,000 |
| 사채 발행 | 300,000 | 배당금 지급 | 50,000 |
| 12월 31일 기말 잔액 | 306,000 | | |

현금흐름표의 투자 활동으로 보고될 현금흐름액을 구하라.

**해답**

투자 활동에서의 현금흐름

| | |
|---|---|
| 토지 처분 | €96,000 |
| 설비 구입 | (70,000) |
| 현금 창출액 | €26,000 |

**2** Engel Inc.의 2020년 회계 자료를 보면 당기순이익이 $160만이고, 감가상각비가 $140,000, 매출채권 증가가 $250,000, 매입채무 증가가 $210,000, 유형자산처분이익이 $19,000이다. 간접법을 사용하여 영업 활동으로 조달된 현금을 구하라.

해답

| | | |
|---|---|---|
| 당기순이익 | | $1,600,000 |
| 현금주의로 조정: | | |
| 감가상각비 | $ 140,000 | |
| 유형자산처분이익 | (19,000) | |
| 매출채권 증가 | (250,000) | |
| 매입채무 증가 | 210,000 | 81,000 |
| 현금 창출액 | | $1,681,000 |

**3** Goldberg plc는 영업 활동으로 £410,000, 투자 활동으로 £200,000(설비 구입에 지출한 현금 £160,000 포함), 재무 활동으로 £60,000를 조달했다고 공시했다. 배당금 지급액이 £110,000라면 잉여현금흐름은 얼마인가?

해답

잉여현금흐름 = £410,000 − £160,000 − £110,000 = £140,000

## 확인 문제

**1** 다음은 Furst Ltd.의 거래 내역이다.

1. 급여 NT$140,000를 지급했다.
2. 액면가가 NT$10인 보통주 1,000주를 발행하여 NT$160,000의 설비를 취득했다.
3. 설비(취득원가 NT$100,000, 감가상각누계액 NT$60,000)를 처분하고 현금 NT$30,000를 수령했다.
4. 토지(취득원가 NT$120,000)를 처분하고 현금 NT$160,000를 수령했다.
5. 액면가가 NT$10인 보통주 1,000주를 발행하고 현금 NT$180,000를 수령했다.
6. 감가상각비 NT$200,000가 발생했다.

**a.** 각 거래를 분개하라.

**b.** 간접법을 사용한다고 가정하고 현금흐름표에 미치는 영향을 분석하라.

해답

1. a.

| | | |
|---|---|---|
| 급여 | 140,000 | |
| 현금 | | 140,000 |

b. 급여 지출은 현금흐름표에 따로 표시하지 않고 영업 활동에서 보고되는 당기순이익 안에 포함하여 공시한다.

2. a.

| | | |
|---|---|---|
| 설비 | 160,000 | |
| 자본금 | | 10,000 |
| 주식발행초과금 | | 150,000 |

b. 보통주를 발행하여 설비(NT$160,000)를 취득한 것은 비현금 거래의 투자 활동으로 주석에 표시한다.

3. a.

| | | |
|---|---|---|
| 현금 | 30,000 | |
| 유형자산처분손실 | 10,000 | |
| 감가상각누계액–설비 | 60,000 | |
| 설비 | | 100,000 |

b. 현금 수령액(NT$30,000)은 투자 활동으로 보고하고 처분손실(NT$10,000)은 영업 활동의 당기순이익에 조정 항목으로 가산한다.

4. a.

| | | |
|---|---|---|
| 현금 | 160,000 | |
| 토지 | | 120,000 |
| 유형자산처분이익 | | 40,000 |

b. 현금 수령액(NT$160,000)은 투자 활동으로 보고하고 처분이익(NT$40,000)은 영업 활동의 당기순이익에 조정 항목으로 차감한다.

5. a.

| | | |
|---|---|---|
| 현금 | 180,000 | |
| 자본금 | | 10,000 |
| 주식발행초과금 | | 170,000 |

b. 현금 수령액(NT$180,000)은 재무 활동으로 보고한다.

6. a.

| | | |
|---|---|---|
| 감가상각비 | 200,000 | |
| 감가상각누계액–설비 | | 200,000 |

b. 감가상각비(NT$200,000)는 영업 활동의 당기순이익에 조정 항목으로 가산한다.

**2** 다음은 Strong AG의 비교재무상태표이다.

**Strong AG**
**비교재무상태표**
**12월 31일 현재**

| | 2020 | 2019 |
|---|---|---|
| 투자 | € 23,000 | € 16,000 |
| 설비 | 60,000 | 70,000 |
| 감가상각누계액–설비 | (14,000) | (10,000) |
| 매출채권 | 24,200 | 22,300 |
| 현금 | 28,200 | 17,700 |
| 계 | €121,400 | €116,000 |
| 자본금 | € 60,000 | € 45,000 |
| 이익잉여금 | 31,800 | 29,900 |
| 사채 | 10,000 | 30,000 |
| 매입채무 | 19,600 | 11,100 |
| 계 | €121,400 | €116,000 |

추가 자료

1. 시현된 당기순이익은 €28,300이고 배당금 €26,400를 지급했다.
2. 취득원가 €10,000, 감가상각누계액 €1,200인 설비를 현금 €4,300를 받고 처분했다.
3. 감가상각누계액을 제외하고 모든 비유동자산의 변동은 현금흐름과 관련이 있다.

**a.** 간접법을 사용하여 2020년 현금흐름표를 작성하라.

**b.** 잉여현금흐름을 구하라.

해답

a.

**Strong AG**
**현금흐름표**
**2020년 1월 1일부터 2020년 12월 31일까지**

| | | |
|---|---|---|
| 영업 활동에서의 현금흐름 | | |
| 당기순이익 | | € 28,300 |
| 현금주의로 조정: | | |
| 감가상각비 | € 5,200* | |
| 유형자산처분손실 | 4,500** | |
| 매입채무 증가 | 8,500 | |
| 매출채권 증가 | (1,900) | 16,300 |
| 현금 창출액 | | 44,600 |
| 투자 활동에서의 현금흐름 | | |
| 설비 처분 | 4,300 | |
| 투자자산 구입 | (7,000) | |
| 현금 사용액 | | (2,700) |
| 재무 활동에서의 현금흐름 | | |
| 주식 발행 | 15,000 | |
| 사채 상환 | (20,000) | |
| 배당금 지급 | (26,400) | |
| 현금 사용액 | | (31,400) |
| 현금 순증가 | | 10,500 |
| 기초 현금액 | | 17,700 |
| 기말 현금액 | | € 28,200 |

*[€14,000 − (€10,000 − €1,200)]
**[€4,300 − (10,000 − €1,200)]

b. €44,600 − €0 − €26,400 = €18,200

## 실습 문제

다음은 Kosinski AG의 2020년 12월 31일로 종료되는 손익계산서이다.

**Kosinski AG**
**손익계산서**
2020년 1월 1일부터 2020년 12월 31일까지

| | | |
|---|---|---|
| 매출 | | €6,583,000 |
| 판매관리비(감가상각비 제외) | €4,920,000 | |
| 감가상각비 | 880,000 | 5,800,000 |
| 법인세비용 차감 전 순이익 | | 783,000 |
| 법인세비용 | | 353,000 |
| 당기순이익 | | € 430,000 |

판매관리비에는 유형자산처분손실 €24,000가 포함되어 있는데, 이는 취득원가가 €750,000인 설비를 현금 €270,000를 받고 처분하여 발생한 것이다.

그리고 다음은 Kosinski AG의 2020년 12월 31일 자 비교재무상태표에서 일부 계정을 가져온 것이다. Kosinski AG는 법인세비용 €353,000와 배당금 €200,000를 지불했다.

**Kosinski AG**
**비교재무상태표**(일부 발췌)

| | 2020 | 2019 |
|---|---|---|
| 재고자산 | €834,000 | €867,000 |
| 매출채권 | 775,000 | 610,000 |
| 현금 | 672,000 | 130,000 |
| 매입채무 | 521,000 | 501,000 |

**a.** 간접법으로 현금흐름표를 작성하라.

***b.** 직접법으로 현금흐름표를 작성하라.

**해답**

a.

| Kosinski AG<br>현금흐름표-간접법<br>2020년 1월 1일부터 2020년 12월 31일까지 | | |
|---|---|---|
| 영업 활동에서의 현금흐름 | | |
| 당기순이익 | | € 430,000 |
| 현금주의로 조정: | | |
| 감가상각비 | € 880,000 | |
| 유형자산처분손실 | 24,000 | |
| 매출채권 증가 | (165,000) | |
| 재고자산 감소 | 33,000 | |
| 매입채무 증가 | 20,000 | 792,000 |
| 현금 창출액 | | 1,222,000 |
| 투자 활동에서의 현금흐름 | | |
| 유형자산 처분 | 270,000 | |
| 설비 구입 | (750,000) | |
| 현금 사용액 | | (480,000) |
| 재무 활동에서의 현금흐름 | | |
| 배당금 지급 | (200,000) | |
| 현금 사용액 | | (200,000) |
| 현금 순증가 | | 542,000 |
| 기초 현금액 | | 130,000 |
| 기말 현금액 | | € 672,000 |

*b.

| Kosinski AG<br>현금흐름표-직접법<br>2020년 1월 1일부터 2020년 12월 31일까지 | | |
|---|---|---|
| 영업 활동에서의 현금흐름 | | |
| 매출로 인해 거래처로부터 수령 | | €6,418,000* |
| 현금 지급: | | |
| 판매관리비 | €4,843,000** | |
| 법인세비용 | 353,000 | 5,196,000 |
| 현금 창출액 | | 1,222,000 |
| 투자 활동에서의 현금흐름 | | |
| 유형자산 처분 | 270,000 | |
| 설비 구입 | (750,000) | |
| 현금 사용액 | | (480,000) |
| 재무 활동에서의 현금흐름 | | |
| 배당금 지급 | (200,000) | |
| 현금 사용액 | | (200,000) |
| 현금 순증가 | | 542,000 |
| 기초 현금액 | | 130,000 |
| 기말 현금액 | | € 672,000 |

직접법의 계산 근거:

| *매출로 인해 거래처로부터 수령: | |
|---|---|
| 매출 | €6,583,000 |
| 차감: 매출채권 증가 | 165,000 |
| 계 | €6,418,000 |

| **판매관리비의 현금 지출: | |
|---|---|
| 판매관리비 | €4,920,000 |
| 차감: 유형자산처분손실 | 24,000 |
| 차감: 재고자산 감소 | 33,000 |
| 차감: 매입채무 증가 | 20,000 |
| 계 | €4,843,000 |

## 단원 정리를 위한 질문

**1** a. 현금흐름표에 대해 설명하라.

b. 닉 존스는 현금흐름표가 선택적으로 작성해도 되는 재무제표라고 주장한다. 이 말에 동의하는지 밝히고 그 이유를 설명하라.

**2** 현금흐름표는 현금에 대한 어떤 내용을 표시하는가?

**3** 현금흐름표에 보고되는 세 가지 활동 유형은 무엇인가?

**4** a. 현금흐름표에 보고되는 현금의 주요 원천(유입)은 무엇인가?

b. 현금의 주요 용도(유출)는 무엇인가?

**5** 비현금 거래의 공시가 중요한 이유와 공시 방법을 설명하라.

**6** 윌마 플린트스톤과 바니 러블스톤이 Saltwater Candy Co.의 현금흐름표 양식에 대해 논의하고 있다. Saltwater Candy Co.의 현금흐름표 하단에는 '비현금 거래로서 투자 및 재무 활동'이라는 제목의 주석이 있다. 중요한 비현금 거래의 세 가지 예를 들라.

**7** 현금흐름표를 작성할 때 비교재무상태표와 당기 손익계산서, 그 밖에 특정 거래에 대한 자료를 사용하는 이유는 무엇인가?

**8** 현금흐름표를 작성하는 방법인 직접법과 간접법을 비교하여 설명하라. 직접법과 간접법 모두 허용되는가? 허용된다면 IASB는 어떤 방법을 선호하는가? 회사들 사이에서는 어떤 방법이 더 인기가 있는가?

**9** 현금흐름표의 총현금 유입이 총현금 유출을 초과할 때 이 초과분을 어디서 어떻게 확인할 수 있는가?

**10** 영업 활동에 의한 순현금 증감액을 나타내는 방법으로 간접법에 대해 설명하라.

**11** 현금흐름표를 작성할 때 발생주의에 의한 순이익을 현금주의로 환산해야 하는 이유를 설명하라.

**12** Ferneti A/S의 사장은 혼란에 빠져 있다. 작년에 £800,000의 순손실을 입었지만 같은 기간 동안 현금이 £300,000 증가했기 때문이다. 어떻게 이러한 일이 일어날 수 있는지 설명하라.

**13** 간접법에 따라 순이익을 영업 활동으로 조달된 순현금액으로 전환하기 위해 가감하는 조정 항목을 다섯 가지만 제시하라.

**14** 간접법에 의한 현금흐름표에 감가상각비가 등장하는 이유와 표시 방법을 설명하라.

**15** 현금흐름표의 유용성에 대해 설명하라.

***16** 영업 활동에 의한 순현금의 흐름을 표시하는 방법 중 직접법을 설명하라.

***17** 직접법에 따라 (a) 고객으로부터의 현금 수령, (b) 매입처에 현금 지출을 산출하는 공식은 무엇인가?

***18** Aloha Ltd.는 2020년 NT$200만의 매출을 시현했는데, 매출채권은 NT$140,000 감소하고 매입채무는 NT$300,000 증가했다. 고객으로부터 수령한 현금액을 구하라.

***19** 직접법의 경우 영업 활동에서의 현금흐름 부분에 감가상각비가 보고되지 않는 이유는 무엇인가?

## 가벼운 연습 문제

**1** 다음은 Aksu A.Ş.가 2020년 12월 31일로 종료되는 회계연도의 현금흐름표를 작성할 때 고려해야 할 항목이다. 현금흐름표에 어떻게 표시해야 하는가?

a. 현금 ₺150,000를 받고 사채를 발행했다.

b. 현금 ₺200,000를 주고 설비를 구입했다.

c. 취득원가가 ₺50,000인 토지를 현금 ₺50,000에 매각했다.

d. 현금 배당 ₺18,000를 선언하고 지급했다.

**2** 다음 각 항목을 현금 거래로 가정하고 영업, 투자, 재무 활동으로 분류하라.

a. 장비 구입
b. 건물 매각
c. 사채 상환
d. 감가상각
e. 배당금 지급
f. 보통주 발행

**3** 다음 T 계정은 Wiegman Ltd.의 현금 거래를 요약한 것이다.

**현금**

| | | | |
|---|---|---|---|
| 1월 1일 기초 잔액 | 8,000 | 상품 구입 | 200,000 |
| 고객으로부터 대금 수령 | 364,000 | 판매관리비 지출 | 140,000 |
| 주식 투자 배당금 | 6,000 | 이자비용 지급 | 10,000 |
| 설비 처분 | 36,000 | 법인세 지급 | 8,000 |
| 사채 발행 | 460,000 | 배당금 지급 | 40,000 |
| 12월 31일, 기말 잔액 | 476,000 | | |

현금흐름표에 재무 활동에 의한 순현금 증감액으로 보고해야 할 금액을 구하라.

**4** Mokena Ltd.는 2020년에 €200만의 순이익을 시현했다. 또한 해당 연도의 감가상각비는 €160,000이고 매출채권과 매입채무가 각각 €350,000, €280,000 증가했다. 간접법을 사용하여 영업 활동에 의한 순현금 증감액을 구하라.

**5** Lodi Ltd.의 2020년 당기순이익은 £250,000이고 유형자산 감가상각비가 £65,000, 유형자산처분이익이 £12,000이다. 간접법을 사용하여 영업 활동에 의한 순현금 증감액을 구하라.

**6** Sergipe SA의 비교재무상태표에 따르면 매출채권이 R$80,000 증가하고, 선급비용이 R$28,000 감소했으며, 재고자산이 R$30,000 감소했다. 당기순이익이 R$250,000일 때 간접법을 사용하여 영업 활동에 의한 순현금 증감액을 구하라.

**7** 다음은 2020년 말 Gao Ltd.의 설비 및 감가상각누계액에 대한 T 계정이다.

**설비**

| | | | |
|---|---|---|---|
| 기초 잔액 | 800,000 | 처분 | 220,000 |
| 취득 | 410,600 | | |
| 기말 잔액 | 990,600 | | |

**감가상각누계액**

| | | | |
|---|---|---|---|
| 처분 | 85,000 | 기초 잔액 | 445,000 |
| | | 감가상각비 | 120,000 |
| | | 기말 잔액 | 480,000 |

또한 Gao Ltd.의 손익계산서에는 HK$63,000의 유형자산처분손실이 있다. 현금흐름표에 '유형자산 처분으로 인한 현금 수입'으로 보고될 금액을 구하라.

**8** 최근 사이프러스세미컨덕터(Cypress Semiconductor Corporation, 미국)는 영업 활동으로 순현금 $155,397,000가 유입되고, 투자 활동으로 $207,628,000를 사용했으며, 재무 활동으로 $33,372,000의 자금을 조달했다고 현금흐름표에 공시했다. 해당 기간 동안 고정자산 취득으로 현금 $130,820,000를 지출하고 배당금을 지급하지 않았을 때 잉여현금흐름을 구하라.

**9** Wruck Company는 영업 활동으로 유입된 순현금이 £420,000, 투자 활동으로 사용한 순현금이 £150,000, 재무 활동으로 조달한 순현금이 £80,000라고 공시했다. 설비자산 취득에 지출한 현금이 £250,000이고 배당금을 지급하지 않았을 때 잉여현금흐름을 구하라.

**10** 최근 분기에 얼라이언스아틀란티스커뮤니케이션스(Alliance Atlantis Communications Inc., 미국)는 영업 활동을 통해 획득한 순현금을 $45,000,000, 당기순이익을 $265,800,000로 공시했다. 이 경우 동 분기 동안 공장 설비 취득에 현금 $1,400,000를 지출하고 배당금을 지급하지 않았을 때 잉여현금흐름을 구하라.

**11** Russel Ltd.의 경영진은 배당금을 증액할 수 있는지 여부를 결정하려고 한다. 당해 연도에 시현된 당기순이익이 €875,000, 영업 활동으로 유입된 순현금이 €643,000이고, 배당금과 자본적 지출로 유출된 현금이 각각 €80,000, €274,000이다. 잉여현금흐름을 구하고 배당금의 증가가 정당한지 설명하라. 그 밖에 고려해야 할 요소는 무엇인가?

***12** 컬럼비아스포츠웨어컴퍼니(Columbia Sportswear Company, 미국)의 매출채권의 기초 금액과 기말 금액이 각각 $205,025,000, $267,653,000이고 당해 매출이 $1,085,307,000일 때 고객으로부터의 현금 수령액을 구하라.

***13** Kinsey Ltd.는 2020년 손익계산서에 법인세비용을 £360,000로 공시하고, 재무상태표에 2019년 12월 31일과 2020년 12월 31일자 미지급 법인세비용을 각각 £277,000, £525,000로 공시했다(단위: 1,000). 2020년에 지급된 법인세비용을 구하라.

***14** Yaddof SE는 2020년 감가상각비 €19,000를 제외하고 판매관리비로 €70,000를 보고했다. 해당 연도에 선급비용이 €6,800 감소하고 미지급비용이 €4,100 증가했을 때 2020년 판매관리비로 지출된 현금액은 얼마인가?

## DO IT! 적용 문제

**1** 다음은 Piekarski OAO의 거래 내역이다.

1. €200,000의 사채를 발행했다.
2. 수도광열비를 지불했다.
3. 우선주 500주를 €45,000에 발행했다.
4. 토지와 건물을 €250,000에 매각했다.
5. Zarembski Company에서 €30,000를 대출하고 1년 만기, 이자율 12%의 약속어음을 수령했다.

각 거래를 현금흐름표의 활동 유형(영업, 투자, 재무)에 따라 분류하라.

**2** Muniz Photography SA는 2020년 손익계산서에 당기순이익을 R$100,000로 보고했으며, 비용으로 유형자산 감가상각비 R$4,000, 무형자산 감가상각비 R$3,000, 유형자산처분이익 R$3,900이 포함되어 있다. 또한 Muniz Photography SA의 비교재무상태표에는 다음 금액이 있다.

| | 2019년 12월 31일 | 2020년 12월 31일 |
|---|---|---|
| 매출채권 | R$27,000 | R$21,000 |
| 매입채무 | 6,000 | 9,200 |

영업 활동에 의한 순현금흐름을 구하라.

**3** 다음은 Zielinski OAO의 2020년 현금흐름표이다.

**Zielinski OAO**
**현금흐름표–간접법**
**2020년 1월 1일부터 2020년 12월 31일까지**

| | | |
|---|---|---|
| 영업 활동에서의 현금흐름 | | |
| 당기순이익 | | € 59,000 |
| 현금주의로 조정: | | |
| 감가상각비 | € 9,400 | |
| 유형자산처분손실 | 3,300 | |
| 매출채권 감소 | 8,500 | |
| 재고자산 증가 | (5,000) | |
| 매입채무 감소 | (2,500) | 13,700 |
| 현금 창출액 | | 72,700 |
| 투자 활동에서의 현금흐름 | | |
| 투자자산 처분 | 3,100 | |
| 설비 구입 | (26,000) | |
| 현금 사용액 | | (22,900) |
| 재무 활동에서의 현금흐름 | | |
| 주식 발행 | 20,000 | |
| 장기어음 발행 | (10,000) | |
| 배당금 지급 | (16,000) | |
| 현금 사용액 | | (6,000) |
| 현금 순증가 | | 43,800 |
| 기초 현금액 | | 13,000 |
| 기말 현금액 | | € 56,800 |

**a.** 잉여현금흐름을 구하라.

**b.** 잉여현금흐름이 종종 '영업 활동에 의해 제공되는 순현금'보다 더 유용한 정보를 알려주는 이유를 설명하라.

## 단원 연습 문제

**1** 다음은 Laurent AG의 2020년 거래 내역이다.

**a.** 보통주 CHF50,000을 액면 발행하고 현금을 수령했다.

**b.** 설비를 CHF30,000에 구입하고 장기 약속어음을 발행했다.

**c.** CHF200,000 상당의 토지를 매입하기 위해 액면가 CHF200,000의 보통주를 발행했다.

**d.** CHF18,000의 현금 배당을 선언하고 지급했다.

**e.** 취득원가가 CHF15,000인 투자자산을 CHF15,000에 처분했다.

**f.** 매출채권에서 CHF16,000을 회수했다.

**g.** 매입채무 CHF18,000을 지불했다.

각 거래를 현금흐름표상 영업 활동, 투자 활동, 재무 활동 또는 비현금 투자 및 재무 활동 중 어떤 항목으로 공시해야 하는지 밝혀라.

**2** Solomon Co.의 비교재무상태표, 당기 손익계산서, 총계정원장의 계정을 분석하여 다음과 같은 정보를 얻었다. 각 거래에는 필요에 따라 현금 거래가 포함되어 있다고 가정한다.

**a.** 지급어음에 대한 이자 지급

**b.** 토지를 대가로 특허권 취득

**c.** 장부가로 건물 매각

**d.** 배당금 지급

**e.** 감가상각

**f.** 주식 투자에 대한 배당금 수령

**g.** 받을어음에 대한 이자 수취

**h.** 보통주 발행

**i.** 특허권 상각

**j.** 토지 취득을 위해 사채 발행

**k.** 토지 구입

**l.** 사채를 보통주로 전환

**m.** 토지처분손실

**n.** 사채 상환

각 거래를 현금흐름표상 영업 활동, 투자 활동, 재무 활동 또는 비현금 투자 및 재무 활동 중 어떤 항목으로 공시해야 하는지 밝혀라.

**3** 다음은 Tim Latimer Ltd.의 거래 내역이다.

1. 토지(취득원가 £12,000)를 £10,000에 매각했다.
2. 보통주를 액면가 £18,000에 발행했다.
3. £14,000의 건물에 대한 감가상각비를 인식했다.
4. 급여 £7,000를 지불했다.
5. £9,000 상당의 설비에 대해 액면가 £1의 보통주 1,000주를 발행했다.
6. 설비(취득원가 £10,000, 감가상각누계액 £8,000)를 £3,500에 판매했다.

**a.** 각 거래를 분개하라.

**b.** 간접법을 사용한다고 가정하고 현금흐름표에 미치는 영향을 분석하라.

**4** Bracewell Ltd.의 2020년 당기순이익이 £195,000이고 감가상각비는 £40,000, 유형자산처분이익은 £5,000이다. 비교재무상태표에 따르면 당해 연도에 매출채권이 £15,000 증가하고, 미지급금이 £17,000 증가했으며, 선급비용이 £4,000 감소했다. 간접법을 사용하여 2020년 현금흐름표상 영업 활동에서의 현금흐름을 작성하라.

**5** 다음은 Nasreen SA의 2019년 12월 31일과 2020년 12월 31일자 재무상태표상 유동자산과 유동부채 부분이다. 2020년의 당기순이익은 €147,000이고 감가상각비는 €21,000이다.

| | **2020** | **2019** |
|---|---|---|
| 유동자산 | | |
| 선급비용 | € 27,000 | € 25,000 |
| 재고자산 | 158,000 | 172,000 |
| 매출채권 | 110,000 | 79,000 |
| 현금 | 105,000 | 99,000 |
| 유동자산 계 | €400,000 | €375,000 |
| 유동부채 | | |
| 미지급비용 | € 15,000 | € 9,000 |
| 매입채무 | 85,000 | 95,000 |
| 유동부채 계 | €100,000 | €104,000 |

간접법을 사용하여 2020년 12월 31일로 종료되는 회계연도의 현금흐름표상 영업 활동에서의 순현금흐름을 작성하라.

**6** 다음은 Chaudry NV의 2020년 총계정원장에 있는 계정이다.

설비

| 일자 | | 차변 | 대변 | 잔액 |
|---|---|---|---|---|
| 1월 1일 | 기초 잔액 | | | 160,000 |
| 7월 31일 | 설비 구입 | 70,000 | | 230,000 |
| 9월 2일 | 설비 구축 | 53,000 | | 283,000 |
| 11월 10일 | 설비 처분 | | 49,000 | 234,000 |

감가상각누계액

| 일자 | | 차변 | 대변 | 잔액 |
|---|---|---|---|---|
| 1월 1일 | 기초 잔액 | | | 71,000 |
| 11월 10일 | 처분된 설비의 감가상각누계액 | 28,000 | | 43,000 |
| 12월 31일 | 감가상각비 | | 23,000 | 66,000 |

이익잉여금

| 일자 | | 차변 | 대변 | 잔액 |
|---|---|---|---|---|
| 1월 1일 | 기초 잔액 | | | 105,000 |
| 8월 23일 | 배당금(현금) | 17,000 | | 88,000 |
| 12월 31일 | 당기순이익 | | 67,000 | 155,000 |

설비처분손실이 €5,000일 때 각 계정의 포스팅 내용을 분석하여 간접법의 경우 현금흐름표상 어떻게 공시하는지 설명하라. (힌트: 설비 구축 원가는 투자 활동으로 €53,000의 현금 지출로 보고된다.)

**7** 다음은 Meera Ltd.의 비교재무상태표이다.

Meera Ltd.
비교재무상태표
12월 31일 현재

| | 2020 | 2019 |
|---|---|---|
| 토지 | £ 20,000 | £ 26,000 |
| 건물 | 70,000 | 70,000 |
| 감가상각누계액 | (15,000) | (10,000) |
| 매출채권 | 20,800 | 23,400 |
| 현금 | 17,660 | 10,700 |
| 계 | £113,460 | £120,100 |
| 자본금 | £ 75,000 | £ 72,000 |
| 이익잉여금 | 26,090 | 20,000 |
| 매입채무 | 12,370 | 28,100 |
| 계 | £113,460 | £120,100 |

1. 당기순이익이 £22,590이고, 배당금 £16,500를 선언하여 지급했다.
2. 감가상각비를 제외하고 모든 비유동계정의 변동은 현금흐름에 직접적인 영향을 미친다. 토지를 £5,000에 매각했다.

**a.** 간접법을 사용하여 2020년 현금흐름표를 작성하라.

**b.** 잉여현금흐름을 구하라.

**8** 다음은 Syal SE의 비교재무상태표이다.

Syal SE
비교재무상태표
12월 31일 현재

| 자산 | 2020 | 2019 |
|---|---|---|
| 토지 | € 73,000 | €100,000 |
| 설비 | 260,000 | 200,000 |
| 감가상각누계액 | (66,000) | (34,000) |
| 재고자산 | 170,000 | 187,000 |
| 매출채권 | 85,000 | 71,000 |
| 현금 | 73,000 | 33,000 |
| 계 | €595,000 | €557,000 |
| **자본과 부채** | | |
| 자본금(액면가 €1) | €216,000 | €174,000 |
| 이익잉여금 | 194,000 | 136,000 |
| 사채 | 150,000 | 200,000 |
| 매입채무 | 35,000 | 47,000 |
| 계 | €595,000 | €557,000 |

추가 자료

1. 2020년의 당기순이익은 €103,000이다.
2. 감가상각비는 €32,000이다.
3. 현금 배당 €45,000를 선언하고 지급했다.
4. €50,000의 사채를 현금 €50,000로 상환했다.
5. 보통주를 현금 €42,000에 발행했다.
6. 2020년에 판매된 설비가 없다.
7. 토지를 장부가 €27,000에 매각했다.

간접법을 사용하여 2020년 현금흐름표를 작성하라.

**9** 다음은 Cassandra SA의 비교재무상태표이다.

Cassandra SA
비교재무상태표
12월 31일 현재

| | 2020 | 2019 |
|---|---|---|
| 설비 | € 60,000 | € 70,000 |
| 감가상각누계액 | (14,000) | (10,000) |
| 투자자산 | 20,000 | 13,000 |
| 매출채권 | 25,200 | 22,300 |
| 현금 | 17,000 | 17,700 |
| 계 | €108,200 | €113,000 |
| 자본금 | € 50,000 | € 45,000 |
| 이익잉여금 | 33,600 | 24,900 |
| 사채 | 10,000 | 30,000 |
| 매입채무 | 14,600 | 13,100 |
| 계 | €108,200 | €113,000 |

추가 자료

1. 당기순이익이 €23,300이고, 배당금 €14,600를 선언하여 지급했다.
2. 취득원가가 €10,000, 감가상각누계액이 €1,800인 설비를 €3,500에 매각했다.
3. 감가상각비를 제외하고 모든 비유동자산의 변동은 현금흐름에 직접적인 영향을 미친다.

**a.** 간접법을 사용하여 2020년 현금흐름표를 작성하라.

**b.** 잉여현금흐름을 구하라.

*10 2020년 12월 31일에 설립되어 한 해를 보낸 Recife Company의 당기순이익은 R$195,000, 판매관리비는 R$78,000, 연말 매출채권과 매입채무는 각각 R$48,000, R$25,000이다(법인세는 무시하라). 직접법을 사용하여 영업 활동으로 창출된 순현금을 구하라.

*11 맥도날드(McDonald's Corporation, 미국)의 최근 손익계산서에 매출원가 $45억 2,780만, 판매관리비 $105억 1,760만(감가상각비 $11억 2,000만 포함)이 공시되었다고 가정하자. 당해 연도의 비교재무상태표에 따르면 재고자산은 $1,710만, 선급비용은 $6,530만, 매입채무는 $1억 3,960만, 미지급비용은 $1억 9,060만이 증가했다. 직접법을 사용하여 (a) 매입처에 대한 현금 지불액, (b) 판매관리비로 지급한 현금액을 구하라.

*12 다음은 Liz Ten Transport Ltd.의 2020년 회계 기록상 거래이다.

| | | | |
|---|---|---|---|
| 이자 지급 | £ 10,000 | 급여 지급 | £55,000 |
| 현금 매출 | 54,000 | 감가상각비 | 16,000 |
| 배당금 수령 | 18,000 | 유형자산처분대금 | 12,000 |
| 법인세 납부 | 16,000 | 현금으로 설비 구입 | 22,000 |
| 당기순이익 | 38,000 | 유형자산처분손실 | 3,000 |
| 매입채무 지급 | 115,000 | 배당금 지급 | 14,000 |
| 토지 구입 | 74,000 | 판매관리비 지출 | 28,000 |
| 매출채권 회수 | 190,000 | | |

직접법을 사용하여 영업 활동에서의 현금흐름을 작성하라(위의 모든 항목이 대상은 아니다).

*13 다음은 Okonedo ASA의 2020년 총계정원장에서 가져온 자료이다.

| | | |
|---|---|---|
| 임차료 | 임차료 | € 40,000 |
| | 선급임차료, 1월 1일 | 5,600 |
| | 선급임차료, 12월 31일 | 9,000 |
| 급여 | 급여 | € 65,000 |
| | 미지급 급여, 1월 1일 | 10,000 |
| | 미지급 급여, 12월 31일 | 8,000 |
| 매출 | 매출 | €170,000 |
| | 매출채권, 1월 1일 | 19,000 |
| | 매출채권, 12월 31일 | 7,000 |

각 경우에 직접법을 사용하여 영업 활동에서의 현금흐름으로 공시될 금액을 구하라.

## 마무리 연습 문제

1 다음은 최근 회계연도에 발생한 거래이다.

| 거래 | 현금흐름표상 활동 | 현금 유입, 유출 또는 영향 없음? |
|---|---|---|
| a. 유형자산 감가상각비 | | |
| b. 이자비용의 지불 | | |
| c. 유형자산 매각에 의한 현금 수령 | | |
| d. 토지 교환 취득을 위해 보통주 발행 | | |
| e. 우선주에 현금 배당금 지급 | | |
| f. 토지 매입을 위해 보통주 발행 | | |
| g. 상품 현금매출 | | |
| h. 상품 외상매출 | | |
| i. 상품 현금매입 | | |
| j. 상품 외상매입 | | |

각 거래가 현금흐름표에 미치는 영향을 활동별로 구분하고 현금흐름에 미치는 영향을 분석하여 표를 완성하라. 단, 영업 활동(O), 투자 활동(I), 재무 활동(F), 비현금 거래(NC)의 구분은 약자로 표시하라.

2 다음은 Chipo Ltd.의 기말 자본과 관련된 계정이다.

| | 2020 | 2019 |
|---|---|---|
| 자본금-보통주(2020년 10,500주, 2019년 10,000주) | £155,000 | £130,000 |
| 자본금-우선주(5,000주) | 125,000 | 125,000 |
| 이익잉여금 | 300,000 | 250,000 |

2020년에 소액의 주식 배당을 선언하고 발행했으며, 당시 주식의 시장 가치는 £11,200였다. 그리고 2020년과 2019년에 현금 배당금 £16,000를 지급했다. 보통주는 액면가나 표시가가 없다고 가정한다.

**a.** 2020년에 시현한 당기순이익은 얼마인가?

**b.** 2020년 보통주 및 배당금 계정과 관련된 현금 유입액 또는 유출액은 얼마인가?

**c.** (b)의 현금 유입 또는 유출은 현금흐름표에 어떤 활동으로 보고되는가?

a. 당기순이익 £77,200

**3** 다음은 Toby Zed NV의 손익계산서이다.

**Toby Zed NV**
**손익계산서**
**2020년 11월 1일부터 2020년 11월 30일까지**

| | | |
|---|---|---|
| 매출 | | €7,500,000 |
| 매출원가 | | |
| 기초 재고자산 | €1,900,000 | |
| 구매 | 4,400,000 | |
| 판매 가능한 재고자산의 원가 | 6,300,000 | |
| 기말 재고자산 | 1,400,000 | |
| 계 | | 4,900,000 |
| 매출총이익 | | 2,600,000 |
| 판매관리비 | | 1,150,000 |
| 당기순이익 | | €1,450,000 |

추가 자료

1. 매출채권이 €200,000 증가하고 재고가 €500,000 감소했다.
2. 선급비용이 1년 동안 €175,000 증가했다.
3. 상품 공급처에 지불해야 하는 매입채무가 1년 동안 €340,000 감소했다.
4. 미지급비용이 1년 동안 €105,000 감소했다.
5. 판매관리비에 감가상각비 €85,000가 포함되어 있다.

간접법을 사용하여 2020년 11월 30일로 종료되는 회계연도의 현금흐름표상 영업 활동에서의 현금흐름을 작성하라.

영업 활동에서의 현금흐름 €1,215,000

***4** 3번 문제에서 직접법을 사용하여 현금흐름표상 영업 활동에서의 현금흐름을 작성하라.

영업 활동에서의 현금흐름 €1,215,000

**5** 다음은 Rattigan plc의 손익계산서이다.

**Rattigan plc**
**손익계산서**
**2020년 1월 1일부터 2020년 12월 31일까지**

| | | |
|---|---|---|
| 용역 매출 | | £970,000 |
| 감가상각비를 제외한 판매관리비 | £624,000 | |
| 감가상각비 | 55,000 | |
| 유형자산처분손실 | 25,000 | 704,000 |
| 법인세비용 차감 전 순이익 | | 266,000 |
| 법인세비용 | | 40,000 |
| 당기순이익 | | £226,000 |

또한 12월 31일 자 재무상태표에는 다음 금액이 있다. 매입채무는 판매관리비에 대한 것이다.

| | **2020** | **2019** |
|---|---|---|
| 매출채권 | £75,000 | £60,000 |
| 매입채무 | 41,000 | 27,000 |
| 미지급 법인세비용 | 13,000 | 7,000 |

간접법을 사용하여 현금흐름표상 영업 활동에서의 현금흐름을 작성하라.

영업 활동에서의 현금흐름 £311,000

***6** 5번 문제에서 직접법을 사용하여 현금흐름표상 영업 활동에서의 현금흐름을 작성하라.

영업 활동에서의 현금흐름 £311,000

**7** 다음은 Rajesh Ltd.의 재무제표이다.

**Rajesh Ltd.**
**비교재무상태표**
**12월 31일 현재**

| **자산** | **2020** | **2019** |
|---|---|---|
| 설비 | £ 60,000 | £ 78,000 |
| 감가상각누계액 | (29,000) | (24,000) |
| 재고자산 | 30,000 | 20,000 |
| 매출채권 | 33,000 | 14,000 |
| 현금 | 37,000 | 20,000 |
| 계 | £131,000 | £108,000 |
| **자본과 부채** | | |
| 자본금 | £ 18,000 | £ 14,000 |
| 이익잉여금 | 50,000 | 38,000 |
| 사채 | 27,000 | 33,000 |
| 매입채무 | 29,000 | 15,000 |
| 미지급 법인세비용 | 7,000 | 8,000 |
| 계 | £131,000 | £108,000 |

**Rajesh Ltd.**
**손익계산서**
**2020년 1월 1일부터 2020년 12월 31일까지**

| | |
|---|---|
| 매출 | £242,000 |
| 매출원가 | 175,000 |
| 매출총이익 | 67,000 |
| 판매관리비 | 24,000 |
| 영업이익 | 43,000 |
| 이자비용 | 3,000 |
| 법인세비용 차감 전 순이익 | 40,000 |
| 법인세비용 | 8,000 |
| 당기순이익 | £ 32,000 |

추가 자료

1. 감가상각비는 £13,300이다.

2. 배당금 £20,000를 선언하고 지급했다.
3. 취득원가 £18,000, 감가상각누계액 £8,300인 설비를 현금 £9,700에 처분했다.

a. 간접법을 사용하여 현금흐름표를 작성하라.
b. 잉여현금흐름을 구하라.

a. 영업 활동에서의 현금흐름 £29,300

*8 다음은 7번 문제의 추가 분석 자료이다.

1. 매입채무는 상품 공급처에 대한 것이다.
2. 감가상각비를 제외한 모든 판매관리비를 현금으로 지급했다.
3. 감가상각비 전액이 판매관리비에 포함된다.
4. 모든 매출과 매입은 신용을 바탕으로 한다.

a. 직접법을 사용하여 현금흐름표를 작성하라.
b. 잉여현금흐름을 구하라.

a. 영업 활동에서의 현금흐름 £29,300

9 다음은 Sinjh SA의 재무 자료를 요약한 것이다.

**Sinjh SA**
**비교재무상태표**
**12월 31일 현재**

| 자산 | 2020 | 2019 |
|---|---|---|
| 설비 | €265,000 | €242,500 |
| 감가상각누계액 | (47,000) | (52,000) |
| 장기투자자산 | 140,000 | 114,000 |
| 선급비용 | 29,300 | 26,000 |
| 재고자산 | 112,500 | 102,850 |
| 매출채권 | 92,800 | 33,000 |
| 현금 | 100,350 | 48,400 |
| 계 | €692,950 | €514,750 |
| **자본과 부채** | | |
| 자본금 | €220,000 | €175,000 |
| 이익잉여금 | 234,450 | 105,450 |
| 사채 | 110,000 | 150,000 |
| 매입채무 | 112,000 | 67,300 |
| 미지급비용 | 16,500 | 17,000 |
| 계 | €692,950 | €514,750 |

**Sinjh SA**
**손익계산서**
**2020년 1월 1일부터 2020년 12월 31일까지**

| | | |
|---|---|---|
| 매출 | €392,780 | |
| 유형자산처분이익 | 5,000 | €397,780 |
| 차감: | | |
| 매출원가 | 135,460 | |
| 감가상각비를 제외한 판매관리비 | 12,410 | |
| 감가상각비 | 45,000 | |
| 법인세비용 | 27,280 | |
| 이자비용 | 4,730 | 224,880 |
| 당기순이익 | | €172,900 |

추가 자료

1. 새 설비를 현금 €80,000에 구입했다.
2. 취득원가 €57,500, 감가상각누계액 €50,000인 설비를 현금 €12,500에 처분했다.
3. 사채 만기일이 도래하여 현금으로 액면 상환했다.
4. 현금 배당금 €43,900를 선언하고 지급했다.

간접법을 사용하여 현금흐름표를 작성하라.

영업 활동에서의 현금흐름 €184,350

*10 9번 문제에서 매입채무가 상품 공급처에 대한 것일 때 직접법을 사용하여 현금흐름표를 작성하라.

영업 활동에서의 현금흐름 €184,350

11 다음은 Amaral Reis SA의 12월 31일 자 비교재무상태표이다.

**Amaral Reis SA**
**비교재무상태표**
**12월 31일 현재**

| 자산 | 2020 | 2019 |
|---|---|---|
| 토지 | R$145,000 | R$130,000 |
| 설비 | 228,000 | 155,000 |
| 감가상각누계액-설비 | (45,000) | (35,000) |
| 건물 | 200,000 | 200,000 |
| 감가상각누계액-건물 | (60,000) | (40,000) |
| 선급비용 | 18,280 | 21,000 |
| 재고자산 | 154,550 | 142,000 |
| 매출채권 | 46,000 | 62,000 |
| 현금 | 62,520 | 45,000 |
| 계 | R$749,350 | R$680,000 |
| **자본과 부채** | | |
| 자본금-보통주(액면가 R$1) | R$195,000 | R$160,000 |
| 이익잉여금 | 208,000 | 180,000 |
| 사채 | 300,000 | 300,000 |
| 매입채무 | 46,350 | 40,000 |
| 계 | R$749,350 | R$680,000 |

추가 자료

1. 판매관리비에 감가상각비 R$40,000이 포함되어 있다.
2. 토지를 장부가 R$20,000로 현금을 받고 매각했다.
3. 현금 배당금 R$20,000을 지급했다.
4. 2020년 당기순이익은 R$48,000이다.
5. 설비를 현금 R$95,000에 구입했다. 또한 취득원가 R$22,000, 장부가 R$12,000인 설비를 현금 R$6,000에 처분했다.
6. 공정가치가 R$35,000인 토지와 교환하기 위해 액면가가 R$1인 보통주 35,000주를 발행했다.

간접법을 사용하여 2020년 12월 31일로 종료되는 회계연도의 현금흐름표를 작성하라.

영업 활동에서의 현금흐름 R$106,520

## 비판적 사고력 확장 문제

### 재무 보고: TSMC

**1** TSMC의 재무제표는 이 책의 부록 A에 실려 있으며, 재무제표 주석을 포함한 전체 연례 사업 보고서는 회사 웹사이트에서 확인할 수 있다. 2016년 연례 사업 보고서 내 연결재무제표의 주석을 참조하여 다음 문제를 풀라.

**a.** 2016년 12월 31일과 2015년 12월 31일로 종료되는 회계연도에 영업 활동에서의 순현금액은 얼마인가?

**b.** 2016년 12월 31일과 2015년 12월 31일로 종료되는 회계연도의 현금 및 현금성 자산의 증감액은 얼마인가?

**c.** TSMC가 영업 활동에서의 순현금을 계산하기 위해 사용하는 방법은 무엇인가?

**d.** 2016년 매출채권, 재고자산, 매입채무 및 기타 유동부채의 변동은 현금의 증감에 어떤 영향을 미치는가?

**e.** 2016년 12월 31일로 종료되는 회계연도에 투자 활동에서의 순현금액은 얼마인가?

**f.** 2016년 12월 31일로 종료되는 회계연도에 현금으로 지급된 이자와 법인세는 얼마인가?

### 비교 분석: 네슬레와 델피

**2** 네슬레와 델피의 재무제표는 이 책의 부록 B와 C에 실려 있다. 이를 이용하여 다음 문제를 풀라.

**a.** 가장 최근 회계연도의 잉여현금흐름을 구하라.

**b.** 위 자료를 바탕으로 회사의 현금 관리와 관련하여 어떤 결론을 내릴 수 있는가?

### 조직 전반에 걸친 의사결정

**3** 노먼 로즈와 사라 메사는 2020년 1월 31일에 종료되는 Del Carpio, SLU의 1년간 현금흐름표를 검토하고 있다.

**Del Carpio SLU**
**현금흐름표**
**2020년 1월 1일부터 2020년 12월 31일까지**

| | |
|---|---|
| 현금 유입 | |
| 상품 판매 | €350,000 |
| 주식 처분 | 405,000 |
| 투자자산 매각 | 85,000 |
| 감가상각비 | 75,000 |
| 지급어음을 발행하고 트럭 구매 | 25,000 |
| 투자자산의 이자 | 6,000 |
| 계 | 946,000 |
| 현금 지출 | |
| 비품과 설비 구입 | €320,000 |
| 상품매입 | 245,000 |
| 판매관리비(감가상각비 포함) | 160,000 |
| 투자자산 매입 | 75,000 |
| 트럭을 구매하기 위해 발행한 지급어음 | 25,000 |
| 주식 매입 | 15,000 |
| 지급어음에 대한 이자 | 5,000 |
| 계 | 845,000 |
| 현금 순증가 | €101,000 |

노먼은 현금흐름표를 보고 현금이 €101,000나 증가한 성공적인 경영 성과라고 주장했다. 그러나 사라는 현금흐름표가 잘못 작성되었고 €101,000가 실제 현금 증가액이 아니라고 반박하면서 경영 실패라고 평가했다. 한편 연초의 현금 잔고는 €140,000이다.

**a.** 간접법을 사용하여 적절한 형식의 현금흐름표를 작성하라. 단, 손익계산서에서 비현금 항목은 감가상각비와 투자자산처분손익으로 한다.

**b.** 노먼과 사라 중 누구의 의견에 동의하는지 밝히고 그 이유를 설명하라.

### 실제 사례

**4** 미국증권거래위원회(U.S. Securities and Exchange Commission, SEC)에 대해 알아보자. SEC의 웹사이트에 접속하여 다음 문제를 풀라.

**a.** SEC는 증권거래법을 위반한 사안에 대해 매년 집행 조치를 몇 건 취하는가? 대표적인 위반 사례는 무엇인가?

**b.** 대공황 이후 미국 의회는 시장에 대한 투자가의 신뢰를 높이기 위해 1933년과 1934년에 증권거래법을 통과시켰다. 이 법률은 어떤 두 가지 '기본적인 상식'을 기반으로 하는가?

**c.** SEC 창설 당시 최초의 SEC 의장과 미국 대통령은 누구인가?

**5** 인터넷에서 SEC에 보고된 회사의 재무제표 등 각종 문서를 검색해보자. 맥도날드나 스타벅스와 같이 잘 알려진 회사를 선택한 후, 인터넷에서 'Yahoo-Edgar Online'을 통해 회사가 SEC에 보고차 공시한 자료가 있는 웹사이트에 접속하여 다음 문제를 풀라.

**a.** 회사명은 무엇인가?

**b.** 가장 최근에 제출한 공시 자료는 무엇인가? 며칠 자 자료인가?

**c.** 최근의 또 다른 공시 자료는 무엇인가?

### 커뮤니케이션 활동

**6** Computer Services International의 대주주이자 사장인 바트 샘슨은 회계 책임자인 당신이 작성한 현금흐름표에 익숙지 않아 추가 설

명을 필요로 한다. 그림 14.14와 같이 현금흐름표의 형식과 내용을 설명하는 간단한 메모를 작성하라.

### 윤리 사례

**7** 주주 10명으로 구성된 Babbit Ltd.는 자동차 부품을 파는 중견 도매업체이며, 8년간 연속으로 총 £100만의 현금 배당금을 지급하는 큰 성과를 올렸다. 한편 이사회의 방침에 따르면 배당금은 당해 연도 현금흐름표에 보고되는 영업 활동에서의 순현금이 £100만을 초과해야 지급할 수 있는데, CEO인 밀턴 윌리엄스는 배당을 지급하지 못하면 해고될지도 모른다는 걱정에 시달리고 있다.

그러던 중 회계 책임자인 제리 로버츠는 올해 영업 활동에서의 순현금을 간접법으로 계산해보니 £970,000에 불과하다는 실망스러운 소식을 사장에게 전했다. 이에 사장은 제리에게 넌지시 물었다. "£100만 이상을 벌어야 하는데 영업 현금흐름을 £30,000 정도 더 늘릴 수 있는 방법이 없을까요?" 그러자 제리는 "이 수치는 하급 경리부 직원이 작성한 것이니 사무실로 돌아가 방안이 있는지 검토해보겠습니다."라고 답했다. 사장은 "나를 실망시키지 않을 것이라 믿습니다." 라고 회유했다.

제리는 현금흐름표를 면밀히 검토한 후 재무 활동에 나열된, 2년 만기 지급어음을 발행하고 차입한 £60,000의 현금 유입을 영업 활동의 순이익 조정 항목으로 재분류했다. 그리고 사장에게 이렇게 보고했다. "배당금을 선언하라고 이사회에 보고하셔도 됩니다. 영업 활동을 통해 유입되는 순현금흐름은 £1,030,000이기 때문입니다." 이에 사장은 크게 기뻐하면서 외쳤다. "역시 훌륭한 회계 전문가군요. 당신은 믿을 수 있는 사람이라는 걸 진작에 알고 있었어요."

**a.** 이 경우의 이해관계자는 누구인가?

**b.** 사장과 회계 책임자의 말에 비윤리적인 점이 있는가?

**c.** 이사회의 구성원이나 다른 사람이 제리의 재분류를 발견할 가능성이 있는가?

## U.S. GAAP 살펴보기

**학습목표**

IFRS와 U.S. GAAP의 현금흐름표 작성 과정을 비교한다.

IFRS와 U.S. GAAP이 규정한 현금흐름표의 전반적인 내용은 대동소이하다. 다만 IFRS는 IAS 기준서 7호에 대략적으로 설명한 데 비해 U.S. GAAP은 상당히 세밀하게 규정하고 있다. 즉 둘 다 현금흐름표를 반드시 작성해야 할 필수 재무제표로 보고 있으며 영업, 재무, 투자 활동으로 분리하되, 영업 활동에서의 현금흐름을 직접법과 간접법으로 작성하는 것을 허용하는 것도 같다. 또한 현금의 개념을 공히 현금과 현금성 자산으로 범위를 정하고 있다. 그러나 다음과 같은 사소한 차이도 있다.

1. IFRS는 당좌차월을 현금성 자산의 차감으로서 현금자산의 변동으로 보는 데 비해 U.S. GAAP은 부채로 보고 현금을 조달하는 재무 활동으로 분류한다.
2. IFRS는 비현금 거래를 현금흐름표의 주석으로 공시하고 U.S. GAAP은 현금흐름표 본문에 표시한다.
3. IFRS와 U.S. GAAP은 이자, 배당금, 세금과 관련한 현금 유출입 활동에 대해 다음과 같이 분류한다.

| 항목 | IFRS | U.S. GAAP |
|---|---|---|
| 이자비용 지급 | 영업 활동 또는 재무 활동 | 영업 활동 |
| 이자수익 수령 | 영업 활동 또는 투자 활동 | 영업 활동 |
| 배당금 지급 | 영업 활동 또는 재무 활동 | 재무 활동 |
| 배당금 수령 | 영업 활동 또는 투자 활동 | 영업 활동 |
| 세금 지급 | 영업 활동–재무 활동 또는 투자 활동과 직접 연관이 없는 경우 | 영업 활동 |

4. IFRS는 영업 활동에서의 현금흐름을 본문에 한 줄로 표시하고 구체적인 내용을 주석으로 표시할 수도 있으나 U.S. GAAP은 이를 허용하지 않는다.
5. IFRS와 마찬가지로 U.S. GAAP도 세금과 이자비용의 현금 지급을 현금흐름표에 별도로 공시할 것을 고집한다. 다만 IFRS는 본문 표시와 주석 공시를 허용하는 반면 U.S. GAAP은 주석 공시만을 요구한다. 그런데 IFRS는 이러한 내용을 현금흐름표 본문에 별도로 표시할 때 당기순이익에서 세금과 이자비용의 현금 지출을 더한 후 다시 차감하는 방식으로 부각한다. 부록 C에 제시한 델피의 현금흐름표를 참조하라.

FASB와 IASB는 재무제표의 공시와 표시 방식에 대해 공동 연구를 진행하고 있는데, 재무상태표와 손익계산서도 현금흐름표처럼 영업 활동, 투자 활동, 재무 활동으로 나누어 공시하는 방식을 검토 중이라는 사실이 매우 흥미롭다. 또한 현금성 자산은 앞으로 현금과 구분하여 유동성이 높고 리스크가 아주 낮은 별도의 자산으로 표기하고자 하므로 현금흐름표의 현금에는 현금성 자산을 제외할 가능성이 높다.

대부분의 회사가 현금흐름표의 간접법을 선호함에도 불구하고 FASB는 향후 직접법만 허용할 움직임을 보인다. 반면에 IASB는 간접법을 계속 허용할 것이라고 하니 두 기관의 입장 차이가 어떻게 조정될지 상당히 기대된다.

## U.S. GAAP 확인 문제

**1** U.S. GAAP에서는 이자비용 지급을 어떤 활동으로 보고하는가?

**a.** 재무 활동
**b.** 재무 활동 또는 투자 활동
**c.** 재무 활동 또는 영업 활동
**d.** 영업 활동

**2** IFRS에서 비현금 거래를 공시하는 방법은 무엇인가?

**a.** 관련되는 활동에 따라 투자 활동으로 보고한다.
**b.** 재무 활동의 주석으로 보고한다.
**c.** 공시할 필요가 없다.
**d.** 현금성 자산과 동일하게 취급한다.

**3** 향후 재무제표의 동향에 대한 설명으로 옳은 것은?

**a.** 손익계산서와 재무상태표(대차대조표)도 현금흐름표처럼 영업, 투자, 재무 활동으로 구분하여 작성한다.
**b.** 현금흐름표의 현금은 현금과 현금성 자산을 합친 개념이 된다.
**c.** IASB는 현금흐름표를 직접법으로 작성하는 것을 반대한다.
**d.** 위의 보기 모두 해당되지 않음

**4** U.S. GAAP에 대한 설명으로 옳은 것은?

**a.** 세금 지급을 영업 활동으로 공시한다.
**b.** 손익계산서를 영업, 투자, 재무 활동으로 구분하여 공시한다.
**c.** 배당금 수령을 영업 활동 또는 투자 활동으로 공시한다.
**d.** 배당금 지급을 영업 활동 또는 투자 활동으로 공시한다.

**5** 다음 설명 중 옳은 것은?

**a.** U.S. GAAP상 현금흐름표는 필수 재무제표가 아니다.
**b.** U.S. GAAP은 현금흐름표를 직접법으로만 작성한다.
**c.** U.S. GAAP 또는 IFRS를 적용하는 회사는 대부분 현금흐름표를 간접법으로 작성하는 것을 선호한다.
**d.** U.S. GAAP상 현금과 현금성 자산은 현금흐름표 작성 시 별도의 항목이다.

**해답** 1. d　2. b　3. a　4. a　5. c

## U.S. GAAP 연습 문제

**1** U.S. GAAP과 IFRS가 은행 당좌차월을 처리하는 방법이 어떻게 다른지 설명하라.

**2** U.S. GAAP과 IFRS가 다음 각 항목을 어떻게 처리하는지 비교하여 설명하라.

**a.** 이자 지급 **b.** 이자 수령
**c.** 배당금 지급 **d.** 배당금 수령

**3** 현금성 자산의 처리가 향후 어떻게 바뀔지 설명하라.

### 재무 보고: 애플

**4** 애플의 재무제표는 이 책의 부록 D에 실려 있으며, 재무제표 주석을 포함한 전체 연례 사업 보고서는 회사 웹사이트에서 확인할 수 있다. 이를 이용하여 다음 문제를 풀라.

**a.** 2015년과 2016년에 영업 활동으로 창출된 순현금 금액은 얼마인가?
**b.** 2016년 9월 24일로 종료되는 회계연도의 현금과 현금성 자산의 증가액 또는 감소액은 얼마인가?
**c.** 애플은 영업 활동을 통해 유입되는 순현금을 어떤 방식으로 계산하는가?
**d.** 2016년 현금흐름표를 분석하여 매출채권, 재고자산, 매입채무의 증감 여부를 밝혀라.
**e.** 2016년에 투자 활동으로 사용된 순현금은 얼마인가?
**f.** 2016년에 납부한 법인세는 얼마인가?

# CHAPTER 15

Bloomberg/Getty Images, Inc.

# 재무 분석을 통한 기업의 이해

Financial Analysis: The Big Picture

## 이 단원에서 공부할 내용

주식 투자의 성공 비결은 소문과 시류에 흔들리지 않고 투자 대상 기업을 세밀히 연구하여 재무적으로 건강한 회사를 찾는 데 있다. 그러기 위해서는 재무제표를 분석할 수 있는 능력이 절실한데, 이는 현재 지식에 안주하지 않는 계속적인 노력과 훈련을 통해 배양될 수 있다. 이에 이 장에서는 기초적인 재무 분석법을 살펴본다.

## 이 단원을 공부해야 하는 이유

### 근면하고 절약해서 돈 버는 게 구식인가?

홍콩 최대의 기업 집단 청쿵그룹을 설립한 리자청(李嘉誠)은 매우 검소한 사람이다. 명품 시계 대신 늘

전자시계를 차고 다니며, 낡고 투박한 검은 신발과 평범한 양복을 즐겨 입는다. 생활만큼이나 그의 사업 철학도 단순하다. 열심히 일하고 주위 사람들에게 친절해서 좋은 평판을 얻으면 사업도 덩달아 잘된다고 믿는다. 이렇듯 근면하고 절약해서 모은 재산이 $300억이나 되는 그는 아시아 최고 거부 중 한 사람으로서 세계 20대 재산가에도 이름을 올렸다.

리자청은 1928년 중국 광둥성에서 태어나 가난한 어린 시절을 보냈고, 12세 때인 1940년에 중일전쟁이 발발하자 가족과 함께 홍콩으로 이주했다. 그러나 아버지가 갑자기 세상을 떠나 가족의 생계를 책임지기 위해 다니던 학교를 그만두고 플라스틱 제조 공장에서 일을 해야만 했다. 그렇지만 불과 몇 년 후인 1950년, 그는 어깨너머로 배운 기술과 경험을 바탕으로 플라스틱 조화를 만들어 파는 청쿵공업을 창업했다. 홍콩은 알다시피 매우 협소한 도시라 여유 있는 공간에 생산 시설을 갖추려면 돈이 많이 들었다. 이에 리자청은 조립비를 주면서 고객이 조화를 직접 조립하도록 유도하여 공간 문제를 해결했다. 이러한 번뜩이는 기지만 보아도 그에게는 남다른 사업가적 소질이 있음을 알 수 있다. 청쿵공업이 만든 플라스틱 조화는 '홍콩 플라워'로 크게 성공하여 오늘날의 청쿵그룹을 이룩하는 데 발판이 되었다.

리자청은 1960년대 말 중국 문화대혁명의 불안이 홍콩까지 번지자 오히려 이를 기회로 보고 부동산을 사 모으기 시작했다. 그가 사들인 부동산의 가격이 천정부지로 치솟자 그는 아예 홍콩 경매시장에 뛰어들어 큰돈을 벌었다. 그는 경매시장의 생태 구조를 아주 잘 알고 있었고, 감정에 휩싸여 빚을 내가면서까지 당초 예정가를 뛰어넘는 경매에 참가하는 일이 결코 없었을 만큼 냉철하기로 정평이 나 있었다.

이후 리자청이 세운 청쿵그룹은 거대한 쇼핑센터부터 전기, 에너지, 석유, 통신, 상사, 해상 운송 등 거의 모든 산업에 진출하여 전 세계 55개국에 자리를 잡고 25만 명의 종업원을 거느린 어마어마한 경제 왕국으로 성장했다. 이에 많은 나라가 청쿵그룹의 투자를 받고 싶어 했지만 그는 '법이 엄정하고 정치적으로 안정되며 사업하기 쉽고 세금 구조가 잘되어 있는 나라'를 선호한다면서 투자 대상을 신중히 골랐다. 그 누구도 홍콩을 넘어 아시아의 최대 갑부 리자청처럼 될 수 있다는 보장은 없다. 하지만 지금부터라도 재무 분석을 열심히 공부하면 그 출발점에 설 수 있다.

출처: Tom Mitchell and Robin Kwong, "Breaking the Mould," *Financial Times Online (FT.com)* (October 26, 2007); Michael Schuman, "The Miracle of Asia's Richest Man," *Forbes.com* (February 24, 2010).

## 이 단원의 구성과 학습목표

| | | | |
|---|---|---|---|
| **재무제표 분석의 기초** | **재무제표의 수직적 분석과 수평적 분석법을 이해한다.** | • 비교 분석의 필요성<br>• 분석 도구<br>• 수평적 분석<br>• 수직적 분석 | **DO IT! 1** 수평적 분석 |
| **비율 분석** | **비율 분석을 이용한 실적 분석을 이해한다.** | • 유동성 비율<br>• 수익성 비율<br>• 안정성 비율<br>• 비율 분석 요약·정리 | **DO IT! 2** 비율 분석 |
| **지속가능이익** | **지속가능이익의 개념을 이해한다.** | • 중단사업<br>• 회계기준 변경<br>• 포괄손익 | **DO IT! 3** 비경상적 항목 |

## 재무제표 분석의 기초 _Basics of Financial Statement Analysis

**학습목표**

재무제표의 수직적 분석과 수평적 분석법을 이해한다.

재무제표의 분석은 유동성, 수익성, 안정성 관점에서 접근한다. 유동성은 단기에 현금을 조달할 수 있는 능력이다. 현금이 있어야 부채를 갚을 수 있으므로 유동성은 회사가 적기에 채무를 갚을 수 있는 능력이기도 하다. 은행처럼 회사에 단기 자금을 빌려준 채권자는 자신의 돈이 안전하게 변제받을 수 있는지에 관심이 높아서 회사에 현금이 충분한지를 알고 싶어 한다. 사실 이들은 자신의 채권이 변제되고 나면 회사가 존속하든 말든 알 바 아니다. 그래서 회사의 지속가능성을 보여주는 수익성이나 안정성에는 관심도가 떨어진다. 오직 유동성이다.

수익성은 사업 성과를 창출하는 능력이고, 안정성은 자본 구조상 채권자에 의지하는 정도를 나타낸다. 달리 표현하면 안정성은 채무 상환 능력이며, 이는 부채 비율과 이자 지불 능력으로 측정된다. 수익성과 안정성이 높아야 회사가 망하지 않고 장기 채권자의 채권을 변제하고 주주에게 배당과 주가 차익을 실현할 수 있다. 그러므로 단기 채권자와 달리 장기 채권자와 주주는 유동성보다는 수익성과 안정성에 더 주목한다.

### 비교 분석의 필요성 _Need for Comparative Analysis

재무제표상 모든 계정에는 나름의 의미가 있다. 하지만 이는 바로 눈에 드러나지 않는다. 숨어 있는 함축된 내용을 알려면 비교 분석이 필요하다. 예를 들어 마크스앤드스펜서(Marks & Spencer plc, 영국)가 현금과 현금성 자산으로 £4억 2,290만을 재무상태표에 공시했다면 그날에 그만큼의 현금이 회사에 존재한다는 것을 나타낸다. 그러나 현금이 작년에 비해 늘었는지, 그 정도면 충분한지는 도저히 알 길이 없다. 이를 알려면 적어도 세 가지 비교 분석이 필요하다.

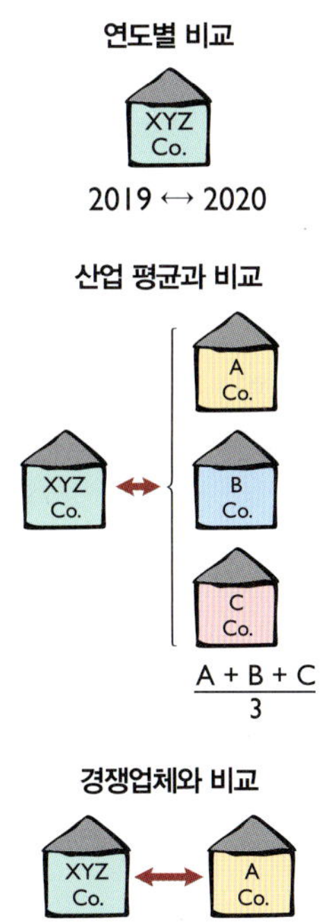


- **연도별 비교**: 전기와 비교하면 현금의 증감 여부와 총자산에서 차지하는 상대적 비율의 추이를 알 수 있다.
- **산업 평균과 비교**: 동종업계의 평균과 비교하면 상대적인 우열을 알 수 있다. 산업 평균 자료는 미국의 신용 평가 회사인 던앤드브래드스트리트(Dun & Bradstreet), 무디스(Moody's), 스탠더드앤드푸어스(Standard & Poor's) 등에서 발표하는 자료가 대표적이다. 그러나 최근에는 야후(Yahoo!)에서 발표하는 경제 자료도 많이 참고한다.
- **경쟁업체와 비교**: 마크스앤드스펜서의 경우 까르푸와 총판매액을 비교하면 상대적인 성과를 판단할 수 있다.

### 분석 도구 _Tools of Analysis

재무제표를 비교 분석하는 기법은 다양하지만 방법론은 다음과 같이 크게 세 가지로 분류할 수 있다.

- **수평적 분석**: 연도별로 비교한다.
- **수직적 분석**: 재무제표 내 해당 항목이 차지하는 비율을 살펴본다.
- **비율 분석**: 재무제표 구성 항목 간의 상관분석으로 함축된 의미를 찾아낸다.

수평적 분석은 한 회사의 연도별 비교를 말한다. 따라서 재무제표는 적어도 2개년의 비교 형식으로 공시하고, 특정 항목은 5년부터 10년 이상의 기간에 걸친 내용을 공시하는 것이 원칙이다. 반면에 수직적 분석은 회사 내 또는 회사 간의 상대적 크기를 비교하는 것이고, 비율 분석은 계정 간의 상관관계를 따져 의미를 찾아내는 것이다.

## 수평적 분석 _Horizontal Analysis

추세 분석(trend analysis) 또는 **수평적 분석**(horizontal analysis)은 하나의 자료를 시간별로 비교하는 것으로, 증감의 절대 금액이나 비율로 표시한다. 그림 15.1은 Dubois SA의 최근 3년간 매출액을 수평적으로 분석한 것이다.

**그림 15.1** Dubois SA의 매출액

**Dubois SA**
매출액(단위: 1,000)

| 2020 | 2019 | 2018 |
|---|---|---|
| €19,860 | €19,903 | €18,781 |

수평적 분석은 2018년을 기준으로 3년간의 매출액 변동을 절대 금액으로 표시할 수도 있지만 그림 15.2의 공식을 사용하여 비율로도 표시할 수 있다.

**그림 15.2** 변동액 비율 표시 공식

$$\text{증감 비율} = \frac{\text{해당 연도 금액} - \text{기준 연도 금액}}{\text{기준 연도 금액}}$$

계산 결과 Dubois SA의 매출액은 2019년에 2018년 대비 약 6%[(€19,903 − €18,781) ÷ €18,781] 증가하고, 2020년에 2018년 대비 약 5.7%[(€19,860 − €18,781) ÷ €18,781] 증가했다.

수평적 분석의 비율 표시에서 또 다른 방식으로 변동액 대신 그림 15.3과 같이 전체 금액으로 비율 계산을 할 수도 있다.

**그림 15.3** 전체 금액 비율 표시 공식

$$\text{전체 금액 비율} = \frac{\text{해당 연도 금액}}{\text{기준 연도 금액}}$$

그림 15.4에 계산 결과를 정리했다.

**그림 15.4** Dubois SA의 수평적 분석

**Dubois SA**
매출액(단위: 1,000)
기준 연도 2018년

| 2020 | 2019 | 2018 |
|---|---|---|
| €19,860 | €19,903 | €18,781 |
| 105.7% | 106.0% | 100% |

## 재무상태표 _Statement of Financial Position

소매점으로 중소규모 백화점인 Quality Department Store의 재무상태표를 가지고 수평적 분석을 좀 더 자세히 알아보자. 그림 15.5는 2개 연도 간 절대 금액과 비율을 비교하여 보여준다.

**그림 15.5** 재무상태표의 수평적 분석

**Quality Department Store**
**요약재무상태표**
2020년 12월 31일 현재

| | 2020 | 2019 | 2020년 증감 금액 | 2020년 증감 비율 |
|---|---|---|---|---|
| **자산** | | | | |
| 무형자산 | € 15,000 | € 17,500 | € (2,500) | (14.3%) |
| 순유형자산 | 800,000 | 632,500 | 167,500 | 26.5% |
| 유동자산 | 1,020,000 | 945,000 | 75,000 | 7.9% |
| 자산 계 | €1,835,000 | €1,595,000 | €240,000 | 15.0% |
| **자본** | | | | |
| 자본금(보통주, 액면가 €1) | € 275,400 | € 270,000 | € 5,400 | 2.0% |
| 이익잉여금 | 727,600 | 525,000 | 202,600 | 38.6% |
| 자본 계 | 1,003,000 | 795,000 | 208,000 | 26.2% |
| **부채** | | | | |
| 비유동부채 | € 487,500 | € 497,000 | € (9,500) | (1.9%) |
| 유동부채 | 344,500 | 303,000 | 41,500 | 13.7% |
| 부채 계 | 832,000 | 800,000 | 32,000 | 4.0% |
| 자본과 부채 계 | €1,835,000 | €1,595,000 | €240,000 | 15.0% |

그림 15.5의 비교재무상태표를 보면 2019~2020년에 발생한 재무 상태의 주요 변화로서 경영의 큰 골자를 알 수 있다. 즉 2020년에 백화점을 증설했는데 그 자금의 원천은 부채가 아니라 이익잉여금이라는 사실이다.

- 자산에서 유형자산이 €167,500(26.5%) 증가했다.
- 자본에서 이익잉여금이 €202,600(38.6%) 증가했다.
- 부채에서 유동부채가 €41,500(13.7%) 증가했다.

## 손익계산서 _Income Statement

그림 15.6은 Quality Department Store의 2019년과 2020년 손익계산서를 수평적으로 비교한 것이며, 이를 통해 알 수 있는 변화는 다음과 같다.

- 매출액이 €260,000(14.2%) 증가했다.
- 매출원가가 €141,000(12.4%) 증가했다.
- 영업이익이 €37,000(11.6%) 증가했다.

HINT
절대 금액 €55,300는 모든 항목의 합이지만 비율인 26.5%는 비율의 합으로 산출되지 않는다.

**그림 15.6** 손익계산서의 수평적 분석

**Quality Department Store**
**요약손익계산서**
2020년 1월 1일부터 2020년 12월 31일까지

| | 2020 | 2019 | 2020년 증감 금액 | 2020년 증감 비율 |
|---|---|---|---|---|
| 매출 | €2,195,000 | €1,960,000 | €235,000 | 12.0% |
| 매출환입과 에누리 | 98,000 | 123,000 | (25,000) | (20.3%) |
| 순매출액 | 2,097,000 | 1,837,000 | 260,000 | 14.2% |
| 매출원가 | 1,281,000 | 1,140,000 | 141,000 | 12.4% |
| 매출총이익 | 816,000 | 697,000 | 119,000 | 17.1% |
| 판매비 | 253,000 | 211,500 | 41,500 | 19.6% |
| 관리비 | 104,000 | 108,500 | (4,500) | (4.1%) |
| 판매관리비 계 | 357,000 | 320,000 | 37,000 | 11.6% |
| 영업이익 | 459,000 | 377,000 | 82,000 | 21.8% |
| 영업외 수익과 비용 | | | | |
| 이자수익과 배당금 수익 | 9,000 | 11,000 | (2,000) | (18.2%) |
| 이자비용 | 36,000 | 40,500 | (4,500) | (11.1%) |
| 법인세비용 차감 전 순이익 | 432,000 | 347,500 | 84,500 | 24.3% |
| 법인세비용 | 168,200 | 139,000 | 29,200 | 21.0% |
| 당기순이익 | € 263,800 | € 208,500 | € 55,300 | 26.5% |

수평적 분석 결과 매출총이익이 17.1%, 당기순이익이 26.5% 증가했으므로 이익 추세는 적절히 좋아 보인다.

### 이익잉여금계산서 _Retained Earnings Statement

그림 15.7은 Quality Department Store의 비교이익잉여금계산서로, 당기순이익이 €55,300(26.5%) 증가한 데 비해 배당금은 겨우 €1,200(2%) 증가했다. 이로써 재무상태표의 수평적 분석에서 파악된 이익잉여금 증가(38.6%) 사유를 알 수 있다. 즉 Quality Department Store는 이익잉여금을 배당하지 않고 사내 유보하여 증설에 사용했다.

**그림 15.7** 이익잉여금계산서의 수평적 분석

**Quality Department Store**
**이익잉여금계산서**
2020년 1월 1일부터 2020년 12월 31일까지

| | 2020 | 2019 | 2020년 증감 금액 | 2020년 증감 비율 |
|---|---|---|---|---|
| 1월 1일 기초 이익잉여금 | €525,000 | €376,500 | €148,500 | 39.4% |
| 가산: 당기순이익 | 263,800 | 208,500 | 55,300 | 26.5% |
| | 788,800 | 585,000 | 203,800 | |
| 차감: 배당금 | 61,200 | 60,000 | 1,200 | 2.0% |
| 12월 31일 기말 이익잉여금 | €727,600 | €525,000 | €202,600 | 38.6% |

이와 같이 수평적 분석은 간단하고 유용한 방법이지만 연도별 금액이 중간에 비거나 음수와 양수가 혼합되면 비율을 계산할 수 없다는 것이 단점이다.

## 수직적 분석 _Vertical Analysis

**수직적 분석**(vertical analysis)은 재무제표의 각 계정을 기준 금액 대비 비율로 나타내어 상대적 크기를 분석하는 방법이다. 따라서 수직적 분석을 구성 비율 분석(common-size analysis)이라고도 한다. 가령 유동자산이 총자산 대비 22%라면 기준 금액이 총자산이 되고, 손익계산서의 경우 영업비용이 순매출액의 16%라면 기준 금액이 순매출액이 된다.

### 재무상태표 _Statement of Financial Position

그림 15.8은 Quality Department Store의 비교재무상태표의 수직적 분석을 보여준다. 자산 계정은 총자산이 기준 금액이고 부채와 자본 계정은 부채와 자본의 합계가 기준 금액인데, 총자산은 부채와 자본의 합과 같으므로 사실상 기준 금액이 동일하다.

전술한바 수직적 분석은 재무상태표상 각 항목의 상대적 크기와 변동의 비율을 보여준다. 예를 들어 유동자산은 절대 금액 기준으로 2020년에 €75,000 증가했으나 총자산 대비 유동자산의 비율은 2019년 59.2%에서 2020년 55.6%로 오히려 감소했다. 또한 유형자산은 39.7%에서 43.6%로 증가하고, 이익잉여금은 32.9%에서 39.7%로 증가했다. 이로써 수평적 분석에서 알게 된 사실, 즉 유형자산에 대한 투자의 원천이 부채가 아니라 이익잉여금이라는 것을 다시금 확인할 수 있다.

HINT
공식: $\frac{\text{재무상태표의 각 항목}}{\text{자산 계}} = \%$

**그림 15.8** 재무상태표의 수직적 분석

Quality Department Store
요약재무상태표
2020년 12월 31일 현재

| | 2020 | | 2019 | |
|---|---|---|---|---|
| | 금액 | 비율 | 금액 | 비율 |
| **자산** | | | | |
| 무형자산 | € 15,000 | 0.8% | € 17,500 | 1.1% |
| 순유형자산 | 800,000 | 43.6% | 632,500 | 39.7% |
| 유동자산 | 1,020,000 | 55.6% | 945,000 | 59.2% |
| 자산 계 | €1,835,000 | 100.0% | €1,595,000 | 100.0% |
| **자본** | | | | |
| 자본금(보통주, 액면가 €1) | € 275,400 | 15.0% | € 270,000 | 16.9% |
| 이익잉여금 | 727,600 | 39.7% | 525,000 | 32.9% |
| 자본 계 | 1,003,000 | 54.7% | 795,000 | 49.8% |
| **부채** | | | | |
| 비유동부채 | € 487,500 | 26.5% | € 497,000 | 31.2% |
| 유동부채 | 344,500 | 18.8% | 303,000 | 19.0% |
| 부채 계 | 832,000 | 45.3% | 800,000 | 50.2% |
| 자본과 부채 계 | €1,835,000 | 100.0% | €1,595,000 | 100.0% |

### 손익계산서 _Income Statement

그림 15.9는 Quality Department Store의 2개년 손익계산서를 수직적으로 분석한 것으로, 매출원가가 매출액 대비 1%(62.1% 대 61.1%) 감소하고 영업비용이 0.4%(17.4% 대 17.0%) 감소

HINT
공식: $\frac{\text{손익계산서의 각 항목}}{\text{순매출액}} = \%$

했다. 그 결과 당기순이익이 11.4%에서 12.6%로 증가했는데, 이를 통해 Quality Department Store의 사업 수익성이 상당히 양호하다고 판단할 수 있다. 또한 원가와 비용의 감소 추세로 보아 앞으로도 높은 수익성이 계속될 것으로 예측된다.

**그림 15.9** 손익계산서의 수직적 분석

Quality Department Store
요약손익계산서
2020년 1월 1일부터 2020년 12월 31일까지

| | 2020 | | 2019 | |
|---|---|---|---|---|
| | 금액 | 비율 | 금액 | 비율 |
| 매출 | €2,195,000 | 104.7% | €1,960,000 | 106.7% |
| 매출환입과 에누리 | 98,000 | 4.7% | 123,000 | 6.7% |
| 순매출액 | 2,097,000 | 100.0% | 1,837,000 | 100.0% |
| 매출원가 | 1,281,000 | 61.1% | 1,140,000 | 62.1% |
| 매출총이익 | 816,000 | 38.9% | 697,000 | 37.9% |
| 판매비 | 253,000 | 12.0% | 211,500 | 11.5% |
| 관리비 | 104,000 | 5.0% | 108,500 | 5.9% |
| 판매관리비 계 | 357,000 | 17.0% | 320,000 | 17.4% |
| 영업이익 | 459,000 | 21.9% | 377,000 | 20.5% |
| 영업외 수익과 비용 | | | | |
| 이자수익과 배당금 수익 | 9,000 | 0.4% | 11,000 | 0.6% |
| 이자비용 | 36,000 | 1.7% | 40,500 | 2.2% |
| 법인세비용 차감 전 순이익 | 432,000 | 20.6% | 347,500 | 18.9% |
| 법인세비용 | 168,200 | 8.0% | 139,000 | 7.5% |
| 당기순이익 | € 263,800 | 12.6% | € 208,500 | 11.4% |

수직적 분석을 이용하면 규모가 다른 회사 간의 비교도 가능하다. 예를 들어 Quality Department Store의 경쟁자가 대규모 백화점인 Park Street Store라면 수직적 분석을 통해 규모가 다른 두 백화점을 동일 선상에서 비교할 수 있다(그림 15.10 참조).

**그림 15.10** 회사 간 손익계산서 비교

요약손익계산서
2020년 1월 1일부터 2020년 12월 31일까지
(단위: 1,000)

| | Quality Department Store | | Park Street Store | |
|---|---|---|---|---|
| | 금액 | 비율 | 금액 | 비율 |
| 순매출액 | €2,097 | 100.0% | €17,556,000 | 100.0% |
| 매출원가 | 1,281 | 61.1% | 10,646,000 | 60.6% |
| 매출총이익 | 816 | 38.9% | 6,910,000 | 39.4% |
| 판매관리비 | 357 | 17.0% | 6,247,000 | 35.6% |
| 영업이익 | 459 | 21.9% | 663,000 | 3.8% |
| 영업외 수익과 비용 | 195 | 9.3% | 412,000 | 2.4% |
| 당기순이익 | € 264 | 12.6% | € 251,000 | 1.4% |

Park Street Store는 순매출액이 Quality Department Store보다 8,372배나 되는 큰 백화점이다. 그러나 수직적 분석을 하면 이러한 규모의 차이가 제거된 비율로 표시되므로 두 백화점의 비교가 충분히 가능하다. 수직적 분석의 결과 Quality Department Store와 Park Street Store의 매출총이익은 각각 38.9%, 39.4%로 비슷하나 영업이익률이 각각 21.9%, 3.8%로 격차가 크다. 이는 Quality Department Store의 판매관리비가 순매출액의 17.0%로 Park Street Store의 35.6%에 비해 매우 작기 때문이다. Park Street Store의 당기순이익은 절대 금액 기준으로 Quality Department Store보다 951배나 크지만 당기순이익의 비율은 1.4%로 Quality Department Store의 12.6%에 훨씬 못 미치는 11%에 불과하다.

### DO IT! 1 수평적 분석

다음은 Rosepatch NV의 재무 정보이다.

| | 2020년 12월 31일 | 2019년 12월 31일 |
|---|---|---|
| 순유형자산 | €756,000 | €420,000 |
| 유동자산 | 234,000 | 180,000 |
| 자산 계 | €990,000 | €600,000 |

수평적 분석법을 사용하여 2019년을 기준으로 2020년의 변동액과 그 비율을 구하라.

**해답**

| | 2020년 증가 | |
|---|---|---|
| | 금액 | 비율 |
| 순유형자산 | €336,000 | 80% [(€756,000 − €420,000) ÷ €420,000] |
| 유동자산 | 54,000 | 30% [(€234,000 − €180,000) ÷ €180,000] |
| 자산 계 | €390,000 | 65% [(€990,000 − €600,000) ÷ €600,000] |

## 비율 분석 _Ratio Analysis

**학습목표**

비율 분석을 이용한 실적 분석을 이해한다.

**비율 분석**(ratio analysis)은 재무제표의 항목 간 상관관계를 나타내는 **비율**(ratio)을 산출하여 의미를 파악하는 분석 방법으로, 상관관계 비율을 퍼센트, 배수, 구성비로 나타낸다. 예컨대 마크스앤드스펜서의 최근 유동자산과 유동부채가 각각 £12억 6,790만, £22억 3,830만이라면 두 계정 간의 관계는 유동 비율로서 유동자산 나누기 유동부채이고 그 결과는 다음과 같이 나타난다.

- **퍼센트:** 유동자산이 유동부채의 57%
- **배수:** 유동자산이 유동부채의 0.57배
- **구성비:** 유동자산 대 유동부채는 0.57:1

비율 분석에 사용되는 비율은 크게 유동성 비율, 수익성 비율, 안정성 비율로 구분된다(그림 15.11 참조).

**그림 15.11** 재무 비율

**유동성 비율**
단기 부채의 상환 능력과 현금 유동화 능력을 측정한다.

**수익성 비율**
특정 기간의 성과를 측정한다.

**안정성 비율**
부채 상환 능력으로 장기 지속가능 능력을 측정한다.

비율 분석은 재무제표의 구성 항목을 그냥 보아서는 모르는, 계정과목 간의 숨어 있는 내재된 관계를 찾아준다. 그러나 비율 하나만 보면 의미가 없고, 다양한 비율로 종합적으로 분석하고 판단해야 의미가 있다. 따라서 비율 분석을 할 때는 산출된 비율에 대해 다음과 같이 비교 분석을 병행해야 한다.

- 회사 내 연도별 비교로, Quality Department Store의 2년간 자료를 비교한다.
- 산업 평균과의 비교로, Quality Department Store의 자료를 백화점 업계의 평균과 비교한다.
- 경쟁업체 간 비교로, Quality Department Store를 Park Street Store의 자료와 비교한다.

## 유동성 비율 _Liquidity Ratios

유동성은 단기간에 현금을 만들어내는 능력을 말한다. 그러므로 **유동성 비율**(liquidity ratios)은 회사의 단기 부채 변제 능력과 돌발적인 현금 사용에 대응하는 능력을 나타낸다. 단기 자금을 빌려주는 은행이나 신용으로 원료를 공급하는 거래처는 채권 회수를 위해 회사의 유동성에 관심이 많다. 유동성을 측정하는 비율로는 유동 비율, 당좌 비율, 매출채권 회전율, 재고자산 회전율 등이 있다.

### 투자적 사고력 키우기 | 유동 비율 관리 방법

같은 금액을 분자와 분모에 더하면 유동 비율이 감소한다. 예를 들어 유동자산이 $2,000,000, 유동부채가 $1,000,000이면 유동 비율이 2:1인데, 여기에 재고자산을 신용으로 $1,000,000 구매하면 유동자산이 $3,000,000, 유동부채가 $2,000,000가 되어 유동 비율이 1.5:1로 감소한다. 반대로 유동부채 $500,000를 갚으면 유동자산이 $1,500,000, 유동부채가 $500,000가 되어 유동 비율이 3:1로 증가한다. 이와 같이 유동 비율은 변화가 크고 인위적으로 관리할 수 있다.

**경영진은 회사의 유동 비율에 어떤 영향을 미칠 수 있는가?**

NovaStock/SuperStock

## 유동 비율 _Current Ratio

기업의 유동성과 단기 채무 변제 능력을 측정하기 위해 유동자산을 유동부채로 나누어 **유동 비율**(current ratio)을 산출한다. 그림 15.12는 Quality Department Store의 2020년과 2019년 유동 비율을 계산하여 비교한 것이다.

그림 15.12 유동 비율

$$\text{유동 비율} = \frac{\text{유동자산}}{\text{유동부채}}$$

Quality Department Store

| 2020 | 2019 |
|---|---|
| $\frac{€1,020,000}{€344,500}$ = 2.96:1 | $\frac{€945,000}{€303,000}$ = 3.12:1 |
| 산업 평균 | Park Street Store |
| **1.70:1** | **2.05:1** |

유동 비율은 유동자산이 유동부채보다 얼마나 많은지를 산술적으로 보여준다. 가령 Quality Department Store의 2020년 유동 비율 2.96:1은 유동부채 €1당 유동성 자산이 €2.96라는 뜻이다. 그런데 이 비율을 산업 평균이나 경쟁업체와 비교하면 더욱 유용한 정보가 된다. 즉 Quality Department Store의 유동 비율은 전기에 비해 당해 연도에 감소했지만 산업 평균 1.70:1에 비하면 매우 높기 때문에 유동성이 넘친다고 해석할 수 있다. 한편 Park Street Store는 유동 비율이 2.05:1인데, 이 또한 유동자산이 유동부채의 2배 이상이고 산업 평균 이상이라 유동성이 적절해 보인다.

유동 비율 대신 운전자본의 크기로도 유동성을 측정할 수 있다. 운전자본은 유동자산에서 유동부채를 차감한 순유동자산이다. 그러나 운전자본이 유동 비율을 대체할 수는 없다. 예를 들어 두 회사의 운전자본이 같아도 유동 비율의 차이가 클 수 있다. 즉 운전자본의 절대 금액이 같더라도 유동자산과 유동부채의 규모가 크면 유동 비율이 낮아져서 좋은 유동성을 지녔다고 볼 수 없기 때문이다. 그러므로 운전자본을 비교할 때는 유동 비율을 함께 살펴보아야 한다.

HINT
이론적으로는 현금흐름을 완벽하게 예측할 수 있고 탄탄한 이익을 얻고 있으면 운전자본 없이도 경영이 가능하다. 가령 월풀(Whirlpool, 미국), 아메리칸 스탠더드(American Standard, 미국), 캠벨수프(Campbell's Soup, 미국) 등은 대부분의 현금을 시설에 투자하고 적은 운전자본을 추구하기로 유명하다.

그런데 유동 비율은 세부적인 유동자산 내의 구성을 고려하지 않는다는 단점이 있다. 즉 같은 유동자산이라고 해서 같은 유동성을 지닌 것은 아니다. 문제는 재고자산이다. 아무리 유동 비율이 높아도 팔기 어려운 재고자산이 있으면 의미가 없다. 재고자산은 팔려야 현금이 된다. 단기 부채의 변제에 필요한 현금으로 전환하기에는 기동성이 다른 유동자산보다 많이 떨어진다. 그래서 다음의 당좌 비율이 필요하다.

## 당좌 비율 _Acid-Test Ratio

**당좌 비율**(acid-test ratio, quick ratio)은 현금을 신속하게 조달할 수 있는 대응 능력을 나타낸다. 그러므로 유동자산에서 유동화 속도가 느린 재고자산과 아예 유동화할 수 없는 선급비용 등을 제하고 현금, 단기 투자, 매출채권 등의 합을 유동부채로 나눈 것으로 유동 비율을 보완한다. 그림 15.13은 Quality Department Store의 2020년과 2019년 유동자산 내역이다.

**그림 15.13** Quality Department Store의 유동자산

**Quality Department Store**
**재무상태표(일부 발췌)**

| | 2020 | 2019 |
|---|---|---|
| 유동자산 | | |
| 선급비용 | € 50,000 | € 40,000 |
| 재고자산 | 620,000 | 500,000 |
| **순매출채권*** | **230,000** | **180,000** |
| **단기 투자** | **20,000** | **70,000** |
| **현금** | **100,000** | **155,000** |
| 유동자산 계 | €1,020,000 | €945,000 |

*각 연도의 대손충당금은 €10,000

현금, 단기 투자, 순매출채권은 재빨리 현금화할 수 있지만 재고자산과 선급비용은 현금으로 전환하기가 쉽지 않기 때문에 이를 구분하여 유동성을 보완·분석한다. 그림 15.14는 Quality Department Store의 2020년과 2019년 당좌 비율이다.

**그림 15.14** 당좌 비율

$$\text{당좌 비율} = \frac{\text{현금 + 단기 투자 + 순매출채권}}{\text{유동부채}}$$

**Quality Department Store**

| 2020 | 2019 |
|---|---|
| $\frac{€100,000 + €20,000 + €230,000}{€344,500} = 1.02:1$ | $\frac{€155,000 + €70,000 + €180,000}{€303,000} = 1.34:1$ |
| 산업 평균 | Park Street Store |
| **0.70:1** | **1.05:1** |

Quality Department Store의 당좌 비율은 2020년에 전년보다 감소했는데, 당좌 비율 1.02:1이 적합한지는 산업과 경제 상황에 따라 다르다. 산업 평균 0.70:1, Park Street Store의 1.05:1과 비교해보면 Quality Department Store의 당좌 비율은 상당히 적합해 보인다.

### 매출채권 회전율 _Accounts Receivable Turnover

특정 계정의 현금화되는 속도로 유동성을 측정하는 방법도 있다. 가령 매출채권의 유동화 속도를 회전율로 산출하는데, 이를 **매출채권 회전율**(accounts receivable turnover)이라고 한다. 이는 매출액 중 외상매출을 평균 매출채권액으로 나누어 산출하며, 계절적 요소가 크지 않으면 매출채권은 기초 및 기말 평균 금액으로 한다.[1]

가령 Quality Department Store의 판매가 모두 외상매출이고 2019년 기초 재고가 €200,000라면 매출채권 회전율은 그림 15.15와 같이 계산된다. 2020년에 매출채권 회전율이 전기 대비 약간 향상되었지만 Park Street Store의 37.2회보다 많이 낮고 산업 평균인 46.4회보다는 더 낮다.

1 계절적 요소가 크면 월별로 잔액을 더하고 평균을 내어 결정한다.

**그림 15.15** 매출채권 회전율

$$\text{매출채권 회전율} = \frac{\text{순외상매출액}}{\text{평균 순매출채권}}$$

Quality Department Store

**2020**

$$\frac{€2{,}097{,}000}{\left[\frac{€180{,}000 + €230{,}000}{2}\right]} = 10.2\text{회}$$

**2019**

$$\frac{€1{,}837{,}000}{\left[\frac{€200{,}000 + €180{,}000}{2}\right]} = 9.7\text{회}$$

| 산업 평균 | Park Street Store |
|---|---|
| **46.4회** | **37.2회** |

**평균 회수 일수** 이는 매출채권 회전율을 매출채권이 현금으로 회수되는 일수로 변환한 것이다. 쉽게 말해 매출채권이 얼마 만에 현금으로 회수되는지를 나타내므로 1년 365일을 매출채권 회전율로 나누어 산출한다. 평균 회전 일수는 매출채권 회전율보다 이해하기가 더 쉽다. Quality Department Store의 경우 매출채권 회전율 10.2회의 회전 일수는 36일(5주)인데, 이는 회사의 신용 정책, 회수 정책과 연계하여 평가해야 하지만 사전에 정해놓은 신용기간 이상 늘어나면 문제로 본다.

### 재고자산 회전율 _Inventory Turnover

**재고자산 회전율**(inventory turnover)은 회계기간 동안 재고자산이 평균적으로 몇 번이나 팔려나갔는지를 나타내는 수치로, 재고자산의 유동성 정도를 측정한다. 다시 말해 재고자산 회전율이 낮으면 잘 팔리지 않는 제품이다. 매출원가를 평균 재고 금액으로 나누어 산출하되, 계절적 요소가 중요하지 않으면 기초 및 기말 재고자산의 평균 금액으로 한다.

Quality Department Store의 2019년 기초 재고자산이 €450,000라면 2개 연도의 재고자산 회전율은 그림 15.16과 같이 계산된다. 2020년의 재고자산 회전율은 2.3회로 전년보다 약간 감소했으며, 산업 평균 4.3회, Park Street Store의 3.1회에 비해 낮다. 재고 회전율이 높을수록 재고자산에 묶인 현금의 액수가 적고 재고자산의 진부화 위험도 낮다.

**그림 15.16** 재고자산 회전율

$$\text{재고자산 회전율} = \frac{\text{매출원가}}{\text{평균 재고}}$$

Quality Department Store

**2020**

$$\frac{€1{,}281{,}000}{\left[\frac{€500{,}000 + €620{,}000}{2}\right]} = 2.3\text{회}$$

**2019**

$$\frac{€1{,}140{,}000}{\left[\frac{€450{,}000 + €500{,}000}{2}\right]} = 2.4\text{회}$$

| 산업 평균 | Park Street Store |
|---|---|
| **4.3회** | **3.1회** |

**재고자산 회전 일수** 이는 원가가 재고자산에 체류하는 기간을 말하며, 1년 365일을 재고자산 회전율로 나누어 산출한다. Quality Department Store의 경우 365일을 2.3회로 나누면 159일

이며, 산업 평균 84.9일(365 ÷ 4.3), Park Street Store의 117.7일(365 ÷ 3.1)보다 길어 진부화의 위험이 높다. 한편 재고자산 회전 일수는 산업별로 격차가 심한데, 가령 식품업은 평균 17.1회에 21일이고 보석업은 평균 0.80회에 456일이다.

## 수익성 비율 _Profitability Ratios

**수익성 비율**(profitability ratios)은 회사의 사업 성과를 평가하는 측정치이다. 여러 비율 중에서도 수익성이 가장 중요한데, 이는 기업이 존재하는 근본 이유이기 때문이다. 회사의 성과는 우물에서 샘물이 나오듯 계속 쏟아져 나와야 부채를 조달하고 상환할 수 있으며, 수익성이 나쁘면 채권자나 주주의 눈 밖에 나서 자본 조달 능력이 떨어진다. 부채가 다소 많더라도 수익성이 좋은 회사라면 부채 비율이 큰 문제가 아닐 수도 있다. 또한 수익성은 CEO의 경영 성과를 측정하는 지표이기도 하다. 수익성을 나타내는 비율에는 매출액 순이익률, 총자산 이익률, 자기자본 이익률 등이 있다.

### 매출액 순이익률 _Profit Margin

**매출액 순이익률**(profit margin)은 판매 €1당 순익을 의미한다. 즉 하나를 팔면 얼마가 남느냐는 마진의 개념이며, 당기순이익을 순매출액으로 나누어 산출한다. Quality Department Store의 매출액 순이익률은 그림 15.17과 같다.

그림 15.17 매출액 순이익률

$$\text{매출액 순이익률} = \frac{\text{당기순이익}}{\text{순매출액}}$$

**Quality Department Store**

| 2020 | 2019 |
|---|---|
| $\frac{€263,800}{€2,097,000} = 12.6\%$ | $\frac{€208,500}{€1,837,000} = 11.4\%$ |
| 산업 평균 | Park Street Store |
| **8.0%** | **1.4%** |

Quality Department Store는 2019년보다 2020년에 매출액 순이익률이 증가했는데, 이는 산업 평균 8%, Park Street Store의 1.4%에 비해 매우 높다. 일반적으로 재고 회전율이 높은 식료품이나 편의점은 마진율이 적고, 재고 회전율이 낮은 보석상은 마진율이 높다.

### 총자산 회전율 _Asset Turnover

**총자산 회전율**(asset turnover)은 매출을 창출하기 위해 전체 자산을 잘 운영하고 있는지를 나타내며, 순매출액을 평균 총자산의 크기로 나누어 산출한다. 즉 자산 €1가 매출 창출에 기여하는 정도를 말한다. 계절적 요소로 인한 급변이 없으면 기초와 기말 총자산의 평균을 분모로 한다. Quality Department Store의 2019년 총자산이 €1,446,000일 때 2개 연도의 총자산 회전율은 그림 15.18과 같이 계산된다.

**그림 15.18** 총자산 회전율

$$\text{총자산 회전율} = \frac{\text{순매출액}}{\text{평균 총자산액}}$$

**Quality Department Store**

**2020**

$$\frac{€2{,}097{,}000}{\left[\frac{€1{,}595{,}000 + €1{,}835{,}000}{2}\right]} = 1.2\text{회}$$

산업 평균

**1.4회**

**2019**

$$\frac{€1{,}837{,}000}{\left[\frac{€1{,}446{,}000 + €1{,}595{,}000}{2}\right]} = 1.2\text{회}$$

Park Street Store

**1.4회**

Quality Department Store는 2019년과 2020년에 총자산 €1당 약 €1.20의 매출을 창출함으로써 총자산 회전율이 1.2회인데, 이는 산업 평균 1.4회, Park Street Store의 1.4회보다 다소 낮다. 한편 총자산 회전율은 산업마다 다르다. 예컨대 거대한 장치 시설이 필요한 에너지 회사는 0.4회에 불과하지만 큰 자산이 필요 없는 식품업은 3.4회나 된다.

### 총자산 이익률 _Return on Assets

**총자산 이익률**(return on assets)은 자산의 전체적인 성과를 알아보는 것으로, 당기순이익을 총자산으로 나누어 산출한다. Quality Department Store의 2020년과 2019년 총자산 이익률은 그림 15.19를 참조하라.

**그림 15.19** 총자산 이익률

$$\text{총자산 이익률} = \frac{\text{당기순이익}}{\text{평균 총자산액}}$$

**Quality Department Store**

**2020**

$$\frac{€263{,}800}{\left[\frac{€1{,}595{,}000 + €1{,}835{,}000}{2}\right]} = 15.4\%$$

산업 평균

**8.9%**

**2019**

$$\frac{€208{,}500}{\left[\frac{€1{,}446{,}000 + €1{,}595{,}000}{2}\right]} = 13.7\%$$

Park Street Store

**2.4%**

Quality Department Store의 총자산 이익률은 2019년보다 2020년에 조금 개선되어 15.4%인데, 이는 산업 평균 8.9%, Park Street Store의 2.4%에 비하면 아주 높은 성과를 나타낸다.

### 자기자본 이익률 _Return on Ordinary Shareholders' Equity

**자기자본 이익률**(return on ordinary shareholders' equity)은 보통주주에게 귀속되는 이익을 측정하는 것으로, 보통주 자본 €1당 실현 이익을 의미한다. 보통주에게 돌아갈 이익을 보통주 자본으로 나누어 산출하며, 우선주가 있으면 우선주 배당금과 우선주 자본금을 각각 분자와 분모에서 차감한다. Quality Department Store의 2019년 보통주 자본이 €667,000일 때 2개 연도의 자기자본 이익률은 그림 15.20과 같이 계산된다.

그림 15.20 자기자본 이익률

$$\text{자기자본 이익률} = \frac{\text{당기순이익} - \text{우선주 배당금}}{\text{평균 보통주 자본}}$$

Quality Department Store

**2020**

$$\frac{€263{,}800 - €0}{\left[\dfrac{€795{,}000 + €1{,}003{,}000}{2}\right]} = 29.3\%$$

**2019**

$$\frac{€208{,}500 - €0}{\left[\dfrac{€667{,}000 + €795{,}000}{2}\right]} = 28.5\%$$

| 산업 평균 | Park Street Store |
|---|---|
| **18.3%** | **6.4%** |

Quality Department Store의 2020년 자기자본 이익률은 29.3%로, 산업 평균 18.3%, Park Street Store의 6.4%에 비해 매우 높고 총자산 이익률 15.4%보다도 월등히 높다. 이는 Quality Department Store가 **레버리지**(leverage)를 적절히 사용하고 있음을 의미한다. 레버리지는 돈을 빌려 투자할 때 지불하는 이자보다 높은 이익을 창출하는 상태를 말한다. 즉 이익률보다 낮은 이자율의 부채를 사용한다는 뜻이다. 돈을 싸게 빌려서 이자를 주고 돈이 남으면 주주에 귀속된다. Quality Department Store의 경우 자기자본 이익률이 총자산 이익률보다 훨씬 높다.

### 주당순이익 _Earnings per Share

**주당순이익**(earnings per share, EPS)은 보통주 1주당 당기순이익을 말한다. 이는 자기자본의 수익성을 평가하는 아주 좋은 방법이며, 보통주에 귀속되는 당기순이익을 평균 유통 주식 수로 나누어 산출한다. Quality Department Store의 2020년과 2019년 주당순이익은 그림 15.21과 같다. 2019년의 유통 주식 수는 불변으로 가정했고 2020년에는 증자로 인해 유통 주식 수가 기중에 증가했다.

그림 15.21 주당순이익

$$\text{주당순이익} = \frac{\text{당기순이익} - \text{우선주 배당금}}{\text{가중평균 보통주 유통 주식 수}}$$

Quality Department Store

**2020**

$$\frac{€263{,}800 - €0}{\left[\dfrac{270{,}000 + 275{,}400}{2}\right]} = €0.97$$

**2019**

$$\frac{€208{,}500 - €0}{270{,}000} = €0.77$$

주당순이익의 경우 유통 주식 수가 회사마다 사정에 따라 다르기 때문에 산업 평균이나 회사 간의 비교는 의미가 없고 한 회사의 연도별 비교만 의미가 있다. Quality Department Store의 2020년 주당순이익은 €0.97로 2019년의 €0.77에 비해 €0.20 증가했는데, 이는 무려 26%나 증가한 것이다. 한편 주당순이익의 해당 주식은 보통주를 의미하므로 우선주가 있으면 배당으로 선언한 금액을 분자에서 차감한다.

### 주가수익 비율 _Price-Earnings Ratio

**주가수익 비율**(price-earnings ratio, P-E ratio)은 주가가 주당순이익의 몇 배인지를 나타낸다. 주가를 주당순이익으로 나누어 산출하며, 회사의 미래 가치를 주주들이 어떻게 평가하는지를 암시한다. Quality Department Store의 주가는 2019년 €8에서 2020년 €12로 상승했으므로 주가수익 비율이 그림 15.22와 같이 계산된다.

그림 15.22 주가수익 비율

$$\text{주가수익 비율} = \frac{\text{주가}}{\text{주당순이익}}$$

**Quality Department Store**

| 2020 | 2019 |
|---|---|
| $\frac{€12.00}{€0.97} = 12.4$배 | $\frac{€8.00}{€0.77} = 10.4$배 |
| **산업 평균** | **Park Street Store** |
| **21.3배** | **17.2배** |

2020년 Quality Department Store의 보통주는 주당수익의 12.4배인데, 이는 산업 평균 21.3배, Park Street Store의 17.2배보다 상당히 낮다.

### 배당성향 _Payout Ratio

**배당성향**(payout ratio)은 당기순이익에서 배당으로 나누어주는 정도를 의미하며, 보통주에 대한 배당 선언액을 당기순이익으로 나누어 산출한다. Quality Department Store의 2020년과 2019년 배당성향은 그림 15.23과 같다. 한편 성장 중인 회사는 투자할 데가 많아서 일반적으로 배당성향이 낮다.

그림 15.23 배당성향

$$\text{배당성향} = \frac{\text{보통주 배당 선언액}}{\text{당기순이익}}$$

**Quality Department Store**

| 2020 | 2019 |
|---|---|
| $\frac{€61{,}200}{€263{,}800} = 23.2\%$ | $\frac{€60{,}000}{€208{,}500} = 28.8\%$ |
| **산업 평균** | **Park Street Store** |
| **16.1%** | **63.0%** |

Quality Department Store의 2020년 배당성향은 23.2%로 2019년에 비해 낮아졌지만 산업 평균인 16.1%보다는 높다. 이와 달리 Park Street Store의 배당성향은 63%로 매우 높은데, 이는 분모인 당기순이익이 작기 때문이지 배당 금액이 절대적으로 많아서가 아니다.

## 안정성 비율 _Solvency Ratios

**안정성 비율**(solvency ratios)은 회사가 장기간 지속가능한지를 나타내는 비율로, 회사의 안정성을 위협하는 요소는 부채이므로 회사가 만기에 부채와 이자를 적기에 상환할 수 있는지 여부로 측정한다. 따라서 안정성 비율을 부채 상환 능력 비율이라고도 한다. 안정성 비율은 장기 채권자와 주주의 주요 관심사이며, 부채 비율과 이자보상 비율로 구분하여 평가한다.

### 부채 비율 _Debt to Assets Ratio

**부채 비율**(debt to assets ratio)은 총자산 대비 부채를 말하며, 부채에는 유동부채와 비유동부채가 모두 포함된다. 부채 비율은 레버리지의 정도를 뜻하며, 채권자의 이익을 침해하지 않고 사업 손실을 버텨내는 회사의 능력을 뜻하기도 한다. 일반적으로 채권자는 비정하니 부채 비율이 높을수록 위험하다고 본다. Quality Department Store의 2019년과 2020년 부채 비율은 그림 15.24와 같다.

그림 15.24 부채 비율

$$\text{부채 비율} = \frac{\text{총부채}}{\text{총자산}}$$

Quality Department Store

| 2020 | 2019 |
|---|---|
| $\frac{€832,000}{€1,835,000} = 45.3\%$ | $\frac{€800,000}{€1,595,000} = 50.2\%$ |
| 산업 평균 | Park Street Store |
| **34.2%** | **62.0%** |

Quality Department Store의 2020년 부채 비율은 45.3%인데, 이는 총자산의 45.3%를 채권자로부터 조달했다는 의미이다. 이는 산업 평균인 34.2%보다는 높고 Park Street Store의 62.0%보다는 낮은데, 부채 비율이 낮을수록 빚 받는 경쟁자로서의 채권자가 적고 사업 손실이 나도 일단 주주의 희생으로 막을 수 있기 때문에 채권자 입장에서는 아주 반가운 지표가 아닐 수 없다. 그러므로 2019년에서 2020년 사이 Quality Department Store의 부채 비율이 낮아진 것은 좋은 추세로 볼 수 있다. 한편 이익과 연계해보았을 때 에너지 회사처럼 이익 창출에 안정성이 있으면 부채 비율이 다소 높아도 괜찮겠지만, 하이테크 회사처럼 이익의 변동이 심하면서 부채 비율이 높으면 매우 위험하다. 회사의 지속가능성에 적신호가 켜진다.

### 이자보상 비율 _Times Interest Earned

**이자보상 비율**(times interest earned)은 이자를 적기에 갚을 수 있는 능력을 나타내며, 당기순이익에 이자비용과 법인세비용을 더한 금액을 이자비용으로 나누어 산출한다. 이자보상 비율은 높을수록 좋다. 사업에서 창출되는 이익이 이자비용을 감내하는 능력이 크다는 것을 의미하기 때문이다. 그러므로 이자보상 비율은 반드시 이자비용과 법인세비용을 차감하기 전 이익을 사용한다. Quality Department Store의 2020년 이자보상 비율을 계산하는 이익은 €468,000인데, 이는 당기순이익 €263,800에 이자비용 €36,000와 법인세비용 €168,200를 더한 금액이다. Quality Department Store의 2020년과 2019년 이자보상 비율은 그림 15.25를 참조하라.

**그림 15.25** 이자보상 비율

$$\text{이자보상 비율} = \frac{\text{당기순이익} + \text{이자비용} + \text{법인세비용}}{\text{이자비용}}$$

Quality Department Store

| 2020 | 2019 |
|---|---|
| $\frac{€263,800 + €36,000 + €168,200}{€36,000} = 13배$ | $\frac{€208,500 + €40,500 + €139,000}{€40,500} = 9.6배$ |
| 산업 평균 | Park Street Store |
| **16.1배** | **2.9배** |

Quality Department Store의 2020년 이자보상 비율은 전년에 비해 개선된 13배로, 산업 평균인 16.1배보다는 낮지만 Park Street Store의 2.9배보다는 훨씬 높다.

## 비율 분석 요약·정리 _Summary of Ratios

지금까지 설명한 비율 분석을 그림 15.26에 일목요연하게 정리했다.

**그림 15.26** 유동성 비율, 수익성 비율, 안정성 비율의 요약

| 비율의 종류 | 공식 | 목적 또는 사용 |
|---|---|---|
| **유동성 비율** | | |
| 1. 유동 비율 | 유동자산 / 유동부채 | 단기 부채 변제 능력 측정 |
| 2. 당좌 비율 | (현금 + 단기 투자 + 순매출채권) / 유동부채 | 즉시 현금화 정도 측정 |
| 3. 매출채권 회전율 | 순외상매출액 / 평균 순매출채권 | 매출채권의 유동성 측정 |
| 4. 재고자산 회전율 | 매출원가 / 평균 재고 | 재고자산의 유동성 측정 |
| **수익성 비율** | | |
| 5. 매출액 순이익률 | 당기순이익 / 순매출액 | 매출의 당기순이익 창출 능력 측정 |
| 6. 총자산 회전율 | 순매출액 / 평균 총자산액 | 자산이 매출을 창출하는 효율성 측정 |
| 7. 총자산 이익률 | 당기순이익 / 평균 총자산액 | 자산의 이익 창출 능력 측정 |
| 8. 자기자본 이익률 | (당기순이익 − 우선주 배당금) / 평균 보통주 자본 | 자기자본의 이익 창출 능력 측정 |
| 9. 주당순이익 | (당기순이익 − 우선주 배당금) / 가중평균 보통주 유통 주식 수 | 보통주 1주당 이익 계산 |
| 10. 주가수익 비율 | 주가 / 주당순이익 | 주당순이익과 주가 간 비율 산출 |
| 11. 배당성향 | 보통주 배당 선언액 / 당기순이익 | 배당성향과 당기순이익 간 비율 산출 |
| **안정성 비율** | | |
| 12. 부채 비율 | 총부채 / 총자산 | 채권자로부터 조달된 자본의 비율 산출 |
| 13. 이자보상 비율 | (당기순이익 + 이자비용 + 법인세비용) / 이자비용 | 이자 변제 능력 측정 |

## DO IT! 2 비율 분석

다음은 John Cully Group의 2020년 6월과 2019년 6월에 종료되는 회계기간의 요약재무제표이다.

**John Cully Group**
**재무상태표**
6월 30일 현재

| | (단위: 1,000) | | | |
|---|---|---|---|---|
| **자산** | **2020** | | **2019** | |
| 무형자산과 기타 자산 | | € 876.7 | | € 849.3 |
| 순유형자산 | | 694.2 | | 647.0 |
| 투자자산 | | 12.3 | | 12.6 |
| 유동자산 | | | | |
| 선급비용과 기타 유동자산 | €204.4 | | €269.2 | |
| 재고자산 | 768.3 | | 653.5 | |
| 순매출채권 | 776.6 | | 664.9 | |
| 현금 | 553.3 | 2,302.6 | 611.6 | 2,199.2 |
| 자산 계 | | €3,885.8 | | €3,708.1 |
| **자본과 부채** | | | | |
| 자본금 | | €1,708.6 | | €1,749.0 |
| 비유동부채 | | 679.5 | | 637.1 |
| 유동부채 | | 1,497.7 | | 1,322.0 |
| 자본과 부채 계 | | €3,885.8 | | €3,708.1 |

**John Cully Group**
**손익계산서**
6월 30일 종료되는 회계기간

| | (단위: 1,000) | |
|---|---|---|
| | **2020** | **2019** |
| 매출 | €6,336.3 | €5,790.4 |
| 원가와 비용 | | |
| 매출원가 | 1,617.4 | 1,476.3 |
| 판매관리비 | 4,007.6 | 3,679.0 |
| 이자비용 | 13.9 | 27.1 |
| 매출원가와 비용 계 | 5,638.9 | 5,182.4 |
| 법인세비용 차감 전 순이익 | 697.4 | 608.0 |
| 법인세비용 | 291.3 | 232.6 |
| 당기순이익 | € 406.1 | € 375.4 |

2020년과 2019년의 다음 비율을 구하라.

a. 유동 비율

b. 재고자산 회전율(2018년 6월 30일 재고자산 €599.0)

c. 매출액 순이익률

d. 총자산 이익률(2018년 6월 30일 총자산 €3,349.9)

e. 자기자본 이익률(2018년 6월 30일 자기자본 €1,795.9)

f. 부채 비율

g. 이자보상 비율

**해답**

| | 2020 | 2019 |
|---|---|---|
| a. 유동 비율 | | |
| €2,302.6 ÷ €1,497.7 = | 1.5:1 | |
| €2,199.2 ÷ €1,322.0 = | | 1.7:1 |
| b. 재고자산 회전율 | | |
| €1,617.4 ÷ [(€768.3 + €653.5) ÷ 2] = | 2.3회 | |
| €1,476.3 ÷ [(€653.5 + €599.0) ÷ 2] = | | 2.4회 |
| c. 매출액 순이익률 | | |
| €406.1 ÷ €6,336.3 = | 6.4% | |
| €375.4 ÷ €5,790.4 = | | 6.5% |
| d. 총자산 이익률 | | |
| €406.1 ÷ [(€3,885.8 + €3,708.1) ÷ 2] = | 10.7% | |
| €375.4 ÷ [(€3,708.1 + €3,349.9) ÷ 2] = | | 10.6% |
| e. 자기자본 이익률 | | |
| (€406.1 − €0) ÷ [(€1,708.6 + €1,749.0) ÷ 2] = | 23.5% | |
| (€375.4 − €0) ÷ [(€1,749.0 + €1,795.9) ÷ 2] = | | 21.2% |
| f. 부채 비율 | | |
| (€1,497.7 + €679.5) ÷ €3,885.8 = | 56.0% | |
| (€1,322.0 + €637.1) ÷ €3,708.1 = | | 52.8% |
| g. 이자보상 비율 | | |
| (€406.1 + €291.3 + €13.9) ÷ €13.9 = | 51.2배 | |
| (€375.4 + €232.6 + €27.1) ÷ €27.1 = | | 23.4배 |

## 지속가능이익 _Sustainable Income

**학습목표**
지속가능이익의 개념을 이해한다.

구글 같은 회사의 가치는 미래 현금흐름의 크기와 시기, 불확실성에 따라 결정되는데, 현재 및 과거의 손익계산서가 미래 현금흐름을 추정하는 데 큰 도움이 된다. 즉 과거는 미래의 거울이다. 실제로 과거에 발생한 당기순이익에서 비경상적인 이익과 비용을 제거하여 **지속가능이익**(sustainable income)을 산출해야 하며, 이는 미래에 회사가 획득 가능한 이익으로 추정되는 금액이다.

따라서 손익 계산 시 영업손익과 비영업손익, 경상적 손익과 비경상적 손익, 계속사업손익과 중단사업손익, 당기손익과 기타포괄손익 등을 구분할 필요가 있다. 손익은 당기순익과 기타포괄손익으로 나누어 당기손익은 손익계산서에, 기타포괄손익은 포괄손익계산서에 별도로 공시한다. 그런데 포괄손익계산서에 손익계산서를 포함하여 하나의 재무제표로 공시해도 무방하다.[2]

그림 15.27은 Cruz Textiles의 2020년 광의의 포괄손익계산서로 당기순이익과 기타포괄손익, 중단사업손익이 구분되어 포함되어 있다. 비경상적 항목인 중단사업손익과 기타포괄손익은 붉은색으로 표시했는데, 이는 지속가능이익을 분석할 때 고려하라는 의미이다.

2 역자 주: 전자를 협의의 포괄손익계산서, 후자를 광의의 포괄손익계산서라고 부르기도 한다.

그림 15.27 포괄손익계산서

| Cruz Textiles<br>포괄손익계산서<br>2020년 1월 1일부터 2020년 12월 31일까지 | |
|---|---|
| 매출 | $900,000 |
| 매출원가 | 650,000 |
| 매출총이익 | 250,000 |
| 영업비용 | 100,000 |
| 영업이익 | 150,000 |
| 영업외 수익과 비용 | 20,000 |
| 법인세비용 차감 전 순이익 | 170,000 |
| 법인세비용 | 24,000 |
| 계속사업순이익 | 146,000 |
| **세후중단사업순이익** | **30,000** |
| 당기순이익 | 176,000 |
| **세후기타포괄이익** | **10,000** |
| 총포괄이익 | $186,000 |

Cruz Textiles는 비경상적 항목으로 중단사업순이익과 기타포괄이익을 공시했는데, IFRS에 의하면 손익계산서와 광의의 포괄손익계산서에 표시되는 당기순이익은 계속사업손익과 중단사업손익으로 구분된다. 계속사업손익은 법인세비용 차감 전 순이익에서 해당 법인세비용을 차감하여 구하고, 중단사업손익은 아예 법인세비용을 차감한 세후 손익으로 구한다. 이에 두 금액을 더하여 당기순이익을 산출한 후 여기에 세후기타포괄손익을 가감하여 총포괄손익을 산출하는 구조로 공시한다. 한편 손익에는 법인세가 항상 따라다니는데, 법인세비용을 세전 손익과 구분할지, 아니면 이를 합쳐 세후 손익으로 공시할지는 손익 항목마다 다르다는 것에 유의하라.

## 중단사업 _Discontinued Operations

**중단사업**(discontinued operations)은 기존 사업을 중단하고 처분하는 경우를 말한다. 예를 들어 제너럴다이내믹스(General Dynamics Corp., 미국)는 회사 규모를 축소하기 위한 다운사이징과 관련하여 미사일 사업을 휴스에어크래프트(Hughes Aircraft Co., 미국)에 $4억 5,000만을 받고 매각했으며, 손익계산서에 중단사업손익으로 보고했다.

IFRS에 따르면 주요 사업을 처분한 후에는 반드시 계속사업과 중단사업을 구분하는 손익계산서를 작성해야 하며, 중단사업손익은 사업의 운영손익과 처분손익으로 구성된다. 예를 들어 Acro Energy Ltd.가 2020년에 법인세비용 차감 전 순이익으로 NT$800,000를 시현했는데, 기중에 손실이 심한 화학 사업을 매각했다고 하자. 또한 2020년 화학사업부의 운영손실이 세후 NT$140,000(법인세 절감 효과 NT$60,000)이고 처분손실이 NT$70,000(법인세 절감 효과 NT$30,000)이며, 법인세율이 30%라고 하자. 그 결과 그림 15.28과 같이 Acro Energy Ltd.는 손익계산서에서 계속사업순이익과 중단사업손실을 구분하여 두 손익을 더하여 당기순이익을 표시하고, 중단사업손실은 세후 운영손실과 처분손실로 구분하여 공시해야 한다.

HINT
손익계산서에 중단사업손익과 계속사업손익을 구분하여 공시하고, 중단사업의 처분손실을 별도 항목으로 구분한다는 것에 유의하라.

## 투자적 사고력 키우기 | 비경상적 항목

원가 절감에 따른 구조조정비용을 단절된 독립적 사건으로 보고, 향후에는 발생하지 않는다는 이유로 손익계산서에 비경상적 비용(non-recurring charges)으로 분류하여 공시하는 회사가 많은데, 보통은 구조조정비용이 5~10년 만에 발생하므로 일견 올바른 분류로 보인다. 하지만 구조조정비용이 과연 항상 한 번만 발생하는 비경상적 항목인가에는 의문의 여지가 있다. 예컨대 치약과 생활용품을 만드는 거대 회사인 프록터앤드갬블(Procter & Gamble Co., 미국)은 12분기 연속 구조조정비용을 공시했고, 통신 장비 제조업체인 모토로라(Motorola, 미국)는 14분기 연속 구조조정비용을 비경상적 항목으로 공시했다. 이러한 회사의 경우 구조조정비용이 경상적이다. 따라서 회사를 분석할 때는 일괄적인 접근법을 지양하고 복합적인 시각에서 바라보아야 한다.

Kenneth C. Zirkel/iStockphoto

**회사가 엄청난 금액의 구조조정비용을 집행하면 현재와 미래의 손익계산서에 각각 어떤 영향을 미치는가?**

**그림 15.28** 중단사업의 손익계산서 표시

**Acro Energy Ltd.**
**손익계산서**(일부 발췌)
2020년 1월 1일부터 2020년 12월 31일까지

| | | |
|---|---|---|
| 법인세비용 차감 전 순이익 | | NT$ 800,000 |
| 법인세비용 | | 240,000 |
| 계속사업이익 | | 560,000 |
| 중단사업손실 | | |
| 세후 화학사업부 운영손실, 법인세 절감 효과 NT$60,000 | NT$140,000 | |
| 세후 화학사업부 처분손실, 법인세 절감 효과 NT$30,000 | 70,000 | 210,000 |
| 당기순이익 | | NT$ 350,000 |

광의의 포괄손익계산서에도 당연히 당기손익을 계속사업손익과 중단사업손익으로 구분하고, 중단사업손익은 운영손실과 처분손실로 구성하며, 이에 따라 법인세비용도 각 구분에 따라 귀속되는 금액을 분류하여 공시한다.

### 회계기준 변경 _Changes in Accounting Principle

회계 자료를 비교할 때는 같은 회계기준으로 작성된 자료여야 의미가 있다. 그런데 IFRS는 새로운 방법이 기존 방법보다 실정을 더 제대로 반영한다는 사실이 설득되면 **회계기준 변경**(change in accounting principle)을 허용한다. 즉 재고자산 평가 시 정당한 사유가 있으면 선입선출법에서 평균법으로 변경할 수 있다. 이에 회계기준 변경은 소급 처리를 해야 하는데, 이는 새 기준을 처음부터 적용한 것처럼 회계 수치를 바꾸는 것이다. 그래야 전기와 당기의 기간별 비교가 가능하다.

ETHICS NOTE
회계기준 변경은 측정과 평가의 틀을 바꾸는 것이므로 인위적으로 실적을 부풀리는 목적으로 사용하면 안 된다. 또한 정당한 회계 변경이라 하더라도 비교 가능성을 제고하기 위해 그 내용에 대한 정보를 상세히 공시해야 한다.

### 포괄손익 _Comprehensive Income

대부분의 수익과 비용, 이득과 손실은 당기손익에 포함되어 공시된다. 그러나 어떤 손익 항목은 당기손익에 포함되지 않고 이익잉여금과 별개의 계정에 반영되는 경우가 있는데, 이를 기타포괄손익이라고 한다. 즉 모든 손익을 확장된 개념으로 정의하여 **포괄손익**(comprehensive income)이라고 하되, 포괄손익을 당기손익과 기타포괄손익으로 나누어 당기손익은 손익계산서에 공시한 후 재무상태표상 이익잉여금에 반영하고, 기타포괄손익은 포괄손익계산서에 공시한 후 재무상태표의 자본잉여금에 속하는 기타포괄손익누계액에 반영한다.

### 포괄손익의 표시 _Illustration of Comprehensive Income

IFRS는 유가증권의 시장 가격 등락을 공정가치의 변화로 보아 당기에 인식하여 손익에 반영한다. 예를 들어 Stassi AG가 2020년에 증권시장에서 주식을 €10,000어치 구입했는데 이 주식의 시장 가치가 2020년 말에 €8,000로 하락했다면 Stassi AG는 투자주식을 €2,000만큼 평가감액하고 미실현 평가손실을 인식해야 한다. 그러나 문제는 €2,000를 당기순이익에 산입할지 여부이다. 이는 Stassi AG가 투자주식을 단기매매증권으로 분류했느냐, 비매매증권으로 분류했느냐에 따라 달라진다. 단기매매증권으로 분류한 경우에는 단기에 시세차익을 얻기 위해 주식을 보유하는 것이므로 영업외 비용으로 당기손익에 포함하여 손익계산서에 공시해야 한다. 이것의 이론적 근거는 매매로 인해 곧 실현될 손실이기 때문이다. 하지만 비매매 목적으로 주식을 구입한 경우라면 주식을 보유하는 이유가 시가의 변화와 무관하므로 평가손실을 당기손익이 아니라 자본잉여금인 기타포괄손익으로 분류해야 한다.

### 형식 _Format

Stassi AG는 포괄손익을 공시하기 위해 별도로 포괄손익계산서를 만들어야 한다. 포괄손익계산서는 확장된 손익인 포괄손익을 보고하는 재무제표이므로 당기순이익에 기타포괄손익을 가감하여 총포괄손익을 산출하는 방식으로 보고한다. 예를 들어 Stassi AG의 당기순이익이 €300,000라고 가정하면 그림 15.29와 같이 포괄손익계산서에 미실현 평가손실 €2,000를 당기순이익에서 차감하여 총포괄이익을 작성한다.

**그림 15.29** 총자산 이익률

| Stassi AG<br>**포괄손익계산서**(일부 발췌)<br>2020년 1월 1일부터 2020년 12월 31일까지 | |
|---|---|
| 당기순이익 | €300,000 |
| 기타포괄손익 | |
| 미실현 평가손실(세후) | 2,000 |
| 총포괄이익 | **€298,000** |

기타포괄손익은 포괄손익계산서에 공시된 후 재무상태표의 자본 항목 내 기타포괄손익누계액의 당기 발생액으로 반영된다. 즉 기타포괄손익누계액은 기초 금액에 당기 발생을 더한 금액이 된다. Stassi AG의 자본금이 €3,000,000, 이익잉여금이 €1,500,000일 때 기타포괄손실 €2,000는 그림 15.30과 같이 재무상태표에 기타포괄손익누계액으로 공시된다.

그림 15.30 미실현 평가손실의 자본 표시

| Stassi AG<br>재무상태표(일부 발췌) | |
|---|---|
| 자본 | |
| 자본금 | €3,000,000 |
| 이익잉여금 | 1,500,000 |
| 기타포괄손익누계액 | 2,000 |
| 자본 계 | €4,498,000 |

즉 기타포괄손실누계액은 자본의 차감 항목이 되고, 기타포괄이익누계액은 자본의 가산 항목이 된다. 회계기준에서 미실현 평가이익이라는 기타포괄손익의 개념을 만든 것은, 시장 가격의 등락으로 인한 당기순이익의 급변을 방지하고, 지금 판다면 공정가치가 얼마이고 얼마나 손익이 날지에 대한 정보를 재무제표로 제공하기 위함이다.

### 완전한 형태의 포괄손익계산서 _Complete Statement of Comprehensive Income

손익계산서를 작성한 후 손익계산서의 당기순이익부터 시작되는 협의의 포괄손익계산서를 별도로 작성할 수도 있지만 2개의 재무제표를 합쳐 하나의 손익계산서로 작성할 수도 있는데, 이를 광의의 포괄손익계산서라고 한다. 즉 협의든 광의든 포괄손익계산서는 일정 기간 동안 기업의 경영 성과를 포괄적으로 한눈에 나타내기 위해 작성하는 재무제표로, 기업이 어떤 활동을 통해 얻은 이익 및 그 이익을 가져온 수익과 비용을 알기 쉽게 기록한 것이다. 그림 15.31은 Pace AG의 완전한 광의의 포괄손익계산서로 순매출액, 매출원가, 판매관리비, 법인세비용과 중단사업손실, 기타포괄손익(붉은색) 등이 일목요연하게 나타나 있다.

그림 15.31 포괄손익계산서

| Pace AG<br>포괄손익계산서<br>2020년 1월 1일부터 2020년 12월 31일까지 | | |
|---|---|---|
| 순매출액 | | €440,000 |
| 매출원가 | | 260,000 |
| 매출총이익 | | 180,000 |
| 판매관리비 | | 110,000 |
| 영업이익 | | 70,000 |
| 영업외 수익 | | 5,600 |
| 영업외 비용 | | 9,600 |
| 법인세비용 차감 전 순이익 | | 66,000 |
| 법인세비용(€66,000 × 30%) | | 19,800 |
| 계속사업이익 | | 46,200 |
| **중단사업손실** | | |
| **세후 플라스틱사업부 운영손실, 법인세 절감 €18,000(€60,000 × 30%)** | **€42,000** | |
| **세후 플라스틱사업부 처분이익, 법인세 부담 €15,000(€50,000 × 30%)** | **35,000** | **7,000** |
| **당기순이익** | | **39,200** |
| **기타포괄이익** | | |
| **세후 비매매증권의 미실현 평가이익, 법인세 부담액(€15,000 × 30%)** | | **10,500** |
| **총포괄손익** | | **€ 49,700** |

### DO IT! 3 비경상적 항목

AIR plc는 2020년 사업연도의 포괄손익계산서를 작성하면서 법인세비용 차감 전 순이익 £400,000를 시현했다. 또한 원예 사업을 중단했는데, 중단사업운영손실로 £50,000, 중단사업처분손실로 £90,000가 발생했다. 법인세비용 차감 전 순이익으로 시작하는 포괄손익계산서를 작성하라. 단, 법인세율은 30%이다.

**해답**

**AIR plc**
**포괄손익계산서(일부 발췌)**
**2020년 1월 1일부터 2020년 12월 31일까지**

| | | |
|---|---|---|
| 법인세비용 차감 전 순이익 | | £400,000 |
| 법인세비용(£400,000 × 30%) | | 120,000 |
| 계속사업이익 | | 280,000 |
| 중단사업손실 | | |
| 세후 원예사업부 중단사업운영손실, 법인세 절감 £15,000 | £35,000 | |
| 세후 원예사업부 중단사업처분손실, 법인세 절감 £27,000 | 63,000 | 98,000 |
| 당기순이익 | | £182,000 |

## 단원 요약

### 1 재무제표 분석의 기초

재무제표의 비교 분석에는 한 회사의 연도별 비교, 산업 평균과 비교, 경쟁업체와 비교하는 방법이 있다. 수평적 분석은 하나의 자료를 시간별로 비교하는 것으로, 증감을 절대 금액이나 비율로 표시하여 추세를 본다. 수직적 분석은 재무제표의 각 계정을 기준 금액 대비 비율로 나타내어 상대적 크기를 분석하는 방법이다.

### 2 비율 분석

각 비율의 구체적인 산출 공식은 그림 15.26을 참조하라.

### 3 지속가능이익

지속가능이익은 회사의 성과를 평가하는 데 유용한 개념으로, 미래에 회사가 획득 가능한 이익으로 추정되는 금액이다. 회사의 실제 손익에서 비경상적 항목을 제외하여 지속가능이익을 산출하는데, 중단사업손익과 기타포괄손익이 포괄손익계산서상 비경상적인 성격을 띤다. 손익을 보고할 때는 계속사업손익에 중단사업손익과 기타포괄손익 등을 가감하는 형식으로 하고, 반드시 세후 금액으로 정리해야 한다.

## 핵심 용어

**당좌 비율(acid-test ratio, quick ratio)** 단기 부채를 즉시 변제할 수 있는 현금화 능력을 나타내며, 현금과 단기 투자, 순매출채권의 합을 유동부채로 나누어 산출함

**레버리지(leverage)** 창출하는 이익보다 저렴한 이자로 차입한 부채

**매출액 순이익률(profit margin)** 매출의 효율성을 측정하는 비율로, 당기순이익을 순매출액으로 나누어 산출함

**매출채권 회전율(accounts receivable turnover)** 매출채권의 유동화 정도를 측정하기 위해 순매출액을 평균 매출채권액으로 나누어 산출함

**배당성향(payout ratio)** 당기순이익에서 현금 배당이 차지하는 비

율로, 선언된 배당금을 당기순이익으로 나누어 산출함

**부채 비율(debt to assets ratio)** 자본 중 채권자로부터 조달된 금액으로, 총부채를 총자산으로 나누어 산출함

**비율(ratio)** 두 항목의 관계를 비율, 퍼센트 등으로 표시하는 것

**비율 분석(ratio analysis)** 재무제표상 계정과목 간의 관계 분석

**수익성 비율(profitability ratios)** 특정 기간에 창출되는 성과를 측정하는 비율

**수직적 분석(vertical analysis)** 재무제표의 계정을 총자산 전체 또는 기준 금액에 대한 비율로 분석하는 것

**수평적 분석(horizontal analysis)** 재무제표의 계정을 시간의 흐름에 따라 비교하는 것으로, 증감의 절대 금액이나 비율로 표시함

**안정성 비율(solvency ratios)** 회사가 장기간 지속가능한지를 나타내는 비율로, 부채 상환 능력을 나타냄

**유동 비율(current ratio)** 회사의 유동성과 단기 부채 상환 능력을 측정하는 비율로, 유동자산을 유동부채로 나누어 산출함

**유동성 비율(liquidity ratios)** 단기 부채 상환 능력과 현금 동원 능력을 측정하는 비율

**이자보상 비율(times interest earned)** 이자를 지불할 능력을 나타내며, 당기순이익에 법인세비용과 이자비용을 더하고 이자비용으로 나누어 산출함

**자기자본 이익률(return on ordinary shareholders' equity)** 보통주에 귀속되는 당기순이익으로, 당기순이익에서 우선주에 대한 배당금을 제한 금액을 평균 자기자본으로 나누어 산출함

**재고자산 회전율(inventory turnover)** 재고자산의 유동성을 나타내며, 매출원가를 평균 재고로 나누어 산출함

**주가수익 비율(price-earnings ratio, P-E ratio)** 주가와 주당 이익을 비교하는 비율로, 주가를 주당순이익으로 나누어 산출함

**주당순이익(earnings per share, EPS)** 보통주 1주당 당기순이익으로, 당기순이익에서 우선주 배당을 제하고 가중평균 보통주 유통 주식 수로 나누어 산출함

**중단사업(discontinued operations)** 주요 사업을 처분하는 경우

**지속가능이익(sustainable income)** 미래에 창출할 것으로 추정되는 당기순이익

**총자산 이익률(return on assets)** 자산의 수익성을 측정하기 위해 당기순이익을 총자산으로 나누어 산출함

**총자산 회전율(asset turnover)** 매출을 창출하는 총자산의 효율성을 나타내며, 순매출액을 평균 총자산액으로 나누어 산출함

**총포괄손익(comprehensive income)** 당기손익에 기타포괄손익을 가감한 손익

**회계기준 변경(change in accounting principle)** 전기에 사용하던 회계기준을 당기에 변경하는 것

## 객관식 문제

**1** 회사 내 자료 간의 비교를 무엇이라고 하는가?

a. 산업 평균과 비교
b. 회사 내 비교(intracompany)
c. 회사 간 비교(intercompany)
d. (b)와 (c)

**2** 수평적 분석에서 각 계정과목은 무엇의 비율로 표시되는가?

a. 당기순이익 b. 자본
c. 총자산 d. 기준 연도 금액

**3** Sammy plc의 순매출액은 2018년 £300,000, 2019년 £330,000, 2020년 £360,000이다. 2018년이 기준 연도일 때 2020년의 증감은 몇 퍼센트인가?

a. 77% b. 108%
c. 120% d. 130%

**4** 다음은 어떤 분석법을 나타낸 것인가?

| | 금액 | 비율 |
|---|---|---|
| 유형자산 | €600,000 | 75% |
| 유동자산 | 200,000 | 25% |
| 자산 계 | €800,000 | |

a. 수평적 분석 b. 차이 분석
c. 수직적 분석 d. 비율 분석

**5** 수직적 분석에서 감가상각비의 기준 금액은 무엇인가?

a. 순매출액 b. 전기 감가상각
c. 매출총이익 d. 유형자산

**6** 유동부채를 상환하는 능력을 평가하는 비율은 무엇인가?

a. 당좌 비율
b. 유동 비율
c. (a)와 (b)
d. 위의 보기 모두 해당되지 않음

**7** 재고자산 관리의 효율성을 측정하는 비율은 무엇인가?

a. 재고자산 회전율

b. 재고자산 회전 일수

c. (a)와 (b)

d. 위의 보기 모두 해당되지 않음

다음은 8~12번 문제와 관련된 자료이다.

| | 2020 | 2019 |
|---|---|---|
| 재고자산 | £ 54,000 | £ 48,000 |
| 유동자산 | 81,000 | 106,000 |
| 자산 계 | 382,000 | 326,000 |
| 유동부채 | 27,000 | 36,000 |
| 부채 계 | 102,000 | 88,000 |
| 우선주 자본금 | 40,000 | 40,000 |
| 보통주 자본금 | 240,000 | 198,000 |
| 순매출액 | 784,000 | 697,000 |
| 매출원가 | 306,000 | 277,000 |
| 당기순이익 | 134,000 | 90,000 |
| 법인세비용 | 22,000 | 18,000 |
| 이자비용 | 12,000 | 12,000 |
| 우선주 배당금 | 4,000 | 4,000 |
| 보통주 배당금 | 15,000 | 10,000 |

**8** 2020년의 재고자산 회전 일수는?

a. 64.4일　　b. 60.8일

c. 6일　　d. 24일

**9** 2020년의 유동 비율은?

a. 1.26:1　　b. 3.0:1

c. 0.80:1　　d. 3.75:1

**10** 2020년의 매출총이익률은?

a. 17.1%　　b. 18.1%

c. 37.9%　　d. 5.9%

**11** 2020년의 보통주 자본 이익률은?

a. 47.9%　　b. 51.7%

c. 61.2%　　d. 59.4%

**12** 2020년의 이자보상 비율은?

a. 11.2배　　b. 65.3배

c. 14.0배　　d. 13.0배

**13** 포괄손익계산서상 중단사업에 대한 사업 보고에 포함되는 것은?

a. 중단사업처분손익

b. 중단사업운영손실

c. (a)와 (b)

d. 위의 보기 모두 해당되지 않음

**14** Scout Ltd.는 법인세비용 차감 전 이익 £400,000와 중단사업운영손실 £40,000, 중단사업처분손실 £60,000를 시현했다. 법인세율이 25%일 때 포괄손익계산서상 계속사업이익과 중단사업손실 보고 금액은 각각 얼마인가?

a. £400,000, £100,000

b. £400,000, £75,000

c. £300,000, £100,000

d. £300,000, £75,000

## 기초 확인 문제

**1** 다음은 Alfredo SpA의 비교재무상태표이다. 이 자료를 이용하여 수평적 분석을 하라.

| | 2020년 12월 31일 | 2019년 12월 31일 |
|---|---|---|
| 자본금 | € 700,000 | € 600,000 |
| 지급채무 | 300,000 | 200,000 |
| 자본과 부채 계 | 2,000,000 | 1,800,000 |

**해답**

| | 2020년 12월 31일 | 2019년 12월 31일 | 증감 금액 | 증감 비율 |
|---|---|---|---|---|
| 자본금 | € 700,000 | € 600,000 | €100,000 | 17%* |
| 지급채무 | 300,000 | 200,000 | 100,000 | 50 |
| 자본과 부채 계 | 2,000,000 | 1,800,000 | 200,000 | 11 |

*100/600 = 16.7%, 100/200 = 50%, 200/1,800 = 11.1%

**2** Gonzalez Sports의 기초 재고와 매출원가가 각각 £400,000, £2,200,000이고 재고자산의 회전 기간이 73일일 때 재고자산 회전율과 기말 재고자산을 구하라.

**해답**

재고 회전 일수 = 365/재고자산 회전율

73 = 365/재고자산 회전율

재고자산 회전율 = 365/73 = 5

재고자산 회전율 = 매출원가/평균 재고

5 = £2,200,000/평균 재고

평균 재고 = £2,200,000/5 = £440,000

기초 재고가 £400,000, 기말 재고가 £480,000여야 평균 재고가 £440,000[(£400,000 + £480,000)/2]이다.

**3** Teng Group은 9월 30일에 아프리카에서의 사업을 중단했는데, 당시 이 사업의 세전 운영수익이 ¥100,000이었고, 9월 1일에 아프리카 공장 시설 처분으로 인한 세전 손실이 ¥350,000이었다. 법인세율이 30%일 때 손익계산서에 중단사업의 손익을 나타내라.

**해답**

**Teng Group**
**손익계산서(일부 발췌)**

| | | |
|---|---|---|
| 중단사업 | | |
| 세후 중단사업운영이익, 법인세 절감 ¥30,000(¥100,000 × 30%) | ¥ 70,000 | |
| 세후 중단사업처분손실, 법인세 절감 ¥105,000(¥350,000 × 30%) | (245,000) | ¥(175,000) |

## 확인 문제

**1** 다음은 Roadway Ltd.의 요약재무상태표이다.

**Roadway Ltd.**
**요약재무상태표**
**2020년 12월 31일 현재**
**(단위: 1,000)**

| | 2020 | 2019 |
|---|---|---|
| **자산** | | |
| 무형자산 | NT$ 25,000 | NT$ 40,000 |
| 순유형자산 | 99,000 | 90,000 |
| 유동자산 | 76,000 | 80,000 |
| 자산 계 | NT$200,000 | NT$210,000 |
| **자본과 부채** | | |
| 자본 | NT$ 16,200 | NT$ 12,000 |
| 비유동부채 | 143,000 | 150,000 |
| 유동부채 | 40,800 | 48,000 |
| 자본과 부채 계 | NT$200,000 | NT$210,000 |

**a.** 2020년 재무 상태에 대해 수직적 분석을 하라.

**b.** 2019년 재무상태표를 기준으로 수평적 분석을 하라.

**해답**

a.

**Roadway Ltd.**
**요약재무상태표**
**2020년 12월 31일 현재**

| | 금액 | 비율 |
|---|---|---|
| 자산 | | |
| 무형자산 | NT$ 25,000 | 12.5% |
| 순유형자산 | 99,000 | 49.5% |
| 유동자산 | 76,000 | 38.0% |
| 자산 계 | NT$200,000 | 100.0% |
| 자본과 부채 | | |
| 자본 | NT$ 16,200 | 8.1% |
| 비유동부채 | 143,000 | 71.5% |
| 유동부채 | 40,800 | 20.4% |
| 자본과 부채 계 | NT$200,000 | 100.0% |

b.

**Roadway Ltd.**
**요약재무상태표**
**12월 31일 현재**
**(단위: 1,000)**

| | 2020 | 2019 | 증감 | 변동 비율 (2019년 기준) |
|---|---|---|---|---|
| 자산 | | | | |
| 무형자산 | NT$ 25,000 | NT$ 40,000 | NT$(15,000) | (37.5%) |
| 순유형자산 | 99,000 | 90,000 | 9,000 | 10.0% |
| 유동자산 | 76,000 | 80,000 | (4,000) | (5.0%) |
| 자산 계 | NT$200,000 | NT$210,000 | NT$(10,000) | (4.8%) |
| 자본과 부채 | | | | |
| 자본 | NT$ 16,200 | NT$ 12,000 | NT$ 4,200 | 35.0% |
| 비유동부채 | 143,000 | 150,000 | (7,000) | (4.7%) |
| 유동부채 | 40,800 | 48,000 | (7,200) | (15.0%) |
| 자본과 부채 계 | NT$200,000 | NT$210,000 | NT$(10,000) | (4.8%) |

**2** 다음은 Rondo plc의 비교재무상태표이다.

| Rondo plc<br>재무상태표<br>12월 31일 현재 | | |
|---|---|---|
| | **2020** | **2019** |
| 토지 | £ 20,000 | £ 26,000 |
| 건물 | 70,000 | 70,000 |
| 감가상각누계액 | (15,000) | (10,000) |
| 재고자산 | 9,000 | 7,000 |
| 매출채권 | 21,200 | 23,400 |
| 현금 | 5,300 | 3,700 |
| 계 | £110,500 | £120,100 |
| 자본금 | £ 75,000 | £ 69,000 |
| 이익잉여금 | 25,130 | 20,000 |
| 매입채무 | 10,370 | 31,100 |
| 계 | £110,500 | £120,100 |

Rondo의 2020년 손익계산서는 순매출액 £120,000, 매출원가 £70,000, 당기순이익 £14,000를 시현했다. 2020년의 다음 비율을 구하라.

**a.** 유동 비율 **b.** 당좌 비율
**c.** 매출채권 회전율 **d.** 재고자산 회전율
**e.** 매출액 순이익률 **f.** 총자산 회전율
**g.** 총자산 이익률 **h.** 자기자본 이익률
**i.** 부채 비율

### 해답

a. (£5,300 + £21,200 + £9,000)/£10,370 = 3.42

b. (£5,300 + £21,200)/£10,370 = 2.56

c. £120,000/[(£21,200 + £23,400)/2] = 5.38

d. £70,000/[(£9,000 + £7,000)/2] = 8.8

e. £14,000/£120,000 = 11.7%

f. £120,000/[(£110,500 + £120,100)/2] = 1.04

g. £14,000/[(£110,500 + £120,100)/2] = 12.1%

h. £14,000/[(£75,000 + £25,130 + £69,000 + £20,000)/2] = 14.8%

i. £10,370/£110,500 = 9.4%

## 실습 문제

다음은 Dever SA의 2020년 12월 31일에 종료되는 회계기간의 손익 자료이다.

| | |
|---|---|
| 매출원가 | R$2,600,000 |
| 순매출액 | 4,400,000 |
| 영업외 수익과 비용 | (4,000) |
| 판매관리비 | 1,100,000 |
| 플라스틱사업부 운영이익 | 70,000 |
| 플라스틱사업부 처분이익 | 500,000 |
| 비매매증권의 미실현 평가손실 | 60,000 |

추가 자료

1. 법인세율이 30%이다.
2. 7월 1일에 플라스틱사업부를 매각했다.
3. 플라스틱사업부의 운영 자료는 구분되어 있다.

포괄손익계산서를 작성하라.

### 해답

| Dever SA<br>포괄손익계산서<br>2020년 1월 1일부터 2020년 12월 31일까지 | | |
|---|---|---|
| 순매출액 | | R$4,400,000 |
| 매출원가 | | 2,600,000 |
| 매출총이익 | | 1,800,000 |
| 판매관리비 | | 1,100,000 |
| 영업이익 | | 700,000 |
| 영업외 수익과 비용 | | 4,000 |
| 법인세비용 차감 전 순이익 | | 696,000 |
| 법인세비용(R$696,000 × 30%) | | 208,800 |
| 계속사업이익 | | 487,200 |
| 중단사업이익 | | |
| 플라스틱사업부의 세후 중단사업 운영이익, 법인세 부담 R$21,000 (R$70,000 × 30%) | R$ 49,000 | |
| 플라스틱사업부의 세후 중단사업 처분이익, 법인세 부담 R$150,000 (R$500,000 × 30%) | 350,000 | 399,000 |
| 당기순이익 | | 886,200 |
| 기타포괄손익 | | |
| 비매매증권의 세후 미실현 평가손실, 법인세 절감 R$18,000 (R$60,000 × 30%) | | 42,000 |
| 총포괄순이익 | | R$ 844,200 |

## 단원 정리를 위한 질문

**1** a. 커트 깁슨은 재무제표 분석이 회사의 두 가지 특성, 즉 유동성과 수익성만을 목적으로 한다고 믿는다. 이에 동의하는지 밝히고 그 이유를 설명하라.

b. 단기 채권자, 장기 채권자, 주주가 기업에 대해 같은 관심을 가지고 있는지 설명하라.

**2** a. 연도별 비교, 산업 평균과 비교, 경쟁업체와 비교를 구분하여 설명하라.

b. 세 가지 비교 방법의 장점을 각각 설명하라.

**3** 재무제표 분석에 흔히 사용하는 수평적 분석과 수직적 분석의 차이를 설명하라.

**4** a. Nimoy SA의 2019년 당기순이익이 €350,000이고 2020년 당기순이익이 22.4% 증가했다면 2020년 당기순이익은 얼마인가?

b. Nimoy SA의 매출 €1당 5센트가 2019년의 당기순이익이라면 2019년 매출은 얼마인가?

**5** 비율을 정의하고, 두 금액의 관계를 나타내는 다른 방법은 무엇인지, 그리고 비율은 어떤 정보를 제공하는지 설명하라.

**6** 유동성과 안정성(부채 상환 능력)을 평가하는 데 유용한 주요 비율을 각각 제시하라.

**7** 마리벨 오르티스는 혼란에 빠졌다. 2020년에 10%의 매출액 순이익률을 보였기 때문에 회사가 잘되고 있다고 생각했는데, 경리 책임자인 고든 리디는 회사의 재정적 안녕을 결정하려면 더 많은 정보가 필요하다고 말했다. 누가 맞는지 밝히고 그 이유를 설명하라.

**8** 다음 각 비율은 무엇을 측정하는가?

a. 유동성 비율 b. 수익성 비율 c. 안정성 비율

**9** 유동 비율과 당좌 비율의 차이는 무엇인가?

**10** 소매점인 Monte Company의 매출채권 회전율은 4.5회이고, 업계 평균은 12.5회이다. Monte Company의 매출채권 관리에 문제가 있는지 설명하라.

**11** 다음 질문에 답하려면 어떤 비율을 사용해야 하는가?

a. 회사는 자산을 사용하여 매출을 생성하는 데 얼마나 효율적인가?

b. 현재 보유하고 있는 재고는 팔리기까지 얼마나 걸리는가?

c. 소유자가 투자한 $1당 몇 달러의 순이익이 발생했는가?

d. 회사는 만기가 도래한 이자비용을 얼마나 감당할 수 있는가?

**12** 제너럴모터스(General Motors, 미국)의 주가수익 비율은 8배였고, 마이크로소프트(Microsoft, 미국)의 주가수익 비율은 38배였다. 증권시장은 어느 회사를 선호하는가?

**13** 배당성향을 계산하는 공식은 무엇인가? 성장하고 있는 회사는 이 비율이 높은가, 낮은가?

**14** 다른 모든 요소가 일정하다면 다음 각 상황은 회사에 좋은 소식인가, 나쁜 소식인가?

a. 매출액 순이익률 증가 b. 재고 회전율 감소

c. 유동 비율 증가 d. 주당순이익 감소

e. 주가수익 비율 증가 f. 자산 대비 부채 비율 증가

g. 이자보상 비율 감소

**15** Miller Limited의 총자산 이익률은 7.6%이고, 같은 해에 보통주의 자기자본 이익률이 12.8%이다. 두 비율의 차이에 대해 설명하라.

**16** 다음 이해관계자는 총자산 이익률과 자기자본 이익률 중 무엇에 관심을 갖는가?

a. 20년 만기 사채 매입을 고려하는 연기금

b. 단기 대출을 고려 중인 은행

c. 보통주주

**17** 주당순이익을 계산할 때 순이익에서 우선주 배당금을 제외하는 이유는 무엇인가?

**18** a. 레버리지를 설명하라.

b. 레버리지의 수익성은 어떻게 산출되는가?

**19** Tillman SA의 당기순이익은 R$160,000이며, 가중 평균 발행보통주는 50,000주, 우선주 배당금은 R$30,000이다. Tillman SA의 주당순이익을 구하라. 사장인 팻 틸먼은 주당순이익이 높다고 생각하는데 이에 대해 어떻게 생각하는가?

**20** 중단사업이익과 계속사업이익을 구분하여 보고하는 것이 왜 중요한지 설명하라.

**21** Cherokee Transportation에 대한 투자를 고려 중이며, 회사의 2020년 주당 계속사업이익은 €6.50, 주당 당기순이익은 €4.75이다. 어떤 EPS 수치가 투자 결정과 더 관련이 있다고 생각하는지 밝히고 그 이유를 설명하라.

**22** MRT Ltd.는 2019년 주당순이익을 £3.20로 보고했으며 중단된 사업이 없다. 2020년 계속영업이익에 대한 EPS가 £2.99이고 당기순이익에 대한 EPS가 £3.49라면 이는 유리한 추세인가?

## 가벼운 연습 문제

필요시 본문과 같이 반올림하라.

**1** 다음은 최근에 리엄 아저씨에게 받은 편지의 내용이다.

"내가 몇 년 동안 저축으로 상당한 돈을 모았다는 것을 너도 알고 있겠지. 나는 그 돈으로 주식 투자를 해볼 생각인데, 재무제표의 조사와 분석을 바탕으로 직접 투자를 하고 싶구나. 마침 네가 회계 공부를 하고 있다고 들어서 몇 가지 질문을 하려고 한다. 재무제표를 사용하는 사람마다 관심을 가지고 보는 회사의 특성이 다르다고 들었다. 이 말이 사실이냐? 도대체 왜 그런 거냐? 나보다 먼저 투자에 뛰어든 내 친구들은 회사의 재무 자료 분석과 비교를 다양한 기준으로 한다더구나. 어떻게 비교하는지 설명해줄 수 있겠니?"

리엄 아저씨에게 답장을 써라.

**2** Maria Fierro SpA는 2018년, 2019년, 2020년에 다음과 같이 공시했다.

| | 2018 | 2019 | 2020 |
|---|---|---|---|
| 유동자산 | €220,000 | €230,000 | €240,000 |
| 유동부채 | €160,000 | €170,000 | €184,000 |
| 자산 계 | €500,000 | €600,000 | €630,000 |

a. 재무제표를 분석하는 세 가지 방법을 설명하라.

b. Maria Fierro SpA의 유동자산에 대해 세 가지 유형의 분석을 각각 수행하라.

**3** 다음은 Dotte NV의 비교재무상태표이다. 이 자료를 이용하여 수평적 분석을 하라.

| | 2020년 12월 31일 | 2019년 12월 31일 |
|---|---|---|
| 재고자산 | € 840,000 | € 500,000 |
| 매출채권 | € 520,000 | € 350,000 |
| 자산 계 | €2,500,000 | €3,000,000 |

**4** 3번 문제에서 수직적 분석을 하라.

**5** 당기순이익이 2018년에 €550,000, 2019년에 €500,000, 2020년에 €525,000였다. 2018년부터 2019년 사이, 2019년부터 2020년 사이의 변동 비율을 구하라. 변동이 증가했는가, 감소했는가?

**6** Valdamorte plc의 2020년 당기순이익이 £560,000이며, 이는 2019년에 비해 40% 증가한 것이다. 2019년의 당기순이익은 얼마인가?

**7** 다음은 Kemplar Company의 매출, 매출원가, 판매관리비에 대한 수평적 분석(추세 분석) 비율이다.

| 수평적 분석 | 2020 | 2019 | 2018 |
|---|---|---|---|
| 매출 | 97.8 | 103.3 | 100.0 |
| 매출원가 | 103.0 | 96.0 | 100.0 |
| 판매관리비 | 105.2 | 99.3 | 100.0 |

3년 동안 당기순이익이 증가했는가, 감소했는가, 변화가 없는가?

**8** 다음은 Dagman Company의 매출, 매출원가, 판매관리비에 대한 수직적 분석(구성 비율 분석)으로 매출 대비 백분율이다.

| 수직적 분석 | 2020 | 2019 | 2018 |
|---|---|---|---|
| 매출 | 100.0 | 100.0 | 100.0 |
| 매출원가 | 59.2 | 62.4 | 64.5 |
| 판매관리비 | 25.0 | 25.6 | 27.5 |

3년 동안 매출 대비 당기순이익이 증가했는지, 감소했는지, 변화가 없는지 수치를 가지고 설명하라.

**9** 다음은 Morino Ltd.의 최근 재무상태표에서 가져온 자료이다.

| Morino Ltd.<br>재무상태표(일부 발췌) | |
|---|---|
| 기타 유동자산 | £ 6,271,000 |
| 재고자산 | 14,814,000 |
| 순매출채권 | 12,545,000 |
| 단기투자자산 | 4,947,000 |
| 현금 | 8,113,000 |
| 유동자산 계 | £46,690,000 |
| 유동부채 계 | £41,200,000 |

운전자본, 유동 비율, 당좌 비율을 구하라.

**10** Huntsinger SE의 2020년 당기순이익이 €1,276만, 매출이 €8,800만이고 총자산이 연초에 €1,400만, 연말에 €1,800만이다. 총자산 회전율과 매출액 순이익률을 구하라.

**11** 다음은 Gladow Company의 재무제표 자료이다.

| | 2020 | 2019 |
|---|---|---|
| 순매출채권, 기말 잔액 | € 550,000 | € 520,000 |
| 외상매출 | 3,680,000 | 3,000,000 |

모든 판매의 신용 조건은 1/10, n/60이다.

a. 각 연도의 매출채권 회전율과 평균 매출채권 회수 기간을 구하라. 단, 2018년 말 순매출채권액은 €480,000이다.

b. 이 자료를 바탕으로 매출채권 관리에 대해 어떤 결론을 도출할 수 있는가?

**12** 다음은 Charles A.Ş.의 손익계산서에서 가져온 자료이다.

| | 2020 | 2019 |
|---|---|---|
| 매출 | ₺6,420,000 | ₺6,240,000 |
| 기초 재고자산 | 980,000 | 860,000 |
| 구매 | 4,440,000 | 4,720,000 |
| 기말 재고자산 | 1,020,000 | 980,000 |

a. 각 연도의 재고자산 회전율과 재고자산 회전 일수를 구하라.

b. 이 자료를 바탕으로 재고 관리에 대해 어떤 결론을 도출할 수 있는가?

**13** Feng Company의 자본이 HK$4,000,000, 당기순이익이 HK$680,000이며, 배당성향이 22%, 총자산 이익률이 16%이다. Feng Company가 현금 배당으로 지출한 금액과 평균 총자산을 구하라.

**14** Blevins ASA는 6월 30일에 유럽에서의 영업을 중단했으며 해당 연도의 영업손실이 세전 €320,000였다. 그리고 9월 1일에 €150,000의 세전 처분손실을 시현하며 유럽에 있는 시설을 매각했다. 법인세율이 30%일 때 포괄손익계산서의 중단사업 부분을 나타내라.

**15** Silva AG의 신입 경리 직원이 손익계산서에 법인세비용 차감 전 순이익을 €450,000, 비매매 증권에 대한 미실현 평가이익(세전)을 €70,000로 기입했다. 비매매증권에 대한 미실현 평가이익과 법인세비용 차감 전 순이익에 25%의 법인세율이 적용될 때 법인세비용 차감 전 순이익으로 시작하는 정확한 포괄손익계산서를 작성하라.

## DO IT! 적용 문제

**1** 다음은 Rapture Limited의 요약 재무 정보이다.

| | 2020년 12월 31일 | 2019년 12월 31일 |
|---|---|---|
| 유형자산 | £ 821,000 | £750,000 |
| 유동자산 | 188,000 | 225,000 |
| 자산 계 | £1,009,000 | £975,000 |

2019년을 기준 연도로 수평적 분석을 이용하여 2020년의 변동액과 백분율을 구하라.

**2** 다음은 Soule SpA의 2019년과 2020년 요약재무제표이다.

**Soule SpA**
**재무상태표**
**12월 31일**

| | 2020 | | 2019 | |
|---|---|---|---|---|
| 무형자산과 기타 자산 | | € 530 | | € 510 |
| 유형자산 | | 420 | | 380 |
| 투자자산 | | 10 | | 10 |
| 유동자산 | | | | |
| 선급비용 | €120 | | €160 | |
| 재고자산 | 430 | | 390 | |
| 순매출채권 | 470 | | 433 | |
| 현금과 현금성 자산 | 330 | 1,350 | 360 | 1,343 |
| 자산 계 | | €2,310 | | €2,243 |
| 자본 | | €1,020 | | €1,040 |
| 비유동부채 | | 390 | | 393 |
| 유동부채 | | 900 | | 810 |
| 자본과 부채 계 | | €2,310 | | €2,243 |

**Soule SpA**
**손익계산서**
**12월 31일로 종료되는 회계연도**

| | 2020 | 2019 |
|---|---|---|
| 매출 | €4,000 | €3,600 |
| 원가와 비용 | | |
| 매출원가 | 984 | 895 |
| 판매관리비 | 2,400 | 2,330 |
| 이자비용 | 10 | 20 |
| 원가와 비용 계 | 3,394 | 3,245 |
| 법인세비용 차감 전 순이익 | 606 | 355 |
| 법인세비용 | 242 | 142 |
| 당기순이익 | € 364 | € 213 |

2020년과 2019년의 다음 비율을 구하라.

a. 유동 비율

b. 재고자산 회전율(2018년 12월 31일의 재고자산은 €326)

c. 매출액 순이익률

d. 총자산 이익률(2018년 12월 31일의 자산은 €2,100)

e. 보통주의 자기자본 이익률(2018년 12월 31일의 자본은 €960)

f. 자산 대비 부채 비율

g. 이자보상 비율

**3** 2020년 손익계산서에서 Grinders Limited는 법인세비용 차감 전 순이익 £500,000, 법인세비용 £160,000(비경상적 항목 제외), 중단된 음악 부문의 운영손실 £60,000, 중단된 음악 부문의 처분이익 £50,000를 보고했다. 비매매증권에 대한 미실현 평가손실이 £30,000이고 법인세율이 32%일 때 법인세비용 차감 전 순이익으로 시작하는 포괄손익계산서를 바르게 작성하라.

## 단원 연습 문제

필요시 본문과 같이 반올림하라.

**1** 다음은 Gallup SA의 재무 정보이다.

| | 2020년 12월 31일 | 2019년 12월 31일 |
|---|---|---|
| 순유형자산 | €396,000 | €320,000 |
| 유동자산 | 128,000 | 110,000 |
| 자본금(보통주, 액면가 €1) | 159,000 | 115,000 |
| 이익잉여금 | 135,300 | 150,000 |
| 비유동부채 | 138,700 | 95,000 |
| 유동부채 | 91,000 | 70,000 |

2019년을 기준 연도로 2020년의 수평적 분석을 보여주는 표를 작성하라.

**2** 다음은 Conard Limited의 손익 자료이다.

| | 2020 | 2019 |
|---|---|---|
| 순매출액 | £750,000 | £600,000 |
| 매출원가 | 480,000 | 408,000 |
| 판매비 | 105,000 | 84,000 |
| 관리비 | 75,000 | 54,000 |
| 법인세비용 | 36,000 | 18,000 |
| 당기순이익 | 54,000 | 36,000 |

2020년과 2019년의 수직적 분석을 보여주는 표를 작성하라.

**3** 다음은 Garcia SLU의 비교요약재무상태표이다.

**Garcia SLU**
**비교요약재무상태표**
**12월 31일 현재**

| | 2020 | 2019 |
|---|---|---|
| 자산 | | |
| 무형자산 | € 24,000 | € 40,000 |
| 순유형자산 | 100,000 | 92,000 |
| 유동자산 | 76,000 | 82,000 |
| 자산 계 | €200,000 | €214,000 |
| 자본과 부채 | | |
| 자본 | € 20,000 | € 16,000 |
| 비유동부채 | 140,000 | 150,000 |
| 유동부채 | 40,000 | 48,000 |
| 자본과 부채 계 | €200,000 | €214,000 |

**a.** 2019년을 기준으로 재무상태표에 대해 수평적 분석을 하라.

**b.** 2020년 재무상태표에 대해 수직적 분석을 하라.

**4** 다음은 Hendi A.Ş.의 비교요약손익계산서이다.

**Hendi A.Ş**
**비교요약손익계산서**
**12월 31일로 종료되는 회계연도**

| | 2020 | 2019 |
|---|---|---|
| 순매출액 | ₺600,000 | ₺500,000 |
| 매출원가 | 468,000 | 400,000 |
| 매출총이익 | 132,000 | 100,000 |
| 판매관리비 | 60,000 | 54,000 |
| 당기순이익 | ₺ 72,000 | ₺ 46,000 |

**a.** 2019년 기준으로 손익계산서에 대해 수평적 분석을 하라(증가량 또는 감소량을 나타내라).

**b.** 손익계산서에 대해 수직적 분석을 하라.

**5** 다음은 미국 여러 주에서 백화점을 운영하고 있는 노드스트롬(Nordstrom, Inc.)의 최근 재무제표 자료이다.

**Nordstrom, Inc.**
**재무상태표**(일부 발췌)

| (단위: 100만) | 기말 | 기초 |
|---|---|---|
| 기타 유동자산 | $ 239 | $ 227 |
| 선급비용 | 87 | 80 |
| 재고자산 | 1,531 | 1,360 |
| 순매출채권 | 2,177 | 2,129 |
| 현금과 현금성 자산 | 1,194 | 1,285 |
| 유동자산 계 | $5,228 | $5,081 |
| 유동부채 계 | $2,541 | $2,226 |

올해 순매출은 $121억 6,600만이고 매출원가는 $77억 3,700만이다.

**a.** 기말 기준으로 네 가지 유동성과 관련된 비율을 구하라.

**b.** 이 장의 자료를 이용하여 노드스트롬의 유동성을 Park Street Store의 유동성 및 백화점 업계 평균과 비교하라.

**6** Bennis SA는 2020년 2월에 유동자산 및 유동부채와 관련하여 다음 거래를 했다.

2월 3일 매출채권 R$15,000이 회수되었다.
2월 7일 설비를 현금 R$28,000에 구입했다.
2월 11일 1년치 보험료로 R$3,000을 지불했다.
2월 14일 매입채무 R$12,000을 지급했다.
2월 18일 현금 배당 R$5,000을 선언했다.

추가 자료

1. 2020년 2월 1일 현재 유동자산은 R$140,000, 유동부채는 R$50,000이다.

2. 2020년 2월 1일 현재 유동자산에는 재고자산 R$10,000과 선급비용 R$5,000이 포함되어 있다.

**a.** 월초와 각 거래 이후의 유동 비율을 구하라.

**b.** 월초와 각 거래 이후의 당좌 비율을 구하라.

**7** 다음은 Willingham Ltd.의 비교재무상태표이다.

**Willingham Ltd.**
**재무상태표**
**12월 31일 현재**

| | 2020 | 2019 |
|---|---|---|
| 순유형자산 | £205,000 | £190,000 |
| 재고자산 | 60,000 | 50,000 |
| 순매출채권 | 70,000 | 50,000 |
| 현금 | 10,000 | 30,000 |
| | £345,000 | £320,000 |
| 자본금(보통주, 액면가 £10) | £140,000 | £120,000 |
| 이익잉여금 | 55,000 | 40,000 |
| 담보부 차입금(6%) | 100,000 | 100,000 |
| 매입채무 | 50,000 | 60,000 |
| | £345,000 | £320,000 |

2020년 추가 자료

1. 당기순이익은 £28,000이다.
2. 외상매출액은 £418,000이고 매출환입과 에누리는 £22,000이다.
3. 매출원가는 £190,000이다.

2020년 12월 31일의 다음 비율을 구하라.

**a.** 유동 비율

**b.** 당좌 비율

**c.** 매출채권 회전율

**d.** 재고자산 회전율

**8** 다음은 Molini Products의 연도별 비교 자료이다. 재무상태표의 모든 자료는 12월 31일 기준이다.

| | 2020 | 2019 |
|---|---|---|
| 순매출액 | £700,000 | £680,000 |
| 매출원가 | 480,000 | 400,000 |
| 이자비용 | 7,000 | 5,000 |
| 당기순이익 | 42,000 | 34,000 |
| 매출채권 | 120,000 | 100,000 |
| 재고자산 | 85,000 | 75,000 |
| 자산 계 | 580,000 | 540,000 |
| 보통주 자본 | 425,000 | 325,000 |

2020년의 다음 비율을 구하라.

**a.** 매출액 순이익률

**b.** 총자산 회전율

**c.** 총자산 이익률

**d.** 보통주의 자기자본 이익률

**9** 다음은 Christiansen A/S의 손익계산서이다.

**Christiansen A/S**
**손익계산서**
**2020년 12월 31일로 종료되는 회계연도**

| | |
|---|---|
| 순매출액 | €400,000 |
| 매출원가 | 235,000 |
| 매출총이익 | 165,000 |
| 비용(이자 €14,000, 법인세 €17,000 포함) | 105,000 |
| 당기순이익 | € 60,000 |

추가 자료

1. 2020년 가중평균 보통주의 수는 32,000주이다.
2. Christiansen A/S의 주가는 2020년 12월 31일 현재 주당 €10.80이다.
3. 현금 배당을 €20,000 지급했으며 그중 €5,000는 우선주 배당금이다.

2020년의 다음 비율을 구하라.

**a.** 주당순이익

**b.** 주가수익 비율

**c.** 배당성향

**d.** 이자보상 비율

**10** Rees Company는 2020년 12월 31일에 화재가 발생하여 재무기록이 소멸되었으나 다행히 일부 기록을 회수하여 다음과 같은 잔액을 확인했다.

| | 2020년 12월 31일 | 2019년 12월 31일 |
|---|---|---|
| 재고자산 | €200,000 | €180,000 |
| 순매출채권 | 73,000 | 126,000 |
| 현금 | 30,000 | 10,000 |
| 자본금(보통주, 액면가 €100) | 400,000 | 400,000 |
| 이익잉여금 | 134,000 | 122,000 |
| 매입채무 | 50,000 | 90,000 |
| 지급어음 | 30,000 | 60,000 |

추가 자료

1. 재고자산 회전율은 3.4회이다.
2. 보통주의 자기자본 이익률은 25%이다.
3. 매출채권 회전율은 8.8회이다.
4. 총자산 이익률은 20%이다.
5. 2019년 12월 31일 현재 총자산은 €650,000이다.

다음을 구하라.

**a.** 2020년 매출원가

**b.** 2020년 순매출액

**c.** 2020년 당기순이익

**d.** 2020년 12월 31일의 총자산

**11** 다음은 Yadier NV의 비교재무상태표이다.

**Yadier NV**
**재무상태표**
**12월 31일 현재**

| | 2020 | 2019 |
|---|---|---|
| 토지 | € 20,000 | € 26,000 |
| 건물 | 70,000 | 70,000 |
| 감가상각누계액 | (15,000) | (10,000) |
| 재고자산 | 10,000 | 7,000 |
| 매출채권 | 22,000 | 24,000 |
| 현금 | 4,300 | 3,700 |
| 자산 계 | €111,300 | €120,700 |
| 자본금 | € 72,000 | € 69,000 |
| 이익잉여금 | 24,300 | 20,600 |
| 매입채무 | 15,000 | 31,100 |
| 자본과 부채 계 | €111,300 | €120,700 |

그리고 2020년 손익계산서에 순매출 €100,000, 매출원가 €60,350, 당기순이익 €14,000를 공시했다. 2020년의 다음 비율을 구하라.

**a.** 유동 비율 **b.** 당좌 비율

**c.** 매출채권 회전율 **d.** 재고자산 회전율

**e.** 매출액 순이익률 **f.** 총자산 회전율

**g.** 총자산 이익률 **h.** 자기자본 이익률

**i.** 자산 대비 부채 비율

**12** Douglas Limited는 2020년 10월 31일로 종료되는 회계연도에 대해 다음 자료를 공시했다.

| | |
|---|---|
| 법인세비용 차감 전 순이익 | £550,000 |
| 법인세비용(30% × £400,000) | 120,000 |
| 계속사업이익 | 430,000 |
| 중단사업손실 | 150,000 |
| 당기순이익 | £280,000 |

중단된 사업부의 손실은 운영손실 £60,000와 처분손실 £90,000로 구성되었으며, 법인세율은 모든 항목에 대해 30%이다.

**a.** 법인세비용 차감 전 순이익으로 시작하는 정확한 포괄손익계산서를 작성하라.

**b.** 손익계산서의 형식상 오류를 설명하라.

**13** Trayer plc는 2020년 12월 31일에 종료되는 회계연도에 계속사업으로 £290,000의 이익을 얻었으며, 그 밖의 자료는 다음과 같다(법인세율 적용 전).

1. 비매매증권의 미실현 평가손실이 £80,000이다.
2. 중단사업으로 £30,000의 이익(운영손실 £10,000, 처분이익 £40,000로 구성)을 얻었다.
3. 2019년의 법인세비용 차감 전 순이익을 £20,000로 과소계상한 전기의 오류를 수정했다.

모든 항목에 20%의 법인세율이 적용될 때 계속사업이익으로 시작하는 포괄손익계산서를 작성하라.

## 마무리 연습 문제

필요시 본문과 같이 반올림하라.

**1** 다음은 경쟁업체인 Lionel Company와 Barrymore Company의 2020년 12월 31일과 2019년 12월 31일 자료이다.

| | Lionel Company | | Barrymore Company | |
|---|---|---|---|---|
| | 2020 | 2019 | 2020 | 2019 |
| 순매출액 | £1,549,035 | | £339,038 | |
| 매출원가 | 1,053,345 | | 237,325 | |
| 판매관리비 | 263,336 | | 77,979 | |
| 이자비용 | 7,745 | | 2,034 | |
| 법인세비용 | 61,960 | | 8,476 | |
| 순유형자산 | 596,920 | £575,610 | 142,842 | £128,927 |
| 유동자산 | 401,584 | 388,020 | 86,450 | 82,581 |
| 자본금(보통주, 액면가 £5) | 578,765 | 578,765 | 137,435 | 137,435 |
| 이익잉여금 | 252,224 | 225,358 | 55,528 | 47,430 |
| 비유동부채 | 102,500 | 84,000 | 16,711 | 11,989 |
| 유동부채 | 65,015 | 75,507 | 19,618 | 14,654 |

**a.** 두 회사의 2020년 손익 자료를 이용하여 수직적 분석을 하라.

**b.** 두 회사의 총자산 이익률과 자기자본 이익률을 계산하여 회사 간의 상대적 수익성에 대해 설명하라.

b. Lionel Company의 총자산 이익률 16.6%

**2** 다음은 Larker Tool SA의 비교재무제표이다.

**Larker Tool SA**
**손익계산서**
**12월 31일로 종료되는 회계연도**

| | 2020 | 2019 |
|---|---|---|
| 순매출액 | R$1,818,500 | R$1,750,500 |
| 매출원가 | 1,011,500 | 996,000 |
| 매출총이익 | 807,000 | 754,500 |
| 판매관리비 | 516,000 | 479,000 |
| 영업이익 | 291,000 | 275,500 |
| 이자비용 | 15,000 | 14,000 |
| 법인세비용 차감 전 순이익 | 276,000 | 261,500 |
| 법인세비용 | 84,000 | 77,000 |
| 당기순이익 | R$ 192,000 | R$ 184,500 |

**Larker Tool SA**
**재무상태표**
**12월 31일 현재**

| 자산 | 2020 | | 2019 | |
|---|---|---|---|---|
| 순유형자산 | | R$600,300 | | R$520,300 |
| 유동자산 | | | | |
| 재고자산 | R$110,950 | | R$115,500 | |
| 순매출채권 | 105,750 | | 102,800 | |
| 단기투자 | 69,000 | | 50,000 | |
| 현금 | 60,100 | 345,800 | 64,200 | 332,500 |
| 자산 계 | | R$946,100 | | R$852,800 |

| 자본과 부채 | 2020 | 2019 |
|---|---|---|
| 자본 | | |
| 자본금(보통주, 액면가 R$5) | R$300,000 | R$300,000 |
| 이익잉여금 | 242,600 | 165,400 |
| 자본 계 | 542,600 | 465,400 |
| 사채 | 200,000 | 200,000 |
| 유동부채 | | |
| 매입채무 | 160,000 | 145,400 |
| 미지급 법인세 | 43,500 | 42,000 |
| 유동부채 계 | 203,500 | 187,400 |
| 부채 계 | 403,500 | 387,400 |
| 자본과 부채 계 | R$946,100 | R$852,800 |

매출은 모두 외상판매이다.

2020년의 다음 비율을 구하라(2020년의 가중평균 보통주의 수는 60,000주이다).

**a.** 주당순이익

**b.** 자기자본 이익률

**c.** 총자산 이익률

**d.** 유동 비율

**e.** 당좌 비율

**f.** 매출채권 회전율

**g.** 재고자산 회전율

**h.** 이자보상 비율

**i.** 총자산 회전율

**j.** 자산 대비 부채 비율

c. 총자산 이익률 21.3%

**3** 다음은 Clarence Limited의 요약재무상태표와 손익계산서이다.

**Clarence Limited**
**재무상태표**
**12월 31일 현재**

| | 2020 | 2019 | 2018 |
|---|---|---|---|
| 순유형자산 | £400,000 | £370,000 | £358,000 |
| 투자자산 | 75,000 | 70,000 | 45,000 |
| 기타 유동자산 | 90,000 | 95,000 | 64,000 |
| 순매출채권 | 50,000 | 45,000 | 48,000 |
| 현금 | 25,000 | 20,000 | 18,000 |
| 자산 계 | £640,000 | £600,000 | £533,000 |
| 자본금(보통주, 액면가 £10) | £345,000 | £315,000 | £300,000 |
| 이익잉여금 | 145,000 | 123,000 | 113,000 |
| 비유동부채 | 80,000 | 87,000 | 50,000 |
| 유동부채 | 70,000 | 75,000 | 70,000 |
| 자본과 부채 계 | £640,000 | £600,000 | £533,000 |

**Clarence Limited**
**손익계산서**
**12월 31일로 종료되는 회계연도**

| | 2020 | 2019 |
|---|---|---|
| 매출 | £740,000 | £700,000 |
| 차감: 매출환입과 에누리 | 40,000 | 60,000 |
| 순매출액 | 700,000 | 640,000 |
| 매출원가 | 420,000 | 400,000 |
| 매출총이익 | 280,000 | 240,000 |
| 판매관리비(법인세 포함) | 236,000 | 210,000 |
| 당기순이익 | £ 44,000 | £ 30,000 |

추가 자료

1. 보통주의 시장 가격은 2018년에 £4.00, 2019년에 £5.00, 2020년에 £7.00이다.
2. 모든 배당금은 현금으로 지급했다.

**a.** 2019년과 2020년의 다음 비율을 구하라.

1. 매출액 순이익률
2. 총자산 회전율
3. 주당순이익(가중평균 보통주의 수는 2020년 32,000주, 2019년 31,000주)
4. 주당순이익

5. 배당성향
6. 자산 대비 부채 비율

**b.** 계산된 비율을 바탕으로 2019년부터 2020년까지 재무 상태와 경영 성과에 대해 간략히 설명하라.

a. 2. 총자산 회전율 2년 1.1회

**4** 다음은 Ernie Bishop Company의 재무 정보이다.

**Ernie Bishop Company**
**재무상태표**
**12월 31일 현재**

| 자산 | 2020 | 2019 |
|---|---|---|
| 토지 | €130,000 | €130,000 |
| (순)건물과 설비 | 168,000 | 175,000 |
| 선급비용 | 29,000 | 23,000 |
| 재고자산 | 125,000 | 135,000 |
| 순매출채권 | 98,000 | 80,000 |
| 단기투자자산 | 52,000 | 40,000 |
| 현금 | 70,000 | 65,000 |
| 자산 계 | €672,000 | €648,000 |
| **자본과 부채** | | |
| 자본금(보통주, 액면가 €10) | €200,000 | €200,000 |
| 이익잉여금 | 130,000 | 116,000 |
| 2023년 만기 사채 | 150,000 | 150,000 |
| 지급어음(장기) | 100,000 | 100,000 |
| 매입채무 | 48,000 | 42,000 |
| 미지급비용 | 44,000 | 40,000 |
| 자본과 부채 계 | €672,000 | €648,000 |

**Ernie Bishop Company**
**손익계산서**
**12월 31일로 종료되는 회계연도**

| | 2020 | 2019 |
|---|---|---|
| 순매출액 | €858,000 | €798,000 |
| 매출원가 | 611,000 | 575,000 |
| 매출총이익 | 247,000 | 223,000 |
| 판매관리비 | 204,500 | 181,000 |
| 당기순이익 | € 42,500 | € 42,000 |

추가 자료

1. 2019년 초의 재고자산은 €118,000이다.
2. 2019년 초의 총자산은 €632,000이다.
3. 2019년과 2020년 동안에는 자본 거래가 발생하지 않았다.
4. 매출은 모두 외상판매이다.
5. 2019년 초의 순매출채권은 €88,000이다.
6. 지급어음은 유동부채로 분류된다.

**a.** 다양한 비율을 이용하여 2019년부터 2020년의 유동성과 수익성의 변화에 대해 설명하라. (참고: 모든 수익성 비율을 계산할 수 있는 것은 아니다.)

**b.** 다음 각 상황에 대해 2020년 12월 31일 현재, 2021년 12월 31일 현재를 기준으로 오른쪽의 비율을 구하라.

| 상황 | 비율 |
|---|---|
| 1. 2021년 7월 1일에 보통주 18,000주를 액면가로 발행했다. 2021년의 당기순이익은 €50,000이다. | 자기자본 이익률 |
| 2. 2021년에 모든 지급어음을 결제했다. 부채의 다른 변동 사항은 없다. 2021년 12월 31일의 총자산은 €700,000이다. | 자산 대비 부채 비율 |
| 3. 보통주의 시장가격은 2020년 12월 31일에 €9, 2021년 12월 31일에 €12.50이다. 2021년 당기순이익은 €50,000이다. | 주가수익 비율 |

b. 1. 자기자본 이익률: 2020년 13.2%, 2021년 11.2%

**5** 다음은 타깃(Target)과 월마트(Wal-Mart Stores, Inc.)의 최근 1년간 재무 자료이다(단위: 100만).

| | 타깃 | 월마트 |
|---|---|---|
| | **1년간 손익계산서** | |
| 순매출액 | $72,596 | $476,294 |
| 매출원가 | 51,160 | 358,069 |
| 판매관리비 | 16,816 | 91,353 |
| 이자비용 | 1,126 | 2,335 |
| 기타 손익 | (391) | (410) |
| 법인세비용 | 1,132 | 8,105 |
| 당기순이익 | $ 1,971 | $ 16,022 |
| | **재무상태표 자료(연말)** | |
| 비유동자산 | $32,980 | $143,566 |
| 유동자산 | 11,573 | 61,185 |
| 자산 계 | $44,553 | $204,751 |
| 자본 계 | $16,231 | $ 81,339 |
| 비유동부채 | 15,545 | 54,067 |
| 유동부채 | 12,777 | 69,345 |
| 자본과 부채 계 | $44,553 | $204,751 |
| | **기초 잔액** | |
| 자산 계 | $48,163 | $203,105 |
| 자본 계 | 16,558 | 81,738 |
| 유동부채 | 14,031 | 71,818 |
| 부채 계 | 31,605 | 131,287 |
| | **기타 자료** | |
| 평균 순매출채권 | $2,921 | $ 6,723 |
| 평균 재고자산 | 8,335 | 44,331 |
| 영업 활동에서 창출된 순현금 | 6,520 | 23,257 |

**a.** 타깃과 월마트의 다음 비율을 구하라.

1. 유동 비율
2. 매출채권 회전율
3. 평균 매출채권 회수 일수
4. 재고자산 회전율
5. 재고자산 회전 일수
6. 매출액 순이익률
7. 총자산 회전율
8. 총자산 이익률
9. 자기자본 이익률
10. 자산 대비 부채 비율
11. 이자보상 비율

**b.** 타깃과 월마트의 유동성, 수익성, 안정성을 비교하라.

a. 4. 재고자산 회전율: 타깃 6.1회

**6** 다음은 Beulah Limited의 비교재무제표이다.

**Beulah Limited**
**손익계산서**
**12월 31일로 종료되는 회계연도**

| | 2020 | 2019 |
|---|---|---|
| 순매출액(전액 외상매출) | £500,000 | £420,000 |
| 비용 | | |
| 매출원가 | 315,000 | 254,000 |
| 판매관리비 | 120,800 | 114,800 |
| 이자비용 | 7,500 | 6,500 |
| 법인세비용 | 20,000 | 15,000 |
| 비용 계 | 463,300 | 390,300 |
| 당기순이익 | £ 36,700 | £ 29,700 |

**Beulah Limited**
**재무상태표**
**12월 31일 현재**

| 자산 | 2020 | 2019 |
|---|---|---|
| 순유형자산 | £423,000 | £383,000 |
| 유동자산 | | |
| 재고자산 | 80,000 | 60,000 |
| 순매출채권 | 85,000 | 75,000 |
| 단기투자자산 | 18,000 | 15,000 |
| 현금 | 21,000 | 18,000 |
| 유동자산 계 | 204,000 | 168,000 |
| 자산 계 | £627,000 | £551,000 |
| **자본과 부채** | | |
| 지본 | | |
| 자본금(보통주, 액면가 £5) | £150,000 | £150,000 |
| 이익잉여금 | 223,000 | 200,000 |
| 자본 계 | 373,000 | 350,000 |
| 비유동부채 | | |
| 사채 | 120,000 | 80,000 |
| 유동부채 | | |
| 매입채무 | 122,000 | 110,000 |
| 미지급 법인세비용 | 12,000 | 11,000 |
| 유동부채 계 | 134,000 | 121,000 |
| 부채 계 | 254,000 | 201,000 |
| 자본과 부채 계 | £627,000 | £551,000 |

추가 자료: 보통주는 최근 주당 £19.50에 판매되었다.

2020년의 다음 비율을 구하라.

**a.** 유동 비율
**b.** 당좌 비율
**c.** 매출채권 회전율
**d.** 재고자산 회전율
**e.** 매출액 순이익률
**f.** 총자산 회전율
**g.** 총자산 이익률
**h.** 자기자본 이익률
**i.** 주당순이익
**j.** 주가수익 비율
**k.** 배당성향
**l.** 자산 대비 부채 비율
**m.** 이자보상 비율

f. 총자산 회전율 0.85회

**7** 다음은 Bondi ASA가 작성 중인 손익계산서와 비교재무제표이다.

**Bondi ASA**
**손익계산서**
**2020년 12월 31일로 종료되는 회계연도**

| | |
|---|---|
| 순매출액 | €10,500,000 |
| 매출원가 | ? |
| 매출총이익 | ? |
| 판매관리비 | 1,500,000 |
| 영업이익 | ? |
| 이자비용 | ? |
| 법인세비용 차감 전 순이익 | ? |
| 법인세비용 | 550,000 |
| 당기순이익 | € ? |

**Bondi ASA**
**재무상태표**
**12월 31일 현재**

| 자산 | 2020 | 2019 |
|---|---|---|
| 순유형자산 | €4,620,000 | €4,355,000 |
| 유동자산 | | |
| 재고자산 | ? | 1,720,000 |
| 순매출채권 | ? | 1,050,000 |
| 현금 | 480,000 | 375,000 |
| 유동자산 계 | ? | 3,145,000 |
| 자산 계 | € ? | €7,500,000 |
| **자본과 부채** | **2020** | **2019** |
| 자본금(보통주, 액면가 €1) | €3,000,000 | €3,000,000 |
| 이익잉여금 | 400,000 | 375,000 |
| 자본 계 | 3,400,000 | 3,375,000 |
| 장기지급어음 | ? | 3,300,000 |
| 유동부채 | ? | 825,000 |
| 부채 계 | ? | 4,125,000 |
| 자본과 부채 계 | € ? | €7,500,000 |

추가 자료

1. 2020년의 매출채권 회전율은 8회이다.
2. 매출은 모두 외상판매이다.
3. 2020년의 매출액 순이익률은 14.5%이다.
4. 2020년의 총자산 이익률은 20%이다.
5. 2020년 12월 31일의 유동 비율은 2.5배이다.
6. 2020년의 재고자산 회전율은 4.9회이다.

주어진 비율을 바탕으로 위 재무제표의 누락된 금액을 구하고 산출 과정을 제시하라. (참고: 하나의 비율로 시작해서 되도록 많은 내용을 찾아내는데, 이때 누락된 금액을 구한다. 그런 다음 다른 비율로 넘어간다.)

**8** 유람선과 호텔 체인을 운영하는 Violet Bick SA는 수익성이 좋지 않은 호텔을 2020년 9월 1일 자로 폐업했다. Violet Bick SA의 2020년 영업 실적은 다음과 같다.

| | |
|---|---|
| 영업수익 | €12,900,000 |
| 영업비용 | 8,700,000 |
| 영업이익 | € 4,200,000 |

위 자료에는 중단된 호텔의 영업수익 €2,000,000와 영업비용 €2,500,000가 포함되어 있다. 이후 같은 기간에 호텔은 세금을 제외하고 €300,000의 처분이득을 보고 매각되었는데, 이 처분이득은 위 영업 실적에 포함되지 않았다. 또한 해당 연도에 회사는 비매매증권의 미실현 평가이익을 €150,000 얻었으며, 위 영업 실적에 포함되지 않은 영업외 비용으로 €200,000의 금융비용을 지출했다. 법인세율이 30%일 때 요약포괄손익계산서를 작성하라.

총포괄이익 €3,115,000

**9** 다음은 Gower Limited의 2020년 12월 31일 현재 총계정원장 자료이다.

| | |
|---|---|
| 순매출 | £1,580,000 |
| 매출원가 | 1,100,000 |
| 판매비 | 70,000 |
| 관리비 | 90,000 |
| 영업외 수익과 비용 | (6,000) |

추가 자료

1. 8월 31일에 퍼즐사업부가 중단되었는데, 이 사업부의 법인세비용 차감 전 운영순이익은 £15,000이며 £74,000의 손실을 보고 매각되었다.
2. 법인세비용 차감 전 비매매증권의 미실현 평가이익으로 £120,000가 발생했다.
3. 법인세율은 30%이다.

2020년 12월 31일로 종료되는 회계연도의 포괄손익계산서를 작성하라.

총포괄이익 £262,500

## 비판적 사고력 확장 문제

### 재무 보고: TSMC

**1** TSMC의 보통주를 살까 말까 고민 중인 부모님이 회계 전문가인 당신에게 회사의 분석을 부탁했다. TSMC의 재무제표는 이 책의 부록 A에 실려 있으며, 재무제표 주석을 포함한 전체 연례 사업 보고서는 회사 웹사이트에서 확인할 수 있다. 2014년 기말 총자산과 보통주 자본액은 각각 NT$1,495,049,086, NT$1,046,328,332이다(단위: 1,000).

(숫자를 적절히 반올림하라.)

a. 2015년과 2016년의 매출액 순이익률, 총자산 회전율, 총자산 이익률, 자기자본 이익률을 구하고 TSMC의 수익성을 평가하라.

b. 2015년과 2016년의 부채 비율과 이자보상 비율을 구하고 TSMC의 부채 상환 능력인 안정성을 평가하라.

c. 부모님이 TSMC에 대한 투자 결정을 내리는 데 연례 사업 보고서 외에 어떤 정보가 도움이 되겠는가?

### 비교 분석: 네슬레와 델피

**2** 네슬레와 델피의 재무제표는 이 책의 부록 B와 C에 실려 있다.

a. 2016년 재무제표에 포함된 정보를 이용하여 다음을 구하라.

1. 순매출액과 당기순이익의 증감률
2. 총자산과 보통주 자본의 증가율

b. 위 자료를 바탕으로 두 회사에 대해 어떤 결론을 내릴 수 있는가?

### 조직 전반에 걸친 의사결정

**3** 공인회계사인 당신은 Bonita Ltd.로부터 비교재무제표에서 몇 가지 주요 비율을 개발해달라고 요청받았다. 이 정보는 회사가 충분한 부채 상환 능력을 보유하고 있어 계속기업으로 지속된다는 것을 채권자에게 확신시키는 데 사용된다. 다음은 당신이 제시한 관련 자료이다.

| | 2020 | 2019 |
|---|---|---|
| 유동 비율 | 3.4배 | 2.1배 |
| 당좌 비율 | 0.8배 | 1.3배 |
| 총자산 회전율 | 2.6회 | 2.2회 |
| 당기순이익 | 32% 증가 | 9% 감소 |
| 주당순이익 | $3.30 | $2.50 |

Bonita Ltd.는 각 비율이 회사의 부채 상환 능력과 지속가능 기업으로서의 잠재력을 나타내는 근거를 채권자에게 설명할 수 있는 간단명료한 보고서를 요청했다. 각 비율의 의미와 한계를 설명하고, Bonita Ltd.의 부채 상환 능력과 지속가능 기업으로서의 잠재력을 종합적으로 추론하라.

### 윤리 사례

**4** Turnbull Industries의 사장인 로버트 턴불은 점점 하락하는 주가를 높이기 위해 언론에 홍보 자료를 내어 회사의 이미지를 제고하려 했다. 이에 회계 책임자인 당신은 Turnbull Industries의 1분기 재무 상태 및 운영 성과와 관련된 수치를 비롯해 20개의 재무 비율을 산출하여 그 목록을 제시하라는 지시를 받았다.

자료를 제출한 지 이틀 후 홍보이사인 페리 자비스가 사장이 직접 작성하고 교정을 본 보도 자료의 교안에 포함된 회계 자료가 정확한지 확인해달라고 당신에게 요청했다. 그런데 교안을 살펴보니 당기 1분기 매출이 전년 동기 대비 25% 증가하고, 유동 비율이 지난해 1.5:1에서 올해 3:1로 긍정적으로 변화했으며, 생산량이 전년도 1분기보다 50%나 증가했다고 강조되어 있었다. 즉 좋은 비율만 포함되어 있고 나쁜 비율은 전혀 언급되지 않았다. 예를 들면 부채 비율이 35%에서 55%로 증가하고 재고자산도 89% 증가했으며, 유동 비율이 개선된 반면 당좌 비율이 1:1에서 0.5:1로 떨어졌다는 내용이 빠져 있었다. 특히 공장 설비와 기계의 예상 수명을 30% 늘리는 회계 변경을 하지 않았다면 1분기에 보고된 이익이 손실이 되었을 것이라는 설명마저 누락되어 있었다. 그런데도 페리는 "사장님이 오늘 오후까지 언론에 보도 자료를 넘기라고 하니 빨리 검토해주세요."라고 말했다.

**a.** 이 경우의 이해관계자는 누구인가?

**b.** 사장의 행동에 비윤리적인 점이 있는가?

**c.** 회계 책임자인 당신은 침묵해야 하는가? 홍보이사인 페리에게는 책임이 없는가?

## U.S. GAAP 살펴보기

**학습목표**

IFRS와 U.S. GAAP의 재무제표 및 손익계산서 분석을 비교한다.

재무 분석은 회계기준이 아니고, 재무제표를 분석하는 기법이자 수단이므로 전 세계가 같은 방식을 사용한다. 이에 U.S. GAAP과 IFRS 공히 이해관계자의 재무제표 분석이 용이하도록 재무제표의 양식이 대동소이하다. 재무상태표에 자산, 부채, 자본을 유동성과 비유동성으로 구분하여 공시하고, 회사의 이익 창출 능력을 알 수 있도록 손익계산서에 영업이익과 법인세비용 차감 전 순이익 등을 단계별로 구분하여 표시한다. 또한 경상적 손익과 비경상적 손익, 계속사업과 중단사업의 손익도 구분하여 보고한다. 회계기준 변경과 추정 변경이 있는 경우 재무제표 분석을 용이하게 하려는 취지에서 같은 방식으로 처리하고, 특히 손익을 당기순이익과 포괄손익으로 구분하여 표시한다.

한편 U.S. GAAP과 IFRS는 손익계산서와 포괄손익계산서를 분리하여 공시하는 방식과 합쳐서 하나의 포괄손익계산서를 작성하는 방식을 둘 다 허용한다. 다음은 통합 형식으로 보여주는 이른바 광의의 포괄손익계산서이다.

| Walter Company<br>포괄손익계산서<br>2020년 1월 1일부터 2020년 12월 31일까지 | |
|---|---|
| 매출 | $5,100,000 |
| 매출원가 | 3,800,000 |
| 매출총이익 | 1,300,000 |
| 판매관리비 | 700,000 |
| 당기순이익 | 600,000 |
| 기타포괄손익 | |
| 비매매증권의 미실현 평가이익(세후) | 75,000 |
| 총포괄이익 | $ 675,000 |

전통적인 손익계산서와 협의의 포괄손익계산서를 분리하여 작성하는 방법 중 협의의 포괄손익계산서는 다음과 같이 당기순이익에서 출발하여 기타포괄손익을 가감하여 총포괄손익을 작성한다.

| Walter Company<br>손익계산서<br>2020년 1월 1일부터 2020년 12월 31일까지 | |
|---|---|
| 매출 | $5,100,000 |
| 매출원가 | 3,800,000 |
| 매출총이익 | 1,300,000 |
| 판매관리비 | 700,000 |
| 당기순이익 | $ 600,000 |

| Walter Company<br>포괄손익계산서<br>2020년 1월 1일부터 2020년 12월 31일까지 | |
|---|---|
| 당기순이익 | $600,000 |
| 기타포괄손익 | |
| 비매매증권의 미실현 평가이익(세후) | 75,000 |
| 총포괄이익 | $675,000 |

손익계산서를 분석할 때 당기순이익의 질에 관한 이슈, 즉 현금 크기와의 괴리는 U.S. GAAP이나 IFRS 모두 같은데, 특히 IFRS는 원칙 중심의 회계 덕분에 이익의 질에 관한 이슈가 사라지기를 적극 희망하고 있다. 전술한바 FASB와 IASB는 현재 재무제표 구조에 대해 공동 연구를 진행 중이며, 특히 손익계산서 양식에 대한 논의가 활발하다. 손익계산서라면 모름지기 사업이 어떻게 운영되는지 잘 보여주어야 하기 때문에 지금처럼 당기순이익에 치중하는 것을 지양하는 입장을 취한다.

## U.S. GAAP 확인 문제

**1** U.S. GAAP과 IFRS를 적용하는 회사의 재무제표 분석법은 다음을 제외하고 동일하다.

- **a.** 재무제표 양식의 차이로 수평적 분석을 할 수 없는 경우가 있다.
- **b.** U.S. GAAP에서는 수직적 분석이 불가능하다.
- **c.** U.S. GAAP에서는 유동부채가 유동자산 앞에 보고되므로 유동 비율을 산출할 수 없다.
- **d.** 위의 보기 모두 해당되지 않음

**2** U.S. GAAP에 대한 설명으로 옳은 것은?

- **a.** 중단사업을 IFRS와 다르게 공시한다.
- **b.** 기타포괄손익의 공시를 금지한다.
- **c.** 회계기준 변경이 IFRS와 다르다.
- **d.** 위의 보기 모두 해당되지 않음

**3** U.S. GAAP에서는 포괄손익을 어떤 형식으로 보고하는가?

- **a.** 자본변동표
- **b.** 당기순이익 앞에
- **c.** 재무제표 주석
- **d.** 포괄손익계산서

**4** 다음은 Parmalane의 공시 내용이다.

| | |
|---|---|
| 매출 | $500,000 |
| 매출원가 | 200,000 |
| 판매관리비 | 40,000 |
| 비매매증권의 미실현 평가손실 | 10,000 |

U.S. GAAP으로 포괄손익을 2개의 손익계산서로 분리하여 공시할 때 옳은 것은?

- **a.** 당기순이익 $260,000, 총포괄이익 $270,000
- **b.** 당기순이익 $270,000, 총포괄이익 $260,000
- **c.** 기타포괄이익 $10,000, 총포괄이익 $270,000
- **d.** 기타포괄손실 $10,000, 총포괄이익 $250,000

**5** 4번 문제에서 U.S. GAAP으로 포괄손익을 하나의 손익계산서로 통합하여 공시할 때 옳은 것은?

- **a.** 당기순이익 $260,000, 총포괄이익 $270,000
- **b.** 당기순이익 $270,000, 총포괄이익 $260,000
- **c.** 기타포괄이익 $10,000, 총포괄이익 $270,000
- **d.** 기타포괄손실 $10,000, 총포괄이익 $250,000

**해답** 1. d 2. d 3. d 4. d 5. d

## U.S. GAAP 연습 문제

**1** Chen Company는 2020년 12월 31일로 종료되는 회계연도에 매출 $1,000,000, 매출원가 $700,000, 판매관리비 $200,000, 비매매증권의 미실현 평가이익 $75,000를 시현했다. 통합 형식의 포괄손익계산서를 작성하라.

**2** 1번 문제에서 Chen Company의 손익계산서와 포괄손익계산서를 구분하여 작성하라.

**재무 보고: 애플**

**3** 애플의 보통주를 살까 말까 고민 중인 부모님이 회계 전문가인 당신에게 회사의 분석을 부탁했다. 애플의 재무제표는 이 책의 부록 D에 실려 있으며, 재무제표 주석을 포함한 전체 연례 사업 보고서는 회사 웹사이트에서 확인할 수 있다.

- **a.** 2014년을 기준 연도로 하여 순매출과 당기순이익에 대해 3년 추세 분석을 하고, 추세 분석의 의미와 장점을 설명하라.
- **b.** 2015년과 2016년의 부채 비율과 이자보상 비율을 구하라(이자비용은 재무제표 주석 6을 참조하라). 애플의 장기적인 부채 상환 능력을 어떻게 평가하겠는가?
- **c.** 2015년과 2016년의 매출액 순이익률, 총자산 회전율, 총자산 이익률, 자기자본 이익률을 구하라. 애플의 수익성을 어떻게 평가하겠는가? 단, 2016년 9월 24일의 총자산은 $1,163억 7,100만이고, 2016년 9월 24일의 총자기자본은 $766억 1,500만이다.
- **d.** 부모님이 애플에 대한 투자 결정을 내리는 데 연례 사업 보고서 외에 어떤 정보가 도움이 되겠는가?

# TSMC(Taiwan Semiconductor Manufacturing Company, Limited)의 재무제표

**CONSOLIDATED BALANCE SHEETS**
**(In Thousands of New Taiwan Dollars)**

| ASSETS | December 31, 2016 Amount | % | December 31, 2015 Amount | % |
|---|---|---|---|---|
| CURRENT ASSETS | | | | |
| Cash and cash equivalents (Note 6) | $ 541,253,833 | 29 | $ 562,688,930 | 34 |
| Financial assets at fair value through profit or loss (Note 7) | 6,451,112 | - | 6,026 | - |
| Available-for-sale financial assets (Notes 8 and 14) | 67,788,767 | 4 | 14,299,361 | 1 |
| Held-to-maturity financial assets (Note 9) | 16,610,116 | 1 | 9,166,523 | 1 |
| Hedging derivative financial assets (Note 10) | 5,550 | - | 1,739 | - |
| Notes and accounts receivable, net (Note 11) | 128,335,271 | 7 | 85,059,675 | 5 |
| Receivables from related parties (Note 37) | 969,559 | - | 505,722 | - |
| Other receivables from related parties (Note 37) | 146,788 | - | 125,018 | - |
| Inventories (Notes 5, 12 and 41) | 48,682,233 | 3 | 67,052,270 | 4 |
| Other financial assets (Notes 38 and 41) | 4,100,475 | - | 4,305,358 | - |
| Other current assets (Note 17) | 3,385,422 | - | 3,533,369 | - |
| Total current assets | 817,729,126 | 44 | 746,743,991 | 45 |
| NONCURRENT ASSETS | | | | |
| Held-to-maturity financial assets (Note 9) | 22,307,561 | 1 | 6,910,873 | - |
| Financial assets carried at cost (Note 13) | 4,102,467 | - | 3,990,882 | - |
| Investments accounted for using equity method (Notes 5 and 14) | 19,743,888 | 1 | 24,091,828 | 2 |
| Property, plant and equipment (Notes 5 and 15) | 997,777,687 | 53 | 853,470,392 | 52 |
| Intangible assets (Notes 5, 16 and 33) | 14,614,846 | 1 | 14,065,880 | 1 |
| Deferred income tax assets (Notes 5 and 30) | 8,271,421 | - | 6,384,974 | - |
| Refundable deposits | 407,874 | - | 430,802 | - |
| Other noncurrent assets (Note 17) | 1,500,432 | - | 1,428,676 | - |
| Total noncurrent assets | 1,068,726,176 | 56 | 910,774,307 | 55 |
| TOTAL | $ 1,886,455,302 | 100 | $ 1,657,518,298 | 100 |
| **LIABILITIES AND EQUITY** | | | | |
| CURRENT LIABILITIES | | | | |
| Short-term loans (Note 18) | $ 57,958,200 | 3 | $ 39,474,000 | 2 |
| Financial liabilities at fair value through profit or loss (Note 7) | 191,135 | - | 72,610 | - |
| Accounts payable | 26,062,351 | 2 | 18,575,286 | 1 |
| Payables to related parties (Note 37) | 1,262,174 | - | 1,149,988 | - |
| Salary and bonus payable | 13,681,817 | 1 | 11,702,042 | 1 |
| Accrued profit sharing bonus to employees and compensation to directors and supervisors (Notes 23 and 32) | 22,894,006 | 1 | 20,958,893 | 1 |
| Payables to contractors and equipment suppliers | 63,154,514 | 3 | 26,012,192 | 2 |
| Income tax payable (Notes 5 and 30) | 40,306,054 | 2 | 32,901,106 | 2 |
| Provisions (Notes 5 and 19) | 18,037,789 | 1 | 10,163,536 | 1 |
| Long-term liabilities - current portion (Note 20) | 38,109,680 | 2 | 23,517,612 | 1 |
| Accrued expenses and other current liabilities (Note 22) | 36,581,553 | 2 | 27,701,329 | 2 |
| Total current liabilities | 318,239,273 | 17 | 212,228,594 | 13 |
| NONCURRENT LIABILITIES | | | | |
| Bonds payable (Note 20) | 153,093,557 | 8 | 191,965,082 | 12 |
| Long-term bank loans | 21,780 | - | 32,500 | - |
| Deferred income tax liabilities (Notes 5 and 30) | 141,183 | - | 31,271 | - |
| Net defined benefit liability (Notes 5 and 21) | 8,551,408 | - | 7,448,026 | - |
| Guarantee deposits (Note 22) | 14,670,433 | 1 | 21,564,801 | 1 |
| Others (Note 19) | 1,686,542 | - | 1,613,545 | - |
| Total noncurrent liabilities | 178,164,903 | 9 | 222,655,225 | 13 |
| Total liabilities | 496,404,176 | 26 | 434,883,819 | 26 |
| EQUITY ATTRIBUTABLE TO SHAREHOLDERS OF THE PARENT | | | | |
| Capital stock (Note 23) | 259,303,805 | 14 | 259,303,805 | 16 |
| Capital surplus (Note 23) | 56,272,304 | 3 | 56,300,215 | 3 |
| Retained earnings (Note 23) | | | | |
| Appropriated as legal capital reserve | 208,297,945 | 11 | 177,640,561 | 11 |
| Unappropriated earnings | 863,710,224 | 46 | 716,653,025 | 43 |
| | 1,072,008,169 | 57 | 894,293,586 | 54 |
| Others (Note 23) | 1,663,983 | - | 11,774,113 | 1 |
| Equity attributable to shareholders of the parent | 1,389,248,261 | 74 | 1,221,671,719 | 74 |
| NONCONTROLLING INTERESTS | 802,865 | - | 962,760 | - |
| Total equity | 1,390,051,126 | 74 | 1,222,634,479 | 74 |
| TOTAL | $ 1,886,455,302 | 100 | $ 1,657,518,298 | 100 |

The accompanying notes are an integral part of the consolidated financial statements.

**CONSOLIDATED STATEMENTS OF COMPREHENSIVE INCOME**
**(In Thousands of New Taiwan Dollars, Except Earnings Per Share)**

| | 2016 | | 2015 | |
|---|---|---|---|---|
| | Amount | % | Amount | % |
| NET REVENUE (Notes 5, 25, 37 and 43) | $ 947,938,344 | 100 | $ 843,497,368 | 100 |
| COST OF REVENUE (Notes 5, 12, 32, 37 and 41) | 473,077,173 | 50 | 433,117,601 | 51 |
| GROSS PROFIT BEFORE REALIZED (UNREALIZED) GROSS PROFIT ON SALES TO ASSOCIATES | 474,861,171 | 50 | 410,379,767 | 49 |
| REALIZED (UNREALIZED) GROSS PROFIT ON SALES TO ASSOCIATES | (29,073) | - | 15,126 | - |
| GROSS PROFIT | 474,832,098 | 50 | 410,394,893 | 49 |
| OPERATING EXPENSES (Notes 5, 32 and 37) | | | | |
| Research and development | 71,207,703 | 7 | 65,544,579 | 8 |
| General and administrative | 19,795,593 | 2 | 17,257,237 | 2 |
| Marketing | 5,900,837 | 1 | 5,664,684 | 1 |
| Total operating expenses | 96,904,133 | 10 | 88,466,500 | 11 |
| OTHER OPERATING INCOME AND EXPENSES, NET (Notes 15, 16, 26 and 32) | 29,813 | - | (1,880,618) | - |
| INCOME FROM OPERATIONS (Note 43) | 377,957,778 | 40 | 320,047,775 | 38 |
| NON-OPERATING INCOME AND EXPENSES | | | | |
| Share of profits of associates and joint venture (Notes 14 and 43) | 3,495,600 | - | 4,132,128 | - |
| Other income (Note 27) | 6,454,901 | 1 | 4,750,829 | 1 |
| Foreign exchange gain, net (Note 42) | 1,161,322 | - | 2,481,446 | - |
| Finance costs (Note 28) | (3,306,153) | - | (3,190,331) | - |
| Other gains and losses (Note 29) | 195,932 | - | 22,207,064 | 3 |
| Total non-operating income and expenses | 8,001,602 | 1 | 30,381,136 | 4 |
| INCOME BEFORE INCOME TAX | 385,959,380 | 41 | 350,428,911 | 42 |
| INCOME TAX EXPENSE (Notes 5, 30 and 43) | 51,621,144 | 6 | 43,872,744 | 6 |
| NET INCOME | 334,338,236 | 35 | 306,556,167 | 36 |
| OTHER COMPREHENSIVE INCOME (LOSS) (Notes 14, 21, 23 and 30) | | | | |
| Items that will not be reclassified subsequently to profit or loss: | | | | |
| Remeasurement of defined benefit obligation | (1,057,220) | - | (827,703) | - |
| Share of other comprehensive loss of associates and joint venture | (19,961) | - | (2,546) | - |
| Income tax benefit related to items that will not be reclassified subsequently | 126,867 | - | 99,326 | - |
| | (950,314) | - | (730,923) | - |

(Continued)

**CONSOLIDATED STATEMENTS OF COMPREHENSIVE INCOME**
**(In Thousands of New Taiwan Dollars, Except Earnings Per Share)**

| | 2016 | | 2015 | |
|---|---|---|---|---|
| | Amount | % | Amount | % |
| Items that may be reclassified subsequently to profit or loss: | | | | |
| Exchange differences arising on translation of foreign operations | $ (9,379,477) | (1) | $ 6,604,768 | 1 |
| Changes in fair value of available-for-sale financial assets | (692,523) | - | (20,489,015) | (2) |
| Share of other comprehensive income (loss) of associates and joint venture | 16,301 | - | (83,021) | - |
| Income tax expense related to items that may be reclassified subsequently | (61,176) | - | (15,991) | - |
| | (10,116,875) | (1) | (13,983,259) | (1) |
| Other comprehensive loss for the year, net of income tax | (11,067,189) | (1) | (14,714,182) | (1) |
| TOTAL COMPREHENSIVE INCOME FOR THE YEAR | $ 323,271,047 | 34 | $ 291,841,985 | 35 |
| NET INCOME (LOSS) ATTRIBUTABLE TO: | | | | |
| Shareholders of the parent | $ 334,247,180 | 35 | $ 306,573,837 | 36 |
| Noncontrolling interests | 91,056 | - | (17,670) | - |
| | $ 334,338,236 | 35 | $ 306,556,167 | 36 |
| TOTAL COMPREHENSIVE INCOME (LOSS) ATTRIBUTABLE TO: | | | | |
| Shareholders of the parent | $ 323,186,736 | 34 | $ 291,867,757 | 35 |
| Noncontrolling interests | 84,311 | - | (25,772) | - |
| | $ 323,271,047 | 34 | $ 291,841,985 | 35 |

| | 2016 | 2015 |
|---|---|---|
| | Income Attributable to Shareholders of the Parent | Income Attributable to Shareholders of the Parent |
| EARNINGS PER SHARE (NT$, Note 31) | | |
| Basic earnings per share | $ 12.89 | $ 11.82 |
| Diluted earnings per share | $ 12.89 | $ 11.82 |

The accompanying notes are an integral part of the consolidated financial statements. (Concluded)

CONSOLIDATED STATEMENTS OF CHANGES IN EQUITY
(In Thousands of New Taiwan Dollars, Except Dividends Per Share)

| | Equity Attributable to Shareholders of the Parent | | | | | | | | | | | | |
|---|---|---|---|---|---|---|---|---|---|---|---|---|---|
| | Capital Stock - Common Stock | | | Retained Earnings | | | Others | | | | | | |
| | Shares (In Thousands) | Amount | Capital Surplus | Legal Capital Reserve | Unappropriated Earnings | Total | Foreign Currency Translation Reserve | Unrealized Gain/Loss from Available-for-sale Financial Assets | Cash Flow Hedges Reserve | Total | Total | Noncontrolling Interests | Total Equity |
| BALANCE, JANUARY 1, 2015 | 25,929,662 | $ 259,296,624 | $ 55,989,922 | $ 151,250,682 | $ 553,914,592 | $ 705,165,274 | $ 4,502,113 | $ 21,247,483 | $ (305) | $ 25,749,291 | $ 1,046,201,111 | $ 127,221 | $ 1,046,328,332 |
| Appropriations of prior year's earnings | | | | | | | | | | | | | |
| Legal capital reserve | - | - | - | 26,389,879 | (26,389,879) | - | - | - | - | - | - | - | - |
| Cash dividends to shareholders - NT$4.5 per share | - | - | - | - | (116,683,481) | (116,683,481) | - | - | - | - | (116,683,481) | - | (116,683,481) |
| Total | - | - | - | 26,389,879 | (143,073,360) | (116,683,481) | - | - | - | - | (116,683,481) | - | (116,683,481) |
| Net income (loss) in 2015 | - | - | - | - | 306,573,837 | 306,573,837 | - | - | - | - | 306,573,837 | (17,670) | 306,556,167 |
| Other comprehensive income (loss) in 2015, net of income tax | - | - | - | - | (730,902) | (730,902) | 6,537,836 | (20,512,712) | (302) | (13,975,178) | (14,706,080) | (8,102) | (14,714,182) |
| Total comprehensive income (loss) in 2015 | - | - | - | - | 305,842,935 | 305,842,935 | 6,537,836 | (20,512,712) | (302) | (13,975,178) | 291,867,757 | (25,772) | 291,841,985 |
| Issuance of stock from exercise of employee stock options | 718 | 7,181 | 130,974 | - | - | - | - | - | - | - | 138,155 | - | 138,155 |
| Disposal of investments accounted for using equity method | - | - | (47,850) | - | - | - | - | - | - | - | (47,850) | - | (47,850) |
| Adjustments to share of changes in equities of associates and joint venture | - | - | 230,743 | - | - | - | - | - | - | - | 230,743 | (4,230) | 226,513 |
| From differences between equity purchase price and carrying amount arising from actual acquisition or disposal of subsidiaries | - | - | - | - | (31,142) | (31,142) | - | - | - | - | (31,142) | 31,142 | - |
| From share of changes in equities of subsidiaries | - | - | (3,574) | - | - | - | - | - | - | - | (3,574) | 3,574 | - |
| Decrease in noncontrolling interests | - | - | - | - | - | - | - | - | - | - | - | (50,218) | (50,218) |
| Effect of acquisition of subsidiary | - | - | - | - | - | - | - | - | - | - | - | 923,683 | 923,683 |
| Effect of disposal of subsidiary | - | - | - | - | - | - | - | - | - | - | - | (42,640) | (42,640) |
| BALANCE, DECEMBER 31, 2015 | 25,930,380 | 259,303,805 | 56,300,215 | 177,640,561 | 716,653,025 | 894,293,586 | 11,039,949 | 734,771 | (607) | 11,774,113 | 1,221,671,719 | 962,760 | 1,222,634,479 |
| Appropriations of prior year's earnings | | | | | | | | | | | | | |
| Legal capital reserve | - | - | - | 30,657,384 | (30,657,384) | - | - | - | - | - | - | - | - |
| Cash dividends to shareholders - NT$6.0 per share | - | - | - | - | (155,582,283) | (155,582,283) | - | - | - | - | (155,582,283) | - | (155,582,283) |
| Total | - | - | - | 30,657,384 | (186,239,667) | (155,582,283) | - | - | - | - | (155,582,283) | - | (155,582,283) |
| Net income in 2016 | - | - | - | - | 334,247,180 | 334,247,180 | - | - | - | - | 334,247,180 | 91,056 | 334,338,236 |
| Other comprehensive income (loss) in 2016, net of income tax | - | - | - | - | (950,314) | (950,314) | (9,378,712 | (732,130) | 712 | (10,110,130) | (11,060,444) | (6,745) | (11,067,189) |
| Total comprehensive income (loss) in 2016 | - | - | - | - | 333,296,866 | 333,296,866 | (9,378,712 | (732,130) | 712 | (10,110,130) | 323,186,736 | 84,311 | 323,271,047 |
| Disposal of investments accounted for using equity method | - | - | (56,169) | - | - | - | - | - | - | - | (56,169) | - | (56,169) |
| Adjustments to share of changes in equities of associates and joint venture | - | - | 21,221 | - | - | - | - | - | - | - | 21,221 | 9 | 21,230 |
| From share of changes in equities of subsidiaries | - | - | 7,037 | - | - | - | - | - | - | - | 7,037 | (7,037) | - |
| Decrease in noncontrolling interests | - | - | - | - | - | - | - | - | - | - | - | (235,224) | (235,224) |
| Effect of disposal of subsidiary | - | - | - | - | - | - | - | - | - | - | - | (1,954) | (1,954) |
| BALANCE, DECEMBER 31, 2016 | 25,930,380 | $ 259,303,805 | $ 56,272,304 | $ 208,297,945 | $ 863,710,224 | $ 1,072,008,169 | $ 1,661,237 | $ 2,641 | $ 105 | $ 1,663,983 | $ 1,389,248,261 | $ 802,865 | $ 1,390,051,126 |

The accompanying notes are an integral part of the consolidated financial statements.

**CONSOLIDATED STATEMENTS OF CASH FLOWS**
**(In Thousands of New Taiwan Dollars)**

| | 2016 | 2015 |
|---|---|---|
| CASH FLOWS FROM OPERATING ACTIVITIES | | |
| Income before income tax | $ 385,959,380 | $ 350,428,911 |
| Adjustments for: | | |
| Depreciation expense | 220,084,998 | 219,303,369 |
| Amortization expense | 3,743,406 | 3,202,200 |
| Finance costs | 3,306,153 | 3,190,331 |
| Share of profits of associates and joint venture | (3,495,600) | (4,132,128) |
| Interest income | (6,317,500) | (4,129,316) |
| Gain on disposal of property, plant and equipment, net | (46,548) | (433,559) |
| Impairment loss on property, plant and equipment | - | 2,545,584 |
| Impairment loss on intangible assets | - | 58,514 |
| Impairment loss on financial assets | 122,240 | 154,721 |
| Loss (gain) on disposal of available-for-sale financial assets, net | 4,014 | (22,070,736) |
| Gain on disposal of financial assets carried at cost, net | (37,241) | (87,193) |
| Loss (gain) on disposal of investments accounted for using equity method, net | 259,960 | (2,507,707) |
| Loss from liquidation of subsidiaries | 36,105 | 138,243 |
| Unrealized (realized) gross profit on sales to associates | 29,073 | (15,126) |
| Loss (gain) on foreign exchange, net | (2,656,406) | 2,563,439 |
| Dividend income | (137,401) | (621,513) |
| Loss (gain) from hedging instruments | (12,725) | 134,112 |
| Loss (gain) arising from changes in fair value of available-for-sale financial assets in hedge effective portion | (4,248) | 305,619 |
| Gain from lease agreement modification | - | (430,041) |
| Changes in operating assets and liabilities: | | |
| Financial instruments at fair value through profit or loss | (6,326,561) | (228,560) |
| Notes and accounts receivable, net | (49,342,698) | 26,630,123 |
| Receivables from related parties | (463,837) | (192,767) |
| Other receivables from related parties | (21,770) | 53,607 |
| Inventories | 18,370,037 | (655,249) |
| Other financial assets | (41,554) | 720,301 |
| Other current assets | 94,512 | 263,384 |
| Other noncurrent assets | (349,771) | - |
| Accounts payable | 7,295,491 | (2,693,358) |
| Payables to related parties | 139,818 | (369,134) |
| Salary and bonus payable | 1,979,775 | 945,030 |
| Accrued profit sharing bonus to employees and compensation to directors and supervisors | 1,935,113 | 2,860,250 |
| Accrued expenses and other current liabilities | 3,693,638 | (3,778,322) |
| Provisions | 7,931,877 | (382,774) |
| Net defined benefit liability | 46,163 | 52,540 |
| Cash generated from operations | 585,777,893 | 570,822,795 |
| Income taxes paid | (45,943,301) | (40,943,357) |
| Net cash generated by operating activities | 539,834,592 | 529,879,438 |

(Continued)

**CONSOLIDATED STATEMENTS OF CASH FLOWS**
**(In Thousands of New Taiwan Dollars)**

| | 2016 | 2015 |
|---|---|---|
| CASH FLOWS FROM INVESTING ACTIVITIES | | |
| Acquisitions of: | | |
| Available-for-sale financial assets | $ (83,275,573) | $ (13,392,330) |
| Held-to-maturity financial assets | (33,625,353) | (28,181,915) |
| Financial assets carried at cost | (533,745) | (2,586,169) |
| Property, plant and equipment | (328,045,270) | (257,516,835) |
| Intangible assets | (4,243,087) | (4,283,870) |
| Land use right | (805,318) | - |
| Proceeds from disposal or redemption of: | | |
| Available-for-sale financial assets | 29,967,979 | 57,493,051 |
| Held-to-maturity financial assets | 10,550,000 | 16,800,000 |
| Financial assets carried at cost | 160,498 | 368,778 |
| Investments accounted for using equity method | - | 5,171,962 |
| Property, plant and equipment | 98,069 | 816,852 |
| Proceeds from return of capital of financial assets carried at cost | 65,087 | - |
| Derecognition of hedging derivative financial instruments | 8,868 | 2,659 |
| Costs from entering into hedging transactions | - | (495,348) |
| Interest received | 6,353,195 | 3,641,920 |
| Proceeds from government grants - land use right and others | 798,469 | - |
| Proceeds from government grants - property, plant and equipment | 738,643 | - |
| Net cash outflow from acquisition of subsidiary (Note 33) | - | (51,601) |
| Net cash inflow from disposal of subsidiary (Note 34) | - | 601,047 |
| Other dividends received | 137,420 | 616,675 |
| Dividends received from investments accounted for using equity method | 5,478,790 | 3,407,126 |
| Refundable deposits paid | (144,982) | (404,458) |
| Refundable deposits refunded | 169,912 | 348,434 |
| Decrease in receivables for temporary payments | 706,718 | 398,185 |
| Net cash used in investing activities | (395,439,680) | (217,245,837) |
| CASH FLOWS FROM FINANCING ACTIVITIES | | |
| Increase in short-term loans | 18,968,936 | 3,138,680 |
| Repayment of bonds | (23,471,600) | - |
| Repayment of long-term bank loans | (8,540) | - |
| Interest paid | (3,302,420) | (3,156,218) |
| Decrease in obligations under finance leases | - | (29,098) |
| Guarantee deposits received | 6,354,677 | 754,873 |
| Guarantee deposits refunded | (523,234) | (742,458) |
| Cash dividends | (155,582,283) | (116,683,481) |
| Proceeds from exercise of employee stock options | - | 33,891 |
| Decrease in noncontrolling interests | (235,733) | (50,218) |
| Net cash used in financing activities | (157,800,197) | (116,734,029) |

(Continued)

**CONSOLIDATED STATEMENTS OF CASH FLOWS**
**(In Thousands of New Taiwan Dollars)**

| | 2016 | 2015 |
|---|---|---|
| EFFECT OF EXCHANGE RATE CHANGES ON CASH AND CASH EQUIVALENTS | $ (8,029,812) | $ 8,258,851 |
| NET INCREASE (DECREASE) IN CASH AND CASH EQUIVALENTS | (21,435,097) | 204,158,423 |
| CASH AND CASH EQUIVALENTS INCLUDED IN NONCURRENT ASSETS HELD FOR SALE, BEGINNING OF YEAR | - | 81,478 |
| CASH AND CASH EQUIVALENT ON CONSOLIDATED BALANCE SHEET, BEGINNING OF YEAR | 562,688,930 | 358,449,029 |
| CASH AND CASH EQUIVALENTS, END OF YEAR | $ 541,253,833 | $ 562,688,930 |

The accompanying notes are an integral part of the consolidated financial statements. (Concluded)

# 네슬레(Nestlé SA)의 재무제표

## Consolidated income statement for the year ended 31 December 2016

In millions of CHF

| | Notes | 2016 | 2015 |
|---|---|---|---|
| **Sales** | 3 | **89 469** | **88 785** |
| | | | |
| Other revenue | | 317 | 298 |
| Cost of goods sold | | (44 199) | (44 730) |
| Distribution expenses | | (8 059) | (7 899) |
| Marketing and administration expenses | | (21 485) | (20 744) |
| Research and development costs | | (1 736) | (1 678) |
| Other trading income | 4 | 99 | 78 |
| Other trading expenses | 4 | (713) | (728) |
| **Trading operating profit** | 3 | **13 693** | **13 382** |
| | | | |
| Other operating income | 4 | 354 | 126 |
| Other operating expenses | 4 | (884) | (1 100) |
| **Operating profit** | | **13 163** | **12 408** |
| | | | |
| Financial income | 5 | 121 | 101 |
| Financial expense | 5 | (758) | (725) |
| **Profit before taxes, associates and joint ventures** | | **12 526** | **11 784** |
| | | | |
| Taxes | 13 | (4 413) | (3 305) |
| Income from associates and joint ventures | 14 | 770 | 988 |
| **Profit for the year** | | **8 883** | **9 467** |
| of which attributable to non-controlling interests | | 352 | 401 |
| of which attributable to shareholders of the parent (Net profit) | | 8 531 | 9 066 |
| | | | |
| **As percentages of sales** | | | |
| Trading operating profit | | 15.3% | 15.1% |
| Profit for the year attributable to shareholders of the parent (Net profit) | | 9.5% | 10.2% |
| | | | |
| **Earnings per share (in CHF)** | | | |
| Basic earnings per share | 15 | 2.76 | 2.90 |
| Diluted earnings per share | 15 | 2.75 | 2.89 |

# Consolidated statement of comprehensive income for the year ended 31 December 2016

In millions of CHF

| | Notes | 2016 | 2015 |
|---|---|---|---|
| **Profit for the year recognised in the income statement** | | **8 883** | **9 467** |
| | | | |
| Currency retranslations, net of taxes | 17 | 1 033 | (3 771) |
| Fair value adjustments on available-for-sale financial instruments, net of taxes | 17 | 16 | (144) |
| Fair value adjustments on cash flow hedges, net of taxes | 17 | (1) | 62 |
| Share of other comprehensive income of associates and joint ventures | 14/17 | (154) | 165 |
| Items that are or may be reclassified subsequently to the income statement | | 894 | (3 688) |
| | | | |
| Remeasurement of defined benefit plans, net of taxes | 10/17 | (143) | (362) |
| Share of other comprehensive income of associates and joint ventures | 14/17 | (10) | 112 |
| Items that will never be reclassified to the income statement | | (153) | (250) |
| | | | |
| **Other comprehensive income for the year** | 17 | **741** | **(3 938)** |
| | | | |
| **Total comprehensive income for the year** | | **9 624** | **5 529** |
| of which attributable to non-controlling interests | | 343 | 317 |
| of which attributable to shareholders of the parent | | 9 281 | 5 212 |

# Consolidated balance sheet as at 31 December 2016

**before appropriations**

In millions of CHF

| | Notes | 2016 | 2015 |
|---|---|---|---|
| **Assets** | | | |
| | | | |
| Current assets | | | |
| Cash and cash equivalents | 12/16 | 7 990 | 4 884 |
| Short-term investments | 12 | 1 306 | 921 |
| Inventories | 6 | 8 401 | 8 153 |
| Trade and other receivables | 7/12 | 12 411 | 12 252 |
| Prepayments and accrued income | | 573 | 583 |
| Derivative assets | 12 | 550 | 337 |
| Current income tax assets | | 786 | 874 |
| Assets held for sale | 2 | 25 | 1 430 |
| **Total current assets** | | **32 042** | **29 434** |
| | | | |
| Non-current assets | | | |
| Property, plant and equipment | 8 | 27 554 | 26 576 |
| Goodwill | 9 | 33 007 | 32 772 |
| Intangible assets | 9 | 20 397 | 19 236 |
| Investments in associates and joint ventures | 14 | 10 709 | 8 675 |
| Financial assets | 12 | 5 719 | 5 419 |
| Employee benefits assets | 10 | 310 | 109 |
| Current income tax assets | | 114 | 128 |
| Deferred tax assets | 13 | 2 049 | 1 643 |
| **Total non-current assets** | | **99 859** | **94 558** |
| | | | |
| **Total assets** | | **131 901** | **123 992** |

Consolidated balance sheet as at 31 December 2016

In millions of CHF

| | Notes | 2016 | 2015 |
|---|---|---|---|
| **Liabilities and equity** | | | |
| | | | |
| Current liabilities | | | |
| Financial debt | 12 | 12 118 | 9 629 |
| Trade and other payables | 12 | 18 629 | 17 038 |
| Accruals and deferred income | | 3 855 | 3 673 |
| Provisions | 11 | 620 | 564 |
| Derivative liabilities | 12 | 1 068 | 1 021 |
| Current income tax liabilities | | 1 221 | 1 124 |
| Liabilities directly associated with assets held for sale | 2 | 6 | 272 |
| **Total current liabilities** | | **37 517** | **33 321** |
| | | | |
| Non-current liabilities | | | |
| Financial debt | 12 | 11 091 | 11 601 |
| Employee benefits liabilities | 10 | 8 420 | 7 691 |
| Provisions | 11 | 2 640 | 2 601 |
| Deferred tax liabilities | 13 | 3 865 | 3 063 |
| Other payables | 12 | 2 387 | 1 729 |
| **Total non-current liabilities** | | **28 403** | **26 685** |
| | | | |
| **Total liabilities** | | **65 920** | **60 006** |
| | | | |
| Equity | 17 | | |
| Share capital | | 311 | 319 |
| Treasury shares | | (990) | (7 489) |
| Translation reserve | | (18 799) | (19 851) |
| Other reserves | | 1 198 | 1 345 |
| Retained earnings | | 82 870 | 88 014 |
| **Total equity attributable to shareholders of the parent** | | 64 590 | 62 338 |
| Non-controlling interests | | 1 391 | 1 648 |
| **Total equity** | | **65 981** | **63 986** |
| | | | |
| **Total liabilities and equity** | | **131 901** | **123 992** |

# Consolidated cash flow statement for the year ended 31 December 2016

In millions of CHF

| | Notes | 2016 | 2015 |
|---|---|---|---|
| Operating activities | | | |
| Operating profit | 17 | 13 163 | 12 408 |
| Depreciation and amortisation | | 3 132 | 3 178 |
| Impairment | | 640 | 576 |
| Net result on disposal of businesses | | — | 422 |
| Other non-cash items of income and expense | | 35 | 172 |
| **Cash flow before changes in operating assets and liabilities** | | **16 970** | **16 756** |
| | | | |
| Decrease/(increase) in working capital | 16 | 1 801 | 741 |
| Variation of other operating assets and liabilities | 16 | 54 | (248) |
| **Cash generated from operations** | | **18 825** | **17 249** |
| | | | |
| Net cash flows from treasury activities | 16 | (327) | (93) |
| Taxes paid | | (3 435) | (3 310) |
| Dividends and interest from associates and joint ventures | 14 | 519 | 456 |
| **Operating cash flow** | | **15 582** | **14 302** |
| | | | |
| Investing activities | | | |
| Capital expenditure | 8 | (4 010) | (3 872) |
| Expenditure on intangible assets | 9 | (682) | (422) |
| Acquisition of businesses | 2 | (585) | (530) |
| Disposal of businesses | 2 | 271 | 213 |
| Investments (net of divestments) in associates and joint ventures | 14 | (748) | (44) |
| Inflows/(outflows) from treasury investments | | (335) | 521 |
| Other investing activities | | (34) | (19) |
| **Investing cash flow** | | **(6 123)** | **(4 153)** |
| | | | |
| Financing activities | | | |
| Dividend paid to shareholders of the parent | 17 | (6 937) | (6 950) |
| Dividends paid to non-controlling interests | | (432) | (424) |
| Acquisition (net of disposal) of non-controlling interests | 2 | (1 208) | — |
| Purchase (net of sale) of treasury shares [(a)] | | 760 | (6 377) |
| Inflows from bonds and other non-current financial debt | | 1 695 | 1 381 |
| Outflows from bonds and other non-current financial debt | | (1 430) | (508) |
| Inflows/(outflows) from current financial debt | | 1 368 | 643 |
| **Financing cash flow** | | **(6 184)** | **(12 235)** |
| | | | |
| Currency retranslations | | (169) | (478) |
| **Increase/(decrease) in cash and cash equivalents** | | **3 106** | **(2 564)** |
| | | | |
| Cash and cash equivalents at beginning of year | | 4 884 | 7 448 |
| **Cash and cash equivalents at end of year** | | **7 990** | **4 884** |

(a) In 2015, mostly relates to the Share Buy-Back Programme launched in 2014.

# Consolidated statement of changes in equity for the year ended 31 December 2016

In millions of CHF

| | Share capital | Treasury shares | Translation reserve | Other reserves | Retained earnings | Total equity attributable to shareholders of the parent | Non-controlling interests | Total equity |
|---|---|---|---|---|---|---|---|---|
| **Equity as at 31 December 2014 as originally published** | **322** | **(3 918)** | **(17 255)** | **—** | **90 981** | 70 130 | **1 754** | 71 884 |
| Reclassification following the changes in presentation | — | — | 953 | 1 418 | (2 371) | — | — | — |
| **Equity restated as at 31 December 2014** | **322** | **(3 918)** | **(16 302)** | **1 418** | **88 610** | 70 130 | **1 754** | 71 884 |
| Profit for the year | — | — | — | — | 9 066 | **9 066** | 401 | **9 467** |
| Other comprehensive income for the year | — | — | (3 549) | (55) | (250) | **(3 854)** | (84) | **(3 938)** |
| Total comprehensive income for the year | — | — | (3 549) | (55) | 8 816 | **5 212** | 317 | **5 529** |
| Dividends | — | — | — | — | (6 950) | **(6 950)** | (424) | **(7 374)** |
| Movement of treasury shares | — | (6 322) | — | — | 39 | **(6 283)** | — | **(6 283)** |
| Equity compensation plans | — | 239 | — | — | (56) | **183** | — | **183** |
| Changes in non-controlling interests | — | — | — | — | (21) | **(21)** | 1 | **(20)** |
| Reduction in share capital [(a)] | (3) | 2 512 | — | — | (2 509) | **—** | — | **—** |
| Total transactions with owners | (3) | (3 571) | — | — | (9 497) | **(13 071)** | (423) | **(13 494)** |
| Other movements | — | — | — | (18) | 85 | **67** | — | **67** |
| **Equity restated as at 31 December 2015** | **319** | **(7 489)** | **(19 851)** | **1 345** | **88 014** | 62 338 | **1 648** | 63 986 |
| Profit for the year | — | — | — | — | 8 531 | **8 531** | 352 | **8 883** |
| Other comprehensive income for the year | — | — | 1 052 | (148) | (154) | **750** | (9) | **741** |
| Total comprehensive income for the year | — | — | 1 052 | (148) | 8 377 | **9 281** | 343 | **9 624** |
| Dividends | — | — | — | — | (6 937) | **(6 937)** | (432) | **(7 369)** |
| Movement of treasury shares | — | 803 | — | — | (27) | **776** | — | **776** |
| Equity compensation plans | — | 207 | — | — | (27) | **180** | — | **180** |
| Changes in non-controlling interests [(b)] | — | — | — | — | (991) | **(991)** | (168) | **(1 159)** |
| Reduction in share capital [(a)] | (8) | 5 489 | — | — | (5 481) | **—** | — | **—** |
| Total transactions with owners | (8) | 6 499 | — | — | (13 463) | **(6 972)** | (600) | **(7 572)** |
| Other movements | — | — | — | 1 | (58) | **(57)** | — | **(57)** |
| **Equity as at 31 December 2016** | 311 | (990) | (18 799) | 1 198 | 82 870 | 64 590 | 1 391 | 65 981 |

(a) Reduction in share capital, see Note 17.1.
(b) Movements reported under retained earnings include the impact of the acquisitions during the period (see Note 2.5) as well as a put option for the acquisition of non-controlling interests.

# 델피(Delfi Limited)의 재무제표

## CONSOLIDATED INCOME STATEMENT

FOR THE FINANCIAL YEAR ENDED 31 DECEMBER 2016

| | Note | The Group 2016 US$'000 | The Group 2015 US$'000 |
|---|---|---|---|
| Revenue | 4 | **402,083** | 405,862 |
| Cost of sales | | **(262,352)** | (285,052) |
| Gross profit | | **139,731** | 120,810 |
| Other operating income | 4 | **4,549** | 4,906 |
| **Expenses** | | | |
| Selling and distribution costs | | **(78,756)** | (72,641) |
| Administrative expenses | | **(19,462)** | (19,330) |
| Finance costs | 6 | **(4,088)** | (4,219) |
| Other operating expenses | | **(473)** | (2,138) |
| Exceptional items | 10 | **(2,000)** | (20,066) |
| Share of results of associated companies | 19(a) | **(266)** | 64 |
| **Profit before income tax** | | **39,235** | 7,386 |
| Income tax expense | 8 | **(13,082)** | (12,126) |
| **Total profit/(loss)** | | **26,153** | (4,740) |
| **Profit/(loss) attributable to:** | | | |
| Equity holders of the Company | | **26,156** | (4,726) |
| Non-controlling interest | | **(3)** | (14) |
| | | **26,153** | (4,740) |
| **Earnings/(Losses) per ordinary share [1] (expressed in US cents per share)** | | | |
| Basic and Diluted | 11 | **4.28** | (0.77) |

Note:

[1] Diluted earnings per share for financial years 2016 and 2015 are the same as basic earnings per share as there were no potentially dilutive ordinary shares.

The accompanying notes form an integral part of these financial statements.

# CONSOLIDATED STATEMENT OF COMPREHENSIVE INCOME

FOR THE FINANCIAL YEAR ENDED 31 DECEMBER 2016

| | The Group | |
|---|---|---|
| | **2016** | 2015 |
| | **US$'000** | US$'000 |
| **Profit/(loss) for the year** | **26,153** | (4,740) |
| **Other comprehensive income/(loss):** | | |
| Items that may be reclassified to profit or loss: | | |
| Foreign currency translation reserve | | |
| – Currency translation differences arising from consolidation | **1,835** | (16,398) |
| Items that will not be reclassified to profit or loss: | | |
| Defined pension benefits obligation | | |
| – Remeasurements of defined pension benefits obligation (Note 29(a)) | **(753)** | 160 |
| – Tax on remeasurements (Note 8(b)) | **185** | (43) |
| – Share of other comprehensive income of associated companies | **8** | 51 |
| | **(560)** | 168 |
| Other comprehensive income/(loss), net of tax | **1,275** | (16,230) |
| **Total comprehensive income/(loss) for the year** | **27,428** | (20,970) |
| **Total comprehensive income/(loss) attributable to:** | | |
| Equity holders of the Company | **27,434** | (20,947) |
| Non-controlling interest | **(6)** | (23) |
| | **27,428** | (20,970) |

The accompanying notes form an integral part of these financial statements.

# BALANCE SHEETS

AS AT 31 DECEMBER 2016

| | Note | The Group 2016 US$'000 | The Group 2015 US$'000 | The Company 2016 US$'000 | The Company 2015 US$'000 |
|---|---|---|---|---|---|
| **ASSETS** | | | | | |
| Current assets | | | | | |
| Cash and cash equivalents | 12 | **67,737** | 119,547 | **60,030** | 111,654 |
| Derivative assets | 16 | **4** | – | **–** | – |
| Trade receivables | 13 | **61,756** | 56,280 | **1,337** | 1,254 |
| Loan to subsidiary | 14 | **–** | – | **700** | – |
| Inventories | 15 | **54,685** | 59,592 | **–** | – |
| Tax recoverable | | **5,792** | 7,631 | **–** | – |
| Other current assets | 17 | **12,697** | 13,437 | **888** | 3,088 |
| | | **202,671** | 256,487 | **62,955** | 115,996 |
| Non-current assets | | | | | |
| Investments in subsidiaries | 18 | **–** | – | **35,935** | 35,935 |
| Investments in associated companies and joint ventures | 19 | **2,769** | 2,947 | **3,000** | 3,000 |
| Loans to associated company and joint venture | 20 | **932** | 1,382 | **–** | – |
| Property, plant and equipment | 21 | **126,768** | 116,604 | **905** | 728 |
| Intangible assets | 22 | **5,243** | 4,810 | **5,167** | 4,613 |
| Deferred income tax assets | 8(b) | **775** | 342 | **–** | – |
| Other non-current assets | 24 | **3,173** | 5,021 | **–** | – |
| | | **139,660** | 131,106 | **45,007** | 44,276 |
| Total assets | | **342,331** | 387,593 | **107,962** | 160,272 |
| **LIABILITIES** | | | | | |
| Current liabilities | | | | | |
| Trade payables | 25 | **34,689** | 25,925 | **332** | 800 |
| Other payables | 26 | **37,820** | 30,205 | **4,086** | 2,741 |
| Current income tax liabilities | | **1,382** | 489 | **–** | 129 |
| Derivative liabilities | 16 | **91** | 24 | **91** | – |
| Borrowings | 27 | **44,197** | 59,453 | **95** | 90 |
| | | **118,179** | 116,096 | **4,604** | 3,760 |
| Non-current liabilities | | | | | |
| Borrowings | 27 | **9,578** | 15,199 | **190** | 246 |
| Deferred income tax liabilities | 8(b) | **1,628** | 4,447 | **–** | – |
| Provisions for other liabilities and charges | 29 | **11,654** | 9,697 | **–** | – |
| | | **22,860** | 29,343 | **190** | 246 |
| Total liabilities | | **141,039** | 145,439 | **4,794** | 4,006 |
| **NET ASSETS** | | **201,292** | 242,154 | **103,168** | 156,266 |
| **EQUITY** | | | | | |
| Capital and reserves attributable to equity holders of the Company | | | | | |
| Share capital | 30 | **95,936** | 155,951 | **95,936** | 155,951 |
| Foreign currency translation reserve | 31(a) | **(60,228)** | (62,066) | **–** | – |
| Other reserves | 31(b) | **1,760** | 2,245 | **–** | – |
| Retained earnings | 32 | **163,710** | 145,904 | **7,232** | 315 |
| | | **201,178** | 242,034 | **103,168** | 156,266 |
| Non-controlling interest | | **114** | 120 | **–** | – |
| **TOTAL EQUITY** | | **201,292** | 242,154 | **103,168** | 156,266 |

The accompanying notes form an integral part of these financial statements.

# CONSOLIDATED STATEMENT OF CHANGES IN EQUITY

FOR THE FINANCIAL YEAR ENDED 31 DECEMBER 2016

| | Note | Attributable to equity holders of the Company | | | | | | Non-controlling interest US$'000 | Total equity US$'000 |
|---|---|---|---|---|---|---|---|---|---|
| | | Share capital US$'000 | Foreign currency translation reserve US$'000 | General reserve US$'000 | Defined pension benefits obligation US$'000 | Retained earnings US$'000 | Total US$'000 | | |
| **The Group** | | | | | | | | | |
| Balance at 1 January 2016 | | **155,951** | **(62,066)** | **2,147** | **98** | **145,904** | **242,034** | **120** | **242,154** |
| Profit for the year | | – | – | – | – | 26,156 | 26,156 | (3) | 26,153 |
| Other comprehensive income/(loss) for the year | | – | 1,838 | – | (560) | – | 1,278 | (3) | 1,275 |
| Total comprehensive income/(loss) for the year | | **–** | **1,838** | **–** | **(560)** | **26,156** | **27,434** | **(6)** | **27,428** |
| Transfer to general reserve | 32(a) | – | – | 75 | – | (75) | – | – | – |
| Capital reduction | 30 | (60,015) | – | – | – | – | (60,015) | – | (60,015) |
| Interim dividend relating to 2016 paid | 33 | – | – | – | – | (8,275) | (8,275) | – | (8,275) |
| Total transactions with owners, recognised directly in equity | | **(60,015)** | **–** | **75** | **–** | **(8,350)** | **(68,290)** | **–** | **(68,290)** |
| Balance at 31 December 2016 | | **95,936** | **(60,228)** | **2,222** | **(462)** | **163,710** | **201,178** | **114** | **201,292** |
| Balance at 1 January 2015 | | **155,951** | **(45,677)** | **2,072** | **(70)** | **184,907** | **297,183** | **143** | **297,326** |
| Loss for the year | | – | – | – | – | (4,726) | (4,726) | (14) | (4,740) |
| Other comprehensive (loss)/income for the year | | – | (16,389) | – | 168 | – | (16,221) | (9) | (16,230) |
| Total comprehensive (loss)/income for the year | | **–** | **(16,389)** | **–** | **168** | **(4,726)** | **(20,947)** | **(23)** | **(20,970)** |
| Transfer to general reserve | 32(a) | – | – | 75 | – | (75) | – | – | – |
| Final and special dividend relating to 2014 paid | 33 | – | – | – | – | (21,757) | (21,757) | – | (21,757) |
| Interim and special dividend relating to 2015 paid | 33 | – | – | – | – | (12,445) | (12,445) | – | (12,445) |
| Total transactions with owners, recognised directly in equity | | **–** | **–** | **75** | **–** | **(34,277)** | **(34,202)** | **–** | **(34,202)** |
| Balance at 31 December 2015 | | **155,951** | **(62,066)** | **2,147** | **98** | **145,904** | **242,034** | **120** | **242,154** |

The accompanying notes form an integral part of these financial statements.

# CONSOLIDATED STATEMENT OF CASH FLOWS

FOR THE FINANCIAL YEAR ENDED 31 DECEMBER 2016

| | Note | 2016<br>US$'000 | 2015<br>US$'000 |
|---|---|---|---|
| **Cash flows from operating activities** | | | |
| Total profit/(loss) | | **26,153** | (4,740) |
| Adjustments: | | | |
| Income tax expense | 8(a) | **13,082** | 12,126 |
| Depreciation and amortisation | | **9,177** | 7,584 |
| Property, plant and equipment written off | | **73** | 124 |
| Impairment loss on brands | | **–** | 265 |
| Gain on disposal of property, plant and equipment | | **(104)** | (1,470) |
| Exceptional items | 10 | **2,000** | 20,066 |
| Interest income | | **(3,918)** | (2,053) |
| Interest expense | | **4,088** | 4,219 |
| Fair value loss on derivatives | | **63** | 64 |
| Share of results of associated companies | | **266** | (64) |
| Operating cash flow before working capital changes | | **50,880** | 36,121 |
| | | | |
| Changes in working capital | | | |
| Inventories | | **4,907** | 13,158 |
| Trade and other receivables | | **(2,889)** | 27,893 |
| Trade and other payables | | **16,293** | (16,246) |
| Cash generated from operations | | **69,191** | 60,926 |
| | | | |
| Interest received | | **3,918** | 2,053 |
| Income tax paid | | **(13,454)** | (19,731) |
| **Net cash provided by operating activities** | | **59,655** | 43,248 |
| | | | |
| **Cash flows from investing activities** | | | |
| Purchases of property, plant and equipment | | **(16,674)** | (23,479) |
| Payments for patents and trademarks | | **(691)** | (341) |
| Payment for final settlement of dispute | 10 | **–** | (38,800) |
| Proceeds from disposal of property, plant and equipment | | **315** | 1,530 |
| **Net cash used in investing activities** | | **(17,050)** | (61,090) |
| | | | |
| **Cash flows from financing activities** | | | |
| Capital reduction | 30 | **(60,015)** | – |
| Proceeds from bank borrowings | | **–** | 22,836 |
| Proceeds from/(repayment of) trade finance | | **114** | (4,613) |
| Repayment of bank borrowings | | **(22,044)** | (7,113) |
| Repayment of lease liabilities | | **(2,802)** | (5,200) |
| Interest paid | | **(4,088)** | (4,232) |
| Dividends paid to equity holders of the Company | | **(8,275)** | (34,202) |
| **Net cash used in financing activities** | | **(97,110)** | (32,524) |
| | | | |
| **Net decrease in cash and cash equivalents** | | **(54,505)** | (50,366) |
| | | | |
| **Cash and cash equivalents** | | | |
| Beginning of financial year | 12 | **100,550** | 149,212 |
| Effects of currency translation on cash and cash equivalents | | **(810)** | 1,704 |
| End of financial year | 12 | **45,235** | 100,550 |

The accompanying notes form an integral part of these financial statements.

# 애플(Apple Inc.)의 재무제표

**CONSOLIDATED STATEMENTS OF OPERATIONS**

(In millions, except number of shares which are reflected in thousands and per share amounts)

| | Years ended | | |
|---|---|---|---|
| | September 24, 2016 | September 26, 2015 | September 27, 2014 |
| Net sales | $ 215,639 | $ 233,715 | $ 182,795 |
| Cost of sales | 131,376 | 140,089 | 112,258 |
| Gross margin | 84,263 | 93,626 | 70,537 |
| Operating expenses: | | | |
| Research and development | 10,045 | 8,067 | 6,041 |
| Selling, general and administrative | 14,194 | 14,329 | 11,993 |
| Total operating expenses | 24,239 | 22,396 | 18,034 |
| Operating income | 60,024 | 71,230 | 52,503 |
| Other income/(expense), net | 1,348 | 1,285 | 980 |
| Income before provision for income taxes | 61,372 | 72,515 | 53,483 |
| Provision for income taxes | 15,685 | 19,121 | 13,973 |
| Net income | $ 45,687 | $ 53,394 | $ 39,510 |
| Earnings per share: | | | |
| Basic | $ 8.35 | $ 9.28 | $ 6.49 |
| Diluted | $ 8.31 | $ 9.22 | $ 6.45 |
| Shares used in computing earnings per share: | | | |
| Basic | 5,470,820 | 5,753,421 | 6,085,572 |
| Diluted | 5,500,281 | 5,793,069 | 6,122,663 |
| Cash dividends declared per share | $ 2.18 | $ 1.98 | $ 1.82 |

See accompanying Notes to Consolidated Financial Statements.

## CONSOLIDATED STATEMENTS OF COMPREHENSIVE INCOME
(In millions)

| | Years ended | | |
|---|---|---|---|
| | September 24, 2016 | September 26, 2015 | September 27, 2014 |
| Net income | $ 45,687 | $ 53,394 | $ 39,510 |
| Other comprehensive income/(loss): | | | |
| Change in foreign currency translation, net of tax effects of $8, $201 and $50, respectively | 75 | (411) | (137) |
| Change in unrealized gains/losses on derivative instruments: | | | |
| Change in fair value of derivatives, net of tax benefit/(expense) of $(7), $(441) and $(297), respectively | 7 | 2,905 | 1,390 |
| Adjustment for net (gains)/losses realized and included in net income, net of tax expense/(benefit) of $131, $630 and $(36), respectively | (741) | (3,497) | 149 |
| Total change in unrealized gains/losses on derivative instruments, net of tax | (734) | (592) | 1,539 |
| Change in unrealized gains/losses on marketable securities: | | | |
| Change in fair value of marketable securities, net of tax benefit/(expense) of $(863), $264 and $(153), respectively | 1,582 | (483) | 285 |
| Adjustment for net (gains)/losses realized and included in net income, net of tax expense/(benefit) of $(31), $(32) and $71, respectively | 56 | 59 | (134) |
| Total change in unrealized gains/losses on marketable securities, net of tax | 1,638 | (424) | 151 |
| Total other comprehensive income/(loss) | 979 | (1,427) | 1,553 |
| Total comprehensive income | $ 46,666 | $ 51,967 | $ 41,063 |

See accompanying Notes to Consolidated Financial Statements.

**CONSOLIDATED BALANCE SHEETS**
(In millions, except number of shares which are reflected in thousands and par value)

| | September 24, 2016 | September 26, 2015 |
|---|---|---|
| **ASSETS:** | | |
| Current assets: | | |
| Cash and cash equivalents | $ 20,484 | $ 21,120 |
| Short-term marketable securities | 46,671 | 20,481 |
| Accounts receivable, less allowances of $53 and $63, respectively | 15,754 | 16,849 |
| Inventories | 2,132 | 2,349 |
| Vendor non-trade receivables | 13,545 | 13,494 |
| Other current assets | 8,283 | 15,085 |
| Total current assets | 106,869 | 89,378 |
| Long-term marketable securities | 170,430 | 164,065 |
| Property, plant and equipment, net | 27,010 | 22,471 |
| Goodwill | 5,414 | 5,116 |
| Acquired intangible assets, net | 3,206 | 3,893 |
| Other non-current assets | 8,757 | 5,422 |
| Total assets | $ 321,686 | $ 290,345 |
| **LIABILITIES AND SHAREHOLDERS' EQUITY:** | | |
| Current liabilities: | | |
| Accounts payable | $ 37,294 | $ 35,490 |
| Accrued expenses | 22,027 | 25,181 |
| Deferred revenue | 8,080 | 8,940 |
| Commercial paper | 8,105 | 8,499 |
| Current portion of long-term debt | 3,500 | 2,500 |
| Total current liabilities | 79,006 | 80,610 |
| Deferred revenue, non-current | 2,930 | 3,624 |
| Long-term debt | 75,427 | 53,329 |
| Other non-current liabilities | 36,074 | 33,427 |
| Total liabilities | 193,437 | 170,990 |
| Commitments and contingencies | | |
| Shareholders' equity: | | |
| Common stock and additional paid-in capital, $0.00001 par value: 12,600,000 shares authorized; 5,336,166 and 5,578,753 shares issued and outstanding, respectively | 31,251 | 27,416 |
| Retained earnings | 96,364 | 92,284 |
| Accumulated other comprehensive income/(loss) | 634 | (345) |
| Total shareholders' equity | 128,249 | 119,355 |
| Total liabilities and shareholders' equity | $ 321,686 | $ 290,345 |

See accompanying Notes to Consolidated Financial Statements.

## CONSOLIDATED STATEMENTS OF SHAREHOLDERS' EQUITY

(In millions, except number of shares which are reflected in thousands)

| | Common Stock and Additional Paid-In Capital | | Retained Earnings | Accumulated Other Comprehensive Income/(Loss) | Total Shareholders' Equity |
|---|---|---|---|---|---|
| | Shares | Amount | | | |
| Balances as of September 28, 2013 | 6,294,494 | $ 19,764 | $ 104,256 | $ (471) | $ 123,549 |
| Net income | — | — | 39,510 | — | 39,510 |
| Other comprehensive income/(loss) | — | — | — | 1,553 | 1,553 |
| Dividends and dividend equivalents declared | — | — | (11,215) | — | (11,215) |
| Repurchase of common stock | (488,677) | — | (45,000) | — | (45,000) |
| Share-based compensation | — | 2,863 | — | — | 2,863 |
| Common stock issued, net of shares withheld for employee taxes | 60,344 | (49) | (399) | — | (448) |
| Tax benefit from equity awards, including transfer pricing adjustments | — | 735 | — | — | 735 |
| Balances as of September 27, 2014 | 5,866,161 | 23,313 | 87,152 | 1,082 | 111,547 |
| Net income | — | — | 53,394 | — | 53,394 |
| Other comprehensive income/(loss) | — | — | — | (1,427) | (1,427) |
| Dividends and dividend equivalents declared | — | — | (11,627) | — | (11,627) |
| Repurchase of common stock | (325,032) | — | (36,026) | — | (36,026) |
| Share-based compensation | — | 3,586 | — | — | 3,586 |
| Common stock issued, net of shares withheld for employee taxes | 37,624 | (231) | (609) | — | (840) |
| Tax benefit from equity awards, including transfer pricing adjustments | — | 748 | — | — | 748 |
| Balances as of September 26, 2015 | 5,578,753 | 27,416 | 92,284 | (345) | 119,355 |
| Net income | — | — | 45,687 | — | 45,687 |
| Other comprehensive income/(loss) | — | — | — | 979 | 979 |
| Dividends and dividend equivalents declared | — | — | (12,188) | — | (12,188) |
| Repurchase of common stock | (279,609) | — | (29,000) | — | (29,000) |
| Share-based compensation | — | 4,262 | — | — | 4,262 |
| Common stock issued, net of shares withheld for employee taxes | 37,022 | (806) | (419) | — | (1,225) |
| Tax benefit from equity awards, including transfer pricing adjustments | — | 379 | — | — | 379 |
| Balances as of September 24, 2016 | 5,336,166 | $ 31,251 | $ 96,364 | $ 634 | $ 128,249 |

See accompanying Notes to Consolidated Financial Statements.

**CONSOLIDATED STATEMENTS OF CASH FLOWS**
(In millions)

| | Years ended | | |
|---|---|---|---|
| | September 24, 2016 | September 26, 2015 | September 27, 2014 |
| Cash and cash equivalents, beginning of the year | $ 21,120 | $ 13,844 | $ 14,259 |
| Operating activities: | | | |
| Net income | 45,687 | 53,394 | 39,510 |
| Adjustments to reconcile net income to cash generated by operating activities: | | | |
| Depreciation and amortization | 10,505 | 11,257 | 7,946 |
| Share-based compensation expense | 4,210 | 3,586 | 2,863 |
| Deferred income tax expense | 4,938 | 1,382 | 2,347 |
| Changes in operating assets and liabilities: | | | |
| Accounts receivable, net | 1,095 | 611 | (4,232) |
| Inventories | 217 | (238) | (76) |
| Vendor non-trade receivables | (51) | (3,735) | (2,220) |
| Other current and non-current assets | 1,090 | (179) | 167 |
| Accounts payable | 1,791 | 5,400 | 5,938 |
| Deferred revenue | (1,554) | 1,042 | 1,460 |
| Other current and non-current liabilities | (2,104) | 8,746 | 6,010 |
| Cash generated by operating activities | 65,824 | 81,266 | 59,713 |
| Investing activities: | | | |
| Purchases of marketable securities | (142,428) | (166,402) | (217,128) |
| Proceeds from maturities of marketable securities | 21,258 | 14,538 | 18,810 |
| Proceeds from sales of marketable securities | 90,536 | 107,447 | 189,301 |
| Payments made in connection with business acquisitions, net | (297) | (343) | (3,765) |
| Payments for acquisition of property, plant and equipment | (12,734) | (11,247) | (9,571) |
| Payments for acquisition of intangible assets | (814) | (241) | (242) |
| Payments for strategic investments | (1,388) | — | (10) |
| Other | (110) | (26) | 26 |
| Cash used in investing activities | (45,977) | (56,274) | (22,579) |
| Financing activities: | | | |
| Proceeds from issuance of common stock | 495 | 543 | 730 |
| Excess tax benefits from equity awards | 407 | 749 | 739 |
| Payments for taxes related to net share settlement of equity awards | (1,570) | (1,499) | (1,158) |
| Payments for dividends and dividend equivalents | (12,150) | (11,561) | (11,126) |
| Repurchases of common stock | (29,722) | (35,253) | (45,000) |
| Proceeds from issuance of term debt, net | 24,954 | 27,114 | 11,960 |
| Repayments of term debt | (2,500) | — | — |
| Change in commercial paper, net | (397) | 2,191 | 6,306 |
| Cash used in financing activities | (20,483) | (17,716) | (37,549) |
| Increase/(Decrease) in cash and cash equivalents | (636) | 7,276 | (415) |
| Cash and cash equivalents, end of the year | $ 20,484 | $ 21,120 | $ 13,844 |
| Supplemental cash flow disclosure: | | | |
| Cash paid for income taxes, net | $ 10,444 | $ 13,252 | $ 10,026 |
| Cash paid for interest | $ 1,316 | $ 514 | $ 339 |

# 부록 E

# 화폐의 시간적 가치

NT$1,000를 지금 받을지, 1년 후에 받을지 선택하라고 하면 누구나 지금 받겠다고 할 것이다. 지금 받아서 은행에 넣어두면 이자를 얻을 수 있기 때문이다. 현재의 화폐 가치는 1년 후 이자가 덧붙은 화폐 가치와 같다. 이것이 바로 화폐의 시간적 가치이다. 즉 화폐의 미래 가치는 현재 가치에 이자를 더한 것이고, 화폐의 현재 가치는 미래 가치에서 이자를 제한 것이다.

## 이자와 화폐의 미래 가치 _Interest and Future Values

**학습목표**

이자와 미래 가치를 어떻게 계산하는지 알아본다.

### 이자의 성격 _Nature of Interest

**이자**(interest)는 화폐 사용에 대한 대가로 지급된다. 따라서 돈을 빌려주면 원금과 만기 시 수령액에 차액이 발생하는데 이것이 바로 이자이다. 이자는 특정 기간 동안의 **원금**(principal)에 대한 비율로 표시되며 대개 1년을 기준으로 한다.

이자는 화폐의 사용료이므로 원금($p$)이 클수록, 이자율($i$)이 높을수록, 기간($n$)이 길수록 많아지는데, 이를 이자 결정의 3요소라고 한다. 이자 계산법에는 단리와 복리가 있다.

#### 단리이자 _Simple Interest

**단리이자**(simple interest)는 원금에만 이자가 붙는 방식으로, 원금에 이자율과 기간을 곱하여 산출한다(그림 E.1 참조).

**그림 E.1** 단리이자의 계산

**이자 = 원금($p$) × 이자율($i$) × 기간($n$)**

NT$5,000를 연 이자율 6%로 2년 동안 빌렸다면 이자가 NT$600 발생하는데, 단리이자는 다음과 같이 계산한다.

$$
\begin{aligned}
\text{이자} &= p \times i \times n \\
&= \text{NT\$}5{,}000 \times 0.06 \times 2 \\
&= \text{NT\$}600
\end{aligned}
$$

#### 복리이자 _Compound Interest

**복리이자**(compound interest)는 원금뿐만 아니라 이미 발생한 이자에도 이자가 붙는 방식이다. 찾아가지 않은 이자는 원금과 마찬가지이므로 당연히 이자가 붙어야 한다는 논리이다. 실제로 단리와 복리는 상당한 금액 차이가 있다. 예를 들어 Bank Two와 Citizens Bank에 각각 €1,000를 예금했는데 Bank Two는 9% 단리로, Citizens Bank는 9% 복리로 이자를 준다고 하자. 3년 동안 이자와 원금을 그냥 두었다면 그림 E.2와 같이 만기 시 수령하는 금액이 크게 다르다.

**그림 E.2** 단리이자와 복리이자

| Bank Two | | |
|---|---|---|
| 단리 계산 | 단리이자 | 연말 잔액 |
| 1년 €1,000.00 × 9% | € 90.00 | €1,090.00 |
| 2년 €1,000.00 × 9% | 90.00 | €1,180.00 |
| 3년 €1,000.00 × 9% | 90.00 | €1,270.00 |
| | € 270.00 | |

€25.03 차액

| Citizens Bank | | |
|---|---|---|
| 복리 계산 | 복리이자 | 연말 잔액 |
| 1년 €1,000.00 × 9% | € 90.00 | €1,090.00 |
| 2년 €1,090.00 × 9% | 98.10 | €1,188.10 |
| 3년 €1,188.10 × 9% | 106.93 | €1,295.03 |
| | € 295.03 | |

그림 E.2에서 보듯이 단리는 오직 원금 €1,000의 이자를 계산하지만 복리는 원금에서 발생한 이자를 더하여 이자를 계산한다. 따라서 당연히 단리이자보다 복리이자가 더 많고 사람들은 복리이자를 선호한다. 이론적으로도 찾아가지 않은 이자를 원금과 분리할 이유가 없으니 복리를 합리적으로 보고 대부분의 금융 기관은 복리로 이자를 계산한다.

## 일시금의 미래 가치 _Future Value of a Single Amount

그림 E.2에서 €1,295.03는 원금 €1,000를 은행에 예금하고 이자율 9%로 3년간 이자를 복리로 계산한 결과이다. 그런데 복리이자 계산을 매번 그림 E.2처럼 하여 **일시금의 미래 가치**(future value of a single amount)를 구할 수는 없는 노릇이다. 이에 그림 E.3의 공식을 사용하면 똑같은 결과를 쉽게 얻을 수 있다.

**그림 E.3** 미래 가치 산출 공식

$$FV = p \times (1 + i)^n$$

$FV$ = 화폐의 미래 가치
$p$ = 원금(화폐의 현재 가치)
$i$ = 연 이자율
$n$ = 기간

이 공식을 이용하면 다음과 같이 계산된다.

$$\begin{aligned} FV &= p \times (1 + i)^n \\ &= €1,000 \times (1 + 0.09)^3 \\ &= €1,000 \times 1.29503 \\ &= €1,295.03 \end{aligned}$$

미래 가치를 구하는 위 공식의 특징은 원금과 지금까지 발생한 복리이자를 더하여 이자를 구한다는 것이다. 즉 첫 1년간은 단리처럼 1에 이자율을 더한 1.09를 곱하여 원금과 이자의 합을 구하지만, 다음 해부터는 직전 해의 원금과 이자의 합을 새로운 원금으로 하여 1.09를 곱해나간다. €1.29503는 원금 €1,000에 1.09를 세 번(1.09 × 1.09 × 1.09) 곱하여 산출된 금액을 나타낸다. 그림 E.4는 시간에 따른 현금의 가치 변화를 보여준다.

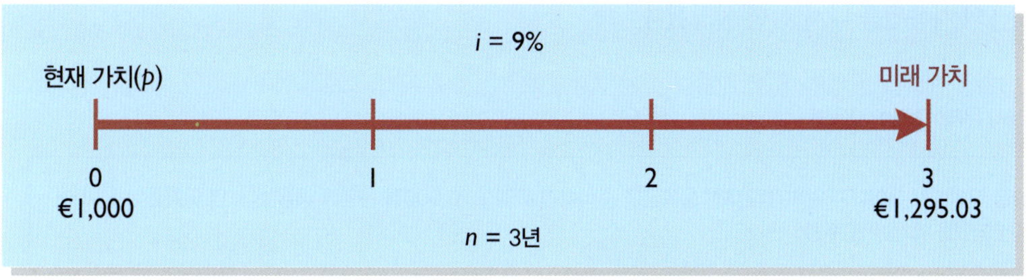


**그림 E.4** 시간에 따른 화폐 가치의 변화

그런데 그림 E.3의 공식은 단출하기는 하지만 지수가 있어서 여전히 계산이 간단하지 않다. 좀 더 쉽고 편리한 방법이 필요하다. 그래서 $P$를 1로 놓고 $(1 + i)^n$의 값을 $i$와 $n$에 따라 미리 계산한 표를 만들었다. 즉 $i$와 $n$이 정해지면 표에서 팩터(계수)를 찾아 $P$인 원금에 곱하여 미래 가치를 쉽게 계산할 수 있는데, 표 E.1이 바로 그 표이다. 표 E.1에는 기간($n$)과 이자율별로 소수점 다섯 자리의 복잡한 팩터가 미리 계산되어 있다.

**표 E.1** 일시금 1의 미래 가치

| ($n$) 기간 | 4% | 5% | 6% | 7% | 8% | 9% | 10% | 11% | 12% | 15% |
|---|---|---|---|---|---|---|---|---|---|---|
| 0 | 1.00000 | 1.00000 | 1.00000 | 1.00000 | 1.00000 | 1.00000 | 1.00000 | 1.00000 | 1.00000 | 1.00000 |
| 1 | 1.04000 | 1.05000 | 1.06000 | 1.07000 | 1.08000 | 1.09000 | 1.10000 | 1.11000 | 1.12000 | 1.15000 |
| 2 | 1.08160 | 1.10250 | 1.12360 | 1.14490 | 1.16640 | 1.18810 | 1.21000 | 1.23210 | 1.25440 | 1.32250 |
| 3 | 1.12486 | 1.15763 | 1.19102 | 1.22504 | 1.25971 | 1.29503 | 1.33100 | 1.36763 | 1.40493 | 1.52088 |
| 4 | 1.16986 | 1.21551 | 1.26248 | 1.31080 | 1.36049 | 1.41158 | 1.46410 | 1.51807 | 1.57352 | 1.74901 |
| 5 | 1.21665 | 1.27628 | 1.33823 | 1.40255 | 1.46933 | 1.53862 | 1.61051 | 1.68506 | 1.76234 | 2.01136 |
| 6 | 1.26532 | 1.34010 | 1.41852 | 1.50073 | 1.58687 | 1.67710 | 1.77156 | 1.87041 | 1.97382 | 2.31306 |
| 7 | 1.31593 | 1.40710 | 1.50363 | 1.60578 | 1.71382 | 1.82804 | 1.94872 | 2.07616 | 2.21068 | 2.66002 |
| 8 | 1.36857 | 1.47746 | 1.59385 | 1.71819 | 1.85093 | 1.99256 | 2.14359 | 2.30454 | 2.47596 | 3.05902 |
| 9 | 1.42331 | 1.55133 | 1.68948 | 1.83846 | 1.99900 | 2.17189 | 2.35795 | 2.55803 | 2.77308 | 3.51788 |
| 10 | 1.48024 | 1.62889 | 1.79085 | 1.96715 | 2.15892 | 2.36736 | 2.59374 | 2.83942 | 3.10585 | 4.04556 |
| 11 | 1.53945 | 1.71034 | 1.89830 | 2.10485 | 2.33164 | 2.58043 | 2.85312 | 3.15176 | 3.47855 | 4.65239 |
| 12 | 1.60103 | 1.79586 | 2.01220 | 2.25219 | 2.51817 | 2.81267 | 3.13843 | 3.49845 | 3.89598 | 5.35025 |
| 13 | 1.66507 | 1.88565 | 2.13293 | 2.40985 | 2.71962 | 3.06581 | 3.45227 | 3.88328 | 4.36349 | 6.15279 |
| 14 | 1.73168 | 1.97993 | 2.26090 | 2.57853 | 2.93719 | 3.34173 | 3.79750 | 4.31044 | 4.88711 | 7.07571 |
| 15 | 1.80094 | 2.07893 | 2.39656 | 2.75903 | 3.17217 | 3.64248 | 4.17725 | 4.78459 | 5.47357 | 8.13706 |
| 16 | 1.87298 | 2.18287 | 2.54035 | 2.95216 | 3.42594 | 3.97031 | 4.59497 | 5.31089 | 6.13039 | 9.35762 |
| 17 | 1.94790 | 2.29202 | 2.69277 | 3.15882 | 3.70002 | 4.32763 | 5.05447 | 5.89509 | 6.86604 | 10.76126 |
| 18 | 2.02582 | 2.40662 | 2.85434 | 3.37993 | 3.99602 | 4.71712 | 5.55992 | 6.54355 | 7.68997 | 12.37545 |
| 19 | 2.10685 | 2.52695 | 3.02560 | 3.61653 | 4.31570 | 5.14166 | 6.11591 | 7.26334 | 8.61276 | 14.23177 |
| 20 | 2.19112 | 2.65330 | 3.20714 | 3.86968 | 4.66096 | 5.60441 | 6.72750 | 8.06231 | 9.64629 | 16.36654 |

예를 들어 이자율 9%에 기간 2년의 팩터는 1.18810이다. 이를 원금 €1,000와 곱하면 €1,188.10가 되는데, 이는 그림 E.2의 2년 차 예금에 대해 Citizens Bank가 복리로 계산한 미래 가치와 같은 결과이다. 또한 3년 차 예금의 미래 가치 €1,295.03는 표 E.1에서 이자율 9%에 기간 3년의 팩터 1.29503을 찾아 원금 €1,000와 곱하면 쉽게 산출할 수 있다. 그림 E.5에서 표 E.1의 사용법을 다시 한번 설명했다.

**그림 E.5** 예시 문제: 표 E.1 사용법

존과 메리는 아들 마이크가 태어나자 일찌감치 대학 등록금을 준비하기 위해 £20,000를 은행에 예금했다. 연 이자율이 6%라면 마이크가 18세가 되었을 때 얼마를 수령하는가?

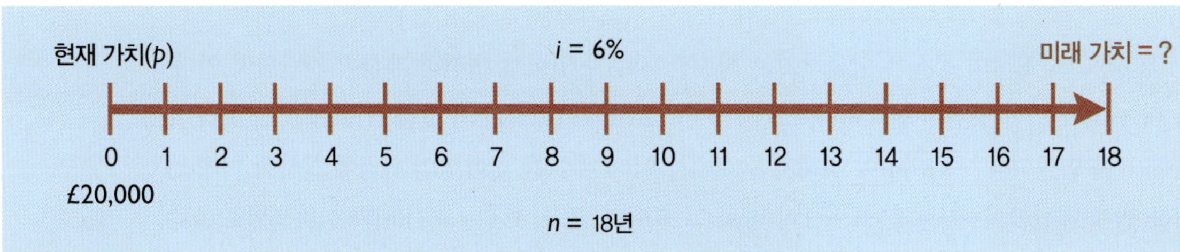


**해답:** 표 E.1에서 2.85434(기간 18년에 이자율 6%)의 팩터를 찾아 £20,000와 곱하면 미래 가치 **£57,086.80**(£20,000 × 2.85434)가 산출된다. 이는 연 6%의 복리로 계산한 18년간의 이자를 원금과 합한 금액이다.

## 연금의 미래 가치 _Future Value of an Annuity

앞에서 다룬 현금의 미래 가치는 일시금에 대한 것으로서 정기예금 형식이었다. 하지만 실제로는 정기적금의 형태도 많다. 정기적금은 일정 기간마다 일정 금액을 은행에 불입하는 방식으로, 이를 **연금**(annuity)이라고 부른다. **연금의 미래 가치**(future value of an annuity)는 일시금과 마찬가지로 원금과 이자의 합이다. 다만 연금의 수만큼 매번 계산을 해서 합해야 하므로 복잡할 따름이다. 따라서 연금의 미래 가치를 결정하는 변수는 여전히 이자율, 기간, 연금액이다. 예를 들어 HK$2,000를 매년 말에 3년간 이자율 5%로 적립한다면 시간에 따른 현금흐름은 그림 E.6과 같다.

**그림 E.6** 시간에 따른 현금흐름

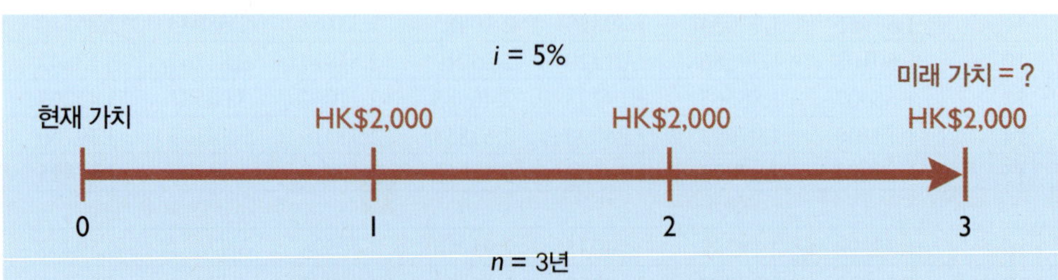


첫해 말에 불입한 연금 HK$2,000는 2년, 3년 차의 두 해 이자를 벌고, 2년 차 말에 불입한 HK$2,000는 3년 차의 이자인 한 해 이자를 벌며, 마지막 3년 차 말에 불입한 HK$2,000는 기

간이 없으니 이자가 없다. 표 E.1을 가지고 이를 계산하면 그림 E.7과 같다.

그림 E.7 연금의 미래 가치

| 매년 말 적립액 | 기간 | 원금 | × | 이자율 5%의 팩터 | = | 미래 가치 |
|---|---|---|---|---|---|---|
| 1 | 2 | HK$2,000 | × | 1.10250 | | HK$ 2,205 |
| 2 | 1 | HK$2,000 | × | 1.05000 | | 2,100 |
| 3 | 0 | HK$2,000 | × | 1.00000 | | 2,000 |
| | | | | **3.15250** | | **HK$6,305** |

첫 번째 HK$2,000는 이자율 5%와 기간 2년의 팩터 1.1025를 곱하고, 두 번째 HK$2,000는 이자율 5%와 기간 1년의 팩터 1.0500을 곱하며, 마지막 HK$2,000는 이자가 없으니 팩터 1.00000을 곱한다. 이렇게 해서 얻은 3개 연금의 결과를 합하면 연금의 미래 가치가 된다.

연금이 매번 다르지 않고 같은 금액이라면 역시 수학적 공식화가 가능하다. 따라서 표 E.1처럼 공식에 미리 연금 1에 대한 팩터를 계산한 표를 만들어놓으면 보다 쉽게 계산할 수 있다. 표 E.2가 바로 그 예이다. 표 E.2에서 연금 1에 대해 이자율 5%와 기간 3년에 해당하는 팩터 3.15250을 찾아서 연금 HK$2,000와 곱하면 HK$6,305가 산출된다. 이는 바로 연금의 미래 가치이며, 그림 E.7에서 각각 구한 합과 동일하다.

표 E.2 연금 1의 미래 가치

| (*n*) 기간 | 4% | 5% | 6% | 7% | 8% | 9% | 10% | 11% | 12% | 15% |
|---|---|---|---|---|---|---|---|---|---|---|
| 1 | 1.00000 | 1.00000 | 1.00000 | 1.0000 | 1.00000 | 1.00000 | 1.00000 | 1.00000 | 1.00000 | 1.00000 |
| 2 | 2.04000 | 2.05000 | 2.06000 | 2.0700 | 2.08000 | 2.09000 | 2.10000 | 2.11000 | 2.12000 | 2.15000 |
| 3 | 3.12160 | 3.15250 | 3.18360 | 3.2149 | 3.24640 | 3.27810 | 3.31000 | 3.34210 | 3.37440 | 3.47250 |
| 4 | 4.24646 | 4.31013 | 4.37462 | 4.4399 | 4.50611 | 4.57313 | 4.64100 | 4.70973 | 4.77933 | 4.99338 |
| 5 | 5.41632 | 5.52563 | 5.63709 | 5.7507 | 5.86660 | 5.98471 | 6.10510 | 6.22780 | 6.35285 | 6.74238 |
| 6 | 6.63298 | 6.80191 | 6.97532 | 7.1533 | 7.33592 | 7.52334 | 7.71561 | 7.91286 | 8.11519 | 8.75374 |
| 7 | 7.89829 | 8.14201 | 8.39384 | 8.6540 | 8.92280 | 9.20044 | 9.48717 | 9.78327 | 10.08901 | 11.06680 |
| 8 | 9.21423 | 9.54911 | 9.89747 | 10.2598 | 10.63663 | 11.02847 | 11.43589 | 11.85943 | 12.29969 | 13.72682 |
| 9 | 10.58280 | 11.02656 | 11.49132 | 11.9780 | 12.48756 | 13.02104 | 13.57948 | 14.16397 | 14.77566 | 16.78584 |
| 10 | 12.00611 | 12.57789 | 13.18079 | 13.8164 | 14.48656 | 15.19293 | 15.93743 | 16.72201 | 17.54874 | 20.30372 |
| 11 | 13.48635 | 14.20679 | 14.97164 | 15.7836 | 16.64549 | 17.56029 | 18.53117 | 19.56143 | 20.65458 | 24.34928 |
| 12 | 15.02581 | 15.91713 | 16.86994 | 17.8885 | 18.97713 | 20.14072 | 21.38428 | 22.71319 | 24.13313 | 29.00167 |
| 13 | 16.62684 | 17.71298 | 18.88214 | 20.1406 | 21.49530 | 22.95339 | 24.52271 | 26.21164 | 28.02911 | 34.35192 |
| 14 | 18.29191 | 19.59863 | 21.01507 | 22.5505 | 24.21492 | 26.01919 | 27.97498 | 30.09492 | 32.39260 | 40.50471 |
| 15 | 20.02359 | 21.57856 | 23.27597 | 25.1290 | 27.15211 | 29.36092 | 31.77248 | 34.40536 | 37.27972 | 47.58041 |
| 16 | 21.82453 | 23.65749 | 25.67253 | 27.8881 | 30.32428 | 33.00340 | 35.94973 | 39.18995 | 42.75328 | 55.71747 |
| 17 | 23.69751 | 25.84037 | 28.21288 | 30.8402 | 33.75023 | 36.97351 | 40.54470 | 44.50084 | 48.88367 | 65.07509 |
| 18 | 25.64541 | 28.13238 | 30.90565 | 33.9990 | 37.45024 | 41.30134 | 45.59917 | 50.39593 | 55.74972 | 75.83636 |
| 19 | 27.67123 | 30.53900 | 33.75999 | 37.3790 | 41.44626 | 46.01846 | 51.15909 | 56.93949 | 63.43968 | 88.21181 |
| 20 | 29.77808 | 33.06595 | 36.78559 | 40.9955 | 45.76196 | 51.16012 | 57.27500 | 64.20283 | 72.05244 | 102.44358 |

그림 E.8의 예시 문제를 통해 표 E.2의 사용법을 다시 살펴보자.

**그림 E.8** 예시 문제: 표 E.2 사용법

존과 샤의 딸 데브라는 고등학교에 입학하면서 대학 등록금으로 매년 말 £2,500씩 네 번을 적립하는 정기적금에 들었다. 연 6%의 복리로 이자를 계산한다면 데브라는 고등학교를 졸업할 때 얼마를 수령하는가?

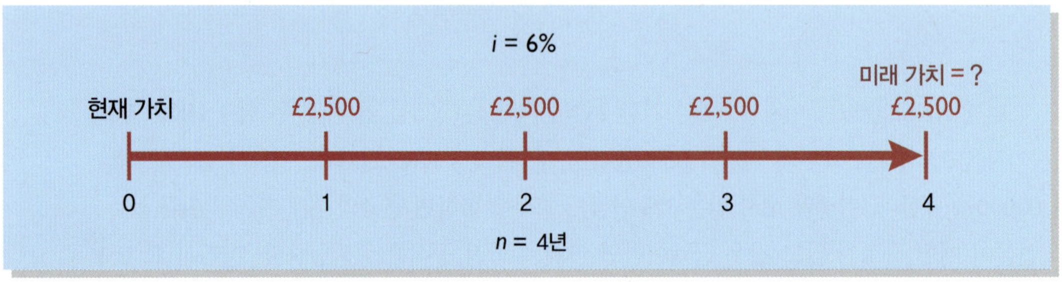


**해답:** 표 E.2에서 찾은 팩터는 4.37462(4회와 6%)이고, 이를 연금 £2,500와 곱하면 미래 가치는 **£10,936.55**(£2,500 × 4.37462)이다.

연금의 미래 가치를 구하는 방식을 응용하면 불입해야 할 연금액을 역산할 수 있다. 즉 화폐의 미래 가치가 결정되고 이자율과 기간이 주어지면 연금액을 계산할 수 있다. 예를 들어 그림 E.8에서 대학 입학금이 £10,936.55이고 이를 4년 후에 마련하기 위해 연 이자율 6%로 정기적금을 들 때 불입해야 할 적금액을 구하는 문제로 전환한다면 답은 £2,500이다. 이는 £10,936.55를 표 E.2에서 찾은 팩터 4.37462로 나누어 구했다.

**학습목표**

현재 가치를 어떻게 계산하는지 알아본다.

## 화폐의 현재 가치 _Present Value Concepts

### 현재 가치의 결정 요소 _Present Value Variables

화폐의 **현재 가치**(present value)는 미래 가치에서 이자를 제하면 구할 수 있는데, 이 과정을 할인한다고 표현한다. 그런데 미래 가치를 산출하는 공식을 응용하여 화폐의 현재 가치를 구할 수 있다. 즉 화폐의 시간 가치를 구하려면 미래에 들어오는 돈(미래 가치), 기간, 이자율(할인율)에 대한 정보가 필요하다. 현재 가치를 구하는 공식의 활용도도 미래 가치를 구하는 경우만큼 다양하다. 예를 들어 이자와 원금을 상환하는 사채의 발행 가격이나 리스 거래의 할부금 계산에 사용된다.

### 일시금의 현재 가치 _Present Value of a Single Amount

돈을 빌려 가서 1년 후 €1,000를 갚는다고 할 때 지금 얼마를 빌려주어야 하는지는 화폐의 현재 가치를 구하는 것과 같다. 만약 10%의 보상을 원한다면 €909.09(€1,000 ÷ 1.10)를 빌려주어야 한다. 현재 가치를 구하는 공식은 그림 E.9를 참조하라.

$$\text{현재 가치}(PV) = \text{미래 가치}(FV) \div (1 + i)^n$$

**그림 E.9** 현재 가치 계산 공식

€1,000를 10%로 1년을 할인하는 경우의 계산은 다음과 같다.

$$
\begin{aligned}
PV &= \quad FV \div (1 + i)^n \\
&= €1{,}000 \div (1 + 0.10)^1 \\
&= €1{,}000 \div 1.10 \\
&= €909.09
\end{aligned}
$$

그림 E.10은 미래 가치 €1,000, 할인율 10%, 기간 1년인 경우의 시간에 따른 현금흐름을 보여준다.

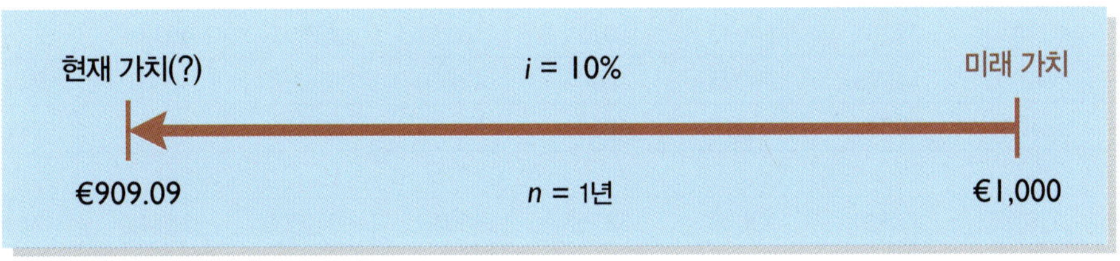


**그림 E.10** 시간에 따른 현금흐름 1

일시금 €1,000를 10%[$PV = €1{,}000 \div (1 + 0.10)^2$]로 2년을 할인한다면 현재 가치는 €826.45(€1,000 ÷ 1.21)이다. 이 경우 시간에 따른 현금흐름은 그림 E.11과 같다.

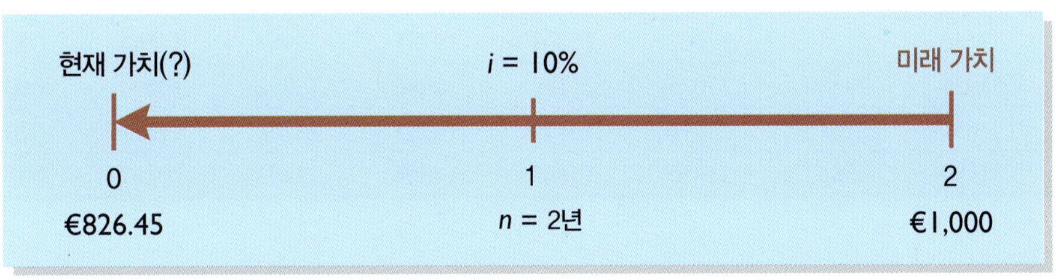


**그림 E.11** 시간에 따른 현금흐름 2

그런데 미래 가치를 구하는 경우처럼 현재 가치도 금액 1의 현재 가치를 미리 계산하여 팩터를 만들어 사용하면 매우 편리하다. 이에 기간과 이자율에 따른 할인 팩터를 소수점 다섯 자리 계수로 미리 산출한 표 E.3을 만들었다.

표 E.3에서 이자율 10%에 기간 1년의 팩터는 0.90909이다. 이를 미래 가치 €1,000와 곱하면 그림 E.10의 결과와 동일한 €909.09(€1,000 × 0.90909)가 되고, 기간이 2년이면 팩터가 0.82645이므로 현재 가치는 그림 E.11과 마찬가지로 €826.45(€1,000 × 0.82645)이다.

표 E.3에서 보듯이 할인율(이자율)이 높을수록 현재 가치가 줄어든다. 할인율 15%에 기간 1년의 현재 가치는 €869.57인데, 이는 할인율 10%와 기간 1년의 현재 가치인 €909.09보다 적다. 이자율은 화폐 사용료이니 이자율이 높다는 것은 사용료가 그만큼 비싸다는 뜻이고, 이자율이 높으면 당연히 현재 가치가 낮아지기 때문이다. 또한 기간이 길수록 현재 가치가 줄어든다. 미래 가치 €1,000를 할인율 10%에 기간 5년으로 할인하면 현재 가치는 €620.92인데, 이는 동일 할인율에 기간 1년의 현재 가치인 €909.09보다 €288.17가 적다. 당연히 돈의 사용 기간이 길어서 사용료가 많이 나온 결과로 인한 것이다.

**표 E.3** 일시금 1의 현재 가치

| (n) 기간 | 4% | 5% | 6% | 7% | 8% | 9% | 10% | 11% | 12% | 15% |
|---|---|---|---|---|---|---|---|---|---|---|
| 1 | .96154 | .95238 | .94340 | .93458 | .92593 | .91743 | .90909 | .90090 | .89286 | .86957 |
| 2 | .92456 | .90703 | .89000 | .87344 | .85734 | .84168 | .82645 | .81162 | .79719 | .75614 |
| 3 | .88900 | .86384 | .83962 | .81630 | .79383 | .77218 | .75132 | .73119 | .71178 | .65752 |
| 4 | .85480 | .82270 | .79209 | .76290 | .73503 | .70843 | .68301 | .65873 | .63552 | .57175 |
| 5 | .82193 | .78353 | .74726 | .71299 | .68058 | .64993 | .62092 | .59345 | .56743 | .49718 |
| 6 | .79031 | .74622 | .70496 | .66634 | .63017 | .59627 | .56447 | .53464 | .50663 | .43233 |
| 7 | .75992 | .71068 | .66506 | .62275 | .58349 | .54703 | .51316 | .48166 | .45235 | .37594 |
| 8 | .73069 | .67684 | .62741 | .58201 | .54027 | .50187 | .46651 | .43393 | .40388 | .32690 |
| 9 | .70259 | .64461 | .59190 | .54393 | .50025 | .46043 | .42410 | .39092 | .36061 | .28426 |
| 10 | .67556 | .61391 | .55839 | .50835 | .46319 | .42241 | .38554 | .35218 | .32197 | .24719 |
| 11 | .64958 | .58468 | .52679 | .47509 | .42888 | .38753 | .35049 | .31728 | .28748 | .21494 |
| 12 | .62460 | .55684 | .49697 | .44401 | .39711 | .35554 | .31863 | .28584 | .25668 | .18691 |
| 13 | .60057 | .53032 | .46884 | .41496 | .36770 | .32618 | .28966 | .25751 | .22917 | .16253 |
| 14 | .57748 | .50507 | .44230 | .38782 | .34046 | .29925 | .26333 | .23199 | .20462 | .14133 |
| 15 | .55526 | .48102 | .41727 | .36245 | .31524 | .27454 | .23939 | .20900 | .18270 | .12289 |
| 16 | .53391 | .45811 | .39365 | .33873 | .29189 | .25187 | .21763 | .18829 | .16312 | .10687 |
| 17 | .51337 | .43630 | .37136 | .31657 | .27027 | .23107 | .19785 | .16963 | .14564 | .09293 |
| 18 | .49363 | .41552 | .35034 | .29586 | .25025 | .21199 | .17986 | .15282 | .13004 | .08081 |
| 19 | .47464 | .39573 | .33051 | .27615 | .23171 | .19449 | .16351 | .13768 | .11611 | .07027 |
| 20 | .45639 | .37689 | .31180 | .25842 | .21455 | .17843 | .14864 | .12403 | .10367 | .06110 |

그림 E.12와 E.13에서 예시 문제를 통해 표 E.3의 사용법을 다시 살펴보자.

**그림 E.12** 예시 문제: 표 E.3 사용법 1

3년 후 NT$100,000를 수령하는 복권에 당첨되었는데 지금 당첨금을 받을 수도 있다. 이자율이 8%일 때 지금 받을 수 있는 당첨금은 얼마인가?

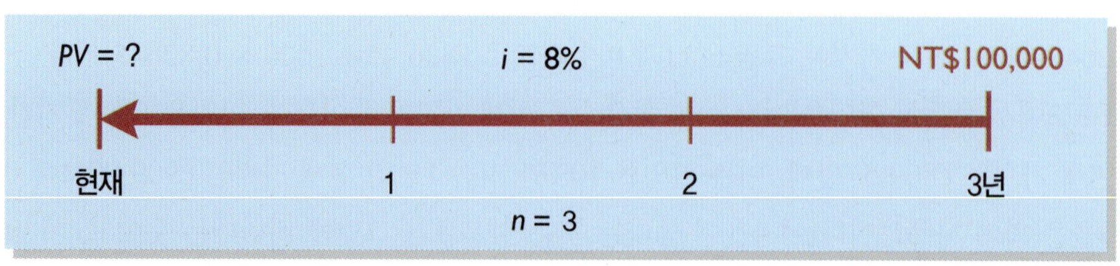


**해답:** 표 E.3에서 찾은 팩터는 0.79383(3년, 8%)이다. 이를 미래 가치 NT$100,000와 곱하면 현재 가치는 **NT$79,383**(NT$100,000 × 0.79383)이다.

**그림 E.13** 예시 문제: 표 E.3 사용법 2

차를 구입하면서 4년 후 £5,000를 지불하기로 했는데 지금 대금을 지불할 수도 있다. 이자율이 9%일 때 지금 지불하는 대금은 얼마인가?

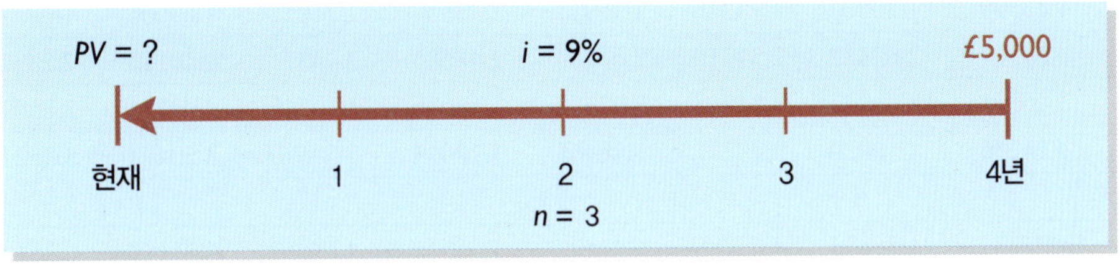


**해답:** 표 E.3에서 찾은 팩터는 0.70843(4년, 9%)이다. 이를 미래 가치 £5,000와 곱하면 현재 가치는 **£3,542.15**(£5,000 × 0.70843)이다.

## 연금의 현재 가치 _Present Value of an Annuity

할부금처럼 여러 번 나누어 지급하거나 수령하는 경우도 연금이라고 한다. **연금의 현재 가치**(present value of an annuity)는 각 연금의 현재 가치를 합하여 산출하므로 할인율, 기간, 연금액에 대한 정보가 필요하다. 예를 들어 연금 €1,000를 3년간 수령할 때 이자율 10%로 현재 가치를 구하면 그림 E.15와 같다. 그림 E.14는 시간에 따른 연금의 현금흐름을 보여준다.

**그림 E.14** 시간에 따른 현금흐름

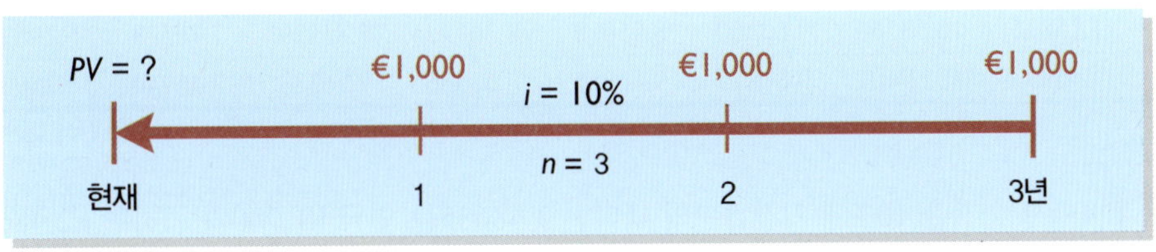


**그림 E.15** 연금의 현재 가치

| 미래 가치 | × | 연금 1의 현재 가치 × 10%의 팩터 | = | 현재 가치 |
|---|---|---|---|---|
| €1,000(1년 후) | | 0.90909 | | € 909.09 |
| 1,000(2년 후) | | 0.82645 | | 826.45 |
| 1,000(3년 후) | | 0.75132 | | 751.32 |
| | | 2.48686 | | €2,486.86 |

그런데 연금이 균등한 금액이면 역시 수학 공식에 따른 팩터를 미리 계산한 표를 사용할 수 있다. 표 E.4는 금액 1을 연금으로 수령할 때의 현재 가치를 구하기 위한 계수표이다.

**표 E.4** 연금 1의 현재 가치

| (n) 기간 | 4% | 5% | 6% | 7% | 8% | 9% | 10% | 11% | 12% | 15% |
|---|---|---|---|---|---|---|---|---|---|---|
| 1 | .96154 | .95238 | .94340 | .93458 | .92593 | .91743 | .90909 | .90090 | .89286 | .86957 |
| 2 | 1.88609 | 1.85941 | 1.83339 | 1.80802 | 1.78326 | 1.75911 | 1.73554 | 1.71252 | 1.69005 | 1.62571 |
| 3 | 2.77509 | 2.72325 | 2.67301 | 2.62432 | 2.57710 | 2.53130 | 2.48685 | 2.44371 | 2.40183 | 2.28323 |
| 4 | 3.62990 | 3.54595 | 3.46511 | 3.38721 | 3.31213 | 3.23972 | 3.16986 | 3.10245 | 3.03735 | 2.85498 |
| 5 | 4.45182 | 4.32948 | 4.21236 | 4.10020 | 3.99271 | 3.88965 | 3.79079 | 3.69590 | 3.60478 | 3.35216 |
| 6 | 5.24214 | 5.07569 | 4.91732 | 4.76654 | 4.62288 | 4.48592 | 4.35526 | 4.23054 | 4.11141 | 3.78448 |
| 7 | 6.00205 | 5.78637 | 5.58238 | 5.38929 | 5.20637 | 5.03295 | 4.86842 | 4.71220 | 4.56376 | 4.16042 |
| 8 | 6.73274 | 6.46321 | 6.20979 | 5.97130 | 5.74664 | 5.53482 | 5.33493 | 5.14612 | 4.96764 | 4.48732 |
| 9 | 7.43533 | 7.10782 | 6.80169 | 6.51523 | 6.24689 | 5.99525 | 5.75902 | 5.53705 | 5.32825 | 4.77158 |
| 10 | 8.11090 | 7.72173 | 7.36009 | 7.02358 | 6.71008 | 6.41766 | 6.14457 | 5.88923 | 5.65022 | 5.01877 |
| 11 | 8.76048 | 8.30641 | 7.88687 | 7.49867 | 7.13896 | 6.80519 | 6.49506 | 6.20652 | 5.93770 | 5.23371 |
| 12 | 9.38507 | 8.86325 | 8.38384 | 7.94269 | 7.53608 | 7.16073 | 6.81369 | 6.49236 | 6.19437 | 5.42062 |
| 13 | 9.98565 | 9.39357 | 8.85268 | 8.35765 | 7.90378 | 7.48690 | 7.10336 | 6.74987 | 6.42355 | 5.58315 |
| 14 | 10.56312 | 9.89864 | 9.29498 | 8.74547 | 8.24424 | 7.78615 | 7.36669 | 6.98187 | 6.62817 | 5.72448 |
| 15 | 11.11839 | 10.37966 | 9.71225 | 9.10791 | 8.55948 | 8.06069 | 7.60608 | 7.19087 | 6.81086 | 5.84737 |
| 16 | 11.65230 | 10.83777 | 10.10590 | 9.44665 | 8.85137 | 8.31256 | 7.82371 | 7.37916 | 6.97399 | 5.95424 |
| 17 | 12.16567 | 11.27407 | 10.47726 | 9.76322 | 9.12164 | 8.54363 | 8.02155 | 7.54879 | 7.11963 | 6.04716 |
| 18 | 12.65930 | 11.68959 | 10.82760 | 10.05909 | 9.37189 | 8.75563 | 8.20141 | 7.70162 | 7.24967 | 6.12797 |
| 19 | 13.13394 | 12.08532 | 11.15812 | 10.33560 | 9.60360 | 8.95012 | 8.36492 | 7.83929 | 7.36578 | 6.19823 |
| 20 | 13.59033 | 12.46221 | 11.46992 | 10.59401 | 9.81815 | 9.12855 | 8.51356 | 7.96333 | 7.46944 | 6.25933 |

표 E.4에서 이자율 10%에 기간 3년의 팩터인 2.48685를 연금 €1,000와 곱하면 €2,486.85가 되고, 이는 그림 E.15에서 3개 연금의 현재 가치를 합하여 구한 결과와 같다.

그림 E.16에서 예시 문제를 통해 표 E.4의 사용법을 좀 더 살펴보자.

**그림 E.16** 예시 문제: 표 E.4 사용법

Kildare Construction은 설비를 리스하면서 5년 동안 이자율 12%로 리스료 €6,000를 매년 연말에 지불하기로 했다. 만약 리스 계약을 해지하고 일시불로 지불한다면 얼마를 지불해야 하는가?

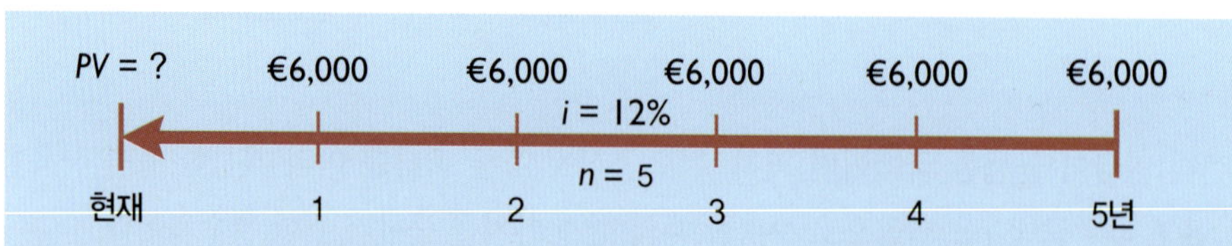


**해답:** 표 E.4에서 찾은 팩터는 3.60478(5년, 12%)이다. 이를 연금 납부액 €6,000와 곱하면 리스 설비의 현재 가치는 **€21,628.68**(€6,000 × 3.60478)이다.

이러한 산식을 응용하면 역으로 현재 가치, 할인율, 기간이 주어졌을 때 매년 지급해야 하는 연금액을 계산할 수도 있다. 예를 들어 그림 E.16의 문제를 리스 계약 금액이 €21,628.68이고 리스료 지급 조건이 이자율 12%, 5회일 때 매년 지불해야 할 리스료를 구하는 문제로 바꾸면 답은 화폐의 현재 가치 €21,628.68를 팩터 3.60478로 나눈 결과인 €6,000이다.

## 기간 변동 _Time Periods and Discounting

지금까지는 표를 이용할 때 기간과 이자율을 1년으로 가정했는데 월별, 분기별, 반기별 계산도 가능하다. 이제 $n$을 기간이 아니라 이자 계산 횟수로 바꾸어 생각해보자. 예를 들어 그림 E.14에서 1년에 연금 €1,000를 한 번씩 수령하는 대신 반기별로 €500를 두 번씩 3년간 수령한다고 가정하자. 이 경우 기간은 이자 계산 횟수인 6회(3 × 2)로, 할인율은 1년 이자율에서 6개월 이자율인 5%(10% ÷ 2)로 수정해야 한다. 그런 다음 현재 가치의 팩터를 표 E.4에서 찾으면 5.07569(6회, 5%)이고, 이를 연금 €500와 곱하면 현재 가치는 €2,537.85(5.07569 × €500)이다. 그런데 계산 결과가 그림 E.15의 €2,486.86보다 조금 큰 것은 1년에 이자가 두 번 계산되기 때문이다. 즉 후반기의 이자는 전반기의 이자에 이자가 붙은 결과이다.

## 사채의 현재 가치 _Present Value of a Long-Term Note or Bond

현금의 현재 가치법을 응용하면 사채의 발행가도 구할 수 있다. 사채의 발행가는 사채 현금흐름의 현재 가치이므로 액면가, 만기, 이자율에 의해 결정된다. 예를 들어 만기가 5년인 사채의 시간에 따른 현금흐름은 그림 E.17과 같다. 사채의 발행가는 매년 지급되는 이자와 만기에 상환되는 원금, 이 두 현금흐름의 현재 가치를 합한 것이다.

그림 E.17 시간에 따른 사채의 현금흐름

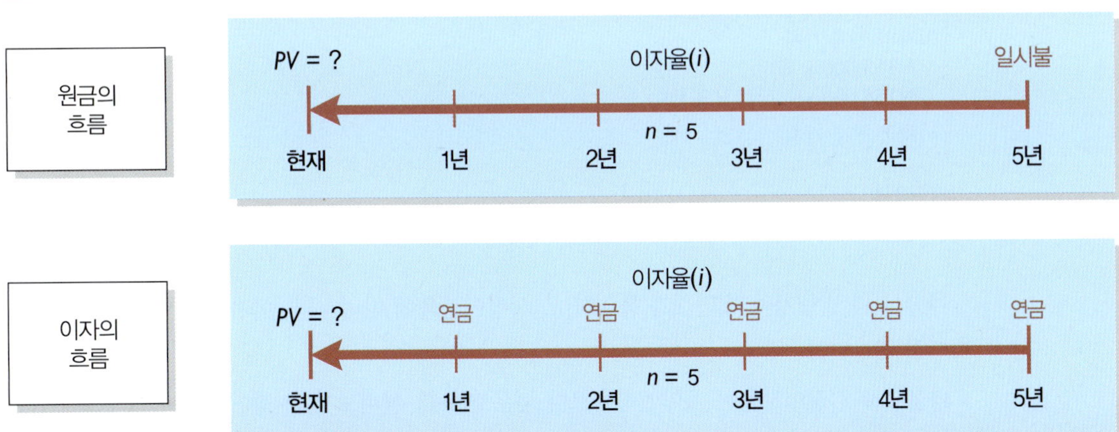


발행가는 시장이자율과 사채의 계약이자율의 차이에 따라 액면가에서 멀어진다. 즉 시장이자율과 계약이자율이 같으면 액면 발행, 시장이자율이 계약이자율보다 높으면 할인 발행, 시장이자율이 계약이자율보다 낮으면 할증 발행이 된다.

예를 들어 5년 만기, 액면 NT$100,000의 사채를 계약이자율 10%로 발행하고 매년 1월과

6월에 이자를 지급하는 경우를 살펴보자. 시장이자율이 계약이자율과 같은 10%라면 발행가는 만기 NT$100,000와 10회에 걸친 이자 NT$5,000[(NT$100,000 × 10%) ÷ 2]의 현재 가치의 합으로 결정된다. 그림 E.18은 이 사채의 시간에 따른 현금흐름을 보여준다.

**그림 E.18** 시간에 따른 현금흐름

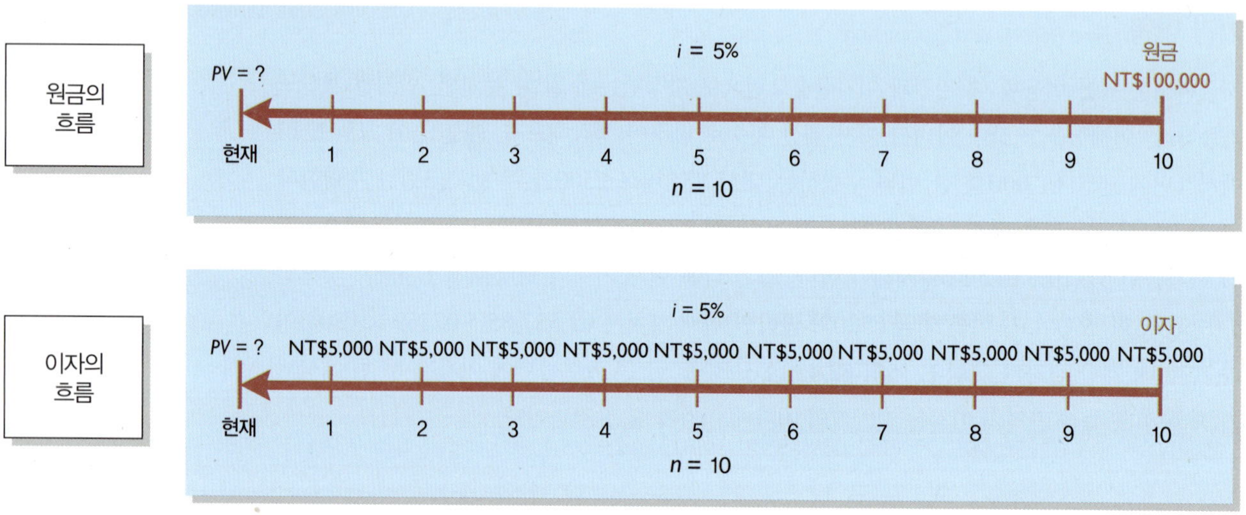


현재 가치의 계산은 그림 E.19를 참조하라. 계산의 편의를 위해 현재 가치의 계수표를 사용하려면 기간을 이자 계산 횟수인 10회로 하고 할인율을 5%로 수정해야 한다.

**그림 E.19** 현재 가치(액면발행)

| 10% 액면이자율−10% 할인율 | |
|---|---|
| **만기 시 원금의 현재 가치** | |
| NT$100,000 × 팩터 | |
| NT$100,000 × 0.61391(표 E.3) | NT$ 61,391 |
| **이자의 현재 가치** | |
| NT$5,000 × 팩터 | |
| NT$5,000 × 7.72173(표 E.4) | 38,609* |
| **사채의 현재 가치** | **NT$100,000** |

*반올림

계산 결과 발행가와 액면가가 동일하다. 시장이자율에 따라 사채 이자가 동일하게 지급되니 당연한 결과이다.

다음으로 시장이자율이 계약이자율보다 높은 경우를 살펴보자. 시장이자율이 12%라면 할인율 6%(12% ÷ 2)로 산출한 현재 가치, 즉 발행가는 NT$92,639이다(그림 E.20 참조).

그림 E.20 사채의 할인 발행

| 10% 액면이자율–12% 할인율 | |
|---|---|
| 만기 시 원금의 현재 가치 | |
| NT$100,000 × 0.55839(표 E.3) | NT$ 55,839 |
| 이자의 현재 가치 | |
| NT$5,000 × 7.36009(표 E.4) | 36,800 |
| 사채의 현재 가치 | NT$92,639 |

반대로 시장이자율이 계약이자율보다 낮은 8%라면 현재 가치인 발행가는 NT$108,111이다(그림 E.21 참조).

그림 E.21 현재 가치(할증 발행)

| 10% 액면이자율–8% 할인율 | |
|---|---|
| 만기 시 원금의 현재 가치 | |
| NT$100,000 × 0.67556(표 E.3) | NT$ 67,556 |
| 이자의 현재 가치 | |
| NT$5,000 × 8.11090(표 E.4) | 40,555 |
| 사채의 현재 가치 | NT$108,111 |

## 전자계산기 사용법 _Using Financial Calculators

**학습목표**
전자계산기로 화폐의 가치를 어떻게 계산하는지 알아본다.

현재 가치와 미래 가치를 계산할 때 표 대신 전자계산기를 사용할 수도 있다. 방법은 간단하다. 그림 E.22와 같이 키에 변수를 입력하면 결과가 산출된다.

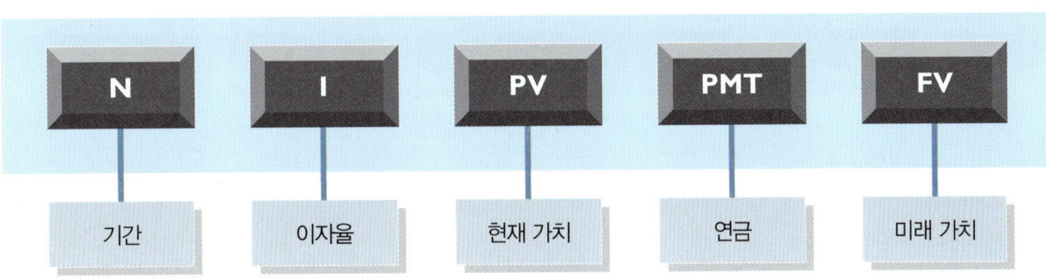


그림 E.22 전자계산기의 키

### 일시금의 현재 가치 _Present Value of a Single Sum

5년 후 11% 이자율로 €84,253가 되는 화폐의 현재 가치를 전자계산기로 구해보자(그림 E.23 참조).

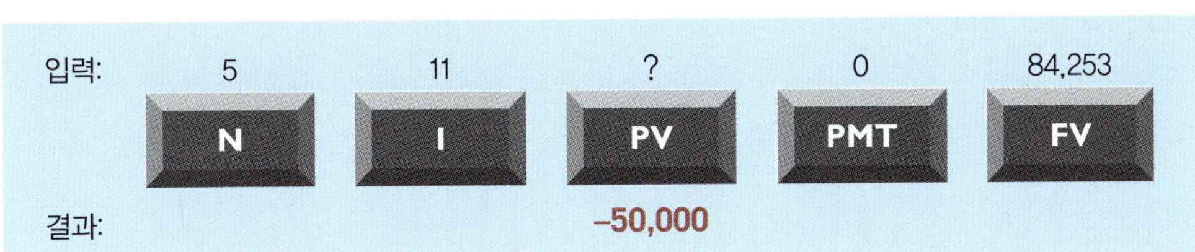


그림 E.23 일시금의 현재 가치 산출

N = 5, I = 11, PMT = 0, FV = 84,253을 입력한 후 PV를 누르면 −€50,000가 출력된다. PMT는 연금을 입력하는 키인데 이 문제는 연금과 무관하니 0을 입력한다.

### 음수와 양수 _Plus and Minus

전자계산기에서 결과가 음수이면 출금, 양수이면 입금이라는 뜻이다. 위 문제의 경우 미래에 €84,253가 입금되려면 현재 €50,000를 출금해야 한다는 뜻이다. 상인의 돈 계산을 위해 전자계산기의 프로그램이 그렇게 되어 있는 것이니 당황하지 말기 바란다.

### 복리 계산 기간 _Compounding Periods

전자계산기의 기본 설정을 보면 계산을 1년에 한 번(연 이자율) 하도록 되어 있는 경우도 있고 1년에 열두 번(월 이자율) 하도록 되어 있는 경우도 있다. 어떻게 설정되어 있는지 확인하고 이자율을 입력해야 하며, 필요에 따라 설정을 바꾼다.

### 반올림 _Rounding

보통의 전자계산기는 소수점 열두째 자리까지 계산하는데, 팩터를 제시한 앞의 환산표는 소수점 다섯째 자리에서 반올림했으므로 최종 산출 결과에 약간의 차이가 있다.

## 연금의 현재 가치 _Present Value of an Annuity

전자계산기로 연금의 현재 가치를 계산할 수도 있다. 매년 말 €6,000를 5년간 연금으로 수령할 때 이자율 12%로 하여 현재 가치를 전자계산기로 구해보자(그림 E.24 참조).

**그림 E.24** 연금의 현재 가치 산출

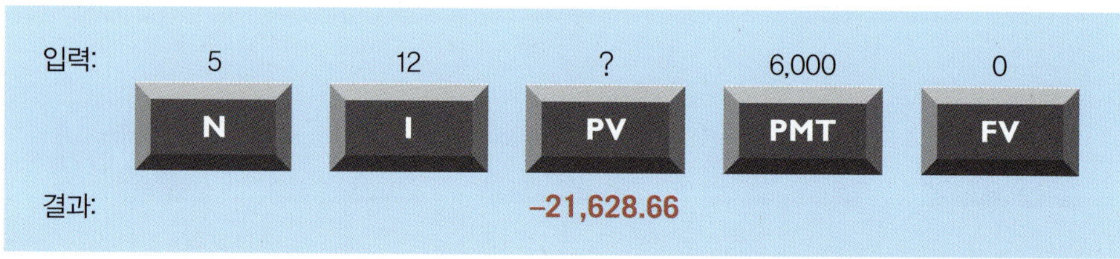


N = 5, I = 12, PMT = 6,000, FV = 0을 입력한 후 PV를 누르면 연금의 현재 가치인 −€21,628.66가 출력된다.

## 전자계산기의 응용 _Useful Applications of the Financial Calculator

전자계산기를 이용하여 다음과 같은 계산도 가능하다.

### 자동차 할부금 산출 _Auto Loan

자동차를 €6,000에 구입하여 3년 동안 이자율 9.5%의 월 할부금으로 지불하고자 할 때 전자계산기로 월별 할부금을 구해보자(그림 E.25 참조).

**그림 E.25** 할부금 산출

| | N | I | PV | PMT | FV |
|---|---|---|---|---|---|
| 입력: | 36 | 9.5 | 6,000 | ? | 0 |
| 결과: | | | | −192.20 | |

N = 36(12 × 3년), I = 9.5, PV = 6,000, FV = 0을 입력한 후 PMT를 누르면 월별 할부금 −€192.20가 출력된다. 월별 할부금이라 1년에 열두 번 이자 계산을 하므로 기간에 36회를 입력했다.

### 은행 차입금 산출 _Mortgage Loan Amount

집을 얻기 위해 은행에서 목돈을 차입하려고 하는데 상환금으로 월 €700의 여유가 있다. 이 금액을 이자율 8.4%로 15년간 지급하는 경우 현재 빌릴 수 있는 차입금을 전자계산기로 구해보자(그림 E.26 참조).

**그림 E.26** 차입금 산출

| | N | I | PV | PMT | FV |
|---|---|---|---|---|---|
| 입력: | 180 | 8.4 | ? | −700 | 0 |
| 결과: | | | 71,509.81 | | |

N = 180(12 × 15년), I = 8.4, PMT = −700, FV = 0을 입력한 후 PV를 누르면 €71,509.81가 출력된다. 이는 월 €700의 분할 상환금으로 빌릴 수 있는 돈의 규모를 말한다.

## 단원 요약

### 1 이자와 화폐의 미래 가치

단리는 원금에만 이자가 붙는 방식이고 복리는 이자에 이자가 붙는 방식이다. 화폐의 미래 가치를 구하려면 먼저 시간에 따른 현금흐름을 나타내는 그림을 그려보는데, 이렇게 하면 계산 대상이 명확히 파악되어 편리하다. 그런 다음 금액 1로 하여 미리 계산해둔 환산표에서 이자율과 기간을 확인하여 찾은 팩터를 원금과 곱하여 미래 가치를 산출한다. 연금의 미래 가치도 같은 방법으로 산출한다.

### 2 현재 가치

화폐의 현재 가치를 알려면 미래 가치, 기간, 이자율(할인율)이 필요하다. 환산표에서 기간과 이자율에 따른 팩터를 찾아 대상 금액과 곱하여 산출한다. 사채의 발행가는 원금과 이자의 현금흐름으로 나누어 현재 가치를 산출한 다음 두 금액을 합하여 구할 수 있다.

### 3 전자계산기

전자계산기에 정보를 입력하면 답을 얻을 수 있다.

## 핵심 용어

**단리이자(simple interest)** 원금에만 이자가 붙는 방식

**미래 가치의 할인(discounting the future amount)** 현재 가치를 구하는 과정

**복리이자(compound interest)** 원금과 찾지 않은 이자에 이자가 붙는 방식

**연금(annuity)** 특정 기간 동안 균등한 금액의 정기적인 현금흐름

**연금의 미래 가치(future value of an annuity)** 연금의 미래 가치로 특정 미래 시점에 수령하는 연금의 원금과 이자의 합

**연금의 현재 가치(present value of an annuity)** 연금의 현재 가치로 지금 일시불로 수령한다면 받을 수 있는 금액

**원금(principal)** 이자가 붙는 대상인 원래의 금액

**이자(interest)** 화폐 사용에 대한 대가

**일시금의 미래 가치(future value of a single amount)** 복리에 의한 일시금의 미래 가치로 원금과 이자를 더한 것

**현재 가치(present value)** 미래에 수령하는 현금의 현재 가치

## 가벼운 연습 문제

(전자계산기보다는 환산표를 사용하라.)

**1** 랜디 오언은 €9,000를 은행에 예금한 뒤 연 이자율 5%의 이자를 15년 동안 출금하지 않고 그대로 두었다. 15년 후 단리이자로 수령하는 금액과 복리이자로 수령하는 금액을 구하라.

**2** 다음 각 경우에 환산표를 이용하여 일시금의 미래 가치를 계산하는 팩터를 찾을 때 이자 및 기간의 어느 칸을 이용하는가?

**a.** 환산표 1(일시금 1의 미래 가치)

| | 연 이자율 | 투자 기간 | 복리 단위 |
|---|---|---|---|
| A | 5% | 3년 | 매년 복리 |
| B | 12% | 4년 | 6개월 복리 |

**b.** 환산표 2(연금 1의 미래 가치)

| | 연 이자율 | 투자 기간 | 복리 단위 |
|---|---|---|---|
| A | 3% | 8년 | 매년 복리 |
| B | 8% | 6년 | 6개월 복리 |

**3** Joyce Ltd.는 보증금 £8,400를 지급하고 8년간 건물을 임차하는 계약을 맺었으며, 임대차 종료 시 연 이자율 4%의 복리로 이자가 가산된 보증금을 돌려받는다. 8년 후 얼마를 수령하는가?

**4** Bates Company는 액면가 $1,000,000, 12년 만기의 사채를 발행하고 매년 말에 $60,000를 감채기금으로 은행에 적립하기로 약정했으며, 은행은 연 6%의 이자를 복리로 지급한다. 12년 후 감채기금에는 얼마가 쌓여 있겠는가?

**5** 프랭크와 모린은 딸 앤절라가 태어나자 딸의 장래를 위해 연 5%의 복리이자가 붙는 금융상품에 €8,000를 저축하고, 추가로 딸이 18세가 되는 날까지 매년 €1,000를 딸의 생일에 입금하기로 했다. 앤절라가 18세가 되는 날 마지막 입금을 한 후 총저축액은 얼마인가?

**6** 휴 커틴은 $35,000를 2020년 7월 1일에 차입하고 매년 8%의 복리이자를 2025년 7월 1일에 상환하기로 했다. 상환해야 할 금액은 얼마인가?

**7** 다음 각 경우에 표를 이용하여 일시금의 현재 가치를 계산하는 팩터를 찾을 때 이자 및 기간의 어느 칸을 이용하는가?

**a.** 환산표 3(일시금 1의 현재 가치)

| | 연 이자율 | 투자 기간 | 연 할인율 |
|---|---|---|---|
| A | 12% | 7년 | 6개월 복리 |
| B | 8% | 11년 | 매년 복리 |
| C | 6% | 8년 | 6개월 복리 |

**b.** 환산표 4(연금 1의 현재 가치)

| | 연 이자율 | 투자 기간(연) | 지급 횟수 | 지급 빈도 |
|---|---|---|---|---|
| A | 10% | 20년 | 20회 | 매년 |
| B | 10% | 7년 | 7회 | 매년 |
| C | 8% | 5년 | 10회 | 6개월마다 |

**8** **a.** 지금부터 9년 후 $25,000를 수령하는 경우 할인율이 연 10%일 때 현재 가치를 구하라.

**b.** 지금부터 6년간 매년 말에 $25,000를 수령하는 경우 할인율이 연 9%일 때 현재 가치를 구하라.

**9** Pingtung Ltd.는 NT$750,000를 8년 후 받기 위해 투자를 계획하고 있다. 투자이익률로 연 5%의 복리를 원할 경우 지금 투자할 금액은 얼마인가?

**10** Lloyd Company는 이익률을 연 6%의 복리로 하여 8년 후

$450,000를 수령하는 금융상품에 가입하려고 한다. 지금 투자할 금액은 얼마인가?

**11** Arthur plc는 12년간 매년 말에 £46,000를 수령하는 연금상품에 가입하려고 한다. 연 이익률을 복리로 7%를 원할 경우 지금 투자할 금액은 얼마인가?

**12** Kaehler Enterprises는 6년간 매년 말에 $80,000를 수령하는 연금상품에 가입했으며, 약정 이익률은 연 5%이다. 처음에 투자한 금액은 얼마인가?

**13** Hanna Railroad는 액면가 €300,000, 10년 만기, 약정이자율 연 11%의 이자를 반기마다 지급하는 사채를 발행하려고 한다. 할인율(시장이자율)이 연 10%일 때 사채를 발행하고 받을 수 있는 금액은 얼마인가?

**14** 13번 문제에서 할인율이 연 12%일 때 사채를 발행하고 받을 수 있는 금액은 얼마인가?

**15** Yilan Ltd.는 액면가 NT$48,000, 5년 만기의 약속어음을 발행했으며, 연 4%의 이자가 매년 붙는다. 할인율이 연 6%일 때 이 어음의 현재 가치로 수령하는 금액은 얼마인가?

**16** Gleason Enterprises는 2020년 4월 1일에 액면가 $2,500,000, 8년 만기, 연 이자율 6%의 사채를 발행했다. 반기별로 10월 1일과 4월 1일에 이자를 지급하고 시장이자율이 연 8%일 때 사채 발행으로 수령하는 금액은 얼마인가?

**17** 마크 바턴은 빈 창고를 이용하여 타이어 재생 사업을 하려고 한다. 타이어 재생에 사용되는 기계의 가격이 $20,000이고, 이 사업을 통해 매년 비용을 제한 순현금액이 $3,200씩 8년간 창출될 것으로 추정된다. 마크가 원하는 이익률이 연 7%일 때 타이어 재생 사업의 현재 가치를 구하고, 이를 바탕으로 기계를 구입해야 할지 여부를 결정하라.

**18** Frazier Company는 기계 구입비를 조달하기 위해 토지를 담보로 연 이자율 10%, 5년 만기의 약속어음을 2020년 1월 1일에 발행하면서 반기별로 $48,850를 상환하기로 했다. 어음 발행으로 차입한 현금액은 얼마인가?

**19** Wei Ltd.가 구입하려고 하는 기계의 현금 창출력은 첫해에 ¥40,000, 둘째 해에 ¥43,000, 셋째 해에 ¥45,000으로 추정된다. Wei Ltd.가 희망하는 최대 투자이익률이 연 8%라면 Wei Ltd.가 구입할 의사가 있는 기계 가격의 최대치는 얼마인가?

**20** 콜린 무니는 $4,765.50를 투자하고 12년 후 $12,000를 수령하기로 했다. 투자이익률은 얼마인가? (힌트: 표 E.3을 이용한다.)

**21** 웨인 커트는 지금 $31,681를 투자하라는 권유를 받고 있는데 투자이익률이 연 9%이다. 이 경우 $75,000를 받으려면 몇 년을 기다려야 하는가? (힌트: 표 E.3을 이용한다.)

**22** 조앤 퀵은 $10,271.38를 투자하고 1년 후부터 15년간 매년 $1,200를 받기로 했다. 투자이익률은 얼마인가? (힌트: 표 E.4를 이용한다.)

**23** 패티 슐라이스는 €6,673.16를 투자하고 1년 후부터 연금으로 매년 €1,400를 받기로 했다. 투자이익률이 연 7%일 때 얼마 동안 연금을 받을 수 있는가? (힌트: 표 E.4를 이용한다.)

**24** 칼리 사이먼은 2020년 7월 1일에 $18,000를 저축하고 2030년 7월 1일에 $50,000를 수령하려고 한다. 전자계산기를 사용하여 이자율을 구하라.

**25** 제임스 테일러는 2020년 7월 17일에 할아버지에게 $66,000를 빌려 옷가게를 차렸으며, 2021년 7월 17일부터 8회에 걸쳐 매년 $11,225를 상환하려고 한다. 전자계산기를 사용하여 이자율을 구하라.

**26** 캐리 언더우드는 새집을 장만하기 위해 Nashville National Bank & Trust Co.에 약속어음을 발행하고 자금을 차입했으며, 발행일로부터 6개월이 지난 날부터 6개월마다 $8,400를 20년간 지급하기로 했다. 집값은 $198,000이고 착수금으로 $20,000를 지급했다. 전자계산기를 사용하여 은행이 적용한 이자율을 구하라.

**27** 전자계산기를 사용하여 다음 문제를 풀라.

- **a.** 홀리 골라이틀리는 2019년 6월 1일에 토지를 구입하고 2020년 6월 1일부터 7회에 걸쳐 $22,000를 지급하기로 했다. 복리로 연 이자율이 5.4%일 때 토지 구입 가격은 얼마인가?
- **b.** Sammis Corporation은 Malone Inc.가 발행한 액면가 $1,000, 이자 7% 쿠폰이 붙어 있는 10년 만기의 사채 200매를 2019년 1월 1일에 구입했으며, 만기일은 2029년 1월 1일이다. Sammis Corporation이 희망하는 이익률이 연 8.65%일 때 사채 구입 가격은 얼마인가?

**28** 전자계산기를 사용하여 다음 문제를 풀라.

- **a.** 린 앵글린은 스포츠카를 구입하면서 $42,000를 빌렸는데, 이 차입금에는 연 이자율 7.8%로 매달 복리가 적용된다. 다음 달부터 8년간 매달 동일한 금액을 지급하여 원금과 이자를 상환한다면 매달 얼마를 지급해야 하는가?
- **b.** 로저 몰로니는 2020년 1월 1일에 $8,000를 주고 중고차를 구입하고 2020년 12월 31일부터 5회에 걸쳐 매년 원금과 이자를 갚기로 했다. 연 이자율이 7.25%일 때 매년 얼마를 지급해야 하는가?

부록 F

# 조합의 회계

우리나라에는 기업을 만들어 운영하는 형태로 주식회사, 합명회사, 합자회사, 유한회사, 유한책임회사, 조합 등이 있다. 그중에서도 조합을 선택하는 이유와 조합의 회계에 대해 알아보자.

**학습목표**

조합을 이해한다.

## 조합의 구성 _Forming a Partnership

집단을 이루어 사회생활을 하면 힘이 있고 효과적이다. 따라서 다양한 형태의 집단이 있으며, 이는 단체성의 강약에 따라 사단(社團)과 조합(組合)으로 구분된다. 사단은 단체성이 강하여 집단이 구성원 개개인의 인격을 초월하여 독립된 별개의 실체로 승화될 정도에 이르며, 법률관계가 구성원 개개인이 아닌 단체에 귀속되기를 원한다. 그래서 조직의 기관을 어떻게 만들고 누가 사단을 대표할 것인지 등을 정하는 조직의 구성 원리를 중시하기 때문에 구성원이 단체의 운영에 직접적·개별적인 영향력을 행사하기는 어렵다.

이에 비해 **조합**(partnership)은 집단적으로 법률 행위를 하기는 하지만 단체성이 약하고, 2인 이상의 구성원 전원이 계약 관계에 의해 실체적 권리 의무의 주체로서 역할을 한다. 따라서 사단과 달리 기관의 구성보다는 공동 사업을 위해 구성원 상호 간의 권리 의무를 어떻게 정할 것인지가 보다 중요하다. 물론 조합도 기관을 만들어 일을 하기도 하지만, 바탕이 되는 법리가 구성원으로부터의 위임과 대리인 역할로 설정되는 것일 뿐이다. 이러한 이유로 조합은 개개인의 개성이나 능력이 중시되는 회계사, 변호사, 의사 등의 전문직 종사자나 이합집산이 용이해야 하는 소매점, 서비스업체, 제조업체 등이 선호하는 집단 형태이다.

**역자 한마디**

자연인 이외에 법률상 권리 의무의 주체로서 인격을 가진 실체를 법인이라고 한다. 이는 법률관계의 편의성을 위해 개발된 법적 기술이다. 그런데 단체가 구성원과 무관하게 독립된 실체로 법률관계를 맺으려면 법인으로 등록해야 한다. 사단은 성격상 법인이 되기 쉬워 대부분의 사단은 법인격을 가진다. 물론 조합도 법인이 될 수 있다. 그러나 이 경우 법인은 사단을 전제로 하기 때문에 현실과 맞지 않아 많은 불편함이 따른다.

**역자 한마디**

사단과 조합이라는 단체적 성격과 법인이라는 법적 수단을 바탕으로, 기업의 법적 구조와 형태를 구체적으로 어떻게 할지는 입법 정책에 따라 민법과 상법에서 정한다. 따라서 나라마다 단체에 관한 제도가 다르다. 우리나라의 경우 상법상 법인 형태인 회사와 계약 형태인 익명조합이 있고, 회사 안에 사단과 조합적 특징을 배합하여 주식회사, 합명회사, 합자회사, 유한회사, 유한책임회사 등 다섯 가지 종류로 만들어놓아 각 공동 사업에 적합한 형태를 선택하게 한다.
이 책에서는 우리나라의 익명조합이 아닌 미국 등 선진국에 존재하는 조합을 다룬다. 이는 우리나라의 익명조합 또는 유한책임회사와 유사한 형태이나 다른 부분이 많이 있다.

## 조합의 특징 _Characteristics of Partnerships

조합은 쉽게 구성할 수 있다는 것이 장점이다. 몇 명이 모여 구두나 서면으로 약정하면 조합이 성립되기 때문이다. 조합의 구성원을 조합원 또는 동업자(파트너)라고 한다.

### 인적 결합체 _Association of Individuals

미국의 조합은 법인처럼 법적 실체로 인정받는다. 따라서 조합 명의로 재산(토지, 건물, 장비)을 소유할 수 있고 원고가 되어 소송을 하거나 소송의 피고가 될 수도 있다. 이 점이 우리나라의 조합과 다르다. 그러나 회계적 관점에서는 기업 실체의 공준에 따라 조합을 법적 실체로 인정하는지 여부와 상관없이 구성원 개인의 거래와 구분되는 실체로 본다.

한편 조합의 이익은 미국 세법상 미국 상법과 달리 별개의 실체로 과세되지 않는다. 국세청에 조합의 당기순이익과 동업자별 이익을 보고하면 이를 바탕으로 조합원 각자에게 개인소득세가 부과될 뿐이다.

인적 결합체

### 상호 대리 _Mutual Agency

각 조합원의 법률 행위는 상호 대리권이 있어 모든 조합원을 구속한다. 즉 각 조합원은 다른 전체 조합원을 대리하여 조합 명의로 모든 법률 행위를 할 수 있다. 그러므로 거래의 상대방은 각 조합원의 대리권 수권 여부를 일일이 확인하지 않아도 무방하며, 그 거래의 법률적 효과는 조합을 통해 각 조합원에게 귀속된다. 또한 내부적으로 대리권에 제한이 있다 하더라도 그 사실을 모르는 상대방에게는 효력이 없다. 그러나 개인적인 효익을 위한 법률 행위임이 명백히 드러나는 거래의 경우에는 대리권이 인정되지 않는다. 예를 들어 식품점의 동업자가 운반용 트럭을 사면서 조합 명의로 계약하는 경우, 이 거래가 동업자 간 계약상 주어진 대리권의 범위를 초과할지라도 법적으로 유효하다. 반면에 법무조합의 동업자가 취미 생활을 위한 스노모빌을 조합 명의로 구입하면 이 거래는 대리권의 부존재로 효력이 없다. 사회 통념상 겉으로 드러난 거래의 외견만 보아도 법무조합의 업무로 볼 수 없기 때문이다.

상호 대리

### 한시적 존속 기간 _Limited Life

법인은 구성원과 독립된 실체로서 존속 기간이 영원하지만 조합은 한시적이다. 이론적으로 조합은 구성원 간의 계약 관계이므로 상대방인 조합원(동업자)의 영입과 탈퇴로 언제든 중단될 수 있다. 사망과 사고로 인한 조합원의 탈퇴는 흔한 일인데, 그때마다 **조합 해산**(partnership dissolution) 절차를 밟는다면 매우 번거로울 것이다. 따라서 조합이 존속을 원한다면 새로운 조합을 구성하지 않고도 기존 계약을 변경하여 조합을 계속되게 한다.

한시적 존속 기간

### 무한책임 _Unlimited Liability

조합의 자산이 부채를 변제하기에 부족하다면 원칙적으로는 조합원이 모든 변제 의무를 진다. 다시 말해 각 조합원은 조합의 채무에 대해 무한책임을 지기 때문에 조합의 재산으로 충당되지 않는 조합의 채무는 조합원의 지분과 관계없이 개인 재산으로 변제해야 한다. 변제 후 내부적인 정산은 부당이득의 법리에 따라 다른 조합원에게 소구하여 정산할 수 있다.

무한책임

### 재산 공동 소유 _Co-Ownership of Property

조합원은 조합의 재산을 공동으로 소유한다. 공동 소유란 해산 시 지분대로 잔여 재산에 대한 청구권이 있을 뿐 조합의 재산에 대한 직접적·개별적 청구권이 없다는 뜻이다. 만약 어떤 조합이 €100,000의 건물에 투자하여 €20,000의 이득을 남겼다면 이 이득은 공동 소유가 된다. 조합의 사업으로 인한 이익과 손실은 계약상 명시하지 않으면 균등하게 나누어 가지거나 부담하는 것이 원칙이다. 그러나 일반적으로 사전에 할당 비율을 정한다.

재산 공동 소유

## 조합의 종류 _Organizations with Partnership Characteristics

가까운 친구와 동업으로 간단한 사업을 하려는 경우에는 자금의 규모가 작고 사업상 위험하지도 않으니 부담 없이 기본적인 조합의 형태를 취한다. 이는 설립도 쉽고 비용도 적게 든다. 그러나 사업의 규모가 커지고 파산할 위험이 비등해지면 조합원의 무한책임에 큰 부담을 느껴 어떻게든 책임을 한정하고 싶어진다. 이에 출자 금액 한도로 책임을 지는 이른바 유한책임조합원이 등장하면서 다음과 같은 파생 형태의 조합이 생겨났으며, 기본이 되는 조합을 일반조합(regular partnership)이라고 일컫는다.

### 유한조합 _Limited Partnerships

조합 내에 무한책임을 지는 조합원과 유한책임을 지는 조합원이 공존하는 조합으로 우리나라에서는 익명조합, 미국에서는 **유한조합**(limited partnership)이라고 부른다. 그리고 무한책임을 지는 조합원을 무한책임조합원이라고 하거나 경영을 맡은 점을 부각하여 **일반조합원**(general partner) 또는 업무집행조합원이라고 하며, 유한책임을 지는 조합원을 **유한책임조합원**(limited partner)이라고 한다.[1]

유한책임조합원은 조합이 파산하더라도 투자금만 손해를 본다. 따라서 일반적으로 무한책임을 지는 일반조합원이 경영을 맡는다. 유한책임조합원은 경영에 관여하지 않고 출자만 하므로 일반조합원에 비해 받는 보상이 작고 영향력도 약하다. 만약 유한책임조합원에게 경영을 맡긴다면 책임이 유한하므로 과감하고 공격적이며 무리한 경영을 할 가능성이 크다.

### 유한책임조합 _Limited Liability Partnership

HINT
LLP는 업무에 관한 한 모든 조합원이 동일한 책임을 가진 유한책임조합원으로 구성된다. 별도의 무한책임을 지는 조합원이 없다.

**유한책임조합**(limited liability partnership, LLP)은 특히 조합원(동업자)이 모두 전문가인 경우 어떤 조합원의 무책임한 행동과 실수, 부정으로부터 다른 조합원들을 차단하고 보호하기 위해 고안된 조합이다. 가령 병원에서 한 의사의 과실로 의료 사고가 발생했을 때 동료 의사들까지 배상책임을 지는 것은 상당히 가혹한 일이기도 하거니와 잦은 배상 책임으로 인해 병원이 조합 형태로 존립할 수 없다. 그래서 도입된 유한책임조합에는 모든 조합원이 조합 본연의 특징과 달리 유한책임을 지는 대신 이해관계자를 보호하기 위해 전문 배상 책임 보험에 일정 금액 이상 가입하도록 요구된다.[2] 오늘날 3~5명의 의사가 운영하는 소규모 병원부터 150~200명으로 구성된 변호사 사무실, 2,000명 이상으로 구성된 국제적 공인회계사 조직에 이르기까지 유한책임조합의 형태를 띠고 있다.

### 유한책임회사 _Limited Liability Companies

법인인 주식회사와 유한책임조합의 중간 형태로 **유한책임회사**(limited liability company, LLC)가 있다. 이는 한시적으로 존속하되, 멤버라고 불리는 모든 조합원이 유한책임을 지고 전부 경영에 참여하는 형태이다. 오히려 법인에 가깝지만 세무상으로는 동업기업인 조합에 준한다.

지금까지 설명한 조합의 형태와 장단점을 그림 F.1에 정리했다.

---

1 역자 주: 우리나라에서는 유한책임조합원을 익명조합원이라고 부른다.

2 역자 주: 전문 업무가 아닌 사유로 인한 채무의 경우, 예컨대 금융 기관의 과다한 차입금으로 파산했을 때는 모든 조합원이 무한책임을 진다.

**그림 F.1** 조합의 종류

| | 장점 | 단점 |
|---|---|---|
| **일반조합**<br><br>일반조합원 | 쉽게 설립할 수 있고 비용이 저렴하다. | 모든 조합원이 무한책임을 진다. |
| **유한조합**<br><br>무한책임 조합원 / 유한책임 조합원 | 유한책임조합원은 경영에 관여하지 않고 출자만 하는 대신 유한책임을 진다.<br><br>무한책임조합원은 금융 기관에서 차입을 하지 않고서도 유한책임조합원으로부터 투자 자금을 구할 수 있다. | 업무집행조합원은 무한책임을 진다.<br><br>설립비가 비싸다.<br><br>주로 부동산 투자 조합 등에 적합하다. |
| **유한책임조합**<br> | 변호사, 의사, 회계사 등의 전문 조직에 활용된다.<br><br>조합원은 다른 조합원의 업무상 과실과 부정에 책임을 지지 않는다. | 유한책임회사와 달리 조합원은 전문 업무 외의 사유로 인한 채무에 무한책임을 진다.<br><br>전문 영역의 조합원에게만 허용된다. |
| **유한책임회사**<br> | 조합원이 경영에 관여하고 유한책임을 진다. | 설립비가 비싸다. |

출처: www.nolo.com

## 조합의 장단점 _Advantages and Disadvantages of Partnerships

조합의 가장 큰 장점은 2명 이상의 기술과 자원, 전문 능력을 배합하여 동업을 할 수 있다는 데 있다. 또한 설립비가 저렴하고 정부 규제로부터 비교적 자유로우며, 큰 회사의 법인 형태와 달리 이사회의 관여도 덜 받고 법적 절차도 간소하여 사업 본업에만 집중할 수 있다. 그러나 조합의 최대 단점은 무한책임이다. 자칫하면 출자금만 날리는 데 그치지 않고 개인 재산이 압류되는 지경에 이를 수도 있다. 그림 F.2에 조합의 장단점을 정리했다.

**그림 F.2** 조합의 장단점

| 장점 | 단점 |
|---|---|
| 여러 사람의 기술과 자원, 전문 능력을 배합할 수 있다.<br>쉽게 설립할 수 있다.<br>정부 규제로부터 비교적 자유롭다.<br>의사결정 과정이 단순하다. | 상호 대리에 의해 구속된다.<br>한시적으로 존속한다.<br>무한책임을 진다. |

## 조합원 규약 _The Partnership Agreement

**조합원 규약**(partnership agreement)은 동업자 간의 권리 의무 관계를 문서로 작성한 것이다. 일반적으로 상호, 주소, 사업 목적, 설립 일자 등을 기입하고 계약의 주요 내용인 다음 사항을 담는다.

1. 조합원의 성명과 출자 금액
2. 조합원의 권리와 의무
3. 손익 배분 비율
4. 재산의 처분
5. 이견 조정 과정
6. 조합원의 영입과 탈퇴
7. 조합원 사망과 관련된 조항

ETHICS NOTE

조합원 간의 분쟁을 해결해주는 조합원 규약은 명쾌하고 단순한 표현으로 작성하여 다양한 뜻으로 해석되지 않도록 해야 한다. 특히 조합이 경제적으로 어려움에 처해졌을 때 조합원 규약이 위력을 발휘한다.

조합원 규약의 중요성은 아무리 강조해도 지나치지 않다. 전문 변호사의 도움을 받아 일어날 수 있는 모든 상황에 대해 상세히 규정해놓는 것이 바람직하다.

## 조합 설립에 관한 회계 _Accounting for a Partnership Formation

조합의 기본적 회계는 조합의 구성과 해산, 손익 배분, 재무제표 작성으로 구성된다. 조합은 계약에 따른 각 조합원의 출자로 형성되고 출자 금액은 공정가치로 평가한다. 그러므로 현금 출자와 달리 현물이나 노무 출자의 경우 그 공정가치에 조합원 모두가 동의해야 한다.

공정가치가 정해지면 차변에 자산, 대변에 조합원별로 자본을 기록한다. 예를 들어 A. 라우와 T. 송이 동업하기로 하고 Lau-Song Software라는 이름의 조합을 만든다면 조합 설립에 관한 분개를 해야 하는데, 먼저 그림 F.3과 같이 라우와 송이 조합에 출자한 자산의 공정가치를 냉정하게 평가한다(단위: 1,000). 그래야 조합원들 사이에 분규가 없다.

**그림 F.3** 출자 자산의 장부가와 공정가치

| | 장부가 | | 공정가치 | |
|---|---|---|---|---|
| | A. 라우 | T. 송 | A. 라우 | T. 송 |
| 현금 | ¥ 8,000 | ¥ 9,000 | ¥ 8,000 | ¥ 9,000 |
| 설비 | 5,000 | | 4,000 | |
| 감가상각누계액 | (2,000) | | | |
| 매출채권 | | 4,000 | | 4,000 |
| 대손충당금 | | (700) | | (1,000) |
| | ¥11,000 | ¥12,300 | ¥12,000 | ¥12,000 |

다음은 조합 설립의 분개이다.

| A | = | L | + | E |
|---|---|---|---|---|
| +8,000 | | | | |
| +4,000 | | | | |
| | | | | +12,000 |

현금 유입
+8,000

**A. 라우의 투자**

| | | |
|---|---|---|
| 현금 | 8,000 | |
| 설비 | 4,000 | |
| A. 라우의 지분 | | 12,000 |
| (조합원 A. 라우의 출자) | | |

**T. 송의 투자**

| | | |
|---|---|---|
| 현금 | 9,000 | |
| 매출채권 | 4,000 | |
| 　대손충당금 | | 1,000 |
| 　T. 송의 지분 | | 12,000 |
| 　　(조합원 T. 송의 출자) | | |

| A | = | L | + | E |
|---|---|---|---|---|
| +9,000 | | | | |
| +4,000 | | | | |
| −1,000 | | | | |
| | | | | +12,000 |

현금 유입
+9,000

조합은 공정가치로 출자 금액을 정하기 때문에 라우가 출자한 설비의 취득원가 ¥5,000과 장부가 ¥3,000(¥5,000 − ¥2,000)은 조합 설립과 아무 관련이 없고 공정가치 ¥4,000만이 의미가 있다. 그러나 금전채권인 매출채권의 경우는 다르다. 총채권액 ¥4,000을 인정하되 대손충당금을 조합이 새롭게 평가하여 ¥1,000으로 하고, 현금 순실현가치인 ¥3,000으로 출자금의 공정가치를 정한다.

## 손익 배분 _Accounting for Net Income or Net Loss

**학습목표**

조합의 손익 배분에 관한 회계를 이해한다.

### 이익과 손실 배분 _Dividing Net Income or Net Loss

조합에서 발생한 사업의 성과, 즉 손익은 사전에 정한 배분 비율로 나누는데, 별도로 약정하지 않았다면 균분한다.

#### 결산 분개 _Closing Entries

결산은 발생한 계정을 마감하여 재무제표를 만드는 과정이다. 이 과정에서 손익이 산출되는데, 법인인 경우 이익잉여금에 모아서 배당으로 지급하지만 조합의 경우 각 조합원의 지분 계정에 반영한다. 조합의 결산 분개는 다음과 같은 단계로 구성된다.

1. 모든 수익 계정을 집합손익의 차변으로 대체한다.
2. 모든 비용 계정을 집합손익의 대변으로 대체한다.
3. 그 결과 집합손익에 나타난 이익을 각 조합원의 지분에 대변으로 안분한다.
4. 각 조합원에 대한 선지급금이 있다면 각 조합원의 지분에 차변으로 대체한다.

예를 들어 AB Company가 2020년에 €32,000의 당기순이익을 시현했으며, 조합원 L. 아버와 D. 바넷이 손익을 균등하게 배분하기로 약정했다고 하자. 그리고 아버의 선지급금이 €8,000, 바넷의 선지급금이 €6,000라면 다음과 같이 결산 분개를 한다.

| | | | |
|---|---|---|---|
| 12월 31일 | 집합손익 | 32,000 | |
| | 　L. 아버의 지분(€32,000 × 50%) | | 16,000 |
| | 　D. 바넷의 지분(€32,000 × 50%) | | 16,000 |
| | 　　(당기순이익을 각 조합원에게 안분) | | |

| A | = | L | + | E |
|---|---|---|---|---|
| | | | | −32,000 |
| | | | | +16,000 |
| | | | | +16,000 |

현금 유출입
없음

| A | = | L | + | E |
|---|---|---|---|---|
| | | | | −8,000 |
| | | | | −6,000 |
| | | | | +8,000 |
| | | | | +6,000 |

현금 유출입
없음

| 12월 31일 | L. 아버의 지분 | 8,000 | |
|---|---|---|---|
| | D. 바넷의 지분 | 6,000 | |
| | L. 아버의 선지급금 | | 8,000 |
| | D. 바넷의 선지급금 | | 6,000 |
| | (선지급금을 각 조합원의 지분에 반영) | | |

그림 F.4는 위의 분개로 인해 조합원의 지분 계정에 나타난 변화를 정리한 것이다. 아버의 기초 지분을 €47,000, 바넷의 기초 지분을 €36,000로 가정했다.

**그림 F.4** 조합원 지분 계정의 변동

**L. 아버의 지분**

| | | | | | |
|---|---|---|---|---|---|
| 12월 31일 | 결산 분개 | **8,000** | 1월 1일 | 기초 잔액 | 47,000 |
| | | | 12월 31일 | 결산 분개 | **16,000** |
| | | | 12월 31일 | 기말 잔액 | 55,000 |

**D. 바넷의 지분**

| | | | | | |
|---|---|---|---|---|---|
| 12월 31일 | 결산 분개 | **6,000** | 1월 1일 | 기초 잔액 | 36,000 |
| | | | 12월 31일 | 결산 분개 | **16,000** |
| | | | 12월 31일 | 기말 잔액 | 46,000 |

**L. 아버의 선지급금**

| | | | | | |
|---|---|---|---|---|---|
| 12월 31일 | 금액 | 8,000 | 12월 31일 | 결산 분개 | **8,000** |

**D. 바넷의 선지급금**

| | | | | | |
|---|---|---|---|---|---|
| 12월 31일 | 금액 | 6,000 | 12월 31일 | 결산 분개 | **6,000** |

지분 계정은 재무상태표에 지속적으로 이월되어 남아 있는 영구적 계정이고, 선지급금은 매 결산기에 지분 계정으로 대체되어 재무상태표에서 사라지는 일시적 계정임에 유의하라. 선지급금은 조합원이 개인 용도로 조합에서 현금이나 재산을 인출한 내역을 담고 있는 계정으로, 일종의 선배당이라고 볼 수 있다.

### 손익 배분 비율 _Income Ratios

각 조합원에게 손익을 배분하는 비율을 **손익 배분 비율**(income ratio)이라고 한다. 일반적으로 다음과 같이 손익 배분 비율을 정한다.

HINT
4:4:2는 4/10, 4/10, 2/10를 의미한다.

1. 사전에 조합원들이 결정한 고정된 비율로 정한다. 조합원 간에 6:4, 70%와 30%, 2/3와 1/3 등으로 표시된다.
2. 매년 변동하는 기초 지분 금액이나 평균 지분 금액의 상대적 크기로 정한다.
3. 미리 정한 급여로 지급하고 남는 잔액을 고정 비율로 배분한다.
4. 출자 지분의 이자를 계산해서 주고 남는 잔액을 고정 비율로 배분한다.
5. 급여와 이자를 주고 남는 잔액을 고정 비율로 배분한다.

손익 배분 비율은 출자 금액의 크기와 업무상 공헌도에 따라 정하는 것이 합리적이다. 만약 출자 금액의 크기처럼 업무의 공헌도를 사전에 공평하게 합리적으로 정할 수 있을 때는 손익 배분 비율을 고정 비율로 정해두는 것이 가능하다. 예를 들어 헤이와 리가 같은 금액을 조합에 출자하고, 헤이는 종일 조합 일을 하지만 리는 반나절만 참여한다고 하자. 이 경우 헤이와 리의 손익 배분 비율이 2:1이어야 둘 다 불만이 없다.

일반적으로 손익 배분을 출자 금액 비율로 하는 것은 출자 금액이 중요한 경우, 그리고 급여를 받는 고용된 경영자가 따로 있고 조합원은 일에 참여하지 않을 때 합리적인 방식으로 인정된다. 여러 요소를 혼합하여 선지급을 이용하는 경우도 있다. 이는 사전에 정한 급여 또는 출자금에 대한 이자를 선지급한 후 이를 당기손익에서 차감하고 남은 잔액을 고정 비율로 나누는 방식이다. 조합원은 조합의 소유주로서 직원도 아니고 채권자도 아니므로 조합원에게 지급된 급여와 이자는 비용이 아니라 선지급금으로 처리해야 하며, 이는 일종의 선배당이다. 따라서 선지급금은 자본의 환출로 지분의 차변에 반영된다.

### 급여, 이자 지급 후 손익 배분 _Salaries, Interest, and Remainder on a Fixed Ratio

앞서 언급한 손익 배분의 방법에서 급여와 이자로 지급한 선지급금이 당기순이익보다 크면 당기손실이 발생할 수도 있다. 예를 들어 세라 킹과 레이 리가 Kingslee Company라는 조합을 만들기로 하고 다음과 같이 약정했다고 하자. ① 급여로 세라에게 $8,400, 레이에게 $6,000를 노무의 대가로 지급하고, ② 기초 지분의 10%를 이자로 지급한 다음, ③ 남는 손익을 균등하게 배분한다. 열심히 사업을 한 결과 2020년에 순이익이 $22,000 발생했다면 약정에 따른 손익 배분은 그림 F.5와 같이 계산된다. 단, 2020년 1월 1일 세라의 지분은 $28,000, 레이의 지분은 $24,000라고 가정한다.

**그림 F.5** 손익 배분

**Kingslee Company**
**이익 배분**
2020년 1월 1일부터 2020년 12월 31일까지

| | 세라 킹 | 레이 리 | 계 |
|---|---|---|---|
| 당기순이익 $ 22,000 | | | |
| **배분** | | | |
| 급여 | $ 8,400 | $6,000 | $14,400 |
| 지분에 대한 이자 | | | |
| 세라 킹($28,000 × 10%) | 2,800 | | |
| 레이 리($24,000 × 10%) | | 2,400 | |
| 이자 계 | | | 5,200 |
| 급여와 이자 계 | 11,200 | 8,400 | 19,600 |
| 이익 잔액, **$2,400**($22,000 − $19,600) | | | |
| 세라 킹($2,400 × 50%) | 1,200 | | |
| 레이 리($2,400 × 50%) | | 1,200 | |
| 이익 배분 계 | | | 2,400 |
| 이익의 총배분 계 | **$12,400** | **$9,600** | **$22,000** |

이익 배분에 대한 분개는 다음과 같다.

| | | 차변 | 대변 |
|---|---|---|---|
| 12월 31일 | 집합손익 | 22,000 | |
| | 세라 킹의 지분 | | 12,400 |
| | 레이 리의 지분 | | 9,600 |
| | (이익 배분) | | |

| A | = | L | + | E |
|---|---|---|---|---|
| | | | | −22,000 |
| | | | | +12,000 |
| | | | | +9,600 |

현금 유출입
없음

그런데 당기순이익이 $18,000 시현되어 남는 순이익 잔액이 선지급금으로 인해 $1,600($18,000 − $19,600)만큼 미달되는 경우가 발생한다면 이익의 배분은 그림 F.6과 같이 계산된다.

그림 F.6 손실 배분

| | 세라 킹 | 레이 리 | 계 |
|---|---|---|---|
| 급여와 이자 계 | $11,200 | $8,400 | $19,600 |
| **부족액($1,600)** ($18,000 – $19,600) | | | |
| 세라 킹($1,600 × 50%) | (800) | | |
| 레이 리($1,600 × 50%) | | (800) | |
| 부족액 배분 계 | | | (1,600) |
| **이익의 총배분 계** | **$10,400** | **$7,600** | **$18,000** |

## 조합의 재무제표 _Partnership Financial Statements

조합의 재무제표는 주식회사의 재무제표와 대체로 유사하다. 다만 손익계산서에서 조합원별 손익 배분을 표시하고, **조합원 지분변동표**(partners' capital statement)를 작성하며, 재무상태표상 자본 항목에 조합원별 지분을 표시해야 한다는 것이 다르다. 즉 재무상태표, 손익계산서를 작성하는 것은 같지만 특별히 조합원 지분변동표를 작성해야 한다. 그림 F.7은 Kingslee Company가 당기순이익을 $22,000 시현했을 때 그림 F.5의 손익 배분을 가지고 작성한 조합원 지분변동표이다.

그림 F.7 조합원 지분변동표

HINT
조합원 지분의 증감 사유는 추가 출자, 선지급, 당기손익 등이다.

**Kingslee Company**
**조합원 지분변동표**
2020년 1월 1일부터 2020년 12월 31일까지

| | 세라 킹 | 레이 리 | 계 |
|---|---|---|---|
| 1월 1일 기초 지분 | $ 28,000 | $ 24,000 | $ 52,000 |
| 가산: 추가 출자 | 2,000 | | 2,000 |
| 당기순이익 | 12,400 | 9,600 | 22,000 |
| | 42,400 | 33,600 | 76,000 |
| 차감: 선지급금 | 7,000 | 5,000 | 12,000 |
| **12월 31일 기말 지분** | **$35,400** | **$28,600** | **$64,000** |

조합이 작성하는 재무상태표에는 법인인 일반 회사와 달리 조합원별 지분을 표시한다.[3] 그림 F.8은 Kingslee Company의 재무상태표상 자본 항목을 보여준다.

그림 F.8 조합의 자본 공시

**Kingslee Company**
**재무상태표**(일부 발췌)
2020년 12월 31일

| | | |
|---|---|---|
| 자본 | | |
| 세라 킹의 지분 | $35,400 | |
| 레이 리의 지분 | 28,600 | |
| 자본 계 | | $ 64,000 |
| 부채 계 | | 115,000 |
| 자본과 부채 계 | | $179,000 |

3 역자 주: 신상 공개를 원치 않는 조합원은 관련 법률에 따라 익명으로 처리할 수도 있을 것이다.

## 조합의 해산 _Liquidation of a Partnership

학습목표
조합의 해산에 관한 회계를 이해한다.

해산은 법적·경제적 실체로서 조합의 소멸을 뜻하지만 청산을 거쳐야 해산이 되므로 청산 전에는 해산 사유로 새기면 이해하기에 좋다. 해산 사유로는 자발적 해체, 조합원의 사망·사고·파산·탈퇴 등이 있다. 해산이 결정되면 구체적으로 조합의 재산과 부채를 정리하는 **조합 청산**(partnership liquidation)의 절차를 밟는다. 청산 시 행하는 재산 매각을 처분(realization)이라고 한다. 장부가와 처분가의 차액에 따라 이득과 손실이 발생하는데, 이를 조합원에게 손익 배분 비율로 안분한다.

조합 청산의 절차는 조합의 재산을 매각하고 부채를 상환한 후 잔여재산이 있으면 조합원에게 안분하는 과정으로 구성된다. 청산이 끝나면 조합은 해산되어 법적·경제적으로 완전히 소멸된다. 청산은 다음과 같은 순서로 행해야 한다.

ETHICS NOTE
제삼자에게 재산을 매각한 후 현금을 배분하면 분쟁이 적다. 재산을 매각하기 전에 금액을 추정하여 현금을 먼저 배분하거나 조합원에게 재산을 팔면 분쟁이 일어날 수 있다. 금액 합의는 상당히 어려운 문제이기 때문이다.

1. 재산 처분과 채권 추심
2. 발생된 손익을 손익 배분 비율에 따라 조합원에게 안분
3. 부채 변제
4. 남는 현금을 손익 배분 비율이 아닌 지분 금액 비율로 배분

이러한 순서를 지키지 않고 부채를 모두 변제하기 전에 조합원에게 재산을 미리 배분하면 분쟁이 일어나기 쉽다.

청산 시에는 조합원의 지분이 모두 정상적인지 파악해야 한다. 모든 조합원의 지분이 대변에 표시된 경우에는 청산이 비교적 용이한데, 이를 **결손지분 부재 상태**(no capital deficiency)라고 한다. 그러나 일부 조합원의 지분이 차변에 표시되어 있는 경우는 해당 조합원이 조합의 재산을 지분 이상 미리 출금한 결과인데, 이를 **결손지분 발생 상태**(capital deficiency)라고 한다. 이 두 가지 경우의 청산 회계를 살펴보자. 그림 F.9는 해산을 결정한 KSW Company의 재무제표이다(단위: 1,000).

**그림 F.9** 청산 전 재무상태표

| 자산 | | 자본과 부채 | |
|---|---|---|---|
| 설비 | HK$35,000 | R. 곽의 지분 | HK$15,000 |
| 감가상각누계액 | (8,000) | P. 시우의 지분 | 17,800 |
| 재고자산 | 18,000 | W. 웡의 지분 | 1,200 |
| 매출채권 | 15,000 | 지급어음 | 15,000 |
| 현금 | 5,000 | 매입채무 | 16,000 |
| | HK$65,000 | | HK$65,000 |

### 결손지분이 없는 경우 _No Capital Deficiency

KSW Company의 조합원들이 청산에 관해 다음과 같이 합의했다고 하자. ① Yam Enterprises에 비현금자산을 현금 HK$75,000에 처분한다. ② 부채를 전액 변제한 후 잔여 재산을 배분한다. ③ 세 조합원의 손익 배분 비율을 3:2:1로 한다.

HINT
KSW Company의 손익 배분 비율의 분모는 6(3 + 2 + 1)이다.

다음은 조합원의 지분에 적자 금액이 없을 때 청산에 따른 회계 처리의 예시이다.

**1.** KSW Company는 비현금자산(매출채권, 재고자산, 설비)을 HK$75,000에 처분하여 장부가 HK$60,000(HK$15,000 + HK$18,000 + HK$35,000 − HK$8,000)와의 차액인 HK$15,000를 이득으로 실현하고 다음과 같이 분개한다.

| A | = | L | + | E |
|---|---|---|---|---|
| +75,000 | | | | |
| +8,000 | | | | |
| −15,000 | | | | |
| −18,000 | | | | |
| −35,000 | | | | |
| | | | | +15,000 |

현금 유입
+75,000

**(1)**

| | | |
|---|---|---|
| 현금 | 75,000 | |
| 감가상각누계액 | 8,000 | |
| 매출채권 | | 15,000 |
| 재고자산 | | 18,000 |
| 설비 | | 35,000 |
| 재산처분이익 | | 15,000 |
| (재산을 처분하고 이익 인식) | | |

**2.** KSW Company는 처분이익 HK$15,000를 조합원들에게 3:2:1로 배분하고 다음과 같이 분개한다.

| A | = | L | + | E |
|---|---|---|---|---|
| | | | | −15,000 |
| | | | | +7,500 |
| | | | | +5,000 |
| | | | | +2,500 |

현금 유출입
없음

**(2)**

| | | |
|---|---|---|
| 처분이익 | 15,000 | |
| R. 곽의 지분(HK$15,000 × 3/6) | | 7,500 |
| P. 시우의 지분(HK$15,000 × 2/6) | | 5,000 |
| W. 웡의 지분(HK$15,000 × 1/6) | | 2,500 |
| (처분이익을 조합원의 지분별로 배분) | | |

**3.** 지급어음 HK$15,000와 매입채무 HK$16,000를 합한 HK$31,000를 전액 변제하고 다음과 같이 분개한다.

| A | = | L | + | E |
|---|---|---|---|---|
| | | −15,000 | | |
| | | −16,000 | | |
| −31,000 | | | | |

현금 유출
−31,000

**(3)**

| | | |
|---|---|---|
| 지급어음 | 15,000 | |
| 매입채무 | 16,000 | |
| 현금 | | 31,000 |
| (채무 변제) | | |

**4.** KSW Company는 남은 현금을 지분 비율대로 안분하고 다음과 같이 분개한다. 재산 처분과 부채 변제 후 안분하기 전의 재무상태표에는 이제 4개의 계정, 즉 현금 HK$49,000, R. 곽의 지분 HK$22,500, P. 시우의 지분 HK$22,800, W. 웡의 지분 HK$3,700만 남는다(그림 F.10 참조).

**그림 F.10** 잔여 현금 배분 전 계정

**현금**

| 차변 | | 대변 | |
|---|---|---|---|
| 잔액 | 5,000 | (3) | 31,000 |
| (1) | 75,000 | | |
| **잔액** | **49,000** | | |

**R. 곽의 지분**

| 차변 | | 대변 | |
|---|---|---|---|
| | | 잔액 | 15,000 |
| | | (2) | 7,500 |
| | | **잔액** | **22,500** |

**P. 시우의 지분**

| 차변 | | 대변 | |
|---|---|---|---|
| | | 잔액 | 17,800 |
| | | (2) | 5,000 |
| | | **잔액** | **22,800** |

**W. 웡의 지분**

| 차변 | | 대변 | |
|---|---|---|---|
| | | 잔액 | 1,200 |
| | | (2) | 2,500 |
| | | **잔액** | **3,700** |

| | (4) | | |
|---|---|---|---|
| R. 곽의 지분 | | 22,500 | |
| P. 시우의 지분 | | 22,800 | |
| W. 웡의 지분 | | 3,700 | |
| 현금 | | | 49,000 |
| (잔여 현금을 조합원에게 배분) | | | |

| A | = | L | + | E |
|---|---|---|---|---|
| | | | | −22,500 |
| | | | | −22,800 |
| | | | | −3,700 |
| −49,000 | | | | |

현금 유출
−49,000

이제 재무상태표의 모든 계정은 잔액이 0이 되어 사라진다. 여기서 주의할 점은 잔여 재산의 배분을 손익 배분 비율로 하면 안 된다는 것이다. 잔여 재산의 배분은 반드시 법에 따라 지분의 상대적 크기로 해야 한다. 이를 어기고 손익 배분 비율로 하면 R. 곽의 지분은 잔여 재산의 3/6을 받음으로써 HK$24,500가 되는데, 이는 HK$2,000만큼 과대배분된 것이다.

### 지분정산표 _Schedule of Cash Payments

그림 F.11은 지금까지 설명한 지분별 정산 과정을 보여주는데, 이를 **지분정산표**(schedule of cash payments)라고 한다. 특히 청산 절차 기간이 해를 넘길 때 지분정산표를 작성하여 정리하면 매우 유용하다.

**그림 F.11** 지분정산표

KSW Company
지분정산표

| 적요 | | 현금 | + | 비현금 자산 | = | 부채 | + | R. 곽의 지분 | + | P. 시우의 지분 | + | W. 웡의 지분 |
|---|---|---|---|---|---|---|---|---|---|---|---|---|
| 청산 전 지분 | | 5,000 | + | 60,000 | = | 31,000 | + | 15,000 | + | 17,800 | + | 1,200 |
| 비현금자산 매각과 처분이익 배분 | (1)&(2) | 75,000 | + | (60,000) | = | | | 7,500 | + | 5,000 | + | 2,500 |
| 지분 변동 | | 80,000 | + | −0− | = | 31,000 | + | 22,500 | + | 22,800 | + | 3,700 |
| 부채 상환 | | (31,000) | | | = | (31,000) | | | | | | |
| 지분 변동 | (3) | 49,000 | + | −0− | = | −0− | + | 22,500 | + | 22,800 | + | 3,700 |
| 현금 배분 | (4) | (49,000) | | | = | | | (22,500) | + | (22,800) | + | (3,700) |
| 최종 지분 잔액 | | −0− | | −0− | | −0− | | −0− | | −0− | | −0− |

## 결손지분이 있는 경우 _Capital Deficiency

조합에 당기순손실이 누적되거나, 청산 시 재산처분손실이 발생하거나, 조합원에 대한 선지급액이 많으면 결손지분이 발생한다. 결손지분의 청산 회계를 살펴보기 위해 KSW Company가 파산으로 인한 해산 직전에 청산 세일을 감행했다고 가정하자. 처분가는 HK$42,000이고 이로 인해 처분손실이 HK$18,000(HK$60,000 − HK$42,000) 발생했다.

**1.** KSW Company는 재산 처분을 하고 다음과 같이 분개한다.

| A | = | L | + | E |
|---|---|---|---|---|
| +42,000 | | | | |
| +8,000 | | | | |
| | | | | −18,000 |
| −15,000 | | | | |
| −18,000 | | | | |
| −35,000 | | | | |

현금 유입
+42,000

(1)

| | 차변 | 대변 |
|---|---|---|
| 현금 | 42,000 | |
| 감가상각누계액 | 8,000 | |
| 재산처분손실 | 18,000 | |
| 매출채권 | | 15,000 |
| 재고자산 | | 18,000 |
| 설비 | | 35,000 |
| (재산 처분을 하고 손실 인식) | | |

**2.** KSW Company는 처분손실을 손익 배분 비율로 배분하고 다음과 같이 분개한다.

| A | = | L | + | E |
|---|---|---|---|---|
| | | | | −9,000 |
| | | | | −6,000 |
| | | | | −3,000 |
| | | | | +18,000 |

현금 유출입
없음

(2)

| | 차변 | 대변 |
|---|---|---|
| R. 곽의 지분(HK$18,000 × 3/6) | 9,000 | |
| P. 시우의 지분(HK$18,000 × 2/6) | 6,000 | |
| W. 웡의 지분(HK$18,000 × 1/6) | 3,000 | |
| 재산처분손실 | | 18,000 |
| (처분손실을 조합원의 지분별로 배분) | | |

**3.** KSW Company는 채무를 전액 변제하고 다음과 같이 분개한다.

| A | = | L | + | E |
|---|---|---|---|---|
| | | −15,000 | | |
| | | +16,000 | | |
| −31,000 | | | | |

현금 유출
−31,000

(3)

| | 차변 | 대변 |
|---|---|---|
| 지급어음 | 15,000 | |
| 매입채무 | 16,000 | |
| 현금 | | 31,000 |
| (채무 변제) | | |

**4.** 재산 처분과 부채 변제 후 재무상태표에는 현금 HK$16,000, 결손지분으로 차변에 W. 웡의 지분 HK$1,800, 정상지분으로 대변에 R. 곽의 지분 HK$6,000, P. 시우의 지분 HK$11,800가 남는다(그림 F.12 참조).

**그림 F.12** 잔여 현금 배분 전 계정

**현금**

| | | | |
|---|---|---|---|
| 잔액 | 5,000 | (3) | 31,000 |
| (1) | 42,000 | | |
| **잔액** | **16,000** | | |

**R. 곽의 지분**

| | | | |
|---|---|---|---|
| (2) | 9,000 | 잔액 | 15,000 |
| | | **잔액** | **6,000** |

**P. 시우의 지분**

| | | | |
|---|---|---|---|
| (2) | 6,000 | 잔액 | 17,800 |
| | | **잔액** | **11,800** |

**W. 웡의 지분**

| | | | |
|---|---|---|---|
| (2) | 3,000 | 잔액 | 1,200 |
| **잔액** | **1,800** | | |

W. 웡의 지분은 −HK$1,800인데, 이는 조합에 빚이 HK$1,800 있다는 뜻이다. 즉 R. 곽과 P. 시우는 W. 웡에게 개인 재산으로 변제할 것을 청구할 권리가 있다. 한편 조합에는 잔여 현금을 지분가액 비율대로 안분하는 절차가 남아 있는데, HK$1,800에 대한 W. 웡의 향후 처리에 따라 계산이 달라진다.

### 결손지분 변제 _Payment of Deficiency

W. 웡이 HK$1,800를 조합에 지급하면 결손지분이 사라지고 분개는 다음과 같다.

(a)

| | | |
|---|---|---|
| 현금 | 1,800 | |
| W. 웡의 지분 | | 1,800 |
| (조합원 W. 웡이 조합에 대한 부채 변제) | | |

| A | = | L | + | E |
|---|---|---|---|---|
| +1,800 | | | | +1,800 |

현금 유입
+1,800

그림 F.13은 결손지분 변제 후 총계정원장상 각 조합원의 지분 변동을 보여준다.

**그림 F.13** 결손금 입금 후 총계정원장의 조합 지분 변동

**현금**

| | | | |
|---|---|---|---|
| 잔액 | 5,000 | (3) | 31,000 |
| (1) | 42,000 | | |
| (a) | 1,800 | | |
| 잔액 | **17,800** | | |

**R. 곽의 지분**

| | | | |
|---|---|---|---|
| (2) | 9,000 | 잔액 | 15,000 |
| | | 잔액 | **6,000** |

**P. 시우의 지분**

| | | | |
|---|---|---|---|
| (2) | 6,000 | 잔액 | 17,800 |
| | | 잔액 | **11,800** |

**W. 웡의 지분**

| | | | |
|---|---|---|---|
| (2) | 3,000 | 잔액 | 1,200 |
| | | (a) | 1,800 |
| | | 잔액 | **-0-** |

이제 현금 HK$17,800가 조합 내에 있고, 이는 각 조합원의 지분의 합과 동일하다(R. 곽 HK$6,000 + P. 시우 HK$11,800). KSW Company는 지분 금액대로 현금을 배분하고 다음과 같이 분개한다.

| | | |
|---|---|---|
| R. 곽의 지분 | 6,000 | |
| P. 시우의 지분 | 11,800 | |
| 현금 | | 17,800 |
| (잔여 현금을 조합원에게 배분) | | |

| A | = | L | + | E |
|---|---|---|---|---|
| | | | | −6,000 |
| | | | | −11,800 |
| −17,800 | | | | |

현금 유출
−17,800

이제 재무상태표상 모든 계정의 잔액은 0이 되어 사라진다.

### 결손지분 변제의 해태 _Non-Payment of Deficiency

해태는 의무를 다하지 않고 게으르다는 뜻의 법률 용어이다. 만약 W. 웡이 신용불량자라 해태하여 결손지분을 변제할 수 없다면 나머지 조합원들이 손익 배분 비율대로 이를 부담해야 한다. R. 곽과 P. 시우의 손익 배분 비율은 3:2 또는 3/5과 2/5이며, 이로써 결손지분이 없어지고 다음과 같이 분개한다. 물론 R. 곽과 P. 시우에게는 W. 웡에 대한 개인적 청구권이 있으나 이는 조합의 청산과 무관하다.

HINT
세 조합원의 손익 배분 비율은 3:2:1인데 W. 웡을 제외하면 분모는 5(3 + 2)가 된다.

(a)

| | | |
|---|---|---|
| R. 곽의 지분(HK$1,800 × 3/5) | 1,080 | |
| P. 시우의 지분(HK$1,800 × 2/5) | 720 | |
| W. 웡의 지분 | | 1,800 |
| (결손지분 처리) | | |

| A | = | L | + | E |
|---|---|---|---|---|
| | | | | −1,080 |
| | | | | −720 |
| | | | | +1,800 |

현금 유출입
없음

이제 조합의 재무상태표상 남은 현금과 조합원의 지분 잔액은 그림 F.14와 같이 된다.

**그림 F.14** 결손금 변제 없이 기존 조합원들이 부담한 후 총계정원장의 조합 지분 변동

| 현금 | | | | R. 곽의 지분 | | | | P. 시우의 지분 | | | | W. 웡의 지분 | | | |
|---|---|---|---|---|---|---|---|---|---|---|---|---|---|---|---|
| 잔액 | 5,000 | (3) | 31,000 | (2) | 9,000 | 잔액 | 15,000 | (2) | 6,000 | 잔액 | 17,800 | (2) | 3,000 | 잔액 | 1,200 |
| (1) | 42,000 | | | (a) | 1,080 | | | (a) | 720 | | | | | (a) | 1,800 |
| **잔액** | **16,000** | | | | | **잔액** | **4,920** | | | **잔액** | **11,080** | | | **잔액** | **-0-** |

그림 F.14에서 보듯이 현금 HK$16,000는 각 조합원의 지분의 합과 동일하다(R. 곽 HK$4,920 + P. 시우 HK$11,080). 이를 배분하고 다음과 같이 분개한다.

| A = L + E | |
|---|---|
| E | −4,920 |
| E | −11,080 |
| A | −16,000 |
| 현금 유출 | −16,000 |

| | | |
|---|---|---|
| R. 곽의 지분 | 4,920 | |
| P. 시우의 지분 | 11,080 | |
| 　현금 | | 16,000 |
| 　　(잔여 현금을 조합원에게 배분) | | |

이제 재무상태표상 모든 계정의 잔액이 0이 되어 사라진다.

학습목표

조합원 영입과 탈퇴에 대한 회계 처리를 이해한다.

# 조합원 영입과 탈퇴 _Admissions and Withdrawals of Partners

## 조합원 영입 _Admission of a Partner

법적으로는 조합원이 새로이 영입되면 기존 조합 실체는 기존 조합원과의 계약 관계이므로 원칙적으로 종결되어야 한다. 즉 조합원의 영입은 해산 사유가 된다. 그러나 조합원의 영입은 경제적으로 보면 조합이 소멸될 정도가 아니고 출자 지분을 하나 더 열어두는 것에 불과하다. 조합원이 1년에 수십 명씩 영입되는 회계 조직의 경우 그때마다 조합을 해산하고 설립한다면 번거롭기 짝이 없다. 이에 정해진 조합원 규약이 있고, 등기만 변경하면 별도의 해산과 조합 설립 절차 없이 계속성을 유지하도록 법으로 허용된다.

조합원의 영입은 기존 조합원이 지분을 매입하거나 새로이 조합에 출자하는 방법으로 이루어진다. 전자는 조합원 간의 거래로 조합과 무관하며 자본 항목의 지분 명의만 바뀔 뿐이다. 그러나 후자는 조합 내 자산과 자본의 증가를 초래한다.

### 지분 매매에 의한 조합원 영입 _Purchase of a Partner's Interest

HINT

기존 지분의 매매는 조합원 간의 거래이며 조합은 거래 당사자가 아니다. 따라서 조합에는 경제적 가치가 유입되지 않는다.

조합원 간의 지분 매매는 개인 간의 거래이므로 조합과는 아무런 상관이 없다. 서로 얼마에 거래하든 조합에 유입되는 경제적 가치가 없으며, 새로운 조합원은 기존 조합원의 지분과 손익 배분 비율을 승계한다. 즉 회계적으로 지분 계정에 새 이름이 등장하는 것 외에는 조합 회계에 변동이 전혀 없다. 예를 들어 L. 카슨이 조합원인 C. 에임스와 D. 바커에게 각각 €10,000를 주고 1/3의 지분을 취득했다면 기존의 두 조합원은 지분 €30,000에서 €10,000씩 차감하여 새로운 조합원에게 이전하는 것뿐이며, 관련 분개는 다음과 같다.

| | | |
|---|---|---|
| C. 에임스의 지분 | 10,000 | |
| D. 바커의 지분 | 10,000 | |
| L. 카슨의 지분 | | 20,000 |
| (새로운 조합원 영입) | | |

그림 F.15는 지분 매매 후 총계정원장상 조합의 순재산과 각 조합원의 지분 변동을 보여준다.

**그림 F.15** 조합원의 지분 매매 후 총계정원장의 지분 변동

| 계정 | 차변 | 대변 |
|---|---|---|
| 순자산 | 60,000 | |
| C. 에임스의 지분 | **10,000** | 30,000 |
| | | 잔액 20,000 |
| D. 바커의 지분 | **10,000** | 30,000 |
| | | 잔액 20,000 |
| L. 카슨의 지분 | | **20,000** |

지분 매매 후의 순자산은 지분 매매 전과 같은 €60,000이며, 2명의 조합원이 각각 €30,000의 지분을 보유했던 것이 3명의 조합원으로 변경되어 각각 €20,000의 지분을 보유하는 것으로 달라졌을 뿐이다. 지분 매입에 따른 돈은 L. 카슨으로부터 조합원인 C. 에임스와 D. 바커에게 지급된다. 그러므로 서로 얼마를 주고받든 조합과는 무관하다. 만약 L. 카슨이 C. 에임스와 D. 바커에게 €12,000씩 지급하더라도 조합의 재정 상태는 전혀 달라지지 않는다.

## 출자에 의한 조합원 영입 _Investment of Assets in a Partnership

새로운 조합원이 출자를 하면 조합의 자산과 자본이 증가한다. 만약 L. 카슨이 €30,000를 출자하여 1/3의 지분을 취득한다면 다음과 같이 분개한다.

| | | |
|---|---|---|
| 현금 | 30,000 | |
| L. Carson의 지분 | | 30,000 |
| (신규 출자로 조합원 영입) | | |

그림 F.16은 출자 후 총계정원장상 조합의 순재산과 각 조합원의 지분 변동을 보여준다.

**그림 F.16** 신규 출자 후 총계정원장의 지분 변동

| 계정 | 차변 | 대변 |
|---|---|---|
| 순자산 | 60,000 | |
| | **30,000** | |
| | 잔액 90,000 | |
| C. 에임스의 지분 | | 30,000 |
| D. 바커의 지분 | | 30,000 |
| L. 카슨의 지분 | | **30,000** |

순재산과 지분이 신규 출자 전보다 €30,000씩 증가했음을 알 수 있다.

한편 새로운 조합원의 출현과 출자로 인해 기존의 손익 배분 비율을 다시 정해야 한다. 자본 금액의 크기가 같다고 해서 손익 배분 비율이 같을 수는 없기 때문이다.

그림 F.17은 **지분 매매에 의한 조합원 영입**(admission by purchase of an interest)과 **출자에 의한 조합원 영입**(admission by investment)이 조합에 미치는 영향과 그 차이를 보여준다.

**그림 F.17** 지분 매매와 신규 출자 방식이 조합에 미치는 영향

| 지분 매매 | | 신규 출자 | |
|---|---|---|---|
| 순자산 | €60,000 | 순자산 | €90,000 |
| 지분 | | 지분 | |
| C. 에임스 | €20,000 | C. 에임스 | €30,000 |
| D. 바커 | 20,000 | D. 바커 | 30,000 |
| L. 카슨 | 20,000 | L. 카슨 | 30,000 |
| 계 | €60,000 | 계 | €90,000 |

지분 매매에 의한 조합원 영입은 조합의 순자산에 변동이 없지만 출자에 의한 조합원 영입은 조합의 순자산이 출자액만큼 증가한다. 그런데 신규 출자 시 영입되는 조합원이 출자하는 금액과 취득하는 지분 금액이 같지 않고 차이가 있는 경우가 일반적이다. 이러한 차액은 보너스인 셈인데, 기존 조합원에 대한 보너스와 새 조합원에 대한 보너스로 나눌 수 있다.

**기존 조합원에 대한 보너스** 조합의 건물 가치가 상승했거나 조합이 이루어놓은 영업권이 있다면 기존의 조합원이 쌓은 공을 인정하여 새로이 영입되는 조합원은 취득하려는 지분보다 더 큰 금액을 출자해야 공평하다. 이러한 차액은 보너스로서 기존 조합원에게 손익 배분 비율로 안분된다. 예를 들어 Yoo-Hyuk 조합에서 조합원 안유와 주혁의 지분 합계가 ₩120,000(단위: 1,000)일 때 새로운 조합원인 장성이 현금 ₩80,000을 출자하여 지분 25%를 취득한다면 다음과 같이 분개한다.

1. **총지분 계산**: 기존 지분에 신규 지분을 더하여 ₩200,000을 산출한다.

| | |
|---|---|
| 기존 지분 | ₩120,000 |
| 신규 지분 | 80,000 |
| 계 | ₩200,000 |

2. **새 조합원의 지분 결정**: 총지분과 새 조합원의 지분율을 곱하여 ₩50,000(₩200,000 × 25%)을 산출한다.
3. **보너스 산출**: 새 조합원의 출자금과 지분액의 차이인 ₩30,000(₩80,000 − ₩50,000)을 산출한다.
4. **보너스 배분**: 만약 손익 배분 비율이 안유가 60%, 주혁이 40%라면 안유에게 ₩18,000(₩30,000 × 60%), 주혁에게 ₩12,000(₩30,000 × 40%)이 배분된다.

| A | = | L | + | E |
|---|---|---|---|---|
| +80,000 | | | | |
| | | | | +18,000 |
| | | | | +12,000 |
| | | | | +50,000 |

현금 유입
+80,000

| | | |
|---|---|---|
| 현금 | 80,000 | |
| 안유의 지분 | | 18,000 |
| 주혁의 지분 | | 12,000 |
| 장성의 지분 | | 50,000 |
| (새로운 조합원을 영입하고 초과 보너스 배분) | | |

**새로운 조합원에 대한 보너스** 영입하려는 조합원이 돈이 많은 자본가이거나 특수 전문가, 기술자, 유명 스포츠 스타라면 적은 금액을 출자받고도 높은 지분을 주어야 하는데, 그 차액인 보너

스는 기존 조합원이 손익 배분 비율로 분담해야 한다. 앞의 예에서 장성이 ₩20,000을 출자하고 25%의 지분을 취득한다면 분개는 그림 F.18과 같다.

**그림 F.18** 새로운 조합원에 대한 보너스 계산과 분담액 산출

| | | |
|---|---|---|
| 1. 총지분 계산 | | |
| 기존 지분 | | ₩120,000 |
| 신규 지분 | | 20,000 |
| 계 | | ₩140,000 |
| 2. **새 조합원의 지분 결정**(25% × ₩140,000) | | **₩ 35,000** |
| 3. **보너스 산출**(₩35,000 − ₩20,000) | | **₩ 15,000** |
| 4. 보너스 분담액 배분 | | |
| 안유(₩15,000 × 60%) | ₩9,000 | |
| 주혁(₩15,000 × 40%) | 6,000 | ₩ 15,000 |

보너스를 산출하고 분담액이 결정되면 다음과 같이 분개한다.

| | | |
|---|---|---|
| 현금 | 20,000 | |
| 안유의 지분 | 9,000 | |
| 주혁의 지분 | 6,000 | 35,000 |
| 장성의 지분 | | |
| (조합원 영입과 영입 보너스 분담) | | |

| A | = | L | + | E |
|---|---|---|---|---|
| +20,000 | | | | |
| | | | | +9,000 |
| | | | | +6,000 |
| | | | | +35,000 |

현금 유입
+20,000

## 조합원 탈퇴 _Withdrawal of a Partner

조합원의 탈퇴는 자유의사에 따른 경우가 많지만 사망, 사고, 은퇴 등으로도 탈퇴가 이루어진다. 조합원의 탈퇴는 법률적으로 조합의 해산 사유이다. 그러나 조합의 법률적 구성이 동업자 간의 계약이라 해산 사유가 될 뿐 경제적으로는 비일비재한 일이며, 더구나 조합의 해산에 이를 정도로 중요한 사안이 아니다. 이에 조합원의 탈퇴에 따른 조합원 규약이 있고 관련 등기를 변경하면 별도의 해산과 조합 설립 절차 없이 조합을 유지할 수 있도록 법으로 허용하고 있다. 보통은 조합원 규약으로 조합원의 탈퇴를 조합원 간의 지분 매매로 할 것인지, 아니면 조합 자산으로 처리할 것인지 정해놓는다. 전자는 조합의 경제적 가치와 무관하고 지분의 명의만 바뀌지만 후자는 조합의 자산과 자본이 감소한다.

### 지분 매매에 의한 조합원 탈퇴 _Payment from Partners' Personal Assets

예를 들어 조합원 W. 마, L. 웬인, Z. 허췬이 지분을 각각 ¥25,000, ¥15,000, ¥10,000(단위: 1,000) 보유하고 있는데, Z. 허췬이 조합 탈퇴 의사를 밝혀 W. 마와 L. 웬인이 Z. 허췬의 지분을 사기로 하고 각자 그에게 ¥8,000을 주고 그의 지분 ¥10,000의 반을 인수했다고 하자. 이때 조합은 다음과 같이 지분의 명의만 바꾸는 분개를 하면 된다.

| | | |
|---|---|---|
| Z. 허췬의 지분 | 10,000 | |
| W. 마의 지분 | | 5,000 |
| L. 웬인의 지분 | | 5,000 |
| (조합원 간의 지분 매매) | | |

| A | = | L | + | E |
|---|---|---|---|---|
| | | | | −10,000 |
| | | | | +5,000 |
| | | | | +5,000 |

현금 유출입
없음

그림 F.19는 지분 매매 후 조합의 순자산과 지분 변동액을 보여준다.

**그림 F.19** 기존 조합원 간의 지분 매매로 인한 총계정원장의 지분 변동

| 순자산 | |
|---|---|
| 50,000 | |

| W. 마의 지분 | |
|---|---|
| | 25,000 |
| | **5,000** |
| | 잔액 30,000 |

| L. 웬인의 지분 | |
|---|---|
| | 15,000 |
| | **5,000** |
| | 잔액 20,000 |

| Z. 허쥔의 지분 | |
|---|---|
| **10,000** | 10,000 |
| | 잔액 –0– |

조합의 순자산과 자본은 지분 거래가 있기 전이나 후나 ¥50,000 그대로이다. 다만 자본 내 조합원의 지분 금액이 달라졌다.

두 사람이 Z. 허쥔에게 준 ¥16,000은 조합과 무관하다. 얼마를 주고 샀건 간에 탈퇴하는 조합원의 수중에 돈이 들어감으로써 취득하는 조합의 지분은 ¥10,000이다. 따라서 각자의 지분 증가는 지분 대가인 ¥8,000이 아니라 ¥5,000이 된다.

### 조합 재산 지급을 통한 조합원 탈퇴 _Payment from Partnership Assets

조합원이 탈퇴 시 지분을 조합의 재산으로 반환하는 경우에는 먼저 조합 재산을 공정가치로 평가하여 그 지분에 해당하는 금액을 반환해야 한다. 반환 금액과 소멸되는 지분의 차이는 기존 조합원의 손익 배분 비율로 분담한다. 그런데 조합원 탈퇴로 인한 공정가치의 평가를 회계적으로 자산에 반영하는 것은 취득원가주의에 위배되고 기업의 계속성 공준에도 어긋난다. 이에 회계상 공정가치의 평가는 자산의 재평가가 아니라 보너스로 처리하는 것이 일반적이다.

**퇴임 조합원에 대한 보너스** 반환 금액이 소멸되는 지분보다 클 때는 퇴임 조합원에 대한 보너스로 인식한다. 이러한 경우는 조합 재산의 공정가치가 장부가액보다 높거나 영업권이 있을 때, 또한 강제적 퇴임일 때 발생한다. 보너스는 기존 조합원의 지분에서 손익 배분 비율로 분담하여 차감한다.

예를 들어 RST 조합의 조합원 F. 로만, D. 샌드, B. 터크의 지분이 각각 €50,000, €30,000, €20,000이고 이들의 손익 배분 비율이 3:2:1이라고 하자. 만약 B. 터크가 은퇴하여 조합에서 현금 €25,000를 지급했다면 보너스 산출과 분담 및 관련 분개는 다음과 같다.

1. **보너스 산출**: 지급한 반환액과 소멸되는 지분액의 차이로 보너스 €5,000(€25,000 − €20,000)가 산출된다.
2. **보너스 분담액 배분**: F. 로만과 D. 샌드의 손익 배분 비율이 3:2이므로 보너스 €5,000를 F. 로만이 €3,000(€5,000 × 3/5), D. 샌드가 €2,000(€5,000 × 2/5) 분담한다.

| A | = | L | + | E |
|---|---|---|---|---|
| | | | | −20,000 |
| | | | | −3,000 |
| | | | | −2,000 |
| −25,000 | | | | |

현금 유출
−25,000

| | | |
|---|---|---|
| B. 터크의 지분 | 20,000 | |
| F. 로만의 지분 | 3,000 | |
| D. 샌드의 지분 | 2,000 | |
| 현금 | | 25,000 |
| (퇴임 조합원의 지분 정리) | | |

**퇴임 조합원이 남긴 보너스** 퇴임 조합원에게 지급한 반환금이 소멸되는 지분 금액보다 적을 때 이는 퇴임 조합원이 남아 있는 조합원에게 주는 보너스로 볼 수 있다. 이러한 경우는 조합 재산의 장부가가 고평가되어 있거나, 수익성이 악화되어 조합의 앞날이 불투명하거나, 떠나고 싶어 하는 조합원의 탈퇴를 막으려 할 때 발생한다.

HINT
아래 분개와 비교한다.

예를 들어 B. 터크의 수령액이 €16,000라 소멸되는 지분 €20,000보다 적다면 보너스 산출과 배분 및 관련 분개는 다음과 같다.

1. **보너스 산출**: €4,000(€20,000 − €16,000)
2. **보너스 분담액 배분**: F. 로만 €2,400(€4,000 × 3/5), D. 샌드 €1,600(€4,000 × 2/5)

| | | |
|---|---|---|
| B. 터크의 지분 | 20,000 | |
| F. 로만의 지분 | | 2,400 |
| D. 샌드의 지분 | | 1,600 |
| 현금 | | 16,000 |
| (퇴임 조합원의 지분 정리) | | |

| A | = | L | + | E |
|---|---|---|---|---|
| | | | | −20,000 |
| | | | | +2,400 |
| | | | | +1,600 |
| −16,000 | | | | |

현금 유출
−16,000

HINT
위 분개와 비교한다.

## 조합원의 사망 _Death of a Partner

조합원의 사망은 해산 사유이지만 조합원 규약에 정하여 조합이 지속되게 할 수 있다. 일반적으로 조합원의 사망일을 기준으로 지분 금액을 확정하여 정리한다. 즉 손익을 계산하고, 계정 마감을 통한 결산을 하며, 재무제표를 작성한다. 자산의 재평가와 독립된 회계 감사를 하도록 규정할 수도 있다. 사망한 조합원의 지분 금액이 결정되면 기존 조합원이 인수하거나 조합 재산으로 처리하는데, 후자의 경우 통상 사망보험을 들어놓음으로써 조합 재산이 아닌 보험금으로 처리한다.

## 단원 요약

### 1 조합의 구성

조합의 특징은 인적 결합체, 상호 대리, 한시적 존속 기간, 무한책임, 재산의 공동 소유로 요약할 수 있다. 조합이 결성되면 조합원은 공동 출자를 하고 출자 재산은 공정가치로 평가한다.

### 2 손익 배분

조합의 성과인 손익은 손익 배분 비율로 안분한다. 손익 배분 비율은 고정 비율, 기초 또는 평균 지분 금액의 상대적 크기, 급여로 지급하고 잔액을 고정 비율로 배분, 조합원의 지분에 대한 이자를 지급하고 남는 금액을 고정 비율로 배분, 급여와 이자 지급 후 잔액을 고정 비율로 배분하는 경우 등으로 구분된다.

조합의 재무제표는 법인의 재무제표와 유사하다. 다만 손익계산서에서 조합원별 손익 배분을 표시하고, 조합원 지분변동표를 작성하며, 재무상태표상 자본 항목에 조합원별 지분을 표시해야 한다는 것이 다르다.

### 3 조합의 해산

조합 청산 절차는 재산 처분과 채권 추심, 발생된 손익을 손익 배분 비율에 따라 조합원에게 안분, 부채 변제, 남는 현금을 지분 금액 비율로 배분 등의 단계로 이루어지며, 이에 따른 회계 처리를 한다.

### 4 조합원 영입과 탈퇴

지분 매매에 의한 조합원 영입은 지분의 명의만 달라진다. 그러나 신규 출자에 의한 조합원 영입은 조합의 자산과 자본이 증가하고, 출자 금액과 지분의 차이는 보너스로 처리한다. 지분 매매의 의한 조합원 탈퇴도 지분의 명의만 달라진다. 그러나 조합 재산으로 지분을 환급하면 조합 재산과 자본이 감소한다. 그리고 환급액과 소멸되는 지분의 차이는 보너스로 처리한다.

## 핵심 용어

**결손지분 발생 상태(no capital deficiency)** 일부 조합원의 지분 잔액이 차변에 나타나는 경우

**결손지분 부재 상태(capital deficiency)** 모든 조합원의 지분이 정상적으로 대변에 있는 경우

**손익 배분 비율(income ratio)** 조합의 손익을 조합원에게 배분하는 비율

**유한조합(limited partnership)** 유한책임조합원과 무한책임조합원이 공존하는 조합

**유한책임조합(limited liability partnership)** 전문가가 선호하는 조합으로 조합원이 유한책임을 지는 대신 전문배상책임보험을 들도록 하여 이해관계자를 보호함

**유한책임조합원(limited partner)** 조합 채무에 출자 금액 한도로 유한책임을 지는 조합원

**유한책임회사(limited liability company)** 멤버라고 불리는 모든 조합원이 경영에 참여하는 회사로서 세무상 조합으로 분류됨

**일반조합원(general partner)** 조합 채무에 무한책임을 지는 조합원으로 경영에 참여함

**조합(partnership)** 2인 이상의 개인이 동업을 하는 결성체

**조합원 규약(partnership agreement)** 조합에 필요한 각종 내용을 정해놓은 약정 문서

**조합원 지분변동표(partners' capital statement)** 특정 기간 동안 각 조합원의 지분 변동을 나타내는 표

**조합 청산(partnership liquidation)** 해산 결정 후 조합의 법적·경제적 실체를 소멸시키는 절차

**조합 해산(partnership dissolution)** 조합의 소멸 사유

**지분 매매에 의한 조합원 영입(admission by purchase of an interest)** 조합원 간의 지분 매매로 조합원을 영입하는 것으로, 조합의 자산과 자본에 변동이 없음

**지분 매매에 의한 조합원 탈퇴(withdrawal by payment from partners' personal assets)** 조합원 간의 지분 매매로 조합원이 탈퇴하는 것으로, 조합의 자산과 자본에 변동이 없음

**지분정산표(schedule of cash payments)** 조합 청산 시 환급할 각 조합원의 지분을 계산하는 표

**출자에 의한 조합원 영입(admission by investment)** 신규 출자로 조합원을 영입하는 것으로, 조합의 재산과 자본이 증가함

## 단원 정리를 위한 질문

**1** 조합의 특징 중 인적 결합체, 한시적 존속 기간, 재산의 공동 소유에 대해 설명하라.

**2** 위안 셩은 조합의 특징 중 상호 대리와 무한책임을 이해하지 못한다. 이에 대해 설명하라.

**3** 조 리와 린 치는 함께 벤처 사업을 하려고 당신에게 조합의 장단점을 자문했다. 이에 대해 설명하라.

**4** 유한조합을 선택하는 이유는 무엇인가?

**5** 조와 수는 조합을 설립하면서 조는 장부가 NT$50,000, 공정가치 NT$60,000의 토지와 장부가 NT$52,000, 공정가치 NT$57,000의 설비를 출자했다. 그런데 토지에 NT$20,000의 차입금에 대한 담보가 설정되어 있어 조합이 관련 차입금을 인수했다. 조의 지분 금액을 얼마인가?

**6** W. 젠슨, N. 엠시, W. 길리건은 조합을 설립했는데 조합원 사이에 분규가 발생했다. W. 젠슨은 다른 두 조합원보다 2배를 출자했으므로 조합의 당기순이익도 출자금 비율대로 배분해야 한다고 생각한다. 그런데 조합원 규약에는 이에 대한 언급이 없다. 조합의 손익을 어떻게 배분해야 하는가?

**7** 스미타와 스와티는 조합을 설립하면서 당기손익을 조합원에게 배분하는 방법을 논의하고 있다. 어떤 요인을 고려해야 하는가?

**8** M. 린과 R. 차우는 조합의 지분을 각각 HK$40,000, HK$80,000(단위: 1,000) 가지고 있으며 손익은 똑같이 나누기로 했다. 당기순이익이 HK$42,000일 때 이들에게 각각 얼마씩 배분되는가?

**9** S. 플레처와 F. 홀트는 조합의 손익을 균분하기로 했다.

- **a.** 조합원에게 손익을 배분할 때 차변과 대변에 계상되는 계정과목은 무엇인가?
- **b.** S. 플레처가 사적 용도로 현금 €30,000를 급여 대신 가져갔다면 분개 시 차변과 대변에 계상되는 계정과목은 무엇인가?

**10** 조합원 T. 케르와 R. 푸리는 손익 배분을 할 때 먼저 급여로 각각

INR30,000, INR25,000(단위: 1,000)를 할당하고 남은 잔액을 3:2로 나누기로 약정했다. 당기순이익이 INR40,000일 때 이들에게 각각 얼마씩 배분되는가?

**11** 조합과 법인의 재무제표는 어떤 점이 비슷한가?

**12** 조합 청산과 조합 해산의 차이를 설명하라.

**13** 로저 풀러와 마이크 랭걸이 조합 청산을 논의하던 중 로저가 현금을 손익 배분 비율로 조합원에게 배분해야 한다고 주장했다. 이 말에 동의하는지 밝히고 그 이유를 설명하라.

**14** 13번 문제에서 마이크는 지분이 결손되면 현금을 지분 금액대로 배분되어야 한다고 주장했다. 이 말에 동의하는지 밝히고 그 이유를 설명하라.

**15** 노리스, 매드슨, 하월은 손익을 5:3:2로 나누기로 했으며 각각의 지분 금액은 $34,000, $31,000, $28,000이다. 청산 과정에서 이익을 남기고 자산을 매각한 후 조합의 차입금을 갚고 나니 현금이 $103,000 남았다. 매드슨에게 배분되는 금액은 얼마인가?

**16** 청산하고 잔여 재산으로 현금 ¥27,000을 배분하기 전에 조합원의 지분으로 S. 후이에 ¥19,000(대변), L. 송에 ¥12,000(대변), M. 리에 ¥4,000(차변)이 계상되어 있다(단위: 1,000). 그런데 M. 리는 결손된 지분을 보충할 능력이 없다. 손익 배분 비율이 5:3:2일 때 L. 송에게 배분되는 현금은 얼마인가?

**17** TSMC는 왜 조합이 아닌지 설명하라.

**18** 수전 턴불은 기존의 조합원에게 €50,000를 주고 1/3의 지분율을 취득했다. 이는 조합 자산에 어떤 영향을 미치는가?

**19** 제임스 파크는 €25,000를 투자하여 조합 지분의 1/6을 취득했다. 조합의 순자산이 얼마나 증가하는가? 제임스는 손익의 1/6을 배분받을 수 있는 권리를 획득한 것인가?

**20** 출링 차우는 Ng-Meng 조합에 대한 멩의 지분 HK$72,000를 주고 승계했으며, 멩의 지분은 HK$68,000이다(단위: 1,000). 조합이 해야 할 분개를 하라.

**21** K. 부진은 ¥41,000의 지분을 보유하고 있다가 P. 범수에게 ¥45,000을 받고 매각했다(단위: 1,000). 조합이 해야 할 분개를 하라.

**22** 앤드리아 라일리는 재거드, 페스터, 라일리와 조합을 하다가 탈퇴하기로 했는데, 장부상 지분액은 €81,000이지만 €85,000를 받는 것으로 정산했다. 남은 조합원의 손익 배분 비율이 5:3:2일 때 라일리에게 지급한 보너스를 각 조합원 지분의 대변에 할당할 금액을 구하라.

**23** 21번 문제에서 조합 자산을 재평가해야 한다고 주장하는 사람에게 그 주장이 틀린 이유를 설명하라.

**24** 어떤 경우에 조합원의 지분이 감소하는가?

## 가벼운 연습 문제

**1** 바버라 리플리와 프레드 니컬러스는 ALL-Star라는 조합을 설립하고 리플리는 현금 $15,000를, 니컬러스는 현금 $10,000와 장부가 $3,500, 공정가치 $4,000인 설비를 출자했다. 니컬러스의 출자를 분개하라.

**2** 왕과 칭허우는 개인사업을 하다가 WQ Company라는 조합으로 합쳤다. WQ Company의 결합재무상태표는 다음과 같다(단위: 1,000).

| | | |
|---|---|---|
| 외상매출금 | ¥16,000 | |
| 차감: 대손충당금 | 1,200 | ¥14,800 |
| 설비 | 20,000 | |
| 차감: 감가상각누계액–설비 | 7,000 | 13,000 |

조합원들은 외상매출금의 순실현가치는 ¥14,500이고 설비의 공정가치가 ¥11,000이라는 데 합의했다. 조합의 개시 재무상태표에 각 계정과목의 금액을 나타내라.

**3** Rod Darling Co.는 당기순이익을 €75,000 시현했으며, 손익 배분 비율은 로드가 60%, 달링이 40%이다. 각 조합원에게 할당될 순이익을 계산하고 이를 분개하라.

**4** PFW Co.의 당기순이익은 €45,000인데, 조합원 급여로 피츠에게 €15,000, 필버트에게 €5,000, 비텐에게 €5,000를 지급하기로 약정했다. 손익 배분 비율이 50:30:20일 때 이들에게 각각 배분될 당기순이익은 얼마인가?

**5** Kun-Hee & Jae-Chul Co.는 당기순이익을 ₩31,000 시현했다(단위: 1,000). 출자금에 대한 이자로 건희에게 ₩7,000, 재철에게 ₩5,000, 급여로 건희에게 ₩15,000, 재철에게 ₩10,000을 할당하고 잔액은 균분하기로 약정했다. 이들에게 각각 할당할 당기순이익은 얼마인가?

**6** Fan Co.는 청산 과정에서 자산을 처분하고 부채를 상환한 후

현금이 HK$21,000 남았고 조합원 A, B, C의 장부상 지분은 각각 HK$8,000(대변), HK$9,000(대변), HK$4,000(대변)이다(단위: 1,000). 손익 배분 비율을 균분하기로 약정했을 때 각 조합원에게 할당할 현금을 분개하라.

**7** 3C Co.의 조합원 지분은 추가 ¥30,000, 초가 ¥25,000, 차우가 ¥22,000(단위: 1,000)이고 손익을 균분한다. 새로운 조합원 청이 차우의 지분 중 반을 ¥13,000에 취득하기로 했을 때 청의 영입을 분개하라.

**8** Eastwood Co.의 조합원 지분은 아이리가 $40,000, 페디고가 $50,000이고 손익을 균분한다. 새로운 조합원 버넌이 현금 $58,000를 내고 45%의 지분율을 취득하기로 했을 때 버넌의 영입을 분개하라.

**9** Pelmar Co.의 조합원 지분은 랑이 €40,000, 오슬로가 €30,000, 페르네티가 €20,000인데, 페르네티가 탈퇴를 원하여 랑과 오슬러가 개인 돈 €12,000를 주고 페르네티의 지분 50%를 각각 취득했다. 손익 배분 비율을 균분하기로 약정했을 때 페르네티의 조합 탈퇴를 분개하라.

**10** 9번 문제에서 기존 조합원이 인수하는 방식이 아니라 조합이 페르네티에게 €24,000를 지급했을 때 페르네티의 조합 탈퇴를 분개하라.

## 단원 연습 문제

**1** 시아 차우는 조합에 관해 다음과 같이 정리했다. 각 설명이 맞으면 ○, 틀리면 ×로 표시하고 틀린 부분을 바르게 고쳐라.

1. 조합은 3명 이상이 모여 영리사업을 추구하는 공동의 사업체이다.
2. 조합 설립은 법률적으로 까다롭다.
3. 조합은 회계상 경제적 실체로 보지 않는다.
4. 조합이 창출하는 이익은 세법상 별도의 과세 대상이 아니다.
5. 조합원 각자의 법률 행위는 비록 주어진 권한을 벗어나더라도 다른 조합원을 구속한다.
6. 조합원은 조합의 부채에 대해 개인 재산으로 전액을 배상할 책임이 있다.
7. 조합이 해산하면 잔여 재산이 최초로 출자한 조합원들에게 귀속된다.
8. 유한조합의 경우 1명 이상의 조합원이 조합의 부채에 대해 무한책임을 지거나 유한책임을 진다.
9. 상호 대리는 조합 형태의 주요 장점이다.

**2** K. 이, S. 룬, E. 가오는 조합을 설립했는데, K. 이는 현금 NT$50,000를, S. 룬은 공정가치가 NT$15,000인 토지와 공정가치가 NT$80,000인 건물을, E. 가오는 현금 NT$9,000, 매출채권 NT$32,000, 설비 NT$39,000를 출자했다(단위: 1,000). 매출채권의 현금 회수는 NT$29,000로 평가되었다.

a. 각 조합원의 출자를 분개하라.
b. 출자 후 조합의 총자본은 얼마인가?

**3** 장 리는 수년간 개인사업을 영위하다가 새해가 되자 쉬안과 동업하기로 하고 Li & Xuan이라는 조합을 설립했다. 장 리는 현금 ¥12,000, 매출채권 ¥14,000과 관련 대손충당금 ¥2,000, 설비 ¥30,000과 관련 감가상각누계액 ¥4,000을 출자했다(단위: 1,000). 조합은 대손충당금을 ¥3,000으로 재평가하고 설비의 공정가치를 ¥23,500으로 인정했다. 장 리의 조합 출자를 분개하라.

**4** 맥길과 스미스의 1월 1일 지분은 각각 €50,000, €40,000이며, 맥길과 스미스에게 연간 급여로 각각 €22,000, €13,000를 지급하고 매 회기 초에 지분 잔액의 10%에 해당하는 이자를 지급한 후 잔액을 각각 60%, 40%로 나누기로 손익 배분이 약정되어 있다.

a. 당기순이익이 (1) €50,000, (2) €36,000일 때 각 조합원에게 배분하는 금액을 산출하는 표를 작성하라.
b. 위 금액을 분개하라.

**5** 창(기초 지분 HK$60,000)과 우(기초 지분 HK$90,000)는 조합을 결성한 동업자이다(단위: 1,000). 2020년에 조합은 당기순이익을 HK$80,000 창출했으며, 창과 우는 각각 HK$18,000, HK$24,000를 조합으로부터 미리 수령했다.

a. 손익 배분에 관한 약정상 창이 45%, 우가 55%일 때 이들에게 각각 배분되는 당기순이익을 구하고 분개하라.
b. 위 문제에서 급여로 창에게 HK$30,000, 우에게 HK$25,000를 먼저 지급하고 잔액을 동 비율대로 배분하기로 했을 때 이들에게 각각 배분되는 당기순이익을 구하고 분개하라.
c. 위 문제에서 창에게 HK$40,000, 우에게 HK$35,000를 먼저 지급한 뒤 추가로 기초 지분 금액의 10%를 이자로 할당하고 남은 금액을 각각 50%로 나눌 때 이들에게 각각 배분되는 당기순이익을 구하고 분개하라.
d. (c)의 경우 각 조합원의 기말 지분 금액은 얼마인가?

**6** KDK Co.의 2020년 1월 1일 기초 지분은 디피카 카푸르가 INR20,000, 카리나 두트가 INR18,000이고, 선배당액은 카푸르가 INR8,000, 두트가 INR5,000이다(단위: 1,000). 1년간 조합의 당기순이익이 INR40,000이며, 조합원 간의 손익 배분이 균일하다고 가정한다.

**a.** 각 조합원의 연간 지분변동표를 작성하라.

**b.** 2020년 12월 31일 현재 재무상태표의 자본 항목을 작성하라.

**7** 의사인 아리프, 팔렐, 바유는 The Doctor라는 조합을 설립했다. 아리프는 현금 Rs30,000, 공정가치가 Rs25,000인 의료 장비를 출자했다(단위: 1,000). 또한 팔렐은 공정가치가 Rs28,000인 토지, 공정가치가 Rs75,000인 건물을 출자했는데, 토지와 건물에 장기 차입금 Rs20,000에 대한 담보가 설정되어 있어 조합이 인수했다. 바유는 현금 Rs7,000, 매출채권 Rs36,000, 공정가치가 Rs3,000인 저장품, 공정가치가 Rs27,000인 의료 장비를 출자했다. 조합은 매출채권의 회수 가능 금액을 Rs32,000로 평가했다. 2020년 12월 31일 현재 출자가 완료된 후 조합의 표준형 재무제표를 작성하라.

**8** 12월 31일 현재 Wenyou Company는 현금 ¥20,000, 비현금자산 ¥100,000, 부채 ¥55,000, 지분으로 웬 ¥45,000, 유 ¥20,000을 계상하고 있다. 이후 조합을 청산하여 비현금자산 매각으로 현금 ¥105,000을 창출했다. 웬과 유의 손익 배분 비율은 각각 60%, 40%이다. 각 조합원의 잔여 재산 배분액을 계산하는 표를 작성하라.

**9** 8번 문제의 자료를 이용하여 다음 거래를 분개하라.

**a.** 비현금자산 매각

**b.** 처분손익 배분

**c.** 부채 상환

**d.** 잔여 재산 배분

**10** 잔여 재산인 현금을 조합원에게 배분할 때 VUP Company에는 최종적으로 현금 $24,000와 지분으로 보걸 $17,000(대변), 우테치 $15,000(대변), 페나 $8,000(차변)가 남아 있다. 손익 배분 비율은 5:3:2이다.

**a.** 페나가 현금 $8,000를 조합의 자본에 충당했을 때 이를 분개하고, 대변에 잔액이 있는 조합원에 대한 현금 배분을 분개하라.

**b.** 페나의 지분 결손을 다른 두 조합원이 충당했을 때 이를 분개하고, 대변에 잔액이 있는 조합원에 대한 현금 배분을 분개하라.

**11** K. 콜머, C. 아이드먼, C. 리노는 조합의 손익을 5:3:2로 배분하기로 약정했으며, 이들의 지분 금액은 각각 $34,000, $26,000, $21,000이다. 새로운 조합원으로 던 저니건을 영입하기로 했을 때 다음 각 경우에 저니건의 영입을 분개하라.

**a.** 콜머의 지분 50%를 $19,000에 취득

**b.** 아이드먼의 지분 50%를 $12,000에 취득

**c.** 리노의 지분 $33^1/_3$%를 $9,000에 취득

**12** S. 보와 T. 미의 손익 배분 비율은 3:2이고 지분 금액은 각각 ¥100,000, ¥60,000이다(단위: 1,000). 새로운 조합원 W. 진을 영입하기로 했을 때 다음 각 경우에 W. 진의 영입을 분개하라.

**a.** 기존의 조합원에게 보너스를 지급하기로 하고 30%의 지분을 ¥90,000에 취득

**b.** 새로운 조합원에게 보너스를 지급하기로 하고 30%의 지분을 ¥50,000에 취득

**13** 조합원 N. 김, C. 해진, C. 기원의 손익 배분 비율은 4:4:2이고 지분 금액은 각각 ₩50,000, ₩40,000, ₩30,000이다(단위: 1,000). C. 기원이 탈퇴를 희망할 때 다음 각 경우에 C. 기원의 탈퇴를 분개하라.

**a.** N. 김과 C. 해진이 C. 기원의 지분 50%씩을 각자 ₩17,000에 취득

**b.** C. 해진이 C. 기원의 지분 전액을 ₩22,000에 취득

**c.** N. 김이 C. 기원의 지분 전액을 ₩26,000에 취득

**14** B. 얀, J. 구, N. 후이의 손익 배분 비율은 5:3:2이고 지분은 각각 HK$95,000, HK$75,000, HK$60,000이다(단위: 1,000). N. 후이가 탈퇴를 희망할 때 다음 각 경우에 N. 후이의 탈퇴를 분개하라.

**a.** N. 후이에게 보너스를 지급하기로 하여 조합으로부터 HK$64,000를 받는다.

**b.** N. 후이가 기존 조합원에게 보너스를 지급하기로 하여 조합으로부터 HK$52,000를 받는다.

**15** 포스, 앨버트슨, 에스피노사는 손익 배분 비율을 50%, 30%, 20%로 약정했으며 지분 금액은 각각 €100,000, €60,000, €40,000이다.

**a.** 새로운 조합원 개럿이 €88,000를 출자하여 지분율 25%를 취득하고 보너스를 기존 조합원에게 주기로 동의했을 때 이를 분개하라.

**b.** 조합원을 영입하는 대신 포스가 보너스를 받고 조합을 탈퇴하기로 하여 조합에서 €110,000를 지급했을 때 이를 분개하라.

## 마무리 연습 문제

**1** 다음은 2020년 1월 1일 현재 두 개인사업자의 결산 후 시산표이다(단위: 1,000).

| | Bon-Joon Company | | Joon-Ho Company | |
|---|---|---|---|---|
| | 차변 | 대변 | 차변 | 대변 |
| 현금 | ₩ 14,000 | | ₩12,000 | |
| 외상매출금 | 17,500 | | 26,000 | |
| 대손충당금 | | ₩ 3,000 | | ₩ 4,400 |
| 재고자산 | 26,500 | | 18,400 | |
| 설비 | 45,000 | | 29,000 | |
| 감가상각누계액 | | 24,000 | | 11,000 |
| 지급어음 | | 18,000 | | 15,000 |
| 외상매입금 | | 22,000 | | 31,000 |
| Bon-Joon의 지분 | | 36,000 | | |
| Joon-Ho의 지분 | | | | 24,000 |
| | ₩103,000 | ₩103,000 | ₩85,400 | ₩85,400 |

Bon-Joon Company과 Joon-Ho Company는 BJH Company라는 조합을 결성하기로 하고 비현금자산에 대해 다음과 같이 합의했다.

| | Bon-Joon Company | Joon-Ho Company |
|---|---|---|
| 외상매출금 | ₩17,500 | ₩26,000 |
| 대손충당금 | 4,500 | 4,000 |
| 재고자산 | 28,000 | 20,000 |
| 설비 | 25,000 | 10,000 |

현금과 부채는 전액 조합에 귀속되며, 추가로 Bon-Joon Company와 Joon-Ho Company는 각각 현금 ₩5,000, ₩19,000을 출자하는 데 동의했다.

**a.** 각 개인 자산과 부채의 조합 이전을 별도로 분개하라.

**b.** 추가 현금 출자를 분개하라.

**c.** 2020년 1월 1일 현재 조합의 개시 표준형 재무제표를 작성하라.

a. Bon-Joon의 지분 ₩40,000
Joon-Ho의 지분 ₩23,000
c. 자산 계 ₩173,000

**2** 2020년 12월 31일, LWC Company의 설립 후 첫해 영업을 한 후 계정과목별 금액은 다음과 같다(단위: 1,000).

| 조합원 | 선배당 | 지분 |
|---|---|---|
| A. 링위 | ¥23,000 | ¥48,000 |
| J. 우 | 14,000 | 30,000 |
| K. 청 | 10,000 | 25,000 |

지분은 처음의 출자 금액을 나타내며 손익 배분이 반영되지 않았다.

**a.** 다음 각 경우의 2020년 순익 배분을 분개하라.

1. 당기순이익이 ¥30,000이고 손익 배분 비율이 6:3:1이다.
2. 당기순이익이 ¥40,000이고, A. 링위와 J. 우의 급여는 각각 ¥15,000, ¥10,000이며, 잔액을 균분한다.
3. 당기순이익이 ¥19,000이고, 각 조합원은 기초 지분 금액의 10%에 해당하는 이자를 선취한다. 그리고 A. 링위의 급여는 ¥15,000이고 잔액을 균분한다.

**b.** (3)의 경우 당기손익의 배분 계산을 보여주는 표를 작성하라.

**c.** (3)의 경우 지분변동표를 작성하라.

a. 1. 링위 ¥18,000
2. 링위 ¥20,000
3. 링위 ¥17,700
c. 링위 ¥42,700

**3** Crawford Company의 조합원들은 조합을 청산하기로 했으며 재무상태표는 다음과 같다.

**Crawford Company**
**재무상태표**
**2020년 5월 31일 현재**

| 자산 | |
|---|---|
| 설비 | € 21,000 |
| 감가상각누계액 | (5,500) |
| 재고자산 | 34,500 |
| 외상매출금 | 25,000 |
| 대손충당금 | (1,000) |
| 현금 | 27,500 |
| | €101,500 |
| **자본과 부채** | |
| A. 재미슨의 지분 | € 33,000 |
| S. 모이어의 지분 | 21,000 |
| P. 로퍼의 지분 | 3,000 |
| 지급어음 | 13,500 |
| 외상매입금 | 27,000 |
| 미지급 급여 | 4,000 |
| | €101,500 |

손익 배분 비율은 5:3:2이고 다음과 같은 과정으로 청산을 진행했다.

1. 비현금자산을 모두 현금화하여 €51,000를 수령했다.
2. 처분손익을 조합원에게 배분했다.
3. 부채를 전액 상환했다.
4. P. 로퍼가 지분 결손을 보전했다.
5. 지분에 대변 잔액이 있는 조합원에게 잔여 재산인 현금을 배분했다.

**a.** 각 거래를 분개하라.

**b.** 현금과 지분 계정에 포스팅하라.

**c.** P. 로퍼가 지분 결손을 보전할 능력이 없다고 가정한다.

1. P. 로퍼의 지분 결손을 A. 재미슨과 S. 모이어의 지분에 할당하는 분개를 하라.
2. 최종 잔여 현금 배분을 분개하라.

a. 비현금자산처분손실 €23,000
현금 배분액: 재미슨 €21,500, 모이어 €14,100

**4** 4월 30일 현재 PDL Company의 조합원별 지분은 G. 돈리 $52,000, C. 러마 $48,000, J. 핑크스턴 $18,000이고 손익 배분 비율은 5:4:1이다. PDL Company는 5월 1일에 새로운 조합원으로 J. 테럴을 영입하기로 했다.

**a.** 다음 각 경우의 조합원 영입을 분개하라.

1. J. 테럴이 개인 재산으로 J. 핑크스턴에게 $16,000를 지급하고 J. 핑크스턴의 지분 50%를 취득
2. J. 테럴이 개인 재산으로 C. 러마에게 $15,000를 지급하고 C. 러마의 지분 $33^1/_3$%를 취득
3. J. 테럴이 기존 조합원에게 보너스를 주기로 하고 조합에 $62,000를 출자하여 지분 30%를 취득
4. J. 테럴이 기존 조합원으로부터 보너스를 받기로 하고 조합에 $42,000를 출자하여 지분 30%를 취득

**b.** J. 테럴을 영입한 후 C. 러마의 지분은 $32,000가 되었다. 만약 C. 러마의 지분이 전 조합 지분의 20%라면 J. 테럴의 현금 출자액과 새 조합원에게 지급한 보너스는 얼마인가?

a. 1. 테럴 $9,000
2. 테럴 $16,000
3. 테럴 $54,000
4. 테럴 $48,000

**5** 12월 31일 현재 MSY Company의 조합원별 지분과 손익 배분 비율은 다음과 같다(단위: 1,000).

| 조합원 | 지분 | 손익 배분 비율 |
|---|---|---|
| 무이 | HK$60,000 | 50% |
| 상 | 40,000 | 30% |
| 옌 | 30,000 | 20% |

**a.** 다음 각 경우에 옌의 조합 탈퇴를 분개하라.

1. 기존 조합원이 각자 HK$18,000를 옌에게 주고 옌의 지분을 50%씩 승계하기로 합의했다.
2. 상이 HK$25,000를 지급하고 옌의 지분을 모두 취득하기로 했다.
3. 옌은 보너스를 받기로 하고 조합으로부터 HK$34,000를 수령했다.
4. 옌은 보너스를 주기로 하고 조합으로부터 HK$22,000를 수령했다.

**b.** 옌이 탈퇴한 후 상의 지분은 HK$43,600가 되었다. 옌이 기존 조합원에게 지급한 보너스와 조합이 옌에게 지급한 금액을 구하라.

a. 1. 상의 지분 HK$15,000
2. 상의 지분 HK$30,000
3. 보너스 HK$4,000
4. 보너스 HK$8,000

부록 G

# 장부 조직

잘되는 회계는 장부 구성이 체계적이다. 그래야 거래에서 발현된 숫자들이 장부를 타고 재무제표로 정확하고 완전하게 적시에 넘어간다. 장부 체계의 큰 틀은 분개장과 총계정원장으로 이루어진다. 분개장은 분개를 담는 장부이고, 총계정원장은 재무제표를 구성하는 모든 계정과목을 금액과 함께 모아둔 장부이다.

학습목표

보조원장에 대해 알아본다.

## 보조원장 _Subsidiary Ledgers

체계적인 장부 구조에서는 모든 거래가 일단 분개장에서 분개된 후 해당 계정이 담겨 있는 총계정원장의 계정별로 금액이 넘어간다. 그런데 어떤 계정은 수많은 같은 종류의 계정으로 구성되어 있다. 예를 들어 매출채권의 계정은 수백 개의 거래처로 구성되는데, 거래처별로 매출채권 계정을 만들면 총계정원장이 매우 난삽해진다. 이 경우 총계정원장에는 매출채권 계정 하나만 남기고 다른 장부를 별도로 마련하여 거래처별로 관리할 수 있다. 이를 **보조원장**(subsidiary ledger)이라고 하며, 총계정원장에 남아 있는 하나의 매출채권 계정을 **통제 계정**(control account)이라고 한다. 즉 보조원장은 일종의 계정별 내역서로서 총계정원장의 보조부이다.

역자 한마디

분개는 모든 거래를 차변과 대변의 각 계정과목으로 분석하고 분류하는 것인데, 이를 분개장에서 한다. 분개된 금액은 분개장에서 포스팅을 통해 총계정원장의 해당 계정과목에 반영된다. 그러다가 회계연도 말에 총계정원장의 계정과목과 금액을 일목요연하게 분류하여 담으면 그것이 재무제표가 된다. 분개장과 총계정원장을 보조하는 장부를 사용하면 기록을 보다 쉽고 효율적으로 할 수 있다. 이를 보조부라고 하며, 이에 대응하여 분개장과 총계정원장을 주요부라고 한다. 보조부에는 총계정원장을 돕는 보조원장과 분개장을 돕는 보조기입장이 있다.

만약 수천 개 판매처와의 거래를 총계정원장의 매출채권 계정 하나로 관리한다고 하자. 하나의 매출채권 계정 안에 수천 개의 판매처가 뒤섞여 각 판매처의 잔액이 얼마인지, 대금 회수일이 경과했는지 등을 알 재간이 없다. 이에 수많은 매출채권 계정을 별도로 관리하는 장부가 필요한데, 이를 **매출채권원장**(accounts receivable subsidiary ledger, customers' subsidiary ledger)이라고 한다. 매입채무도 마찬가지이다. 총계정원장의 매입채무 계정 하나로 구매처를 관리하면 거래처별 외상매입금 지급일이 언제인지 알 수가 없으므로 제대로 관리하려면 **매입채무원장**(accounts payable subsidiary ledger, creditors' subsidiary ledger)이 필요하다.[1]

그림 G.1은 총계정원장상 통제 계정과 보조원장의 관계를 보여주며, 여기서 통제 계정은 초록색으로 표시되어 있다. 현금 계정과 자본 계정은 구체적으로 관리할 필요가 없는 계정으로 보아 보조원장이 없다. 그러나 현금을 보관처별로 관리하고 싶다면 현금원장을 갖추어도 될 것이다.

총계정원장의 통제 계정에 있는 금액은 보조원장의 개별 잔액을 합한 것과 일치한다. 즉 그림

1 역자 주: 매출채권원장과 매입채무원장은 전형적인 보조원장이다. 보조원장에서 거래처를 가나다순으로 정리하면 찾기 쉽고 편리하다. 보조원장의 합은 총계정원장의 통제 계정 금액과 같은데, 이는 통제 계정에 기록되는 한 줄의 금액이 실상은 일정 기간 보조원장의 수많은 금액의 합으로 세분될 수 있다는 뜻이다.

G.1의 매입채무는 구매처 X, Y, Z의 매입채무를 합한 것과 같다.

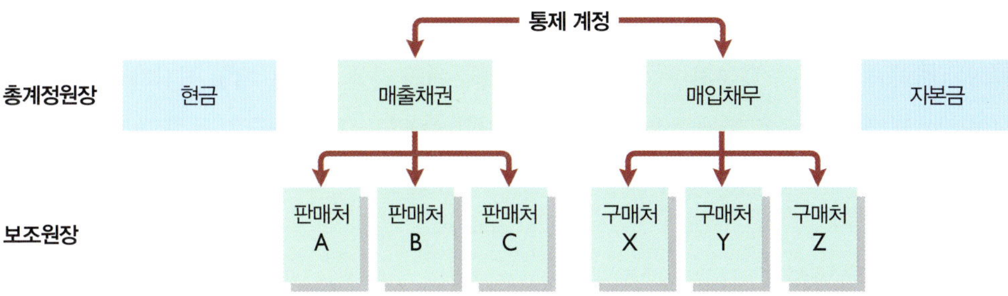


**그림 G.1** 총계정원장과 보조원장의 관계

## 보조원장 예시 _Subsidiary Ledger Example

그림 G.2는 Pujols Company의 외상판매와 대금 회수에 대한 거래 기록이다.

**그림 G.2** 외상판매와 대금 회수

| 외상판매 | | | 대금 회수 | | |
|---|---|---|---|---|---|
| 1월 10일 | Aaron Co. | $ 6,000 | 1월 19일 | Aaron Co. | $4,000 |
| 12일 | Branden Inc. | 3,000 | 21일 | Branden Inc. | 3,000 |
| 20일 | Caron Co. | 3,000 | 29일 | Caron Co. | 1,000 |
| | | $12,000 | | | $8,000 |

Pujols Company의 통제 계정과 보조원장의 관계는 그림 G.3과 같다.

**그림 G.3** 총계정원장과 보조원장의 관계

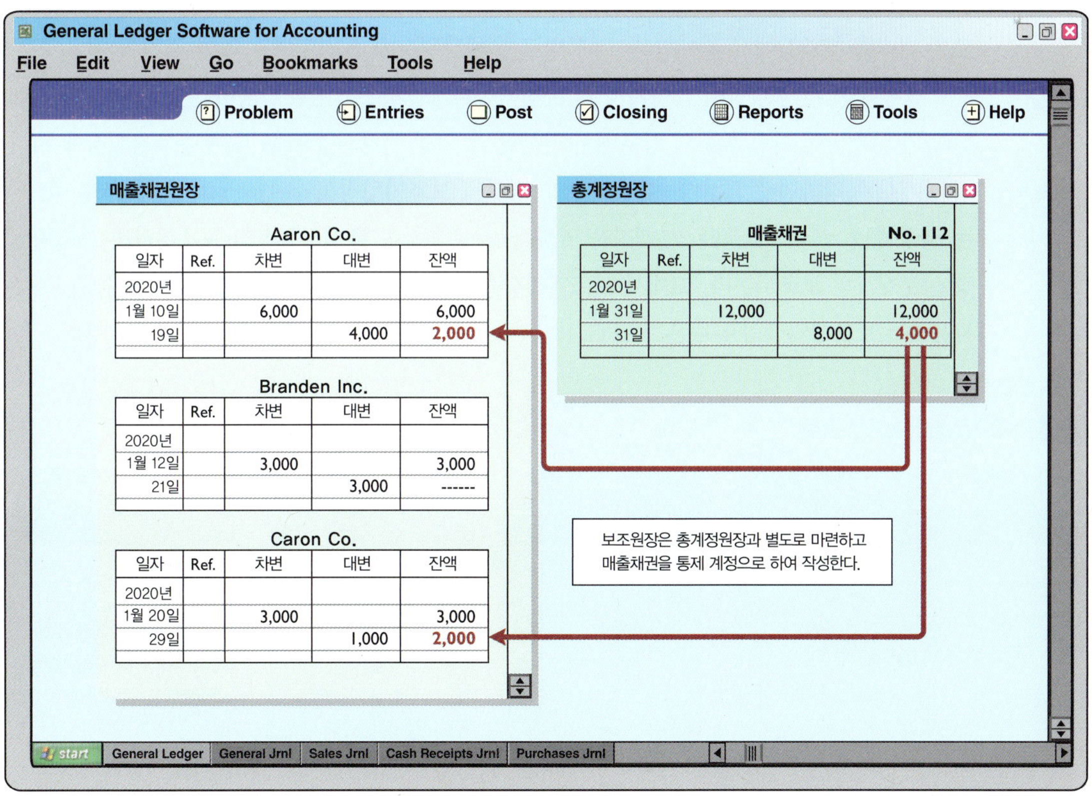

Pujols Company는 총계정원장의 통제 계정인 매출 계정의 차변($12,000)과 대변($8,000)의 상세 내역이 궁금하면 매출채권원장에서 언제든 찾을 수 있으며, 통제 계정의 잔액 $4,000와 보조원장의 합이 일치하도록(Aaron Co. $2,000 + Branden Inc. $0 + Caron Co. $2,000) 관리해야 한다. 이 기능을 활용하면 개별 거래처의 매출채권 잔액 변동을 매일 실시간으로 반영하여 매출채권 잔액이 신용 한계를 넘지 않도록 관리할 수 있고, 밀린 대금의 독촉과 고객의 잔액 조회에 대해 즉시 응답할 수 있다.

## 보조원장의 유용성 _Advantages of Subsidiary Ledgers

**역자 한마디**

보조원장은 예로부터 수작업 회계에 널리 활용되었으나 전산으로 장부를 관리할 때는 애초에 전산에 입력되는 기초 정보의 Key 값이 거래처별이므로 별도의 보조원장이 존재한다는 개념이 없다. 즉 전산 환경의 장부에서는 매출채권 계정을 거래처별로 펼치기와 통합하기 기능으로 이해하는 것이 좋다. 거래처 번호를 Key Code로 하여 펼치면 매출채권원장이 되고 합치면 통제 계정인 매출채권이 된다.

수작업 환경에서 보조원장의 유용성은 다음과 같이 정리할 수 있다.

1. 보조원장에서 거래처별 정보를 상세히 알 수 있다.
2. 총계정원장을 재무제표를 만드는 용도로만 간략히 한 줄로 관리할 수 있어 정갈하다.
3. 수많은 계정을 총계정원장에 쓰면 실수가 빈번하게 발생한다. 수많은 계정을 보조원장으로 관리하고 총계정원장에는 하나의 통제 계정을 쓰면 오류를 방지할 수 있다. 즉 통제 계정을 관리하는 사람과 보조원장을 관리하는 사람을 구분하여 상호 체크함으로써 기록의 정확성을 기하고 부정 방지를 위한 내부 통제 목적으로 활용할 수 있다.
4. 보조원장을 사용하여 많은 거래처 계정을 여러 사람이 나누어 회계 처리를 할 수 있어 효율적이다.

**학습목표**

보조기입장에 대해 알아본다.

## 보조기입장 _Special Journals

**HINT**

계속기록법으로 재고자산을 정리하려면 재고 종류별로 관리하는 보조원장도 필요하다.

모든 거래를 분개장에서 분개한 후 계정별로 총계정원장에 포스팅하는 일반 절차의 경우 회사 규모가 커지면 분개의 양이 많아져서 매우 번거롭다. 그러므로 자주 발생하는 같은 종류의 거래를 일반 분개장이 아닌 별도의 장부에서 기록한 후 일정 기간의 합계를 내어 총계정원장에 하나의 분개로 처리하면 깔끔하다. 이때의 별도 장부를 **보조기입장**(special journal)이라고 하는데, 이는 결국 동종 거래별로 묶은 분개장을 말한다. 보조원장이 총계정원장의 보조부라면 보조기입장은 분개장의 보조부이다. 그래서 보조기입장을 사용하지 않는 회사를 찾아보기 힘들다. 자주 사용하는 보조기입장의 유형은 그림 G.4와 같다.

**그림 G.4** 보조기입장과 총계정원장

| 매출장 | 현금수입장 | 매입장 | 현금지출장 | 분개장 |
|---|---|---|---|---|
| 용도:<br>외상매출 | 용도:<br>모든 현금 수령<br>(현금판매) | 용도:<br>외상매입 | 용도:<br>모든 현금 지출<br>(현금구매) | 용도:<br>보조기입장에 기록되지 않는 거래의 분개와 수정, 오류정정, 결산분개 |

보조기입장에 기록되지 않는 일반 거래는 분개장에 기록한다. 예를 들어 회사가 그림 G.4와 같은 4개의 보조기입장만 두고 있다면 매입환출과 매입에누리는 분개장에 기록된다. 그런데 매입환출이나 매입에누리가 빈번하게 발생하는 경우에는 보조기입장을 따로 만들어 사용하면 효율적이다. 이와 같이 필요에 따라 보조기입장을 만들면 된다. 그 외 결산기에 하는 수정과 오류 정정 분개, 결산 분개는 분개장에서 한다.

보조기입장을 활용하면 거래 유형별로 여러 사람이 분개를 나누어 여러 장부에서 동시에 처리할 수 있어 매우 효율적이다. 가령 한 사람은 현금판매를 담당하고 한 사람은 외상판매를 담당하는 것이다. 물론 이는 수작업 장부의 경우에 해당한다. 장부를 전산으로 개발하면 장부를 나누지 않아도 여러 컴퓨터 화면에서 분산 기입이 가능하기 때문에 이미 보조기입장의 효익이 내재되어 있는데, 회계를 전산화하는 이유가 여기에 있다. 또한 보조기입장을 만들면 빈번한 거래를 정기적으로 모아 합계 베이스로 포스팅할 수 있으므로 시간이 절약된다. 그림 G.4에 제시한 보조기입장에 대해 좀 더 자세히 알아보자.

## 매출장 _Sales Journal

**매출장**(sales journal)은 외상매출을 분개하는 보조장부로서 신용으로 판매한 거래만 기록한다. 재고자산이 아닌 설비 장치 등의 신용판매는 흔히 일어나지 않는 거래이고 재고자산 판매와는 회계기준상 구분되는 거래이므로 일반 분개장에서 분개하고, 현금판매는 현금수입장이라는 보조기입장에서 따로 분개한다.

### 외상매출 분개 _Journalizing Credit Sales

예를 들어 Karns Wholesale Supply가 외상매출을 하면 차변에 매출채권(통제 계정), 대변에 매출이 발생한다. 이 회사가 재고자산을 계속기록법으로 관리한다면 동시에 차변에 매출원가, 대변에 재고자산이 생긴다. 따라서 그림 G.5와 같이 매출장에 칸을 구분하여 외상판매의 송장 번호인 101~107별로 분개했다.

**그림 G.5** 매출장에 분개(계속기록법)

General Ledger Software for Accounting

File Edit View Go Bookmarks Tools Help

Problem Entries Post Closing Reports Tools Help

매출장 SI

| 일자 | 차변 계정 | 송장 No. | Ref. | 매출채권 차변 매출 대변 | 매출원가 차변 재고자산 대변 |
|---|---|---|---|---|---|
| 2020년 | | | | | |
| 5월 3일 | Abbot Sisters | 101 | | 10,600 | 6,360 |
| 7일 | Babson Co. | 102 | | 11,350 | 7,370 |
| 14일 | Carson Bros. | 103 | | 7,800 | 5,070 |
| 19일 | Deli Co. | 104 | | 9,300 | 6,510 |
| 21일 | Abbot Sisters | 105 | | 15,400 | 10,780 |
| 24일 | Deli Co. | 106 | | 21,210 | 15,900 |
| 27일 | Babson Co. | 107 | | 14,570 | 10,200 |
| | | | | 90,230 | 62,190 |

start General Ledger General Jrnl Sales Jrnl Cash Receipts Jrnl Purchases Jrnl

매출장에 담는 분개는 모두 매출에 대한 분개이므로 일반 분개장처럼 각 분개에 대한 적요, 즉 거래 내용에 대한 설명을 따로 적을 필요가 없다. 그리고 미리 일련번호를 부여한 송장을 사용하여 모든 외상매출의 분개가 누락과 중복 없이 완전하게 기록되었는지 확인할 수 있으면 좋다. 한편 Ref.(참조) 칸은 보조원장으로의 포스팅을 점검하기 위해 사용한다.

### 매출장 포스팅 _Posting the Sales Journal

외상매출이 발생하면 매일 매출장에 적는 동시에 매출채권원장의 거래처별로도 기록한다. 그런 다음 일정 기간이 지나면 기입된 거래를 모아 한꺼번에 총계정원장으로 포스팅하는데, 보조기입장의 효력이 여기서 발휘된다. 매출장의 구체적인 포스팅은 그림 G.6을 참조하라.

**그림 G.6** 매출장의 포스팅

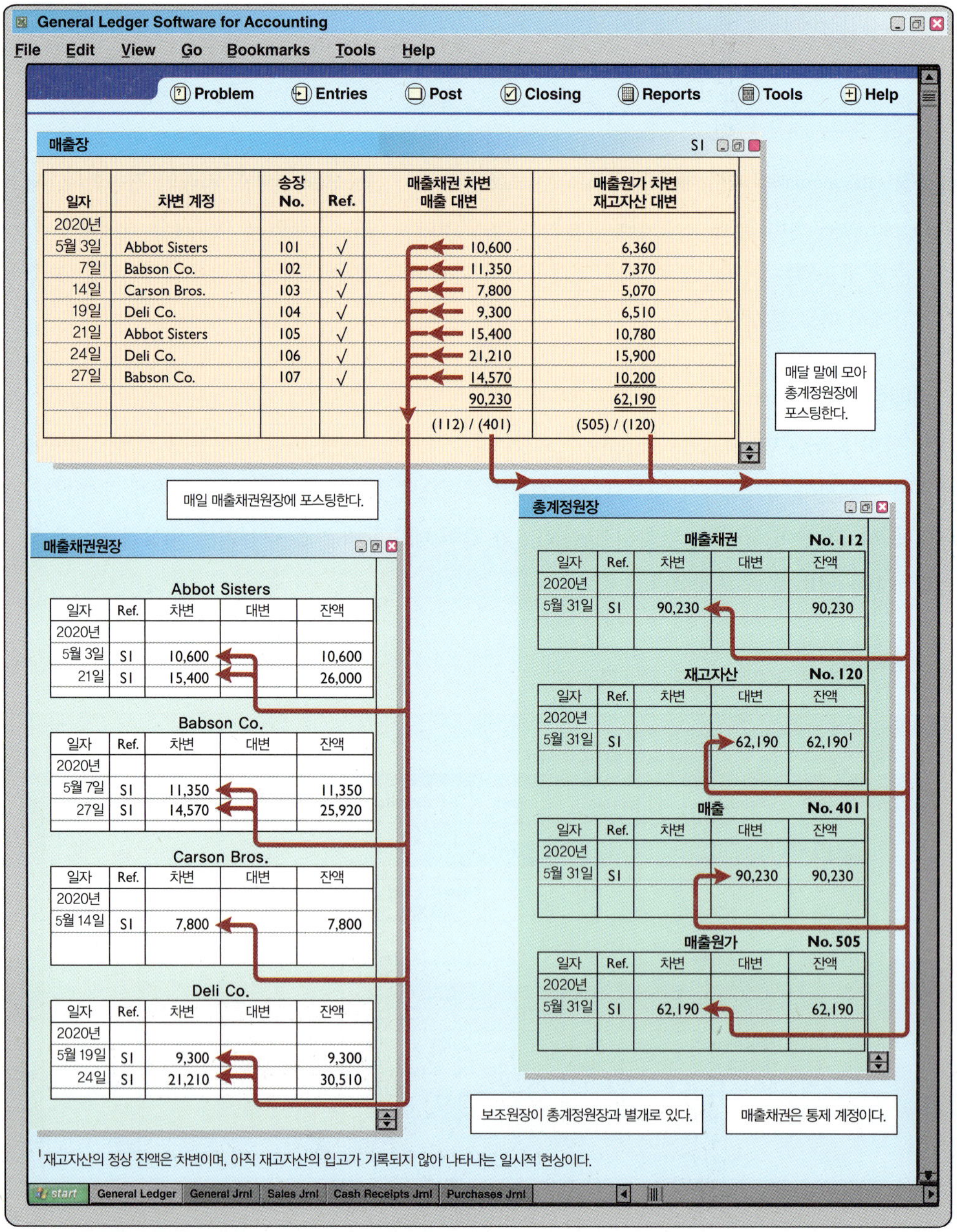


매출장

| 일자 | 차변 계정 | 송장 No. | Ref. | 매출채권 차변 매출 대변 | 매출원가 차변 재고자산 대변 |
|---|---|---|---|---|---|
| 2020년 | | | | | |
| 5월 3일 | Abbot Sisters | 101 | √ | 10,600 | 6,360 |
| 7일 | Babson Co. | 102 | √ | 11,350 | 7,370 |
| 14일 | Carson Bros. | 103 | √ | 7,800 | 5,070 |
| 19일 | Deli Co. | 104 | √ | 9,300 | 6,510 |
| 21일 | Abbot Sisters | 105 | √ | 15,400 | 10,780 |
| 24일 | Deli Co. | 106 | √ | 21,210 | 15,900 |
| 27일 | Babson Co. | 107 | √ | 14,570 | 10,200 |
| | | | | 90,230 | 62,190 |
| | | | | (112) / (401) | (505) / (120) |

매출채권원장

Abbot Sisters

| 일자 | Ref. | 차변 | 대변 | 잔액 |
|---|---|---|---|---|
| 2020년 | | | | |
| 5월 3일 | SI | 10,600 | | 10,600 |
| 21일 | SI | 15,400 | | 26,000 |

Babson Co.

| 일자 | Ref. | 차변 | 대변 | 잔액 |
|---|---|---|---|---|
| 2020년 | | | | |
| 5월 7일 | SI | 11,350 | | 11,350 |
| 27일 | SI | 14,570 | | 25,920 |

Carson Bros.

| 일자 | Ref. | 차변 | 대변 | 잔액 |
|---|---|---|---|---|
| 2020년 | | | | |
| 5월 14일 | SI | 7,800 | | 7,800 |

Deli Co.

| 일자 | Ref. | 차변 | 대변 | 잔액 |
|---|---|---|---|---|
| 2020년 | | | | |
| 5월 19일 | SI | 9,300 | | 9,300 |
| 24일 | SI | 21,210 | | 30,510 |

총계정원장

매출채권 No. 112

| 일자 | Ref. | 차변 | 대변 | 잔액 |
|---|---|---|---|---|
| 2020년 | | | | |
| 5월 31일 | SI | 90,230 | | 90,230 |

재고자산 No. 120

| 일자 | Ref. | 차변 | 대변 | 잔액 |
|---|---|---|---|---|
| 2020년 | | | | |
| 5월 31일 | SI | | 62,190 | 62,190[1] |

매출 No. 401

| 일자 | Ref. | 차변 | 대변 | 잔액 |
|---|---|---|---|---|
| 2020년 | | | | |
| 5월 31일 | SI | | 90,230 | 90,230 |

매출원가 No. 505

| 일자 | Ref. | 차변 | 대변 | 잔액 |
|---|---|---|---|---|
| 2020년 | | | | |
| 5월 31일 | SI | 62,190 | | 62,190 |

[1] 재고자산의 정상 잔액은 차변이며, 아직 재고자산의 입고가 기록되지 않아 나타나는 일시적 현상이다.

앞서 언급했듯이 외상매출을 매출장에 기입하고 나면 Karns Wholesale Supply는 다음과 같은 두 가지 기록을 해야 한다. 첫째, 매출장에 기록하는 동시에 매출채권원장의 거래처에도 포스팅한다. 매출장의 체크 표시(✓)는 매출원장에 옮겨 적었다는 표시이며, 매출채권원장의 거래처에 번호를 부여하여 그 번호를 대신 적을 수도 있다. 둘째, 월말이 되면 Karns Wholesale Supply는 기록된 외상매출 거래를 모두 합하여 총계정원장에 포스팅한다. 즉 매출 총액 $90,230를 차변에 매출채권(계정 번호 112), 대변에 매출(계정 번호 401)로 옮겨 적고, 매출원가 총액 $62,190를 차변에 매출원가(계정 번호 505), 대변에 재고자산(계정 번호 120)으로 옮겨 적는다. 그리고 포스팅했다는 의미로 계정 번호를 적어놓는다. 또한 매출채권원장과 총계정원장상 Ref.에 S1이라는 표시를 남겨두는데, 이는 매출장의 1쪽에서 포스팅되었다는 뜻이다.

### 포스팅의 정확성 확인 _Proving the Ledgers

포스팅이 제대로 되었는지 확인하기 위해 그림 G.7과 같이 총계정원장의 차변과 대변 계정의 총합이 일치하는지, 매출채권원장의 거래처 금액 총액이 총계정원장의 통제계정 금액과 일치하는지 확인한다.

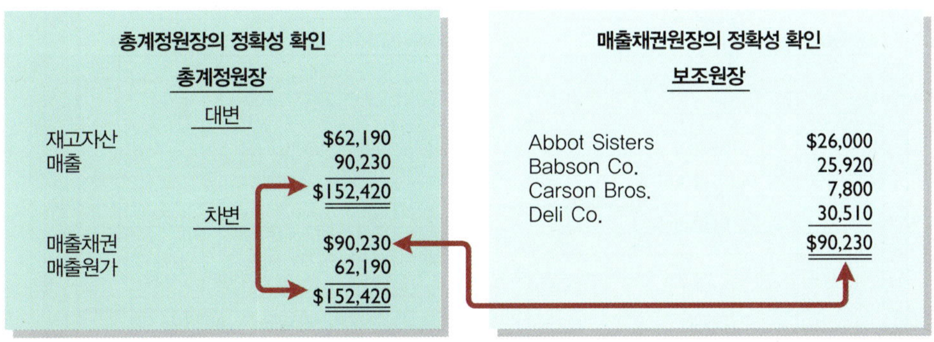


그림 G.7 매출장의 정확성 확인

### 매출장의 유용성 _Advantages of the Sales Journal

매출장의 유용성은 일일이 거래건별로 외상매출을 분개장에 기록하지 않고 총액을 한꺼번에 분개함으로써 시간을 절약하고 실수를 예방할 수 있다는 데 있다. 또한 매출장을 여러 개로 만들면 여러 사람이 분개를 나누어 기입할 수 있어 분업 효과에 따른 능률도 기할 수 있다. 그러나 이러한 장점은 수작업 환경에만 해당한다. 전산 환경에서는 복수의 전산 화면을 통해 여러 사람이 동시에 입력할 수 있기 때문이다.

## 현금수입장 _Cash Receipts Journal

분개 중 많은 부분이 현금 입출금 거래이므로 **현금수입장**(cash receipts journal)을 따로 분리해서 만들 필요가 있다. 현금수입장은 현금판매, 매출채권 회수, 만기 은행 예금, 설비 처분 등으로 인한 현금 수령액을 처리한다. 그런데 모든 현금을 하나의 현금수입장에 기록하기에는 현금 입금의 원인이 너무 다양하기 때문에 현금수입장을 여러 개 만들기도 한다.

현금 입금의 분개는 차변에 현금이고, Karns Wholesale Supply의 경우 대변에 매출채권과 매출이 대부분이다. 따라서 차변은 현금, 매출할인, 대변은 매출채권, 매출, 기타로 구분한다. 매출할인은 매출채권이 현금으로 입금되면서 할인으로 인한 차액으로 차변에 발생한다. 그런데 현금판매의 경우에는 동시에 차변에 매출원가, 대변에 재고자산이 발생하므로 Karns Wholesale Supply는 현금수입장을 그림 G.8과 같은 양식으로 만들었다.

**그림 G.8** 현금수입장의 분개와 포스팅

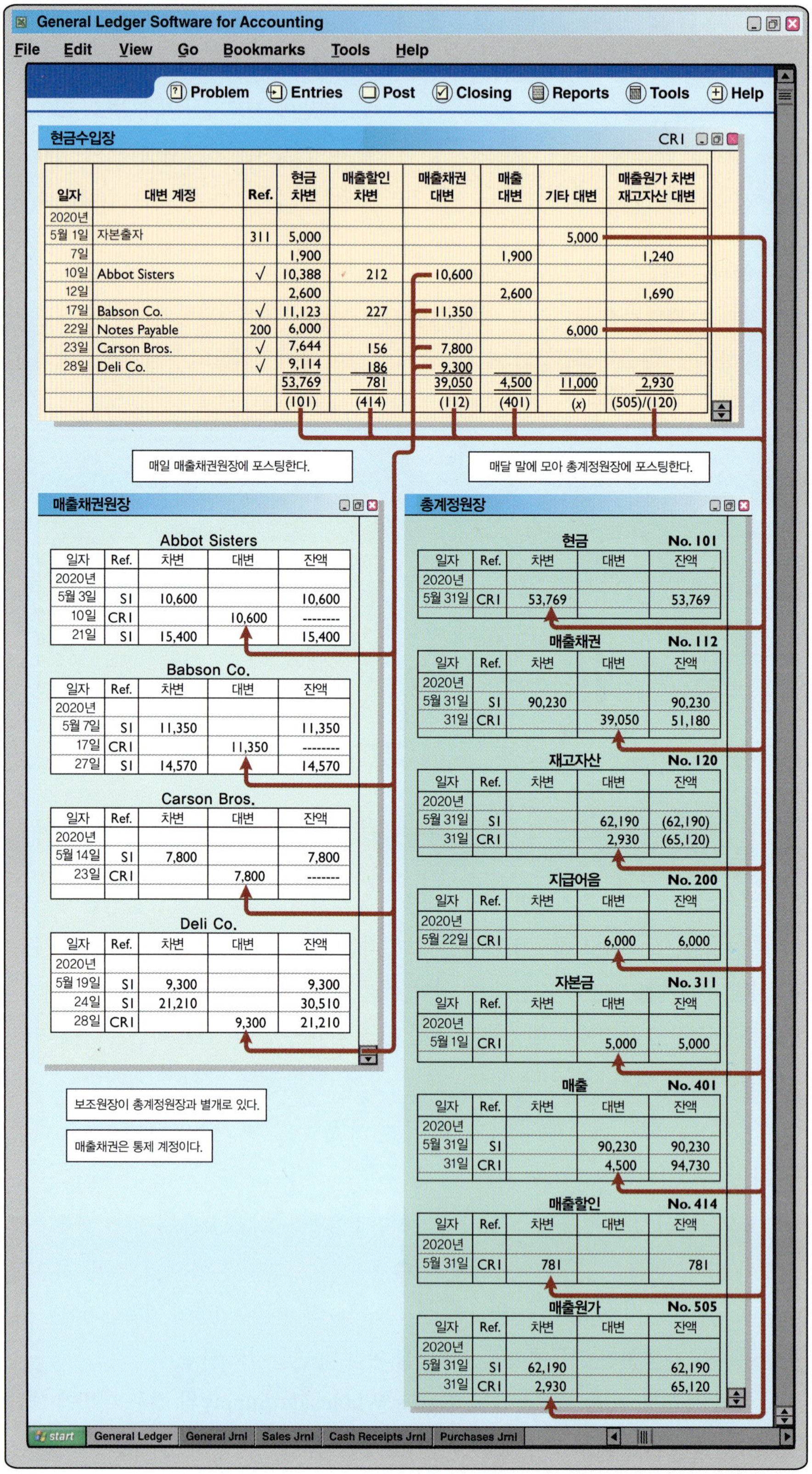


현금수입장 CR1

| 일자 | 대변 계정 | Ref. | 현금 차변 | 매출할인 차변 | 매출채권 대변 | 매출 대변 | 기타 대변 | 매출원가 차변 재고자산 대변 |
|---|---|---|---|---|---|---|---|---|
| 2020년 | | | | | | | | |
| 5월 1일 | 자본출자 | 311 | 5,000 | | | | 5,000 | |
| 7일 | | | 1,900 | | | 1,900 | | 1,240 |
| 10일 | Abbot Sisters | √ | 10,388 | 212 | 10,600 | | | |
| 12일 | | | 2,600 | | | 2,600 | | 1,690 |
| 17일 | Babson Co. | √ | 11,123 | 227 | 11,350 | | | |
| 22일 | Notes Payable | 200 | 6,000 | | | | 6,000 | |
| 23일 | Carson Bros. | √ | 7,644 | 156 | 7,800 | | | |
| 28일 | Deli Co. | √ | 9,114 | 186 | 9,300 | | | |
| | | | 53,769 | 781 | 39,050 | 4,500 | 11,000 | 2,930 |
| | | | (101) | (414) | (112) | (401) | (x) | (505)/(120) |

매출채권원장

Abbot Sisters

| 일자 | Ref. | 차변 | 대변 | 잔액 |
|---|---|---|---|---|
| 2020년 | | | | |
| 5월 3일 | S1 | 10,600 | | 10,600 |
| 10일 | CR1 | | 10,600 | -------- |
| 21일 | S1 | 15,400 | | 15,400 |

Babson Co.

| 일자 | Ref. | 차변 | 대변 | 잔액 |
|---|---|---|---|---|
| 2020년 | | | | |
| 5월 7일 | S1 | 11,350 | | 11,350 |
| 17일 | CR1 | | 11,350 | -------- |
| 27일 | S1 | 14,570 | | 14,570 |

Carson Bros.

| 일자 | Ref. | 차변 | 대변 | 잔액 |
|---|---|---|---|---|
| 2020년 | | | | |
| 5월 14일 | S1 | 7,800 | | 7,800 |
| 23일 | CR1 | | 7,800 | ------- |

Deli Co.

| 일자 | Ref. | 차변 | 대변 | 잔액 |
|---|---|---|---|---|
| 2020년 | | | | |
| 5월 19일 | S1 | 9,300 | | 9,300 |
| 24일 | S1 | 21,210 | | 30,510 |
| 28일 | CR1 | | 9,300 | 21,210 |

총계정원장

현금 No. 101

| 일자 | Ref. | 차변 | 대변 | 잔액 |
|---|---|---|---|---|
| 2020년 | | | | |
| 5월 31일 | CR1 | 53,769 | | 53,769 |

매출채권 No. 112

| 일자 | Ref. | 차변 | 대변 | 잔액 |
|---|---|---|---|---|
| 2020년 | | | | |
| 5월 31일 | S1 | 90,230 | | 90,230 |
| 31일 | CR1 | | 39,050 | 51,180 |

재고자산 No. 120

| 일자 | Ref. | 차변 | 대변 | 잔액 |
|---|---|---|---|---|
| 2020년 | | | | |
| 5월 31일 | S1 | | 62,190 | (62,190) |
| 31일 | CR1 | | 2,930 | (65,120) |

지급어음 No. 200

| 일자 | Ref. | 차변 | 대변 | 잔액 |
|---|---|---|---|---|
| 2020년 | | | | |
| 5월 22일 | CR1 | | 6,000 | 6,000 |

자본금 No. 311

| 일자 | Ref. | 차변 | 대변 | 잔액 |
|---|---|---|---|---|
| 2020년 | | | | |
| 5월 1일 | CR1 | | 5,000 | 5,000 |

매출 No. 401

| 일자 | Ref. | 차변 | 대변 | 잔액 |
|---|---|---|---|---|
| 2020년 | | | | |
| 5월 31일 | S1 | | 90,230 | 90,230 |
| 31일 | CR1 | | 4,500 | 94,730 |

매출할인 No. 414

| 일자 | Ref. | 차변 | 대변 | 잔액 |
|---|---|---|---|---|
| 2020년 | | | | |
| 5월 31일 | CR1 | 781 | | 781 |

매출원가 No. 505

| 일자 | Ref. | 차변 | 대변 | 잔액 |
|---|---|---|---|---|
| 2020년 | | | | |
| 5월 31일 | S1 | 62,190 | | 62,190 |
| 31일 | CR1 | 2,930 | | 65,120 |

빈번한 다른 거래가 있다면 현금수입장의 대변을 늘릴 수 있을 것이다. 가령 금융 회사라면 대출금 회수와 이자수입 등이 추가될 수 있다.

### 현금 입금 분개 _Journalizing Cash Receipts Transactions

다음은 5월에 발생한 Karns Wholesale Supply의 현금 입금 거래이다. 매출채권은 그림 G.5의 신용판매에서 발생했다.

5월 1일 주주 D. A. 칸스가 $5,000를 출자했다.
7일 현금판매로 $1,900(매출원가 $1,240)가 발생했다.
10일 Abbot Sisters의 매출채권에서 $10,388가 입금되었다. 관련 매출채권은 송장 번호 101의 $10,600이고 2%의 매출할인이 발생했다.
12일 현금판매 $2,600(매출원가 $1,690)가 발생했다.
17일 Babson Co.의 매출채권에서 $11,123가 입금되었다. 관련 매출채권은 송장 번호 102의 $11,350이고 2%의 매출할인이 발생했다.
22일 약속어음 $6,000의 받을어음이 결제되었다.
23일 Carson Bros.의 매출채권에서 $7,644가 입금되었다. 관련 매출채권은 송장 번호 103의 $7,800이고 2%의 매출할인이 발생했다.
28일 Deli Co.의 매출채권에서 $9,114가 입금되었다. 관련 매출채권은 송장 번호 104의 $9,300이고 2% 매출할인이 발생했다.

위 거래를 다음과 같이 현금수입장에 기입하여 분개를 대신한다.

차변

- **현금**: 각 거래에서 입금한 금액을 기입한다. 월말에 합계하면 그달에 수령한 총 현금 입금액이 된다.
- **매출할인**: 신용기간 이내 입금되어 할인된 송장상 매출채권 금액과 현금 입금액의 차이를 기입한다. 빈번하게 발생하여 매출할인 계정을 마련했으며, 월말에 신용기간 이내 회수된 현금 총액을 파악하고 분석할 수 있다.

대변

- **매출채권**: 현금 수령액의 상대 계정인 매출채권의 차감으로 기입하고 매출채권원장을 업데이트한다.
- **매출**: 현금으로 판매한 거래를 기입한다. 그리고 재고자산이 아닌 장비의 처분은 드문 일이니 일반 분개장에서 직접 처리한다.
- **기타**: 현금 입금 사유가 상대적으로 덜 빈번하여 매출채권이나 매출이 아닌 것으로서, 가령 출자금으로 자본 $5,000 등을 기입한다.

차변과 대변

- **매출원가와 재고자산**: 현금판매가 일어나면 매출원가와 재고의 분개가 따르므로 별도의 칸을 마련하여 기입한다.

HINT
현금이 매출채권에서 회수되면 매출채권원장의 대변에도 반영한다. 그 외 매출채권이나 매출처럼 빈번하지 않은 계정은 현금수입장의 기타 계정에 기록했다가 총계정원장의 해당 계정 대변에 반영한다.

현금수입장에 거래별로 한 줄씩 기록하고 차대변이 일치하는지 확인한다. 예를 들어 5월 10일의 거래는 현금, 매출할인, 매출채권 각각의 금액을 적고 차변과 대변이 같아야 한다. 그리고 매출채권의 경우 보조원장을 즉시 포스팅하여 업데이트하는 것을 잊어서는 안 된다.

현금수입장의 기록이 정확한지는 월말에 총계정원장에 포스팅하기 전에 그림 G.9와 같이 합계가 일치하는지 이중으로 확인한다. 이때 숫자를 더하여 합계가 맞는지 확인하는 것을 푸팅(footing)이라고 하며, 푸팅을 당연히 맞아야 하는 다른 수치와의 일치 여부를 확인하여 검증하는 작업, 예컨대 차대변의 합계가 일치하는지 확인하는 것을 크로스푸팅(cross-footing)이라고 한다.

**그림 G.9** 현금수입장의 정확성 확인

| 차변 | |
|---|---|
| 현금 | $53,769 |
| 매출할인 | 781 |
| 매출원가 | 2,930 |
| | $57,480 |

| 대변 | |
|---|---|
| 매출채권 | $39,050 |
| 매출 | 4,500 |
| 기타 | 11,000 |
| 재고자산 | 2,930 |
| | $57,480 |

### 총계정원장으로의 현금수입장 포스팅 _Posting the Cash Receipts Journal

이는 그림 G.8에 기입한 내용을 총계정원장으로 포스팅하는 단계이다.

1. 현금, 매출할인, 매출채권, 재고자산 등 월말에 각 칸에 기입한 대로 합계를 내어 총계정원장으로 포스팅한다. 총계정원장의 해당 계정과목 번호를 기입하여 포스팅을 했다는 표시를 한다. Karns Wholesale Supply는 계정과목 번호로 현금 계정에 No. 101, 매출채권 계정에 No. 112, 재고자산 계정에 No. 120, 매출 계정에 No. 401, 매출할인 계정에 No. 414, 매출원가 계정에 No. 505를 사용했다.
2. 기타 계정 칸은 여러 계정이 섞여 있으니 총액으로 하면 안 된다. 각각 구분하여 해당 계정을 찾아 포스팅하는데, Karns Wholesale Supply의 경우 자본금 계정을 찾아 기입한다. 대차의 정확성을 맞추어보기 위해 합계를 내지만 합계 금액 아래에는 계정 번호 대신 포스팅 대상이 아니라는 의미로 X 표시를 한다.
3. 매출채권의 통제 계정 성격상 보조원장에 매일 기록하는 것을 잊지 말아야 한다. 예를 들어 Abbot Sisters의 매출채권에서 현금이 들어오면 매출채권의 감소 $10,600를 매출원장에 즉시 반영한다.

총계정원장과 보조원장에서 Ref.의 CR은 'cash receipts journal'의 약자이다.

### 총계정원장의 정확성 확인 _Proving the Ledgers

현금수입장을 포스팅한 후 그림 G.10과 같이 총계정원장의 정확성을 확인한다. 즉 총계정원장의 차변과 대변의 합이 일치하는지, 통제 계정인 매출채권이 보조원장인 매출채권원장과 일치하는지 확인한다.

**그림 G.10** 총계정원장의 정확성 확인

**매출채권 입금**
(매출채권원장)

| | |
|---|---:|
| Abbot Sisters | $15,400 |
| Babson Co. | 14,570 |
| Deli Co. | 21,210 |
| | $51,180 |

**총계정원장**

| 차변 | |
|---|---:|
| 현금 | $ 53,769 |
| 매출채권 | 51,180 |
| 매출할인 | 781 |
| 매출원가 | 65,120 |
| | $170,850 |

| 대변 | |
|---|---:|
| 지급어음 | $ 6,000 |
| 자본금 | 5,000 |
| 매출 | 94,730 |
| 재고자산 | 65,120 |
| | $170,850 |

## 매입장 _Purchases Journal

재고자산을 신용으로 구매하는 경우 이를 기록하는 분개장을 **매입장**(purchases journal)이라고 한다. 차변에 재고자산, 대변에 매입채무가 발생하며 양식은 그림 G.12와 같다. 그림 G.11은 Karns Wholesale Supply의 5월 외상구매 내역이다.

**그림 G.11** 외상구매 내역

| 일자 | 구매처 | 금액 |
|---|---|---:|
| 5월 6일 | Jasper Manufacturing Inc. | $11,000 |
| 5월 10일 | Eaton and Howe Inc. | 7,200 |
| 5월 14일 | Fabor and Son | 6,900 |
| 5월 19일 | Jasper Manufacturing Inc. | 17,500 |
| 5월 26일 | Fabor and Son | 8,700 |
| 5월 29일 | Eaton and Howe Inc. | 12,600 |

그림 G.12는 Karns Wholesale Supply가 만든 매입장 양식이다. 매입채무 외 다른 계정이 없는 거래이므로 분개에 한 칸만 사용한다. 재고자산이 아닌 장치의 구매는 일반 분개장을 사용하고 재고자산의 현금구매는 현금지출장을 사용한다.

HINT
금액이 한 칸이면 간단하다. 합계가 맞는지만 확인하면 된다.

### 외상구매 분개 _Journalizing Credit Purchases of Merchandise

작성법이 매출장과 비슷하다. 기록은 송장 기준으로 하지만 회사마다 보내는 송장의 양식과 번호가 다르기 때문에 송장을 적는 칸이 없다. 다만 기록의 완전성을 확인하기 위해 송장을 받으면 자체적인 연번호를 만들어 관리할 수 있는데, 이 경우에는 자체 송장 번호를 적는 칸이 필요하다. 매입장에는 그림 G.11에 제시된 Karns Wholesale Supply의 거래가 분개되어 있다.

그림 G.12 매입장의 분개와 포스팅

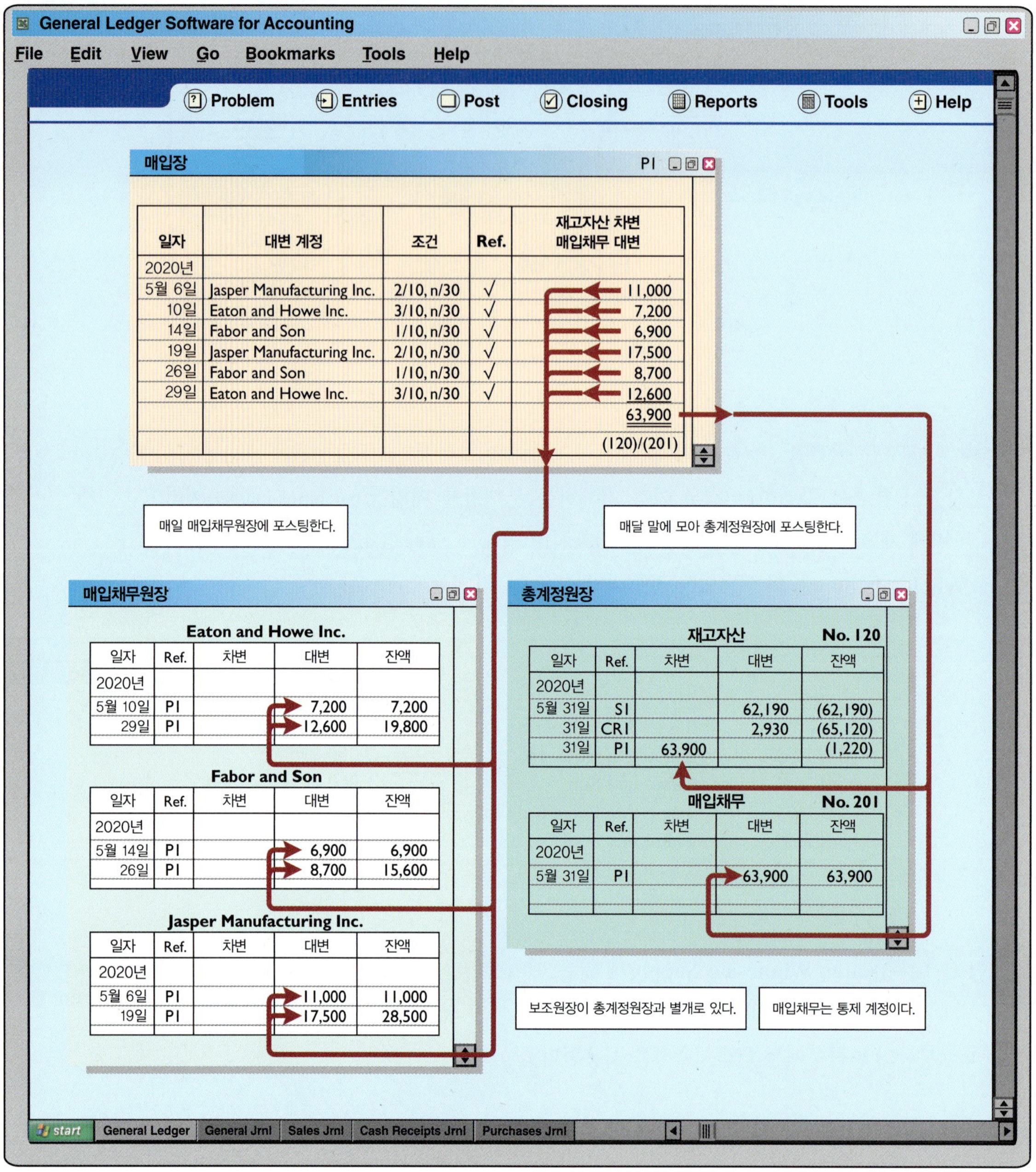


## 매입장 포스팅 _Posting the Purchases Journal

HINT
보조원장인 매입채무원장을 매일 업데이트해야 잔액을 항상 즉시 파악할 수 있다.

Karns Wholesale Supply는 외상구매를 하면 매입장에서 분개하고 매입채무원장에 즉시 반영한다. 그리고 월별로 총계정원장에 차변 재고자산, 대변 매입채무로 포스팅한다. 총계정원장과 매입채무원장의 P1은 매입장 첫 페이지라는 의미이다. 그림 G.13은 포스팅의 정확성을 확인하는 것을 보여준다.

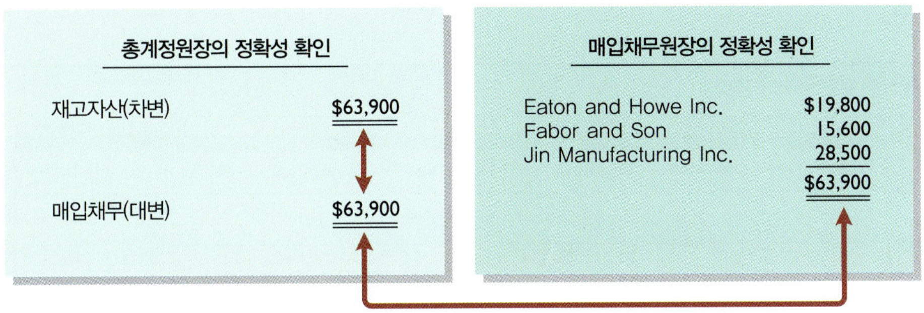


**그림 G.13** 매입장의 정확성 확인

## 매입장 변형 _Expanding the Purchases Journal

재고자산 외에 저장품이나 설비 장치도 외상구매가 빈번하면 칸을 여럿 만들어 매입을 관리할 수 있다. 대변에는 매입채무 하나만 두고 차변에는 재고자산과 저장품, 기타 칸을 만든 매입장을 사용한다(그림 G.14 참조).

**그림 G.14** 매입장 확대

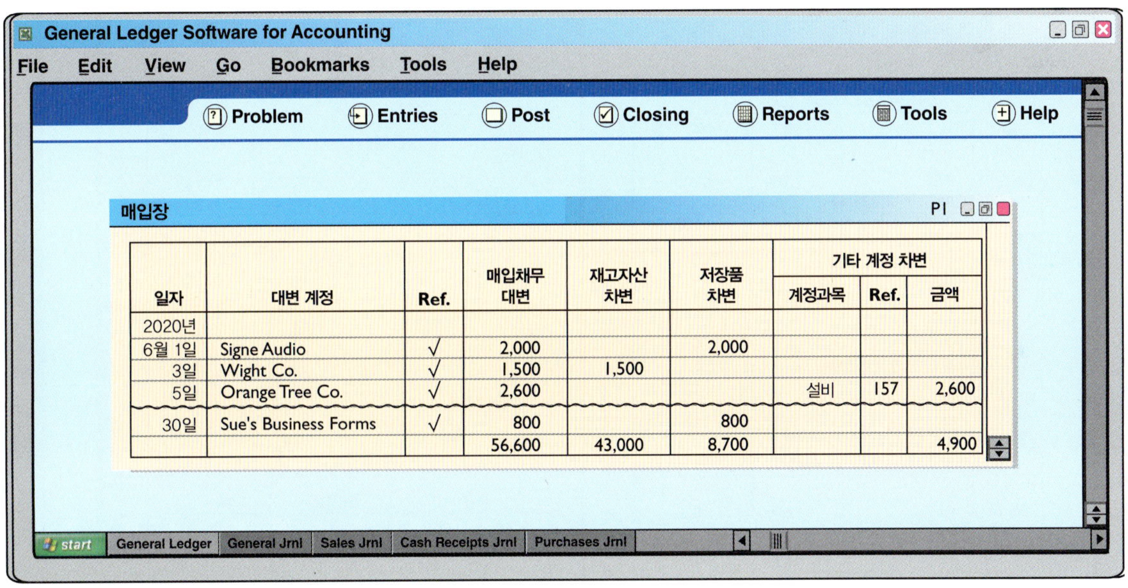


| 일자 | 대변 계정 | Ref. | 매입채무 대변 | 재고자산 차변 | 저장품 차변 | 기타 계정 차변: 계정과목 | Ref. | 금액 |
|---|---|---|---|---|---|---|---|---|
| 2020년 | | | | | | | | |
| 6월 1일 | Signe Audio | √ | 2,000 | | 2,000 | | | |
| 3일 | Wight Co. | √ | 1,500 | 1,500 | | | | |
| 5일 | Orange Tree Co. | √ | 2,600 | | | 설비 | 157 | 2,600 |
| 30일 | Sue's Business Forms | √ | 800 | | 800 | | | |
| | | | 56,600 | 43,000 | 8,700 | | | 4,900 |

## 현금지출장 _Cash Payments Journal

현금 출금은 **현금지출장**(cash payments journal, cash disbursements journal)에 분개한다. 출금은 수표로 지급하는 경우가 대부분이며, 다양한 출금 사유가 있어 여러 칸이 필요하다(그림 G.15 참조).

그림 G.15 현금지출장의 분개와 포스팅

General Ledger Software for Accounting

File Edit View Go Bookmarks Tools Help

Problem Entries Post Closing Reports Tools Help

**현금지출장** CPI

| 일자 | 수표 번호 | 차변 계정 | Ref. | 기타 계정 차변 | 매입채무 차변 | 재고자산 대변 | 현금 대변 |
|---|---|---|---|---|---|---|---|
| 2020년 | | | | | | | |
| 5월 1일 | 101 | 선급보험료 | 130 | 1,200 | | | 1,200 |
| 3일 | 102 | 재고자산 | 120 | 100 | | | 100 |
| 8일 | 103 | 재고자산 | 120 | 4,400 | | | 4,400 |
| 10일 | 104 | Jasper Manuf. Inc. | √ | | 11,000 | 220 | 10,780 |
| 19일 | 105 | Eaton & Howe Inc. | √ | | 7,200 | 216 | 6,984 |
| 23일 | 106 | Fabor and Son | √ | | 6,900 | 69 | 6,831 |
| 28일 | 107 | Jasper Manuf. Inc. | √ | | 17,500 | 350 | 17,150 |
| 31일 | 108 | 배당금 | 332 | 500 | | | 500 |
| | | | | 6,200 | 42,600 | 855 | 47,945 |
| | | | | (x) | (201) | (120) | (101) |

매일 보조원장에 포스팅한다.

매달 말에 모아 총계정원장에 포스팅한다.

**매입채무원장**

Eaton and Howe Inc.

| 일자 | Ref. | 차변 | 대변 | 잔액 |
|---|---|---|---|---|
| 2020년 | | | | |
| 5월 10일 | PI | | 7,200 | 7,200 |
| 19일 | CPI | 7,200 | | ------- |
| 29일 | PI | | 12,600 | 12,600 |

Fabor and Son

| 일자 | Ref. | 차변 | 대변 | 잔액 |
|---|---|---|---|---|
| 2020년 | | | | |
| 5월 14일 | PI | | 6,900 | 6,900 |
| 23일 | CPI | 6,900 | | ------- |
| 26일 | PI | | 8,700 | 8,700 |

Jasper Manufacturing Inc.

| 일자 | Ref. | 차변 | 대변 | 잔액 |
|---|---|---|---|---|
| 2020년 | | | | |
| 5월 6일 | PI | | 11,000 | 11,000 |
| 10일 | CPI | 11,000 | | -------- |
| 19일 | PI | | 17,500 | 17,500 |
| 28일 | CPI | 17,500 | | -------- |

**총계정원장**

현금 No. 101

| 일자 | Ref. | 차변 | 대변 | 잔액 |
|---|---|---|---|---|
| 2020년 | | | | |
| 5월 31일 | CRI | 53,769 | | 53,769 |
| 31일 | CPI | | 47,945 | 5,824 |

재고자산 No. 120

| 일자 | Ref. | 차변 | 대변 | 잔액 |
|---|---|---|---|---|
| 2020년 | | | | |
| 5월 3일 | CPI | 100 | | 100 |
| 8일 | CPI | 4,400 | | 4,500 |
| 31일 | SI | | 62,190 | 57,690 |
| 31일 | CRI | | 2,930 | 60,620 |
| 31일 | PI | 63,900 | | 3,280 |
| 31일 | CPI | | 855 | 2,425 |

선급보험료 No. 130

| 일자 | Ref. | 차변 | 대변 | 잔액 |
|---|---|---|---|---|
| 2020년 | | | | |
| 5월 1일 | CPI | 1,200 | | 1,200 |

매입채무 No. 201

| 일자 | Ref. | 차변 | 대변 | 잔액 |
|---|---|---|---|---|
| 2020년 | | | | |
| 5월 31일 | PI | | 63,900 | 63,900 |
| 31일 | CPI | 42,600 | | 21,300 |

배당금 No. 332

| 일자 | Ref. | 차변 | 대변 | 잔액 |
|---|---|---|---|---|
| 2020년 | | | | |
| 5월 30일 | CPI | 500 | | 500 |

보조원장이 총계정원장과 별개로 있다.

매입채무는 통제 계정이다.

start General Ledger General Jrnl Sales Jrnl Cash Receipts Jrnl Purchases Jrnl

### 현금지출장 분개 _Journalizing Cash Payments Transactions

현금지출장에 분개하는 방법은 현금수입장과 유사하다. 한 줄에 한 거래씩 적되 차대변이 일치하도록 해야 한다. 다음은 Karns Wholesale Supply의 5월간 지출 내역이고, 그림 G.15는 이를 분개한 것이다.

5월 1일 101번 수표를 발급하여 화재보험료 $1,200를 지불했다.
3일 102번 수표를 발급하여 운송료 $100를 지불했다.
8일 103번 수표를 발급하여 $4,400의 재고자산을 구입했다.
10일 $10,780의 104번 수표를 발급하여 5월 6일의 송장 $11,000에 대해 2%의 매입할인을 받고 Jasper Manufacturing Inc.에 지급했다.
19일 $6,984의 105번 수표를 발급하여 5월 10일의 송장 $7,200에 대해 3%의 매입할인을 받고 Eaton & Howe Inc.에 지급했다.
23일 $6,831의 106번 수표를 발급하여 5월 14일의 송장 $6,900에 대해 1%의 매입할인을 받고 Fabor & Son에 지급했다.
28일 $17,150의 107번 수표를 발급하여 5월 19일의 송장 $17,500에 대해 2%의 매입할인을 받고 Jasper Manufacturing Inc.에 지급했다.
30일 $500의 108번 수표를 발급하여 주주 D. A. 칸스의 개인 용도로 사용했다.

기타 계정에 기입할 때는 차변의 특정 계정을 파악하여 총계정원장에 포스팅해야 하는데, 수표번호 101, 102, 103, 108의 경우가 이에 해당한다. 또한 현금지출장에 분개한 후 매입채무원장에 즉시 반영해야 하는 거래는 수표 번호 104, 105, 106, 107의 경우이다.

현금지출장의 정확성을 기하기 위해서는 각 거래를 기입할 때 차대변이 맞는지 확인하고, 월별로 칸별 합계를 내어 전체 차변과 대변이 같은지 확인한다.

### 현금지출장 포스팅 _Posting the Cash Payments Journal

현금지출장의 기입과 포스팅 방법은 현금수입장과 유사하다. 현금 지출의 가장 빈번한 거래는 매입채무와 재고자산이므로 매입채무와 재고자산 칸을 만들고, 매입채무를 지급하면 반드시 매입채무원장에도 기록한다. 월말에는 모두 합계를 내어 총계정원장에 포스팅하며, 기타 계정은 여러 계정이 섞여 있으므로 합계가 아닌 각각의 금액으로 총계정원장에 포스팅한다.

그림 G.15는 Karns Wholesale Supply가 기입한 현금지출장과 매입채무원장, 총계정원장으로의 포스팅을 보여준다. CP는 'cash payments journal'의 약자이다. 총계정원장으로의 포스팅이 정확한지 확인하기 위해 그림 G.16과 같이 총계정원장의 차변과 대변 계정의 합계가 일치하는지, 매입채무원장과 총계정원장의 통제 계정이 매입채무원장과 일치하는지 확인한다.

**그림 G.16** 총계정원장의 정확성 확인

**매입채무 입금**
(매입채무원장)

| | |
|---|---|
| Eaton and Howe Inc. | $12,600 |
| Fabor and Son | 8,700 |
| | $21,300 |

**총계정원장**

| 차변 | |
|---|---|
| 현금 | $ 5,824 |
| 매출채권 | 51,180 |
| 재고자산 | 2,425 |
| 선급보험료 | 1,200 |
| 배당금 | 500 |
| 매입할인 | 781 |
| 매출원가 | 65,120 |
| | $127,030 |

| 대변 | |
|---|---|
| 지급어음 | $ 6,000 |
| 매입채무 | 21,300 |
| 자본금 | 5,000 |
| 매출 | 94,730 |
| | $127,030 |

## 보조기입장의 유용성 _Effects of Special Journals on the General Journal

보조기입장을 사용하면 매출, 매입, 현금 출납 등 분개장에 해야 할 많은 분개를 줄일 수 있어 유용하다. 즉 거래를 나누어 빈번이 일어나는 분개는 보조기입장을 사용하고, 그렇지 않는 거래는 일반 분개장에 한다. 예를 들어 매출환입, 매출에누리, 매입환출, 매입에누리, 지급어음으로 장비를 구입하는 거래는 빈번하지 않으니 분개장에 기입하고 수정 분개, 결산 분개, 오류정정 분개는 성질상 보조기입장이 아닌 일반 분개장에서 한다.

지금까지의 내용을 다시 정리하면, 회계 숫자는 거래에서 출발하여 장부를 거쳐 재무제표에 담긴다. 장부는 분개장과 총계정원장으로 나뉘고, 분개장은 거래를 분석하여 기입하는 분개를 담는 장부로서 일자, 계정과목, 적요, 참조, 차변과 대변 금액의 양식을 띤다. 총계정원장은 재무제표를 구성하는 계정과목과 금액을 저장하는 장부인데, 만약 총계정원장에 통제 계정을 두고 보조원장을 사용하는 경우에는 분개장에 분개할 때 다음을 유의해야 한다.

- 분개 시 통제 계정 여부를 확인한다.
- 분개장 포스팅 시 총계정원장에 옮겨 적기와 보조원장에 옮겨 적기를 같이 해야 한다.

예를 들어 Karns Wholesale Supply가 5월 31일에 Fabor & Son에 재고자산 $500를 매입환출(반품)했다고 하자. 이를 그림 G.17과 같이 분개장과 매입채무원장에 기록한다.

분개와 포스팅 시 대변의 재고자산에 대응하는 차변에는 2개의 계정과목, 즉 매입채무와 Fabor & Son이 중첩되어 있다고 생각한다. 매입채무는 통제 계정으로 분개장에 기록되고 Fabor & Son은 매입채무원장에 기록된다. Ref. 칸의 '201/✓'는 두 번 포스팅했다는 표시이다. 앞의 번호는 총계정원장의 매입채무 계정 번호이고, 뒤의 체크 표시는 매입채무원장에 포스팅했다는 뜻이다. 만약 Karns Wholesale Supply가 매입환출을 매입채무 차감 대신 현금으로 보상금을 수령했다면 일반 분개장이 아닌 현금수입장에 기록되어야 한다.

**그림 G.17** 분개장의 분개와 포스팅

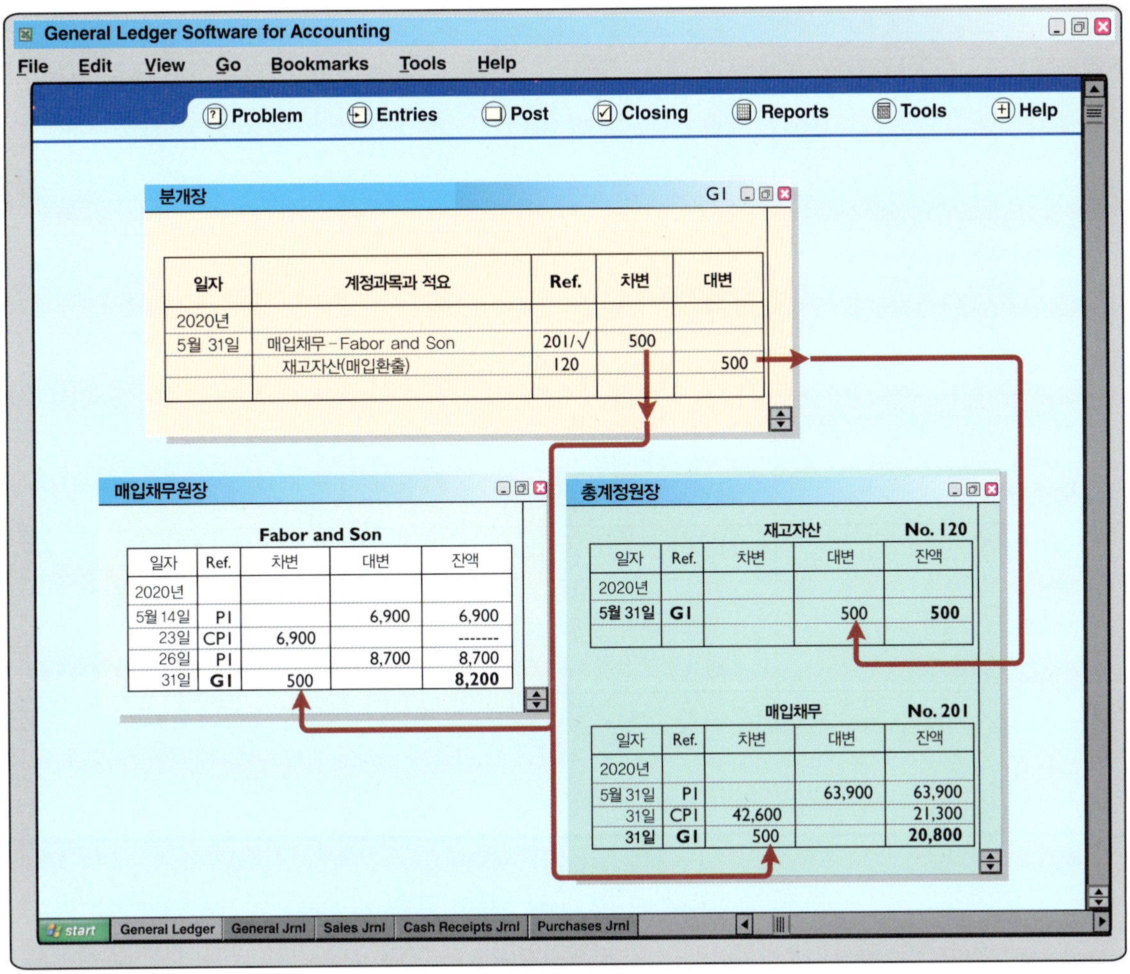


## 사이버 범죄 _Cybersecurity: A Final Comment

사이버 범죄는 언론에 간혹 보도되는 해킹과 관련이 있다. 휴대전화, 태블릿, 소셜미디어의 사용이 급증하면서 각종 정보가 사이버 범죄의 대상이 되고 있다. **사이버 범죄**(cybercrime)는 인터넷과 컴퓨터 지식을 기반으로 한 범죄이고, 해킹은 그중에서도 남의 정보를 불법으로 도용하는 사이버 범죄이다. 오늘날 해킹은 기업과 개인 모두에게 큰 골칫거리이다. 한 예로 에스케이커뮤니케이션즈(SK Communications, 한국)는 싸이월드(미니홈피) 사용자 3,500만 명의 정보가 유출되었다고 발표하자마자 주가가 순식간에 6%나 곤두박질쳤다.

해킹이 날로 증가하는 이유는 세 가지이다. 인터넷 사용이 증가하고, 기업이 고객과 직원 등의 방대한 개인 정보를 보관하고 있으며, 보안에 흠결이 있기 때문이다. 이로 인해 기업의 리스크가 매우 커지고 때맞추어 사이버 범죄에 대한 기업의 인식이 제고되어 최근에는 내부 통제와 전산 장비, 보안 시스템에 투자를 아끼지 않는다.

**역자 한마디**

보안은 관리적 보안, 물리적 보안, 기술적 보안으로 구분된다. 물리적 보안은 금고나 별도의 보관 장소를 두어 외부의 접근을 막는 수단과 절차이고, 기술적 보안은 인체 정보를 이용한 출입 장치나 컴퓨터 방어막 등 첨단 기술을 동원하는 것이다. 그리고 가장 중요한 관리적 보안은 임직원의 보안 의식을 생활화하는 것을 의미한다.

그림 G.18 해커의 유형

| 유형(차원) | 동기 | 대상 | 영향 |
|---|---|---|---|
| 국가 | • 경제적·정치적·군사적 목적 | • 무역 비밀<br>• 민감한 고급 기업 정보<br>• 첨단 신규 기술<br>• 국가의 기반 체제 | • 국가 경쟁력 상실<br>• 분쟁과 혼돈(체제 붕괴) |
| 조직범죄 | • 현재와 향후의 경제적 이득 | • 재무회계와 현금 지출 시스템<br>• 개인 정보<br>• 신용카드 정보<br>• 주요 인사의 건강 정보 | • 값비싼 시스템 복구 비용과 행정벌<br>• 피해자로부터의 소송<br>• 고객의 신뢰 상실 |
| 취미 활동 | • 정치적·사회적 가치관에 변화 기도<br>• 업무 관행에 변화 기도 | • 기업 비밀<br>• 기업 활동 내용<br>• 임직원, 거래처 정보 | • 대혼란<br>• 브랜드의 평판 추락<br>• 고객 신뢰 상실 |
| 내부자 | • 개인적 이득<br>• 직장에 대한 보복<br>• 애국심, 공명심의 발로 | • 매출 정보, 은밀한 M&A, 주요 시장 정책<br>• 기업의 지적 재산<br>• 조직의 운영 정책과 방침<br>• 개인 정보 | • 비밀 유출<br>• 심각한 업무 장애<br>• 브랜드의 평판 추락<br>• 허접하게 된 보안 시스템 |

출처: PriceWaterhouseCoopers, "Answering Your Cybersecurity Questions" (January 2014).

## 단원 요약

### 1 보조원장

보조원장은 같은 계정이 많을 때 하나의 통제 계정을 두고 그 내역을 상세히 정리한 총계정원장의 보조부이다.

### 2 보조기입장

보조기입장은 빈번하게 일어나는 같은 유형의 거래를 일반 분개장과 별도로 정리하여 총계정원장에 포스팅하는 분개장의 보조부이다.

## 핵심 용어

**매입장(purchases journal)** 외상매입 내역을 기록하고 분개하는 보조부

**매입채무원장(accounts payable subsidiary ledger, creditors' subsidiary ledger)** 각 구매처의 매입채무를 기록하는 보조부

**매출장(sales journal)** 외상매출 내역을 기록하고 분개하는 보조부

**매출채권원장(accounts receivable subsidiary ledger, customers' subsidiary ledger)** 각 판매처의 매출채권을 기록하는 보조부

**보조기입장(special journal)** 빈번하게 발생하는 거래를 따로 모아 분개하는 분개장

**보조원장(subsidiary ledger)** 하나의 통합 계정하에 그 내역으로 여러 상세 계정을 따로 두어 정리하는 방식에서 여러 상세 계정을 모아둔 장부를 가리킴

**사이버 범죄(cybercrime)** 인터넷, 컴퓨터와 관련된 범죄

**통제 계정(control account)** 하나의 통합 계정하에 그 내역으로 여러 상세 계정을 따로 두어 정리하는 방식에서 통합 계정을 가리킴

**현금수입장(cash receipts journal)** 현금 수령 내역을 기록하고 분개하는 보조부

**현금지출장(cash payments journal, cash disbursements journal)** 현금 출금 내역을 기록하고 분개하는 보조부

## 단원 정리를 위한 질문

**1** 보조원장을 사용하면 어떤 장점이 있는가?

**2** a. 언제 주로 (1) 보조원장을 기입하고, (2) 총계정원장의 통제 계정에 포스팅하는가?

b. 통제 계정과 보조원장의 관계를 설명하라.

**3** 전형적인 네 가지 보조기입장을 열거하고, 하나의 분개장을 유지하는 방식보다 나은 점을 설명하라.

**4** 보조기입장으로 매출장을 사용하는 Kim Sports는 R. Yang Co.에 ¥435,000의 상품을 판매하고 기록했으며, 이후 R. Yang Co.는 ¥70,000의 상품을 반품했다. 이를 기록하는 장부는 무엇인가? 왜 그 장부에 기록하는가?

**5** Loire Gourmet Shops에서 €500의 상품을 외상으로 구입하고 매입장에 기록했는데, 외상매입금 보조원장에 기록된 금액은 €50였다. 이러한 오류는 어떻게 발견되는가?

**6** 보조기입장의 양식이 회사마다 다른 이유는 무엇인가? 만약 현금수입장에 외상매출금 칸이 없다면 이는 어떤 유형의 사업인가?

**7** 현금수입장의 현금과 매출채권 칸이 잘못되어 해당 월말에 €4,000가 과대계상되었다.

a. 매출채권의 보조원장과 총계정원장의 통제 계정 금액이 일치하는가?

b. 다른 오류가 없다면 시산표의 대변과 차변 금액의 합이 일치하는가?

**8** 보조기입장의 한 칸의 총액이 월말에 총계정원장의 두 계정에 포스팅되는데 이 중 하나가 매출채권이라면 이 보조기입장은 무엇인가? 월말에 총액으로 포스팅되는 다른 상대 계정은 무엇인가?

**9** 다음 거래가 기록되는 장부는 무엇인가? (두 칸 형식의 매출장과 한 칸 형식의 매입장이라고 가정한다.)

a. 감가상각비의 인식

b. 외상매입한 후 반품한 경우 판매처에 대한 매출채권 차감

c. 현금을 받고 상품 판매

d. 외상으로 상품 판매

e. 판매처의 매출채권으로부터 현금 수령

f. 외상으로 소모품 구입

**10** 다음 거래가 기록되는 장부는 무엇인가? (두 칸 형식의 매출장과 한 칸 형식의 매입장이라고 가정한다.)

a. 약속어음을 발행하고 현금 차입

b. 주주의 현금 출자

c. 연말의 비용 계정 마감

d. 외상으로 상품 구입

e. 외상으로 구입한 상품을 반품하고 받은 외상매입금 차감

f. 외상으로 소모품을 구입하여 발생한 지급채무 변제

**11** 한 칸 형식의 매입장과 달리 여러 칸의 매입장에 기록되는 거래에는 어떤 것이 있는가?

**12** 분개장에 기입한 후 총계정원장에 포스팅하는데 거래 중 하나의 계정은 다시 보조원장에 포스팅하는 경우, 이 기록 행위는 총계정원장의 차변과 대변 금액의 합이 일치하지 않도록 영향을 미치는가?

**13** 분개장에 기록되는 거래 중 보조기입장을 사용하면 좋은 예를 들라.

## 가벼운 연습 문제

**1** 다음은 Anping Manufacturing이 영업을 시작한 첫 달의 실적이다. 1월 말에 매출채권원장과 총계정원장의 매출채권 계정에 나타날 금액을 구하라.

외상판매

| | | |
|---|---|---|
| 1월 7일 | Ling Ltd. | NT$10,000 |
| 15일 | TMC Co. | 8,000 |
| 23일 | Wong Co. | 9,000 |

현금 회수

| | | |
|---|---|---|
| 1월 17일 | Ling Ltd. | NT$7,000 |
| 24일 | TMC Co. | 4,000 |
| 29일 | Wong Co. | 9,000 |

**2** 다음은 분개장과 보조기입장 중 어디에 나타나는가?

a. 임차료

b. 매출채권–Cabrera

c. 지급어음

d. 매입채무–Pacheco

**3** 다음 거래가 분개되는 장부를 밝혀라.

a. 현금을 받고 상품 판매
b. 현금 배당 지급
c. 현금을 주고 토지 구입
d. 외상으로 상품 판매
e. 외상으로 상품 구입
f. 용역을 제공하고 현금 수령

**4** 다음 거래의 차변 또는 대변 금액은 현금수입장의 기록 대상이 되는가?

a. 매출의 차변　　b. 재고자산의 대변
c. 매출채권의 대변　　d. 매입채무의 차변

**5** Hallasan Shoes는 보조기입장과 분개장을 사용한다. 다음 거래는 두 장부 중 어디에 기록되어 분개되는가?

a. 외상으로 장비 구입　　b. 외상으로 상품 구입
c. 현금으로 수도광열비 지급　　d. 외상으로 상품 판매

**6** 다음 항목의 칸이 나타나는 보조기입장을 밝혀라.

a. 매출할인의 차변
b. 매출채권의 대변
c. 현금의 차변
d. 매출의 대변
e. 재고자산의 차변

**7** Papha Computer Components는 여러 칸으로 구성된 현금수입장을 사용한다. 이를 포스팅할 때 총액으로 모아서, 혹은 매일, 혹은 총액으로 모아서도 하고 매일로도 같이 이루어지는지 밝혀라.

a. 매출채권　　b. 매출할인
c. 현금　　d. 기타 계정

## 단원 연습 문제

**1** Semora Textiles는 보조기입장과 분개장을 사용한다. 6월 30일, 월별로 포스팅이 끝난 후 총계정원장의 매출채권 통제 계정은 차변 금액이 ₩340,000, 매입채무 통제 계정은 대변 금액이 ₩77,000이다(단위: 1,000).

다음은 보조기입장에 기록된 7월의 거래이며, 매출채권과 매입채무에 영향을 주는 다른 거래는 없다.

| | |
|---|---|
| 매출장 | 매출 총액 ₩161,400 |
| 매입장 | 매입 총액 ₩66,400 |
| 현금수입장 | 매출채권 칸 총액 ₩131,000 |
| 현금지출장 | 매입채무 칸 총액 ₩47,500 |

a. 7월 31일 자 월별 포스팅이 끝난 후 매출채권 통제 계정의 금액은 얼마인가?
b. 7월 31일 자 월별 포스팅이 끝난 후 매입채무 통제 계정의 금액은 얼마인가?
c. 매출장의 매출 총액 ₩161,400은 어디에 포스팅되는가?
d. 현금수입장의 매출채권 ₩131,000은 어디에 포스팅되는가?

**2** 다음은 매출채권원장에 있는 Kam-Bo Hung이라는 판매처의 기록이다.

| 일자 | Ref. | 차변 | 대변 | 잔액 |
|---|---|---|---|---|
| 2020년 | | | | |
| 9월 2일 | S31 | 61,000 | | 61,000 |
| 9일 | G4 | | 14,000 | 47,000 |
| 27일 | CR8 | | 47,000 | — |

재무 담당 임원인 릴리 청에게 각 거래의 내용을 설명하는 간단한 메모를 작성하라.

**3** 9월 1일 현재 Zhao Foods의 총계정원장상 매출채권 통제 계정 금액은 ¥10,960이고 매출채권원장에 Chang ¥1,440, Wu ¥2,640, Fung ¥2,060, Tumen ¥4,820이 기록되어 있다(단위: 1,000). 이후 9월 말에 각 장부에서 다음 정보를 파악했다.

**매출장**: 거래처별 판매 실적으로 Tumen에 ¥800, Chang에 ¥1,260, Tamsui에 ¥1,330, Fung에 ¥1,600이 기록되어 있다.
**현금수입장**: 현금 회수로 Fung으로부터 ¥1,310, Tumen으로부터 ¥3,300, Tamsui로부터 ¥380, Wu로부터 ¥1,800, Chang으로부터 ¥1,240을 수령했다.
**분개장**: Tumen의 매출채권에 대손충당금 ¥220을 설정했다.

a. 통제 계정과 보조원장의 계정을 만들어 기초 매출채권 금액을 기입하라.
b. 이후 거래의 분개를 각 계정에 포스팅하되, 개별 금액 또는 합계로 적합하다고 생각되는 방법으로 하라(매출할인은 없다). 따로 분개할 필요는 없다.
c. 2020년 9월 30일 현재 매출채권 계정의 증감과 잔액을 나타내는 표를 만들고 통제 계정과 보조원장이 일치하는지 증명하라.

**4** Feng Decorators Company는 2020년 1월 1일 현재 매출채권 통제 계정에 ¥10,000을 계상하고 있다(단위: 1,000). 또한 보조원장

에는 Long Company ¥4,000, Chu Company ¥2,500, 금액 미상의 Fan Company가 있다. 다음은 1월에 발생한 거래이다.

| | 외상판매 | 대금 회수 | 반품 |
|---|---|---|---|
| Long Company | ¥9,000 | ¥8,000 | ¥ -0- |
| Chu Company | 7,000 | 2,500 | 3,000 |
| Fan Company | 8,500 | 9,000 | -0- |

**a.** 1월 1일 현재 매출채권원장에 있는 Fan Company의 잔액은 얼마인가?

**b.** 1월 31일 현재 매출채권 통제 계정의 잔액은 얼마인가?

**c.** 월말 매출채권원장의 잔액을 구하라.

**d.** 1월의 거래 중 보조기입장에 기록되지 않는 것은 무엇인가?

**5** Pennington SA는 매입채무 통제 계정으로 2020년 1월 1일 현재 €9,250의 잔액을 계상하고 있다. 그리고 보조원장에는 Hale Co. €3,000, Janish Co. €1,875, 금액 미상의 Valdez Co.가 있다. 다음은 1월에 발생한 거래이다.

| | 매입 | 지급 | 반품 |
|---|---|---|---|
| Hale Co. | €6,750 | €6,000 | € -0- |
| Janish Co. | 5,250 | 1,875 | 2,250 |
| Valdez Co. | 6,375 | 6,750 | -0- |

**a.** 1월 1일 현재 Valdez Co.의 보조원장상 잔액은 얼마인가?

**b.** 1월 31일 현재 매입채무 통제 계정의 잔액은 얼마인가?

**c.** 월말 매입채무 통제 계정의 잔액을 구하라.

**d.** 1월의 거래 중 보조기입장에 기록되지 않는 것은 무엇인가?

**6** 서현이 운영하는 Auto Supply는 보조기입장과 분개장을 사용한다. 다음은 9월에 발생한 거래이다(단위: 1,000).

9월 2일 취득원가가 NT$420인 상품을 A. 진우에게 외상판매했는데 송장 번호는 101, 금액은 NT$620, 신용 조건은 n/30이다.

10일 Jeju Company로부터 NT$650의 상품을 외상으로 신용 조건 2/10, n/30에 구입했다.

12일 C. 송으로부터 NT$6,500의 장비를 외상으로 구입했다.

21일 취득원가가 NT$480인 상품을 New Taiwan Supply Co.에 외상으로 판매했는데, 송장 번호는 102, 금액은 NT$800, 신용 조건은 2/10, n/30이다.

25일 Leung Sisters로부터 NT$860의 상품을 외상으로 신용 조건 n/30에 구입했다.

27일 취득원가가 NT$400인 상품을 Ulsan Company에 현금 NT$700를 받고 판매했다.

**a.** 매출장(양식은 그림 G.6 참조)과 매입장(양식은 그림 G.12 참조)을 작성하라(각 분개에 페이지 1을 사용하라).

**b.** 9월의 거래 중 적합한 것을 매출장과 매입장에 기록하라.

**7** R. Lawrence Luggage는 보조기입장과 분개장을 사용한다. 다음은 2020년 5월에 발생한 거래이다.

5월 1일 R. 로런스가 현금 €40,000를 출자했다.

2일 취득원가가 €4,200인 상품을 Crapsky Co.에 현금 €6,300를 받고 판매했다.

3일 J. 모스카로부터 €7,700의 상품을 매입하면서 101번 수표를 발급했다.

14일 직원인 K. 에어에게 급여 €700를 지급하면서 102번 수표를 발급했다.

16일 취득원가가 €630인 상품을 Stanton Company에 외상판매했는데 금액은 €900, 신용 조건은 n/30이다.

22일 C. 갈라투아르로부터 송장 번호 101의 전액에 대해 할인 없이 수표 €9,000를 수령했다.

**a.** 현금수입장(양식은 그림 G.8 참조)과 현금지출장(양식은 그림 G.15 참조)을 작성하라(각 분개에 페이지 1을 사용하라).

**b.** 5월의 거래 중 적합한 것을 현금수입장과 현금지출장에 기록하라.

**8** Shou Computers는 현금에 대한 보조기입장을 사용한다. 다음은 4월에 발생한 현금 거래이다.

1. 불량 상품에 대해 판매처에 대금을 반환했다.
2. 3%의 할인을 제공하고 판매처로부터 매출채권을 회수했다.
3. 현금을 주고 상품을 구입했다.
4. 3%의 할인을 받고 구매처에 매입채무를 변제했다.
5. 판매처로부터 3%의 할인 기간이 경과한 매출채권을 회수했다.
6. 상품을 구입하면서 운반비를 지급했다.
7. 사무실 비품을 현금으로 구입했다.
8. 불량품을 반품하고 현금을 돌려받았다.
9. 주주에게 현금 배당을 지급했다.
10. 현금판매를 했다.

**a.** 각 분개를 기록할 보조기입장이 현금수입장인지 현금지출장인지 밝혀라.

**b.** 현금수입장 또는 현금지출장의 어떤 칸에 기록되는가?

**9** 다음은 Mama Liana Cakes의 3월 거래 내역이다(단위: 1,000).

3월 2일 Hasan Company로부터 Rp7,400의 설비를 외상으로 구입했다.

5일 운반 중 매입 상품이 파손되어 Kusuma Company로부터 Rp410를 할인받았다.

7일 상품을 반품받고 Bambang Company에 Rp400를 할인했다. 반품된 상품의 취득원가는 Rp260이다.

Mama Liana Cakes는 분개장 외에 한 칸으로 구성된 매입장과 매출장, 그리고 여러 칸으로 구성된 현금장을 사용한다.

a. 분개장에서 해야 하는 거래를 찾아 분개하라.

b. Mama Liana Cakes의 사장에게 여러 형태의 분개장에서 통제 계정과 보조원장으로 포스팅하는 과정을 설명하는 메모를 작성하라.

**10** 다음은 Cheung Publishers의 전형적인 거래이다.

1. 외상으로 구입한 상품에 대해 거래처에 대금을 변제했다.
2. 외상으로 판매한 상품이 반품되었다.
3. 외상으로 판매한 상품에 대해 거래처로부터 대금을 회수했다.
4. 현금을 받고 토지를 매각했다.
5. 상품을 외상으로 판매했다.
6. 현금을 받고 상품을 판매했다.
7. 외상으로 구입한 상품에 대해 할인을 받았다.
8. 외상으로 판매한 상품에 할인을 제공했다.
9. 직원에게 급여를 지불했다
10. 주주에게 현금 배당을 했다.
11. 건물의 감가상각을 인식했다.
12. 현금을 주고 사무실 소모품을 구입했다.
13. 상품을 외상으로 구입했다.

각 거래는 현금수입장, 현금지출장, 매출장, 매입장 또는 분개장 어느 장부에 기록되는가?

**11** Huang Marine Supply의 총계정원장에는 다음과 같은 매입채무 통제 계정(T 계정 형식)과 보조원장이 있다(단위: ¥1,000).

총계정원장

매입채무

| | | | | | |
|---|---|---|---|---|---|
| 2월 15일 | 분개장 | 1,400 | 2월 1일 | 잔액 | 26,025 |
| 28일 | ? | ? | 5일 | 분개장 | 265 |
| | | | 11일 | 분개장 | 550 |
| | | | 28일 | 매입 | 13,400 |
| | | | 2월 28일 | 잔액 | 10,500 |

매입채무원장

Bak

| | | | | | |
|---|---|---|---|---|---|
| | | | 2월 28일 | 잔액 | 4,600 |

Poon

| | | | | | |
|---|---|---|---|---|---|
| | | | 2월 28일 | 잔액 | ? |

Zhao

| | | | | | |
|---|---|---|---|---|---|
| | | | 2월 28일 | 잔액 | 2,300 |

a. 통제 계정의 빈칸을 채워라.

b. 통제 계정과 보조원장으로 같이 포스팅된 후 통제 계정의 금액은 얼마인가?

**12** 다음은 Youngblood Company의 7월 31일 현재 일부 계정이다.

총계정원장

설비 No. 157

| 일자 | 적요 | Ref. | 차변 | 대변 | 잔액 |
|---|---|---|---|---|---|
| 7월 1일 | | G1 | 3,900 | | 3,900 |

재고자산 No. 120

| 일자 | 적요 | Ref. | 차변 | 대변 | 잔액 |
|---|---|---|---|---|---|
| 7월 18일 | | G1 | | 100 | 100 |
| 25일 | | G1 | | 200 | 300 |
| 31일 | | P1 | 9,300 | | 9,000 |

매입채무 No. 201

| 일자 | 적요 | Ref. | 차변 | 대변 | 잔액 |
|---|---|---|---|---|---|
| 7월 1일 | | G1 | | 3,900 | 3,900 |
| 18일 | | G1 | 100 | | 3,800 |
| 25일 | | G1 | 200 | | 3,600 |
| 31일 | | P1 | | 9,300 | 12,900 |

매입채무원장

Flaherty Equipment Co.

| 일자 | 적요 | Ref. | 차변 | 대변 | 잔액 |
|---|---|---|---|---|---|
| 7월 1일 | | G1 | | 3,900 | 3,900 |

Weller Co.

| 일자 | 적요 | Ref. | 차변 | 대변 | 잔액 |
|---|---|---|---|---|---|
| 7월 14일 | | P1 | | 1,100 | 1,100 |
| 25일 | | G1 | 200 | | 900 |

Lange Corp.

| 일자 | 적요 | Ref. | 차변 | 대변 | 잔액 |
|---|---|---|---|---|---|
| 7월 17일 | | P1 | | 1,400 | 1,400 |
| 18일 | | G1 | 100 | | 1,300 |
| 29일 | | P1 | | 1,600 | 2,900 |

Yates Co.

| 일자 | 적요 | Ref. | 차변 | 대변 | 잔액 |
|---|---|---|---|---|---|
| 7월 12일 | | P1 | | 500 | 500 |
| 21일 | | P1 | | 600 | 1,100 |

Marsh Co.

| 일자 | 적요 | Ref. | 차변 | 대변 | 잔액 |
|---|---|---|---|---|---|
| 7월 3일 | | P1 | | 2,400 | 2,400 |
| 20일 | | P1 | | 1,700 | 4,100 |

위 자료를 이용하여 다음 장부를 작성하라.

a. 하나의 칸으로 된 매입장으로 7월 거래를 분개하라.

b. 분개장에 7월의 거래를 분개하라.

**13** Zhao Products는 보조기입장과 분개장과 함께 매출채권 보조원장을 사용한다. 다음은 최근 한 달간 발생한 포스팅을 반영한 보조원

장의 계정을 T 계정으로 나타낸 것이다(단위: ¥1,000).

**Baak**

| | 차변 | 대변 |
|---|---|---|
| 기초 잔액 | –0– | 145 |
| | 145 | |

**Faan**

| | 차변 | 대변 |
|---|---|---|
| 기초 잔액 | | 150 |
| | 290 | |

**Liang**

| | 차변 | 대변 |
|---|---|---|
| 기초 잔액 | 120 | 120 |
| | 190 | |
| | 150 | |

**So**

| | 차변 | 대변 |
|---|---|---|
| 기초 잔액 | 340 | 250 |
| | 200 | |

월말에 매출장에서 총계정원장의 매출채권 통제 계정으로 포스팅한 후 통제 계정의 정확한 금액을 구하라.

**14** 다음은 Hallasan Ltd.의 2020년 1월 1일 현재 일부 계정별 금액이다(단위: 1,000).

| | |
|---|---|
| 매입채무 | ₩14,000 |
| 매출채권 | 22,000 |
| 현금 | 17,000 |
| 재고자산 | 13,500 |

Hallasan Ltd.의 매출장에는 1월 매출로 총액 ₩110,000, 매입장에는 1월 매입으로 총액 ₩77,000이 기록되어 있다. 그리고 1월 현금수입장에는 현금입금 차변 ₩61,000, 판매할인 차변 ₩1,100, 매출채권 대변 ₩45,000, 매출 대변 ₩6,000, 기타 계정 대변 ₩11,100이 계상되어 있고, 1월 현금지출장에는 현금지출 대변 ₩55,000, 재고자산 대변 ₩1,000, 매입채무 차변 ₩46,000, 기타 계정 차변 ₩10,000이 계상되어 있다. 1월간 총상품매출원가는 ₩63,600이다. 매입채무, 매출채권, 현금, 재고자산, 매출은 현금입금장과 지출장의 기타 계정과 무관하며 분개장과도 전혀 관련이 없다고 가정한다.

1월 31일 현재 다음 계정의 잔액 또는 금액을 구하라.

**a.** 매입채무

**b.** 매출채권

**c.** 현금

**d.** 재고자산

**e.** 매출

## 마무리 연습 문제

**1** 다음은 Yansheng Market의 계정일람표에 있는 계정이다.

| | | | |
|---|---|---|---|
| 101 | 현금 | 401 | 매출 |
| 112 | 매출채권 | 414 | 매출할인 |
| 120 | 재고자산 | 505 | 매출원가 |
| 311 | 자본금 | | |

4월 1일 현재 Yansheng Market의 매출채권원장은 Lau HK$1,550, Gong HK$1,200, Chan Co. HK$2,900, Chiu-Wai HK$2,200로 구성되어 있으며, 4월 중 현금수입을 수반한 거래는 다음과 같다.

4월 1일 주주들이 추가로 현금 HK$7,200를 출자했다.
4일 2%의 현금 할인을 받고 Chiu-Wai로부터 매출채권을 수표로 회수했다.
5일 송장 번호 307의 대금으로 Chan Co.로부터 수표 HK$920를 수령했다.
8일 취득원가가 HK$4,347인 상품을 현금 HK$7,245를 받고 판매했다.
10일 송장 번호 309의 대금으로 Lau로부터 수표 HK$600를 수령했다.
11일 구입한 소모품 중 불량품을 반품하고 HK$740를 환불받았다.
23일 송장 번호 310의 대금으로 Chan Co.로부터 수표 HK$1,000를 수령했다.
29일 현금할인 없이 Gong으로부터 수표로 전액 수령했다.

**a.** 6개의 칸으로 구성된 현금수입장을 이용하여 각 거래를 분개하라. 6개의 칸은 현금 차변, 매출할인 차변, 매출채권 대변, 매출 대변, 기타 계정 대변 및 매출원가 차변/재고자산 대변으로 구성된다. 분개의 합이 맞는지 상하좌우로 검증하라.

**b.** 매출채권 통제 계정과 보조원장을 만들고 기초 금액을 기입한 후 4월의 거래에 대한 분개를 포스팅하라.

**c.** 매출채권 통제 계정과 보조원장의 금액이 일치하는지 검증하라.

a. 합계 HK$25,452
c. 매출채권 HK$1,930

**2** 다음은 Reineke Construction의 계정일람표에 있는 계정이다.

| | | | |
|---|---|---|---|
| 101 | 현금 | 201 | 매입채무 |
| 120 | 재고자산 | 332 | 현금 배당 |
| 130 | 선급보험료 | 505 | 매출원가 |
| 157 | 설비 | | |

10월 1일 현재 Reineke Company의 매입채무원장은 Uggla Company €2,700, Orr Co. €2,500, Rosenthal Co. €1,800, Clevenger Company €3,700로 구성되어 있으며, 10월 중 현금지출을 수반한 거래는 다음과 같다.

10월 1일 63번 수표를 발급하여 €300의 상품을 구입했다.
3일 64번 수표를 발급하여 €800의 설비를 구입했다.
5일 Uggla Company의 매입채무 €2,700를 2%의 할인을 받아 65번 수표를 발급하여 잔액 €2,646를 변제했다.
10일 66번 수표를 발급하여 €2,550의 상품을 구입했다.
15일 67번 수표를 발급하여 Rosenthal Co.의 매입채무 €1,800를 변제했다.
16일 68번 수표를 발급하여 현금 배당 €400를 지급했다.
19일 송장 번호 610에 대한 Orr Co.의 매입채무 €2,000를 2%의 할인을 받아 69번 수표를 발급하여 잔액 €1,960를 변제했다.
29일 송장 번호 264에 대한 Clevenger Company의 매입채무 €2,500를 70번 수표를 발급하여 변제했다.

**a.** 4개의 칸으로 구성된 현금지출장을 이용하여 각 거래를 분개하라. 4개의 칸은 기타 계정 차변, 매입채무 차변, 재고자산 대변, 현금 대변으로 구성된다. 분개의 합이 맞는지 상하좌우로 검증하라.

**b.** 매입채무 통제 계정과 보조원장을 만들고 기초 금액을 기입한 후 10월의 거래에 대한 분개를 포스팅하라.

**c.** 매입채무 통제 계정과 보조원장의 금액이 일치하는지 검증하라.

a. 합계 €13,050
c. 매입채무 €1,700

**3** 다음은 LR Scooters의 계정일람표에 있는 계정이다.

| | | | |
|---|---|---|---|
| 112 | 매출채권 | 401 | 매출 |
| 120 | 재고자산 | 412 | 매출환입과 에누리 |
| 126 | 소모품 | 505 | 매출원가 |
| 157 | 설비 | 610 | 광고비 |
| 201 | 매입채무 | | |

그리고 7월에 발생한 거래는 다음과 같다(단위: 1,000). 모든 매입과 판매는 외상으로 이루어지며 매출원가는 판매가의 70%라고 가정한다.

7월 1일 Oong Company로부터 NT$8,000의 상품을 구입했다.
2일 Oong Company로부터의 상품 구입 운반비인 NT$400의 청구서를 Laau Shipping으로부터 받았다.
3일 Choi Company와 Huang Bros.에 각각 NT$1,300, NT$1,500의 상품을 판매했다.
5일 Goo Company로부터 NT$3,200의 상품을 구입했다.
8일 Goo Company에 불량품을 반품하고 매입채무 차감을 NT$300 받았다.
13일 Ngg Supply로부터 NT$720의 소모품을 구입했다.
15일 Oong Company와 Soxng Company로부터 각각 NT$3,600, NT$4,300의 상품을 구입했다.
16일 Aang Company와 Huang Bros.에 각각 NT$3,450, NT$1,870의 상품을 판매했다.
18일 Viun Advertisements로부터 광고비 NT$600의 청구서를 받았다.
21일 Choi Company와 Zafn Company에 각각 NT$310, NT$2,800의 상품을 판매했다.
22일 Choi Company에 운반 중 발생한 약간의 손상에 대해 NT$40를 차감했다.
24일 Goo Company로부터 NT$3,000의 상품을 구입했다.
26일 Ngg Supply로부터 NT$900의 설비를 구입했다.
28일 Goo Company로부터의 상품 구입 운반비인 NT$380의 청구서를 Laau Shipping로부터 받았다.
30일 Aang Company에 NT$5,600의 상품을 판매했다.

**a.** 매입장, 매출장, 분개장을 이용하여 각 거래를 분개하라. 단, 매입장은 일자, 계정 차변(대변), Ref., 매입채무 대변, 재고자산 차변, 기타 계정 차변으로 구성한다.

**b.** 총계정원장과 보조원장에 포스팅하라(모든 계정의 기초 금액은 0으로 가정한다).

**c.** 통제 계정과 보조원장의 금액이 일치하는지 검증하라.

a. 매입장–매입채무 NT$25,100
매출장–매출 NT$16,830
c. 매출채권 NT$16,790
매입채무 NT$24,800

**4** 다음은 Meng Enterprises의 계정일람표에 있는 계정이다.

| | | | |
|---|---|---|---|
| 101 | 현금 | 401 | 매출 |
| 112 | 매출채권 | 412 | 매출환입과 에누리 |
| 120 | 재고자산 | 414 | 매출할인 |
| 126 | 소모품 | 505 | 매출원가 |
| 157 | 설비 | 726 | 급여 |
| 201 | 매입채무 | | |

1월에 발생한 거래는 다음과 같으며, 모든 매출원가는 판매 가격의 60%라고 가정한다(단위: 1,000).

1월 3일 Gum Co.로부터 ¥9,000의 상품을 외상으로 구입했다.
4일 현금 ¥80을 지불하고 소모품을 구입했다.
4일 Wei에 ¥5,250의 상품을 외상으로 판매하고 송장 번호 371을 발송했다. 신용 조건은 1/10, n/30이다.
5일 Gum Co.로부터 구입한 상품에 하자가 있어 ¥300의 불량품을 반품했다.
6일 1주일간 현금판매한 ¥3,150을 기록했다.
8일 Pang Co.로부터 ¥4,500의 상품을 외상으로 구입했다.

9일 Loeng Corp.에 ¥5,400의 상품을 외상으로 판매하고 송장 번호 372를 발송했다. 신용 조건은 1/10, n/30이다.
11일 Che Co.로부터 ¥3,700의 상품을 외상으로 구입했다.
13일 2% 할인을 받고 Gum Co.에 대한 매입채무 전액을 변제했다.
13일 1주일간 현금판매한 ¥6,260을 기록했다.
15일 Loeng Corp.로부터 송장 번호 372에 대한 매출채권을 회수했다.
15일 2주 급여 ¥14,300을 지급했다.
17일 Wei로부터 송장 번호 371에 대한 매출채권을 회수했다.
17일 Dyun Co.에 ¥1,200의 상품을 외상으로 판매하고 송장 번호 373을 발송했다. 신용 조건은 1/10, n/30이다.
19일 Ziu Corp.로부터 ¥5,500의 설비를 외상으로 구입했다.
20일 1주일간 현금판매한 ¥3,200을 기록했다.
20일 2% 할인을 받고 Pang Co.에 대한 매입채무를 변제했다.
23일 Gum Co.로부터 ¥7,800의 상품을 외상으로 구입했다.
24일 Yap Corp.로부터 ¥5,100의 상품을 외상으로 구입했다.
27일 1주일간 현금판매한 ¥4,230을 기록했다.
30일 Dyun Co.로부터 송장번호 373에 대한 매출채권을 회수했다.
31일 2주 급여 ¥13,200을 지급했다.
31일 Wei에 ¥9,330의 상품을 외상으로 판매하고 송장 번호 374를 발송했다. 신용 조건은 1/10, n/30이다.

Meng은 다음과 같은 분개장을 사용한다.

1. 매출장
2. 한 칸으로 된 매입장
3. 현금 차변, 매출할인 차변, 매출채권 대변, 매출 대변, 기타 계정 대변, 매출원가 차변/재고자산 대변으로 구성된 현금수입장
4. 기타 계정 차변, 매입채무 차변, 재고자산 대변, 현금 대변으로 구성된 현금지출장
5. 분개장

**a.** 각 거래를 적당한 장부에 분개하라.
**b.** 보조기입장 금액의 합을 상하좌우로 검증하라.
**c.** 계정의 번호와 체크를 분개장에 표기하는 방식으로 포스팅하라(실제 원장으로의 포스팅은 하지 않는다).

a. 매출장 ¥21,180
매입장 ¥30,100
현금수입장 합계 ¥38,794
현금지출장 합계 ¥40,780

**5** 다음은 Adhikari Group이 영업을 시작한 첫 달의 매입장과 현금지출장이다(단위: 1,000).

매입장 P1

| 일자 | 대변 계정 | Ref. | 재고자산 차변 매입채무 대변 |
|---|---|---|---|
| 7월 4일 | N. Akhand | | 6,800 |
| 5일 | Pai Co. | | 8,100 |
| 11일 | J. Gupta | | 5,920 |
| 13일 | Huq Co. | | 15,300 |
| 20일 | M. Maji | | 7,900 |
| | | | 44,020 |

현금지출장 CP1

| 일자 | 차변 계정 | Ref. | 기타 계정 차변 | 매입 채무 차변 | 재고 자산 대변 | 현금 대변 |
|---|---|---|---|---|---|---|
| 7월 4일 | 소모품 | | 600 | | | 600 |
| 10일 | Pai Co. | | | 8,100 | 81 | 8,019 |
| 11일 | 선급임차료 | | 6,000 | | | 6,000 |
| 15일 | N. Akhand | | | 6,800 | | 6,800 |
| 19일 | 현금 배당 | | 2,500 | | | 2,500 |
| 21일 | Huq Co. | | | 15,300 | 153 | 15,147 |
| | | | 9,100 | 30,200 | 234 | 39,066 |

그리고 7월의 다음 거래가 분개되지 않았으며, 매출원가는 판매 가격의 65%라고 가정한다.

7월 1일 창업자인 A. 아드히카리가 현금 ₹80,000를 출자했다.
6일 Chatterjee Co.에 ₹6,200의 상품을 외상으로 신용 조건 1/10, n/30에 판매했다.
7일 총 ₹8,000의 현금판매를 했다.
8일 S. 가르가에게 ₹4,600의 상품을 외상으로 신용 조건 1/10, n/30에 판매했다.
10일 Kutsa Co.에 ₹4,900의 상품을 외상으로 신용 조건 1/10, n/30에 판매했다.
13일 S. 가르가로부터 매출채권을 전액 회수했다.
16일 Kutsa Co.로부터 매출채권을 전액 회수했다.
20일 Chatterjee Co.로부터 매출채권을 전액 회수했다.
21일 R. 쿠마르에게 ₹5,000의 상품을 외상으로 신용 조건 1/10, n/30에 판매했다.
29일 N. 아크한드에게 불량품을 반품하고 현금 ₹420를 반환받았다.

**a.** 총계정원장에서 다음 계정을 T 계정으로 작성하라.

| | | | |
|---|---|---|---|
| 101 | 현금 | 332 | 현금 배당 |
| 112 | 매출채권 | 401 | 매출 |
| 120 | 재고자산 | 414 | 매출할인 |
| 126 | 소모품 | 505 | 매출원가 |
| 131 | 선급임차료 | 631 | 소모품비 |
| 201 | 매입채무 | 729 | 임차료 |
| 311 | 자본금 | | |

**b.** 매출장과 현금수입장에 기록되지 않은 분개를 분개하라(그림 G.8 참조).

**c.** 매출채권과 매입채무원장에 발생 일자순으로 포스팅하라.

**d.** 개별 거래와 보조기입장의 총금액을 총계정원장에 포스팅하라.

**e.** 2020년 7월 31일 현재 시산표를 작성하라.

**f.** 보조원장의 금액이 총계정원장의 통제 계정과 일치하는지 검증하라.

**g.** 7월 말에 필요한 다음 수정 사항을 분개장에 분개하고 총계정원장에 포스팅하라.

1. 소모품 실사 결과 ₹140가 미사용 상태이다.
2. 7월의 임차료는 ₹500이다.

**h.** 2020년 7월 31일 현재 수정 후 시산표를 작성하라.

b. 매출장 합계 ₹20,700
현금수입장 합계 ₹109,320
e. 합계 ₹122,520
f. 매출채권 ₹5,000
매입채무 ₹13,820
h. 합계 ₹122,520

**6** 다음은 Horner Autos의 결산 후 시산표이다.

**Horner Autos**
**결산 후 시산표**
**2019년 12월 31일**

| | 차변 | 대변 |
|---|---|---|
| 현금 | € 41,500 | |
| 매출채권 | 15,000 | |
| 받을어음 | 45,000 | |
| 재고자산 | 23,000 | |
| 설비 | 6,450 | |
| 감가상각누계액 | | € 1,500 |
| 매입채무 | | 43,000 |
| 자본금 | | 60,000 |
| 이익잉여금 | | 26,450 |
| | €130,950 | €130,950 |

보조원장에는 다음과 같은 정보가 있다. 매출원가는 판매 가격의 60%라고 가정한다.

1. 매출채권: B. Hannigan €2,500, I. Kirk €7,500, T. Hodges €5,000
2. 매입채무: T. Igawa €12,000, D. Danford €18,000, K. Thayer €13,000

다음은 2020년 1월에 발생한 거래이다.

1월 3일 M. 지스머에게 €8,000의 상품을 외상으로 신용 조건 2/10, n/30에 판매했다.
5일 E. 페아트로부터 €2,000의 상품을 외상으로 신용 조건 2/10, n/30에 구입했다.
7일 T. 호지스로부터 수표 €3,500를 수령했다.
11일 상품을 구입하면서 운반비 €300를 지불했다.
12일 1월분 임차료 €1,000를 지불했다.
13일 M. 지스머로부터 매출채권을 전액 회수했다.
14일 모든 거래를 보조원장에 포스팅했다. B. 해니건으로부터 반품을 받고 €300를 매출채권에서 차감했다.
15일 K. 세이어에게 수표 €12,870를 발급하여 매입채무를 전액 변제했는데, 차액 €130는 할인액이다.
17일 G. 롤런드로부터 €1,600의 상품을 외상으로 신용 조건 2/10, n/30에 구입했다.
18일 판매 직원과 관리 직원의 급여로 각각 €2,800, €2,000를 지급했다.
20일 D. 댄퍼드에게 만기 60일의 지급어음 €18,000를 발행하여 매입채무의 변제를 갈음했다.
23일 현금 판매 총액 €9,100를 기록했다
24일 보조원장에 모든 관련 거래를 기록하고, I. 커크에게 €7,400의 상품을 외상으로 신용 조건 1/10, n/30에 판매했다.
27일 E. 페아트에게 수표 €950를 발행했다.
29일 B. 스타우로부터 약속어음 €40,000를 수령했다.
30일 보조원장에 모든 관련 거래를 기록하고, 불량품 €300를 G. 롤런드에게 반품하고 매입채무에서 차감했다.

**a.** 다음은 계정일람표에 있는 계정이다.

| | | | |
|---|---|---|---|
| 101 | 현금 | 311 | 자본금 |
| 112 | 매출채권 | 401 | 매출 |
| 115 | 받을어음 | 412 | 매출환입과 에누리 |
| 120 | 재고자산 | 414 | 매출할인 |
| 157 | 설비 | 505 | 매출원가 |
| 158 | 감가상각누계액 | 726 | 급여 |
| 200 | 지급어음 | 729 | 임차료 |
| 201 | 매입채무 | | |

**b.** 1월의 거래를 매출장과 한 칸으로 구성된 매입장, 현금수입장(그림 G.8 참조), 현금지출장(그림 G.15 참조), 분개장에 분개하라.

**c.** 총계정원장에 적정한 금액을 포스팅하라.

**d.** 2020년 1월 31일자 시산표를 작성하라.

**e.** 보조원장의 금액이 총계정원장의 통제 계정과 일치하는지 검증하라.

b. 매출장 €15,400
매입장 €3,600
현금수입장 합계 €66,060
현금지출장 합계 €20,050
d. 합계 €144,800
e. 매출채권 €18,600
매입채무 €14,350

## 회계순환 과정 복습 문제

**1** 재고자산에 계속기록법을 적용하는 Koto Merchants는 매출채권과 매입채무 계정에 보조원장을 사용하고, 총계정원장과 보조원장의 금액이 서로 일치한다(단위: 1,000). 다음은 1월의 거래 내역이다. 외상판매의 신용 조건은 모두 2/10, n/30이고, 매출원가는 판매 가격의 60%라고 가정한다.

총계정원장

| 계정 번호 | 계정과목 | 1월 1일 기초 잔액 |
|---|---|---|
| 101 | 현금 | Rp35,750 |
| 112 | 매출채권 | 13,000 |
| 115 | 받을어음 | 39,000 |
| 120 | 재고자산 | 18,000 |
| 126 | 소모품 | 1,000 |
| 130 | 선급보험료 | 2,000 |
| 157 | 설비 | 6,450 |
| 158 | 감가상각누계액 | 1,500 |
| 201 | 매입채무 | 35,000 |
| 311 | 자본금 | 50,000 |
| 320 | 이익잉여금 | 28,700 |

**매출채권 내역**
(매출채권원장에서 발췌)

| 판매처 | 1월 1일 기초 잔액 |
|---|---|
| Bodi Co. | Rp1,500 |
| Mohede Co. | 4,000 |
| Sueba Co. | 7,500 |

**매입채무 내역**
(매입채무원장에서 발췌)

| 구매처 | 1월 1일 기초 잔액 |
|---|---|
| R. Manuwa | Rp15,000 |
| Medan Co. | 9,000 |
| Shihab Co. | 11,000 |

1월 3일 B. Chen에 Rp3,600의 상품을 외상으로 판매하고 송장 번호 510을 발송했다. 또한 Tjong Company에 Rp1,800의 상품을 외상으로 판매하고 송장 번호 511을 발송했다.

5일 Goh Co.와 D. Phe로부터 각각 Rp5,000, Rp2,200의 상품을 외상으로 신용 조건 n/30에 구입했다.

7일 Mohede와 Sueba로부터 각각 신용 기간을 경과한 수표 Rp4,000, Rp2,000를 수령했다.

8일 구입한 상품의 운반비 Rp235를 지불했다.

9일 현금할인 2%를 받고 Medan에 대한 매입채무 Rp9,000를 수표로 변제하고, 현금할인 1%를 받고 Shihab에 대한 매입채무 Rp11,000를 수표로 변제했다.

9일 Tjong으로부터 불량품을 반품받고 매출채권에서 Rp300를 차감했다.

10일 1월 1일부터 1월 10일까지의 현금매출액 Rp15,500를 한꺼번에 분개했다.

11일 Bodi에 Rp1,600의 상품을 외상으로 판매하고 송장 번호 512를 발송했으며, Mohede에 Rp900의 상품을 외상으로 판매하고 송장 번호 513을 발송했다.

12일 1월분 임차료 Rp1,000를 지불했다.

13일 B. Chen으로부터 매출채권 전액, Tjong으로부터 현금 할인을 차감한 후의 매출채권을 수령했다.

15일 현금 배당 Rp800를 지급했다.

15일 모든 관련 거래를 보조원장에 기록했다.

16일 Shihab로부터 Rp15,000의 상품을 신용 조건 1/10, n/30에, Medan으로부터 Rp14,200의 상품을 신용 조건 2/10, n/30에, Goh로부터 Rp1,500의 상품을 신용 조건 n/30에 외상구매했다.

17일 현금 Rp400를 주고 사무실 소모품을 구입했다.

18일 Medan에 Rp200의 상품을 반품하고 매입채무에서 차감했다.

20일 1월 11일부터 1월 20일까지의 현금매출액 Rp20,100를 한꺼번에 분개했다.

21일 R. Manuwa에 액면가 Rp15,000, 만기 90일의 약속어음을 발행하여 매입채무의 변제를 갈음했다.

21일 Mohede로부터 현금할인을 차감하고 매출채권을 회수했다.

22일 B. Chen에 Rp2,700의 상품을 외상으로 판매하고 송장 번호 514를 발송했으며, Bodi에 Rp2,300의 상품을 외상으로 판매하고 송장 번호 515를 발송했다.

22일 모든 관련 거래를 보조원장에 기록했다.

23일 현금할인을 차감하고 Shihab와 Medan에 매입채무를 전액 변제했다.

25일 Sueba에 Rp3,500의 상품을 외상으로 판매하고 송장 번호 516을 발송했으며, Tjong에 Rp6,100의 상품을 외상으로 판매하고 송장 번호 517을 발송했다.

27일 Shihab로부터 Rp14,500의 상품을 신용 조건 1/10, n/30에, D. Phe로부터 Rp3,200의 상품을 신용 조건 n/30에, Goh로부터 Rp5,400의 상품을 신용 조건 n/30에 각각 외상구매했다.

27일 모든 관련 거래를 보조원장에 기록했다.

28일 현금 Rp200를 주고 사무실 소모품을 구입했다.

31일 1월 21일부터 1월 31일까지의 현금매출액 Rp21,300를 한꺼번에 분개했다.

31일 판매 직원과 관리 직원에게 각각 급여 Rp4,300, Rp3,800를 지급했다.

**a.** 1월의 거래를 매출장과 한 칸으로 구성된 매입장, 현금수입장(그림 G.8 참조), 현금지출장(그림 G.15 참조), 두 칸으로 구

성된 분개장에 분개하라.

**b.** 분개를 총계정원장에 포스팅하라.

**c.** 정산표를 이용하여 2020년 1월 31일 자 시산표를 작성하라. 단, 다음의 추가 자료를 반영한다.

1. 1월 31일 현재 사무실 소모품이 Rp900 남아 있다.
2. 보험료는 2020년 10월 31일에 종료된다.
3. 설비의 연간 감가상각비는 Rp1,500이다.
4. 지급어음에 이자 Rp50가 발생했다.

**d.** 1월의 손익계산서와 이익잉여금계산서, 1월 31일 자 표준형 재무상태표를 작성하라.

**e.** 수정 분개와 결산 분개를 하고 포스팅하라.

**f.** 결산 후 시산표를 작성하고 보조원장의 금액이 총계정원장의 통제 계정과 일치하는지 검증하라.

**2** 다음은 재고자산에 실제재고조사법을 사용하는 Yi Ltd.의 1월 1일 현재 총계정원장과 보조원장이다. 모든 계정은 정상적인 경우의 차변과 대변 금액을 나타낸다고 가정한다(단위: 1,000).

총계정원장

| 계정 번호 | 계정과목 | 1월 1일 기초 잔액 |
|---|---|---|
| 101 | 현금 | ₩33,750 |
| 112 | 매출채권 | 13,000 |
| 115 | 받을어음 | 39,000 |
| 120 | 재고자산 | 20,000 |
| 126 | 소모품 | 1,000 |
| 130 | 선급보험료 | 2,000 |
| 157 | 설비 | 6,450 |
| 158 | 감가상각누계액 | 1,500 |
| 201 | 매입채무 | 35,000 |
| 311 | 자본금 | 60,000 |
| 320 | 이익잉여금 | 18,700 |

**매출채권 내역**
(매출채권원장에서 발췌)

| 판매처 | 1월 1일 기초 잔액 |
|---|---|
| Au & Sons | ₩4,000 |
| B. Bak | 7,500 |
| R. Kang | 1,500 |

**매입채무 내역**
(매입채무원장에서 발췌)

| 구매처 | 1월 1일 기초 잔액 |
|---|---|
| Bai Co. | ₩11,000 |
| Oe Sisters | 9,000 |
| R. Ryu | 15,000 |

그리고 1월에 발생한 다음 거래가 분개되지 않았다.

1월 3일 Baozi Co.에 ₩3,600의 상품을 외상으로 판매하고 송장 번호 510을 발송했으며, Lim Co.에 ₩1,800의 상품을 외상으로 판매하고 송장 번호 511을 발송했다.

5일 S. Chen과 Koh Co.로부터 각각 ₩5,000, ₩2,700의 상품을 외상으로 구입했다.

7일 Au & Sons와 B. Bak으로부터 각각 ₩4,000, ₩2,000을 수령했다.

8일 구입한 상품의 운반비 ₩180을 지불했다.

9일 Oe Sisters와 Bai Co.에 각각 수표 ₩9,000, ₩11,000을 교부했다.

9일 Lim Co.로부터 반품을 받고 매출채권에서 ₩300을 차감했다.

10일 1월 1일부터 1월 10일까지의 현금매출액 ₩15,500을 한꺼번에 분개했다.

11일 R. Kang에 ₩2,900의 상품을 외상으로 판매하고 송장 번호 512를 발송했으며, Au & Sons에 ₩900의 상품을 외상으로 판매하고 송장 번호 513을 발송했다. 그리고 모든 관련 거래를 보조원장에 기록했다.

12일 1월분 임차료 ₩1,000을 지불했다.

13일 Baozi Co.와 Lim Co.로부터 매출채권을 전액 회수했다.

15일 현금 배당 ₩800을 지급했다.

16일 Bai Co., Oe Sisters, S. Chen으로부터 각각 ₩12,000, ₩13,900, ₩1,500의 상품을 외상으로 구입했다.

17일 현금 ₩400을 주고 소모품을 구입했다.

18일 Oe Sisters에 불량품 ₩200을 반품하고 매입채무에서 차감했다.

20일 1월 11일부터 1월 20일까지의 현금매출액 ₩17,500을 한꺼번에 분개했다.

21일 R. Ryu에 약속어음 ₩15,000을 발행하여 매입채무의 변제를 갈음했다.

21일 Au & Sons로부터 매출채권을 전액 수령했다. 그리고 모든 관련 거래를 보조원장에 기록했다.

22일 Baozi Co.에 ₩3,700의 상품을 외상으로 판매하고 송장 번호 514를 발송했으며, R. Kang에 ₩800의 상품을 외상으로 판매하고 송장 번호 515를 발송했다.

23일 Bai Co.와 Oe Sisters에 매입채무를 전액 변제했다.

25일 B. Bak에 ₩3,500의 상품을 외상으로 판매하고 송장 번호 516을 발송했으며, Lim Co.에 ₩6,100의 상품을 외상으로 판매하고 송장 번호 517을 발송했다.

27일 Bai Co., Koh Co., S. Chen으로부터 각각 ₩12,500, ₩1,200, ₩2,800의 상품을 외상으로 구입했다.

28일 현금 ₩200을 주고 소모품을 구입했다.

31일 1월 21일부터 1월 31일까지의 현금매출액 ₩22,920을 한꺼번에 분개했다.

31일 판매 직원과 관리 직원에게 각각 급여 ₩4,300, ₩3,600을 지급했다.

**a.** 매출장, 매입장, 현금수입장, 현금지출장, 분개장 중 적합한 장부에 1월의 거래를 분개하라.

**b.** 분개를 총계정원장과 보조원장에 포스팅하라. 필요하다면 계정과목을 추가로 만들고 전통적인 방식으로 계정 번호를 부여한다.

**c.** 정산표를 이용하여 2020년 1월 31일 자 시산표를 작성하라. 단, 다음의 수정 분개를 반영한다.

1. 1월 31일 현재 소모품 잔액은 ₩700이다.
2. 보험료는 2020년 10월 31일까지 유효하다.
3. 설비의 연간 감가상각비는 ₩1,500이다.
4. 지급어음에 이자 ₩30이 발생했다.
5. 1월 31일 현재 재고자산은 ₩15,000이다.

**d.** 1월의 손익계산서와 이익잉여금계산서, 1월 31일 자 표준형 재무상태표를 작성하라.

**e.** 수정 분개와 결산 분개를 하고 포스팅하라.

**f.** 결산 후 시산표를 작성하고 보조원장의 금액이 총계정원장의 통제 계정과 일치하는지 검증하라.

# 찾아보기

| 계정과목의 성격과 분류 | | | |
|---|---|---|---|
| 계정과목 | 분류 | 해당 재무제표 | 정상 잔액 |
| 감가상각 | 영업비용 | 손익계산서 | 차변 |
| 감가상각누계액-건물 | 유형자산-차감 | 재무상태표 | 대변 |
| 감가상각누계액-설비 | 유형자산-차감 | 재무상태표 | 대변 |
| 감모상각 | 영업비용 | 손익계산서 | 차변 |
| 건물 | 유형자산 | 재무상태표 | 차변 |
| 관리비 | 영업비용 | 손익계산서 | 차변 |
| 광고비 | 영업비용 | 손익계산서 | 차변 |
| 담보부 차입금 | 비유동부채 | 재무상태표 | 대변 |
| 대손상각 | 영업비용 | 손익계산서 | 차변 |
| 대손충당금 | 유동자산-차감 | 재무상태표 | 대변 |
| 매입채무 | 유동부채 | 재무상태표 | 대변 |
| 매출 | 수익 | 손익계산서 | 대변 |
| 매출원가 | 매출원가 | 손익계산서 | 차변 |
| 매출채권 | 유동자산 | 재무상태표 | 차변 |
| 매출할인 | 수익-차감 | 손익계산서 | 차변 |
| 매출환입과 에누리 | 수익-차감 | 손익계산서 | 차변 |
| 미수이자 | 유동자산 | 재무상태표 | 차변 |
| 미지급 배당금 | 유동부채 | 재무상태표 | 대변 |
| 미지급 법인세비용 | 유동부채 | 재무상태표 | 대변 |
| 미지급 이자비용 | 유동부채 | 재무상태표 | 대변 |
| 미지급 인건 | 유동부채 | 재무상태표 | 대변 |
| 배당금 | 이익잉여금에 반영되는 일시적 계정 | 이익잉여금계산서 | 차변 |
| 배당수익 | 영업외 수익과 비용 | 손익계산서 | 대변 |
| 법인세비용 | 법인세비용 | 손익계산서 | 차변 |
| 보험료 | 영업비용 | 손익계산서 | 차변 |
| 사채 | 비유동부채 | 재무상태표 | 대변 |
| 선급보험료 | 유동자산 | 재무상태표 | 차변 |
| 선수수익 | 유동부채 | 재무상태표 | 대변 |
| 설비 | 유형자산 | 재무상태표 | 차변 |
| 수도광열비 | 영업비용 | 손익계산서 | 차변 |
| 수선유지비 | 영업비용 | 손익계산서 | 차변 |
| 연구개발비 | 영업비용 | 손익계산서 | 차변 |
| 영업권 | 무형자산 | 재무상태표 | 차변 |
| 용역 매출 | 수익 | 손익계산서 | 대변 |

| 계정과목의 성격과 분류 | | | |
|---|---|---|---|
| 계정과목 | 분류 | 해당 재무제표 | 정상 잔액 |
| 운반비 | 영업비용 | 손익계산서 | 차변 |
| 유형자산처분손실 | 영업외 수익과 비용 | 손익계산서 | 차변 |
| 유형자산처분이익 | 영업외 수익과 비용 | 손익계산서 | 대변 |
| 이익잉여금 | 자본 | 재무상태표, 이익잉여금계산서 | 대변 |
| 이자비용 | 영업외 수익과 비용 | 손익계산서 | 차변 |
| 이자수익 | 영업외 수익과 비용 | 손익계산서 | 대변 |
| 인건비 | 영업비용 | 손익계산서 | 차변 |
| 임차료 | 영업비용 | 손익계산서 | 차변 |
| 자기주식 | 자본-차감 | 재무상태표 | 차변 |
| 자본금-보통주 | 자본 | 재무상태표 | 대변 |
| 자본금-우선주 | 자본 | 재무상태표 | 대변 |
| 재고자산 | 유동자산 | 재무상태표 (2) | 차변 |
| 저작권 | 무형자산 | 재무상태표 | 차변 |
| 저장품 | 유동자산 | 재무상태표 | 차변 |
| 저장품비 | 영업비용 | 손익계산서 | 차변 |
| 주식발행초과금-보통주 | 자본 | 재무상태표 | 대변 |
| 주식발행초과금-우선주 | 자본 | 재무상태표 | 대변 |
| 지분증권 투자 | 유동자산/장기투자자산 | 재무상태표 | 차변 |
| 지급어음 | 유동부채/비유동부채 | 재무상태표 | 대변 |
| 집합손익 | 이익잉여금에 반영되는 일시적 계정 | 해당 없음 | (1) |
| 채무증권 투자 | 유동자산/장기투자자산 | 재무상태표 | 차변 |
| 토지 | 유형자산 | 재무상태표 | 차변 |
| 특허권 | 무형자산 | 재무상태표 | 차변 |
| 판매비 | 영업비용 | 손익계산서 | 차변 |
| 현금 | 유동자산 | 재무상태표 | 차변 |

① 집합손익 계정의 정상 잔액은 당기순이익이 발생하면 대변에, 당기순손실이 발생하면 차변에 나타난다. 집합손익의 당기순손익은 이익잉여금으로 대체되면서 손익계산서의 명세서가 된다.

② 실제재고조사법을 사용하는 경우 재고자산은 재무상태표뿐만 아니라 손익계산서에도 매출원가 산정의 구성 항목으로 등장한다.

다음은 계정일람표의 예이다. 회계 처리에 등장하는 모든 계정을 섭렵한 것은 아니지만 보통의 회사가 일반적으로 사용하는 계정과목을 포함하고 있다. 이 계정일람표는 재화 매출과 용역 매출을 모두 일으키고 재고자산 회계에 계속기록법을 적용하는 회사에 적합하며, 실제재고조사법을 적용하는 회사라면 매출원가 대신 매입, 매입운송비, 매입환출, 매입할인 등의 손익 계정이 필요할 것이다.

**계정일람표**

| 자산 | 부채 | 자본 | 수익 | 비용 |
|---|---|---|---|---|
| 현금 | 지급어음 | 자본금-우선주 | 용역 매출 | 관리비 |
| 매출채권 | 매입채무 | 자본금-보통주 | 제품 매출 | 감모상각비 |
| 대손충당금 | 선수수익 | 주식발행초과금-우선주 | 매출할인 | 대손상각 |
| 미수이자수익 | 미지급 인건비 | 주식발행초과금-보통주 | 매출환입과 에누리 | 매출원가 |
| 재고자산 | 미지급 이자비용 | 이익잉여금 | 이자수익 | 감가상각비 |
| 저장품 | 미지급 배당금 | 자기주식 | 유형자산처분이익 | 운송비 |
| 선급보험료 | 미지급 법인세비용 | 배당금 | | 법인세비용 |
| 토지 | 사채 | 집합손익 | | 보험료 |
| 설비 | 담보부 차입금 | | | 이자비용 |
| 감가상각누계액-설비 | | | | 유형자산처분손실 |
| 건물 | | | | 수선유지비 |
| 감가상각누계액-건물 | | | | 임차료 |
| 저작권 | | | | 인건비 |
| 영업권 | | | | 판매비 |
| 특허권 | | | | 저장품비 |
| | | | | 수도광열비 |